泛台海区域国学家文库

林惠祥文集

(中)

蒋炳钊 吴春明 主编

厦门大学出版社 国家一级出版社
XIAMEN UNIVERSITY PRESS 全国百佳图书出版单位

目 录

（中）

第二辑

中国民族史

序	1
第一章 中国民族之分类	3
第二章 中国民族史之分期	11
第三章 华夏系（汉族来源之一）	21
第四章 东夷系（汉族来源之二）	32
第五章 荆吴系（汉族来源之三）	40
第六章 百越系（汉族来源之四）	47
第七章 东胡系（满族来源之一）	62
第八章 肃慎系（满族来源之二）	74
第九章 匈奴系（回族来源之一？）	93
第十章 突厥系（回族来源之二）	107
第十一章 蒙古系（今自为一族）	128
第十二章 氐羌系（藏族来源之一）	152
第十三章 藏系（藏族来源之二）	167
第十四章 苗瑶系（今自为一族）	184
第十五章 罗罗缅甸系（今自为一族）	207
第十六章 僰掸系（今自为一族）	214
第十七章 白种（同化于他族）	227
第十八章 黑种（同化于他族）	241

中国史前时代略史

中国史前时代略史细目	246
第一篇 史前时代（即原始社会时代）	248

第一章	中国人种的起源	251
第二章	中国历史上民族的分类	255
第三章	先氏族时代(即蒙昧时代)	259
第四章	母系氏族时代	262
第五章	父系氏族时代——夏朝	267

苏门答腊民族志

译者序	271
序	272
第一章	引论	274
第二章	峇搭族(BATAKS)	289
第三章	民南加堡族(MINANGKABAU)	344
第四章	苏门答腊西部诸岛	363
第五章	北苏门答腊(NORTHERN SUMATRA)	420
第六章	南苏门答腊(SOUTHERN SUMATRA)	450
第七章	苏门答腊的考古学及艺术	476

婆罗洲民族志

序	502
补序	503
译者小序	504
目次	506
第二章	婆罗洲的历史	507
第五章	社会制度	519
第六章	农业	531
第十二章	装饰的艺术	537

"台湾者中国之土地"

一、小引	557
二、悠久历史上的密切关系	558
三、兄弟般友好的民族关系	570
四、辛勤开发台湾的功劳	575
五、台湾人民的爱国传统	578
六、结论	581
后记	582

南洋人种风俗概说

第一章	总论	584
第二章	马来亚的人种风俗	593
第三章	苏门答腊的人种风俗	597
第四章	爪哇的人种风俗	600
第五章	小巽他群岛的人种风俗	604
第六章	婆罗洲的人种风俗	609
第七章	西里伯及摩鹿加的人种风俗	613
第八章	菲律宾的人种风俗	615
第九章	新几尼亚的人种风俗	622
第十章	越南的人种风俗	625
第十一章	暹罗的人种风俗	631
第十二章	缅甸的人种风俗	637

南洋人种的起源	642
南洋人种总说	645
南洋民族的来源和分类——南洋研究所"南洋概况"讲座之一	650
马来人与中国东南方人同源说	663
南洋马来族与华南古民族的关系	669
马来半岛的马来人	697
马来半岛的最古土著塞茫族人	707
马来半岛的怪民族沙盖人（SAKAI）	709
苏门答腊的阿齐人	711
苏门答腊的峇搭人	715
苏门答腊的民南加堡人	723
马来谚语	728
抟饭的进食法	731
南洋高架屋起源略考	732

古代的新加坡 ………………………………………………… 734
"印度尼西亚"名称考 ………………………………………… 736
福建之地理与抗战 …………………………………………… 740
福建民族之由来 ……………………………………………… 743
中国历史上的民族斗争 ……………………………………… 747
怎样研究人类学 ……………………………………………… 753
作为常识之一种的人类学 …………………………………… 762
怎样研究民俗学 ……………………………………………… 768
由民族学社会学所见之文化之意义及其内容 …………… 773
从猿到人——劳动创造世界 ………………………………… 786

中国民族史

序

本书为《中国民族史》,兹请先就民族史之性质而论。

民族史之性质,亦即其效用,盖有下述四项:

1.为通史之补助:民族史固亦为历史之一种,然为专门史而与普通史不同。其与普通史之别在乎范围较狭,专论民族一项,与普通史之范围广阔门类繁多者不同。民族为历史现象之一要素,故普通史亦必述及之,然以限于体裁,东鳞西爪,言之不详,故须有民族史以补足之。

2.为人类学之一部分:人类学中有一部分叙述人类各种族之状况者,民族史即此一部分也。

3.为实际政策上之参考:民族之分歧在今日国际或国内均为重大之问题,多少不幸事件均由于此而发生。对付此种问题之实际政策殊不能不参考记载民族历史之书以为根据。

4.为民族主义及大同主义之宣传:大同世界之达到须先由各民族获得平均的幸福乐遂其生存始,故民族主义为大同主义之初步。民族史视各民族为平等的单位而一致叙述之,实即于学术上承认各民族之地位,故目的虽不在宣传提倡民族主义,然而实收宣传提倡之效。民族史复于各民族在过去之接触与混合多所阐述,以明各民族已皆互相糅杂,且有日趋同化之势,使各民族扩大眼光,舍去古时部落时代之狭隘的民族观念而趋向于大同之思想。

以上系泛指民族史而言,本书范围既为中国,所述自然专以中国之诸民族为限。然其目的固亦不外乎此。兹再就中国民族史而解释其性质如下:

《中国民族史》为叙述中国各民族古今沿革之历史,详言之即就各族而讨论其种族起源、名称沿革、支派区别、势力涨落、文化变迁并及各族相互间之接触混合等问题。

本书根据此意而编辑,编制取材等事皆以此为准。

本书编制全书分十八章。首二章合为总论:首章由横的方面论中国民族之分类，次章由纵的方面论中国民族事迹在历史上之分期。自第三至第十八章计十六章为各论，每一章论一种民族。每章大都分三段：首段论民族之起源、名称、与他族之关系等，中段叙该族在历史上之沿革，末段述该族在现今之状况。

取材之标准以能阐明上述各项即种族起源、名称沿革、支派区别、势力涨落、文化变迁及各族相互间之接触混合等事者为准。凡通史所不详，而于民族之沿革上有重要意义者，咸在采取之列；至于通史所常述之材料则只略提而不复详述，以免重赘而省篇幅，如汉族之史实，鲜卑、契丹、女真、蒙古、满洲统治中国后之事迹，皆从简略，而只各以一小段概括之。

材料之来源有数种，一为中国古籍，其中尤以取自二十五史者为最多，盖以此为中国历史之基本也。此外，《书》《诗》二经、《春秋》三传、《通鉴》、《九通》，纪事本末、图书集成、地方志乘等，亦略有采用。又如子书、文集、笔记、杂俎之类，亦偶一参稽。二为近代中外学人之研究作品及记述文字，或为单行本或发表于杂志上，其中尤以杂志上之论文为多。学说意见所从出，已附注于文中，所参考之书名及其作者名以及登载该项论文之杂志并皆汇列于每章之末以明来源并鸣谢悃，盖此书非一人之力，实众人之成绩所合成也。文中引用诸学者之说时其人名不复加尊称之语，如"先生"、"君"等字，盖贪图省事，然论学之文字非通讯之书函，似亦无需此也。

至于编写之体裁在历史类之书原有二种，一为直述法，即以作者个人之口气而叙述之，所引用之文字亦即化为作者之口气而纳入于文中，不复加用引号及注其出处；又一为转述法，只有作者之意见以作者之口气而述之，至于引用之文字则必加以引号兼注明其出处。两法无分优劣，视其用途而定，其用力亦无可轩轾。本书期于保存古记载之真相，及研究者之原文，故采用后一法。

中国民族史之研究今日方在兴起之际，以中国历史之长，民族之众，事迹自然繁而且杂。古人记载虽多，然不过为史料性质，于民族史上之问题多有未曾解决者。以故近今中外学者奋起探研，竞倡新说，以补前史之不备。此项新说至今亦已发生甚众，所解决之问题固已不少，然而意见纷歧，未有一致结论者亦颇不少，且于此外亦尚有多数问题，未经论及，故此书之编著殊为不易。编者于古书之取材颇费推敲，于近人之学说亦甚为注意，本人之臆见更不敢过于骋肆而期于平稳。态度之审慎颇可自许，然而谬误之处亦自知其必不免，且民族史之范围甚广，本书所述亦不敢自谓已无遗漏也。

本书蒙蔡子民先生惠予题签，厦门大学国学教授毛夷庚先生校阅一遍，华西大学历史教授郑德坤先生惠假书籍，并志于此以鸣谢忱。

林惠祥
民国二十五年九月

第一章　中国民族之分类

第一节　古今学者之分类

欲求明了中国各民族过去之史实,不能不先理清其种族之分类。此项分类,古代学者固曾提出,略举一二则于下：

"东方曰夷,被发文身,有不火食者矣。南方曰蛮,雕题交趾,有不火食者矣。西方曰戎,被发衣皮,有不粒食者矣。北方曰狄,衣羽毛穴居,有不粒食者矣。"(《小戴记·王制篇》)

"职方氏辨其邦国都鄙,四夷、八蛮、七闽、九貉、五戎、六狄之人民。"(《周官》)

"南方蛮、闽,从虫;北方狄,从犬;东方貉,从豸;西方羌,从羊;此异种也。西南僰人焦侥,从人……唯东夷从大,大,人也。"(《说文解字》卷四《羌字注》)

以上之旧式分类,自然不合科学,近代学者乃参考中外学说提出新式分类,兹亦略举于下：(细目从略)

1. 缪凤林之分类：(1)北方国族：如荤粥、东胡、肃慎等。(2)东方国族：如嵎夷、莱夷、淮夷等。(3)南方国族：如瓯、闽、蛮、荆等。(4)西方国族：如西戎等。(见所著《中国通史·四裔国族表》)

2. 那珂通世之分类：(1)支那种即汉人华人、(2)韩种、(3)东胡种、(4)鞑靼种、(5)图伯特种、(6)江南诸蛮。(见所著《支那通史》)

3. 梁任公之分类：(1)中华族、(2)蒙古族、(3)突厥族、(4)东胡族、(5)氐羌族、(6)蛮越族。(见所著《中国历史上民族之分类》)

4. 白眉初之分类：(1)汉族、(2)满洲族、(3)蒙古族、(4)回族、(5)藏族、(6)苗族。(见所著《民国地志总论之部》)

5. 章嵚之分类：(1)汉族、(2)满族、(3)蒙族、(4)回族、(5)藏族、(6)附苗族。(见所著《中华通史》)

6. 张其昀之分类：(1)华夏族、(2)东胡族、(3)突厥族、(4)蒙古族、(5)西藏族、(6)苗蛮族。(见所著《中国民族志及中国地理》)

7. 宋文炳之分类：(1)诸夏族、(2)通古斯族、(3)蒙古族、(4)回族、(5)藏族、(6)苗族。(见所著《中国民族史》)

8. 赖希如之分类：(1)中华族、(2)匈奴族、(3)东胡族、(4)突厥族、(5)蒙古族、(6)西藏族、(7)南蛮。(见所著《中华民族论》)

9.王桐龄之分类:(1)汉族、(2)满族、(3)蒙族、(4)满蒙混血族、(5)回族、(6)藏族、(7)苗族、(8)东夷(族属不明)。(见所著《中国民族史》)

10.常乃惪之分类:(1)诸夏系、(2)东夷系、(3)巴蜀系、(4)东胡系、(5)闽粤系、(6)北狄系、(7)氐羌系、(8)西藏系、(9)苗蛮系。(见所著《中国历史鸟瞰》)

11.吕思勉之分类:(1)汉族、(2)匈奴族、(3)鲜卑族、(4)丁令族、(5)貉族、(6)肃慎族、(7)苗族、(8)粤族(即马来族)、(9)濮族、(10)羌族、(11)藏族、(12)白种。(见所著《中国民族史》)

12.李济之分类:现代中国人之要素为(1)黄帝子孙、(2)匈奴群、(3)羌群、(4)鲜卑群、(5)契丹群、(6)女真群、(7)蒙古群、(8)西藏缅甸语群、(9)掸语群、(10)蒙克麦语群、(11)戎、(12)突厥、(13)尼革利陀即矮黑人(Negritos)。

李氏又将现代中国人中之基本元素依其重要性为先后之次序,列举于下:
(甲)主要的元素

民族的或语言的种类	生物学的种类
(1)黄帝子孙	B. L. 即阔头狭鼻型
(2)通古斯	D. L. 即长头狭鼻型
(3)西藏缅甸群	D. P. 即长头阔鼻型
(4)蒙克麦群	B. P. 即阔头阔鼻型
(5)掸群	?

(乙)次要的元素

(6)匈奴	?
(7)蒙古	?
(8)"矮民"	? 头低

(Li—Chi, The Formation of the Chinese People)

13.钦氏(A. H. Kean,英人,著名人类学家)之分类:(1)蒙古利亚种之蒙古鞑靼多缀语族(Mongoloid Races of Mongolo—Tartar Polysyllabic Speech),包括蒙古、通古斯、突厥;(2)蒙古利亚种之图伯特中间语族(Mongoloid Races of Thibe-tan Intermediate Speech);(3)蒙古利亚种之中国孤立语族;(4)人种及语系不明之高地民族(High-land Races of Undetermined Ethnical and Linguistic Affinities),如夷人、苗子、罗罗等;(5)雅利安语族(Aryan Stock and Speech),如大食人等。(见 Compendium of Geology and Travels, *Asia*, Vol. Ⅰ)

以上各家之分类殊不一致。(1)名称方面颇有异同。如汉或称华或称夏,满洲或称东胡或称肃慎,回族或称突厥或称丁令。(2)民族数目亦不相等,有少至六族者,有多至十余族者。(3)系统亦有歧异,如蒙古有以之属于东胡者,有属于突厥者,匈奴有归入回族者,有独立一系者。以上三种差异,想系由于观点之不同,若使观点相同,想或不至有若此差异。盖民族之分类,有过去及现在两种观点:着眼于过去,则其对象实为历史上之民族;着眼于现在,则其对象即为现代之民族。历史上之民族,未必即等于现代之民族。民族非固定而一成不变者,其变迁秩序时时在进行中,不但名称常有更改,即其成分,因与其他民族接触混合亦必有变化。学者之分类若一则着眼历史上的民族,一则注意于现代的民族,结果自然大有差异。以上三种差异皆可以如此解释。如名称之差异,称华夏、肃慎、东胡者必着眼于历史,称汉族、满族者必较注意现在。民族数目则六族者系指现在,而十余族者必指过去。系统则以蒙古为属于东胡或突厥者,注意历史沿革,独立一系者,注意现在状况;以匈奴归入回族或其他者着重现在民族,而以之独立一系者则注意过去状况。

第二节 本书之分类

编者之意以为,两种观点可以并用,而不致互相矛盾,盖民族史内对于民族之分类应有一种历史上的分类,复有一种现代的分类。历史上之各民族混合分歧之结果,便成为现代之民族,故此二种分类可由于指出其民族变化之线索而结连之,不致互相枘凿。注重现代民族者,原为民族志之观点,而民族史则应偏重历史上之民族。但民族史若不能将历史上之民族指明与现代民族之关系,则民族之演变终不能明。故民族史宜略偏重历史上之民族,就历史上民族而分类及叙述,但亦应顾及现代民族之分类,以及其与历史上民族之关系。

现代民族之名称,自然应依惯例用现代之名称;若历史上民族之名称,则似可采用其最早或最通行之名称。

此种"两重分类法"——以历史上民族与现代民族各为一种分类,然后将前者连合于后者——在以上诸家中,梁任公与李济虽未明言,然似有此意。(见上举所著书)

本书即本此意,就中国历史上之民族而分类叙述之,名义亦略加区别:现代之民族谓之族,历史上者谓之系;历史上之民族即用古名称如肃慎,现代之种族用现代通用名称如满族。至古代与现代种族之关系,则各篇内大都于篇首讨论之,并于正题目之下附加副题目,如"突厥系"之下注"回族来源之二"。

本书虽于各篇正题目之下附加副题目以明其族之沿革,然此不过就其显著者言之而已。其实,历史上一民族常不止蜕嬗为现代一民族,而现代一民族亦常不止为历史上一民族之后裔。历史上诸民族永远互相接触,无论其方式为和平或战争,总之均为接触;有接触即有混合,有混合斯有同化,有同化则民族之成分即复杂而不纯矣。故从大体言之,可以指称古之某族之后即为今之某族,或云今之某族即为古之某族之裔;然当知此外尚有其他有关系之族,不能一一指数也。以此特列一表,将古民族与今民族之关系一一标明之,其蜕嬗之迹显著、关系极为密切者用实线,其关系较疏,然亦似有影响者用虚线表之。

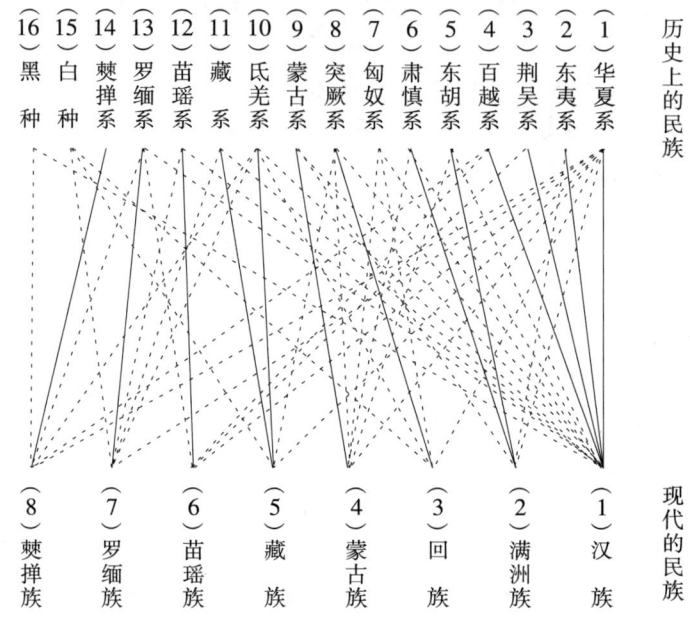

中国古今民族系统表

第三节　各系族略说

兹将上表略加说明于下,并以为本书之提纲。

1.华夏系:汉族来源之一——华夏系不特为今汉族之主干,且亦为全中国民族之主干。各系与此系接触混合后大都为其所同化。然以其吸收异系成分既多,故此系久已非复初时之华夏系,而为一复合的新族,故在今日宜名之为汉族,不应再称为华夏系。华夏之名启自太古,正可用为此系之古称。汉族则汉虽亦属历史上之名,然发生在华夏之后,且沿用至今,较华夏之称更为普遍,而汉以后别无可以代替之名,如"唐人"之名使用亦不广,重造新名实行不易,故只有用汉族之名较为适当。在本书中使用之例,则汉以前只称华夏系,汉以后则称汉族。

华夏系发生于史前,其来源学说甚多,然似以土著为近似,新石器时代后期即生活于黄河流域(见地质调查所安特生报告)。自是以后五六千年来与他系接触混合而扩大其内容,至今已有最重大者四次。所住之地,初限于黄河流域,今则中国大部分皆为其住地,且散布于海外。华夏系为汉族之主干,故以实线表之。此外,对于现代其他各族亦必渗入一小部分,故皆以虚线牵连之。

2. 东夷系:汉族来源之二——东夷在史上有广狭二义,狭义专指在今中国境内者,本书就狭义而言。东夷在秦以前居于中国东部,即今山东、江苏、安徽、近海及淮之地,其支派有嵎夷、淮夷、徐戎、岛夷、莱夷、介夷、根牟夷等,自三代至春秋与华夏系接触频繁,故亦早经同化。古书云舜为东夷之人,助齐桓公攘夷狄之管仲亦即为莱夷之人,今人考证殷商属夷系,且自秦统一后东夷皆散为民户,自是完全与华夏同化,故为汉族来源之第二支也。东夷与东胡居相近,或有关系,故亦以虚线表之。

3. 荆吴系:汉族来源之三——荆在殷代即见于记载,谓之荆楚,在于长江流域之中流。至春秋时尚自居于"蛮夷",诸夏亦称之为荆蛮,显为华系以外之另一支。然因其北向吞灭诸夏小国,竞争中原霸权,故至战国时已完全同化于华夏,故为汉族之第三来源。吴人亦荆蛮,其君长自称出自周室。春秋之末始通中国,其开化系受华夏之影响,故甚速,国灭于越,后入楚,并同化于华夏。荆与苗瑶住地相近,似亦有关系。

4. 百越系:汉族来源之四——越即粤字。越以百称,明其种类之多。春秋时有于越,战国时有杨越,秦汉时有瓯越、闽越、南越、骆越,三国时有山越。所住地在今中国东南及南方各省。越族种属更不明,然以其大部同化于华夏,故亦为汉族来源之一种。越族与苗瑶及僰掸相邻近,或亦有关系。

5. 东胡系:满族来源之一——东胡住中国东北部,较肃慎接近汉族,故其同化亦较早。秦以前为山戎、北戎,华夏族又称之为东胡。汉初灭于匈奴,分为乌桓及鲜卑二支。匈奴衰后,东胡再盛。乌桓于三国时为曹操所灭,即归同化。鲜卑徙居匈奴故地,五胡乱华时入中国,建立前燕、后燕、西燕、南燕、西秦、南凉,后为北朝之后魏及北周,一部西徙西域,建立吐谷浑国。乌桓鲜卑入居中国者皆同化,然北方尚有柔然,后灭于突厥。唐以后,奚及契丹继兴,奚并于契丹,契丹后建辽国,在中国者亦同化于汉族。

6. 肃慎系:满族来源之二——肃慎住地较远于华夏。肃慎之名见于记载甚早,魏晋时谓之挹娄,南北朝为靺鞨,唐代建立渤海国。宋称女真,建立金国,入据中国之一半,然国亡后即同化于汉族。明末号满洲,建清朝,统治全中国二百数十年,亡后几于全族皆同化于汉族。至今只余在满洲之土著仍保存其较纯粹之血统及风俗。

7. 匈奴系:回族来源之一?——史家常言匈奴之后为突厥,即今之回族,然其线索不甚显著,此系所加入者恐不止一族,汉、回、蒙皆应有其成分也。此族住中国北方蒙古之地。在三代为猃狁、薰鬻、鬼方、犬戎、北狄。战国以后称匈奴，汉初甚强，后被汉族征服。一部入居中国，五胡乱华时割据中国，建立前赵、后赵、夏、北凉诸国，后均同化于汉族；另有稽胡一小支在中国山间，后亦同化，一部远走西方，亦分二支，在西域者建悦般国，入欧洲者为匈牙利。

8. 突厥系：回族来源之二——此系最早之名称为汉时之丁令，原在匈奴以北。匈奴西移后鲜卑移居其地。鲜卑入中国后，丁令南下据之。丁令在漠北者名铁勒，在漠南者名高车。铁勒之同族突厥于南北朝时始强，役属铁勒诸部，后被灭于唐。铁勒之一部回纥继之而兴，后移新疆。突厥别支沙陀入中国，建五代之后唐、后晋、后汉三朝。回纥在元代名畏吾儿。明清以来简称回族或回部。突厥系与蒙古族先后同住于蒙古，故与蒙古族亦有关系。回纥后移西北与氐羌杂居，故亦应有混合。

9. 蒙古系——蒙古系后起，似为匈奴、东胡、突厥等系之混合的产物。蒙古之地以前迭为匈奴、鲜卑、突厥、回纥所据，至南宋时蒙古乃崛兴。灭西夏、金、宋、西域诸国，为一大帝国。元亡后，蒙古人仍遁居故地，分为鞑靼及瓦剌二部，鞑靼在清为喀尔喀部，瓦剌在清为卫拉特部。喀尔喀部与满清关系密切，卫拉特部则抗清甚力。

10. 氐羌系：藏族来源之一——氐羌自殷代即见于记载，春秋时之西戎大都即此族，与华夏族杂居者后皆同化。尚有庸、蜀二支亦属氐羌。余部在汉时有单名羌者，居中国西境及西域；单名氐者，在境内西部及西南。五胡乱华时居其二，氐建前秦、后凉、仇池、前蜀，羌建后秦。汉时西域羌族中之党项至宋而建国为西夏，被灭于蒙古。明代为西番诸卫，清至今为唐古特族（Tanguts），住青海，属藏族之一支。氐羌与回族杂居于西北境，其一支在汉时为西南夷之一部，与罗罗缅甸族及僰掸族相近，亦必有接触，故皆有关系。

11. 藏系：藏族本支——此族包括今之西藏人及西康之西番。藏及康似为羌之转音。又名图伯特族。今之藏人即唐代吐蕃之裔，惟吐蕃之前隋代在后藏之女国亦即藏系，尚有南北朝时之嚈哒占据中亚细亚之地，亦行一妻多夫俗，似亦属藏系。吐蕃王室自印度来，然其人民则为藏人。吐蕃于唐初始强，唐末方衰落分裂，宋末降于蒙古，明代为乌斯藏，清至今为西藏。藏系与华夏在人种上互有影响。吐蕃王室出自印度，印度为白种人，故与白种亦有关系。西番住西康及四川西部、云南西北部，在隋为附国，唐属吐蕃，明为朵甘鱼通。清代之金川虽在四川亦西番也。在云南者为么些，明代曾建大国，又有古宗、怒子等。西番在云南者，与罗罗缅甸族似有混杂。

12. 苗瑶系——以前史家谓古之三苗即今之苗族，现代学者多否认之。今之苗瑶即春秋以后之南蛮，汉时有武陵蛮，六朝时有荆雍州蛮等称，宋时始号为瑶，元时又有苗称。至清代且以苗族统括西南各省之土著民族。现代学者多分析西南民族为三,惟名称及小支略有异同。苗与瑶实为一族,故合称之。其住地昔时长江流域亦有之,今退居湖南、贵州、广西、广东之山地。清代改土归流,后曾反抗多次,今渐同化于汉族。此系与罗罗缅甸系及僰掸系居相近,自然亦有关系。

13. 罗罗缅甸系——罗罗或作倮倮等名,学者有将西藏、缅甸及罗罗合为西藏缅甸族者,本书以藏族独为一族,罗罗及在中国之缅甸族合为一族。罗罗自昔住中国西南,今多在四川之南云南之北。此族在汉代为西南蛮之一部分。三国诸葛亮所征之南蛮中似亦有其人,南北朝以后为两爨蛮,宋为乌蒙,元以后为罗罗。罗罗除本支外,尚有栗粟、罗婺、窝泥等部。缅甸族在中国者居云南西境,有阿昌、喇猝、马喇、阿系、喀钦诸部。罗罗之体质略有白种人之特征,故有谓其曾渗入白种之成分者。

14. 僰掸系——僰掸系即泰掸(Tai-Shan),本书以泰掸为住于印度支那半岛者之称,在中国者名为僰;本书为中国民族史,以用中文原名为便,故加一"僰"字,而去"泰"字,以"泰"字非族名而系其族自称之辞,可从略也。上古时有百濮,其中或即包括僰掸。汉时为西南夷之一部分,即哀牢夷。六朝时之僚或亦属僰掸。唐时之南诏即僰掸系所建大国,唯其中亦必含别系,宋时改号大理国。宋之侬智高亦僰掸系。现代之僰掸多住云南南部及广西、贵州。有摆夷、仲家、僮僚等支。此族与罗缅系及苗瑶系相近或杂居,故较有关系,亦渐受汉化。

15. 白种——以上诸民族皆属蒙古利亚种即黄种,然此外亦非无高加索种即白种之成分渗入其内,唯其数小而散碎,至今不能独立一部耳。白种之成分有数支:(1)汉西域之于阗、龟兹、焉耆、疏勒等国,汉通西域时与之发生关系,今已同化于回族内。(2)西域又有乌孙,亦白种人,与以上之白种又不同。(3)吐蕃王室为印度人,印度人亦白种之一支。(4)黠戛斯为白种与铁勒混合人种,现与回族混合为哈萨克人。(5)唐宋以来波斯、阿拉伯、犹太之商人来中国者甚多,且有久住者,亦白种人也。

16. 黑种——中国人民中似非无尼革罗种即黑种之成分。(1)三国之吴曾在山中擒获短人,汉时云南境外有焦侥人归附。世界之短人唯黑种中之矮民(Pygmy)最著,此种人在印度支那半岛即有之,古时或曾散布于中国。(2)唐代之昆仑奴亦黑人,然其人甚长大有力,非矮民,系非洲黑人被掠来售卖为奴者,在唐时甚多。现今广东、云南、福建人中似颇有黑种人之成分。

中国民族史之分类参考书
1.《礼:小戴记·王制篇》
2.《说文解字·释四夷字》

3.《图书集成·方舆职方典》
4.《通志·四夷传》
5.顾栋高:《春秋大事表》
6.《四夷馆考》
7.梁任公:《中国历史上民族之研究》(梁任公近著内)
8.王桐龄:《中国民族史》
9.王桐龄:《中国民族史附表》(稿本)
10.吕思勉:《中国民族史》
11.吕思勉:《中国民族演进史》
12.缪凤林:《中国通史》
13.那珂通世:《支那通史》
14.张其昀:《中国民族志》
15.白眉初:《民国地志总论之部》
16.章嵚:《中华通史》
17.宋文炳:《中国民族史》
18.常乃惪:《中国史鸟瞰》第一册《中华民族之构成及发展》
19.郑德坤:《中国文化史民族篇》(稿本)
20.郑德坤:《中国民族的研究》(稿本)
21.赖希如:《中华民族论》(《中山文化教育馆季刊》第二卷第四期)
22.缪凤林:《中国民族史序论》(《中央大学半月刊》十五期)
23.梁任公:《中华民族之研究》(《地学》民国十三年一至七期)
24.S.S.T:《中国民族混合之研究》(《文史地》一卷一期)
25.张其昀:《中华民族之地理分布》(《地理学报》民国二十四年)
26.梁伯强:《医学上中国民族之研究》(《东方》二十三卷十三期)
27.梁伯强:《最近血液类别研究之趋势及其与我国民族——汉族——变迁之关系》(《科学》十二卷十二期)
28.马长寿:《中国西南民族之分类》(《中山文化教育馆民族学研究集刊》第一期)
29.郎擎霄:《中国南方民族源流考》(《东方》三十卷一期)
30.丁文江:《与辛树帜论西南民族书》(《中山大学语言历史研究所周刊·瑶山调查专号》)
31.丁文江:《爨文丛刻自序》
32.杨成志:《李拂一车里序》
33.李拂一:《车里·民族章:蒙古利亚种东南亚洲支分类表》
34.林惠祥:《世界人种志》

35. Li-Chi, *The Formation of the Chinese People*, Chapter Ⅰ, Ⅵ, Ⅶ, Ⅷ

36. Shirokogoroff, *Anthropology of Northern China*, Chapter Ⅴ

37. Shirokogoroff, *Anthropology of Eastern China and Kwang-tung Province*. Chapter Ⅵ

38. T. L. Woo and G. M. Morant, *A Preliminary Classification of Asiatic Races Based on Cranial Measurements*

39. Latourette, K. S., *The Chinese*

40. Gray J. H., *China*

41. Yule, H., *Cathay and the Way Thither*

42. Staiger, Beyer & Benitez, *A History of the Orient*

43. Couing, S., *Encyclopaedia Sinica*

44. Keane, A. H., *Compendium of Geology and Travels*（As a Vol.Ⅰ)

45. Keane, A. H., *Man, Past and Present*

46. Latourette, K. S., *Study of Nations*

47. Huntington, E., *Character of Races*

48. *New Larned History*

第二章　中国民族史之分期

第一节　分期之标准

如上所述，中国诸民族原属多数族系，因在历史上互相接触，互相混合，最后竟有渐趋统一之势。其接触与混合之程序，乃以其中之一系为主干，逐次加入其他诸系，逐渐扩大主干之内容。此一主干永远保存其名称与文化，与之混合之诸系则依次失去其名称与文化，即在名义上归于销灭，至少亦减少其人口。然在血统上言之，则此主干民族每次加入异族之血液，则其血统便已改变，名称固仍旧，血统已有不同。若以血统为准，则原来之名称实不得保存而应改称混合后之新名。混合后固无特别拟定之新名，然而历史上朝代之名有三四次被用作种族名，此亦即可以借用，其含义实较原来之种族名称为适当也。

今试具体言之。中国诸民族之主干实为华夏系。其他诸系则渐次与华夏系混合而销灭其自身，或以一部分加入而同化于华夏系，保留其未加入之一部分。例如三代以来见于记载之东夷、南蛮、西戎、北狄,早与华夏系混合而扩大华夏系之内容,至于秦代,则东夷已全销灭,南蛮中之荆、吴全部同化,百越亦一部同化,西戎、北狄之在中国者亦全同化,其在域外之部分,方得保存其原状。故华夏系因加入以上诸系而大变其内容;至秦代时名义固仍袭旧称,然其民族已非三代之旧矣。秦代时期短促,倏移于汉,汉代以后亦与匈奴、氐羌、东胡、南蛮、西南夷等接触混合而完全同化于隋、唐之际。故隋、唐之华夏系虽仍以华夏自称,其实已大异于秦、汉之华夏,更无论三代之华矣。自唐经五代、宋、元,迭与突厥、契丹、女真、蒙古诸族接触混合而同化消融于元亡之后。故明代之华夏亦大有异于唐之华夏系矣。自明末以来肃慎之满洲兴起,至民国而几于全部同化,其间且有回部、羌、藏、蒙古、苗瑶等亦皆参加一部分。故民国之华夏亦与明之华夏系大有不同。故华夏系之名一,而其内容乃屡变而不一变,成分愈扩而愈多。

由此观之,民族史上之分期实可以各民族之每一次接触混合而至同化为一期。中国之民族既以华夏系为主干,其同化皆系消融于华夏系,故每一期之终亦即华夏系之扩大。准此以论,中国民族史之分期可分为(1)秦以前,(2)汉至南北朝亡,(3)隋至元亡,(4)明至民国。

第二节 第一期:秦以前

此期包括自蒙古利亚种即黄种有分支以来以至于秦末。大事为东夷、西戎、南蛮、北狄之同化及华夏系第一次之扩大。

1. 蒙古利亚种之分支为华夏、东胡、匈奴等族,必远在有史以前无可稽考,然将来史前之考古学发现日多,亦可望逐渐明了也。古史所述自炎、黄以后乃稍可考,然亦惝恍迷离,非可据为信史,只可谓为推测而已。史言炎帝为姜姓之祖,黄帝为姬姓之祖,炎帝既衰,黄帝代兴,炎、黄二帝是否真有其人可姑置之,然而姜、姬二姓则实有之,其时尚在部落时代,二姓即二部落。此外亦必有多数别姓部落,惟诸部落之中有最强者即称霸于当时,且著称于后世。有部落即有酋长。炎、黄如有其人,盖亦即其酋长,真名是否如此,当时尚无文字,自然难稽,然亦无妨也。姬、姜二姓之种属,姬之后为华夏系,姜与华夏系似较疏,然其后裔固亦在华夏系之范围内。华夏系之嫡派以姬姓当之较为正确。史又言姬姓在黄帝时曾与三苗战争,三苗或云即后之苗族,或云即姜姓,前说固不可信,然三苗大抵不属华夏系诸部落之范围内。黄帝时之疆域,史谓其"东至于海,西至于空桐,南至于江,北逐荤鬻,合符釜山"(《史记·五帝本纪》)。地名虽不可确断,然知华夏系在彼时所占之地即在黄河流域。最近河南渑池县仰韶村,辽宁锦州沙锅屯,及甘肃数处新石器时代遗址中所得人骨据专家断为与现代华北居人同属一派,与古史颇相符。

2. 史载黄帝二十五子,其得姓者十四人,为十二姓,即姬、酉、祁、己、滕、葴、任、荀、僖、姞、儇、依。此十二姓无论是否真为黄帝所出,然当时必有此十二部落为华夏系之主要成分。史又言祁姓陶唐氏之尧与姚姓有虞氏之舜相继为帝,祁姓即属华夏系,姚姓之舜即殷、商之祖。至于姒姓之夏,子姓之商,姬姓之周,史称三代。夏、周发祥地偏于西方,商则略偏东方。现代学者多言其为东西两民族(如王国维、傅斯年、李济等多由古迹之发掘而立论),夏与周固为华夏系之重要成分,且华夏系亦至夏而始有固定统一之民族名称,至周乃益扩大而成为大族,自此以后乃永占中国民族史上之优越地位,以文化、人数及地域之势力凌驾诸异系,成为中国民族之主干。殷、商之种属,现代史家或以其偏于东方,疑属夷系,然无论其原属何系,此族人自亡国后即渐同化而成为华夏系之成分矣。

3. 自黄帝以至舜、禹,屡与有苗争战,终于禹时压服而同化之。夏、商至西周复伐鬼方,服氐、羌,平淮夷,讨荆楚。有征战接触即有混合同化,华夏系更渐扩大。至于春秋,东夷、西戎、南蛮、北狄杂居中国,不但逼近而已,初时其势甚盛:"成周之世,中国之地最狭。以今地理考之,吴、越、楚、蜀、闽皆为蛮,淮南为群舒,秦为戎,河北真定、中山之境,乃鲜虞、肥、鼓国,河东之境有赤狄、甲氏、留吁、铎辰、潞国,洛阳为王城而有扬拒、泉皋、蛮氏、陆浑、伊洛之戎,东京有莱、牟、介、莒,皆夷也,杞都、雍丘今汴之属邑亦用夷礼,邾近于鲁亦曰夷,其中国者,独晋、卫、齐、鲁、宋、郑、陈、许而已,通不过数十州,盖于天下特五分之一耳。"(《容斋随笔》卷五)然自齐桓、晋文起而攘斥夷、狄,各国竞拓疆土,至于战国之末,异族遂大都被压服而同化。如骊戎、犬戎见逐于秦,陆浑之戎见灭于晋,蛮氏之戎灭于楚,伊洛之戎降于晋,山戎为燕齐所斥。赤狄之东山皋落氏、廧咎如、潞氏、甲氏、留吁、铎辰,白狄之肥、鼓,均灭于晋;白狄之鲜虞至战国方灭于赵,东夷、莱夷、介夷,并于齐,根、牟灭于鲁。淮夷至秦统一后乃散灭。南蛮则卢戎及罗皆灭于楚,百濮之地亦为楚所占。(据顾栋高:《春秋大事表》)。

4. 秦并六国,统一华夏,其先已灭蜀,至是以为巴、蜀二郡,复废闽越王,以其地置闽中郡,使将军蒙恬发兵三十万入北击匈奴,略取河南地,并筑长城以限胡马。又收岭南之南越为南海、桂林、象郡。至此,自上古以来之异族,凡在域内者,除南蛮及西南夷外,大都同化于华夏系。秦自穆公以来即霸西戎,其国名或间接传于西域,流入印度,遂有支那(Cina)之名,支那即秦国之意,唐时译自印度,而讹其字为支那(张星烺《中西交通史料汇篇》),故华夏之名至此而一变。

第三节　第二期：汉至南北朝终

此期自汉初，中经五胡乱华，至于南北朝终，其大事为：匈奴、乌桓、鲜卑、氐、羌之同化及华夏系第二次之扩大。因汉代年祚之久，兵力之强，与他族接触之繁，故汉之朝代名遂兼用为种族名，于是华夏之名遂再变。自此以后，汉虽灭亡，然汉族之名称历代不改，沿用至今。

1. 秦亡，匈奴复强，东灭东胡，西击走大月氏及乌孙，南下复占河套之地。于是屡次侵攻中国，围汉高帝于平城。自高帝至景帝，隐忍受辱，以和亲馈遗塞其欲望，然仍不免时受侵掠。至武帝乃奋起以武力驱逐匈奴，并联络乌孙，役属西域诸国，以收夹击之效。西域三十六国原属匈奴，其种有白种及氐、羌，自汉远征大宛后，西域震恐降汉。乌孙为白种大国，因见逼于匈奴，遂与汉和亲。经武帝至宣帝，屡次派大军出塞远征，每次斩首常数万，匈奴北遁，汉南无王庭。匈奴渐次衰败，复起内乱，分为南北二部，其南部遂于宣帝时降汉，为汉之属国。北匈奴后亦被击服。

2. 东汉时，匈奴初复，独立不久内讧，复分为南北，南匈奴降汉，入塞以居，逐渐汉化；北匈奴稍倔强，为汉兵所击败，远走西方，终入欧洲，攻日耳曼诸族，引起蛮族大迁徙，而破灭罗马帝国，匈奴即立国于欧洲为匈牙利。匈奴既衰，东胡系之乌桓、鲜卑代兴，为后汉之边患。东胡初灭于匈奴，遗族分而为二。汉招乌桓居东北五郡，以为汉之助；鲜卑则更在其北，故与汉之关系发生较迟。乌桓既屡侵中国，后卒为曹操所破灭，被迁于中国，遂归同化。鲜卑初乘北匈奴遁走，漠北空虚，入居其地，匈奴遗留者皆归之，势遂大振。在檀石槐、柯比能二酋时几于不减匈奴之盛。然以团结未坚，二酋死后即归分裂，唯散布之地甚广。东汉时尚有陕、甘之氐、羌，亦常与中国争战，终被压服，并移居塞内中国西北诸郡，与汉人错杂而居。

3. 东汉之末至于晋初，匈奴、鲜卑、氐、羌降服而入居塞内者皆甚多，虽渐同化于汉人，然同化非一时所能完全奏效，诸族之生活习惯、种族观念未全销灭，故其形势甚为危险。江统等人因倡徙戎之论，然终不果行。逮乎晋室自生内讧于是五胡（匈奴、羯、鲜卑、氐、羌，羯亦匈奴之一支）乘机各谋独立，割据中国北部之地。晋室因之南渡，汉人一部分逃奔江南，一部分则仍留北方，在五胡武力统治下亦与之混合。北方五胡前后建立十三国，汉族建立三国，合为十六国。

鲜卑：前燕（慕容氏），后燕（慕容氏），南燕（慕容氏），西秦（乞伏氏），南凉（秃发氏）五国。

匈奴：前赵（刘氏），北凉（沮渠氏），夏（赫连氏）。

羯：后赵（石氏）。
氐：成汉（成氏），前秦（苻氏），后凉（吕氏）。
羌：后秦（姚氏）。
汉：西凉（李氏），前凉（张氏），北燕（冯氏）。
五胡之兴亡可分为四期：

（1）前赵兴盛时期：五胡之中，匈奴、鲜卑最大，匈奴多居塞内，同化亦较深，兴起最早。自汉末以来匈奴单于即改姓为刘，自谓汉之外甥。其裔刘渊已为汉化之匈奴人，乘晋八王之乱，起兵独立于左国城及平阳，即今山西之地，国号汉，后改为赵。传子聪，遂灭西晋。三传至刘曜，为后赵所灭。

（2）后赵兴盛时期：后赵为匈奴之羯系石勒所建。本身始改石姓。灭前赵，据其地，其地为中国，民则有匈奴、汉人及其他。能引用汉人助其统治，亦为汉化之匈奴人也。传七主二十五年而灭于前燕。自此以后，匈奴更趋同化于汉族，不复再起。

（3）前秦兴盛时期：前秦为氐、羌，苻姓所建，至苻坚时，用汉人王猛为谋主，灭前燕、前凉、代、鲜卑、乞伏部，平西域诸国，取晋之汉中、成都，统一中国北方。后以百万之众南征东晋，败于淝水，于是前被役属之诸族复叛而独立，国家瓦解，再传二主，遂灭于后秦。

（4）后燕、后秦并峙时期：前秦亡后，前燕之遗族慕容垂独立为后燕，割据华北之东部，今山西、山东、河北及朝鲜之地。传五世而亡。后秦为羌族姚苌所立，灭后秦、西秦、后凉，占据华北之西部甘肃陕西河南之地。后灭于东晋。

4. 五胡十六国纷扰一百数十年，乃统一于鲜卑拓跋氏之魏，时东晋亦禅于宋，是为南北朝之始。南为汉族之天下，北则诸族杂居混合而终至同化于汉族。拓跋氏之族来自北荒，或谓即西伯利亚，南下入居匈奴之地，最后乃入中国。传至道武帝始即帝位，国号魏，灭后燕、北燕北凉、夏诸国。至太平帝乃统一北方，与南朝之宋构兵，与宋隔淮水为界，兵力驾南朝之上。魏复西降西域诸国，北征柔然、高车，疆域益广。传至孝文帝乃迁都洛阳，改姓元氏，使鲜卑人与汉人通婚，改汉姓，于是鲜卑人渐归汉化。传至孝武帝，魏分东西，东魏禅于北齐高氏，西魏灭于北周宇文氏。北周属鲜卑族，北齐高氏，史虽言其祖为汉人，然其鲜卑性质甚重，或为鲜卑与汉族之混合种也。北周努力汉化，官名且用三代古制。其后齐灭于周，周禅于隋，隋并灭南朝之陈，中国复归统一。隋杨氏，史言其为汉杨震之后，然恐未必为纯粹之汉人。虽名义上可云汉族复兴，然此时之北方汉人在血统上已为匈奴、鲜卑、氐羌与汉族之混合的产物，而在文化上亦颇有采用以上诸族之风俗习惯，故非复三国以前汉族之旧矣。故自汉与匈奴、东胡、氐、羌诸族接触以来，至此乃归于混合同化而告一结束。

第四节　第三期:隋至元亡

此期自隋,中经唐,五代,宋、辽、金以至元亡。大事为突厥、回纥、吐蕃、南诏、契丹、党项、女真、蒙古与汉族之接触混合及汉族第三次之扩大。由唐初国力之发展,在域外遂有唐人之称,为华夏系之又一别名,然不能取汉族之名而代之。

1.南北朝时中国境内之诸族既渐归同化,然域外之新兴异族如突厥等复接踵而起,与在中国之民族发生关系。北周、北齐并立时,北方据匈奴故地之突厥最猖獗,至隋乃用离间之计以收服之,然不久复叛。隋炀帝复东征高丽,终不能克,又招致西域胡人,然皆无成就,不过为与新兴异族接触之开端而已。

2.唐之皇室李氏,史言其出自西凉李暠,纯为汉人,然现代史学家颇有疑其出于异族者。近经陈寅恪研究,断其"本是华夏,其与胡、胡夷混杂乃一较晚之事"(《三论李唐氏族问题》)。李唐一代,君既不纯为汉人,臣亦多出身异族,所用之兵更多属异族,实为华、夷混合之国家,不能指为纯粹汉族之时代。然其文化虽亦混有异族之风习在内(如太宗妻弟妇,玄宗夺子妇,武后为女帝,异于汉人惯例,似为胡俗所影响),名义仍以华夏自居,可见汉族之要素重于他族,不失其主干之资格也。唐初突厥强盛,唐室起事时,曾卑事之而求其助。突厥侵掠无已,太宗乃用计离间其二可汗。时突厥所役属之铁勒诸部齐叛,国势大衰,太宗遣将征灭之。后至武后时,突厥复兴,不久又衰。突厥灭后,铁勒族之薛延陀部移居其地,不久亦被唐所灭。由突厥分出之西突厥,至高宗时亦臣服于唐。此外,北方如回纥、铁勒诸部亦皆降唐。西方则高昌、龟兹、党项、吐谷浑皆被征服,吐蕃与唐和亲,焉耆、疏勒、于阗、天竺、罽宾、康国、波斯等皆来朝贡,远至大食、拂菻(即东罗马)皆通聘问。东方则高丽初经太宗亲征未服,高宗时乃灭之,并灭百济,新罗入贡,日本数遣使来,并来留学,靺鞨、渤海亦皆来朝贡。西南则贵州之东谢蛮、四川之南平僚皆臣服,贵州之牂牁蛮来朝贡。印度支那之林邑(安南)、骠国(缅甸)、真腊(柬埔寨)亦皆入贡。南洋有婆利(婆罗洲)、盘盘陁洹(皆在林邑西南大海中)、诃陵(东接婆利)、堕和罗(南与盘盘东与真腊接)、堕婆登(在林邑西南大海中)亦皆来贡。唐置六都护府于边地以统治诸异族:①安东都护府在朝鲜;②安西及北庭都护府在新疆,安南都护府在安南,安北都护府在科布多,云中都护府在蒙古。

3.唐安史之乱,亦即异族归化者之作乱,自是以后,唐之国力凌夷,异族大都脱离服属关系。其时回纥占居蒙古,据以前匈奴、突厥之故地,势甚强盛。唐求其兵助平安、史,与之和亲,后颇得其助,然亦时有骚扰。回纥至唐文宗时为铁勒部黠戛斯所破,移居西域,成为以后之回族。吐蕃在今西藏,乘唐之弱占据中国西部河西、陇右之地,且曾一陷长安。直至唐末宣宗时,吐蕃内乱破裂,唐乃收复河西、陇右。唐代云南之西南民族建立南诏国,于玄宗时叛唐,降于吐蕃,唐出兵征之大败,终唐之世侵扰不已。突厥别种沙陀族初居新疆塞外,唐末因避吐蕃移入中国,其酋改姓为李,至李国昌及子克用助唐平黄巢之乱,唐亡,遂于五代时建后唐一朝,又后晋之石敬瑭,后汉之刘智远,皆沙陀族人,故其族在五代时可谓甚盛。

4. 宋太祖既统一中国,然因惩唐代武人之祸,矫枉过正,重文轻武,养成汉族文弱之风,故宋代对待异族甚形懦弱,辽、夏、金、元相继见侮,终于见灭然后已。契丹起于唐代,至五代而大盛,改国号辽,因援石敬瑭而受其燕、云十六州之割让,后且南下灭晋,唯终不能占其地。宋太宗灭北汉,进兵攻辽,宋师败绩,是后屡相攻伐,至宋真宗时乃成和,女真兴起后乃与之联兵灭辽。西夏为氐羌系之党项部所建国,据甘肃、陕西北部及绥远之地,屡与宋构兵,后方讲和。女真属肃慎系,南北朝时为黑水靺鞨,北宋之末叛辽,建立金国,灭辽之后进而侵宋,宋室因之南渡,中原汉族受其统治,迨至蒙古兴起,乃为所灭,其人民亦即同化于汉族,故蒙古名之为汉人。

5. 蒙古兴于南宋之末,统一本部后灭西夏及金,进而灭宋,遂以异族统治全中国,开前此未有之例。蒙古自世祖时改国号元。蒙古兵力之强亦超越往古:西域之回纥、花剌子模、钦察等国以至欧洲之阿罗思(俄罗斯)、木剌夷、报达(即大食)皆被收入版图。且进攻欧洲,所向无敌,欧人至称之为"黄祸"。西域之地被划为钦察、窝阔台、察合台、伊儿四汗国以分封其皇室。对于东方则征服高丽,以为属国,唯对日本未能取胜,且丧失兵士甚多。对于南方则灭大理、吐蕃,唯用兵安南占城及缅甸无大成功。蒙古统治中国八十九年,为汉族之明兵所逐走。其在中国时不甚同化于汉族,故国亡后仍有一部分遁居塞外,成为今之蒙古族。然其在中国既有八十九年,无形中血统之混合、文化之交流亦为必然之结果,且其时西域各国人入居中国者亦多,元亡以后留居中国之蒙古及色目人(即西域人)皆加入于汉族之中矣。

自隋唐以来在中国史上互相接触之民族有以上所述之多,此等民族其在中国境内者,由自动及被逼而皆与汉族同化,是为华夏系扩大之第三次。

第五节 第四期:明至民国

此期大事为满洲族之兴起及大部汉化,西南民族之启发,蒙、回、藏族之继续汉化及华夏系第四次之扩大。此期前半以汉族为统治者,后半以肃慎系之满洲部为统治者,最近方改为共和,然接触之结果仍为华夏系之扩大。

1. 明初兵力亦颇盛,中叶乃渐衰。蒙古北遁后分为鞑靼、瓦剌二部,明成祖屡次亲征，大破之。安南自五代末独立，至明初以黎氏篡位事，成祖出兵征灭之，求其旧王室陈氏不得，因暂置交趾布政司治之。明代对西南各省之土人（即苗瑶、獏撣、罗罗缅甸三系）始注意开发而治理之，所置土司之官较前代为多，开拓之地亦较大。明代在南洋事业之大亦前代所未有，自成祖始屡次派遣郑和等人率大队巨舰远航南洋、印度洋以至阿拉伯，经历诸国"不服者威之以兵"，诸国遂竞来贡，结果海外之殖民事业大为发展。

2. 明中叶以后国力衰替，屡与异族争战未能获胜，最后仍灭于异族。初蒙古之瓦剌复兴，侵掠北边，明英宗亲征之，竟被掳去，后方送还。瓦剌方衰，鞑靼继起，中兴蒙古，屡侵明边，后与明结好，边患方息。东方复有倭寇之祸，东南沿海骚乱甚久。倭寇平后，朝鲜复为日本所攻，明发兵救之，互有胜败。迨东北之女真族复兴，改号满洲，起兵独立，侵明边境，攻取明在满洲之诸城，直抵山海关，会明因流寇破北京，吴三桂请满洲入援，明遂灭亡。

3. 满洲建国号清，入关以后，初用汉降将以灭明之三王，后复诛灭三藩及台湾郑氏，全国归于统一。清初武力亦甚盛，疆域较明为广。清初对蒙古之喀尔喀部用怀柔之策，对卫拉特即瓦剌部则予以痛剿，至高宗时而全定。蒙古自元明以来崇信喇嘛教，故与西藏有宗教上之关系，西藏之第巴桑结因利用卫拉特以抗清，复发生新旧达赖喇嘛之争，清遂派兵送新达赖入藏，其后复置驻藏大臣于其地，正式收为属地。清于新疆之回部亦派兵征服，设参赞大臣以治之。至于云南、广西、贵州、湖南诸省之苗瑶、獏撣、罗缅三族，在清代发生事件较前代为繁，清廷厉行改土归流之策，即改其土司为流官（即普通之官吏），土人反抗数次，称为苗乱，终被制伏，于是西南诸省大部分皆开发，汉人移入益多，土人之汉化亦渐著。清于安南、缅甸亦曾用兵，亦如蒙古，然无功而退。

4. 清自中叶鸦片战役以后国威大杀，汉族之会党叛乱多次，至太平军兴，更揭种族革命之旗，虽归败灭，然灭之者乃为汉人而非满洲之兵，至于此时汉人遂渐抬头。迨清末屡败于外国，变法不成，汉人遂起兵作第二次之种族革命，清室终于被逼退位。清室入关后，初颇有意使汉人同化于满洲，如剃发易服等皆强逼施行，然究以人口少而文化低，且尽移其民以驻防各地，与汉人杂处，数世以后渐趋汉化。清亡以后，满洲族除少数仍在关外者略存原状，至其在关内者，则几于完全成为汉人。至于蒙古，则内蒙因清末汉人大批移殖，蒙人亦渐汉化，新疆、甘肃之回族，青海之唐古特族，西康之西番，亦因汉人移入其地，接触频繁，渐趋汉化。故华夏系至是遂为第四次之扩大。

第六节　中国民族史之公例

依上述史实观之可得公例数条：

1. 中国民族之成分甚繁杂,黄种中之各族大半有之,白种、黑种亦有一小部分。

2. 中国之民族虽多,然有日趋混合而成一族之势。

3. 中国诸民族系以一系为主干,而其他诸系以次加入之,加入后其名称即销灭,而只用主干系之名。

4. 中国民族之同化次序如波澜状,一起一落。初两民族以上相接触时,战征会盟,扰攘一时,终于混合同化而归于平静。迨旧民族同化方毕,新民族又来临,于是又扰攘一时,复归同化。如此一波一波,继续无已。

5. 中国之主干系即华夏系,其初亦非大族,由屡次加入异系之成分而逐次扩大其内容。

6. 华夏系每扩大一次,即改变其原质一次,故后代与前代名同而实异,今日之华夏系非复明代之华夏系,明代之华夏系亦非唐代之华夏系,唐代之华夏系亦非汉代之华夏系,汉代之华夏系亦非太古之华夏系。为求名称正确,至少应用二种名称,以华夏系指古之华夏系,以汉族指今之华夏系。

7. 今日之汉族所含成分尽有匈奴、肃慎、东胡、突厥等,本书所举诸系,唯各系成分有多有少,如东胡、肃慎多而羌、藏少。故今日之汉族实为各族所共同构成,不能自诩为古华夏系之纯种,而排斥其他各系。

8. 其他各族亦皆含有别系之成分,然大抵不如华夏系所含之复杂,如蒙古或含有匈奴、东胡、突厥之血统。

9. 中国诸民族除特别情形者外,今后之大势,似日趋于汉化一途。

中国民族史之分期参考书

中国民族史之分期

1.《二十五史·四裔传》

2.《资治通鉴》

3.《九朝纪事本末》

4.《东华录》,《圣武记》

5.《清史纪事本末》,《清鉴易知录》,《清史纲要》,《清代通史》

6. 赵翼:《二十二史札记》

7. 夏曾佑:《中国古代史》

8. 邓之诚:《中华二千年史》

9. 吕思勉:《白话本国史》

10. 王桐龄:《中国史》

11. 蒙文通:《古史甄微》

12. 顾颉刚:《古史辨》

13. 王桐龄:《中国民族史》
14. 宋文炳:《中国民族史》
15. 箭内亘:《东洋读史地图》
16. 梁启超:《历史上中华国民事业之成败及今后革进之机运》(《改造》三卷二期)
17. 王国维:《古史新证》(《燕大月刊》七卷一、二期)
18. 顾颉刚:《古史中地域的扩张》(《禹贡》一卷二期)
19. 丁山:《由三代都邑论其民族文化》(《中央研究院史语所集刊》五本一分)
20. 徐中舒:《从古书中推测之殷周民族》(《国学论丛》一卷一号)
21. 徐中舒:《殷周文化之蠡测》(《中央研究院史语所集刊》二本一分)
22. 姜亮夫:《夏殷民族考》(《民族》一卷十一、十二期,二卷一、二期)
23. 傅斯年:《周东封与殷遗民》(《中央研究院史语所集刊》四本三分)
24. 傅斯年:《大东小东说》(《中央研究院史语所集刊》二本一分)
25. 徐中舒:《殷人服象及象之南迁》(《中央研究院史语所集刊》二本一分)
26. 李竣之:《周代西方民族之东殖》(《清华周刊》三十七卷九、十期)
27. 黎东方:《被否认的中国古代》(《中山大学文史研究所月刊》三卷二期)
28. 梁园东:《商民兴于东土驳议》(《东方》三十卷十九号)
29. 顾实:《穆天子传西征年历》(《东方》二十七卷五期)
30. 陶希圣:《周代诸大族的信仰和组织》(《清华学报》十卷三期)
31. 顾实:《穆天子传西征今地考》(《国学丛刊》一卷四期)
32. 陶元珍:《两汉之际北部汉族南迁考》(《禹贡》四卷十一期)
33. 李旭:《汉末三国时代中国民族之演变》(《师大月刊》十期)
34. 王桐龄:《晋室之南渡与南方之开发》(《师大月刊》十四期)
35. 李旭:《西晋时代华族与外族之关系》(师大三十二周年纪念)
36. 李旭:《五胡东晋时代华夷势力之检讨》(《师大月刊》十八期)
37. 李旭:《五胡时代华夷同化的三个阶段》(《食货》二卷十期)
38. 谭其骧:《晋永嘉乱后之民族迁徙》(《燕京学报》十五期)
39. 谭其骧:《中国内地移民史湖南篇》(《史学年报》四期)
40. 刘掞藜:《晋惠帝时汉族之大流徙》(《禹贡》四卷十一期)
41. 桑原骘藏著,何健民译:《隋唐西域人华化考》(《武汉大学文哲季刊》五卷一、三号)
42. 陈寅恪:《李唐氏族之推测》(《中央研究院史语所集刊》三本一分)
43. 陈寅恪:《李唐氏族之推测后记》(《中央研究院史语所集刊》三本四分)
44. 陈寅恪:《三论李唐氏族问题》(《中央研究院史语所集刊》五本二分)

45.张凤翔:《明外族赐姓考》(《辅仁学志》三卷二期)
46.吴晗:《十六世纪前之中国与南洋》(《清华学报》十一卷一期)

第三章 华夏系(汉族来源之一)

第一节 名称之起源

中国今日之民族首推汉族。然汉族之名肇自汉代,非初起之名。且今之汉族已为复合之民族,除其固有之人民外,尚混有后来加入四裔民族之成分。本书着重史的研究,应从历史观点而分析之,故本章只就汉族中之固有的成分而论。汉族之固有的成分为华或夏,又称诸华诸夏,或合称华夏,本书即名之为华夏系。华夏之名起于上古,其后虽常以朝代如秦、汉、唐移称民族,然华字终不废,至今仍沿用之。

"蛮夷猾夏。"(《书·舜典》)

"戎狄豺狼,不可厌也;诸夏亲昵,不可弃也。"(《左传·闵元年》)

"裔不谋夏,夷不乱华。"(《左传·定十年》)

"我诸戎饮食衣服不与华同。"(《左传·襄十四年》)

"是弃陈也,诸华必叛。戎,禽兽也,获戎失华,无乃不可乎?"(《左传·襄四年》)

"楚失华夏则析公之为也。"(《左传·襄二十六年》)

何以有华夏之名称,则原意久已失传,后人推测之辞甚多:

(甲)华

1.草木华荣之意。段玉裁曰:"木谓之华,草谓之荣。引伸之为曲礼'削瓜为国君华之'之字,又为'光华''华夏'字。"(《说文解字》卷六)

2.由华山得名。章太炎言:"诸华之名因其民族初至之地而为言。……神灵之胄自西方来,以雍、梁二州为根本。……就华山以定限,名其国土曰华,则缘起如是也。……华本国名,非种族之号,然今世已为通语。世称山东人为伧子者,伧即华之遗言矣。"(《太炎文录》初编《中华民国解》)

反对此说者以为"华山为汉儒所熟用。以此山代表吾国,其说当始于汉……秦以前人以泰山自重。……就华山以定限者未如就日月光华之义以定吾种族之名也。"(陈登原《中国文化史》)

3.由昆仑得名。拉克伯里(Lacouperie)谓华夏族系经昆仑东来,昆仑意为"花土",华即花字,故称其族为华。

（乙）夏

1. 人类之意。《说文》训夏为中国之人，从夊、从页、从𦥑，页为首，𦥑两手，夊两足。段注"谓以别于北方狄，东方貉，南方蛮、闽，西方羌，西南僥佬，东方夷也"。

2. 大之意。《书》有"蛮夷猾夏"之语，《孔氏正义》云："夏者，训大也，中国有礼义文章光华之大。定十年《左传》云'裔不谋夏，夷不乱华'是中国为华夏也。"

3. 因夏水得名。章太炎云"质以史书，夏之为名实因夏水而得。是水或谓之夏，或谓之汉，或谓之漾，或谓之沔，凡皆小别互名。本出武都至汉中而始盛。地在雕邕、梁之际，因水以为族名。犹生姬水者之氏姬，生姜水者之氏姜也。夏本族名非邦国之号，是故得言诸夏"。

按华夏之名，或谓夏字初见于《尧典》，华字则《春秋》始有。然此不过谓此两名初见于记载而已，不能谓未有记载之时即无其名也。未有文字及记载之民族亦必有其族名，故族名实起于原始时代，不待见于记载而始可谓之有族名也。族名既起于原始时代，自应以原始民族之风俗习惯推测其意义，不可以文明人之眼光解释之。原始民族之取名，因其文化之低，常为具体浅陋之语而非抽象高深之辞。其抽象高深之意义大都为开化以后文饰之语，非初时所固有。原始民族之族名最常者或由图腾信仰，以为其族系出自某种自然物，因拜其物为祖，并取其物之名以名其族，故如美洲印第安种人有狼族、熊族、蛇族等，皆取动物之名；即取植物之名者亦不少，如玉蜀黍族、马铃薯族、泽胡桃族、巨树族、黄树族、绿叶族、烟草族、芦草族等（见 Morgan: *Ancient Society*，中译《古代社会》）。中国之四裔，据《说文》谓"羌西戎羊种也，从羊儿。南方蛮闽从虫。北方狄从犬，东方貉从豸，西方羌从羊，此异种也"，又云"蛮、南蛮蛇种"，"闽，东南越，蛇种"，此诸族之名皆图腾也。同时诸族之名既多为图腾，则我族之称华似亦为图腾，盖华即花之古字，华族即"花族"也。衡以印第安人之例，"黄树"、"绿叶"既可作为族名，"花"字何独不可？故我族初时或以花为图腾，因以花为族名。此固揣测之辞，然于原始时代之风俗较为近似也。

至于夏字，则又别有其解。据《说文》训夏为人，已见上举。《说文》又训夷云"夷，东方之人也，从大从弓"。按原始民族常自称己族为"人"。如奇奥哇族（Kiowa）之名称"奇奥哇"即为"人"，拉伯人（Lapps）通古斯人亦自称为人。台湾番人太么族、蒲嫩族、朱欧族之名均为"人"（见拙著《文化人类学》），此种风俗系由于自尊己族之意，为原始时代之惯例。故所谓夏者如《说文》所训无误，则此字实即我族自称之语，其意即为人。至于夷字，亦似为夷族自称之语，其意亦为人。我族虽已有"花族"之称，然彼为图腾族名，与夏字之自称可并用而不相冲突也。由上述推之，编者以为，华夏名称之起源似以下列二说为近：

"华"为图腾名称，意即"花族"。

"夏"为自称之语，意即"人"。

第二节　种族之起源

本节讨论中国主干民族华夏系之起源问题，所举诸说虽泛称中国民族，然亦大抵指其主干即华夏系而言，中有范围稍广兼指他系者，亦一并叙述之。

此种学说甚多，兹一一略述于下：

1. 巴比仑说或旧西来说——此说在诸说中最为著名，赞成者多，反对者亦多。初法人拉克伯里氏（Terrien de Iacouperie）著《中国古文明西源论》（*Western Origin of the Early Chinese Civilization*，1894），以为中国之黄帝即为巴比仑巴克族之酋长，率其族东徙而至中国云。兹引蒋智由《中国人种考》所节译者于下。文中之注即蒋氏所加。

"奈亨台（Nakhunte）者，即近世'Nai Hwang ti'；与爱雷米特（Elamite）历史所称之'Kudur Nakhunte'相同，于底格里斯河边有战功，当纪元前2282年［注：或谓当纪元前24世纪至前27世纪］，率巴克（Bak）民族东徙，从土耳其斯坦，经喀什噶尔（Kash-gar）［注：即疏勒］，沿塔里木河（Tarym）达于昆仑山脉之东方。……此东徙之酋长，以中国古史证之，即黄帝也。又曰：莎公（Sargon）者，于当日民众未知文字，为记事实，用火焰形之符号［注：按中国史称神农用火德王，以火命官，故曰炎帝］，是即中国所谓神农也。又曰：但克（Dun-kit）者，近世'Tsanghieh'迦勒底语为'Dungi'，亚尔多（Chaldea）人，曾传其制文字，象鸟兽爪之形，是即中国所谓仓颉也。巴克（Bak）者，本当时命其首府及都邑之名，而西方亚细亚一民族，用以为其自呼之称号。……此民族其后有东徙者，是即中国所谓百姓也。昆仑（Kuenlun）者，即'花国'（flowery land），以其地之丰饶，示后世子孙之永不能忘，既达东方，以此自名其国，是即中国所谓中华也。至其事之相同者，如：一年十二分法，一年二十四小别法，一年分四季法，置闰月法，五日累积法［注：木火土金水］，以十二年为世之一循环，二根元阴阳之义，用八十筮竹，音乐十二律，十干十二支之循环，十二甲子之循环，六十年为一纪；沟渠运河堤防，金属之使用及铸造，用战车驾二头以上之马，君主之冠裳用特别之纹章［注：中国衮冕黼黻］，从事农业得小麦之种［注：波斯湾之北及东北所自生者移植于中国］。座尊右，四海之称名，置天文之官，四岳［注：迦勒底四个州国之王］，十二牧、六宗［注：稣西安那之六少神］、视君主有半神之观念等是也。文字语言之相同者，如十纪计算法……十二月名称之符号［注：《尔雅》、《史记》所称者］等是也。巴比仑之楔形文字，一变而为卦。"

（《中国人种考》）

此说出后风靡一时。日人白河次郎、国府种德合著《支那文明史》（1899年）亦宗其说，列举中国与巴比仑在学术、文字、政治、信仰、传说之相类者七十条以证明之。中国则有蒋智由氏亦祖述其说，其所著《中国人种考》之结论中有云：

"设令中国种族，果由巴比仑来，当属迦勒底之阿加逊人种，而非塞米的种。以上古中外隔塞，由农业大定之故。以上古汉人种，先居黄河之南，而后居黄河之北。以战版泉、涿鹿皆为黄帝与蚩尤之事。"（《中国人种考》）

尚有刘师培（著《思祖国篇》、《华夏篇》、《国土原始论》）、丁谦（著《中国人种从来考》、《穆天子传地理考证》）、章太炎（《检论序种姓》）、黄节（《种源篇》）等皆附和此说。黄节谓巴克即盘古之转音。丁谦亦谓盘古为最初迁来之祖，章太炎谓"加尔特亚盖古所谓葛天"。（见《检论序种姓》）

反对者如法人沙畹（E. Chavannes）从语言学证明熊黄帝说之误。英人波尔（C. J. Ball）亦谓中国与巴比仑文字各自独立。德人夏德氏（Hirth）著《中国太古史》亦不赞成此说。我国则有无名氏著《中国民族西来辩》力攻其不合理。其语云：

"纪元前二千年间，摩西率以色列族，出埃及，至加南，中间历诸艰险，垂四十年仅将得达。彼由埃至加，不出红海滨一隅，平衍无阻之地耳，其难如此。摩西之与那昆德，时地相去，皆属至近，情形应无悬殊；而谓那昆德即能率其种族，飞渡此一二万里之地，中历无数峻岭、沙碛、殊俗异族。安然及身至于中国乎？……我国百字，亦别无他义，惟有属定辞者，有属不定辞者。属定辞者，如个十百千，几百几千之类；属不定辞者，其例尤夥，今亦不必远引，同书之中，如曰'允厘百工'，曰'百揆时叙'，曰'百僚师师，百工惟时'，曰'百志惟熙'，曰'百兽率舞'：皆举其大数，犹言一切之意，即属于不定辞者，此何有丝毫种族之义存乎其中？"（《中国民族西来辩》，《中国人种考》附录）

缪凤林复著同上题名一篇及《中国民族由来论》指斥其误。缪氏谓此说之误有五点。(1)地理之阻碍。(2)人种之不同：巴比仑人属白种，中国人属黄种。(3)年代之悬殊：中国人之久远至少在数万年以上，巴比仑则原始住民由外迁入，距今仅七八千年。(4)文物各异：殷墟甲骨、八卦、琴瑟等皆于巴比仑无征；而巴比仑之楔形文、泥板书、史诗、建筑、美术、星期制等亦为中国所无。(5)论证不确：如楔形文即八卦，巴克即百姓则比拟不伦，莎公（Sargon）即神农，乌包即伏牺、廓特奈亨台即黄帝，则荒谬绝伦云。

2. 埃及说——此说之发生最早，支派亦多。最初有德人契且（A. Kircher）于1654年著书论中国人为埃及人之分支，其证据为文字之相类。继之者有法人余厄（Huet）谓中国为埃及殖民地。得几内（J. Deguignes）亦言中国文化出自埃及。反对此说者如法人得波(Corretius de Pauw)谓埃及人有一种有字母之文字，与中国文字不同。又如法国哲学家伏尔泰(Votlaire)亦谓中国人之面貌、语言、风俗、习惯均与埃及不同。尚有英人威尔金生(G. Wilkinson)根据埃及古墓发现中国磁瓶，即云可证中国人出自埃及，然经他人证明其瓶系近代之物，故其说亦不能成立。

3. 印度说——法人戈比脑(A. de Gobineau)谓中国人之始祖盘古系白种印欧族人，原由印度来，此说之不经自无待言。戈比脑原为种族不平等说之提倡者，事事皆扬白种而抑他种，其言自然如此。

4. 印度支那说——维格耳氏(P. Wieger)言中国人出自缅甸，经由八莫(Bhamo)、莫猛(Momein)、大理、洞庭湖而移至中原。此说后自动取消。

5. 中亚细亚说——英国波尔(Ball)，美国攀柏里(R. Pumpelly)、威廉士(E. F. Williams)，因安诺(Anau)，及墨夫(Merv)两地古址之发现，推论人类应发生于中亚细亚，后因其地变为干燥，乃分二支东西迁移，一支入巴比仑，一支入中国云。又有美国马寿氏(W. D. Mathew)亦言中亚细亚高原应为人类发祥地。

6. 新疆说——德人李希霍芬(Richthofen)谓中国人出于中国土耳其斯坦(Chinese Turkestan)即新疆。其说系根据《北史》记于阗人"貌不似胡颇类华夏"而其西之人或"深目高鼻"或"青眼赤须"，盖即白种，因谓中国人即由于阗而东来。

7. 甘肃说——日人鸟居龙藏谓甘肃古有一族，尊上帝敬祖宗，即为汉人之祖，后乃向东迁移同化原住民族。

8. 土耳其说——瑞典之珂罗屈伦(Karlgren)据安特生在河南、甘肃等地新石器遗址之发现，因谓"至新石器后期，河南文化所及之处，乃受西方文化之影响颇烈。其藉以交通者，当为一自然便利之孔道。故于土产单色精制之陶器外，更输入制作精美彩陶之术。仰韶村彩色陶器所以少于甘肃者实由于此。惟此居于甘肃而授河南民族以制精陶之术者，则恐非中国民族之羌民而成为一种土耳其族。盖欲使吾人认彼等为真正中国民族，实尚缺少种种之特征也"。(见《甘肃考古记》)然经步达生氏(D. Black)由遗骨证明甘肃古人民亦为原形中国派，故此说不能成立。

9. 蒙古说——美人安得鲁(R. C. Andrew)及奥斯朋(H. F. Osborn)于1922年探险蒙古，探寻古人类遗迹。其后著《蒙古或为人类发祥地》(*Mongolia Might be the Home of Primitive Man*)一文，其理论谓蒙古为世界古动物发生地，动物既生于斯，人类或即发祥于斯。唯探险五次未得人类遗骸，故无确证。

10. 新西来说——最近有根据史前遗址之发掘而重新证明中国人种、文化西来者,其方法异于以前之西来说,故另立一派述之。

(1) 遗址

① 仰韶村:民国十年地质调查所安特生(C. G. Anderson)、师丹斯基(O. Zdansky)等于河南渑池县仰韶村秦王寨、不召寨发掘新石器时代遗址。址为古人类所住村落。遗物有石斧、石凿、石锛、石刀、石环、石镞、骨锥、骨针、骨镞、罐形陶器、豆形陶器、尖底器、彩色陶盆、陶钵等。发表《中华远古之文化》(《地质汇报》内)、《河南石器时代之彩色陶器》等报告。

② 沙锅屯:民国十年安特生等于辽宁锦西县沙锅屯发掘得新石器时代洞穴遗址一。遗物为石斧、石镞、石环、石钮、石珠、骨针、骨锥、骨镞,陶器单色者,有鬲碗盆罐破片,彩陶亦为破片,人骨四十二具之不全骨骼。发表报告名《奉天锦西县沙锅屯洞穴层》。

③ 甘肃:安特生复于民国十二年至十三年在甘肃贵德县、导河县、宁定县、镇番县、青海沿岸发掘葬地遗址、住地遗址等,分为六个时期,前三者为新石器时代至石铜器过渡时代,后三者为铜器时代。遗物石器甚少,陶鬲在后三期方有之,又有彩陶瓮等。出版《甘肃考古记》。

(2) 分期

安特生总括上举诸地遗址,分属六期:

① 齐家期:原址在甘肃齐家坪,故名。陶器尚无彩色者。无人骨。年代约当公元前 3500—前 3200 年。

② 仰韶期:原址在河南仰韶村。辽宁、河南全部及甘肃遗址一部皆属此期。(其后李济在山西西阴村发掘石器时代遗址亦属此期云)年代约为公元前 3200—前 2900 年。

③ 马厂期:由甘肃马厂沿得名。陶器略异上期。年代为公元前 2900—前 2600 年。以上三期为新石器时代后期至石铜器过渡时代。

④ 新店期:以甘肃新店得名。陶器与前期异,且有铜器。年代在公元前 2600—前 2300 年。

⑤ 寺洼期:以甘肃寺洼山原址得名。铜器更多,年代为公元前 2300—前 2000 年。

⑥ 沙井期:以甘肃沙井得名。铜器精而且多。年代在公元前 2000—前 1700 年。

以上三期属铜器时代。安特生据以上之发现,推论中国史前陶器与西方相类,且似即由西方传来。

"仰韶陶器中,尚有一部分或与西方文化具有关系者,近与俄属土耳其施坦相通,远或与欧洲相关;施彩色而摩光之陶器,即其要证。此项陶器于仰韶层中发现极多,虽残破不全,而大概形态不难推见。其器体积不大,形式简单,多作碗状。其所用陶土之质,较他种陶器所用较细;器质颇薄;工作精美,面多磨光,红地施以黑白花纹。与此相似之陶器,欧洲新石器时代或其末期亦有之。如意大利之西西里岛、北希腊之启龙尼亚(Choeronia)、东欧之格雷西亚(Glacia)、俄国西南部鸠城(Kiew)附近之脱里波留(Tripolije);其尤有意味者,厥为本伯利(Pumpelly)在俄属土耳其斯坦、阿思嘉巴(Askabad)附近安诺(Anau)地方所发现之陶器,比各处之陶器,固各自有其特点,然取以与仰韶陶器相较,则皆有相似之点,而以安诺为最。夫花纹样式,固未必不能独立创作,彼此不相连属。然以河南与安诺之器相较,其图形相似之点,既多且切,实令吾人不能不起同出一源之感想,以为两地艺术彼此流传,固未可知也。"(《中华远古之文化》)

"吾人就考古学上证之,亦谓此等着采之陶器,当由西来,非由东去也。盖据郝伯森氏云,浩鲁氏已证明巴比仑在公元前3500年即有多采陶器,仰韶陶器有与三代铜制鼎鬲相逼似者,且当时陶工已用磨轮,皆足证明其时代当与中国有史之时相去不远,当在去今四五千年前之间,是即远在巴比仑之后。如果出于流传,则必自西东传矣。使他日可证明陶器之术来自西方,则其他文化或种族之特性,亦可由此输入。"(《中华远古之文化》)

英国伦敦博物院郝伯森氏(Hobson)且谓此种陶器系由巴比仑传来。

"红陶器带黑色彩纹显与近东石器时代诸址所发现者,同属一类。……似可谓此种陶业创始于巴比仑,后乃四出流传。中国地处极东,达到之时日,自当较后。"(《中华远古之文化》)

安特生更进而推论中国民族或系在新疆或其附近时受西方影响而开化,后乃东移于中原。加尔格林(Karlgren)述安特生之说谓:

"安氏之言曰:'由地理环境上之分析,确示新疆为吾人最后决定仰韶问题之地。因吾人于此可以识别一种蒙古利亚民族,当新石器时代,曾受西方文化之影响,亦或受西方人种之影响,生息繁衍,渐至务农,文明因而大进,是为中国历史上文化之始。然此种文化确实之发源地,非于新疆详加研究不能判定。但就河南采集所得,杂觉此种文化之行程,实可由中亚细亚经南北两山间之孔道,东南达于黄河、河谷,以至现代甘肃之兰州。'依安氏之主张,则中国文明之基础当此种民族奠居新疆之时,即已建设。而其文化主要之特性,则因迁移而流入中国。安博士更综述其暂定之结论如下(见1924年 *Ymer* 第34页)。种种事实,如其遗址(指甘肃新石器文化之遗址)所示定居之农业,如文化层之豕骨,如雕刻之方法,皆与仰韶村及中国史乘相符:凡此皆所以示此种文化(指甘肃新石器文化)之主人翁,实为中国史前之民族。此种文化其于中国本部之西北特为发达,且杂有西方文化之表征,似更予吾人历来之设想以根据。即谓彼中国人种最早之进化,当在亚细亚之内部,略如中国之中新疆或其附近一带。"

《甘肃考古记》）

至于以上遗址所得之人骨，由解剖学专家步达生氏取与现代华北人骨比较研究，断定其同属一派。

"故吾人比较研究之结果颇不易避去'沙锅屯、仰韶居民体质与现代华北居民体质同派'之结论。"（《奉天沙锅屯及河南仰韶村之古代人骨与近代华北人骨之比较》）

"在沙锅屯及仰韶遗骸之报告中，我当证明那两组骨骸所代表的人民之体质与现代当地居民之体质同属一派。假如所证果实，则仰韶、沙锅屯居民之体质与史前甘肃居民之体质亦相似，盖三组人之体质均似现代华北人，即所谓亚洲嫡派人种也。"（《奉天沙锅屯及河南仰韶村之古代人骨与近代华北人骨之比较》）

11. 土著说——初有法人罗苏弥（Leon Rossomy）于1862年最先提倡此说。英人洛斯（G. Ross）著《中国民族之起源》（*The Origin of Chinese People*，1916）赞成之。威廉氏亦言"中华民族发生于中国本部，此说为多数著名学者所主张"。英人罗素谓"中国文化乃欧洲以外完全独立发展者"。韦尔斯于《世界史纲》内亦言"中国文化似为自然发生未受他助"，此言虽专论文化，然文化与种族有连带关系，故亦近于民族土著说。安特生氏发现辽宁、河南与甘肃文化之相似，推论其由西而东，然论者有谓其亦可以推论为自东而西者。且步达生固断定以上诸地之古人类与今之住民同属一派，故亦可证明土著之说。如金兆梓《中国人种及文化之由来》即详论此意。

按上述安特生等之发现均属新石器后期及铜器时代，因与历史时代相近，故对于中国民族之起源关系较为密切。此外尚有旧石器发现于河套、宁夏、榆林、河北之宣化等地，故知在中国自甘肃以东至河北均有旧石器时代之文化。其文化同于欧洲之旧石器中期约在四五万年前。其时之人类遗骨则未有发现，然世界人类之大别如高加索种及尼革罗种在旧石器后期方始萌芽，其年代约在二万五千年前，蒙古利亚种大约亦在是时，大种中之分支自然更属以后之事。中国人民主干之华夏系不过蒙古利亚种中之一分支，其起源无须远溯至旧石器时代。然如在旧石器时代中国北部已有人类，自然不能即断定以后之华夏系人必为外来而非由土著之旧石器人类演进而成。至于最近复于北京发现"北京种之中国猿人"（Sinanthropus Pekinensis）或简称"北京人"（Peking Man）之遗骨，则因其形体极为原始，年代极为荒远，不能断定其与后来蒙古利亚种之关系，故更不能为推测华夏系起源之助，惟亦与上述旧石器时代人类同，可推论中国居民亦有由土著发生之可能性也。

按以上诸说中巴比仑说已为学者所弃，埃及说沦于荒唐，印度说出于种族偏见，印度支那说已自行放弃，中亚说范围广泛，不专论中国民族，新疆说无确证,甘肃说亦同,土耳其说与实际骨骼之研究相反,蒙古说亦未得确证。新西来说指明中国史前文化特质如陶器等与西方相类亦非无据,唯若谓文化及人种必由西东来则颇涉牵强,无怪反对者之攻击。然诸说之中究以新西来说之主张者曾切实发掘地下材料,方法较前此诸说进步甚多,且结论至少亦有一部分可用。土著说初亦无确证可据,唯最近北京人之发现增加力量不少。将来关于此问题之答案,大抵以后二说较有力量,或二说之折中似更有希望也。

兹试由欧洲之史前人类史实以推论我国之史前人类。欧洲在旧石器时代中期即约五万年前有尼安特他耳人(Neanderthal Man),其人形状尚属"原始的",与现代种族无关。至于旧石器后期即约25000年前有二种古人类,均属"真人类"(Homo Sapiens),一名克罗麦囊种(Cro-Magnon Race),一名格林马底种(Grimaldi Race)。据专家研究,前一种人有历史时代之高加索种即白种(Caucasian Race)之特征,似即为其祖先。后一种人有尼格人罗种即黑种(Negroid Race)之特征,亦似即为其祖先。只有蒙古利亚即黄种(Mongolian Race)之祖先未有确实之发现,至新石器时代即约一万年前之古人骨骼则其形状与历史时代相同,可见种族之分歧已定。由此观之,蒙古利亚种人之祖先如与白黑二种同时发生,则其年代约在25000年前。至其发生地方因欧洲不见,而亚洲有北京人之发现。且历史时代蒙古利亚种人多在亚洲,故其祖先之发生似应在亚洲。至在亚洲何部分,则有史以来亚洲西部即为白种人所居住,自地中海东岸至于新疆皆有之,愈在西部愈纯为白种人。如《北史·于阗传》即言"自高昌以西诸国人等深目高鼻",颜师古《汉书》注云"乌孙人青眼赤须",此种体质皆为白种人之特征。有史以来如此,有史以前若非有极大之民族迁徙,则蒙古利亚种人必原在新疆以东,然则蒙古利亚种人之祖先殆即发生于新疆以东之地。今试再推测蒙古利亚种人于25000年前发生于新疆以东之地,其后经万余年而至新石器时代开始(约照世界他处情形而言),在此期间蒙古利亚种人因生齿日繁,散布各地,因环境或其他条件之不同而渐生差异,终至分歧为诸族如匈奴、东胡、氐羌、华夏等族。此蒙古利亚种祖先之发生地究在新疆以东一带地之何部,尚不能明,故诸支族之起源地及迁移路线亦不能明。

今再借用人类学家之文化区域(cultural area)法以推论蒙古利亚种祖先之发祥地,亦即诸支族所从出之中心地。文化区域法谓文化之传播若不受阻碍则其向周围各方之发展必趋于平均。而其发起地常在中心点(见Wissler: *Man and Culture*,孙本文《社会之文化基础》)。此虽指文化而言,然文化与人种有连带关系,似亦可借用以讨论人种。今先就新疆论之,新疆自东部高昌以西皆为高加索种人,如于阗、龟兹等皆是,不特青眼赤须之乌孙也。故新疆已在蒙古利亚种之西方边境,而非其中心点。至于其东方边境则尚非亚洲极东,因美洲之土人亦属蒙古利亚种之分支,故其边境乃在美洲。新疆之西尚有发展余地,若蒙古利亚种发祥于此,何不东西并出,而乃独向东进,不向西行?由此观之,蒙古利亚种之发祥地若无特殊情形似应在新疆至美洲之半途,即亚洲之东部。且北京人亦即发现于此范围内,故似有可能也。以上不过就文化区域法推测之辞,欲求确证,全赖地下之史前材料,今者史前考古事业方在萌芽,此种材料发现尚少,解决此题尚需时日,推论者不能过事冥想也。惟是种族之分歧常由环境影响而后成,其初由母地分出之时,想亦无甚差异,殆居住一地既久,方渐与他地他族发生歧异,而支族以成。简言之,移居应先于支族之成立,支族之成立应在移居之后。故蒙古利亚种之发源地即能确定,亦不能即指某支族先在该地成立,然后移居某处也。

华夏系参考书

第一节 名称之起源

1.《书》

2.《左传》

3.《说文解字》

4.章太炎:《中华民国解》(《章氏丛书别录》)

5.梁任公:《中国历史上民族之研究》

6.张星烺:《支那名号考》(《中西交通史料汇篇》第二册)

7.高桑驹吉:《中国文化史:中国国名的起源》

8.陈登原:《中国文化史:国名诠释》

9.缪凤林:《中国通史纲要:国史上之分类,国家种族之定名》

10.姜亮夫:《夏殷民族考》(《民族》一卷十一、十二期,二卷一、二期)

11.陈钟凡:《华夏考原》(《国学丛刊》一卷二期)

12.陈去病:《中华民族释义》(《国学丛刊》一卷四期)

13.梁园东:《中国民族之名称》(《大夏》一卷八期)

14.梁园东:《华夏名称及其种族考原》(《大夏》一卷六期)

15.温雄飞:《支那名号译音溯源考》(《新社会科学》一卷二期)

16. Morgan:《古代社会》

第二节 种族之起源

1.蒋智由:《中国人种考》

2.章太炎:《序种姓篇》

3.章鸿钊:《汉族起源近说》(在《三灵解后》)

4.丁谦:《中国人种从来考》(《穆天子传地理考证后》)

5.Maspero:《中国文化之原始》(《中法大学月刊》四卷三期)

6.缪凤林:《中国民族西来辨》(《学衡》三十七期)

7. 缪凤林:《中国民族由来论》(《史学杂志》二卷二、三、四期)

8. 张国仁:《中华民族考》

9. 缪凤林:《中国通史纲要》第一册

10. 金兆梓:《中国人种及文化之由来》(《东方》二十六卷第二十四期)

11. 陈钟凡:《文字学上之中国人种起原考》(《国学丛刊》一卷二期)

12. 屠孝实:《汉族西来说考证》(《学艺》二卷一、二期)

13. 何炳松:《中华民族起源之新神话》(《东方》二十六卷第二号)

14. 何炳松:《中国文化西传考》(《中国新论》一卷三期)

15. 安特生:《中华远古之文化》(在《地质汇报》内)

16. 阿恩:《河南石器时代之着色陶器》

17. 安特生:《奉天锦西县沙锅屯洞穴层》

18. 安特生:《甘肃考古记》

19. 步达生:《奉天沙锅屯河南仰韶村之古代人骨与近代华北人骨之比较》

20. 李济:《西阴村史前遗存》

21. 李济等:《安阳发掘报告》

22. Stephenson:《亚洲原人时代之研究》(《科学》九卷八期)

23. 赵会俦:《证明中国文化起于三万年以前》(《民族周刊》一)

24. 滨田耕作著,汪馥泉译:《东亚文化之黎明》

25. 吕振羽:《史前期中国社会研究》

26. 卫聚贤:《中国考古学小史》

27. 曾松友:《中国原始社会之探究》

28. 梅原末治著,胡厚宣译:《中国青铜器时代考》

29. 宋文炳:《中国民族史》

30. 吕思勉:《中国民族史》

31. 陈登原:《中国文化史》卷一

32. 柳诒徵:《中国文化史》卷一

33. 高桑驹吉:《中国文化史》

34. 林惠祥:《世界人种志》

35. Ross, *The Origin of Chinese People*

36. Osborn, H. F., *Mongolia Might be the Home of Primitive Man*(北京《英文导报》1923 年 10 月 10 日)

37. Andrews, R. C., *On the Trail of Ancient Man*

38. Haddon, A. C., *Races of Man*

39. Buxton, L. H. D., *The Racial History of Man*

第四章 东夷系（汉族来源之二）

夷或曰东夷，以其居于华夏系之东也。《说文》："夷，东方之人也，从大，从弓。"东夷一名词有广狭二义，狭义专指秦以前居今山东、江苏、安徽等省自淮以北沿海一带之异民族。广义则为秦汉以后版图扩张，在境内之东夷已归同化，因别指满洲、朝鲜、日本、琉球等族为东夷。日本八木奘三郎谓前者为旧东夷，后者为新东夷（《环居渤海湾之古代民族》）。由中国民族史言之，自应以狭义者即旧东夷为范围。狭义之东夷自上古时即与华夏系并居中国，周初颇强，后屡受王室及齐鲁之攘斥，遂渐衰，楚及吴、越兴起，受其役属，秦灭六国后竟散为民户，自是完全同化于华夏系。

东夷之种类常号为九。

"惟克商，遂通道于九夷、八蛮。"（《书·旅獒》）

"子欲居九夷，或曰陋，如之何。子曰，君子居之，何陋之有？"（《上论》）

然《禹贡》所举只有青州之嵎夷、莱夷，冀州、扬州之岛夷（或鸟夷），徐州之淮夷四种。《后汉书》据《竹书纪年》乃详举九夷之名，后复加蓝夷一种是竟为十矣。

"王制云：东方曰夷。夷者，柢也，言仁而好生，万物柢地而出，故天性柔顺，易以道御，至有君子不死之国焉。夷有九种，曰：畎夷、于夷、方夷、黄夷、白夷、赤夷、玄夷、风夷、阳夷。故孔子欲居九夷也。"（《后汉书》卷一一五）

"《竹书纪年》曰：后泄二十一年命畎夷、白夷、赤夷、玄夷、风夷、阳夷。后相即位二年征黄夷，七年于夷来宾，后少康即位，方夷来宾也。""至于仲丁、蓝夷作寇。"（《后汉书》卷一一五）

《竹书纪年》及《后汉书》所举之夷多以色为别，如春秋之白狄、赤狄，今之白苗、黑苗然。白苗、黑苗系以衣服之色为别，非真正人种上之区别，故上举之白夷、赤夷等，恐亦不过为类此之区别。且增加蓝夷一种，更不合九夷之数。上举《书·旅獒》九夷句下蔡注谓："九夷八蛮，多之称也。《职方》言四夷八蛮，《尔雅》言九夷八蛮，信言其非一而已。"故夷数非必为九，九泛言其多也。古代人种部落繁多，华夏之人所知有限，何能一一指数确断其为九种乎？且《后汉书》之九夷或谓均属淮夷，是淮夷一种即分为九支也。

"九夷之国，莫不宾服。"（《墨子·非攻中》）"《尔雅·释地》云：九夷、八狄、七戎、六蛮，谓之四海。《王制》孔疏云：九夷，依东夷传九种，曰畎夷、于夷、方夷、黄夷、白夷、赤夷、玄夷、风夷、阳夷。李巡注《尔雅》云：一曰玄菟，二曰乐浪，三曰高骊，四曰满饰，五曰凫余，六曰索家，七曰东屠，八曰倭人，九曰天鄙。

按《王制》疏所云,皆海外远夷之种别。此九夷与吴楚相近,盖即淮夷,非海外东夷也。《书叙》云:成王伐淮夷,遂践奄。韩非子《说林》上篇云:周公旦攻九夷而商盖服。商盖即商奄,则九夷亦即淮夷。故《吕氏春秋·古乐篇》云:成王立,殷民反。王命周公践伐之。商人服象,为虐于东夷。周公遂以师逐之,至于江南。又《乐成篇》云:犹尚有管叔、蔡叔之事,与东夷八国不听之谋。高注云:东夷八国,附从二叔,不听王命。周公居摄三年伐奄,八国之中最大,著在《尚书》。余七国小,又先服,故不载于经也。案东夷八国,亦即九夷也。春秋以后,盖臣属楚、吴、越三国。战国时,又专属楚。《说苑·君道》篇:说越王勾践与吴战,大败之。兼有九夷。《淮南子·齐俗训》云:越王、勾践霸天下,泗上十二诸侯,皆率九夷以朝。《战国策·秦策》云:楚苞九夷,方千里。《魏策》云:张仪曰:楚破南阳,九夷内沛,许鄢陵危。《文选》:李斯《上秦始皇书》,说秦伐楚,包九夷,制鄢、郢。李注云:九夷,属楚夷也。若然,九夷实在淮、泗之间,北与齐、鲁接壤。故《论语》:子欲居九夷,参互校核,其疆域固可考矣。"(孙诒让注)

由此言之,东夷所包实较九夷为广,九夷不过其淮泗之一种而已。兹略举关于此诸夷之古记载于下:

"昔尧命羲仲宅嵎夷,曰旸谷,盖日之所出也。夏后氏太康失德,夷人始畔。自少康已后世服王化,遂宾于王门,献其乐舞。桀为暴虐,诸夷内侵。殷汤革命,伐而定之。至于仲丁、蓝夷作寇。自是或服或畔,三百余年。武乙衰敝,东夷浸盛,遂分迁淮岱,渐居中土。"(《后汉书》卷一一五)

按:此段总述东夷之起源至于分居淮水及泰山之间。

1. 嵎夷——在古青州,或谓即在后之登州地。

"分命羲仲宅嵎夷,曰旸谷。"(《书·尧典》)"嵎夷即《禹贡》嵎夷既略者也……曰旸谷者,取日出之义。……盖官在国都,而测候之所则在于嵎夷东表之地也。"(《后汉书》卷一一五蔡注)

"海岱惟青州、嵎夷既略。"(《书·禹贡》)"青州之域,东北至海,西北距岱,岱,泰山也。嵎夷薛氏曰今登州之地,略经略,为之封畛也。"(蔡注)

2. 莱夷——莱夷亦在古青州,后莱州地。其人原为齐国土著,其初能与新来之齐君争,后卒为齐所灭。管仲传即出其族,可见一部分久已同化,唯春秋之末齐尚用其人以胁鲁君,此必其较为蛮野者。

"莱夷作牧,厥篚檿丝。"(《禹贡》)"莱夷,颜师古曰莱山之夷。齐有莱侯,莱人即今莱州之地。作牧者言可牧放,夷人以畜牧为生也。檿山桑也,山桑之丝,其韧中琴瑟之弦。苏氏曰:惟东莱为有此丝,以之为缯,其坚韧异常,莱人谓之山茧。"(蔡注)

"武王已平商而王天下,封师尚父于齐营丘。……莱侯来伐,与之争营丘。

营丘边莱、莱人夷也。会纣之乱而周初定,未能集远方,是以与太公争国。"(《史记》卷三二)

"十有二月,齐侯灭莱。"(《春秋·襄六年》)"前二年,齐侯伐莱,莱人以马牛百匹赂齐,寺人宿沙卫而还。其年秋,齐召莱子,使送齐宗妇之会鲁葬者,而莱子不至。因使宴弱城东阳以逼之,至是围莱筑堙,环莱城而傅之堞,遂入莱。莱共公奔崇,晏弱围棠而灭之,迁莱于郳,陈无宇献莱宗器于襄宫,高厚、崔杼定其田"。(毛检讨《春秋传》)

"公会齐侯于祝其,实夹谷,孔丘相。犁弥言于齐侯曰:'孔丘知礼而无勇。若使莱人以兵劫鲁侯,必得志焉。'齐侯从之。孔丘以公退。曰'士兵之。两军合好,而裔夷之俘以兵乱之,非齐君所以命诸侯也。裔不谋夏,夷不乱华,俘不干盟,兵不逼好……'"(《左传·定十年》)

3. 淮夷——在古徐州之地,近淮水。其人似甚众,故分为九夷。在周初数与齐、鲁争战,又助管、蔡抗周。周宣王、厉王、齐桓公、鲁僖公,均有事于淮夷,直至春秋之末犹未完全同化于华夏系。

"海岱及淮惟徐州。……淮夷蠙珠暨鱼"。(《禹贡》)"淮夷,淮之夷也,蠙蚌之别名也……珠鱼之出于淮夷,各有所产之地,非他处所有,故详其地而使贡也。"(蔡注)"郑康成曰,蠙珠,珠名。淮夷,淮水之上夷民,献此蠙珠与美鱼也。"(《尚书今古文注疏》)"公曰:嗟,人无哗,听命。徂兹淮夷、徐戎并兴。……甲戌,我惟征徐戎……"(《书·费誓》)"汉孔氏曰徐戎、淮夷,并起寇鲁。伯禽为方伯,帅诸侯之师以征……苏氏曰:淮夷叛已久矣,及伯禽就国,又胁徐戎并起,故曰徂兹淮夷、徐戎并兴。徂兹者,犹曰往者云。"(蔡注)"及周成王少时管蔡作乱,淮夷畔周,乃使召康公命太公曰'……实得征之'。齐由此得征伐为大国。"(《史记》卷三二)

"管蔡畔周,乃招诱夷狄,周公征之,遂定东夷。"(《后汉书》卷一一五)"《尚书》:武王崩,三监及淮夷畔,周公征之,作大诰。又曰:成王既伐管叔、蔡叔,灭淮夷"(同上注)

"厉王无道,淮夷入寇,王命虢仲征之不克,宣王复命召公伐而平之。"(《后汉书》卷一一五)

"江汉浮浮,武夫滔滔,匪安匪游,淮夷来求。"(《诗·韩奕》)"宣王命召穆公平淮南之夷,诗人美之……言行者皆莫敢安徐而曰:吾之来也,惟淮夷是求是伐耳。"(同上朱注)

"桓公……东南多有淫乱者:莱、莒、徐夷、吴、越,一战帅服三十一国。"(《国语·齐语》)

"至于海邦,淮夷来同,莫不率从,鲁侯之功。保有凫绎,遂荒徐宅,至于海邦,淮夷蛮貊,及彼南夷,莫不率从,莫敢不诺,鲁侯是若。"(《诗·閟宫》)

"明明鲁侯,克明其德;既作泮宫,淮夷攸服。……济济多士,克广德心;桓桓于征,狄彼东南。……既克淮夷,孔淑不逆;式固尔犹,淮夷卒获。……憬彼淮夷,来献其琛。"(《诗·有驳》)

《閟宫》、《有驳》二诗颂鲁僖公也。

"夏楚子、蔡侯、陈侯、郑伯、许男、徐子、滕子、顿子、胡子、沈子、小邾子、宋世子佐淮夷会于申。""秋七月楚子、蔡侯、陈侯、许男、顿子、胡子、沈子、淮夷伐吴。"(《春秋·昭四年》)

"及幽王淫乱,四夷交侵。至齐桓修霸,攘而却焉。及楚灵会申,亦来豫盟。后越迁琅邪,与其征战,遂陵暴诸夏,侵灭小邦。秦并六国,其淮、泗夷皆散为民户。"(《后汉书》卷一一五)

4. 徐戎——又称徐夷,与淮夷同在徐州。以其勇悍故曰戎。周初合淮夷侵鲁(见上举《费誓》)。周康王时其君称王。穆王时,史言其被灭于楚,然其族仍在。周宣王复大举征之,是后遂平服。至春秋之末乃服于吴。"徐戎强于淮莱而衰亡亦较速者,殆以逼近诸夏,不如边远者之能苟延。"(梁任公《中国历史上民族之研究》)

"后徐夷僭号,乃率九夷以伐宗周,西至河上。穆王畏其方炽,乃分东方诸侯命徐偃王主之。偃王处潢池东,地方五百里,行仁义,陆地而朝者三十有六国。穆王后得骥骤之乘,乃使造父御以告楚,令伐徐,一日而至。于是楚文王大举兵而灭之。偃王仁而无权,不忍斗其人,故致于败。乃北走彭城武原县东山下,百姓随之者以万数,因名其山为徐山。"(《后汉书》卷一一五)

"左右陈行,戒我师旅,率彼淮浦,省此徐土。……徐方绎骚,震惊徐方;如雷如霆,徐方震惊。……徐方既同,天子之功;四方既平,徐方来庭。……"(《诗·江汉》)此诗美宣王伐徐戎也。"徐人取舒"。(春秋·僖三年)

"楚人伐徐。""公孙敖帅师及诸侯之大夫救徐。""楚人败徐于娄林。"(《春秋·僖十五年》)"齐人、徐人伐英氏。"(《春秋·僖十七年》)

"徐伐莒。"(《春秋·文七年》)"冬十有二月吴灭徐,徐子章羽奔楚。"(《春秋·昭三十年》)

5. 岛夷——又作鸟夷,经注有谓为善捕鸟者,冀州、扬州皆有之。"冀州……岛夷皮服。"(《禹贡》)"海曲曰岛,海岛之夷,以皮服来贡也。"(蔡注)"史迁岛作鸟,马融曰鸟夷国,郑氏曰鸟夷,东北之民赋食鸟兽者。"(《尚书今古文注疏》)"扬州……岛夷卉服,厥篚织贝,厥包橘柚锡贡。"(《禹贡》)"岛夷,东南海岛之夷,卉草也……织贝,锦名,织为贝文,诗曰贝锦是也。今南夷木棉之精好也,亦谓之吉贝。海岛之夷以卉服来贡,而织贝之精者则入篚焉……"(蔡注)

"注:郑康成曰:此州下湿,故衣草服,贡其服者,以给天子之官贡,一作鸟。""疏:岛夷,《汉志》作鸟夷。颜师古注云:东南之夷善搏鸟者。《后汉书·

度尚传》云:深林远薮,椎髻鸟语之人,置于县下。注云:鸟语谓语声似鸟也。《书》曰:鸟夷卉服,则唐时尚作鸟夷。郑注见《书》疏云:下湿衣草服者。《说文》:衰草雨衣,秦谓之草。越语云:譬如衰笠,时雨既至,必求之云。贡其服给天子之官者。《郊特牲》云:黄衣黄冠而祭,息田夫也。野夫黄冠,黄冠草服也。大罗氏天子之掌鸟兽者也,诸侯贡属焉。草笠而至尊,野服也。是卉服共给官用也。《尔雅》释草云卉草。""注:郑康成曰贝锦名也。诗云成是贝锦。凡职者先染其丝织之即成矣。《礼记》曰士不衣织。""疏:郑注见《史记集解》及《诗》疏以为贝锦者为实筐之物,且与织连文,知非水贝。《诗·巷伯传》云:贝锦,锦文也。笺云:锦文者,文如余泉余蚳之贝文也,云士不衣织者,玉藻文。"(以上均见《尚书今古文注疏》)

　　日本尾崎秀真著《台湾古代史纲》言岛夷卉服即指台湾番族,盖以卉服与织贝极似台湾番族之物。"番族之衣皆属麻质,卉服或即指此。织贝二字,古注多不明了,或以为即是锦衣,然贝字终不能明,今考番族自古即以贝壳制成小粒扁圆珠,以为货币,并缝缀于麻质之衣服上,以为盛妆之服。"(林惠祥《台湾番族之原始文化》)橘柚亦唯今福建、台湾产者最佳。且台湾之番人亦即是岛夷。然此说甚奇。《禹贡》若果著于虞夏,似不能知台湾之事,否则或江浙海岛古时亦有岛夷,而其人亦有"织贝"者。总之织贝二字之解释,古注实不明了,而与台湾之贝珠衣极相近似,此亦一大异事也。

　　6. 介夷——灭于齐。

　　7. 根牟夷——灭于鲁。以上二者皆不见于经。(顾栋高《春秋大事表》)

附　貉

　　1. 貉与貊通,又有涉、涉貉等称。貉为今高丽人之祖,不在今之中国民族内。其人犹安南人然,政治上不能称为中国民族之一,然在民族上甚为密切,其密切之故,即因历史上曾为中国之一部分,文化上受中国影响甚多,而人种上亦多容纳中国之移民;此在高丽尤较安南为甚。

　　上古时貉族似与中国人住地更为接近,故古书上常言及之。惟其后此族渐与中国远离,只居于朝鲜半岛,自成一族。朝鲜半岛固多受中国之移民而鲜移出于中国,然亦因被迁及归附,略有影响于中国之人种。

　　此族所居之地,《史记》言"燕北迫蛮貉",盖在燕之北;复由《诗》言"至于海邦,淮夷蛮貉"推之,必在东方滨海之地,淮夷、徐夷之北,淮夷、徐夷以及他夷所在之地多在今山东、江苏,其北即今河北沿海,盖即燕之东北,古代貉族或有住于此者,后以华夏系之开拓,乃被逼而退却或同化。貉非小族,其后在南满者有夫余,在朝鲜者有东涉、沃沮、句骊、百济等国。可见其初时散布必甚广,西至中国之东北海滨,后乃退却而只居于朝鲜半岛。

东夷之种属至今未明,貊之住地既与夷接近,在种族上不知有无关系?在古史上亦以貊属东夷即广义之东夷,正确言之,固不能即目为同类,然由间接推之,亦似有关系可言。孟子言:舜,东夷之人也,今人推得舜为殷人之祖,殷人为东夷,兴于东方,而殷亡后,箕子东走朝鲜,朝鲜亦为殷民族所居云。如姜亮夫《夏殷民族考》即云:"东夷、淮夷等或者还是殷之先民也,难说定","殷是古东方民族的族名,本字当作夷"。其所举之证据为《说文》训夷为东方之人,《太誓》有"受有亿兆夷人,离心离德"之语,《墨子·非命》上引《太誓》"纣夷处不肯事上帝",殷亡后,东夷助武庚叛周,夷字为射字之分化字,而殷人射狢之事甚盛云。至于殷与朝鲜之关系,其证据据姜氏所举为箕子王于朝鲜,朝鲜人之传说"颇与天命玄鸟降而生商的话相近",而"当时的辽东、朝鲜半岛或还未成深洋"云。按殷为东夷之说证据颇多,《太誓》之"受有亿兆夷人"一语甚为明显。至于殷人与朝鲜民族之关系则证据尚未充分。依此说则夷与貊为同族,若果不诬,则从来不能解决之东夷种属问题即可解决矣。今虽未能决定,然亦可视为一种假说以供参考也。本书以貊在今日非中国民族,而在古时则与中国颇有关系,虽不必列为中国之一族,然亦应略述其古代与中国之交涉;而此族与中国诸族中唯东夷似较有关系,故附于东夷之后。

2. 古代之貊——貊在中国古书常言及之,故知其古时与中国必相近而多接触。

"溥彼韩城,燕师所完。以先祖受命,因时百蛮。王锡韩侯,其追其貊,奄受北国,因以其伯。实墉实壑,实亩实籍,献其貔皮,赤豹黄罴。"(《诗·韩奕》)

"追貊,夷狄之国也……韩初封时,召公为司空,王命以其众为筑此城……王以韩侯之先因是百蛮而长之,故锡之追貊,使为之伯,以修其城池,治其田亩,正其税法,而贡其所有于王也。"(朱注)

此韩国为周初所封,后灭于晋,由《诗》观之,其初封时似令其治追貊之族,由此可见貊与中国发生关系甚早也。

《诗·闷宫》(已见上文)颂鲁僖公之功而言淮夷、蛮、貊莫不率从,亦可见其与中国有关系。

貊为春秋战国时人所常言,观于孔孟之言而知之。

"言忠信行笃敬,虽蛮貊之邦行矣。"(《论语》)"子之道,貊道也。夫貊,五谷不生,惟黍生之,无城郭宫室、宗庙祭祀之礼,无诸侯币帛飨殓,无百官有司,故二十取一而足也。"(《孟子》)

3. 朝鲜——殷亡,王族箕子王于朝鲜,古书言为武王所封,不过文饰之语。

"殷道衰,箕子去之朝鲜,教其民以礼义、田蚕、织作。"(《汉书·地理志》)

"武王胜殷,继公子禄父,释箕子之囚,箕子不忍周释,走之朝鲜,武王闻

之,因以朝鲜封之。箕子既受周之封,不得无臣礼,故十二祀来朝。"(《太平御览》卷七八〇引《尚书·大传》)

古朝鲜之地何在,颇有异说。姜亮夫以为"朝鲜本殷民族的分布之地……而当时的辽东、朝鲜半岛或者还未成深洋,其交通的道路不必起程于山海关一带"(《夏殷民族考》)。吕思勉则以为"朝鲜初地……必不在今朝鲜境,度其大,较当在燕之东北,与貊杂居,或竟以貊为民,貊族文化多同于殷,盖自箕氏有国以来所渐染"(《中国民族史》)。箭内亘之《东洋读史地图》中战国时代图,以朝鲜为在辽东半岛及朝鲜半岛西北一部分,其北为涉貊。按箕子既由中国东去,辽东半岛最先到,且远在周版图之外,自然可以占有之,若以此为未足再向东略,当时实力想不甚充(或云五千人),自然亦只以朝鲜半岛之西北部为限。其人民当时在辽东半岛者似为貊族。至貊与殷人关系如何,殊难断定。若不同族,则是箕子侵入而役属之;若同族,则为返其故国矣。

箕氏之朝鲜,传四十余世,乃被夺于卫满,卫氏不数传,于汉武帝时被灭,分置四郡。

"其后四十余世,至朝鲜侯准自称王。汉初大乱,燕、齐、赵人往避地者数万口,而燕人卫满击破准而自王朝鲜,传国至孙右渠,元朔元年涉君南闾等畔,右渠率三十八万口诣辽东内属,武帝以其地为苍海郡,数年乃罢。至元封三年灭朝鲜,分置乐浪、临屯、玄菟、真番四郡。"(《后汉书》卷一一五)

自此以后为中国统治者约四百年,至于西晋末高句丽兴乃独立。唐初虽灭高句丽,收为郡县,然不久其地复为新罗、渤海所占,渤海既亡,高丽遂统一全半岛。

朝鲜人之移入中国以唐平高丽、百济时为最多。太宗时即授其酋长三千五百人以官而迁之内地。(《唐书》)平高丽后迁其民三万八千三百户于江、淮之南及山南、京西(《通鉴纪事本末》),其后复分徙其人散向河南、陇右诸州(《唐书》)。平百济后亦徙其豪杰于徐、兖、营诸州(《通鉴纪事本末》)。

4.夫余——夫余为貊族之国,地跨满洲南部及朝鲜北部,介于肃慎及东胡之间,后即为肃慎之渤海所灭,故于上二系似有种族上之影响,故略述之。夫余于东汉建武二十五年(49年)始通中国,终东汉世无大关系。《后汉书》述其风俗颇详。

"夫余国在玄菟北千里,南与高句骊、东与挹娄、西与鲜卑接,北有弱水,地方二千里,本涉地也。……于东夷之域最为平敞,土宜五谷,出名马、赤玉、貂豽,大珠如酸枣。以员栅为城,有宫室、仓库、牢狱。其人粗大强勇而谨厚,不为寇钞。以弓矢刀矛为兵,以六畜名官,有马加、牛加、狗加。其邑落皆主属诸加。食饮用俎豆。会同拜爵洗爵揖让升降。以腊月祭天,大会连日,饮食歌舞,名曰迎鼓。是时断刑狱,解囚徒。有军事亦祭天杀牛,以蹄占其吉凶。行人无昼夜好歌吟,音声不绝。其俗用刑严急,被诛者皆没其家人为奴婢。盗一责十二,男女淫皆杀之,尤治恶妒妇,既杀复尸于山上。兄死妻嫂。死则有椁无棺,杀人殉葬,多者以百数。其王葬用玉匣。"(《后汉书》卷一一五)

东汉末,夫余服属辽东,公孙度以宗女妻之。《三国·魏志》增加下列数条。

"国之耆老自说古之亡人。……其印文言涉王之印。国有故城名涉城,盖本涉貊之地,而夫余王其中,自谓亡人,抑有似也。"(《魏志》卷三十)

晋世为鲜卑慕容廆所破,其人民常被掠卖于中国,此于人种上亦有关系。

"至太康六年为慕容廆所袭破,其王依虑自杀,子弟走保沃沮。……明年夫余后王依罗……得复国。尔后每为廆掠其种人卖于中国,帝愍之,又发诏以官物赎还,下司冀二州禁市夫余之口。"(《晋书》卷九十七)

以后诸史皆无传。推《魏书·高丽传》言夫余为勿吉所逐,余民迁于高丽境内,又《新唐书》言渤海靺鞨之地内有一部为夫余旧地,盖即并于渤海矣。

东夷系参考书

1.《书》禹贡、尧典、费誓、旅獒

2.《诗》江汉、有駜、閟宫、常武

3.《春秋》僖十四年、昭四年、昭十三年、襄六年

4.《左传·孔子相夹谷》

5.《国语·齐语》

6.《论语·上论子罕》

7.《史记》卷三二《齐世家》

8.《汉书·地理志·岛夷》

9.《后汉书》卷一一五《东夷传》

10. 顾栋高:《春秋四裔表》

11. 孙诒让:《墨子闲诂·非攻》中篇注九夷

12. 八木奘三郎著,张传瑞译:《环居渤海湾之古代民族》(《禹贡》四卷二十二期)

13. 李长垣:《东北原始民族和中国本部人民在人种上的关系》(《新亚细亚》十一卷四期)

14. 姜亮夫:《夏殷民族考》(《民族》一卷十一、十二期,二卷一、二期)

15. 林惠祥:《台湾番族之原始文化》

附　貊参考书

1.《诗·韩奕、閟宫》

2.《论语》
3.《孟子》
4.《史记》朝鲜列传、宋微子世家
5.《后汉书》卷一一五
6.《魏志》卷三十
7.《晋书》卷九十七
8.《通鉴纪事本末》卷一七四《唐平辽东》
9.《太平御览》卷七八〇
10. 姜亮夫:《夏殷民族考》(《民族》一卷十一、十二期,二卷一、二期)
11. 吕思勉:《中国民族史》
12. 吕思勉:《貊族考》(《中山文化教育馆创刊》)
13. 君度:《中国历史上之朝鲜半岛》

第五章 荆吴系(汉族来源之三)

1. 荆人所立之国为楚。其族至春秋时尚自居于蛮夷,自别于"诸夏"或"中国";诸夏亦称之为蛮荆或荆蛮。

"熊渠曰:'我蛮夷也,不与中国之号谥。'"(《史记》卷四十)

"楚伐随,随曰:'我无罪',楚曰:'我蛮夷也。'"(《史记》卷四十)

"王孙圉聘于晋……赵简子……问于王孙圉曰:'楚之白珩犹在乎?'对曰'然'。简子曰:'其为宝也几乎矣?'曰'未尝为宝……若夫哗嚣之美,楚虽蛮夷不能宝也'。"(《国语·楚语》)

"成王恽元年……使人献天子,天子赐胙曰:'镇尔南方夷越之国,无侵中国。'"(《史记》卷四十)

"当成周者南有荆蛮……则皆蛮荆戎狄之人也。"(《国语·郑语》)

"吴王夫差……以会晋公午于黄池……晋乃令董褐复命曰:'……君有短垣而自踰之,况蛮荆则何有于周室。'"(《国语·吴语》)

"灵王……曰'吾不服诸夏而独事晋,何也?惟晋近我远也'。"(《国语·楚语》)

"吴楚之无诗,以其僭王而删之与?非也。……楚为荆蛮,置茅蕝,设望表,与鲜牟守燎而不与盟,是亦无诗之可采矣,况于吴自寿梦以前未通中国者乎?"(《日知录》卷三)

"春秋之于吴楚斤斤焉,不欲以其名与之也。楚之见于《经》者,始于庄之十年,曰荆而已,二十三年于其来聘而人之,二十八年复称荆而不与其人也。……然使宜申来献捷者楚子也,而不书君,围宋者子玉……而不书师。圣人之意,使之不得遽同于中夏也。"(《日知录》卷四)

楚之先世,史谓出自黄帝之孙颛顼高阳,然此不过为一则神话。所谓"能光融天下"之祝融似为楚人所祀之火神,"陆终生子六人坼剖而产焉"更为离奇不可解之传说。又谓"其后中微……弗能纪其世"。更可知以上皆无实证。

"楚之先祖出自帝颛顼高阳。高阳者黄帝之孙,昌意之子也。高阳生称,称生卷章,卷章生重黎,重黎为帝喾高辛居火正,甚有功,能光融天下,帝喾命曰祝融,共工氏作乱,帝喾使重黎诛之而不尽,帝乃以庚寅日诛重黎,而以其弟吴回为重黎后,复居火正,为祝融。吴回生陆终,陆终生子六人,坼剖而产焉。其长一曰昆吾,二曰参胡,三曰彭祖,四曰会人,五曰曹姓,六曰季连,芈姓,楚其后也。昆吾氏夏之时尝为侯伯。桀之时汤灭之,彭祖氏殷之时尝为侯伯,殷之末世灭彭祖氏。季连生附沮,附沮生穴熊,其后中微,或在中国,或在蛮夷,弗能纪其世。"(《史记》卷四十)

"楚……灭夔,夔不祀祝融、鬻熊故也。"(《史记》卷四十)

楚人又自言其较近之先祖鬻熊为周文王之师,其裔熊绎始封于楚,此亦不过假托而已。

"周文王之时,季连之苗裔曰鬻熊,鬻熊子事文王蚤卒。其子曰熊丽,熊丽生熊狂,熊狂生熊绎,熊绎当周成王之时举大武勤劳之后嗣而封熊绎于楚蛮,封以子男之田,姓芈氏,居丹阳。"(《史记》卷三十)

"随人为之周请尊楚,王室不听,还报楚。三十七年,楚熊通怒曰:'吾先鬻熊文王之师也,蚤终。成王举我先公,乃以子男田令居楚,蛮夷皆率服,而王不加位,我自尊耳,乃自立为武王。'"(《史记》卷四十)

"昔我先君熊绎辟在荆山,筚路蓝缕以处草莽,跋涉山林以事天子,唯是桃弧棘矢以共御王事。"(《左传·昭十二年》)

楚人虽自言周初始封于楚,然殷代已有"荆楚",殷人曾伐之,见于殷武之诗。故所谓鬻熊之事迹亦不甚确实也。

"挞彼殷武,奋伐荆楚,罙入其阻,裒荆之旅;有截其所,汤孙之绪。维女荆楚,居国南乡……"(《诗·殷武》)"旧说以此为祀高宗之乐,盖自盘庚没而殷道衰,楚人叛之,高宗挞然用武以伐其国,入其险阻,以致其众,尽平其地,使截然齐一,皆高宗之功也。"(朱注)

周宣王时命方叔征"蛮荆",诗人颂之,视"蛮荆"与"獯狁"为等夷。

"蠢尔蛮荆,大邦为雠。方叔元老,克壮其犹。方叔率止,执讯获丑。戎车啴啴,啴啴焞如霆如雷;显允方叔,征伐獯狁,蛮荆来威。"(《诗·采芑》)"宣王之时蛮荆背叛,王命方叔南征。……方叔盖尝与于北伐之功者,是以蛮荆闻其

名而皆来畏服。"（朱注）

大抵荆楚原为南方民族，至少自殷中叶即奠居江汉之荆山一带，其都丹阳或谓即今之宜昌府归州。自殷至周初屡受攘斥，至周衰乃拓展其疆土，西伐庸，东侵杨粤，南启濮，进而侵伐江淮间诸小国，先后灭邓、英、夔、六蓼、舒、陈、蔡、杞、莒、越等五十八国，并收越所灭之吴。（陈汉章《中国上古史》）

"汉阳诸姬，楚实尽之。"（《左传·僖二十八年》）

"赫赫楚国，而君临之；抚征南海训及诸夏。"（《国语·楚语》）

"春秋之世，楚之经营中国，先北向而后东图，其所吞灭诸国未尝越洞庭湖以南一步。"（《春秋大事表四》）

楚之风俗文化亦颇有异于诸夏，其语言、人名、宗教、政治均甚特别。然因其北上发展，单与诸夏发生关系，剪灭诸夏小国，竞争中原霸权，其文化蒸蒸日上，不久遂同化于诸夏，至春秋之末，人才辈出，竟为春秋诸国之冠。

"孟子斥楚之许行为'南蛮鴃舌之人'，是武昌襄阳一带土语，中原人便不了解……楚吴越狄之人名地名为熊渠、执疵、熊挚红、寿梦、阖庐、夫差、句践、鬬穀于菟、皋落、厹甴如……似各组中多复音，语系与诸夏之纯用单音语者不同也。……直至战国时楚人犹以特信巫鬼闻。"（梁任公《中国历史上民族之研究》）

"春秋时人材惟楚最盛，其见用于本国者……其波及他国者……"（洪亮吉《更生斋文甲集二》）

2. 与楚相近者尚有舒，荆、舒常并称，故《诗·闷宫》云"荆舒是惩"。其所建国有舒蓼、舒庸、舒鸠等，合称群舒，后皆灭于楚。

3. 吴之君主虽相传为泰伯之后，然其人民亦为断发文身之异族。

"吴太伯、太伯弟仲雍，皆周太王之子，而王季历之兄也。季历贤而有圣子昌，太王欲立季历以及昌，于是太伯、仲雍二人乃奔荆蛮，文身断发，示不可用，以避季历。季历果立，是为王季，而昌为文王。太伯之奔荆蛮，自号句吴，荆蛮义之，从而归之千余家，立为吴太伯。"（《史记》卷三十一）

"吴之见于《经》也始于成之七年，曰吴而已。……终春秋之文无书帅者，使之终不得同于中夏也。"（《日知录》卷三）

吴之君长出于泰伯。不特吴人自言，当时他国亦承认之，如黄池之会时，晋使对吴假托周天子之言称吴王为伯父，云：

"昔吴伯父不失春秋，必率诸侯以顾在余一人。今伯父有蛮荆之虞，礼世不续。"（《国语·吴语》）故吴之开国之祖是否为中国之人，"虽带半神话的性质吾辈亦无反证以否认之"（梁任公语）。然至多亦只能谓其君长为中国之人而已，其人民固明属蛮夷。且吴之君长之人名如熊遂、柯相、强鸠夷、余桥、疑吾、柯卢、周繇、屈羽等，殊异于诸夏之人名，故纵为中国之人，亦已同化于蛮夷矣。

至吴之人民究属何种族？梁任公谓"吴俗断发文身，其族系与楚较近，抑与越较近，尚难断定"。然《史记》明言"太伯、仲雍二人乃奔荆蛮……太伯之奔荆蛮，自号句吴，荆蛮义之，从而归之千余家"。是其人明为荆蛮，且《史记》又言"越已灭吴而不能正江淮北，楚东侵，广地至泗上"。越所以不能收吴在江淮北之地而反为楚所得，或因其人异于越，而本与楚同为荆蛮也。

附　九黎三苗

中国史上所记汉族与异族第一次之战争，即黄帝与蚩尤涿鹿之战。黄帝为汉族之领袖，蚩尤为九黎即苗族之酋长。以后历朝皆常与苗族争战。兹先看古书所记：

"轩辕之时，神农氏世衰，诸侯相侵伐，暴虐百姓。而神农氏弗能征。于是轩辕乃习用干戈，以征不享，诸侯咸来宾从，而蚩尤最为暴，莫能伐。炎帝欲侵陵诸侯，诸侯咸归轩辕。轩辕乃修德振兵，治五气，艺五种，抚万民，度四方，教熊罴貔貅䝙虎，以与炎帝战于阪泉之野，三战然后得其志。蚩尤作乱，不用帝命。于是黄帝乃征师诸侯，与蚩尤战于涿鹿之野，遂禽杀蚩尤，而诸侯咸尊轩辕为天子，代神农氏。"（《史记·五帝本纪》）

"蚩尤惟始作乱，延及于平民，罔不寇贼，鸱义奸宄，夺攘矫虔。苗民弗用灵，制以刑，惟作五虐之刑。"（《书·吕刑》）

"霸天下，黄帝所伐者。"（郑玄《吕刑正义·释蚩尤》）

"九黎之君"，"九黎民之君。"（高诱注《秦策·释蚩尤》）

"蚩尤作兵伐黄帝。"（《山海经》）

"蚩尤受金作兵。"（《管子》）

"蚩尤兄弟八十一人，并铜头铁额。"（《史记·五帝本纪·正义》引《龙鱼河图》）

"苗民，谓九黎之君也。九黎之君于少昊氏衰，而弃善道，上效蚩尤重刑。必变九黎言苗民者：有苗九黎之后，颛顼代少昊，诛九黎，分流其子孙，为居于西裔者三苗。至高辛之衰，又复九黎之恶。尧兴又诛之，尧末又在朝，舜时又窜之。后王深恶此族三生凶恶，故著其氏而谓之民。民者冥也，言未见仁道也。"（《礼记·缁衣·正义》引郑注《吕刑》）

"少昊之衰，九黎乱德。"（《楚语》）

"尧战于丹水之浦，以服南蛮。舜却苗民，更易其俗。"（《吕氏春秋》）

"昔尧以天下让舜，三苗之君非之。帝杀之。有苗之民，叛入南海，为三苗国。"（郭璞《山海经》注）

"窜三苗于三危"，"分北三苗"。（《书·尧典》）

"遏绝苗民。"(《书·吕刑》)

"三危既宅,三苗丕叙。"(《书·禹贡》)

"三苗在江淮荆州,数为乱。"(《史记·五帝本纪》)

"三苗之不服者,衡山在南,岷江在北,左洞庭之陂,右彭蠡之水。"(《韩非子》)

"三苗氏左洞庭右彭蠡。"(《史记·吴起传》)

由于以上诸记载之凑合,发生各种解释,兹略举近人之说于下:

1. 以苗为即后世之蛮或苗者。

梁任公云:"据汉儒说黄帝所讨伐之蚩尤即苗首长,此属神话性质,且勿深考。但据《书》之《尧典》、《皋陶谟》、《禹贡》、《吕刑》皆言苗事至再至三,则在古代为我一劲敌可想。大抵当尧、舜、禹之际,苗族已侵入我族之根据地,故以攘斥之为唯一大业。……经累代放逐之后,其族愈窜而愈南。……至春秋时谓之蛮。"(《中国历史上民族之研究》)

王桐龄云:"当四千年前……现在湖北、湖南、江西等地,已经有苗族占领,此族之国名为九黎,君主名蚩尤。当时同汉族共主炎帝榆罔氏大起冲突,击败榆罔兵……幸而汉族中有一大英雄,姓公孙,名轩辕,迎击蚩尤,败其兵,杀之。……史书上称之为黄帝。"(王著《中国民族史》页四)

勃林顿(D. G. Brinton)言"血族纯粹之汉族自以为五千年前来自昆仑,沿黄河长江之源而入中国西北之陕西省,于此处遇一野蛮民族,即倮倮及苗子,而征服之或放逐之,然后沿河流而进,途至海滨之沃壤。汉族之信史约起于纪元前 2350 年"(*Races and Peoples* 1890,由苗族调查报告转引)。

鸟居龙藏言:"当汉族未入中国以前,中国之中部及南部,本为苗族所居,至汉族移入后,渐与苗族接触。"(《苗族调查报告》)

2. 以三苗为非即今之苗族者。

章太炎云:"尚考苗种得名其说各异。大江以南,陪属猥佌之族,自周迄唐通谓之蛮,别名则或言獠,言俚,言陆梁,未有谓之苗者。称苗者自宋始,明非耆老相传,存此旧语,乃学者逆据《尚书》三苗之文以相传丽耳。汉时诸蛮无苗名,说《尚书》者固不以三苗为荆蛮之族。《虞书》窜三苗于三危,马季长曰三苗国名也,缙云氏之后,为诸侯,盖饕餮也。《淮南·东务训》高诱注曰三苗盖谓帝鸿氏之裔子浑敦,少昊氏之裔子穷奇,缙云氏之裔子饕餮,三族之苗裔,故谓之三苗。此则先汉诸师说三苗者,皆谓是神灵苗裔,与今时苗种不涉。"(《排满平议》,《章氏丛书》别录一)

3. 以黎苗为另一种族者。

缪凤林云:"炎黄之世……南有黎苗。黎苗世处南服。颛顼之前曰九黎,颛顼而后乃曰三苗。(郑玄说)……然郑玄、韦昭皆以三苗为九黎之后,《书·

吕刑》言苗民刑律、宗教皆与中国异。……是黎苗虽非即今之苗族,与诸夏当另为一族也。……大抵上古之时江汉之区皆为黎境。……黎苗势力与诸夏并炽。……然蚩尤为九黎之君,自马、郑以下无异说。……蚩尤授首,夏族遂永酋中土。"(缪著《中国通史》)

4. 以九黎为即现在之苗,但三苗则为汉族之姜姓而非现在之苗族者。

吕思勉云:"苗者,盖蛮字之转音。……今所谓苗族者,其本名盖曰黎。我国以其居南方也,乃称之曰蛮,亦书作髳作毛,晚近乃认为苗。既认为苗,遂与古之三苗国混。三苗姜姓……姜为姬败乃南走,服九黎之民而君之,时曰三苗。近人既不察今之苗族与古之三苗之别,又不察古之姜姓,其君九黎而称三苗,实在北方战胜之后,乃误以为初与姬姓战于北方者即为后来之三苗。所用者亦即为后来九黎之民;遂有今之苗族,先汉族入中国,后乃为汉族所逐之说矣。……何以知三苗为姜姓之国而非种族之名也。……苗者氏族,民者贬辞。……共工、三苗皆当时姜姓之仇舜者,实仍姬、姜之争耳。"(《中国民族史》)

以上众说纷纷,至今尚未解决。古史原多出于后人追作,自难尽信。第蚩尤虽属神话式人物,但三苗、九黎则似真为古时之异民族,其族常与汉族争斗,三苗、九黎或只是部落名称,而非全民族之总称,二者或即为二个部落,不过其种属相近,一先一后,故后人认三苗为九黎之后裔。至于蚩尤是否真为九黎之君,甚至是否真有其人,殊难断定,不过九黎既与汉族斗争,自然有其英雄式领袖,如蚩尤一类之人物;名之真假,无甚关系,可不必斤斤讨论。此两部落与汉族斗争之结果,在上古时代即已失败。九黎先败于颛顼(?)三苗继服于夏禹。至于此两部落若指其即属后来之苗族,亦殊难使人相信。此两部落或可谓为属于南方蛮族,但南方蛮族之中不止苗族一族。直至春秋时代,江、淮、荆州尚有荆、舒、吴、越诸异族,此地以前,亦即为三苗之故地。荆、舒、吴、越在后尚非后来之苗族,则在其以前之三苗何能即指为后来之苗族?荆、舒、吴、越在当时亦被华夏目为蛮夷,而彼乃居三苗之故地,即在华夏系之南方,是则与华夏族有交涉之南方民族,殆以荆、舒、吴、越之祖先或其同类为最近似。各谓别有一族在荆、舒、吴、越等之南,超越荆、舒、吴、越,北与华夏发生冲突,是则殊不近理。故虽不能指三苗之后便为荆、舒、吴、越,但亦不能超越时间空间较近之荆、舒、吴、越而牵引时间空间较远之苗族也。总之,黎苗大抵为异族,但其为异族之性质最多亦不过同于后来之荆、舒、吴、越,而不致同于更远更后之苗族。以上所说自然亦为推测之辞,但此段历史史料太缺乏,只可存疑而已,殊不能加以确断也。又姜亮夫《夏殷民族考》亦谓"帝王史纪说:'诸侯有苗氏处南蛮而不服,尧征而克之于丹水之浦'称三苗为南蛮而在荆楚,楚亦自称曰'我蛮夷',则三苗必为楚先。又克之于丹水,与《楚世家》之'熊绎受封于丹阳'同"。此段更可补足上文。

荆吴系参考书

1.《左传》昭十二年、僖二十八年

2.《国语》楚语、吴语、郑语

3.《诗》闷宫、殷武、采芑

4.《史记》卷三十一《吴世家》,卷四十《楚世家》

5.《吴越春秋》

6.顾亭林:《日知录》卷三、四

7.顾栋高:《春秋大事表》

8.梁任公:《中国历史上民族之研究》

9.毅峰译:《文化史上之古代楚国》(《清华周刊》三十八卷十二期)

10.罗尔纲:《楚建国考》(《史学》十八期)

附 九黎三苗参考书

1.《书》尧典、吕刑、禹贡

2.《礼记·缁衣正义》

3.《国语·楚语》

4.《吕氏春秋》

5.《韩非子》

6.《山海经》

7.《史记·五帝本纪》

8.梁任公:《中国历史上民族之研究》

9.章太炎:《排满平议》

10.鸟居龙藏:《苗族调查报告》

11.王桐龄:《中国民族史》

12.吕思勉:《中国民族史》

13.缪凤林:《中国通史》

14.钱穆:《古三苗疆域考》(《燕京学报》十二期)

15.姜亮夫:《夏殷民族考》

第六章　百越系（汉族来源之四）

第一节　总　论

1. 越即粤字，林语堂云："粤越二字通，以《史记·南越传》、《东越传》，《汉书》作《南粤传》、《闽粤传》，可见古'粤'、'越'二字相通。古有百粤之目，粤（越）即一普通名词，为南部异族之通称。"（《闽粤方言之来源》）越以百称，明其族类之多，如在春秋时有于越，战国有杨越，汉有瓯越、闽越、南越、骆越，三国时尚有山越，杂居于九郡之山地，足证汉以前百越之多称为不诬也。

百越所居之地甚广，占中国东南及南方，如今之浙江、江西、福建、广东、广西、越南，或至安徽、湖南诸省。吕思勉谓："自淮以北皆称夷，自江以南则曰越。"（吕说兼吴越而言）唯湖南、贵州另有所谓南蛮者在其地。

越族为华夏以外之异族其事甚明，外族常言之。《史记》言越王句践为夏禹之后，此不过越人托古之辞。南越王赵佗自言为"蛮夷大长"。《汉书·严助传》淮南王上书云："越，方外之地，割发文身之民也，不可以冠带之国法度理也。自三代之盛，胡越不受正朔，非强弗能服，威弗能制也，以为不居之地，不牧之民，不足以烦中国也。……吴越人相攻击者不可胜数……而陛下发兵救之，是反以中国而劳蛮夷也。"此可见越在汉时尚被目为蛮夷。

2. 越族之文化：越为异族之证据在体质方面无记载，在文化方面颇有特异之处。（见罗香林《古代越族考》）

（1）断发文身

"越王句践，割发文身，无皮弁搢笏之服，拘环拒折之容。"（《淮南子·齐俗训》）

"越王句践，剪发文身。"（《墨子·公孟篇》）

"夫剪发文身，错臂左衽，瓯越之民也。《索隐》：刘氏曰：今珠崖、儋耳谓之瓯人。……断发文身，避龙。……"（《史记》卷四十三）

（2）契臂

"故胡人弹骨，越人契臂（注：契，刻臂出血。……契字，《释名》释书契云：契，刻也。《尔雅》云：契，绝也。郭注：今江东以刻断物为契断），中国歃血，所由各异，其于信一也。"（《淮南子·齐俗训》）编者按：契臂为盟誓，与文身之为妆饰不同，契臂出血，重在血，血在原始心理视为神秘之物，故可用于盟誓，与中国之歃血同义。

(3)食异物

"东越海蛤(注:东越则海际,蛤,文蛤),欧人蝉蛇,蝉蛇顺食之美(注:东越,欧人也,比交州,蛇特多,为上珍也)。姑于越纳,曰姑妹珍(注:姑妹,国,后属越)。且瓯文蜃(注:且瓯在越,文蜃,大蛤也)。共人玄贝(注:共人,吴越之蛮。玄贝,照贝也)。"(《周书·王会解》)

(4)巢居

罗香林解为架木为屋,如现在畲民上层住人下层住畜之木屋,诚然,湿地之居人原多如是也。

"南越巢居,北溯穴居,避寒暑也。"(《博物志》)

(5)语言不同

"怜职,爱也。言相爱怜者。吴越之间,谓之怜职。"(杨雄《方言》)

"拘,貌治也。吴、越饰貌为越,或谓之巧。"(杨雄《方言》)

"煦煆,热也,干也。吴越曰煦煆。"(杨雄《方言》)

"鄂君子皙(楚王母弟,官为令尹)之泛舟于新陂之中……越人拥楫而歌,歌辞曰:'滥兮忭,草滥予,昌枑泽予,昌州州,鍖州焉乎秦胥胥。缦予乎,昭亶秦逾,渗惿随河湖。'鄂君子皙曰:吾不知越歌,子试为我楚说之。于是乃召越译,乃楚说之曰:'今夕何夕兮,搴中洲流。今日何日兮,得以王子同舟。蒙羞被好兮,不訾诟耻,心几玩而不绝兮,知得王子。山有木兮,木有枝,心悦君兮,君不知!'"(《说苑·说善篇》)

又越语由汉字译之,颇不符合,如《左传》大夫种之种,在《国语》谓之诸稽郢,此种"拼音不密的发音"(罗君语)予谓或由汉语为孤立语而越语为胶着语,胶着语最不便以汉语译之,故汉字一字不足,三字又太多也。

(6)使舟及水战

越人因在中国东南近水之区,故与水狎,交通以舟楫,战斗亦以水胜。

"习于水斗,便于用舟。"(《汉书·严助传》淮南王上书中言越人)

"胡人便于马,越人便于舟。"(《淮南子·齐俗训》)。

(7)铜器

越人善铸青铜剑、铜铎(铎系大铃)、铜鼓。

"薛烛对曰'当造此剑之时,赤堇之山破而出锡,若耶之溪涸而出铜。……欧冶乃因天之精神,悉其技巧,造为大刑三,小刑二,一曰湛卢,二曰钝钩,三曰胜邪,四曰鱼肠,五曰巨阙。"(《越绝书·宝剑篇》)

"五岭之南,人杂夷獠,不知教义,以富为雄。铸铜为大鼓,初成悬于庭中,置酒以招同类。"(杜佑《通典》)

"铜鼓,古蛮人所用,南边土中时有掘得……其制如坐墩,而空其下。满鼓皆细花纹,极工致,四角有小蟾蜍。"(《桂海虞衡志》)

3.百越究属现代何族?至今未有确说。

(1)安南人说。法国汉学家沙畹(E. Chavannes)于所译《史记》注谓瓯即今安南人。

(2)马来人说。吕思勉谓"粤者,盖今所谓马来人"(《中国民族史》)。吕氏所谓粤包含甚广,百越之外,凡古之东夷,今之南洋人、安南人、暹罗人、朝鲜人、日本人皆在内。

(3)群蛮说。梁任公谓"百越与群蛮可云同系,故或亦合称苗越。"(《中国历史上民族之研究》)

(4)阿利安说。梁任公又云学者有谓越中之闽人"疑为一系之阿利安人自海外漂来者"。(《中国历史上民族之研究》)

(5)掸族说。李济谓西南三大族——蒙克麦群、藏缅群、掸群——以外"除非尚有第四支人,而其人亦有文身之俗者,否则文身俗之踪迹亦即为掸族之踪迹"。(The Formation of the Chinese People)

(6)以上异说纷纷,莫衷一是。古代诸民族以越族之系统最为不明,至今尚有疑问甚多,略举于下:今之闽粤人之体质似颇有类于马来人之处,虽未经测量比较,无充分证据,然其人之中颇有色棕,面短,眼圆,颊骨大,身材矮者,一见即令人觉与中原之人大异,而与马来人相似。故古代越族与马来人不知是否有关系?马来人在古代固亦由大陆南下者,唯其在大陆时不知是否有一部分遗留?今之台湾番族尚有文身之俗,而其人属马来族,其人之容貌亦颇有与今闽粤人相类之处。不知是否与古之越族有关系?台湾连雅堂著《台湾通史》,亦云"或曰楚灭越,越之子孙迁于闽,流落海上或居澎湖"。今之闽粤江口亦有同于越族之蛋民,不知是否有一部分由越族入海而成?海南岛之黎人至今尚有文身之俗,且《史记·赵世家》:"夫剪发文身、错臂左衽,瓯越之民也",文下索隐刘氏曰"今珠崖、儋耳谓之瓯人……断发文身,避龙"。以珠崖、儋耳之黎人为瓯人,似有所据。故黎人不知是否古越人之被压逼而移居海南者?以上诸疑问,若非由实地测量各族之体质特征以为比较,殊难解决也。

第二节 于 越

春秋之越或称于越。史言越为禹之苗裔,必为越人同化于中国以后之假托。在句践以前只有二世可考,以上不明,可见开化甚迟。自允常与吴构兵成仇,至句践与夫差角胜数十年终于灭吴。此两蛮族英雄之事迹竟传播于中国,成为中国历史上可歌可泣之史实。史书常载,无须赘述。越自句践以后不敷传亦灭于楚,其覆亡不过由于一战而败,或因其人数本少,原非大国,故不能与泱泱大国之楚抗也。

"越王句践其先禹之苗裔,而夏后帝少康之庶子也。封于会稽以奉守禹之祀,文身断发披草莱而邑焉。后二十余世至于允常,允常之时,与吴王阖庐战而相怨伐,允常卒,子句践立,是为越王。……句践卒,子王鼫与立;王鼫与卒,子王不寿立;王不寿卒,子王翁立;王翁卒,子王翳立;王翳卒,子王之侯立;王之侯卒,子王无强立。……越遂释齐而伐楚,楚威王兴兵而伐之,大败越,杀王无强,取故吴地至浙江,北破齐于徐州。而越以此散,诸族子争立,或为王,或为君,滨于江南海上。服朝于楚。"(《史记》卷四十一)

"越王夫镡,以上至无余,久远,世不可纪也。夫镡子允常,允常子句践,大霸称王,徙琅琊都也。句践子与夷时霸,与夷子子翁时霸,子翁子不扬时霸,不扬子无强时霸,伐楚威王灭无强。无强子之侯,窃自立为君长,之侯子尊时君长,尊子亲失众,楚伐之走南山。亲以上至句践,凡八君,都琅琊,二百二十四岁,无强以上霸,称王,之侯以下微弱,称君长。"(《越绝书》卷八)

第三节　瓯越、闽越

1. 越亡后,至秦汉之际复建瓯越、闽越二国。瓯越在今浙江,闽越通常谓即今福建,然据叶国庆考证,闽越之都冶及东冶均在浙江,而不在福建,因断定闽越之疆域亦在浙江而非福建。说颇有见。当时闽越国之根据地大抵在浙南而不在福建。然福建在当时之民族究如何乎?当秦汉时广东已有所谓"蛮夷"之人民(赵佗语)及汉人之君长,浙江亦有越人建立瓯越、闽越二国。福建必非空无居人。今之浙南及闽北、闽西虽有畲民,然非古时土著,乃明代由广西、湖南迁来者,与古代之福建人无关。然则古代之福建人究属何种乎?编者以为,古福建人亦即越族之一部分,盖北南西三方既皆有越人,其中间之福建人自然以越人为近,其人民既同属越人,然则闽越之疆土盖根据地在浙南,然其势必拓展而南至福建,未可以今之闽浙界线为古闽越国之南界也。《汉书·严助传》言"东越王更徙处南行",又言"闽越王数举兵侵百越,兼并邻国",可见闽越有拓地而南之势。

2. 瓯越及闽越二国之君虽皆号为句践之后,然于汉时常相攻,东瓯附汉,自请徙居中国。闽越倔强抗汉,终于被灭,其人亦徙中国。史谓其地遂虚,然闽地多山林及岛屿,易于藏匿,其徙由强逼而非如瓯越之自愿,必有漏网而留居于故地者,非能真虚也。唯无论自愿与强逼,自此两次大迁徙后,江淮之居民便与新移居之越人混合,而今之闽人虽为东晋以后移居汉人之苗裔,然亦当混有先住民族越人之血液,盖不特闽人之语言大有异于中原,而其体质特征亦颇有异于北人也。《宋书·地志》云:"汉武灭闽越,徙其民于江淮间,虚其地,后有逃遁山谷者颇出,立为冶县",可证上说。

"闽越王无诸及越东海王摇者,其先皆越王句践之后也,姓驺氏。秦已并天下,皆废为君长,以其地为闽中郡。及诸侯畔秦,无诸、摇率越归鄱阳令吴芮,所谓鄱君者也,从诸侯灭秦,当是之时,项籍主命弗王,以故不附楚。汉击项籍,无诸、摇率越人佐汉,汉五年复立无诸为闽越王,王闽中故地,都东冶。孝惠三年举高帝时越功曰闽君摇功多,其民便附;乃立摇为东海王,都东瓯,世俗号为东瓯王。……至建元三年闽越发兵围东瓯,东瓯食尽困且降,乃使人告急天子。……遂发兵浮海救东瓯,未至,闽越引兵而去,东瓯请举国徙中国,乃悉举众来处江淮之间。……因立余善为东越王,与繇王并处。……余善闻楼船请诛之,汉兵临境且往,乃遂反发兵距汉道,号将军驺力等为'吞汉将军'。……及横海将军先至,越衍侯、吴阳以其邑七百人反攻越军于汉阳,从建成侯敖与其率从繇王居股谋曰:余善首恶,劫守吾属,今汉兵至众强,计杀余善自归,诸将傥幸得脱,乃遂俱杀余善,以其众降横海将军。……于是天子曰:东越狭多阻,闽越悍数反复,诏军吏皆将其民徙处江淮间,东越地遂虚。"(《史记》卷一一四)

3.闽本种族名,《说文》云"闽、东越,蛇种也"。所谓蛇种,或即以蛇为图腾,谓其祖先原为蛇也。春秋之于越史不言其为蛇种,故此种闽人虽为越族之一支,然与春秋时之于越及同时之瓯越恐亦略有不同。其君长虽为句践之后,然其人民却为土著之蛇种人也。梁任公谓福建民族"最难解",诚然。

"吾侪研究中华民族最难解者无过福建人:其骨骼肤色,似皆与诸夏有异,然与荆、吴、苗、蛮、氐、羌诸组亦都不类。今之闽人,率不自承为土著,谓皆五代时从王审知来,故有'八姓从王'之口碑。闽人多来自中原,吾侪亦承认;但必经与土人杂婚之结果,乃成今日之闽人。学者或以其濒海之故,疑为一系之阿利安人自海外漂来者;既无佐证,吾殊无从妄赞;但福建之中华民族,含有极瑰异之成分,则吾不惮昌言也。"(《中国历史上民族之研究》)

(我福建人若坚执必为汉族之纯种而以族谱之记载为证据,是真为固陋而自欺,民族无论文野,其"人"的性质皆属平等,即自认为纯粹蛇种人之子孙,亦属无妨也。)

第四节 南越、骆越、杨越

1.南越地在今之两粤,北抵湖南长沙。观赵佗书自称蛮夷大长,其土著明为当时未甚开化之异族,然亦早有外族移居其地,如番禺故城传系吴之遗民所筑,秦始皇开五岭,发谪戍四十万人随带妇女以去,此更为大规模之移民。故汉时之南越国即以汉人君长统治土著之越族。自赵佗王南越后虽称藩于汉,实际为独立国,数传后其君长举国内属,唯其相反抗,为汉所灭。南越之建国与上述三国异,其君长系中国人,唯其相如吕嘉或即为土著,以其反时告国人言"太后中国人也"似可推证彼自身非中国人。又史云其"宗族官仕为长吏者七十余人",如此大族似以土著之豪为近。南越亡后,其民亦数被迁移于江淮间。

"南越王尉佗者,真定人也,姓赵氏。秦时已并天下,略定杨越,置桂林、南海、象郡,以谪徙民,与越杂处。十三岁,佗秦时用为南海龙川令。……秦已破灭,佗即击并桂林、象郡,自立为南越武王。……于是佗乃自尊号为南越武帝,发兵攻长沙边邑,败数县而去焉。高后遣将军隆虑侯灶往击之,会暑湿,士卒大疫,兵不能逾岭,岁余,高后崩,即罢兵。……陆贾至,南越王甚恐,为书谢称曰:'蛮夷大长老夫臣佗,前日高后隔异南越,窃疑长沙王谗臣,又遥闻高后尽诛佗宗族,掘烧先人冢,以故自弃,犯长沙边境。且南方卑湿,蛮夷中间,其东闽越千人众号称王,其西瓯、骆裸国亦称王,老臣妄窃帝号,聊以自娱,岂敢以闻天王哉。……'"

"元鼎五年秋,卫尉路博德为伏波将军,出桂阳,下汇水,主爵都尉杨仆为楼船将军,出豫章,下横浦,故归义越侯二人为戈船下厉将军,出零陵,或下离水,或抵苍梧,使驰义侯因巴、蜀罪人,发夜郎兵下牂柯江,咸会番禺。……南越已平矣,遂立九郡。"(《史记》卷一一三)

2. 骆越亦称瓯越或西瓯,在今广东西南及安南。

"其西瓯、骆裸国亦称王。"(《史记》卷一一三)

"佗以此兵威财物赂遗闽、粤、西瓯、骆役属焉。"(《汉书》卷九五)

3. 杨越似在今江西地。

"熊渠伐杨越至于鄂……乃立其长子康为句亶王,中子红为鄂王,少子执疵为越章王,皆在江上楚、蛮之地。"(《史记》卷三九)

"秦已并天下,略定杨越,置桂林、南海、象郡。"(《史记》卷一一三)

第五节 山 越

1. 山越在三国时始著,居于吴诸郡之山地,屡起反抗。所居地有会稽、新都、丹阳、豫章、吴兴、鄱阳、东阳、吴、庐陵九郡;在今江苏、浙江、安徽、江西等省地,即西汉时瓯越、闽越、南越之旧地(叶国庆《三国时山越分布之区域》)。祸延六十余郡县,贼之称帅者十二人,以名称者二十三人,不名之统兵者十数人(刘芝祥《山越考》)。盖越本大族,故号百越,山越盖即古越族之遗民。西汉时建国瓯越、闽越之开化的越人虽被迁徙江、淮,然其伏匿山谷者必甚多,以其山居故又称为山越或山民。山越当时散居各处山地,故其人口不易计数,然诸葛恪在丹阳募其人为兵便至四万人,此四万人皆系壮丁,且只丹阳一隅,其全人口必甚多。山越于吴实为肘腋之患,因其牵制,使吴不得不臣魏和蜀,而魏亦常勾结之以扰吴之后。

"丹阳贼帅费栈受曹公印绶,扇动山越为作内应。"(《三国志·陆逊传》)

"山越好为叛乱,难安易动,是以孙权不遑外御,卑词魏氏。"(《三国志·贺全等传》)

"建安五年,权分部诸将镇抚山越,讨不从命。"(《三国志·孙权传》)

"甘露元年,分会稽为东阳郡,分吴丹阳为吴兴郡,以镇山越。"(《三国志·孙皓传》)

"齐少为郡吏守剡长,县吏斯从轻侠为奸,齐欲治之。主簿谏曰:'从县大族,山越所附,今日治之,明日寇至。'齐闻大怒,便立斩从。从族党遂相纠合众千余人举兵攻县。齐率吏民开城门,突击大破之,威震山越。"(《吴志·贺齐传》)

山越虽为吴患,然亦有效劳于吴为抗魏蜀者。

"黄盖报曹操书曰:用江东六郡山越之人以当中国百万,众寡不敌,海内所共见也。"(《三国志·周瑜传注》)

"丹阳山险,民多果劲,出之可得甲士四万。"(《三国志·诸葛恪传》)

"昭子承出为长沙西部都尉,讨平山寇,得精兵万五千人。"(《三国志·张昭传》)

山越之风俗习惯亦有异于外人者,其好战勇敢之性仍存古越人之风。

"俗好习战,高尚气力。"(《诸葛恪传》论山越)

"其升山赴险、抵突丛棘,若鱼之走渊,猿狖之胜木也。"(《诸葛恪传》论山越)

2. 三国之后至于唐代尚有山越,其同化时间如此之久,更可证其族之大与族性之强。

"世祖以功援持节都督会稽等十郡诸军事会稽太守。山越深险皆不宾附,世祖分命讨击,悉平之。"(《陈书·世祖本纪》)

"休父肃贞元时为浙东观察使。剧贼栗钟锽山越为乱陷州县,肃引兵破擒之。"(《新唐书·裴休传》)

附一 黎人

黎人及蛋民属何族,至今未有定论,以其住地与文化与越族似有相近之处,姑附于此。

1. 黎人原住海南岛,以汉人入居其地者渐多,遂退居山地,然所占地仍不小也。

黎人之黎字与上古之九黎想无关系，以其地相隔甚远也。黎字实为俚字之讹，《隋书·南蛮传》云："南蛮杂类，与华人错居，曰蜒、曰獽、曰俚、曰獠、曰㐌，俱无君长，随山洞而居，古先所谓百越是也。其俗断发文身，好相攻讨。"《图书集成》云："按：俚讹为黎，声之转也久矣……㐌复讹为岐，即黎之遐者。"（《方舆职方典》卷一三九〇）

更早则《后汉书·南蛮传》有云"建武十二年九真、徼外、蛮、里、张游、率种人慕化内属，封为归汉里君"。注云"里蛮之别号今呼为俚人"。案九真郡在今安南，其徼外似亦即在安南，非指海南岛，然里字、俚字、黎字沿革颇明。安南及广东西南汉初有骆越，黎人如亦属越（见下文），则名称之传播亦有由也。

黎人之起源，因海南系属海岛，其人自必由外移入，唯究系何时由何方移入，属何种人，则未有确论。学者有以黎人为属于掸族者，如 J. G. Scott 谓"居于海南岛之黎人谓其为纯台族，虽乏直接证据，然由外形观之为极度可能"（见《中国西南民族分类》），所谓台即谓掸族。按黎人在前汉即已有之，然则其移入必在更古，大约在石器时代。黎人之来路有北方大陆及南洋两条，南洋远而大陆近，古代之黎人似以由大陆一路为是。由大陆则汉以前广东系南越族所居地，或即南越族所移居。且黎人有文身之俗，古越族亦有文身之俗，此亦一同点。若谓掸族有文身之俗黎族亦有之似即掸族，然台湾之番族亦有文身之俗，其文身之纹样与黎人甚相类，然而台湾番族乃马来族而非掸族，黎族种属及起源之问题与古越族极有关系，应合而研究之。研究之道宜兼用体质测量法、语言比较法、文化比较法、历史方法等方能有所发现也。

黎人通常分为生黎、熟黎，系以开化与否为断。又是花脚黎、大鬃、小鬃、大裳、小裳等，系以妆饰为准。白沙峒黎、东方峒黎等，系以地为号。皆非真正分类。真正分类有三，为（1）黎：再分三差四差，与生黎近者为三差，与熟黎近者为四差。（2）岐又作㐌。（3）孝：再分东侾西侾。生黎大约种类较纯，熟黎则因闽粤汉人流入其地，久而与之同化，故不甚纯粹。

2. 黎族居海南岛。汉武帝收其地置珠崖、儋耳二郡，至元帝时复弃之，晋收隶合浦郡，唐置琼、崖二州，宋、元均号琼州，清置琼崖道，今分十三县。

汉代称其人为蛮，其捐弃之故因其民数叛。

"珠崖、儋耳二郡在海洲上，东西千里，南北五百里。其渠帅贵长耳，皆穿而缒之，垂肩三吋。武帝末，珠崖太守会稽孙幸调广幅布献之，蛮不堪役，遂攻郡杀幸。幸子豹合率善人还复破之，自领郡事，讨击余党，连年乃平。豹遣使封还印绶，上书言状，制诏即以豹为珠崖太守，威政大行，献命岁至。中国贪其珍赂，渐相侵侮，故率数岁一反。元帝初元三年遂罢之，凡立郡六十五岁。"（《后汉书》卷一一六）

《隋书》始称其人为俚。

唐代始称黎,视其地为安置迁谪官吏之所,偶一遣使抚谕或派兵征讨,未尝注意经略之也。

"太宗贞观□年,贬王义方为吉安丞,黎服其化。"(《图书集成·职方典》)

"德宗□年,遣岭南节度杜佑讨平黎氏。"(《图书集成·职方典》)

宋时黎人头目有受政府官职自制其众者,惟其姓皆汉姓,如王、陈、符、黄等,是否为汉人入黎者或纯为黎人无考,然亦可见此时黎人已渐汉化。当时黎人妇女可以统摄黎众,可见尚在母系时代,或离母系时代不远也。

"黎峒,唐故琼管之地,在大海,南距雷州,泛海一日而至。其地有黎母山,黎人居焉。旧说:五岭之南,人杂夷、獠,朱崖环海,豪富兼并,役属贫弱。妇人服缌,绩木皮为布,陶土为釜,器用瓠瓢,人饮石汁。又有椒酒,以安石榴花着瓮中即成酒。俗呼山岭为黎,居其间者号曰黎人。弓刀未尝去手,弓以竹为弦。今儋、崖、万、安皆与黎为境。其服属州县者为熟黎,其居山峒无征徭者为生黎,时出与郡人互市。……乾道九年八月乐昌县黎贼劫省民焚县治为乱,黎人王日存、王承福、陈颜招降之,琼管安抚司上其功,得借补承节郎。……王氏居化外累世立功边陲,皆受封爵。绍兴间琼山民许益为乱,王母黄氏抚谕诸峒无敢从乱者,以功封宜人,至是黄氏年老无子,请以其女袭封,朝廷从之。……嘉定九年五月,诏宜人王氏女吴氏袭封,统领三十六峒。"(《宋史》卷四九五)

明初黎人在琼州、崖州即较近外界者,已渐开化,唯内地尚未。永乐时抚慰黎人,授以土州县之职,黎人安之。其后成化、嘉靖时,黎人为乱,频加讨伐,其原因盖由汉官苛敛、汉人侵占也。

"永乐三年,广东都司言:琼州所属七县八洞生黎八千五百人,崖州、抱有等十八村一千余户俱已向化。惟罗活诸洞生黎尚未归附,帝命遣通判刘铭赍敕抚谕之。……通计前后所抚诸黎共千六百七十处,户三万有奇。……永乐间,置土官州县以统之。黎民安堵如故。成化间,黎人作乱,三度征讨,将领贪功,杀戮无辜。迨弘治间,知府张桓、余浚贪残苛敛,大失黎心。……嘉靖十九年,总督蔡经以崖、万二州黎、岐叛乱,攻逼城邑,请设参将一员驻扎琼州分守。二十八年,崖州贼首那燕等聚众四千人为乱,诏发两广官军九千剿之。……二十九年总兵官陈圭、总督欧阳必进等督兵进剿,斩贼五千三百八十级,俘一千四百四十九人,夺牛羊器械倍之,招抚三百七十六人。……琼州黎人居五指山中者为生黎,不与州人交,其外为熟黎,杂耕州地。原姓黎,后多姓王及符。熟黎之产,半为湖广、福建奸民亡命及南恩、藤、梧、高、化之征夫利其土占居之,各称酋首。成化间副使涂棐设计犁扫渐就编差。弘治间,符南蛇之乱连郡震惊,其小丑侵突无时而息云。"(《明史》卷三一九)

清代至光绪初叶冯子材复勘平黎地,大行改变黎峒原来组织,设抚黎局,于抚黎局之下设一黎团总长,统辖全属黎境,黎团总长之下有总管,统辖全峒。

峒中黎户十家为排,排有排长,三排为甲,甲有甲长,三甲为保,保有保正、保副。此等黎酋,有世袭者,有举定由官加委者。民国七年,黄志桓镇守琼、崖,复择黎人之有力者委为团长,而旧日之衔名仍不肯弃。

3. 黎人之风俗文化,《后汉书》只言其男子穿耳悬饰物,故谓之儋耳。《宋史》言之较详。《通志》亦有记载,可藉以知晓宋时黎人之状况。

"汉武帝元封元年始略为地儋耳、珠崖郡。民皆服布如单被,穿中央为贯头,男子耕种禾稻纻麻,女子桑蚕织绩。亡马与虎。民有五畜,山多尘麈。兵则矛盾、刀、木弓弩、竹矢或骨镞。嫁聚皆须八月引户人民集会之时,男女自相可适,乃为夫妇,父母不能止。"(《通志》)

明清以来记载渐多。撮录数则于下:

"其地有黎母山,诸蛮环居其下,山水分流四郡。山上传有人寿考逸乐不与世接,但觉水泉甘美而已。其去省地远不供赋役者名生黎,质直犷悍,不受欺触,不服王化,亦不出为人患,足迹不履民地,而自相仇斗。居民入其地,以熟黎为援。以木为弓,以竹为弦,铁镞无羽,出入不释手,以标刀为戈,以角为甲,器用土釜、瓠瓢,饮用椒酒,以击鼓为乐,以射猎为生,以刻箭为信誓,以割鸡为问卜。重报仇,有杀其父祖及乡人者,易世必复。地产沉水蓬莱诸香,漫山多槟榔子,小马翠羽黄蚋之属。结茅为屋如覆盆,上以居人,下畜牛豕。服布如单被,穿中央为贯头,吉贝为衣,两幅前后为裙,阔不过尺,掩不至膝。椎髻跣足插银铜钗花幔缠头腰围戴藤六角帽。妇人高髻钗上加铜环,耳坠垂肩。衣裙皆五色吉贝,无袴襦,但系裙四围合缝穿而系之曰黎桶。女子将及笄,置酒会观属,女伴自施针笔涅为极细虫蛾花卉,以淡粟纹编其余地,谓之绣面。女婢获则否。死不哭,不粥饭,惟食生牛肉,以为哀痛之至。凿圆木为棺,葬则舁榇而行,令一人前以鸡子掷地,鸡子不破处为吉穴,与省地商人贸易甚有信,不少受欺绐,商人信则相与如至亲,借贷不吝;或负约见其乡人擒之以为质,枷以横木,必负者来偿始释。凡负钱一缗次年倍责两缗,倍至十年乃止。熟黎旧传本南、恩、藤、梧、高、化人,多王、符二姓,言语皆六处乡音。因从征至者利其山水田地,占食其间,开险阻,置村峒,以先入者为峒首,同入共力者为头目。父死子继,夫亡妇主。又多闽、广亡命。有纳粮当差之处。有纳粮不当差之处。性习为横,不问亲疏,一言不合,持弓刀相向,其妻当中一过,即解。坐无尊卑。病则捶牛祀鬼,丧葬则斩牛待客。春则秋千会邻峒男女妆饰来游,携手并肩,互歌相答,名曰'作剧'。有乘时为婚合者,父母率从无禁;婚姻不避同姓。近生黎者其习俗与之同,近民居者习俗与齐民等。争田夺地,起仇衅,屠牛聚众,构生黎以为州县之患。按黎分生熟二种,有此地即有此人。生黎虽犷悍不服王化,亦不出为民害,为民害者熟黎耳。初皆闽商荡资亡命及本省土人贪其水田占其屋食,本夏也而黎之。间有名为贸易图其香物之利,实为主谋,

予以叛敌之方,往往阴阳生黎,凭陵猖獗,吁此古今黎祸之媒孽也。"(《琼州府志》)

"黎人生儋、崖、琼、万之间,即坞人也。相传太古之时雷摄一卵至山中遂生一女。岁久有交阯蛮过海采香者与之相合,遂生子女,是为黎人之祖,因名其山曰黎母山。……熟黎变服入州县,日晚鸣角结队而归。多符、王二姓。生子周岁,即文其身,不则以为祖宗不目为子孙也。黎人见客至,未相识,于隙窥之,见客矜庄,始布席相接坐。久不交一语。置酒先以恶臭味进,客食不疑,则喜,更以佳肴进,遂相亲狎,否则遣去。与人结仇则射箭于梁上,与客会饮,顾及梁间羽镞,即奋报仇之志。醉即群作狗嗥,自云狗种,欲祖先闻其声而为之垂庇也。中锋镝死,密埋不哭。恐人知之以为不武。"(清初陆次云著《峒溪纤志》)

此传说中似有一部分由交阯移入之意。以狗为祖,又似与瑶人同俗。

"黎地多以峒名,峒内散处各村并附一峒。明所属也。惟崖州曰村,陵水曰弓。其散处各村并附于一村一弓,亦如峒制。……黎之种旧无所考,或云黎母山有女自卵中诞生,适外来番男与之配,遂为黎种所自出,故名其山曰黎母。或云有女航海而来入山中与狗为配,生长子孙,名狗尾王,遂为黎祖。……黎分生熟两种,熟黎之类有三,黎岐、孝黎、黎鬃是也。生黎之内有六,花脚黎、大厂黎、小厂黎、岐黎、霞黎、生岐是也。向来《黎图》皆注花脚黎曰下脚黎,余询之黎人非下脚也,其俗男女俱于足胫刺纹数行,故名花脚;图说殆沿土语之讹而误注之欤。……熟黎多纳官粮,然其中地颇荒阔,不可以弓丈计,唯岁纳粮若干而已。生黎则各食其土,不入版籍。止设有黎练峒长之类统辖之。遇有事,峒长黎练以竹箭传唤,无不至者,其信而畏法如此……黎头辖一峒者为总管,辖一村或数村者为哨官,大抵父死子代,世世相传,或间有无子而妻代子,及弟代之者,为众心所归而公立之也。凡小事听哨官处断,大事则报诸总管,总管不能处始出而控告州县。……生黎不识耕种法,亦无外间农具,春耕时用群牛践地中,践成泥,撒种其上,即可有收。近时颇有学耕种法如外人者。……居室形似覆舟,编茅为之。……屋止一间,男女不异处,尽同饮食,夜并寝宿。黎妇多在外耕作,男夫看婴儿养牲畜而已。遇有事妇人主之,男不敢预也。……黎男貌紫黑,圆目直视,高颧骨。妇女面白而目长,不殊民妇。……男发结在前而束以圈,或银或铜,随贫富为之,阔半寸许,大视发之多少,名曰包鬃。额前饰以簪。……熟黎上衣粗麻短衫,生黎用布一幅穴其中以首贯之,无袖,长不掩脐。黎岐下着犊鼻裈。余黎并无下衣,仅以四五时粗布二片,上宽下窄,蔽前后,名曰黎厂;或用布一片通前后包之,名曰黎包。……女将嫁,面上刺花纹,涅以靛,其花或直或曲,各随其俗,盖夫家以花样予之照样刺面上以为记,所以示有配而不二也。"(《黎歧纪闻》)

黎人至现在虽渐汉化,然其住内地如五指山等处者尚保有其特殊之风俗习惯,摘录新记载数则于下:

"黎人多用汉姓如王、邢、罗、李、陈、杨、廖、唐、韦、吴、麦等姓,此盖由汉人初至杂居黎村,非教法所及,久而与之同化。……黎人择地而居,自谋生活,先至者为峒主称头家。峒之大者十村八村,小者三村五村。村内分族,族各有长,称为老爹。……居室多长方形,以木为柱梁,编竹片或树皮以为墙壁,垩之以泥,编茅为盖。……黎人男子以耕种牧畜渔猎为业,女子以织布为业。……出入必携带武器,不佩枪则佩刀。……中部之黎男人衣服甚简单,但以布一方掩下体,以带束其前后系于腰间,称为小裹,与日本人之裈颇相类。……惟接近墟市之黎人常与汉人交通,如崖县、落屯、否浅、多港、多涧、抱背诸峒,其黎头多作汉人装束。……黎族男子皆蓄头发,由脑际分为前后二部,前半于额端结成一束,后半收束于脑后纽紧,由左或右转于额前一同结束之,或留辫,其式有种种。……其居近汉人村落者逐渐开通,已多剪发。……黎女所穿衣对襟无钮,于领下用铜线结之。……黎女均穿耳戴铜圈,小者径寸大者五六吋,四差黎女每耳多至十八铜圈,圈径五六吋,两耳穿孔大盈寸。……黎人婚俗多取自由择配,亦有凭媒说合者,但极少数;一般女子年纪长大,父母必为之别营私室,听其自由交际。……黎人无文字,寻常无何等契约,惟田地卖买时有之,其主要价格为牛,不足者则加钱几千几百,其契约方法削竹一片用刀或墨画纹其上,略如'×||×|||'之类,画后剖而为二,各存其一。"(《海南岛志》)

"凡黎人妇女,于出嫁前,多行文身之手术。……黎人族属繁多,在昔皆行文身之俗,历年以来,因与汉人相接,及官府禁止,文身之事,渐见减少。……黎人文身之意义,约可分为五种:第一,文身有社会组织之意义,为各峒族之标记;第二,文身有婚姻之意义,将嫁之前,必须行之;第三,文身有图腾之意味,各族属之图式不同,亦不得互相假借,守祖宗成法,勿得变更;第四,文身记识,可避乖邪,为护身符箓;第五,文身为装饰之动机,有美的观念存其中。"(刘咸:《海南黎人文身之研究》,《民族学研究集刊》第一集)

附二　蛋民

1.蛋民今多住闽江及珠江下游,以舟为家,生活风俗颇异于陆上人民。关于其起源及种属学者颇有异说,据陈序经《蛋民之起源》所述如下:

(1)色目人说:色目人即西域诸种人,为蒙古人监督汉人者,故元亡时被逐入海。

(2)蒙古族说:谓元亡时蒙古人在南者被逐入海,遂为蛋民。

(3)汉族说:此说谓蛋民系晋代海贼卢循遗种。

(4)客家说:此说谓客家后到,故只能住山地及水上,住水上者为蛋民。
(5)蛮族说:谓蛋民原为南蛮之一支,古书多主此说。
(6)苗族说:此说所谓苗族非指狭义之苗系,意实同于南蛮。
(7)林邑蛮说:林邑蛮即指古时安南一部分人。
(8)马人说:谓蛋民乃马伏波平交阯后遗下之人民。
(9)乌蛮种说:谓为蛮即乌蛋蛮,亦即蛋民。
(10)越种说:以蛋民为即古时越人。罗香林主张此说,曾提出证据五条。
(11)瑶种说:谓蛋民即南蛮亦即瑶族。
(12)独立民族说:陈序经谓蛋在古史上与蛮并称,必为人数众多之民族,其来源或且先于蛮、苗诸族也。

按蛋之记载,在古书中以《华阳国志》为最早,其后《北史》、《隋书》、《唐书》等亦皆有之,其名或为蜑、蛮蜒、夷蜒、洞蜑、蛮蛋、蜑蛮、蜑家、蛋家等称。上举诸史皆在元以前,故蒙古、色目二说不能成立。客家说可合并于汉族说,汉族入海或有之,而蛋民必亦混有汉族之血,然若谓蛋民全为汉族殊无充分证据。蛮、苗二说只能说明蛋民之轮廓,并未指明究属何族。林邑及马人二说谓其人"深目假鼻,以黑色为美",此似亚洲东南之黑种人即尼格利陀族与蛋民不类。乌蛮、瑶种二说,证据单薄。独立民族说及越族说颇有理由。余意越族为古代东南方大族且以精于操舟著名,其居海滨者为渔业及交通之便利而营水上生活,乃自然之势,至于汉族南下,因被压逼及避迁徙(如汉武帝徙闽、越人民于江、淮)或更有一部分逃于海上,后因习惯不复移居陆地。越族说即不能说明蛋民全部至少亦能说明其一部。至于史书所记之蜑民原在西方,或者逐渐向东南迁移后受汉族压逼因而入海与越族之入海者混合亦在情理之中。总之现在之蛋民来源恐不可以一元说尽之而应采多元说,越族蜑蛮、汉族甚或瑶、掸、马来恐皆有其成分。其研究之道非专凭历史的方法所能解决,而应兼用体质测量与附近各种人比较方可确定也。

2.兹举古书所述蜒族之状况于下以供参考。

"其属有濮、賨、苴、共、奴、獽、夷、蜑之蛮。"(《华阳国志》)

"涪陵郡……土地山险水滩,人戆勇,多獽、蜑之民。"(《华阳国志》)

"周武成初……冉令贤……遂率作乱……蛮蛋以为峭绝……积其骸骨于水逻城侧为京观,后蛮蜒望见辄大哭,自此狼戾之心辍矣。"(《北史》卷十五)

"南方曰蛮有不火食者矣。然其种类非一,与华人错居,其流曰蜒、曰蜑、曰狸、曰獠、曰㐌,居无君长随山洞而居。"(《北史》卷十五)

"南蛮杂类与华人错居,曰蜒、曰獽、曰俚、曰獠、曰㐌。"(《隋书》卷八十二)

"广州南岸周旋六十余里,不宾服者五万余户,皆蛮蜑杂居。"(《天下郡国利病书》引《晋书》陶上磺疏)

"二广舟居谓之蜑人。"(陈师道《后山谈丛》)

"钦之蜑有三,一为鱼蜑,二为蚝蜑,三为木蜑。"(周去非《岭外代答》)

"蜑,海上水居蛮也。"(范成大《桂海虞衡志》)

"蜑户者以舟楫为宅,捕鱼为业,或编篷溺水而居,谓之水栏。见水色则知有龙,故又曰龙户,齐民则目为蛋家。"(《天下郡国利病书》卷一〇四)

"蜑人有姓麦、濮、吴、苏。自古以南蛮为蛇种,观其蜑家,神宫蛇象可见。世世以舟为居,无土著。"(《天下郡国利病书》卷一〇四)

"蜑人,海上水居蛮也,其来未可考。以舟为居,业渔。或编篷濒水,谓之水栏。辨水色则知有龙,故曰龙户。昔秦攻越,越人莫为秦,皆入丛薄与禽兽处,此其遗民也,晋时不宾服,自唐以来计丁输课,洪武初编户立长属河泊所供鱼课。其姓麦、濮、何、苏、吴、顾、曾。土人不与婚,不许陆居。性粗蠢不谙礼数。善没行水中三四十里不遭物害。妇人皆嗜生鱼,能泅浮。"(《说蛮》见《小方壶斋舆地丛钞》)

3. 现今蛋民已同化于汉族,除水居及装饰等事外无可区别。其现状如何,无全部之记载,兹录最近岭南大学关于广东沙南蛋民之调查专号数段于下以见一斑。

"闽江和珠江流域的蛋民的人口,因为没有正确的统计,没有法子去知道他们的人口的确实数目,但据一般普通人的估量,至少也有二百万以上。……沙南的蛋民人口统计不够八百。比之广州全部蛋民总数,恐怕不够二十分之一。"(《广东沙南蛋民之调查》)

"沙南一百二十九家的姓氏统计,共有十四姓氏之多,这就是梁、冯、李、陈、黄、何、范、罗、卢、孔、叶、钟、郭、彭等。但十四姓氏之中,以梁、冯、李三姓氏为最多。计三姓氏共占全数的 74.7%。"(《广东沙南蛋民之调查》)

"职业有:盐务、掉艇、田工、商业、航业、雇工、机器工人、藤工、建筑、缝纫、接女妇、醒婆、破竹等十三种。"(《广东沙南蛋民之调查》,第十表页三八)

"沙南人所信仰的神的种类查列如下……护舟龙神……安放在艇尾的。"(《广东沙南蛋民之调查》,按尚有家神、土神、关帝、观音等十数种)

"沙南和广州相接近,所以言语方面也是大同小异。她们少用鼻音和喉舌音。"(《广东沙南蛋民之调查》页一五一)

蛋民在福建、闽江者谓之"科题"或"曲蹄",其生活习惯略与在广东者同。

百越系参考书

1.《史记》越世家、东越传、南越传
2.《汉书》两粤等传,严助传
3.《淮南子·齐俗训》

4.《越绝书》

5.《吴越春秋》

6.《三国志·吴志》

7. 吕思勉:《中国民族史》

8. 梁任公:《中国历史上民族之研究》

9. Li-Chi, *The Formation of the Chinese People*

10. 罗香林:《古代越族考》(上篇)(《中山大学文史学研究所月刊》一卷二、三期)

11. 叶国庆:《三国时山越分布之区域》(《禹贡》二卷八期)

12. 刘芝祥:《山越考》(《史地学报》三卷四期)

13. 郎擎霄:《中国南方民族源流考》(《东方》三十卷一号)

14. 高亚伟:《孙吴开辟蛮越考》(《中法大学月刊》八卷一期)

15. 罗香林:《广东通志·民族略》族系篇(《中山大学文史研究所月刊》二卷二期)

附一　黎人参考书

1.《后汉书》卷一一六

2.《隋书·南蛮传》

3.《宋史》卷四九五

4.《明史》卷三一九

5.《通志》

6.《琼州府志》

7.《小方壶斋舆地丛钞》,内《峒溪纤志》,《黎岐纪闻》

8. 曾骞等:《海南岛志》

9. 黄强:《五指山闻黎纪》

10. 胡传:《游历琼州峒黎行程日记》(《禹贡》二卷一期)

11. 怿庐:《琼崖调查记》(《东方》二十卷二十三期)

12. 刘咸:《海南黎人文身之研究》(在《民族学集刊》内)

13. 蒋瘦颠:《海南岛》(《东方》二十二卷十期)

14. 陈献荣:《琼崖》

15. 谢彬:《云南游记》

16. 马长寿:《中国西南民族分类》(在《民族学集刊》内)

附二　蛋民参考书

1.《北史》卷十五

2.《隋书》卷八三
3.《华阳国志》
4. 范成大:《桂海虞衡志》
5. 周去非:《岭外代答》
6. 顾亭林:《天下郡国利病书》
7.《小方壶斋舆地丛钞·说蛮》
8. 陈序经:《蜑民的起源》(《政治经济学报》三卷三号)
9. 罗香林:《唐代蜑族考》(《中山大学文史学研究所月刊》二卷三、四期)
10. 岭南大学:《沙南蜑民调查专号》(《岭南学报》三卷一期)

第七章　东胡系(满族来源之一)

第一节　总　论

东胡名称之起源,据《史记索隐》引服虔云"东胡,乌桓之先,后为鲜卑。在匈奴东故曰东胡"。

日人白鸟库吉著《东胡民族考》,详论东胡名称之来源,先举西人学说,次提自己意见,略述于下。

西人常以 Tungus 即通古斯一语指中国语之东胡。法人 Abel Rémusat 于鞑靼语研究(*Recherches sur les Langues Tartares*)书中云东胡即在西伯利亚及满洲之通古斯族之对译,且云此名即系通古斯民族之自称而汉人始译之者,惟选东胡二字故此民族之方位亦一并表现云。Klaproth 氏亦赞同此说。又如法国著名中国学家沙畹(Chavannes)氏于其 Voyageurs Chinois 论文中引用《魏志·乌丸传》"乌丸者,东胡也"一句译为 Les Ou-hoan sont des Toungouse,即以西文之通古斯为同于中文之东胡。

白鸟氏以为东胡与通古斯不能视为一族,白鸟氏于详征博引之后断定"Tungus 原来是 Yakut 人中突厥人因轻侮其邻民族而称者也,其义为豕之义焉。俄人于 17 世纪始闻之而传于欧洲,于是此名遂为亚洲北部所住之民族之总称也。至东胡是由春秋时代至汉代在辽河上流游牧之蒙古人所呼之汉名,其义就文字自身言之意为东方之胡也。胡者,匈奴(Hung-nu)之原名,为汉人所省略,蒙古语人之义也。然则东胡(Tunghu)与通古斯(Tungus)音声号虽相似,而就此二民族之住地种类,以及其名义全不相关者也。"(录冯家昇译文)

按西人谓东胡之名系译自 Tungus，然 Tungus 一语系 17 世纪时俄人始闻而传之于欧洲，若东胡之名则中国二千余年前即已流行，故与其谓 Tungus 为东胡之语源，毋宁谓 Tungus 由东胡译成也。

至于白鸟氏之考证虽亦有其理由，然而实际上通古斯一名即包括古时东胡族在内，现代通古斯族可谓为包括东胡族及其同类之较广大民族，亦即是广义的东胡族。

故东胡一名可用以专指中国古时之东胡，若通古斯则可用以兼指东胡以外属于通古斯之民族，例如现在住于满洲及西伯利亚之几种土人只可称其为属于通古斯族，不能即指为东胡族。

东胡之名称若果为汉人所加，究竟彼等自称为何名？吕思勉云：彼等之本名实为鲜卑，一因鲜卑占地较东胡为广，二因其同族别支乌桓，其后不称乌桓而称鲜卑。又据冯家昇引《逸周书》王氏补注"管子曰桓公败胡貉破屠何。注（按即尹知章注）：屠何，东胡之先也"。又引何秋涛《王会篇》笺释"屠何即徒何城，在奉天锦州府锦西县西北……破屠何即徒何也"。推论东胡、屠何、徒何均系由原音译成云。

第二节　秦以前之东胡

东胡族在秦以前即住汉族之东北方，约在现今河北、辽宁、热河一带，与汉族甚近。其族除用东胡之名外，尚有称为山戎、北戎者，曾与汉族争斗，山戎并曾建国号无终。至战国时，近燕之东胡乃被驱逐，却走千余里，汉族进占其地开五郡。

"北戎伐齐，郑太子忽帅师救齐，大败戎师。"（《左传·桓六年》）

"山戎越燕而伐齐，齐僖公与战于齐郊。其后四十四年，山戎伐燕，燕告救于齐，齐桓公北伐山戎，山戎走。"（《史记·匈奴列传》）

"无终子嘉父使孟乐如晋，因魏庄子纳虎豹之皮以请和诸戎。……魏绛曰……和戎有五利焉。……公悦，使魏绛盟诸戎。"（《左传·襄四年》）

"东胡在大泽东。"（《山海经》）

"燕北有东胡山戎。……燕将秦开为质于胡，胡甚信之。归而袭破东胡，东胡却千余里。燕筑长城，自造阳至襄平，置上谷、渔阳、右北平、辽西、辽东五郡以拒胡。"（《史记·匈奴列传》）

第三节　乌　桓

汉初东胡为匈奴所破，其残余保乌桓山故改号乌桓。其地在今热河北境之阿噜科尔沁旗。汉武帝移乌桓住东北塞外,以助中国敌匈奴(公元前121年)。其后匈奴被败于汉,乌桓乘机夹击,因是渐强,乃代匈奴而侵略中国。东汉末曹操亲征大败之,并迁其余于中国(公元前207年),乌桓自是遂同化于汉族且改为桓氏。(据《魏书·官氏志》)

"乌桓者,本东胡也。汉初,匈奴冒顿灭其国,余类保乌桓山,因以为号焉。……乌桓自为冒顿所破,众遂孤弱,常臣伏匈奴,岁输牛马羊皮,过时不具,辄没其妻子。及武帝遣骠骑将军霍去病击破匈奴左地,因徙乌桓于上谷、渔阳、右北平、辽东五郡外,为汉侦察匈奴动静,其大人岁一朝见。于是始置护乌桓校尉,秩二千石,拥节监领之,使不得与匈奴交通。昭帝时乌桓渐强,乃发匈奴单于冢墓以报冒顿之怨。匈奴大怒,乃东击破乌桓。……光武初,乌桓与匈奴连兵为寇,代郡以东尤被其害;居止近塞,朝发穹庐,暮至城郭,五郡民庶家受其辜,至于郡县损坏,百姓流亡……匈奴国乱,乌桓乘弱击破之,匈奴转北徙数千里,漠南地空,帝乃以币帛赂乌桓。……于是封其渠帅为侯王君长者八十一人,皆居塞内,布于缘边诸郡,令招来种人,给其衣食,遂为汉侦候助击匈奴、鲜卑。……始复置校尉于上谷、宁城开营府,并领鲜卑赏赐,质子,岁时互市焉。及明、章、和三世皆保塞无事。安帝永初三年夏,渔阳乌桓与右北平胡千余寇代郡上谷,秋雁门乌桓率众王无何、允与鲜卑大人丘伦等及南匈奴骨都侯,合七千骑寇五原,与太守战于九原高渠谷,汉兵大败,杀郡长吏。乃遣车骑将军何熙、度辽将军梁仅等击,大破之。……建安十二年,曹操自征乌桓,大破蹋顿于柳城,斩之首,房二十余万人,袁尚与楼班、乌延等皆走辽东,辽东太守公孙康并斩送之,其余众万余落悉徙居中国云。"(《后汉书》卷一二〇)

汉以后在中国之乌桓渐消灭,惟唐时尚有一小部落在今黑龙江外。

"东北二百余里那河之北,有古乌丸之遗氏,亦自称乌丸国。武德贞观中,亦遣使来朝贡。"(《旧唐书·室韦传》)

乌桓之文化尚在野蛮状态,以游牧及狩猎为生,离母系制未远,未统一,有娶后母及寡嫂之俗,与匈奴大略相同。

"俗善骑射,弋猎禽兽为事。随水草放牧,居无常处。以穹庐为舍,东开向日。食肉饮酪,以毛毳为衣。贵少而贱老。其性悍寒,怒则杀父兄而终不害其母,以母有族类,父兄无相仇报故也。有勇健能理决斗讼者推为大人。无世业相继。邑落各有小帅数百千落,自为一部。大人有所召呼,则刻木为信,虽无文字而部众不敢违犯。氏姓无常,以大人健者名字为姓。大人以下各自畜牧营产,不相徭役。其嫁娶则先略女通情,或半岁百日,然后避牛马羊畜以为聘币;婿随妻还家,妻家无尊卑旦旦拜之,而不拜其父母;为妻家仆役,一二年间,妻家乃厚遣送女,居处财物一皆为办。其俗妻后母,报寡嫂,死则归其故夫。谋从用妇人,唯斗战之事乃自决之。父子男女相对踞蹲。而髡头为轻便。妇人至嫁时乃养发。分为髻,著句决,饰以金碧,犹中国有簂步摇。妇女能刺韦作文绣,织氀毼。男子能作弓矢鞍勒,锻金铁为兵器。其土地宜穄及东墙,东墙似蓬草,实如穄,至十月而熟。见鸟兽孕乳以别四节。俗贵兵死,敛尸以棺,有哭泣之哀;至葬则歌舞相送,肥养一犬,以彩绳缨索取死者所乘马衣物皆烧而送之,言以属累犬使护死者神灵归赤山,赤山在辽东西北数千里,如中国人死者魂神归岱山也。"(《后汉书》卷一二〇)

第四节 鲜 卑

1. 汉时之鲜卑——鲜卑亦为东胡之余族。其地在西喇木伦河及洮儿河之间,当乌桓之北。鲜卑族之得名有二说,一为以山得名,即指其依鲜卑山故号鲜卑,至于鲜卑山之所在地,据冯家昇归纳得三说,即今之辽宁西南,或热河中部,或西伯利亚之伊尔古斯科北通古斯河南。吕思勉谓即索岳尔济山。在今蒙古东部。丁谦《北方三大人种考》(在《汉书·匈奴传考证》内)谓"大鲜卑山在俄属伊尔古斯科北通古斯河南,今称其地为悉比里亚,悉比即鲜卑转音。以地皆此种人所居,故泰西人种学家以鲜卑人为通古斯种。通古斯河南即大鲜卑山之所在。一以河为标目,一以山为标目,中西所考若合符节云"。此说更确信鲜卑即在西伯利亚,以鲜卑为即"西伯"之转音也。然鲜卑山之所在地究不易确定也。第二说为以祥瑞得名,日人白鸟库吉《东胡民族考》引《史记·匈奴传》注"张晏云鲜卑郭落带兽名也"证以现在满洲语 Sabi 义为祥瑞,而 Sabi 音与鲜卑相近;又满洲语 Gurugu 义为兽,音近郭落。因鲜卑义为祥瑞故遂以为号。

鲜卑初服属于匈奴,北匈奴西逃后,遂移居匈奴故地,匈奴残留者亦加入之,势遂大盛,屡为边患。在其大人檀石槐时最强。后有别一部所谓小种鲜卑轲比能者亦颇盛,终复分裂。

"鲜卑者亦东胡之支也,别依鲜卑山故因号焉。其言语习俗与乌桓同,唯婚姻先髡头,以季春月大会于饶乐水上,饮宴毕然后配合。又禽兽异于中国者野马、原羊、角端牛。以角为弓,俗谓之角端弓者。又有貂豽鼳子,皮毛柔蠕,故天下以为名裘。汉初亦为冒顿所破,远窜辽东塞外,与乌桓相接,未常通中国焉。光武初匈奴强盛,率鲜卑与乌桓寇抄北边,杀略吏人,无有宁岁。建武二十一年鲜卑与匈奴入辽东,太守祭肜击破之,斩获殆尽,事已具肜传,由是震怖。及南单于附汉,北房孤弱,二十五年鲜卑始通驿使。其后都护偏何等,诣祭肜求自效功,因令袭北匈奴左伊育訾部斩首二千余级。其后偏何连岁出兵袭北房,还辄持首级诣辽东受赏赐。三十年鲜卑大人于仇贲、满头等率种人诣阙朝贺,慕义内属,帝封于仇贲为王,满头为侯。时渔阳赤山乌桓歆志贲等数寇上谷。永平元年祭肜复赂偏何袭歆志贲破斩之，于是鲜卑大人皆来归附，并诣辽东受赏赐，青、徐二州给钱岁二亿七千万为常。明、章二世保塞无事。和帝永元中大将军窦宪遣右校尉耿夔击破匈奴。北单于逃走。鲜卑因此转徙据其地，匈奴余种留者，尚有十余万落皆自号鲜卑，鲜卑由此渐盛。……是后或降或畔，与匈奴、乌桓更相攻击。……桓帝时鲜卑檀石槐者其父投鹿侯初从匈奴军三年，其妻在家生子，投鹿侯归怪欲杀之，妻言：'尝昼行闻雷震仰天视而雹入其口，因吞之遂妊身十月而产此子，必有奇异，且宜长视。'投鹿侯不听遂弃之，妻私语家令收养焉，名檀石槐。年十四五，勇健有智略，异部大人抄取其外家牛羊，檀石槐单骑追击之，所向无前，悉还得所亡者，由是部落畏服。乃施法禁，平曲直，无敢犯者，遂推以为大人。檀石槐乃立庭于弹汗山歠仇水上，去高柳北三百余里，兵马甚盛，东西部大人皆归焉。因南抄缘边，北拒丁零，东却夫余，西击乌孙，尽据匈奴故地，东西万四千余里，纲罗山川水泽盐池。……朝廷积患之而不能制，遂遣使持印绶封檀石槐为王，欲与和亲，檀石槐不肯受，而寇抄滋甚。乃自分其地为三部，从右北平东至辽东接夫余灭貊二十余邑为东部，从右北平以西上谷十余邑为中部，从上谷以西至敦煌乌孙二十余邑为西部，各置大人主领之，皆属檀石槐。灵帝立幽、并、凉三州，缘边诸部无岁不被鲜卑寇抄杀略，不可胜数。……光和中檀石槐死，时年四十五，子和连代立，和连才力不及乃父，亦数为寇抄。性贪淫，断法不平，众畔者半，后出攻北地，廉人善弩射者射中和连即死。其子骞曼年小，兄子魁头立，后骞曼长大与魁头争国，众遂离散。"（《后汉书》卷一二〇）

"后鲜卑大人轲比能复制御群狄，尽收匈奴故地，自云中、五原以东抵辽水皆为鲜卑庭。数犯塞寇边，幽、并苦之，田豫有马城之围，毕轨有陉北之败。青龙中帝乃听王雄遣剑客刺之，然后种落离散，互相侵伐，强者远遁，弱者请服，由是边陲差安，漠南少事，虽时颇抄盗，不能复相扇动矣。"（《魏志》卷三十）

2. 六朝时之鲜卑——鲜卑六朝时建国于北方者有慕容氏、乞伏氏、秃发氏、拓跋氏、宇文氏等。

（1）燕慕容氏

（甲）前燕：慕容廆始建国，都于龙城（今朝阳县），传四世八十五年，灭于前秦（286—370年）。

"慕容廆字奕洛环，昌黎棘城鲜卑人也。其先有熊氏之苗裔，世居北夷，邑于紫蒙之野，曰东胡。其后与匈奴并盛，控弦之士二十余万，风俗官号与匈奴略同。秦汉之际为匈奴所败，分保鲜卑山因以为号。曾祖莫护跋魏初率其诸部入居辽西，从宣帝伐公孙氏有功，拜率义王，始建国于棘城之北。时燕代多冠步摇冠，莫护跋见而好之，乃敛发袭冠，诸部因呼之为步摇，其后音讹遂为慕容焉。或云慕二仪之德，继三光之容，遂以慕容为氏。祖木延左贤王，父涉归以金柳城之功进拜鲜卑单于,迁邑于辽东北,于是渐慕诸夏之风矣。……永嘉初,廆自称鲜卑大单于。……怀帝蒙尘于平阳,王浚承制,以廆为散骑常侍、冠军将军、前锋大都督、大单于,廆不受。……遣其长史王济浮海劝进,及帝即尊位,遣谒者陶辽重申前命,授廆将军单于。"(《晋书》卷一〇八)

"慕容皝,字元真,廆第三子也,龙颜版齿,身长七呎八吋,雄毅多权略,尚经学,善天文,廆为辽东公,立为世子。"(《晋书》卷一〇九)

"慕容俊,字宣英,皝之第二子也。……及长,身长八呎二吋,姿貌魁伟,博观图书,有文武干略。……穆帝使谒者陈沉拜俊为持节侍中大都督,都督河北诸军事,幽、冀、并、平四州牧,大将军大单于,燕王,承制封拜一如廆皝故事。"(《晋书》一一〇)

"坚徙暐及其王公已下并鲜卑四万余户于长安,封暐新兴侯,署为尚书。坚征寿春以暐为平南将军别部都督。淮南之败,随坚还长安。既而慕容垂攻苻丕于邺,慕容冲起兵关中,暐谋杀坚以应之,事发为坚所诛,时年三十五。及德僭称尊号,伪谥幽皇帝。始廆以武帝太康六年称公,至暐四世,暐在位二十一年,以海西公太和五年灭,通廆皝凡八十五年。"(《晋书》卷一一一)

(乙)后燕 前燕王皝之子垂因内讧奔前秦,其后前秦伐晋而败,垂亦独立称帝,是为后燕。子宝嗣立,拓跋魏来侵都城中山(今河北定县)被围,宝率众奔龙城(今热河朝阳县)。后复传三主,为其臣汉人冯跋所篡,慕容氏之统遂绝。后燕五主,共经二十七年(383—409年)。

"俊平中原,垂为前锋,累战有大功。……以车骑大将军败桓温于枋头,威名大震,不容于暐,西奔坚;坚甚重之,拜冠军将军,封宾都侯。坚败于淮南,入于垂军,子宝劝垂杀之,垂以坚遇之厚也,不听。行至洛阳,请求拜墓,许之,遂起兵。……垂称燕王,置百官。""皇始元年,太祖南伐,及克信都,宝大惧。太祖军于柏肆,宝夜来犯营,太祖击破之。"(《魏书》卷九十五)

(丙)西燕:西燕不在十六国之列,然亦鲜卑慕容氏所建立也。初慕容暐之弟泓当前秦之末,亡奔关东,收鲜卑数千人,屯华阴(今陕西华阴县)称王。后其众杀泓而立其弟冲。冲入长安即帝位。至慕容𫖯改称燕王,率鲜卑男女三十余万口去长安而东。至慕容永移居长子(今山西蒲州),后灭于后燕(385—394年)。

(丁)南燕:慕容德初为后燕丞相镇邺,魏拔燕中山,德率众去邺入广固称帝,国号仍为燕,史称南燕。兄子超嗣位。后为刘裕所灭。历二主,共十一年(400—410年)。

(2)西秦乞伏氏:三国时魏置鲜卑人数万于雍、凉之间。其首领乞伏国仁初事前秦,前秦败后遂独立自称大单于。弟乾归继之自称秦王。其子嗣位,灭南凉。至第四传而降于魏。历四主,共二十三年(409—431年)。

(3)南凉秃发氏：先世自塞北迁于河西。其祖有产于被中者或名秃发，为被覆之义。传至树机能时侵晋，占有凉州之地（今甘肃北部）。至乌孤遂自称西平王。傉檀嗣位改称凉王，后为西秦所灭。传三主，共十八年（397—414年）。

(4)后魏拓跋氏：其建国先为代，后为魏即后魏。拓跋氏亦鲜卑之一系，原住北荒，或谓即西伯利亚（见吕思勉《中国民族史》）。魏人自谓黄帝之裔，中国人则谓为李陵之后，前者假托，后者误传，皆不实。魏人自溯其祖当尧时曾入贡，积六十六世未通中国，名亦无考，至第六十七世以后乃可考云。其首领有名寅者始南迁大泽。至诘汾始居匈奴故地。其子力微，始居定襄之盛乐（山西归化城南），朝贡于魏晋。至猗卢始受晋封为代王。什翼犍时前秦王苻坚来伐，什翼犍败死国灭。刘库仁、刘卫辰分领其地。什翼犍孙珪初依库仁后独立自称魏王，继称帝。逐后燕，并其地。其孙焘即太武帝复灭夏、北燕、北凉，统一中国北方。南向侵宋。构兵连年杀掠甚惨。至孝文帝努力汉化迁都洛阳改姓元氏。至孝武帝时魏分东西。东魏亡于汉人而鲜卑化之高氏创立之北齐，西魏亡于鲜卑宇文氏之北周。魏自拓跋珪始，历十七帝一百七十一年（386—557年）。

"索头虏姓拓跋氏，其先汉将李陵后也。陵降匈奴有数百千种，各立名号，索头亦其一也。晋初索头种有部落数万在云中。惠帝末，并州刺史赢公司马腾于晋阳为匈奴所围，索头单于猗䞘遣军助腾。怀帝永嘉三年，䞘弟卢率部落自云中入雁门，就并州刺史刘琨求楼烦等五县，琨不能制，且欲倚卢为援，乃上言卢兄䞘有救腾之功，旧勋宜录，请移五县民于新兴，以其地处之。琨又表封卢为代郡公。愍帝初，又进卢为代王，增食常山郡。其后卢国内大乱，卢死，子又幼弱，部落分散。卢孙什翼犍勇壮众复附之，号上洛公，北有沙漠，南据阴山，众数十万。其后为苻坚所破，执还长安，后听北归。犍死，子开字涉珪代立。先是鲜卑慕容垂僭号中山，晋孝武太元二十一年垂死，开率十万骑围中山，明年四月过之，遂王有中州，自称曰魏，号年天赐。九年，治代郡桑干县之平城，立学官，置尚书曹。开颇有学问，晓天文。其俗以四月祠天，六月末率大众至阴山，谓之却霜。阴山去平城六百里，深远饶树木，霜雪未尝释，盖欲以暖气御寒也。死则潜埋无坟垄处所，至于葬送皆虚设棺柩，立冢椁，生时车马器用皆烧之，以送亡者。开暴虐好杀，民不堪命。""五胡递袭剪覆诸华，及涉珪以铁马长驱席卷赵魏，负其众力遂与上国争衡矣。……既而虏纵归师，歼累邦邑，剪我淮州，俘我江县。喋喋黔首，局高天踏厚地，而无所控告，强者为转尸，弱者为系虏。自江淮至于清济，户口数十万，自免湖泽者百不一焉。村井空荒，无复鸣鸡吠犬。"（《宋书》卷九五）

(5)北周宇文氏：宇文氏之先为辽西鲜卑宇文部，至宇文泰乃据关中，迎魏主而为西魏之丞相。至子宇文觉乃篡西魏而即帝位是为北周。宇文泰时政治设施多仿中国古制，其后世更渐与汉族完全同化。历五主，共二十六年（556—581年）。

3. 吐谷浑——吐谷浑原系人名，为鲜卑前燕慕容廆之庶兄，自率其族人远去甘肃青海境，其后人遂以吐谷浑为姓。吐谷浑原虽鲜卑，然其后兼并羌氏，故非纯属鲜卑族。其地虽僻远，然与南北朝均有通使，受其策封。唐太宗时出大军远征，大败之，吐谷浑自是降唐且尚主。后为吐蕃所灭，唐徙其众于灵州。其地复为吐蕃所陷，其众竟散居中国。至五代时乃渐消灭。

"吐谷浑，本辽东鲜卑徒阿涉归子也，涉归一名奕洛韩，有二子，庶长曰吐谷浑，少曰若洛廆，涉归死，若洛廆代统部落，别为慕容氏。涉归之存也，分户七百以给吐谷浑，吐谷浑与若洛廆二部马斗相伤，若洛廆怒。……吐谷浑遂徙上陇，止于枹罕暨甘松南界，昂城龙涸从洮水西南极白兰数千里中，逐水草庐帐而居，以肉酪为粮。西北诸种谓之阿柴虏。吐谷浑死有子六十人……自谓曾祖奕洛韩始封昌黎公，吾为公孙之子，案礼公孙之子得以王父字为氏，遂以吐谷浑为氏焉。……弟阿豺立，自号骠骑将军、沙州刺史。部内有黄沙，周回数百里不生草木，因号沙州。阿豺兼并羌氏，地方数千里，号为疆国。"（《魏书》卷一○一）

"贞观九年，诏特进李靖为西海道行军大总管……并突厥契苾之众以击之……经涂二千余里空虚之地，盛夏降霜多积雪，其地乏水草，将士啖冰，马皆食雪，又达于柏梁北望积石山观河源之所出焉。两军会于大非川，至破逻贞谷，伏允子大宁王顺穷蹙，斩其国相天柱王举国来降。伏允大惧，与千余骑遁于碛中，众稍亡散能属之者才百余骑，乃自缢而死。国人乃立顺为可汗，称臣内附。顺即伏允之嫡子也……其子燕王诺曷钵嗣立，诺曷钵既幼，大臣争权，国中大乱，太宗遣兵援之，封为河源郡王，仍授乌地也拔勒豆可汗，遣淮阳王道明持节册拜，赐以鼓纛，诺曷钵因入朝请婚，十四年太宗以弘化公主妻之。……其后与吐蕃互相攻伐各遣使请兵救援，高宗皆不许之。吐蕃大怒率兵以击吐谷浑，诺曷钵既不能御，脱身及弘化公主走投凉州。高宗遣右威卫大将军薛仁贵等救吐谷浑，为吐蕃所败，于是吐谷浑遂为吐蕃所并。诺曷钵以亲信数千帐来内属，诏左武卫大将军苏定方为安置大使，始徙其部众于灵州之地，置安乐州以诺曷钵为刺史，欲其安而且乐也。……及吐蕃陷我安乐州，其部众又东徙，散在朔方河东之境，今俗多谓之退浑，盖语急而然。贞元十四年十二月，以朔方节度副使左金吾卫大将军同正慕容复为袭长乐州都督青海国王乌地也拔勒豆可汗，未几卒，其封袭遂绝。吐谷浑，自晋永嘉之末始西渡洮水，建国于群羌之故地，至龙朔三年为吐蕃所灭，凡三百五十年。"（《旧唐书》卷一九八）

"吐浑本号吐谷浑……庄宗时有首领白承福者，依中山北石门为栅，庄宗为置宁朔、奉化两府,以承福为都督,赐其姓名为李绍鲁,终唐时常遣使朝贡中国。……初,唐以承福之族为熟吐浑,长兴中,又有生吐浑杜每儿来朝贡,每儿不知其国地部族。至汉乾祐二年,又有吐浑何戛剌来朝贡,不知为生熟吐浑,盖皆微不足考录。"(《新五代史》卷七四)

第五节 柔 然

柔然又名蠕蠕,其首领原属鲜卑系,其部民则为高车突厥,所占地南邻于魏,北越沙漠,东抵朝鲜,西及焉耆,盖即古匈奴故地。至社仑时自号可汗。屡与魏战,为魏所败,柔然遂降魏,魏衰又独立。柔然立国约二百年。最后其属部突厥起而反抗,高车亦叛,柔然末主率千余落逃奔关中,周主从突厥之请,缚斩其主以下三千余人,柔然遂亡(555年)。

"蠕蠕姓郁久闾氏。始神元之末掠骑有得一奴,发始齐眉,亡本姓名,其主字之曰木骨闾。木骨闾者首秃也。木骨闾与郁久闾声相近,故后子孙因以为氏。木骨闾既壮,免奴为骑卒。穆帝时坐后期当斩,亡匿广漠溪谷间,收合逋逃得百余人,依纯突邻部。木骨闾死子车鹿会雄健,始有部众,自号柔然。后太武以其无知,状类于虫,故改其号为蠕蠕。车鹿会既为部帅,岁贡马畜貂豽皮。"

"冬则徙度漠南。夏则还居漠北。……社仑还逼漠北,侵高车,深入其地,遂并诸部,凶势益振,北徙弱洛水。始立军法,千人为军,军置将一人,百人为幢,幢置帅一人。先登者赐以虏获,退懦者以石击首杀之,或临时捶挞。无文记,将帅以羊屎粗计兵数,后颇知刻木为记。其西北有匈奴余种,国尤富强,部帅曰拔也稽,举兵击社仑,逆战于颇根河,大破之,后尽为社仑所并,号为强盛。随水草畜牧,其西则焉耆之地,东则朝鲜之地,北则渡沙漠穷瀚海,南则临大碛。其常所会庭敦煌、张掖之北,小国皆苦其寇抄,羁縻附之,于是自号豆代可汗,豆代犹魏言驾驭开张也,可汗犹魏首皇帝也。……太武练兵于南郊,将袭大檀。……于是车驾出东道向黑山,平阳王长孙翰从西道向大娥山,同会贼庭。五月次于沙漠南,舍辎重轻袭之至栗水,大檀众西奔。将其族党焚烧庐舍,绝迹西走,莫知所至,于是国落四散,窜伏山谷,畜产野布无人收视。……始阿那瓌初复其国,尽礼朝廷,明帝之后,中原丧乱,未能外略,阿那瓌统率北方颇为强盛,稍敢骄大,礼敬颇阙,遣使朝贡,不复称臣。……蠕蠕既累,为突厥所破,以西魏恭帝二年,遂率部千余家奔关中,突厥既恃兵强,又藉西魏和好,恐其遗类依凭大国,使驿相继,请尽杀以甘心,周文议许之,遂收缚蠕蠕主已下三千余人付突厥,使于青门外斩之,中男以下免,并配王公家。"(《北史》卷九八)

第六节　奚

奚亦东胡之一支,居鲜卑故地,即现在热河中部地。唐以前与中国接触甚稀。至唐太宗时始来朝,后助战有功,唐封其酋楼烦县公并赐李姓。武后时奚及契丹反,唐伐之败绩。玄宗朝奚王复入朝并尚主。唐末契丹强盛,奚为所役属,虽有一部西徙,然其后仍为契丹所合并。

"奚本曰库莫奚,其先东部胡宇文之别种也。初为慕容晃所破,遗落窜匿松、漠之间。俗甚不洁净,而善射猎,好为寇抄。登国三年,道武亲自出讨至弱水南,大破之,获其马牛羊豕十余万。帝曰:此群狄诸种,不识德义,鼠窃狗盗,何足为患。今中州大乱,吾先平之,然后张其威怀,则无不服矣。既而车驾南迁,十数年间,诸种与库莫奚亦皆滋盛。……齐受魏禅,岁时来朝,其后种类渐多,分为五部,一曰辱纥主,二曰莫贺弗,三曰契个,四曰木昆,五曰室得。每部一千人为其帅,随逐水草,颇同突厥。有阿会氏五部中最盛,诸皆归之,每与契丹相攻击,虏获财畜,因遣使贡方物。"(《北史》卷九四)

"奚亦东胡种,为匈奴所破,保乌丸山,汉曹操斩其帅,蹋顿盖其后也。元魏时自号库真奚,居鲜卑故地,直京师东北四千里,其地东北接契丹,西突厥,南白浪河,北霫。与突厥同俗,逐水草畜牧,居毡庐,环车为营。其君长常以五百人持兵卫牙中,余部散山谷间。无赋入,以射猎为资,稼多穄,已获,窖山下,断木为臼,瓦鼎为䉛,杂寒水而食。喜战斗,兵有五部,部一俟斤主之。其国西抵大洛泊,距回纥牙三千里,多依土护真水。其马善登,其羊黑。盛夏必徙保冷陉山,山直妫州西北。至隋始去库真,但曰奚。武德中,高开道借其兵再寇幽州,长史王诜击破之。太宗贞观三年始来朝。阅十七岁凡四朝贡。帝伐高丽,大酋苏支从战有功。不数年其长可度者内附,帝为置饶乐都督府,拜可度者使持节六州诸军事、饶乐都督,封楼烦县公,赐李氏。……万岁通天中,契丹反,奚亦叛,与突厥相表里,号两蕃。延和元年以左羽林卫大将军幽州都督孙佺、左骁卫将军李楷洛、左威卫将军周以悌帅兵十二万为三军,袭击其部次冷陉,前军楷洛与奚酋李大酺战不利。……玄宗开元二年使奥苏悔落丐降,封饶乐郡王、左金吾卫大将军饶乐都督,诏宗室出女辛为固安公主,妻大酺。明年身入朝成婚,始复营州都督府,遣右领军将军李济持节护送。大酺后与契丹可突于斗死,弟鲁苏领其部袭王,诏兼保塞军经略大使。"(《新唐书》卷二一九)

"奚本匈奴之别种,当唐之末居阴凉川,在营府之西幽州之西南,皆数百里。有人马二万骑,分为五部,一曰阿荟部,二曰啜米部,三曰粤质部,四曰奴皆部,五曰黑讫支部。后徙居琵琶川,在幽州东北数百里。地多黑羊,马逾前蹄坚善走,其登山逐兽,下山如飞。契丹阿保机强盛,室韦、奚、霫皆服属之。

常为契丹守界上,而苦其苛虐。奚王去诸怨叛,以别部西徙为州。……自去诸徙为州自别为西奚,而东奚在琵琶川者亦为契丹所并,不复能自见云。"(《新五代史》卷七四)

第七节 契 丹

契丹与奚异种同类,盖亦东胡之一支。所居生奚之东,高丽之西,即现在热河东北地。后魏时招号契丹。唐初受唐封册,并受赐姓为李。武后时反,为唐兵所败。玄宗朝复降唐并尚主。其后叛服不常,然于唐尚无大害,而其人入居中国者且同化而服官于朝,如李光弼等人皆是。五代时,阿保机始统一契丹八部,自称皇帝。兵力甚强,屡次南向干涉中国。德光继立,更助晋篡唐,后又灭晋而入居中国,改晋为大辽国,然因不谙统治之道,汉人不服,遂率众北返。其后国势仍继续开展,政制文物悉仿中国,国内所属汉人亦多。当其盛时辖地甚广,东至海,西至阿尔泰山,南至今河北省拒马河,北至外蒙古克鲁命河,幅员万里。宋既统一中国谋复燕、云,遂与辽构兵,然宋帝二次亲征皆失败,后乃媾和,宋岁输银绢与辽。辽既汉化渐失其开国时良好习惯,政治因之日非,后竟灭于女真。辽自阿保机称帝至天祚帝降金共传九主,历二百一十年(916—1125年)。契丹亡国后渐同化于汉人,是后遂无复有独立而纯粹之东胡族。

"契丹国在库莫奚东与库莫奚异种同类,并为慕容晃所破,俱窜于松漠之间,登国中魏大破之,遂逃迸与库慕奚分住,经数十年稍滋蔓,有部落于和龙之北数百里,为寇盗。"(《北史》卷九四)

"契丹本东胡种,其先为匈奴所破,保鲜卑山。魏青龙中,部酋比能稍桀骜,为幽州刺史王雄所杀,众遂微,逃潢水之南,黄龙之北。至元魏自号曰契丹,地直京师东北五千里而赢,东距高丽,西奚,南营州,北靺鞨、室韦,阻冷陉山以自固。射猎居处无常,其君大贺氏,有胜兵四万,析八部,臣于突厥,以为俟斤。凡调发攻战则诸部毕会,猎则部得自行,与奚不平,每斗不利辄遁保鲜卑山。风俗与突厥大抵略侔,死不墓,以马车载尸入山置于树颠。子孙死,父母旦夕哭,父母死,则否,亦无丧期。武德中其大酋孙敖曹与靺鞨长突地稽俱遣人来朝。……帝伐高丽,悉发酋长与奚首领从军,帝还过营州,尽召其长窟哥及老人差赐缯彩,以窟哥为左武卫将军。……未几窟哥举部内属,乃置松漠都督府,以窟哥为使持节十州诸军事、松漠都督,封无极男,赐氏李,以达稽部为峭落州,纥便部为弹汗州,独活部为无逢州,芬问部为羽陵州,突便为日连州,芮奚部为徒河州,坠斤部为万丹州,伏部为匹黎、赤山二州,俱隶松漠府,即以辱纥主为之刺史。窟哥死与奚连叛。……窟哥有二孙,曰枯莫离,为左卫将军、弹汗州刺史,封归顺郡王;曰尽忠,为武卫大将军、松漠都督。而敖曹有孙曰万荣,为归诚州刺史……尽忠自号无上可汗,以万荣为将,纵兵四略,所向辄下,不重浃众数万妄言十万。……俄而尽忠死,突厥默啜袭破其部,万荣收散兵复振。……万荣锐甚,鼓而南,残瀛州属县,恣肆无所惮。于是神兵道总管杨玄基率奚军掩其尾,契丹大败。……万荣穷,与家奴轻骑走潞河东,惫甚,卧林下,奴斩其首,九节(张九节)传之东都,余众溃。契丹不能立,遂附突厥。……开元二年尽忠从父弟都督失活以默啜政,率部落与颉利发伊健啜来归,玄宗赐丹书铁券。后二年与奚长李大酺皆来,诏复置松漠府。"(《新唐书》卷二一九)

"部之长号大人,而常推一大人建旗鼓以统八部,至其岁久或其国有灾疾而畜牧衰,则八部聚议以旗鼓立其次而代之,被代者以为约本如此,不敢争。某部大人遥辇次立时……八部之人以为遥辇不任事,选于其众以阿保机代之。阿保机亦不知其何部人也,为人多智勇而善骑射。是时刘守光暴虐,幽、涿之人多亡入契丹,阿保机乘间入塞,攻陷城邑,俘其人民,依唐州县置城以居之。汉人教阿保机曰:中国之王无代立者,由是阿保机益以威制诸部,而不肯代。其立九年,诸部以其久不代,共责诮之,阿保机不得已传其旗鼓而谓诸部曰:'吾立九年,所得汉人多矣,吾欲自为一部,以治汉城可乎?'诸部许之,汉城在炭山东南,滦河上,有盐铁之利,乃后魏滑盐县也。其地可植五谷。阿保机率汉人耕种,为治城郭邑屋廛市,如幽州制度。汉人安之,不复思归。阿保机知众可用,用其妻述律策,使人告诸部大人曰:'我有盐池,诸部所食,然诸部知食盐之利,而不知盐有主人,可乎?当来犒我。'诸部以为然,共以牛酒会盐池。阿保机伏兵其旁,酒酣伏发,尽杀诸部大人,遂立不复代。……其风俗与奚靺鞨颇同。至阿保机稍并服旁诸小国而多用汉人,汉人教之以隶书之半增损之,作文字数千,以代刻木之约。又制婚嫁,置官号。乃僭称皇帝,自号天皇王。以其所居横帐地名为姓曰世里,世里译者谓之耶律。名年曰天赞,以其所居为上京,起楼其间号西楼。……阿保机攻渤海,取其扶余一城以为东丹国,以其长子人皇王突欲为东丹王。已而阿保机病死,述律护其丧归西楼,立其次子元帅太子耀屈之。……耀屈之后更名德光,葬阿保机木叶山,谥曰大圣皇帝。……契丹当庄宗、明宗时攻陷营平二州,及已立晋,又得雁门以北幽州节度管内合一十六州。乃以幽州为燕京,改天显十一年为会同元年,更其国号大辽。置百官,皆依中国,参用中国之人……德光已灭晋,遣其部族酋豪及其通事为诸州镇刺史节度使,括借天下钱帛以赏军。胡兵人马不给粮草,日遣数千骑分出四野劫掠人民,号为打草谷,东西二三千里之间民被其毒,远近怨嗟。汉高祖起太原,所在州镇多杀契丹守将归汉。德光大惧。……乃北归,以晋内诸司伎术宫女诸军将卒数千人从。……相州梁晖杀契丹守将闭城距守,德光引兵攻破之,城中男子无少长皆屠之,妇女悉驱以北。"(《新五代史》卷七二)

东胡系参考书

1.《史记·匈奴列传》
2.《后汉书·乌桓列传》,《鲜卑列传》
3.《晋书》载记
4.《魏书》列传八十三,八十九
5.《北史》列传八十六,八十二,卷九四
6.《旧唐书·室韦传》,《西戎传》
7.《新唐书》列传一四四,卷二一九
8.《新五代史》四夷附录,卷七二
9. 丁谦:《蓬莱轩所著地理学丛书》内《历史东北诸国地理考证》一篇
10. 鸟居龙藏著,汤尔和译:《东北亚洲搜访记》
11. 鸟居龙藏著,陈念本译:《满蒙古迹考》
12. J. Mullie 著,冯承钧译:《东蒙古辽代旧城探考记》
13. 白鸟库吉著,冯家昇译:《东胡民族参》(《地学杂志》民国二十三年一、二期)
14. 冯家昇:《东北史中诸名称之解释》(《禹贡》二卷七期)
15. 冯家昇:《述东胡系之民族》(《禹贡》三卷八期)
16. 克凡:《东胡民族考》(《大夏学报》一卷八期)
17. 梁园东:《中国民族中之通古斯族系》(《大夏学报》一卷一期)
18. 吕思勉:《中国民族史·鲜卑篇》
19. 梁任公:《中国历史上民族之研究》

第八章 肃慎系(满族来源之二)

第一节 总 论

肃慎亦属满族之一系。在上古时即谓之肃慎或息慎、稷慎;后又称为挹娄、勿吉、靺鞨;至于女真更为肃慎之转音语。据《大金国志》云:"金国本名珠里真,后讹为女真,或曰虑真。"又《满洲源流考》云:"北音读肃为须,须朱同韵;里真二字合呼之音近慎,盖即肃慎转音,国初旧称所属曰珠申,亦即肃慎转音也。"或谓索伦亦即肃慎音转云。

此族在辽、金、元三代皆称女直,明代则复旧称女真,清修明史乃悉去之,讳言女真,其实清代当太宗以前满洲人皆自称女真,太宗特下令禁止,止许自称满洲,女真之号自此始绝,满洲之号自此始勒作定名。(孟森《清朝前纪》)

第二节　上古之肃慎

肃慎古时与中国之接触颇少,古书记载不多。相传舜时国力及于息慎,周初曾来贡云。其所住地史家多指在今黑龙江省即松花江上游,然亦有谓此族初时逼近汉族即在燕国之东北,其后乃为燕所驱逐而远徙。(见吕思勉《中国民族史》)

"各以其职来贡,不失厥宜。方五千里,至于荒服。南:抚交趾、北发;西:戎、析枝、渠庾、氐羌;北:山戎、发息慎;东:长鸟夷。"(《史记·五帝本纪舜》一段)

"朔方幽都来服,南抚交趾。出入日月,莫不率俾。西王母来献其白琯。粒食之民,昭然明视。民明教,通于四海。海之外肃慎、北发、渠搜、氐羌来服。"(《大戴记》)

"成王既伐东夷,息慎来贺,王赐荣伯,作贿息慎之命。"(《史记·周本纪》)

"有隼集于陈廷而死,楛矢贯之,石砮,矢长尺有咫。陈湣公使使问仲尼。仲尼曰:'隼来远矣。此肃慎之矢也。昔武王克商,通道九夷八蛮,使各以其方贿来贡,使无忘职业。于是肃慎贡楛矢、石砮,长尺有咫。'"(《史记·孔子世家》)

"仲尼在陈。有隼集于陈侯之庭而死,楛矢贯之,石砮,其长尺有咫。陈惠公使人以隼如仲尼之馆问之。仲尼曰:'隼之来也远矣。此肃慎氏之矢也。昔武王克商,通道于九夷百蛮,使各以其方贿来贡,使无忘职业。于是肃慎氏贡楛矢石砮,其长尺有咫。先王欲昭其令德之致远也,以示后人,使永监焉。故铭其栝曰,肃慎氏之贡矢。以分大姬,配虞胡公,而封诸陈。古者分同姓以珍玉展亲也。分异姓以远方之职贡使无忘服也。故分陈以肃慎氏之贡。君若使有司求诸政府,其可得也。'使求,得之金椟如之。"(《国语·鲁语》)

第三节　挹　娄

肃慎自周以后经秦汉均不通中国,臣属夫余。至三国乃入贡于魏,中国称之为挹娄。晋时复来,所贡仍是楛矢石砮。丁谦谓挹娄初时不过为肃慎之一部,非即原来之肃慎。

"挹娄古肃慎之国也,在夫余东北千余里。东滨大海,南与北沃沮接,不知其北所极。土地多山险,人形似夫余,而言语各异。有五谷麻布,出赤玉好貂。

无君长,其邑落各有大人。处于山林之间,土气极寒,常为穴居,以深为贵,大家至接九梯。好养豕食其肉,衣其皮,冬以豕膏涂身厚数分,以御风寒。夏则裸袒,以尺布蔽其前后。其人臭秽不洁,作厕于中,圜而居。自汉兴已后,臣属夫余。种众虽少,而多勇力,处山险,又善射,发能入人目,弓长四呎,力如弩,矢用楛,长一呎八吋,青石为镞,镞皆施毒,中人即死。"(《后汉书》卷一一五)

"肃慎氏一名挹娄,在不咸山北,去夫余可六十日行。东滨大海,西接寇漫汗国,北极弱水,其土界广袤数千里。居深山穷谷,其路险阻,车马不通。夏则巢居,冬则穴处。父子世为君长。无文墨,以言语为约。有马不乘,但以为财产而已;无牛羊,多畜猪,食其肉,衣其皮,绩毛以为布。……俗皆编发,以布作襜,径尺余,以蔽前后。将嫁娶,男以毛羽插女头,女和则持归,然后致礼聘之。妇贞而女淫,贵壮而贱老。……有石砮,皮骨之甲,檀弓三呎五吋,楛矢长尺有咫。其国东北有山出石,其利入铁,将取之必先祈神。周武王时献其楛矢石砮,逮于周公辅成王复遣使入贺。尔后千余年虽秦汉之盛莫之致也。及文帝作相,魏景元末来贡楛矢石砮,弓甲貂皮之属,魏帝诏归于相府,赐其王傉鸡锦罽绵帛,至武帝元康初复来贡献。"(《晋书》卷九七)

肃慎族除挹娄之外尚有十国,大抵至今黑龙江省及俄属阿穆尔省,即裨离国、养云国、寇莫汗国、一群国,以上四国于晋武帝泰始三年曾入贡中国。尚有牟奴国、模卢国、末利国、蒲都国、绳余国、沙楼国,以上六国则于武帝太熙元年各遣使诣东夷校尉归化。

第四节 勿吉或靺鞨

1. 南北朝时中国称之为勿吉或靺鞨。勿吉、靺鞨显为同音异译,其得名之故,据丁谦谓"辽水东北大小森林,土人呼为窝集,亦曰乌稽,一作渥集(国初有渥集部),皆勿吉之转音"。后魏延兴中曾遣使来朝,太和初又来,请攻高句丽,其后至于魏末犹常来贡。隋时有一部助中国征高丽,且受中国封,与中国更接近。

"勿吉国在高句丽北旧肃慎国也。邑落各自有长,不相统一。其人劲悍,于东夷最强,言语独异。……国有大水阔三里余,名速末水。其地下湿筑城穴居,屋形似冢,开口于上,以梯出入。其国无牛,有车马,佃则偶耕,车则步推。有粟及麦穄,菜则有葵。水气咸凝盐生树上,亦有盐池,多豬(按即猪)无羊,嚼米酝酒,饮能至醉。妇人则布裙,男子豬犬皮裘。初婚之夕男就女家执女乳而罢,便以为定,仍为夫妇。俗以人溺洗手面,头插虎豹尾,善射猎。弓长三呎,箭长呎二吋,以石为镞。……延兴中遣使乙力支朝献,太和初又贡马五百匹。……迄于正光贡使相寻。尔后中国纷扰,颇或不至。兴和二年六月遣使石久

云等贡方物至于武定不绝。"(《魏书》卷一百)

"其部类凡有七种。其一号粟末部与高丽接，胜兵数千，多骁武，每寇高丽。其二伯咄部在粟末北，胜兵七千。其三安车骨部，在伯咄东北。其四拂涅部在伯咄东。其五号室部在拂涅东。其六黑水部在安车西北。其七白山部在粟末东南。胜兵并不过三千，而黑水部尤为劲。自拂涅以东矢皆石镞，即古肃慎氏也，东夷中为强国。所居多依山水，渠帅曰大莫弗瞒咄。……隋开皇初相率遣使贡献。"(《北史》卷九四《勿吉》)

2. 唐初前此降隋之一部靺鞨仍来朝贡并助攻刘黑闼及突厥，受唐封爵及赐姓为李，并徙众于幽州。后其酋复击败吐蕃。世为唐室功臣。

"靺鞨盖肃慎之地，后魏谓之勿吉，在京师东北六千余里，东至于海，西接突厥，南界高丽，北邻室韦。其国凡为数十部，各有酋帅，或附于高丽，或臣于突厥，而黑水靺鞨最处北方，尤称劲健，每恃其勇，恒为邻境之患。俗皆编发，性凶悍，无忧戚。贵壮而贱老。无屋宇，并依山水掘地为穴，架木于上，以土覆之，状如中国之冢墓，相聚而居。夏则出随水草，冬则入处穴中。父子相承，世为君长。俗无文字。兵器有角弓楛矢。其畜宜猪，富人至数百口，食其肉而衣其皮。死者穿地埋之，以身衬土，无棺敛之具，杀所乘马于尸前设祭。有酋帅突地稽者隋末率其部千余家内属，处之于营州。炀帝授突地稽金紫光禄大夫、辽西太守。武德初遣间使朝贡，以其部落置燕州，仍以突地稽为总管。……贞观初拜右卫将军，赐姓李氏，寻卒。子谨行伟貌武力绝人。……累拜右领军大将军，为积石道经略大使。……自后或有酋长自来，或遣使来朝贡，每岁不绝。"(《旧唐书》卷一九九)

3. 靺鞨中最北之一部名黑水靺鞨者，于唐太宗时助高丽抗中国。玄宗时乃来朝，遂以其地为黑水府，封其酋为都督，并赐姓李氏，是后常来朝，至渤海国兴，乃转属之，不复朝唐。

"黑水靺鞨居肃慎地，亦曰挹娄，元魏时曰勿吉。直京师东北六千里，东濒海，西属突厥，南高丽，北室韦。离为数十部，酋各自治。其著者曰粟末部，居最南，抵太白山，亦曰徒太山，与高丽接，依粟末水以居，水源于山西，北注它漏河。稍东北曰汨咄部，又次曰安居骨部，益东曰拂涅部，居骨之西北曰黑水部，粟末之东曰白山部。部间远者三四百里，近二百里。白山本臣高丽，王师取平壤，北众多入唐。汨咄、安居骨等皆奔散，寖微无闻焉，遗人并入渤海。唯黑水完强，分十六落，以南北称，盖其居最北方者也。人劲健善步战，常能患它部。俗编发缀野豕牙，插雉尾为冠饰，自别于诸部。……开元十年其酋倪属利稽来朝，玄宗即拜勃利州刺史，于是安东都护薛泰请置黑水府以部长为都督刺史，朝廷为置长史监之，赐府都督姓李氏名曰献诚。……后渤海盛，靺鞨皆役属之，不复与王会矣。"(《新唐书》卷二一九)

第五节　渤海靺鞨——渤海国、安定国

靺鞨中之粟末靺鞨于唐则天时击退唐兵遂建国号为渤海，统一靺鞨，占地甚广，有今之吉林全境，辽宁东部，朝鲜部及俄领沿海州。其国王姓大。唐睿宗以后即受中国册封，后常遣使朝贡，派学生留学于唐，一切典章官制大都模仿中国，文化甚高，国势亦强。传十四世历二百十五年（712—927年）乃见灭于契丹。然其余族仍继续建国，力图恢复，曾约宋夹攻契丹，不果。其后复降金，为所役属，并被迁徙散居数处。

"渤海本粟末靺鞨附高丽者，姓大氏，高丽灭，率众保挹娄之东牟山。地直营州东二千里，南北新罗以泥河为境，东穷海，西契丹。筑城郭以居，高丽逋残稍归之。万岁通天中契丹尽忠杀营州都督赵翙反，有舍利乞乞仲象者与靺鞨酋乞四比羽及高丽余种东走度辽水保太白山之东，北阻奥娄河树壁自固。武后封乞四比羽为许国公，乞乞仲象为震国公，赦其罪，比羽不受命。后诏玉钤卫大将军李楷固、中郎将索仇击斩之，是时仲象已死，其子祚荣引残痍遁去。楷固穷蹑度天门岭，祚荣因高丽靺鞨兵拒楷固，楷固败还，于是契丹附突厥，王师道绝不克讨。祚荣即并比羽之众，恃荒远，乃建国自号震国王，遣使交突厥。地方五千里，户十余万，胜兵数万。颇知书契，尽得扶余、沃沮、弁韩、朝鲜海北诸国。中宗时使侍御史张行岌招慰祚荣遣子入侍。睿宗先天中，遣使拜祚荣为左骁卫大将军、渤海郡王以所统为忽汗州，领忽汗州都督，自是始去靺鞨号专称渤海。玄宗开元七年祚荣死，其国私谥为高王。子武艺立，斥大土宇，东北诸夷畏臣之。……初其王数遣诸生诣京师太学习识古今制度，至是遂为海东盛国，地有五京十五府，六十二州，以肃慎故地为上京曰龙泉府，领龙、湖、渤三州。"（《新唐书》卷二一九）

"乃举兵亲征渤海大諲譔。……攻其城破之，驾幸城中，諲譔请罪马前……以奚部长勃鲁恩王郁自回鹘、新罗、吐蕃、党项、室韦、沙陀、乌古等从征有功优加赏赉，丙午改渤海国为东丹，勿汗城为天福。"（《辽史》卷二）

"定安国本马韩之种为契丹所攻破，其酋帅纠合余众保于西鄙，建国改元，自称定安国。开宝三年其国王烈万华因女真遣使入贡，乃附表贡献方物。太平兴国中太宗方经营远略，讨击契丹，因降诏其国令张犄角之势，其国亦怨寇仇侵侮不已，闻中国用兵北讨，欲依王帅以摅宿愤，得诏大喜。六年冬会女真遣使来贡，路由本国，乃托其使附表来上。……端拱二年其王子因女真使附献马雕羽鸣镝。淳化二年其王子太元女真使上表其后不复至。"（《宋史》卷四九一）

第六节 室 韦

室韦又作失韦,亦肃慎族之一支,此族在金以前因不统一未尝有势力,与中国之关系亦疏。然其中一部唐时名蒙瓦室韦者后与鞑靼族混合而成为蒙古族之皇室。

"失韦国在勿吉北千里,去洛六千里。路出和龙北千余里,入契丹国,又北行十日至啜水,又北行三日有盖水,又北行三日有犊了山,其山高大周回三百余里,又北行三日有盖水名屈利,又北行三日至刃水,又北行五日到其国。有大水从北而来广四里余,名㮈水。国土下湿,语与库莫奚、契丹、豆莫娄国同。……武定二年四月始遣使张焉、豆伐等,献其方物,迄武定末贡使相寻。"(《魏书》卷一百)

《北史》更区别为五部,并详记其风俗,盖其时犹在蒙昧时代也。

"室韦国在勿吉北千里,去洛阳六千里,室或为失,盖契丹之类。其南者为契丹,在北者号为失韦。……及齐受东魏禅,亦岁时朝聘。其后分为五部,不相总一。所谓南室韦、北室韦、钵室韦、深末怛室韦、大室韦。并无君长,人贫弱,突厥以三吐屯总领之。南室韦在契丹北三千里。土地卑湿,至夏则移向北货勃、贝对二山,多草木,饶禽兽,又多蚊蚋,人皆巢居,以避其患。渐分为二十五部,每部有余莫弗瞒咄,犹酋长也。死则子弟代之,嗣绝则择贤豪而立之。其俗丈夫皆被发,妇女盘发,衣服与契丹同。乘牛车,以蘧蒢为屋,如突厥毡车之状,度水则束薪为筏,或有以皮为舟者,马则织草为鞯,结绳为辔匡。寝则木屈为室,以蘧蒢覆上,移则载行,以猪皮为席,编木为藉,妇女皆抱膝坐。气候多寒,田收甚薄,无羊少马,多猪牛。与靺鞨同俗。婚嫁之法二家相许竟辄盗妇将去,然后送牛马为聘,更将妇归家,待有孕,乃相许随还舍。妇人不再嫁,以为死人之妻,难以共居。部落共为大棚,人死则置其上,居丧三年,年唯四哭。其国无铁,取给于高丽。多貂。南室韦北行十一日至北室韦,分为九部落,绕吐纥山而居。其部落渠帅号乞引莫贺咄,每部有莫何弗三人以贰之。气候最寒,雪深没马。冬则入居土穴,牛畜多冻死。饶獐鹿,射猎为务,食肉衣皮,凿冰没水中,而网取鱼鳖。地多积雪,惧陷坑阱骑木而行,俗即止。皆捕貂为业,冠以狐貂,衣以鱼皮。又北行千里至钵室韦,依胡布山而住人众多,北室韦不知为几部落。用桦皮盖屋,其余同北室韦。从钵室韦西南四日行至深末怛室韦,因水为号也。冬月穴居以避太阴之气。又西北数千里至大室韦,径路险阻,言语不通,尤多貂及青鼠。北室韦时遣使贡献,余无至者。"(《北史》卷九四)

《旧唐书》记载室韦之部落及风俗更详,并言其中有蒙兀室韦一种。《新唐书》材料更较《旧唐书》为多,而蒙兀之名则另译蒙瓦。

"室韦契丹别种,东胡之北边,盖丁零苗裔也。地据黄龙北傍猞越河,直京师东北七千里,东黑水靺鞨,西突厥,南契丹,北濒海。其国无君长,惟大酋皆号莫贺咄,摄莞其部,而附于突厥。小或千户,大数千户,滨散川谷,逐水草而处,不税敛。每弋猎即相啸聚,事毕去,不相臣制。故虽猛悍喜战,卒不能为强国。……其语言靺鞨也。分部凡二十余曰岭西部、山北部、黄头部,强部也。大如者部、小如者部、婆萵部、讷北部、骆丹部,悉处柳城东北。近者三千,远者六千里而嬴。最西有乌素固部,与回纥接,当俱伦泊之西南。自泊而东有移塞没部。稍东有塞曷支部,最强部也。居啜河之阴,亦曰燕支河。益东有和解部、乌罗护部、那礼部、岭西部。直北曰纳北支部。北有大山,山外曰大室韦,濒于室建河。河出俱伦迤而东。河南有蒙瓦部,其北落坦部。水东合那河、忽汗河,又东贯黑水靺鞨,故靺鞨跨水有南北部,而东注于海。猞越河东南亦与那河合。其北有东室韦,盖乌丸东南鄙余人也。"(《新唐书》卷二一九)

第七节 女真＝金

黑水部靺鞨原属渤海,渤海亡后属辽,其部号女直即女真,其酋世受封爵。辽势既衰乃叛辽独立,建国号金,击败辽师,次第取其宁江州(在吉林北松花江右岸)、咸州(在铁岭东)、宾州(吉林宾县)、黄龙府(农安)。辽主亲征复败归。遂尽取辽之五京诸路,且擒获辽主,遂灭辽。因与宋争辽地开衅,遂进兵侵宋,第一次攻汴京不克,二次遂入汴,获二帝去,中原沦陷,宋室因之南渡。初以中原地立刘豫为帝,继取而自有之。进攻南宋屡有胜负,后乃议和,西以大散关,东以淮之中流为界。其疆域甚广,东极海,西逾碛石,北过阴山,南抵淮汉,地方万余里。金皇室姓完颜氏,然其先实出于高丽之金氏入居黑水部靺鞨,并娶部女,其后裔遂从母姓。太祖阿骨打始叛辽,称帝建国,时在宋徽宗政和五年,辽天祚帝天庆五年(1115年)。太宗吴乞买时复灭北宋。传至哀宗为蒙古所灭(1234年)。凡九主,历一百二十年。金之人民以女真为主体,契丹及汉人则为被征服之属民而已,地位迥乎不同。然其主体之女真人口实不多,第其风气劲悍且善能驱使别民族故遂能以少克众,二世而破灭两大国;然亦正当辽、宋二国衰落之际,以新兴之民族摧老朽之故国,自然事半而功倍也。

"金之先出靺鞨氏,靺鞨本号勿吉,勿吉古肃慎地也。元魏时勿吉有七部,曰粟末部,曰伯咄部,曰安车骨部,曰拂涅部,曰号室部,曰黑水部,曰白山部,隋称靺鞨而七部并同。唐初有黑水靺鞨、粟末靺鞨,其五部无闻。粟末靺鞨始附高丽姓大氏,李勣破高丽,粟末靺鞨保东牟山后为渤海称王,传十余世,有文字礼乐官府制度,有五京十五府六十二州。黑水靺鞨居肃慎地,东濒海南接高丽，亦附于高丽，尝以兵十五万众助高丽拒唐太宗败于安市。开元中来朝，置黑水府，以部长为都督，刺史，置长史监之，赐都督姓李氏名献诚，领黑水经略使。其后渤海盛强，黑水役属之，朝贡遂绝。五代时契丹尽取渤海地而黑水靺鞨附属于契丹。其在南者籍契丹号熟女直，其在北者不在契丹籍号生女直。生女直地有混同江、长白山。混同江亦号黑龙江，所谓白山黑水是也。金之始祖讳及普，初从高丽来，年已六十余矣。兄阿古乃好佛，留高丽，不肯从。始祖至完颜部居久之，其部人尝杀它族之人，由是两族交恶，哄斗不能解。完颜部人谓始祖曰：'若能为部人解此怨使两族不相杀，部有贤女年六十而未嫁，当以相配，仍为同部。'始祖曰'诺'，自往论之……既备偿如约，部众信服之，谢以青牛一并许归六十之妇，始祖乃以青牛筋聘礼而纳之，并得其货产。后生二男，长曰乌鲁，次曰斡鲁，一女曰注思板，遂为完颜部人。……黑水旧俗无室庐，负山水坎地梁木其上，覆以土，夏则出随水草以居，冬则入处其中，迁徙不常。献祖乃徙居海古水耕垦树艺，始筑室，有栋宇之制，人呼其地为纳葛里，纳葛里者汉语居室也，自此遂定居于安出虎水之侧矣。……子昭祖讳石鲁刚毅质直。生女直无书契，无约束，不可检制，昭祖欲稍立条教，诸父部人皆不悦，欲坑杀之，已被执，叔父谢里忽知部众将杀昭祖，曰'吾兄子贤人也，必能承家安辑部众，此辈奈何辄欲坑杀之'。亟往弯弓注矢射于众中，劫执者皆散走，昭祖乃得免。昭祖稍以条教为治部落寝强。辽以惕隐官之，诸部犹以旧俗不肯用条教，昭祖耀武至于青岭白山，顺者抚之不从者讨伐之，入于苏滨耶懒之地所至克捷。……生女直之俗至昭祖时稍用条教，民颇听从，尚未有文字，无官府，不知岁月晦朔，是以年寿修短莫得而考焉。……子景祖讳乌古乃，辽太平元年辛酉岁生，自始祖至此已六世矣。景祖稍役属诸部，自白山、耶悔、统门、耶懒、土骨论之属以至五国之长皆听命。……辽主召见于寝殿燕赐加等，以为生女直部族节度使，辽人呼节度使为太师，金人称都太师者自此始。……既为节度使有官属，纪纲渐立矣。生女直旧无铁，邻国有以甲胄来鬻者倾赀厚贾以与贸易，亦令昆弟族人皆售之，得铁既多因之以修弓矢备器械，兵势稍振，前后愿附者众，斡泯水蒲察部、泰神忒保水完颜部、统门水温迪痕部、神隐水完颜部皆相继来附。"（《金史》卷一本纪）

"太祖应乾兴运昭德定功仁明庄孝大圣武元皇帝讳旻本讳阿骨打，世祖第二子也。……太祖进军宁江州次寥晦城，婆卢火征兵后期，杖之，复遣督军诸路兵皆会于来流水，得二千五百人，致辽之罪申告于天地曰：'世事辽国恪修职贡，定乌春窝谋罕之乱，破萧海里之众，有功不省而侵侮是加，罪人阿疎屡请不遣，今将问罪于辽，天地其鉴佑之。'……收国元年正月壬申朔群臣奉上尊号，是日即皇帝位。上曰辽以宾铁为号，取其坚也，宾铁虽坚，终亦变坏，惟金不变不坏，金之色白，完颜部色尚白，于是国号大金，改元收国。……九月克黄龙府遣辞刺还,遂班师。……十一月辽主闻取黄龙府,大惧,自将七十万至驼门,驸马萧特末、林牙、萧查剌等将骑五万步四十万至斡邻泺。上自将御之,十二月己亥行次爰刺会诸将议,皆曰辽兵号七十万其锋未易当,吾军远来人马疲乏宜驻于此,深沟高垒以待,上从之。遣迪古乃银术可镇达鲁古。丁未上以骑兵亲候辽军获督饷者,知辽主以张奴叛,西还二日矣。……追及辽主护步答冈。是役也兵止二万,上曰'彼众我寡,兵不可分,视其中军最坚,辽主必在焉,败其中军可以得志'。使右翼先战,兵数交,左翼合而攻之,辽兵大溃,我师驰之,横出其中,辽师败绩,死者相属百余里;获舆帟幄兵械军资他宝物马牛不可胜计。"(《金史》卷二《太祖本纪》)

"女真为本户,汉人及契丹为杂户。……汉人、渤海人不得充明安穆昆户。"(《续通典》卷一〇《食货》一〇)

"初女真人不得改为汉姓,及学南人装束,违者杖八十,编为永制。"(《金史》卷四三《舆服志》下)

"靖康之后,陷于金虏者,帝王子孙,宦门仕族,尽没为奴婢,使供作务。每人一月,支稗子五斗,令自舂为米,得一斗八升,用为糇粮。岁支麻五把,令绩为裘。此外更无一钱一帛之入。男子不能绩者,则终岁裸体。虏或哀之,则使执爨,虽时负火得暖热,然才出外取柴归,再坐火边,皮肉脱落,不日辄死。惟喜有手艺,如医人绣工之类。寻常只围坐地上,以败席或芦藉之。遇客至开筵,引能乐者使奏技。酒阑客散,各复其初,依旧环坐刺绣。任其生死,视如草芥。"(洪迈《容斋三笔》)

第八节　满洲=清

1.满洲名称之来源——满洲人为肃慎族最近之历史民族,今且以之代肃慎而为此族之通称矣。满洲之前即为金,金之前为黑水靺鞨史迹甚明。金以后何以称为满洲则颇有异说。满人自称满洲二字由于佛号"曼殊"二字变成。然日本稻叶君山则谓满洲人在改号满洲以前实号为金而非满洲,孟森更考证"满洲"明人初作"满住",为最大酋长之称,明人误以酋长之称称其民族,满洲承认之,遂为定称。

"满洲本部族名。以国书考之,满洲本作'满珠',二字皆平读,我朝光启东土,每岁西藏献丹书皆称曼殊师利大皇帝,翻译名义曰:曼殊,华言妙吉祥也。"(《满洲源流考》)

"其对明而言曰:'我满洲如何云云'犹之明人谓'上命如何云云'也,然彼此误会。他人闻建州人自称我满洲,不以为建州人系传其主命,直以为建州人自名其国,或部族为满洲。建州人亦遂承认之。其后太宗时致书明督师袁崇焕即自称满洲国皇帝矣。……太祖以前百余年即有李满住,太祖亦为其将士尊之曰满住,则明为袭其本部之旧称,并不因西藏之称为文殊师利始有其名。"(《孟森清朝前纪》)

满洲开国之史实据满人自述者乃为一则神话,殊无历史价值,以下亦有不实之处。

"满之先世姓爱新觉罗氏发祥于长白山,山高二百里余,绵亘千余里,山上有潭周八十里,鸭绿、混同、爱滹三江出焉。山之东曰布库里山,下有池曰布尔湖。相传有天女三浴于池,神鹊衔朱果置季女衣,季女含口中,忽入腹,遂有孕,寻产一男。及长,因命之曰:'汝以爱新觉罗为姓,布库里雍顺为名,天生汝以定乱国,汝宜志之,汝顺流而往即其地也。'乘以小舠顺流下,至河步,登岸,折柳枝及蒿为坐具。时其地三姓争为雄长,日构兵相仇杀,乱靡定。有取水河步者见而异之归以语众,众往观,诘所自来。答曰'我天女所生,以定汝等之乱'。且告以姓名,众惊曰:'此天生圣人也。'交手为舁,迎至家。三姓者议曰:'我等盍息争,推此人为国主。'以女百里妻之,尊为贝勒,其乱乃定。于是居长白山东俄漠惠之野俄朵里城,国号满洲,是为开基之始。"(《满洲源流考》)。

2.满洲兴起之史实——清初史实为清人故意销灭,然据近时史家之研究已渐明了,其大略如下:自金亡后其遗族散居混同江南北,元设万户府镇之,明初于其地建三卫。时女真分为三部曰建州女真,曰海西女真,曰野人女真或生女真。各置一卫。永乐时女真人阿哈出受职为建州卫指挥使,并赐姓李氏,时复有孟哥帖木儿姓童或佟,即清人之尊为肇祖者,亦受职为建州左卫指挥使,其后复分左卫为建州右卫,遂有三卫。孟哥帖木儿之裔董山曾寇明被杀,建州卫遂衰。其后传至福满是为清兴祖,其子景祖及孙显祖为明兵所杀,曾孙努尔哈赤即清太祖乃从微弱中创业,及身而成立满洲大帝国。

满洲皇室之姓为爱新觉罗,爱新意为金,觉罗为族,意即金之族也。然又有佟氏之说,史家谓或如金之王室金氏而完颜姓,盖一父系一母系也。(吕著《中国民族史》)

努尔哈赤时女真部落分为四部。

(1)建州部:有五支部,即苏克苏浒河、浑河、完颜、栋鄂、哲陈。
(2)长白山部:有三支部,即讷殷、鸭绿江、珠舍哩。
(3)扈伦部:有四支部,即辉发、哈达、叶赫、乌拉。
(4)东海部:有三支部,即瓦尔喀、虎尔哈、窝集诸部。

建州及长白山二部即明建州卫地,在辽沈之东。东海部为明野人卫地,东际日本海,在今吉林及西伯利亚沿海州境。扈伦为明海西卫地逼处开原、铁岭。诸部中以扈伦四部为最强且附于明。

努尔哈赤初起族衰力微,以其父祖为苏克素护部尼堪外兰所构陷,蓄志复仇。于万历十一年(1583年)以显祖遗甲十三副起兵攻陷尼堪外兰之两城,尼堪外兰奔明,明执以予努尔哈赤,并允岁给银八百两。努尔哈赤更征服建州五部及长白山之鸭渌江部,疆土更大。时扈伦部叶赫最强,忌努尔哈赤,乃合扈伦四部长白山二部,蒙古三部即科而沁、锡伯、卦勒察,计九部三万众联军来攻,努尔哈赤大破之,遂灭珠舍哩、讷殷、辉发、乌拉,复联叶赫灭哈达,拓地益广。努尔哈赤遂于万历四十四年(1616年)即皇帝位,是为太祖,建元天命。至其所称之国号,实为金即后金,然自太宗以后又改为满洲而讳为金,其所以改称系由对明之政策云。(孟森《清朝前纪》)

天命三年努尔哈赤突以七大恨告天,率八旗六万之众侵明,陷抚顺,围清河。明出兵九万号二十四万以杨镐率之征满洲,战于萨尔浒,明兵大败,满洲遂进拔开原、铁岭灭叶赫。不久复进陷辽阳、沈阳,乃移都沈阳。后明以袁崇焕守宁远,稍复失地。努尔哈赤攻之不克,不久死,太宗立。征服朝鲜、察哈尔,收明降将孔有德等。崇祯九年满洲改国号为清,改元崇德。崇德六年清攻锦州与明洪承畴大军战于松山,复大败之,承畴被擒降,锦州亦陷。是后明坚守山海关,直至吴三桂开关降清,清人遂入关征服中国。以上皆普通史书常载,不复详述。

满洲尚有稍僻之东海部亦于太祖、太宗二朝派兵征服,收其人入军队。

"以一成一旅敌中原,必先树羽翼于同部;故得朝鲜十,不若得蒙古人一;得蒙古人十,不若得满洲部落人一。族类同则语言同,水土同,衣冠居处同,城郭土著射猎习俗同。"(《圣武记》)

3.满洲之兵制政制——满洲初起时仅有遗甲十三副可见其众之少,然其后统一同族,兵数渐众,始有所谓八旗之兵制。政制初亦甚简单,军政不分,后参用中国制度如设立六部等,迨入主中国,除兵制外,乃几于全沿明制。

"万历十一年满洲以甲十三副攻图伦域破之,益厉兵力,得以次削平诸部。初定出兵校猎不计人数之多寡,各随族党屯寨而行;每人各取一矢,几十人设长一人领之,其长称为牛录额真。后于二十九年正月间,以诸国来服人众,编三百人为一牛录,每牛录设一额真(后改称为牛录章京即佐领),至五牛录设一甲喇额真(后改称甲喇章京即参领),五甲喇设一固山额真(后改称固山章京即都统),每固山额真左右设两梅勒额真(后改称梅勒章京即副都统)。初设有四旗,旗以纯色为别,曰黄曰红曰蓝曰白;至是增设四旗,参用其色镶之,幅之黄白蓝者缘以红,幅之红者缘以白,共为八旗。行军时地广则八旗并立,地狭则八旗合一路而行。军士禁喧器,行伍禁搀越。当两军交战,被坚甲执长矛大刀者为前锋,被轻甲善射者自后冲击,俾精兵立马他处,相机接应焉。"(《清史纪事本末》卷十一)

"熹宗天启六年秋九月,满洲主皇太极嗣位,集诸贝勒议定官制。初满洲主努尔哈赤起自部落,诸事草创,设官甚简,其后削平诸部,创制八旗,每旗设总管大臣(即固山额真)一,佐管大臣(即梅勒额真)各二,又议理政大臣五,札尔固齐十,往往即以总管或佐管等兼之,不皆分授。至是建议每旗仍各设总管大臣一,是为八大臣,凡议国政与诸贝勒偕坐共议之,出猎行师各领本旗兵行,一切事务皆听稽察。其佐管大臣每旗仍前设各二。此十六大臣赞理本旗事务,不令出征。又每旗各设调遣大臣二,此十六大臣出兵驻防,以时调遣。所属词讼仍令审理。"(《清史纪事本末》卷十一)

"清世祖顺治元年冬十月,帝入京师即位,定内外文武官制,内自阁部至庶司,外藩臬守令提镇将弁略访明制而损益之,兼用满、汉人。"(《清史纪事本末》卷十一)

4.满洲之风俗——清初满人之生活系射猎,定居,住木屋,屋内有炕无棉织衣,手自割肉,家人同炕睡,压平后头骨,有殉葬俗,有祭天跳神之宗教,信萨满巫。入关以后渐易旧俗,惟在关外者改变较少。

"是时,(太祖)诸国分裂……皆金代部落之遗,城郭土著射猎之国,非蒙古行国比也。各主其方,争相雄长,强凌弱,众暴寡。"(《开国龙兴记》,《小方壶斋舆地丛钞》一帙)

"其居联木为栅,上覆以板,复加以草,墙壁亦以木为之,污泥其上。地极苦寒,屋高仅丈余,独东南扉。一室之内,炕周三面,温火其下,寝食起居,其虽盛夏,如京师八月。"(《扈从东巡日录》)

"陈敬尹为余言曰,'我于顺治十二年流宁古塔,尚无汉人。满洲富者,缉麻为寒衣,捋麻为絮;贫者衣狍鹿皮,不知有布帛,有之自予始'。余曾以疋布易稗子谷三石,谷三石五斗。有拨什库某,得余一白布缝衣,元旦服之,人皆羡焉。余居宁古塔,衣食粗足,则皆服绸缎矣。"(杨宾《柳边纪略》,《小方壶斋舆地丛钞一帙》)

"满洲有大宴会,主家男女,必更迭起舞。大率举一袖于额,反一袖于背,盘旋作势,曰莽势。中一人歌,众皆以'空齐'二字和之,谓之曰'空齐'。盖以此为寿也。"(《柳边纪略》)

"吉省气候严寒,寝室筑土炕占室之半,可容十人;尊卑老少长幼男女一炕共寝处,虽外来之亲友,假宿之孤客,亦无上下床之别。临睡时用木柴烧之以增温度,一室如春惟习俗卧必裸体故相率不燃灯。"(《中华全国风俗志》下篇卷一页一〇四)

"婴儿初生枕以硬枕(枕实以豆),务平其后脑骨,以硬起欠美观,习俗然也。故辛亥之役摸脑骨以别满、汉,以满人平直而汉人硬起也。惟疑睡炕故平削者,乃不知东省风气之臆测语,近燕、鲁流寓者亦多染此习。"(《中华全国风俗志》下篇卷一页一〇三)

"男子死，则必有一妾殉。当殉者即于生前定之，不容辞不容僭也。当殉不哭，艳装而坐于炕上，主妇率其下，拜而享之。及时，以弓扣环而殒；倘不肯殉，则群起而缢之死矣。"（《绝域纪略》）

"萨玛教为东夷一种宗教，在昔满洲人亦迷信之，此教今日盖在松、黑、乌三江下游，南及朝鲜、咸镜诸道皆染此习。凡人患病，辄延男巫亦有女觋至家，左执鼓，以铁丝贯钱数十横系鼓之两耳，胁肩蹈足而行，援桴鼓之，使钱不相并，取其铮钹有声。腰围裙曳地，又以长带系铜铃铁铛裙后。先喃喃作咒，旋作狐鼠诸精魅言，能作幻人术，以利刃刺病人患处，甚至截作两段，刀出如故。吉林、临江等处亦有此陋俗。"（《鸡林旧闻录》，在《吉林地志》内）

"至于祭天之礼，满洲人等于所至之地皆可举行。但寻洁净之木以为神杆，或置祭斗，或缚草把，购猪洒米以祭。"（《八旗通志》卷八九，《禹贡》三卷五期引）

"满人有病必跳神，亦有无病而跳神者。富贵家或月一跳或季一跳，至岁终则无有弗跳者。未跳之先，树丈余细木于墙院南隅，置斗其上，谓之曰竿，祭时着肉斗中，必鸦来啄食之，谓为神享。跳神者或用女巫，或以冢妇，以铃系臀后，摇之作声，而手系鼓。鼓以单牛皮冒铁圈，有环数枚在柄，且击且摇，其声索索然，而口致颂祷之词，词不可辨。祷毕，跳跃旋转，有老虎回回诸名色。"（《柳边纪略》）

"满清之兴，自四贝勒夺得辽河以东，迁居辽阳，改卜沈阳而后，脱离野蛮强自冠带，故自四贝勒以降之支派称宗室用黄带；以上直无谱牒可考，遂于同部之子孙概冠以觉罗两字，别用红带。"（《鸡林旧闻录》，在《吉林地志》内）

"满洲八旗之氏族共有著姓二百九十余，而以八大姓为首，其属籍均列正白等上三旗，其世系半出自吉林，曰瓜尔佳氏，曰钮祜禄氏，曰舒穆禄氏，曰那拉氏，曰栋鄂氏，曰辉发氏，曰马佳氏，曰伊尔根觉罗氏，以上八氏，尚主选妃不外乎此……八旗氏族著姓除八氏外则称为希姓，有精吉氏、萨尔都、富蔡、完颜等三百四十余姓。又满洲旗内之蒙古姓氏有博尔济、吉特等二百三十余姓。又满洲旗内之高丽姓有金、韩、李、朴等四十三姓。又满洲旗内之汉军有张、李、高、雷一百六十余姓。凡属满、蒙八旗内俱称名而不举姓，以其名之第一字相称，如姓氏然，其名汉文只用二字不用三字，恐与满语相混，若四五字者则满语也。今满、汉大同，旗人冠汉姓者甚多，如汉军等本系汉姓无所变更，若旗姓则大抵以切音而成。"（《鸡林旧闻录》，在《吉林地志》内）

5. 满人之同化——满洲初兴时，文化尚在野蛮以至于半开化阶段，然其民勇敢诚朴，其酋长则与明边官界接触，久而富有军政常识及智略，盖已可谓为文明人矣。以此种酋长用此种人民，自然朝气蓬勃，战胜攻取，举老朽腐败之明室，一举而代之。然其民族既小，所统治之汉族过大，故于种族观念斤斤注意,且知己族纯赖武力立国,而其武力系由于野蛮生活之培养,故甚惧为汉人文弱之风所同化。其开国之君颇能谆谆告诫其族众,然而大势所趋,颓风莫挽,不数传而其民族已同化于汉人,其文弱或且过之。此其故彼等常归咎于其贵族子弟之习汉诗文,与汉诗人唱和,而荒弃弓马。然此尚非其症结也,满人之失败在于入关以后弃其野蛮环境,杂居汉人之中,全赖掠夺汉人以为生,生活优裕,而无用力之需要,自然筋松力懈,成为废物,"晏安耽毒不可怀也",满人之成功固在于入关,然而满人之失败亦即聚于斯时矣。虽然,由一民族言之固属失败,然由全中国之民族言之,则满人之同化实为民族史上一大成功也。

"崇德元年十一月,集诸王贝勒大臣等于翔凤楼,使内宏文院大臣,读《金世宗本纪》,且谕之曰:'……世宗即位奋图法祖,勤求治理,惟恐子孙仍效汉俗,预为禁约,屡以无忘祖宗为训。衣服言语,悉遵旧制,时时练习骑射,以备武功。虽垂训如此,后世之君,渐至懈废,忘其骑射,至于哀宗,社稷倾危,国遂灭亡。……儒臣巴克什、达海、库尔禅等,屡劝朕改满洲衣冠,效汉人服饰制度,朕不从,辄以为朕不纳谏。朕试设为比喻,如我等于此聚集,宽衣大袖左佩刀,右挟弓,忽遇硕翁科啰、巴图鲁劳萨挺身突入,我等能御之乎?若废骑射,宽衣大袖,待他人割肉而后食,与尚左手之人,何以异耶?朕发此言,实为子孙万世之计也。在朕身岂有变更之理?恐子孙忘旧制,废骑射,以效汉俗,故常切此虑耳。我国士卒,初有几何;因娴于骑射,所以野战则克,攻城则取,天下人称我兵:立则不动摇,进则不回顾,威名震慑,莫与争锋。'"(《清代通史》上引)

"鄂尔泰之侄鄂昌不合援引世谊与中藻唱和,又摘鄂昌《塞上吟》中称蒙古为胡儿,为忘本党逆,故皆及于祸,旋降严旨禁八旗满洲人学习汉文及与汉人唱和论同年行辈来往。"(《清史纪事本末》卷二十)

第九节　现代在满洲之通古斯族

建立清室之满人以外尚有其稍疏之同族,即同属于通古斯族之较小支派甚多,于清室兴起后大都被合并。其一部分参加满洲成为满人之一要素,其后亦即随满人而同化于汉族,尚有一部分则仍住其故土,其后多少略保存其固有状态。此种通古斯族诸支系人在清初分别之为四类:

使犬部:包括呼尔喀、满珲及黑龙江下流之鄂伦春人等。

使鹿部:包括费雅喀、奇勒尔及上流鄂伦春人之在东部者。

使马部:上流西部之鄂伦春人。

鱼皮部:呼尔喀之黑斤即赫哲人,又称鱼皮鞑子。

此种分类自然不合科学性质,然彼时人只能如此分别。此各支派人三百年来亦多有变动,至今人口甚少。

"由宁古塔而东三百里,有依朗哈喇土城,即五国城故地,设官守之。又东北五六百里,为呼尔哈部所居。又六百里,为黑斤部所居。又六百里,为费雅哈部所居;此三部人,总名曰为乌稽达子。乌稽即窝集也。又名鱼皮达子。近混同江海口。不产五谷,惟此紫貂、元狐、海螺、灰鼠、水獭、鹰、雕及鱼。每岁五月,此三部人则乘查哈船江行,泊宁古塔南关外进貂。将军设宴,并出部颁袍、帽、靴袜、挺带、巾扇赐之。貂以黑斤部所产为最,费雅哈次之,呼尔哈又次之,黑龙江、索伦所产毛粗又次之。"

"黑斤、费雅哈二部,皆不剃发、梳髻、环耳,男妇皆不裤,以鱼皮为衣柔软可染。富者以雕羽盖屋,貂及元狐为帐,狐鼠为被褥。呼尔哈人则服饰略同满洲矣。三部人皆无官长约束,质直有信义,商贾赊物,约偿黑貂,千里不爽期。勇敢能一人杀虎。"(《吴兆骞谪宁古塔记》)

"明代中叶,扈伦以东与乌拉部境壤密迩者则有东海三部,明人所谓野人卫是也,以今地望考之,是三部适占吉省之东半。三部者同土著满洲,同出通古斯族,即呼尔哈部、瓦尔喀部、渥集部是。"(《鸡林旧闻录》四卷三页)

"满清未兴以前,在东海三部之东北而与渥集部紧相连接者,则《清纪》概以使犬使鹿别之,明代悉统于奴儿干都司。清廷先后吞并是地,大约已在天命纪元以后。其地为今日吉省最东北之临江、绥远等县,迄乎黑龙江、混同江下游两岸,凡咸丰十年割隶于俄沿东海岸一带是。其人则济勒弥、费雅喀,剃发与不剃发之黑斤诸种是。"(《鸡林旧闻录》四卷三页)

"东荒土族,种落甚繁:居于乌苏里江沿岸及松花江下游者有黑斤人、赫哲人、奇里人等,统称瓦尔喀人;居于嫩江附近者有达瑚尔人;居于黑龙江上游者有鄂伦春人、索伦人、蛮雅尔人、毕拉尔人;居于黑龙江下游者有费雅喀人(亦有鄂伦春人);居于库页岛者有虾夷人。以上诸族,除虾夷外,皆属东胡族。"(《东荒民俗见闻琐录》)

索伦人——居精奇里江与额尔古纳河之间。清人素闻其善于骑射,乃于天聪九年遣将逾黑龙江收其壮丁二千余人而还。崇德四年因其酋长叛,征之,越年俘其人口约八千人,并擒其酋,清之势力直达黑龙江以北。

"远在黑龙江以北,挽弓十石,能自缚于树,射虎熊洞穿,负之而归。马有逸失者,虽数百里外,皆能踪迹得之,惟一经雨后,即不可识。音近蒙古,间杂汉语,故或以为辽之后裔,不纯满洲云。"(《圣武记附考》)

鄂伦春人——又作鄂伦奇、鄂伦古、鄂鲁春等,有广狭二义,狭义之鄂伦春人限于在黑龙江上流及河口左岸之人民,广义者即为玛涅克尔、满珲人之通称。

"鄂伦春妇女,皆勇决善射,客至,腰数矢上马,获雉兔作炙以饷。载儿于筐,裂布悬项上,射则转筐于背,旋回便捷,儿亦不惊。"(《方式济龙沙纪略》)

"鄂伦春族之人以鹿皮为衣服……以鹿肉为主食品,米面为副食品。……住屋为斜搭木为架,上尖狭,下圆阔。夏季富人外围以布,贫人外围以苇或草。冬季,富人表里都用皮围,贫人在苇或草之外面,敷以雪。……放置食物之器具概用皮制成,有方者有圆者,放置衣物。……人死即为易衣放在撮罗子外面地上,通知同族及戚友哭泣以志哀,焚化纸钱;然后用靴皮将尸体裹起,择日舁出,架于树上,待皮肉腐烂骨坠下,然后拾起埋之土中也。"(《中华风俗志》下篇卷一)

再录关于索伦及鄂伦春之新记载于下:

"索伦乃我国人对其土族之泛称,实则其中尚包有达瑚尔人、蛮雅尔人及毕拉尔人。索伦人与鄂伦春人最大区别,厥为其所使用之牲畜;鄂伦春人使四不像子(驯鹿之俗称),索伦人则使马。满语'鄂伦'即四不像子之意,鄂伦春者,乃'养四不像子者'之意也。索伦为'射者'之意。其马体格较小,但强健耐劳苦,过于内地之马。鄂伦春人居索伦人之西,据故老言,此族原居他处,百年前始来今地;索伦人为其所迫,东迁避之,现多居精奇里河流域,布里雅山附近草原,为其盘踞之所。鄂伦春人及索伦人,皆不甚魁梧,四肢亦不粗壮,面部平,两颊宽,鼻大,唇薄,口不甚大,眼小眉细,似欲睡者。男子衣外套,下及膝,用毛皮或革皮做成,土名'古拉玛'。外套之内,仍有大袍,用由华、俄人易来之棉布或毛织品制成,土名'萨木萨'。……鄂伦春人及索伦人皆为渔猎兼畜牧民族,居处无定所:春夏则居水旁捕鱼;秋冬则入山林射猎。……其居处皆为穹庐,用约四十呎,用二十余小柱竖土中,围成圆形,高约十呎。柱外敷以桦皮,四不像子皮,或鹿皮等。……二族之人射击皆准,而索伦骑术尤精,虽妇人亦能上马驰逐。猎时用火枪及弓箭,挟长矛,以刺猛兽。索伦人毒箭最驰名,射必中,中必死,故行旅皆畏之。……在此二族中妇女地位甚低。"(《东荒民俗闻见琐录地学杂志》)

赫哲人——又称黑斤人,鱼皮鞑子等名,然鱼皮鞑子不专指此族。

"自伯力东北行一千二百余里至阿吉大山,其间沿松花江两岸居者皆称黑斤亦呼短毛子,共约五六千人。男女皆剃发,女未字者顶挽椎髻,已嫁则垂双辫。鼻贯金环。用布一幅曰勒勒,自颈斜拖至膝,宽以掩盖两乳为度。腰以上剪色布或鱼皮为花贴之。腰下用铜片圆径一吋及二吋许共二十余枚凿空如云纹,呼曰空盆,以次垂裙上,行则丁冬有声。黑斤语类满人,衣服亦悉如满制。喜紫色袖,束花带,宽二三吋。足着靰鞡以兽皮或鱼皮为之,自膝至踝每剪色布或鱼皮为花。男子耳亦戴环,形质稍异。无文字,削木裂革以记事,不知岁闰弦朔,问其年以食答抹哈鱼几次为对。夏捕鱼作粮,冬捕貂易货。渔用网用钓,所驾渔舟名曰几喇,用妇女荡桨,捕貂用藏弩,貂行绳动则射,鼠鹿狐獭皆然,百不失一。善睇兽踪,迹之必获。以数犬驾舟,形如橇,长十一二呎,宽尺余,高如之,雪后则加板于下,铺以兽皮,以钉固之,令可乘人,持篙刺地,上下如飞。游行憇止之处用树皮或草为小屋。……混同江下游及东海沿岸其间土著之黑斤族以剃发与不剃发为大界划,剃发者自伯力迄阿吉大山止,其习惯风俗既如上所述矣。……不剃发之黑斤种人自阿吉大山顺混同江东北行至黑勒尔地方两岸,居者共约二三千人。俗与剃发黑斤同,惟语言互异,通呼长毛子。男垂辫,染济勒弥人风气,多喜弄熊。"(《鸡林旧闻录》)

"男女尚有黥面风俗,额部作四点如芸苔花状。男子衣料多为鱼皮,故华人又称之曰鱼皮达子。实则冬日亦服狗皮也。鱼皮多服之于夏日,以其能防雨也。鱼皮多系取之于鲑鱼,剥皮之技甚巧。剥下后,用木槌击落其鳞,使之柔软,然后方能使用……彼等有桦皮船,有柏木船,船上亦有支帆者。……屋内地上掘一穴,穴中炽火,为取暖及熟酒之用。……屋前多有大方柱矗立,顶为人头形,有目有口,两面皆刻人头像及他动物像。……其俗畏熊虎,称虎为'玛法',称熊为'黑玛法','玛法'者中语老爷之意。"(《东荒民俗见闻琐录》)

"赫哲亦由'窝集'转变而来,所以他和窝集一样,并不是指某一部落或某一地域而言,不过是森林民族的通称。""隋、唐时的黑水靺鞨当为赫哲的远祖。""金史的吉里迷、兀的改,即为今日的赫哲,这可算赫哲在中国文献中最早的记载。""赫哲与吉利雅克[即费雅克(Giliak)]世有鱼食民族之称,因为他们的食料以鱼肉为主。……现代的赫哲因为受了从事农业的汉族及满族的影响渐渐改变他们的生活方式,由渔猎而兼事农业,以'小米子'为主要食粮,和狍鹿肉合煮成肉粥名为'蒙古布大'。""赫哲人不知制造陶器,所以他们原始的伙食器具,如盆、碗、盘、杯、勺等都用独木挖成,或用桦树皮制造。""赫哲人的衣服夏用鱼皮,冬用兽皮制成。……自与汉、满、俄诸民族接触后,即有棉布输入,代替鱼皮衣料,所以今日鱼皮已不多见。""以鱼为主要食物的赫哲人,为了谋生便利起见,他们的住处都在江河沿岸,所以松花江、乌苏里江、黑龙江成了赫哲民族的三个大本营。""他们大都是聚族而居,最小的社会组织是屯。""房屋可分临时的与永久的两种。""赫哲和其他的原始民族一样,他们的宗教的基本观念,是属于生气主义。……他们以为人有三个灵魂。……灵魂的形状似人形,而分量甚轻,草秆羽毛皆能载之。……在这信仰生气主义环境之中,自然而然的产生了萨满教。……赫哲的萨满,共分三派:(一)河神派;(二)独角龙派;(三)江神派。三派的分别完全以帽上的鹿角为标志。"(凌纯声:《松花江下游的赫哲族》)

济勒弥人——"自黑勒尔以下直至混同江入海口共约六百余里,旧为费雅喀人所居,今则合鄂伦春、奇勒尔二族统称济勒弥人。女未嫁者椎髻垂背,嫁则合梳双辫,横束脑后。语言复与不剃发之黑斤不同。而鄂伦春、奇勒尔二族又各能操本部语言,与纯粹土著之费雅喀人有别。但无文字、医乐,不知岁时弦朔、钱货，废居则江东诸族固一致也。夏乘小舟每至口外各岛江沱海汊，冬驾扒犁至索伦河南，与诸种人为物质交换。每家畜犬数十，既羸老便宰食而衣其皮。寒暑一裘不易。喜弄熊，呼曰马发。富者每以多物换致，习为射戏，亲朋远近聚观。"（《鸡林旧闻录》）

"费雅喀人内部又分数部，但习俗皆无分别，即与黑斤人之差异亦不甚也。其人眼小，眉浓，胡须多，不剃发，仅束之为辫或髻。衣饰与黑斤人亦同，靴多为海狗皮所制，少有用鱼皮者。……养犬甚多，以供役使。兵器有刀矛弓矢，近渐用火枪。主要食品为鱼，辅以鲸油菜蔬，不注意耕种。米粱多系自华、俄人易来。……其中有一部分为一妻多夫制，故女子地位颇高，男子有时必须能缝纫，始克膺选为夫。俗信萨满教，有木偶，较黑斤人尤为诚笃。"（《东荒民俗见闻琐录》）

达瑚尔人——又称打虎儿等名，居耶布鲁诺衣山之东，额尔古纳、精奇尔及黑龙江岸，顺治中叶以后始移于松花江岸及其近旁之黑龙江流域。（见《清代通史》）

"其体格较鄂伦春人稍为高壮。面圆，颊不甚宽，眉斜竖，发不黑。衣饰仿佛华人；男衣布袍。……男子辫发，女子发上挽。结髻于顶，约以首饰……此族大体皆有定居，居处院宇作方形。……土俗虽稍有耕植者，然大多数仍事渔猎，其方法及所得者与鄂伦春人及索伦人同，射击之术亦颇精（在华境者事耕种者颇多）。"（《东荒民俗见闻琐录》）

肃慎系参考书

1.《大戴记》
2.《国语·鲁语》
3.《史记》五帝本纪、周本纪、孔子世家
4.《后汉书》卷一一五
5.《晋书》卷九七
6.《魏书》卷一百
7.《北史》卷九四
8.《隋书》卷八一
9.《旧唐书》卷一九九
10.《新唐书》卷二一九
11.《辽史》卷二
12.《宋史》卷四一九
13.《金史》卷一、二、三、四、四三
14.《大金国志》

15.《二十二史札记》

16. 孟森:《清朝前纪》

17. 许国英:《清鉴易知录》

18. 黄鸿寿:《清史纪事本末》

19. 萧一山:《清代通史》

20. 但焘编:《清朝全史》

21. 魏声龢:《鸡林旧闻录》

22. 魏声龢:《吉林地志》

23. 稻叶君山著,杨成能译:《满洲发达史》(《东北丛刊》第一集内)

24. 胡朴安:《中华全国风俗志》东三省

25. 鸟居龙藏著,汤尔和译:《东北亚洲搜访记》

26. 傅斯年:《东北史纲》

27. 凌纯声:《松花江下游的赫哲族》

28. 朱希祖:《金源姓氏考》(《中山大学文史学研究所月刊》二卷三、四期)

29. 冯家昇:《述肃慎系之民族》(《禹贡》三卷七期)

30. 周信:《清初东北土人的生活》(《禹贡》三卷五期)

31. Lindgren著,李诚久译:《满洲西北部及使鹿通古斯族》(《地学杂志》民国十九年二、三期)

32. 张超夫:《东荒民俗闻见琐录》(《地学杂志》民国十八年二期)

33. 姜松年:《黑龙江鄂伦春族近日之状况》(《地学》民国十五年)

34. 宫碧澄:《新疆的满洲人》(《边事研究》三卷五期)

35. 梁任公:《中国历史上民族之研究》

36. 吕思勉:《中国民族史》

37. Shirokogoroff, *Social Organization of the Manchus*

38. Shirokogoroff, Sm., Northern Tungus Migrations in the Far East (*Journal of North China Branch of the Royal Asiatic Society* 1926, pp. 123~183)

第九章 匈奴系（回族来源之一？）

第一节 总 论

匈奴之来源，据古书所述，系出自汉族。如《史记·匈奴列传》云："匈奴其先世夏后氏之苗裔也，曰淳维。"路氏《疏仡纪》："桀崩，其子淳维，遁于北野，随畜转徙，号熏育。"乐彦《括地谱》："夏桀无道，汤放之鸣条，三年而死，其与熏育妻桀之众妾，避居北野，随畜移徙，中国谓之匈奴。"此说自然不经。《史记》又云："唐虞以上有山戎、猃狁、荤粥，居于北蛮。"而《史记索隐》又云："应劭《风俗通》曰殷时曰獯粥，改曰匈奴。又晋灼云：尧时曰荤粥，周曰猃狁，秦曰匈奴。韦昭云：汉曰匈奴，荤粥其别名。"《诗·采薇》毛传"猃狁，北狄也"。《吕览·审为篇》高注："狄人猃狁，今之匈奴。"近人王国维研究结果谓："我国古时有一强梁之外族……曰鬼方，曰混夷，曰獯鬻，曰胡，曰匈奴者，乃其本名。"（《鬼方昆夷猃狁考》）故知此族之名称甚多，所谓獯粥，亦作熏粥，荤粥；猃狁亦作猃狁、獯允、严狁；鬼方，亦作鬼戎；昆夷，亦作昆戎、混戎、绲戎；犬戎亦作畎夷、串夷；皆由一音异译或音转而致，实皆一族。入春秋后且改称为狄或翟，又曰戎（均见全书及梁任公《中国历史上民族之研究》）。最近更有谓《山海经》"王亥丧仆牛于易"之易或有易，亦即此族，盖易与狄本可通用也（见方庭：《论狄》）。由以上言之，可知匈奴实为汉族以外之异族，然此异族究属何种？据中国史籍，后来之突厥原系匈奴别种。"突厥者盖匈奴之别种，姓阿史那氏，别为部落，后为邻国所破。"（《周书》）"盖古赤狄之余种也，初号为狄历，北方以为敕勒，诸夏以为高车、丁零；其语略与匈奴同而时有小异。"（《魏书·高车传》）。突厥既为匈奴之别种，则匈奴自然即属于广义之突厥族。丁令亦即突厥，赤狄即匈奴之先，故亦可证匈奴属突厥。以此近代史家多宗此说。梁任公谓"隋唐四五百年间东南族甚微不振，其先后纵横于塞北者，若突厥若回纥若薛延陀皆土耳其族，与古匈奴血缘相近。今中华民国五大民族之一，甘肃新疆一带之回族皆其胤也"。又云"诸史所谓杂胡除蒙古外大抵皆突厥民族，与匈奴同干别支者也"（见《中国历史上民族之研究》）。张其昀亦谓"突厥族之历史殆如双峰并峙，一为秦汉间之匈奴，一为隋唐间之突厥"（见《中国民族志》）。缪凤林谓"突厥为匈奴别种，或云出于索国，详著《周书》则为荤鬻支族"，又其《四裔国族表》中，亦列索国突厥于荤鬻一系之内（见《中国通史》）。最近宋文炳著《中国民族史》亦将匈奴置回族内，引《元史译文证补》"匈奴之后突厥最盛，突厥既灭回纥乃兴"之语以证之。

此外有不甚赞同此说者如吕思勉云："赤狄余种不知何所据而云然。征诸史传，铁勒之语亦无与匈奴类者。岂丁令种落有与匈奴近者其种遂相杂，故其语多同？……赤狄余种之说，似又因其语与匈奴同而附会以古之匈奴即狄也。"(《中国民族史》)吕氏以匈奴为独立之一族。王桐龄则明言其属于蒙古族，谓"蒙古族之根据地，在今外蒙古东部……秦汉之交，略取内外蒙古，建立游牧大帝国，史书称之曰匈奴。"(《中国民族史》)。赖希如谓"然则所谓匈奴族、芬族者，与突厥族及蒙古或鞑靼族，古代同干异系之一支族"(《中华民族论》)。姚从吾谓"实在匈奴与匈人均为游牧民族，迁徙无定，久与他族混合，纯粹的匈奴人与匈人，或已不存在。"(《欧洲学者对于匈奴的研究》)

西人研究匈奴之种属者，亦有以下四说：(见同上文)

(1)蒙古族说：主张匈奴与匈人皆属蒙古族者(为 Pallas, Bergmann, J. J. Schmidt 等人)。

(2)突厥族说：以匈奴为属于突厥族，但侵入欧洲之匈人则以为是芬族之支系，主张者为 Abel Rémusat, Klaproth。

(3)芬族说：以匈奴、匈人皆为芬族者，有 Saint Martin, Seminoff Uifalivis 等。

(4)斯拉夫族说：以匈奴与匈人皆为斯拉夫族，主张者为若干俄国学者。

编者以为匈奴族之起源，无论为与突厥族同干异系之别一支族，或为东胡突厥之混合种，总之必为大陆蒙古利亚种北方系之一支。来源固不易明，即能确断其原属何族，亦不能即断其现在属于何族。盖匈奴败后，人民散居各处，而原住地蒙古又为鲜卑、突厥、回纥诸族先后占据，其人民久已与他族混合同化，后世恐已无复纯粹的匈奴人，只有现代的蒙古族、突厥族、通古斯族，甚或汉族中或皆有其成分耳。

第二节　秦以前之匈奴

1.匈奴族起源甚早，上古时即与华夏系斗争，自黄帝以来至于三代皆以对付此族为事。史称殷高宗伐鬼方三年克之，周先王季历伐西落鬼戎，获翟王二十。孟子言太王事獯粥，文王事昆夷。周宣王薄伐狁至于太原。凡此皆可证两族交涉之频繁。

"黄帝北逐荤粥，合符釜山……以师兵为营卫。"(《史记·五帝本纪》)

"昔者太王居邠，族人侵之，事之以皮币，不得免焉；事之以犬马，不得免焉；事之以珠玉，不得免焉。乃属其耆老而告之曰：狄人之所欲者吾土地也……去邠，逾梁山，邑于岐山之下居焉。"(《孟子》)

"夏道衰而公刘失其稷官,变于西戎,邑于豳。其后三百有余岁,戎狄攻太王亶父,亶父亡走于岐下。豳人悉从亶父而邑焉,作周。其后百有余岁,周西伯昌伐畎夷。后十有余年,武王伐纣而营雒邑,复居于酆镐,放逐戎夷泾洛之北,以时入贡,名曰荒服。其后二百有余年,周道衰而周穆王伐畎戎,得四白狼四白鹿以归,自是之后荒服不至,于是作吕刑之辟。至穆王之孙懿王时,王室遂衰,戎狄交侵,暴虐中国,中国被其苦。诗人始作疾而歌之曰:'靡室靡家,猃狁之故,岂不日戒,猃狁孔棘。'至懿王曾孙宣王兴师命以征伐之,诗人美大其功曰:'薄伐猃狁,至于太原,出车彭彭,城彼朔方。'是时四夷宾服,称为中兴。至于幽王,用宠姬褒姒之故,与申侯有隙,申侯怒而与畎戎共攻杀幽王于丽山之下,遂取周之地,卤获而居于泾渭之间,侵暴中国。"(《汉书》卷九十四上)

2.春秋初期,匈奴势甚大,侵略华夏诸侯。华夏中霸者乃起而联合华夏诸国,攘斥夷狄,匈奴势渐衰落。匈奴在春秋时名为戎狄,细别甚多。

"戎之别有七:其在今陕西之临潼者,曰骊戎,即女晋献公以骊姬者。秦置骊邑,邑有骊山,俱以戎得名。其在凤翔者,曰犬戎,盖西戎之别在中国,其先尝攻杀幽王,秦驱逐之,至春秋时种类犹存,闵二年虢公败犬戎于渭汭是也。""狄之别有三,曰赤狄,曰白狄,曰长狄,长狄兄弟三人,无种类。而赤狄之种有六:曰东山皋落氏,曰廧咎如,曰潞氏,曰甲氏,曰留吁,曰铎辰。潞为上党之潞县,处晋腹心,宣十五年晋灭赤狄潞氏,明年并灭甲氏、留吁、铎辰。留吁、甲氏俱在今之广平,铎辰在潞安境。白狄之种有三,其先与秦同州,在陕之延安,所谓西河之地,其别种在今之真定藁城晋州者曰鲜虞,曰肥,曰鼓,鲜虞最强,与晋数斗争,而肥、鼓俱为晋所灭。盖春秋时戎狄之为中国患甚矣,而狄为最。诸狄之中,赤狄为最,赤狄诸种族潞氏为最。晋之灭潞也,其君臣用全力以胜之,荀林父败赤狄于曲梁,遂灭潞。而晋侯身自治兵于稷以略狄土。稷在河东之闻喜,而曲梁在广平之鸡泽,绵地七百余里,旋复得留吁之属,晋之疆土益远,狄所攘夺卫之故地,如朝歌、邯郸、百泉,其后悉为晋邑,班氏所谓河内殷墟更属于晋者,盖自灭狄之役始也。然狄之强,莫炽于闵僖之世,残灭邢、卫,侵犯齐、鲁,其时止称狄,未冠以赤白之号,其后乃稍稍见于经传,意其种豪自相携贰,更立名目,如汉之匈奴分为南北单于,而其后遂以削弱易制。传云:众狄疾赤狄之役,遂求成于晋,此其征也。"(顾栋高《春秋四裔表序》)

"秦襄公救周,于是周平王去酆鄗而东徙雒邑。当是之时秦襄伐戎至岐,始列为诸侯。是后六十有五年而山戎越燕,而伐齐,齐厘公与战齐郊。其后四十四年而山戎伐燕,燕告急于齐,齐桓公北伐山戎,山戎走。其后二十有余年,而戎狄至洛邑,伐周襄王,襄王奔于郑之氾邑。初周襄王欲伐郑,故娶戎狄女为后,与戎狄兵共伐郑。已而黜狄后,狄后怨;而襄王后母曰惠后,有子子带,欲立之。于是惠后与狄后子带为内应,开戎狄,戎狄以故得入;破逐周襄王,而立子带为天子。于是戎狄或居于陆浑,东至于卫,侵盗暴虐中国,中国疾之。故诗人歌之曰:'戎狄是应,薄伐猃狁,至于太原,出舆彭彭,城彼朔方'。周襄王既居外四年,乃使使告急于晋。晋文公初立,欲修霸业,乃兴师伐逐戎翟,诛子带,迎内周襄王居于雒邑。当是之时,秦晋为强国,晋文公攘戎翟居于河西圁洛之间,号曰赤翟、白翟。秦穆公得由余,西戎八国,服于秦。故自陇以西有绵诸、绲戎、翟豲之戎;岐梁山泾、漆之北有义渠、大荔、乌氏、朐衍之戎;而晋北有林胡、楼烦之戎;燕北有东胡、山戎。各分散居溪谷,自有君长,往往而聚者百有余戎,然莫能相一。自是之后百有余年,晋悼公使魏绛和戎翟,戎翟朝晋。"(《史记·匈奴列传》)

3. 战国时华夏系合并为七大国,各向所近之异族进攻,匈奴接近华夏系者,大都被征服而同化,远者至秦始皇统一中国后,亦被驱逐北徙。

"后百有余年,赵襄子逾句注而破并代,以临胡貉。其后既与韩魏共灭智伯,分晋地而有之,则赵有代句注之北,魏有河西上郡以与戎界边。……秦有陇西北地上郡,筑长城以拒胡。而赵武灵王亦变俗胡服习骑射,北破林胡、楼烦,筑长城自代并阴山下至高阙为塞,而置云中、雁门、代郡。……燕亦筑长城,自造阳至襄平,置上谷、渔阳、右北平、辽西、辽东郡以拒胡。当是之时,冠带战国七,而三国边于匈奴。其后赵将李牧时匈奴不敢入赵边。后秦灭六国,而始皇帝使蒙恬将十万之众北击胡,悉收河南地,因河为塞,筑四十四县城临河,徙适戍以充之,而通直道,自九原至云阳,因边山险巉溪谷可缮者治之,起临洮至辽东万余里;又度河据阳山北假中。当是之时,东胡强而月氏盛,匈奴单于曰头曼,头曼不胜秦,北徙。"(《史记·匈奴列传》)

第三节 两汉三国时之匈奴

1. 秦亡以后,匈奴再兴,传至冒顿,乃征服北方诸族,合为一大国,南向侵略中国,困汉高祖于平城,汉族乃采和亲方策以待之,然仍时受侵略。

"十余年而蒙恬死,诸侯畔秦,中国扰乱,诸秦所徙适戍边者皆复去;于是匈奴得宽,复度河南,与中国界于故塞。……遂东袭击东胡。东胡初轻冒顿不为备,及冒顿以兵至击大破灭东胡王,而虏其民人及畜产。既归,西击走月氏,南并楼烦、白羊、河南王;侵燕代,悉复收秦所使蒙恬所夺匈奴地者;与汉关故河南塞至朝那肤施,遂侵燕代。是时汉兵与项羽相距,中国罢于兵革,以故冒顿得自强。控弦之士三十余万,自淳维以至头曼千有余岁,时大时小,别散分离尚矣,其世传不可得而次云。然至冒顿而匈奴最强大,尽服从北夷,而南与中国为敌国。……于是汉悉兵多步兵三十二万,北逐之,高帝先至平城,步兵未尽到,冒顿纵精兵四十万骑围高帝于白登,七日,汉兵中外不得相救饷。

……于是汉患之。高帝乃使刘敬奉宗室女公主为单于阏氏,岁奉匈奴絮缯酒米食物各有数,约为昆弟以和亲,冒顿乃少止。……汉逐出塞即还不能有所杀,匈奴日已骄。岁入边杀略人民畜产甚多,云中辽东最甚,至代郡万余人,汉患之。"(《史记·匈奴列传》)

2. 自汉武帝始,中国乃改和为战,频出大军远征,结果匈奴大败,中间虽有小胜,究竟无补于事。"于是汉使将军卫青将三万骑出雁门,李息出代郡击胡,得首虏数千人。其明年卫青复出云中以西至陇西,击胡之楼烦、白羊王于河南,得胡首虏数千,牛马百余万。于是汉遂取河南地,筑朔方,复缮故秦时蒙恬所为塞,因河为固。汉亦弃上谷之什辟县造阳地以予胡,是岁汉之元朔二年也。……汉复遣大将军卫青将六将军兵十余万骑乃再出定襄数百里,击匈奴,得首虏前后凡万九千余级,而汉亦亡两将军,军三千余骑。……汉使骠骑将军去病将万骑出陇西过焉支山千余里,击匈奴,得胡首虏骑万八千余级,破得休屠王祭天金人。其夏骠骑将军复与合骑侯数万骑出陇西北地二千里,击匈奴,过居延攻祁连山,得胡首虏三万余人,裨小王以下七十余人。……浑邪王杀休屠王,并将其众降汉,凡四万余人,号十万。于是汉已得浑邪王则陇西、北地、河西益少胡寇,徙关东贫民处所夺匈奴河南新秦中以实之,而减北地以西戍卒半。……令大将军青、骠骑将军去病中分军,大将军出定襄,骠骑将军出代,咸约绝幕击匈奴。匈奴单于闻之,远其辎重,以精兵待于幕北;与汉大将军接战一日,会暮……汉兵夜追不得,行斩捕匈奴首虏万九千级,北至阗颜山赵信城而还。……汉骠骑将军之出代二千余里,与左贤王接战,汉兵得胡首虏凡七万余级,左贤王将皆遁走,骠骑封于狼居胥山禅姑衍临翰海而还。是后匈奴远遁,而幕南无王庭。汉度河自朔方以西至令居往往通渠,置田官吏卒五六万人,稍蚕食,地接匈奴以北。"(《史记·匈奴列传》)

"汉兵深入穷追二十余年,匈奴孕重惰殰,罢极苦之,自单于以下常有欲和亲计。"(《汉书》卷九十四上)

3. 中国与西域交通后,更联乌孙夹攻匈奴(宣帝本始元年),匈奴再遭重大损害,于是丁令由北方,乌桓由东方,亦乘机夹攻,匈奴遂不能复与汉抗。

"宣帝即位,乌孙昆弥复上书言连为匈奴所侵削,昆弥愿发国半精兵人马五万匹,尽力击匈奴。……凡五将军兵十余万骑出塞各二千余里,及校尉常惠使护发兵乌孙西域,昆弥自将翕侯以下五万余骑从西方入,与五将军兵凡二十余万众。匈奴闻汉兵大出,老弱奔走驱畜产远遁逃,是以五将少所得。……校尉常惠与乌孙兵至右谷蠡庭,获单于父行及嫂居次名王犁汙都尉千长将以下,三万九千余级,虏马牛羊驴羸橐驼七十余万,汉封惠为长罗侯。然匈奴民众死伤而去者及畜产远移死亡不可胜数,于是匈奴遂衰耗,怨乌孙,其冬单于自将万骑击乌孙,颇得老弱;欲还,会天大雨雪一日深丈余。人民畜产冻死,还者不能什一。于是丁令乘弱攻其北,乌桓入其东,乌孙击其西,凡三国所杀数万级,马数万匹,牛羊甚众。又重以饿死人民死者什三,畜产什五,匈奴大虚弱,诸国羁属者皆瓦解攻盗,不能理。其后汉出三千余骑为三道并入匈奴,捕虏得数千人还,匈奴终不敢取当,兹欲乡和亲而边境少事矣。"(《汉书》卷九十四上)

4. 其后匈奴发生内讧,初五单于争立,后又有呼韩邪单于及郅支单于之争。呼韩邪战败降汉,且入朝(宣帝甘露二年)。郅支走去西域击康居国,终被汉西域都护所杀。匈奴遂在前汉后期被征服,为汉属国,且入居并州。

"其后呼韩邪单于兄左贤王呼屠吾斯亦自立为郅支骨都侯单于,在东边。其后二年闰振单于率其众东击郅支单于,郅支单于与战杀之,并其兵,遂进攻呼韩邪破其兵走,郅支都单于庭。呼韩邪之败也,左伊秩訾王为呼韩邪计,劝令称臣入朝事汉,从汉求助,如此匈奴乃定。……呼韩邪单于歉五原塞愿朝。三年正月汉遣车骑都尉韩昌迎发过所七郡,郡二千骑为陈道上。单于正月朝天子于甘泉宫,汉宠以殊礼,位在诸侯王上,赞谒称臣而不名。……其后呼韩邪竟北归庭,人众稍稍归之,国中遂定。郅支既杀使者,自知负汉,又闻呼韩邪益强,恐见袭击欲远去会康居王数为乌孙所困,与诸翕侯计以为匈奴大国乌孙素服属之,今郅支单于困阨在外,可迎置东边,使合兵取乌孙以立之,长无匈奴忧矣。即使使至坚昆,通语郅支,郅支素恐又怨乌孙,闻康居计大说,遂与相结引兵而西,康居亦遣贵人橐它驴马数千匹迎郅支。郅支人众中寒道死余财三千人到康居。其后都护甘延寿与副陈汤发兵即康居诛斩郅支。"(《汉书》卷九十四下)

"康居王以女妻郅支,郅支亦以女予康居王……郅支数借兵击乌孙,深入至赤谷城,杀略民人驱畜产,乌孙不敢追,西边空虚不居者且千里。……郅支单于自以大国威名敬重,又乘胜骄,不为康居王礼。……遣使责阖苏大宛诸国岁遗不敢予予。"(《汉书·陈汤传》)

5. 王莽篡位时,匈奴再独立。东汉初,匈奴又分裂为二部,一仍号为南匈奴,降汉入居汉地;一为北匈奴仍居漠北。和帝永元元年(89 年)至三年(91 年),大将军窦宪等远征北匈奴,北匈奴大败西向逃亡。

"南匈奴醢落尸逐鞮单于比者呼韩邪单于之孙。……单于舆死,子左贤王乌鞬侯立为单于,复死,弟左贤王蒲奴立为单于,比不得立。……八部大人共议立比为呼韩邪单于,以其大父尝依汉得安,故袭其号,于是歉五原塞,愿永为藩蔽,扞御北虏。帝用五官中郎将耿国议,乃许之,其冬比自立为呼韩邪单于。……南单于复遣使诣阙奉藩称臣,献国珍宝,求使者监护,遣侍子修旧约。……永元元年,以秉(耿秉)为征西将军,与车骑将军窦宪率骑八千与度辽兵及南单于众三万骑,出朔方,击北虏,大破之,北单于奔走,首虏二十余万人。二年春,邓鸿迁大鸿胪以定襄太守皇甫稜行度辽将军。南单于复上求灭北庭,于是遣左谷蠡王师子等将左右部八千骑出鸡鹿塞,中郎将耿谭遣从事将护之至涿邪山;乃留辎重,分为二部,各引轻兵两道袭之;左部北过西海至河云北,右部从匈奴河水西绕天山南度甘微河;二军俱会,夜围北单于,大惊率精兵千余人合战,单于被创坠马复上,将轻骑数十遁走,仅而免脱;得其玉玺,获阏氏及男女五人,斩首八千级生房数千口而还。……三年,北单于复为右校尉耿夔所破,逃亡不知所在,其弟右谷蠡王于除鞬自立为单于,将右温禺鞬王骨都侯已下众数千人止蒲类海,遣使款塞。大将军窦宪上书立于除鞬为北单于,朝廷从之,四年遣耿夔即授玺绶,赐玉剑四具,羽盖一驷,使中郎将任尚侍节卫护,屯伊吾如南单于故事。方欲辅归北庭,会窦宪被诛,五年于除鞬自畔还北,帝遣将兵长史王辅以千余骑与任尚共追诱将还斩之,破灭其众。"(《后汉书·南匈奴传》)

"宪惧诛,自求击匈奴以赎死。会南单于请兵北伐,乃拜车骑将军……以执金吾耿秉为副,发北军五校,黎阳、雍营缘边十二郡骑士,及羌胡兵出塞……明年宪与秉各将四千骑及南匈奴左谷蠡王师子万骑出朔方鸡鹿塞。……皆会涿邪山。宪分遣副校尉阎盘,司马耿夔、耿谭将左谷蠡王师子等精骑万余,与北单于战于稽落山,大破之,房众崩溃,单于遁走。追击诸部……降者前后二十余万人。宪、秉遂登燕然山,去塞三千余里,刻石勒功,纪汉威德……宪以北房微弱遂欲灭之。明年复遣右校尉耿夔,司马任尚、赵博等,将兵击北房于金微山,大破之,克获甚众。北单于逃走,不知所在。"(《后汉书·窦宪传》)

6.北匈奴败逃后,中国史籍不复详记其究竟。然据近世西洋史家钩稽则第五世纪时由东方侵入欧洲之匈人(Hunni, Hunnen)实即为北匈奴。中国史籍《魏书·西域传》有二条云:"悦般国在乌孙西北,去代一万九百三十里。其先匈奴北单于之部落也。为汉窦宪所逐,度金微山,西走康居。其赢弱不能去者住龟兹北。"(《魏书》卷一百二)

"粟特国,在葱岭之西,故名奄蔡,一名温那沙,居于大泽,在康居西北,去代一万六千里。先是匈奴杀其王而有其国,至王忽倪已三世矣。"(《魏书》卷一百二)

近世学者研究之结果,可先看梁任公之撰述。

"彼为宪所逐,度金微山,西走康居建悦般国。……地方数千里,众二十余万。(《魏书·西域传·悦般》)……第三四世纪间有所谓芬族(Huns or Fins)者,初居于窝瓦河之东岸,役属东西峨特人已久。至三百七十四年……转战而西入罗马直至西班牙半岛。……所谓东峨特役属芬族云者,其役属之峨特即《后汉书》所指役属康居之粟弋、奄蔡,其役属之芬族,则《后汉书》之康居,《魏书》之悦般,即见败于汉度金微山而立国者也。"(梁任公《中国历史研究法》)

任公此段即根据18世纪法国学者得几内(J. Deguignes)、19世纪德国夏特教授(F. Hirth)、荷兰学者底哥柔提(J. J. M. De Groot)等人之研究。得几内著《匈奴突厥蒙古与西方鞑靼通史》(Histoire générale des Huns, des Turcs, des Mongols et des autres Tartares occidentaux),夏特著《窝耳迦河之匈人与匈奴》(Ueber wolga-Hunnen und Hiung-nu),底哥柔提著《纪元前之匈人》(Die Hunnen der vorchrist-lichen Zeit)。诸人均根据中西史籍详征博考,一致断定匈人即为北匈奴,西徙之经过亦推论甚详。兹复引得几内所述于下:

"(A)北匈奴受汉迫逐,由北方迁到中亚,经过的情形,虽无从确知,但北匈奴实迁徙到窝耳迦沿岸盘踞欧亚邻境及黑海东北沿岸一带。后来又从窝耳迦河散居钦察高原。当时的匈奴人,是否曾往北方,或俄国(莫斯科等地),没有明确的记载。不过匈奴人性喜掠夺,他们决不会让邻人休息,这是可以断言的。(B)中国史书中虽屡屡说到北匈奴的西迁。实在西迁的实事只有《魏书·西域传》有一条旁证。即是:北匈奴单于被窦宪大败以后,渡也儿底石(Irtysch)河逾金微山到康居(原注或作康里)。有一大部分的从者,不愿远徙,留建悦般(Yue-Pan)国。因为他们是匈奴人的遗族,所以他们的首领仍被中国人称为'匈奴王'。(C)匈奴又征服奄蔡(Yen-Tsai)。奄蔡连接大秦。'大秦'是中国学者送给东罗马帝国的称号。匈奴曾杀奄蔡王,亦即阿兰人(Alanen)的王。阿兰亦作阿林(Alin)意在一山,因为他们最初住在这种山中的缘故。(D)当时阿兰人势力甚盛,许多小部族,皆自称阿兰人。阿兰人与匈奴人同处一国,同是游牧民族,食肉饮乳,与匈奴人同俗。匈奴人既占领阿兰人的居地,因此一部分的阿兰人遂迁入多瑙河一带。早在409年(晋义熙五年,魏永兴元年),即有一部分阿兰人越过皮兰乃山(Pyrenäische Berge)侵入西班牙。(E)由是匈奴人也渐渐侵入多瑙河一带。到了435年阿提拉继位得政,用兵如神。常统帅各小族,兵临君士坦丁(东罗马帝国首都),西逼西罗马,迫令年纳岁贡,卑辞乞和。当时自中央亚细亚至莱因河,都受匈人的指挥与统辖。"(姚从吾:《欧洲学者对于匈奴的研究》,见《北京大学国学季刊》二卷三号)

7. 南匈奴以后长久为汉藩属,虽有时一部分反抗为乱,亦不久即平。至东汉末匈奴单于且改姓刘,并留侍于朝。匈奴人民杂居汉地者亦多。

"建安中呼厨泉南单于入朝,遂留内侍,使右贤王抚其国,而匈奴折节过于汉书。"(《魏志·乌丸》等篇)

"呼韩邪单于失其国携率部落入臣于汉,汉嘉其意割并州北界以安之,于是匈奴五千余落入居朔方诸郡,与汉人杂处。呼韩邪感汉恩,来朝汉,因留之,赐其邸舍,犹因本号听称单于,岁给绵绢钱谷,有如列侯,子孙传袭,历代不绝。其部落随所居郡县使宰牧之,与编户大同而不输贡赋,多历年所,户口渐滋,弥漫北朔,转难禁制。"(《晋书·四夷列传》)

8.匈奴之文化：当时之匈奴只可谓在半开化时代，其官制全不与汉族同，可见未受汉之影响。刑法简单。宗教行自然崇拜及祖先崇拜，有奴隶制度，风气富独立及尚武精神。

"随畜牧而转移，其畜之所多则马牛羊，其奇畜则橐驰驴骡駃騠騊駼驒騱。逐水草迁徙，毋城郭常处耕田之业，然亦各有分地。毋文书，以言语为约束。儿能骑羊，引弓射鸟鼠，少长则射狐兔，用为食。士力能弯弓尽为甲骑。其俗宽则随畜因射猎禽兽为生业，急则人习战攻以侵伐，其天性也。其长兵则弓矢，短兵则刀铤。利则进，不利则退，不羞遁走。苟利所在，不知礼义。自君王以下咸食畜肉，衣其皮革，被旃裘。壮者食肥美，老者食其余。贵壮健，贱老弱。父死妻其后母，兄弟死皆取其妻妻之。其俗有名，不讳，而无姓字。""……置左右贤王，左右谷蠡王，左右大将，左右大都尉，左右大当户，左右骨都侯。匈奴谓贤曰屠耆，故常以太子为左屠耆王。自左右贤王以下至当户，大者万骑小者数千，凡二十四长，立号曰万骑。诸大臣皆世官，呼衍氏、兰氏，其后有须卜氏，此三姓其贵种也。诸左方王将居东方，直上谷，以往者东接秽貉、朝鲜。右方王将居西方，直上郡，以西接月氏氐羌。而单于之庭直代、云中，各有分地，逐水草移徙。而左右贤王、左右谷蠡王最为大国，左右骨都侯辅政，诸二十四长亦各自置千长百长什长裨小王相对都尉当户且渠之属。岁正月，诸长小会单于庭祠；五月大会茏城，祭其先天地鬼神；秋马肥大会蹛林课校人畜计。其法拔刃尺者死，坐盗者没入其家有罪，小者轧，大者死。狱久者不过十日，一国之囚不过数人。而单于朝出营拜日之始生，夕拜月。其坐长左而北乡，日上戊己。其送死有棺椁金银衣裘，而无封树丧服。近幸臣妾从死者多至数千百人。举事而候星月，月盛壮则攻战，月亏则退兵。其攻战斩首虏赐一卮酒，而所得卤获因以予之，得人以为奴婢，故其战人人自为趣利。善为诱兵以冒敌，故其见敌则逐利如鸟之集，其困败则瓦解云散矣。战而扶舆死者尽得死者家财。"（《史记》卷一百十）

"阿提拉之都城不啻一大营堡而非城镇。石建筑只有一所，是为仿罗马式的浴所。人民居于茅屋或蓬帐中，阿提拉及其主要人物，与群妻及从者，往于一木宫中，在一大堡内。掠夺所得多。然阿提拉仍守游牧者简朴之风，用木碗及木盘。工作甚力。宫门前庭场常开，时出骑射。遵守雅利安人及蒙古人在厅中宴会的原始旧习，饮酒极多。诗人吟咏诗歌于阿提拉之前，以颂祝阿提拉之神武与胜利。厅中肃静异常，来宾凝神恭听。纠纠武士，豪气时露于眉目间，状若不能复耐。老者泫然泣下，以不能再执干戈，争荣于沙场，表示失望。斯可谓训练军事道德之演讲。继此歌唱者，则有喜剧，一变严肃之态，为和乐之戏。摩尔人与塞称人，扮演丑脚，以光怪陆离之衣饰及姿势，杂用拉丁语、哥德语、匈奴语，以博座客之欢心。全厅笑声大作，耳为之震。当此纵乐之际，阿

提拉独面不改容,固持其沉静不移之态度。"(韦尔斯:《世界史纲》)

第四节　五胡乱华时之匈奴

1. 曹操当国时,改变匈奴组织,分之为五部,选立其中贵族为帅,并用汉官监督之。其后匈奴入居汉地者日益多。晋时汉人有远见者建徙戎之论,然不果行。

"后汉末天下骚动,群臣竞言胡人猥多,惧必为寇,宜先为其防。建安中魏武帝始分其众为五部,部立其中贵者为帅,选汉人为司马以监督之。魏末复改帅为都尉,其左部都尉所统可万余落,居于太原故兹氏县;右部都尉可六千余落,居祁县;南部都尉可三千余落,居蒲子县;北部都尉可四千余落,居新兴县;中部都尉可六千余落,居太陵县。武帝践阼后塞外匈奴、大水、塞泥、黑难等二万余落归化,帝复纳之使居河西故宜阳城下,后复与晋人杂居,由是平阳、西河、太原、新兴、上党、乐平诸郡靡不有焉……""北狄以部落为类,其入居塞者有屠各种、鲜支种、寇头种、乌谭种、赤勒种、捍蛭种、黑狼种、赤沙种、郁鞞种、萎莎种、秃童种、勃蔑种、羌渠种、贺赖种、钟跂种、大楼种、雍屈种、真树种、力羯种凡十九种。皆有部落,不相杂错……""武帝时有骑督綦母伬邪伐吴有功,迁赤沙都尉。惠帝元康中,匈奴郝散攻上党,杀长史入守上郡。明年散弟度元又率冯翊北地羌胡攻破二郡。自此已后北狄渐盛,中原乱矣。""其后稍因忿恨,杀害长史,渐为边患。侍御史西河郭钦上疏曰:'戎狄强犷,历古为患。魏初人寡,西北诸郡皆为戎居;今虽服从,若百年之后有风尘之警,胡骑自平阳上党不三日而至孟津,北地、西河、太原、冯翊、安定、上郡尽为狄庭矣。宜及平吴之威谋臣猛将之略出北地、西河、安定、复上郡实冯翊于平阳已北诸县,募收死罪徙三河三魏见士四万家以充之。裔不乱华,渐徙平阳弘农魏郡京兆上党杂胡。峻四夷出入之防,明先王荒服之制,万世之长策也。'帝不纳。"(《晋书》九七)

2. 前赵刘氏后赵石氏——至晋室发生内讧时,匈奴左部帅刘渊遂率其众独立,国号为汉。借用汉朝名号所以减少中国人之反对,然亦可证其汉化之深。其子聪继立,遣刘曜、石勒攻破洛阳长安,虏杀晋怀、愍二帝,西晋因之而灭。刘聪死其子粲为靳准所杀,刘曜及石勒攻杀准。刘曜自立,改国号为赵即前赵。石勒亦自立为王,国号亦为赵,即后赵。前赵为后赵所灭。后赵传六世为汉人冉闵所篡,改国号为魏(350年)。越年为鲜卑所灭。五胡乱华初期,匈奴最强,建国号二,即前赵、后赵。汉及前赵实即一国。石勒所属之种族别名为羯,实为匈奴之一部。冉闵曾大诛胡羯,匈奴势力遂衰落。刘渊等已为汉化之匈奴人。至后赵灭后,匈奴更逐渐与汉族同化。

"刘元海新兴匈奴人冒顿之后也,名(渊)犯高祖庙讳故称其字焉。初汉高祖以宗女为公主以妻冒顿约为兄弟，故其子孙遂冒姓刘氏。建武初乌珠留若鞮单于子右奥鞬日逐王比自立为南单于，入居西河美稷，今离石左国城即单于所徙庭也。中平中，单于羌渠使子于扶罗将兵助汉讨平黄巾。会羌渠为国人所杀，于扶罗以其众留汉自立为单于。属董卓之乱，寇掠太原、河东，屯于河内。于扶罗死，弟呼厨泉立以于扶罗子豹为左贤王，即元海之父也。魏武分其众为五部，以豹为左部帅，其余部帅皆以刘氏为之。太康中改置都尉，左部居太原兹氏，右部居祁，南部居蒲子，北部居新兴，中部居大陵。……幼好学，师事上党崔游，习《毛诗》、《京氏易》、《马氏尚书》，尤好《春秋左氏传》，《孙吴兵法》略皆诵之，《史》、《汉》诸子无不综览。尝谓同门生朱纪、范隆曰：'吾每观书传，常鄙随、陆无武，绛、灌无文，道由人弘，一物之不知者固君子之所耻也。二生遇高皇而不能建封侯之业，两公属太宗而不能开序序之美，惜哉。'于是遂学武事，妙绝于众，猿臂善射，臂力过人，姿仪魁伟，身长八呎四吋，须长三呎余。……会豹卒以元海代为左部帅。太康末拜北部都尉，明刑法，禁奸邪，轻财好施，推诚接物，五部俊杰无不至者；幽冀名儒后门秀士不远千里，亦皆游焉。杨骏辅政，以元海为建威将军五部大都督，封汉光乡侯。……颖悦拜元海为单于参丞相军事。元海至左国城，刘宣等上大单于之号。二旬之间，众已五万，都于离石……永兴元年元海乃为坛于南郊，僭即汉王位，下令曰：'昔我太祖高皇帝以神武应期廓开大业；太宗孝文皇帝重以明德，升平汉道；世宗孝武皇帝拓土攘夷，地过唐日；中宗孝宣皇帝搜扬俊乂，多士盈朝。是我祖宗道迈三王，功高五帝。'……年号元熙追尊刘禅为孝怀皇帝，立汉高祖以下三祖五宗神主而祭之。"（《晋书》卷一百一）

"王弥刘曜至复与晏会围洛阳。时城内饥甚，人皆相食，百官分散，莫有固志。宣阳门陷，弥晏入于南宫，升太极前殿，纵兵大掠，悉收宫人珍宝。曜于是害诸王公及百官已下三万余人于洛水北，筑为京观。迁帝及惠帝羊后传国六玺于平阳。……刘曜陷长安外城，愍帝使侍中宋敞送笺于曜，帝肉袒牵羊舆榇衔璧出降，及至平阳，聪以帝为光禄大夫怀安侯。"（《晋书》卷一百二）

"刘曜字永明，元海之族子也。……身长九呎三吋，垂手过膝，生而眉目有赤光，须髯不过百余根，而皆长五呎。性拓落高亮与众不群，读书志于广览，不精思章句，善属文工草隶。雄武过人，铁厚一吋射而洞之于时号为神射，尤好兵书，略皆阅诵，常轻侮吴、邓而自比乐毅、萧、曹。"（《晋书》卷一百三）

"石勒字世龙，初名匐，上党武乡羯人也。其先匈奴别部，羌渠之胄。祖耶奕于，父周曷朱，一名乞翼加，并为部落小率。""阳平人公师藩等自称将军，起兵赵魏众至数万。勒与汲桑帅牧人乘苑马数百骑以赴之，桑始命勒以石为姓，勒为名焉。……太兴二年勒伪称赵王，赦殊死已下，均百姓田租之半，赐孝悌力田死义之孤帛有差，孤老鳏寡谷人三石，大酺七日。依春秋列国汉初侯王每世称元,改称赵王元年,始建社稷,立宗庙,营东西宫署。从事中郎裴宪,参军傅畅、杜嘏并领经学祭酒,参军续咸、庾景为律学祭酒,任播、崔濬为史学祭酒。中垒支雄、游击王阳并领门臣祭酒,专明胡人辞讼。以张离、张良、刘群、刘谟等为门生主书,司典胡人出内。重其禁法,不得侮易衣冠华族,号胡为国人。遣使循行州郡,劝课农桑,加张宾大执法,专总朝政,位冠寮首,署石季龙为单于元辅。"(《晋书》卷一百四、一百五)

"闵字永曾,小字棘奴,季龙之养孙也。父瞻字弘武本姓冉名良,魏郡内黄人也。其先汉黎阳骑都督,累世牙门。勒破陈午获瞻,时年十二,命季龙子之。骁猛多力,攻战无前,历位左积射将军西华侯。闵幼而果锐,季龙抚之如孙。""闵龙攻斩伏都等,自凤阳至琨华横尸相枕,流血成渠。宣令内外六夷敢称兵杖者斩之,胡人或斩关或逾城而出者,不可胜数。令城内曰'与官同心者住,不同心者各任所之'。勒城门不复相禁。于是赵人百里内悉入城,胡羯去者填门。闵知胡之不为己用也,班令内外赵人,斩一胡首送凤阳门者文官进位三等,武职悉拜牙门。一日之中斩首数万,闵躬率赵人诛诸胡羯无贵贱男女少长皆斩之,死者二十余万,尸诸城外,悉为野犬豺狼所食;屯据四方者所在承闵书诛之,于时高鼻多须至有滥死者。……闵遣使临江告晋曰:'胡逆乱中原,今已诛之,若能共讨者可遣军来也。'朝廷不答。"(《晋书》卷一百七)

3. 夏赫连氏——东汉末年匈奴右贤王留居部中监国,其后裔曾反抗一次被杀,刘渊反时附渊。后服于鲜卑拓跋氏之代国。其裔刘卫辰又服于秦,与秦合兵灭代分得两部地,后反被灭于复兴之代,卫辰被杀。卫辰之子勃勃降于后秦,后叛而独立,国号夏,改姓为赫连氏(407年)。晋刘裕灭后秦后留兵守长安,为勃勃所袭破(418年)。传至其子昌及定竟为魏所灭(437年)。

"赫连勃勃字屈孑,匈奴右贤王去卑之后,刘元海之族也。曾祖武,刘聪世以宗室封楼烦公,拜安北将军、监鲜卑诸军事、丁零中郎将,雄据肆卢川,为代王猗卢所败,遂出塞表祖豹子招集部落,复为诸部之雄。石季龙遣使就拜平北将军、左贤王、丁零单于。父卫辰入居塞内。苻坚以为西单于,督摄河西诸虏,屯于代来城。及坚国乱,遂有朔方之地,控弦之士三万八千。后魏师伐之,辰令其子力候提距战,为魏所败。魏入乘胜济河克代来执辰杀之,勃勃乃奔于叱干部。叱干佗斗伏送勃勃于魏,佗斗伏兄子阿利……潜遣劲勇篡勃勃于路,送于姚兴。……义熙二年,僭称天王大单于,赦其境内,建元曰龙升,署置百官。自以匈奴夏后氏之苗裔也,国称大夏。……营起都城,勃勃自言,朕方统一天下,君临万邦,可以统万为名。……下书曰'朕之皇祖,自北迁幽朔,姓改姒氏,音殊中国,故从母氏为刘,子而从母之姓非礼也。古人氏族无常,或以因生为氏,或以王父之名,朕将以义易之。帝王者系天为子,是为徽赫,实与天连,今改姓曰赫连氏,庶协皇天之意,永享无疆大庆,系天之尊,不可令支庶同之,其非正统,皆以铁伐为氏,庶朕宗族子孙,刚锐如铁,皆堪伐人。'……勃勃进据咸阳,长安樵采路绝。刘裕闻之大惧,乃召义真东镇洛阳,以朱龄石为雍州刺史,守长安。义真大掠而东,至于灞上,百姓遂逐龄石而迎勃勃,入于长安。瓒率众三万追击义真,王师败绩,义真单马而遁。买德获晋宁朔将军傅弘之、辅国将军蒯恩,义真司马毛修之于青泥,积人头以为京观。于是勃勃大飨将士于长安。"(《晋书》卷一三〇)

"昌字还国,一名折,屈子之弟三子也。既僭位改年永光。世祖闻屈子死,诸子相攻,关中大乱,于是西伐。乃以轻骑一万八千济河袭昌,时冬至之日,昌方宴飨。王师奄到,上下惊扰,车驾次于黑水,去城三十余里。昌乃出战,世祖驰往击之。昌退走入城,未及闭门,军士乘胜入其西宫,焚其西门,夜宿城北。明日分军四出,略居民杀获数万,生口牛马十数万,徙万余家而还。后昌遣弟定与司空奚斤相持于长安,世祖乘虚西伐,济君子津轻骑三万倍道兼行,群臣咸谏曰:统万城坚非十日可拔。……昌军大溃,不及入城,奔于上邽遂克其城。"(《魏书》卷九五)

4.北凉沮渠氏——沮渠氏之先曾为匈奴之左沮渠,故以为氏。传至蒙逊,先事段业,后自立为河西王,都姑臧(今甘肃武成县),降魏受封为凉王,史称北凉。传至子牧犍为魏所灭(439年)。

"胡沮渠蒙逊本出临松卢水,其先为匈奴左沮渠,遂以官为氏。蒙逊滑稽有权变,颇晓天文为诸胡所归。……蒙逊因举兵攻杀业,私署使持节大都督大将军、凉州牧、张掖公,号年永安,居张掖。永兴中蒙逊克姑臧迁居之,改号玄始元年,自称河西王,置百官丞郎以下,频遣使朝贡。……后蒙逊遣子安周内侍,世祖遣兼太常李顺持节拜蒙逊为假节加侍中、都督凉州西域羌戎诸军事、太傅、行征西大将军、凉州牧、凉王。""第三子牧犍统任自称河西王,遣使请朝命。……世祖乃引诸军进攻。牧犍兄子万年率麾下又降。城拔牧犍与左右文武面缚请罪,诏释其缚徙凉州民三万余家于京师。"(《魏书》卷九九)

第五节 稽 胡

稽胡盖匈奴中最后同化于汉族者。其所居住今山西离石县至甘肃固原县之间。住山谷,与汉族接触较稀,故同化亦缓。北齐神武帝曾击败其众,然仍不肯宾服。至周武帝时复遣将征服之,是后逐渐泯灭。

"稽胡一曰步落稽,盖匈奴别种刘元海五部之苗裔也。或云山戎、赤狄之后。自离石以西,安定以东,方七八百里。居山谷间,种类繁炽。其俗土著,亦知种田地,少桑蚕,多麻布,其丈夫衣服及死亡殡葬与中夏略同,妇人则多贯蜃贝以为耳颈饰。与华人错居。其渠帅颇识文字,言语类夷狄,因译乃通。蹲踞无礼,贪而忍害,俗奸淫秽,女尤甚,将嫁之夕方与淫者叙离,夫氏闻之以多为贵;既嫁颇亦防闲,有犯奸者随事惩罚。又兄弟死者皆纳其妻。虽分统郡县,列于编户,然轻其徭赋有异华人,山谷阻深者又未尽役属,而凶悍恃险,数为寇。魏孝昌中有刘蠡升者居云阳谷,自称天子,立年号。署百官,属魏氏乱,力不能讨,蠡升遂分遣部众抄掠汾晋之间,略无宁岁。神武迁邺后,始密图之,乃伪许以女妻蠡升太子,蠡升遂遣子诣邺。齐神武厚礼之,缓以婚期,蠡升既恃和亲不为之备。魏大统元年三月齐神武袭之,蠡升率轻骑出外征兵,为其北部王所杀,送于神武。其众复立蠡升第三子南海王为主,神武灭之,获其伪主,及弟西海并王后夫人五公以下四百余人归于邺。居河西者多恃险不宾。……武帝定东夏,将讨之,议欲穷其巢穴,齐王宪以为种类既多,又山谷阻绝,王师一举未可尽除,且当剪其魁帅,余加慰抚。帝然之,乃以宪为行军元帅,督行军总管赵王招、谯王俭、滕王迥等讨之。宪军次马邑乃分道俱进,没铎遣其党天柱守河东,又遣其大帅穆支据河西,规欲分守险要,掎角宪军。宪命谯王俭击破之,斩获千余级,赵王招又禽没铎,众尽降。宣政元年汾胡帅刘父罗千覆瓜,越王盛督诸军讨禽之,自是寇盗颇息。"(《北史》卷九六)

第六节　悦般国

悦般国为北匈奴西徙时一部分不能远走者留居所建,已见上文,南北朝时与柔然相仇,曾朝贡于后魏。

（接前所举文）"地方数千里众可二十余万,凉州人犹谓之单于王。其风俗言语与高车同,而其人清洁于胡,俗剪发齐眉以醍醐涂之,昱昱然光泽,日三澡漱,然后饮食。其国南界有火山,山傍石皆焦镕,流地数十里乃凝坚,人取为药即石流黄也。与蠕蠕结好,其王尝将数千人入蠕蠕国,欲与大檀相见。入其界百余里,见其部人不浣衣,不绊发,不洗手,妇人舌舐器物。王谓其从臣曰:'汝曹诳我,入此狗国中。'乃驰还,大檀遣骑追之不及,自是相仇雠,数相征讨。真君九年遣使朝献。"(《魏书》卷一百二)

匈奴系参考书

1.《诗》采薇、出车、六月
2.《孟子》
3.《左传》
4.《国语》
5.《竹书纪年》
6.《史记·匈奴列传》

7.《前汉书》匈奴传、陈汤传
8.《后汉书》南匈奴传、窦宪传
9.《魏志·乌丸》等传
10.《晋书·四夷列传》。《载记》:刘元海、刘聪、石勒、石季龙、赫连勃勃
11.《魏书·西域传》、《铁弗刘虎》列传八十七
12.《北史》列传八十四
13.顾栋高:《春秋大事表》
14.王国维:《鬼方昆夷猃狁考》(在《雪堂丛刻》中)
15.姚从吾:《欧洲学者对于匈奴的研究》(《北京大学国学季刊》二)
16.钱穆:《西周戎祸考》(《禹贡》二卷四、十二期)
17.方庭:《论狄》(《禹贡》二卷六期)
18.Parker 著,向达译:《匈奴史》
19.梁任公:《中国历史上民族之研究》
20.吕思勉:《中国民族史:匈奴篇》
21.缪凤林:《中国通史纲要》
22.王桐龄:《中国民族史》
23.Wells 著,梁思成等译:《世界通史》

第十章　突厥系(回族来源之二)

第一节　总　论

突厥族在中国今称回族,西人称为突厥族或土耳其族(Turks)。西人之称突厥或土耳其,因此族在中古时有一支进攻欧洲,后成立土耳其帝国。中国之称回族,则因此族之又一支即回纥自唐时兴盛,与汉族发生密切关系,故以回族称之。突厥在回纥之前即与汉族接触,然其历史较短,故其名称在中国不如回纥之著。

"匈奴之后,突厥最盛,突厥既灭,回纥乃兴,今日者玉关以西,天山南北,悉为回部,无所谓突厥也。而突厥之称乃独流传于西土,曰突而克,亟读之即突厥,曰突克蛮犹言突厥同类,今法人称土耳其国,音如突而克月,称其人类曰突而克;英人称其国曰突而克以,皆为突厥转音。"(洪钧:《元史译文证补》)

"今日葱岭西北西南诸部,我国统称之曰回,西人则称为突厥。回纥之盛,

威令未行于咸海、里海之间,其衰播越未越于葱岭、金山以外。突厥盛时,东自辽海以西,至西海万里;南自沙漠以北,至北海,五六千里。极西之部可萨,亦曰曷萨。西国古籍载此部名哈萨克,即曷萨转音。亦曰喀萨克,即可萨转音。里海、黑海之北皆其种落屯集。又东罗马古书载与突厥通使。东罗马即唐书之拂菻国也。种类繁多,幅员辽阔,匈奴而后实维突厥。而散居西土亦惟突厥旧部为多。回纥、突厥之称诚不敢谓己是而人非。"(洪钧:《元史译文证补》)

突厥族之前为铁勒、敕勒、特勒、狄历,或以为即古时之狄。最早则为丁令、丁零、丁灵。或谓铁勒即丁令异译,或然,盖丁与令末音"ing",在不惯读此音之民族即几于省去而近于铁勒矣。此外尚有高车之别名,则系取意而非译音。

就以上诸名中取一总名则取其最早者当取丁令,取其现代通称则为回族,但在人种学上则以突厥之名为普通,故本篇即取此名。

突厥之种族关系自汉以后甚明,而以前则未尽悉。史称突厥为赤狄余种,其证据为语言略与匈奴同。又《晋书》匈奴有赤勤种,或谓即赤勒,亦即铁勒。(缪凤林:《中国通史纲要》)或谓狄历叠韵,简称之可作一狄字,而狄即匈奴也(吕思勉:《中国民族史》及《白话本国史》)。以上证据虽不甚充实,然亦可推论突厥与匈奴在种族上较别族为接近也。

突厥族之住地原在天山系与阿尔泰山系中间,渐向东部蔓延,至于西伯利亚之贝加尔湖,在匈奴之北,东西甚长。初与匈奴接壤,匈奴既西逃及南移,漠北之地为鲜卑所据,其后鲜卑亦南移中国,突厥族乃随其后而迁居漠北之蒙古。

第二节　丁令高车

1.丁令即高车。丁令之名初见于汉代,如《史记·匈奴列传》云:"冒顿……北服浑庾、屈射、丁灵、鬲昆、薪犁之国。"《汉书·匈奴传》云:"郅支……西破坚昆,北降丁令。"《汉书·苏武传》言匈奴:"徙武北海上无人处……丁令盗武牛羊。"其时之突厥族散布虽广,然人口或未繁,且在蒙昧状态中故无势力而服属于匈奴,与汉族自然更无交涉。至于匈奴既衰,则丁令亦乘机与鲜卑、汉族夹攻之,如《后汉书》所云:"丁零寇其后,鲜卑击其左。"

2.南北朝时鲜卑已入中国,突厥族亦已南下,故中国人已知悉其种类及状况颇详。其语言略与匈奴同,而复与匈奴为姻娅,可推知其与匈奴颇有关系。

"高车,盖古赤狄之余种也,初号为狄历,北方以为敕勒,诸夏以为高车、丁零。其语略与匈奴同而时有小异。或云其先匈奴之甥也。其种有狄氏、袁纥氏、斛律氏、解批氏、护骨氏、异奇斤氏。"(《魏书》卷一百三)

其开祖之传说则与突厥同,故亦可供证明与突厥同种。此族以狼为祖,盖即为图腾崇拜(totem-ism),此为蛮人之常事。

"俗云匈奴单于生二女,姿容甚美,国人皆以为神。单于曰:'吾有此女安可配人,将以与天。'乃于国北无人之地筑高台,置二女其上,曰:'请天自迎之。'经三年,其母欲迎之,单于曰:'不可,未彻之间耳。'复一年,乃有一老狼昼夜守台嗥呼,因穿台下为空穴,经时不去。其小女曰:'吾父处我于此,欲以与天;而今狼来,或是神物,天使之然。'将下就之,其姊大惊曰:'此是畜生,无乃辱父母也。'妹不从,下为狼妻,而产子,遂滋繁成国。故其人好引声长歌,又似狼嗥。"(《魏书》卷一百三)

高车至后魏时与蠕蠕即柔然为敌,亦常侵魏,魏太祖亲征大破之,徙其众于漠南。其后高车各部酋长陆续降魏,且就魏食,其他诸部仍散处北方,然不能为患。

"后徙于鹿浑海西北百余里,部落强大,常与蠕蠕为敌,亦每侵盗于国家。太祖亲袭之,大破其诸部。后太祖复度弱洛水,西行至鹿浑海,停驾简轻骑西北行百余里,袭破之,虏获生口马牛羊二十余万。复讨其余种于狼山,大破之。车驾巡幸,分命诸将为东西二道,太祖亲勒六军从中道,自驳髯水西北徇略其部,诸军同时云合,破其杂种三十余落。卫王仪别督将从西北绝漠千余里,复破其遗迸七部,于是高车大惧,诸部震骇。太祖自牛川南引,大校猎以高车为围骑徒遮列周七百余里,聚杂兽于其中,因驱至平城。即以高车众起鹿苑,南因台阴,北距长城,东包白登,属之西山。寻而高车侄利曷莫弗敕力犍率其九百余落内附,拜敕力犍为扬威将军,置司马参军,赐谷二万斛。后高车解批莫弗幡豆建复率其部三十余落内附,亦拜为威远将军,置司马参军,赐衣服岁给廪食。"(《魏书》卷一百三)

此族在彼时尚未统一,各部自有酋长。从事游牧,多牛羊及马,有大车。对雷震有特别迷信。葬法甚奇,系坐葬式,且不掩埋。颇富尚武精神。

"无都统大帅,当种各有君长。为性精猛,党类同心,至于寇难,翕然相依。斗无行阵,头别冲突,乍出乍入,不能坚战。其俗蹲倨亵黩,无所忌避。婚姻用牛马纳聘以为荣;结言既定,男党营车阑马,令女党恣取上马祖乘出阑,马主立于阑外,振手惊马,不坠者即取之,坠则更取,数满乃止。俗无谷,不作酒。迎妇之日男女相将持马酪熟肉节解。主人延宾亦无行位,穹庐前丛坐,饮宴终日,复留其宿,明日将妇归。既而将夫党还入其家马群极取良马,父母兄弟虽惜终无言者。颇讳取寡妇而优怜之,其畜产自有记识,虽阑纵在野终无妄取。俗不清洁喜致震霆,每震则叫呼射天,弃之移去。至来岁秋马肥,复相率候于震所,埋殁羊,然火拔刀,女巫祝说似如中国袚除,而群队驰马旋绕百币乃止,人持一束柳桋回竖之,以乳酪灌焉。妇人则以皮裹羊骸戴之首上,萦屈发鬟而缀之,有似轩冕。其死亡葬送,掘地作坎,坐尸于中,张臂引弓佩刀挟矟,无异于生,而露坎不掩。时有震死及疫疠则为之祈福;若安全无佗则为报赛,多杀杂畜烧骨以燎,走马绕旋,多者数百币。男女无小大皆集会。平吉之人则歌舞作乐,死丧之家则悲吟哭泣。其迁徙随水草,衣皮食肉,牛羊畜产尽与蠕蠕同,唯车轮高大,辐数至多。"(《魏书》卷一百三)

第三节 铁　勒

1. 铁勒即特勒,与高车原属同一种,不过与魏有接触,为魏所击破,迁徙于漠南者,史谓之高车,其仍居漠北先属柔然,后属突厥者,则称为铁勒,故此二名实指一族,且在同时。《北史》关于铁勒之部落记载甚详。

"铁勒之先,匈奴之苗裔也,种类最多。自西海之东依山据谷,往往不绝。独洛河北有仆骨,同罗韦纥,拔也古,覆并号俟斤,蒙陈吐如纥斯结浑斛薛等诸姓,胜兵可二万,伊吾以西焉耆之北傍白山则有契弊,薄落职乙咥苏婆那曷乌护纥,骨也咥于尼护等,胜兵可二万,金山西南有薛延陁咥勒儿十槃达契等一万余兵,康国北傍阿得水,则有阿咥曷截拨忽比干具海曷比悉何嵯苏拔也末谒达等有三万许兵。得嶷海东西有苏路羯三素咽篾促萨忽等诸姓八千余,拂菻东则有恩屈阿兰北褥九离伏嗢昏等近二万人,比海南则都波等。虽姓氏各别,总谓为铁勒,并无君长,分属东西两突厥。"(《北史》卷九九)

文中所言独洛河即土拉河,金山即阿尔泰山,阿得水或即咸海,得嶷海疑即里海,拂菻即罗马帝国。

《新唐书》所述铁勒之部族计十五种,与《北史》颇有不同,有异译者,有互为出入者。

"其部落曰袁纥,薛延陀、契苾羽、都播、骨利干、多览葛、仆骨、拔野古、同罗、浑、恩结、斛薛、奚结、阿跌、白霫,凡十有五种皆散处碛北。"(《新唐书》一四二上)

铁勒服属突厥时,因精骑射常供驱使,其后不堪虐待,遂叛而独立,奉契苾及薛延陀二部落之酋为可汗,分驻二地。

"居无恒所随水草流移。人性凶忍善于骑射,贪婪尤甚。以寇抄为生,近西边者颇为艺植。多牛而少马。自突厥有国,东西征讨,皆资其用以制北荒。……其俗大抵与突厥同,唯丈夫婚毕便就妻家,待产乳男女然后归舍。死者埋殡之。此其异也。"(《北史》卷九九)

"大业元年,突厥处罗可汗击铁勒诸部,厚税敛其物,又猜忌薛延陁等恐为变,遂集其魁帅数百人尽诛之,由是一时反叛。"(《北史》卷九九)

"薛延陀者,自云本姓薛氏,其先击灭延陀而有其众,因号为薛延陀部,其官方兵器及风俗大抵与突厥同。初大业中,西突厥处罗可汗始强大,铁勒诸部皆臣之,而处罗征税无度,薛延陀等诸部皆怨。处罗大怒,诛其酋帅百余人,铁勒相率而叛,共推契苾哥楞为易勿真莫贺可汗,居贪汗山北,又以薛延陀乙失钵为也咥小可汗,居燕末山北。"(《旧唐书》卷一九九下)

2. 铁勒诸部自独立以后,以薛延陀为最强,他部多属之。薛延陀又作薛延陁。其地在突厥之北,即古匈奴之故地,甚广大。唐太宗时,其酋夷男初受唐封册,后与唐兵战而败。传至其子拔灼时,为唐与回纥兵所夹击,遂败灭。唐乃将铁勒诸部地置为州府。

"太宗方图颉利,遣游击将军乔师望从间道赍册书,拜夷男为真珠毗伽可汗,赐以鼓纛。夷男大喜,遣使贡方物。复建牙于大漠之北郁督军山下,至京师西北六千里,东至靺鞨,西至叶护,南接沙碛,北至俱伦山。回纥、拔野古、阿跌、同罗、仆骨霫诸大部落皆属焉。三年,夷男遣其弟统特勒来朝,太宗厚加抚接,赐以宝刀及宝鞭,谓曰:汝所部有大罪者鞭之,夷男甚喜。四年,平突厥颉利之后,朔塞空虚,夷男率其部东返故国,建庭于都尉揵山,北独逻河之南,在京师北三千三百里,东至室韦,西至金山,南至突厥,北临瀚海,即古匈奴之故地。胜兵二十万。立其二子为南北部。……遂发兵寇夏州,将军执失思力击破之,虏其众数万,拔灼轻骑遁去。寻为回纥所杀,宗族殆尽,其余众尚五六万窜于西域。又诸姓俟斤递相攻击,各遣使归命。二十年,太宗遣使江夏王道宗,左卫大将军阿史那社尔为瀚海道安抚大使,右领军大将军执失思力领突厥兵,代州都督薛万彻、营州都督张俭、右骁卫大将军契苾何力各统所部兵分道并进,太宗亲幸灵州为诸军声援。既而道宗渡碛遇延陀余众数万来拒战,道宗击破之,斩首千余级,万彻又与回纥相遇,二将各遣使谕以绥怀之意,其酋帅见使者皆顿颡欢呼,请入朝。太宗至灵州,其铁勒诸部相继至数千人,仍请列为州县,北荒悉平。……后铁勒酋帅潜和,其部落乃持两端。李勣因纵兵追击,前后斩五千余级,虏男女三万计。二十二年,契苾、回纥等十余部落以薛延陀亡散殆尽,乃相机归国。太宗各因其地土,择其部落,置为州府,以回纥部为瀚海都督府,仆骨为金徽都督府,多览葛为燕然都督府,拔野古部为幽陵都督府,同罗部为龟林都督府,思结部为卢山都督府,浑部为皋兰州,斛薛部为高阙州,奚结部为鸡鹿州,阿跌部为鸡田州,契苾部为榆溪州,思结别部为蹛林州,白霫部为寘颜州,凡一十三州,拜其酋长为都督刺史,给玄金鱼以为符信,又置燕然都护以统之。是岁太宗以铁勒诸部并皆内属,诏赐京城百姓大酺三日。永徽元年,延陀、首领先逃逸者请归国,高宗更置溪弹州以安恤之。至则天时突厥强盛,铁勒诸部在漠北者渐为所并,回纥契苾思结浑部徙于甘凉二州之地。"(《旧唐书》卷一九九下)

3. 拔野古又作拔也古,与中国无大关系。

"拔野古,一曰拔野固,或为拔曳固,漫散碛北地千里直仆骨东,邻于靺鞨。帐户六万,兵万人。地有荐草,产良马精铁。……俗嗜猎射,少耕获,乘木逐鹿冰上,风俗大抵铁勒也。言语少异。贞观三年与仆骨、同罗、奚霫同入朝。二十一年,大俟利发屈利失举部内属,置幽陵都督府,拜屈利失右武卫大将军即为都督。"(《新唐书》卷二一七下)

4. 仆骨又作仆固,其族人仆固怀恩后为唐室中兴之功臣。

5. 同罗:"同罗在薛延陀北,多览葛之东,距京师七千里而赢胜兵三万。贞观二年遣使者入朝,久之请内属,置龟林都督府,拜酋俟利发时健啜为左领军大将军,即授都督。安禄山反,劫其兵用之,号曳落河者也,曳落河者,犹言健儿云。"(《新唐书》卷二一七下)

6. 浑:"浑在诸部最南者,突厥颉利败时,有俟利发阿贪支款塞,薛延陀之灭大俟利发,浑汪举部内向,以其地为皋兰都督府。"(《新唐书》卷二一七下)

7. 契苾:唐功臣契苾何力即属此族。

"契苾亦曰契苾羽,在焉耆西北鹰娑川,多览葛之南。其酋哥楞自号易勿真莫贺可汗,弟莫贺咄特勒,皆有勇。莫贺咄死,子何力尚纽率其部来归,时贞观六年也,诏处之甘、凉间,以其地为榆溪州。"(《新唐书》卷二一七下)

8. 多览葛:"多览葛亦曰多滥,在薛延陀东滨同罗水。胜兵万人。延陀已灭,其酋俟斤多滥葛末与回纥皆朝,以其地为燕然都督府。"(《新唐书》卷二一七下)

9. 阿跌:唐中叶功臣李光进、李光颜即此族之赐姓者。

"阿跌亦曰诃咥,或为跌跌,始与拔野古等皆朝,以其地为鸡田州。开元初,跌跌思泰自突厥默啜所来降,其后光进、光颜皆以战功至大官,赐李氏,附属籍,自有传。"(《新唐书》卷二一七下)

10. 葛逻禄与中国交涉少,此族至宋元时谓之哈剌鲁。

"葛逻禄本突厥诸族,在北廷西北,金山之西,跨仆固振水包多怛与车鼻部接。……于是葛禄之处乌德犍山者臣回纥,在金山北廷者自立叶护,岁水朝。久之叶护顿毗伽缚突厥叛酋阿布思,进封金山郡王。天宝间凡五朝。至德后葛逻禄寖盛,与回纥争强,徙十姓可汗故地,尽有碎叶怛逻斯诸城。然限回纥,故朝会不能自达于朝。"(《新唐书》卷二一七下)

11. 拔悉蜜:"拔悉蜜,贞观二十三年始来朝。"(《新唐书》卷二一七下)

12. 都播:离中国远,文化亦低。

"都播亦曰都波,其地北濒小海,西坚昆,南回纥。分三部,皆自统制。其俗无岁时,结草为庐,无畜牧,不知稼穑。土多百合草,掇其根以饭。捕鱼鸟兽食之,衣貂鹿皮,贫者缉鸟羽为服。其婚姻富者纳马,贫者效鹿皮草根。死以木匦敛置山中,或系于树,送葬哭泣与突厥同。无刑罚,盗者倍输其赃。贞观

二十一年因骨利干入朝,亦以使通中国。"(《新唐书》卷二一七下)

13. 骨利干:在瀚海北,贝加尔湖南(?),距中国最远。

"骨利干处瀚海北,胜兵五千。草多百合。产良马,首似橐它,筋骼壮大,日中驰数百里。其地北距海,去京师最远。又北度海则昼长夜短,日入烹羊胛,熟,东方已明,盖近日出处也。既入朝,诏遣云麾将军康苏蜜劳答以其地为玄阙州。"(《新唐书》卷二一七下)

14. 白霫:在今蒙古东部内兴安岭之地。

"白霫居鲜卑故地,直京师东北五千里,与同罗仆骨接。避薛延陀,保奥支水冷陉山,南契丹,北乌罗、浑,东靺鞨,西拔野古。地圆袤二千里,山缭其外。胜兵万人。业射猎,以赤皮缘衣,妇贯铜钏,以子铃缀襟。其部有三,曰居延,曰无若没,曰潢水。其君长臣突厥颉利可汗为俟斤。贞观中再来朝,后列其地为寘颜州。"(《新唐书》卷二一七下)

15. 斛薛、奚结、思结:"斛薛处多滥葛北,胜兵万人,奚结处同罗北,思结在延陀故牙。二部合兵凡二万,既来朝列其地州县之。"(《新唐书》卷二一七下)

此外尚有袁纥即回纥,或回鹘,助唐灭薛延陀,后益强,称霸诸部,故继铁勒而为诸部之共称,《新唐书》即列铁勒诸部于回鹘传内,其事迹多,另立一节于后。

第四节 突厥(即东突厥)

《北史》以突厥与铁勒各为一传,仅于突厥言其为匈奴之别种,于铁勒言其为匈奴之苗裔,故两者之关系不过谓其同与匈奴有关而已。《隋书》亦各为分传,并列于北狄中,于突厥言其为平凉杂胡。《新唐书》分突厥、回鹘二传,而以回鹘包括铁勒诸部,于突厥则言其为"古匈奴北部也"。故在史书并不明言铁勒、突厥、回纥等族之真正关系。近代洪钧氏《元史译文证补》乃以突厥、回纥言语之相同证明其为同族,次则回纥据史言其为铁勒之一部,故突厥自然亦属铁勒。三则突厥开祖之传说亦为狼之图腾,与铁勒相同,亦可为重要证据。四则突厥之发源地据吕思勉所考系在金山亦即铁勒之地,此亦可为一证。(《中国民族史》)

突厥开祖之传说,据《北史》所述有三种,其二皆言突厥族为狼所出。《周书》则合一二为一条,故只二说,兹举《周书》所述于下:

1. "突厥者,盖匈奴之别种,姓阿史那氏,别为部落,后为邻国所破,尽灭其族。有一儿年且十岁,兵人见其小,不忍杀之,乃刖其足弃草泽中;有牝狼以肉饲之,及长与狼合,遂有孕焉。彼王闻此儿尚在,重遣杀之。使者见狼在侧,并欲杀狼,狼遂逃于高昌国之北山;山有洞穴,穴内有平壤,茂草周回数百里,四面俱山。狼匿其中,遂生十男,十男长大外托妻孕,其后各有一姓,阿史那即一也。子孙蕃育,渐至数百家。经数世相与出穴,臣于茹茹,居金山之阳,为茹茹铁工,金山形似兜鍪,其俗谓兜鍪为突厥,遂因以为号焉。"(《周书》卷五十)

2."或云突厥之先出于索国,在匈奴之北。其部落大人曰阿谤步,兄弟十七人。其一曰伊质泥师都,狼所生也。谤步等性并愚痴,国遂被灭,泥师都既别感异气,能征召风雨。娶二妻,云是夏神冬神之女也,一孕而生四男。其一变为白鸿,其一国于阿辅水、剑水之间,号为契骨,其一国于处折水,其一居践斯处折施山,即其大儿也。山上仍有阿谤步种类,并多寒露,大儿为出火温养之,咸得全济,遂共奉大儿为主,号为突厥,即讷都六设也。讷都六有十妻,所生子皆以母族为姓,阿史那是其小妻之子也,讷都六死,十母子内欲择立一人,乃相率于大树下共为约曰:'向树跳跃能最高者即推立之',阿史那子年幼而跳最高者,诸子遂奉以为主,号阿贤设。此说虽殊,然终狼种也。"(《周书》卷五十)

文中所述茹茹即蠕蠕,亦即柔然。《北史》所述第一说多一句言"其先居西海之右,独为部落,盖匈奴之别种也"。第二说则云"突厥本平凉杂胡,姓阿史那氏,魏太武皇帝灭沮渠氏,阿史那以五百家奔蠕蠕",以下同。合诸说而观之,突厥确有以狼为祖之图腾崇拜。突厥原住匈奴之北,曾为他族所残破,遗族遁走于金山即阿尔泰山,突厥族善于锻铁,突厥姓阿史那氏,确实的创业者为阿贤设。

突厥之文化:以狩猎畜牧为生,不定居,王权似不甚重,官吏大约即为氏族部落之长,以狼为图腾徽号,初无文字,后似借用"胡"即别族文字,无历法,法律简而严,丧葬有走马剺面之俗,有娶后母寡嫂制,宗教则崇拜太阳天地,信巫觋。尚武勇,不畏死。

"其俗被发左衽,穹庐毡帐,随逐水草迁徙,以畜牧射猎为事。食肉饮酪,身衣裘褐。贱老贵壮,寡廉耻无礼义,犹古之匈奴。其主初立,近侍重臣等舆之以毡,随日转九回,每回臣下皆拜,拜讫,乃扶令乘马,以帛绞其颈,使缠不至绝,然后释而急问之曰:'你能作几年可汗?'其主既神情瞀乱,不能详定多少,臣下等随其所言以验修短之数。大官有叶护,次特勒,次俟利发,次吐毛发,及余小官凡二十八等,皆世为之。兵器有角弓鸣镝甲矟刀剑。佩饰则兼有伏突,旗纛之上施金狼头。侍卫之士谓之附离,夏言亦狼也。盖本狼生,志不忘旧。善骑射。性残忍。无文字。其征发兵马及诸税杂畜,刻木为数,并一金镞箭蜡封印之,以为信契。候月将满,转为寇抄。其刑法,反叛、杀人及奸人之妇、盗马绊者皆死,淫者割势而腰斩之,奸人女者重责财物,即以其女妻之,斗伤人者随轻重输物,伤目者偿以女,无女则输妇财,折支体者输马,盗马及杂物者各十余倍征之。死者停尸于帐,子孙及亲属男女各杀羊马陈于帐前祭之;绕帐走马七匝,诣帐门,以刀劙面,且哭,血泪俱流,如此者七度乃止。择日取亡者所乘马及经服用之物并尸俱焚之,收其余灰,待时而葬;春夏死者候草木黄落,秋冬死者候华茂然后坎而瘗之,葬日,亲属设祭及走马劙面,如初死之仪。表为茔,立屋中,图画死者形仪及其生时所战阵状,常杀一人则立一石,有至千百者,又以祭之羊马头尽悬之于标上。是日也,男女咸盛服饰会于葬所,男有悦爱于女者,归即遣人聘问,其父母多不违也。父兄伯叔死,子弟及侄等妻其后母世叔母嫂,唯尊者不得下淫。移徙无常,而各有地分。可汗恒处于都斤山,牙帐东开,盖敬日之所出也。每岁率诸贵人祭其先窟,又以五月中旬集他人水拜祭天神于都斤。西五百里有高山迥出,上无草树,谓为勃登凝梨,夏言地神也。其书字类胡,至不知年历,唯以草青为记。男子好樗蒲,女子踏鞠,饮马酪取醉歌呼相对。敬鬼神,信巫,重兵死,耻病终,大抵与匈奴同俗。"(《北史》卷九九)

突厥传至土门击破铁勒复灭柔然,自称伊利可汗(552年),二传至木杆可汗国势益扩大。至他钵可汗时,北周、北齐竞以财物事之冀得其助。

"其后曰土门部落稍盛。始至塞上市缯絮愿通中国。西魏大统十一年,周文帝遣酒泉胡安诺槃陀使焉,其国皆相庆曰:今大国使至,我国将兴也。十二年,土门遂遣使献方物。时铁勒将伐蠕蠕,土门率所部邀击破之,尽降其众五万余落。恃其强盛,乃求婚于蠕蠕主阿那瓌,大怒,使人詈辱之曰:'尔是我锻奴,何敢发是言也。'土门亦怒,杀其使者,遂与之绝,而求婚于魏,周文帝许之。十七年六月,以魏长乐公主妻之,是岁魏文帝崩,土门遣使来吊,赠马二百匹。废帝元年正月,土门发兵击蠕蠕,大破之于怀芒北。阿那瓌自杀,其子菴罗辰奔齐,余众复立阿那瓌叔父邓叔子为主。土门遂自号伊利可汗,犹古之单于也,号其妻为可贺敦,亦犹古之阏氏也。亦与齐通使往来。土门死,子科罗立,科罗号乙息记可汗,又破叔子于沃野北赖山。且死,舍其子摄图,立其弟俟斤是为木杆可汗。俟斤一名燕都,状貌奇异,面广尺余其色赤甚,眼若琉璃,刚暴勇而多知,务于征伐。乃率兵击邓叔子,被之,叔子以其余烬奔西魏,俟斤又西破嚈哒,东走契丹,北并契骨,威服塞外诸国。其地东自辽海,以西至西海万里,南自沙漠,以北至北海,五六千里皆属焉,抗衡中国,后与魏伐齐至并州。"(《北史》卷九九)

"俟斤死,复舍其子大逻便而立其弟是为他钵可汗。他钵以摄图为尔伏可汗,统其东面,又以其弟褥但可汗为步离可汗,居西方。自俟斤以来其国富强,有凌轹中夏之志。朝廷既与之和亲,岁给缯絮锦彩十万段。突厥在京师者又待以优礼,衣锦食肉,常以千数。齐人惧其寇掠,亦倾府藏以给之。他钵弥复骄傲,乃令其徒属曰:'但使我在南两个儿孝顺,何忧无物邪。'"(《北史》卷九九)

他钵死,沙钵略嗣,南下侵掠中国,隋文帝遣将征之。时突厥适遭饥荒,复有内乱,沙钵略不得已称臣于隋。

"国中相与议曰四可汗子摄图最贤,因迎立之,号伊利俱卢设莫何始波罗可汗,一号沙钵略,居都斤山。沙钵略勇而得众,北夷皆归附之。隋文帝受禅,待之甚薄,北夷大怨。会营州刺史高宝宁作乱,沙钵略与之合军攻陷临渝镇,上敕缘边修保鄣,峻长城以备之。沙钵略妻周千金公主伤宗祀绝灭,由是悉众来寇,控弦士四十万。……于是河间王弘上柱国豆卢勣、窦荣定,左仆射高颎,右仆射虞庆则并为元帅出塞击之,沙钵略率阿波、贪汗二可汗来拒战,皆败走。时房饥不能食粉骨为粮,又多灾疫,死者极众。……时沙钵略既为达头所困,又东畏契丹,遣使告急,请将部落度漠南寄居白道川内,有诏许之。"(《北史》卷九九)

摄图复二传至雍虞闾即都蓝可汗,隋用离间之计以公主嫁其一部之可汗号突利者,突厥果分裂。隋以突利为启人可汗,发兵攻破他部,启人事隋甚恭,于是突厥遂为隋之阴谋所征服。

"拜染干为意利珍豆启人可汗,华言意智健也。启人上表谢恩。上于朔州筑大利城以居之。时义安公主已卒,上以宗女义成公主妻之,部落归者甚众。雍虞闾又击之,上复令入塞,雍虞闾侵掠不已,遂迁于河南,在夏、胜二州间,发徒掘堑数百里,东西距河,尽为启人畜牧地。……是岁泥利可汗及叶护俱被铁勒所败,步迦寻亦大乱,奚、霫五部内徙,步迦奔吐谷浑,启人遂有其众,遣使朝贡。大业三年炀帝幸榆林,启人及义城公主来朝行宫,前后献马三千匹。……帝亲巡云中泝金河而东,北幸启人所居,启人奉觞上寿,跪伏甚恭。帝大悦,赋诗曰:'鹿塞鸿旗驻,龙庭翠辇回。毡帐望风举,穹庐向日开。呼韩顿颡至,屠耆接踵来。索辫擎毡肉,韦韝献酒盃。何如汉天子,空上单于台。'"(《北史》卷九九)

然至启人之子复叛隋,围炀帝于雁门。隋末,群雄多称臣以求其助,突厥势力复大盛。唐高祖举兵时亦称臣突厥。

"其子咄吉立是为始毕可汗,表续尚公主,诏从其俗。十一年来朝于东都。其年车驾避暑汾阳宫。八月始毕率其种落入寇,围帝于雁门,援兵方至,始毕引去,由是朝贡遂绝。明年复寇马邑,唐公击走之。隋末乱离,中国人归之者无数,遂大强盛,迎萧后置于定襄,薛举、窦建德、王世充、刘武周、梁师都、李轨、高开道之徒虽僭尊号,皆称臣,受其可汗之号,使者往来,相望于道。"(《北史》卷九九)

"隋大业之乱,始毕可汗咄吉嗣立,华人多往依之。契丹、室韦、吐谷浑、高昌皆役属窦臣尊之,控弦且百万,戎狄炽强,古未有也。高祖起太原(按下似应接遣字)建德、薛举、刘武周、梁师都、李轨、王世充等倔起虎视,悉(按似应接臣尊之三字于此)遣府司马刘文静往聘与连和。始毕使特勒康稍利献马二千、兵五百来会。帝平京师,遂恃功,使者每来多横骄。……故岁入寇。然倚父兄余资,兵锐马多,謷然骄气直出百蛮上,视中国为不足与,书辞悖嫚多谇求;帝方经略天下,故屈礼多所舍贷,赠赍不赀,然而不厌无涯之求也。"(《新唐书》卷二一五上)

唐初屡入寇,唐太宗初以计离间其大可汗颉利及小可汗突利。后乘突厥内政之敝及属部薛延陀之叛,乃一举击灭之,虏降其可汗(时贞观四年,630年),纳其众于朔方,建四州二都督府以统之。后以其有反谋乃仍徙其众于塞外。

"突厥俗素质略颉利得华士赵德言,才其人,委信之,稍专国。又委政诸胡,斥远宗族不用,兴师岁入边,下不堪苦。胡性昌沓,数翻覆不信,号令无常,岁大饥,哀敛苛重,诸部愈贰。又明年属部薛延陀自称可汗,以使来,诏兵部尚书李靖击虏马邑,颉利走,九俟斤以众降。拔野古仆骨同罗诸部酋渠长皆来朝。于是诏并州都督李世勣出通漠道,李靖出定襄道,左武卫大将军柴绍出金河道,灵州大都督任城王道宗出大同道,幽州都督卫孝节出恒安道,营州都督薛万淑出畅武道,凡六总管师十余万,皆受靖节度,以讨之。道宗战灵州,俘人畜万计,突利及郁射设荫奈特勒帅所部来奔,捷书日夜至。……颉利得千里马独奔沙钵罗,行军副总管张宝相禽之,沙钵罗设苏尼失以众降,其国遂亡。复定襄恒安地斥境至大漠矣。颉利至京师告俘太庙。……颉利之亡其下或走薛延陀或入西域,而来降者尚十余万。……度朔方地自幽州属灵州,建顺佑化长四州为都督府。剖颉利故地左置定襄都督,右置云中都督二府统之。擢酋豪为将军郎将者五百人,奉朝请者且百员,入长安自籍者数千户。乃以突利可汗为顺州都督,令率其下就部。……突利弟结社率以郎将宿卫,阴结种人谋反。……于是群臣更言处突厥中国非是,帝亦患之,乃立阿史那思摩为乙弥泥孰俟利苾可汗,赐氏李,树牙河北,悉徙突厥还故地。"(《新唐书》卷二一五上)

其后叛服不常,在武后时复大盛独立。至天宝初唐与回纥攻灭之,其地尽属回纥。

"默啜自立为可汗,篡位数年始攻灵州,多杀略士民。……默啜负胜轻中国,有骄志,大抵兵与颉利时略等,地纵广万里,诸蕃悉往听命。"(《新唐书》卷二一五上)

"天宝初其大部回纥,葛逻禄,拔悉蜜并起攻叶护杀之。……毗伽可汗妻骨咄禄婆匐可敦率众自归,天子御花萼楼宴,群臣赋诗美其事,封可敦为宾国夫人,岁给粉直二十万。始突厥国于后魏大统时,至是灭,后或朝贡皆旧部九姓云,其地尽入回纥。"(《新唐书》卷二一五下)

第五节　西突厥

西突厥由东突厥分出,居于东突厥之西故名。其最初分出之可汗据《北史》、《隋书》皆谓"西突厥者木杆可汗之子大逻便也"。《旧唐书》谓"初木杆与沙钵略可汗有隙,因分为二"。《新唐书》则谓为土门伊利可汗之侄达头可汗"始与东突厥分乌孙故地有之"。《新唐书》所述世系较详,或由逐渐采访增补而成。

"西突厥其先讷都陆之孙吐务号大叶护,长子曰土门伊利可汗,次子曰室点蜜亦曰瑟帝米。瑟帝米之子曰达头可汗,亦曰步迦可汗。始与东突厥分乌孙故地有之。东即突厥,西雷翥海,南疏勒,北瀚海,直京师北七千里,由焉耆西北七日行得南廷,北八日行得北廷。与都陆、弩失毕、歌逻禄、处月、处蜜、伊吾诸种杂;其风俗大抵突厥也,言语少异。"(《新唐书》卷二一五下)

达头可汗孙射匮可汗统叶护可汗相继立,国势大张,而与东突厥不睦,唐初传至咄陆可汗,国分为二,后复合并。会部下反叛,咄陆失国。开祖别支孙阿史那贺鲁据有其地,入寇中国。

"统叶护可汗勇而有谋,战辄胜,因并铁勒,下波斯罽宾,控弦数十万。徙廷石国北之千泉,遂霸西域诸国,悉授以颉利发而命一吐屯监统以督赋入。"(《新唐书》卷二一五下)

唐高宗初遣将征之无大成功,后以苏定方率大军远征,乃大破其众,禽贺鲁,分其地为诸都督府,又置昆陵、濛池二都护府,以二蕃将为可汗兼都护以统之,西突厥遂亡。

第六节　回纥

回纥据史书明言其为铁勒之一部,初称袁纥,或讹为表讫,又曰乌护、乌纥、韦纥,叛突厥后改称回纥,唐德宗时又改为回鹘。回纥原居独乐水,即今图拉河之地。

"回纥其先匈奴也。俗多乘高轮车。元魏时亦号高车部,或曰敕勒,讹为铁勒。其部落曰袁纥、薛延陀、契苾羽、都播、骨利干、多览葛、仆骨、拔野古、同罗、浑、思结、斛薛、奚结、阿跌、白霫,凡十有五种,皆散处碛北。袁纥者亦曰乌护、曰乌纥,至隋曰韦纥,其人骁强,初无酋长,逐水草转徙。善骑射,喜盗钞,臣于突厥。突厥资其财力,雄北荒。大业中处罗可汗攻胁铁勒部,裒责其财,既又恐其怨则集渠豪数百悉坑之。韦纥乃并仆骨、同罗、拔野古叛去,自为俟斤,称回纥。回纥姓乐罗葛氏,居薛延陀北娑陵水上,距京师七千里,众十万,

胜兵半之,地碛卤,畜多大足羊。"(《新唐书》卷二一七上)

最初之酋长为时健俟斤。回纥初与薛延陀合力攻突厥,突厥亡后,复助唐灭薛延陀,并其地。至吐迷度一面受唐封爵一面仍自号可汗。传至怀仁可汗时国力最盛,时在唐天宝初年也。

"有时健俟斤者众始推为君长。子曰菩萨,材勇有谋,嗜猎射,战必身先,所向辄摧破,故下皆畏附,为时健所逐,时健死,部人贤菩萨立之。母曰乌罗浑,性严明能决平部事。回纥繇是寖盛,与薛延陀共攻突厥北边。颉利遣欲谷设领骑十万讨之,菩萨身将五千骑破之马鬣山,追北至天山,大俘其部人,声震北方。繇是附薛延陀,相唇齿,号活颉利发,树牙独乐水上。贞观三年始来朝,献方物。突厥已亡,惟回纥与薛延陀为最雄强。菩萨死,其酋胡禄俟利发吐迷度与诸部攻薛延陀残之,并有其地。遂南逾贺兰山境诸河,遣使者献款。……乃拜吐迷度为怀化大将军、瀚海都督;然私自号可汗,署官吏壹似突厥,有外宰相六,内宰相三,又有都督将军司马之号。……骨力裴罗立……遣使上状自称骨咄禄毗伽阙可汗,天子以为奉义王。南居突厥故地,徙牙乌德鞬山昆河之间,南距西城千七百里,西城,汉高阙塞也,北尽碛口三百里,悉有九姓地。九姓者曰药罗葛、曰胡咄葛、曰㗅罗勿、曰貊歌息讫、曰阿勿嘀、曰葛萨、曰斛嗢素、曰药勿葛、曰奚邪勿药罗葛,回纥姓也,与仆骨、浑、拔野古、同罗、思结、契苾六种相等夷,不列于数,后破有拔悉蜜、葛逻禄总十一姓,并置都督,号十一部落。自是战常以二客部为先锋。有诏拜为骨咄禄毗伽关怀仁可汗,前殿列仗中书令内案授册使者,使者出门升辂至皇城门,降乘马幡节导以行,凡册可汗率用此礼。明年裴罗又攻杀突厥白眉可汗,遣顿啜罗达干来上功,拜裴罗左骁卫员外大将军,斥地愈广,东极室韦,西余山,南控大漠,尽得古匈奴地。"(《新唐书》卷二一七上)

葛勒可汗时与唐结好,派太子叶护领兵助唐击安史,收复两京,然所房掠子女玉帛亦多。

"以大将军多揽等造朝及太子叶护身将四千骑来惟所命。……子仪等与贼战倾军逐北,乱而却。回纥望见即逾西岭,曳旗趋贼,出其后,贼反顾,遂大溃,追奔数十里,人马相腾蹂死者不可计,收仗械,如丘。严庄挟安庆绪弃东京北度河。回纥大掠东都三日,奸人导之,府库穷殚。广平王欲止不可,而耆老以缯锦万疋赂回纥,止不剽。"(《新唐书》卷二一七上)

唐肃宗应回纥之请以幼女宁国公主出嫁毗伽可汗。

"俄而可汗死国人欲以公主殉,主曰'中国人婿死,朝夕临,丧期三年,此终礼也,回纥万里结昏,本慕中国,吾不可以殉'。乃止,然劙面哭亦从其俗云,后以无子得还。"(《新唐书》卷二一七上)

唐代宗时牟羽可汗初拟侵唐,后反助唐平史朝义,收复东京,然剽掠焚杀亦惨。代宗永泰初唐将仆固怀恩反,导回纥、吐蕃连兵侵唐,郭子仪说服回纥合击吐蕃。

"朔方先锋兵马使白元光合回纥兵于灵台,会雪雾严晦,吐蕃闭营撤备,乃纵击之斩首五万级,生禽万人,获马橐它牛羊收所俘唐户五千。……自乾元后益负功,每纳一马取直四十缣,岁以数万求售。……回纥杀人横道,京兆尹黎干捕之,诏贷勿劾。又刺人东市,缚送万年狱,首领劫取囚残狱吏去,都人厌苦,十三年回纥袭振武,攻东陉入寇太原。"(《新唐书》卷二一七上)

唐德宗时合骨咄禄毗伽可汗立,复尚唐公主。

"可汗上书恭甚,言昔为兄弟,今婿半子也,陛下若患西戎,子请以兵除之,又请易回纥曰回鹘,言捷鸷犹鹘然。"(《新唐书》卷二一七上)

后回鹘属部叛联吐蕃攻回鹘,势渐衰落,然仍与唐和亲。至唐文宗时回鹘内乱饥疫并作,为黠戛斯所攻破,回鹘分裂走散,一部奉乌介特勒为可汗,武宗会昌三年唐将合其他蕃兵攻破之,杀乌介(843年)。回鹘残余西走,居今甘肃地,然已成小国。

"开成四年其相掘罗勿作难引沙陀共攻可汗,可汗自杀,国人立馺驳特勒为可汗。方岁饥,遂疫,又大雪,羊马多死……武宗即位……乃知其国乱,俄而渠长句录莫贺与黠戛斯合骑十万攻回鹘城杀可汗,诛掘罗勿,焚其牙,诸部溃,其相驳职与庞特勒十五部奔葛逻禄,践众入吐蕃安西,于是可汗牙部十三姓奉乌介特勒为可汗,南保错子山。"(《新唐书》卷二一七下)

"庞勒已自称可汗,有碛西诸城,其后嗣君弱臣强,居甘州,无复昔时之盛。到今时遣使入朝,进玉马二物,及本土所产,交易而返。"(《旧唐书》卷一九五)

回鹘经中国五代均尝遣使朝贡,至宋时更约宋夹攻西夏,宋亦欲利用之,然终不果。

"庞勒乃自称可汗,居甘、沙、西州,无复昔时之盛矣。历梁、后唐、晋、汉、周,皆遣使朝贡。后唐同光中册其国王仁美为英义可汗。仁美卒,其弟仁裕立,册为顺化可汗。晋天福中又改为奉化可汗。仁裕卒,子景琼立。先是唐朝继以公主下嫁,故回鹘世称中朝为舅,中朝每赐答诏亦曰外甥,五代之后皆因之。……熙宁元年入贡,求买金字大般若经,以墨本赐之。六年复来,补其首领五人为军主,岁给彩二十疋。神宗问其国种落生齿几何?曰三十余万,壮可用者几何?曰二十万。明年敕李宪择使聘阿里骨,使谕回鹘令发兵深入夏境,宪以命殿直皇甫旦,旦往不得前而妄奏功状,诏逮旦赴御史狱抵罪。然回鹘使不常来,宣和中间因入贡散而之陕西诸州,公为贸易,至留久不归。"(《宋史》卷四九○)

至元代回鹘之名又变为畏兀儿、畏吾儿、辉和尔、委兀、委吾等。蒙古兴起后即降附之。

"委吾种的主亦都兀惕,差使臣阿惕乞剌黑等来成吉思处说:'俺听得皇帝的声名,如云净见日、冰消见水一般,好生喜欢了。若得恩赐呵,愿做第五子出气力者。'成吉思说:'你来。女子也与你,第五子也教你做。'于是亦都兀惕将金银、珠子、段匹等物来拜见成吉思。遂将阿勒阿勒屯名的女子与了。"(《元秘史》)

第七节 沙陀突厥

沙陀突厥原为西突厥之处月部,故其姓曰朱邪,实即处月异译也。所居地有沙漠曰沙陀,故称为沙陀突厥。《旧五代史》言其始祖为拔野古,沙陀之称由唐置沙陀府云。《新五代史》辨正颇详。

"呜呼世久而失其传者多矣,岂独史官之谬哉。李氏之先盖出于西突厥,本号朱邪,至其后世别自号曰沙陀,而以朱邪为姓,拔野古为始祖。……唐太宗破西突厥分其诸部置十三州以同罗为龟林都督府,仆骨为全微都督府,拔野古为幽陵都督府,未尝有沙陀府也。当是时西突厥有铁勒、延陀、阿史那之类为最大,其别部有同罗、仆骨、拔野古等以十数,盖其小者也,又有处月、处密诸部又其小者也。朱邪者,处月别部之号耳。太宗二十二年已降拔野古,其明年阿史那贺鲁叛。至高宗永徽二年处月朱邪孤注从贺鲁战于牢山,为契苾何力所败,遂没不见。后百五六十年当宪宗时有朱邪尽忠及子执宜见于中国,而自号沙陀,以朱邪为姓矣。盖沙陀者大碛也,在金莎山之阳。蒲类海之东,自处月以来居此碛号沙陀突厥,而夷狄无文字传记,朱邪又微不足录,故其后世自失其传。至尽忠孙始赐姓李氏,李氏后大而夷狄之人遂以沙陀为贵种云。"

沙陀族自突厥亡后服属回纥,因苦回纥苛敛,乃引吐蕃攻回纥,自是属吐蕃。后吐蕃疑沙陀有贰心,沙陀举族东徙依唐。自是助唐征伐有功。然渐骄恣,后竟反,败奔鞑靼。黄巢之乱,唐室召用之,遂击灭巢,自是逐鹿中原,卒建后唐而统治中国。

"唐德宗时有朱邪尽忠者居于北庭之金满州。贞元中吐蕃赞普攻陷北庭,徙尽忠于甘州而役属之。其后赞普为回鹘所败,尽忠与子执宜东走,赞普怒追之,及于石门关,尽忠战死,执宜独走归唐。居之盐州,以隶河西节度使范希朝,希朝徙镇太原,执宜从之,居之定襄神武川之新城。其部落万骑皆骁勇善骑射,号沙陀军。执宜死其子曰赤心。懿宗咸通十年神策大将军康承训统十八将讨庞勋于徐州,以朱邪赤心为太原行营招讨沙陀三部落军使;以从破勋功拜卑于大都护振武军节度使,赐姓名李国昌,以之属籍。沙陀素强而国昌恃功益横恣。"(《新五代史》卷四)

后晋皇室石氏,《旧五代史》言其为汉族,明系误据彼本族人假托之言,《新五代史》则明指其为西夷或亦即沙陀也。

"高祖圣文章武明德孝皇帝姓石氏讳敬瑭,太原人也。本卫大夫碏汉承相奋之后,汉衰关辅乱,子孙流泛西裔,故有居甘州者焉。四代祖璟以唐元和中与沙陁军都督朱耶氏自灵武入附。"(《旧五代史》卷七五)

"高祖圣文章武明德孝皇帝其父臬捩鸡,本出于西夷。自朱邪归唐从朱邪入居阴山,其后晋王李克用起于云朔之间,臬捩鸡以善骑射常从晋王征伐有功,官至洺州刺史。臬捩鸡生敬瑭,其姓石氏不知其得姓之始也。"(《新五代史》卷八)

后汉皇室刘氏据《新五代史》亦明言"其先沙陀部人也"。又云"其先世居于太原",可见汉化已久。

以上沙陀族三姓各建一朝,居五代之三,足见沙陀在此时之盛,然皆已易汉姓同化如汉人,异于以前之突厥、回纥矣。其事迹属普通史之范围,故略之。

第八节　葱岭西回纥

述回族之历史不能不兼述回教之传入,以回教原名伊斯兰教,回教之称盖由于回族信奉其教也。伊斯兰教之传入系由于突厥族之一支,由中亚侵入新疆,其族先改信伊斯兰教,因传于在中国之其他突厥民族。此事中国史书言之不详,近经外国学者 Bretschneider,Vambery,Stein 等人考证始知之。初回纥居蒙古地方,自被黠戛斯所破后,一部分南迁入新疆,另一部分则远徙于葱岭以西建国于中亚。9、10 世纪时,其疆土西至花剌子模。其最著名之王为布哥剌汗(Bog-hara Khan),其后有陀干汗(Toghan)、阿尔斯兰汗(Arslan)等。至 10 世纪后半沙特克布哥剌汗(Satak Boghara)宗信伊斯兰教。其国盛时曾西灭波斯之萨曼王朝,东并新疆之疏勒、于阗等国。其进攻于阗时由王之从兄弟玉素普卡底(Yusuf Qudr)统兵四万东来。于阗极力抵抗,且因系佛教国之故,得西藏及回纥兵之助,苦战二十四年终于失败,1006 年被灭,玉素普卡底遂为于阗国王。在中国史上亦有痕迹可寻,当宋初于阗之国王及使者人名皆汉姓名,复有摩尼僧来朝,其后隔四十年不来,至大中祥符二年(1009 年)其国方再来贡,国王之名则为黑韩王,其使为回鹘人罗厮温等,盖此时于阗已为伊斯兰教之葱岭西回纥统治矣,辽史屡记阿萨兰回鹘进贡,阿萨兰或由其王名阿尔斯兰也。故伊斯兰教之入新疆盖早在 11 世纪之初,然其时仅限于西南一隅,至元代而伊斯兰教之扩张甚速,至清初南路遂尽为伊斯兰教徒,乾隆后始进展至北路。(见王日蔚《伊斯兰教入新疆考》及《葱岭西回鹘考》)

第九节　明清两朝之回部

回纥自为黠戛斯所破，乃由北方西南迁于天山南路，自此突厥民族遂多住新疆。自畏吾儿为蒙古所征服，遂隶属于蒙古察合台汗。明代其地有哈密、火州、吐鲁番等持半独立态度，其中吐鲁番稍强，然其地人种除回人外尚杂有羌族、吐蕃及蒙古人。

"哈密东去嘉峪关一千六百里汉伊吾卢地，明帝置宜禾都尉领屯田。唐为伊州，宋入于回纥。元末以威武王纳忽里镇之，寻改为肃王。卒弟安克帖木儿嗣。洪武中太祖既定畏兀儿地，置安定等卫，渐逼哈密。安克帖木儿惧，将纳款，成祖初遣官招谕之，许其以马市易，即遣使来朝贡马百九十匹。……其地种落杂居，一曰回回，一曰畏兀儿，一曰哈剌灰，其头目不相统属。"(《明史》卷三二九)

"火州又名哈剌，在柳城西七十里，土鲁番东三十里，即汉车师前王地。隋时为高昌国，唐太宗灭高昌，以其地为西州。宋时回鹘居之，尝入贡。元名火州，与定安、曲先诸卫统号畏兀儿，置达鲁花赤监治之。永乐四年五月命鸿胪丞刘帖木儿护别失八里使者归，因赍彩币赐其王子哈散，明年遣使贡玉璞方物。"(《明史》卷三二九)

"土鲁番在火州西百里，去哈密千余里，嘉峪关二千六百里。汉车师前王地。隋高昌国，唐灭高昌置西州及交河县，此则交河县安乐城也。宋复名高昌，为回纥所据，尝入贡。元设万户府。永乐四年遣官使别失八里道其地以彩币赐之，其万户赛因帖木儿遣使贡玉璞，明年达京师。……初其地介于阗、别失八里诸大国间，势甚微弱，后侵掠火州、柳城，皆为所并，国日强。其酋也密力火者遂偕称王，以景泰三年偕其妻及部下头目各遣使入贡。……时土鲁番愈强而哈密以无主削弱，阿力欲并之，九年春袭破其城，执王母夺金印分兵守之而去。朝廷命李文等经略无功而还，阿力修贡如故。"(《明史》卷三二九)

明代新疆南路各城之王仍为察合台后裔。然其后伊斯兰教主摩罕默得之后裔和卓木由于帖木儿帝国之崇信伊斯兰教而东来，至其都城撒马耳干，后于明中叶复移居于喀什葛尔。和卓木二子，长名加利宴，次名伊撒克，亦皆得人民之信仰。长开白山宗，次开黑山宗。其后教主之权竟逐渐取察合台后王而代之，自此以后伊斯兰教即称为回教，而回族遂兼有种族上及宗教上二特性。

清康熙时准葛尔汗噶尔丹率兵入喀什葛尔，立回教白山派教主亚巴克为汗，而迁去察合台后裔于伊犁，于是和卓木之裔遂兼握政教两权。至乾隆时准葛尔部阿睦撒纳叛清，回教主大小和卓木遂乘机率回族抗清谋独立，然卒败死，回部卒归清统治，时乾隆二十四年也(1759年)。

"回部在天山南路，《汉书》所谓城郭国，唐以前皆佛教地也。其曰回回者则萌芽于隋唐，而盛于元以后。回部旧汗本元太祖次子哈萨岱之裔，世封回部。及明末玛墨特自西方至，各回城靡然从之，是为霍集占兄弟之高祖。后值厄鲁特强盛，尽执元裔诸汗迁居天山以北，并质回教酋于伊犁。康熙三十五年噶尔丹败后，其质伊犁之回酋阿布都实特自拔来投，圣祖优恤之，遣人护至哈密归诸叶尔羌，是为霍集占兄弟之祖。至其子玛罕木特，噶尔丹策零复袭执而幽之，并羁其二子，长曰布那敦，次曰霍集占，即所谓大小和卓木是也。乾隆二十年大兵定伊犁，释大和卓木以兵送归叶尔羌，使统其旧部，而留小和卓木礼之，使居伊犁掌回务。及阿逆之变，伊犁俶扰，小和卓木率众助逆。……两路进师，兆惠由乌什取喀什噶尔，富德由和阗取叶尔羌。两和卓木各弃城遁去，喀什噶尔、叶尔羌皆复。……二和卓木逾葱岭西遁往赴巴达克山，我兵追至伊西洱库河，乃巴达克山界也，两涯皆山曰和什珠克岭。我两军分扼其走路，敌无所遁，乃令鄂对霍吉斯树回纛大呼招降，降者蔽山而下，声如奔雷，小和卓木虽手刃之不能止也，凡降回众万有二千。巴达克山酋素勒坦沙兴战于阿尔浑楚岭，擒其兄弟，将军檄索之，函首军门，回部平。"(《清鉴易知录》正编九)

至嘉庆二十五年因清吏虐待回民，于是和卓木之裔张格尔复起兵，至道光七年终被清兵征服。

"张格尔者故回酋大和单博罗尼都之裔也。当乾隆初博罗以叛被诛，其子萨木克自巴达克山逃匿敖罕。有三子，次即张格尔。以诵经祈福传食部落回人假馈和卓之名，敛财聚众，时有讹言。会南路参赞斌静荒淫失回众心。张格尔始纠布鲁特数万寇边。"(《清鉴易知录》正编十三)

"七年春三月将军长龄、总督杨遇春克复喀什噶尔，张格尔遁。……张格尔率残兵三十弃骑徒步，遇布鲁特人诱而执之送军中。"(《清史纪事本末》卷四十一)

迨同治初年回民复纷起反抗，陕甘新疆几全独立。至同治七年左宗棠奉命西征，先平陕回。光绪二年出关，三年平定新疆。

"同治元年六月陕西回民滋事围攻省城，并扰同州蒲城。……二年二月甘肃回民攻陷固原平凉、宁夏、灵州。五月西宁花寺回民勾结撒纳番人(即枹罕羌人)攻扑丹噶尔城戎循一带骚然。……浩罕为俄罗斯所灭，其别部胖色提(译言营官)阿古柏收余众保安集延，适布鲁特酋思的克等滋扰新疆，喀什噶尔南路回民金相印迎阿古柏出山攻陷喀城据之，次第侵夺南八城，阿古柏遂自称帕夏(译言王也)。……陕回、甘回数十起，众至百万，横行腹地，两省几无完土。……西捻既平，宗棠七月入觐，询西陲师期，对以五年奏绩。……二年……秋七月三品卿衔西宁道刘锦棠收复乌鲁木齐，新疆北路略定。……三年春三月刘锦棠、张曜等攻克达坂吐鲁番托克逊三城。……夏四月阿古柏自杀。

……伯克胡里保南境而王,其下称新帕夏。库尔勒诸回推彦虎为守。……秋九月刘锦棠复新疆南路东四城。……南路东四城既复,阿古柏长子新帕夏伯克胡里据喀什噶尔,犹保西三城。……旋锦棠收复叶尔羌、英吉沙尔,董福祥亦复和阗,于是南疆西四城皆下,俘故帕夏阿古柏妻妾及其子引上胡里、迈底胡里并两少子二女三孙诛之,于小虎、马元及迎阿古柏入喀之金相印父子磔于市,诛悍党千百六十人,新疆悉平。"(《清史纪事本末》卷五七)

第十节　现代之回族

现代之回族多在新疆、甘肃、陕西,以新疆为最多。如上所述突厥族初在匈奴之北,后乃南移蒙古,至回纥为黠戛斯所破乃西南徙入新疆、甘肃之地。回乱既平,乃于光绪八年改新疆为行省,今日回族在其地者尚占居80%。现代回族亦有分支略述于下:

1. 缠回——此支在中国境内回族中居最多数。以头缠白布故名,实非体质上之分类。住新疆西半部,南路尤多,以喀什噶尔为中心,自称为喀什噶尔人(Kasgarlik)。虽名为突厥族,然已与以前之先住民族如汉之西域白种人,邻近之氐羌混合,故颇有白种人之特征。兹转录关于其风俗习惯之记载于下:

"自于阗以东,且末、婼羌、尉犁三县,皆无酒坊、无猪种、无汉人日用京货店,可见汉人之极少,而皆缠民所宅也。缠回高鼻深目,多髭须,与欧、美人状貌相类,但眸子黑耳。天山之南种族蕃庶,而分居北疆者亦所在皆是,自昔聚族而处。闾閈房舍皆与汉同,而门多北向,富室高楼重构,砌土为榻。……衣曰袷祥,圆袚而窄袿,男右衽带摆,女有领无衽,橐首而下,生子则当膺开襟,便乳哺也。内衬长襦,下及膝,男子华冠,镂金刻绣,冬以貂獭皮为缘,夏以绒绫,女子冬夏皆用皮。……男子毁齿行割礼(生四五岁割势皮一周)。……女子于归无过十五龄者。……人死延海兰达尔(犹汉俗香火道人)集屋上诵经。不建庙,不树主,有子者财产归子……无子有女者则产归女。……其族有名,无姓氏。……其教专祀天尊摩罕默得为脐昂伯尔,译言天使也。七日礼拜入寺诵经,谓之朱玛,每日五次诵经,谓之奶玛子。……平民相见无跪拜礼式,遇尊长交手抚胸,俯首诵赛那玛坤帖斯列海,再合手摸面以为亲敬。……然其民重信,敬老亲仁,简质循法,以醉酒为耻,以贷贫民取息为大恶,其俗信誓。……其乡各设百户长曰玉孜巴什,什户长曰浑巴什。……官厅复于城中设总乡约一人。……昔伯克恣睢虐民,残伤其类者无所不至,故刘襄勤奏请清廷改行省,裁伯克之权一统于州县。"(谢彬《新疆游记》页二五九)

2. 汉回即东干(Dongan)——多住天山北路。以其汉化故号为汉回。能汉语,衣食住仿汉人式。然亦仍奉回教,又以其由河湟移来,故又号甘回。勇敢而富于独立性,清末之反抗运动大抵由此族发生。此族亦混合历史上在其地之先住民族及接近民族,然似较多黄种之特征。

"汉装回多从河湟迁徙来新,括以文言可名甘回。其人突厥种也,鼻高而眼微陷。男剃首,女缠足,居食衣服皆从华制,惟寺中礼拜戴六棱冠,上锐下圆,五色皆备,而白者为多,以羊鹿皮及布褐为之,有古皮弁之遗风,市井贸易之徒率戴白帽。男子年十二,女子八岁,谓之出幼,犹世所谓成年也。……丧葬不棺,不立主,不献不祝。……其教专祀摩罕默得,圣诞圣忌皆祭之。纪年十有二月,不置闰。一日五时礼拜,七日一小会。……入学堂者饮食教诲不取学赀,皆礼拜诸寺给之。其字二十八母,横行直书,读者自右之左,用阿拉伯音(缠回用法尔西音),与缠回异。寺中司诵读者曰掌教,司事者曰社长,教授经典者曰阿浑,号召大众者曰满耳金,诵经者曰海提卜。其教重爱群合众,有不能自存活者相与助赀财,谋生聚。……食肉禁犬豕,戒烟酒,刲牲必延师诵经,不信堪舆巫觋,不演剧,不置木偶。"(《新疆游记》页二八八)

3. 哈萨克(Kazak)——又名吉利吉斯(Kirghiz)。为白种之黠戛斯与突厥混合而成,吉利吉斯即黠戛斯之异译也。

"哈萨克散处阿尔泰山、塔城、伊犁诸地,无城郭鲜庐室,逐水草游牧,四时结穹卢。……其男女所服之衣贵贱不分,名曰袷袢。……男女衣皆以黑色为上,白次之。……其部人以善骑著名,纵马疾驰率能起立马背作盘旋舞,耸身拾物于地,其伉捷如此。俄国可萨克骑兵称强,即自此项天然马队训练而成者也。少年即不薙须。……男子娶妇不许过四人。……夫死妇不得嫁异族,其夫之兄弟娶之。……食掇以手谓之抓饭。……禁烟酒忌食豕肉。……性尤嗜茶。"(《新疆游记》页一六六)

"新疆之吉尔吉斯人,与满洲人、蒙古人同,均负有作为保护其种族全体军务上之义务。动员之际,一切男子,均须跨自家之马,集合于指定之地点,故彼等均为慓悍之骑兵。……彼等均信回教。……彼等虽多为无教育之人,在智慧上……乃为出类拔萃者。善记忆,富知谋。"(俄国乃达庭著,王日蔚译:《新疆之吉尔吉斯人》)

突厥系参考书
1.《史记》
2.《汉书》卷九四
3.《后汉书》卷一一九
4.《魏书》卷一百三
5.《北史》卷九九
6.《周书》卷五十

7.《旧唐书》卷一九五,一九九

8.《新唐书》卷二一五,二一七

9.《新五代史》卷四,八

10.《宋史》卷四九〇

11.《明史》卷三二九,三三〇

12.《清史纪事本末》卷四一,五七

13.《清鉴易知录》正编九,十三

14.《圣武记》

15. E. Chavannes 著,冯承钧译:《西突厥史料》

16. 丁谦:《蓬莱轩所著地理学丛书关于突厥族诸篇》

17. 祁鹤皋:《西陲要略》

18. 王树枏:《新疆礼俗志》

19. 谢彬:《新疆游记》

20. 王日蔚:《与陈援庵先生论回纥回回等名称》(《禹贡》四卷十期)

21. 王日蔚:《契丹与回鹘关系考》(《禹贡》四卷八期)

22. 王日蔚:《伊斯兰教入新疆考》(《禹贡》四卷二期)

23. 王日蔚:《葱岭西回鹘考》(《禹贡》四卷五期)

24. 王慕宁:《由民族关系观察之新疆》(《边事研究》二卷五期)

25. 乃达庭著,王日蔚译:《新疆之吉尔吉斯人》(《禹贡》四卷六期)

26. 杨大震:《新疆回族杂谈》(《东方》二十一卷二十一期)

27. Lecoq:《德人新疆蒙古的新发现》(《东方》二十四卷二十三期)

28. 易海阳:《新疆之地文与人文及其经济状况》(《边事研究》二卷六期)

29. 王桐龄:《东洋史》

30. 宋文炳:《中国民族史》

31. 吕思勉:《中国民族史》

32. 梁启超:《中国历史上民族之研究》

第十一章 蒙古系（今自为一族）

第一节 总 论

1.蒙古一语出自丘处机之《西游记》，元史沿用此名。此外尚有同音异译之名甚多，如《旧唐书》作蒙兀，《新唐书》作蒙瓦，《辽史》、《金史》作盟古、萌古，《契丹事迹》作蒙古，《契丹国志》作蒙骨、蒙古里，《大金国志》作蒙古子、朦骨、萌骨、洪皓，《松漠纪闻》作盲骨子，《元秘史》作忙豁勒，《蒙古源流》作蒙部勒等皆是。

蒙古名称之起因有种种学说：

(1)《黑鞑事略》云："鞑语谓银曰蒙古，女真名其国曰大金，故鞑名其国曰银。"《尧山堂外记》亦曰："北狄称银曰蒙古，元之先号蒙古者，因女真金，乃以银号其国也。"

(2)蒙古之语根Mong为蒙古语及女真语勇悍无畏之意，蒙古女真取此语为名称者不少，如蒙哥、蒙哥帖木儿、孟特穆、万汗等。故蒙古之名系取勇猛之意（古川园重利《蒙古民族之由来》）。

(3)《东部蒙古志》谓："因蒙古人之初居部落为忙古部，遂称蒙骨斯或蒙古。"此说谓蒙古原由部落名转为种族名。

2.蒙古族之来源异说更多。世界上民族自述先世常托诸神话，蒙古族亦有其神话。俄人波塔宁氏著《蒙古西北概况》言："古时曾有一神圣喇嘛掏土于手，吹以气散之而生中国民族。折草于手吹以气散之而生俄国民族。复取石四块吹以气，散之而生蒙古之四盟民族。"（见褚作民《蒙古民族由来考》）又如《元秘史》所记："当初元朝的祖是天生一个苍色的狼与一个惨白色的鹿相配了。同渡腾吉思名字的水，到斡难名字的河源头，不儿汗名字的山前住着。产了一个人名字唤作巴塔赤罕。"此皆属神话不能说明种族之由来，可置不论。

至于正确讨论蒙古族之由来者，有以下诸说：

(1)室韦说：《元史译文证补》言："案《旧唐书》'室韦，契丹之别类也。其北大山之北有大室韦傍望建河，源出突厥东北。……又东经蒙兀室韦之北……'据此以考元之先世盖在黑龙江南即所谓望建河，唐复西南徙克鲁仑河、斡难河。"《蒙古与中国》谓："蒙古族在唐代即已蕃息于斡难、怯鲁连、土拉三河源之地，不儿罕山之麓，称为蒙兀室韦。"至于室韦，据《魏书》云："盖契丹之类。"故此说谓蒙古出于东胡之契丹也。

(2)鞑靼说:《元史新编》言:"蒙古之先实出鞑靼,鞑靼向有二种,其颜色白皙者曰白鞑,黑者曰黑鞑。"《黑鞑事略》云:"黑鞑之国号大蒙古,沙漠之地有蒙古山。"至于鞑靼究属何种,亦有二说,其一谓鞑靼出于靺鞨(如《新五代史》、《资治通鉴》、《今古纪要》):"靺鞨与女真同种皆靺鞨之后……居阴山北者曰鞑靼……黑鞑靼至忒没真叛之,自称成吉思皇帝。又有蒙古国在女真东北,我嘉定四年鞑靼始并其名号,称大蒙古国。"靺鞨乃肃慎之一种,故此说实谓蒙古属肃慎。

(3)突厥说:鞑靼亦有谓其属于沙陀者,如《蒙鞑备录》云:"鞑靼……族出于沙陀别种,其种有三,曰白、曰黑、曰生。今成吉思皇帝及将相大臣皆黑鞑靼也。"沙陀为突厥之一种,故此说亦即谓蒙古原属突厥也。

《新元史》亦谓:"蒙古之先出于突厥,本为忙豁仑译音之变为蒙兀儿,又为蒙古,金人谓之鞑靼,又谓之达达儿。蒙古衣尚灰暗,故称黑鞑鞑,其本非蒙古而归于蒙古者为白达达,野达达。"

最近褚作民谓:"蒙古先世之居地既与突厥先世之居地相同,而其迁徙之时代又与突厥之兴衰时代相合,则可断蒙古必出于突厥。在乞颜时当与突厥同家,至孛儿帖赤那始由突厥分离。"(见《蒙古民族由来考》)

(4)室韦鞑靼混合种说:吕思勉谓"蒙古部族据予所考实鞑靼室韦之混种,而鞑靼又为靺鞨及沙陀突厥之混种。有元帝室之始祖曰孛儿帖赤那……十传至孛儿只吉歹蔑儿干,娶蒙古部女始以蒙古为部名;与金始祖娶完颜部女,子孙遂以完颜为氏正同。"(《中国民族史》)《北史》所载突厥族起源之传说与蒙古族之传说极相类似(分见突厥章及本章下文),故洪文卿疑为"蒙古袭突厥的唾余以自述其先德",吕氏则更确信其"同出一原",故谓"蒙古与突厥同祖",然吕氏只言其为混合种,非谓为纯种也,故吕氏又谓"元室是室韦、靺鞨、突厥的混种"。(见《白话本国史》)

(5)西藏说:《蒙古源流言》"蒙古者,土伯特国之分支,土伯特国又中印度之分支也。……七传至哈布勒汗,哈布勒三传生铁木真"。洪文卿评此说云"混蒙古为吐蕃,非特夸耀华胄且以夸蒙古先世无不奉佛"。故此说殊不足信。

(6)匈奴及汉族说:《抱咫斋杂著·中国人种考原》(见蒋智由《中国人种考》)云:"兹就隶属中国之蒙古族论之,大都汉之匈奴遗种也。……自来言匈奴出于淳维,淳维出于夏后氏……则蒙古族之出于黄帝殆无疑义。"此说谓蒙古出于匈奴当有相当理由,至于出自汉族则太离奇而远于事实矣。

(7)蒙古本支说:王桐龄谓"蒙古族之根据地在外蒙古……匈奴……蒙古……皆其族所创立",此说谓蒙古即出自蒙古故可谓蒙古本支说。

(8)按蒙古为后起之民族,且其人数又甚众多,若确断其纯粹属何族,无论室韦、鞑靼均不合,即谓其属较大之种名为东胡、肃慎、突厥亦不合。满蒙一带之地二三千年来为以上诸族及匈奴等游牧民族追逐竞争之场,诸族接触频繁,难保无混合种之产生,此后起之蒙古民族或即为此种混血的产物,上述室韦、鞑靼之名称,开祖传说之类似,皆可证其来源之复杂也。至于匈奴虽时间久隔,然以人口众多之先住民族,谓其与后此同是人口众多之新民族全无血统关系,亦不近事实,故匈奴与蒙古即非有直接关系亦当有间接关系也。故编者以为蒙古族系混合的,而其混合的要素不仅室韦、鞑靼,室韦、鞑靼混合所产生者至多不过一部族即蒙兀本部,尚有其他诸部,毋宁谓为匈奴、东胡、突厥等先住民族之混合的产物较为近理也。

历史上民族之体质常不可考,然蒙古人初兴时之体质却幸有颇详备之记载,如宋末赵珙使蒙古归所著之《蒙鞑备录》中有云:

"大抵鞑人身不甚长,最长不过五呎二三,亦无肥厚,其面横阔,而上下促,有颧骨,眼无上纹,发须绝少,形状颇丑。鞑主忒没真者其身魁伟而广颡长髯,人物雄壮,所以异也。"(王国维《蒙鞑备录笺证》页一)

此种记录与现代蒙古人比较,则现代蒙古人大略身矮,在 1.68 米以下。满洲及高丽人常较高。四肢照常度比例。头形广,指数 80～85。颧骨甚高且横阔。颚微突。鼻甚小且凹,鼻孔广,属中鼻,但在混合种常大而直。睛黑,眼形小而斜吊,混合种则有平直灰色者。须髯稀少。唯一部分高丽人则较多。(见拙著《世界人种志》)

由以上比较观之,一千年前之蒙古人与今无甚殊异,而铁木真身高而髯长,其本族人睛色灰,故以灰睛为族号,此可证其确混有满洲族血液,与普通蒙古人不同。(见下节举《新元史》文)

室韦全属东胡,鞑靼亦为鞑靼与突厥之混合种,鞑靼亦属东胡,而东胡固即满洲民族也。故蒙古皇室为室韦、鞑靼混合种全无疑义,然此混合种只限于蒙古皇室一部(见下节)。至他部之蒙古人则未必全为室韦、鞑靼之苗裔,其构成的要素盖较广泛,故无所谓灰睛等特征也。

总而言之编者之意盖以为(甲)蒙古皇室为室韦、鞑靼之混合种。(乙)至于蒙古民族之全体则为东胡、突厥、匈奴等广大的先住民族之混合种也。

第二节　蒙古之先世

1.蒙古之先世据上文所举《元秘史》所述,可谓为一则神话。此段神话据史家考证实出于由蒙文翻译时之误会。苍狼之蒙文为孛儿帖赤那(Burte Chinoa),男子名狼,取其雄武;惨白色鹿为豁埃马阑勒(Goa Maral),女子名鹿,取其柔顺也。如中国人之男名或取龙虎,女名则曰莺燕(屠寄《蒙兀儿史记》)。此二者"译的时候意在于考究蒙古的语言而不在研究其历史,所以于人名的旁边,也但注其意义,而不表明其为一个人名,后来辑这本《元秘史》的人不懂得蒙文,只把旁注的正文直抄下来就讹为狼鹿生人的怪谭了"(见吕思勉著《白话本国史》)。褚作民亦谓"蒙古风俗以鸟兽为人名,甚为寻常。……此乃狼非真狼,鹿非真鹿,皆取狼鹿以为人名耳"(《蒙古民族由来考》)。《新元史》亦云"皆取物为名。世俗附会乃谓狼妻牝鹿,诬莫甚矣"(见《本纪一》)。

编者按蒙昧民族常有图腾信仰,以祖先为鸟兽草木本为常事,而此种信仰之成立亦有由于祖先人名之误会者,如祖先名为狼,后世即误会为真狼,此事在斯宾塞(H. Spencer)之《社会学原理》(*Principles of Sociology*)中曾详论之。故《元秘史》所述或真为民间之传说,唯未知是否已达到误会失真之程度耳。

至于《元史》所述则已脱去神话之性质,而其所述传说又与古突厥人极相类,致洪文卿疑为"恐是蒙古袭突厥唾余以自述先德"。故此种传说或真为源自突厥族,而《元秘史》则为蒙古自有之传说,两说相合而成此第二种传说也。

"蒙古初无文字,世事远近,人相传述。其先世与他族相攻,部族尽为所杀,惟余男女二人遁入一山,径路险巇,仅通出入,遂居之,名其山曰阿儿格乃衮。生二子长曰恼古,次曰乞颜,乞颜义为奔流急瀑,言其勇往迈众似之。乞颜子孙众多,称为乞颜特,又译为计牙特,亦译为却特,特者统类之词也,又译为奇渥温,温者,国语之尾音也。后以地狭人稠欲出山而涂已塞,有铁矿洞穴深邃。乃篝火洞中,宰七十牛剖革为筒而鼓之,铁石既融,径路遂通。蒙古旧俗元旦锻铁于炉,尊卑次第捶之,其事盖缘起于此。乞颜之后有孛儿帖赤那,译义为苍狼,其妻曰豁埃马兰勒,译义为惨白牝鹿,皆取物为名,世俗附会乃谓狼妻牝鹿,诬莫甚矣。孛儿帖赤那与豁埃马兰勒同渡腾吉思海,徙于斡难河源不儿罕山之下,生子曰巴塔赤罕。"(《新元史》卷一)

2. 蒙古先世之居地亦有多种异说。《元朝秘史》注云腾吉思或云即是里海,斡难河即鄂嫩河,不儿罕山即大肯特山。腾吉思水为里海之说,倡自何秋涛、李文田。此外有谓其在西藏者,有谓在科布多城西南者,有谓在乌梁海境内即田格斯河者(见褚作民《蒙古民族由来考》)。至阿儿格乃衮山或谓"其位置与谦河相距并不甚远"(吕思勉)。或谓即阿尔泰山(见褚作民同上文)。由以上地方之考证可推知蒙古先世之居地。吕思勉谓"腾吉思究竟是什么地方,究以阙疑为是,据我测度不过在今蒙古地方。孛儿帖赤那夫妇渡此水而至不儿罕山,是鞑靼人北迁的事实"(见《白话本国史》)。褚作民谓:"蒙古先世之迁徙途径在乞颜乃由平凉境内,西北向奔入阿儿格乃衮;至孛儿帖赤那乃由阿儿格乃衮附近东北向渡腾吉思水,至西伯利亚拜噶勒江逾布尔干噶勒图纳山,至必塔,折向西南至斡难河源,不儿罕山下居之"(见前文)。王桐龄亦谓"唐代之蒙古居外蒙古土谢图汗部斡儿汗(即今鄂尔浑)河流域,附属于室韦。有宋时代移居不儿罕(Borkhan)山麓,其地为土拉(Tola)(即今图拉)、斡难(Onon)、怯绿连(Kerulen)(即今克鲁仑)三川发源地,水草较为丰富,宜于牧畜"(《新著东洋史》)。诸说大抵同谓孛儿帖赤那系由西东向,至今外蒙古上述三河流域居之。

3.据《元秘史》所述孛儿帖赤那传十世至孛儿只吉歹蔑儿干,其妻名忙豁勒真豁阿,意即"蒙古部美女"。吕思勉解释为"北徙的鞑靼部落怕到这时候才和室韦的蒙古部结婚,从此以后就以蒙古自称其部,正和金世祖娶了完颜部的女儿,他子孙,就算做完颜部人一样,因为这时候所用的是女系"(见《白话本国史》)。证以《古今纪要》所述"又有蒙古国在女真东北,我嘉定四年,鞑靼始并其名号,称大蒙古国",吕氏之说或不误。

蒙古皇室之姓有数译名,如奇渥温、却特、计牙特、乞要特、乞颜特等皆同音异译。其详则为乞颜特孛儿只斤氏,"孛儿只斤突厥语译义灰色目睛,蒙古以灰睛为贵种也"(《新元史》)。

蒙古初兴时蒙古及附近一带之形势据法人伯希和等人之考证有如下述:12世纪中叶满洲北部蒙古全部及土耳其斯坦一带实住东胡、蒙古、突厥三族,在语言上同属于阿尔泰语系。在秃兀剌河、斡难河、怯绿连河之上源肯特山一带为蒙古族之孛儿只斤部所居地方,此族即产生成吉思汗之蒙古族。在孛儿只斤部族之周围,斡难河及音果达河流域一带,东迄怯绿连河,西抵贝加尔湖,则散处其他蒙古部族。当成吉思汗时蒙古部族分为两类,一称尼伦意即洁清,指与孛儿只斤有血统关系之诸部而言,一称多儿勒斤,为关系较疏之部落(见赖希如《中华民族论》)。蒙古部之东大兴安岭之北,有塔塔儿部(Tatars)(即鞑靼),有支派颇多,为蒙古本部之世仇。塔塔儿之东负山,在今呼仑淖尔附近有翁吉剌部,为蒙古甥舅之国。其西南近长城有汪古部(Onguts)属白鞑靼,为金守长城,然其后竟为成吉思汗攻金之向导。在蒙古部之西北居今色楞格河及鄂尔坤河流域者有篾儿乞部(Merkits),其南有克烈部(Keraits)。贝加尔湖西岸有斡亦剌部即明代之瓦剌,因部落甚多,《秘史》统称曰秃绵干亦剌,秃绵义为万。以上皆与蒙古本部同族。此外在蔑儿乞之南,克烈之西,北负阿尔泰山南抵沙漠者有乃蛮族(Naiman),属白种,势甚强。南逾大漠则为唐兀国即西夏,乃蛮之北叶尼塞河两岸有吉利吉思即乞儿吉速,亦即唐时之黠戛斯(Kirgises),其北有失必儿亦即鲜卑(Sibers),吉利吉思之南有回鹘(Uigur),回鹘之西有西辽国,更西有花剌子模,即西域国。

第三节　蒙古初兴时之风俗文化

蒙古在成吉思汗统一蒙古以前纯为原始性的部落社会,生活为游牧兼狩猎,善战好杀,社会组织简单,一切文化尚未发达。至成吉思汗征服西域及金夏,于是社会组织成为封建的大帝国,物质文化急速发展,宗教初注意道教,后皈依喇嘛,至于学术文艺则稍久方渐领解。兹摘录当时人所记蒙古初兴时之风俗数则于下:

"从此以西渐有山阜,人烟颇众;亦皆以黑车白帐为家。其俗牧且猎,衣以韦毳,食以肉酪,男子结发垂两耳。……妇人冠以桦皮,高二呎许,往往以皂褐笼之,富者以红绡,其末如鹅鸭,名曰故故,大忌人触,出入庐帐须低徊。……俗无文籍,或约之以言,或刻木为契。"(丘处机《西游记》)

"其俗每以草青为一岁。人有问其岁则曰几草矣,亦尝问彼生月日,笑而答曰,初不知之,亦不能记其春与秋也。……鞑人地饶水草,宜羊马,其为生涯只是饮马乳以塞饥渴。……鞑人贱老而喜壮,其俗无私斗争。……其俗多不洗手而拿攫鱼肉,手有脂腻则拭于衣袍上,其衣至损不解浣濯。……上至成吉思下及国人皆剃婆焦,如中国小儿留三搭头,在额门者稍长则剪之,在两下者总小角垂于肩上。……凡占卜吉凶、进退杀伐每用羊骨扇以铁椎火椎之,看其兆坼,以决大事,类龟卜也。"(宋赵珙撰《蒙鞑备录》)

"其居穹庐,无城壁栋宇,迁就水草无常。鞑主徙帐以从校猎,凡伪官属从行曰起营,牛马橐驼以挽其车,车上空可坐可卧,谓之帐舆。……其地自鞑主伪后、太子、公主、亲族而下各有疆界,其民户皆出牛马车仗人夫羊肉马妳为差发。……其军即民之年十五以上者,有骑士而无步卒。……鞑人始初草昧,百工之事无一而有,其国除挚畜外更何所产,其人椎朴安有所能,止用白木为鞍桥鞯以羊皮,鞯亦剜木为之,箭镞则以骨,无从得铁。后来灭回回始有物产,始有工匠,始有器械,盖回回百工技艺极精,攻城之具尤精。后灭金虏,百工之事于是大备。……其阵利野战,不见利不进,动静之间知敌强弱,百骑环绕,可裹万众,千骑分张可盈百里。……每以骑队径突敌阵,一冲才动,则不论众寡长驱直入,敌虽十万亦不能支。……其俗一夫有数十妻或百余妻,一妻之畜产至富。成吉思立法只要其种类子孙蕃衍,不许有妒忌者。"(宋彭大雅、徐霆撰《黑鞑事略》)

第四节　蒙古之统一

蒙古部自孛儿帖赤那传至海都始称汗,至合不勒汗时始为蒙古全部之汗,合不勒之弟奄巴孩继立,为塔塔儿执献于金被杀。蒙古立合不勒之子忽都剌为罕,起兵攻金复仇,金征之不克,乃议和,且册为蒙辅国王,忽都剌不受。忽都剌死,蒙古部无共主,复分裂。合不勒汗之孙也速该为尼伦部长,屡伐金,后为塔塔儿人毒杀。也速该之子即成吉思汗,时年方十三,族人欺其年少咸叛附同族之泰亦赤兀部（Taijuts）。

"海都稍长纳臣与巴儿忽怯谷诸部共立之，蒙古称罕自海都始。率众攻札剌亦，虏其部众为奴。……合不勒罕有威望，蒙古诸部莫不降附，金主闻其名召见礼遇甚优。……合不勒生七子，不立其子而立其从弟俺巴孩为罕。……俺巴孩既立，嫁女于塔塔儿自往送之，塔塔儿遂执俺巴孩及其弟乌斤巴勒哈里献于金，金人以蒙古杀其使者乃制木驴之刑钉俺巴孩兄弟于驴背。……部众共立合不勒第五子忽图剌为罕，忽图剌罕纠诸部复仇败金人于境上，大掠而去，是时金熙宗皇统三年也。其后金大定间，童谣曰：'达达来，达达去，趁得官家没去处。'金世宗闻之曰此必鞑靼将为国患，乃下减丁之令，岁岁用兵北边，恣行杀戮。蒙古诸部衔仇刺骨，亦出没为金边患，金丞相完颜襄乃筑长城以限之，而使汪古部守其要隘；至太祖伐金，汪古部反为蒙古向道焉。……忽图剌卒，布拉火力儿等欲立塔儿忽台为罕，部众不从，于是诸部各立部长，不相统属，为尼而伦部长者曰也速该，合不勒第二子把儿坛之子也，是为太祖皇考，追谥烈祖神元皇帝。自此塔儿忽台与烈祖有隙，塔儿忽台者合答安太石之子，为泰亦赤兀部长，故太祖屡为泰亦赤兀部所困。……烈祖为部长十三年，屡伐金，又讨塔塔儿。……遇塔塔儿人以毒酒饮之，烈祖暴疾，至家召察剌合额不格之子蒙力克以太祖兄弟托之而崩，时太祖十三岁。"（《新元史·本纪第一》）

《元秘史》为研究蒙古史之重要史料，兹录其中一段于下，似更易明了当时史实。

"捕鱼儿海子、阔连海子，两个海子中间的河，名兀儿失温。那边住的塔塔儿一种人。俺巴孩将女儿嫁与他，亲自送去，被塔塔儿人拿了送与大金家。俺巴孩去时，别速氏巴剌合赤名字的人说将回去。说道：'你对合不勒皇帝的七个儿子中间忽图剌跟前，并我十个儿子内的合答安太子跟前说，我是众百姓的主人，为亲送女儿上头，被人拿了。今后以我为戒你每将五个指甲磨尽，便坏了十个指头，也与我每报仇。"（《元秘史》页十七）

成吉思汗（Tchinguiz-Khan）名铁木真或特穆泽（Temoutchin），其母诃额仑（Ouloun Eke）生四子一女，铁木真居首。少时备尝险难，为同族泰亦赤兀部所擒几死。既长父事父执克烈部长脱邻斡勒即后称王罕者，又厚结札答剌部长札木哈约为"安答"即换物之友。铁木真妻被掠曾得二人之力救回。后与札木哈反目，札木哈约泰亦赤兀部等十三部来攻，铁木真迎战失败，然其后归附者多势复振。会主因塔塔儿叛金，铁木真与王罕助金讨平之，金授以札兀忽里之职。后王罕弟叛引乃蛮来袭王罕，王罕战败，得铁木真助之恢复。其后复连兵破札木哈所纠合翁吉剌、泰亦赤兀等部，遂灭泰亦赤兀。王罕之子后与铁木真不和，举兵来袭，铁木真初避之，后乃击破其兵，于是并灭克烈部。乃蛮塔阳罕约汪古部同伐蒙古，汪古部暗通铁木真，铁木真乃击乃蛮，大破之，塔阳罕被擒,其子奔西辽,遂并乃蛮地。至是蒙古漠南北诸部族尽服属蒙古部。铁木真大会诸部族于斡难河上游,受拥戴为成吉思汗即蒙古太祖。时在宋宁宗开禧二年(1206年)。

"帝稍长泰亦赤兀人忌之,一日其酋率部众奄至,帝入帖儿古捏山,为逻者所获,乘间逸去。……以后之黑貂裘献于客烈亦部王罕,王罕大悦,乃为帝招集旧部,归附渐众。……阿勒坛、忽察儿、撒察别乞三人首谋推戴,与诸将盟于青海子请帝称罕,以统蒙古之部众,时为金大定二十九年己酉。……甲寅帝年四十岁金章宗明昌四年也,塔塔儿酋蔑古真、薛兀勒图等为金边患,金丞相完颜襄讨之帝闻之欲复世仇,助金人攻塔塔儿,征兵于主儿乞迟六日,主儿乞部长撒察别乞泰出俱不至,乃与王罕攻塔塔儿于忽剌秃失秃延之地,获蔑古真、薛兀勒图,金人授帝为札兀惕忽里,译言百户长也。……帝将攻王罕,遣合萨儿伪请降,王罕信之不设备,帝昼夜兼进袭王罕于彻彻尔温都尔,尽俘其众,王罕父子走死,客烈亦部亡,时王罕诸将皆降独哈里巴率数十骑驰去,不知所终。帝既灭王罕,拓地西至乃蛮,乃蛮太阳罕忌帝威名,遣使约汪古部长阿剌忽思的斤忽里夹攻我,阿剌忽思的斤忽里遣使告其事于帝,且请降。甲子春猎于帖蔑延河,与诸将会议讨乃蛮。……帝自临前敌指挥诸将,大破乃蛮兵,擒太阳罕杀之。……太阳罕子古出鲁克奔于不亦鲁黑,乃蛮南部亡。……乙丑春袭不亦鲁黑,于兀鲁塔山莎合水上禽之,乃蛮北部亡。帝以西夏纳我仇人桑昆,自将伐之,围力吉里城,又进攻乞邻古撒城,俱克之。大掠而还。……元年丙寅帝大会部众于斡难河之源,建九旒白纛即帝位,群臣共上尊号。……为成吉思汗,国语成为气力强固,吉思为多数也。"(《新元史·本纪》二、三)

"阿勒坛、忽察儿、撒察别乞众人共商量着,对铁木真说:'立你做皇帝。你若做皇帝呵,多敌行俺做前哨;但掳得美女妇并好马都将来与你。野兽行打围呵,俺首先出去围将野兽来与你。如厮杀时违了你号令,并无事时坏了你事呵,将我离了妻子家财,废撒在无人烟地面里者。'这般盟誓了。立铁木真做了皇帝。号成吉思。……鼠儿年四月十六日,成吉思祭了旗纛去征乃蛮,逆着客鲁连河行了。教者别、忽必来二人做头哨,至撒阿里客额儿地面,遇着乃蛮在康合儿合山头哨望的,往来相逐间,被乃蛮人将这里骑破鞍子白马的人拿了,共说:'原来达达的马瘦。'……哨望的去时,塔阳正在康孩地面的合池儿水边。听了这言语使人与他子古出鲁克说:达达每马瘦,烧的火如星般多,其人必众。人曾说达达每刚硬,眼上剌呵不转睛,腮上剌呵不躲避。今若与他连兵,后必难解。"(《元秘史》)

第五节 蒙古灭夏金及宋

成吉思汗即位之次年亲征西夏，五年夏主乞降。次年蒙古伐金攻西京克之。金将以兵四十万拒战大败，蒙古兵入居庸关，逼京城，不克而退。公元1213年金元帅胡沙虎弑其主，立宣宗。十月成吉思汗自将伐金，金兵迎敌复连败。蒙古围中都取北京，分兵攻河东、辽西，破九十余郡，杀掠甚惨，金人请和，蒙古兵方退。金主以河北残破迁都于汴。成吉思汗怒复南侵，陷中都。公元1218年成吉思汗自将西征，使木华黎率兵经略太行以南。

成吉思汗即位之二十二年，成吉思汗复自将伐夏，卒于军中。夏主出降被杀，西夏亡（1227年）。

蒙古太宗继立，定都和林。复伐金，次年陷河中。使拖雷率一军闯入宋境大散关，自汉中经襄阳而北。1232年令速不台围汴京。金将与拖雷遇，战三日夜大败。其他援兵亦败。蒙古围汴十六昼夜不能克，乃议和，蒙古兵退。会金杀蒙古使者，蒙古再进兵，金元帅以汴京降，金主前已出走。蒙古复与宋会师伐金，围金主于蔡州，城破，金主自杀，金亡（1233年）。

"五年庚午秋帝再伐西夏。……西夏主纳女请和，师还，遂议伐金，先是帝贡岁币于金，金主使卫王永济受贡于净州，帝见永济不为礼，永济归欲请兵，会金主卒不果。及永济嗣位，诏使来传言当拜受，帝问使者曰新天子为谁，曰卫王也，帝遽南向唾曰：'我谓中原皇帝是天上人作，此等庸懦者亦为之耶？何以拜为。'即乘马北去。……帝复遣使于畏兀儿征兵助战。六年辛未……帝自将伐金，登克鲁伦山解衣以带置顶跪祷于天，誓复俺巴孩罕之仇。……金招讨使纥石烈九斤、监军斡奴等率大兵屯于野狐岭，号四十万，以完颜胡沙为后援。……与九斤等战于野狐岭北口之獾儿觜，木华黎先登陷阵，帝率诸军继之，九斤等大败伏尸遍野，金之精兵猛将尽没于此。……凡克九十余城，两河山东数千里之地望风瓦解。"（《新元史》本纪三）

宋初约蒙古攻金，金既灭，两国接壤。宋将赵葵议复三京，遣将攻汴，金降将杀崔立降宋，复入洛阳，遂与蒙古开衅（1236年），然所得城不能守，襄阳及成都亦为蒙古攻破，后为宋将孟珙收复。其时蒙古方事西征无意南下，宋得苟安十余年。至蒙古宪宗五年（1257年）西域已定，蒙古复大举南征，破东川，围合州，不下，宪宗卒于城下，乃解围。然忽必烈所统之另一军已渡江围鄂州，兀良哈台一军复由云南入交趾，北上攻广西、湖南。宋遣贾似道御之，似道不敢进。会宪宗死，忽必烈乃许宋和，而退兵。忽必烈既即位为元世祖，遣使于宋，为似道所囚，蒙古兵复至。樊城、襄阳皆陷。元遣伯颜大举南下，陷鄂州、建康，伯颜分军为三，一攻湖南北及江西，一攻真、扬诸州，自率一军直攻临安，陷之,掳宋恭帝去(1276年)。其后宋二王亡走闽广,图恢复,终于败灭(1279年)。

第六节 蒙古大帝国之完成

1. 西域

(1)畏兀儿即回鹘:在今之新疆天山南路,当成吉思汗定漠北时即来降。(参看突厥章引文)

(2)哈剌鲁即葛逻禄:属突厥族,在伊犁河、吹河流域,为蒙古将忽必来所征服。"太祖命忽来征合儿鲁兀惕种,其主阿儿思兰即投降了。来拜见太祖,太祖以女子赐他。"(《元秘史》)

(3)斡亦剌。

(4)吉利吉斯。

(5)失必儿:以上三族亦皆为蒙古将术赤所平。

(6)乃蛮塔阳罕之子古出鲁克逃奔西辽,后并其国。成吉思汗伐金时古出鲁克欲乘机恢复故地。成吉思汗乃回军遣将西征古出鲁克杀之,西辽遂隶蒙古。

"初命者别追古出鲁克追至撒里黑昆地面,将古出鲁克穷绝了回来。"(《元秘史》)

(7)花剌子模:在西辽之西,南逾印度河,北至咸海、里海,西邻报达,为西方一大国。因杀蒙古使者,成吉思汗遂起大兵攻之(1219年),花剌子模王战败走死。其子札剌勒丁即札阑丁嗣立,为蒙古大兵围攻,逃越印度河而去。太祖东归后札阑丁回故地,蒙古太宗复遣搠马儿汗征之,札阑丁败死(1231年)。

"时札剌勒丁已遁,追及于印度河,会日暮,帝命列阵围之。又使乌克儿古儿札、古都斯古儿札濒河设伏,截其登舟之路。黎明大战败其右翼兵,获阿敏蔑里克。未几,其右翼亦溃,札剌勒丁以中军七百人突围走,帝欲生致札剌勒丁,令军中毋发矢,札剌勒丁以盖自蔽,策马自峭岸投于印度河,泅水而遁;帝见之以口龁指谓诸皇子曰:'凡为将者,皆应如此也。'寻遣巴剌土尔台渡河追札剌勒丁不及,而还。"(《新元史》卷三)

(8)钦察、阿速、奇加赛斯、康里:钦察又译奇布察克(Kiptchacs),亦突厥族所建国,在乌拉岭西,里海、黑海以北。阿速(Ases)即汉奄蔡,在今俄国东南境。奇加赛斯(Circasses)在顿河滨。蒙古将哲伯及速兀台战胜花剌子模后进兵北征,遂与以上三国之兵遇,大败之。阿罗思兵来援亦大破之。还师并平康里,康里为古高车之后,地在钦察之东,花剌子模之北。

"癸未,速不台上奏请讨钦察,许之。遂引兵绕宽定吉思海,展转至太和岭,凿石开道,出其不意,至则遇其酋长玉里吉及塔塔哈儿方聚于不租河,纵兵奋击,其众溃走,矢及玉里吉之子,逃于林间;其奴来告,而执之,余众悉降,遂收其境。又至阿里吉河与斡罗思部大小密赤思老迈一战降之,略阿速部而还。"(《元史》卷一二一《速不台传》)

(9)阿罗思等欧洲诸国:蒙古太宗以西北诸部未尽服,因命诸贵族之长子出征,拔都为元帅,速不台副之。(1234年)破不里阿耳及钦察之兵。不里阿耳即今之保加利亚。继入阿罗思,即俄罗斯,陷莫斯科等城。又攻孛烈儿即今波兰,入马札儿即今匈牙利。进军至今之威尼斯。欧洲大震动。会太宗讣音至乃还军。

"斡歌歹既立,与兄察阿歹商量,成吉思皇帝父亲留下未完的百姓,有巴黑塔惕种的王合里伯,曾命绰儿马罕征进去了,如今再教斡豁秃儿同蒙格秃,两个做后援征去。再有康里、乞卜察等十一种城池百姓,曾名速别额台征进去了;为那里城池难攻拔的上头,如今再命各王长子巴秃、不里、古余克、蒙格等做后援征去。其诸王内教巴秃为长,在内出去的教古余克为长。凡征进去的诸王驸马万千百户,也都教长子出征。这教长子出征的缘故,因兄察阿歹说:'将来长子出征呵,则人马众多,威势盛大。'闻说那敌人好生刚硬,我兄察阿歹谨慎的上头,所以教长子出征。其缘故是这般。"(《元秘史》)

(10)木剌夷及报达:木剌夷(Mulahida)在里海南岸,为回教国之一,报达又作巴黑塔惕,即大食国。此二国尚未宾服,故蒙古宪宗命弟旭烈兀及郭侃征之(1252年),遂平木剌夷,陷报达,杀其哈利发。郭侃至天房即麦地那及密昔儿即麦西,皆降之,遂渡海收富浪即塞普洛斯岛而还。于是西域全定。

"侃……从宗王旭烈兀西征,癸丑至木乃兮,其国堑道置毒水中,侃破其兵五万,下一百二十八城,斩其将忽都答而兀朱算滩,算滩华言王也。丙辰至乞都卜,其城在檐寒山上,悬梯上下,守以精兵悍卒,乃筑夹城围之莫能克,侃架炮攻之,守将卜者纳失儿,开门降。旭烈兀遣侃往说兀鲁兀乃算滩来降,其父阿力据西城,侃攻破之,走据东城复攻破杀之。"(《元史》卷一四九《郭侃传》)

"又西行四十里,至密昔儿。……可乃算滩……遂降。戊午旭烈兀命侃西渡海,收富浪,侃喻以祸福,兀都算滩……即来降,师还。……西域平。侃以捷告。至钓鱼山,会宪宗崩,乃还。"(《元史》卷一四九《郭侃传》)

蒙古以西域之地成立四汗国以封诸贵族如下:

(甲)钦察汗国:东自吉利吉思,西至俄罗斯、匈牙利。后分为金帐、白帐、青帐、克里米诸汗。至1480年乃为俄罗斯所灭。

(乙)窝阔台汗国:在阿尔泰一带及新疆北部之地。后并于察合台国。

(丙)察合台汗国:在阿母河以东至天山附近一带。后在1369年帖木儿建国时统绝。

（丁）伊儿汗国：在俄属中亚南部伊兰高原西及小亚细亚一带，后亦灭于帖木儿。

2. 东方

（1）高丽：高丽在辽时称臣于辽，后复事金。蒙古因征讨辽东之蒲鲜万奴乃与高丽结好，约为兄弟之国。其后因蒙古使自高丽回为盗所杀，蒙古伐之，高丽请和。蒙古遣七十人驻高丽，后为高丽所杀，两国再启衅，直至1241年和议乃成。自此以后至元朝倾覆，其间高丽全为蒙古属国。

（2）日本：蒙古既服高丽，听高丽人之言拟招致日本归服。元世祖时遣赵良弼至日本谕之，日本不从。元因于1275年遣将率蒙、汉、高丽兵一万五千征之，获小胜而还。1281年复遣十万兵征之，遭飓风，大败，全军尽没。后不再出师。

"十一年三月命凤州经略使实都高丽军民总管洪茶丘以千料舟、巴图噜轻疾舟、汲水小舟，各三百，共九百艘，载士卒一万五千期以七月征日本，冬十月入其国败之，而官军不整又矢尽惟房掠四境而归。……召范文虎议征日本，八月诏募征日本士卒，十八年正月命日本行省右丞相阿喽罕、右丞范文虎及实都洪茶近等率十万人征日本，二月诸将陛辞。……八月诸将未见敌丧全师以还，乃言：'至日本欲攻太宰府，暴风破舟犹欲议战，万户厉德彪、招讨王国佐、水手总管陆文政等不听节制，辄逃去本省，载余军至合浦，散遣还乡里。'未几败卒，于闾脱归言：'官军入海七月至平壶岛，移五龙山。八月一日风破舟，五日文虎等诸将各自择坚好船乘之，弃士卒十余万于山下。众议推张百户者为主帅，号之曰张总管，听其约束，方伐木作舟欲还。七日日本人来战尽死，余二三万为其房去。九日至八角岛，尽杀蒙古高丽汉人，谓新附军为唐人，不杀而奴之，闾辈是也。'盖行省官议事不相下，故皆弃军归，久之莫青与吴万五亦逃还，十万之众得还者三人耳。"（《元史》卷二〇八）

3. 南方

（1）大理：元宪宗令忽必烈征大理，其兵从甘肃南下，以革囊渡金沙江，破大理之兵，大理王降（1257年）。

"奉命师师征云南……八月师次临洮，遣伊拉珠、王君候、王鉴谕大理不果行。九月壬寅，师次塔拉分三道以进。大将乌兰哈达率西道兵由晏当路，诸王察罕伊兆尔帅东道兵由白蛮，帝由中道。乙巳至满陀城留辎重，冬十月丙午过大渡河，又经行山谷二千余里至金沙江乘革囊及筏以渡。摩娑蛮主迎降，其地在大理北四百余里。十一月辛卯复遣伊拉珠等使大理。丁酉师至白蛮打郭寨，其主将出降，其侄坚壁拒守攻拔杀之，不及其民。庚子次三甸，辛丑白蛮送款。十二月丙辰军薄大理城。……留大将乌兰哈达成守，以刘时中为宣抚使与段氏同安辑大理，遂班师。"（《元史》卷四）

(2)吐蕃：攻大理忽必烈分兵进攻吐蕃。时吐蕃喇嘛教主极有势力，与吐蕃立唆火脱同出降。自此蒙古人遂信服喇嘛教。

(3)安南：忽必烈所遣将乌兰哈达既定大理属地，因进攻安南，入其都城，(1253年)安南降。后因伐占城假道再与安南开衅，先胜后败，几于全军尽覆。元第三次发兵十万攻之，复不利，会因安南人谢罪遂罢兵。

"二十四年正月发新附军千人从阿巴齐讨安南，又诏发江淮、江西、湖广三省蒙古汉券军七万人，船五百艘，云南兵六千人，海外四州黎兵万五千，海道运粮万户张文虎、费拱辰、陶大明运粮十七万石，分道以进。置征交趾行尚书省鄂啰齐平章政事乌玛喇樊楫参知政事总之，并受镇南王节制。……镇南王以诸军渡富良江次城下，败其守兵。日烜与其子弃城走敢喃堡，诸军攻下之。二十五年正月日烜及其子复走入海，镇南王以诸军追之，次天长海口不知其所之。……诸将因言'交趾无城池可守，仓庾可食，张文虎等粮船不至，且天时已热，恐粮尽师老无以支久，为朝廷羞，宜全师而还'，镇南王从之，命乌玛喇樊楫将水兵先还，程鹏飞达春将兵护送之，三月镇南王以诸军还。"（《元史》卷二〇九）

(4)占城：占城于元世祖至元十七年降元，后执元使，故发兵攻之，分水陆二道而进，水路军战胜，陆路军因假道安南复与安南开战。后安南谢罪，占城亦服。

(5)缅甸：元世祖至元十四年遣云南行省兵伐缅国，以天热还师。二十年复发兵征之，缅人请降。后复出兵二次均无大成功。

(6)南洋：元对南洋用兵唯爪哇之役最大。元世祖二十九年遣史弼将兵三万，舟千艘，由泉州启行征爪哇。会爪哇国王为邻境葛郎国所攻杀，其婿土罕必阇耶举国降。元军助爪哇征葛郎，降之。爪哇复叛，元兵颇有死伤遂还师。此外诸国受招谕来朝者有十国即马八儿（即麻打拉萨）、须门那、僧急里、南无力、马兰丹（即麻云甲）、那旺、丁呵儿、来来、急兰亦解、苏木都剌（即苏门答腊）。

第七节　入主中国时之蒙古

蒙古自太祖铁木真创业，传太宗、定宗、宪宗而至世祖，遂灭宋入主中国全部，其后再经十世至天顺帝而倾覆。自铁木真称帝（1206年）至顺帝北走（1368年）凡十五主，共163年，其入主中国凡89年。

蒙古盛时幅员为中国历代之冠。其地北至西伯利亚，南达印度支那，东尽高丽，西抵欧洲。因疆域之广，用兵之频，交通之盛，对于民族之接触混合上发生极大影响。

元代蒙古人种族观念颇强,待遇他族显有异同。全国人民分为四等,首为蒙古,次为色目即西域诸国人,三为汉人即契丹、高丽、女真等族,四为南人即南宋人民。四等之外且有十等之说。十等虽非种族之别,然其高等者必为战胜民族,下等者必为战败民族,此通例也。

"一官、二吏、三僧、四道、五医、六工、七猎、八民、九儒、十丐。"(《郑所南集》)

"大元制典,人有十等,一官、二吏,先之者贵之也……七匠、八娼、九儒、十丐,后之者贱之也。"(谢枋得《叠山集》卷二《送方伯载归三山序》)

待遇不平之例,如官制则蒙古人为之长,而汉人、南人为之贰。

"世祖……定内外之官……官有常职,位有常员,其长则蒙古人为之,而汉人、南人贰焉。"(《元史》卷八五《百官志序》)

"故一代之间,未有汉人、南人为正官者。……丞相之下有平章政事,有右左丞,有参知政事,则汉亦得为之。……然中叶后,汉人为之者亦少。顺帝纪至正十三年,始诏南人有才学者,依世祖旧制,中书省、枢密院、御史台皆用之。是时江淮兵起,故以是收拾人心,然亦可见久不用南人,至是始特下诏也。……《董文用传》:行省长官素贵,同列莫敢仰视,跪起禀白如小吏,文用至则坐堂上,侃侃与论,可见行省中蒙古人之为长官者,虽同列不敢与讲钧礼也。"(赵翼《二十二史札记》卷三〇《元制百官皆蒙古人为之长》)

兵制则兵分四种,本种人为蒙古军,诸部族人为探马赤军,得中原后发民为卒是为汉军,继得宋兵号新附军。其镇戍之制则所以压制汉族。而全国兵籍亦极秘密不令汉人知。

"世祖之时,海宇混一,然后命宗王将兵镇边徼襟喉之地,而河洛山东,据天下腹心,则以蒙古探马赤军,列大府以屯之,淮江以南,地尽南海,则名藩列郡,又各以汉军及新附等军戍焉。皆世祖……与二三大臣之所共议。"(《元史》卷九九《兵志二·镇戍》)

"兵籍系军机重务,汉人不阅其数,虽枢密近臣职专军旅者,惟长官一二人知之,故有国百年,而内外兵数之多寡,人莫有知之者。"(《元史》卷九八《兵志序》)

法律上之待遇亦不平等:

"诸蒙古人因争及乘醉殴死汉人者,断罚出征,并全征烧埋银。"(《元史》卷一〇五《刑法志四·杀伤》)

选举上蒙古人之考试较汉人南人为易,服官亦不同。

"延祐二年三月,始开科,分进士为左右榜,蒙古、色目人为右,汉人、南人为左。……凡蒙古由科举出身者,授从六品,色目、汉人,递降一级。"(《续通考》卷二一四《选举考一》)

兵锋所及杀戮颇重，异民族之死者甚众。

"近臣别迭等言汉人无补于国，可悉空其人，以为牧地。……旧制，凡攻城邑，敌以矢石相加者，即为拒命，既克必杀之。汴梁将下，大将速不台遣使来言：'金人抗拒持久，师多死伤，城下之日，宜屠之。'……楚材曰：'奇巧之工，厚藏之家，皆萃于此，若尽杀之，将无所获。'帝然之，诏罪止完颜氏，余皆勿问。"（《元史》卷一四六《耶律楚材传》）

又沿用部落时代旧例，凡所征服之民族不杀者则多以为奴。

"成吉思在雪山住夏，调军去将阿沙敢不同上山的百姓，尽绝房了。赏孛斡儿出、木合黎，财物听其尽力所取。又对二人说：'金国的百姓不曾分与您，如今有金国的主因种，你二人均分。凡好的儿子教与你擎鹰，美的女子教与妻整衣。已前金主曾倚仗着他做近侍，将咱速速祖宗废了。你二人是我近侍，却将每来使唤者。'"（《元秘史》）

"东平将校占民为部曲户谓之'脚寨'，擅其赋役。"（《元史》卷一五九《宋子贞传》）

"德辉遂起为山西宣慰使，权势之家籍民为奴者，咸按而免之。"（《元史》卷一六三《李德辉传》）

"先是荆湖行省阿里海牙，以降民三千八百户，没入为家奴，自置吏治之，岁责其租赋。……雄飞入朝奏其事，诏还籍为民。"（《元史》卷一六三《张雄飞传》）

"世祖至元十八年闰八月，以江南民户，分赐诸王、贵戚、功臣，时先后受赐者诸王十六人，后妃公主九人，勋臣三十六人，凡先朝勋戚亦加赐，诸王自一二万户以上，有多至十万户者，勋臣自四万户以下至数千、数百、数十户不等。"（《续通考》卷一三《户口考二》）

防制汉人及南人甚严，以剥夺其反抗能力。

"中统四年正月。……申禁民家兵器……二月……诏诸路置局造军器私造者处死，民间所有不输官者，与私造同。"（《元史》卷五《世祖纪二》）

"诸汉人南人，投充宿卫士，总宿卫官辄收纳之，并坐罪。"（《元史》卷一〇二《刑法志一·卫禁》）

"诸民间有藏铁尺、铁骨朵，及含刀铁柱杖者，禁之，诸私藏甲全副者处死，……枪、若刀、若弩，私有十件者处死。"（《元史》卷一〇五《刑法志四·禁令》）

此外尚有编民为甲，置甲主以监督之之说。

"诸出入宫禁各有从者，男女止以十人为朋。出入毋得相杂，军中有十人置甲长，听其指挥。"（《元史》卷二《太宗纪》）

"鼎革后，编二十家为甲，以北人为甲主，衣服饮食惟所欲，童男少女惟所命。……鼎革后，城乡编设甲主，拿人妻女，有志者皆自裁。……欲求两全者

……竟出下策为舟妓，以舟人不设甲主，舟妓向不辱身也。"(徐大焯《烬余录乙编》)

第八节　明清两朝之蒙古

明太祖兵至北平，元顺帝北遁塞外，数传后去国号及帝号仍称鞑靼可汗，明成祖两次自将征之大破其兵。后鞑靼衰并于瓦剌即斡亦剌。

瓦剌至也先时势甚强，明英宗正统十四年也先入寇，帝亲征之，至土木堡为也先所虏，后送还。也先死后瓦剌势衰而鞑靼部复盛。

"鞑靼即蒙古，故元后也。太祖洪武元年大将军徐达率师取元，元主自北平遁出塞，居开平，数遣其将也速等扰北边。明年常遇春击败之，师进开平，俘宗王庆孙平章鼎住。时元主奔应昌，其将王保保据定西为边患。三年春以徐达为大将军使出西安捣定西，李文忠为左副将军，冯胜为右副将军，使出居庸捣应昌。文忠至兴和，禽平章竹贞，复大破元兵于骆驼山，遂趋应昌。未至，知元主已殂，进围其城克之，获元主孙买的里八剌，及其妃嫔大臣宝玉图籍，太子爱献识理达腊独以数十骑遁去。而徐达亦大破王保保兵于沈儿峪口走之，太祖封买的里八剌为崇礼侯，谥元主曰顺帝，于是故元诸将江文清等王子失笃儿等先后归附，独王保保拥太子爱献识理达腊居和林，屡诏谕之不从。五年春命大将军徐达、左副将军李文忠、征西将军冯胜率师三道征之。……自脱古思帖木儿后，部帅纷拿，五传至坤帖木儿咸被弑不复知帝号，有鬼力赤者篡立称可汗，去国号遂称鞑靼云。……明年帝(成祖)自将五十万众出塞，本雅失里(鞑靼可汗)闻之惧，欲与阿鲁台俱西，阿鲁台不从，众溃散，君臣始各为部，本雅失里西奔，阿鲁台东奔。帝追及斡难河，本雅失里拒战，帝麾兵奋击一呼败之，本雅失里弃辎重孳畜，以七骑遁。斡难河者元太祖始兴地也。班师至静虏镇，遇阿鲁台，帝使谕之降，阿鲁台欲来，众不可，遂战。帝率精骑大呼冲击，矢下如注，阿鲁台坠马遂大败，追奔百余里乃还。"(《明史》卷三二七)

"瓦剌，蒙古部落也，在鞑靼西，元亡，其强臣猛可帖木儿据之。死，众分为三，其渠曰马哈木，曰太平，曰把秃孛罗。……时元主本雅失里偕其属阿鲁台居漠北，马哈木乃以兵袭破之。……脱欢死子也先嗣称太师淮王，于是北部皆服属也先……太监王振挟帝亲征，群臣伏阙争不得……帝蒙尘。……自也先死，瓦剌衰，部属分散，其承袭代次不可考。"(《明史》卷三二八)

后鞑靼部有巴图蒙克者七岁嗣位，为蒙古本族汗，称为达颜汗，至四十一岁为诸部族之大汗，时明孝宗弘治十七年公元 1504 年也。达颜汗时蒙古复统一而中兴，惜史鲜记载。达颜汗之季子格埒森札赉尔守漠北为后来喀尔喀四部之祖。达颜汗自与嫡孙卜赤居东方，是为插汉部即察哈尔部。三子巴尔苏镇守套部，传于长子是为鄂尔多斯部，巴尔苏之次子阿勒坦即俺答居大同北，是为土默特部。长子早死，其众归于俺答。俺答于嘉靖二十九年、三十八年三次入寇京畿，势张甚。晚年因夺其孙之妻，其孙怒奔明，明送还之，俺答遂与明和；不复侵掠，然俺答亦因信喇嘛故厌兵事也。俺答死后，其妻，即夺于其孙者，久握大权对中国亦甚恭顺。俺答以后传至三世套部渐衰，而东方之插汉部转强。

"俺答有孙曰把汉那吉者，俺答第三子铁背台吉子也。幼孤，育于俺答妻所，既长娶妇比吉。把汉复聘袄儿都司女，即俺答外孙女，貌美，俺答夺之。把汉恚，遂率其属阿力哥等十人来降。……俺答老，佞佛，复请于海南建寺诏赐寺额'仰华'。……其妻三娘子故俺答所夺之外孙女而为妇者也，历配三王，主兵柄，为中国守边保塞，众畏服之，乃敕封为忠顺夫人，自宣大至甘肃不用兵者二十年。"(《明史》卷三二七)

插汉部即察哈尔部，于明末侵掠中国，明神宗以戚继光守蓟镇，李成梁守辽东乃平其患。自卜赤六传至林丹汗复强盛。时又有在嫩江之科尔沁部初攻满洲失败遂降满洲。林丹汗攻科尔沁，满洲来援解之。林丹汗与叶赫为姻娅，故与满洲不协，明人亦厚结之以抗满洲。满洲太宗于崇祯七年（1634年）伐察哈尔，林丹汗大败走死。是后内蒙古诸族皆降满洲。

"先是林丹汗使臣康喀尔拜虎赍书来自称统四十万众蒙古国主巴图鲁成吉思汗，而称上为水滨三万人满洲国主英明皇帝。语多傲慢，诸贝勒大臣怒欲斩其使，上以使者无罪，特赦之，旋报书诘责。亦遣使臣硕色吴巴什往，林丹汗絷留之，上遂杀康喀尔拜虎，硕色吴巴什寻逃归。"(《清鉴易知录》前编二)

"九月癸亥上率大军征察哈尔。察哈尔林丹汗之妇为叶赫贝勒金台石之女，叶赫始终附明，为太祖所灭，遗众逃而投察哈尔。明谍知之啗林丹汗以利，使与他喀喀诸酋共抗清兵。而喀喇沁诸部与林丹汗有隙，愿附太宗，乃遣阿济格贝勒与之会盟，合兵攻林丹汗。太宗亲统军前进驰击席尔哈席伯图、莫汤图诸处，克之；获人畜无算，其降者编为户口。"(《清鉴易知录》前编三)

外蒙古即喀尔喀部，分为土谢图汗、车臣汗、札萨克图汗三部，原服属于林丹汗。林丹汗既死，喀尔喀大惧，亦降满洲，岁进白驼一白马八，是为九白之贡。

蒙古本部即鞑靼部虽渐弱，然居漠西之瓦剌即卫拉特部复强盛。明末卫拉特分四部即和硕特部居乌鲁木齐，部长为元太祖弟哈布图哈萨尔之后。次为准噶尔部居伊犁，部长为也先之后。三曰杜尔伯特部居额尔齐斯河，部长亦也先之后。四曰土尔扈特部居塔尔巴哈台，部长为元臣翁罕之后。初和硕特部固始汗占据青海干涉西藏。后准噶尔部噶尔丹兼统四部，势甚强。康熙二十七年（1688年）噶尔丹遂率兵三万袭攻喀尔喀，喀尔喀三汗数十万众逃奔内蒙古，清廷济之以粮食及牧地，清圣祖复亲统大军征噶尔丹大败之，噶尔丹远遁。其后清复遣兵远征，噶尔丹屡败，伊犁复为兄子策妄阿布坦所据，遂自杀。喀尔喀三汗重归故地。

"厄鲁特亦蒙古也。元之亡，蒙古分为三大部：漠南蒙古、漠北喀尔喀蒙古，皆成吉思汗之裔；惟居西域者非元太祖后，出脱欢大师，及也先瓦剌可汗之裔，是为厄鲁特四卫拉蒙古。……四卫拉部曰绰罗斯，曰都尔伯特，曰土尔扈特，曰和硕特。……康熙中绰罗特浑台吉死，子僧格立，僧格死，子索诺木阿拉布坦立。僧格弟噶尔丹杀之，自立为准噶尔汗，兼有四卫拉……噶尔丹领劲骑三万，逾抗爱山，突袭其帐（土谢图汗）……并击破其邻部右翼车臣汗、左翼扎萨克图汗，又劫其大喇嘛哲卜尊丹巴·胡图克图之帐，于是土谢图等三汗部落数十万众分路东奔。圣祖尚书阿尔尼等发归化城独石张家二口仓储，并赐茶布牲畜十余万以赡之，借科尔沁水草地使游牧。噶尔丹亦遣使入贡，上敕其还喀尔喀侵地……不奉命。踞喀尔喀王庭，征诸属国，控弦之士数十万……以追喀尔喀为名，选锐东犯，五月侵及乌尔会河。圣祖下诏亲征。……右翼兵遇贼乌洙穆秦，战复不利，噶尔丹……深入乌兰布通，去京师七百里乃止。右翼改命康亲王杰书等屯归化城，要其归路。……我军进击大战于乌兰布通，贼骑数万陈山下，依林阻水，以万驼缚足卧地，背加箱垛，蒙以湿毡，环列如栅，士卒于垛隙发矢铳，备钩距，谓之驼城。我师隔河而陈，以火器为前列遥攻中坚，声震天地，自晡至暮，驼毙于炮颓且仆，陈断为二，步骑争先陷阵，噶尔丹越大碛山宵遁……沿途饥踣，得还科布多者仅数千人。"（《圣武记》卷三）

"初准噶尔自破喀尔喀后恋漠北地，久不归，其伊犁旧部落尽为兄子策妄喇布坦所并，自阿尔泰山以西，皆非己有。又连年与中国战精锐丧亡，牲畜皆尽……所属部落从者或仅千人或数百人，皆老羸，自相盗羊马。上乘其穷蹙欲降之，至宁夏，命马思哈、费扬古两路进兵，噶尔丹使其子塞卜腾巴珠征粮哈密，为回人擒献。……噶尔丹进退无地不知所为计，自知人畔天亡旦夕必就俘，遂仰药死。"（《圣武记》卷三）

策妄喇布坦派兵入西藏杀和硕特汗，囚达赖六世。清圣祖遣年羹尧由成都，皇子允禵出西宁入藏，准噶尔兵败走。遂定西藏。

"厄鲁特闻我军分路入藏，策零敦多布，乃由中路自拒青海军，而分遣其宰桑以兵三千六百拒南路。南路将军噶尔弼招抚巴塘、里塘番众，进至察木多，夺洛隆宗三巴桥之险，旋奉大将军檄，俟期并进，噶尔弼恐期久粮匮，用副将岳钟琪以番攻番之计，招土司为前驱，集皮船渡河，直趋西藏，降番兵七千，分敌塞险，扼敌饷道；而青海军亦三败其中途劫营之众，俘斩千计。厄鲁特进退受敌，遂大溃，不敢归藏，即由旧路窜。崎岖冻馁，待还伊犁者，不及一半。诏封宏法觉众第六世喇嘛，于九月登座，取拉藏所立博克达喇嘛归京师，尽诛厄鲁特喇嘛之助乱者,留蒙古兵二千,以拉藏旧臣贝子康济鼐掌前藏,台吉颇罗鼐掌后藏。"(《清鉴易知录》正编六,此书文亦录自《圣武记》,较为简明故选之。)

清世宗时青海和硕特部罗卜藏丹津与策妄喇布坦联合为乱,清遣年羹尧、岳钟琪击败之,罗卜藏丹津奔准噶尔,青海亦平。

"羹尧奏擒获罗卜藏丹津之母阿尔太喀屯,及其妹夫克勒克济、农藏已吉查等,并男女牛羊无数。二十二日,至柴达木,罗卜藏丹津带二百余人逃窜潜匿,青海部落悉平。"(《清鉴易知录》正编七)

策妄喇布坦死,子噶尔丹策零立,于清世宗雍正九年大败清兵,进攻喀尔喀。土谢图汗所属之额驸策凌为元太祖之裔,迎战破之。次年复大败其兵。清帝命策凌独立为一部,称三音诺颜汗,喀尔喀遂有四部。

"额驸策凌击准噶尔兵于抗爱山,大败之,噶尔丹策零遁,马尔赛失机诏斩以徇。方七月间,噶尔丹策零亲率其大众,由北路倾国入寇绕避科布多察罕廋尔大营,取道山南,潜至抗爱山,掠哲卜尊丹巴胡土克图之地,时哲卜尊卜巴已徙帐多伦泊,空无所得,探知额驸策凌军赴本博图山,遂突袭其帐于塔密尔河,尽掠子女牲畜。额驸中途闻之,即反斾驰救,并急报顺承亲王,请师夹攻。……蒙古兵三万,绕间道出山背,黎明,自天而下,如风如雨,敌梦中起,人不及弓,马不及甲追击于喀喇森齐泊,大战二日,敌大败。而西路援师不至,沿途转战十余次,追至鄂尔坤河之抗爱山,即古燕然山之南麓。其地右阻山,左迫水,道狭不容大众,又横亘以大喇嘛寺,兵无走路,我兵乘暮薄险蹴之,呼声震大漠,敌三万,击斩其半,挤坠溺死亦半,河水为赤,我兵仅伤十余。以无兵夹攻,故噶尔丹策凌乘夜突围,绕山遁推河。"(《清鉴易知录》正编七)

噶尔丹策凌死后,准部内乱,其中之辉特部长阿睦尔撒纳降清,导清兵平定准部。后阿睦尔撒纳复叛,清于乾隆二十二年派兵分二路征之。时准部内讧,痘疫复盛,阿睦尔撒纳走死俄境。清留兵剿杀,至二十五年方班师,准部自是大定(1760年)。卫拉特户数原有二十余万,死于痘者十之四,死于兵者十之三,逃亡者十之二,存者不及十之一云。

"命成衮扎布出北路,兆惠出西路,会准部自相吞噬,绰罗特汗为其兄子噶尔布所篡,台吉达瓦又杀噶尔布。兆惠兵至,皆败走,惟阿逆未获,兆惠、富德穷追至左哈萨克。时哈萨克汗阿布赉已与阿逆积衅,且惧招大兵,遣使入贡,誓擒阿逆以献。适阿逆往投,阿布赉先使人收其马,阿逆惊,携八人入俄罗斯界。帝命移檄索之,会阿逆患痘死,移尸近边,命喀尔喀亲王侍郎三泰等驰验以闻。成衮扎布以定边左副将军归镇乌里雅苏台,兆惠率兵四千再剿厄鲁特余党。"(《清鉴易知录》正编九)

"明年正月兆惠等合围纵剿,先后虐杀四年,凡山谷僻壤及川河流域可渔猎资生之地,计二十余万户,六十余万口,皆搜剔靡遗矣。事平设满洲驻防,徙

汉兵耕种其地,置伊犁将军以统治之。"(《清史纪事本末》卷三一)

以上为明、清时中国境内蒙古之史实,至于境外在明太祖时有元裔帖木儿(Timur)兴起统一西域,西征土耳其、钦察、俄罗斯,复成大帝国。帖木儿卒,国复分裂。其六世孙巴拜尔(Baber)复建国于印度,为蒙兀儿朝(Mogul),后乃亡于英国。蒙古之建国于中亚细亚者至近世亦灭于俄罗斯。

蒙古民族自成吉思汗以后除蒙古以外且移入青海、甘肃、新疆、西康诸地。其分支如上所述分为二大支,二大支复分为繁多之中小支,在清末时如下:

第一支,喀尔喀族(Khalka):内外蒙古皆有之,系成吉思汗之后裔,即明代之鞑靼人。其后分为:

甲.住内蒙古者:

A. 东四盟

(1)哲里木盟:四部十旗

(2)卓索图盟:二部六旗

(3)昭乌达盟:八部十一旗

(4)锡林郭勒盟:五部十旗

B. 西二盟

(1)乌兰察布盟:四部六旗

(2)伊昭克盟:一部七旗

C. 内属蒙古

(1)察哈尔部

(2)归化城土默特部

乙.住外蒙古者:四部即四盟

(1)车臣汗部:二十三旗

(2)土谢图汗部:二十旗

(3)三音诺颜汗部:二十二旗

(4)札萨克图汗部:十九旗

第二支,额鲁特族(Eleuts)即卫拉特,亦即加尔满克人(Kalmuk),住蒙古西部。

甲.河西额鲁特:住于河套之西,分二部二旗。

(1)阿拉善额鲁特部:只有一旗

(2)额济纳旧土阿扈特部:只有一旗

乙.金山额鲁特:在金山即阿尔泰山附近,即阿尔泰地方,为科布多参赞大臣所辖,分为七部三盟二十二旗。

(1)杜尔伯特部:十四旗

(2)附辉特部:二旗

(3)新土尔和特部:二旗
(4)新和硕特部:一旗
(5)札哈沁部:一旗
(6)明阿特部:一旗
(7)额鲁特:一旗

清代统治蒙古族之道有如下数条:

(1)设盟旗制度:旗制仿满洲八旗将蒙古各部编立旗分,划分牧地,以免争执。每旗设札萨克一员,及其他数员;札萨克系世袭王公出身由清廷任命之。盟则系多数之旗合成,以合盟之地名之,定期会盟,以处决要务。每盟设盟长、副盟长各一及其他。此种制度至民国无大改变。此种制度可以限制蒙古各部,使不能由兼并而统一。

(2)设理藩院及办事大臣等:内蒙古诸旗之札萨克直接受统治于理藩院。外蒙古则受驻扎乌里雅苏台之定边左副将军管辖。后增设库伦办事大臣,以分辖车臣及土谢图二部。

(3)优待喇嘛:蒙古族之皈依喇嘛教,远自元初,然至俺答时更为大盛。清人因思利用喇嘛教以软化蒙古人。清初自顺治至乾隆四朝尤为注意,勅建喇嘛庙,厚待喇嘛予以种种特权。

(4)保护蒙古牧地,禁止汉人佃耕:清廷曾严申禁令不准蒙古王公将荒地租汉人开垦耕种,盖亦所以防止汉人之发展也。

(6)禁止蒙人汉化:清廷不准蒙人用汉人姓名及学习汉文,公文等不得用汉字,不准蒙古妇女与汉人结婚,限制汉商人居留蒙地之期限。

(6)满蒙通婚:清皇室屡与蒙古贵族联姻,蒙古女子为皇后,男子为额驸者甚多。

清代对蒙之政策,总括之为联蒙制汉,此种政策颇见成功,故蒙古于清朝颇为忠顺,然而制汉虽成功,不意俄人竟乘虚而入与清争夺蒙古矣。(谢彬:《蒙古问题》)

清末因鉴于前此对蒙政策之失算乃大行改变,如准许汉人开垦蒙地,取消对于喇嘛之优待,改盟旗为州县,废止汉化之禁令,以上诸举有妨碍蒙人生活者,有伤害喇嘛感情者,俄人乘机构煽,蒙人转而亲俄,于1911年即宣统三年中国革命军起后亦宣布独立,建立蒙古帝国奉活佛哲布尊丹巴为皇帝。甚至民国六年即1917年俄国革命,蒙古亦于民国八年取消独立。民国十年白俄进攻库伦拥护哲布尊丹巴为第二次之独立。不久赤俄助外蒙革命党驱逐白俄重组新政府。蒙古喇嘛王公于十三年复派代表请求仍归中国保护,然不久喇嘛逝世,蒙古新党遂于同年六月为第三次宣告独立,并即成立共和政府。

第九节　现代蒙古人之风俗

现代蒙古人之风俗有仍保存古式者,如蒙古包及游牧等,想系由于自然环境之故;有与古不同者如服饰等,则系受满、汉人之影响。大抵与汉人异而与突厥、羌藏相类,以其生活同也。最近如外蒙依附苏俄更改旧制,其风俗文化自然亦趋西洋化。兹举蒙古近时尚存之固有的特殊风俗数条于下。

1. 职业:"羊群每数十头,庞然大物,望之生畏,牛马每群数十头或百数十头,亦色色俱备。牛较内地的牛,约肥大三分之一,马亦较内地的健壮善走。马牛羊驼,同为蒙古民族的生命。因牛奶、羊肉、骆驼粪是蒙人饮食的必需品;羊皮、毛毡、骆驼毛皮是蒙人衣服住居的必需品;马和骆驼是蒙人行动的必需品。故与蒙人见面时,每先问牲畜安好,再问他个人家族安好。问其富,数畜以对。"(马鹤天《内外蒙古考察日记》)

"蒙人多逐水草而居,古称行国,其后近边诸旗,渐染汉俗,始从事于耕植。凡设郡县之区,类皆农重于牧,操作亦如汉人,但坚忍耐劳为稍逊耳。……蒙人射飞逐走,本其专长,每于丛林灌莽之中,迹禽兽之所在,十获七八。……蒙人迷信宗教,相戒不食鱼鳖,汉民之捕鱼者,往往为其禁阻。……蒙人不知懋迁,温饱以外便无余事,器用布帛,多运自内地,其交易商人,多晋鲁行商。"(卓宏谋《蒙古鉴》)

2. 住所:"蒙古游牧地方,居住无室,多以幕为庐,即所谓蒙古包也。……其幕式计有二种。一、在耕牧地方所用者为固定式,周围多有以砖砌成,上用苫草,以制天幕,曰或中国式。……在游牧地方所用者为移转式,多用毛织品,以盖其上或为蒙古式。"(卓宏谋《蒙古鉴》)

3. 衣服:"蒙古之服制,与内地略同,窄袖长褂,布带束腰,系以烟袋燧石等。富者绢帛,贫者棉布。冬则棉衣皮裘,夏则宽衣大袖。帽平扁,鞋用汉地所制。妇女衣服,因地而异。大致男皆剃头蓄辫,或长褂不束带,外加兽皮背心。妇女则蓄辫二条,垂于左右,饰以珊瑚真珠,耳悬圈环,手套钏镯。若已嫁者,则发辫惟一。头戴珊瑚银板,以别处女。"(卓宏谋《蒙古鉴》)

4. 饮食:"蒙古人之常食,大体为乳、茶、黍、羊肉及小麦粉、杂谷、干馄饨等。然由气候与地味之关系,其物产每因地而有多少之差异。……蒙古人以牛乳供食用,颇为巧妙,然生乳恐酿下痢,用之甚稀。牛乳除开垦地外,均甚丰富,其乳只于野草青之时期榨取之,冬季无榨取者。……茶,蒙古人一般嗜之,用必多量,系由南方各省输入者,然其用法则与满汉人全异,茶之中混以牛乳与少量之盐,名为奶子茶,亦名蒙古茶。"(《东蒙风俗谈》)

5. 社会组织:"蒙古民族举上下而为族长制,家长老废不耐事,或死亡时,则以其长子相续。……蒙古人男子十八岁以上,六十岁以下者,凡登录户籍簿,有兵役之义务。……男女之关系,则男尊女卑,盖蒙古往昔以武建国,故制重男子。……男女交际,完全自由为中国辖境内罕见之事。"(《东蒙风俗谈》)

"蒙古人之社会状态极单纯,而其阶级为三大别,王族、喇嘛、平民是也。王族,以元朝之后裔,或其重要之子孙受封爵为各旗之长者为主,就中台吉以下之旗人居下,而其总数极多,凡一旗内如人口三万,王族有三四千之数,彼等之中,单有品级而财产一物无有者往往见之。喇嘛在蒙古位于社会之上流,其势力不可侮,高德之喇嘛片言一语,虽王公不能反背之。喇嘛在蒙古人中稍通事理,故着眼于蒙古之经营者,必不可轻视此喇嘛之社会势力。黑人,除王族与喇嘛外,凡其他之蒙古人,则名之为黑人,有各种之种类,如往昔为蒙古人奴隶者之子孙或满汉人之土著者,或旗人之庶子不为喇嘛者等皆属之,但在政治上隶属于各旗长之下,精神则受支配于喇嘛。"(《东蒙风俗谈》)

"蒙古婚礼,与内地不同,女子由二、三岁至四、五岁时,即须定婚,十六岁以上,未成婚者绝少,多蹈早婚之弊,向例女子比男子年长二、三岁,或四、五岁不等。"(《蒙古鉴》)

6.起居:"昨夜蒙古包中,有一小床,高仅四五吋,宽二呎许,夫妇二人,夜寝其上,同衾共枕,床下即译官兵士卧所,毫无障隔,绝不避忌。包小人多,习惯使然,亦可说是事实使然。"(《内外蒙古考察日记》)

7.娱乐:"其娱乐约有二事:(一)角力,多于典祭竖立界牌之日,为行乐之娱。角力者各衣皮套,穿长靴,负力而斗,以推倒地上为胜,角胜者邀奖。(二)竞马,亦于典祭日或狩猎日时行之。"(《蒙古鉴》)

8.葬式:"蒙古葬式,约有三种,一、为埋葬,即纳尸于棺而有坟墓之可营者,多行于王公盟长,其葬礼与本地略同。二、为火葬称为茶昆,蒙古人稍有财产者,请喇嘛诵经后,举火烧之,拾其遗骸,请大喇嘛许可后,再粉骨制饼形而纳诸灵塔以收存之。三、为弃葬,即暴尸于野,或置诸深山空谷中,任野兽啄之。"(《蒙古鉴》)

9.宗教:"其喇嘛阶级各有不同,大概别为佛爷喇嘛、札萨克喇嘛、庙喇嘛、大喇嘛、黑喇嘛五种。一、佛爷喇嘛,普通称活佛,在西藏者曰达赖及班禅,在库伦者曰呼图克图。……二、札萨克喇嘛,握有政教两权。……三、庙喇嘛,奉佛于寺院之中,凡民间冠婚丧祭一般礼式皆与焉。……四、大喇嘛,为一寺之座主。……五、黑喇嘛,为俗人之寡夫寡妇,于老后剃发,不过专诚皈佛,不用袈裟,不习经文,惟日常手捻佛珠,口称佛号而已。"(《蒙古鉴》)

蒙古系参考书
1.《旧唐书》

2.《新唐书》

3.《元史》

4.《新元史》

5.《明史》

6.《元秘史》

7.《黑鞑事略》

8.《圣武亲征录》

9.《长春真人西游记》

10.《蒙鞑备录》

11. C. d'Ohsson,冯承钧译:《多桑蒙古史》

12. 许国英:《清鉴易知录》

13.《圣武记》

14. 陈崇清:《外蒙近世史》

15. 姚明晖:《蒙古志》

16. 卓宏谋:《蒙古鉴》

17. 谢彬:《蒙古问题》

18. 马鹤天:《内外蒙古考察日记》

19. 松元乔著,吴钦泰译:《东蒙风俗谈》

20. 下村修介:《蒙古地志》

21. 冯诚求:《东蒙避记》

22. 丁谦:《蓬莱轩所著地理学丛书内关于蒙古诸篇》

23. 箭内亘著,陈捷、陈清泉译:《蒙古史研究》

24. 箭内亘著,陈捷译:《兀良哈及鞑靼民族考》

25. 箭内亘著,陈捷、陈清泉译:《元代经略东北考》

26. 箭内亘著,陈捷等译:《元代制度考》

27. 箭内亘著,陈捷等译:《元代蒙汉色目待遇考》

28. 王国维:《辽金时代蒙古考》(《学衡》53 期))

29. 王国维:《鞑靼考》(《清华学报》三卷一期)

30. 王国维:《南宋人所传蒙古史料》(《清华》四卷一期)

31. 王国维:《辽金时蒙古考》(《蒙古史料》内)

32. 方壮猷:《鞑靼起源考》(《国学季刊》三卷二号)

33. 曾问吾:《蒙古西征之伟迹》(《中国新论》一卷七期)

34. 褚作民:《蒙古民族由来考》(《边事研究》三卷一期)

35. 古川园重利著,张其春译:《蒙古民族之由来》(《国闻周报》十卷二十一期)

36. 张觉人：《蒙古民族的史的考察》(《边事研究》三卷四期)
37. F. C. A. Krause 著, 从吾译：《蒙古史发凡》(《辅仁学志》一卷二期)
38. 杨寯：《明代察哈尔沿革考》(《禹贡》四卷四期)
39. 包瀚生：《历史证明蒙古是中国领土》(《东方》三十一卷五号)
40. 华企云：《蒙古民族的检讨》(《边事研究》二卷四期)
41. 苗迪青译：《蒙古人的社会》(《科学时报》二卷十一号, 三卷三号)
42. 张佐华：《蒙古旅行散记》(《新亚细亚》十卷五期)
43. 张觉人：《外蒙共和国的发展》(《边事研究》二卷六期)
44. 余汉华：《外蒙古现况概观》(《边事研究》三卷六期)
45. Wolf：《外人之蒙古近状观》(《东方》二十六卷二十三号)
46. 邱怀瑾：《叛我独立之新外蒙共和国实况》(《边事研究》三卷四期)
47. 梁任公：《中国历史上民族之研究》
48. 吕思勉：《中国民族史》
49. 王桐龄：《中国民族史》
50. Howorth, H. H., *History of the Mongols*

第十二章　氐羌系（藏族来源之一）

第一节　总　论

　　氐羌系有二义，一谓包括氐与羌，一谓羌其大名氐其小别，氐不过羌中之一支。如《周书》王会解云"氐羌以鸾鸟"，孔晁注谓"氐地羌，羌不同，故谓之氐羌，今谓之氐矣"。无论二者孰是，无关重要，此二字必须合用，方足以包括全系也。

　　氐羌系合次章之藏系而成为今之藏族，以历史上有分别，故各立为一系而述之。

　　氐羌据《后汉书》言其出自姜姓，今代史家亦有谓姜即为羌者，若然则炎帝之裔而上古二大姓之一之姜姓乃属羌族矣。兹引傅斯年之语于下：

　　"据……《左传》襄十四年姜戎一段，知九州岛之一名瓜州，其地邻秦，其人为姜姓，其类则戎。虽则为戎，不失其为四岳之后。四岳之后，有文物之大国齐，又有戎者，可以女真为例。建州女真征服中夏之后，所谓满洲八旗者尽染华风，而在混同江上之女真部落，至今日仍保其渔猎生活，不与文化之数。但藉此可知姜本西戎,与周密迩,又为姻戚,惟并不是中国。……殷墟文字中出现羌字之从人,与未出现从女之姜字,在当时或未必有很大的分别,到后来男女的称谓不同,于是地望从人为羌字,女子从女为姜字,沿而为二了。不过汉晋儒者还是知道羌即是姜的。……姜羌之同,是仅仅文字上一名之异流呢,或者种族上周姜、汉羌是一事。照《后汉书·西羌传》,'西羌之本出自三苗,姜姓之别也'。则范晔认姜羌为一事。范晔虽是刘宋人,但范氏《后汉书》仅是文字上修正华氏、司马氏的,这话未必无所本。且《西羌传》中所记事,羌的好些部落本是自东向西移的。而秦之强盛尤与羌之西去有关系。这话正和《左传》襄十四年姜戎子的一段话是一类的事。那么,汉代羌部落中有些是姜氏,看来像是如此。"(《姜原》)

第二节　秦以前之氐羌

氐羌自古即与华夏接触不绝。商武丁曾服氐羌,武王伐商亦得西方蛮族之助,其中庸蜀羌皆氐羌系。

"自彼氐羌,莫敢不来享,莫敢不来王。"(《诗·殷武》)

"逖矣西土之人……及庸、蜀、羌、矛、微、卢、彭、濮人。"(《书·牧誓》)

据《后汉书》所述则三代皆有事于此族,其名为畎夷、鬼方、犬戎、西落、鬼戎、燕京之戎、余无之戎、始呼之戎、翳徒之戎、昆夷、戎、条戎、奔戎、北戎、申戎、六济之戎。入春秋后戎人杂居中国,其名更繁。至战国时在中国之戎,皆为诸强国所并,其人亦即同化于华夏。然以上诸种族不皆属氐羌,如犬戎、昆夷、北戎等已由史家证明其为匈奴,第此外亦当有确属氐羌者,如姜戎即阴戎或伊洛之戎,蛮氏之戎、陆浑之戎,或九州岛之戎即是。鬼方据史即指其属羌族,然据王国维之考证则以为属匈奴。

"西羌之本出自三苗姜姓之别也,其国近南岳;及舜流四凶,徙之三危,河关之西南羌地是也。滨于赐支,至乎河首,绵地千里。赐支者《禹贡》所谓析支者也。南接蜀汉徼外蛮夷,西北鄯善、车师诸国。所居无常依随水草地,少五谷,以产牧为业。其俗氏族无定,或以父名母姓为种号,十二世后相与婚姻。父没则妻后母,兄亡则纳釐嫂,故国无鳏寡。种类繁炽,不立君臣,无相长一,强则分种为酋豪,弱则为人附落。更相抄暴,以力为雄。杀人偿死,无它禁令。其兵长在山谷,短于平地,不能持久,而果于触突,以战死为吉利,病终为不祥。堪耐寒苦,同之禽兽,虽妇人产子亦不避风雪。性坚刚勇猛,得西方金行之气焉。……武丁征西羌、鬼方,三年乃克,故其诗曰'自彼氐羌莫敢不来王'。及武乙暴虐,犬戎寇边,周古公逾梁山而避于岐下,及子季历遂伐西落鬼戎。太丁之时季历复伐燕京之戎,戎人大败周师。后二年周人克余无之戎,于是太丁命季历为牧师,自是之后更伐始呼、翳徒之戎,皆克之。及文王为西伯,西有昆夷之患,北有猃狁之难,遂攘戎狄而戍之,莫不宾服,乃率西戎征殷之叛国以事纣。及武王伐商,羌髳率师会于牧野。……及平王之末,周遂陵迟,戎逼诸夏,自陇山以东及乎伊洛,往往有戎。于是渭首有狄豲、邽冀之戎,泾北有义渠之戎,洛川有大荔之戎,渭南有骊戎,伊洛间有杨拒、泉皋之戎,颍首以西有蛮氏之戎。当春秋时间在中国,与诸夏盟会。鲁庄公伐秦取邽冀之戎,后十余岁晋灭骊戎。是时伊洛戎强,东侵曹鲁,后十九年遂入王城,于是秦晋伐戎以救周。后二年又寇京师,齐桓公征诸侯戍周。后九年陆浑戎自瓜州迁于伊川,允姓戎迁于渭汭,东及辗辕。在河南山北者号曰阴戎,阴戎之种遂以滋广,晋文公欲修霸业,乃赂戎狄通道以匡王室。秦穆公得戎人由余,遂霸西戎,开地千里。及晋悼公又使魏绛和诸戎,复修霸业。是时楚晋强盛,威服诸戎,陆浑、伊洛、阴戎事晋,而蛮氏从楚。后陆浑叛晋,晋令荀吴灭之。后四十四年楚执蛮氏而尽囚其人。是时义渠、大荔最强,筑城数十,皆自称王。至周贞王八年秦厉公灭大荔,取其地。赵亦灭代戎即北戎也。韩、魏复共稍并伊洛、阴戎灭之,其遗脱者皆逃走,西逾汧陇,自是中国无戎寇,唯余义渠种焉。至贞王二十五年,秦伐义渠,虏其王。后十四年义渠侵秦至渭阴。后百许年义渠败秦师于洛,后四年义渠国乱,秦惠王遣庶长操将兵定之,义渠遂臣于秦。……因起兵灭之,始置陇西北地上郡焉。"(《后汉书》卷一一七)

第三节　汉时塞内之羌

以上杂居中国之氐羌,虽经同化,然距华夏系远之氐羌族类仍多,其一种单名为羌,史称其始祖为无弋爰剑。

"羌无弋爰剑者,秦厉公时为秦所拘执以为奴隶,不知爰剑何戎之别也。后得亡归而秦人追之急,藏于岩穴中得免。羌人云爰剑初藏穴中,秦人焚之,有景象如虎为其蔽火,得以不死,既出又与劓女遇于野遂成夫妇,女耻其状,被发覆面,羌人因以为俗。遂俱亡入三河间,诸羌见爰剑被焚不死,怪其神共畏事之,推以为豪。河湟间少五谷多禽兽以射猎为事,爰剑教之田畜,见敬信,庐落种人依之者日益众。羌人谓奴为无弋,以爰剑尝为奴隶,故因名之。其后世世为豪,至爰剑曾孙忍时,秦献公初立,欲复穆公之迹,兵临渭首灭狄豲戎。忍季父卬畏秦之威,将其种人附落而南出赐支河曲西数千里,与众羌绝远不复交通。其后子孙分别各自为种,任随所之,或为牦牛种越嶲羌是也,或为白马种广汉羌是也,或为参狼种武都羌是也。忍及弟舞独留湟中,并多娶妇,忍生九子为九种,舞生十七子为十七种。羌之兴盛从此起矣。及忍子研立时,秦孝公雄强,威服羌戎。孝公使太子驷率戎狄九十二国朝周显王,研至豪健,故羌中号其后为研种。及秦始皇时务并六国以诸侯为事,兵不西行,故种人得以繁息。秦既兼天下,使蒙恬将兵略地西逐诸戎,北部众狄,筑长城以界之,众羌不复南度。"(《后汉书》卷一一七)

前汉初羌与汉复接触,侵寇中国,宣帝时赵充国、元帝时冯奉世击败之,自是宾服无事。

"及武帝征伐四夷,开地广境,北却匈奴,西逐诸羌,乃度阿湟筑令居塞,初开河西列置四郡,通道玉门,隔绝羌胡,使南北不得交关。……至元康三年,先零乃与诸羌大共盟誓将欲寇边。帝闻复使安国将兵观之,安国至召先零豪四十余人斩之,因放兵击其种,斩首千余级。于是诸羌怨怒,遂寇金城,乃遣赵充国与诸将将兵六万人击破平之。"(《后汉书》卷一一七)

降羌杂居塞内,然苦于汉人之虐待,遂于王莽乱后独立,东汉初征服之。然其部落众多,而汉复失于抚绥,故终东汉之世,叛乱相续,骚扰无已,至于羌乱稍平,而汉力亦竭矣。

"建武九年……班彪上言今凉州部皆有降羌。羌胡被发左衽,而与汉人杂处,习俗既异,言语不通,数为小吏黠人所见侵夺,穷恚无聊故致反叛。……十一年夏先零种复寇临洮,陇西太守马援破降之,后悉归服,徙置天水、陇西、扶风三郡。明年武都参狼羌反,援又破降之。……诸降羌布在郡县皆为吏人豪右所徭役,积以愁怨。安帝永初元年夏遣骑都尉王弘发金城、陇西、汉阳羌数百千骑征西域,弘迫促发遣,群羌惧,远屯不还,行到酒泉多有散叛。……延禧二年……烧当八种寇陇右,颎(段颎)击,大破之,四年零吾复与先零及上郡、沈氏、牢姐诸种并力寇并凉及三辅,会段颎坐事征,以济南相胡闳代为校尉,闳无威略,羌遂陆梁覆没营坞,寇患转盛,中郎将皇甫规击破之。"(《后汉书》卷一一七)

东汉与羌接触争战之结果,羌人死亡甚众而同化于汉人者亦不少,自此以后只于五胡乱华时再露头角,然彼时华化已深,非复原来状态矣。

"自爰剑后子孙支分百五十种,其九种在赐支河首以西,及在蜀汉徼北,前史不载口数,唯参狼在武都胜兵数千人,其五十二种衰少不能自立,分散为附落,或绝灭无后,或引而远去。其八十九种唯钟最强胜兵十余万。其余大者万余人,小者数千人,更相钞盗,盛衰无常无虑。顺帝时胜兵合可二十万人,发羌、唐旄等绝远未尝往来。髦牛、白马羌在蜀汉,其种别名号皆不可纪知也。建武十三年广汉塞外白马羌豪楼登等率种人五千余户属,光武封楼登为归义君长。至和帝永元六年蜀郡徼外大牂夷种羌豪造头等率种人五十余万口内属,拜造头为邑君长,赐印绶。至安帝永初元年蜀郡徼外羌龙桥等六种万七千二百八十口内属。明年蜀郡徼外羌薄申等八种三万六千九百口复举土内属。冬广汉塞外参狼种羌二千四百口复来内属。"(《后汉书》卷一一七)

第四节　汉时西域之氐羌国

汉代侵扰中国之羌皆在塞内，在塞外即今青海、新疆、西康、西藏者尚多，但与中国无多大关系，仅于汉通西域时略有国际上之往来而已。略述如下。

1. 宕昌羌："宕昌羌者其先盖三苗之胤，周时与庸蜀、微卢等八国从武王灭商，汉有先零、烧当等世为边患。其地东接中华，西通西域，南北数千里，姓别自为部落，酋帅皆有地分，不相统摄。宕昌即其一也。俗皆土著，居有屋宇，其屋织牦牛尾及羖羊毛覆之。国无法令又无徭赋，唯战伐之时乃相屯聚，不然则各事生业，不相往来。皆衣裘褐，收养牦牛羊豕，以供其食。父子伯叔兄弟死者即以继母世叔母及嫂弟妇等为妻。俗无父字，但候草木荣落记其岁时。三年一相聚，杀牛羊以祭天。有梁懃者世为酋帅，得羌豪心，乃自称王焉。懃孙弥忽，太武初遣子弥黄奉表求内附，太武嘉之，遣使拜弥忽为宕昌王。"（《北史》卷九六）

2. 邓至羌："邓至者白水羌也，世为羌豪，因地名号自称邓至，其地自亭街以东平武以西汶岭以北宕昌以南。土风习俗亦与宕昌同。"（《北史》卷九六）

3. 赫羊国等羌："邓至之西有赫羊国，初其部内有一羊形甚大，色至鲜赤，故因为国名。又有东亭卫、大赤水、寒宕、石河、薄陵、下习、山仓骧、覃水等诸羌国，风俗粗犷，与邓至国不同焉。亦时遣贡使朝廷纳之，皆假之以杂号将军子男渠帅之名。"（《北史》卷九六）

4. 白兰羌："白兰者，羌之别种也，其地东北接吐谷浑，西北利摸徒，南界郍鄂。风俗物产与宕昌略同。周保定元年遣使献犀甲铁铠。"（《北史》卷九六）

5. 薄缘夷等羌："附国有薄缘夷，风俗亦同。西有女国，其东北连山绵亘数千里，接于党项，往往有羌：大小左封、昔卫、葛延、白狗、向人、望族、林台、春桑、利豆、迷桑、婢药、大硤、白兰、北利摸徒、郍鄂、当迷、渠步、桑悟、千碉，并在深山穷谷。无大君长，其风俗略同于党项，或役属吐谷浑，或附国，大业中朝贡，缘西南边置诸道总管以管之。"（《北史》卷九六）

6. 党项羌：至宋时蔚成大国即西夏，另述于下。

7. 婼羌："出阳关自近者始曰婼羌，婼羌国王号去胡来王，去阳关千八百里，去长安六千三百里，辟在西南，不当孔道，户四百五十，口千七百五十，胜兵者五百人。西与且末接，随畜逐水草，不田作，仰鄯善、且末谷。山有铁自作兵，兵有弓矛服刀剑甲。西北至鄯善乃当道云。"（《前汉书》卷九六上）

8. 西夜："西夜国王号子合，王治呼犍谷，去长安万二百五十里。户三百五十，口四千，胜兵千人。东北到都护治所五千四十六里。东与皮山，西南与乌秅，北与莎车，西与蒲犁接。蒲犁及依耐无雷国皆西夜类也。西夜与胡异，其

种类羌氐行国,随畜逐水草往来而子合土地出玉石。"(《前汉书》卷九六上)

9.蒲犁:"蒲犁国王治蒲犁谷,去长安九千五百五十里。户六百五十,口五千,胜兵二千人。东北至都护治所五千三百九十六里,东至莎车五百四十里,北至疏勒五百五十里,南与西夜子合接,西至无雷五百四十里。侯都尉各一人,寄田莎车种俗与子合同。"(《前汉书》卷九六上)

10.依耐:"依耐国王治去长安万一百五十里。户一百二十五,口六百七十,胜兵三百五十人。东北至都护治所二千七百三十里,至莎车五百四十里,至无雷五百四十里,北至疏勒六百五十里,南与子合接。俗相与同,少谷,寄田疏勒、莎车。"(《前汉书》卷九六上)

11.无雷:"无雷国王治卢城,去长安九千九百五十里。户千,口七千,胜兵三千人。东北至都护治所二千四百六十五里,南至蒲犁五百四十里,南与乌秅,北与捐毒,西与大月氏接。衣服类乌孙,俗与子合同。"(《前汉书》卷九六上)

12.大月氏:大月氏本居近塞,后因避匈奴乃远遁中亚。大月氏属何种族今尚未定。据西人研究,有藏族、蒙古族、突厥族、阿利安族四说。氏字不读氏音,且史书亦有作氐者,而后来之嚈哒据史常言其为大月氐之种类,嚈哒属于广义的羌藏族,大月氏大约原来亦属于羌藏族,至于后来因西徙而与西方诸族杂居,其种或致渐不纯粹也。大月氏西徙后一部分不从去者与汉人错居湟中。别有名称。

"大月氏本行国也,随畜移徙与匈奴同俗,控弦十余万,故强轻匈奴。本居敦煌祁连间,至冒顿单于攻破月氏,而老上单于杀月氏以其头为饮器。月氏乃远去,过大宛西击大夏而臣之,都妫嬬水北为王庭。其余小众不能去者保南山羌号小月氏。大夏本无大君长,城邑往往置小长,民弱畏战,故月氏徙来皆臣畜之,共禀汉使者。"(《前汉书》卷九六上)

"湟中月氏胡其先大月氏之别也。旧在张掖、酒泉地,月氏王为匈奴冒顿所杀,余种分散,西逾葱领,其羸弱者南入山阻,依诸羌居止,遂与共婚姻。及骠骑将军霍去病破匈奴,取西河地开湟中,于是月氏来降,与汉人错居。虽依附县官而首施两端,其从汉兵战斗随势强弱。被服饮食言语略与羌同,亦以父名母姓为种。其大种有七,胜兵合九千余人,分在湟中及令居,又数百户在张掖号曰义从胡。"(《后汉书》卷一一七)

13.吐谷浑:吐谷浑之王室虽为鲜卑人,然其人民实为氐羌族。其地即今之青海。其王室之兴废见东胡章,兹录史书所述其人民之风俗于下。

"其俗丈夫衣服略同于华夏,多以罗幕为冠,亦以缯为帽。妇人皆贯珠贝束发,以多为贵。兵器有弓刀甲矟。国无常赋,须则税富室商人以充用焉。其刑罚杀人及盗马者死,余则征物以赎罪,亦量事决杖。刑人必以毡蒙头,持石从高击之。父兄死,妻后母及嫂等,与突厥俗同。至于婚贫不能备财者辄盗女去。死者亦皆埋殡,其服制葬讫则除之。性贪婪,忍于杀害。好射猎,以肉酪为粮。亦知种田,有大麦粟豆,然其北界气候多寒,唯得芜青大麦。故其俗贫多富少。青海周回千余里,海内有小山每冬冰合后,以良牝马置此山,至来春收之,马皆有孕,所生得驹号为龙种。"(《魏书》卷一〇一)

第五节　汉以前西南之氐羌

在中国西部及南部亦有氐羌族。

1. 庸:武王伐纣之时西方民族从之者有庸、蜀、羌而庸且居首,春秋时有庸国在今湖北竹山县。春秋文十六年,楚人秦人巴人共灭之,此后,即同化于华夏。

2. 蜀:战国时秦灭蜀,徙秦民万家实之。蜀人自此与华夏同化。秦伐楚,汉高祖东征皆发蜀卒,混合更多,故亦渐同化。

3. 巴:巴又作巴氏,原在重庆之地。传说巴为食象之蛇,《说文》又谓"巴蜀桑中虫也",或为图腾之名。春秋时与楚有关系,战国时灭于秦,然仍以其旧酋为君长,并与通婚,而岁征其赋。

(1) 巴郡、南郡蛮:汉时称之为巴郡、南郡蛮或廪君蛮,仍沿秦制待之。其后巴氏叛,乃讨平之而徙其人于江夏,是后渐同化。

"巴郡、南郡蛮本有五姓:巴氏、樊氏、瞫氏、相氏、郑氏,皆出于武落钟离山。其山有赤黑二穴,巴氏之子生于赤穴,四姓之子皆生黑穴。未有君长,俱事鬼神,乃共掷剑于石穴,约能中者奉以为君。巴氏子务相乃独中之,众皆叹。又令各乘土船,约能浮者常以为君,余姓悉沈,唯务相独浮,因共立之,是为廪君。乃乘土船从夷水至盐阳。盐水有神女谓廪君曰:'此地广大,鱼盐所出,愿留共居。'廪君不许。盐神暮辄来取宿,旦则化为虫,与诸虫群飞。掩蔽日光,天地晦冥。积十余日,廪君思其便因射杀之,天乃开明。廪君于是君乎夷城,四姓皆臣之。廪君死,魂魄世为白虎,巴氏以虎饮人血,遂以人祠焉。及秦惠王并巴中,以巴氏为蛮夷君长,世尚秦女,其民爵比不更,有罪得以爵除,其君长岁出赋二千一十六钱,三岁一出义赋千八百钱,其民户出嫁布八丈二呎,鸡羽三十鍭。汉兴,南郡太守靳强请一依秦时故事,至建武二十三年南郡潳山蛮雷迁等始反叛,寇掠百姓,遣武威将军刘尚将万余人讨破之。徙其种人七千余口置江夏界中,今沔中蛮是也。和帝永元十三年巫蛮许圣等以郡收税不均,怀怨恨,遂屯聚反叛。明年夏遣使者督荆州诸郡兵万余人讨之,圣等依凭阻隘久不破,诸军乃分道并进,或自巴郡鱼复数路攻之,蛮乃散走,斩其渠帅乘胜追之,大破圣等乞降,复悉徙置江夏。"(《后汉书》卷一一六)

(2)板楯蛮:此一种据史所述,盖亦巴氏之一种,亦于汉世同化。

"板楯蛮夷者秦昭襄王时有一白虎常从群虎数游秦、蜀、巴、汉之境,伤害千余人。昭王乃重募国中,有能杀虎者赏巴万家,金百镒。时有巴郡阆中夷人能作白竹之弩,乃登楼射杀白虎。昭王嘉之,而以夷人不欲加封,乃刻石盟要复夷人顷田不租,十妻不算,伤人者论,杀人者得以倓钱赎死。盟曰:'秦犯夷输黄龙一双,夷犯秦输清酒一钟。'夷人安之,至高祖为汉王发夷人还伐三秦,秦地既定,乃遣还巴中,复其渠帅罗、朴、督、鄂、度、夕、龚七姓,不输租赋余户乃岁入賨钱口四十,世号为板楯蛮夷。阆中有渝水,其人多居水左右。天性劲勇,初为汉前锋数陷陈,俗喜歌舞,高祖观之曰,此武王伐纣之歌也,乃命乐人习之,所谓巴渝舞也。遂世世服从,至于中兴,郡守常率以征伐。桓帝之世板楯数反,太守蜀郡赵温以恩信降服之。灵帝光和三年巴郡板楯复叛,寇掠三蜀,及汉中诸郡,灵帝遣御史中丞萧瑗督益州兵讨之,连年不能克,帝欲大发兵乃问益州计吏考以征讨方略。汉中上计程包对曰:'板楯七姓射杀白虎,立功先世,复为义人。其人勇猛善于兵战,昔永初中羌人汉川,郡县破坏,得板楯救之,羌死败殆尽,故号为神兵,羌人畏忌,传语种辈,勿复南行。至建和二年,羌复大入,实赖扳楯连摧破之。前车骑将军冯绲南征武陵,虽受丹阳精兵之锐,亦倚板楯以成其功。近益州郡乱,太守李颙亦以板楯讨而平之。忠功如此,本无恶心,长吏乡亭更赋至重,仆役棰楚过于奴虏。亦有嫁妻卖子,或乃至自颈割。虽陈冤州郡,而牧守不为通理,阙庭悠远,不能自闻,含怨呼天,叩心穷谷,愁苦赋役,困罹酷刑;故邑落相聚以致叛戾,非有谋主僭号,以图不轨。今但选明能牧守自然安集,不烦征伐也。'帝从其言遣太守曹谦宣诏赦之,即皆降服。"(《后汉书》卷一一六)

4.氐:此系指狭义之氐,亦住于西南方者,故汉时目之为西南夷之一部分,自汉武帝开西南夷后渐趋同化。

"自嶲以东北君长以十数,徙、莋都最大;自莋以东北,君长以十数,冉駹最大。其俗或土著,或移徙。在蜀之西,自駹以东北,君长以十数,白马最大,皆氐类也,此皆巴蜀西南外蛮夷也。"(《前汉书》卷九五)

(1)莋都夷:"莋都夷者武帝所开以为莋都县,其人皆被发左衽,言语多好譬类,居处略与汶山夷同。土出长年神药,仙人山图所居焉。元鼎六年以为沈黎郡。至天汉四年并蜀为西部,置两都尉,一居旄牛,主徼外夷,一居青衣,主汉人。永平中益州刺史梁国朱辅好立功名,慷慨有大略,在州数岁,宣示汉德,威怀远夷;自汶山以西,前世所不至,正朔所未加,白狼、盘木、唐菆等百余国,户百三十余万,口六百万以上举种奉贡,称为臣仆。"(《后汉书》卷一一六)

(2)冉駹夷:"冉駹夷者武帝所开,元鼎六年以为汶山郡。至地节三年,夷人以立郡赋重,宣帝乃省并蜀郡为北部都尉。其山有六夷、七羌、九氐,各有部落。其王侯颇知文书,而法严重,贵妇人,党母族,死则烧其尸。土气多寒,在盛夏冰犹不释,故夷人冬则避寒入蜀为佣,夏则违暑反其邑。众皆依山居止,累石为室,高者至十余丈为邛笼。又土地刚卤,不生谷粟麻菽,唯以麦为资。而宜畜牧,有旄牛无角,一名童牛,肉重千斤,毛可为毦。出名马,有灵羊,可疗毒。又有食药鹿,鹿麑有胎者其肠中粪亦疗毒疾。又有五角羊麝香轻毛毸鸡牲牲。其人能作旄毡班罽青顿毞氍羊羧之属,特多杂药。地有咸土煮以为盐。麖羊牛马食之皆肥。其西又有三河盘于旁北有黄石北地卢水胡,其表乃为徼外,灵帝时复分蜀郡北部为汶山郡云。"(《后汉书》卷一一六)

(3)白马氐:"白马氐者武帝元鼎六年开,分广汉西部合以为武都。土地险阻,有麻田,出名马牛羊漆蜜。氐人勇戆抵冒贪货死利。居于河池一名仇池,方百顷,四面斗绝数为边寇。郡县讨之,则依固自守。元封三年氐人反叛,遣兵破之分徙酒泉郡。昭帝元凤元年氐人复叛,遣执金吾马适建、龙额侯韩增、大鸿胪田广明将三辅太常徒讨破之。及王莽篡乱,氐人亦叛。建武初氐人悉附陇蜀,及隗嚣灭,其酋豪乃背公孙述降汉陇西太守马援。上复其王侯君长赐以印绶。"(《后汉书》卷一一六)

第六节　五胡乱华时氐羌所建之国

自汉代氐羌杂居中国西北,三国时蜀、魏争引以为战争之助。迨晋初,其人益众。故江统《徙戎论》言"关中之人夷羌居半,竟喧宾夺主"。晋室内讧,戎狄乘机起事,割据中国。氐羌之豪杰亦有前秦苻氏、后秦姚氏、后凉吕氏、仇池杨氏、前蜀李氏计建立五国。此五姓豪杰虽出蛮夷,然因杂居中国汉化已久,其人之姓已改汉姓,其人之思想行为亦近汉人,且其所统率者亦非全属其种人,而系蕃汉混杂。故此种豪杰实兼蛮夷及中国军阀二种性质也。

1.前秦苻氏:属氐族,原姓蒲。始祖洪原为氐酋,晋乱,自称护氐校尉秦州刺史。初降前赵,后降后赵。流民归之者甚多,遂自称大都督大单于、三秦王。子苻健率众入关中称皇帝,国号秦,史称前秦。传二世至苻坚,以汉人王猛为谋主,行中国式之政治,国家富强,遂灭前燕、前凉、代、仇池诸国,统一中国北部。晋孝武帝太元八年(383年)大举南侵,晋将谢石、谢玄御之于肥水大破之。坚败还长安。前燕皇族慕容垂、慕容冲、羌人姚苌皆叛,坚被执见杀。子苻丕、族子苻登谋恢复,卒不成,前秦遂亡。自晋永和七年(351年)苻洪称秦王至太元十九年(394年)亡,凡七传共四十四年。

"苻洪字广世,略阳临渭氐人也。其先盖有扈之苗裔,世为西戎酋。始其家池中蒲生,长五丈五节如竹形,时咸谓之蒲家,因以为氏焉。父怀归部落小帅。先是陇右大雨,百姓苦之,谣曰:'雨若不止洪水必起。'故因名曰洪。好施多权略,骁武善骑射,属永嘉之乱乃散千金召英杰之士,访安危变通之术。宗人蒲光、蒲突遂推洪为盟主。刘曜僭号长安,光等逼洪归曜拜率义侯。……时有说洪称尊号者,洪亦以谶文有草付应王,又其孙坚背有草付字遂改姓苻氏,自称大将军大单于三秦王。"(《晋书》卷一一二)

"苻健字建业,洪第三子也。……三辅略定健引兵至长安……永和七年僭称天王大单于,赦境内死罪,建元皇始,缮宗庙社稷百官于长安。"(《晋书》卷一一二)

"苻坚字永固,一名文玉,雄之子也。祖洪从石季龙徙家于永贵里。……八岁请师就家学,洪曰'汝戎狄异类世知饮酒,今乃求学邪'。欣而许之。……性至孝,博学多才艺,有经济大志,要结英豪以图纬世之宜。……以升平元年僭称大秦天王。……于是修废职继绝世,礼神祇课农桑,立学校,鳏寡孤独高年不自存者赐谷帛有差,其殊才异行孝友忠义德业可称者令在所以闻。"(《晋书》卷一一二)

2. 后凉吕氏:亦氐族。据有甘肃一部,都姑臧(今武威县)。始祖吕光原为前秦大将,奉苻坚命远征西域,降焉耆破龟兹。还时苻坚已败乃取姑臧居之。闻坚死自称凉州牧、酒泉公,继进为三河王,又进为天王。国势不强,传四主,自晋太元十一年(386年)吕光称公,至元兴二年(403年)灭于后秦,凡十八年。

"吕光字世明,略阳氐人也。其先吕文和汉文帝初自沛避难徙焉,世为酋豪,父婆楼佐命苻坚官至太尉。……坚既平山东士马强盛,遂有图西域之志,乃授光使持节都督西讨诸军事,率将军姜飞、彭晃、杜进、康盛等总兵七万铁骑五千以讨西域。……进兵至焉耆,其泥流率其旁国请降龟兹王帛纯距光。……光既平龟兹,有留焉之志,时始获鸠摩罗什,罗什劝之东还。……光入姑臧自领凉州刺史护羌校尉。……以孝武太元十四年僭即三河王位,置百官自丞郎已下,赦其境内,年号麟嘉。……其中书侍郎杨颖上疏请依三代故事追尊吕望为始祖,永为不迁之庙,光从之。"(《晋书》卷一二二)

3. 仇池杨氏:亦氐族。为汉白马氏之后裔,世据仇池(山名在甘肃成县),至难敌时略取旁近之地,初臣于前赵,后臣于后赵,终为前秦所灭。因非全独立,不在十六国内。

"氐者西夷之别种,号曰白马,三代之际盖自有君长而世一朝见,故《诗》称'自彼氐羌莫敢不来王'也。秦汉以来世居岐、陇以南,汉川以西,自立豪帅。汉武帝遣中郎将郭昌、卫广灭之,以其地为武都。自汧渭抵于巴蜀种类寔繁,或谓之白氏,或谓之故氏,各有侯王受中国封拜。汉建安中有杨腾者为部落大帅,腾勇健多计略,始徙居仇池,池方百顷为号四面斗绝,高七里余,蟠道三十六回,其上有丰水泉煮土成盐。腾后有名千万者,魏拜为百顷氐王。千万孙名飞龙,渐强盛,晋帝假平西将军。无子养外甥令狐茂搜为子。惠帝元康中茂搜自号辅国将军右贤王,群氏推以为王,关中土人流移者多依之,愍帝以为骠骑将军左贤王。……难当后自立为大秦王,号曰建义,立妻为王后,世子为太子,置百官具拟天朝,然犹贡献于宋不绝。"(《北史》卷九六)

4. 前蜀即成汉李氏：巴西氐族。始祖李特于晋元康中随流人入蜀就食。永康元年(300年)益州刺史赵廞反,用特为将。特反攻廞,败之。自称大都督。后为晋益州牧罗尚所杀。子雄嗣立,逐罗尚入成都,据全蜀；先称成都王,继称皇帝,国号成。后复改为汉。凡七传自晋太安元年(302年)李特称大都督,至永和三年(347年)为晋桓温所灭,共四十六年。

"李特字玄休,巴西宕渠人,其先廪君之苗裔也。……其后种类遂繁。秦并天下以为黔中郡。薄赋敛之口岁出钱四十,巴人呼赋为賨,因谓之賨人焉。及汉高祖为汉王募賨人平定三秦,既而求还乡里,高祖以其功复同丰沛,不供赋税,更名其地为巴郡。土有盐铁丹漆之饶,俗性剽勇又善歌舞,高祖爱其舞,诏乐府习之,今巴、渝舞是也。汉末张鲁居汉中以鬼道教百姓,賨人敬信巫觋,多往奉之。值天下大乱,自巴西之宕渠迁于汉中、杨车坂,抄掠行旅,百姓患之,号为杨车巴。魏武帝克汉中,特祖将五百余家归之。魏武帝拜为将军,迁于略阳。北土复号之为巴氐。特父慕为东羌猎将。特少仕州郡,见异当时。身长八呎,雄武善骑射,沈毅有大度。元康中氐齐万年反,关西扰乱,频岁大饥,百姓乃流移就谷,相与入汉川者数万家。特随流人将入于蜀。……流人既不乐移咸往归特,骋马属鞭,同声云集,旬月间众过二万,流(李流)亦聚众数千,特乃分为二营,特居北营,流居东营。"(《晋书》卷一二〇)

5. 后秦姚氏：属羌族,即汉时烧当之后,后改姓姚。始祖弋仲于晋永嘉之乱东徙榆眉(陕西汧阳县东南),自称护西羌校尉。初降前赵刘曜,后复事后赵,后赵灭,乃降晋。子襄嗣立,率众南下,晋处之历阳(今安徽和县)。为晋殷浩所忌,襄乃北还,为前秦所杀。襄弟苌降前秦苻坚,及苻坚伐晋而败,苌遂独立,称秦王,执坚杀之,入长安称帝,为后秦。子兴嗣立,攻陷洛阳,灭后凉,破西秦；服属西凉、南凉、北凉。兴子泓继立,晋刘裕来伐,泓降,后秦亡。自晋孝武帝太元九年(384年)姚苌称王至安帝义熙十三年(417年)为晋所灭,凡三传,共三十四年。

"姚弋仲,南安赤亭羌人也,其先有虞氏之苗裔,禹封舜少子于西戎,世为羌酋,其后烧当雄于洮罕之间。七世孙填虞,汉中元末寇扰西州,为杨虚侯马武所败,徙出塞。虞九世孙迁那率种人内附,汉朝嘉之,假冠军将军西羌校尉归顺王,处之于南安之赤亭。那玄孙柯迴为魏镇西将军绥戎校尉西羌都督,迴生弋仲。"(《晋书》卷一一六)

第七节　党项羌＝西夏国

党项自汉代即闻于中国,为西域氐羌国之一。汉时文化甚低,南北朝时与中国渐有接触。

"党项羌者,三苗之后也,其种有宕昌、白狼,皆自称弥猴种。东接临洮西平,西拒叶护,南北数千里。处山谷间,每姓别为部落,大者五千余骑,小者千余骑。织牦牛尾及粘羺毛为屋。服裘褐披毡为上饰。俗尚武力,无法令,各为生业,有战阵则屯聚,无徭役,不相往来。养牦牛羊猪以供食,不知稼穑,其俗淫秽蒸报,于诸夷中为甚。无文字,但候草木以记岁时。三年一聚会,杀牛羊以祭天。人年八十以上死者以为终,亲戚不哭,少死者则云夭枉,共悲哭之。有琵琶横吹,击缶为节。魏、周之际数来扰边。"(《北史》卷九六)

唐初党项诸部渐次降附,其后因逼于吐蕃自请内徙,乃移居庆州(今甘肃庆阳县),后复徙其一部于银州(陕西米脂县)之北夏州(陕西横山县)之东,盖先移甘肃复移陕西也。

"党项,汉西羌别种,魏晋后微甚;周灭宕昌邓至而党项始强。其地古析支也,东距松州,西叶护,南春桑、迷桑等羌,北吐谷浑。处山谷崎岖,大抵三千里。"(《新唐书》卷二二一上)

"以姓别为部,一姓又分为小部落,大者万骑,小数千,不能相统。故有细封氏、费听氏、往利氏、颇超氏、野辞氏、房当氏、米禽氏、拓跋氏,而拓拔最强。土著有栋宇,织牦尾羊毛覆屋,岁一易。俗尚武,无法令,赋役。人寿多过百岁。然好为盗,更相剽敓。尤重复仇恨,未得所欲者蓬首垢颜,跣足草食,杀已乃复。男女衣裘褐被毡,畜牦牛马驴羊以食,不耕稼。地寒,五月草生,八月霜降。无文字,候草木记岁。三年一相聚,杀牛羊祭天,取麦他国以酿酒。妻其庶母、伯叔母、兄嫂、弟妇,惟不娶同姓。老而死,子孙不哭,少死则曰夭枉乃悲。"(《新唐书》卷二二一上)

"以松州为都督府,擢赤辞西戎州都督,赐氏李,贡职遂不绝。于是自河首积石山而东皆为中国地。后吐蕃寖盛,拓拔畏偪,请内徙,始诏庆州置静边等州处之,地乃入吐蕃,其处者皆为吐蕃役属,更号弭药。"(《新唐书》卷二二一上)

黄巢之乱平夏部长讨贼有功,先封定难节度使后封夏国公,领夏、绥、银、宥、静五州。

"党项至大和中寖强,数寇掠。然器械钝苦,畏唐兵精,则以善马购铠,善羊贸弓矢;鄜坊道军粮使李石表禁商人不得以旗帜甲胄五兵入部落,告者举罪人财畀之。至开成末种落愈繁。"(《新唐书》卷二二一上)

五代时中原诸朝均予以官爵。宋初助宋攻北汉。至李继捧入朝留居京师,族弟继迁反,屡侵宋。继迁子德明复称臣于宋。德明子元昊复反,占领今陕甘北部及绥远之地,都于宁夏,称皇帝,国号夏。与宋、辽、金相抗,和战不常,后乃灭于蒙古。自元昊称帝(1038年)至末帝降于蒙古(1227年),凡十主,共190年。

"元昊小字嵬理,国语谓惜为嵬,富贵为理。母曰惠慈敦爱皇后卫慕氏。性雄毅多大略,善绘画能瓶制物始。圆面高准,身五呎余,少时好衣长袖绯衣冠黑冠,佩弓矢,从卫步卒张青盖,出乘马以二骑引百余骑自从。晓浮图学,通蕃汉文字,案上置法律常携《野战歌》、《太乙金鉴诀》。弱冠独引兵袭破回鹘夜洛隔河汗王,夺甘州,遂立为皇太子。数谏其父毋臣宋,父辄戒之曰:'吾久用兵疲矣,吾族三十年衣锦绮,此宋恩也,不可负。'元昊曰:'衣皮毛事畜牧,蕃性所便,英雄之生当王霸耳,何锦绮为。'……景祐元年遂攻环庆路杀掠居人。……元昊既悉有夏、银、绥、宥、静、灵、盐、会、胜、甘、凉、瓜、沙、肃,而洪、定、威、龙皆即堡镇号州,仍居兴州阻河依贺兰山为固。……自河北至午腊蒻山七万人以备契丹、河南、洪州、白豹安、盐州、罗洛、天都、惟精山等五万人以备环庆,镇戎原州,左厢宥州路五万人以备鄜、延、麟府,右厢甘州路三万人以备西蕃回纥,贺兰驻兵五万,灵州五万人,兴州兴庆府七万人,为镇守,总五十余万。……遂筑坛受册即皇帝位,时年三十。……许封册为夏国主而元昊亦遣如定聿舍、张延寿、杨守素继来,四年始上誓表言:'两失和好,遂历七年,立誓自今,愿藏明府。……'然宋每遣使往馆于宥州,终不复至兴灵,而元昊帝其国中自若也。"(《宋史》卷四八五)

党项之文化自唐以后因与中国接触,逐渐进步,至西夏开国时已达高度,大抵文事政制采自中国,而兵制尚杂有部落遗俗,兵法亦仍循西北民族之惯例,武事固有,文事汉化,此其所以盛也。

"夏之境土方二万余里,其设官之制多与宋同,朝贺之仪杂用唐宋而乐之器与曲则唐也。……其民一家号一帐,男年登十五为丁,率二丁取正军一人。……得汉人勇者为前军,号撞令郎若脆怯无他伎者迁河外耕作,或以守肃州。……建国学设弟子员三百,立养贤务仁孝增至三千,尊孔子为帝,设科取士。"(《宋史》卷四八六)

西夏王室属党项之拓跋部,拓跋部强,他部多被役属,然亦有助宋抗夏者,又有所谓"熟户"则其汉化者也。(《宋史》卷四九一)

第八节 明代之氐羌族:西番诸卫等

西夏灭于蒙古后,蒙古于其地置郡王镇之。明初来纳款,遂置西宁、河州、洮州、岷州等卫以统之。明代惩于宋之边祸,乃用三策治之:(1)设卫,多用番酋为官,以分其力;(2)优待番僧以软化番民;(3)利用马与茶之交易以遂其生计;(4)设重镇于甘肃以隔绝北与西之外族。故终明世无西陲之患。唯蒙古族复西侵而占其地,与明略有纠纷。

"西番即西羌,族种最多,自陕西历四川、云南西徼外皆是,其散处河湟洮岷间者为中国患尤剧。汉赵充国、张奂、段颎,唐哥舒翰,宋王韶之所经营皆此地也。元封驸马章古为宁濮郡王镇西宁,于河州设吐蕃宣慰司,以洮岷、黎、雅诸州隶之,统治番众。洪武二年太祖定陕西即遣官赍诏招谕,其酋长皆观望,复遣员外郎许允德招之,乃多听命……由是诸僧及诸卫土官辐辏京师……西番之势益分,其力益弱,西陲之患亦益寡。……西宁即古湟中,其西四百里有青海又曰西海,水草丰美,番人环居之,专务畜牧,日益繁滋,素号乐土……时北部俺答猖獗岁掠宣、大诸镇,又羡青海富饶,三十八年携子宾兔、丙兔等数万众袭据其地,卜儿孩窜走,遂纵掠诸番。已引去,留宾兔据松山,丙兔据青海,西宁亦被其患,隆庆中俺答受封顺义王修贡惟谨,二子亦敛戢,时乌斯藏僧有称活佛者诸部多奉其教。……原夫太祖甫定关中即法汉武创河西四郡隔绝羌胡之意建重镇于甘肃,以北拒蒙古,南捍诸番,俾不得相合,又遣西宁等四卫土官与汉官参治。令之世守,且多置茶课司,番人得以马易茶而部族之长亦许其岁时朝贡,自通名号于天子,彼势既分又动于利不敢为恶,即小有蠢动边将以偏师制之,靡不应时底定。"(《明史》卷三三〇)

除西番诸卫外尚有安定、阿端、曲先等卫亦为以前氐羌及吐蕃旧住地,唯在元时又合称畏兀儿,故其地民族颇复杂,前已略述于突厥族章内,可参看。

第九节 清代至今之羌族

羌族今名唐古特族(Tanguts),住青海,自明代额鲁特蒙古固始汗侵入青海,羌族受其压逼大半徙帐黄河以南及长江上游一带避之。清雍正时青海之蒙古族被征服。迨乾隆以后羌族又强,蒙族被逼北退羌族恢复固有牧地。在青海之羌族属西宁办事大臣管辖,近西藏者则属驻藏大臣管辖。各族均有土司,在西宁大臣监督之下以直接管理土民。民国成立仍置西宁办事长官。民国四年改西宁道为甘边宁海镇守使管辖,称宁海区。十七年中央明令划西宁道七县及青海全部改设青海省。青海羌族人口现二十余万人,占全省人口8%。其分族及住地如下:(张得善《青海种族分布概况》)

(1)玉树二十五族:住玉树及通天河一带,性和平,生活亦较裕,自清以来未尝抗命。(2)果洛二十二族:为女王所统治。性凶野,好斗争劫盗,食生肉。(3)环海八族即西宁番:占地北自甘凉,西接回部,南界川、滇,道光、咸丰时受清兵剿抚而降服,遂称熟番。(4)郭密九族:住上下郭密,其地介于贵德县、西宁县之间,渐汉化。(5)阿里克族:在大通河北。(6)鲁本科十七族:在贵德黄河南,即所谓帐房番。

现今青海羌族之风俗如下:(据青海省政府编《最近之青海》)

(1)职业:"不事耕种,不习商工,专以畜牧为生活。"(2)饮食:"以青稞炒面为上品,且无菜蔬之类,以牛羊肉为常品,牛乳酥油曲拉等皆饮食品也。"(3)居住:"土房番住土房,帐房番随游牧所到地方,即以毛织类之帐房为家。……俗谓之番帐房。"(4)嗜好:"好饮酒,吸鼻烟,善骑马。平时腰间系番刀,持枪取野兽以为乐事,不蓄胡须。"(5)服饰:"以红黄紫赤为上色,蓝黑青白为下色。无论男女,冬夏皆穿大领长袖之皮袄,偏袒露肩,头戴毡帽,腰束皮带,足穿皮袜。妇女不着下衣。男子则腰间斜挂番刀,女人不带刀而带奶勾,为挤奶时用。发披散,喜束小辫,多者百余根,装以红黄布袋,名曰辫套,上缀银质圆形之碗为饰。"(6)丧葬:"于殁后即将尸体束为坐像,用木龛盛之,请法佛及喇嘛或本布念经毕,择定葬法。若用天葬法,即将尸体弃于高山荒坡之间,任野兽啄食,谓之天葬。若用水葬法,即将尸体弃水中,谓之水葬。若用火葬,先将尸骨烧作灰烬,装置土中,置一四方土墩。"(7)婚姻:"最喜招赘,大都自由恋爱。女子年十六七以后,虽无夫婿,亦发髻高挽,俗谓之戴天头,戴天头后,任人皆可同居。"(8)宗教:"信奉佛教,有黄教红教之分。"

氐羌系参考书

1.《书经·牧誓》
2.《前汉书》卷九五、九六上
3.《后汉书》卷一一六、一一七
4.《晋书》卷一一二、一一三、一一四、一二〇、一二一、一二二、一一六、一一七
5.《魏书》卷一百一
6.《北史》卷九六
7.《新唐书》卷二二一上
8.《宋史》卷四八五、四九一
9.《明史》卷三三〇
10.青海省政府:《最近之青海》
11.中华西北协会:《青海》
12.杨希尧:《青海风土记》
13.戴季陶等:《西北》
14.华企云:《中国边疆》

15.冯承钧编译:《史地丛考内吐谷浑大月氏二篇》
16.丁谦:《蓬莱轩所著地理学丛书关于西域诸篇》
17.钱穆:《西周戎祸考》(《禹贡》二卷四、十二期)
18.刘德岑:《秦晋开拓与陆浑东迁》(《禹贡》四卷八期)
19.张西曼:《大月氏人种及西甯年代考初稿》(《蒙藏月报》三卷三期)
20.郑德坤、徐中舒、冯家昇:《月氏为虞后及氏和氏的问题》(《燕京学报》十三期)
21.辰伯:《西王母与西戎》(《清华周刊》三十六卷五二一期)
22.易海阳:《青海概况》(《边事研究》二卷四、五期)
23.张得善:《青海种族分布概况》(《地方自治》三期)
24.张其昀:《中华民族之地理分布》(《地理学报》二卷二期)
25.吕思勉:《中国民族史》
26.梁任公:《中国历史上民族之研究》
27.王桐龄:《中国民族史》
28.宋文炳:《中国民族史》

第十三章　藏系(藏族来源之二)

第一节　总　论

　　本系专指住居现今西藏之民族。今之西藏民族即吐蕃之后,西文 Tibet 即吐蕃译文,此无复疑义。唯吐蕃之前尚有东女,其地在后藏亦即为西藏民族之先民。尚有更早之嚈哒,其俗一妻多夫,与藏人相类,地虽不全在西藏,然似与藏人亦有关系,学者有谓嚈哒之根据地系在后藏者,故亦置于本章内述之。
　　西藏民族虽自吐蕃起始著,然推测其民族之起源,不能以吐蕃为限,在吐蕃立国之前不能谓其地空无居人也。关于西藏民族之起源有二说:
　　1.神话性质之土著说:藏人自述其起源有极恢奇之神话,谓藏地原在藏曲(Tsang-Chu)即藏河之水底,后经菩萨划分喜马拉雅山,河水流去藏地出现,菩萨且化为猴而生人。
　　"西藏人自传其为猴之苗裔。其猴为菩萨化身(原注:语曰 Avalokites-vara 藏语曰 Chen-re-yi),遇一魔女,与之言曰:'余前世多恶,降生为魔;情欲之神,逼余爱汝。'菩萨心口相商,踌躇再四,竟娶为妇,诞育六孩。其父菩萨,养以神谷,其毛渐脱,其尾渐灭,此《西藏编年史》之言也。[原注:Pu-ton Rim-Po-che 之 Cho-chung 110 页]又一编年史,[原注:Pa-wo Tsuk-lak-re Cho-cheung 第三卷]益之曰:'子女似父者,忠信勤勉,孝友温良,优于辞令。其似母者,作孽好辩,猜狠贪婪,顽劣嬉戏,然其身体率皆坚强,猛勇精悍。'……"《西康图经》）

此种神话自然无历史价值,然其意则谓藏人为土著民族也。

2. 羌族移入说:此系中国史所述,中国史有二说:一说谓吐蕃出自发羌,发转音为蕃,故曰吐蕃,又一说谓吐蕃王室为鲜卑秃发氏之后,其民则为羌族。西人如英国爱第巴喀氏亦谓公历纪元前112年,西藏游牧民族曰羌人者与土耳其人相联结,既而废羌族之名而为藏族云云,盖亦赞同羌族说也。

"吐蕃本西羌属,盖百有五十种,散处河湟江岷间,有发羌唐旄等,然未始与中国通,居析支水西。祖曰鹘提勃悉野,健武多智,稍并诸羌,据其地。蕃发声近故其子孙曰吐蕃而姓勃萃野。或曰南凉秃发利鹿孤之后,二子曰樊尼曰傉檀;傉檀嗣,为乞佛炽盘所灭;樊尼挈残部臣沮渠蒙逊,以为临松太守。蒙逊灭,樊尼率兵西济河逾积石,遂抚有群羌云。"（《新唐书》卷二一六上）

尚有谓吐蕃为印度移入者,然其实系指建立吐蕃国之王室而非指其人民,不能谓其人民皆由印度移来也。西藏之地与青海交通较易而与印度则山岭阻隔,交通较难,古代民族之散布流移大抵视天然环境为标准,藏地与青海相连,则其民族至少自然相类。青海自古为羌人所居地,藏地之有羌殊非不可能,且从民族名称而言,藏字康字实即"羌字转音因音变而字异"（吕思勉:《中国民族史》）。可见藏人之先大约即是羌族也。

第二节 嚈哒

嚈哒又作悒怛、挹阗、滑国,西史作 Ephtalites 或 Hephthalites,又名为白匈奴（White Huns）。嚈哒都城即吐火罗,疆域东自天山南路,西抵波斯,跨有葱岭东西。其兴盛时间约在南北朝,在突厥兴起之前,后即并于突厥,部落分散。当其盛时征服多数国家,东自于阗、疏勒,西至波斯、安息,南及印度西北,皆为所役属。其种族何属,众说纷纭,有"大月氏之种类"、"高车别种"、"车师之别种"三说,皆见于史书。近人丁谦以为"嚈哒为大月氏改名。魏以后修史者俱不明大月氏、嚈哒、吐火罗之沿革……嚈哒王姓也,后裔以姓为国……然以姓为国究在何时亦未能详。考印度史纪元后316年至470年时,古普塔王国为新来匈奴所征服,新来匈奴即大月氏。……月氏改号嚈哒,当在是时。故印度人以'新来匈奴'目之"（《魏书·西域传考证》）。此说盖谓嚈哒即月氏。吕思勉则谓"于邑双声,于于同字,然则嚈哒、悒怛、挹阗仍系于阗音转,此族盖自后藏越南山而北,首据于阗,人因以于阗称之。其后拓土日广,徙居大夏故都(按即指吐火罗),人不复考其得氏之由,乃复别译以嚈哒、悒怛、挹阗等字"。吕氏盖以嚈哒为于阗转音,而其人则属藏系,其证据为一妻多夫之俗(《中国民族史》)。以上诸说高车、车师二说无佐证,只月氏及藏系二说较有力,月氏属氐羌与藏系说亦不甚冲突。嚈哒之一妻多夫俗与今藏人相同而与月氏不类,虽文化不能为民族分类之标准,然亦别无体质特征为标准,姑视之为与藏族相近亦无不可。

"嚈哒国大月氏之种类也,亦曰高车之别种。其原出于塞北,自金山而南在于阗之西,都乌许水南二百余里,去长安一万一百里。其王都拔底延城盖王舍城也,其城方十里余,多寺塔皆饰以金。风俗与突厥略同,其俗兄弟共一妻,夫无兄弟者妻戴一角帽,若有兄弟者依其多少之数更加帽焉。衣服类加以缨络,头皆剪发。其语与蠕蠕、高车及诸胡不同。众可有十万,无城邑,依随水草,以毡为屋,夏迁凉土,冬逐暖处。分其诸妻各在别所,相去或二百三百里,其王巡历而行,每月一处,冬寒之时三月不徙。王位不必传子,子弟堪者死便受之。其国无车有舆,多驰马。用刑严急,偷盗无多少皆要斩,盗一责十。死者富家累石为藏,贫者掘地而埋,随身诸物皆置冢内。其人凶悍能斗战。西域康居于阗、沙勒、安息及诸小国三十许皆役属之,号为大国,与蠕蠕婚姻,自太安以后每遣使朝贡。……至大统十二年遣使献其方物。废帝二年周明帝二年并遣使未献,后为突厥所破,部落分散,职贡遂绝。至隋大业中又遣使朝贡方物,其国去漕国千五百里,东去瓜州六千五百里。"(《北史》卷九七)

按"出于塞北自金山而南",或因其盛时势力达于金山,非果出自金山也。乌许水即阿姆河,王舍城非印度之王舍城。太安,后魏文成帝年号。《南史》称嚈哒为滑国。

"滑国者车师之别种也。汉永建元年八滑从班勇击北虏有功,勇上八滑为后部亲汉侯。自魏晋以来,不通中国。至梁天监十五年,其王厌带夷栗陁始遣使献方物。普通元年遣使献黄师子、白貂裘、波斯锦等物。七年又奉表贡献。魏之居伐都,滑犹为小国,属蠕蠕。后稍强大,征其旁国波斯、盘盘、罽宾、焉耆、龟兹、疏勒、姑墨、于阗、句般等国,开地千余里。土地温暖,多山川少树木,有五谷。国人以面及羊肉为粮。其兽有狮子、两脚骆驼,野驴有角。人皆善骑射,着小袖长身袍,用金玉为带。女人被裘。头上刻木为角,长六呎,以余银饰之。少女子,兄弟共妻。无城郭,毡屋为居,东向开户。其王坐金床,随太岁转,与妻并坐接客。无文字,以木为契,与旁国通则使旁国胡为胡书,羊皮为纸。无职官。事天神,每日则出户祀神而后食。其跪一拜而止。葬以木为椁,父母死其子截一耳,葬讫即吉。其言语待河南人译然后通。"(《南史》卷七九)

按永建为东汉顺帝年号,天监梁武帝年号,河南人即羌人。《新唐书》嚈哒作挹怛,不另立传,附《吐火罗传》后。"挹怛国,汉大月氏之种,大月氏为乌孙所夺,西过大宛击大夏臣之,治蓝氏城,大夏即吐火罗也。嚈哒王姓也,后裔以姓为国,讹为挹怛,亦曰挹阗。俗类突厥,天宝中遣使朝贡。"(《新唐书》卷二二一下)

吐火罗条文中云"地与挹怛杂处",又云"唐册其君为吐火罗叶护挹怛王",可见此时嚈哒已在残破之后,故与吐火罗混合。玄奘《西域记》云"出铁门至覩货逻国。自数百年王族绝嗣,酋豪力竞,依山据谷,分为二十七国,皆役属突厥。"可与上文参证。

第三节 女 国

女国又称东女,以别于西女,为中国人称之之辞,其原名实为苏伐剌拏瞿呾罗。其地在后藏。因以女为王,故称女国,其所以奉女为王,即因其行母系制及一妻多夫俗,与嚈哒及现今藏族之多夫俗同。原非大国故与中国之关系甚和平。与中国之交涉始于隋。

"女国在葱岭南。其国世以女为王,姓苏毗,字末羯,在位二十年。女王夫号曰金聚,不知政事。国内丈夫唯以征伐为务。山上为城,方五六里,人有万家。王居九层之楼,侍女数百人,五日一听朝,复有小女王共知国政。其俗妇人轻丈夫,而性不妒忌。男女皆以彩色涂面,而一日中或数度变改之。人皆被发以皮为鞋。课税无常。气候多寒。以射猎为业。出鍮石、朱砂、麝香、牦牛、骏马、蜀马,尤多盐,恒将盐向天竺兴贩,其利数倍。亦数与天竺、党项战争。其女王死,国中厚敛金钱求死者族中之贤女二人,一为女王,次为小王。贵人死剥皮以金屑和骨肉置瓮中埋之,经一年又以其皮肉铁器埋之。俗事阿修罗神,又有树神,岁初以人祭,或用猕猴,祭毕入山祝之;有一鸟如雌雉来集掌上,破其腹视之,有众粟则年丰,沙石则有灾,谓之鸟卜。隋开皇六年遣使朝贡,后遂绝。"(《北史》卷九七)

唐初曾数次遣使来,唐乃封其女王之夫为王。其后服属吐蕃。唐德宗时求内附入居中国西境。

"东女亦曰苏伐剌拏瞿呾罗,羌别种也。西海亦有女自王,故称东别之。东与吐蕃、党项、茂州接,西属三波诃,北距于阗,东南属雅州罗女蛮、白狼夷。东西行尽九日,南北行尽二十日。有八十城,以女为君。康延川岩险四缭,有弱水南流,缝革为船。户四万,胜兵万人。王号宾就,官曰高霸黎,犹言宰相也。官在外者率男子为之,凡号命女官自内传,男官受而行。王侍女数百,五日一听政,王死国人以金钱数万纳王族,求淑女二立之,次为小王,王死因以为嗣,或姑死妇继,无篡夺。所居皆重屋,王九层,国人六层。王服青毛绫裙,被青裦,袖委于地,冬羔裘饰以文锦为小发髻,耳垂珰,足曳鞰鞻,鞰鞻,履也。俗轻男子,女贵者咸有侍男,被发以青涂面,惟务战与耕而已。子从母姓,地寒宜麦,畜羊马出黄金。风俗大抵与天竺同,以十一月为正。巫者以十月诣山中布糌麦咒呼群鸟,俄有鸟来如鸡状,剖视之有谷者丰岁否即有灾,名曰鸟卜。居丧三年,不易服不栉沐。贵人死剥藏其皮,内骨瓮中,糅金屑瘗之。王之葬,殉死至数十人。武德时王汤滂氏始遣使入贡,高祖厚报,为突厥所掠不得通。贞观中使复至,太宗玺制慰抚。显庆初遣使高霸黎文与王子三卢来朝,授右监门中郎将。其王敛臂使大臣来请官号。武后册拜敛臂左玉钤卫员外将军,赐瑞锦服。天授开元间王及子再来朝,诏与宰相宴曲江,封王曳夫为归昌王、左金吾卫大将军,后乃以男子为王。贞元九年其王汤立悉与白狗君及哥邻君董卧庭、逋租君邓吉知、南水君薛尚悉曩、弱水君董避和、悉董君汤息赞、清远君苏唐磨、咄霸君董藐蓬皆诣剑南韦皋求内附。其种散居西山弱水,虽自谓王,盖小小部落耳。自失河陇,悉为吐蕃羁属,部数千户,辄置令岁督丝絮,至是犹上天宝所赐诏书。皋处其众于维、霸等州,赐牛粮治生业。立悉等入朝,差赐官禄。于是松州羌二万口相踵入附,立悉等官刺史,皆得世袭,然阴附吐蕃,故谓两面羌。"(《新唐书》卷二二一上)

按所谓西女系指西洋之另一女国,《唐书》言"西女西北距拂菻西南际海岛"。康延川或即怒江。

第四节 吐 蕃

1.吐蕃根据地在逻娑川即拉萨,其所统辖地极广,包括西藏、西康、青海及甘肃、新疆、中亚印度一部分。吐蕃之民族,大抵属羌,然其开国之王室则似由印度来。据西藏人所著《蒙古源流考》内所述则其先为土伯特国,其王系由西来即由印度来。土伯特音近吐蕃,而今之西藏亦仍有此名称;如西文称西藏为Tibet即译土伯特之名。就全民族言,吐蕃之统治阶级,即印度人,毕竟居少数,其所役使之人民多属土著之藏人即羌族也。

"巴特沙拉国乌迪雅纳汗生一子。善占之必喇满占之曰:此子克父,必杀之。而锋刃利器皆不能伤。乃贮以铜匣,弃之恒河中。外沙里城附近种地老人收养之。长告以前事。此子遂向东边雪山而去,至雅尔隆赞唐所有之四户塔前,众共尊为汗。时岁次戊申,戊子后千八百二十一年也。是为尼雅特赞博汗。胜四方部落为八十八万土伯特国王。……名哩勒丹苏隆赞,以丁丑年生,实戊子后二千七百五十年,年十三岁,己丑,即汗位。"(《蒙古源流考》)按史家考证名哩勒丹苏隆赞即《唐书》之弃宗弄赞。

吐蕃之文化合高级与下级二种而成。其官制官名异于西北诸族可见系另一系统。从事游牧,然亦有城郭屋宇及农产,此亦可证人民有两种,刑罚重迷信深,无文字尚武勇。

"其俗谓强雄曰赞,丈夫曰普,故号君长曰赞普。赞普妻曰末蒙。其官有大相曰论茝,副相曰论茝扈莽,各一人,亦号大论小论。都护一人曰悉编掣逋。又有内大相曰曩论掣逋,亦曰论莽热。副相曰曩论觅零逋,小相曰曩论充,各一人。又有整事大相曰喻寒波掣逋,副整事曰喻寒觅零逋,小整事曰喻寒波充,皆任国事,总号曰尚论掣逋突瞿。地直京师西八千里,距鄯善五百里。胜兵数十万。国多霆电风雹积雪,盛夏如中国,春时山谷常冰,地有寒疠,中人辄痞促而不害。其赞普居跋布川或逻娑川,有城郭庐舍,不肯处,联毳帐以居,号大拂庐,容数百人,其卫候严而牙甚隘。部人处小拂庐,多老寿至百余岁者。衣率毡韦,以赭涂面为好。妇人辫发而紫之。其器屈水而韦底,或毡为盘,凝麨为碗,实羹酪并食之,手捧酒浆以饮。其官之章饰最上琴瑟,金次之,金涂银又次之,银次之,最下至铜止,差大小,缀臂前以辨贵贱。屋皆平上,高至数丈。其稼有小麦、青稞、麦、荞麦、登豆,其兽牦牛名马犬羊彘,天鼠之皮可为裘,独峰驼日驰千里。其宝金银锡铜。其死葬为冢暨涂之。其吏治无文字,结绳齿木为约。其刑虽小罪必抉目或刖鼻,以皮为鞭挟之,从喜怒无常算。其狱窟地深数丈,内囚于中二三岁乃出。其宴大宾客必驱牦牛使客自射,乃敢馈。其俗重鬼右巫,事羱羝为大神,喜浮屠法,习呪咀,国之政事必以桑门参决。多佩弓刀饮酒不得及乱。妇人无及政。贵壮贱弱。母拜子,子倨父,出入前少而后老。重兵死,以累世战没为甲门,败慑者垂狐尾于首示辱,不得列于人。拜必手据地为犬号,再揖身止。居父母丧,断发黛面墨衣,既葬而吉。其举兵以七忖金箭为契,百里一驿,有急兵,驿人臆前加银鹘,甚急,鹘益多,告寇举烽。其畜牧逐水草无常所。其铠胄精良,衣之周身,窍两目,劲弓利刃不能甚伤。其兵法严而师无馈粮,以卤获为资,每战前队尽死后队乃进。其四时以麦熟为岁首。其戏棋六博,其乐吹螺击鼓。其君臣自为友,五六人曰共命,君死皆自杀以殉;所服玩乘马皆瘗,起大屋冢颠树众木为祠所。赞普与其臣岁一小盟,用羊犬猴为牲,三岁一大盟,夜肴诸坛,用人马牛驴为牲,凡牲必折足裂肠陈于前,使巫告神曰'渝盟者有如牲'。"(《新唐书》卷二一六上)

2.吐蕃之建国自然不及神话式之源流考所言之早,大约不过在中国南北朝时。据《唐史》所言其与唐发生交涉之君主弃宗弄赞之前只能记其六世而已。弃宗弄赞于唐太宗时请尚主,太宗却之,遂侵寇边疆,惧为唐所败,自退。唐遂以文成公主嫁之,自是乃输入中国文化。

"其后有君长曰瘕悉董摩,董摩生陀土度,陀土生揭利失若,揭利生勃弄若,勃弄生讵素若,讵素生论赞素。论赞生弃宗弄赞,亦名弃苏农,亦号弗夜氏,其为人慷慨才雄,常驱野马牦牛驰刺之以为乐。西域诸国共臣之。太宗贞观八年始遣使者来朝,帝遣行人冯德遐下书临抚。弄赞闻突厥、吐谷浑并得尚公主,乃遣使赍币求昏,帝不许。使者还妄语曰:'天子遇我厚,几得公主,会吐谷浑王入朝,遂不许,殆有以间我乎?'弄赞怒,率羊同共击吐谷浑,吐谷浑不能亢,走青海之阴,尽取其赀畜,又攻党项、白兰羌破之,勒兵二十万入寇松州。……初东寇也,连岁不解,其大臣请返国不听,自杀者八人;至是弄赞始惧引而去,以使者来谢罪,固请昏,许之。遣大论薛禄东赞献黄金五千两,它宝称是,以为聘。十五年妻以宗女文成公主,诏江夏王道宗持节护送,筑馆河源;王之国,弄赞率兵次柏海亲迎见道宗,执婿礼恭甚;见中国服饰之美,缩缩愧沮。归国自以其先未有昏帝女者,乃为公主筑一城以夸后世,遂立宫室以居。公主恶国人赭面,弄赞下令国中禁之。自褫毡罽袭纨绡为华风,遣诸豪子弟入国学习诗书,又请儒者典书疏。"(《新唐书》卷二一六上)

弃宗弄赞死后,遂寇唐而灭吐谷浑、党项诸国。虽再与唐和亲及盟誓,然旋盟旋背侵掠不息。唐自安史乱后西防空虚,吐蕃乘机东侵,曾入京师一次,后复与回纥联兵来,幸回纥反助唐击退之。

"宝应元年陷临洮,取秦、成、渭等州。明年使散骑常侍李之芳、太子左庶子崔伦往聘吐蕃留不遣。破西山合水城,明年入大震关,取兰河、鄯、洮等州,于是陇右地尽亡。进图泾州入之,降刺史高晖,又破邠州入奉天,副元帅郭子仪御之。吐蕃以吐谷浑、党项兵二十万东略武功渭北。行营将吕日将战盩厔西破之,又战终南,日将走,代宗幸陕,子仪退趋商州。高晖道虏入长安,立广武王承宏为帝,改元,擅作赦令署官吏,衣冠皆南奔荆襄或逋栖山谷,乱兵因相攘钞,道路梗闭。光禄卿殷仲卿率千人壁蓝田,选二百骑度浐。或绐虏曰:'郭令公军且来',吐蕃大震。会少将王甫与恶少年伐鼓噪苑中,虏惊夜引去。子仪入长安高晖东奔至潼关,守将李日越杀之,吐蕃留京师十五日乃走,天子还京。"(《新唐书》卷二一六上)

吐蕃入寇时掳掠汉人甚多,攻占中国土地亦广。在民族之混合上虽有关系。然当时汉人亦甚痛苦。

"虏又剽汧阳、华亭男女万人以畀羌浑,将出塞令东向辞国,众恸哭投堑谷死者千数。……始沙州刺史周鼎为唐固守,赞普徙帐南山,使尚绮心儿攻之。……州人皆胡服臣虏,每岁时祀父祖,衣中国之服,号恸而藏之。……兰州地皆粳稻桃李榆柳,岑蔚户皆唐人,见使者麾盖夹道观,至龙支城耋老千人拜且泣,问天子安否,言:'顷从军没于此,今子孙未忍忘唐服,朝廷尚念之乎?兵何日来?'言已皆呜咽,密问之丰州人也。"(《新唐书》卷二一六下)

吐蕃传至达磨为赞普时,天灾饥疫并作,国势骤衰。会因王嗣绝遂引起内讧。

"达磨嗜酒好畋猎,喜内,且凶愎少恩,政益乱。开成四年遣太子詹事李景儒往使吐蕃,以论集热来朝献玉器羊马。自是国中地震裂,水泉涌,岷山崩,洮水逆流三日,鼠食稼,人饥疫死者相枕藉。"(《新唐书》卷二一六下)

唐兵乘之,遂收复前此失地,然唐之国力已疲,不久亦亡矣。

"大中三年……凤翔节度使李玭复清水。泾原节度使康季荣复原州,取石门等六关,得人畜几万。灵武节度使李钦取安乐州,诏为威州。邠宁节度使张钦绪复萧关、凤翔,收秦州。山南西道节度使郑涯得扶州,凤翔兵与吐蕃战陇州,斩首五百级。是岁河陇高年千余见阙下,天子为御延喜楼赐冠带,皆争解辫易服。……明年沙州首领张义潮奉瓜、沙、伊、肃、甘等十一州地图以献。……后中原多故,王命不及,甘州为回鹘所并,归义诸城多没。"(《新唐书》卷二一六下)

3. 唐亡后吐蕃亦分裂不复振。宋与西夏构兵曾利用吐蕃中较强之部夹攻之。初封其西凉府首领潘罗支为防御使,后西凉为西夏所取,复用宗哥城首领唃厮啰为节度使进封郡王。唃厮啰曾孙陇拶、玄孙木征皆内附,入朝,赐姓为赵,并改汉名。

"唐末瓜沙之地复为所隔,然而其国亦自衰弱,族种分散,大者数千家,小者百十家,无复统一矣。自仪、渭、泾、原、环、庆及镇戎、秦州暨于灵夏皆有之,各有首领。内属者谓之熟户,余谓之生户。凉州虽为所隔然其地自置牧守,或请命于中朝。……凉州郭外数千里尚有汉民陷没者耕作,余皆吐蕃。……西凉府六谷都首领潘罗支愿戮力讨继迁,请授以刺史仍给廪禄。……唃厮啰者绪出赞普之后,本名欺南陵温籛逋,籛逋犹赞普也羌语讹为籛逋。……部族寖强乃徙居宗哥城。……厮啰立文法聚众数十万请讨平夏以自效。……及元昊取西凉府,潘罗支旧部往往归厮啰,又得回纥种人数万。……已而厮啰召酋豪大犒约尽力无负,然终不能有大功。"(《宋史》卷四九二)

4. 蒙古未灭宋时即先征大理及吐蕃,大理败灭,吐蕃震惧。时喇嘛之势力已甚大,喇嘛扮底达遂偕吐蕃酋唆火脱出降,自此蒙古人亦信喇嘛教,而吐蕃乃与蒙古由宗教上而联合。

"分兵取附都、鄯阐、乌蠻等部,进入吐蕃,渠长唆火脱惧出降。"(邵远平《元史类编》卷二)

"帝师帕克斯巴(即八思巴)者土番……人……相传自其祖……以其法佐国主霸西海者十余世。帕克斯巴生七岁,诵经数十万言能约通大义,国人号圣童,故名帕克斯巴。……年十有五谒世祖于潜邸与语大悦,日见亲礼,中统元年,世祖即位,尊为国师。"(《元史》卷二〇二)

"元起朔方,固已崇尚释教,及得西域,世祖以其地广而险远,民犷而好斗,思有以因其俗而柔其人,乃郡县土番之地,设官分职而领之于帝师,乃立宣政院,其为使位居第二者必以僧为之,出帝师所辟举而总其政于内外者,帅臣以

下亦必僧俗并用,而军民通摄,于是帝师之命与诏敕并行于西土。"(《元史》卷二〇二)

第五节 明代之乌斯藏

元亡明兴时吐蕃已改称为乌斯藏。明廷仍仿元人之遗策以优遇喇嘛为笼络藏人之妙法,加封有力之喇嘛为国师,因其兼握政权故又谓之法王。法王与国师初甚多,后乃统一于一"活佛"。除宗教外并用互市及多授番官之法以怀柔藏人,其效甚著。

"乌斯藏在云南西徼外,去云南丽江府千余里,四川马湖府千五百余里,陕西西宁卫五千余里。其地多僧无城郭,群居大土台上,不食肉娶妻,无刑罚,亦无兵革,鲜疾病。佛书甚多,《楞伽经》至万卷。其土台外僧有食肉娶妻者。元世祖尊八思巴为大宝法王赐玉印,既没赐号'皇天之下一人之上宣文辅治大圣至德普觉真智佐国如意大宝法王西天佛子大元帝师'。自是其徒嗣者咸称帝师。洪武初太祖惩唐世吐蕃之乱,思制御之惟因其俗尚用僧徒化导为善,乃遣使广行招谕。又遣陕西行省员外郎许允德使其地,令举元故官赴京授职。于是乌斯藏摄帝师喃加巴藏卜先遣使朝贡。五年十二月至京,帝喜赐红绮禅衣及鞋帽钱物。明年二月躬自入朝,上所举故官六十人帝悉授以职,改摄帝师为炽盛佛宝国师。……有僧锁南坚错者能知已往未来事,称'活佛',顺义王俺答亦崇信之。万历七年以迎活佛为名西侵瓦剌为所败。此僧戒以好杀劝之东还,俺答亦劝此僧通中国。乃自甘州遗书张居正自称释迦摩尼比邱,求通贡馈以仪物;居正不敢受,闻之于帝,命受之而许其贡。由是中国亦知有活佛。此僧有异术能服人,诸番莫不从其教,即大宝法王及阐化诸王亦皆俯首称弟子,自是西方止知奉此僧,诸番王徒拥虚位不复能施其号令矣。"(《明史》卷二三一)

第六节 清代至今之西藏

1.清代乌斯藏又改称西藏。清与西藏之关系发生颇迟。康熙时因西藏第巴,即政务官,桑结阴构准噶尔部抗清,且操纵达赖之拥立。四十四年青海之拉藏汗乃杀桑结为立新达赖,而青海诸蒙古又以新达赖为假而迎立别一达赖。会拉藏汗亦于康熙五十六年为攻藏之准噶尔部酋长策妄阿喇布坦所杀。清乃于康熙五十九年派大兵入藏击准噶尔兵,自此收西藏入中国版图。

"西藏古三危地,其种人曰唐古特族,亦称土伯特,即唐时之吐蕃也。在贞观中自印度迎僧侣入国都拉萨布教,僧侣称喇嘛,受王室保护,有特权。元世祖时喇嘛八思巴者有道术,世祖欲表示其信仰尊为国师封法王,使领藏地,居后藏扎什伦布附近。明代尤敬礼有加。其法王衣冠皆赤。永乐初有宗喀巴喇嘛者出,以宗教改革自任,别创新派,自服黄衣黄冠谓之黄教,而名旧教喇嘛曰红教,黄教盛行于前藏,其势力不亚于法王。宗喀巴圆寂后其徒二,一曰达赖喇嘛,一曰班禅喇嘛,并居拉萨为黄教宗主。其教禁娶妻,其嗣续法谓达赖、班禅两喇嘛不死,惟为'呼毕尔罕',译言转世也。达赖一世曰敦根珠巴,二世曰敦根坚错,三世琐南坚错,四世云丹坚错,至五世罗卜藏坚错,于顺治九年来朝,世祖封为西天自在大善佛。康熙二十一年脱缁(藏言死也)。其第巴(藏言政务官也)桑结秘不发丧,一切矫命行之。噶尔丹在藏时颇受桑结优待,故君临准噶尔后凡百听其驱策,桑结构使之与和硕特喀什噶尔、喀尔喀诸汗相仇杀。……五十九年……策凌敦多布拒战于土拉池附近,三战三北。是月噶尔弼军越拉里而西自墨朱工入拉萨,召集大小第巴宣布德意,诛喇嘛助乱者五人幽九十余人。策凌敦多布进退受敌不敢归藏,由腾格里湖北窜,崎岖冻馁,得生还伊犁者不及半数矣。九月新达赖入藏,噶尔弼取拉藏所立达赖归京师,西藏平定。留蒙古兵二千镇守其地,而以拉藏旧臣贝子康济鼐及台吉颇罗鼐分掌前后藏政权,设驻藏大臣以监之,自是西藏始确为中国属土矣。"(《清史纪事本末》卷十四)

雍正二年封颇罗鼐为郡王,使总辖西藏之事,又留正副大臣二人兵二千使分驻前后藏,即为驻藏大臣之始。乾隆十五年颇罗鼐之子通准噶尔,二大臣被杀,清廷令四川军平之,自是废汗、郡王、贝勒、台吉等爵,而设四噶布伦分掌藏政,再以驻藏大臣总领之。乾隆五十五年廓尔喀侵藏,清廷命福康安进讨,廓尔喀乞降,自是驻藏大臣始与达赖、班禅平等。

2. 近世英人既并印度遂进窥西藏。乾隆四十五年订立英藏通商条约。光绪十一年英人入藏探险被阻。十三年英藏因争哲孟雄地发生战争,藏人战败。三十年英转与西藏直接交涉,英派兵入藏抵拉萨,藏人被逼缔结《印藏条约》,中国主权大为损失。三十三年中英缔《北京条约》,中国遂划分康藏。宣统元年达赖被清廷革职,逃印度,遂亲英。民国元年驻藏军队叛掠西藏,藏人迎回达赖,宣布独立,出兵侵西康。英人乘机干涉,于民国二年召集中藏代表与英人在印度之西姆拉开会议,要求中国承认西藏有完全自主权,中国代表拒之。三年续开大会于德里,英再提议分西藏为内外二部,外藏包括西藏及西康之昌都,设独立政府,内藏包括里塘、巴塘,直接由中国统治,中国不签字正约。十三年班禅为达赖所逼,来京求援。二十二年达赖逝世遗嘱拥护中央。政府乃于二十三年派黄慕松入藏宣慰,中藏复行接近,政府尚拟援助班禅回藏,及选派驻藏长官,至今迟迟未敢即行。

3. 现代藏人之风俗文化亦有其特殊色彩,如古代吐蕃之一妻多夫俗,今仍存在,喇嘛教风靡全藏,藏人之风俗几皆宗教化,其他饮食丧葬亦皆异于汉族。

(1)职业:"全境人民五分之三均以畜牧为业。此等村户名曰'卓巴',皆以牛毛所织之帐房为居室,日夜与牲畜同居,四时逐水草迁徙。富者之毛牛奶牛、山羊、绵羊、骡马,动以千计;普通之家亦有数十头。"(刘家驹《康藏》)

"山麓平原,大河流域,以及低洼之处,则土质较腴,气候温和,均宜于耕种。出产最普通者有青稞、大麦、小麦、油麦、玉蜀黍、圆根及少数蔬菜之属。"(刘家驹:《康藏》)

(2)衣服:"藏人衣服,均属宽袍大袖,以带束于腰间,长仅及膝。衣料多出羊毛制。……除此等毛织物及毛皮以外,藏人亦穿绸缎衣服,色尚红黄。男子留辫发,手带银戒指,头箍象牙箍,女子则未嫁时脑后另分一辫,辫上系首饰;已聘则以聘定之物戴于头上;已嫁则不复发辫矣。"

(3)饮食:"藏人日常饮食以糌粑、牛羊肉、奶子、奶渣等为主,而又以糌粑为主要而普遍之食品。糌粑者炒青稞(麦之一类)粉为之,为藏中惟一淀粉质之食料。惟糌粑与牛羊肉等性燥而滑腻,须以茶为荡涤饮料。故藏人不拘贵贱,而茶则不可一日或缺。……进餐不用箸,以手掬而食,或用木碗,食毕以舌舐之,然后藏于怀中,与蒙人同。"

(4)居住:"藏人居室可分住房及帐棚两种。住房之垒土而高者曰碉房,垒石而高者曰碉楼,多营造于崄巇悬岑之上。……游牧者住帐棚,棚用粗牛毛织成,其色黑,故通称黑帐房;四面支以小柱,随时可以移动,有若蒙古包也。"

(5)婚姻:"藏中行一妻多夫制,往往一门昆仲,即共一妻,生子则先予其兄,以次递及,云可保持祖业,免除妯娌之争吵。实则藏中生活艰苦,多妻必多生育,惟有多夫,则生育可减少云。"

(6)丧葬:"藏中丧葬,异于内地,其制凡分四种。人死后,以其尸体送剐人场,缚于柱,碎其肉,喂诸犬,谓之地葬。将尸骨用石臼捣碎成粉末,与炒面搓团喂犬饲鹰,谓之天葬。凡天葬地葬,均须请剐人办理,故非小康或有钱之家莫办。其贫困无力者,弃尸体于水,以饲鱼虾,谓之水葬。至若喇嘛与贵族,则死后以其遗体火化筑塔,谓之火葬。"(以上诸段见华企云《西藏民族之检讨》)

第七节 西 番

1.西番(Hsi-fan)。住西康省及四川西部南部、云南西北部。或谓属羌之遗裔(任乃强《西康图经》),通常谓属藏族。此二说亦无甚冲突,因羌与藏实有密切关系,并非迥不相同之两民族,且西番介居两者之间既类于羌亦类于藏,可视为两者之混合也。本书所以置于藏系盖以西番住地实较近于藏而略远于羌,且通常大都置藏族中故亦置于此。

2. 附国嘉良夷。西番在历史上未尝建立大国，只有小国或部落，在隋为附国嘉良夷，唐时并于吐蕃为所役使以攻唐之西境。

"附国者蜀郡西北二千余里即汉之西南夷也。有嘉良夷，即其东部所居，种姓自相率领。土俗与附国同，言语少殊，不相统一，其人并无姓氏。附国王字宜缯，其国南北八百里，东西千五百里，无城栅，近川谷傍山险。俗好复仇，故垒石为碉而居，以避其患。其碉高至十余丈下至五六丈，每级丈余，以木隔之，基方三四步，碉上方二三步，状似浮图，于下级开小门，从内上通，夜必关闭以防贼盗。国有二万余家，号令自王出。嘉良夷政令系之酋帅。重罪者死，轻罪罚牛。人皆轻捷便于击剑。漆皮为牟甲，弓长六呎，以竹为弦。妻其群母及嫂，儿弟死父兄亦纳其妻。好歌舞，鼓簧吹长笛……其俗以皮为帽，形圆如钵，或带幂䍦，衣多毛毧皮裘，全剥牛脚皮为靴，项系铁锁，手贯铁钏。王与酋帅金为首饰，胸前悬一金花，径三吋。其土高，气候凉，多风少雨。土宜小麦青稞，山出金银，多白雉，水有嘉鱼，长四呎而鳞细。大业四年其王遣使素福等八人入朝，明年又遣其弟子宜林率嘉良夷六十人朝贡，欲献良马，以路险不通，请开山道以修贡职，炀帝以劳人不许。嘉良有水阔六七十丈，附国有水阔百余丈，并南流，用皮为舟而济。附国南有薄缘夷，风俗亦同，西有女国。"(《隋书》卷八三)

3. 朵甘、鱼通等。唐末吐蕃分裂，西番复独立为数小国，名朵甘、鱼通、巴等。元置朵甘卫，及鱼通、碉门、长河西等六安抚司。明初仍置朵甘指挥使司，长河西鱼通宁远宣慰司，董卜韩明宣慰司，天全六番招讨司，杂谷安抚司等，以土酋自治之。

"朵甘在四川徼外南与乌斯藏邻。唐吐番地。元置宣慰司、招讨司、元帅府、万户府，分统其众。洪武二年太祖定陕西即遣官赍诏招抚，又遣员外郎许允德谕其酋长，举元故官赴京。摄帝师喃加巴藏卜及故国公南哥思丹八亦监藏等于六年春入朝，上所举六十人名。帝喜置指挥使司二，曰朵甘曰乌斯藏，宣慰司二，元帅府一，招讨司四，万户府十三，千户所四，即以所举官任之。……初太祖以西番地广人犷悍，欲分其势而杀其力使不为边患，故来者辄授官；又以其地皆食肉，倚中国茶为命，故设茶课司于天全六番，令以马市，而入贡者又优以茶布，诸番恋贡市之利，且欲保世官，不敢为变。迨成祖益封法王及大国师西天佛子等，俾转相化导以共尊中国，以故西陲冥然，终明世无番寇之患。"(《明史》卷三三一)

"长河西鱼通、宁远宣慰司在四川徼外，地通乌斯藏，唐为吐蕃，元时置碉门、鱼通、黎雅、长河西、宁远六安抚司隶吐番宣慰司。洪武时其地打煎炉长河西土官元右丞刺瓦蒙遣其理问高惟善来朝贡方物，宴赉遣还。……三十年春……为置长河西鱼通宁远宣慰司，以其酋为宣慰使，自是修贡不绝。初鱼通及

宁远、长河西本各为部,至是始合为一。"(《明史》卷三三一)

"董卜韩胡宣慰司在四川威州之西,其南与天全六番接,永乐九年酋长南葛遣使奉表入朝贡方物。"(《明史》卷三三一)

4. 金川。西番有住于四川西境者,其地隋置金川县,唐属维州,至明隶杂谷安抚司,清初内附。后分为大小二处,大金川在今四川理番县属之绥靖屯,小金川在四川懋功县。清乾隆十二年其酋莎罗奔反乃遣大军征之,十四年降。后仍不服,三十六年复大举征之,直至四十一年始全定。计两次用兵,数易大将,久乃克之,然其地不过千里人不满三万众,可见土人抵抗之烈。

"十二年春三月命云贵总督张广泗改督川陕驻四川,相机进剿大金川苗部。金川为四川西边诸土司之一,为汉冉駹地,隋置县,唐属雅州,明隶杂谷安抚司。本吐蕃领地,俗信喇嘛教。明时封其部哈伊拉木为演化禅师。世有大小金川流域地,后分两部,居小金川者曰攒拉(译言小河滨),居大金川者曰促浸(译言大河滨)。顺治七年授小金川酋卜儿吉细土司职。康熙五年授大金川酋嘉勒巴演化禅师印,雍正元年以嘉勒巴孙莎罗奔于康熙五十九年从征西藏羊冈有功,授为金川安抚使。乾隆十一年莎罗奔势强盛,谋兼并诸邻部,以结婚政策羁縻小金川酋泽旺而夺其印,以与泽旺弟土舍良尔吉,复以兵力侵略革布什咱及明正土司,并击伤中国之赴援军。至是以广泗前征苗有功命移节川中,专任大金川军事。广泗至进屯小金川之美诺,信用汉奸王秋言、良尔吉为乡导。然大金川地险又长于防御工事,以石筑高垒,名曰战碉,大小林立,围攻数月诸将多失事。……四十年秋八月阿桂、丰伸额明亮攻破大金川之勒乌围,进围噶尔崖(括耳崖)。自三十八年十二月阿桂等军分三道进攻大金川,阿桂自小金川攻其东,丰伸额明亮自党坝攻其西北,富德自革布仆咱攻其西南。三十九年七月阿桂军逼勒乌围。……四十一年春二月阿桂等攻克噶尔崖,莎罗奔、索诺木帅众降,金川全境荡平。阿桂等围攻噶尔崖四十余日,索诺木始与莎罗奔挈家族以下二千余人出降,并俘献京师。大金川再定。两金川既平,诏以小金川地为美诺厅(后改名懋功),以大金川地为阿尔古厅(即今绥靖屯),直隶四川。"(《清史纪事本末》卷三十)

5. 现今之西番。西番所住多在康即喀木。清末因英人觊觎西藏始思划清康藏之界,于光绪三十二年设边务大臣治其地。入民国后割四川及西藏之地为川边特别区域,民国十三年改为西康特别区域,十七年中央一五三次会议改为西康行省。除西康外尚有住于四川、云南者,另有其他名称,实皆西番也,分述于下:

(1)西番本支(Hsi-fan)又名巴苴。此指住于西康之纯粹西番。人口68万。其体质适应寒冷干燥之地,颇异于汉人。皮肤厚而密,汗孔稀少,发粗而短,须几于无,四肢骨节不膨大,眼眶圆。其风俗如下:

"牧业为西康之原始生业,直至今日,牧业尤重于农……牧场住民,番语曰'绒擦娃',汉语曰'牛厂娃',所居地曰牛厂。无房舍,亦无定处。春暖草长,则率其牛羊群向高山放牧;秋风起,又渐驱向河谷饲养。所至撑牛帐而居,故呼曰'帐房娃',其人男子戴毡帽,穿蛮皮袄,褶束腰部使褊长及膝,背襟即为腰囊,可收藏其全副日用物品,裸足着番靴。……西康农民,称'庄房娃',谓有庄稼可种,有房屋可住也。……其人起居饮食一切物质享用,皆较牛厂娃优,社会组织,风俗礼仪,亦较繁杂。……西康商人,属于尊贵阶级,地位在土司喇嘛之下,农牧百姓之上……'小娃子',西康之特殊职业也。凡僧官、土司、头人家皆有之。位愈高资产愈大者,娃子愈多。男曰'役部',女曰'役姆',与我国古时奴婢之义相同。……西康民族在佛化未入已前,原以劫杀为英雄事业,虽在今日,此风犹有存者。……番人升楼之梯,为独木梯,俗呼蛮楼梯,用整条木柱造成。……上下甚速,毫无不便。汉人初习之则如临深履薄,兢兢若将倾坠矣。草地规矩,惟有官爵者之住室,如土司官寨、汉官衙门与台站等,始得用汉楼梯。……康番各种工业,皆无足观。惟砌乱石墙之工作独巧。……世称前藏三十一城,后藏十七城,实皆无城,不过多数碉房集合之巨镇而已。如此诸镇并无墙垣绕之,亦无街衢巷衖之制。……番人住宅无论大小华朴,屋顶皆坦平如坻。……番人无桌椅之属,恒盘脚坐于地板,贵者藉一毡毧。番人寝无床榻,张长垫于地板而卧。……牛厂娃父子翁媳寝处共一帐房无分别。……糌粑酥油牛肉与茶,为番民四大食品,盐为唯一调和。古代番族,似只有此五种食品。其后渐增。直至今日,普通番人食物亦不过十余品耳……糌粑系番语,汉籍有称之为炒面者……古时番人之衣,唯一羊裘。昼夜一羊裘,四季一羊裘,毕生一羊裘,男女老少通用一羊皮裘而已。今之牧民,尚且如此。……番人对于战争与劫掠,常混为一事,不加分别。此种武装队伍之组合,常以村为单位,由村长或喇嘛寺组持纠合之。全村每家一人。或只邀少数有力人户之壮丁组织之。重大战役,乃编录全部之壮丁。队伍集合,并无行列进退等训练。……虽人自为战,而其团体凝结,天然坚固。进退和战,皆以会议行之,无任个人意志行动者。其作战,不重杀人,而重抢劫。……番家兄弟数人共娶一妻者甚多,谓如此可增进弟兄之友谊,消灭家庭之祸乱。嫁女者亦不以多夫为耻。婚礼成后,妇住一室,弟兄皆寝他所;有欲敦伦者,入妇室,以其帽或靴带挂门上,后来者望见,即自避去。妇得子女,呼诸人皆为父不究所出。……今西康丹巴县与四川懋功县即大、小金川之地旧无汉人入境,乾隆平金川后,始设屯戍,移垦民,尚未设官兴教。至今才一百二十余年,其地番民汉化已深;语言习俗,存番制者什四五耳。……唐宋中国衰乱之时,番族确曾占领松茂黎雅之地。明末清初,四川遭流寇之乱,千里无烟火;番族东徙,确曾到达邛州。《崇庆州志》载西北某山寺,清初为番僧卓锡之所;故志中有大宝法王志传等文。天全六番,雍正始经改流。则四川西部,清初固皆番族也。今则大渡河以东,建昌道属地,已无番人遗俗。大渡河以西,折多山以东,北至松理茂汶之地,虽有番族亦皆汉化;西人游历考察者,率皆认折多山为汉番界限。两百年中,此部番民,同化如此之速者,汉番混合故也。"

(2)么些(Moso):自称纳西(Na-shi)。居于西康之南及云南之西北部。唐时为摩娑蛮属南诏,宋时为摩些诏,属大理。元世祖征云南时迎降。明初授丽江土知府,为明防吐蕃。万历中势甚强,拓地甚大,东至雅龙,西抵怒江,北至打箭炉,巴、里塘附近;降服栗粟、怒夷、狄夷诸族;其酋称木天王,然未建国号;有么些文,其酋之子弟且通中国文。清初渐衰,雍正时降为土通判,然至今人口尚有三十余万,其地纵横二三百里,文化亦不低。

"丽江南诏蒙氏置丽水节度。宋时么些蛮蒙醋据之。元初置茶罕章宣慰司,至元中改置丽江路军民总管府,后改宣抚司。洪武十五年置丽江府,十六年蛮长木德来朝,贡马,以木德为知府。……丽江自太祖令木氏世官守石门以绝西域,守铁桥以断吐蕃,滇南藉为屏藩。……云南诸土官知诗书好礼守义以丽江木氏为首云。"(《明史》卷三一四)

"么些即《唐书》所载么些兵是也。元籍丽江,明土知府木氏攻取吐蕃六村、康普、叶枝、其宗、喇普地,居其民,徙么些戍之。后渐蕃衍,倚山而居,覆板为屋,檐仅容人。自建设以来男皆剃头辫发不冠,多以青布缠头,衣盘领白绸,不袭不裹,锦布袴不掩膝。妇髻向前,顶束布,勒若菱角,耳环粗如藤,缀如龙眼果,铜银为之,视家贫富,衣白褐青绿及脐为度,以裙为裳,盖膝为度,不着袴,裹臁肕以花布带束之。……男妇老幼率喜佩刀为饰。……头目效华人衣冠而妇妆不改。……建设时地大户繁者为土千总把总为头人,次为乡约,次为火头,皆各子其民,子继弟及,世守莫易,称为木瓜,犹华言官也。……有字迹专象形,人则图人,物则图物,以为书契。无姓名,以祖名末一字父名末一字加一字为名,递承而下。……头目有二三子必以一子为喇嘛。……自设流官以来俱极恭顺畏法,读书识文字者多有之,补弟子员者四人,中式武举者一人。"(《维西见闻记》,《小方壶斋》八帙引)

(3)古宗:又作㹱㹭,在云南西北部中甸阿墩子等地。古宗之种属学者或直接置藏人内,或置西番内。若视西番与藏人为绝无关系之两族,于此自然大有问题,然若视藏族可包括西番则古宗自然亦属藏族,唯古宗近于西番而远于藏人本支,故不如直接置于西番内而间接属于藏族。任乃强谓"余考古宗木西番之一支。盖摩些与西番原以金沙江为天然分野,自唐迄明摩些强盛征服番族呼之为㹱㹭(呼雪山以北未被征服之番为巴苴),被征服之番亦颇化其习俗,与雪山以北之西番微异。滇人少人康者不知西番,故从摩些语呼为古宗,西人以凡与西藏同俗之民族皆为图伯特,故有诸异称也。"(《西康图经民俗篇》)颇有见地。

"古宗即吐蕃旧民也,有二种,皆无姓氏。近城及其宗喇普明木氏屠未尽者散处于么些之间,谓之么些古宗,奔子栏、阿墩子者谓之臭古宗,语言虽同,习俗性情迥别。么些古宗大致同么些,惟妇髻辫发百股,用五时横木于顶挽而束之,耳环细小与么些异。臭古宗以土覆屋,喜楼居。近衢市者男则剃头,衣冠尚仍其旧。僻远者男披发于肩,冠以长毛羊皮染黄色为檐,顶缀红线缨,夏亦不改,红绿十字文罽为衣,冬或羊裘不表,皆盘领阔袖束带,佩尺五木鞘刀于左腰间,着茜红革靴。……土官头目剃头辫发,入城用华人衣冠,归则易之。……食毕手脂腻悉揩于衣,无贵贱皆然,其人率膻秽不可近,臭古宗所由名欤。兄弟三四人共妻一妻,由兄及弟,指各有珙,入房则系之门以为志,不紊不争;共生子三四人仍共妻,至六七人始二妻,或独妻则群谓之不友,而女家不许。……人死无棺,生无服,延喇嘛卜,其死之日或寄之乔木食鸟,或投之水食鱼,或焚于火骨弃不收。……信佛宗拜喇嘛视么些为尤谨。习勤苦善治生,甚灵慧,耕耘之暇则行货为商,所制鋈银铁器精工。……弓矢火器亦能为之,此皆非么些所能。"(《维西见闻记》,《小方壶斋》引)

(4)怒子(Lü-tsö)(Lutze)——怒子居怒江沿岸,北抵察哇龙,南与栗粟住地相混。关于怒子之旧记载最令人怀惑。《皇清职贡图》谓其"性猛悍",《旧云南通志》亦谓其"刚很好杀",然又另指"过怒江十余日有野夷名㹢子"。《维西闻见录》又言其"性怯而懦",最近任乃强《西康图经》亦言其"性最驯怯",以为系狓夷之误,谓"狓夷凶犷,狓强怒弱,怒常役属于狓夷,故谈者常混怒狓为一族",然而尹明德之调查录《滇边野人山及恩梅开江迈立开江流域人种》又言球夷(即狓夷)"性怯懦""受察瓦龙及栗粟骚扰"云云。兹引《维西见闻记》于下:

"怒子居怒江内界连康普、叶枝、阿墩之间,迤南地名罗麦基接连缅甸,素号野夷,男女披发面刺青文,首勒红藤,麻布短衣,男着袴女以裙,俱跣。……精为竹器织红文麻布,么些不远千里往购之。性怯而懦,其道绝险,而常苦栗粟之侵凌而不能御也。……自贡以来受约束知法度,省志乃谓其刚狠好杀过矣。"(《维西见闻记》)

(5)狓子(Kiutze):又名㹢子。

"狓人居澜沧江大雪山外系鹤庆丽江西域外野夷,其居处结草为庐,或以树皮覆之。男子披发着麻布短衣袴,跣足;妇耳缀大铜环,衣亦麻布,种黍稷劚黄连为生。性柔懦不通内地语言,无贡税。更有居山岩中者衣木叶,茹毛饮血,宛然太古之民。狓人与怒人接壤,畏之不敢越界。"(《皇清职贡图》,《云南通志》卷一八五引)

怒子与狓子之强弱固不易确定,然《皇清职贡图》之记载似不及《维西见闻记》之翔实(见《西康图经》页三二一),前者言怒强狓弱,后者只言怒弱,不言及狓。且怒住怒江滨,狓则在更西之,狓江其地已近野人山,狓之野人性质似较为可能。然此事尚待实地调查方能解决也。

至于狓人与怒人"言语不通"(《旧志》)或非同系,狓人居近野人山或与缅甸系之野人有关,怒人恐亦非纯粹属西番,如任乃强即言"怒子为类似熟栗粟之民族,狓子为类似猓猁之民族"。按猓猁即指喀钦即野人也。(参看罗罗缅甸系章)

藏系参考书

1. 《北史》卷九七
2. 《南史》卷七九
3. 《隋书》卷八三
4. 《新唐书》卷二一六、二二一
5. 《宋史》卷四九二
6. 《元史》卷二〇二
7. 《明史》卷三三一
8. 《清史纪事本末》卷十四、三十
9. 《大唐西域记》
10. 《小方壶斋舆地丛书》:《维西见闻记》
11. 《云南通志》卷一八五
12. Rinchen Lhams 著,汪今鸾译:《西藏风俗志》
13. 陆军部:《西藏通览》
14. 段克兴:《西藏奇异志》
15. 刘家驹:《康藏》
16. 任乃强:《西康札记》
17. 任乃强:《西康图经境域篇》
18. 任乃强:《西康图经民俗篇》
19. 唐柯三:《赴康日记》
20. 华企云:《中国边疆》
21. 铁盦:《西藏问题》(《边事研究》二卷五期)
22. 华企云:《西藏民族之检讨》(《边事研究》三卷五期)
23. 聂崇歧:《西藏之今昔》(《地学杂志》十九年二期)
24. 西北问题:《康藏专号》
25. 崔中石:《藏族与唐代关系之史略》(《边事研究》二卷五期)
26. 吕思勉:《中国民族史》
27. 梁任公:《中国历史上民族之研究》

28. 宋文炳:《中国民族史》
29. Bell, C., *Tibet Past and Present*

第十四章　苗瑶系(今自为一族)

第一节　总　论

苗族自称为 Mun 或 Mon,音与蛮甚近,与苗(Miao)首字母 m 同,此三字大约系由音转而递变也。鸟居龙藏氏谓"Miao 之一名称或为彼等昔日自称之词,故汉族初与彼等接触,遂以其自称之音相近似之苗、猫等字以名之"。按今之苗族实非上古时之有苗,而为秦汉之蛮之后,蛮音与 Mun,Mon 较苗音为近,故不如谓苗系由蛮音转,蛮则汉人以汉字表 Mun,Mon 之音也。《书·牧誓》"及庸、蜀、羌、髳、微、卢、彭、濮人",《诗·小雅》"如蛮如髦"正义谓"彼髳,此髦,音义同也",《毛传》"髦夷髦也",吕思勉以为"如蛮如髦"乃"以双声之字为重言"。髳及髦之音更近于苗,然则苗字即蛮、髳、髦之音转明矣。

至于瑶与苗确为同系,一因其语言相近,并属蒙克麦语系,二因其体质亦相类,"大致似苗民,惟面部略平,颧骨略高,身略长"(《岭表纪蛮》),三则其名称之来源①或可为一证也。

"猺"之名称之来源颇难明,盖古无"猺"之名称,唐始有之,而"猺"族则自古已有,故此字或系由他字转成。于此有二说:一说谓"《说文》侥,五聊切,南方有焦侥人,长三呎,短之极,从人尧声。《风俗通》云蛮类有八,一曰侥蛮,戎类有六,一曰侥戎,若然则今猺人盖蛮人之种类也。又《小韵》作古了切,为侥倖求利不止之貌。按《说文》著其形,《风俗通》辨其族,而《小韵》则言其性也。诸书无猺字,当以此补侥义,则《说文》不阙矣"(闵叙《粤述》)。此谓"猺"字由"侥"字转成也。又一话谓"《广韵》曰:獏獜,狗种也。又盘字广韵二十六桓部作䰦,瓠作狐,亦注曰犬也。或云猺人为盘瓠后,以当日有功,免其徭役,后讹为猺,则莫猺即广韵之獏獏"(《湖南苗猺问题考述所举》)。此说谓"猺"字由"莫猺"转成也。余意焦侥人之侥为短人,与"猺"不类。"莫猺"之说托始盘瓠神话亦难信。"莫猺"之"莫"字《广韵》既作"獏",可见"莫"字亦系取音而不取

---

① "瑶"旧时作"猺",林惠祥旧版《中国民族史》即作"猺"。——编者注

义。"莫猺"二字之音为 Moiao，其音极近于"苗"（Miao），故"莫猺"与"苗"实为同音异字，而"猺"与"苗"实为同一族也。

"猺本盘弧种，地界湖蜀溪峒间，即长沙、黔中、五溪蛮，后滋蔓，绵亘数十里。南粤在在皆有，至宋始称蛮猺，其在邑者，俱来自别境。……粤人以山林中结竹木障覆居息为巢，故称猺。"（《天下郡国利病书》卷一百）

"莫猺者，自荆南五溪而来，居岭海间，号曰山民。盖盘弧之遗种，本猺獞之类，而无酋长。随溪谷群处。斫山为业，有采捕而无赋役，自为生理，不属于官，亦不属于岗首，故名莫猺也。岭南海北人呼为白衣山子，钦廉迩来亦有，垦田输税于官，愿入编户，盖教化之渐也。"（《天下郡国利病书》卷一〇四）

第二节　夜　郎

夜郎或谓属今之苗瑶系（马长寿：《西南民族之分类》）。其住地在贵州，贵州今亦为苗瑶系之住地，此外无其他证据，姑置于此。夜郎于汉武帝通西南夷时降汉，属牂河郡（即今贵州遵义府以南），降后亦渐开化。

"夜郎者临牂柯江，江广百余步足以行船。南粤以财物役属夜郎，西至桐师，然亦不能臣使也。……夜郎侯始倚南粤，南粤已灭还诛反者，夜郎遂入朝，上以为夜郎王。"（《前汉书》卷九五）

"夜郎者，初有女子浣于遯水，有三节大竹流入足间，闻其中有号声，剖竹视之，得一男儿，归而养之。及长有才武，自立为夜郎侯，以竹为姓。武帝元鼎六年平南夷为牂柯郡，夜郎侯迎降，天子赐其王印绶，后遂杀之。夷獠咸以竹王非血气所生，甚重之，求为立后，牂柯太守吴霸以闻，天子乃封其三子为侯，死配食其父，今夜郎县有竹王三郎神是也。……牂柯地多雨潦，俗好巫鬼禁忌，寡畜生，又无蚕桑，故其郡最贫。句町县有桄榔木可以为面，百姓资之。公孙述时，大姓龙、傅、尹、董氏与郡功曹谢暹保境为汉，乃遣使从番禺江奉贡。光武嘉之，并加褒赏。桓帝时，郡人尹珍自以生以荒裔，不知礼义，乃从汝南许慎应奉，受经书图纬，学成还乡里教授，于是南域始有学焉，珍官至荆州刺史。"（《后汉书》卷一一六）

第三节　汉时之南蛮：武陵蛮

武陵即今湖南常德县。此族奉犬为祖，即所谓图腾崇拜，有神话说明之，与今世瑶族同，故可谓今之苗瑶族之祖。其与汉族之交涉，相传自唐虞历三代而渐繁，春秋时属楚，战国为秦所略取，汉改为武陵郡。后汉光武时反为马援所平，其后终后汉之世时反时服，骚扰不已。

"昔高辛氏有犬戎之寇,帝患其侵暴而征伐不克,乃访募天下有能得犬戎之将吴将军头者,购黄金千镒,邑万家,又妻以少女。时常有畜狗,其毛五采,名曰盘瓠,下令之后,盘瓠遂衔人头造阙下,群臣怪而诊之,乃吴将军头也。帝大喜而计盘瓠不可妻以女,又无封爵之道,议欲有报而未知所宜。女闻之,以为帝皇下令不可违信因请行,帝不得已,乃以女配盘瓠。盘瓠得女,负而走入南山,止石室中,所处险绝,人迹不至。于是女解去衣裳为仆鉴之结,着独力之衣。帝悲思之,遣使寻求,辄遇风雨震晦,使者不得进。经三年,生子一十二人,六男六女。盘瓠死后因自相夫妻,织绩木皮染以草实,好五色衣服制裁皆有尾形。其母后归,以状白帝,于是使迎致诸子,衣裳斑兰,语言侏离,好入山壑,不乐平旷,帝顺其意,赐以名山广泽。其后滋蔓,号曰蛮夷,外痴内黠,安土重旧。以先父有功,母帝之女,田作贾贩,无关梁符传租税之赋,有邑君长皆赐印绶。冠用獭皮。名渠帅曰精夫,相呼为姎徒,今长沙武陵蛮是也。其在唐虞与之要质,故曰要服。夏商之时渐为边患。逮于周世,党众弥盛。宣王中兴,乃命方叔南伐蛮方,诗人所谓'蛮荆来威'者也。又曰'蠢尔蛮荆,大邦为仇',明其党众繁多,是以抗敌诸夏也。平王东迁,蛮遂侵暴上国。晋文侯辅政,乃率蔡共侯击破之。至楚武王时,蛮与罗子共败楚师,杀其将屈瑕。庄王初立,民饥兵弱,复为所寇。楚师既振,然后乃服,自是遂属于楚。鄢陵之役,蛮与恭王合兵击晋。及吴起相悼王,南并蛮越,遂有洞庭、苍梧。秦昭王使白起伐楚,略侵蛮夷,始置黔中郡。汉兴,改为武陵。岁令大人输布一匹,小口二丈,是谓賨布,虽时为寇盗,而不足为郡国患。光武中兴,武陵蛮夷特盛。建武二十三年,精夫相单程等据其险隘,大寇郡县,遣武威将军刘尚发南郡长沙武陵兵万余人,乘船沂沅水入武溪击之。尚轻敌入险,山深水疾,舟船不得上,蛮氏知尚粮少入远,又不晓道径,遂屯聚守险,尚食尽引还,蛮缘路徼战,尚军大败,悉为所没。二十四年,相单程等下攻临沅,遣谒者李嵩、中山太守马成击之,不能克。明年春,遣伏波将军马援,中郎将刘匡、马武、孙永等,将兵至临沅击破之,单程等饥困乞降,会援病卒,谒者宗均听悉受降为置吏,司群蛮,遂平。"(《后汉书》卷一一六)

第四节 六朝时之南蛮:荆雍州蛮

五胡乱华时,南蛮亦北迁中原,至于陆浑(今河南嵩县东北)。后魏常封其酋为刺史。东晋叛臣桓玄之子且为其中太阳蛮之酋。其仍在武陵之蛮又称五溪蛮,西至蜀中亦有蛮。南北朝皆利用蛮人以抗敌人,而蛮人于两方之扰害亦颇大。北朝周天和元年(566年)乃大举征服之,自是蛮势顿衰。

"蛮之种类盖盘瓠之后,其来自久,习俗叛服,前史具之。在江淮之间依托险阻,部落滋蔓,布于数州,东连寿春,西通上洛,北接汝颍,往往有焉。其于魏氏之时不甚为患,至晋之末稍以繁昌,渐为寇暴矣。自刘、石乱后,诸蛮无所忌惮,故其族类渐得北迁,陆浑以南满于山谷,宛洛萧条略为丘墟矣。太祖既定中山,声教被于河表,泰常八年蛮王梅安率渠帅数千朝京师,求留质子以表忠款。始光中拜安侍子豹为安远将军、江州刺史、顺阳公。兴光中蛮王文武龙请降,诏褒慰之,拜南雍州刺史、鲁阳侯。延兴中太阳蛮酋桓诞拥沔水以北滍叶以南八万余落,遣使内属,高祖嘉之,拜诞征南将军、东荆州刺史、襄阳王,听自选郡县。诞字天生,桓玄之子也。……其部曲相率内附,徙之六镇秦陇,所在反叛,二荆西郢蛮大扰动,断三鸦路杀都督寇盗,至于襄城、汝水百姓多被其害。萧衍遣将围广陵、樊城,诸蛮并为前驱。自汝水以南处处钞劫,恣其暴掠,连年攻讨,散而复合,其暴滋甚。又有冉氏、向氏者,陬落尤盛。余则大者万家小者千户,更相崇僭称王侯。屯据二峡,断遏水落,荆蜀行人至有假道者。"(《魏书》卷一百一)

"冉令贤向五子王等又攻陷白帝,杀开府杨长华,遂相率作乱。前后遣开府元契、赵刚等总兵出讨,虽颇剪其族类,而元恶未除。天和元年,诏开府陆腾督王亮、司马裔等讨之。腾水陆俱进,次于汤口,先遣喻之。而令贤方增浚城池,严设捍御,遣其长子西黎、次子南王领其支属,于江南险要之地置立十城,远结涔阳蛮为其声援,令贤率其卒固守水逻城。……遂平石胜城,晨至水逻,蛮众大溃,斩首万余级,令贤遁走而获之,司马裔又别下其二十余城,获蛮帅冉三公等。腾乃积其骸骨于水逻城侧为京观,后蛮蛋望见辄大哭,自此狼戾之心辍矣。"(《北史》卷九五)

"荆雍州蛮,盘瓠之后也。种落布在诸郡县。宋时因晋于荆州置南蛮,雍州置宁蛮校尉以领之。孝武初,罢南蛮并大府而宁蛮如故,蛮之顺附者一户输谷数斛,其余无杂调。而宋人赋役严苦,贫者不复堪命,多逃亡入蛮,蛮无徭役,强者又不供官税,结党连郡,动有数百千人。州郡力弱则起为盗贼,种类稍多,户口不可知也,所在多深险。居武陵者有雄溪、樠溪、辰溪、酉溪、武溪,谓之五溪蛮。而宜都、天门、巴东、建平、江北诸郡蛮所居皆深山重阻,人迹罕至焉。前世以来屡为人患。……时巴东、建平、宜都、天门四郡蛮为寇,诸郡人户流散,百不存一,明帝、顺帝世尤甚,荆州为之虚弊云。"(《南史》卷七九)

第五节 唐宋时之南蛮:瑶

唐以后,长江以北不复有蛮,同化与南徙必皆有之。唐后只杂居南方,时叛时服。唐时初有"莫猺"之名,宋时南蛮复有一部别称,为"猺人",或"蛮猺",自此以后"猺"字渐成为南蛮之通称。宋代对待南蛮多用抚绥之法,然亦略有反抗。

"西南溪峒诸蛮皆盘瓠种。唐虞为要服,周世其众弥盛,宣王命方叔伐之,楚庄既霸遂服于楚。秦昭使白起伐楚,略取蛮夷,置黔中郡。汉改为武陵。后汉建武中大为寇钞,遣伏波将军马援等至临沅击破之,渠帅饥困乞降。历晋、宋、齐、梁、陈,或叛或服,隋置辰州,唐置锦州、溪州、巫州、叙州,皆其地也。唐季之乱,蛮酋分据其地,自署为刺史。晋天福中,马希范承袭父业据有湖南,时蛮猺保聚,依山阻江,殆十余万。至周行逢时数出寇边,逼辰、永二州,杀掠民畜无宁岁。太祖既下荆湖,思得通蛮情习险厄勇智可任者,以镇抚之,有辰州猺人秦再雄者,长七呎,武健多谋,在行逢时屡以战斗立功,蛮党伏之。太祖召至阙下,察其可用,擢辰州刺史,官其子为殿直,赐予甚厚,仍使自辟吏属,予一州租赋。再雄感恩,誓死报效,至州日训练士兵得三千人,皆能被甲渡水历山飞堑,捷如猿猱,又选视校二十人分使诸蛮,以传朝廷怀来之意,莫不从风而靡,各得降表以闻……南州进铜鼓内附下溪州刺史田思迁亦以铜鼓虎皮麝脐来贡。……先是蛮人数扰,上召问巡检使侯廷赏,廷赏曰'蛮无他求,唯欲盐尔',上曰'此常人所欲,何不与之',乃诏谕丁谓,谓即传告陬落,群蛮感悦,因相与盟约不为寇钞,负约者众杀之,且曰'天子济我以食盐,我愿输与兵食',自是边谷有三年之积。……前知全州高楫言:'猺人今皆微弱,不敢先侵省地,砦官每纵人深入略其财物,遂致乘间窃发,宜诏与溪峒接壤州郡,毋侵猺人,庶使边民安业,以广陛下柔远好生之德。'帝从其言,诏守臣一遵成法,务在抚绥。……隆典初,右正言尹穑言:'湖南州县多邻溪峒,省民往往交通猺人,擅自易田,豪猾大姓或诈匿其产猺人,以避科差,内亏国赋,外滋边患。宜诏湖南安抚司表正经界,禁民毋质田猺人诈匿其产猺人者,论如法,仍没入其田以赏告奸者田。前卖入猺人俾为别籍,毋遽夺,能迁其田者,县代给钱偿之。'帝从其言。"(《宋史》卷四九三、四九四)

第六节　元明清之苗瑶

苗之名称虽《书经》即有之,然学者多言彼时之苗非即为元明以来之苗。因自周秦以后,苗之名不复见,至元代方再有之。《元史》元世祖至元二十九年正月条有"诸洞苗蛮"之句,尚有"桑州生苗""八番、苗蛮、骆度来贡方物"等语,然此外尚皆用蛮夷等字,苗字不常见。至明代苗字乃渐多。如《大明会典》即有"苗族"之语,《大明一统志》有"苗人"、"苗蛮"、"东苗"、"西苗"、"紫姜苗"、"卖爷苗"等名称。入清以后苗字更盛行,且区别亦多。苗字初见时范围尚狭,及后则逐渐扩大而成为西南民族之总称,竟取以前之蛮夷等字而代之(《鸟居龙藏《苗族调查报告》)。

元明二代对于苗瑶族施行土司制度，其中如湖广土司、贵州土司、广西土司，三地所辖苗瑶其多，唯此外亦有他族杂居，史书不能划清。唯湖南贵州者多称为苗。广西者多称为瑶。明代对付苗瑶，用力颇勤，虽时有反抗，然不久即平。

"湖南古巫郡黔中地也，其施州卫与永保诸土司境，介于岳、辰、常德之西，与川东巴、夔相接壤，南通黔阳，溪峒深阻易于寇盗，元末滋甚。陈友谅据湖湘间，瞰以利，资其兵为用，诸苗亦为尽力，有乞兵旁寨为之驱使者，友谅以此益肆。及太祖歼友谅于鄱阳，克武昌，湖南诸郡望风归附，元时所置宣慰安抚长官司之属，皆先后迎降，太祖以原官授之，已而梗化。洪武三年，慈利安抚使覃垕连构诸蛮入寇，征南将军周德兴平之。五年，复命邓愈为征南将军，率师平散毛等三十六洞，而副将军吴良复平五开、古州诸蛮，凡二百二十三洞，籍其民一万五千，收集溃散士卒四千五百余人，平其地。未几，五开五溪诸蛮乱，讨平之。十八年五开蛮吴面儿反，势獗甚，命楚王桢将征南将军汤和击斩九溪诸处蛮獠，俘获四万余人，诸苗始惧；而靖、沅、道、沣之间，十年内亦寻起寻灭，虽开国之初师武臣力实太祖控制之道恩威备焉。永乐初，苗告继绝袭冠带，益就衔，勒垂百年，而五开铜鼓间又纷纷多警。时英宗北狩中原，所在侵扰，苗势殊炽。景泰初，总兵官宫聚奏'蛮贼西至贵州龙里，东至湖广沅州，北至武冈，南至播州之境，不下二十万，围困焚掠诸郡邑。臣所领官军不及二万，前后奔赴，不能解平越之围，乞急调京边军及征麓川卒十万前来，以资调遣'。久而师征不至，更易他帅，浸淫六七载，至天顺元年，总督石璞调总兵官方瑛始克期征剿，破天堂、小坪、墨溪二百二十七寨，禽伪王侯伯等百余人，斩贼首千四百余级，夺回军人男妇千三百余口，于是苗患渐平。盖萌发于贵州而蔓衍于湖南，皆生苗为梗，诸土司初无动摇而永保诸宣慰，世席富强，每遇征伐辄愿荷戈前驱，国家亦赖以挞伐，故永保兵号为虓雄。嘉隆以还征符四出，而湖南土司均备臂指矣。"（《明史》卷三百十）

"贵州，古罗施鬼国，汉西南夷，牂牁、武陵诸傍郡地。元置八番顺元诸军民宣慰使司以羁縻之。明太祖既克陈友谅，兵威远振，思南宣慰、思州宣抚率先归附，即令以故官世守之，时至正二十五年也。及洪武五年，贵州宣慰霭翠与宋蒙古歹及普定府女总管适尔等先后来归，皆予以原官世袭。帝方北伐中原，未遑经理南荒，又田仁智等岁修职贡，最恭顺，乃以卫指挥金事顾成筑城以守，赋税听自输纳，未置郡县。永乐十一年，思南、思州相仇杀，始命成以兵五万执之，送京师，乃分其地为八府四州，设贵州布政使司。……奢崇明自号大梁王，安邦彦自号四裔大长老，其部众悉号元帅，悉力趋永宁，先犯赤水。燮元授意守将，佯北诱深入，度贼已抵永宁，分遣别将林兆鼎从三垄入，王国祯从陆广入，刘养鲲从遵义入，邦彦分兵四应力不支。罗乾象复以奇兵绕其背急击

之，贼大惊溃，崇明、邦彦皆授首，邦彦乱七年而诛。"(《明史》卷三一六)

"广西猺獞居多，盘万岭之中，当三江之险，六十三山倚为巢穴，三十六源踞其腹心；其散布于桂林、柳州、庆远、平乐诸郡县者，所在蔓衍，而田州、泗城之属，尤称强悍；种类滋繁，莫可枚举，蛮势之众与滇为埒。……浔州夹江诸山岭岈巉巢，峡中有大藤如斗，延亘两崖，势如徒杠，蛮众蚁渡，号大藤峡，最险恶，地亦最高，登临峡巅，数百里皆历历目前，军旅之聚散往来可顾盼，尽诸蛮倚为奥区。桂平大宣乡崇姜里为前庭，象州、东乡、武宣、北乡为后户。藤县五屯障其左，贵县龙山据其右，若两臂然。峡北岩峒以百计，仙人关九层崖极险峻，峡以南有牛肠、大峒诸村皆缘江立寨。藤峡、府江之间为力山，力山之险倍于藤峡。又南则为府江，其中多冥岩奥谷，绝壁层崖，十步九折，失足陨身。中产猺人，蓝、胡、侯、盘四姓为渠魁。力山又有獞人，善传毒药弩矢，中人无不立毙，四姓猺亦惮之，自景泰以来，啸聚至万人，隳城杀吏，而修仁、荔浦、平乐、力山诸猺应之，其势益张。……总督王守仁定田州还，两江父老遮道言峡贼阻害状，守仁上疏请讨，报可。守仁率湖南兵至南宁，约日会兵，寇闻湖兵且至，皆逃匿，守仁故为散遣诸兵状，寇弛不为备，乃令官军突进，连破油榨、石壁、犬皮等寨。贼奔断藤峡，复追击破之，贼奔渡横石江，溺死六百余人，俘斩甚众，贼溃散。遂移兵仙台、花相、白竹、古陶、罗凤诸处，贼不支，奔入永安力山，官军次第破之，禽斩三千余，俘获无算，八寨平，两江悉定。守仁遂以土官岑猛子邦佐为武靖知州，使靖遗孽，邦佐不能辑且贪得贼贿，峡北贼复獗。"(《明史》卷三一七)

清世宗时鄂尔泰倡行改土归流之策，废贵州、广西、云南之土司而易以流官，然未几土人蜂起反抗，乾隆元年乃委张广泗用兵平之。此举所对付者以贵州之苗族为多。

"是时贵州东南境有苗族所占领之一大区域，以古州为中心，环寨千有三百余，周几三千余里，名曰苗疆。云南西南界以澜沧江，江内之镇沅、威远、元江、新平、普洱、茶山诸土司，与江外之车里、缅甸、老挝(南掌)诸夷交通为患。"(刘法曾《清史讲义》第二编)

"中国自元明以来设有宣慰、宣抚、招讨、安抚、长官等土司，又有土府土州县，其长皆得世袭，握自治权，盖欲仍其旧俗，官其酋长，以羁縻之也。顺康以来袭明旧制分设土官，然苗民不知耕作专以劫杀为生，土官又以积威苛敛虐使，恣为不法，故苗族常为边患，而于云贵为尤甚。自雍正四年鄂尔泰巡抚云南，建策改土归流，因极言从前以夷治夷之失计，然欲改土为流非大用兵不可，宜悉令献土纳贡，违者剿。……鄂尔泰抵任用游击哈元生委任以乌蒙镇雄之事，用总兵石礼哈搜讨贵州广顺之长寨，招服黔边东西南三面生苗二千余寨，用知府张广泗招抚古州辟苗疆二三千里。前后劼黜云南霑益土州安氏，镇沅土府刁氏，及赭乐长官司、威远州、广南府各土目，悉定澜沧江以东地，以普洱为府，广西诸土官自泗城之岑氏以下亦先后缴勃印纳军器二万余，用兵五六年，三省边防粗定。……至十三年春各寨蜂起，聚集清江台拱间，陷黄平以东诸城。积怨于鄂尔泰督军时所获苗皆刳肠截胫分挂崖树几满，至是抵抗之志益坚，至手刃妻女而后出战。镇沅苗至缚知府刘宏度于柱，裸淫其女而头曳之。鄂尔泰虽惭怒次骨，引咎自劾，而苗患蔓延不复可制矣。……以广泗任七省经略，先后攻克台拱之九股苗及清江下流各寨，于是复增兵分八路围其逋逃于丹江、古州、郡匀、台拱间之大森林，所谓牛皮大箐也。凡烧千二百二十四寨，赦三百八十八寨，贵州苗族悉平。"(《清史纪事本末》卷三十)

至乾隆六十年贵州、湖南之苗复起反抗，清廷调两湖、云贵、四川大兵讨之，至嘉庆元年十二月始平，后复经傅鼐办理善后，十余年成效始著。

"湖南、贵州接壤之处有腊耳山，山脉绵亘其北方，其附近一带，自古苗猺聚居之地也。当明时，朝廷以镇抚此等蛮族之故，设永顺等处军民宣慰司，属广湖都司，清初因之。及康熙四十三年，始以尚书席尔达、巡抚赵申乔剿抚之，结果增辟乾州、凤皇两直隶厅，降生苗百四十寨。雍正初，鄂尔泰经略西南，断行改土归流之策，广西云贵诸土司既次第征定；于是永顺等土官慑其余威，自请献土，清廷籍其地为一府四县，又于乾州之北增设永绥（厅城故在今绥城南当辰州府治正西三百里，嘉庆七年以同知傅鼐之建议，迁治花园汛，即今城也），于其西增设松桃属贵州，而后腊耳山苗地悉受治于流官之下。其始，苗民畏隶如官，畏官如神，有司引以为利，往往以纤芥之争讼病及全寨。又数十年来，汉民之移住其地者日渐繁殖，至乾隆末年而永绥城外四周之苗地尽为移民所占。于是奸苗倡言逐客民、复故地，而乱端起矣。……六十年正月贵州铜仁府属苗民石柳邓始据大寨营举叛旗，湖南永绥属之石三保，镇箄（凤皇厅）属之吴陇登、吴半生，干州属之吴八月，各起兵围厅城，数日之间遂陷乾州，又分众攻掠保靖、酉阳、秀山、松桃、铜仁附近地。川湖贵三省边境同时戒严。……自四月至九月福康安等虽累克要寨，覆苗酋石三保、吴半生根据，乘胜渡沱河上流，生擒吴半生，而吴八月复据平隆（乾州城西三十里）。自附三桂后称吴王，石三保、石柳邓皆附之势转盛。……诏额勒登保继其位，又诏将军明亮自湖北往会之。时苗势渐蹙，清军以十月破平隆尽焚吴氏庐舍。以十二月擒斩石柳邓父子及吴廷义等。……及嘉庆四年以来凤凰厅同知傅鼐以才干总理边务，始力讲善后之策。移永绥厅治花园汛，先后修置碉堡千有余所，屯田十有二万余亩，收恤流民十万余户，屯兵练勇八千人，追缴苗寨兵器四万余件。又广设书院义学以教之，如是经营十余年，而后苗事始大定云。"（刘法曾《清史讲义》第三编）

自宣宗道光十一年始，湖南、广西、广东之瑶人又相继反抗，用兵亘二十余年方始平之。湖南为江华赵金龙，武岗州蓝正樽，新宁雷再浩，广西为五排瑶李沅发,广东则为连州瑶赵子金及八排瑶。此时瑶人大都皆用汉姓名,可见汉化已深。

"宣宗道光十一年冬十二月,湖南江华猺人赵金龙聚众焚掠两河口。猺为苗族之一,所居皆山峒,自成村落。在湖南者为衡、永、郴、桂四州郡界,与广东之连州、广西之全州均跨五岭之脊。民猺杂处,猺性戆鸷,不与汉民交通,汉民每欺侮之,党连官役以肆其虐待;凡遇诉讼官为裁判,恒左袒汉民,以是猺愈积怨。适楚粤之天地会(亦称添弟会)中人屡劫夺猺寨牛谷,猺无所愬;于是江华县之锦田乡猺人赵金龙倡言复仇,使常宁猺赵福才纠广东散猺三百余,合湖南九冲猺都六七百人,焚掠两河口,杀会徒二十余。……桂阳常宁诸土猺咸起应,众号数万。帝闻警命巡抚卢坤、湖北提督罗思举、贵州提督余步云会师进剿。……所调常德水师、荆州满骑皆不习山战,坤悉奏罢之而改调镇篁苗疆兵。……会连日大雷雨,诸军乘势进剿,猺悉众抗拒,思举昼夜督将弁立泥淖中,仰掷火弹火弩,延烧民舍数十户,毙猺六千。猺目赵文凤乞降,佯许之,攻益急,生擒其妻妾子女及头目数百人,金龙易服乘间逸,为兵士熊生发所执杀,余党悉就歼。"(《清史纪事本末》卷四二)

第七节　近时之苗瑶

1. 苗族(Miao)

种类据旧记载所举有花苗、白苗、青苗、红苗、黑苗、九股苗、东苗、西苗、克孟牯羊苗、夭苗、紫姜苗、阳洞罗汉苗、狇苗、八番苗、箐苗、伶家苗、侗家苗、水家苗、洗骨苗、九名九姓苗、爷头苗、洞崽苗、八寨苗、清江苗、楼居苗、黑山苗、黑生苗、高坡苗、平伐苗、鸦雀苗、葫芦苗、洪州苗、西溪苗、车寨苗、黑脚苗、黑楼苗、短裙苗、尖顶苗、郎慈苗、罗汉苗、谷兰苗(以上见《黔苗图说》);宋家苗、龙家苗、仲家苗、犷獚佬苗、木老苗、佗苗、生苗、蔡家苗(以上据《大清一统志·贵州章》补加);卖爷苗(据《洞溪纤志》);佗獐苗、洞苗(据《黔记》);土人苗、蛮人苗、杨保苗(《黔游记》)、黄苗(《苗民考》);打铁苗(《苗防备览》);山苗、清江苗、青头苗、喇巴苗、罗汉苗、花兜苗、鸭子苗(童振藻:《黔苗近况述要辑》)等,然此非真正分类也。

苗族有尚无姓氏者,有已有姓氏者,其姓氏现用汉字译其本音,然其中想亦有直接采用汉姓者。其姓为张、陆、姚、李、朱、潘、杨、吴、龙、石、麻、白、谢、马、何、罗、卢、雷、姬(《贵州通志》);王、荣、贾、滚、龙、韦、覃(《苗荒小纪》);廖、施、彭、洪(《湖南苗猺问题考察》);陈、田、蔡、宋、董(《岭表纪蛮》);黎、金、文、欧(《黔纪》)。其中在历史上之著姓为舒、彭、田、向四姓。略举旧记载数则于下,以见近代苗族状况之一斑。

"苗人,盘瓠之种也,帝訾高辛氏以盘瓠有歼溪蛮之功,封其地,妻以女,生六男六女而为诸苗,尽夜郎境多有之。有白苗、花苗、青苗、黑苗、红苗。苗部所衣各别以色,散处山谷聚而成寨。睚眦杀人,报仇不已,故谚曰:'苗家仇,九世休。'近为熟苗,远为生苗。熟苗劳同牛马,不胜徭役之苦。男子椎髻当前,髻缠锦帨。织布为衣窍以纳首。妇人以海贝铜铃结缨络为饰,耳环盈寸,髻簪几呎。以十月朔为大节,岁首祭盘瓠,揉鱼肉于木槽,扣槽群号以为礼。其见流官无论尊卑皆称曰:'老皇帝',见内地人皆称曰汉人,以汉始通道西南故称犹旧也。"(《洞溪纤志》,见《小方壶斋》八秩)

"花苗:花苗在贵阳大定遵义所属,皆无姓氏。衣用败布缉条以织,衣无衿窍而纳诸首。男以青布裹头,妇人敛马鬃尾杂发为髻,大如斗,笼以木梳。裳服先用蜡绘花于布而后染之,既染去蜡则花见,饰袖以锦,故曰花苗。每岁孟春,合男女于野,谓之'跳月':择平壤地为月场,鲜衣艳妆,男吹芦笙,女振响铃,旋跃歌舞,谑浪终日,暮,挈所私而归,比晓,乃散。聘资,视女之妍媸为盈缩。遇丧则屠牛召戚,远近各携酒肉以赙,环哭尽哀。葬不用棺。敛手足而瘗之。卜地以鸡子掷之,不破者为吉。病不服药,惟祷于鬼,宰牲礤鸡,往往破家,终不悔悟。以六月为岁首。其性戆而畏法,其俗陋而力勤。惟在镇远、黎平有张、陆、姚、李、朱、潘、杨、吴、等姓,不务本业,结连白苗,丑类成群,以杀掠为生,自剿抚后,始皆归化。"(《贵州通志》)

"白苗:白苗在贵定、龙里,黔西州亦有之,衣尚白,短仅及膝,男子科头赤足,妇人盘髻长簪,跳月之习与花苗同,祀祖择大牯牛头角端正者,饲及苗壮,即通各寨有牛者,合斗于野,胜即为吉,斗后,卜日砍牛以祀,主祭者服白衣,青套细褶宽腰裙。祭后,合亲族高歌畅饮。其性戆而厉,转徙不恒,为人雇役垦田,往往负租逃去。"(《贵州通志》)

"青苗:青苗,修人县、镇宁州、黔西州皆有之。衣尚青,妇人以青布一幅着之首,男子顶竹笠,蹑草履,出入必佩刀,性强悍好斗,颇同于猓猡,然犹知畏法,不敢为盗。其在平远州者又名箐苗,居依山箐,迁徙无常,不善治田,惟种荞麦稗粱,衣麻衣,皆其自织。男子未婚者剪脑后发,娶乃留之。"(《贵州通志》)

"红苗:红苗在铜仁府者多有吴、龙、石、麻、白五姓,衣服悉用班丝,女红以此为务。牲畜不宰,皆掊杀,以火去毛,微煮带血而食之。人死仍用棺,将所遗衣服装像,击鼓歌舞,名曰调鼓。每岁五月寅日,夫妇各宿,不敢言,不出户,以避鬼,恐致虎伤。同类斗杀,以妇人劝方解。凡出劫,富者出牛酒以集众,有获同分,遇杀死,则出银以偿,被掠者必索金赎,自剿抚后,皆驯服矣。"(《贵州通志》)

"黑苗:黑苗在都匀之八寨、丹江,镇远之清江,黎平之古州,其山居者曰山苗、曰高坡苗，近河者曰洞苗，中有土司者为熟苗，无管者为生苗，衣服皆尚黑，故曰黑苗。妇人绾长簪，耳垂大环，银项圈，衣短，以色锦缘袖。男女皆跣足，陟冈峦躐荆榛，捷如猿猱。勤耕樵，女子更劳，日则出作，夜则纺绩。食惟糯稻，舂甚白，炊熟必成团，冷食，佐食惟野蔬。无匙箸，皆以手掬。艰于盐，用蕨灰浸水。所得死犊羔豚鸡犬鸥鸦等类，连毛脏置之瓮中，层层按纳，俟其螂蛆臭腐，始告缸成，名曰醋菜，珍为异味。寒无重衣，夜无卧具，贫富皆然。至婚姻丧祭，各有不同，八寨结婚亦有媒妁，遇节跳月笙歌。又邻寨共建空房，名曰马郎房，未婚嫁者遇晚聚歌，情稔即以牛只行聘。归三日，即回母家，或半年而一返，女家父母向婿家索头钱，不与或另嫁。有婿、女皆死，犹向女之子索者，名鬼头钱。人死亦有哭泣，椎牛敲铜鼓，名曰闹尸。葬以无底棺纳土，置尸于内。以腊月辰日为过年，每十三年畜牡牛祭天地祖先，名曰吃牯脏。丹江俗与八寨同，但无马郎房。清江婚嫁，姑之女定为舅媳，倘舅无子，必重献于舅，谓之外甥钱，否则终身不得嫁，或召少年往来，谓之阿妹。居丧与八寨同，葬则子女守坟一月，死者生前所私男女，各插竹于坟前，系以色线。以十月为岁首，古州男女亦皆以苟合始，但寨分大小，下户不敢通上户，洞崽不敢通爷头，偶犯，则女家必罄夺其产，甚或置之死地。人死殓后，停于寨傍，或至二十年，合寨共择一期，百数十棺同葬。每寨公建祖祠，名曰鬼堂，刻男像裸体，不令女人入见，遇病延鬼师于堂持咒。以上皆背礼违法之陋俗，至其性刚而戆，生苗尤为最悍，轻生嗜杀，睚眦之仇，虽久必报，或椎埋伐冢，或捉白放黑，焚掳劫掠，无所忌惮。自经剿抚，编甲认赋。至雍正十三年，永行豁免。"（《贵州通志》）

"九股苗：九股苗在兴隆卫凯里司，与偏桥之黑苗同类，武侯南征，戮之殆尽，仅存九人。遂为九股，散处蔓延，地广而族夥。其衣服、饮食、婚姻、丧祭，概与八寨、丹江等同，而性尤剽悍。头顶铁盔，后无遮肩，前有护面两块，即铸于盔，极重，身披铁铠，上如背搭，止及乳下，用铁链周身，形如圈笼，缀于上，坐则缩而立则伸，约重三十勒，下以铁片缠腿，健者结束尚能左执木牌，右持标杆，口衔利刃，捷走如飞。大枪约重十余勒，铅子重八九钱不等，发至百步外，着人立縻。洞又有牛尾枪，几与内地子母炮埒。强弓名曰偏架，长六七呎，三人共张，矢无不贯。前明播州之乱，为杨应龙羽翼，虽调兵十数万诛灭杨应龙，而九股未剿，伏莽劫掠，时出为害，由地旷而险，猝难制伏。雍正十年，钩连蠢动，合楚、粤、黔三省兵，剿抚兼施，搜缴兵甲，建城安汛焉。"（《贵州通志》）

"孟春合男女于野以择偶，名曰跳月，即马郎房麻栏杆栏而合成一会，此苗俗大礼也。归化苗家恒以教场坝为月场，其南有峻岭名跳花坡。自正月初三至十三皆跳月之期，两男对跳，四五女联臂围之，满场凡数百围。男跳易乏须互换也，笙声沸天，两相谐则目成心许矣。十三日跳毕，男吹芦笙于前，女牵带从之，绕场三匝，相携入丛箐间先为野合，名曰拉阳，然必有娠而后得嫁，否则

越岁复游牝于牧矣。"(《苗俗记》,由《小方壶斋》八秩)

以上之旧记载不甚可靠,兹特举一种较有价值之科学研究报告于下。

日本人类学者鸟居龙藏氏于清末曾赴中国西南各省研究苗族及其他,发表关于苗族之新意见如下:

(甲)苗族之种类——(1)红苗:着红色衣服。(2)青苗:着青色衣服。(3)白苗:着白色衣服。(4)黑苗:着黑色衣服。(5)花苗:着腊染及绣花之衣服。

"以上五种为其主要者,其他皆不过为其分派而已。特所谓花苗、青苗、白苗、黑苗、红苗等亦系汉族依据其服色及刺绣等而为土俗学上之区别,别无何等重要之意义。乃竟有以此白黑红等之区别视为其皮色之互异者则大误矣。"(鸟居氏《苗族调查报告》中译本)

(乙)地理的分布——"红苗之地理的分布,为毗连湖南之贵州省东部,其中心地为铜仁附近。白苗及青苗之地理的分布,为贵州之中部。黑苗一名'生苗',其地理的分布,以黎平、都匀二府为中心,而延至贵州省之东南部。花苗之地理分布,以贵阳附近为起点,西经安顺而至云南之东部。北达武定,延至金沙江畔,南至珠江上游临安附近,再南下至法领东京之北部,据 Colquhoun 云,彼等亦分布于广西之北部,若然,则花苗之分布区域可谓最广矣。综合以上观之,可知苗族之地理的分布,以贵州省为中心,一方延及于广西省,他方则达云南之东部并延至法领东京之北部。"(《苗族调查报告》中译本)

(丙)苗族之体质——"其皮肤呈带赤之黄色,头发为漆黑之直毛而量多。头形为近于中头之广头,颜面无极端之突颚(prognathism),颜形以颧骨弓之距离较宽而颚隅甚凸,致呈圆形或稍带方形。额凸而高,眉浓而粗,眉端尤为粗大。眼概为二重睑而细长,亦有为蒙古眼者,其虹膜呈暗黑色,位置有水平、倾斜二种。鼻不甚高,鼻翼宽,鼻孔中等,鼻形有显具 Type ordinaire fin des races jaunes 者。口为中等或大形,唇普通,耳形以耳壳下端不附着而耳缘卷折者为多。颜面及体部须毛极薄,身体短小,肌肉与脂肪中等,无极端肥满及瘠瘦者。以胴部较长而下肢短,故体形不美。要之,苗族之体质,具备蒙古人种之特征,然由其皮色、颜形、头形、身长诸点考之,则彼等与亚细亚南部之蒙古人种尤为类似也。"(《苗族调查报告》中译本)

头幅指数总平均为 806,其极端者为花苗之 73.9 与花苗之 87.7。颜面指数为 73.6。鼻指数为 88.1。身长为 155 厘米。苗族之须髯比其他人种少,竟有全无者。

(丁)苗族之风俗——"苗族男子之头发,即《史记》、《汉书》等中所谓'椎髻民',故彼等自当时以至今日,殆为同一之状态。所谓'椎髻'乃在额上结圆髻之谓。彼等虽为'椎髻',但常以黑布裹头亦有以白布裹成回人之头巾(Turban)形者。""女子之头发多为椎髻,而有五种不同之形式:其一,如男子之普通椎髻。其二,头部周围剃发,中央结椎髻。其三,头发结布,缠于头之周围。其四,在左侧分头发为二部,而于后头部将发卷作'の'形。其五,添加其他毛发,在头上置栉而卷绕之。""男女皆于头上挂银制之环,普通只挂一环,亦有挂二或三环者。""苗族之耳朵皆穿孔插入银制或铅制之耳饰,其中有二种:一为银制缫状者,一为纯粹之银环。前者小,甚美观;后者有大小之别,小者稍可观,大者令人吃惊。""男子之头巾大别为三种:一为以马尾编成之'猎帽'形者,安顺花苗之酋长用之。二为回人头巾形者,似由附近猓猡传来,惟贵州西部及云南东北部之苗族用之。其三为普通卷布于椎髻上者。""男子之服装,殆皆为中国化,但尚有固有之风可见。衣服为单幅之长衣,右衽,袖长覆手端,工作时常将袖折起,裾长殆达足上。衣服之原料,有麻布,有绵布。其色或为白色,或染成灰绀等色。带则用扁平之绵带,常在后方作结,而长垂其两端,其用围裙与日本同。腰间着短袴,足上裹脚带,所谓'红苗'、'青苗'者,实汉族依其衣服之颜色所予与之名称也。""女子之衣服,各苗均尚存古风,故余特就各苗而尽量精密记载之:黑苗女子之衣服,色黑,为筒袖之半体衣,右衽,下亦缠一黑色而有褶襞之短裙。白苗女子之衣服,与黑苗虽无差异,但大部为由白色之麻布或绵布所制成,右衽,缠有褶襞之短裙;工作时则用围裙。""衣服之原料初亦为麻布,今则由汉族盛行输入绵织品,而使用麻布者甚少。其织布则用一种固有之机。""苗族从事农业,故食物亦以植物性者为多,常专食米粟玉蜀黍等物;举行仪式时亦食猪肉,食法用箸,与汉人同,食器等亦与汉人无异。""贵州省之地质多由石灰岩成,树木极少,结果影响于苗族之房屋建筑。除柱与栋外,殆皆用石材,非不得已不用木材。""云南省东部(粤江上游)以不乏树木,故使用木材者多。""余所访问之苗族,均已失去其固有之宗教,而多信佛教,且多少道教化。室内皆设观音像或关帝等像。""昔日各苗族均各有其独立之制度,今已服从于中国政府之治下,故在最近之将来,于文物典制,悉可同化于汉族。""苗族之娱乐,有音乐与舞踊。前者以笙、横笛及木叶笛等为主。木叶笛即将木叶用口吹之者,其声忧郁,自遥远之山间闻之,将令人油然兴感。""苗族之婚姻为自由结婚。男子立于所恋女子之屋外吹笙,发美妙而有趣之音节,如能使女子感动时,则互为夫妇,又于踏月吹笙之夜间亦行之。惟各苗不相通,例如黑苗则仅行于黑苗间,而不与他苗互婚是也。""苗族之性格如何?一言以蔽之曰,阴郁沈静。欲知此种性格,可就其容貌或表现于外部之音乐、色彩及花纹等而观察得之。据余所见,第一可注意者即为'容貌',显示彼等极其阴郁。其次为'音乐',如于'苗族之笛'中所详述者。乐器避用铜锣、皮鼓等喧嚣之乐器,而用沉静之笙或笛。又如衣服之色彩亦颇阴郁。"(《苗族调查报告》国立编译馆中译本)

（戊）苗族之种属——苗族应属何种,异说纷纷。Verneau 及 Keane, A. de

Quatrefages等人以为属高加索种即白种。Deniker氏以为应置西藏系中。J. Edkins及J. de Lacouperie谓为印度支那族。Fr. Müller以为属于后印度之Thai族。鸟居氏以为"苗族属于蒙古人殆无疑义，且其具有南亚细亚蒙古人种之特征，即其皮肤黄色带赤及其面部均足证明"。"苗族之体质在其头形、身材各点与东京、安南、老挝等民族类似，已由上述事实证明，然犹不仅此，在其面容及其他点上，与苗族亦甚一致，安南民族尤为显著"。"余根据以上之理由，考苗族比较类似于安南附近之民族，次则类似于暹逻、缅甸等民族，若单由苗族体质上之分类，固非Caucasique（高加索种）亦非Tibetains（西藏族），宁可归之于Denibeer氏所谓Populations I'Indo-Chine（印度支那人）中更勉强区分之，余意以为可列入Les Annamites（安南人）方面。""苗族土俗上之事实，颇类似于古代汉族及现今之印度支那诸民族，尤以后者为多，此非偶然之符合，盖有民族间之相互关系可以证明也。兹特就以上事实之最显著者列举二三，首则述其头上之'椎髻'；以中国文籍考之，'椎髻'自远古即传为南蛮风俗之一，此种结发今尚盛行于苗欣间，夫然，则此种风尚，至少亦可视为其固有之土俗，且'椎髻'又复盛行于印度支那各民族间。吾人取此种事实对照观之，即可了然以上各民族多少应列于同一系统之下。"（《苗族调查报告》中译本）

（己）苗族之语言——"苗族之言语，就其性质说，固明系Mono-Syllabique（单缀语），但由单语说，则决非纯粹之语言，其中所含之成分，除印度支那诸族语外，其与中国、西藏语亦似大有渊源，甚至与中印度之Ho, Kol, Santáli, Bhumji Mundala等语亦相类似，则甚奇异也。"（《苗族调查报告》）

鸟居氏之报告而外尚有最近国人发表之记载。兹摘录于下：

"苗性刚直，轻生好斗，睚眦之隙，动辄聚众纠党，伏菁莽中曰伏草，设计伏于要隘中曰'妆塘'，有头塘二塘三塘之说，令一人登高望敌，伺彼寨人过尽群起劫拿，或一人或二三人，反缚其手，驱之入寨，不从者胁之以刃，虽绝无关系者亦被波及，名曰捉黑抵白。""苗人除强悍习战外，风俗淳朴，忍苦耐劳，习于耕作，此其所长也。如凤凰之苗人，大抵居穷苦硗确之地，屋宇低小，室内常设一大榻，高四五呎，翁姑子妇兄弟姒娌，无所避忌，牛马鸡犬处其旁，不嫌污秽，盖防盗也。妇女皆天足，亦耐劳异常"，"湘省苗民不知文字，父子递传以鼠牛虎马记年月，暗与中国历书合，有所控告者，必请人代书。性善记，惧遗忘则结于绳，为契券，刻木以为信，太古风俗尚存焉，清设苗学，间亦有童子入学，日负杂粮数升，就师傅授句读，默记而归。其中亦有聪颖者，因所晓而逐为解说，久则渐通晓文义。今湘西当局设有苗民学校以教化之焉"。"湘西苗民大抵从事农业，耕稼男妇并作，山多于田，宜谷者少，燔榛芜，垦山坡，种芝麻，粟米麦豆苞谷高粱荞麦诸杂粮"，"湖南苗疆边墙，筑自明代，今旧址犹存，其用意一方面防苗民作乱，一方面防边将徼功，激成苗变也。其墙南端起自凤凰西七十里之亭子关,东北绕浪中江龙鄂至盛华哨(凤凰西三十里),过长坪(凤凰西北二十三里)转北过牛岩、芦塘至高楼哨(凤凰县北四十七里)、得胜营(凤凰县北四十五里),再北至木林湾绕乾州城及镇溪所,又西北至良章营(乾城北三十五里)、喜鹊营(乾城北五十五里与永顺接界)止。昔苗疆之内,每隔一二里皆置烽火台,镇市皆有城壁,近营汛均废,碉下哨台亦多颓坏矣。在墙边以外者为生苗最凶悍。边墙内,间有民村错居,供赋当差,与内地人民无异,则熟苗也。"(《湖南苗猺问题考述》,《新亚细亚》十卷五期)

2. 瑶族(Yao)

(甲)瑶族本支——瑶族在广西省最多,散布几遍全境,就中以怀集连贺之八排猺山,修仁武宣间之瑶山(大藤瑶亦住近是处)为最著。其余则散住各县,少者一千数百人多者一万数千人(《岭表纪蛮》)。广西之外,广东之西北部、湖南之西南部、贵州之南部亦多有之,云南之东部、江西之南部亦有,然较少。瑶人自述其种族为神犬盘瓠之后裔,盖即承汉代武陵蛮之神话而略有些微改变者,故可知瑶人之先即为武陵蛮。此种神话除上举《后汉书》武陵蛮一段外,尚有他书并举于下:

"南越王有犬名盘瓠,王被擒,其母传令有能脱王归者,当以王女妻之。盘瓠闻言欣然往,窃负而逃,遂妻以女。盘瓠纳诸石谷,与之交媾,生子数人:曰獐、曰猺、曰獠、曰狼、曰狯、曰侗,各成一族,自为部落,不相往来。故猺人多姓盘,嫌犬名不雅,改为盘。且昌称盘古之裔,其实非也。"(《图书集成》一四一○卷)

"高辛氏朝,有老妇居王室,得耳疾,挑之,乃一物,大如茧,盛瓠中,覆以盘,俄顷化为犬。其时戎吴强盛,数侵边境,乃募天下有得吴将军首者,配以女。盘瓠得之,遂妻公主。盘瓠将女上南山,入谷,止于石室。三年,生六男六女,自相配偶。后母归以语王,王遣使迎诸男女。衣服褊裢,言语侏离,饮食蹲踞,好山恶都。王顺其意,赐以名山广泽,号曰蛮夷。故世称'赤髀横裙,盘瓠子孙'。"(《搜神记》)

古代神话现在亦尚流传如下所举:

"狗头猺祀狗,据苗人所传猺之始祖父犬而母人。或曰女为'高辛氏''公主'生子四,及长挈犬出猎,犬老惫不能工作,子怒推诸河死焉。及归其母问犬,予以告,母大恸,以实语子,子呕赴河负犬尸还,犬时口流鲜血,沿子胸部而下;子哀之,自后缝衣必纫红线两条交叉于胸,所以为纪念也。按此说本属不经,然曾见于古籍,而猺衣服今犹相沿不变,且每年夏历正朔猺人必负犬绕行炉灯三匝,然后举家拜之,谓必如此然后家运乃隆。"(《苗荒小纪》)

"今苗猺中亦有此项神话,湘猺仅将所谓高辛氏女改为黄帝之公主,犬戎改为边匪,盘瓠改为盘扈,并云所生五子即苗猺诸人。"(《湖南苗猺问题考述》)

瑶人之种类亦甚繁。广西之瑶"大别之可分三种:曰顶板瑶(俗简称板瑶);曰红瑶;曰狗头瑶。板瑶以盘、赵、李、彭、邓、胡、侯、冯、陈诸姓为最多;红瑶以周、钟、蓝、韦、唐、雷诸姓为最多;狗瑶以盘、唐、沈、卜、凤、代、苟、杨诸姓为最多。此三种之言语服食,颇有同异。此外又有'白瑶'、'寨瑶'、'过山'、'平地'、'花布'、'箭杆'、'蓝靛'……种种不同之名称但实际仍同属一种;不过因其居地、职业、衣服之稍有差异,因而各殊其名。如怀集之瑶皆姓盘本来同一血系,而其名则分为'盘龙'、'平地'、'戴板'三种,此其例证也。"(刘锡蕃《岭表纪蛮》)广西凌云县之"瑶"有"红头瑶"、"蓝靛瑶"、"盘古瑶"、"长发瑶"等(颜复礼、商承祖《广西凌云瑶人调查报告》)。广西瑶山"瑶有两种,一种留长发而不剃的,一种剃发的。前种束发作髻,与明装相近,后种结发作辫,盘于头上,与清装相近。前种统称做长毛瑶,因髻之不同再别为寨山、花篮及正瑶三种。后种无总名,但因服式之不同又别为山子与板瑶两种。"(任国荣《瑶山两月观察记》)。此外尚有"箭瑶"(《粤西偶记》),"白瑶"、"黑瑶"、"生瑶"、"熟瑶"(《粤述》),"盘古瑶"、"平地瑶"、"西山瑶"(《湖南苗瑶问题考查》),"红瑶"(《苗纪小记》),"寨瑶"、"过山瑶"、"花布瑶"、"箭杆瑶"、"盘龙瑶"、"梳瑶"、"燕尾瑶"、"山瑶"、"尖头瑶"、"双角瑶"(《岭表纪蛮》),"带箭瑶"、"戴板瑶"(《八排风土记》)。"瑶一名輋客,其种有八曰天竺、咳首、僬侥、跂踵、穿胸、儋耳、狗轵、旁脊,是谓八蛮;又有飞头、凿齿、鼻饮、花面、白衫、赤褐之类。"(《洞溪纤志》)高山瑶、平地瑶、花肚瑶(《说蛮》)等。

瑶族之姓亦用汉字,然其初想系以汉字表瑶音,唯一部分或系改用汉姓。其姓有胡、盘、赵、郑、周、冯、戴、凤、陈、蓝、卜、奉、回、阳蒲、刘、沈、李、邓、唐、孙、鄞、丁、严、贺、覃、吴(《湖南苗瑶问题》,《苗荒小纪》),彭、胡、侯、钟、韦、雷、代、苟、杨(《岭表纪蛮》),房、莫、黄、何(《八排风土记》)等。

瑶族之风俗习惯旧记载亦多,然尚不及苗族,或因苗族常用为广义,并瑶亦包括在内,故不另述也。略举数则于下:

"粤西烟瘴之地,岭表诸蛮种类不一,皆古盘瓠氏之后也。其一曰瑶,介巴、楚、粤间,绵亘数千里。椎髻跣足,衣斑斓布葛。采竹木为屋,覆以青茅。种禾、黍、粟、豆、山芋,杂以为粮。暇则猎山兽以续食。岭磴险厄负戴者悉着背上,绳系于颈膊间,偻而趋。俗喜仇杀,又能忍饥,行树上下,履险若飞。儿能行即烧铁石烙其中蹠,故能履棘茨而不伤。儿始生称之以铁,如其重,渍之毒水,俟儿长大煅以制刀,试刀必以牛,仰刀牛项下以肩负刀,一负即殊者良刀也。弩名偏架,以一足蹶张以手搏矢,往往命中。枪名杆枪,战则一弩一枪,相将而前,执枪者前却不常以卫弩,执弩者口冲刀而手射人,或冒刀逼之释弩取口中刀夺击,退去必有伏弩。岁首祭先,杂揉肉鱼饭于木槽扣槽群号为礼。十月朔祭都贝大王,男女各成列连袂相携而舞,为之踏歌,意相得则男咿呜跳跃,负所爱去奔入岩洞,插柳避人,遂为夫妇。乐有铙歌胡芦笙竹苗(似即笛)之属,其合乐时众音竞哄,击竹笛为节。山谷间稻田无几,天少雨,稜种不收无所得食,则四出剽掠,踉锵篁竹飘忽往来,州县觉知则已入巢,莫可捕捉;官军但分屯路口,山多蹊不可遍防,久益劳费。又刻木为齿与人交易,谓之'打木格'。瑶有数种,有生瑶、有熟瑶、白瑶、黑瑶。生瑶在穷谷中不与汉通,熟瑶与汉民错处,或通婚姻。白瑶大类熟瑶,黑瑶大类生瑶。至于瑶妇亦有二种,有板瑶者妇人黄蜡泥发以木板为髻形,似今之扇面,平置顶上,覆以绣帕,缀以琉璃累累若璎珞然。有箭瑶者,妇人横箭于顶,黄蜡泥发,分作数绺,左右盘结箭上,亦以绣帕覆之,出入丛林间频侧其首,如穿花蛱蝶翩翩可怜,头一月一梳,宵寐无反侧。"(《瑶獞传》)

"瑶獠大约韦莫二姓居半,然不能张弓,弩射而已。其药箭甚毒,中人有至死者。其弩床多以紫榆为之,而刀刃鞞鞘制亦颇精。山中多射鸟兽,江边或射鱼龟。杜诗'莫瑶射雁鸣桑弓',莫瑶即瑶人也。解者云莫瑶自言其先主有功,常免瑶役,故以为名,恐亦未然,设如是则韦姓又何解乎。但楚中有桑而此地无雁,是不同尔。南巢地方系永顺宜山所属,内有生瑶一种,甚为邻封之害,皆姓蓝氏。按《竹书纪年》仲丁即位征于蓝彝,得无其苗裔乎。……瑶人住屋似楼而非楼,盖茅作两层,内架以竹或版,入居其上则猪圈牛栏皆在卧榻之下矣。按《说文》家字门下从豕,可会此义,不然则家从豕既非谐声从何会意乎。"(《粤述》)

"瑶人,黔省原无,自雍正二年,有自粤西迁至贵定平伐。居无常处,必择溪边。近水者以大树皮接续渡水至家,不用桶瓮出汲。男女衣尚青,长不过膝,所祀之神曰盘瓠。勤耕种,暇则入山采药,沿村寨行医,有书名榜簿,皆圆印篆文,其义不解,珍为秘藏。俗长厚,见遗不拾。"(《贵州通志》)

"瑶人性犷悍,自谓盘瓠之后,自耕而食,少入城市。男女皆知书,多处深山,喜猎善搏虎豹。衣服近汉,女人长衫拖裙,婚用媒,死者骸骨不落地火化收藏。不争讼不喜淫。所居之处不四五年即迁。"(《开化府志》、《广南府志》)"自粤西迁来居无定处,每至深山开垦耕种,俟田稍熟又迁别所开垦如前,不惮劳瘁,耕种之外亦勤捕猎,服饰与猡猡同。"(《他郎厅志》,均见《云南通志》)

关于瑶族之新记载较旧者为可信,现尚不多,兹摘录数则:

"楼居屋宇,为灰色化以下蛮人最普通之住室。此等屋宇,通常为二间三间,其高度约一丈二三呎。全体为木或竹所造,上盖瓦片,然大部皆以树皮茅草覆之。或亦剖竹通节,阴阳互合,覆以代瓦。雪雨敲击,其音清绝,黄州《竹楼记》之雅趣,在苗山随处可见也。人皆楼居,楼下分为两部;一部为舂碾室,农具杂物亦储置其间;一部为牲畜室,一家所饲鸡猪牛羊悉处其内。楼上分三部或两部:左右为卧室,最狭,普通仅可容榻;中间为火堂,封填形如满月之三合土(即黄泥、石灰、砂砾三者羼合之泥土,胶结甚固)。以铁制圆形之三脚灶(俗名三撑),架于当中(其贫者,不同铁灶,取石放置成三角形,架锅于其间)。除调羹造饭外,隆冬天寒,其火力及于四周,蛮人衣服不赡,藉以取暖,有时环炉灶而眠,兼为衾被单簿之助。赤贫之家,且多未置卧室,而倚炉为榻,举家男女,环炉横陈。虽有嘉宾,亦可抵足同寝,斯时炉灶功用,不止于烹调,盖直抵衣被床榻矣。(倚灶为榻,为苗、猺、侗、獞四族共同之习俗,惟獞族仿汉者多,有之惟其少数耳)。……地居屋宇,即人畜皆居地面,其性质可分'常居'与'暂居'两种;桂北猺民,多以'烧耕'为活(先烧山林,使地肥沃,然后种植杂粮,谓之烧耕),因而转徙无常,建筑多从苟简;非富户有恒业者,鲜得楼居,故建筑常取一种暂居之形式。编竹为壁,铺茅为瓦,高丈许,多以三间为度。……苗猺呼村为寨,因其地之生产力有限,不能供给多数人之食物,故大寨极少。普通村寨,不过数家成百数十家。……其位置所在地,多倚山建筑,由山麓以至山岭,随处皆有。"(《岭表纪蛮》)"男子头挽髻,缭帕,或青或红或白,随其族之名称而殊,缭红帕者曰'红猺',缭白帕者曰'白猺',缭青帕者曰'板猺'。衣服多对襟,与乡人汉装相类。惟领、袖、襟、裾等处,多纫深红线条。头帕或亦绣刺各色花样。若凌云、东兰、凤山……诸猺,皆大襟圆领,与古装略同。服尚青、蓝、黑三色,亦有白衣者。下体着裤,裤或绣花,且有短齐膝盖者。徒跣无履;着履者,惟少数富人。狗猺或着五彩衣,前短后长,其状最谲异。男子有披发者,亦有以方形花布包头,穿耳带环插簪如妇女状者,边邑奥区之生蛮,类如此。交通较便之地,汉装剃发者,所在亦多有之。妇女装饰,其名目尤多:如以蕉裹髻,不裙不袴,仅以布幅围其前后,前短后长,坐地则兜之,是为'平地猺'(此族近多着裙);髻如螺旋,耸于额前,包以头布者,是为'寨猺';髻绾银丝,垂直至项,花布包头,结成种种角度者,是为'狗猺';戴梳于顶,绾以头发,弯曲有如扇面者,是为'梳猺';头戴长方木板,巾幂四垂,系以矾珠,垒若缀旒者,是为'顶板猺';首插竹箭两根,长二呎许,分其发为两绺,左右盘结,缘箭而上,仍以锦巾覆之,状如蝶翼双立者,是为'箭杆猺';首簪竹片,分发如燕尾状者,是为'燕尾猺';盘发于顶,裹以头布,布之边缘,纫以铜质或银质之珠子者,是为'山猺';挽髻于头巅,覆以尖顶青帽,其状如圆锥者,曰'尖头猺';头戴竹箍,两端翘起,状如牛角,系以珠丝锦囊者,曰'双角猺'。"(《岭表纪蛮》)

"盘古为一般猺族所虔祀,称之为盘王。猺人以为人之生死寿夭贫贱,皆盘王主之,故家家供其木主。片肉卮酒,必享王而后食。天旱,祷盘王,舁王游田间,视禾稼,虽烈日如火,不敢御伞盖,冀王之怜而降雨也。《昭平县志》云:'猺人祀盘古,三年一醮会,招族类设道场,行七献之礼。男女歌舞,称盛一时,数日而后散。三年内所蓄鸡犬,尽于此会。'由此以观,其热烈可知矣。……狗王,惟狗猺祀之,每值正朔,家人负狗环行炉灶三匝,然后举家男女,向狗膜拜。

是日就餐,必扣槽蹲地而食,以为尽礼。"(《岭表纪蛮》)

"'坡会'之俗,盛行于灰色化以下各蛮族之社会中。在桂称为'坡会',在黔称为'跳厂',其会期多在'正月年节'、'二月二'、'三月三'、'四月八'、'八月中秋'、'九月重阳'等日,而春期为最多。会场为山岗或旷野或墟市,俱无一定,集会一年一次,或间年或三年一次,大抵一年一次为多,届期数百里内汉蛮各族,俱集于此。汉人称为'赶会期'。商贾屠贩卖饼之客,列肆以待,山乡之地,顿繁盛如市会。除游乐唱歌而外,杂以'赌博'(多汉、獞人所为)、'演戏剧'、'唱小调'、'纸扎'及'扮装多数狞鬼或美女巡行'等事。蛮人妇女,于脱离'做后生'时代之后,其自由权顿缩小,惟于'坡会'之短促时间,仍得恢复其'做后生时代'之原有权力。"(《岭表纪蛮》)

"猺民性质亦喜仇杀,猜忌,忍死轻生,惟甚忠厚,有义气,狡黠者殊不多见,且能忍苦耐劳,刻苦自励。如为人佣工,终日不倦,待遇稍厚者,敬之如父母,反是则以兵戎相见,非至流血不止。虽亲如父子兄弟,一触怒犯,往往以之投诸深谷,或剜目断股,视为常事。又能互助守约,热心公事,义不苟取,义不苟生,皆非汉人所及也。又猺民尚武之精神,不减斯巴达之风气,左腰悬长刀,右负大弩,附毒药以杀人兽,上下山险,若履平夷。儿始生时,称铁如其重,溃之毒水中,待儿长大,煅之为钢以制刀,终身佩之。儿能行走,即烧铁烙其跟踵,烙疮愈后,再以顽木榷之,故能履荆棘而不伤。战则一刀一弩,口衔刀而手射人,冲锋陷阵,最为饶勇。以其常与汉人发生斗争,且其猎山兽为食,亦需有相当武术,方能适应其环境也。今则与汉人相安无事,粗野之风稍杀矣。猺人因经济环境之困苦,不重卫生,居室多就山挖洞,深数尺,宽丈余,外以树木架成;饮食则以七八种食物用罐子合煮。湘人骂饮食不洁者辄曰,'你这猺人子,只可与猺人家合伙'。此即可知猺人饮食之劣矣。近年以来,湘南股匪多乘猺民之愚昧,侵入猺山,胁从者颇众,屡遭官厅骈戮,其善良自爱者,则任其蹂躏,供以粮食,妇女亦遭其污辱,受害之甚,视汉人有加,皆因猺人愚笨,不能自卫耳。"(《湖南苗猺问题考述》)

"猺人栖息之地,均在穷乡僻壤,悬岩绝壑,绵亘数十里之高峰,以前多山居,今则渐有改变,然生活之艰难,则依旧也。或三五家至十余家自成村落。少与汉民杂处。以所居皆山谷之地,故稻田无几,雨旸不时,种植无收,全赖黍、粟、豆、薯、苞谷之属为基本粮食。彼等耕种之时,常合数家通力合作,如犁土或锄草等事,相互轮次耕种。多数猺农工作时,必设一工头手提铜锣频敲催促,同声唱歌,奋勇作去,颇现古原始人合作之精神焉。有暇则猎山兽为食。……此外五岭之猺,久居山中,颇识草药,有负担至内地各县销售者,状貌一同常人,多熟习汉人风俗。另有一种猺人专代汉人采运竹木,从山峡水中放出。因猺人最会爬山,较走平路为快,故从山峡水中撑放竹木,实为彼等之特长,能胜任愉快也。猺男大抵愚笨，不知工艺，女子亦不亲刀尺通常皆知耕种，其操作劳苦，持笨负重如同牛马。每日黎明即起，工耕不息，黑夜舂粮析薪，刀杵咶咶，声闻里巷，以备晨炊。农事毕，则负薪入各圩市。冬季多在山中挖窑烧炭，尽皆挑入圩场，以易粗布米盐之属，供家用也。"（《湖南苗猺问题考述》）

"猺民处穷乡僻壤之地，生活亦甚艰难。清初别为猺籍，立猺牌以视区别。嗣惩猺之乱（清道光时新田猺赵金龙扰乱十余县）。准以应试为羁绊之术，每年有猺之县，定猺额生二名，或三名，卷面不填猺籍，而填所属县籍，故颇有读汉书，粗识文字者。民国以来，科举制度久废，能勉力读书识字者盖更寡矣。其少数读书学字者，均延请汉名为师，绝无猺人自为师者。猺人近亦多通汉语，称为总官话。"（《湖南苗猺问题考述》）

（乙）畲民——畲又作輋或輋，又作畲，又称畲瑶、畲客、畲蛮等名。畲民原系瑶族之一支，移位福建西部、浙江西南。在福建者"多散居于双髻山、洞宫山、大猺山和畲山，以旧建宁府、汀州府等处为最多。""在浙江者多居于雁荡以西括苍山脉的南部即旧处州府属之丽水、松阳、遂昌、云和、龙泉、庆元、景宁。此外如衢州府属的龙、游和温州府属的泰顺等处。"（沈作乾《畲民调查记》）

"潮州府有畲猺，民有山峰曰径獞。其种有二：曰'平鬃'，曰'崎鬃'。其姓有三：曰雷、曰盘、曰蓝。依山而居，采猎而食，三姓自为婚。有病没，则并焚其庐，而徙居焉。籍隶县治，岁纳皮张，旧治无考，前明设官以治，衔曰'輋官'……"（《广东通志》）

"汀猺人与虔、漳、潮、循接壤错处，以盘、蓝、雷为姓。三姓交婚，女不笄饰裹髻以布；男结发，不巾，不帽。随山种插，去瘠就腴。……不输官差，自食其力，了山主货税。……楚、粤为盛，闽中山溪高深之处，间亦有之。盘、蓝、雷其种类也。"（《福建通志》）

"輋人，澄海山中有輋户，男女皆椎跣，持挟枪弩，岁纳皮张，不供赋。有輋官者，领其族。輋，巢居也，其有长，有丁，有山官者。稍输山赋，赋以刀为准者，曰猺。猺所止，曰岳、曰洞，亦曰輋……是为畲蛮之类。"（《南越笔记》）

"畲蛮，岭海随在皆有之，以刀耕火种为名者也。衣服言语，渐同齐民。然性甚狡黠，每由熟报税与里胥为奸，里胥亦凭依之。近海则通番，入洞则通猺。凡田婵、矿场有利者，皆纠合为匪，以欺官府，今不敢逞奸矣。"（《广东通志》）

"輋人亦猺种也，澄海山中有輋户，皆椎跣，挟枪弩，纳皮张，不供赋，有輋官领其族。輋，巢居也。其有长、有丁、有山官者稍输山赋，以刀为准者曰猺，猺所止曰岊曰峒亦曰輋，海丰之地有罗輋、葫芦輋、大溪輋，兴宁有大信輋，归善有窑輋。刀耕火耨，是为畲蛮。潮州山輋有羊鬃、崎鬃二种，亦猺族。"（《说蛮》）

"猺名輋客，古八蛮之种，五溪以南穷极岭海，迤逦巴蜀，蓝、胡、盘、侯四

姓,盘姓居多,皆高辛狗王之后。时节祀狗王,以桄榔面为吴将军,先献之,祭毕择女之巧丽者劝客。"(《说蛮》)

畲字之意义据《龙泉县志·风俗篇》谓:"畲音奢,火种也。民以畲名其善田者也。"火种指刀耕火种,即烧草为肥料之种田法。又如上举《广东通志》亦云:"畲蛮……以刀耕火种为名者也。"据此则畲民盖由于其种田之法为原始的方法,有异于汉人,故得此称。

畲民之来源据沈作乾研究谓由于明代征服西南瑶族,瑶人乃东徙闽浙。

"王守仁等平猺之后,移卫设县,汉民仗着汉官的保护,渐渐地迁入畲民居住的区域——所谓猺寨——以开发他们未曾开发的富源,也是应有的现象;后来汉人渐多,势力渐大,明抢暗夺,以积成反客为主之局也,是必至之结果。愈久则汉人愈多,天产富源,多被汉人争去,畲民为生活所迫,不得不向他处求生,遂渐渐蔓延到广东全省及福建之一部。后来天启以后,闽、粤大乱,天灾兵灾,相继而来,当地居民,流离迁徙,畲民就夹杂其中,辗轮亡命,蔓延到福建各处,并及于浙江之一部。畲民虽守旧性很强,但既和汉人杂居,不能完全不受环境的影响,其风俗,生活,也不能不稍有变更。因此就渐渐脱离猺之本来面目,成为一种变相的新民族,叫做'畲民'或叫做'畲猺'。"(《畲民调查记》)

畲民所居虽近汉人,然其风俗习惯仍有一部分不曾完全汉化而仍有其特殊色彩。物质生活简陋痛苦,社会组织尚存原始风气,宗教有崇拜盘瓠神犬之图腾信仰(此亦畲民属瑶之一证)。唯语言之汉化极深。兹将关于畲民风俗之新记载摘录数则于下:

"他们的始祖,是龙犬——盘瓠。在上古的时代,高辛王元后耳痛三年,后从耳中取出一虫,形像如蚕,育于盘中,忽而变了一只龙犬,毫光显现,遍身锦绣。高辛王见之,大喜,赐名龙期,号称盘瓠。那时,犬戎入寇,国家异常危急。高辛王就下诏求贤,谓有能斩犬戎将军的头来献的,必把公主嫁给他。龙期便挺身而往敌国衔了犬戎将军的头报命;欲求高辛王践他的前言。高辛王嫌其不类,颇有难色。龙期忽作人声曰:'你将我放在金钟内,七天七夜,就可变成人。'到了第六天,公主怕他饿死,打开金钟一看,则全身变成人形,只留一头未变。于是盘瓠着上大衣,公主戴了犬头冠,俩相结婚了。盘瓠挈妻入山居住,生三男一女,长姓盘,名叫自能;次姓蓝,名叫光辉;三姓雷,名叫巨佑;女壻姓钟,名叫智深。"(何联奎《畲民的图腾崇拜》)

"他们另外有一种语言,但是他们住在处州的大半能说处州话。他们仅仅只有四姓,就是姓'钟',姓'蓝',姓'雷',及姓'盘'。他们的结婚也就是四姓互相结婚。近来也有与汉人通婚的,大多是畲民的女子嫁给汉人为妻。他们以耕种为生,大都为汉人佃户;也有做抬轿和役工的。他们的居住,大概都是茅舍,而且多半是靠着山谷。他们自结村落,汉人称之为'畲客寮'。"(胡传楷《畲

民见闻记》，《禹贡》一卷十二期）

"他们是妇女当家的，主妇为一家之主。他们的服装是一律的，无论男女老幼，一概都穿青色土布，可是妇女衣饰却异常奇特。凡已成年的女子及妇人，用直径寸余，长约二吋的竹筒一个，斜截其二端，作菱形，外包以红布，覆在头顶的前面，下围以发。压发的簪，宽约寸余，长约四吋，突出于脑后的右边；其前端有红色丝绦二组，垂于耳旁。她们这种装饰，很像狗头形，所以温州、处州人又称畲妇为'狗头公主'！"（胡传楷《畲民见闻记》，《禹贡》一卷十二期）

"畲民有一种特别的艺术，就是无论男女都会唱歌，会唱各种各样的歌。每当春天时候，畲民的少年男女在山上斫柴做工，这便是他们追求异性的机会。一个畲民的男子，看中了山上的畲民的女子，他便用他祖传的求爱的法子，唱一首求爱的歌。"（胡传楷《畲民见闻记》，《禹贡》一卷十二期）

"无论男女老幼，没有一人坐食的，汉人有一童谣，讥笑畲民的道：'公会做，婆会做，做得有脚没有裤！'这是说畲民虽然勤苦力作，却仍是弄得衣食不周。这实在是畲民所种的田，大部分是向汉人佃来的，到秋获后，除照例纳租外，所余无几；倘不幸遇着荒歉恐一年白忙。还不够赔累，那里还有余力发展呢？"（沈作乾《畲民调查记》）

3.瓦噗喇群——瓦（Wa）与喇（La）原为一族，唯以文化程度为区别，高者为瓦，低者为喇。住云南西境。皮色黑，鼻扁，唇突，身短，形丑恶。（《中国西南民族分类》）按此种体质似混有尼格利陀（Negritto）即矮黑人之血统。唯学者多以其语言属蒙克麦系故置苗瑶族中。噗喇（Palaungs）肤色较淡，中头阔鼻中等身材，衣饰近獿夷。唯语言仍属蒙克麦系。（同上书）噗喇别有黑噗喇、白噗喇、花噗喇等种。

"扑喇一名扑腊，古蒲那、九隆之苗裔，南诏、蒙氏为寻甸部，至元初内附，今临安、广西、广南、元江四府俱有此种。多居高山峻岭。男子束发裹头，插鸡羽，着青布衣，披羊皮，跣足耕山，种木棉取禽鸟为生。妇青布裹头，青布长衣，常负瓜蔬入市贸易。其在王弄山者又名马喇，即其种类……一名黑扑喇，刀耕火种，数易其土，以养地方，祭则用牛羊豕名曰三乐。……貌多姤陋至仅有人形者，山居火耕，迁徙靡常，衣麻披羊皮，弩矢随身。……白扑喇性最朴，多住山坡，种荞麦、杂粮、火麻之类，衣白麻布。"（《云南通志》卷一八三）

苗瑶系参考书

1.《前汉书》卷九五

2.《后汉书》卷一一六

3.《北史》卷九五

4.《南史》卷七九

5.《宋史》卷四九三,四九四

6.《明史》卷三一〇,三一六,三一七

7.许国英:《清史纪事本末》卷三十,四二

8.刘法曾:《清史讲义》第二篇,第三篇

9.顾炎武:《天下郡国利病书》卷一百,一百四

10.《图书集成》卷一四一〇

11.《贵州通志》

12.《广西通志》

13.《云南通志》

14.《广东通志》

15.《福建通志》

16.《小方壶斋舆地丛钞》

17.鸟居龙藏著:《苗族调查报告》

18.刘介:《苗荒小纪》

19.刘锡蕃:《岭表纪蛮》

20.魏觉钟:《广西的民族——苗徭僮㑩》(《新亚细亚》二卷三期)

21.郎擎霄:《中国南方民族源流考》(《东方》三十卷一号)

22.马长寿:《中国西南民族分类》(《民族学研究集刊》第一期)

23.区作霖:《贵州苗族之过去及现在》(《新亚细亚》四卷三期)

24.黄曼侬:《黔省苗族概况》(《中山大学历史语言研究所周刊》三集三十五、三十六期)

25.杨成志:《苗族的名称区别及地理上分布与神话》(《中山大学历史语言研究所周刊》三集三十五期)

26.张敷荣:《苗族之种类与习俗》(《清华周刊》二十八卷九、十期)

27.于曙峦:《贵州苗族杂谈》(《东方》二十卷十四期)

28.刘咸:《苗图考略》(《山东大学科学丛刊》一卷二期)

29.童振藻:《黔苗近况述要及调整纲领》(《民族》四卷五期)

30.盛襄子:《湖南苗猺问题考述》(《新亚细亚》十卷五期)

31.钟敬文:《惠阳崋仔山苗民的调查》(《中山大学历史语言研究所周刊》一集六期)

32.颜复礼、商承祖:《广西凌云猺族调查报告》

33.庞新民:《两广猺山调查》

34.《中山大学历史语言研究所周刊·猺山调查专号》

35.任国荣:《猺山两月视察记》(《中山大学历史语言研究所周刊》四集四十六、四十七期)

36. 陈锡襄：《猺民访问记》（《中山大学历史语言研究所周刊》三集三十五、三十六期）

37. 沈作乾：《畬民调查记》（《东方》二十一卷七期）

38. 董作宾：《福建畬民考略》（《中央大学历史语言研究所周刊》第二期）

39. 钟静闻：《广东鞏仔山的猺民》（《东方》二十五卷六期）

40. 胡先骕：《浙江温州处州间土民畬客述略》（《科学》七卷三号）

41. 胡传楷：《畬民见闻记》（《禹贡》一卷十二期）

42. 何联奎：《畬民问题》（《东方》三十卷十三号）

43. 何联奎：《畬民的图腾崇拜》（《民族学研究集刊》第一期）

44. Pollard, S., *Story of the Miao*

45. Johnson Ling, *Recherches Ethnographiques sur la Race Yao dans l'Asie du Sud-Est*

第十五章　罗罗缅甸系（今自为一族）

第一节　总　论

　　罗罗缅甸系专指住中国西南之罗罗及属于缅甸系之数种民族。罗罗与缅甸族在种族上颇相近，然不能即称为缅甸人，因其体质自有其特殊之点也。云南西南与缅甸接壤，自然亦有与缅甸人同系之民族如喀钦（Kachins）等，此等民族亦不能以罗罗一语括之。故罗罗缅甸二名应合并以概括此二种相近之民族，而成为一系。学者有将此一系人再加西藏人而称为西藏缅甸族者，本书以分析而论较为便利，故另定如此。又如杨成志君且否认罗罗为西藏族之说，故亦以分离为是。（《云南民族调查报告》）

第二节　三国以前疑似罗罗之诸族

　　1. 罗罗缅甸系在唐以前历史不明。周武王伐纣时之八国中有卢人。《左传》记春秋时"楚屈瑕伐罗，及鄢，乱次以济。及罗，罗与卢戎两军之，大败之。"卢戎之地在今湖北南漳县东。唐时有卢鹿蛮，后讹为猓猡即罗罗。此卢鹿不知是否即春秋之卢戎，无可稽考，只可置之不论。

　　2. 至于汉代之西南夷中有嶲一种即《史记》所谓"其外东至同师以东北至

叶榆名为巂,昆明,皆编发随畜迁徙,毋常处,毋君长,地方可数千里"。唐颜师古注谓"巂即今之巂州也,昆明又在其西南,即今之南宁州,诸爨所居是其地也"。按唐巂州为今四川西昌县治,其附近大凉山至今尚为罗罗族之根据地。巂不知是否属罗罗族亦无可考。

3.汉代西南夷尚有邛都一种,《史记》谓"自滇以北君长以十数,邛都最大,此皆椎结耕田有邑聚"。按其地,在今四川西昌县东南,亦与今之罗罗住地相近。唐时四川西南部尚有邛部六姓,其五姓为乌蛮,一为白蛮,皆今之罗罗。邛都是否为罗罗之先亦未能断定。

4.蜀汉诸葛亮南征益州郡之南蛮,彼时之益州包括今之四川南部及云南北部,其地包括今之罗罗住地。且其时之南蛮大姓焦、雍、娄、爨、孟、量、毛、李中之爨姓,至六朝时遂王诸蛮,称为两爨蛮,其人民一部分已有卢鹿蛮之称。蜀汉时雍闿孟获之南蛮似与罗罗族为相近,然亦不能断定也。

"南中豪率雍闿据益郡反,附于吴。"(《三国志·刘二牧传》)

"孟获代闿为主,亮既斩定元而马忠破牂柯,李恢败于南中,夏五月亮渡泸进征益州。……凡七房七赦,获等心服,夷汉亦思反善。亮复问获,获对曰:'明公天威也,边民长不为恶矣。'秋遂平四郡,分其赢弱配大姓焦、雍、娄、爨、孟、量、毛、李为部曲,收其俊杰建宁、爨习、朱提、孟炎,及获为官属,习官至领军,炎辅汉将军,获御史中丞。"(《华阳国志》,《云南通志》卷一七二引)

第三节 南北朝之两爨蛮

两爨蛮从其首领之姓而得名。爨姓虽自称为中国安邑人,晋时为南宁太守,然在蜀汉时爨姓与孟获等同为南蛮八大姓之一,诸葛亮曾拔爨习为官,可证其非汉人。爨原非种族名,故其后爨姓如衰落,其名自然易于消灭。两爨蛮亦未必全属今之罗罗,然其中必有一部分属罗罗也。爨氏自梁代兴起至唐代乃服于南诏,西爨为南诏所徙。

"两爨蛮自曲州、靖州、西南,昆川、曲轭、晋宁、喻献、安宁距龙和城通谓之西爨白蛮,自弥鹿、升麻二川南至步头谓之东爨乌蛮。西爨自云本安邑人,七世祖晋南宁太守,中国乱遂王蛮中。梁元帝时南宁州刺史徐文盛召诣荆州,有爨瓒者据其地;延袤二千余里,土多骏马犀象明珠。既死子震、翫分统其众。……阁罗凤遣昆川城使杨牟利以兵胁西爨徙户二十余万于永昌城,东爨以言语不通多散依林谷,得不徙。自曲靖州石城升麻昆川南北至龙和皆残于兵……乌蛮种复振,徙居西爨故地,与峰州为邻。贞元中置都督府领羁縻州十八,乌蛮与南诏世婚姻,其种分七部落,一曰阿芋路,居曲州、靖州故地,二曰阿猛,三曰夔山,四曰暴蛮,五曰卢鹿蛮,二部落,分保竹子岭,六曰磨弥敛,七曰勿邓。土多牛马，无布帛。男子髽髻，女人被发，皆衣牛羊皮。俗尚巫鬼，无拜跪之节。其语四译乃与中国通。大部落有大鬼主，百家则置小鬼主。勿邓地方千里有邛部六姓，一姓白蛮也，五姓乌蛮也。又有初裹五姓，皆乌蛮也，居邛部台登之间。妇人衣黑缯，其长曳地。又有东钦蛮二姓，皆白蛮也，居北谷。妇人衣白缯，长不过膝。"(《新唐书》卷二二二下）

第四节　元明之乌蒙罗罗斯

川、云、贵三省边境之民族宋时有封乌蒙王者，不知是否即唐代爨蛮中之乌蛮。乌蒙之名沿用至明，明太祖谓乌蒙及附近诸部皆属猡猡族，乌蒙等名不过其支派云。至罗罗之名则《元史》曾载元世祖征云南平罗罗蛮，置罗罗斯以治之。元、明二代载籍屡言罗罗之名，字虽略异音皆相同，可见罗罗之名渐成为全族之公名。《马哥孛罗游记》内亦有关于罗罗之记载，称之为多罗蛮（Tholoman），音亦近罗罗。

"乌蒙、乌撒、东川、芒部古为窦地、的巴、东川、大雄诸甸，皆唐乌蒙裔也。宋有封乌蒙王者，元初置乌蒙路，遂以东川芒部皆隶于乌蒙、乌撒等处宣慰司。乌撒富盛甲诸部，元时尝置军民总管府，而于东川置万户府；地势并在蜀之东南，与滇、黔壤土相接，皆据险阻深，与中土声教隔离。……帝命颍国公傅友德仍为征南将军，英（沐英）与陈桓为左右副将军，率诸军进讨。敕友德等曰：'东川芒部诸夷种类皆出于猡猡，厥后子姓蕃衍，各立疆场，乃异其名曰东川、乌撒、乌蒙、芒部禄肇、水西，无事则互起争端，有事则相为救援。若唐时阁罗凤亡居大理，唐兵追捕道经芒部诸境，群蛮聚众据险设伏，唐将不备，遂堕其计，丧师二十万，皆将帅无谋故也。今须预加防闲严为之备。'"(《明史》卷三一一）

"建昌卫，本邛都地，汉武帝置越嶲郡，隋、唐皆为嶲州，至德初没于土番，贞元中收复，懿宗时为蒙诏所据，改建昌府，以乌、白二蛮实之，元至元间置建昌路，又立啰啰斯宣慰司以统之。洪武五年啰啰斯宣慰安定来朝，而建昌尚未归附。十四年遣内臣赍敕谕之，乃降。十五年置建昌卫指挥使司。……改建昌路为建昌卫，置军民指挥使司，安氏世袭指挥使，不给印，置其居于城东郭外里许；所属有四十八马站大头土番、棘人子、白夷、么些、狇狏、猓猡、鞑靼、回纥诸种，散居山谷间；北至大渡，南及金沙江，东抵乌蒙，西讫盐井，延袤千余里。"(《明史》卷三一一）

"至顺元年……罗罗诸蛮俱叛……四川军至云南之雪山峡遇罗罗斯军败之。"（《元史·文宗本纪》）

"多罗蛮……身材高大……颇漂亮，不十分白而是一种棕色的面庞……勇敢强悍……善牧猎跳舞，居高山上。"(《马哥孛罗游记》，杨成志译引）

第五节　近时之罗罗缅甸族

明、清以来汉人所知罗罗缅甸族之支派名称渐繁,见于记载亦多,最近中外学者且有用科学方法以调查研究之者,兹摘述新旧记载各一二则于下。

1. 罗罗群

此一群包括罗罗本支及其他支系。

(甲)罗罗本支(Lolo)——罗罗又作猡猡、猓猡、猓猓、卢卢、老老、獠獠、卢鹿等,皆同音异字。汉人又称之为猡鬼、夷人或蛮子。其自称为"涅苏"(Nersu)或"挪苏"(Nosu)。

罗罗名称之沿革据《南诏野史》即明言"猓猓,爨蛮、卢鹿之裔,猓猓其讹音也",此说由上文观之,颇可信。

罗罗之体质颇为特殊,身材甚高,鼻亦高,(指数 87,据 Haddon),头形长(指数 77),肤色淡褐,发黑而直,四肢细长强健。或且谓罗罗发黄睛碧发卷如高加索种云,亦过甚之辞,唯此族略混有高加索种之血,则有多人言之,似可信。

罗罗在川、云、贵三省均有之,今以四川西南为最多,在古时所住地或更大于今日也。

罗罗有其特殊之文字,称为爨文,有爨文书籍,多属神话魔术性质之书,如《玄通大书》、《天路指明》等。又有《千岁衢碑》系爨、汉文合刻者,可证此族在历史文化上地位颇不为低。(见丁文江《爨文丛刊》)

罗罗之支派称号甚多,达九十余种(依杨成志言)。唯多有异名而实同种者,其种有黑罗罗(又称黑夷、黑乾夷、乌夷、乌爨)、白罗罗(白夷、二夷子、海罗罗、海夷、密义)、妙罗罗、乾罗罗、阿者罗罗(阿车、阿羯)、撒完罗罗、葛罗罗(个罗罗)、大罗罗、小罗罗、摩察(麦坌)、母鸡(鲁机)、扯苏(车苏)、披夷、披沙夷、蒙化夷、东川夷、阿成(以上据丁文江《爨文丛刻》);撒弥罗罗、普拉罗罗等。其中最主要者为黑罗罗及白罗罗,黑者为贵族种纯,白者为贱族杂有汉人。

"爨蛮种类甚多,有号卢鹿蛮者,今讹为猡猡。凡两迤之内,依山谷险阻者皆是,名号差殊,言语嗜好亦异。大略寡则刀耕火种,众则聚而为盗。男子椎髻,摘去髭须,左右佩双刀,喜斗轻死。妇人披发衣皂,贵者饰锦绣,贱者披羊皮,耳穿大环,剪发齐眉,裙不掩膝。……有夷经皆爨字,状类蝌蚪。……军无行伍纪律,战则蹲身渐进,三四步乃挥标跃起;人挟三标,发其二必中二人,其一则以击刺不发也。又有劲弩毒矢,饮血即死。……每蛮长有庆事,令头目入村寨计丁而派之,游行所至,阖寨为供帐,无少长皆出罗拜马前;邻寨在数十里内者皆以鸡黍馈。无以应诛求,往往潜出他郡劫掠,所得头目私分之,官府檄下督责则缚数人应命。"(《续云南通志稿》卷一六〇)

"黑猡猡为滇夷贵种,凡土官营长皆其族类,散居云南、曲靖、临安、澂江、武定、广西、东川、昭通、楚雄、顺宁、蒙化等府。……男子挽发,以布带束之,耳带圈坠一双,披毡佩刀,时刻不释。妇人蒙头方尺青布,以红绿珠杂海贝珲瑱为饰,下着桶裙,手带象牙圈,跣足。在曲靖者居深山,种甜苦二荞自赡,善畜马牧养蕃息。器皿用竹筐木盘。交易称贷无书契,刻木析之,各藏其半。……大都性多鸷悍,好攻掠。"(《续云南通志稿》卷一六〇)

"白猡猡于夷种为贱,云南等府及开化、景东皆有之。……居处依山箐或居村落。男子以布蒙首,衣短衣,胸挂绣囊,着革履。妇女椎髻蒙以青蓝布,缀海蚆锡铃为饰,缠足着履,勤于耕作。……言语饮食输赋税,均类齐民。"(《续云南通志稿》卷一六〇)

兹举关于大凉山罗罗之新记载一段于下,以明其现在之状态。

"分地各据的统治者便是各部落的酋长。这样酋长是世袭的。……在酋长统辖上的人民,俱为酋长个人的奴隶,俗称'哇子'。这种'哇子'大多数是捆掳汉人而来的。因如印度的 Caste 一样,连'哇子'也分起阶级来。其名称有'锅砖哇子'、'百性哇子'、'子头'(即女哇子)、'汉把'(即酋长的外交官)、'三道哇子'、'买路哇子'等类。……男子所穿的短衣长裤,狭窄而黏肉的为最时尚;腰间拴带,俾装烟叶或生鸦片,并作结垂下面前的大腿;头多裹以黑色的布帕,或作发髻于额上,他们出必带小刀或长刀,或枪。……妇女呢?衣长过膝,裙长拖地,惟不穿裤。……发俱束辫围头。……屋中间掘一窟叫做'火塘',俾事烤火和炊爨之用。没有何椅、棹、床等家具,人是睡在地上,和牛、羊、猪、马、狗、鸡同在屋内。……他们并不是信仰佛教,也不是信仰道教,却是信仰拜物教。"(杨成志《云南民族调查报告》)

"生猓复分三级:一、贵族,酋长之掌印者为土司,大都唐、宋、元、明、清世,羁縻猓人所颁之印信也。土司家族之不得掌印者为土目,皆坐食享乐,不操生业。多识猓文。二、黑夷,为猓族之平民,有生业,或耕或牧,或为巫师。贫富不等,富者亦有奴隶,贫者躬亲操作。战争劫掠,此级为中坚之指挥者。一土酋所属为一支,各支不必聚居一处,大支略地多者,或分散数百里外,混居于他支之中。三、白夷,猓猓常掳掠邻族,如汉族、番族、苗族等,役为奴隶称曰娃子。娃子,受役既久,忘其本性,一切惟猓是从,俨然猓化。汉民呼之为白夷,亦曰白骨头,纯猓为黑夷,亦曰黑骨头;贱之之称,非猓夷自呼如此也。"(任乃强《西康图经》)

(乙)栗粟(Lisu)——又作猓粟,力些。语言似罗罗,无文字,无大组织,散居云南西部。中等身材。中头,指数 75.5(Haddon)。

"无部落,散居姚安、大理、永昌四府。……迤西皆有之。在大理名栗粟。在姚安名粟敕。有生熟二种。男囚首跣足,衣麻布衣披毡衫,以毳为带,束其腰。妇女裹白麻布。善用弩,发无虚矢,每令其妇负小木盾径三四时者前行,自后发弩中其盾,而妇无伤以此制服西番。……栗粟于诸夷中最悍,依山负谷射猎为生,长刀毒弩日不离身。……栗粟种类在滇省各夷中为最劣,维西者杂处于各夷中而受治于么些长,犹较驯顺。"(《云南通志》卷一八四)

(丙)罗婺(La-hu)——又称猓黑、鲁吾、喇乌、喇五、三撮毛。长头(69.6,据丁文江),中等身材。语与罗罗相类,有大猓黑、小猓黑、普剽等支派,住今云南之武安、环州等地。

"猓黑系属化外,性情顽劣不事耕作,以捕猎为生,男女皆短衣袴裙。遇有仇隙,以勇悍为能。"(《云南通志》卷一八三)

(丁)窝泥(Wo-ni)——又作斡泥、和泥、阿泥、俄泥。其支派有白窝泥、黑窝泥、普特(Puto)、卡高(卡惰或是阿度)(Kuto)、骠人(缥人)(Pio)、苦陋(Ku-tsung)、山苏(Sansu)、糯比、马黑(Mahei)、黑铺(黑濮)、沙卡(阿戞阿卡、卡)(Aka)等称。

"窝泥本和泥蛮之裔,南诏蒙氏置威远睑,称和泥为因远部,明置元江府。东至元江,南至车里,西至威远,北至思陀,皆和泥种,今云南、临安、景东、镇沅、元江五府皆有之。其人居深山中,性朴鲁,而黧黑。编麦秸为帽,以火草布及麻布为衣。男女皆短衫长袴。耕山牧豕,纳粮赋,常入市贸易。亦有与齐民杂处村寨者。"(《皇清职贡图》,《云南通志》卷一八三引)

2. 缅甸群

此一群指住于云南,而在人种上属于缅甸族者。

(甲)阿昌(A-chang)——又名峨昌、阿成。语言近缅人。

"峨昌以喇为姓,大理、永昌二府有此种。无部落,杂处山谷间,性畏暑湿。男子束发裹头,衣青蓝短衣,披布单。妇女裹头长衣,无襦,胫系花襡,而跣足。刀耕火种,畜牧纺织为生。"(《皇清职贡图》,《云南通志》卷一八六引)

(乙)喇奚(La-shi)——又名喇鸡,茶山人,自称Lechi。

"居深山,火耨刀耕,男子宽博大袖,垂髻于脑后,女人以五色毛线为衣。……此种多从交阯流入。"(《开化府志》,《续云南通志稿》卷一六二引)

"茶山强狞喜斗,散居于小江流域之非河及恩梅开江之下游沿岸。装束男子着裤者较多,穿裙者较少;妇女除短衣围裙,腰系铜响铃一串,行步叮叮,惹人注目,其他风土人情,与蒲蛮、浪速大抵相同。"(尹明德《滇边野人山及恩梅开江迈立开江流域人种》)

(丙)马喇(Maru)——又称浪宋,浪速野人自称为Lawngvaw。

"马喇居王弄山,垦山种棉为业。男子服红经白纬布,妇女衣白,首插鸡羽,风俗近黑白獏喇。"(《开化府志》,《续云南通志稿》卷一六二引)

"散居于尖高北之非河沿岸及高黎贡山与恩梅开江间,江心坡间亦有之,但为数极少。风土人情住居种植等均与蒲蛮(按指喀钦)相仿佛。男女装束,亦大略相同。"(尹明德《滇边野人山及恩梅开江迈立开江流域人种》)

(丁)阿系(Asi)——又称系,自称才瓦。"耕种之余牧羊为业,男女皆衣青蓝布,背负羊皮,寒暑无间。"(《开化府志》,《续云南通志稿》卷一六二引)

(戊)喀钦(Kachins)——又名喀乾(Kaknyens)即所谓野人或野蛮,自称为青坡(Shingpaw),意为人。住伊拉瓦底河上游。自喜马拉雅山东部至云南西部之野人山。体质有二型,一为正喀钦人,头短而圆,额低,颧骨高,斜眼,阔鼻,唇厚而突,发及眼暗棕色,皮肤污牛皮黄色,身高中等,腿短。第二型有高加索种特征,具长椭圆面,尖颏,弓鼻。语言属半胶着语。有猎首风俗。

"居无屋庐,夜宿于树巅,赤发黄睛,以树皮毛布为衣掩其脐下,手带骨圈,插鸡毛,缠红藤。执勾刀大刃,采捕禽兽,茹毛饮血,食蛇鼠。性至凶悍,登高涉险如飞,逢人即杀,在茶山李麻之外,去腾越千余里。"(《云南通志》卷一八七)

旧记载述野人事极丑恶蛮悍可怖,然或因此族确有猎头之俗,故因畏怖不相习熟而致过甚其辞也。所谓赤发黄睛或由上文所述发及眼睛棕色而言。再举新记载一则于下以明此族之现状。

"人口最多,散布区域亦甚广,由恩梅开江以西所有江心坡,坎底,孙布拉蚌,枯门岭,及户拱一带群山。……其人多山居,迁徙无常。屋为长方形,宽二三丈。……屋皆有楼,离地三四呎,或五六呎,人居楼上,畜处楼下。……每户皆以屋一端为鬼房,生客若误由鬼房入,目为不祥,须杀牲为之祭。……装束男身短衣,下或着裤,或围裙。发结于顶,以巾束之,近亦有效华、缅人之剪发者。出入佩刀,身背篾箩。嗜鸦片。食法与华人异,以烟油和芭蕉叶烘干,用竹筒燃吸,名曰朵把烟(朵把烟筒以竹做成,其式样与云南临八属开、广一带之瘆病筒相同)。妇女上身御窄袖短衣,下身着桶裙。……无犁锄,惟以刀砍伐树木。晒干纵火焚之,播种于地,听其自生自实,名曰刀耕火种。……所居或数十户一寨,寨各有长,称曰头人或山官。"(尹明德《滇边野人山及恩梅开江迈立开江流域人种》)

罗罗缅甸系参考书

1.《史记》卷一一六
2.《前汉书》卷九五
3.《华阳国志》
4.《新唐书》卷二二二下
5.《元史》
6.《明史》

7.《云南通志》卷一八三、一八四、一八六、一八七

8.《续云南通志》卷一六○、一六二

9. 丁文江:《爨文丛刊》

10. 杨成志:《云南民族调查报告》

11. 杨成志:《云南罗罗族的巫师及其经典》

12. 杨成志:《从西南民族说到独立的罗罗》(《新亚细亚》四卷三期)

13. 杨成志:《罗罗说略》(《岭南学报》一卷三期)

14. 杨成志:《中国西南民族中的罗罗族》(《地学》二十三年一期)

15. 夏廷棫:《猓猡述略》(《中山大学历史语言研究所周刊》三集三十五、三十六期)

16. 雷伯伦:《猡猡人民风土志》(《地学》十二年一期)

17.《四川峨边夷人现状之调查》(《地学》十三年二期)

18. 蜀子:《开发川南大凉山之计划》(《边事研究》二卷四期)

19. 卢作孚、林惠祥:《猓猡标本图说》

20. 郑名:《滇边土著人种概况》(《新中华》三卷十号)

21. 楚图南:《云南土人状况》(《史地丛刊》二卷一期)

22. 尹明德:《滇边野人山及恩梅开江迈立开江流域人种》(《地理学季刊》一卷二期)

23. 任乃强:《西康图经》

24. 马长寿:《中国西南民族分类》(《民族学研究集刊》第一期)

25. 郎擎霄:《中国南方民族源流考》(《东方》三十卷一号)

26. Pollard, S., *In Unknown China*

27. T. H. Edgar., The Country and Some Customs of the Szechuan Mantze(*Journal of North China Branch of Royal Asiatic Society* 1917, pp. 42~56.)

第十六章　僰掸系(今自为一族)

第一节　总　论

僰掸系即所谓泰掸族(Tai-Shans),掸为种族名,泰其自称之语,意为自由者。掸字之起源或谓由于中国语之山字。暹罗之暹字亦与掸音相近。《后汉

书》有掸国之名即指此。此族散布之地颇广,占暹罗全部,缅甸东部、安南西部及中国西南部,纬度25度之南(据丁文江言)。名称随地而异,在缅甸者仍称掸,在暹罗北部及安南西部者则称老挝(Laos),在暹罗部者即暹罗人(Siamese),在云南者名僰夷(Pe-yi)或摆夷、白夷、蒲蛮(Pu-man),在贵州者谓之仲家或水家;广西者为獞侬,四川者为獠以及土人、沙人、民家、濮等名。在中国之掸又称为台苗(Tai-mao)或中国掸(Chinese Shan)。中国自古即有僰、濮及卜之名称,故可称为僰族或"僰掸族"以明其为掸中之一支。掸族之体质据人类学家哈顿氏(Haddon)之研究为广头(指数80.5),阔鼻(指数87.6),中等身材(1.594米),在中国者自然由混合而有变化。在云南车里者"身短、鼻平、唇厚、发际低、肤色黄褐"(《车里》)。掸族语言与汉语亦有相同之点甚多。

僰掸族在中国之历史甚古。在政治军事上除南诏能与唐抗衡外未尝大为汉族之害。在文化上高等者亦颇有政治组织,有僰文,信佛教,有各种颇为高等之文物制度。其文化可谓受汉族及印度之影响,在种族上则此族人数众多,现虽只限于中国之西南,然在古时曾散布长江流域各地,现代汉族混有多量僰掸族之血液已为学者公认之定论。(见李济 Formation of the Chinese People)故此族在中国民族史上亦甚重要也。

第二节　上古之濮

古书屡言濮或百濮,百为多数之称。其族在华夏系之西南。商周时均曾入贡,周武王伐纣所率之八种异族,濮居其一。

"商、产里、百濮以象齿、文犀、翠羽为献;周卜人以丹沙。"(《逸周书·王令解》)

"伊尹为四方令曰正南瓯邓、桂国、损子、产里、百濮、九菌,诸令以珠瑂瑁象齿、文犀、翠羽、菌鹤、短狗为献。"(《逸周书·王会解》)

"及庸、蜀、羌、髳、微、卢、彭、人。"(《尚书·牧誓》)

春秋时濮与楚之接触特繁,互相侵伐,楚曾作舟师伐濮,濮地卒为楚所占。

"楚蚡冒始启濮。"(《国语》)"濮在楚西南。"(《刘伯庄史记地名》)"文公十六年楚大饥,麇人帅百濮聚于选将伐楚,于是申息之北门不启。楚人谋徙于阪高,蒍贾曰'不可,我能往寇亦能往,不如伐庸,夫麇与百濮谓我饥不能师,故伐我也,若我出师必惧而归,百濮离居将各走其邑,谁暇谋人'。乃出师旬有五日,百濮乃罢。"(《左传》)"建宁郡南有濮夷,濮夷无君长总统各以邑落自聚,故称百濮也。"(杜预《左传释例》,《云南通志引》)

以后之史书亦常言濮人,故其字遂沿用至今。

"李恢迁濮民数千落于云南建宁界以实二郡。"(常璩《华阳国志》)

"云南郡在建宁南二十五里,治云南县,亦多夷濮,分布山野,时寇抄为郡邑害。"(《永昌郡传》,《云南通志》引)

"三濮者在云南徼外千五百里,有文面濮,俗镂面以青涅之;赤口濮,裸身而折齿,劗其唇,使赤;黑棘濮,山居,妇人以幅布为裙,贯头而系之,丈夫衣谷皮,多白蹄牛虎魄。龙朔中遣使与千支弗磨腊同朝贡。"(《唐书·南蛮传》)

上古时之濮属后来何族,有二说。一谓"濮人即今顺宁所名蒲蛮者是也……濮与蒲音相近,今讹为蒲耳。或以全滇之地其人百种概名曰濮亦甚谬矣"。又一说谓"其种类繁多虽广至千余里亦得称濮故曰百濮……想三代时惟有濮称,后乃分滇、夜郎、昆明等名,最后又有两爨六诏等称",此两说皆见《云南通志》。古时华夏系或只知有濮,故以此名概括其相近诸族,故古时之濮未必全属今之僰,唯其中必有一部分为僰也。濮与蒲音近或有关系,然濮亦非全讹为蒲,盖除蒲蛮而外后来固尚有濮及僰之民族也。

第三节　汉时西南夷中之僰掸族

1. 哀牢夷

哀牢夷住今云南西部,属今之僰掸族。其人以龙为图腾,有文身俗。后汉光武时内属,以其地置永昌郡,汉委太守与其王并治之。后汉章帝建初元年反,为汉、夷合兵所平。蜀汉诸葛亮南征,哀牢亦渐与汉人同化。哀牢之后裔尚有金齿等号。

"哀牢夷者,其先有妇人名沙壹居于牢山,尝捕鱼水中;触沉木若有感,因怀妊十月产子男十人。后沉木化为龙出水上,沙壹忽闻龙语曰:'若为我生子,今悉何在。'九子见龙惊走,独小子不能去,背龙而坐,龙因舐之,其母鸟语谓背为九,谓坐为隆,因名子曰九隆。及后长大,诸兄以九隆能为父所舐而黠,遂共推以为王,后牢山下有一夫一妇复生十女子,九隆兄弟皆娶以为妻,后渐相滋长。种人皆刻画其身象龙文,衣着尾。九隆死世世相继,乃分置小王,往往邑居散在溪谷,绝域荒外,山川阻深,生人以来未尝交通中国。建武二十三年其王贤栗遣兵乘箄船南下江汉,击附塞夷鹿茤,鹿茤人弱为所禽获。于是震雷疾雨,南风飘起,水为逆流,翻涌二百余里,箄船沉没,哀牢之众溺死数千人。贤栗复遣其六王将万人以攻鹿茤,鹿茤王与战,杀其六王,哀牢耆老共埋六王,夜虎复出其尸而食之,余众惊怖引去。贤栗惶恐谓其耆老曰:'我曹入边塞,自古有之,今攻鹿茤辄被天诛,中国其有圣帝乎,天佑助之,何其明也。'二十七年贤栗等遂率种人户二千七百七十,口万七千六百五十九,诣越巂太守郑鸿降,求内属,光武封贤栗等为君长,自是岁来朝贡。永平十二年哀牢王柳貌遣子率种人内属,其称邑王者七十七人,户五万一千八百九十,口五十五万三千七百一十一。西南去洛阳七千里。显宗以其地置哀牢、博南二县,割益州郡西部都尉所领六县合为永昌郡,始通博南山度兰仓水,行者苦之,歌曰:'汉德广,开不宾;度博南,越兰津;度兰仓,为它人。'哀牢人皆穿鼻儋耳,其渠帅自谓王者,耳皆下肩三寸,庶人则至肩而已。土地沃美宜五谷蚕桑,知染采文绣。罽氀帛叠兰干细布,织成文章,如绫锦。有梧桐木华绩以为布,幅广五呎,洁白不受垢汗,先以覆亡人然后服之。……先是西部都尉广汉郑纯为政清絜化行夷貊,君长感慕,皆献土珍颂德美;天子嘉之,即以为永昌太守。纯与哀牢夷人约邑豪岁输布贯头衣二领盐一斛以为常赋,夷俗安之,纯自为都尉太守,十年卒官。建初元年哀牢王类牢与守令忿争,遂杀守令而反叛攻越嶲唐城,太守王寻奔楪榆;哀牢三千余人攻博南,燔烧民舍。肃宗募发越嶲、益州、永昌夷汉九千人讨之。明年春邪龙县、昆明夷、卤承等应募率种人与诸郡兵击类牢于博南,大破斩之,传首洛阳。"(《后汉书》卷一一六)

"哀牢旧皆夷姓,武侯平南后始赐以赵、张、杨、李等姓,又军卒遗于此聚族居于诸葛营之旁,谓之曰旧汉人,姓氏乃渐蕃衍,然山谷之间,今犹如故也。"(《滇南杂志》)

"金齿古哀牢国,其苗人皆九隆之后也。相传其先有一妇人……其人有数种,有以金裹两齿者曰金齿,有漆其两齿者曰漆齿,有刺面者曰绣面蛮,有刺足者曰花脚蛮,以彩绳撮髻者曰花角蛮,惟居诸葛营者衣冠礼仪悉如中土。"(《洞溪纤志》)

2. 滇?

滇为前汉西南夷之一,在夜郎之西。战国时楚将庄蹻入王其地,至汉武帝因听张骞之言欲通西域之大夏,乃遣使通西南夷,滇慑汉兵威遂降,汉以其地为益州郡。至昭帝时益州夷反,被击平。

"始楚威王时,使将军庄蹻将兵循江上,略巴蜀黔中以西。庄蹻者,故楚庄王苗裔也。蹻至滇池地方三百里,旁平地肥饶数千里,以兵威定属楚,欲归报,会秦击夺楚、巴、黔中郡,道塞不通,因还以其众王滇,变服从其俗以长之。……骞因盛言:'大夏在汉西南慕中国,患匈奴隔其道,诚通蜀身毒国,道便近,有利无害。'于是天子乃令王然于、柏始昌、吕越人等使间出西夷西指求身毒国至滇,滇王尝羌乃留为求道西十余辈,岁余皆闭,昆明莫能通身毒国。滇王与汉使者言曰'汉孰与我大'?及夜郎侯亦然,以道不通,故各自以为一州主,不知汉广大,使者还,因盛言滇大国,足事亲附,天子注意焉。……滇王者其众数万人,其旁东北有劳浸靡莫皆同姓相扶,未肯听。劳浸靡莫数侵犯使者吏卒。元封二年天子发巴、蜀兵击灭劳浸靡莫,以兵临滇,滇王始首善以故弗诛,滇王离难西南夷,举国降,请置吏入朝,于是以为益州郡,赐滇王王印复长其民。西南夷君长以百数。独夜郎滇受王印,滇小邑最宠焉。"(《史记》卷一一六)

"后二十三岁孝昭始元元年益州、廉头、姑缯民反,杀长吏牂柯谈指同并等,二十四邑凡三万余人皆反。遣水衡都尉发蜀郡犍为犇命万余人击牂柯大破之。后三岁姑缯、叶榆复反。遣水衡都尉吕辟胡将郡兵击之,辟胡不进,蛮夷遂杀益州太守,乘胜与辟胡战,士战及溺死者四千余人。明年复遣军正王平与大鸿胪田广明等并进大破益州,斩首捕虏五万余级,获畜产十余万。"(《前汉书》卷九五)

王莽时益州夷反,莽发兵击之不胜,以文齐为太守乃服。后汉明帝建武时复反,汉兵击平之。滇自改郡后汉虽以太守治之,然夷人仍常反抗,唯汉族文化亦渐流入。

"滇王者,庄蹻之后也。元封二年武帝平之以其地为益州郡,割牂柯、越嶲各数县配之,后数年复并昆明地皆以属之。……建武十八年夷渠帅栋蚕与姑复、楪榆、拼栋、连然、滇池、建伶、昆明诸种反叛杀长吏,益州太守繁胜与战而败,退保朱提。十九年遣武威将军刘尚等发广汉、犍为、蜀郡人及朱提夷合万三千人击之。尚军遂渡泸水入益州界,群夷闻大兵至皆弃垒奔走,尚获其赢弱谷畜。二十年进兵与栋蚕等连战数月。皆破之。明年正月追至不韦斩栋蚕帅凡首虏七千余人,得生口五千七百人,马三千匹,牛、羊三万余头,诸夷悉平。肃宗元和中蜀郡王追为太守始兴起学校,渐迁其俗。"(《后汉书》卷一一六)

收滇所置益州郡或谓在云南昆明县(《辞源》),当时之滇人不知是否即为今之僰夷,殊不可考,姑置于此系,未敢即确定也。

3. 昆明夷

昆明亦汉代西南夷之一,史言其与哀牢同祖,故亦暂置于此系。然昆明夷当时所居地为四川之南、云南之北,今为猓猡族之地,故昆明究属何族亦不易明也。

"哀牢妇人沙壶触沉木有娠产子男十人,小子名曰元隆。哀牢山下复有一夫一妇产十女,元隆兄弟妻之,南中昆明祖之,故诸葛为其国谱也。"(《华阳国志》)

"爨蛮西有昆明蛮一曰昆弥,以西洱河为境,即叶榆河也。距京师九千里。土歊湿宜秔稻。人辫首左衽与突厥同。随水草畜牧,夏处高山,冬入深谷。尚战死恶病亡,胜兵数万。"(《唐书·南蛮传》)

第四节 六朝时之獠

獠据史谓为南蛮之别种,然与盘瓠蛮颇有异,今人或谓即土狢或仡佬,属掸族之一支,因其姓有同于僰夷者,如依姓,又古獠有花面之种盖即文身亦同于僰。(马长寿《中国西南民族分类》)南北朝时散布于汉中以南四川东部。其文化甚低,唯人数颇众。汉人常掠之以售卖为人奴。

"獠者,盖南蛮之野种,自汉中达于邛、筰川洞之间,所在皆有。种类甚多,散居山谷。略无氏族之别,又无名字,所生男女唯以长幼次第呼之。其丈夫称阿暮阿段,妇人阿夷阿等之类,皆语之次第称谓也。依树积木以居,其上名曰干兰,干兰大小随其家口之数。往往推一长者为王,亦不能远相统摄。父死则子继,若中国之贵族也。獠王各有鼓角一双,使其子弟自吹击之。好相杀害,多不敢远行。能卧水底,持刀刺鱼,其口嚼食并鼻饮。死者竖棺而埋之,性同禽兽,至于忿怒,父子不相避,惟手有兵刃者先杀之;若杀其父,走避,求得一狗以谢其母,母得狗谢,不复嫌恨。若报怨相攻击必杀而食之。平常劫掠卖取猪狗而已,亲戚比邻指授相卖;被卖者号哭不服,逃窜避之,乃将买人捕逐指若亡叛,获便缚之,但经被缚者即服为贱隶,不敢称良矣。亡失儿女,一哭便止,不复追思。惟执盾持矛,不识弓矢。用竹为簧群聚鼓之,以为音节。能为细布,色至鲜净。大狗一头,买一生口。其俗畏鬼神,尤尚淫祀。所杀之人美须髯者必剥其面皮笼之于竹,及燥号之曰鬼鼓,舞祀以求福利。至有卖其昆季奴尽者,乃自卖以供祭焉。铸铜为器,大口宽腹,名曰铜爨,既薄且轻,易于熟食。建国中李势在蜀,诸獠始出,巴西、渠川、广汉、阳安、资中,攻破郡县,为益州大患。势内外受敌,所以亡也。自桓温破蜀之后,力不能制,又蜀人东流,山险之地多空,獠遂挟山傍谷,与夏人参居者颇输租赋,在深山者仍不为编户。萧衍梁、益二州岁岁伐獠以自裨润,公私颇藉为利。正始中夏侯道迁举汉中内附,世宗遣尚书邢峦为梁、益二州刺史以镇之。"(《魏书》卷一百一)

"及周文平梁益之后令在所抚慰。其与华人杂居者亦颇从赋役,然天性暴乱,旋致扰动,每岁命随近州镇出兵讨之,获其生口以充贱隶,谓之为压獠焉。后有南旅往来者,亦资以为货,公卿达于人庶之家,有獠口者多矣。"(《北史》卷九五)

唐代四川之东部尚有獠,名为南平獠。獠每反抗被击平时,辄被虏生口甚多,此等獠虏或仍系作奴隶用。

"南平獠东距智州,南属渝州,西接南州,北涪州,户四千余。多瘴疠山有毒草,沙虱蝮蚺。入楼居梯而上,名为干拦。妇人横布二幅,穿中贯其首,号曰通裙。美发髻垂于后,竹筒三时斜穿其耳,贵者饰以珠珰。俗女多男少,妇人任役。婚法女先以货求男,贫者无以嫁则卖为婢。男子左衽露发徒跣,其王姓朱氏号剑荔王。贞观三年遣使内款,以其地隶渝州。有飞头獠者,头欲飞周项有痕如缕,妻子共守之,及夜如病,头忽亡,比旦还。又有乌武獠地多瘴毒,中者不能饮药,故自凿齿。有宁氏世为南平渠帅,陈末以其帅猛力为宁越太守;陈亡自以为与陈叔宝同日而生,当代为天子乃不入朝,隋兵阻瘴不能进。猛力死子长真袭刺史,及讨林邑,长真出兵攻其后,又率部落数千从征辽东,炀帝召为鸿胪卿授安抚太守,遣复又以其族人宁宣为合浦太守。隋乱皆以地附萧铣,长真部越兵攻丘和于交趾者也。武德初以宁越、郁林之地降。……大抵剑南诸獠武德、贞观间数寇暴州县者不一,巴州山獠王多馨叛,梁州都督庞玉枭其首,又破余党符阳、白石二县獠。其后眉州獠反,益州行台郭行方大破之,未几又破洪、雅二州獠,俘男女五千口。是岁益州獠亦反,都督窦轨请击之,太宗报曰:'獠依山险,当抈以恩信,胁之以兵威,岂为人父母意耶?'贞观七年东西玉铜獠反,以右屯卫大将军张士贵为龚州道行军总管平之。十二年巫州獠叛,夔州都督齐善行击破之,俘男女三千余口。钧州獠叛,桂州都督张宝德讨平之。明州山獠又叛,交州都督李道彦击走之。是岁巴、洋、集、壁四州山獠叛,攻巴州,遣右武侯将军上官怀仁破之于璧州,虏男女万余,明年遂平。十四年罗窦诸獠叛,以广州都督党仁弘为窦州道行军总管击之,虏男女七千余人。"(《新唐书》卷二二二下)

第五节　唐宋之南诏大理

南诏史称为哀牢夷之后,为僰掸所建最大之国。其初有六诏,诏意为王,即六部也。其中蒙嶲诏在今四川西昌县,越析诏在云南丽江县,浪穹诏在云南洱源县,邆睒诏在云南邓川县,施浪诏在洱源之东,蒙舍诏在云南蒙化县。蒙舍诏在最南,故号南诏,唐玄宗时南诏王皮逻阁统一六诏,并受唐册为云南王,都大和城即今大理县。

"南诏或曰鹤拓、曰龙尾、曰苴咩、曰阳剑,本哀牢夷后,乌蛮别种也。夷语王为诏,其先渠帅有六,自号六诏,曰蒙嶲诏、越析诏、浪穹诏、邆睒诏、施浪诏、蒙舍诏,兵埒不能相君。蜀诸葛亮讨定之。蒙舍诏在诸部南故称南诏,居永昌、姚州之间,铁桥之南,东距爨,东南属交趾,西摩伽陀,西北与吐蕃接,南女王,西南骠,北抵益州,东北际黔巫。……王蒙氏父子以名相属,自舍龙以来有谱次可考。舍龙生独逻,亦曰细奴逻,高宗时遣使者入朝。……开元末皮逻阁逐河蛮取大和城,又袭大厘城守之,因城龙口,夷语山坡陀为和,故谓大和,以处阁罗凤。天子诏赐皮逻阁名归义。当是时五诏微,归义独强,乃厚以利啖剑南节度使王昱求合六诏为一,制可。归义已并群蛮,遂破吐蕃,寖骄大,入朝天子亦为加礼;又以破洱蛮功,驰遣中人册为云南王,赐锦袍金钿带七事,于是徙治大和城。"(《新唐书》卷二二二上)

不久与唐开衅,降于吐蕃而侵唐,至唐中叶复与唐合,共击吐蕃。

"鲜于仲通领剑南节度使,卞急少方略。故事南诏尝与妻子谒都督过云南,太守张虔陀私之,多所求丐;阁罗凤不应,虔陀数诟靳之,阴表其罪。由是忿怨,反,发兵攻虔陀,杀之,取姚州及小夷州,凡三十二。明年仲通自将出戎巂州分二道进次曲州、靖州，阁罗凤遣使者谢罪，愿还所虏得自新，且城姚州，如不听则归命吐蕃，恐云南非唐有。仲通怒囚使者，进薄白厓城，大败引还。阁罗凤敛战胔，筑京观。遂北臣吐蕃，吐蕃以为弟，夷谓弟钟，故称'赞普钟'，给金印号'东帝'。……会杨国忠以剑南节度当国，乃调天下兵凡十万，使侍御史李宓讨之。辇饷者尚不在。涉海而疫，死相踵于道。宓败于大和城，死者十八，亦会安禄山反，阁罗凤因之取巂州会同军。……异牟寻立，悉众二十万入寇，与吐蕃并力。……德宗发禁卫及幽州军以援东川与山南兵合，大败异牟寻众，斩首六千级，禽生捕伤甚众，颠踣厓峭且十万。……然吐蕃责赋重数，悉夺其险，立营候岁，索兵助防，异牟寻稍苦之。……初吐蕃与回鹘战杀伤甚，乃调南诏万人。异牟寻欲袭吐蕃阳示寡弱，以三千人行许之。即自将数万蹑后，昼夜行，大破吐蕃于神川。遂断铁桥，溺死以万计，俘其五王。乃遣弟凑罗栋、清平官尹仇宽等二十七人入献地图方物，请复号南诏。帝赐赍有加，拜仇宽左散骑常侍，封高溪郡王，明年夏六月册异牟寻为南诏王。"（《新唐书》卷二二二上）

唐末南诏将嵯巅率众陷成都。坦绰酋龙时且称皇帝，改国号为大礼国。屡侵四川南部。

"太和三年……嵯巅乃悉众掩邛、戎、巂三州，陷之，入成都，止西郛十日，慰赉居人，市不扰肆，将还乃掠子女工技数万引而南，人惧自杀者不胜计。救兵逐嵯巅身自殿，至大度河谓华人曰：'此吾南境，尔去国当哭。'众号恸赴水死者十三。南诏自是工文织与中国埒。……坦绰酋龙立，恚朝廷不吊恤，又诏书乃赐故王，以草具进使者而遣。遂僭称皇帝，建元建极，自号大礼国。……乾符元年劫略巂雅间，破黎州入邛崃关，掠成都，成都闭三日，蛮乃去。诏徙天平军高骈领西川节度使……骈至不淹月阅精骑五千逐蛮至大度河，夺铠马执酋长五十斩之，收邛崃关，复取黎州，南诏遁还。"（《新唐书》卷二二二中）

至唐昭宗时蒙氏为郑买嗣所篡，改国号大长和。郑氏后为赵氏所篡改号大天兴。赵氏复为杨氏所篡，改国号大义宁。后晋时复为段思平所篡，故号大理国。宋太祖统一中国，然置云南不敢取，后与宋鲜有交涉。宋末始见灭于蒙古（1252年）。元代仍用段氏治其地，然不复独立。明太祖遣将灭之，以其地置大理府。自是全同内地。

"王全斌既平蜀，欲因兵威取滇以图进于上，太祖鉴唐之祸基于南诏，以玉斧画大渡河，曰：'此外非吾有也。'由是云南三百年不通中国，段氏得以睥临僰爨以长世焉。"（《续云南通志》卷一五九）

"元世祖征云南，分三道。……薄大理城，智兴、高祥遁，追斩高祥于姚州。二年大将乌兰哈达取善阐至昆泽，禽智兴及其渠帅，凡收府八郡四，乌、白等蛮三十七部。其地东至普安路之横山，西至缅地之江头城，凡三千九百里而远。南至临安路之鹿沧江，北至罗罗斯之大渡河，凡四千里而近。大理国亡。"（《续

云南通志》卷三五九)

第六节　宋代之广源州蛮侬智高

广源州在今安南谅山西北,宋时为中国羁縻州。其地蛮人首领侬氏属僰掸族。有侬智高者独立建国,进攻中国,陷九城围广州不克。宋仁宗命狄青讨之,大败其众,智高走死大理。

"广源州蛮侬氏,州在邕州西南郁江之源,地峭绝深阻,产黄金、丹砂,颇有邑居聚落。俗椎髻左衽,善战斗,轻死好乱。其先韦氏、黄氏、周氏、侬氏为首领,互相劫掠。……智高复与其母出据傥犹州,建国曰大历,交阯攻拔傥犹州,执智高释其罪,使知广源州,又以雷、火、频、婆四洞及思浪州附益之。居四年内怨交阯。袭据安德。僭称南天国,改年景瑞。……皇祐……四年四月,率众五千沿郁江东下,攻破横山砦,遂破邕州。……智高所向得志,相继破横、贵、龚、浔、藤、梧、封、康、端九州。……进围广州。……围五十七日,七月壬戌解去。……仁宗以为忧,命狄青为宣抚使。……青将前阵,沔(孙沔)将次阵,靖(余靖)将后阵,以一昼夜绝昆仑关、归仁铺。智高闻王师绝险而至,出其不意,悉众来拒,执大盾标枪衣绛衣。望之如火。青阵少却,先锋孙节死之。青起麾蕃落骑兵张左右翼出其后,交击,左者右,右者左,已而左者复左,右者复右,其众不知所为,大败走。会日暮智高复趋邕州,夜焚城遁,由合江口入大理国,得尸五千三百四十一,筑为京观,所掠生口万余人复其业。"(《宋史》卷四九五)

第七节　近代之僰掸族

以上所述或为国名,或为部落名,皆僰掸族在中国历史上有重大事迹及记载者,其人民究属现代僰掸族之某支无可稽考。僰掸族之支派亦至近代而始繁,此或因近代与汉人接触多故遂传于外,古时亦未必无之也。近代中国书籍记载僰掸族之支派甚多,但不合科学分类。唯最近经学者之研究已渐有眉目,如 Davis、丁文江、马长寿等已有大略一致之分类,兹特分别系统,摘录近代关于僰掸族各支派之记载于下,以见其族近代之情形。其中旧式记载虽不甚可靠,然亦聊胜于无,至少可藉以知晓当时汉人对此族之观念。间或附录最近之新记载,此则较为可信,可由以明了此族现在之状况。

1. 僰夷群

本群内诸族语言均相近,故合为一群。

(甲)摆夷——摆夷又名僰夷、白夷、伯夷、伯彝、摆衣,均为一音异译,西文作 Pai-i。摆夷之分支有旱摆夷、水摆夷,系由生活环境而分,又有大摆夷、小摆夷、汉摆夷、花摆夷等，又有孟乌、刺毛亦似属此支。兹摘录清代之记载于下：

"僰夷一名摆夷，汉为巨箔甸，唐为步雄、嶲羗二部，元初内附，其部落接壤缅甸、车里，今云南、曲靖、临安、武定、广南、元江、开化、镇沅、普洱、大理、楚雄、姚安、永北、丽江、景东十五府皆有之。随各属土流兼辖，与齐民杂处。男子青布裹头，簪花，饰以五色线，编竹丝为帽，青蓝布衣，白布缠胫，恒持巾帨。妇盘发于首，裹以色帛，系彩线分垂之，耳缀银环，着红绿衣裙，以小合包二三枚各着白银于内，时时携之。地产五谷宜荞麦，输纳粮税，常入市贸易。"（《皇清职贡图》，见《云南通志》）

"性耐暑熟。居多卑湿棘下，故从棘从人，滇之西南旷远多湿，僰夷宅之。种类数十，风俗稍别，名号亦殊。……乐有三，曰僰夷乐、缅乐、车里乐。……无中国文字，小事则刻竹木为契，如期不爽，大事书缅字为檄，无文案。……倚象为声势，每战以绳自缚象上，悍而无谋，锯桑为弩，革为胄，铜铁杂革为函。……男贵女贱，虽小人视其妻如奴仆，耕织、贸易、徭役皆妇人任之。……头目之妻百数，婢亦数百，少者数十，庶民亦有数十。……官民皆髡首黥足，有不髡则酋长杀之，不黥足则众嗤之曰：'妇人也。'妇人绾独髽，脑后以白布裹之，窄袖白布衫，皂布桶裙，贵者锦绣跣足。……在江川路南者构竹楼临水而居，楼下畜牛马。……额上黥刺月牙，所谓雕题也。……崇信释教，诵经谓之讽坦，写字谓之佃利，其字横行。"（《云南通志》卷一八三）

"旱摆夷山居性勤，男子衣及膝，女高髻帕首，缀以五色丝，裳亦然，开化府及普洱有之。"（《云南通志》卷一八三）

"水摆夷居多傍水，喜浴。男渡船，女佣工糊口。……力柔性懦。筑土室水边居，习于水也。种槟榔，务耕织。开化府属有之。"（《云南通志》卷一八三）

"小伯夷，熟夷也，腾越西南环境皆是。男妇服饰近中华，亦能汉语。居村寨，性驯谨，耕食织衣，无长幼礼。大伯夷在笼川以西，男子剪发文身，妇人跣足染齿，以色布裹其首，居喜近水。"（《云南通志》卷一八三）

"花摆夷性柔软，嗜辛酸，居临水，以渔稼。每岁三月男妇击鼓采花，堆沙献佛，以迓吉祥。普洱府属有之。"（《云南通志》卷一八三）

兹复摘录现代之记述于下：

"摆夷种类甚多，风俗稍别，名号亦殊，然概以摆夷称之。居于溽暑卑湿之区。凡南部各土司地，均有此类人种；如顺宁县属之耿马，镇康县属之孟空，龙陵县属之潞江，腾宁县属之南甸，及五行政区所属之芒市、遮放、猛板、猛卯、陇川、平崖、盏达，滇南特区所属之车里、佛海、象明，皆为摆夷之区域。又北部为英人设置区内，亦有摆夷：今缅属摆夷山区域内皆我当日之土司地，尤有不少摆夷族类。……摆夷在夷族中为较进步之人种，居于中国境内者，其风俗习惯大概与汉人相同,居于缅境者,则与缅人无异。……摆夷人男子皆业农,性质懦弱。……摆夷聚族而居,结为村寨,合数寨而为一甿,甿有甿头;甿头之上,又有土司;土司在夷民治理方面,为最高长官;土司之上则直辖于汉官之县长或行政委员。……摆夷为一夫一妻制。但土司亦有纳妾者。土司不与夷民通婚,只与同位者通婚。……摆夷信佛教,但信物教之心更大。"(《滇边土著人种概况》,见《新中华》三卷十期民国二十四年五月)

"摆夷之中又有水摆夷、汉摆夷、花腰摆夷之分。""汉摆夷大多数为汉族混种……旱字当为汉字同音之误。……因其上衣当腰之部绣花一周,故汉人遂呼之为花腰摆夷。""僰字为一种拼音文字,出法横衍右行,如欧西文字,一般人以其所用字母与缅文字母类似,遂指为缅文,而其实与缅甸文字大不相同。"(《车里》)

"僰族尚冷食,食多用手,左手持饭,右手撮蔬,亦有用匙箸者。……车里各民族男子之衣饰,大体相同,衣对襟或大襟短衣,如一般劳工界,头缠布巾,挂背袋佩刀。……至妇女之衣饰,则因种性之庞杂,极不一致,水摆夷妇女上衣下裳,与缅甸妇女装束大略相同。裙长及地,分三段:上段以红、黄、绿、紫等色丝麻相间织成,作柳条花;中段普通用深绿色棉毛织物,或用织花锦缎;最下则用白布,镶花绷一二周。不御内裤。……僰族男子尚文身雕题,当学僧之初,即由其爬竜,于胸背额际腕臂脐膝之间,以针刺种种形式,若鹿,若象,若塔,若花卉,亦有刺符咒格言,及几何图案者。然后涅以丹青,贵族尚赤,平民以墨。……僰人讥瓠犀为死马齿,以为既不美观,复多害虫。无论男女以染黑为贵。"(《车里》)

(乙)民家子(Minchia)——又称白人,白儿子,亦系僰夷,大都为大理国贵族与汉人混血而成者。有别支称那马(Nama)。

"白人其先居大理白崖山即金齿白蛮部,皆僰种,后居景东府地,而云南、临安、曲端、开化、大理、楚雄、姚安、永昌、永北、丽江等府俱有之,随各属土流兼辖。其居处与民相杂,风俗衣食悉仿齐民。有读书应试者亦有缠头、跣足、衣短衣、披羊皮者,又称民家子,岁输赋税。"(《皇清职贡图》,《云南通志》卷一百八二引)

"那马本民家即僰人也,浪沧弓笼皆有之,地界兰州,民家流入,已莫能考其时代,亦多不能自记其姓氏。么些谓之那马,遂以那马名之。语言实与民家无异,男女衣服之饰杂用古宗么些之制。"(《维西见闻录》,《云南通志》卷一八七引)

(丙)蒲蛮(Pu-man)——蒲蛮或蒲人、普蛮、朴子蛮。别一部名野蒲。相传浦即古代之濮。蒲人亦操掸语。

"蒲人即浦,蛮相传为百濮苗裔,宋以前不通中国;元泰定间始内附,以土酋猛氏为知府;明初因之,宣德中改土归流;今顺宁、澂江、镇沅、普洱、楚雄、永昌、景东等七府有此种。居多傍水,不畏深渊。寝无衾榻,食惟荞稗。男子青布裹头,着青蓝布衣,披毡褐,佩刀,跣足。妇青布裹头,着花布短衣,长裙跣足。"(《皇清职贡图》,《云南通志》卷一八三引)

2. 仲家群(Chung-chia)

狆家或仲家住贵州者或称仲家苗,实非苗也,亦有住云南者。仲家自称为摆夷,语为僰语,故属僰族,其支派有黑仲家、青仲家、白仲家、补笼仲家、卡尤仲家等。仲家风俗近汉化。

"仲人在黔省谓之仲家子,曲靖、昭通一带毗连黔疆者皆有之,其实即仲家之苗裔也。好楼居,其服饰男子缠头跣足,身穿青蓝布衫衣袴,妇女以青布裹头,微似僧帽。……勤于耕作,男女皆事犁锄。"(《滇南杂志》,《小方壶斋》七帙引)

3. 獞獠群

(甲)獞——獞今多住广西,然唐时方由两湖来。獞人古时亦有文身之俗,如柳宗元咏獞俗诗云:"饮食行藏总异人,衣襟刺绣作文身",故于僰族为近。獞与獠之来路相同,不知是否即为獠之为汉奴者。(马长寿说)

"獞人出湖南溪洞,后入粤西佃耕,其众稍多,占据乡落,延入粤东与猺相仇,颇赖其力以挥猺。厥后众强犹猺人矣。其人性质粗悍,露顶跣足,花衣短裙,鸟语鹄面,自耕而食,谓之山人。其聚而成村者为峒,推其长曰峒官。"(《说蛮》,《小方壶斋》引)

"獞与猺杂处,风俗略同,而生理陋简。冬编鹅毛杂木叶为衣,搏饭掬水而食,居室缉茅衡板,上以栖止,下畜牛羊猪犬。"(《粤述》,《小方壶斋》引)

(乙)獠——獠在历史上之事实已见于上。今之獠除单用本名者外,尚有土獠、仡佬等名,实皆同音异字或音转也。

(1)獠本支:"獠俗略同獞,而嗜杀尤甚。居无酋长,深山穷谷,积木以居,名曰干栏。射生为活,杂食虫豸。相斗杀,得美须髯者则剜其面,笼之以竹鼓,行而祭,兢以邀福。山中推有力者曰郎火,余止曰火,最下者曰提陀。以大木一株埋地作独脚楼,高百呎,五色瓦覆之,娴者锦鳞。歌饮夜归,缘宿其上,曰罗汉楼。"(《说蛮》五,《小方壶斋》引)

(2)土獠:又名土老、土人。分支有花土獠、白土獠、黑土獠等名。

"土獠一名土老亦名山子,相传为鸠獠种,亦滇中乌蛮之一。从蜀黔粤西之交流入滇境,散居临安、澂江、广西、广南、开化、昭通等府,与齐民杂居。"(《皇清职贡图》,《云南通志》卷一八四引)

(3)仡佬:多住贵州,分支除下述三种外尚有红仡佬、花仡佬、水仡佬、锅圈仡佬、披袍仡佬、土仡佬等名。"仡佬其种不一,花仡佬、红仡佬、赤脚善奔,不知惜命。布围下体,谓之桶裙。敛百物之毒以染箭锋,当之立死,受其气者亦死,死则有棺而不葬,置之崖穴,或临大河。有打牙仡佬者父死子妇各折二齿投棺中。有剪头仡佬者男女剪发仅留寸许。有猪屎仡佬者喜不洁,与犬豕同食。"(《洞溪纤志》,《小方壶斋》引)

（丙）侬农——又作侬或龙。相传为侬智高之后。

"侬人其土酋侬姓,相传为侬智高之裔,宋时地曰特磨道,明改广南府,本朝平滇设流官,仍授侬氏后为土同知,今广南、广西、临安、开化等府有此种。喜楼居,脱履而登,坐卧无床榻。……其种在广南习俗大略与僰夷同。……长技在铳,盖得之交趾者,刀盾枪甲寝处不离,日事战斗。"(《云南通志》卷一八四)

（丁）狼人——广西有之,明代用以征"猺"。

"狼人俗同猺以语言相别,其兵最劲,明时常调以从征伐。狼性驯畏法,守城池,扫衙署,供薪炭,役于官惟谨。"(《说蛮》,《小方壶斋》引)

"狼人粤西诸郡处处有之,浔州诸狼,自明弘治间因大藤诸峡乱从黔中调来征剿,峡平,遂成焉。其人散居而各有长其俗,自幼即习歌。"(《粤西偶记》,《小方壶斋》引)

（戊）沙人——住云南,分支为白沙人、黑沙人等。语言亦近僰夷。

"散处广南、广西、曲靖、临安、开化等五府,其居在高山深箐名曰掌房。寝无衾枕,坐牛皮中,拥火达旦。以耕渔射猎为生,出入带刀弩。性狡而悍。男女衣饰颇类齐民,其风俗多同侬人,而慓劲过之。"(《皇清职贡图》,《云南通志》卷一八四引)

僰掸系参考书

1.《逸周书》
2.《左传》
3.《国语》
4.《史记》卷一一六
5.《前汉书》卷九五
6.《后汉书》卷一一六
7.《魏书》卷一〇一
8.《北史》卷九五
9.《新唐书》卷二二二
10.《宋史》卷四九五
11.《云南通志》卷一八二、一八三、一八四、一八七
12.《续云南通志》卷一五九

13.《小方壶斋舆地丛钞七帙》

14. 李拂一:《车里》

15. 谢彬:《云南游记》

16. 杨成志:《云南民族调查报告》

17.《西南民族专号》(《中山大学历史语言研究所周刊》)

18. 马长寿:《中国西南民族分类》(《民族学研究专刊》第一期)

19. 丁文江:《广西獞语的研究》(《科学》十四卷一期)

20. 丁骕:《西文云南论文书目选录》(《禹贡》四卷八期)

21. 郎擎霄:《中国南方民族源流考》(《东方》三十卷一号)

22. 郑名:《滇边土著人种概况》(《新中华》三卷十号)

23. 钟敬文:《獞民考略》(《中山大学历史语言研究所周刊》三集三十五、三十六期)

24. Haddon, A. C., *The Races of Man*

第十七章　白种(同化于他族)

第一节　西域诸国

1. 世界人种原有三大种,即蒙古利亚种或黄种,高加索种或白种,尼革罗种或黑种。本书所述以上中国诸族皆属蒙古利亚种。然中国虽为蒙古利亚种即黄种所建国,其中亦不无白种及黑种成分,特未曾成立大族如他族耳。兹先述白种。

白种人今日在亚洲者以西南部为多(如阿拉伯、波斯、阿富汗、印度),然尚有黄种人立国其极西之地(土耳其)并杂居以上诸国内。至于东北以上更非白人居地矣。然此系二千年来人种迁移混合之结果,在二千年前即在其更东之地越葱岭而直至新疆境内亦为白种人之天下。其后之变成今日状态,实由黄种人中如匈奴、突厥等之西移及新疆中亚诸地白人之同化于黄种。兹即由二千年前即汉代起叙述之。

汉代之新疆大部分即西域,汉初有三十六国,其东北即为匈奴,西北为乌孙,更西北为康居,西为大宛、捐毒、大月氏,西南为葱岭八小国,南为羌地。乌孙亦在新疆西北部伊犁河流域之地,不在三十六国之内,其国较大,人种与诸国异,似为白种之挪耳的系(Nordie Stock)。

西域以西古代亚洲中部诸国孰为白种,史有明文。按《史记》有云:"自大宛以西至安息国中虽颇异言然大同俗相知言也。其人皆深眼多须髯。"由此观之葱岭以西诸国如大宛、休循、捐毒、康居、罽宾、安息等皆属白种。以上诸国皆在今中国境外无须详述。至于在新疆境内之三十六国因史又言其人有属羌者有属塞种者,究竟孰为羌孰为塞种则未详言。大抵高昌以东诸国属羌,又葱岭八小之西夜、蒲犁、依耐、无雷诸国亦属羌。至于孰为塞种亦未指明。只于《魏书·西域传》于阗国一段云:"自高昌以西诸国人等深目高鼻,唯此一国貌不甚明,颇类华夏。"按魏时之高昌系汉车师前部,地在今新疆之吐鲁蕃。又《新唐书·西域传》云:疏勒之人"文身碧瞳"一条可见汉至唐时高昌以西如焉耆、龟兹、姑墨、疏勒等新疆大半之国皆为深目高鼻之白种人。唯于阗"貌不甚胡颇类华夏"故或谓唯此非白种而为黄种。然近由斯坦因(Stein)探险新疆乃断定其为白种人而其他诸国之为白种人亦赖以证实。斯坦因发现该地古代文字中有三种皆属于印度欧罗巴语系,一为康居语,行于康居大夏等国,二为龟兹语,行于龟兹、焉耆、疏勒等国,三为于阗语,行于于阗等国(见《新疆之伊兰民族》)。以上系由语言证明者,尚有体质方面亦相符合。斯坦因在于阗国境内之一寺发现一壁画,其上所绘之国王王妃及侍女之状貌似为白种人(羽田亭《西域文明史概论》)。又英国人类学会之乔伊士(T. A. Joyce)氏根据斯坦因所获材料断定现在和阗(即古于阗地)人民之性质体格容貌毛发等均与住于钵和(Wakham)、色勒库尔(Sarikol)、帕米尔(Pamir)之 Golcha 种族相类似,亦为亚利安人种。和阗人民同样以印度伊兰民族之血统为基础而杂有几分突厥民族的血统,唯其程度较 Golcha 族稍多而已。和阗东部则有极少之西藏人血统(见日本堀谦德著,纪彬译《于阗国考》)。由此观之于阗之为白种甚明,其所以貌不甚胡者即因其混有突厥及西藏(按当即为羌)之血统也。

至于西域诸国属白种之何系则颇不易明。有谓为即塞种亦即闪米特族(Semites)者(吕思勉《中国民族史》),有谓为伊兰民族者(见王日蔚《新疆之伊兰民族》所举),又有称为印度日耳曼种者。(张星烺:《中国人种中印度日耳曼种分子》)按《前汉书》注言乌孙之种青眼赤须异于其他诸国,青眼赤须即蓝睛黄发,此明系属白种中之挪耳的(Nordie)系,与北欧之条顿人、西亚之波斯阿富汗人较相近。至于他国所属之塞种似即指闪米特系,即与古巴比仑人、古亚述人、阿拉伯人、犹太人为同类。故西域诸国大抵可分属此二系。

2. 西域全部之史实——汉初西域诸国皆小,役属于匈奴,汉武帝谋断匈奴右臂遣张骞通西域前后三次,首次期结大月氏,大月氏无意复匈奴之仇,不得要领而归。二次欲经由西南夷地以达大夏等国,阻不得前而罢。三次乃建议结连乌孙,后竟收其效,且西域诸小国亦降附。王莽时西域叛附匈奴,后汉复内附。以后直至后魏太延时乃复通中国。隋炀帝大业时亦来朝。唐初复附唐,至大食东侵,乃有被灭者。

"西域以孝武时始通,本三十六国,其后稍分至五十余,皆在匈奴之西,乌孙之南。南北有大山,中央有河。东西六千余里,南北千余里。东则接汉,阨以玉门阳关,西则限以葱岭。……自玉门阳关出西域有两道,从鄯善傍南山北波河西行至莎车为南道,南道西逾葱岭则出大月氏安息。自车师前王庭随北山波河西行至疏勒为北道,北道西逾葱岭则出大宛、康居、奄蔡、焉耆。西域诸国大率土著,有城郭田畜,与匈奴、乌孙异俗,故皆役属匈奴;匈奴西边日逐王置僮仆都尉使领西域,常居焉耆、危须、尉黎间,赋税诸国,取富给焉。……汉兴至于孝武事征四夷,广威德,而张骞始开西域之迹。其后骠骑将军击破匈奴右地,降浑邪休屠王,遂空其地,始筑令居以西,初置酒泉郡,后稍发徙民充实之,分置武威、张掖、敦煌,列四郡,据两关焉。自贰师将军伐大宛之后,西域震惧,多遣使来贡献,汉使西域者益得职,于是自敦煌西至盐泽,往往起亭,而轮台、渠犁皆有田卒数百人,置使者校尉领护,以给使外国者。"(《前汉书》卷九六上)

"武帝时西域内属有三十六国,汉为置使者校尉领护之。宣帝改曰都护,元帝又置戊己二校尉,屯田于车师前王庭。哀平间自相分割为五十五国。王莽篡位贬易侯王,由是西域怨叛,与中国遂绝,并复役属匈奴。……明帝乃命将帅北征匈奴。取伊吾卢地置宜禾都尉,以屯田,遂通西域,于寘诸国皆遣子入侍,西域自绝六十五载乃复通焉。……和帝永元元年大将军窦宪大破匈奴,二年宪因遣副校尉阎盘将二千余骑掩击伊吾破之,三年班超遂定西域,因以超为郡护居龟兹。"(《后汉书》卷一一八)

"太延中魏德益以远闻,西域龟兹、疏勒、乌孙、悦般、渴盘陀、鄯善、焉耆、车师、粟特诸国王始遣使来献。……西域自汉武时五十余国,后稍相并至太延中为十六国。……大业中相率而来朝者四十余国,帝因置西戎校尉以应接之,寻属中国大乱,朝贡遂绝。"(《北史》卷九七)

"贞观……始徙安西都护于其都(按指龟兹)统于阗、碎叶、疏勒号四镇……仪凤时吐蕃攻焉耆以西,四镇皆没,长寿元年武威道总管王孝杰破吐蕃复四镇地,置安西都护府于龟兹,以兵三万镇守。"(《新唐书》卷二二一上《龟兹传》)

兹将乌孙及西域诸国中较为主要者之事迹略述于下。至于以西之大宛、康居、大夏等国不在今之国境内者从略。

3. 乌孙——乌孙之为白种最明,且事迹亦最重要,故先述之。乌孙人之体质特征据《前汉书·西域传》,唐颜师古注谓"乌孙于西域诸戎其形最异,今之胡人青眼赤须状类猕猴者本其种也"。按白种人中唯挪耳的系即条顿系人方为蓝睛黄发,即所谓青眼赤须,故乌孙人必属挪耳的系而其他诸国则属他系或混合种,故乌孙为独异也。

乌孙在西域为强国,不服匈奴。从事游牧如匈奴,而与西域之城郭国异。

"乌孙国大昆弥治赤谷城,去长安八千九百里,户十二万,口六十三万,胜兵十八万八千八百人。相大禄左右大将二人,侯三人,大将都尉各一人,大监二人,大吏一人,舍中大吏二人,骑君一人。东至都护治所千七百二十一里,西至康居蕃内地五千里。地莽平多雨寒,山多松樠,不田作种树,随畜逐水草,与匈奴同俗。国多马,富人至四五千匹。民刚恶贪狼无信,多寇盗,最为强国。故服匈奴,后盛大取羁属,不肯往朝会。东与匈奴、西北与康居、西与大宛、南与城郭诸国相接。本塞地也,大月氏西破走塞王,塞王南越县度,大月氏居其地;后乌孙昆莫击破大月氏,大月氏徙西臣大夏,而乌孙昆莫居之,故乌孙民有塞种大月氏种云。"(《前汉书》卷九六下)

汉武帝使张骞通西域第三次欲结好乌孙,使东徙于西域之东,以抗匈奴。乌孙初无意联汉,唯遣使随骞入谢。后因惧匈奴之逼,乃请尚汉公主。至宣帝时乌孙果助汉击匈奴大破之。

"始张骞言'乌孙本与大月氏共在敦煌间,今乌孙虽强大可厚赂招令东居故地,妻以公主,与为昆弟,以制匈奴'。语在《张骞传》。武帝即位令骞赍金币往。……其国后乃益重汉,匈奴闻其与汉通,怒欲击之。又汉使乌孙乃出其南抵大宛、月氏,相属不绝,乌孙于是恐,使使献马,愿得尚汉公主,为昆弟。天子问群臣议许曰'必先内聘,然后遣女'。乌孙以马千匹聘。汉元封中遣江都王建女细君为公主,以妻焉。赐乘舆服御物,为备官属宦官侍御数百人,赠送甚盛,乌孙昆莫以为右夫人。……昆莫年老欲使其孙岑陬尚公主,公主不听,上书言状。天子报曰,'从其国俗,欲与乌孙共灭胡',岑陬遂妻公主。昆莫死,岑陬代立;岑陬者官号也,名军须靡。见莫王号也,名猎骄靡,后书昆弥云。岑陬尚江都公主,生一女少夫,公主死,汉复以楚王戊之孙解忧为公主,妻岑陬。岑陬胡妇子泥靡尚小,岑陬且死,以国与季父大禄子翁归靡,曰:'泥靡大以国归之。'翁归靡既立号肥王,复尚楚主解忧,生三男两女。……宣帝初即位,公主及昆弥皆遣使上书言'匈奴复连发大兵侵击乌孙,取车延恶师地,收人民去,使使谓乌孙,'趣持公主来'。欲隔绝汉。昆弥愿发国半精兵自给人马五万骑,尽力击匈奴,唯天子出兵以救公主昆弥。'汉兵大发十五万骑,五将军分道并出,语在《匈奴传》。遣校尉常惠使持节护乌孙兵,昆弥自将翎侯以下五万骑从西方入,至右谷蠡王庭,获单于父行及嫂居次名王犁汙都尉千长骑将以下四万级,马牛羊驴橐驼七十余万头,乌孙皆自取所虏获,还封惠为长罗侯,是岁本始三年也。"(《前汉书》卷九六下)

其后汉常干涉乌孙内政,乌孙后分立两昆弥(王),自前汉末以后渐无闻,后复为蠕蠕即柔然所侵而西徙。《后汉书》不复为立传,《魏书》方有简短之记载(《北史》同)。

"乌孙国居赤谷城,在龟兹西北,去代一万八百里。其国数为蠕蠕所侵,西徙葱岭山中,无城郭,随畜牧,逐水草。太延三年遣使者董琬等使其国,后每使朝贡。"(《魏书》卷一百二)

以后诸史不复见,或已不复立国,或渐徙渐远不通中国。然《新唐书·西域传》记护蜜人"碧瞳",其地即在葱岭之西南,或即乌孙遗族。

"识匿或曰尸弃尼曰瑟匿,东南直京师九千里,东五百里距葱岭守捉所,南三百里属护蜜。……护蜜者或曰达摩悉铁,帝曰镬侃,元魏所谓钵和者亦吐火罗故地。东南直京师九千里而赢,横千六百里纵狭才四五里。王居寒迦审城,北临乌浒河,地寒冱,堆阜曲折沙石流漫。有豆麦,宜木果,出善马。人碧瞳。显庆时以地为鸟飞州。王沙钵罗颉利发为刺史,地当四镇入吐火罗道,故役属吐蕃。"(《新唐书》卷二二一下)

4.于阗——于阗之历史长于乌孙,且与中国之关系亦甚密切。其人属白种已见于上文。至10世纪时乃混有突厥人血统。其文化亦甚高,近经斯坦因考古其地发现已湮之史实颇多。因著《古于阗史》,日人堀谦德亦研究于阗史,著《解说西域记》。

于阗于前汉时国尚小,民数不多。后汉时强盛,民数骤增。

"于阗国王治西城去长安九千六百七十里,户三千三百,口万九千三百,胜兵二千四百人。"(《前汉书》卷九六上)

"于寘国居西城去长史所居五千三百里,去洛阳万一千七百里,领户三万二千,口入万三千。胜兵三万余人。建武末莎车王贤强盛,攻并于寘,徙其王俞林为骊归王。明帝永平中于寘将休莫霸反莎车,自立为于寘王。休莫霸死,兄子广德立,后遂灭莎车。其国转盛,从精绝西北至疏勒十三国皆服从。"(《后汉书》卷一一八)

南北朝时于阗已奉佛教,文化颇高,然国势弱。

"俗重佛法,寺塔僧尼甚众,王尤信尚,每设斋日必亲自洒扫馈食焉。……隋大业中频使朝贡,其王姓王。"(《北史》卷九七)

唐代又有别名,于太宗时内附。

"于阗或曰瞿萨旦那。……王姓尉迟,氏名屋密,本臣突厥。贞观六年遣使者入献,后三年遣子入侍。"(《新唐书》卷二二一上)

五代时于阗已汉化,其人名制度等皆如中国。

"晋天福三年于阗国王李圣天遣使者马继荣来贡。……圣天衣冠如中国,其殿皆东向曰金册殿,有楼曰七凤楼。……其年号同庆二十九年。……于阗常与吐蕃相攻劫。"(《新五代史》卷七四)

宋代于阗亦常来作交易式之朝贡,然其王及使者之名皆为回教民族之称呼。盖其时于阗已被回教徒所征服,其王已为回教人也。

"大中祥符二年其国黑韩王遣回鹘罗厮温等以方物来贡。……遣部领阿辛上表称于阗国偬偒有福力量知文法黑汗王书与东方日出处大世界田地主汉家阿舅大官家。"(《宋史》卷四九〇)

"第十世纪时,回教民族之勇将沙陀克卜格拉汗(Satok Boghra Khān)之孙亚布尔哈森那斯勒(Abul-Hasan Nasr)伸其势力至塔里木流域,攻疏勒压迫佛教徒,使改宗伊斯兰教。疏勒遂败服。……犹苏夫加德勒汗(按即玉素普卡底)复攻于阗。当时之战争,完全为宗教战争,故吐蕃即西藏人因同为佛教徒之关系,乃由南方助于阗。同时回纥人(Uigur)自先代以来常与回教徒为敌国,故由北方救于阗。于阗得此二国援兵,故奋战颇久。敌军虽众至四万,尚不能破之。防守二十四年,终以弓折矢尽,遂屈服。国王 Jagālū Khalkhalū 死,犹苏夫加德勒汗自立为于阗王。时为公历 1000 年(或 1001 年)。"(堀谦德著,纪彬译《于阗国考》,《禹贡》四卷一期)(按此段即指葱岭西回纥攻于阗事可参看突厥章)

蒙古兴起后于阗亦属之,时人民已全改信回教,元末衰落人民稀少,明代犹来朝贡。

"元末时其主暗弱,邻国交侵,人民仅万计,悉避居山谷,生理萧条。……渐行贾诸蕃复致富庶,桑麻黍禾宛然中土。"(《明史》卷三三二)

至清代于阗之地属回部。其人民则古之白种已于10世纪以后回纥移入,遂混合于突厥族,然在和阗(即古于阗地)地方突厥式之容貌尚少云。(堀谦德)

5. 其他诸国——西域诸国著名者尚多,不能详述,略举于下:

(1)莎车:莎车在西域之西境,葱岭之东。前汉时亦降汉。王莽时莎车始强与匈奴抗,后汉初附汉,后在王贤时益强,以汉不置西域都护,遂灭龟兹,攻鄯善,服属于阗,大宛诸国称霸西域。后于阗将休莫霸起兵自立为于阗王,攻败莎车王贤,灭之。后虽复有国,然于班超时复降汉后无闻。

(2)疏勒:疏勒亦在西域之西境,莎车之北。后汉时亦曾一度强盛,与于阗、龟兹鼎立。后魏时来贡佛衣,似已信佛教。在唐时并有汉时莎车、捐毒、休循(后二国在其西)之地,亦朝贡及质侍子于唐。

(3)焉耆:焉耆地处西域北道之中。后汉时攻没汉都护,为班超所平,斩其王傅首京师县"蛮夷邸"。晋初焉耆王会灭龟兹,遂霸西域,葱岭以东莫不率服。时亦已信佛教。后魏太武帝遣将攻之,屠其城,尽掠其财物。唐代并有汉时尉犁、危须、山国三国之地。唐曾攻破其王,遂服唐。

(4)龟兹:地在西域北路,焉耆之西,疏勒之东。前汉时亦属中国。龟兹王娶乌孙公主女以自托于汉并入朝,归而摹仿汉制度"治宫室,作徼道,周卫出入,传呼撞钟鼓如汉家仪。外国胡人皆曰'驴非驴马非马,若龟兹王所谓嬴也'"(《前汉书》)。其后裔自居为汉外孙与汉关系颇密。苻秦时遣吕光伐平之。唐代并有汉时姑墨、温宿、尉头三国之地。太宗时遣将征之,虏其王,改立其子。《宋史》称龟兹为回鹘别种,或因回鹘移入其地与之混合。

第二节　黠戛斯乃蛮

黠戛斯在汉时为坚昆,唐时称黠戛斯,又曰结骨。黠戛斯原属白种。

"人皆长大,赤发晳面绿瞳,以黑发为不祥,黑瞳者必曰陵(李陵)苗裔也。"(《新唐书》卷二一七下)

赤发绿瞳盖属白种中之挪耳的系,即条顿系。唯当时即与突厥族混杂,列于铁勒诸部之内。其住地汉时在匈奴之西即外蒙之西方。

"黠戛斯,古坚昆国也,地当伊吾之西,焉耆北,白山之旁,或曰居勿,曰结骨,其种杂丁零乃匈奴西鄙也。匈奴封汉降将李陵为右贤王,卫律为丁零王。后郅支单于破坚昆,于时东距单于廷七千里,南车师五千里,郅支留都之,故后世得其地者讹为结骨,稍号纥骨,亦曰纥扢斯云。众数十万,胜兵八万,直回纥西北三千里,南依贪漫山。"(《新唐书》卷二一七下)

其文化尚低,略如突厥族。此类白种野蛮民族之程度大约与中古时欧洲之日耳曼蛮族相似也。

"稼有禾粟大小麦青稞。……畜马至壮大。……有橐它牛羊,牛为多,富农至数千。……其战有弓矢旗帜,其骑士析木为盾,蔽股足,又以圆盾傅肩,可捍矢刃。其君曰阿热,遂姓阿热氏。……阿热驻牙青山,周栅代垣,联毡为帐,号密的支,它首领居小帐。……其文字言语与回鹘正同。"(《新唐书》卷二一七下)

黠戛斯初似未能统一,故国势不盛。初属突厥,继属回纥,后乃大败回纥,回纥迁出蒙古,然黠戛斯亦不占其地。

"坚昆本强国也,地与突厥等,突厥以女妻其酋豪。东至骨利干,南吐蕃,西南葛逻禄。始隶薛延陀,延陀以颉利发一人监国。其酋长三人曰讫悉辈,曰居沙波辈,曰阿米辈,共治其国。未始与中国通。贞观二十二年闻铁勒等已入臣,即遣使者献方物。……帝以其地为坚昆府,拜俟利发左屯卫大将军,即为都督,隶燕然都护。……乾元中为回纥所破,自是不能通中国,后狄语讹为黠戛斯,盖回鹘谓之,若曰'黄赤面'云。……回鹘稍衰,阿热即自称可汗。……回鹘不能讨,其将句录莫贺导阿热破杀回鹘可汗,诸特勒皆溃;阿热身自将焚其牙及公主所庐金帐者,回鹘可汗常坐也,乃悉收其宝赀并得太和公主,遂徙牙牢山之南。……咸通间三年来朝。……后之朝聘册命史臣失传。"(《新唐

书》卷二一七下）

黠戛斯至蒙古兴起时又译为奇尔济苏或吉利吉思，降于蒙古，吉利吉思之名沿用至今，然其人种混合突厥甚或蒙古之血统必已甚多矣。吉利吉思今大部住于中亚细亚，其家族名常用钦察（Ki-pehak）、乃蛮（Naiman）等名。其在俄国南部草原者另称为哥萨克（Kossack），即俄国之著名骑兵也。在我国新疆占该省人口三分之一者（据俄人乃达庭著，王日蔚译《新疆之吉尔吉斯人》）则名为哈萨克（Kazak），因与突厥混合甚多，已失去其为白种之地位，故通常视为突厥族，与汉代西域白种人之归于突厥正相同，故本书亦将哈萨克置突厥族章内述之，可参看。

中国史上疑似为白种之民族尚有乃蛮。近时学者有谓乃蛮即为黠戛斯之后者（吕思勉），又有谓乃蛮同化于黠戛斯之内者（徐旭生）。据《元史·地理志》言乃蛮本居吉利吉思，其部当蒙古初兴时甚强，地在蒙古之西，曾攻击成吉思汗，后卒被蒙古所灭。（已见于蒙古族章，不赘）

第三节　杂居及同化于汉族之白种人

自汉武帝通西域以后不特在今新疆之白种人与汉发生国际上关系即其余更远者亦经由西域而遣派使节或从事贸易，然此种使节来往或贸易交通，于文化上关系固大，而在人种上若其人不居留同化则亦无甚影响。白种人居留而同化于中国之事自六朝始渐多，至唐宋均大盛，元代则更远之欧人亦来，迨明初乃由政府强逼而随其他诸族尽归同化。

1. 汉代——东汉末康居人入居中国者甚多，其后颇有名人，大都以康为姓。如《高僧传》中之康僧会为三国时人，其父移居交阯，交阯时属中国，僧会生于其地。又如晋代康僧渊则生于长安，其人鼻高眼深，明为白人。释昙谛亦姓康（南北朝时），其先于汉灵帝时入居中国，谛父彤尝为冀州别驾，母黄氏。邵硕亦康居国人，后亦为僧。释慧明亦姓康，其祖似亦于东汉时来中国。此外尚有释道仙、释智嶷、释明达等皆康居人。诸僧多有世居中国者，其入中国大抵在后汉，僧人之外必尚有其族人（据张星烺《中国人种中印度日耳曼分子》）。又竺氏亦于汉时入中国。"竺氏本天竺胡人，后汉归中国而称竺氏。竺固为后汉侍中西平侯，或言后汉竺晏本姓竹，避仇加二，此谬论也。"（《通志·氏族略二·夷狄国》）

2. 六朝——史言五胡乱华时冉闵诛戮胡羯，"高鼻多须至有滥死者"。高鼻多须似为白种人。元魏时葱岭以西之白种人入居中国者亦甚多，政府特为设置特别居留区域以处之。

"永桥以南，圈止以北，伊洛之间，夹御道有四夷馆。道东有四馆。一名金陵,二名燕然,三名扶桑,四名崦嵫。道西有四馆。一曰归正,二曰归德,三曰慕化,四曰慕义。吴人投国者,处金陵馆。三年已后,赐宅归正里。……北夷来附者,处燕然馆。三年以后,赐宅归德里。……北夷酋长,遣子入侍者,常秋来春去,避中国之热。时人谓之雁臣。东夷来附着,处扶桑馆。赐宅慕化里。西夷来附者,处之崦嵫馆。赐宅慕义里。自葱岭已西,至于大秦,百里千城,莫不款附。商胡贩客,日奔塞下。所谓尽天地之区矣。乐中国土风,因而宅者,不可胜数,是以附化之民,万有余家。门巷修整,阊阖填列。青槐荫陌,绿柳垂庭。天下难得之货,咸悉在焉。别立市于洛水南,号曰四通市。"(《洛阳伽蓝记》)

3. 唐代——唐代国力远张,疆域大拓,白种人东来居留者更多于魏代。东来之径或由中亚陆路,或由印度洋海路。东来之目的或为传教(如回教徒)或为贸易,或为避乱(如回教之十叶派),居留之后久而同化。

居留中国白人之多,有当时来游中国之阿拉伯人所著游记曾言之。其一名苏莱曼(Sulayman)系商人,于公元851年即唐宣宗大中五年来游中国,其游记中有云:

"广府是商船所泊集的港口,亦为中国货与阿拉伯货所汇萃的地方……以下是苏莱曼商人布告的:广府乃商人之主要贸易场,中国皇帝特派回教徒一人驻扎该处,凡各国回教商人前往该处经商者如有诉讼,即由此人公判,每当节期,由他领导大众行祷告礼,宣诵圣训,并为回教国王向阿拉求福。"(苏莱曼《东游记》,刘复译《语丝》一三四期)

又其一名阿布赛哈散(Abu Zeid Hassan)于公元878年至中国,其游记述前一年黄巢陷广州事云:

"……巢攻陷广府时将居民一一屠杀;有熟于华事者谓除中国人外,尽遭杀于此会。因商而来之回回教徒、犹太教徒、基督教徒共十二万人无能幸免。"(转录 Issac Mason 著,朱杰勤译《回回教入中国考》)

又中国史书亦记载西人被杀事,如《旧唐书·邓景山传》记邓景山引田神功兵至扬州大掠百姓商人资产,波斯、大食贾胡被杀者数千人。又记载西人居留之多,如《旧唐书》卷一九八《西戎传》赞云"贞观、开元、藁街充塞",藁街盖为常时外人之居留地(见张星烺同上文)。又如《资治通鉴》记"胡客"不愿归乡事,此等胡客皆自西来,其中必有多数白人。

"初,河西陇右既没于吐蕃。自天宝以来,安西、北庭奏事,及西域使在长安者,归路既绝,人马皆仰给于鸿胪礼宾。……李泌知胡客留长安久者,或四十余年,皆有妻子,买田宅,举质取利,安居不欲归。命检括胡客有田宅者,凡得四千人。……胡客皆诣政府诉之。泌曰……'岂有外国朝贡者,留京师十余年不听归乎。今当假道于回纥,或自海道,各遣归国。有不愿者,当于鸿胪自陈,授以职位,给俸禄,为唐臣。'……于是胡客无一人愿归者。泌皆分隶神策两军,王子使者,为散兵马使或押牙,余皆为卒。"(《资治通鉴》)

安史之乱唐室请援外族,除回纥外尚有大食即阿拉伯兵助战。

"至德二年九月元师广平王领朔方、安西、迴纥、大食兵十五万从收西京……"(《册府元龟》卷九七三)

阿拉伯人因避内乱而移居中国者亦多。阿拉伯当奥梅亚朝(Omeyyads)时十叶派因避难而至中国者甚多云。(《回回教人中国考》)

白人居留中国既多自然发生通婚及混血之事。观于下列诸条可知(张星烺举):

"贞元三年……胡客留长安久者或四十余年皆有妻子。"(《资治通鉴·唐纪》四八)

"贞观二年六月十六日勅诸蕃使人所娶得汉妇女为妾者并不得将还蕃。"(《唐会要》卷一百)

"刘鋹乃与宫婢波斯女等淫戏后宫,不复出省事。"(《新五代史·南汉世家》)白人居留既久或在唐出生者多已同化,因之颇有从政于朝,甚或精通中国学问,获登科第者。礼部每试亦必取色目人二三人,色目人盖即西域人,其中自然亦有白种人。(本段见《中西交通史料汇篇》)

"大中以来礼部放榜岁取三二人,姓氏稀僻者谓之色目,亦曰榜花。"(钱易《南部新书》)

(1)波斯人:唐高宗时波斯王子卑咯斯(Perozes)及其子泥涅师(Narses),因国乱均入住于唐。波斯灭后一部分所建陀拔斯车国之王遗子自会罗来朝,拜右武卫员外留宿卫。

李元谅本姓安氏,少为宦官所养。长大美须。少从军备宿卫任镇国节度使等官。安史之乱破贼有功赐姓李名为元谅。新、旧《唐书》皆有传。阿罗喊不见于史,清末发现其墓碑,其碑略云,"大唐故波斯国大酋长,右屯卫将军,上柱国,金城郡开国公,波斯君丘之铭。君讳阿罗喊,族望波斯国人也。显庆年中高宗天皇大帝以功绩有称,名闻□□,出使召来至此,即授将军北斗□领使,侍卫驱驰。又差充拂林国诸蕃招慰大使。并于拂林西界立碑,蛾(按似即峨字)峨尚在。宣传圣教,实称蕃心……"(《中西交通史料汇篇》第四册)

李珣:有诗名,其先波斯国人随僖宗入蜀授率府。

李弦:珣之弟以鬻香药为业。

李舜弦:珣之妹,五代初有盛名,蜀王衍纳为昭仪,《全唐诗》收其诗三首。

(2)阿拉伯人(见同上)。

李彦昇:于唐宣宗时登进士,时人陈黯著《华心》一篇以表彰之,谓彦昇"盖华其心,而不以其地而夷焉"。(文在《全唐文》卷七六七,见陈垣元《西域人华

（3）印度人：唐代侨居中国之印度人亦多（本节见桑原骘藏著，何健民译《隋唐时代西域人华化考》）。

李释迦：中天竺国人，为右骁卫翊府中郎将，员外置宿卫。

翟正刚：东天竺国人，左屯卫翊府中郎将，员外置同正员。

伊金罗：东天竺国大首领。

何顺：迦湿弥罗国王子，左领军卫中郎将。

颇具：东天竺国，左领军右执戟，直中书省。以上五人于中宗时助译《佛经》。

矩摩罗（Kumâra）家，与下二家并于唐初参与中国天文事务。

迦叶（Kâsyapa）家有迦叶志忠与迦叶济。迦叶志忠为右骁骑将军及知太史事。迦叶济为贞元泾原大将，试太常寺卿。

瞿昙（Gautama）家有瞿昙罗，高宗时为太史令，撰经纬历法及光宅历。瞿昙谦玄宗时为宗正丞作唐甲子元辰历。其子瞿昙晏任冬官正。又瞿昙悉达玄宗时为太史监撰《开元占经》，介绍印度天文历法于中国。

那罗迩婆娑为印度医士，为太宗所信任，尝服其延年药。

卢伽逸多亦为医士，为高宗所信任，任怀化大将军。

罗好心：为印度僧般若三藏之表兄。仕唐德宗，拜近卫将军，封新平郡王。为奉天定难功臣。

（4）康国人：康艳典，唐初为西域石城镇之镇使。（《中国人种中印度日耳曼种分子》）

4.宋代——宋时西人来通商及居留者更盛于唐。政府以通商之利甚溥乃极力奖励之。

"雍熙中遣内侍八人赍勒书金帛分四路招致海南诸蕃商。"（《宋史》卷一八六）

外商多住广州、泉州等处，有极豪富者。中似多为回教之阿拉伯人。在中国之阿拉伯人多姓蒲，系由阿拉伯人名之前多加 Abu 一字，中国音读为阿蒲，省为蒲，遂视为姓。（《中西交通史料汇篇》第三册，本段多据此书）

"番商者，诸番夷市舶交易，纲首所领也。自唐设结好使于广州。自是商人立户，迄宋不绝。诡服殊音。多流寓海滨湾泊之地。筑石联城，以长子孙。使客至者，往往诧异，形诸吟咏。宋时商户巨富，服饰皆金珠罗绮，器用皆金银器皿。有凌虐土著者经略帅府辄严惩之。华人有投番户者，必诛无赦。淳化五年二月癸卯，南海商人献吉贝布画，海外蛮图及猩猩图玉带上于北宛。君臣近观之。天圣后，留寓益夥。夥首位广州者，谓之番长。因立番长司。"（《天下郡国利病书》卷一百四）

"广州蕃坊,海外诸国人聚居。置蕃长一人,管勾蕃坊公事,专切招邀蕃商人贡用,蕃官为之。巾袍履笏如华人。……饮食与华同。……番禺有海獠什居,其最豪者蒲姓……岁益久,定居城中。"(朱彧《萍洲可谈》卷二)

"番禺有海獠杂居,其最豪者蒲姓,号白番人,本占城之贵人也。既浮海而遇涛。惮于复反。乃请于其主,愿留中国以通往来之货。主许焉。舶事实赖给其家。岁益久,定居城中。居室稍侈靡逾禁。使者方务招徕,以阜国计。且以其非吾国人,不之问。故其宏丽奇伟,益张而大。富盛甲一时。绍熙壬子,先君帅广,余年甫十岁,尝游焉。今尚识其故处,层楼杰观,晃荡绵亘,不能悉举矣。然稍异而可纪者,亦不一。因录之以示传奇。獠性尚鬼而好洁。平居终日,相与膜拜祈福。有堂焉以祀名。如中国之佛,而实无像设。称谓聱牙,亦莫能晓,竟不知何神也。堂中有碑,高袤数丈。上皆刻异书,如篆籀,是为像主。拜者皆向之。旦辄会食,不置匕箸。用金银为巨槽。合鲑炙粱米为一,洒以蔷露,散以冰脑。坐者皆置右手于褥下不用。曰此为触手,惟以溷而已。群以左手攫取,饱而涤之。……泉亦有舶獠。曰尸罗围贳乙于蒲,近家亦荡析。意积贿聚散,自有时也。"(岳珂《桯史》卷十一)

"故事番商与人争斗,非折伤罪皆以牛赎。大猷曰,安有中国用外岛夷俗者。既在吾境当用吾治。"(《泉州府志》卷二十九《名宦》)

宋代西人亦多与中国人通婚。

"大商蒲亚里者既至广州,有右武大夫曾讷,利其财、以妹嫁之,亚里因留不归。"(《宋会要》绍兴七年条)

"元祐间广州蕃坊刘姓人娶宗女,官至左班殿直。刘死宗女无子,其家争分财产,遣人挝登闻鼓,朝廷方悟宗女嫁夷部,因禁止三代须一代有官始得娶宗女。"(《萍洲可谈》)

"《乐府》有菩萨蛮,不知何物。在广州见呼蕃妇为菩萨蛮,因识之。"(《萍洲可谈》)

宋时白人亦有入学校登科第者。

"海獠多蒲姓及海姓,渐与华人结婚或取科第。"(《天下郡国利病书》)

宋时白种人之著名者如:

辛押陁罗:阿拉伯人。"番商辛押陁罗者居广州数十年矣,家资数百万缗。"(《天下郡国利病书》引苏辙《龙川略志》)"熙宁中其使辛押陁罗乞统察蕃长司公事,诏广州裁度。又进银钱助修广州城不许。"(《宋史》卷四九〇《大食国》)

施那帏:亦阿拉伯人。上举《桯史》未言及泉州有尸罗围者或即此人。"有番商曰施那帏大食人也,侨居泉南。轻财乐施,有西土气习。作丛冢于城外之东南隅,以掩胡贾之遗骸。提舶林之奇记其实。"(《诸蕃志大食国》)

蒲寿宬、蒲寿庚：宬又作宬，阿拉伯人。"宋末西域人蒲寿宬与弟寿庚以互市至。咸淳末击海寇有功。寿庚历官至招抚使。寿宬授知吉州不赴。劝寿庚据泉以降元。"（曹学佺《泉州府志胜》卷五）

"蒲寿宬，咸淳七年知梅州，一毫无取于民，居处饮食俭约。"（《嘉应州志》）

"蒲寿庚其先西域人，总诸蕃互市居广州，至寿庚父开宗徙于泉。"（《泉志》）

"蒲寿庚以有功于元，子孙多显达，泉人畏其薰炎，元亡乃已。明太祖时禁蒲姓者不得读书入仕。"（《福建通志》卷二七四）

安世通：《宋史·隐逸传》有《安世通传》言"青城山道人安世通者本西人。其父……为武官……世通亦隐居青城山中不出"。疑为安息人。（见陈垣《元西域人华化考》）

明代西人利马窦来中国遇开封挑筋教徒艾孝廉及张孝廉，始知开封有犹太人之遗族。其教之传入据传自宋时。其人至清咸丰七年开封乱多逃亡。入民国只余少数。挑筋教之意义谓其人每食牛羊肉必须拔筋云。遗有三碑记其教传入之沿革，中有云：

"出自天竺，奉命而来。有李、俺、艾、高、穆、赵、金、周、张、石、黄、李、聂、张、左、白七十姓等进贡西洋布于宋。帝曰'归我中夏，遵守祖风，留遗汴、梁'……"（陈垣《开封一赐乐业教》及《中西交通史料汇篇》卷四）

5. 元代——元代疆域扩至欧洲，故不特西亚白人来居中国，即欧洲人亦有来者。

（1）阿拉伯人（据《元西域人华化考》及《中西交通史料汇篇》）：

赛典赤、瞻思丁：又名乌马儿（Omar），赛典赤犹言贵族也。元太祖西征，瞻思丁率千骑来归。后拜平章政事行省云南。居云南六年。创建孔子庙明伦堂购经史授学田，由是文风稍兴，云南回教徒之众，亦由瞻思丁所引。

忽辛：瞻思丁之子亦曾任云南行省右丞。孔子庙为大德寺所占，忽辛夺归之，复遍立庙学，选文学之士为教官，云南文风由是大兴。

瞻思：为元好问再传弟子，服膺儒学，以汉文著书十余种，文集三十卷。拜陕西行台监察御史等官。

也黑迭儿：领茶迭儿局诸色人匠总管府达鲁花赤，兼领监宫殿，开国时宫室城邑之建筑即由其指画。

（2）波斯人：阿剌瓦而思：张星烺断为波斯人。

札八儿火者：火者为官称。守中都，卒年一百十八，子孙蕃衍。《元史》有传。（以上二条见《中国人种中印度日耳曼种分子》）

阿迷里丁及赛甫丁：皆波斯回教徒为泉州万户，于至正十七年叛并陷兴化，经十年方为陈友定所平。其兵亦即为波斯人。（《中西交通史料汇篇》第四

册)

(3)印度人(见《中西交通史料汇篇》第六册)

铁哥:姓伽乃氏,母妻均汉人,子孙亦多。卒封延安王。

阿尔尼格:善画塑及铸金为像,为人匠总管。

(4)阿兰人:即古奄蔡,住高加索山之北,以军功显者甚多,如捏古刺、阿儿思兰、杭忽思、玉哇失、拔都儿、口儿吉、失刺拔都儿、彻里等人,《元史》皆有传。(此条及以下二条见《中国人种中印度日耳曼种分子》)

(5)东罗马人:如爱薛在元亦为显宦。

(6)俄罗斯人:元代收俄罗斯人为兵士总以万户,在大都(即北平)之北,并给以田及牛种农具。

6. 明代——明承元后国内遗留未同化之异族颇多,明太祖下诏强逼混合之。洪武元年诏胡服胡语胡姓一切禁止。《明律集解》云:"凡蒙古色目人听与中国人为婚姻,务要两相情愿,不计本类自相嫁娶,违者杖八十,男女入官为奴。其中国人不愿与回回、钦察为婚姻者听从本类自相嫁娶,不在禁限。"纂注云"回回拳发大鼻,钦察黄发青眼,其形状丑异,故有不愿为婚姻者。……回回、钦察曰不愿与为婚姻,则愿者固不禁也"。又异族人亦自动汉化,当时有汉人曾秉正言"臣见近来蒙古色目人多改为汉姓与华人无异,有求仕入官者,有登显要者,有为富商大贾者"。白种人即在色目人之中,自然亦渐归同化。(《中西交通史料汇篇》第二册)

白种参考书

1.《前汉书》卷九六上

2.《后汉书》卷一一八

3.《魏书》卷一〇二

4.《北史》卷九七

5.《新唐书》卷二二一、二一七下

6.《新五代史》卷七四

7.《宋史》卷四九〇

8.《明史》卷三二一

9.《通志·氏族略》二《夷狄国》

10.《洛阳伽蓝记》

11. 顾炎武:《天下郡国利病书》卷一〇四

12.《诸蕃志》

13.《泉州府志》

14. 张星烺:《中西交通史料汇篇》

15. 桑原骘藏:《唐宋元时代中西交通史》
16. 羽田亨著,郑译:《西域文明史概论》
17. 桑原骘藏:《张骞西征考》
18. 桑原骘藏著,冯译:《中国阿拉伯海上交通史》
19. 向达:《唐代长安与西域文明》
20. 向达:《中外交通小史》
21. 吕思勉:《白话本国史》二册页三十五、三册页七
22. 冯承钧编译:《史地丛考》
23. 堀谦德著,纪彬译:《于阗国考》(《禹贡》四卷一四期)
24. 王日蔚:《新疆之伊兰民族》(《禹贡》三卷十一期)
25. 高去寻:《读前汉书西域传札记》(《禹贡》三卷五期)
26. 桑原骘藏著,何健民译:《隋唐西域人华化考》(《武汉大学文哲季刊》五卷二三号)
27. 陈旦:《古代中西交通考》(《史地学报》二卷五期)
28. Issac Mason 著,朱杰勤译:《回回教入中国考》(《中山大学文史学研究所》二卷三四期)
29. 朱杰勤:《中国与阿拉伯人关系之研究》(《中山大学文史研究所史学专刊》一卷一期)
30. 刘凤五:《回教徒与中国历代之关系》(《新亚细亚》十一卷四期)
31. 刘复译:《苏莱曼东游记》(《语丝》一三四期)
32. 陈垣:《开封一赐乐业教》(《东方》十七卷五至七期)
33. 黄义:《中国犹太人考》(《文化建设》一卷四期)
34. 陈垣:《元代西域人华化考》(《国学季刊》一卷四期)
35. 张星烺:《中国人种中印度日耳曼种分子》(《辅仁学志》一卷二期)
36. (俄)乃达庭著,王日蔚译:《新疆之吉尔吉斯人》(《禹贡》四卷六期)
37. Yule, H., *Cathay and the Way Thither*
38. Stein, *Ancient Khotan*
39. White, W. C., Chinese Jews (*Asia*, Jan. 1936)

第十八章　黑种(同化于他族)

中国人民中似亦有黑种即尼革罗种人之成分,盖以历史上颇有黑种人之痕迹也。中国古书关于黑人痕迹之记载可分两类。

第一节 "矮民"(Pygmy)

1. 黟歙短人：黟或作黝。此种短人发现于三国时。后不复见。其最初之记载云：

"孙权黄武五年有大秦贾人字秦论来到交趾，交趾太守吴邈遣送诣权。权问风土谣俗，论具以事对。时诸葛恪讨丹阳获黝歙短人。论见之曰：'大秦希见此人。'权以男女各十人差吏会稽刘咸送论，咸于道物故。论乃径还本国。"（《梁书》卷五十四《诸夷传》）

关于此段之解释，梁任公谓"学者推此短人当为山越，此真境内怪族之一矣。自尔以后此族遂不复见，不审有无一部分同化于我？"（《中国历史上民族之研究》）夏德（Hirth）氏在其书 *Cnina and Roman Orient* 中有此段之译文，其中"黟歙短人"译为"blackish-colored dwarfs"即"黑色矮民"。李济之云"黑色矮民误译，原意系指短人所在地名。夏德教授在其书之 306 页已自改正。然而无论果为黑色与否，此种矮民实曾于 3 世纪时发现于该地方。予于此外殊不能再获得此时代之其他公家记载以证实此事。此事所发生之问题为此种矮民是否即为尼革利陀（Negrito）之余族，如今日生存于交趾支那、马来半岛、安达曼群岛（Andaman Is.）、菲律宾群岛及台湾等处者。予殊不见有可以否认此说之理由。盖一种可以掳掠转送视为奇异物品之人类必为甚低等者也。此种人如果为尼革利陀，则中国本部之东南至少有二种异族，一为文身者一为矮民"（*The Formation of the Chinese People*, pp. 245～246 代为汉译）。李氏又在其书末各省人种成分表安徽省中列入矮民一种。按"黟歙短人"句中黟确为地名，汉置黝县，宋始名黟县，今亦有黟县在汉故地之西。然黟与黝通，原意为黑，而尼革利陀族之矮民亦色黑，究竟不知有无关系也。人类学上以 5 英呎以下之人种谓之矮民（Pygmy）。在非洲亦有之，名尼革利罗（Negrillo）为尼革罗种即黑种之一支，因其人身体之奇短，文化之低微，常被掠作观览用之异物。四五千年前之古埃及皇帝常遣人入内地掠取此种人，埃及古籍《死者之书》中曾记载之，埃及古建筑物之壁画上亦绘有此种人；后人不识以为戏笔。至二百年前探险家方在非洲发现之（参看拙著《世界人种志》）。以此参证，可见中国之黟歙短人似颇有黑人之嫌疑。然此种人非即为山越，史书并未明言其即为山越，只言其为黟歙短人，而关于山越之记载甚多，未尝有言其身短者，可见此种人系另一种。或与山越同居山中共同抗汉，故诸葛恪征丹阳时并擒之耳。

2. 僬侥国：中国古书常有"焦侥国"、"焦侥人"等名词，几成为矮人之代替语。

"小人国在大秦南,人才三呎。其耕稼之时惧鹤所食,大秦卫助之。即僬侥国,其人穴居也。"(《括地志》)

此段所述者在外国,且不言其人色黑,与本题无关。然大秦即罗马其南为非洲,非洲亦有黑种矮民,不知是否指其人。兹另举与本题有关者一段。

"焦侥国后汉时通焉,明帝永平中西南夷焦侥贡献。安帝永初中永昌徼外、焦侥种夷陆赖等三千余口举种内附,献象牙水牛封牛。其人长三呎,穴居善游,鸟兽惧焉。其地草木冬落夏生。"(《通典》卷一八七)

按永昌,汉时郡名即今云南、保山县北五十里。其徼外大约已在缅甸境。此段言其矮且地近,复举种三千余口内附,即加入为中国人民,故甚有关系。此段亦不言其色黑,然由他种事实推之,似即为尼革利陀人也。兹请先就尼革利陀言之。按尼革利陀为尼革罗种中海洋尼革罗系之一支,海洋尼革罗系为尼革罗种即黑种之住于亚洲东南部及海洋洲者,体质与在非洲者同类。其中之尼革利陀族今尚存于马来半岛、安达曼群岛、菲律宾群岛、新几内亚诸处,其体质为暗朱古力棕色如其他黑人,身材甚矮,在5呎以下,与非洲黑种之一支尼革利罗(Negrillo)正相同。头形广,发短且鬈缩如羊毛,色黑而略带棕红,颚突,鼻短而阔,鼻孔大眼大而圆,眼球黑或深棕色。心理活泼,有小范围内之急智与狡猾,性情温和。其在马来半岛及苏门答腊东部者名为塞茫人(Semangs),文化至今尚甚低,然知造毒箭(详见《世界人种志》)。马来半岛与云南地接近或古时马来半岛以北至云南之地有此种人亦未可知。中国古书常言其地人色黑发鬈。如《新唐书》卷二二二下云"扶南在日南之南七十里……其人黑身鬈发裸行"。《旧唐书》卷一九七云:"自林邑以南皆卷发,黑身,通号为昆仑。""真腊在林邑西北,本扶南之属国,昆仑之类。"义净《南海寄归内法传》云:"诸国周围或可百里或数百驿。大海虽难计里。商舶串者,准知。良为掘伦,初至交广,遂使总唤昆仑国焉。唯此昆仑头卷体黑,自余诸国与神州不殊。"义净所谓掘伦,法国沙畹氏以为即《唐书》之林邑与真腊,今之暹罗及马来半岛。高楠顺次郎谓即普罗康多儿岛(Pulo Condore),谓在义净时岛上居民似为尼革罗种云(见张星烺《中西交通史料汇篇》第三册)。按扶南、林邑、真腊均在今之安南,普罗康多儿岛即昆仑岛,在安南之南马来半岛之东,地亦相近。此数地今之居民皆为马来人,然古时或亦有黑种人,盖义净固明言南洋诸岛人唯掘伦人头卷体黑,余国之人无殊中国。无殊中国者即马来人,盖马来人发直色棕与南中国人无甚大差异。头卷体黑者既属另一种,自然与黑人即尼革利陀为近。唐宋时安南之地既尚有尼革利陀人,然则在汉时接近云南之地亦有其人实非不可能之事。且世界人类中5呎以下之"矮民"甚少,唯黑人中在非洲之尼革利罗及在亚洲东南及海洋洲之尼革利陀著称,此种云南徼外之焦侥国若不归于尼革利陀殊无其他解释也。

《云南通志》有哈喇一条云"哈喇男女色深黑,不知盥栉。男子花布套衣,妇人红黑藤缠腰数十围。……又有古喇,男女色黑尤甚。种类略同哈杜,亦类哈喇,居山言语不通,略似人形耳。"李济以为此种人即是黑人,唯此不言其矮,似非矮黑人尼革利陀也。

第二节　昆仑奴

上文已述及南洋之昆仑岛。唐宋时有"昆仑奴"之名词,或谓即由于此。昆仑二字初见于《晋书》,至唐时则昆仑及昆仑奴之名更常见于史书及笔记。昆仑奴之体黑,昆仑亦即作黑字用,甚或仅以昆仑二字代黑人者。宋时亦有之。(《中西交通史料汇篇》第三册,下举诸条亦由此转录)

"时后为宫人形长而色黑,宫人谓之昆仑。"(《晋书》卷三二《后妃传》)

"上又宠一昆仑奴,令以杖击群臣。尚书令柳元景以下皆不得免。"(《资治通鉴》卷一二九《宋纪·世祖》)

"则天皇后光宅元年广州都督路元叡为昆仑所杀。……有商舶至,僚属侵渔不已……有昆仑袖剑直登厅事杀元叡及左右十余人而去……登舟入海……"(《资治通鉴·唐纪》十九)

"广州富人多畜鬼奴,绝有力,可负数百斤,言语嗜欲不通,性淳不逃徙,亦谓之野人。色黑如墨,唇红齿白,发鬈而黄。有牝牡,生海外诸山中,食生物。采得时与火食饲之,累日洞泄,谓之换肠,缘此或病死,若不死即可蓄。久蓄能晓人言,而不能自言,有一种近海野人,入水眼不眨,谓之昆仑奴。"(朱彧《萍洲可谈》)

"太平兴国二年(977年),遣使蒲思那,副使摩诃末,判官蒲啰等贡方物,其从者目深体黑,谓之昆仑奴。"(《宋史》卷四九○《大食传》)

此外尚有笔记或小说如《太平广记》所述昆仑奴、磨勒等甚多。昆仑奴固明为黑人然何以取名昆仑?从何处来?则颇有异论。兹先举张星烺所举他人之说及其自己学说如下:

(1)顾炎武于《天下郡国利病书》卷一一九依《唐书》之解说谓真腊民色甚黑,号为昆仑,唐时所谓昆仑奴也。此说谓昆仑奴即为真腊人。

(2)徐继畬著《瀛寰志略》言七洲洋之南有大小二山,屹立澎湃,称为昆仑,"南洋诸岛番面色大半皆黑,不独真腊为然……盖昆仑为南洋往来必由之路,海舶皆耳熟其名,遂相沿为诸番之通称,而因以为黑民之别号。唐代正当真腊强盛之时,当役属南洋诸番部,故又以昆仑专属之真腊也"。此说谓昆仑为南洋诸番之通称,名由昆仑岛而得。

(3)张星烺谓昆仑岛今之居民约有八百口,地狭人稀,不能于唐时供给东西各国所用奴仆。昆仑奴盖即非洲之黑人，为外人掠卖为奴，其国名桑给巴尔(Zanzibar)今其名只限于一小岛，在中国宋时谓之昆仑层期。引周去非《岭外代答》卷三《昆仑层期国》云："海岛多野人，身如黑漆，拳发诱以食而擒之，动以千万，卖为蕃奴"。桑给巴尔之原义为黑人国，层即桑给之译音，故"昆仑二字必黑之义"，"非本国字典上固有之名辞，必翻译外国人之语也"，"似为阿剌伯文或为波斯文黑字之译音也"。

按张星烺氏考得昆仑奴即非洲黑奴，证据甚确凿，绝无疑义。而昆仑二字为外国语译音亦甚近理。然于昆仑二字之起源究由何处，则尚有说焉。昆仑二字义既为黑，且出自西方贩卖黑奴之阿拉伯人（亦张氏考得），自然应专指非洲之黑奴，然在远东上举林邑、真腊、昆仑岛诸处何以亦有号为昆仑之人及地。兹再补举一则：

"安南有人子藤红色，在蔓端有刺，其子如人状。昆仑烧之集象，南中亦难得。"（《酉阳杂俎》转录《中西交通史料汇篇》）

可见昆仑一语必出自一地而应用于另一地，而两地必皆有黑种人乃得应用同一语。印度支那及南洋固亦有海洋尼革罗种之黑色人，是其地固亦有产生昆仑一语之可能。谓昆仑一语先出于西方然后应用于东方之黑人固可，谓先产于东方然后应用于西方之黑人亦无不可也。若就交通上言之两方之地自然以印度支那及南洋为近，近则交通先发生。故昆仑一语似先发生于印度支那及南洋，流传入中国，原指该地之黑种人；后见非洲之黑奴输入，因其体质相类，遂以此名兼称之。至于非洲输入之黑奴则大都身长体壮，故世多传其膂力武艺，此正为非洲黑人本支之特征。若上文所举之黑矮民尼革利陀不过其一旁支，两者高矮有别，然其肤之黑、发之鬈、颚之突等黑种特征，则全相同，故在中国人自必并目之为昆仑也。

黑种参考书

1. 《梁书》卷五十四《诸夷传》
2. 《旧唐书》卷一九七
3. 《新唐书》卷二二二下
4. 《宋史》卷四九〇
5. 《通典》卷一八七
6. 义净：《南海寄归传》
7. 朱彧：《萍洲可谈》
8. 张星烺：《中西交通史料汇篇》第三册
9. 梁任公：《中国历史上民族之研究》
10. Li-Chi, *The Formation of the Chinese People*

中国史前时代略史

中国史前时代略史细目

第一编　原始社会时代(史前时代)

 第一章　中国人种的起源
  第一节　古史中关于中国人类起源的传说(这是将古史中的传说做一个引子,不是将这些传说当做信史)
  第二节　中国人种从何处来？(这也是一个引子,历举诸说加以批评,驳斥外来说,替成土著说,以加强爱国主义)
  第三节　考古发现的中国古人类:根据考古发现的材料以推测中国原始社会时代的人类

 第二章　中国历史上民族的分类
  第一节　民族分歧起于史前
  第二节　双重分类法:将历史上的民族和现存民族各自分类,然后将前者与后者的关系一一指出以明其沿革

 第三章　先氏族时代(即蒙昧时代)
  第一节　总论
  第二节　分期
   Ⅰ　蒙昧低期:即考古学上的时代,北京猿人大抵等于传说上的有巢氏时代。时间上起自约40万年前至15万年前
   Ⅱ　蒙昧中期:约当考古学上的河套人时代和传说上的燧人氏时代,约自15万年前至5万年前
   Ⅲ　蒙昧高期:约当考古学上的山顶洞人和传说上的伏羲氏

第四章　母系氏族时代
　第一节　总论
　第二节　母系氏族时代前期：这既是半开化时代低期，也即新石器时代前期，传说上是神农、黄帝时期。这时期考古发现比较多，古史的传说也比较繁，故比前叙述应较详。时间约自10000年前至4500年前
　第三节　母系氏族时代后期：这是半开化中期，也便是新石器时代后期，约自4500年前至4100年前

第五章　父系氏族时代——夏朝
　第一节　这一时代的特征：生产工具除石器外，因生产力发展，铜器应已萌芽，故可称为石铜并用时代，影响于社会组织上便发生奴隶，但还未进入真正奴隶社会。氏族内男系制代替了女系制。时间上约自4100年前至3700年前
　第二节　这一期的人种
　第三节　考古学上的发现
　第四节　古史所记文化状况
　第五节　古史所记夏代事迹

第一篇　史前时代（即原始社会时代）

中国史前史一览表

时间	传说的年代	文化程度	社会发展阶段	工具分期	考古发现	生产技术的发明	经济形态	政治制度	婚姻家族	宗教	语文艺术
400000年前	有巢氏时代	低期	蒙昧时代（即原始游群时代）先氏族时代	旧石器时代 前期	中国猿人（即北京人）	打制石器、木器、采集天产、树居穴居	原始群内共同生产共同消费	未有政治组织	乱婚		语言形成期
150000年前	燧人氏时代	中期	↑	旧石器时代 中期	河套人	剥制石器、钻木取火、捞鱼猎兽、焚林竭泽	↑	↑	血族结婚	万物有灵观、鬼魂崇拜	
50000年前	伏羲氏时代	高期	↑	旧石器时代 后期	山顶洞人	雕琢石器、骨鱼器、渔猎进步、皮服	↑	↑	群婚	魔术占卜发生	结绳记事图画发生
10000年前	神农氏时代 黄帝时代公元前(7962—8952)	低期	母系时期 氏族时代	新石器时代 前期	黄种在华北、矮黑人及印度尼西亚人在华南	磨光石器、陶器弓箭、畜牧种植	氏族内共同生产共同消费	原始民主制的氏族长或部落酋统治	对偶婚	母系祖先崇拜、图腾崇拜	图画记事歌谣传说音乐跳舞
4500年前	少昊、颛顼、帝喾、尧帝(前2357→)舜帝(前2255→)	中期	半开化时代	新石器时代 后期	华北仰韶彩陶文化	定住、造屋、纺织、独木舟、村落	↑	↑	↑	↑	↑
约4100—3700年前；公元前2205—前1766年	夏代	高期	父系时期	石铜并用时代	华东龙山黑陶文化、东南海洋系刻纹陶文化	农牧大发展、交换生产、铜器初现仍多用石器	以家族为生产单位、初有奴隶	世袭酋长或部落联邦长统治	一夫多妻或一妻	父系祖先崇拜	象形字发生

注：

1.这张表采取中国史前发现和中国古传说并参考史前的一般情形和文化人类学的学说以及马列主义的历史观错综配合成；将杂乱的事物整理成一个明晰的体系，可以看出中国史前史的大概。其中细节或有未能完全相符合的，所以不能太过拘泥。

2.这表中采取翦伯赞、吕振羽、吴泽、裴文中诸位的学说之处颇多，但个人意见也不少,错误处我应负责。

3.时间根据中国及欧洲的史前发现。黄帝尧舜的年代根据传说,但不可确信。

4.传说的人物如有巢氏等不是真有其人,不过是表示当时有这样的许多人,有这样的一个时代,所加时代二字传说的人物极多,如有巢氏之前还有盘古氏,三皇以后还有百余人,都是后人虚构的,无需全列,故只选这几个做代表。

5.文化程度根据莫尔甘和恩格斯的研究。半开化即原文 Barbarirm 常译做野蛮,因为和蒙昧无甚区别,所以译作半开化。社会发展阶段根据同上书。

6.工具分期根据一般史前学。以夏代为石铜并用期,是本人推测,夏代应已有铜器。

7.考古发现根据裴文中的研究。华南人种是本人的臆说。东南刻纹陶也是本人的意见。

本篇参考书

以下举出可由本校图书馆借得到的书,学生除这讲义外应多多阅读,并摘要记录材料方能充实。重要的上面加一个△为记号。

第一类 新史观的书

△吕振羽著:《中国原始社会史》或《中国社会史纲》第一卷
△翦伯赞著:《中国史纲》第一册《史前史》
△吴泽著:《中国历史简编》第二篇
△邓初民著:《中国社会史教程》第一篇第二章
吕振羽著:《简明中国通史》上册
范文澜著:《中国通史简编》第一篇第一章
郭沫若著:《中国古代社会研究》
侯外庐著:《中国古代社会史》第二、三、四章
森谷克已著、孙怀仁译:《中国社会经济史》第一篇
李玄伯著:《中国古代社会新研》第二、三篇
周谷城著:《中国通史》第一篇第一、二、三章
曾松友著:《中国原始社会之探究》
郑子由著:《中国原始社会研究》(小册)
许立群著:《中国史话》第一章第155节

第二类　可作材料书的现代著作

△章嶔著:《中华通史》第一册第一篇

△吕思勉著:《先秦史》第二—八章

△缪凤林著:《中国通史纲要》第二、三、四章

△陈登原著:《中国文化史》第一、二章

高桑驹吉著,李继皇译:《中国文化史》第一章

柳诒征著:《国史大纲》上册第一篇第一章;《中国文化》第一至十四章

蓝文征著:《中国通史》第一册第一、二章

黎东方著:《先秦史》

第三类　古书

宋刘恕著:《通鉴外纪》

宋罗泌著:《路史》

元金履祥:《通鉴前编》

清马骕祥:《绎史》

金兆丰著:《中国通史》

陈安仁著:《中国文化史》

夏曾佑著:《中国古代史》

梁启超著:《太古及三代载记》(在国史研究六篇内)

顾颉刚等编:《古史辨》

顾颉刚、杨向奎著:《三皇考》

卫聚贤著:《古史研究》

尚秉和著:《历代社会风俗事物考》卷一、二、三

《纲鉴合编》卷一

《史记》本纪卷十二附补三皇本纪

《书经》

《易经》

清李锴著《尚史》

《通鉴辑览》

第四类　考古发现的书

△裴文中著:《中国史前时期之研究》

Andeson 著:《中华远古之字文化》、《甘肃考古记》、《奉天锦西县沙锅屯洞穴层》

△Arnes 著:《河南石器时代着色陶器》

《竹书纪年》

《山海经》

Daridson Beack 著:《中国原人史要》
卫聚贤著:《中国考古学史》
滨田耕作著,中译:《东亚文化之黎明》
叶为耽著:《震旦人与周口店文化》
李济著:《西阴村》
李济等著:《城子崖》

第一章　中国人种的起源

一、古史中关于中国人类起源的传说

中国的历史始于何时？换句话说:中国何时开始有人？以前的史家较为审慎的如司马迁作史记,始自以黄帝为首的五帝。黄帝的年代据后人考证,始自公元前 2697 年,这便是说中国的历史始自 4600 余年前。后来的史家不能满足,更进一步推衍秦人的三皇五帝之说,而以为五帝之前已有三皇。更后的人再推溯上去说最先是有一位盘古氏开辟了天地。但是这些话都只是传说不足为凭,不过有些话也推测得有点道理。现在便从最早的叙述下来。

1. 盘古氏:传说中有一段话说:"天地混沌如鸡子,盘古生其中,万八千岁。天地开辟,阳清为天,阴浊为地。盘古在其中,一日九变,神于天,圣于地,天日高一丈,地日厚一丈,盘古日长一丈。如此万八千岁。天数极高,地数极深,盘古极长。"(据《绎史》引《三五历记》)盘古的传说还有两三种,都是一样的荒唐。这种传说自然全无历史价值,然而也可表示以前的史家推测人类的发生是在很古远的时代。盘古之说和印度以及别处的神话颇为相似,故有人说是受印度神话的影响。又有人以为苗族有"盘瓠"神话,汉人传述变为盘古。其实两者内容绝不相同,并无关系。(参考吕思勉著:《先秦史》43 页起)

2. 三皇:秦已有三皇之说。《史记》载秦博士说:"古有天皇,有地皇,有泰皇,泰皇最贵。"后来的史家沿袭这话,但把泰皇改为人皇,如司马贞补《史记·三皇本纪》说:"天地初立,有天皇氏,十二头,兄弟十二人,立各一万八千岁。地皇十一头,亦各万八千岁。人皇九头,兄弟九人,分长九州岛,凡一百五十世,合四万五千六百年。"这些话自然同样荒唐,然而推测人类过去年代是很久远,而不是短暂,这一点却是不错的。(参考吕著《先秦史》47 页,缪凤林著《通史》第一册 163 页)

3. 十纪:传说以为三皇之后还有十纪。司马贞补《史记》等书说:自开辟至于获麟,凡三百二十七万六千岁,分为十纪。一曰九头纪即人皇氏,一曰五龙纪,五姓;三曰摄提纪,五十九姓;四曰合雒纪,四姓;五曰连通纪,六姓;六曰序命纪,四姓;七曰循蜚纪,二十二姓;八曰因提纪,十三姓;九曰禅通纪,十八姓;十曰疏仡纪,自黄帝以至周代。前七纪的人名都少见,无甚事迹,到了因提纪中第十一是有巢氏,第十二是燧人氏,传说较多。到了禅通纪事迹更多,其人名有伏羲氏、女娲氏、大进氏、柏皇氏、赫胥氏、葛天氏、无怀氏、神农氏以至帝榆罔等二三十人。疏仡纪始自黄帝,人物事迹更为繁多。然而这些人物都不是真正的人物,都不过是后人想象虚构的。(参考《补史记》,章嶔《通史》第一册 151 页,吕著《先秦史》36 页)

4. 五帝:在上述的第八九纪的传说人物之中,有五位被称为五帝,但他们的人名却有很多异说,如《史记》是以黄帝、颛顼、帝喾、尧、舜为五帝,最后演变为以伏羲、神农、黄帝、尧、舜为五帝。五帝之中,伏羲、神农像更早的有巢、燧人一样同是后人虚构的人物,便是黄帝也不是真正的人名,或者当时有一个这样的酋长,名却遗失了;因为当时还没有文字,那里能记人名传于后代呢?尧舜或者真有其人,他们的名也比较像人名。(缪著 163 页)

5. 三代:自禹以后入了夏代,经商至周,史称三代。然而夏代未有确实记载,也还是只有传说,可以说还在史前时代。商代已有简单的文字记载,然而历史也还是渺茫,可以称为原史时代。

6. 传说中古代人类的形貌:传说中的人物自黄帝以下方是人形,以上的都属奇形怪状,如说"伏羲龙身牛首","庖羲氏(即伏羲)、女娲氏、神农氏(即神农)、夏后氏,蛇身人面,牛首虎鼻,有非人之状","蚩尤兽身人语"。这些话自然是荒唐,然而推测最古的人类不像人形,而像半人半兽,后来方成人形,这也暗合于事实,不过也不是已有进化论的思想,因为传说中并不说最古的人类是猴首人身的。(吕振羽著《中国原始社会史》52 页)

7. 结论:以上这些传说都不可以当做信史看,只可以表示以前的史家对于人类发生的年代,也知道是很古远的,这一点还胜过西洋人的传说,以为人类是数千年前创造的,他们又说最古的人类是半人半兽的,这也比较相信人类的形状是原来便是这样的为优。本篇从传说讲起,不是叫人相信传说,不过把传说做一个引子,以下第三段便要讲到考古发现的古人类,那才是可以确信的。

二、中国人种从何处来

现在要谈第二个引子,那便是中国人究竟从何处来,或是本地发生的。关于这问题,有很多中外学者提出许多学说,起初大都是论证不足,最后方达到比较近理的学说。

1. 巴比仑说或旧西来说:法国学者拉苦伯里(T. de Lacoryurie)于 1894 年

著《中国古文明西源论》,以为中国的黄帝原是巴比仑巴克族的酋长,率领族人"百姓"东来到中国而成为中国人。这说在初时很多人信从,后来有人指出其牵强不合理之处,就无人赞同了。

2. 埃及说:一二百年前便有很多西方学者根据中国字和古埃及字同属象形字,便推测中国人是古埃及人的分支,这说后来也无人相信。

3. 印度说:有人说中国人的始祖盘古是印欧族人(即白种人),原由印度来,这传说也根本错误。

4. 印度支那说:有人说中国人原出自缅甸,移到中原,这说后来自动取消。

5. 中亚细亚说:有人说中亚是世界人类总发源地,所以中国人也从那边来。

6. 蒙古说:有人主张蒙古是人类发源地,但也未有确证。

7. 新疆说或新西来说:近二三十年考古家安徒生(C. G. Anderson)等在河南渑池县仰韶村发现新石器时代遗物,其中有彩色陶器,又在甘肃数处也发现同样的陶器。这种陶器和中亚细亚所发现的极相类似,甚至和巴比仑的都相像。由此推论中国新石器时代的文化,甚至中国人种都是由西方来到。安徒生说:"由地理环境上分析言之,新疆实为决定仰韶问题的地方。古时有一种蒙古利亚种民族(即黄种)当新石器时代,曾受西方文化的影响,或者还受西方人种的影响,生活繁殖,发明农业,文明便大进步,这便是中国文化的起源。这种文化的确实发源地方,如不在新疆详细研究,不能决定。"安氏等人的意见是以为中国史前的民族原在新疆,后来方东移于中原。至于这种彩陶文化的来源更远是由中亚甚至巴比仑传来,所以这一说也可说是新西来说。彩陶文化的来源未必便从西方来,东方也可以发生。中国新石器时代人种更不是由西方来的。

8. 土著说:安氏在上述甘肃河南所发现新石器时代的遗址中也发现人骨,研究的结果认为和现在华北人是相同的。可见新石器时代已有中国人在华北。更早的旧石器时代的石器也曾发现于华北,这也可以证明旧石器时代也已有中国人,可见新石器时代的华北人大约是土著的,不是从西方移来的。最近北京附近周口店发现了最古的中国猿人遗骨,更可证明中国人种原是土著的。所以现在可以确断中国自远古以来便有了土著的人类,初时是由古猿而变为半猿半人的猿人,后来逐渐演变成为真正的人类即有史时代的中国人。

三、考古发现的中国古人类

要知道中国人种的起源,必须根据考古发现的史料,方可明了真相。这种地下的史料,一是有史以前古人的遗骨,二是他们的遗器。二三十年中国发现

了很多这种史料,打破了以前西方学者说中国无史前时代遗物之说。略述已经发现的中国史前人类于下:

1. 中国猿人北京种,又简称北京人:1927年中国政府地质调查所人员安徒生在北京附近房山县周口店石穴内发现了一枚牙齿。经解剖学家步达生(D. Black)研究,认为是介于人与猿之间的一种最古人类的牙齿,便替那种人起一个学名为"中国猿人北京种"。继续开挖到了1929年,果然发现了一个完整的人头骨。以后还继续进行到1939年方才停工,共挖出人头骨7个以及牙床、牙齿、体骨等数十件。这些遗骨经过中外学者的充分研究,已经明了了这种古人类生存时的容貌身材和智力。那洞穴里面又发现很多石器,便是北京人所用的器物,所以又知道了他们生存时的生活状况。现在可以说已经得到了中国最古人类的史料,已经明了了他们的历史。以前的传说上的盘古氏是无稽之谈,现在发现的北京人却是千真万确的事。中国的历史真的可以追溯到荒古的时代了。北京人的身体特征是头盖不高,额低到接近眉际,顶部向后斜削,这表示他们的脑量很小,智力远比现在人类为低,而比猿类高些。眉棱骨隆起,嘴部前突,下颌向里退缩,显得嘴部很尖。这样的面容很像猿猴,所以北京人是从猿到人过程中的一种最古人类。他们的生存年代约在四五十万年前,从文化程度上说,他们是属于旧石器时代的初期。

2. 河套人:在河套地方一带曾发现很多旧石器时代的石器,虽未发现人骨,也可以证明曾有一种古人类,住在那些地方,其时代是旧石器中期,约在十余万年前到5万年前。这种人的形貌未能知道,大约还未达到真正人类的程度。

3. 山顶洞人:在周口店洞穴上面,后来又发现另一个洞穴,掘出人骨石器很多,可以证明在北京人之后又有一种人,可以称为山顶洞人,其生存时间约在旧石器的晚期,约在二三万年以前。这种人的形貌已经和有史以来的人类相同,不再像猿类了。

4. 札赉诺尔人:在热河蒙古和东北,当新旧石器过渡期,还有一种人生存过,依其最初发现地而称为札赉诺尔人。生存时间约在1万年前到七八千年前。其遗物有人骨和石器,石器很特别,故其文化称为细石器文化。这种人更是真正的人类。

5. 新石器时代华北人类:上面已说过华北的新石器时代人类的遗骨,和现在华北人相同,可见自有史以前数千年来华北居民在形貌上没有变化,如果真有黄帝的人物,他的容貌一定也和现代人相同了。

6. 如将传说中的人类和考古发现的人类比较,盘古氏三皇以至有巢氏可以比北京人。燧人氏可比河套人。伏羲氏可比山顶洞人。神农可比札赉诺尔人,黄帝以至夏禹可比新石器时代人。然而这也不过是比拟而已,并不就是完

全相同，读者切不可拘泥。（参考裴文中著《中国史前时期》）

第二章　中国历史上民族的分类

一、民族分歧起于史前

人类由于自然环境的不同，生活条件的差异，自古以来便分歧为许多种族。中国自新石器时代便已发生了和后代相同的种族。有史以后更记载了这些种族之间的无数次的事件，到了今日还存在着许多不同的民族。如上所说民族的分歧是发生于有史以前的，所以在学习通史之先，应当理清了种族分歧的系统，方不致混乱。

二、双重分类法

中国历史上的民族名称繁多，系统不明，现在应当根据人类学上的原则和历史上的事实，将他们整理成一个系统。通常将中国民族分为汉满蒙回藏五族，或再加苗族称为六族。这种分法是通俗的，而非科学的，而且是就现在的民族而论，不是就历史上的沿革而论，不能适合学习历史之用。现在拟用双重分类法，即将历史上的民族和现在的民族，各自分类，然后将历史上的民族和现在的民族一一指出其关系，便晓得他们的沿革了。

三、历史上的民族

拟分为十六系如下：

1. 华夏系：这是现在的汉族的最主要的来源。华夏是古代的名称，自汉代以后常称为汉族。自上古至汉，它吸收了很多别族，方成为汉族，所以华夏系的范围小于汉族，二名不能混用，汉以前应称为华夏，汉以后方可称汉族。华夏系自新石器时代便生活在黄河流域，所谓仰韶文化便属于这种人，所以其来源以土著说为合理。

2. 东夷系：因被华夏系吸收，合成为汉族，所以是汉族来源的第二支。大约自新石器时代便住在我国东部沿海地方，自苏北以至河北或至辽宁。史前的黑陶文化大约属于这种人。殷民族也属东夷的一支。其他支派有淮夷、徐夷、莱夷、介夷等。自三代以至春秋，常与华夏系杂居接触，所以早经同化。自秦灭六国以后东夷都散为民户，连名称都没有了。历史上有很多名人其实原是出自东夷,如管仲便是。

3. 荆吴系:这是汉族来源的第三支。住在长江流域的中部,在商代称为荆楚,春秋时建立楚国,与华夏诸国争霸,自居为蛮夷,诸夏也称它为荆蛮。到了战国完全同化于华夏,汉代以后楚不过是地方名,不再是民族名了。吴人假讬是周秦伯之后,其实也是荆蛮之类,所以有文身断发之俗。自春秋之末突然兴起,不久突然被灭,便也随楚人一齐同化于华夏。

4. 百越系:这是汉族来源的第四支。越族住在浙江、福建、广东等省地方,因其支派很多,故称为百越,春秋时有于越,最先开化,与吴国争霸,后来为楚所灭。战国时有杨越,秦汉时有瓯越、闽越、南越、骆越,都在汉代被灭。到了三国时吴国山地还存有山越。唐代以后汉人大批移入闽粤,便完全和汉人同化,连名字都不存在了。现在的闽粤人便是汉族和越族的混合种,所以形貌很有异于华北人,至于所以有异的原因,必定是由于越族的形貌有特殊之处。据编者的推测,越族或者本是黄种与印度尼西亚族或者甚至和少数矮黑人(尼革利陀人)三者混合的民族。华南地方在旧石器时代或者已有少数的矮黑人从西南方来住(这是编者的臆说,不是定论)。到了新石器时代又有印欧族的一个远支印度尼西亚人(指古时的原来印度尼西亚人,不是现在爪哇的印度尼西亚人)从西南亚经印度及中南半岛移入中国,散布于中国东南沿海地方。同时黄种人也从华北下来,久后便混合而成越族。越族因被北方的华夏系所逼,更沿东南海岸而迁入南洋各岛。在南洋所遇印度尼西亚人和矮黑人更多,便吸收他们而成为马来族。所以越族与马来族或者是同源的(翦伯赞《中国史纲》说中国南方在史前有南太平洋系人种,这种从西南进到华北后被打败而退到华南成为南蛮。是最先在通史中提到华南史前民族的,可说很有卓见,不过他未指明南太平洋系人种究竟是哪一种族。意义颇为含混。编者现在明白指出华南在史前便有矮黑人和印度尼西亚人,这两者都是从西南来的,和北方来的黄种人混合后便成为华南诸民族,其中一支便是越族。证据见后述)。

5. 东胡系:这是满族来源之一,住在东北,春秋时代称为山戎、北戎。战国时又有东胡之称,汉初灭于匈奴,分为乌桓、鲜卑二部。匈奴衰落后东胡再破乌桓,在三国时为曹操所征服,后便完全同化。匈奴西逃后,鲜卑移入匈奴地方,并入居华北。五胡之乱,鲜卑即其一,建国最多,即前燕、后燕、西燕、南燕、西秦、南凉。南北朝时建立北朝的后魏、北周。后来自动采取汉化政策。长城外还有柔然,唐以后契丹兴起,建立辽国,亡后也同化于汉族。

6. 肃慎系:这是满族来源之二,住在东北更远地方。三代时便和中国有关系,后来中断,南北朝的靺鞨,唐代的渤海国都是这一族。宋时称为女真,建立金国,亡后也同化于汉族。明末再兴起,建立清朝,统治全中国,亡后几乎全族都汉化,现在只剩极少数的原始部落仍在东北,还保存比较纯粹的肃慎血统。

7.匈奴系：回族来源之一？历史上曾说匈奴之后为突厥，突厥即今回族。所以匈奴或者是回族的来源之一，但是这一族不专加入回族，恐怕蒙古族中也有匈奴的血统，北方的汉人中也应有不少。匈奴原住蒙古地方。在三代称为獯狁、熏鬻、鬼方、犬戎、北狄。战国以后称为匈奴。汉初很强，后被汉族征服，一部分入居中国塞内，一部分逃往中亚，后入欧洲，其余留居故土的与侵入的鲜卑族同化。在中国境内的，到晋代为五胡之首，反抗汉族的压逼建立前赵、后赵、真、北凉诸国，但其领袖如刘渊、石勒等已是汉化的匈奴人，所以亡后都同化于汉族，自此以后没有匈奴了。

8.突厥系：这是回族，今维吾尔族的真正来源。在汉后代称为丁令，原在匈奴以北。匈奴西移及南下后鲜卑入居蒙古地方。鲜卑入中国后，丁令南下居其地。南北朝有一支名突厥的最为强盛，全族便都改称突厥。突厥被灭于唐。另一支代兴，名为回纥。唐末回纥衰落，遂迁入新疆。突厥的另一支沙陀族入居中国，于五代时建后唐、后晋、后汉三朝。入新疆的回纥在元代名畏吾儿，明清以来简称回部，今称维吾尔族或维族。

9.蒙古系：蒙古系发生很迟，但其地方以前原是匈奴、鲜卑、突厥等族的住地，或者蒙古族便是以前诸族的混合的产物，后来其中一部落即蒙古部兴起统一诸部，故其部落名成为公共名称。宋代蒙古乃勃兴，灭西夏、金、宋建立元朝。元亡后蒙古人仍居蒙古地方，分为鞑靼和瓦剌二部。鞑靼在清代为喀尔喀部，瓦剌为卫拉特部。

10.氐羌系：这是藏族来源之一，氐羌自殷代便和殷人有交涉。春秋时的西戎大约多属这族，和华夏杂居的，在秦以后便完全同化。汉代西部尚有氐和羌。五胡乱时，氐建立前秦、后凉等，羌建后秦。宋代羌族又建立西夏。明代为西番，清至今为唐古特族，住青海。

11.藏系：这是藏族本支。包括现在的西藏人和西康的西番。藏系在唐初方兴起，称为吐蕃，极为强盛。唐末衰落，到宋末为蒙古所征服。明代名乌斯藏，清代称为西藏。

12.苗瑶系：这是现代西南民族之一，以前史家说上古的三苗，便是现代的苗族，这说后被推翻。汉代的南蛮方是苗瑶。宋代方有瑶人之称，元代始有苗人的名。苗与瑶（旧时作"猺"）实是同一族。以前苗瑶曾住长江流域，现在退居湖南、贵州、广西、广东的山地。这一族从来最受汉族的压逼，现在还滞留在原始社会以至奴隶社会阶段。

13.罗罗缅甸系：这是现在西南民族之二，罗罗从古便住在中国西南，现在还居川南滇北数县。汉代时西南夷之一，三国时诸葛亮征南蛮，其中应有罗罗在内。宋以后才有罗罗之称（以前写作猓猓）。现在还停留在纯粹奴隶社会阶段，缅甸族中有数支住在云南境内，也和罗罗同族，故合为一系。

14. 僰掸系：这是西南民族之三，古代便有僰人、百濮之称，汉代为哀牢夷，也是西南夷之一，六朝时为獠，唐代建立南诏国，现住在云南、广西等地。分为摆夷、仲家、僮、僚等支（以前写作狆、獞、獠）。这一族曾移入暹罗、安南，称为泰或掸。

15. 白种：以上诸系都属黄种，但是中国民族中也有白种的东方支派，如汉代西域诸国多属白种人，现在已和回族混合，所以回族的体质很像白种人。

16. 黑种：中国民族中也似有黑种的成分，但不能十分确定。黑种人中的黑矮民又称尼革利陀族，曾散布于南洋、中南半岛、云南境内。远古时代或者曾住长江以南，后来被吸收于华南诸族里面。

中国古今民族系统表

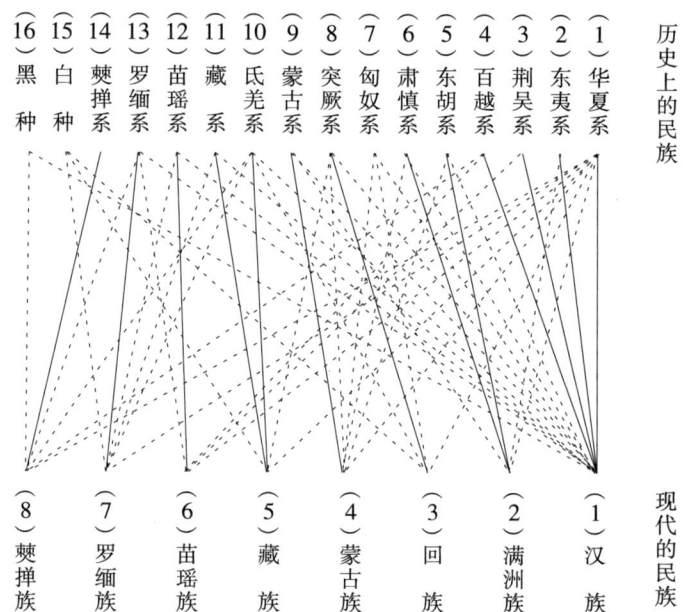

以上诸系在历史上接触混合的结果，终于成了汉满蒙回藏五大族及苗瑶、罗缅、僰掸三个西南民族。其中吸收别族最多的是汉族，现在人数最多，几乎各系都有多少合并在汉族内。所以汉族实是混合民族，不应怀抱大汉族主义，自夸为华夏系的纯粹子孙，而歧视各兄弟民族。其他各族也都不是纯粹的，都曾吸收别系的分子在内。现在作一个表，将历史上各系和现代各族的关系表示出来，用实线表示直接传下的关系，用虚线表示吸收同化的关系。

第三章　先氏族时代（即蒙昧时代）

一、总论

先氏族时代是史前时代的前期，自中国有人类以来到氏族发生为止。就时间上言之，是从四五十万年前到1万年前。比较后期，即氏族时代，长了四五十倍。但是年代太古远了，而且又无文字记载，当时人类活动的事迹自然不曾流传下来，所以我们知道得很少。以前古书上虽有些记载，但都是后人采取古传说再加以想象而成，不可当作信史。幸而近来地下古人遗骨和遗器渐有发现，可以根据这些东西推测古人生存时的情形，再将古史上和古物相符合的传说，也选取一部分，此外更参考现存滞留在原始社会的民族的情形，以解释古物和古史；这样便可希望将这段文献无征的荒古时代历史，重新发现出来。如上述所说，这段历史靠着史前考古学、古史和文化人类学三者而发现，所以其研究方法和资料，和研究有史时代不同。这不但先氏族时代是这样，整个史前都是这样。

二、分期

从文化程度而论，先氏族时代便是蒙昧时代，再分为低中高三期，和传说配合言之，低期是有巢氏时代，其中也包括盘古氏和三皇。中期是燧人氏时代，高期是伏羲氏时代。低期约自四五十万年前开始，中期自15万年前，高期自5万年到1万年前。从考古发现的确实人类言之，可分为北京猿人、河套人、山顶洞人三时代。从生产工具上言之，先氏族时代便是旧石器时代，再分为初中晚三期。以上文化程度传说、人类、工具，各分三期，互相配合。如文化低期便等于有巢氏时代，也便是北京猿人时代，也便是旧石器时代初期。其余照表类推。

三、蒙昧低期

自人类发生到能够自己生火为止，都在蒙昧低期，人类便是北京猿人。这时的人类还不是真正的人类，不过他们的形貌和智慧都时时在发展中，猿猴的性质渐渐减少，人类的性质渐渐增加。生活是靠采集天然的果实、草根、昆虫、鱼贝、小鸟、小兽和动物卵。工具用树枝和石器。石器是打制而成的，即以石击石而成,使用它的尖端或薄边,型式无一定,没有衣服,裸露身体,但体上毛应比我们为长,白天在地面上找食物,晚上怕野兽便回到树上宿,宿处犹如鸟巢,所以其时人称为有巢氏。有时也住在洞穴内。社会组织极简单,只能集成小群,称为原始群,四处游行不定,故又名游群。共同采集,共同消费,无婚姻家族的制度,男女乱交。无政治组织,也无宗教观念。语言方在形成中,未能发表复杂的意思。

已发现的北京猿人的实际情形是已能制造石器,曾发现数千件,多为砾石或石英打击而成,制法简单,形式无定型,略可分为椭圆形、菱形、长方形、肾形、正方形、三角形、梯形等。又能制兽骨兽角为器具,他们又能用火,因为洞中有火、木炭、焦骨等物可证明。北京人已能用火,可见已不是最低等的人类,大约已将近蒙昧中期。

再看古史上的传说有几条很合于这时期的情况,列举如下:"太古之初,人吮露精,食草木实,穴居野处,山居则食鸟兽,衣其羽皮,饮血茹毛,近水则食鱼、鳖、螺、蛤,未有火化,腥臊多害肠胃(谯周《古史考》)。""古者禽兽多,而人民少。于是民皆巢居以避之。尽拾橡栗,暮栖木上,故命之曰有巢氏之民《庄子盗跖篇》。""上古之世,人民少而禽兽众,人民不胜禽兽虫蛇,有圣人作构木为巢,以避群害(韩非子《五蠹篇》)。""次后有人五色长肘,号曰有巢,冬则穴居,夏则巢处(《命历序》)。""穴居野处,与鸟兽同穴(陆贾《新语》)。""上古草居患它(蛇),故相问无它乎(《说文》)。""昔者未有宫室,冬则居营窟,夏则居橧巢(《礼记》)。""太古之世,被发卉服,蔽前而不蔽后。"以上是衣食住的情形。

"昔太古尝无君矣,其民聚生群处,无亲戚兄弟夫妇男女之别,无上下长幼之道(《吕氏春秋》)。""男女杂游,不媒不聘(《列子汤问》)。""不见其亲,示子其子(《礼记·礼运》)。""其民麋鹿禽兽,少者使长,长者畏壮,有力者贤,暴傲者尊,日夜相残,无时休息(《吕氏春秋》)。"以上是社会生活的情形。

四、蒙昧中期

约自15万年前到5万年前,比前一期短些。据莫尔甘所说,这期的大事是火的发明,能够将木相摩擦而生火(即钻木取火),有火以后便能熟食,能御野兽,能够打猎,能耐寒冷,制造石器的方法进步,发明剥制法,即将石器剥去薄片而成。群内的人不再乱交,改行血族结婚,便是同辈行的兄弟姐妹自相为婚,不同辈的不得结婚。发生万物有灵的信仰。又信人死有鬼,开始有宗教信仰。

考古发现的人类有河套人。石器发现颇多,制法比北京人进步。人骨未有确实发现,但可证明必定有这种人。

更看古书所说有数条如下："有圣人作钻燧取火，以化腥臊，而民说之，使王天下，号曰燧人氏《韩非子·五蠹篇》。""昔者未有火化，食草木之实，鸟兽之肉，饮其血，茹其毛，后圣有作，然后修火之利(《小戴记》)。""燧人始钻木取火，炮生为熟(《风俗通义》)。""木与木相击则然(同燃)(《庄子·物外篇》)。""燧人上观晨星，寮五木以为火(《尸子》)。"以上说有火方能熟食。又如"古者民不知衣服，夏多积薪冬则炀之(《庄子》)。"这是说火可御寒。又如"黄帝之王，仅逃其爪牙，不利其器，烧山林，破增薮，焚沛泽，逐禽兽(《管子》)。""焚林而畋，竭泽而渔，人械不足《淮南子·本经》。"这是说用火可逐野兽。

五、蒙昧高期

这一期在传说上是伏羲氏时代，考古学上是旧石器时代后期，时间上约自5万年前至约1万年前，这一时期的文化应已有雕琢而成的石器，比较中期更为细致。又能制兽骨兽角为器，渔猎的方法大大进步，所以伏羲氏应属这时期。因为伏羲便是能猎取野兽的意思。因为善于打猎，所以便可得野兽的毛皮缝合为衣服。生产关系还是共同生产、共同消费，政治组织尚未发生。结婚还为群婚，便是彭那鲁亚制(Punaluan)，兄弟姐妹不得结婚，一群的兄弟须和另一群的姐妹为婚。原因大约是为要增进群与群的合作来增加生产，宗教上发生了魔术(即法术)和占卜，希望可以帮助生产，解决生活，语文艺术发明结绳记事，又开始能作图画。因为这期狩猎技术发达，对动物的观察很精，所以便多绘动物像。这种图画在欧洲的旧石器后期洞穴遗址中常有留存在洞壁上的。中国还未发现，将来或能在多洞穴的地方发现。

就实际史料言之，中国已经发现的这期人类，便是山顶洞人。这种人的遗器有燧石、火石、及石英制的石器，但为数不多。有骨器，其中以骨针为最重要，可证已能缝兽皮为衣。又有鹿角磨光的器物，又有穿孔石珠加染红色，是一种妆饰品。此外发现鸟兽牙骨很多，有些剥用为器具，有些利用为妆饰品。由这些遗物看来，可见山顶洞人的文化更为进步，有衣服、饰物，营渔猎生活，和远地人交换物产，有埋葬死人的风俗。但其时还没有陶器，没有弓箭。

就古史的材料言之，伏羲氏的传说颇有和以上所说的情形相同的，列举于下："作网罟以田渔，取牺牲。故天下另曰炮牺氏(又作庖牺，即伏羲)(《汉书》)。""宓(同伏)羲氏之世。天下多兽，故教民以猎(《尸子》)。""伏羲氏作网(《古史考》)。""结绳为网以渔(《潜夫论》)。"以上都可证明伏羲氏时渔猎技术更为进步。骨针便是结网和缝皮所用的工具。又如说"伏羲因夫妇，正五行，始定人道(《白虎通》)。""民始开悟，知有……夫妇之道、长幼之序(《新语》)。""伏羲制嫁娶，以俪皮为礼(《古史考》)。"以上伏羲时婚姻制度改变始有嫁娶的礼,这便是比血族结婚进步的群婚了。又如"庖犧氏作卦,始有筮"(《古史考》)。"伏羲始作八卦,以通神明之德,以类万物之情"(《易·乾凿度》)。这便是说始有占卜。"图书乾坤"(《新语》)。"伏犧始书八卦"(《尸子》)。这便是初有图书。"伏犧女娲不设法度"(《淮南子》)。这是说伏羲氏时还无政治组织。

第四章 母系氏族时代

一、总论

母系氏族时代便是半开化的低期和中期,也便是等于考古学上的新石器时代。因为石器进步,便是生产力进步,引起社会组织也进步,由无氏族进到有氏族的组织。一般文化水准也都提高,进入了半开化时代,这三者都是相通的。就时间上言之,是从1万年前到4000年前。从古史上的年代言之,便是神农氏到舜为止。就实在的人类言之,其时的人类已经和有史以来的人类相同,而且已发生了后代的种族。

二、母系氏族时代前期

1. 这也便是半开化时代低期,新石器时代前期。时间从1万年前到4500年前。古史上的人物是神农氏和黄帝。这一期的人类文化在生产工具上,主要是发明"新石器",便是整齐精细而有磨光的石器。又发生陶器。这是因为饮食物多,贮藏烹饪上有需要的缘故。弓箭在前期之末或这期之初也发明了。生产的技术有了二种极重要的发明,便是畜牧和种植。畜牧是由于打猎时活捉的野兽或鸟兽不即宰杀留到后来方宰杀,因而发现有些野兽可以驯养,自此便把它们养饲,便做家畜。种植是由采摘草木的果实根叶,发现某种植物可供食料,加以注意照顾,便发生种植了。这二项发明后人类的食物便比以前丰盛得多,生活便渐改善。但这时的生产技术还需要多人合作,所以还是共同生产共同消费。范围却比以前广大,以氏族为单位。氏族是同血统的人所组成的,但这时所知道有血统关系的人,限于母的一方,对父亲的关系还不明了。子女和母亲同住,属母系的氏族,姓母亲的姓,男子须出嫁别氏族,女子方可娶夫入族内,所以称为母系氏族时代。世界上的氏族都曾经过这一阶段,我国自然也曾经过,而且古时关于母系的传说也很多。当时政治制度已发生,但团体的范围只限于氏族或几个氏族结成的部落。每个氏族有氏族长统治,部落有酋长统治。但氏族长和部落酋长,当是由人民公举的,所以这种政体叫做原始民主制。由于从母系的缘故,所以也有母权,妇女也可当氏族长,否则推兄弟任氏族长或酋长担任对外的战争,内政当由妇女决定。婚姻进到了对偶婚制,便是由群婚改为一个女对一个男,但是各人除了有一个正夫或正妻之外,还可以有庶夫即副夫或庶妻即副妻。宗教上发生了图腾崇拜(Totemism),便是由于追溯氏族的来源,当推到非人的东西如动植物、无生物,以为全族都是由某一种物传下来的,便奉它为祖,加以崇拜。对现存的那种物也不加伤害,以那种物的名为全族的名,便是个人的姓,例如姓狗姓狼都是。在语文艺术上已能用简单的图画来记事,又有音乐跳舞,语言发达了,所以也有了歌谣传说。

2. 现在试看中国的考古发现上有没有属于这期的人类。在北方的蒙古、东北、新疆曾发现过人类遗骨,也属黄种人,其文化很特别,有很多细小石器,名为"细石器文化",属于旧石器与新石器的过渡期。在长城以南的中原地方也已有黄种人居住,或者和北方的人不同族,而是所谓华夏系的人种。这种人发明了陶器,初时还粗,后来进步到很精,加绘颜色,称为彩陶。大约彩陶发展到高度时,已在新石器的后期(以下再说)。这种新石器的华北人自然也有磨光的石器,这种新石器自史前约1万年前发明后使用到铜器时代方不再使用。但因崇拜祖先、保守旧习惯的缘故,还将一部分用优美的石料,即玉,所制成的石器用为礼器或货币,这便成为商周两朝所珍重的玉圭、玉璧等物了。圭的形状像斧,璧的形状像环,很明显的原是由石斧、石环变成。后来仿制的便渐渐改变形状,故原意也不能明,成为很神秘的宝物了。至于其他用较粗的石质制成的石器,不再保存,便散失去而埋在地下,有时也露出地面。到了后代人类已经忘记古代的祖先曾使用石器,有时偶然发现却解释是雷公的斧。宋沈括著《梦溪笔谈》说:"世人有得雷斧者,云雷神所坠……乃石耳,似斧而无孔。"直到30年来方才能够认识石器,利用来研究史前时代的历史。

3. 华南人种:我们已知道在新石器华北已有黄种人存在。华南的情形怎样呢?翦伯赞说:"有一种南太平洋系人种从南太平洋向北推进到中国南部,中国才有人类。"这话也有根据,但还有错误,作者在十余年前所著《中国民族史》中曾说中国东南的越族似乎和南洋马来族同类。又曾发表《马来人与中国东南方人同源说》也是这个意思。十余年来继续研究的结果,我觉得华南在北方的黄种未来之前,已有二种先住民族,其一是印度尼西族,由亚洲西南出发,经印度、中南半岛入中国,多住东南沿海一带,其后和北方来的黄种人混合而成为越族。此外还有一种矮黑人,又名尼革利陀族,在印度尼西亚族之先,大约在旧石器时代,已经由亚非交界的发祥地向东出发也经由中南半岛进入中国南部,多住在西南一带,但也散布到东南,甚至远到安徽。这种矮黑人除被后来的印度尼西亚人消灭一部分以外,余者也被吸收去。黄种人来后更和这二种先住民族混合,而成华南的各族,或为苗瑶,或为罗罗,或为刺㑇掸,或为越族，依其三种成分的多少而定。南洋的人种来源也是这样，不过矮黑人和印度尼西亚族的成分比较华南更多，而黄种的成分较少而已。所以南洋的民族和华南相类，马来族似越族，安南人似苗瑶，缅甸人似罗罗，暹罗人似㑩掸。

4. 古史记载：再看古史上有无关于这一期的传说。"神农之时天雨粟，神农遂耕而种之，作陶冶斤斧，为耒耜锄耨，以垦草莽，然后五谷兴助，百果藏实（《周书》）。""古之人民皆食禽兽肉，至于神农，人民皆多，禽兽不足，于是神农因天之时，分地之利，制耒耜，教民农作（《白虎通》）。"这是说这时期发明了农业，以及陶器。还有斤斧，应当是新石器时代的磨光石斧。"神农之法曰……妇人当年不织，天下有受其寒者……（《文子》）""黄帝斩蚩尤，蚕神献丝，乃称织维之功（《黄帝内经》）。""黄帝造衣裳（《越绝书》）。""轩辕服冕垂衣（《拾遗说》）。"这是说这时期发明纺织缫丝。"又神农作瓦器（《周书》）。""黄帝有陶正昆吾作陶（《吕氏春秋》）。""黄帝命宁封为陶正（《史记》）。"这是说这时期始有陶器。在甘肃宁定的齐家坪曾发现陶器，未加彩绘，或者就是属于这期。发明农业后便须定住，造屋，成村落。古史中说"黄帝乃伐木构材筑作宫室，上栋下宇，以避风雨（《新语》）"。这便是说黄帝时，开始造屋。欧洲史前新石器时代方发明石箭，中国古史也说黄帝时发明弓箭。"黄帝……弦木为弧剡木为矢，弧矢之利以威天下（《易系辞》）。"又有关于畜牧的传说，如"狗兽以为畜，淳化鸟兽虫蛾（《史记》）。""黄帝梦人驱羊成群（《帝王世纪》）。""驾马服牛，令鸡司夜，令狗守门（《淮南子·泰族训》）。"这是说开始有畜牧，又关于交通的。"黄帝作舟车以济不通（《汉书》）。"以上都是说这一期的生产技术（社会制度合在后期的内说）。

5. 黄帝的传说：黄帝比以前的人物传说较多，以前史家如司马迁便从黄帝讲起，所以我们虽不能即信古时确有一个名为黄帝的人物，然而应当是有这样的一个大酋长，姓名叫什么不必管他，传说中除荒唐不可信的以外，应当有些近于事实的，各举如下："轩辕之时，神农氏衰，诸族相侵伐，暴虐百姓，而神农氏弗能征。于是轩辕乃习用干戈，以征不享，诸侯咸来宾从。……以与炎帝战于阪泉之野。三战，然后得其志（《史记》）。"这是说他代替了神农氏一族而称霸。"蚩尤作乱，不用帝命，于是黄帝乃征师诸侯，与蚩尤战于涿鹿之野，遂禽杀蚩尤（《史记》）。"这是说他征服一个最强大的异部落。"黄帝得六相（《管子》）。""黄帝治天下，而力牧、太山稽辅之（《淮南子》）。"这是说当时已有政治组织，黄帝应当是一个部落的酋长，他还征服了其他部落而成为部落联邦的大酋长。

三、母系氏族时代后期

这便是半开化时代中期,也便是新石器时代后期,时间约自 4500 年前到 4100 年前。在古史上是少昊、颛顼、帝喾、帝尧、帝舜的时代,这时期的生产技术是农业畜牧,更为发展,石器、陶器也更为进步。生产品渐多,便发生交易。生产关系仍是氏族共产,社会组织、婚姻、宗教、语文、艺术大体同前,但更发展。分述于下:

1. 考古学上的发现:自 1921 年瑞典人安徒生(L. G. Anderson)在河南渑池县仰韶村发现了史前遗址,内有磨光石斧和红底上绘黑白花纹的陶片,其后又在辽宁、甘肃、青海也曾发现过同类东西。别人在山西、陕西、新疆也都曾发现过。安氏称这种陶器为彩陶,这种彩陶文化又称为"仰韶文化",在史前自 4500 年前到 3300 年前,即在新石器时代晚期,由中原最先发生,散布到西北东北。这种文化遗址中的遗物很多,可举仰韶一处为例,计有石器、陶器、骨器、贝器等。石器中有石斧、石刀,石凿、石矛、石箭镞、石杵、石环、石锄、石褥、石纺轮等。陶器有单色彩色二类,形状有钵、盂、鼎、鬲、甑等。骨器中有骨针、骨镞、骨斧。贝器有贝镞,贝瑗。又有人骨十余具。安氏曾著报告一篇,名《中华远古之文化》。

2. 古史中的人物:古史说黄帝的子孙相继即位,最先是少昊,其次是颛顼,又次是帝喾,都无重大事件。再来是帝尧和帝舜,事迹便多了。

(1)帝尧陶唐氏:古史说尧舜是仁德的君主,儒家尤其推崇他们。其实尧舜即有其人,也不过是一部落的酋长,最多不过是部落联邦长,是众所选举的,自然须行原始的民主政治,不能独裁,位置也不得世袭。"尧之有天下也……身服节俭之行,而明相爱之仁……巡狩行教,勤劳天下,周流五岳,岂其奉养不足乐哉,举天下而以为社稷,非有利焉。年衰志悯,举天下而传之舜(《淮南子》)。""民知室居食谷,而未知功力。于是后稷乃列封疆,画畔界……辟土殖谷……种桑麻,致丝枲,以蔽形体。""当斯之时,四渎未通,洪水为害,禹乃决江疏河,通之四渎,致之于海……然后人民得去高险,处平土。……未有舟车之用,于是奚仲乃桡曲为轮,因直为辕,驾马服牛,浮舟杖楫,以代人力。铄金镂木,分苞烧殖,以备器械。……皋陶乃立狱制罪,悬赏设罚(《新语》)。""尧甲辰即帝位,甲午征舜,甲寅舜代行天下事。辛巳崩,年百十八,在位九十八年(《帝王世纪》)。"

(2)帝舜有虞氏:据古史说舜也是黄帝的后裔,尧闻他大孝,将二女嫁他,选他为大官,做自己的代理人,后来更让位给他,后世称为禅让。"三十而帝尧问可用者,四岳咸荐虞舜,曰可。于是尧乃以二女妻舜,以观其内,使九男与处,以观其外……尧乃试舜五典,百官皆治。……尧老使舜摄行天子政……尧知子丹朱之不肖,不足授天下,尧辟位,凡二十八年而崩(《史记》)。""舜年五十摄行天子事,年六十一,代尧践帝位。践帝位三十七年,南巡狩,崩于苍梧之野(《史记》)。""舜子商均亦不肖,舜乃豫荐禹于天,十七年而崩……禹乃亦让舜子,诸侯归之,然后禹践天子之位(《史记》)。"

3. 古史中所记这时期的文化状况:

(1) 生产技术:"舜耕历山,渔雷泽,陶河滨,作什器于寿丘(《史记》)。""尧饭于上簋,饮于土铏(《韩非子》)。""有虞氏尚陶(《周礼考工记》)。""有虞氏用瓦棺(《淮南子》)。""禹作祭器,墨染其外,而朱画其内(《韩非子》)。"以上是说这时代陶器发达。"后稷教民稼穑,树艺五谷(《孟子》)。""帝曰弃,黎民阻饥,汝后稷播时百谷(《舜典》)。""后稷之孙叔始作牛耕(《山海经》)。"这是说当时农业很盛。

(2) 生产关系:古史中说尧是"粝粱之饭,藜藿之羹,布衣掩形,鹿裘御寒(《淮南子》)。""尧无三夫之分,舜无咫尺之地(《战国策》)。""禹菲饮食,恶衣服,卑富室而尽力乎沟洫(《论语》)。""古者……天下为一家,而无私织私耕,共寒其寒,共饥其饥(《尉缭子》)。"以上是说当时还是在原始共产社会,酋长也要劳动,而且没有私财。

(3) 母系氏族制度:自入新石器时代后便行母系氏族制度,前后期都一样。古史中很多这样记载。黄帝以前传说上的帝王都不晓他们的父亲是谁,而只知道他们的母亲,因为他们是"感天"而生的。例如伏羲氏之母"覆巨人迹"而生伏羲。神农氏的母名安登,感着神龙,故生神农。黄帝母名附宝,感赤电而生黄帝。尧母庆都"与赤龙合昏"而生尧。"舜母见大虹感而生舜。"以上便是因为不知有父,所以附和为感天而生。再看古书说"古之时未有三纲六纪,民人但知有母,不知有父(《白虎通》)"。古书也说古人从母的姓,如"尧从母姓伊氏"(《帝王世纪》)。舜从母的姓氏。古书也证明男子须出嫁于妻家,如舜嫁于尧的二女的家,禹嫁于涂山氏的家。又母系氏族的婚姻是行对偶婚制,古史中也有证据,如"尧娶散宜氏之女曰女皇,生丹均,又有庶子九人(《索引》)"。舜娶尧的二女但"娥皇为舜正妃(《朱子集注》)"。"帝喾有四妃,元妃姜嫄生后稷,次妃简狄生高……(《帝王纪》)"可见一个男人可以有多妻,但妻之中有一正妻。反之一个女人也可以有很多夫,诸夫之中有一个正夫。如舜的妻娥皇、女英也是舜弟,象的妻,所以古书说"眩弟并淫,危害厥兄"(《楚辞》),"象曰二嫂使治朕栖(《孟子》)"。

(4) 图腾崇拜:古史中可证明我国古代曾经过图腾崇拜的史料很多,如伏羲氏以龙纪,"故为龙师而龙名(《潜伏论》)"。其臣有飞龙氏、潜龙氏、降龙氏、水龙氏、火龙氏等十一氏,这便是说有十一族都崇拜龙为图腾,以龙为氏族名。

神农氏时以火纪,故为火师而火名。黄帝属有熊氏,便是以熊为族名。此外有以云为族名的,即青云氏等。又有"有蟜氏"(蜗牛)。蚩尤之族有熊罴虎豹等。少昊时有以鸟名族的,如元鸟氏、青鸟氏等。

(5)母系祖先崇拜:因为子女从母的姓,自然会崇拜母系的祖先。古史中的帝王常只有母的名,而不传其父名。如神农母名安登,黄帝母名附宝,尧母庆都,舜母名握登,夏族始祖母名修己。商族的名有娥,周族的名姜嫄。而且古代常有特别祭祖母的,如殷代的"先妣特祭",可证明有母系祖先崇拜之俗。

(6)语文艺术:古史说"苍颉作书"。史皇生而能书,大约是以书记事,不是真的文字。古史又说神农氏作琴,黄帝令素女鼓瑟(《伶伦作律》)。"帝尧立,乃论质为乐,质乃以麋鞈置缶击而鼓之,乃树石击石,以鼓舞百兽。(《吕氏春秋》)"以上是音乐的发生。又歌谣也有传下的,如尧时有击壤之歌,舜有卿云之曲。

第五章　父系氏族时代——夏朝

氏族时代后期由母系转变为父系,在文化程度上也便是半开化的高期,在工具分期上是石铜并用时期,在历史上是自启以后的夏朝,时间约自 4100 年前到 3700 年前,约经 400 年之久。这期过了后,原始社会或史前时代便闭幕了。

1.这一时代的特征:这一时代的生产工具除了继续使用新石器以外,还发明了铜器。不过初时开采铜矿不易,铸铜方法未精,此外铜器还少,仍须采用多量石器,因此在考古学上称为石铜并用时代。铜器发生后,量虽不多也已促进了生产力。因为铜制的是利器,可用以制造其他器具,因之引起耕种畜牧都有新发展,衣食住行都有改进,生产的单位渐由全氏族而缩小到一个家族,因之氏族共产渐变为家族私有财产。一个人的劳动力也渐扩大,因之便渐发生剥削劳动力的事情,而引起奴隶制的萌芽。俘虏渐有变为奴隶的,不过在氏族时代奴隶还不多,所以还未进到真正的奴隶制时代。财产渐多,男人不再情愿他所努力获得的财产给别人的子女得去,因之便把子女照他自己的系统计算,以便将财产传给他们,由此,世系便由母系而变为父系。一家的世系和财产继承是照父系的,所以一氏族或部落的领袖地位也由父传子而成为世袭的,不再是民主选举的了。

男人既成为一家之长,自然在婚姻上也成为男子独占便宜,无力的方只有一妻,有力的便可以有多妻。女人却只限于一夫,不再能像从前有庶夫了。因为世系照男系,所以祖先崇拜也拜男的祖先。这时期因为生活日繁,人事渐多,需要记录,所以便发生真正的文字,其文字必是由图画演成的象形字。

2.这期的人种：华北人种已有和后代相同的各族，其中最强大的首推华夏系，上述黄帝至尧舜都属这一系，建立夏朝的也便是这系的一支。华夏系散布的地方是山西中南部、河南西北部、陕西全境及甘肃，并且向东发展（据吕振羽所考证）。这一族以外，还有在东方的夷，在西方的羌，在南方的三苗荆蛮，也都是属黄种。在华南的是以前所说的黄种、印度尼西亚族、矮黑人三大原素逐渐混合，到这时发生了几种混合民族，其中一支是百越，住在东南沿海，在湘鄂黔一带是苗瑶系，在川滇桂有罗罗系、僰掸系。当时虽还无这些名称，但也应当已有这些种族。

3.考古学上的发现：这时期内华北的河南及东西附近地方的彩陶文化继续存在，但已经开始衰落。在山东半岛发生一种黑陶文化，逐渐向西发展到河南，又向南发展到浙江。黑陶的遗址发现在山东的龙山镇和浙江的良渚。黑陶文化的特点是特制黑色的陶器，但还有使用石器。在甘肃曾发现三个遗址成为三个相连续的时期，称为辛店期、寺洼期、沙井期，其遗物除退化的彩陶以外，还有简陋的铜器，也属于石铜并用时期。在福建武平、广东的海丰发现刻纹陶器和石器，大约也在这时期或之后。

4.古史所记这期的文化状况：我们再看古史所记夏代的文化状况是不是和上述的特征相合。《墨子》说："夏后开铸鼎于昆吾，鼎成三足而方。"又《左传》说："夏之方有德也……铸鼎象物。"宋代人说夏代有"夏珊戈"、"夏带钩"。这些之话虽未必靠得住，然而甘肃却确有石铜并用的遗址，其铜器劣于殷商的铜器。又由殷商的铜器程度推之，殷商的铜器已很精致，其前必有一段铜器发生的初期，这一段自然是夏代。

古史说少康曾为牧正，便是受理畜牧的官吏。又说："有扈氏伐启，启灭之，有扈遂为牧竖。"这都可证当时畜牧的发达。古史详记禹治洪水，洪水退后，农业自然更为发展。《孟子》说："禹菲饮食，卑宫室，而尽力乎沟洫。"沟洫便是为农田而开的。《吕刑》说："禹平水土，主名山川，稷降播种，农植嘉谷。"这便是说禹平了水土，稷便教民播种了。古书又说："夏少康有田一成"（方十里），可见田在当时已经是重要的生产资料。至于当时的生活程度也已经很高，古史所说太康的奢侈生活是"甘酒嗜音，峻宇雕墙"。又说亡国的夏桀筑倾宫瑶台，食物之多至于成为肉山脯林及酒池，可见当时生活资料很丰盛。

夏代交通工具比前更进步，如《史记》说禹"陆行乘车，水行乘船，泥行乘橇，山行乘檋"。又如《左传》记"奚仲居夏，为夏车正"，《竹书纪年》说"商侯相土作乘马"。

夏代生产力既然发展，人剥削人的奴隶制度自然便萌芽了。古书关于夏代有奴隶的事也有记载，如上面所举启灭有扈，有扈的族便被降为畜牧的奴隶。夏代部落间的战争遂有有穷氏的后羿、寒浞等与夏族的争斗，复相征服，绵延了很久,凡被征服者一定都陷于奴役的命运。后来商族渐强,和夏族争斗,也灭了很多部落,为葛、韦、顾、昆吾等,所以夏代之末,奴隶制度渐臻完成。

夏代已经有了城市,已能筑城。《吴越春秋》记"鲧筑城以卫君,造郭以守民,此城郭之始也"。《淮南子》说:"昔者夏鲧作三仞之城。"城是为自卫用的,可见产业发达,财产丰富,发生劫夺战争,故有需要筑城保护。

5. 古史中的夏代事迹:古史所记事迹自夏代起渐多,但所记的事由旧史家看来,很多奇怪不甚了解之处,现在用新史学的眼光来看,便明了得多了。略举夏代事迹如下:

(1)启继禹位建立家天下:禹由氏族长公选继舜的酋长或部落联邦长的位,他死后其子启却承袭了他的位,自此开了"家天下"的局面。这一段在旧史家之认为是启贤故能继禹位。如《史记》说:"帝舜荐禹于天,为嗣十七年,而帝舜崩,三年丧毕,禹辞避舜之子商均于阳城。天下诸侯皆去商均而朝禹,禹于是遂即天子位(公元前2205年)……帝禹立并不而举益任之政。十年,帝禹东巡狩,至于会稽而崩,以天下授益。三年之丧毕,益让帝禹之子启,而辟居箕山之阳。禹子启贤,天下属意焉……诸侯皆去益而朝启曰,吾君帝禹之子也,于是启遂即天子之位(公元前2197年)。"旧史家又有怀疑这一说的,以为尧舜禹的禅让都是篡夺,故《竹书纪年》有"舜囚尧,益诛启"之说,又说"尧幽囚,舜野死"。其实禅让之说是儒家想象的话。篡夺之说是后世以今推古而言,两说都不合真相。照现在新史学家所见,禅让是母系氏族社会所行的原始民主政治;至于启的继禹,却是父系氏族社会所行的男系世袭制。这是人类社会普遍而必然的规律,原无足怪。

(2)启灭有扈:《史记》说"有扈氏不服,启伐之,大战于甘,遂灭有扈氏,天下咸朝"。《楚辞》说"有扈牧竖,云何而逢。"这便是说有扈氏被灭后降为牧竖,可见当时已有奴隶。有扈氏是拥护旧制度的,所以不服,究因拗不过时代,终于被灭。

(3)太康与后羿:《史记》说"太康失国"。《夏书》说"太康尸位以逸豫,灭厥德,黎民咸贰。乃盘游无度。有穷后羿因民弗忍,距于河"。这是说启子太康因不恰民心,便被另一个部落的酋长夺了他的霸权,代做了部落联邦长。

(4)少康中兴:(公元前2079年)古史说后羿与寒浞相继作乱,其后少康复兴夏朝。如《左传》说:"后羿……恃其射也,不修民事,而滛于原兽……而用寒浞……羿犹不悛……家众杀而烹之……浞因羿室,生浇及豷……少康灭浇于过,后杼灭豷于戈,有穷由是遂亡。"又说:"昔有过浇……灭夏后相,后缗方娠,逃出自窦,归于有仍,生少康焉。为仍牧正。浇使椒求之,逃奔有虞,为之庖正……有田一成,有众一旅……以收夏众,抚其官职。……遂灭过戈,复禹之绩。"旧史家以其封建时代的眼光来想象氏族时代的史事,常致失真,他们将太康后相少康认为同于后代的君主,将后羿、寒浞、浇、豷等认做他们的臣下。其实各部落并立,竞争霸权,一时强大的便成为一时的霸者,即部落联邦的大酋长,衰落后霸权便归别部落的酋长。后启称霸一时,灭了争霸的有扈,到了太康霸权便归于有穷氏的后羿、寒浞等。其后夏部落的少康又再征服了有穷部落,重新称霸。真相不过如此而已。

(5)夏桀的亡国:(公元前1766年)夏代自少康以后经十一传而至亡国之君的夏桀。《史记》说:"夏桀不务德,而武伤百姓,百姓弗堪,乃召汤而囚之夏台,已而释之。汤修德,诸侯皆归汤。汤遂率兵以伐夏桀,桀走鸣条,遂放而死。"古史论桀亡的原因大都是多女宠,娶妹喜及琬、琰,营土木,建倾宫瑶台;靡费,饮食有肉山酒池;杀忠臣关龙逄而用不良的臣下。后人传桀的罪,愈增愈多,和商纣一样,成为箭垛式的标准亡国之君。其实这都是以后代的眼光而论古代。夏桀的亡国固然也有个人的缺陷,然而夏部落失去霸权和被征服,实是全部落的事。夏部落的称霸已久,而社会生产力日益发展,私有财产制也日益完成,奴隶制度也日益成长,民族间的斗争也日益剧烈。夏族所役使的异族,久而不能堪命,当时异族中有一个商族,初时也服从夏的霸权,后来竟能与夏抗衡。终于纠合了他族,战胜了夏族。将夏族夷为奴隶。从此便成立真正奴隶国家,结束了原始社会了。

6.夏代史迹的地点:夏代事迹传于后世颇多,故其史迹的地点也曾传留下来,虽未必完成确实,然而也可藉以明了大概。禹的国都在安邑,即陕西夏县东北,禹会诸侯于涂山,涂山在安徽。有扈氏在今陕西鄠县。有穷氏在河南滑县。有仍氏在山东金乡县。有虞氏在河南虞城。桀的国都在斟鄩,即河南巩县。汤伐桀战于鸣条,在山西安邑县。桀被放于南巢,即安徽巢县。由此可见夏代的活动范围多在今河南省和陕西,兼及于山西、山东、安徽。

(林惠祥手稿)

苏门答腊民族志

E.M.勒布　R.汉·格顿　著
林惠祥　译

译者序

苏门答腊是南洋大岛，面积广大，民族分歧很多，程度不一，有在历史上曾建立广大帝国的开化民族（三佛齐国，在巨港一带），有至今还在原始状态的未开化民族（如古部人等），有著名吃人肉的民族（峇搭族，最近已无此俗），有至今还保留女系女权制的民族（民南加堡族）。此外还有许多形形色色的民族和奇奇怪怪的风俗习惯。无论在历史学、地理学、人类学、民族学上都有重要的地位，便是在现代国际问题上以及外侨在居留营业上都有研究他们了解他们的必要。译者有意编译这一种书目的便是为此。

关于苏门答腊民族的书不多，但在这不多的书中却有现在译的这一本原著，这是将以前多人以及著者本人研究调查的成绩归纳起来写成概括详明的一大本综论的书，既可作专门研究民族学者的参考，也可作一般人的通俗读物。当地的侨胞们阅看这书必能帮助了解本地民族的一切风俗习惯，而更容易和他们和睦相处共同生活。

苏门答腊的一部分人民在古时曾建立文明国家与中国曾发生关系，故中国古书曾记载他们的事迹，本书著者是欧人，故不曾采入中国古书的记载，译者酌为加入，如第一章历史节及阿齐、峇搭等章中都有。

本书第一章总论全岛，第二至第六章分论各民族，民族学上之专门名词，译者亦加解释。第七章叙述苏岛之古迹及艺术品，根之以上溯苏岛自有史以前至今之历史，分之为数个文化期，虽稍涉专门，然甚有价值。

书中民族名及地名之译音，如有华侨惯用之名便采用它，但这种名的发音大都为闽粤音，不照国音。又有华侨常用国内所无的字如峇字，其字如罗马字母的 ba，又如国音"巴"，但音甚轻微，发这音时两唇相合然后分开，同时微微呼气出口外，但不如"巴"音的用力。凡到南洋者不能不知此字。

本书中引用土语土名，凡非常用者不译中文，照录罗马字母之土语，因音译之中文无甚用处也。

本书原本系英文，于1935年在奥国维也纳出版，版权属于维也纳的民族学学院（Institut für Volkerkunde Vienna）。

林惠祥
1945年

序

一本讨论苏门答腊的历史和民族的书，已经不是新奇的了。关于这个题目的唯一的英文著作即马尔斯登（Marsden）在1783年出版的一册，到了现在可以说略嫌古旧一点。马尔斯登所记载的都很可靠，但在18世纪苏门答腊的大部和西部诸岛还未经探险过，而且一个考察者的技术也还未发展到现在的程度。

近年来我们很幸运地得到二部通论苏门答腊民族的书，其一是荷兰文的，另一册是法文的，这便是勒克克克（Lekkerkerker）和柯勒（Collet）的书。这二部书都是极有价值的，在现在这本英文编纂的书中可以证明。第一册是正确妥实，把报告消化了而写成的宝藏。第二册除具有第一册所有的学术性以外，还加了华美灵巧和法文的精通。

然而民族学作品的产生却是无穷尽的，没有一本书是好到无以复加的地步，而不需要更进一步的增补。并且对于同样的事实也以愈多理论家提出意见为愈佳。我们现在的理论有好多恐怕是错误的，在将来的学者看来，或者甚至以为是幼稚得可笑。但是这些有更清楚的眼光和更丰富的知识的将来学者，想也喜欢读一读我们现在还亲见最后遗存的原始文化并从事研究者的作品吧。

在现在的比较民族学的通论书中，荷兰东印度群岛常被忽略。这并不是由于材料的缺乏，因为荷文的《民族学杂志》在200年前便开始出版，比之德文英文的同样刊物只有20年的历史者却早得多。至于通论的书自荷兰比较民族学家威尔坚（Wilken）以来，也并非完全断绝。这样的忽略也不是由于地方的不重要，因为没有一个学者敢纵谈大洋洲的亚洲特征而完全没有一点关于马来西亚的知识的。

荷文民族学材料的忽略实是由于二条原因。第一，比较少数民族学家能懂得荷文，第二，荷文材料的编纂成书也太少。第二条可以峇搭人的社会组织为例。这种人有非常发达的原始性社会组织，曾经德国和荷兰的传教师记载过，他们都曾在峇搭人中过了大半生，可惜这些材料永久存留于杂志中，不曾经人采择成书，那些杂志常是除了在来丁地方（Leyden，荷兰城市）以外，便难买得到。

这本书的编撰便在乎希望能够引起对这种题目的继续研究，还有另外一个海岛婆罗洲也希望能受同样的注意。野外研究工作（field work）常有赖于编纂报告材料而成的书本，希望以后野外研究的工作获得了新的生命。

一本编纂的书如属重要的，其作者便应自己隐身于背景之后。读者的兴趣应引导其注意于所论的事实上，他常阅读序文，序文中要叙述书中的事实是为什么和怎样采择陈述。民族学事实的正确陈述须看编纂者本人以前的训练和经验，因此我不得不把自己的适合性和编纂此书的情形略说一两句。

我在印度尼西亚[Indonesia，译者按作者系用以指南洋群岛]的实际野外工作，是在1926—1927年，系由纽约格根舍氏兄弟（Guggenheim Brothers）的资助。我在民答威岛（Mentawei Is.）住了五个月。当时我还认识了些基督教化的峇搭人，并到民南加堡高地（Minangkabau Highlands）作一次短期的旅行。

在1928—1929年我得了约翰西门格根含基金（John Simon Guggenheim Foundation），以备在奥国和荷兰从事研究工作并完成一册关于苏门答腊的书。由于这工作的巨大，而且还有别项工作应先完毕，所以这部书便迟至1933年方得脱稿。

我在民答威岛研究的结果，获得了马来语和其他马来西亚语的知识，以便后来研究苏门答腊别种民族时可以互相印证。一个印度尼西亚的著作家还应当懂得阿拉伯文和梵文。关于这方面我是大半倚靠荷兰作家的。

我写这本书并不为要证明某种特殊理论，我永远着重于文化上的事实，而不着重关于文化的理论。不过文化上的事实除非完全不加解释，否则必须采择一种理论来解释它。在理论上我兼用进化论派（Evolutionary School）的学说，因为我曾在耶鲁大学（Yale University）跟克勒教授（Prof. Keller）学习过，我又采美国派的学说[Americanist School，译者按即批评派]，因为我曾在加利福尼亚大学在克屡伯教授（Prof. Kroeber）和罗维教授（Prof. Lowie）之下讲授了九年，还有文化圈派[Kulturkreise School，译者按即传播论派]的学说，我有时也采用，因为我写这本书时是在维也纳和斯密特教授（Prof. Schmidt）、各贝教授（Prof. Koppers）、汉·格顿教授（Prof. Heine-Geldern）常有接触。末一位民族学家对这本书的贡献最大，他实在是现代印度尼西亚比较民族学的先驱者。

我不想估量上述三派民族学家的比较的价值,我只要简单地说:由进化论派,我学到应用专门名词来思想,例如图腾崇拜(totemism)、氏族(clans)、男女有别(avoidance)等。简言之,便是在不同之中看出相同之点。由美国派,我学得把某种文化看作集中于某区域,并且重新考察某种名词,例如母权制度(matriarchate),将它分析为几部分。由文化圈派,我学得将文化事实当作会散布于全世界的,例如把部落中的成丁礼(initiation)所含的原则当作是一律的,无论这种风俗是在加利福尼亚、澳洲或施南(Ceram,在摩鹿加群岛)。

在这本书的预备上我很感谢德·约瑟林·德·容教授(J. P. B. de Josselin de Jong),因为我在荷兰时曾受他帮助。还有阿姆斯特丹殖民学院(Colonial Institute of Amsterdam),因为有很多插图是由该学院供给的,但民答威的照片有几张却是我所摄送给该院的。地形的地图我得自勒克克克教授,语言的地图则得自柯勒。关于民南加堡人社会组织的材料多属威令(Willinck)所供给,还有世系组织表也是。美国人类学杂志(*American Anthropologist*)允许我采用我所写的民答威一文和关于峇搭及民南加堡的社会组织等文,也是我所要道谢的。

E. M. 勒布

第一章 引 论

苏门答腊的地理和地质 苏门答腊在马来群岛(Malay Archipelago)中最西端,是大巽他群岛中最大的一个岛,但略小于婆罗洲。如不将格陵兰当作海岛,那末苏门答腊便是世界第四大岛了。它的长约达1060哩,最广处248哩。面积如包括附近诸小岛(除开邦加及勿里洞)达180380方哩。苏门答腊4倍爪哇的大,略等于西班牙,13倍于荷兰本国。

苏门答腊的北部略与马来半岛平行,中隔以马六甲海峡,南端与爪哇之间则有巽他海峡。苏门答腊不像爪哇,它向印度洋的西海岸面对着一串的小岛,像一道外城。

苏门答腊的地形具有一条高山脉,纵贯西海岸,向东倾斜至于成为一大片的平地,几条大河和数十条支流横经其上。这条山脉长达1000哩以上,包含多数火山峰,高自5000呎至12000呎。整个山脉名为峇利散山(Barisan Mountain),包括从总脉分出的几个复脉,和主脉平行,中间隔以一片山谷。在这些山谷之中有一串的山地湖泊,从南而北,其名称为拉兰(Ranan)、古林芝(Kurintji)、新卡兰(Singkaran)、马临草(Malinjau)、多峇(Toba)。多峇湖最大,在湖中还有一个大岛名为刹茂西岛(Pulau Samosir)。〔译音按:Ranan或作 Ranau〕

图 3-1　多峇湖

苏门答腊的河流系统很广大并且很有价值。因为高山靠近西海岸,所以西海岸的河流在斜度甚峻的河谷中流出,水道不长,除了河口一小段外大都不能通航。东部的河流则行经冲积平原上,流域很大,常为主要的甚或唯一的交通孔道。因为这些河流的价值颇大,所以很多地方便用那边所有的河流名称为地名。

北纬 3°以南的河流如下:阿沙汉河(Asahen)出自多峇湖,班乃河(Panei)连它的支流眉拉河(Bila)、峇鲁门河(Barumen)、罗干河(Rokan)都流入马六甲海峡。再往南是占卑河(Djambi),这是苏门答腊最大最美丽的河。其次是母西河(Musi),在苏门答腊可以和占卑河比较的大河只有这条。在巨港以下母西河分裂为许多水道,散布在一大片不卫生的沼泽中,这一片地约有 4600 方哩。

苏门答腊的东海岸地势很低,有些地方甚至分不出是陆或是海。那些地方又遍生热带植物,不像荷兰本国有不毛的泥地或海岸。从海上看去,要分别海陆只能够以那些从泥中长出来的高而常绿的茄藤树丛(mangrove)为标准。这一带低平的冲积海岸扩大增加得很快。河流从上面带下泥土来,海岸的树根又把它保留住,使不到海里去。在河口成立了圆形的岸,很阻碍航运。河流又常泛滥,把所含的泥留在陆地上。

苏门答腊的地层像爪哇和婆罗洲,大部属于第三纪,此外还包括二处片岩层,其中之一是早于石炭纪的。第三纪的各层还比爪哇为完全。许多火山都是属于第四纪的。这是南洋群岛的特征。

气候 苏门答腊的气候像爪哇,热而且极湿。北部的风系和其他荷印地方不同,东北季候风自十二月吹至正月,西南的季候风则自五月至十月。

苏门答腊南部温度最高,其低地的一年平均温度是 80 度。多峇湖距海面 3772 呎,温度只有 69.6 度,更高的地方温度逐减。就全部苏门答腊而论,温度略比爪哇高些。三四五月最热,一二月最凉,差异却不超过 2 度。风的时期不同致使季候也有差异。在苏门答腊北部十月最湿,二三月最干,其他地方则十二月一月二月最湿,而七八九月为干季。雨量自然大有不同。平均雨量在苏北是 95.71 吋,苏东是 106.27 吋,苏西是 122.32 吋。西方的季候风带来更多的雨量,而由于高山的缘故,更使苏西的雨量加强。

动物 苏门答腊虽接近爪哇,然而动物却和婆罗洲更相类,尤其是东部的动物更为明显,惟西部及邻近小岛较为近似爪哇的。

猩猩在苏门答腊(东北部)和婆罗洲都有,但在爪哇却全无,合趾猿(Hylobates syndaetylus)只苏门答腊有之,还有几种猿是苏门答腊和婆罗洲所共有的。苏门答腊和婆罗洲都有象、貘、马来熊、两角犀,这些都是爪哇所无的。独角犀和野牛在爪哇很多,却不见于苏门答腊。有一种羚羊(kambing-utan)住在苏门答腊的僻静山地。虎在苏门答腊和爪哇都有,婆罗洲却无。

在苏门答腊的动物还有黑狒狒和猪鹿(hog-deer or babi rusa),在尼亚士岛(Nias)和民答威岛(Mentawei)也有。本岛其他土生动物还有狐鼻猴(tarsius)、懒猴(nycticebus)、狐猴(galeopithecus volaus)、飞狐、麝猫(civit cat)、苏门答腊兔、野犬、野猪等。苏门答腊有几种鸟是爪哇所无的。

苏北与苏南的动物也有不同。猩猩、犀、猪鹿只生存于北部,貘和几种猴只见于南部。南北的鸟类也有分别。伏尔兹(Volz)以为南北的分界应在巴东拉瓦(Padong Lawas)和实武牙(Sibolga)之间,在那里由东海岸至西海岸,沿路所经不超过 1200 呎,而且是在较后来的第三纪地层上。他以为这一带原有一道河流存在到第三纪之末,隔断了苏门答腊的南北部,在那时南北二部各有更多的现存动物。

虎在苏门答腊各处都有,在有些地点尤多。概括一切而论,虎还是有用的动物,因为它们对于有害田地的野猪能减杀其数目。但当虎老了,行动不能迅疾以追捉野猪鹿和猿类,它便只能勉强以无武装的人类充饥。这种食人的老虎能使所在的旁近充满了恐怖,使人类的交际来往发生阻碍。

鳄鱼比较老虎更有害于人类。它们大都住在河口并略散布于河的上流。但虽在鳄鱼出没的地方,土人的入河洗浴也还是不很小心,故这种动物虽不像老虎那样使人害怕，它的为害却比老虎更大。

历史 苏门答腊在欧人东来以前的历史可以帮助了解在和欧人接触后的复杂的土著文化。可惜现在关于那些资料的解释还未有达到一致的意见，甚至有学力的学者如克郎（Krom）和费兰（Ferrand）也是这样。费兰是几个历史家之一，他们最先主张印度文明输入南洋诸岛是借苏门答腊之力而不是爪哇。

苏门答腊巴邻邦河流域的室利佛逝（Srivijaya）在早时便为印度殖民地，大约在西历1、2世纪。像柬埔寨和占城一样，这个室列佛逝帝国在7世纪文化最发达。

实际上在苏门答腊的第一个印度王国是末罗游国（Malayu，意为马来地），位于占卑地方，时在西历644年。不久以后室利佛逝帝国强盛起来征服了末罗游国和彭家国（Banka），还插足到马来半岛，并和爪哇有密切接触。中国在695年皇帝诏书上曾提及室利佛逝的使者。这个王国在当时是苏门答腊的霸国，末罗游国变成他的属邦。

［译者按：《新唐书·室利佛逝传》有如下记载："室利佛逝（Srivijaya）一曰尸利佛誓。过军徒弄（Kundrang）山二千里，地东西千里，南北四千里而远，有城十四，以二国分总。两曰郎婆路斯，多金汞砂龙脑。夏至立八呎表，影在表南二呎五吋。国多男子，有橐它，豹文而犀角，以乘且耕，名曰它牛豹。又有兽类野豕，角如山羊，名曰零肉，味美以馈 。其王号曷蜜多。咸亨至开元间数遣使者朝，表为边吏侵掠，有诏广州慰抚。又献侏儒僧祇女各二及歌舞，官使者为折冲，以其王为左威卫大将军，赐紫袍金钿带。后遣子入献，诏宴于曲江，宰相会册封宾义王，授右金吾卫大将军还之。"按上文言695年即在唐代。］

［译者又按：唐初高僧义净发愿西游天竺，于671年自广州启程经南洋先至室利佛逝，然后乘室利佛逝船赴印度，还复经南洋。前后曾住室利佛逝国数年。其所著《南海宋归内法传》有云："未隔两旬，果之佛逝，经停六月，渐学声明，王赠支持，送往末罗瑜国（原注云今改为室利佛逝也）"，"从西数之有婆鲁师洲、末罗游洲，即今尸利佛逝国是……"由此可见末罗游国又名末罗瑜国，原是当地古国，后被室利佛逝所征服。］

最初用苏门答腊的名始于1017年。当时苏门答腊王（即室利佛逝）遣使者带表章和奴隶到中国朝贡。所携宝物有衣服、象牙、梵文书。中国人称这国王为霞迟苏勿咤蒲迷（Haji Sumatrabhūmi），意为苏门答腊地方的王。克郎氏不承认所有关于这名称的解释。还有多数著作家以为 Sumatra 一字出自 Samudra，后一字即是梵文海字，又即是后来在阿齐的一国名，在这字的意义是"海的国"。但克郎氏说称一个海岛为海国是很特别的，而且后一个字的使用也远在前一个字之后。

［译者按：中国书《诸蕃志》改称室利佛逝为三佛齐，节录其记载于下："三

佛齐（Srivijaya）间于真腊（Kamboja）、阇婆（Java）之间，管州十有五，在泉之正南，冬月顺风月余方至凌牙（Linga）门，经商三分之一，始入其国。国人多姓蒲（Pu,Mpu），累甓为城，周数十里。国王出入乘船，身缠缦布，盖以绢伞，卫以金铍。其人民散居城外，或作牌水居，铺板覆茅。不输租赋。习水陆战，有所征伐，随时调发。立酋长率领，皆自备兵器糗粮，临敌敢死，伯于诸国。无缗钱，止凿白金贸易。四时之气，多热少寒，蔘畜颇类中国。有花酒、椰子酒、槟榔蜜酒，皆非麦蘖所酝，饮之亦醉。国中文字有番书，以其王指环为印，亦有中国文字，上表章则用焉。国法严，犯奸男女悉寘极刑。国王死，国人削发成服，其侍人各愿殉死，积薪烈焰，跃入其中，名曰同生死。有佛名金银山，佛像以金铸，每国王立，先铸金形以代其躯。用金为器皿，供奉甚严，其金像器皿，各镌志示后人勿毁。国人如有病剧，以银如其身之重，施之穷乏者，亦可缓死，俗号其王为龙精。不敢谷食，惟以沙糊（Sagu）食之，否则岁旱而谷贵。浴以蔷薇露，用水则有巨浸之患。有百宝金冠重甚，每大朝会，惟王能冠之，他人莫胜也。传禅，则集诸子以冠授之，能胜之者即嗣。旧传其国地面忽裂成穴，出牛数万成群奔突入山，人竞取食之，后以竹木室其穴，遂绝。土地所产、璵瑂、脑子、沉速、暂香、粗熟香、香降真、丁香、檀香、豆蔻外，有真珠、乳香、蔷薇水、栀子花、腽肭脐、没药、芦荟、阿魏、木香、苏合油、象牙、珊瑚树、猫儿睛、琥珀、番布、番剑等，皆大食（Arabes）诸番所产，萃于本国。番商兴贩，用金银、瓷器、锦、绫、缬、绢、糖、铁、酒、米、干良姜、大黄、樟脑等物博易。其国在海中，扼诸番舟车往来之咽喉，古用铁索为限，以备他盗，操纵有机，若商舶至则纵之，比年宁谧，撤而不用。堆积水次，土人敬之如佛，舶至则祠焉。沃以油则光焰如新，鳄鱼不敢逾为患。若商舶过不入，即出船合战，期以必死，故国之舟辐辏焉。蓬丰（Pahang）、登牙侬（Trenganu）、凌牙斯加（Lankasuka）、吉兰丹（Kelantan）、佛罗安（Beranang）、日罗亭（Yirudingam）、潜迈（Khmer?）、拨沓（Battak）、单马令（Tambr-alinga）、加罗希（Grahi,Jaya）、巴林冯（Palembang）、新拖（Sunda）、监篦（Kampar）、蓝无里（Lamuri）、细兰（Silan,Ceylan）皆其属国也。"文中英文皆据冯承钧《中国南洋交通史》注]

　　[译者又按：《宋史·三佛齐传》详记三佛齐来朝的事迹计唐天祐一次，宋二十余次，节录一段于下："唐天祐元年（904年）贡物，授其使都蕃长蒲河粟宁远将军，建隆元年（960年）九月，其王悉利胡大霞里檀（Seri Kuda Haridona?）遣使李遮帝来朝贡。""开宝四年（971年）遣使李何末以水晶火油来贡。五年（972年）又来贡。七年（974年）又贡象牙、乳香、蔷薇水、万岁枣、褊桃、白沙糖、水晶、指环、琉璃瓶、珊瑚树。""八年（983年）其王遐至（Haji）遣使蒲押陁罗来贡水晶、佛锦布、犀牙、香药。""咸平六年（1003年）其王思离朱罗无尼佛麻调华（Sriculamani-varmaderva）遣使李加排、副使无陁李南悲来贡，且言本

国建佛寺以祝圣寿,愿赐名及钟。上嘉其意,诏以承天万寿为寺额并铸钟以赐,授加排归德将军,无陁李南悲怀化将军。""天禧元年(1017年)其王霞迟苏勿咤蒲迷(Haji Sumutabhumi)遣使蒲西谋等奉金字表,贡真珠、象牙、梵夹经、昆仑奴。"]

　　三佛齐即室利佛逝的灭亡据克郎氏以为是由于国王干陀拉巴那(Candrabhana)两次远征所致。他在1251年在锡兰上陆,宣称他们和锡兰人同是佛教徒,要和锡兰人和好。其后出其不意地却把锡兰的城市毁成了平地。几年以后他又到了锡兰,但这一回他却被迫弃了眷属而逃。他所失落在锡兰的宝物之中有皇宝徽章、螺喇叭、阳伞、锅鼓。

　　三佛齐既衰落,爪哇国王葛达那加刺(Krtanagara)认为征服这个敌国的时机已到,便于1275年派兵到三佛齐。

　　马来人的传说以为这次爪哇兵失败而去,因为他们是用牛试斗来分别胜负的。但是葛达那加刺王当时曾刻石记载远征的事,最近发现于民南加堡地方耷东哈利河(Batang Hari)上流。石上所刻的话是说所有末罗游(Malayu)属下人民无论是婆罗门、刹帝利、吠舍、首陀诸阶段,都要承认爪哇国王的权力。

　　克郎氏以为这石碑证明了爪哇王恢复了古国末罗游,使它对抗室利佛逝。末罗游还不能成为独立国不过为爪哇的属邦而已。爪哇势力在苏门答腊逐渐增加,末罗游的国境也一天一天扩大,直至末罗游的名包括了苏门答腊全岛。

　　在1281年末罗游自己遣使到中国,两个使臣却是回教徒,他们的名是苏埋曼(Su-mayman)和詹泗典(Chamsu'd-din)。

　　便在这时候(1281年)在苏门答腊北海岸成立了几个回教国。他们先承认三佛齐的权力,后来又服属爪哇的嘛喏巴歇国(Madja-pahit),但因宗教上的差异关系不甚密切。这些小国里面包括了速木都刺或须文答剌 Samudra(译名见《元史》),是1286年以前成立的。还有伯剌克国(Perlak)成立更早,据马可·波罗(Marco Polo)的记载,在1292年已经是回教国了。

　　马可·波罗是欧洲人中最先到苏门答腊的,他于1292年到那里。他知道苏门答腊尤其是苏门答腊的北部,较他知道爪哇的更多。苏门答腊虽比爪哇为大,他却称苏门答腊为小爪哇(Java Minor)。在苏门答腊北部他发现了八个小王国,曾记载六个的名。第一个他称之为费勒国(Ferlec)(自然便是伯剌克国 Perlak),系由回教商人感化为回教徒,这是指住城市的人民,至于内地人民则生活像野兽一样。邻近是巴斯马国(Basma),再次是沙马剌(Samara),都有他们的王。在沙马剌国中时马可·波罗住了五个月。又二国是达格罗连国(Dagrolian)和南渤里国(Lambri)。这些国家的土人都还是"粗野的异教徒",南渤里便是蓝无里(Lamuri)。巴斯马便是巴赛(Pasē),沙马剌便是速木都剌或须文答剌。达格罗连据马斯登说是印陀罗其利(Indragiri)。

克郎氏说这些小国在1292年还未改信回教，其中须文答剌国的改教是在1292年至1297年，第一个回教王死在1297年。

[译者按：速木都剌，或须文答剌，或苏门答剌国在中国书中记载颇详，节录于下：元代《岛夷志略》中"须文答剌"一条说："峻岭掩抱，地势临海，田瘠谷少，男女系布缦，俗薄。共酋长人物修长，一日之间必三变色，或青或黑或赤。每岁必杀十余人，取自然血浴之，则四时不生疾病，故民皆畏服焉。男女椎髻，系红布。土产脑子粗降真香、味短、鹤顶、斗锡。种茄树高丈有余，经三四年不瘁，生茄子以梯摘之，如西瓜大，重十余斤。贸易之货用西洋丝布、樟脑、蔷薇水、黄油伞、青布、五色缎之属。"明代《瀛涯胜览》记载更详，其一段云："其国风俗淳厚，言语书记婚丧穿扮衣服等事，皆与满剌加国相同。其民之居住，其屋如楼，高不铺板，但用椰子槟榔二木劈成条片以藤扎缚，再铺藤簟，高八呎，人居其上，高处亦铺阁栅。此处多有番船往来。所以国中诸般番货多有卖者。其国使金钱锡钱。"又《明史》更详记其与中国交通之事："郑和下西洋复有赐，和未至，其酋宰奴里阿必丁已遣使随庆入朝贡方物，诏封为苏门答剌国王，赐印诰采币袭衣，遂比年入贡，终成祖世不绝。郑和凡三使其国。先是其王之父与邻国花面王战，中矢死，王子年幼，王妻号于众曰：孰能为我报仇者，我与为夫，与共国事。有渔翁闻之，率国人往击，馘其王而还，王妻遂与其合，称为老王。既而王子年长，潜与部领谋杀老王，而袭其位，老王弟苏干剌逃山中，连年率众侵扰。十三年和复至其国，苏干剌以颁赐不及己，怒统数万人邀击，和勒部卒及国人御之，大破贼众，追至南渤利国，俘以归，其王遣使入谢。"]

[译者又按：南渤里或蓝无里在中国书也记载甚详，摘录一二段于下。宋代的《诸蕃志》有一段云："蓝无里(Lamurri)国土产苏木象牙白藤，国人好斗，多用药箭。""其王黑身而逆毛，露顶不衣，止缠五色布，蹑金线红皮履，出骑象，或用软兜，日啖槟榔，炼真珠为灰。屋宇悉用猫儿睛及青红宝珠玛瑙杂宝妆饰，仍用藉地以行。""国人肌肤甚黑，以缦缠身，露顶跣足，以手掬饭，器皿用铜。"明代《瀛涯胜览》说："自苏门答剌(Pasè)往正西，好风行三昼夜可到。其国边海，人民止有千家，余皆是回回人，甚朴实。地方东接黎代(Lidè)王界，西北皆临大海，南去是山，山之南又是大海。国王亦是回回人。王居屋处，用大木高四丈，如楼起造，楼下俱无装饰，纵放牛羊牲畜在下，楼上四边以板折落，甚洁，坐卧食处皆在其上，民居之屋与苏门答剌国同。"又《明史》云："南巫里在西南海中。永乐三年遣使赍玺书采币抚谕其国。六年郑和复往使。九年其王遣使贡方物。"]

马可·波罗自说曾到末罗游，但不曾说到过三佛齐。他从北方下来到了末罗游，他误以末罗游为另一海岛。马可·波罗叙述末罗游是一个国家，自有国王,有土语,有贸易。

在1292年末罗游国出兵帮助爪哇抵抗中国远征军。军中还有二位公主,后嫁与爪哇新建的麻喏巴歇国王。这位公主所生的王子后来便是末罗游的王都罕·耶那加(Tuhan Janaka)。自此以后末罗游便代替了三佛齐而称霸于苏门答腊岛。在1299—1301年,末罗游遣使中国,并在马来半岛建立殖民地,在那边的三佛齐遗民也被驱逐。

在1347年末罗游国王阿狄剔亚瓦曼(Adityawarman)曾拓地西北方,他所刻的石碑曾发现于民南加堡高地的甲贝仑炮台(Fort. V. d. Capellen)附近。这个王以后所刻的石碑,也都是发现于这块地方,这里便是后来的民南加堡的中心点。

图3-2　民南加堡高地(Fort de Kock)

由中国书1349年的记载我们知道三佛齐还是一个王国,不过已经失去了海上帝国的地位。它的国王已经不再有"大皇帝"(maharaja)的尊号。在1370年三佛齐还派送通商的使者到中国,那时是明朝。在1377年三佛齐终被爪哇完全征服,于是两国从来的海上斗争结束了。三佛齐的首都改变了名称为旧港(Kieu-kiang),而这地方便日渐贫乏下去了。

〔译者按:中国书直到明代还记载三佛齐的事并及其亡国以后的情形。《明史·三佛齐传》云:"洪武三年(1370年)太祖遣行人赵述诏谕其国。明年(1371年)其王马哈剌札八剌卜(Mahāraja Prabhu)遣使奉金叶表,随入贡黑熊、火鸡、孔雀、五色鹦鹉、诸香、苾布、兜罗被诸物。诏赐大统历及锦绮有差;户部言其货舶至泉州,宜征税,命勿征。七年(1374年)王麻哈那宝林邦(Mahāraja Palebban)遣使来贡。八年(1375年)正月复贡。九月王僧伽烈宇兰遣使随诏谕拂林国朝使入贡。九年怛麻沙那阿者卒，子麻哈那者巫里（Mahāraja Wuli?）嗣。明年遣使贡犀牛、黑熊、火鸡、白猴、红绿鹦鹉、龟筒，及丁香、米脑诸物。使者言嗣子不敢擅立，请命于朝，天子嘉其义，命使臣赍印敕封为三佛齐国王。时爪哇强，已威服三佛齐而役属之，闻天朝封为国王与己埒，则大怒，遣人诱朝使邀杀之，天子亦不能问罪，其国益衰，贡使遂绝。""时爪哇已破三佛齐，据其国，改其名曰旧港，三佛齐遂亡。国中大乱，爪哇也不能尽有其地，华人流寓者，往往起而据之。""旧港头目陈祖义遣子士良，道明遣从子观政并来朝。祖义亦广东人，虽朝贡而为盗海上，贡使往来者苦之。五年（1407年）郑和自西洋还，遣人诏谕之，祖义诈降，潜谋邀劫。有施进卿者告于和，祖义来袭，被禽，献于朝，伏诛。时进卿适遣婿邱彦诚朝贡，命设旧港宣慰司，以进卿为使，锡诰印及冠带，自是屡入贡。然进卿虽受朝命，犹服属爪哇，其地狭小，非故时三佛齐比也。"]

三佛齐衰落后民南加堡（Minangkabau）和马六甲（Malacca）起而代之。这样的变迁使一个真正的马来民族国家能够发生，而马来人也因此而散布于南洋各岛。

马六甲的成立国家大约在14世纪。由民南加堡来的移民在1160年建立了新加坡城［译者按：当时称为新嘉埔拉Singapura］。后来爪哇派兵来攻，居民遁逃到马六甲建立马六甲国。

其后民南加堡也渐变成一个独立的马来国家。在甲贝仑炮台（Fort. v. d. Capellen）发现的石碑是用古马来文刻的，但混合了梵文和古爪哇文，其时代是1356年。这时的国王已不再承认是爪哇的属国，却自称为"金地之王"。到了1375年还是很强盛，获得了三佛齐所失去的势力。

马六甲在14世纪下半开始成为海军强国，在15世纪之初改信回教。回教在马来半岛的占有地位较之在苏门答腊北部建立回教国约迟100年。据斯脑·贺格龙（Snouek Hurgronje）的研究，回教的传入南洋是由南印度的商人而不是直接由阿拉伯来的。

爪哇的麻喏巴歇国称霸的时代不过45年，即由1335年到1380年。历史家以1478年为麻喏巴歇国被回教徒所倾覆之年，这一年也可算是"印度化的爪哇"势力在南洋消灭之年。克郎氏指出后来葡萄牙人东来后曾和一个异教徒的麻喏巴歇国王交涉，或者后来方全被灭。

葡萄牙人来南洋是在1509年。当时除了马六甲国、苏门答腊一部分海岸、爪哇几个港口和摩鹿加岛有回教徒外，其他地方都还在异教徒手里。苏门答腊的北部海岸则早已改信回教。

葡萄牙人在1511年占据马六甲。阿布奎（Albuquerque）率领远征队到苏门答腊北海岸，抛锚在贝第儿（Pedir）和巴赛（Pasè）。初时颇受招待，其后有

20个水手被回教徒所执。在1511年7月阿布奎到马六甲,8月这城便入他的手。马六甲的陷落是欧人统治南洋的开始。

摩鹿加、马六甲、民南加堡各地独立的马来国家的灭亡,使印度化的马来人散布于南洋各地,远至新几尼亚。这些马来人初时是信佛教或婆罗门教的,后来逐渐改信回教,他们便劝化了各地海岸居民信回教。马来语(狭义的)便和回教一起传播于各地。这些回教的马来人常称为次生的马来人(Deutero-Malays)[译者按:即狭义的马来人]以别于南洋各岛的土著马来人[译者按:即广义的马来人]。

苏门答腊在欧人东来时代的历史,概括言之,是英国人和荷兰人的争夺占有这岛,荷兰人得了胜利,以后是荷兰政府和土人,尤其是阿齐人(Atjeh)的长期斗争以统治他们。

其初葡萄牙人似乎要做南洋群岛的主人了,因为已经占有了马六甲的重要商业中心地,他们便想把这海港变成海军根据地。在当时这一带地方实是属于他们的,因为在1454年教王尼古拉士·埃比士科保(Pope Nicolaus Episcopaus)曾发勒书分地球为两半,无论已发现或未发现的,平分给西班牙和葡萄牙二国。

荷兰的舰队在1596年第一次到苏门答腊。他们在6月5日看见了英加佬(Engano)。苏门答腊的内部状况在这时最合于设立欧人的商业根据地。全岛几乎全无政府。只有北部的阿齐,在苏丹统治之下,有它的光荣时期,和旧港、南榜(Lampong)长久受爪哇统治可以相抵。中部的民南加堡国这时已完全衰落,这个大国曾经统辖过马来半岛大部分,和几乎全部的苏门答腊,现在却只剩了印陀拉其利(Indragiri)、吉林芝(Kurintji)以及巴东高地(Padang Highland)。

荷兰人立刻便由葡萄牙人的手中夺了马六甲,并成立东印度公司(East India Company)以经营商业及统治该地。

由发现的声明而言,英国人在东印度群岛比较荷兰人有更早的权利。这些早期到过这些地方的航海家有德类克(Drak)(1577)、卡文第虚(Cavendish)(1586)和兰加斯特(Lancaster)(1591)。但这些人的足都未曾踏过苏门答腊。1714—1720年英国人在苏门答腊西海岸建立一个贸易站,名为马波罗炮台(Fort Marborough),其后除短期的中断外,长久占有到了1825年止。

英国人扩展他们的统治在苏门答腊西部。他们建立几个贸易站在巴东之北,在那塔尔(Natal),在打巴奴利(Tapanuli)。贸易上的竞争常引起英人与荷人的战争。

马尔斯登(Marsden)第一册关于苏门答腊的名著出版于1783年。他是苏门答腊英国占领地的秘书。

莱佛士（S. Raffles）在1811—1816年为爪哇的副总督，1818—1823年则为苏门答腊明古辇（Benculen）的总督。1819年建立新加坡城是由于他的力。自1818年以后马六甲再一度归于荷兰人。到了1824年英荷两国立约，方才结束了这两国在南洋群岛的竞争。这条约的根本意见是英人占领马来半岛，而荷兰人则占领海岛，这原是莱佛士提出的意见。由此荷兰人便退出马六甲而英人则离开尼亚士岛和苏门答腊。

荷兰人为完全占有苏门答腊还从事两次的战争。其一是对热狂的回教国阿齐的长期战争。这一长串的战争起自1871年，经过了30多年。结束的成功是由于斯瑙·贺格龙（Snouck Hurgronje）的聪明和民族学知识，他那时是荷兰军中的顾问。

"僧侣战争"（Padri War）发生于英人还占有苏门答腊西海岸时。巴东高地有些较为虔诚的回教徒对于他们非信教的同胞的行为很觉不满。例如母系制度、赌赛、抽鸦片、纵酒等事都不合于《可兰经》的严格解释。

Padri原是葡萄牙语，意为僧侣，欧人和土人都用来称宗教上的僧侣，无论是基督教或回教的。称为Padri者或为特别热心于回教徒或有宗教职务的。

当英人在苏门答腊时他们行贿于回教僧侣们使离开巴东，所以海岸安静而内地发生了战争。僧侣们自称是为宗教而战争，将反对党称为不信教者而加以杀戮或掳以为奴。

在1820年巴东高地全落僧侣的手。酋长蒙宁沙（Radja Muning Sjah）全家遭难，单身走脱。当时莱佛士不愿干涉，荷兰人却愿帮助被压迫的一方。荷兰人便和很多酋长立约，并商议合并民南加堡，于是荷兰人便进兵打败了僧侣们。僧侣们还蹂躏了峇搭地方的南部，强逼土人改信回教。荷兰人连这块地方也占领了，于是峇搭地方的一部分开始受欧人的统治。

最后应当说到苏门答腊东方的小岛邦加（Banka）和勿里洞（Billiton）。苏门答腊西方的小岛虽长久不受文明民族所染指，东方的邦加和勿里洞却经过和大岛相同的命运。

邦加和勿里洞有一时期是爪哇麻喏巴歇国的属地。麻喏巴歇国亡后，他们得了独立。其后转属柔佛国，后又属民南加堡国。往后又为西爪哇的万丹国（Bantam）所统辖，最后在18世纪由于和亲的联盟转为旧港的苏丹所统治。第一次和东印度公司交涉是在1617年，公司的人员于1668年驻扎邦加。在1709年由于锡矿的发现邦加岛骤形重要。在1812年英人当进攻旧港的苏丹时占了邦加岛。在1816年归还荷兰。现在的主要人民是马来人和其他回教徒，多数来自旧港。

苏门答腊的民族　亚洲南部的人民有三种，按其迁来的次序是尼格利陀（Negritto）、呋陀（Veddoid）和马来西亚人（Malaysian）。

尼格利陀种人的主要特征是身材矮（在150厘米以下），发形鬈缩，皮肤黑，眼黑棕色，头形广。他们生存在安达曼岛（在马来半岛西方印度洋中）、菲律宾、马来半岛（名为塞芒人Semang）。在苏门答腊和邻岛却无这种人或这种人的血统痕迹可寻。〔译者按：尼格利陀即属于矮民（Pygmy）之一种，和非洲的黑人血统上很相近。〕

吠陀种人散布较尼格利陀人为广。吠陀人身材也是矮的（但较尼格利陀略高），男人身高153～158厘米。肤色棕。发粗而黑作波状。眉棱突，额削。鼻扁，鼻根与面平，鼻孔上掀。面阔，但向下颏之部转狭，下颏削而不隆。口大，但唇狭。头形长（即前后纵长），头颅骨小。

亚洲南部的吠陀人未有不和他族混合的，而且也不曾保存其原来的语言。塞挪伊人（Senoi）又名中部沙盖人（Central Sakai）是最纯粹的遗族。克来瓦·德·算（Kleiweg de Zwaan）以为锡兰的吠陀人（Veddas）是古时先达罗维茶种（Pre-Dravidian）的遗留，先达罗维茶种古时曾散布于全印度。西里伯的土亚剌人（Toala）据萨拉辛（Sarasin）的意见以为和锡兰的吠陀人有关，但德·算氏以为和塞挪伊人更接近。据汉·格顿（Heine-Geldern）的意见，吠陀的血统可以追踪自伊拉瓦底河到中国的西南，尤其是在摩伊人（Moi）和喀人（Kha）中。在大尼可巴岛（Big Nicobar）中央的商滨人（Shom Pen）中吠陀种的影响很大，由其头发的波形可以看出。

在苏门答腊吠陀血统以在巴奔滂的古部人（Kubu，在这种人中可以看出有二种体型）和西押省（Siak）的沙盖人为最明。这里的沙盖人在体质上和文化上都和马来半岛的沙盖人相近，大约便是后者分出的一支。波状发的人还可以在英加佬岛（Engano）和民答威群岛（Mentawei Is.），甚至于在峇搭人中发现。可以断定苏门答腊的愈原始的马来西亚人（Malaysians）愈有吠陀人的混血。

德·算氏曾指出吠陀种人的共同文化特征，以塞挪伊人最合标准。他们是游行无定的，以渔猎为生。造最原始的茅屋，并以树皮布（tapa cloth）为衣。用吹箭筒和毒箭，并另有弓箭。行一夫一妻制，无实际的酋长统治。不知农业，只有狗是唯一的家畜。无金属工、纺织和陶器。

马来西亚人在古时由亚洲大陆迁来南洋群岛。汉·格顿氏以为马来西亚人由中国南部迁来略后于西历纪元前2000年。在印度尼西亚〔按：即指南洋群岛〕这些早期的直发黄种人便混合或代替了纠结状发和波状发的民族了。

克娄伯氏（Kroeber）依照苏利凡氏（Sullivan）的意见分马来西亚人为二型。第一型是较早期的，他称之为印度尼西亚型（Indonesian type），是长头的。第二型他称之为马来型（Malayan type），是阔头的。印度尼西亚型假定是住在各岛内部山地的，例如菲律宾和其他地方的山地。马来型则是各岛的海岸住民。印度尼西亚人有较小的身材和较阔的鼻子。后来的人类学家却不赞成这样的分法。汉·格顿氏指出马来西亚人不能以头形来分类,因为有些最古的马来西亚人例如在婆罗洲的中央的浦南人（Punans）反是阔头的。东部印度尼西亚也有长头的马来西亚人,例如在婆罗洲内地和菲律宾山地人民中,那边是有巴布亚人（Papuan）的影响的[译者按：巴布亚人属海洋尼革罗种头形长]。现在要区别的是马来西亚人（Malaysians）和正马来人（Malays）,马来西亚人又称为原马来人（Proto-Malaysians）,正马来人又称为次生马来人（Deutero-Malaysians）,原马来人是指那些比较少和别种人（如印度人、中国人、阿拉伯人）混血而且住在各岛的内地的。标准的原马来人便是峇搭人、婆罗洲的达押人（Dayaks）、西里伯的土拉查人（Toradja）、菲律宾的乙哥洛人（Igorots 住山地）。次生马来人可以爪哇人为例。原马来人比较次生马来人（即住海岸者）身材略矮,头形较长,肤色较暗,鼻形较阔而凹,口也较阔。

图 3-3　民答威群岛丛林

有人指出印度尼西亚人[译者按：即上文所谓原马来人]到苏门答腊约在西历纪元前 2000 年以后,远在西历纪元前及受印度影响之前。他们到苏门答腊时发现已有土人,大部分甚或全部为吠陀族或尼格利陀族。他们带到苏门答腊的文化要素是什么也是常讨论的问题。有人以为各种印度尼西亚语言中有些共同的根本语辞,这些语辞所指的事物便是他们原来从大陆带来的了。

第一是热带植物如甘蔗、香蕉、竹和藤,尤为重要的是米（Bēras）,这字原意为果子。这种谷物,至少是旱粟,早在印度文化未传来时便存于印度尼西亚[译者按：即指南洋群岛]。在苏门答腊各处都有栽种,只西方小岛民答威和英加佬无之。

汉·格顿氏以为原始的印度尼西亚人已有某种有边架的小艇（out-rigger canoe）,克郎氏又说印度尼西亚语言中有船和帆二语。这事表示印度尼西亚人即使不是由海外来的,也是由有河流的地方来的。甚至原始的民答威岛民也已有有帆大战艇。

在原始的印度尼西亚家畜之中已有狗、猪和鸡,这是可以放心假定的。水牛通常也以为是属于印度尼西亚人的。牛完全不见于民答威岛和英加佬岛。

打铁是大陆发明的，海岛人民也渐学到。各处土语中"工人"（pandai）一语常用以专指铁匠。在民答威和英加佬都不晓打铁，而 pandai 一语也是近来才传入的。

汉·格顿氏由考古学及民族学的根据指出下列各种事物也是原始印度尼西亚人带来的：不用螺旋法制成的陶器、织席、骨制枪尖、骨制器具、骨制箭镞、石和贻贝制的环以为装饰品或货币、石珠、有桩屋、蜀黍和粟的栽种、巨石纪念物、猎人首，或者树皮布也是。

我也试指出原始的印度尼西亚人全无氏族组织（Sib），这便是说无计算一方世系（男或女）及行族外结婚的制度。换言之，印度尼西亚人的社会组织是类于尼格利陀和吠陀人的。氏族的组织来自南印度，还有别种高等文化的特质也连在一起，但还不曾传到民答威和英加佬以及苏门答腊的原始的人民。在语言上的证据是印度尼西亚语中无一语称呼母亲的兄弟。

初到的印度尼西亚人，例如民答威人，或者还未有后到者所带入的几种文化特质。这些先到者所缺乏的便是米、牛、打铁、巨石纪念物。

可以假定原始印度尼西亚人缺乏专制君主政治，这原也是其他原始民族的情形，印度人也不能改良这一点。尼亚士岛酋长权力较大，那是由于坡里尼西亚人以酋长为神裔的观念所影响。

政治的及语言的区分　苏门答腊所用马来西亚语言有 14 种方言，还有很多小分歧。这些区分揭示在附属的语言地图中。方言的再分歧，在各位学者间常难有共同的意见，这是原始民族的普通情形。在本书的地图中［这图是取自柯勒（Collet）的］，峇搭语分为 6 种。但这些峇搭乡村如相隔较远一点，语言便略有差异了。

民南加堡语是马来语的母，因为正马来人是由那边移出的。但现在的民南加堡语在子音的失去或改变，和普通马来语微有差异。各处虽有方言但常用的马来语在苏门答腊各处都可通行，因为这是学校中通用的共同语言。

回教传入后马来人便失去了古时的梵文字母，而改用阿拉伯字母以拼切马来语。荷兰人来后也在学校中教马来人用罗马字母，于是阿拉伯字母也逐渐少用了。

由梵文得来的字母现在还遗留于南榜、勒昌（Redjang）和峇搭地方。前二处的很相类，字是刻在竹、树皮或某种叶上。

苏门答腊北部是阿齐人和卡约人（Gajo）、亚拉士人（Alas）的家乡。苏北和其他地方的地形不同，在这里没有高山和长形的平原，却有高原和环绕的高山。分水岭是在中央而不在西部。所以苏门答腊的北部种族不是分为东西的，或山地与平原的，而是横扩于全部。开化的阿齐人住在海岸一带的低地，卡约人与亚拉士人则住于中央山地。以下有一章要讲到阿齐人和卡约人,但对于亚拉士人现在还无所知。

苏门答腊西岸的北中央部是打巴奴利县(Tapanuli)和巴东拉瓦县(Padang Lawas),都是峇搭人的住地。巴东拉瓦入荷兰人的手在僧侣战争之后的1838年。

再南的古林芝(Kurintji)是占卑界内高地人口最密的地方。人民在语言和风俗上大都是民南加堡的。

民南加堡人的中心地点是在巴东高地(Padang Highland),自西海岸第一个商埠巴东由铁路可到,距离不远。巴东高地再分为三区:其一是巴东班让(Padang Pandjang,长的平原),其二是深入而狭长的米尔·万·新加拉山谷(Meer van Singkarak),其三是丹那·达他(Tanah Datar),意即平地,由美拉比(Merapi)和沙谷(Sago)向东南及南方扩展。

勒昌(Redjang)及其居民在马尔斯登的书中很受注意。勒昌在1860年入荷兰人的手。

南榜(Lampong)在苏门答腊的最南端,其土人多沿塞甘本(Sekampung)河岸居住,但也甚稀少。勒克克克说这里的人民本来也是很古的,不过后来和巽他人(Sundanese)混合了。自古代以来便有不少的贸易经过巽他海峡,南榜的地名有很多是巽他语或爪哇语的。南榜的山居人民语言略异,自称为亚本人(Orang Abung)。平原的居民则自称为拍不兰人(Orang Pablan)。

古部人(Kubu)和其他含有吠陀血统的原始人民将在以后叙述其住所及风俗,这里不赘。

图 3-4　苏门答腊东海岸

人口 据第 14 版的《大英百科全书》所载,苏门答腊全部人口为 6219000 人,其中 19259 人是欧人和欧亚混合种,229775 人是亚洲人,包括中国人在内。欧人的三分一,中国人的五分四,都住在东海岸。这个数目的人口还可以增加很多倍,因为爪哇便有 4000 万土人,而其面积却只有苏门答腊的四分之一。爪哇每一方公里有 266 人,苏门答腊只有 13.2 人。

各种土人的人口数是民南加堡人 150 万,峇搭人 100 万,阿齐人 65 万。

苏门答腊的宗教以回教为最盛。全人口中只有 17 万人是基督教徒,30 万人信异教。基督新教的传教站设在峇搭人、尼亚士人和民答威人中。只有信异教者可以改教,信回教者不能。

第二章 峇搭族(BATAKS)

第一节 人 民

古希腊史家希罗多德(Herodotus)最先讲到峇搭人,称之为巴大位(Padaioi),意为"食人者"。第一个正确地记述峇搭风俗的还是马尔斯登(Marsden)在 1783 年所发表的书,他提出一件自相矛盾的奇事震惊了世界。他说有一种人民会食人肉,但却有真实的文化和文字。峇搭地方的实际探险起于 1823 年,当时安徒生氏(Anderson)考察了苏门答腊的东海岸。在 1853 年万·德·突尔克(Vander Tuurk)发现了多峇湖(Toba)。现在大约有 100 万峇搭人都在荷兰人统治下。在 1815 年及以后的僧侣之乱〔按:即回教僧侣所发生的宗教战争〕,南方的三分之一都改信回教。由德国传教师自 1860 年以来的工作,已有 8 万人改信基督教。其余的还是崇信异端〔译者按:即原始宗教〕。

峇搭人按语言再分为几个支族即辛克(Singkel)、咱咱(Pak-Pak)、戴利(Dairi)、多峇(Toba)、曼地命(Mandheling)。多峇住在多峇湖以东的另称为第母耳(Timur)(意即东方)。实际上只有二大语言系统或民族系统:第一支是戴利,包括戴利本支、咱咱和卡罗;第二支是多峇,包括其余的方言。据叶柏氏(Ypes)的意见,多峇语实是所有峇搭语之祖。

峇搭一名的起源不甚明,但在 17 世纪已经通行了。这大约是回教徒给他们的混名,意义为"吃猪肉者"。峇搭人反以这混名为荣,以此自别于查威人(Djawi)、回教徒和马来人。

峇搭人也很受印度文化的影响。直接的印度影响可由土人自述看出,土人自说他们是由东方(Timur)来的。他们说那个地方是固有的"学问"(即占卜魔术)的发源地。其他的印度文化传到峇搭的是水稻、马、犁、特殊形的屋子、棋、棉花、纺车、印度语、文字、宗教观念。由印度来的殖民有些是达罗维荼人(Dravidians),因为在咱咱人、卡罗人甚至卡约人和亚拉士人中都有达罗维荼的氏族名。即如峇搭人的氏族一语(多峇人谓之 marga,卡罗人谓之 merga)也是源于梵语的。回教到苏门答腊早于到爪哇故能停止了印度文化对于峇搭的影响,使它孤立而不再和其他高等文化相接触。

[译者按:中国古书也曾记载峇搭,如宋代《诸蕃志·三佛齐》一条内曾提及拔沓的名,唯无详细记录。元代汪大渊所著《岛夷志略》称峇搭为花面,其记载云:"其山逶迤,其地沮洳,田极肥美,足食有余。男女以墨汁刺于其面,故谓之花面。国名因之。气候倍热。俗淳,有酋长。地产牛、羊、鸡、鸭、槟榔、甘蔗、苳叶、木棉。货用铁条、青布、粗碗、青瓷器之属。舶经其地不过贸易以供日用而已,余无可兴贩也。"明代马欢著的《瀛涯胜览》称峇搭为那孤儿,有一条云:"那孤儿王又名花面王,其地在苏门答剌西,地里之界相连。止是一大村。但所管人民皆于面上刺三尖青花为号,所以称为花面王。地方不广,人民只有千余家。田少。人多以耕陆为生。米粮稀少。猪羊鸡鸭皆有。语言动静与苏门答剌国相同。土无出产。乃山国也。"又同时费信著《星槎胜览》亦有花面国一条云:"其处与苏门答剌国接境,远迤山地,田足稻禾。气候不常,风俗尚厚。男女大小皆以黑汁刺面,为兽之状,猱头裸体,单布围腰。孳生牛羊,鸡鸭罗市。不夺其弱,上下自耕自食,富不骄奢,贫不生盗,可为一区之宜也。诗曰:蛮域观风异,融和草木深。山高分地界,物阜慰民心。腰布羞还掩,颜花墨半侵。牛羊迷绿野,鸡鸭卖黄金。颇富知仁义,虽贫肯滥淫。那堪采夷俗,援笔写新吟。"按中国记载中不言峇搭人食人的事或因未曾深入其内地,且食人也不是常有的事,故不能知道。唯《马可·波罗游记》中却有叙及峇搭的食人俗:"若有一人有疾,即招巫师来,询其病能愈与否;巫者若言应愈,则听其愈。然若巫者预卜其病不愈,则招集多人处此种病人死。诸人以衣服堵病者口而死之。病者死后,熟其肉,死者诸亲属共食之。此辈吸其骨髓及其他脂肪罄尽,据云骨内若有余留之物,则将生虫;此虫则必饿死。由是死者负担虫死之责,故尽食之。食后聚其骨,盛于美匣之中,然后携往山中禽兽不能至之大洞中悬之。应知此辈若得俘虏,而此俘虏不能买赎时,立杀而食之。"]

第二节　经济生活

乡村及房屋　峇搭人在各处都成大乡村(在多峇人称为 huta,卡罗人称为 kuta）。乡村在以前，尤其是多峇人的，常用土和竹造的墙围起来以为防卫。进村须经由围墙的一小门。在多峇人中一个乡村常包括六七个家屋和几个公共宿舍或公所。家屋和公所列成二排相向，中央是长方形的有围墙的空地（alaman）。卡罗人的乡村稍为不规则，其中的屋子是住宅（rumah）、青年宿舍（djambur）、藏粟和磨粟的几种建筑物。有的还有一个打铁所（rerpanden）和一个头颅屋（geriten）。通常每一住宅住八家（djabu）。

图 3-5　一个卡罗峇搭乡村

峇搭地方的北部维持男女有别的禁例甚严，十岁以上的男孩以及寡妇们晚间都要分别睡在公共宿舍里。在南方未嫁的女子须由头目（radja）保护或睡在另一所屋子（bagas podoman）由一个寡妇看守，但男人可去寻访她们。

住宅有很多种。像其他峇搭屋子一样，造在木桩上离地 3 呎至 6 呎。酋长和富人的屋常用木造，屋盖用糖棕纤维（icljuk）或木板做成。屋盖的构造很繁复，要向中央倾斜使成鞍背状的弯曲，两头末端则饰以水牛角。宽广的内部虽常住几家的人，但却不分隔为房间。只有晚上铺下的席子勉强区别为各部分。在大的住宅里面有四个至六个的火炉。烟从屋顶出去。因为无窗户故屋子里甚暗，且布满了烟煤。只有卡罗人的屋子有前后二门。头目的住宅用有雕刻和绘画的木板构成。

多峇人除了住宅以外还有粟仓和公所或青年宿舍（sopo's）。粟仓的形状和普通人的住宅无大差异。每一乡村都有至少一个公所在中央，如乡村中住了一个重要头目还需要另一个公所。公所比较头目的住宅还更大更华丽，在屋顶上雕了很多的花叶形纹样。公所和头目住宅还有一点不同，公所的四壁都是空的,墙只有3呎至3呎半的高。公所入口两旁都有架高的凳子,为村里男人或客人睡卧的地方。公所都有一个上房(sōller)为收获用具的贮藏所并为特别的宿舍。凡村落有二个公所的便把一个当作宗教品储藏所,只有一个的则兼作两用。在上房里收藏了乡村中的宝物和宗教的法物如所杀敌人的头颅骨、水牛牙床骨、盛在竹制壶里的烧死的小孩的尸灰、刻在树皮或竹片上的宗教文件,以及军旗等。他们以为全村的安全在乎这些对象的适当保存。在公所的下房藏有锅鼓(panken),那是用以召集村人集会或聚餐的。

图 3-6　多峇峇搭酋长的房屋

住宅里无甚家具。在灶上有一个架(para),架有三层,下层置米,高一层放锅和器皿,最上一层放柴。器皿包括:(1)土钵,每家有三个至六个。(2)竹管三四呎长,内贮清水备为饮料,兼当作杯用。(3)木柄小刀,刀片插在两木片中用绳扎牢。(4)圆锥形小筐,由篾编成用以盛饭。(5)舂米器,用树干制成。树干上有一两个窟窿,以木棒在内捣粟去壳。(6)以前用竹炉煮米,并用叶和椰壳为碟。(7)地板常用席铺满,只有火炉处无席。墙上也挂席。小席则用为椅子。只有富人方有箱子,其他的人只以席掩藏所有物。席用露兜树叶(pandanus)、楮树皮(tapar)或藤编成。(8)

图 3-7　剎茂西峇搭房屋的木雕

还有芭蕉树的火把，这是用以照屋里的。

在荷兰政府执行卫生法令以前，峇搭人的乡村和屋子，像别的印度尼西亚地方一样，由白种人看来，实在难以居住。鸡鸭或养在屋里小篮内。猪自由地在乡村里四处乱闯找食腐败的东西。纽曼氏（Neumann）曾描写峇搭人早时的生活状态说：

> 无论看见峇搭人的哪一个屋子，都会引起厌嫌的感情。屋子一律是不清洁的，烟煤布满了墙壁和屋盖，角落满是蛛网，墙上搭着灰泥，地上遍布蒌叶（sirih）的嚼渣和鸡粪。屋子像洞穴一样，墙壁上的小孔只能引进一线的光明。当屋内熏满了烟时不晓得人类怎么能够住得下去。蜈蚣蝎子自由游行，蚂蚁开它们的路横经人的身边，蟑螂乱飞，虱蚤遍处。一个人在这种屋子里面一晚也难睡得下去。但峇搭人却住惯了。

图 3-8　峇搭人的房屋

食物　峇搭人的生业远较我们所期望于这样一种原始人民者为多。农业是最重要的。除了少数例外每个峇搭人几乎都是农夫，虽然他还当铁匠或砍木的。米是最重要的谷物，水田旱田都有。玉蜀黍居第二重要地位，在巴东拉瓦（Padang Lawas）是主要的农产。其他尚有马铃薯、芋、甘薯、有荚植物和其他蔬菜。咖啡、烟草、椰子、桂皮、甘蔗、蓝靛也有种植。峇搭人的农产物只以自给为目的，无甚输出。

主要的农具是犁（tinggala）、长而尖的木枝（engkal）、耙（roka, sabi, sekel）。挖掘杖（perlebeng）也用于高地。

次要的生业是养牛。峇搭马很有名，尤其是在卡罗高地的。马是养来卖的，峇搭人自己不骑马。在高原上水牛和别种牛都很多，但巴东拉瓦养牛最盛，多峇人也饮牛乳，这和通常亚洲人的习惯不同，但牛油牛酪却不晓做。信基督教的和信原始宗教的土人也养猪，在不久以前是一宗普通收入。

打猎和捞鱼较不重要。收集毛刷用料以及种植橡胶树和安息香胶树在有些地方很盛，这是现代的事。

峇搭人一日二餐，一在晨，一在晚。以前煮物都不加盐，因为盐既贵且少。只有最富的人家里方有盐，常小心地将叶包起来。在多峇人中西班牙辣椒（la-siak）几乎完全代替了盐。主要的食物是米，在平常状况之下米是很丰盛的。其次是甘薯，再次是芋。芋是穷人的食粮。米少时和玉蜀黍混合同食。完全乏米时他们便以各种植物根、叶和果实，特别是西谷米等充饥。

图 3-9　卡罗少女在簸米和舂米

常川的吃肉和鱼那是峇搭人所不知道的事情。有时幸运，他们便猎得了一头鹿或野猪，或者捉一尾小的淡水鱼，一只老鼠、蝙蝠或 teguan。不曾食卵，鸡是当斗鸡以后方宰杀。穷的峇搭人得了一根鸡翅膀或鸡腿便很快活了。

有特别事件时方宰食鸡、狗、猪、牛或水牛。例如迎新娘入她的夫家、移居、住宅落成、有客来特别是头目之类、大聚会、公所会议（开战和议和）、头目的丧葬。小一点的事件只宰鸡、狗，猪、牛留为大事件之用。宰杀动物的肉不卖出或保存，当时便分给客人。各人都有适当的一份，穷人只得一只耳朵、一条尾巴或口鼻。在上述大事件时不曾吃人肉，而且也非平时的固定食物。

峇搭人还吃蛙、田鼠、昆虫的幼虫、飞的白色蚁。他们也敢食象、熊、虎、猿甚或蛇的肉。容浑氏（Junghuhn）说只要是身上有肉的无论何种动物皆为峇搭人所吃。他们甚至连腐肉也不怕，不能走路的癞皮狗也被宰吃。

通常的饮料便是水。在以前水井都要开在村落的围墙内，所以常被家畜所污。棕酒也是饮料，无论清的或发酵的，但不至醉。男女都嚼蒌叶（sirih）。烟草吸得很大量甚至小孩都吸，只有妇女不吸。卡罗人将烟卷于叶内而吸，多峇人用铜烟斗。

衣服及饰物　峇搭人的衣服很受马来人的影响。以前峇搭人的族属和等级可以由衣服的颜色和装饰看出，衣服是用本地的棉布制成，棉在本地家庭中纺织成布并加染色。所用的色是蓝黑和红。黄色的只在海岸方有。树皮布的衣服只最穷的方穿它,包括一条带绕于臂上,一件短衣遮在胸前。现在有许多地方只有大事件或节日方穿旧式衣服,平时则收藏当作传家物。

图 3-10　峇搭妇女在织布

峇搭人的主要衣服是一条布绕臂垂下到足。卡罗人不论男女都有头巾,多峇女人头上不戴物。布的包围物在旧时是要保护身体的上部的,但现在已有各种短衣渐渐被采用。除了这些人人都穿无分阶级的衣服以外,酋长们加穿一件外套,上缀玻璃珠以为饰。

卡罗人和多峇人可以一见而区别得出。卡罗人的民族色彩是蓝(战时为深红),多峇人则为棕色。现在还严守这些色彩。卡罗女人分她们的发,打一结在头后。多峇女人的发结由一耳朵上的一圈垂下。卡罗妇人或女孩都有一种特别饰物,便是很沉重的希腊古琴形的银耳饰(padung)。卡罗妇女嫁后舍去别种饰物,却还保留这一件。这种沉重的饰物因耳不能堪故以头巾承担它。

多峇酋长穿着华丽的外套并戴大贻贝或象牙所制的臂环以表示其等级。因为等级是世袭的,所以有些穷人家已经没有寸土或一个

图 3-11　多峇峇搭的酋长

臣下，却还戴着这些等级的标识物。尼亚士岛和峇株岛（Batu）的酋长也戴臂环。

多峇的处女在以前戴铜丝的环于颈上、臂上、足踝上。年长的妇女不带这种饰物。家庭愈富的，女孩所戴的颈饰愈多，所要求的聘金也愈贵，男孩也可戴这些饰物。

图 3-12　（上）卡罗峇搭的装饰物
　　　　　（中）第母耳峇搭人织的肩巾
　　　　　（下）峇搭新娘的缀珠短上衣

图 3-13 刹茂西峇人捏土制陶罐

图 3-14 峇搭的陶器

手工物　　像非洲的土人一样，打金属人在卡罗人中占了特殊地位。他们不是一种特殊等级，不过总是重要的人。有打金匠、打银匠、打铁匠。

要学专业常是跟随父亲学。工具只可以继承，不可以买卖，只有子可以继承父亲的工具。违背了工具的魂（tondi）的这种要求，家中便会发生灾祸。

乡中另有锻冶场（perpanden）以供铁匠（pande）之用，但打银匠只能在自己住屋的外间工作。锻冶场及其工具都是宗教上所崇敬的。工具各有秘密的名称，只有铁匠知道。和铁器常接触的人如生病了便须对铁器祭献，常用的祭品是一只红毛鸡和一只黑毛鸡。

图 3-15　卡罗峇搭的银匠

武器在峇搭人中大都相同。有用旧式的枪的。砍刺的武器有标枪、长枪、刀剑和一种专用为横砍的刀（klewang）。有各种各样的小刀用于战斗、装身或为工具，这些武器也不是十分致命的，因为峇搭人罕有肉搏战斗。

在以前弓（panah）、箭（sore）、流星（kalim bawang）、盾（ampang-ampang），都用于战争。现在已成为玩具或古物。吹箭筒（eltep）常用以射小动物特别是鸟类，不曾用于战争。吹箭筒的箭（nangkat）有时是有毒的。

防卫的武器有印度尼西亚常见的用尖竹纤的碍足物（batjur, randjo），以及临时或永久的墙堡壕沟等。

峇搭人的乐器虽和爪哇人的相类，但它们主要是用于宗教上而不像爪哇人用于娱乐。多峇人的乐器如下：（1）鼓（goutang）。这是将皮绷于木上而成，最常用。平时藏于公所里。（2）铜锣。与爪哇的相似，用木槌敲以发声。用于乐队里。有的独用以被除鬼魅，或驱逐野兽。凡当头目的都有一面。（3）各种箫类(sordam)。(4)二条弦的小琴(harwab)发出直纯粗涩的声。末二种只在多峇人中方有。音乐的调子近似中国乐。

卡罗人的乐队不及多峇人的完全，包括三面鼓(gendang)、大小两面锣和一支箫。卡罗人还有金属制口琴、棕叶中部所制口琴、笛，二种弦乐器，一似楚亚林，一似曼罗林。在峇搭地中央还有木琴(英文 xyhophone，土名 garan-tung)。

音乐和跳舞常相并行。印度尼西亚的跳舞主要是身体的上下运动伴以四肢摇曳转折。第母耳人在丧葬中有戴面具的跳舞。

图 3-16　卡罗峇搭的乐队

图 3-17　剎茂西峇搭人的乐队和跳舞妇女

多峇人的铜烟斗是一种特殊物件。他们整天和这种烟斗结不解缘,很可与爪哇人的不离克里斯剑(keris)和蒙古人的不离马,互相媲美。穷人只用竹柄的木烟斗,其余都用半呎以上的铜烟斗。贵族一人有几件,都是长三四呎,重过 1 磅,每件由数段合成。因为太重故在地上放一个碗,将烟斗搁在碗上。烟斗上雕刻生殖器崇拜的人形,像尼亚士岛人的偶像一样。制烟斗的铜得自贸易,烟斗在多峇的一区制造。

在以前峇搭人没有货币,使用货币原不是印度尼西亚的文化要素,贸易完全是以物易物。为帮助交换起见乃使用铁块或锡块。度量衡的用具以前在峇搭人以及其他的印度尼西亚人都不知道,只以身体的各部分为标准。峇搭人也无日规或他种方法以定昼夜平分点(equinox),他们只能以臂量太阳与地平线的角度,计算时间至半点钟。

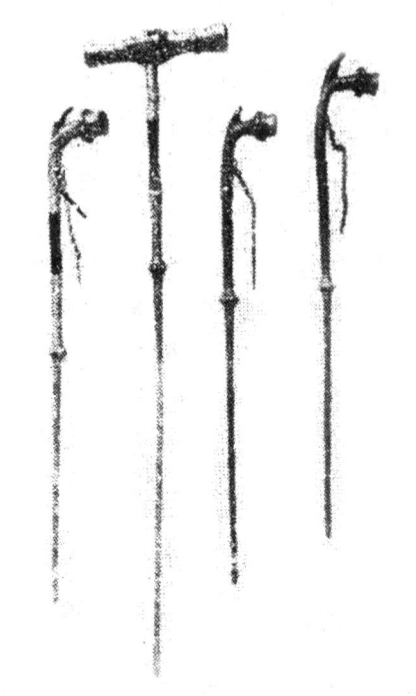

图 3-18　峇搭人的铜烟斗

存于来丁(Leyden)博物馆,最长者 4 呎

宗教法物的形状和用途在峇搭人各处都相同,其起源是出自印度影响。(1)占卜书(pustaka)常用第母耳或多峇方言写成。其书由 alim 树的皮制成,也有用丝绸的。每页都用洗米水使它光滑,然后黏合或缝合。写字用毛笔和墨,书中有各种占卜的公式和神秘的图样。(2)法术杖(英文 magical staff,土名 tungkat)有二种,一是光面的法术杖(英文 smooth staff,土名 tungkat malekat),只有上端雕一个形象,余无。又其一是全雕的法术杖(tungkat panuluan),除下端以外雕满了人形动物形。(3)小壶(perminaken)有用木制的,有用泥制的,内藏由一部分人体制成的一种物质名为 pupuk。(4)各种占卜用具、牌、预告凶兆的偶像,定时日的历法用具(perkatan)。(5)石像(pengulubalang),植立于村外丛莽中。

游戏　峇搭人虽是喜欢作乐的且常举行宴会,但他们似乎缺少固有的游戏方法。这也是所有印度尼西亚人的特征,我在民答威岛所见也是如此。他们以猜谜为乐,有时也用于求爱。小孩的游戏常是技术的游戏,例如用长枪模仿战斗。大人仅有的几种游戏是技击、跳舞、音乐、歌谣。下棋、掷谷粒的骰、斗鸡、斗鸟都是外国传入的。

日常生活 容浑氏（Junghuhn）曾描写19世纪前半的多峇人的日常生活。

"峇搭妇女日出以前便起来。她们先到有水处装满了几竹筒的清水以供饮用和洗濯浴身，她们用臂带围了竹筒后，舂米的工作便开始了。在少米的地方，还掺和了一半的玉蜀黍。舂米是妇女的工作，正当天亮时便舂起。这时其余的人也起来了。男人起来便到冲凉处。日出后米舂得脱壳了便放在钵里和水一道煮。火是由燧石而得，男人没有别的事做，便点起烟斗，出门散步，到头目的屋前闲谈。以后便吃一点东西，在多峇人所吃的是一竹筒的牛乳。在多峇人以吸烟代替嚼蒌叶，嚼蒌叶只在海岸居民有之，因为那里才有多量的蒌叶和槟榔，还有槟榔膏（gambir）也容易买到。到了约略七点半钟，一天的工作真的开始了，除了多峇人以外，在各地，几乎全是男女平分的，田野的工作多属男人，妇女则在村内忙。"

"在多峇人中妇女几乎做了全部的工，无论在屋内或在田里。她们实在等于婢仆。男人吸他们的大烟斗，看守小孩（实是和他们一起玩），在公所里开会，还有打仗。只有造屋和砍树是男人们平时唯一的工作。"

"在别种峇搭人中男人这时要到田里（ladang）从事必需的工作，尤其是重大的工作如计划种植、砍树、焚烧树木的碎屑、掘土、烧草、造茅屋、栽种等事。"

"男人在田里工作时，女人从事家庭工作，还有织布、编筐篮（karong）和织芭蕉叶的席（tika）、制染料。烹饪自然也是女人的工作。在七点钟鸡、猪等也都由女人饲以玉蜀黍。"

"真的第一顿饭是在正午吃的。早晨吃一点儿的饭。凡没有茅屋在田里的人都回家吃饭，吃完倒在席上休息约一点钟然后再做工。到了四点半或五点钟，一天的工作便停止了。再预备第二顿的饭。他们闲谈故事到了约七点然后吃饭。"

"头目及其太太不做田里的工，他们有奴隶们替他们做一切的工。屋外的粗工虽常是男人做的，很多地方的女人也做一点屋外的工，如清洁田园、拔野草、采集烧火柴、摘熟了的果子。果子树常种在村外。"

战争 峇搭人和尼亚士岛土人是苏门答腊最好战的民族。像其他的富于原始性的民族一样，在峇搭人看来，外人便是敌人，故常避免直接和外界接触。他们这样畏忌外人，并且在同种人中也互不相信，故乡村与乡村之间无通路和桥梁。由于乡村之间无交通工具，故内地的峇搭人缺乏多种生活上必需品，尤其是盐。他们甚至于利用吃人肉的恶名当作防卫的方法使外人不敢走近他们。所以这种风俗也是有用意的。

世界上各处人民凡是好战的，通常会定出严格的规则，及使死伤的数目减少。要不是有这种规则峇搭人早已死光，而这一章也不必写了。峇搭人幸而有很严格的规则（adat）以约束战争行为。战争大都当作神的裁判，有第一个阵亡或重伤的便视为神意已判决了两方的曲直了。

限制战争的规则如下：头目不得加害，妇孺也不得杀伤。战争开始前必须宣战。有栽种的田园是神圣的，不得蹂躏。在卡罗人中村镇虽被占领也不得破坏。即使战败者逃走别处，他们的领地也不得褫夺。

直到后来僧侣战争之际，热狂的回教化民南加堡人侵入峇搭强迫峇搭人改信回教否则加以杀害，这时峇搭人才知道战争的真意义。无抵抗力的妇女小孩才第一次被杀害或被掠卖为奴。以前神圣不可侵犯的市镇、谷仓、田园也被放火毁坏。

峇搭人的内战虽有限制的规则但也不算游戏，俘虏虽常留以待赎，但有时仇恨较深，也会被宰吃、割头皮或砍头。头颅被保存在公所里，头发则卖给被害者的家。这样的惨事是当头目被辱时方发生。

战争的原因多属债务，多属赌债。债如过一定期间不还，债主便有权捉人。如欠债者属于别市镇，而他的头目拒绝交人，战争便发生了。被侵犯的头目便和邻近的头目联盟攻击敌人市镇。战胜者便夺去他们的牛并逼生存的敌人为奴隶。

战争的另一种原因是对于别村头目个人的侮辱、村界的争执和盗窃等。贼人如属于别村人而其村长又不肯交人或赔偿，也会发生战争。头目们的野心或妒忌常是长期战争的真因，这种战争几百年来损害了峇搭地方，使其人口远在这肥沃地土所能维持的数目之下。

战争的开始有一定程序。衅端发生后当事的酋长便请有友谊的酋长们到公所开会，宰牛为飨。参加这会的酋长以后便和敌对的乡村断绝交谊，即使自己的属民不曾参加战争也要如此，否则便被当作叛徒。在多峇人中这会称为"姜会"（pege-pege），因为所食肉内有浓厚的姜味。

自宰杀水牛决议开战之日起和敌村的交通完全断绝。所有参加战争的村镇都赶修防御工程，整理护村栅，削竹为枪分给村人，制造火药，派出步哨，预备防守。

宣战必须用正式手续。不宣而战被当作偷盗而非战争，将来会因此被罚。在宣战之前先举行两方酋长和中立酋长的谈判，和解不成方出于战，所以开战不是意外的事。

宣战有二种方式。通常是悬挂"战书"（pulas）于敌村的附近。战书是一片竹简上写峇搭文的书信。另有一条竹片削成刀形，一粒 keteela 果实，很像人头，一块半焦的炭，刀与炭象征杀人放火，这些东西都和战书扎在同一条绳上。战书内容是限敌人在三天或四天以内要屈服,例如还清债务等,否则开战。

第二种宣战法称为sampahaek,派一个人到野外在十响枪声中大声宣布对方的罪状,以外无别种正式手续,对方听到枪声便会了解,或由第三者间接通知。如上文所述战事的发生原是在意中,故也不觉得错愕。

宣战后两方人民都不敢越出村栅以外,除非是多数武装的人方敢到田园工作或赴别村,两方都设法拦截外出的敌人,如非当场杀死便掳回来囚禁在公所里。俘虏被当作人质以逼使对方屈服。这些不幸的人有时被械禁经数年之久,因为不能坐立倒卧,他们的足竟因不用而残废了。对方如曾犯重罪如偷牛或杀人,其俘虏之一便被宰吃以为报复。战争如经过几年,因互相报复,屡次增加重罪,情形便愈演愈惨。最后无人敢到田里做工,大片的田园都荒芜,食粮也大为减少了。于是决议直捣敌村将它倾覆,凡会拿武器的人都召集出发。

攻击敌村常在十点至十二点之间。全数男的壮丁都参加,只留妇女小孩用他们的竹枪守护本村。酋长拿着几百年来藏在公所里的战旗。敌村如被攻下,所有居民都被杀害或掳去,村舍被放火烧光(多峇人)。有些俘虏后来也被宰吃。

在卡罗人中战争似乎罕有达到攻陷和破坏乡村的。在这里,战争不过比神判较为剧烈而已。两方都雇了远方的选手参加。战时选手和较勇敢者下战场交手,其余的人拿着竹枪观看,自己一方胜了方才参加,否则逃走。选手们也似乎为宗教情绪所鼓动,而不是专靠武艺。他们先行祈祷和跳舞,然后随便开火枪,以为枪弹自然会中目的。如有一个被击中那一方便算输了,余人便退走。败者一方预言战兆的僧侣便被责罚因为他说得不灵验。

等到两方都厌战了,便请二个中立的酋长仲裁。被认为理屈的一方须交罚锾,并宰牛开一次和解的宴会,指牛的心脏立一个和解的誓。

食人俗(cannibalism)   峇搭人的最显著的风俗之一,并且使他们得了最不好的名誉,便是食人肉的风俗。他们食人俗的起因不能明,其发生于此地也是孤立的。没有其他亚洲民族或印度尼西亚民族曾有此俗,只有到了新几尼亚方才再见。这是一种古风俗,因为古希腊的史家希罗多德最先记述,后来阿拉伯人和马可·波罗都曾说起。马可·波罗说小爪哇(即指苏门答腊)的土人当他们长辈老年便杀吃了他们,有人怀疑这话,但西历纪元第一千年的记载还附有咍咍人的盾的图画也表示了食人肉者的快乐的跳舞。食人俗大约是很古的遗俗,由当时黑色人种传到印度尼西亚来,或者由猎取人头的风俗变成。在尼亚士和别处取得人头的人常再咬尸身的肉一口,在新几尼亚这两种风俗也不是全不相关的。

食人俗到了20世纪只存留于峇搭族中的多峇人、咍咍人和第母耳人中,卡罗人却否认他们曾有此俗。峇搭人虽喜欢人肉以为是比猪肉更好,但这种风俗却不过当作严重的刑罚,并不常见。在容浑氏(Junghuhn)居留峇搭人中一年半的时间内只见过三次的公开食人。

食人俗的实行是由于以下的原因的:(1)平民和酋长的夫人通奸时不能以财物为赎,必须处以重刑。(2)叛徒、间谍、逃亡敌方者也须被杀食,但可以180个古尔丹(gulden 荷属旧币)为赎。以上二种罪犯照法律规定须先用枪刺死然后吃他,但因受害者便是原告法官和刽子手,所以常先割吃其肉吸饮其血然后把他刺死。(3)敌人如有武装且曾拒战的在村外捉到也被宰吃。如在田内做工被捉获,则被拘勒赎为奴隶,或杀死。妇女小孩不宰吃。

容浑氏住在多峇人里面时曾目击公开的食人风俗的执行。据说:

"敌人捉到后便决定杀吃他的日子。派出使者报告联盟的酋长及其人民请他们参加。到时无数人赶到本村。犯人常被提出到村外,但如本村地场大便在本村内执行。犯人被绑在直立的桩上。在近旁生了几个火堆,敲起乐器,行礼如仪。于是本村酋长拔刀在手,前进几步,对着大众宣布犯人的罪状,因为峇搭人办事,无论那事件是怎样明显的,也要先将理由宣布才做。他报告说这犯人是一个大恶人,不是人类,是鬼所变的,现在是他得到报应的时候了。民众们一面听一面垂涎,想得到犯人一块肉吞下肚去,使他不能再为害。这便是他们食人肉的解释。照他们所描述,食人肉时感觉复仇的快乐和所得的安慰是无可比拟的。当时他们都拔刀等候,酋长先下手割了一块臂上的肉或嘴巴的肉。他手拿着肉,并尝了一点血,啧啧赞美,然后跑到火边烘一烘,方吞下去。"

"其他的人一起扑向犯人,各撕割一块肉。有烘烧的,有生吃以表示勇气的。犯人的惨叫声绝不会影响他们的食欲。犯人常须经过八至十分钟方才失去知觉,一刻钟方才绝气。其余的肉都由骨上剔下来吃尽。骨头埋在村旁。"

咑咑人还割起犯人的头和手,围着头跳舞,用枪尖乱搠他。头和手处理完以后便悬挂在公所里。伏尔兹氏(Valz)指出这事便有精气崇拜(animism)的动机。他们以为吃了敌人便能得到他身上的精气,吃了他便使他和自己合成一个人,他便不能为害。保存了死者的骨头,也能使他的灵魂做食肉者的奴隶。

咑咑人有固定的头颅崇拜风俗,祖宗的头颅被保存在公所里。人们对这些头颅致敬和祭献,使鬼魂欢喜。敌人的头颅都得不到致敬和祭献,所以他们的鬼魂也一定很痛苦。

在峇搭地方南部自改信回教后便废止食人俗。在以前当一个通奸犯人或偷儿被杀吃时,他们的亲人还须供给盐和灰以助口味。这是要使他们的亲人表示服从不再报仇。照土人法律,以前有食人俗的地方,现在犯重案者的亲属还须纳一笔钱名为盐灰钱(sira assam)。

计时法 多峇人有收获年和计月年二种计时法。收获年照玉蜀黍和米的播种、生长和成熟计算。收获年称为 taon djaung,计月年称为 taon eme。玉蜀黍自播种至收获经过三四个月,米经过六至八个月,收获年的长便只如此。平时计时照收获年计。计月年便包括整个阴历年,即 12 个月。

峇搭人的阴历一年有 12 个月,一月 30 日。僧侣们能观察天文,能看出月与天蝎宫的位置以定为一年的开始。如有需要时便增加一个短月称为 lobi lobi。

一月分为几星期和几日,是受印度影响的,每星期的各日计自一至七日,其名是梵文的。有一种历法(porhalaän)用以计算月日。这是雕于竹片上的一个表,分为 13 乘 30 的格。主要的用途还是在判断吉凶日子,这又是印度风俗。

一日不再分为小时,而是照太阳的位置或有习惯性的事件的时期而分。例如天亮称为"鸡鸣时"。

峇搭人在古时显然具有很好的天文学知识,不是已经忘却,便是外间人还不知。金牛宫的七星为播粟的标准,傍晚出现的星也被制棕榈酒者所利用。

多峇人以为日月蚀是由于日的战士拉乌(Lau)和月的战士哈拉(Hala)的战斗。峇搭人见了日月蚀便大叫放火枪。

当地震时土人大呼 suhul suhul,一村传过一村。这话意为"刀柄",这是要提醒地下的大蛇 Naga Padoha,叫它注意那把钉住它的大剑,不要再动。

第三节 社 会

政府及阶级 峇搭人的政治不在氏族(marga)而在地方单位即乡村(huta)。在多峇人中乡村便是唯一的政治单位,在卡罗人中则大乡村还再分为小乡村(kesain),各有其名。每小村都有其首领、土地和村外拓殖地。以前小村间的战争很常见。

像民南加堡人和卡约人一样,峇搭人也有神圣的五权,这无疑是印度影响的。这个王(Singa Maharadja)住在咱咱人中,是全峇搭人所崇拜的活神,但却无政治权。关于他有各种奇迹。他的母亲怀孕七年方生他。凡人如看到他的剑便会死亡。他闭了口讲话,用文字发命令。他能够七个月不进食物,睡一个长觉,由神灵保护。他管理天气的晴雨,人民祈祷他赐给丰年。最后的一位王在 1907 年死于对荷兰人的战争,他的家族自此改信基督教。

印度影响更大的是第母耳人和卡罗人的政治组织,第母耳人的区是唯一的大地方单位,由酋长及其家人统治。但这常不过是差不多独立自主的小单位所集成,略如欧洲中古的封建国家。酋长以下小的统治者包括各乡的首领都是酋长的亲属。在卡罗人的乡村集团有一个字 urung 称它,意便是"乡的联合"。但乡村(kuta)还是真正的政治单位。

除第母耳人以外峇搭族的政治形式实是民主的。公事都在公所内会议,人民聚集参加。所议的除有时和乡外酋长或其使者谈判以外,是决定疆界、引渡逃民或窃贼、议和、通商、联盟等事。在人民中酋长要察勘及判断争讼,公布判决及刑罚,指明该刑罚为罚锾或死刑。

酋长们所颁布的命令要符合法规(adat),并由全村的成年人考虑,最后在公所里从多数议决。一个酋长如非怕失去其选举人或者要更专制一点。当一乡如被酋长所压迫或虐待,人民便离去而托庇于邻近的酋长。邻乡酋长常表欢迎因为他们可增加他的势力。这些离乡者如不从本乡酋长召回的命令,战争便发生了。这事常是乡村间战争的原因。

凡峇搭人都可进入公所,但只有已婚男人有发言权,妇女们也有发表意见的,如其意见是一个老年巫婆更易得人接受。

酋长们除了承袭权力和饰物如臂环、外套外无其他特别权利,不抽税所以也无收入。但他们可得人民的自由服役,替他们种田和造屋。又如酋长出门旅行,人民应代他们拿行李。此外还可以收受罚锾、赎款的一部分,并分得人民渔猎采集的所获。

酋长们的主要收入还是靠商业,尤其是牛的买卖,由此可以比人民更富。如相当富足时便可买奴隶为他们种田。他们贱视劳动,视奴隶为主要利源。有很多酋长虽有更大更好的屋子却和乡里最穷的人民一样穷。只有少数人富裕,且是由经商而致,因为在峇搭地方商业几乎全由酋长们经营。

像在一般原始人一样,执行政治的酋长常是由几个家族中选出。所以原始的君位相续制度实是混合世袭与选举的。出酋长的家族必定属于一个所谓"统治的氏族"。酋长的妻常属于第二个特别氏族,这两个氏族的男女自相嫁娶。这种风俗有人以为由于古时峇搭人只有二个氏族的时代。那时峇搭人有一种半部族(moiety)外婚制度。

在卡罗人中,每一乡村中有二个主要氏族,在每区有一个氏族是多数的,最老的,而且是统治的。在这个氏族的每个男代表都自称为酋长,不管其实际力量或从人多少。在有些乡村中酋长还比人民多。在多峇人的政府却把酋长的数目大为裁减了。在第母耳人虽有一个统治的氏族却无一个特别和他结婚的氏族。

在乡村中酋长们虽互相竞争,对外却能一致御敌。在多峇人最高的酋长称为乡长(radjahuta),只有他可和他乡人交涉。有时最高的酋长有二个,即一酋长和为其妻舅的另一酋长,两个人分司治内及对外的事务。酋长继承是由父及子或由兄及弟,以其适合为断。

峇搭的社会在解放奴隶以前分为三个阶级,即贵族、平民及奴隶。贵族是酋长的族人但不是行政的小酋长。只有贵族方得蓄奴隶。至少在峇搭地方南部只有贵族得行一夫多妻制。依刑法,贵族犯罪刑罚更严,但审判较宽。对于个人的侮辱按其人的阶级而定刑罚的轻重。

在以前一个平民不得改进其位置。他须住于所生的地方,非得酋长的准许不得迁移。平民和奴隶须供养贵族,因为贵族不做工。

奴隶制以前行于各处,直到1914年剎茂西地方也解放奴隶,方才完全废止。除奴隶外还有以人为质的风俗。在峇搭地南部到期如未清债务得将人质改为奴隶,关于峇搭人奴隶制的最好描述是纽曼氏(Newmann)供给的,其地方是峇搭地南部。

奴隶的来源如下:

1. 由出生:小孩由奴隶的妇女所生者为奴隶,为自由的妇女所生者为自由人,不论父亲的地位。这一条和峇搭人严格的父系制度却相反。

2. 由契约:立约为人质者过期不赎应沦为奴隶。这是当作自愿的契约,妻子虽被夫或父所质当也不包括在内。

3. 由债务:只有新娘的聘金不计。欠债过期如不清还,债主得拘债户以为质,如所欠数目多且时间长便以为奴隶。

4. 由法律裁判:犯罪者如不能缴纳罚锾应沦为奴隶。重罪如杀人和乱伦原应处死刑,但也得改为奴隶。

5. 由战争:战时俘虏也有到讲和后还拘为奴隶的,这是当作血属复仇的手段。

6. 由掳掠:在荷兰统治以前有些峇搭酋长以当强盗为生,掳掠人财,然后卖人做奴隶。这事常发现于山地。

在第母耳人中奴隶是主人的绝对财产,可以生杀如意,在南部峇搭地方却有法律保护他们。在南部他虽也是主人的财产但同时还被当作全社会的一分子。伤害、使残废或售卖,都须有法庭准许。唯主人却得命令奴隶做任何种工作,不从命得加鞭挞。奴隶犯法应交法庭。奴隶逃走,捉回绑缚并加枷锁,再逃得依法律击破膝盖骨使残废不能再犯。

主人应供给奴隶生活,代负债务,代缴罚锾。

奴隶又再分为二小阶级,即屋内奴隶和田里奴隶。屋内奴隶的工作是汲水、劈柴、看护小孩、跟随主人出门。田里奴隶住在田里,为主人耕田和收获。他以田里一部分出产为生,且比屋里的奴隶更有时间,故常能积财以赎回自由。田里奴隶得给配偶,故主人不怕他逃走。他的身份也比屋内奴隶为高。

奴隶得赎回其自由。奴隶又可于大酋长的丧事得到解放。当为死尸沐浴时，一个奴隶站立于其下，如有水滴其身上，他便被宣布解放了。解放的奴隶（除战时俘虏以外）仍须住在本村，子孙也这样。因为如使他们得离村便完全自由了。

在峇搭地方南部的奴隶比较平民不过略输一点而已，但他们却不喜欢奴隶的名义（hatoban），并且也不喜欢被人当作货物和被人指定配偶。

质当的风俗得自正马来人。如有人借了债不能还他不得不请酋长代还，因为酋长有代属民还债的义务，这个人便为债务的保证，应为酋长工作，不得离村。酋长对欠债从不全收，因为他视属民还重于财产，酋长的属民虽无奴隶的名义，实在便是他的奴隶。因为利息是一倍的，所以借债如不在第一年便还清一大部分，便要变成加倍。二三年后债额增加到了一个奴隶的身价，债务者便失了自由了。债务者的子孙也承袭了债务。为人质者的子孙都不包括在内。

土地权 峇搭人的氏族以前是属于地方的。在旧港所用源于峇搭语的"氏族"（marga）一名，意为"区"（district），在卡罗人中氏族也还是地方的。在多峇人中现在还是各种土地所有主的最高者，土地称为氏族的 golat。在别处是乡村的集团或乡村被当作土地所有主。

近来显然有了变更，氏族原是地方的单位，现在却成为政治单位。这种变迁可由一事证明，这便是一区中的统治的氏族便是最老的氏族。以前在该区中别无其他氏族。现在有了别的氏族，但统治的氏族还藉统治权而维持土地权。

德波耳（De Boer）说明这种变迁如下："以前无论氏族如何大，它的分子都住在有栅的村中或村的集团中。像这样的多峇乡村包含：（1）氏族的分子；（2）嫁入本氏族者；（3）外来人（dadang）；（4）为质的债务人，多属奴隶。这些人住得很相近。后来扩张了，有些人离村去，但还在同一区中。到了东印度公司时代战争渐少。氏族分成很多小部分。新的乡村成立了，尽可能地远远离开。在这种情形之下，人民不再追溯到很古的氏族祖先（ompu），而只追溯到较近的祖先即乡村的开创者。又因为聘金贵了，有些男人便入赘妻家，于是便使异族分子也加入本村内了。初来者虽遵守他们的规则，但乡村却代替了氏族而成为政治单位。在乡村中的氏族都各有土地以租给氏族的分子。"

像上文所述一个乡村（即其酋长及统治的氏族）或各氏族是否能管理土地，换言之，真实的所有权尚未言及。照欧洲观念而言峇搭人还无真正的土地所有权，因为土地不能赠送、买卖或典质。所有权的获得只由于种植该田地。外来人应得氏族或乡长允许方有种植权。土地的使用是由最初种植者传给家人。

法律 像其他原始民族一样,法典的来源是由于被害的家族或氏族的要求复仇或赎命金,提出的控诉常是民事的而非刑事的,为私过而非犯罪。这事引起著作家们说峇搭人不晓得民法与刑法的区别。这话却反是民南加堡人更像,因为峇搭人实在已经在构成小国家的途上,例如叛逆不但被当作犯罪,而且是大罪。

照峇搭法律以酋长为法官,受害者为原告。每一案件都要查出其损害的是什么(ido)。证据常用物证(tanda),如证据可疑或不完全,便要求犯人宣誓自明。在以前还用神判。法庭便在公所内或广场。

个人的争执如土地或聘金等事不到法庭,常由第三者仲裁,在以前如不成功便发生战争。

主要的犯罪是杀人、盗窃、奸淫和侮辱。寡妇再嫁的夫如不是故夫的亲属也算奸淫。在战时所用的刑罚已经在上文讲过了。在南部峇搭人的刑罚种类照重轻排列如下:(1)犯人及其近亲的死刑。(2)犯人的死刑。(3)杀害犯人并毁其家〔译者按:原文用 slay 一字,疑与公开的死刑不同而系派人到其家斗杀〕。(4)永远放逐。(5)放逐。(6)罚锾,有七等。(7)枷禁。(8)鞭打(被施于奴隶)。(9)降级或褫夺特权。(10)罚交灰与盐(siraassam,这是以前杀吃的遗俗)。

峇搭人有三种集体责任(collective responsibility)。第一种是自然的集体责任,例如为亲属而负的责任,又如主人为客人负责,酋长为属民负责,酋长又为在境内的别人的属民负责。

第二种是自由选择的责任。例如对于一个人的行为虽是全族的人都要负责,却可选几个人特别负责到法庭,这些人称为 anak boru 或 senina。以下在亲属系统一节中再详论。

第三种便是全乡村人的集体责任。〔译者按:即全村人都须为一个人的行为负责,如一人杀了别村的人,在别村的人看来本村的任何一人都负偿命的责,这常是原始民族战争的原因。〕

宣誓及神判 宣誓和神判以前在峇搭法律中很为重要,特别在物证缺乏的时候。上文曾言战争在峇搭人(即民南加堡人亦然)常是一种神判,头阵失败的便是神所指为有罪的了。宣誓和神判不过是同一种心理的两方面。因为宣誓便也是一种神判,伪誓者会被神所罚。在峇搭人中,像在多数原始民族,甚或文明民族如古希腊人罗马人一样,对于伪誓都无规定的刑罚。

宣誓和神判应视为一种印度的,或者像是印度以前的风俗,传到了苏门答腊、其他东印度群岛、新几尼亚,甚至坡里尼西亚。蹈火(fire-walking)在印度原是一种神判,是阿格尼(agni)即火神所司的。这种风俗在坡里尼西亚已经不是神判了。世界上更落后的民族如安达曼岛人、澳洲土人、美洲印第安人都无宣誓与神判。非洲土人更增加了一种神判即为侦审巫觋的毒药神判,这是别处所无的。所有苏门答腊土人包含原始的古部人(kubu)都有宣誓和神判。在西部小岛如尼亚士岛人也有,但民答威人却无。

在峇搭法庭上宣誓无证物,如怀疑其不实可请求见证人宣誓。如被拒绝便视为不实。

峇搭人在宣誓洗雪时是很随便的。即使犯罪是实,他还是冲口而出的罚咒,睫毛都不动一动,他的家人听了也是这样。宣誓的公式有很多种。

神判是更严酷的宣誓,为犯人所不喜做。神判如果断定被告有罪,例如将死的一只小鸡倒在右边,犯人便常吐实。

在多峇人有一种称为hopokwas的风俗,原是宴乐的事,现在却用为神判的一种。僧侣、失主的酋长、被告的酋长都被请参加。这法是用来追得原物的,但牛却在外。僧侣以及被告家族或乡村的代表也须经试验。试验时不用锋利的武器,虽是被告有时向僧侣挑战请用利器。

神判的时期由僧侣照法术历而定,在四星期前宣布。僧侣念动咒语请hopok不伤无罪者而杀死有罪者。神灵和祖先的鬼都被请来监临。

常见的神判有二种:一是食物神判,二是试火神判。在食物神判中被告须吞下一把粟或饭,不借助于汤水。被告如愿意还可准许吞下西班牙辣椒但不得畏缩。试火神判是探手入熔化的铝或铁内。又如踏在熔化的铁上走也是一种试火神判。

像在菲律宾或其他印度尼西亚诸岛,试水的神判也常举行。被告应跳入水池内,如果有罪他便会淹死。

继承 妇女和小孩都无继承权,而须由成年男人扶助。法律最严的地方只行幼子继承,其次是较长者,很常是幼子和长子平分。诸妻所生儿子无分别。

在南部峇搭人的继承法,韦勒(Willer)所说如下:子孙按直系继承父亲及祖父之业。子死由孙继承。死而无子者由父亲继承,父亲死由兄弟的子或外甥继承。如以上诸人都死,由家族的长(ripe)继承。如有男性后裔必不行上辈继承或旁支继承。

婚姻的限制 峇搭人的氏族(marga)原是父系的,且行族外结婚,同氏族不能结婚。但因生活的变更,这种制度已经破坏,不容易找出氏族的数目,而且氏族外结婚制也不再严守了。

卡罗人有五个主要氏族,各由一个假想的部落祖先所传下。氏族或氏族分支都无族长。卡罗人的乡长不能像多峇或别处的峇搭人提出由开祖以来的族谱。

卡罗人五个主要的氏族是:Karo-karo, Tarigan, Ginting, Perangin angin,

Sembiring。氏族再分为支族也称为氏族,支族再分为家族(rumah)。上述五氏族中的前三氏族的分子不得在氏族内或支族内自相婚嫁,第四个氏族略宽些,第五个氏族中便有很多同族结婚的。

在别处的氏族数目和名称便不能数得正确。泰曼氏(Tideman)却说第母耳人有四个主要氏族即 Damanik,Sinaga,Saragih,Purba。在多峇人中氏族的确实数目不明。有些著作家说多峇人有五个主要的氏族像卡罗人一样,凡狄氏(Van Dijk)、瓦涅氏(Warneck)和勃列那氏(Brenner)却说只有二个,故峇搭人有半部族制(moiety)[译者按:半部族制即一个部落只有二个氏族互相为婚]。勃列那氏指明,他们有二个主要氏族名为 Tartharol 和 Teivaliol,这些再分为支族,每个支族(sub-sib)包括一群的乡村,并以各村领袖的名为其名。菇斯突拉氏(Joustra)以为这话是真的,那里有二群乡村,一是 Tuan Haringguan Godan 的子孙,一是 Saribu Radja 的子孙。

通常,一个男子应娶别一氏族的女人为妻,而且其氏族须不属同一起源。除中表结婚以外,一个卡罗人,且应娶和母亲不同氏族的女人。每个小孩都被教以父亲和母亲的氏族。菇斯突拉氏说卡罗人称父亲的氏族为 marga,母亲的氏族为 bebere,记其制度如下:

"两个不相识者的谈话常先从请教两边氏族讲起。这是所以明了两方的家族关系如何并决定应如何互相称呼,如称名或称为伯叔舅姑父母等。[译者按:原始民族除自己父母以外还称别的亲人为父母,其意等于伯叔,如中国的称伯叔父母为诸父诸母,也是原始风俗的遗留。]"

"一个男人常泛称一不相识的人为妻舅(silih),一个女人称别的女人为姑母(bibi),称不相识的男人为舅父(ama),又称不相识的女人为朋友(kadih,or teman)。"

"如两个人都属于同一父方氏族,即使不同属母方氏族,其关系也极密切。依照他们的年龄等级的同异,而定其关系,例如兄弟、父子、姑母伯叔母与甥侄等,这种关系并不像血属关系那样密切,但也不是空名称,因为这是由于婚姻的禁忌。凡有名义上的亲属关系者如有性的行为便是乱伦。"

"如父方氏族不同母方氏族相同,则其关系也是亲属但不十分密切。两个男人仍是兄弟,但不称为 senina 而称为 ersenina sipemeren。同一母方氏族的男女不能结婚,除非分属两支族。"

曼地令人在以前无关于乱伦的法律,因为,这是太例外的。凡互称为兄弟姊妹(ibotoh)的如犯乱伦的罪必处死刑。一个女子如跟一个无特别关系而同属一个氏族的男子逃走,男人罚缴照聘金的数目,女人罚处独身或嫁给下级人并赶去远地方。

图腾制（totemism） 峇搭人的氏族还和图腾制相联结。有些氏族自信其为某种动物的后裔。他们说这些动物属于他们的氏族，氏族中人都不准吃它们的肉。依纽曼氏所报告南部的峇搭人有以下的图腾：Babijat 氏族有虎、豹等为图腾，Tompul 氏族有狗图腾，Si Regar 氏族有猿和山羊图腾，Harahap 氏族有鸽图腾，Nasution 氏族有白水牛图腾，Si Pospos 氏族有猫图腾。这些氏族都不敢吃以上为图腾的动物，因为他们自以为是由它们传下来的。

卡罗人也有同样的食物禁忌以及属于氏族的动物。一部分卡罗人自以为是一条大蛇的女儿传下来的。以前在神权的王 Singa Mangaradja 的朝廷上还养着蛇视为神圣。

姑舅表结婚（cross-cousin marriage） 男人得娶其舅父的女儿，但不得娶其姑母的女儿。妻可以为其舅父的女或其外祖父的孙女儿，至于哪一个表兄弟或表姊妹可以自由选择。这样的中表关系称为 tunanang，但多峇人却用这名以称他所能结婚的女人。

由于峇搭人中缺乏统计或族谱，故不能知姑舅表结婚的多少。弥耳瓦特氏（Meerwaldt）说在多峇人中这种结婚不多见。他说假如一个男子有一个女儿，而他的姊妹有一个儿子，这两人便互相为 sope 或 rime。一个男子已经有一个相当的表姊妹却不娶她，而娶别的女人，他便须付给他的舅父一种赠品以和解他。法律并不规定，但姑舅表的结婚却被目为正当的结婚，听说安哥拉（Angkola）男子娶表妹不会送更低的身价，但茹斯突拉（Joustra）却说在卡罗人中身价比平常低，有的且完全不要。弥耳瓦特（Meerwaldt）说多峇人也相同。

和姑母的女结婚是犯刑法的事。峇搭人解释这种禁令说"水哪能倒流到源头去"。但第三代的父方的表兄妹便可以通婚。现时凡属异姓的表姊妹，除了舅父的女儿以外，都不得结婚，好像她们是真的姊妹一样。但据峇搭人说在以前人少的时候也准许娶姑母的女儿，后来因引起神怒方才悬为厉禁。

峇搭人虽行一夫多妻制，但一个男人不得同时娶两个同胞的姊妹，甚至两个同母兄弟也不得分娶两个同胞姊妹。他们说这像是放两块磨石在一个环上。

兄弟妇婚和妻姊妹婚（levirate and sororate） 照峇搭人的严格的男系制法律说："妇女像小孩一样，小孩是他父亲的财产，妇女也是她丈夫的财产。丈夫死后转属于丈夫的男性亲人。"

身价还清后一个女人便是他丈夫的氏族的财产。所以一个女人不但属于丈夫，丈夫死后还是属于丈夫的家族，如丈夫死后其妻拒绝再嫁给丈夫的兄弟、从兄弟、儿子或其他最近的亲人，她便犯了破坏婚姻关系的罪。其结果这个女人须罚给酋长为奴隶。如丈夫无男性近亲，其妻须嫁给同氏族的男人。

但如承袭的男人不愿娶这女人,他还须赡养她。

事实上一个女人却不会像货物一样任人承袭,因为她可以付还身价而赎回自由,即如她没有充足的钱赎身,她也可以从丈夫的男性亲人中选一个自己所愿嫁的。在多峇人中一个女人如已有儿子便不须一定再嫁给家族中的人。

纽曼氏叙述南部峇搭人的兄弟妇婚和妻姊妹婚的规则如下:

"一个男人死后,他的财产地位和妻都为继承人(waris,阿拉伯语)所有,继承人很常是死者的弟或长子。如死者的弟肯娶其嫂,她应当遵从。如传长子(即前妻的子)继承便有不同。现在和前妻的子结婚是被禁的;但以前前妻的子可于父死后娶其继母。嗣子的亲母可以寡居或嫁给小叔。如无小叔,或小叔不要娶她,她可以得其儿子的同意而嫁给别人。有时一个父亲为儿子的继承人,他便可以娶其媳妇。有时一个继承人不愿娶死者的寡妇,他可将她送给兄弟为妻。如他们都不愿娶她,她可以获得继承人的同意而自择人再嫁。"

"如一个女人死而无子,身价又已经付完,她的外家应负责再送一个女人来代替。最好的代替者是死者的妹或其他女性亲人。其时男人应再送一点子财物于丈人。如女人已生子而死,那便无这样的义务。嫁出的女儿初次生子时外家应致送一点礼物,那便是表示最后的义务已尽了。那时女婿也要送还一点赠品于岳家。依峇搭人的风俗,身价(djudjur)不但买一妻,还包括一个儿子。"

照峇搭人的惯例,凡娶寡妇者须代还其已死丈夫所负的债务。丈夫死或妻子死而再婚者应等待一年后,不及一年者虽不致受罚,但必为人所非笑。

男人的优先结婚对象在多峇人称为"波里板"(poriban)。一个男人应娶的"波里板"那便是:第一为妻的妹子,其次是母舅的女儿,第三是母族中和他同年级的女人。男人称所有这些女人为波里板,他可以和她们有开玩笑或自由的关系。反之,一个男人应避忌其姊妹、妻的姊妹、姑表姊妹,以及其他凡认为是姊妹的女人。

妻的妹称其姊夫为波里板,已嫁的女人也称其小叔为波里板,两个同门的男人也互称其妻为波里板。

在卡罗人母舅的女儿和姑母的男孩互称为"因巴耳"(impal),应当结婚。

亲属惯例　在峇搭人中男女有别的禁忌(avoidance)似乎根于一条原则,以为凡是不正当的都要预防。假如两个男女在一起,或交换一二句话,立刻便引起嫌疑。同一家族人的乱伦被极力阻止其发生,因为恐怕神会动怒降灾。兄弟与姊妹间的禁忌最为严格,兄弟和姊妹如同在一起,即使还有第三者在场,也觉得局促不安。父母与子女的禁忌较宽,但父亲也不得独和女儿在一室内,母亲和儿子也这样。茹斯突拉氏记载这些禁忌,承认多数是有需要的。

通常凡不得互相嫁娶的男女便都应守禁忌,反之,凡可以互相嫁娶或应当嫁娶的男女便可以有自由玩笑的关系,同性中间无避忌。

翁对于媳很有礼貌。他如有话要对她讲,须由第三者代传。他不得称她的名,像不得称自己的妻的名一样。他称她是用她的族名,或"某人的女儿"。媳对于翁也同样有礼。她不直接对他讲话而请第三者代传。翁如当面行来,媳便须避于旁边。媳对于婆却很亲切,婆常直呼媳的名。婆如即是姑母的,自然更亲切了。

一个男人对其岳母须互相避忌,但与其岳父却甚亲近。如其岳父便是母舅,便称之为"第二父亲"。事实上在峇搭族一个男人与其岳父母的关系比和自己家人更密切。

一个男人与其弟妇互相避忌。他们不得交谈,在路上相遇,男人要避路旁,如无可避,女人便须走回头。男人又须避其妻舅的妻(bao)。

反之正式的姑舅表之间交际很为自由,不受习惯法所拘束。如他们互相交谈或在街上同行,都无人加以非议。他们可以说笑、猜谜、在歌谣里玩弄字面。通常一对定过婚的未来夫妇不得在女家交谈,但表兄妹却不以为羞。他们常被故意留在一起使他们更能相熟。

同样,小叔也得和嫂子交谈说笑,因为哥哥死后嫂子便是自己的妻了。如嫂子原是表姊妹那便更可自由谈话了。

峇搭人的男与女对于自己的族人和其配偶的族人都有固定的关系。同族且同年级的便是假定的兄弟姊妹(age class)。[译者按:原始民族常按年龄分部落中人为几级,每一级包括几年的男女互为假定的兄弟姊妹。例如在安哥拉(Angkola)同氏族同年级的男人互称为"兄弟"(sa-marga),同氏族同年级的女人互称为"姊妹"(paribotoan)。]戴利语同族人互称为"同母的"(senina)(英译 mother members)。多峇人也用 dongan-saina 一语,但只指同一支族的人。

理论上,至少在卡罗人,一个男人不得娶其母族的女子,其亲属名称也和这条禁例相符合,但如男子娶舅父的女儿,女人嫁姑母的儿子却被认为适当的婚姻。多峇人称呼其母族的长辈为"生命的源"或"一生的开始"(hulahula or bona ni ari),不论有无娶其表姊妹。他如娶别族的女儿为妻,他便有第二类的"生命的源",他从那里得到妻子。对于这种"生命的源"的亲属都应永远恭敬,否则必致神怒。呈献食物或交谈时他们都得表示尊崇的意。如舅父要求赠品或钱财,如属可能,都应从命,如曾娶其女儿更应如此。一个人如和父母争斗,他便逃到舅父家。

但境遇也会改变上述的惯例,"生命的源"如属富裕,自然恭敬不遑,如属贫穷,便被轻视。故如舅父家贫,便故意避免娶其合法的表妹。

在两个通婚的氏族之间还有些法律上和社会上的惯例。多峇语中一个男人结了婚,他便成为岳父的"男的女儿"(anak boru)。不但是岳父的而且是所有妻族男人的,即全个妻族的,同时互换的名称是 tondong。泰曼氏(Tideman)说这两个名称便表示了二族的关系,已婚男子的族人都是 anak boru 对 tondong,其中最重要的是 anak boru sikahanan(kaha 意为老)。

tondong 除有他的 anak boru 以外还有他自己的族人为其陪从,这些人在他称为"同母的"(senina)。senina 之中最重要的是 senina sikahanan。

anak boru 须为其 tondong 的行为负全部的责任。tondong 如犯了法规或欠债不能还,anak boru 须为负责。如一个 anak boru sikahanan 须代还债而无能力,他可招其他的 anak boru 各负一部分责任。

anak boru 须负上述种种不利的责任,至于其仅有的利益是在有宴会或典礼之时分得布匹和肉,但在有结婚礼或某种宴会时他又须送一点钱为礼物。

anak boru senina 凡有重要家庭事件,必要聚集,例如有人死亡便要讨论继承遗产和地位等事。

在多沓人和第母耳人中 anak boru 的关系像是由外甥对母舅的义务发展而成。在卡罗人选择 anak boru 和 senina 略有不同。在这里 senina 也是同族兄弟,但 anak boru 却不是妻族的人而是他的姊妹夫家的人。依茹斯突拉所讲:

> 自一个男人结婚后开始参加社会或私人生活,他便不能没有一个 anak boru 和一个 senina。anak boru 在这三位一体中最为重要。他等于马来阿拉伯语的 wakil 即代表,但更有用。为本人缺席的代表是在于以下的理由:(1)凡法律行为应报告者;(2)无书面的记录而需要证人者。凡刑罚、罚锾、罚枷都可叫三人中的任何一个负责。

凡沓搭的统治者都有其 anak boru 或 senina 在他的身边帮他处理政务。将女儿嫁给统治的氏族的氏族称为 boru marga。

结婚及求爱 印度尼西亚各地关于女人结婚前的贞操各有不同的意见。概括起来在男系的地方重视这种贞操,在两系并行的家族中并不要求,但在行男系的沓搭人中也还有不同的意见。在北方的如多沓人结婚前的性自由是假定可行的,至于在南方女子的公共宿舍却正为保护处女而设。各处都以儿童时期的定婚为未来的丈夫们保存了女人的品行。

通常在原始人民中求爱和结婚无甚关系。前者是以获得性的满足为目的,常借助于法术,并且只是两个人间的事件,只要不犯乱伦和通奸罪便是了。结婚则不然,结婚是两个家族或氏族的交易,须由第三者安排,最多只问一问当事者请其同意而已。在沓搭人求爱却常引到结婚,尤其是女人有了孕以后更常结婚。

沓搭的俗语说"没有一块美丽的饼没有苍蝇坐过",所以沓搭男人只要他的妻能做工便好,并不根究她的过去行为。很多机会可以使少男少女相熟。在田里工作或大宴会时他们都可以自由混杂在一起。青年男女如出自不同氏族且能遵守规则,便很可以自由。在南部的峇搭人这种集会称为 martandang,又用以指少男访少女于公共宿舍。在多峇人男女的交际尤为自由,青年男女常用四行的有韵对句互相竞争。败者应科罚,男子败,须交付一件衣服、一把小刀或一件小装饰品,女子败则输了自己。

青年男子有各种方法以取悦于少女。求爱常于晚间在村栅内举行,多峇人称为 tarutaruan。男子唱恋爱的歌,和以甘蔗叶梗所制的口琴,符咒(dorma)也拿来应用,女子也用反抗的符咒来相抵。因为他们以为由符咒成功的将来会成恶姻缘。对于代行符咒者应供给祭品。还有一种求爱法更为平常,多峇人称之为 gamkir di toru。男子将钱酬谢女子的爱,但将来如得成婚,可以减少身价。

一对青年男女如已发生固定关系或女子有了孕,便成立婚姻。在南部峇搭人十岁、十一岁的女子称为 budjing,认为可结婚的年龄,睡在妇女公共宿舍(bagas podoman)内,由一个可靠的女人管理。凡未婚的男子都有权进入妇女公共宿舍内。他们常结小队来,带了火把,和少女们闲谈,送她们蒌叶,直到保姆给他们暗号请他们离开。

求爱者的访问如得成功,女子便告知父母得其同意。于是次夜男子便来招女子同去,到一个空的公所内同宿,依法律所规定是纯洁的。这样的举动名为 mermaijam。以后男子和他的亲人便请女家的长辈允许结婚。男子送一件定婚物品例如臂环等,于是婚约便成立了。峇搭女子在定婚前常得自由行事,但不得怀孕。一个女人,不论是少女或寡妇,如已有孕而不得嫁给所爱的男子,那末,她的妇女特征例如头发等都被褫夺,或被逼嫁给下级的男人。社会准许青年男人可以非常自由地对待女人,不但被准许而已,男人如遇少女独在一处更可以用强暴手段,这是被认为适当的行为。女人却可以用法律方法强逼男子娶她。

女子提出求婚的手续称为 mahijompo。这是尽力公开实行的。女子携带了她所有物的大部分,在日间步行村中走到有关系男子的长辈的屋中。如被准许停留一段时间,这男子便须娶她,女人如无一物可以证明男子的罪,例如一块衣服,或者被强奸时无人看见,她可被拒绝。如她有证据,男子便应当娶她,否则须偿给她身价的钱额。很少男子还身价而不要女人。女子也常有无证据而冒险的,她不过曾见过该男子而钟情于他而已。在这种情形,女子很怕被坚拒,因为这会降低她的名誉和她的身价。

女子自己求婚有二种。其一称为 manaik,实是私奔。其目的却是在乎避免正式结婚的麻烦和浪费,女子父母也知情,或且是已经定婚甚久的。在这一式身价须全交清。第二式名为 mandakil，女子的父母不知情且是反对的。女子常是有孕了怕被男人所弃。身价照常，唯一小部分缓交，等到宰了一头牛婚礼便算补足。

定婚 在多峇人或其他峇搭人，女孩常有在出世以前便被父母为她定婚的。其父母亲大约是欠债或急需钱用。一个男人受了人家的全部或一部分身价却还未生女孩的这种风俗名为 morboru tapang。女孩出生后，未来丈夫的父亲便来看且带礼物来。他们便请乡长参加，举行宴会，撒米在男女孩的头上，为他俩起好听的名。于是这两个婴孩便定婚了。后来便也真的结婚。[译者按：我国人也有指腹定婚的风俗，与此形式上相同，原因却不同。]

在成年人的定婚礼是宰一头水牛并赠送女家。更简单的是送一块布或一件武器便是宣布定婚了。定婚后常延缓甚久才结婚。在定婚期中男子可以自由和其未婚妻同居。他帮助女家长辈工作，便在他们家里食。这种风俗是为要(1)使他俩相熟，(2)使男子可以相信未婚妻不再送给别的男子，(3)男子可以由工作而渐还身价。如在贵族，便用一个奴隶代为到岳家做工并代为看管女子。

有时也有相反的，在定婚期间，女子反到男家居住，这是由于男家的不相信，恐怕女子会再跟别人，或者这件亲事是两方都十分情愿的。有时且发生于新郎还太幼小不能实行结婚的时候。女子到男家便居在媳妇(pa-ruma-en)的地位，从事舂米和其他家庭工作。

身价 身价便是指男家给女家的新娘代价。南部苏门答腊语的 djurjur 已为欧人所熟知。峇搭人以付身价为合法购买手续，故称其妻为"买得的东西"。例如多峇语"我买的物"(na hu tuhor)意义却为"我的妻"。其实峇搭人的婚姻却只停于交换的阶段而尚未发展到完全的买卖。身价不过是一氏族交给另一氏族的证物，以备互换。身价的多少不以她的年龄、姿容或能力为标准，而是照她的母亲或祖母的身价额数。她的父亲收入了他娶妻时所付出的数目。或者峇搭人最早的婚姻形式是交换结婚，两个氏族或半部族互相交换，像现在的两个统治的氏族一样。姑舅表结婚使两个氏族永守族外结婚的风俗，而身价即维持两族间的商业均衡。

多峇人中的新娘身价自 50 元至 1000 元不等。女子的所有人(porboru)即其父兄，得到大部分。父亲如死，一个兄弟可为其所有人。但所有男性亲人即甚疏远的也可得一小部分。乡村领袖和所有村里人都得一小部分。这可证明古时身价银是分给全氏族的。身价内留一小部分还给男家为回赠。

依惯例新娘身价并非一次完全付清，常先付一半。如两家很合得来，便不再问余额。但这种债务的取消却是未曾有的事，所以有时孙子或重孙子还要代祖父、曾祖父还娶妻身价银。

身价银如已全付清,新郎便可要求新娘妆奁的珠宝衣服等物。如新娘是出自贵族的,其妆奁必很贵重,以后便成为丈夫的财产,如身价未全付清而离婚,小孩随母而归外家。

这些规则却也不完全实行。有时如两家甚相友好,便完全不收身价银。以后新娘的亲属常请男家给以经济上的帮助或参加田里的工作。假使发生离婚或男人死了,关于小孩的问题便很错杂。有的人说身价便当作已经付清了,有的人却说是还未付清,故女人与小孩应属母家的。通常的解决法是补付身价全不减少,故如在结婚时即付清约定额数的身价实在反为便宜。

偶然也有约定不付身价的婚约,这对新娘实是一种耻辱,将来她的女儿、孙女儿都照例无身价。一个女子被这样弃掉的多峇语称为 boru mangambe。这名称的意义是说这女子走路时便有人尾随她。这样的女子或者是有皮肤病的,或者原是贵族而和下级的人通奸的,或者她曾和人通奸而不肯或不能指出奸夫的姓名的。

母方居住(matrilocal)的婚姻却也常行于东印度群岛父系的氏族中如峇搭人、卡约人、南部苏门答腊人、摩鹿加的奄旁人(Ambon)。马来话称这种婚姻为 ambil anak,意义不过是"养孩子",这大约便是其目的了。依这种风俗男子住在妻家服务,无须交新娘身价,所生孩子属于妻家。自然这种服务结婚不过是"养孩子"的一种暂时形式。

最通行的"养小孩"结婚是新娘的父亲年老希望以女婿为嗣,于是女婿便入嗣妻家,在妻家生活并为妻家服务。如女婿有了充足的钱可还其妻身价,待其岳父死后便可获得其土地的继承权。新娘身价在峇搭人中是规定男系族制的重要因素。假如没有身价银,而结婚不过是一种交换,如在苏门答腊的南榜人或新几尼亚人,那末,其氏族究竟是男系的或女系的还要看所有权在何人手里而定。但假如身价太贵,便全倾向于设法避免交身价银,住居妻家,财产权保留于妻家,或者终于成为女系制度。这种事情在苏门答腊并未发生过,但妻家居住在峇搭人中却很常把氏族从地方性的改为世系性的。

婚姻的型式 以下的婚姻型式系由纽曼氏所举出,原指南部峇搭人,但全部峇搭地方都通行。在任何型式中身价或其相等的事物必须交付。(1)定婚后举行。(2)女人死后未有小孩,外家须将另一个女子续婚,常即为死者的妹。(3)由继承,夫死归于另一男人。(4)由诱婚。(5)由女人自己私奔。(6)由"不名誉的行为"女人可以逼男人娶她。(7)不名誉的行为公开后女人可以自己走到男人家里强逼结婚。(8)强奸以后(mamintui)。

诱婚在峇搭法律上却是通常的结婚型式。其主要目的是避免结婚费用,身价银不得免,但可先付一半,余分期摊还。贵族的结婚女家虽收到身价但其用费也同样的多,这不但宴会的费而已,女家还须赠送衣服、饰物、家具于女儿以为妆奁。男家缓交一部分身价银,女家便也节省大部分的妆奁。

诱婚的合法执行,是由男子带了女子到另一村(kampong),女子留一些东西例如一块布在席下,表示她已经照自己的意思去了。男子托人告知女子的父母,说他已诱去了他们的女儿。女子的家人佯为大怒,但一面却进行结婚礼,宰一头水牛便成了婚了。

有的女子的长辈真的反对这样的结婚,但假如双方的阶级上的差异不大,便也算是合法的了。女家只可让步以保全女儿的名誉。第一批的身价略减少,但不到一半。

真实的掠夺婚姻在峇搭人中并不存在,诱婚也不是掠夺婚的遗留,那不过是偕奔而已。强奸的婚姻只在特殊例外方被准许。例如一个酋长爱一个下等阶级的女人,她人不愿嫁他,他便得行强奸。但他还须送身价娶她,如他屈待了那个女人,他的属民便得放弃对他的忠心,投诉于别的酋长。又如一个女人不愿再嫁给继承人,他便可以强奸她,但须先告诉酋长。

通常结婚年龄是男子十八岁,女子十五岁。但女子得在十岁即在成熟前结婚。结婚前男子派一媒人对女子传达,因为这事不便直接谈及。女子怕羞不便立刻便允,于是她便一一调查男子的品性、价值和容貌。如有意允许她便对媒人说"知某某人要娶一个穷人的女儿,他可以对我的父母提起",这便是暗示她已应允了。那时男子便到公所里祈一个梦。

他独睡一处,用一个米制的枕,祈求祖宗和神灵在梦中指点他。如他梦在收粟或喝清水,便是好兆。但如梦耕田或爬山,那便是不吉了。梦兆不吉他便取消这婚事。有些人还请卜人替他推断他的名字和新娘的名字能不能相合。据说男女二人的名以及其灵魂(tondi)都要相配合才能养孩子。

如各种预兆都是吉利的,男子便将物件交给他的未来丈人和未来妻子以为定婚物。新娘身价和婚期都在这时请定。结婚时新郎带了肉来,还了身价,便同新娘到自己的乡村。

各种结婚除了强奸和继承以外,女子本身的选择最为重要,身价还不要紧,因为可以分期交付。男家所选的女子希望她能倾向丈夫和夫家,而将来夫死也不拒绝再嫁给夫家的人。

结婚礼 结婚礼由酋长主持。在致辞中有一段话说"将来男人如死必定有人代替,女人死也有人代替"。他俩须从同一块碟内吃饭,碟中央放一粒卵,以表示他俩从此以后便结合为一了。他俩坐在同一条席上,并同被这条席所包裹。

最后新郎便带新娘到自己的家。路上新娘要佯装忧愁,悲泣着唱哀歌。

婚礼过后新夫妇须遵守禁忌(robu)四日至七日,这便是他俩的蜜月。这时期内他俩不能做什么工作(除捣一点子食物以外),不能到米田里,不能过河。

在未生子时夫妇的关系还不十分固定。他俩如在公众中同在一起便被认为不合。他俩如被人看见在交谈或同行也自以为愁。结婚常是住居男家的即父方居住(patrilocal)，但一年内新夫妇应同赴岳家一次。如新夫妇不是中表，母舅有权要求外甥夫妇到他家里并履行法定手续。新妇和夫的舅父应交换赠品，以表示结婚关系还存在。

一夫多妻制 峇搭人并不规定一个男人可娶几个妻，但因结婚费重故普通人都只有一个妻子。多峇酋长有三位至五位夫人，最多至八位为止。最先的妻对其他的妻有些特权。有时峇搭女人如无子便劝丈夫娶第二妻，以免被离婚。峇搭地方女人数目颇多，使酋长们得以多娶，因为以前有很多男子被卖为奴隶，有些人则迁移到东部苏门答腊或大陆去。

怀孕 当一个女人有孕时，她必须遵守几条禁忌。她不得久坐门口，别的女人生子时她不得在场，她不得吃剩余的食物或从别人取食，她不得放松头发，或叫丈夫代为剪发。她的火炉中的火不得被人取去生火。丈夫不得宰杀动物。在临娠一个月丈夫不得于夜间令妻子独自一个人，因为这时妻子常有恶梦，神或神的使者这时会来看未生的婴孩并他将来的命运。

生育 生育小孩时所有男人都要到屋外去，只留女人帮助产妇。产妇生产时用坐的姿势。婴孩出生后胎盘(anggi，意为小弟弟或小妹妹)跟他出来便用锋利竹片割断它，埋在屋下土里，婴孩的幸福据说和胎盘很有关系，胎盘内有他的一部分灵魂。

难产时应用多种"感应的魔术"(sympathetic magic)例如解结、开门等。如产妇死，她的尸体不给以荣誉的埋葬，却丢在屋下烧掉。依峇搭人的信仰，这样的女人是犯了罪的，她的灵魂不愿再留她身上了。

小孩出生后产母以背向火，以取暖，经过了几日，在这时火是禁忌的。在南部峇搭和阿齐，用蒸汽浴。产母和婴孩被放在灶形东西上，下面放湿的木，经过十五至二十日。

卡罗和多峇人有一种风俗，名为"拿去雉鸠的火"(manuruhon api ni anduhur)。产后第四日或第七日产母左臂抱婴孩，右手从火炉里取一根着火的木走到村外。她把木浸在水里熄了火，抛在树丛里。于是她自己洗了一回澡，把婴孩也洗了，然后用布包他回村。

命名 有时婴孩第一次河边洗身时便起了名，但命名很常缓迟到后来。未命名的婴孩在卡罗人称男的为 si tangat，称女的为 si boru。通常是在出生后第四天或第八天命名。

男孩由母亲、舅父、舅母命名。女孩由姑母命名。第二或第三个小孩方由父亲或母亲命名。凡名的前面都加一个 si 字，男女名可相同。小孩的名不得和亲属的名相同，无论已死或生存的。有时用米占卜以定名的吉凶。小孩也得自己选择名字。命名者缓慢地念一长串的名，小孩如听到某一个时会笑便用这名。

每一峇搭人都有二名，一个是个人的名，一个是氏族的名（即姓）。氏族名在见面时即须问明。例如 Si Sampei 是一个卡罗人，他属于 Bukit 支族，那末他的全名是 Si Sampei Bukit。

酋长的小孩还有别种名，例如 Si Radja Balas 意为"领袖"，Si Anggur 意为"闻名四处的"，Si Tagor 意为"雷所致的忧惧"。出生时发生的特别事件也可用以为名，例如 Si Perang 意为"战争"。有时也用动物名，但不包括图腾名，例如两兄弟，一名 Si Gadja，意为象，又一名 Si Beruwang，意为熊。有时也用污贱的名以辟除恶运，例如 Si Bengkala，意为一种猴。还有用特别的名以招吉利的，例如一个病孩名为 Si Bolat，意为"园而肥"。

如父母曾经丧子，后来的子常不为命名。他长大后自己起一个名或被人起一个绰号即用为名。这些绰号例如 Si Gopok 意为"胖子"，Si Keling 意为"黑吉灵"。

峇搭人常随意换名，或因病改名，像坡里尼西亚人。小孩如生病，父母便为他改名，希望能使病速愈。对于峇搭乡村中人应注意其有无换名。

讳名（Teknonomy）〔译者按：讳名为原始民族之一种风俗，不称真名，而改用别种称法例如"某人之父"等。〕峇搭人中讳名的风俗无疑的是由于称呼人名的禁忌。纽曼氏以为不敢称人名是由于怕鬼，泰曼氏且说有一种法律禁止称呼人名。在第母耳人中便是一个人独处也不敢高声叫出自己的名或长辈的名。如有犯此者，听到的人可以向酋长报告起诉。

子女不便称父母的名，属民也不便称其酋长的名，但长的或高级者却可以直称小辈或低级者的名。平辈也不便互相称名。为避免称名的不便他们便使用"亲属称呼"或照一个人的为父的身份或为祖父的身份而称呼他。

峇搭人不说出自己的名或他的父亲的名，以为说出会招致不祥。如请教一个峇搭人的大名，他自己不答，却用肘推他的同伴请他代答。祖父（ompu）的名更不敢说出。如问一个女人的丈夫的名，她也不明说，只指她的小孩说 Ama-ni-on，意为"这个孩子的爹"。〔译者按：我国人也有这种讳名的风俗，如世俗妇女常称"阿狗的爹"、"阿猫的妈"。〕峇搭人的人名都用"某人的爹"（Ama-ni……）或"某人的公公"（Ompu-ni……）的公式。他们反照儿子或孙子的称呼来称自己。"某人的公公"是更体面的称呼，每个峇搭男人都喜欢得这称呼。有时青年人为要得到这称呼，甚至用了以下的方法。他如已有一个男孩，便代男孩娶了一个年长的妻子，但因男孩太小还不知人道，于是父亲便从中居间，于是便有了"孙子"了。一个人如已得了"某某的爹"的称呼，别人还叫他的名,那便很有引起战争的危险。

多峇人的"姓名"一字为 goar。但不能直接问人:"你名什么?"(Ise goar?)应当问:"你用他的名的小孩叫什么?"(Ise pang-goar-an-mu)。他便答:"我名是丹哥的爹"(Si Dangol pang-goar-an-ku)。父母照第一个小孩的名,如死,便照第二个的名。如第一个是女孩,第二个是男孩,父亲改用男孩的名。

酋长的名不但在生不应说出,便是死后也是忌讳。甚至不得用已故酋长的名的一部分字音。这种风俗像北美洲,和亚洲北部土人一样为语言改变的一个原因。例如在第母耳的一区丹那查哇(Tana Djawa)人中不准用字尾有 hor 的字,因为以前有一位酋长名为 Horpan-aluan。那边人不敢称水牛为 horbo,却改称它为 si ranggas。又不敢说常用的"买"字 tuhor,却用 boli 代替它。

小孩的待遇　在以前只教小孩摹仿大人。只有应做僧侣的才受一点正式教育,特别是读和写的技术。但在多峇人,所有男女青年都学一点写字方法以交换情书。情书写在竹片上,长半呎至1呎,阔约1吋半。

小孩幼时罕受责罚,做父母的若非气到发狂决不批搁殴打或拖倒一个小孩。像印度尼西亚各地一样,土人们都怕小孩会失去魂魄。少女也罕受责罚,如有也是由母亲责罚,不由父亲。年长的女儿或者反受更粗暴的待遇,例如她拒绝嫁给父母为她选择的人,或自己跟了一个男人,违背父母的意见。这时她将被咒骂、罚饿或捶打。

女儿如结婚后私逃,其罚更重。她如坚执要离开丈夫,父亲应退还身价和结婚费于女婿。她的父亲或者会打她,抓她的头发拖她在地上爬,或把她枷禁,以逼她服从。或者还绑她的双手,并放会咬人的蚂蚁在她背上。如丈夫情愿领回妻子,这是由他接受岳父的送礼而表示的,而其妻子也应允不再逃走,她便可得自由便带了赠品去。父亲或其他出卖女子的人加于私逃的女子的刑罚有时很酷,以至于女子不能忍受情愿自尽。如女儿宣称要自尽,她的父亲便要交罚金,无钱也要借债。女儿自尽会引起种种不利于父亲的闲话。

发情期的礼节　发情期的礼节在西部印度尼西亚像在坡里尼西亚一样对于男女青年不甚重要,或者受遗留的风俗。我所读的关于西部印度尼西亚的记载,以及我自己在民答威岛的经验,都不曾说当地土人女子第一次或以后月经期中有什么禁忌。多峇人称月经期的女人为 dioro bulan,意为"月亮",有一种民间信仰说月亮是这种女人的情人。

有一个关于男童的发情期的礼节是和头发有关系的,这和我在尼岛(Niue)、三毛亚(Samoa)所观察的一样。峇搭男童在犬齿未发生时不得剪发,而且剪发时也不得完全剪去,应当留一簇在头上,这是因为恐怕魂魄会失掉。

锉牙齿和染黑牙齿是印度尼西亚人的普通风俗。威耳坚氏说锉牙齿代替敲去牙齿以为发情期的礼节,至于染黑牙齿又是代替锉牙齿的风俗,因为染黑牙齿是表示齿已没有了。在发情期敲去牙齿的风俗行于澳洲、美拉尼西亚一部分、西里伯、台湾等地。在英加佬岛女人当结婚时由父母敲去她的二个门牙,以表示她已不能自由而是别人的财产了。

在峇搭人锉齿的礼在男童行于发情期或早两年,在女孩行于七岁时。只限于门牙。男童锉去半个齿冠,女孩锉去全个齿冠。同时被锉的齿搽擦 bad-ja,即由烟煤取出的黑色油,使齿成黑色。锉齿以后便算成人,可以嚼槟榔了。

在南部峇搭地方有一种专门替人锉齿的人称为 baon ipon。女孩比男孩早些锉齿,因为恐怕女孩月经来后锉齿会引起病痛。锉齿的理由据说是一个人如不锉齿便像狗一样。

图 3-19　卡罗峇搭人的锉齿

男女孩锉齿后须经七日以上的禁忌,等到痛止伤愈方毕。在禁忌期中他们不得到人众中并不得嚼萎叶(sirih)。

割礼(circumcision)(即割生殖器包皮)是峇搭人的古风俗,像其他印度尼西亚土人一样,称为 batotak。这是秘密行于男童的。其法是将二支竹片挟榨着阳茎的上部使龟头包皮逐渐裂开。这已经不是发情期的礼节,并且也不是凡男子都要经过的。不过凡未经割礼的不得杀鸡。女孩则被刻纹。

在南部峇搭人有二种割礼,其一是上述的方法,又其一是回教的方法,是用割的。女孩的被刻纹也在这里。回教师(malirns)为男童施行,女孩则仍由女人施行。女孩也是在七岁前施行,男童在发情期。行礼时举行宴会请亲属参加。为人行割礼的峇搭僧侣或回教师须给他报酬。受割礼者须守禁忌七日不得到公众地方。

离婚 印度尼西亚的社会组织最能表示力量的莫过于离婚的法律。在严格的男系社会离婚必须得男人的允许，但这是不易见的事，因为丈夫一定不愿失去妻的身价银。只有通奸是例外。如在部鲁（Buru）和亚鲁（Aru），妻犯通奸罪，夫可索回身价银。在印度尼西亚无氏族或男女系并行的地方（唯民答威岛除外）离婚是很常见的事，如曾付身价银的，大抵都主张如咎在女人身价银应退回，如咎在男人便不得退回。乡长或家长会抑制太多次的离婚。在行女系制的氏族例如民南加堡人，因无身价银，故离婚很常见，双方都可自由执行。

关于离婚后子女的处置在印度尼西亚各处行男系者与行女系者不同。在行严格的男系制的人民如峇搭人和尼亚士人，所有子女都留给父亲。只有部鲁人（Buru）离婚时妻可得一个女儿为伴。在无氏族的人民中子女由父母分领，在女系氏族中自然留在母亲一边。

至于峇搭人在以前离婚的可能性曾有不同的意见。茹斯突拉（Joustra）是关于峇搭法律的权威，他说老的峇搭人不晓得离婚，妇女决不得请求离婚。万·奥菲森（Van Ophuijsen）也说南部峇搭人除非有非常的事件，婚姻都是到白头的。这些学者的话大约都是鉴于峇搭的女人提出离婚几乎是不可能的事。但男人却可以打发其妻回外家，假使他有充分的理由且情愿丧失身价银的话。

韦勒氏（Willer）在1846年记载曼地令支峇搭人说："女人及其外家即使情愿退回身价也不得提出离婚。女人只可以向丈夫请求允许离婚，由女家退回全部或一部身价。男人无生殖能力使女人有权和他离婚或改嫁男家另一人。男人可以弃掉其妻遣送她回外家而不收回身价。他也可以弃她而不遣送她回家，但须给她另一住所及食物衣服等，而她还应为他作工。"

瓦涅氏（Warneck）也记载多峇人的情形说："照理说身价银交付以后，不会有离婚的事情发生。因为这已经完成了购买的手续，以后不能取消了。但有二种特别情形：（1）男人如被其妻侮辱可以赶她回去，而索回原来的身价银。他须牺牲了结婚费，并须赠送女家以相当的礼物。（2）如女人跟人逃走，丈夫可要回身价和结婚费。女家把女儿枷禁起来。"

容浑氏（Junghuhn）叙述多峇人在1847年的情形大概相同，那时土人的风俗还全未受欧人的影响。他说："峇搭人罕有离婚的，只有依照一条法律称为sei-sei的方得离婚，如男人要赶走其妻，这是不成问题的，因为他已经付清了身价了。在这种情形，女人无可得，而小孩又留在男家。假如女人要离开丈夫，可以依法律，由女家退回身价即六码的布，宰一头水牛并开一次宴会。小孩还是留在男家。这条法律使女人提出的离婚几乎无可能。"

茹斯突拉又叙述卡罗人中的离婚礼式如下："如发生离婚应开一次宴会，

这是由理屈的一方供给以求和解的。如不得和解,这宴会便成为放松婚姻关系的方法。终席之前便试行一种称为 kah-kah bohan 的手续,便是把竹做的烹煮器剖为二半,抛向空中。如坠下时两半同是凹的,或同是凸的一面向上,那便是说和解还有望;如两半不同便是无可挽回的兆。"

女人不能因丈夫和别的女人通奸而提出离婚,男人便是不和妻子同宿也是可以自由的。女人犯通奸罪甚或可以生命为偿。

妇女地位 峇搭人中的妇女地位最可以说明男权制度(patriarchate)在理论上与事实上的差异。理论上峇搭妇女可以买卖像一头水牛或无生物的财产,所有主可以有绝对权力,他可以说"这是我买的东西"。因为本身是一件财产,她自然也无权可拥有其他财产,例如她的衣服、饰物、家畜,如在尼亚士的男权社会中便是这样。纽曼氏(Newmann)说:"妇女是买得的,成为男子的完全的财产。妇女如犯通奸罪,她的丈夫得杀死她。丈夫只须供给女人生活必需品即衣食住的所需。但她还须自己做工以获得这些东西,丈夫只给她一块田地而已。男子可以虐待其妻像一个奴隶,他死后还被别人继承去和别的财产一样。男人的唯一的限制只是不得公然卖妻而已,但他可以将妻当作借债的质物。女人的最大的且唯一的权力不过是丈夫不得不和她行性交而已。"

可是纽曼氏也还不曾描述峇搭女人完全是一件财产。依我们所见到,青年女人在结婚以前有绝大自由,像在印度尼西亚各处行两系并行制的人民中一样。照严格的男系制,女人如在结婚时已非处女,其身价应被减少。例如在尼亚士岛非处女的女人和寡妇身价都只值半价。还有选择夫婿的权也在女人,而身价银的重要还不及女人自己的倾向。纽曼氏观于峇搭女人已婚未婚地位的不同,家庭苦役与家庭领袖的差异,他说:"峇搭女人的命运实是特殊的。一时她是最被轻贱的,又一时她又是最受保护的,有时她被屈于法律之下,有时她在家庭亲属中又是一个主裁者。一方面她被当作一件待卖的货物,另一方面她又站在前头妆饰得很漂亮。"

峇搭人自己也不十分认真将女人当作可买卖的货物,有时当他们看见身价银时他们说:"她又不是水牛,为什么要用钱买。"而且虽是理论上峇搭女人如被所有主虐待,无法可以补救,其实她们得到身体上的保护无殊于文明的姊妹。

峇搭法律也不以为女人是可以随便由男人虐待的,全部族人都须负责保护女人。伤害、侮辱女人,都被科以重罚。她们可以为一点子的损失而请求赔偿。战争时女人得免被杀。敌人的箭不得射入女人的浴身处。

女人在任何社会的最后地位实在视乎该社会的经济生活,而不关于理论上真实的或假定的规则,例如所谓男系制女系制等。峇搭人和民南加堡人一是行男系制的,一是行女系制的,但因为他们是同有一样文化和经济状况的邻居,所以他们的妇女,不论在法律地位上有怎样差异,她们在日常生活上的实际地位总是很相同的。峇搭酋长的夫人甚至有一事是民南加堡女人所不能的,她们可以使用奴隶代做屋里和田里的劳动。

图 3-20　卡罗峇搭人的火葬

死亡　峇搭人常行埋葬。但在卡罗人的森比令氏族(Sembiring)却行火葬。这一氏族大半是出自达罗维荼人的。火葬后数年,开一次宴会掘起骨头,放在一个假船里,任其流去。

卡罗人办丧事的程序是照以下的:人死了后妇女儿童大放哀声,亲属都走来。尸体用白棉布包裹,抬出屋外,放在担架上。请一个女巫来跳舞出神告诉死者说他已经死了。抬架者便绕屋走了偶数的次数,然后抬到墓地,沿路伴以土人的乐队奏哀挽的歌。

到了墓地(pendawawen),尸便放下,掘一浅的墓穴。放枪并用树叶乱击,以赶出旁观者的灵魂,使离开墓穴。将死者罩面的东西拿开,使他看一次最后的太阳(他的灵魂方能带着阳光进入冥间?)并即把他埋葬在墓里。

丧家的人放一点饮食物在墓旁,然后回家沐浴,分吃食物。常即在那晚请死者的魂上神巫的身。以后便可以常和死者通讯。

重要人物的尸体常放在村中经很久的时间,有的并不再埋葬。如不埋葬便把尸体放在一个由树干挖成的箱内,上面加一个盖。有些成为船形的。箱的底部开一小孔,以使尸液流出。这个箱很常不放在墓内,只放在地上,围以一道墙,称为 kubur。

死尸的肌肉已腐化净尽后常再举行一次丧礼,这是要送灵魂到冥间的。

在奏乐声中将剩余的骨头都焚化了,这称为 pilaspilasi,意为美化。只有头颅骨留下加以装饰放在头颅室内。

平民的尸体置于露天的台上。婴孩则埋于屋下土内或立即焚化。因为恐怕僧侣们会把小孩尸体取去制为魔术物质名为 pukpuk 的东西。

多峇人不晓火葬,尸体或埋葬或以盐和樟脑保存于木箱中或大石棺中。(后一法用于酋长尸体)石棺上常雕刻生殖器崇拜的形象。苏门答腊的别处只有尼亚士还有这种风俗(phallic worship)。

图 3-21　刹茂西的石棺,前面头部雕刻古代装饰

像卡罗人一样,重要酋长埋葬后约一年,举行第二次的丧礼将骨头从棺内取出来。死人的鬼魂附于神巫身上,告诉子孙们说他此后要变为自然界的神灵(Sambaon),将栖于邻近的山林泉水,教他们将祭品送到这些地方去。丧宴经过一星期方毕,但可以延长至由三个月至一年。被请的客应自带食物到会。在有灾祸如疫疠或饥荒时,把死者的骨头请出来,将食物饲他们,使他们停止再索人命。这种宴会只有一天,食物塞入死者上下腭中间,如已找不到腭骨,便将食物搽擦在其他骨头上。第二日,在鼓声中,将骨头再送回墓内或其他地方。

傀儡(si galegale)的使用只见于多峇人中,并且只用于无嗣的富人的丧事。他们制一个木的傀儡,以像死者并穿着他的衣服。傀儡有线,由人把它抽动和送丧者一起在街上跳舞。最后将傀儡的衣服饰物脱下,在枪声中,将他抛过城墙外。所以峇搭俗语说:"有钱一时像一个傀儡。"这出戏剧是象征一个富人死后无子可以供给他食物于阴间。

第母耳人的丧事中还应用面具。这些面具平时也收藏在一种特别屋子称为 rumah-rumah，也便是藏已死酋长及其家人骨头的地方。当重要人物死后的丧宴中，由二个人戴面具表演。一个人戴大的木制面具，另一人戴一个像犀鸟头的面具。两人便表演各种滑稽剧。茹斯突拉氏（Joustra）以为古时或者是用二个奴隶做这事，当表演时一个被捉住杀死，和已死的主人同葬。第母耳人是苏门答腊土人中唯一使用面具的。这种道具无疑源于假装神

图 3-22 第母耳峇搭戴假面具的葬礼舞蹈

图 3-23 卡罗峇搭死人骨头雕成的小船

灵并和秘密结社有关。在婆罗洲的加延·达押人(Kajan-Dayak)当收获节有戴面具的跳舞,而戴面具的人便是代表神灵。在中央西里伯的鸵拉查人(To-radja)丧宴中也有戴面具者,用以代表死者。到了荷属新几尼亚才有戴面具装神鬼的事在秘密结社中表演。

有人以为尼革罗种人当经过印度尼西亚时曾留下他们的成丁礼和秘密结社的痕迹,便是后来的发情期的残毁身体、牛吼器(bull roarer)、戴面具代表神鬼等风俗。实际的成丁礼尚存在于施南(Ceram)的喀坚崇拜(Kakean cult)中。反之,印度尼西亚人或者也曾从大陆带了成丁礼和秘密结社的风俗来,不过后来同印度文化接触后乃失去其完全性。

第四节 宗 教

引论 峇搭人和尼亚士人的较高等的宗教信仰是由印度来的,因为大部分发生于印度时期以后(Post-Hindu times)。这些高等信仰崇拜和哲学曾经过了印度尼西亚,进到坡里尼西亚,或者照有些民族学家所说,曾传到美洲。这些印度传来的文化层,最明显者为造物主、世界的创造、天上的分层、天的升起、死人灵魂的经历、占卜吉凶、动物牺牲、真的神巫等观念。峇搭人比尼亚士人更直接受印度文化的影响,因为真的神巫不见于尼亚士人而见于峇搭人以及印度尼西亚别处多种人民,还有全数的坡里尼西亚人中。民答威人不但无神巫,即高等神和世界创造的观念都没有。占卜和动物牺牲却曾见于民答威。

因为峇搭宗教包含了多种旧大陆的特点,这些特点还曾散布到了太平洋诸岛,故了解这种宗教很有助于了解大洋洲的文化。

峇搭人的宗教信仰可分为三部分:(1)世界观(cosmology)和世界创造论(cosmogony),这是讲神的世界的。(2)土人对灵魂的观念。(3)关于鬼、怪、祖先的观念。

世界观和世界创造论 峇搭人像婆罗门教一样,分世界为三界。上界有七层,是神及其家族的住所。中界住人类。下界是死人鬼怪的地方。区分不十分严格,因为还有许多的鬼魂住在中界,而且还有死人升上天界。

他们以为以前天和地相近,神与人的接触也多。但由于人类的傲慢破坏了上天的通路。自此以后交通中断,神不再注意人的事情,人也只在有事时方向神灵祈求帮助。

实在的,峇搭人和印度的直接交通中断后,便停止了对于高等神灵(deba-ta)的普泛的崇拜。关于这些印度神灵以及对他们祭献祈祷的知识只有僧侣们才知道了。

峇搭人的最高的神名为 Mula djadi nabolon,是万物的创始者,或"起源于自己的"。他是一个有人的性质的神,不是空洞的原则而已。他住在最高的天上,他是一位无为的神,不管地上的事,也不接受人们的崇拜和祭祝。但人们信他是永存不灭的,且无所不能的,他创造了万物,便是其他的神灵也是他所造的。峇搭人无一种传说叙述宇宙的创造,但有关于神的起源的传说。

峇搭人以最高的神为人形的,他有一只奇幻的蓝色的母鸡,名为manuk-manuk,代替了妻的地位。这只母鸡曾产了三粒非常大的卵,由卵里生出了三位管理三界的神,即是峇达拉古鲁(Batara Guru)、琐里八达(Soripata)和蛮加拉布兰(Mangalabulan)。这三位大神住在天上比最高的神较下的一层,人民常把他们当作三位一体来崇拜,合称为"三神"(Debata na tolu)。但其中峇达拉古鲁是中界的创造者,故被当作是最有力量的。他又是一个"文化英雄",教人民技艺和风俗。蛮加拉布兰是既慈善又凶恶的神,有时他能庇护人类,有时又帮助盗贼。

戈丁氏(Ködding)将第二、三等神灵中较为重要者列成一表如下,这些神灵住在天上比高等的神较下的地位。

1. 达督哈西哈西(Datu Hasi Hasi),僧侣们特别常讲这位神灵帮助其作法。

2. 拉查摩隔宾那容干(Radja Moget Pinajungan),这是天上的守门人。

3. 拉查印沓印沓(Radja Indainda),他住在可见的天上的云间,即第一层天。他是那边的统治者,又是雷神。他又是诸神的使者和侦探。

4. 拉查古鲁(Radja Guru),他是诸神的猎人,他使二只狗捉人的灵魂,狗名为Soridaudau和Auto Porburu。这二只狗每在大风暴之前便在天上哮叫。人的灵魂一给它们捉住,人便突然死了。

低级的神灵也被崇拜,其中一部分是固有的。这些包括宅神(debata idup)、土神(boraspati ni tano)、水神(boru saniang naga)等。

峇搭人除一种木偶外无其他偶像。这种木偶名为"活神"(debata idup),有男女二位,常为无子的人所祈求,男人取男的偶像饲他,把他当作一个真的婴孩,女人则取女的。

峇搭人的最大恶神是一条"世界大蛇"那卡·巴多哈(Naga Padoha),它是住在地下的。峇搭人的世界开辟观念只限于中界为止,其说如下:

峇达拉古鲁的女儿波鲁·地押·波查(Boru deak pordjar)(即全智者)从天上跳下无穷尽的海里,因为她不愿接受蛮加拉布兰的求爱。一只燕子告诉了她的父亲说他的女儿逃走了,他便叫燕子带了一小块土追去。这一小块土落在海中,渐变渐大竟成为陆地。当地渐扩大时将大蛇那卡·巴多哈遮得没有光了。大蛇大怒,把土地撞开漂流到别处的水面去。峇达拉古鲁再送一块土来,并叫一个有力的英雄来征伐大蛇。这英雄用剑刺贯大蛇,把它钉牢在铁砧上,大蛇便没有多大地方可摆动了。但它初时的挣扎却成立了大山和河谷。便到现在还会引起地震。

耆达拉古鲁创造了新地后,他便散播各种植物种子,并创造了各种动物。那位征服大蛇的英雄便做了波鲁·地押·波查的伴侣,生了儿女为第一代的人类。这位英雄又娶了一个恶魔(begu)的女儿,生了恶魔的女儿,最后还被这恶魔的女人咒死了。这英雄死后被三大神召上天去放在月里。他的妻波鲁·地押·波查也跟他到月里住。

耆搭人信这世界最后还会覆灭,因为终有一天大蛇会脱逃而毁灭了中界。

戈丁氏曾指出耆搭神话和印度神话的相同之点。在印度神话中魔奴(Manu)是第一个人并且也是创造者。克里士那(Krishna)也被一个女人所咒死,再化身为毗湿那(Vishna)或为自己造了一个天。全智者地押·波查像梵天(Brahman)的妻沙拉华士第,她是科学艺术的神。

耆搭人的主要的神和婆罗门教的关系是很明显的。三种 Debata 一语便是梵文。最高的神(Mala djadi na bolon)便是梵天(Brahma)的化身,"他是起源于自己的"。印度神话说由金的世界大卵,生出梵天,再由梵天创造宇宙和诸神,在耆搭神话中不过改一个卵为三个卵,其中生出三个神。婆罗门教中的思辨的部分被除去,反不说是创造宇宙而说是创造了土地。母鸡是耆搭人加上去的,因为有卵便须有产卵的鸡。

第二层天的三位一体的神也同样是属于印度的。第一、二位神的名便是梵语。耆达拉古鲁也像湿婆(Siva)是教师的保护神。在印度和耆搭人中他们都是诸神的领袖和世界的创造者。琐里八达便是毗湿奴(vishnu),他还有另一名为殊里八第(sripati),是殊里(sri)的丈夫。琐里八达和毗湿奴都是降福的养人的神。第三位神蛮加拉布兰来源不明。戈丁氏以为"蛮加拉"(Mangala)一名是由梵语"拉"(bala)来的,意为同伴。布兰(bulan)耆搭语意为月。这话如真,这位神便是"月的伴",即是月的神。印度神湿婆(Siva)也拿着一个月在手里,也称为月的神。还有这两位神同具两种性质,也是很相近的。印度的令卡崇拜(Linga worship)是连属于湿婆的,在耆搭人中却没有,只有墓上有这种雕刻。

灵魂的概念 瓦涅氏(Warneck)是研究耆搭宗教最有名的权威。他解释耆搭语 tondi 一语为"人的灵魂"。灵魂发生于人在胎内时,便在这时决定了他将来的命运。它有时离开人体,使人体生病。所以人要供献牺牲于自己的灵魂使他安静。

印度尼西亚人的灵魂观念是宗教上的重要因素。至于"马那"(mana)即"超自然的力"的一种观念,在这一带地方是没有的。因此,他们的灵魂一字所合成的名词如在美拉尼西亚和坡里尼西亚人的话便带有马那的意义。例如多峇人的命运一语是 portondion，幸运是 portiondion na denggan，如一追迹马那的观念，可以在多峇语 sahala 看出。虽是人人都有灵魂，但灵魂的能量不等。只有大人物的灵魂方有 sahara，好运便是所有 sahara 的基础。

峇搭人从印度人处得了一种宿命论的生命概念。他们以为长寿和未出生的婴孩的命运全在于出生前灵魂的要求。在最高的天上造物主的屋中有一株"生命树"称为 Djambubarus。神在每一叶上都写了一个字如有出产的、财产等字。每一灵魂在赴人间之前都须请求给予一叶。

峇搭人这种宿命论的态度很像古希腊人，是直接和崇拜的手续相矛盾的。但当祭祀或祈祷无效时，僧侣们却有所借口。他们以为凡命运都是前定的了，人力是无效的。东方人的宿命论以及凡受东方影响者的表现，都是后来再加于素朴的崇拜之上的。

峇搭人以为人类动植物都有灵魂，别的物除米铁及某种有用器物以外却无灵魂。这种观念很像古典的宗教分物为有生物、无生物一样。和印度尼西亚别处人不同，峇搭人以为人的灵魂只有一条。这条灵魂在惊吓时做梦时生病时会暂时离体，人死时则永远离开。有些僧侣也教人说人有七条灵魂，但这只是僧侣们的玄学而已。

峇搭人的全部宗教生活只是专为目前私图而已，他们不想为死后的前途打算，而只希望改进今生的生活。他们的方法便是照顾自己的灵魂。瓦涅氏说："峇搭人的生气主义的(animistic)宗教的要点便在于'和灵魂战斗并包围灵魂'。一个人的幸福是在于使自己的灵魂快乐，以别人(食人俗由此)或植物或别物的灵魂来养自己的灵魂，保护自己的灵魂使不受别人的灵魂的害。一个人和自己的灵魂是很密切的，他可以向他祈求，又可以咒骂他。生病时向他祭献。受惊时撒米地上，作出像呼小鸡的声音招灵魂再回身来。灵魂的离身和入身以颡门为通路。"

人的灵魂是否于死后变成鬼(begu)为峇搭地方的外来传教师的争论题目。弥耳瓦特氏(Meerwaldt)说他曾问峇搭人"什么是鬼"，每个人都答说"鬼便是人死后的灵魂"(tondi ni na mati do i)。相反的，瓦涅氏却说在多峇人的意见，人的灵魂和鬼没有关系。为读者的参考起见我再提出卡罗人的俗谚于下，这些俗谚说明人死后他的身体的去处。"灵魂(tondi)变成鬼(begu)，头发变成 idjuk(即葺屋盖的材料)，肉变成土，骨变成石，血变成水，气息变成风。"

死后的生活(after life)　峇搭人说，人死是由于鬼捉去他的灵魂。一个男人如在壮年死便是由于一个女鬼捉他去做丈夫，如一个漂亮的女人死那便是由于男鬼作祟了。人如死在战场，那是由于神所定的。

峇搭人的死后观念颇为空泛，和今生无大差异。死后仍继续其职业，不过是在夜间，不在日间。峇搭人说灵魂和鬼不相同。像一个人固定住在屋里，灵魂也固定住在人体内,至死为止,以获得其食物。鬼则像一个无家的人四处漂泊且无食物。所以鬼有时由媒介以接近人类而要求祭祀。

死人对活人是一半好一半坏的。他们嫉妒活人的幸福。他们尤其讨厌活人有什么革新的事,有什么违背他们所留下的法规的事。他们由媒介者的传话,是倾向保守主义的大势力。

峇搭人的家族包含活人和死人,活人的幸福视乎死人的意志,死人在阴间的地位也有赖于活人的财产与祭祀。死人由子孙供给祭祀,而他们便成为自然物的精灵(sambaon)了。如子孙众多且有钱,便掘起祖先的骨头,祭献他们,于是他们又成为"苏曼谷"(sumangot),"苏曼谷"的地位几乎是神祇(debata)了。

神巫与僧侣(shaman and priest)　峇搭人有真正的萨满信仰(shamanism)即神巫的信仰。据威耳坚氏(G. A. Wilken)所说:"萨满的信仰便是请求神鬼附身于某人的身上,由某人传达神鬼的意见。至于这一个被神鬼附身的人便是萨满或神巫。"峇搭人称神巫为 si baso,意为"话"。在北部峇搭人,神巫常是老太婆,而这种职业是世袭的。

神巫信仰在苏门答腊西方的小岛是没有的,在那里还有更原始的神人媒介物存在,即是见鬼者(seer)。

见鬼者存在于缺乏神巫的原始民族中。见鬼者能看见神鬼,和神鬼交通以请他们帮助治病等事。在神巫信仰,神鬼由神巫间接传话;在见鬼者却直接和神鬼谈话。神巫和见鬼者都是和神鬼有特别关系的,都是神鬼所指派的。如被指派者拒绝不任职便会死亡。神巫任职是被附身,见鬼者是看见神鬼,这有时是自己寻求的,有时是无意间发生的。

峇搭人没有自动成为神巫的,所以也无特别的训练。当原有的神巫死亡后,或延缓未到,神鬼便选一个新的神巫,神鬼附了人身,音乐伴它演奏,到了获得所要的结果而止。

祈请神鬼上身时用二种鼓,一

图 3-24　峇搭神巫和占卜用书及魔术杖

名gondang,一名gordang,同时还要焚香。每个神鬼都有其特殊乐调,神巫在火的周围伴乐声而跳其奇怪的舞。每个神鬼又都有其特殊的衣服色彩,如神巫同时要召请多个神鬼他便须穿多种色彩的衣服。

神鬼附神巫身上时,神巫自己的灵魂须暂时退让。奏乐的作用便是半为赶走神巫的灵魂,半为引导神鬼上身。这时神巫如讲话,那便是神鬼讲的,不是他自己讲的了。这样的话需要解释才听得懂,因为那是神鬼的话。

于是所召的鬼所属的家的家长便问鬼的名字,而鬼也转问为什么召他来。两方面都说出意见,最后达到同意。例如鬼帮助救治家人的病,而人则供给他们祭祀。

峇搭的僧侣称为"拉督"(datu),在原始民族中神巫和见鬼者常包含男女,但僧侣必定是男,峇搭僧侣也是男的。

原始民族受过高等宗教的影响者才有僧侣制度,否则所有老人都负责保存部落中神圣的传说和仪式,都能够执行祭祀的礼式。峇搭人无僧侣的学校,并且"拉督"也还不是真正的僧侣,因为所有成人都可以执行祭祀。但拉督们传承了印度的神秘仪式和智识,故也可以算为僧侣。在印度文化输入以前峇搭人都没有神巫和僧侣。所谓拉督在以前不过是见鬼者和医病者而已。

除酋长以外拉督是村中最高等的人物。很多酋长同时也做拉督,以增加他们的势力。拉督的职务有多种。第一是医病并保护健康者使不生病。生病是由于失去灵魂。但其原因或由鬼的作祟,或由病者本人灵魂的走动,或由术士的魔魅。拉督因此必须精于"白的魔术"(white magic)即善的魔术。他在大宴会时尽其正确执行仪式的职任。他是唯一的神使、预言者和有慧眼者。他又能呼风唤雨。人民固亦能用魔术致雨或止雨,但只有拉督方能制得住风暴。拉督不但精通白的魔术,还晓得黑的魔术(black magic)即恶的魔术。

最后拉督还须晓得代代相传下来的全部神秘智识。口头的传说还不够,故学习魔术者第一必须先习文字。他们须抄写魔术书和日历。书写的用具是一种树木的纸状叶,一管毛笔,土制墨水。书的内容是神谕、祈祷文和厌禳法等。

学习魔术的过程须经过很大的困难和金钱上的牺牲。有财力而欲栽培其子成拉督者,须选聘一个教师,先开一次宴会,由徒弟奉敬老师。以后徒弟还须供给先生膳宿,很常供给其全家,以便受教。他最初须习19个主要峇搭字母,次是母字,最后是诵读。以后方教魔术。因为初学是很困难的,徒弟的灵魂抵抗了学习诵读的高等学问。为要帮助徒弟进步,老师便施行一种方法。他带了徒弟到河边,将一把米塞进徒弟的嘴里,把他按进水里,使他吞了下去,这样做了七次。老师再对祖宗神灵祭献,祈求他们给这徒弟以智慧而得接受指教。既毕便带徒弟回家,另将食物谢了徒弟的灵魂。

图 3-25　峇搭魔术杖　　　　　　　　图 3-26　峇搭占卜用书
原物存来丁(Leyden)博物馆

假如徒弟仍有困难，老师便再做一回以治愈他的愚昧。师徒二人在晚间同到一山上，在其最高峰便是部落的祖宗灵魂所在处。老师念动咒语，向一个充满着魔术用具的壶口细诉徒弟的愚钝，然后将壶挂在摇摆的竹枝上。希望徒弟的愚钝以后便被风吹散去。师徒俩再回村来，老师便对徒弟的父兄说可以再让徒弟完成他的学业，但须等到再受了几种礼物以后方再施教。如第二次的厌禳还是无效，老师便只有舍弃不再教了。

文克勒(Winkler)便是叙述上面一段拉督教徒弟的手续的人。他说徒弟的这种厌禳法便是预备做神巫者的入门礼，按入水里便是死的象征，晚间到山上便是徒弟正式和神灵交通。我以为入水的风俗是印度尼西亚所普行，吞干米则是峇搭人特有的。到祖宗所住的山上去或者是峇搭人以前的见鬼者的遗俗。

拉督在所有公开的祭祀都被延请到场以召请神鬼。他用一种秘密的语言念念有词，念毕，他走到放牺牲的架前，烧起汽油，将牺牲上献于神鬼。牺牲包括米饭、动物的心脏、蒌叶和棕榈酒，由拉督把它抛向空中。同时那些执事们拿了刀杖，环绕着走像有神附身一样，以赶走恶鬼，免被它们弄坏了事。于是祭祀便完毕了。

生病,照上面所讲的,被归于灵魂的失掉。但峇搭人也晓得有几种病是由于自然的原因,便用草药治疗他。他们常以为病是由于祭祀祖先时的不慎或其他罪恶。疫疠或其他大灾,卡罗语称为 sumbang,意为"乱伦"。他们有时将持枪携标的木偶放在村口以驱除疫鬼,疫鬼们偷摄人魂以致发生疫疠。

如碰到奇怪的病,而病家出得起医费,便请一位拉督追回已失的灵魂。拉督做了种种神秘的动作以赶走周围的鬼。同时一群年幼的亲人走到一个地方,他们以为病人的魂便被拘在那里。他们便向拘魂的神鬼祈求释放病人的魂。他们回家后拉督便用米粒占卜,看病人的魂是否已经带回。如逢双数,便是已回,如逢单数,便举哀起来。这是要使病人知道,他死后别人是怎样的哭他。

多峇人用"汗浴"的方法以驱邪治病。"汗浴"(mortup,monajas)是将几种柑橘类的果子和叶及草药混合装在壶内,放在病人的两腿间,盖以数层的毡被,使药的蒸汽可以遍及全体。这法用于热病、风湿、皮肤病、癫狗咬。在很多多峇地方,一种更复杂的汗浴用以医几种心理病。他们以为这法可以驱走致病的邪鬼。蒸汽又可用有泥盖的竹管引到帐幕里,病人爬进幕里使身体受蒸汽的包围。

如遇鬼据人体便请拉督驱走他。拉督用适合于公式的树叶、树根、树皮便可把鬼赶走。恶鬼常被转移于动物身上例如鸡等。作完了法便把鸡宰杀,鬼便不能为害了。

拉督不但能医病,还能放毒。虽是巫术在较高的原始文化中不及在低级者中占重要位置,但峇搭还是以能合毒药著称。我曾听一位德国的传教师说一个早年的传教师曾在峇搭地方因吃一颗果子而中毒,那果子是被一个拉督放毒的。

峇搭人不像民答威岛人,民答威人的毒人是利用人的轻信心的,峇搭人却用真的动植物毒。例如熊毛虫(bear eaterpillar)、有毒海鱼的肝和刺、蛇和蜈蚣的毒素、有毒的薯、几种草木的腐烂性液汁,以及其他有毒植物等。砒霜和毒鼠药更由外边买得而加入。其中毒薯是最为致命的,因为别的毒拉督都有解药,只有毒薯还无解药。有些毒药是立刻致死的,有些在几日后或几星期后,有些则致长期的慢性病。

峇搭人称医疗为"有灵魂了"(morton-di do),称各种毒或魔术为"有鬼"(morbegu do),所以毒薯被称为"有鬼的薯"(dan ni begu)。

峇搭人自然也利用人的轻信心以帮助毒药。在制毒药时伴以各种象征的动作。在砍斫、捶舂、烘烧、溶解、埋藏以及使药腐烂,种种动作,都是摹仿仇敌被害的状态。又如将炽热的铁器洞贯了虾蟆,仇敌便也会生病。

烘烧毒药自然会使毒药减轻了毒性,但照峇搭人的万物有生论的观念却以为会变得更有效力。

毒药有二类，一类称为比利（Bisa）的是用于敌人身体外部的；又一类名为拉逊（Rasun）的，用以混合于食物中或棕榈酒中。毒药有时还不必直接和人体接触，只需放在他的邻近、浴所，或屋下。这样也会使敌人发生坏疽或恶性肿疡。

感应性的魔术（sympathetic magic）也有使用。拉督设法取得了所要加害者的一根头发、一块嚼过的槟榔、一片从衣服上撕下来的布、足所踏过或影所经过的一撮土。把这些和人体发生过关系的东西和毒药混合。或者拉督们也可在适当时机例如在闹市中用一树枝测量人的身材。但其实只要晓得了仇人的名已经够了。他可在一片篾上刻了仇人的姓名的首字母，再把小刀刮去了字，将刮下来的篾屑混在毒药里应用。

拉督在战争时更是不可少的人物，没有他的话不敢开战。他能选择出战的吉日良时。有时他的学问，符咒还不够的时候便请问一村的保护神班古鲁巴郎（pangulubalang）。

魔术杖（magic staff）　每个峇搭 guru 都必须有一根魔术杖（tunggal panaluan）。这是一根木杖上雕祖先的人形，中央有一小孔，内藏一种魔术物料，称为"班古鲁巴郎"。这根杖是拉督用来取雨并保护本乡抵御敌人的。班古鲁巴郎的精灵会为本乡和别乡的班古鲁巴郎打仗。拉督能够和班古鲁巴郎的精灵交通。

要制造一根好的魔术杖需要几个月的时间。如有一个新氏族脱离母族而

图 3-27　多峇峇搭神巫用魔术杖驱逐鬼灵

独立,要自己有一根魔术杖,便须自行制造。制造时费很多钱,因为须行多次祭祀。依照魔术杖的故事,每一根都要用一种特殊的木制成。

这故事说峇搭人孪生的孩子是不吉利的,在以前常杀死其中的一个。孪生的孩子如是一男一女,尤属不幸,因为恐怕他俩不在胎里通奸,以后长成了也会乱伦。在古时曾有一对孪生的男女长成后犯乱伦的罪。其刑罚是当他们爬树的时候将他们变成了木。有三个拉督因要救他们,也被变成了木。

第一根魔术杖便是由他们这些人变成木的树制成的。杖上雕的人形、动物形便是代表三位拉督和孪生男女。以后的魔术杖也都用同一种树。因为这种木初时是由神怒变成的,故可以在战时吓走敌人并用以取雨。

凡·奥菲生(Van Ophuijsen)却相反的以为杖上的人形、动物形是代表天与地的结婚,而杖的起源地是印度,那边常有旱灾。这题目现在研究中。天父与地母的结婚的观念实是起于印度,但只见于东部的印度尼西亚和坡里尼西亚,却不见于西部的印度尼西亚。

图 3-28 峇搭供祭祖灵用的祭桌,前面地上是魔术杖和牺牲

杖中的神灵班古鲁巴郎也像是印度起源的民间信仰。依克鲁克氏(Crooke)所说北印度人有一种魔术物料称为"摩弥挨"(Momiai),据说是由小孩的尸体液汁蒸发制成。这种物料是用以医病的并可使所有主不受人伤害。

峇搭拉督要制这种物料时便由敌村偷一个小孩来。当酋长和拉督承认有这样的需要时,便由拉督看日历选择一吉日。到时战士都聚集来。他们享受了宴会使他们的灵魂强壮,以便担任这件艰难的工作。他们并预支了工资。即晚出发,从敌人的田中茅屋或敌人本村中掳了一个小孩。用布塞他的口使他不能哭叫,带回到公所里拘禁。每日用好的食物如金色的米、香肉、酸鱼、各种动物的肝等喂他。用末端有一孔的牛角(sahan)给他饮棕榈酒。这样经过数星期或数月,他们以为小孩的灵魂已经愿意替他们服务了。小孩常择三四岁的,因为他已经能答话,但还不会猜疑。

小孩的灵魂已受优待了,于是拉督对他说:"我要差你毁灭敌人。不论哪里你都要去。你不得泄露你和我的名,也不得说出你的死状。"如小孩拒绝,便再留养,等到有一天小孩会答应了。拉督便选一吉日,将小孩蒙了眼睛带到村外再问他:"你愿意听我的差遣吗?"小孩如答愿意,拉督再将食物喂他,对他说:"现在你吃这块特别的肉,这些酸米,这块姜,这些烧的米粒,饮这些棕榈酒,听从我的话。"小孩如说:"好,一定的。"拉督便把他处死了[译者按:此段所记甚惨酷从略]。他们以为小孩已答应帮助他们了,他的鬼也会情愿听从命令以加害敌人。

因为小孩的灵魂还留在他的肉体上,故可以将其肉体制为魔术原料(pu-puk)。小孩身体被肢解,一部分和别的魔术物品一同烧焦,其余的则渍在一个壶里。这种魔术原料便分给各支族的拉督用于各种偶像等物,使其具有魔力。魔术杖便是藏魔术原料的最重要法物。

祭祀与祈祷 一种宗教,简单地说包括(1)对于精灵的信仰,(2)与这种信仰配合的动作,(3)和这些动作相关的情绪。对于精灵(spirits)的信仰常称为生气主义,即万物有生论(animism),动作则称为崇拜仪式。凡较最低级文化略高,而还未达到高等宗教的人民,以祭祀为其最重要的崇拜仪式。故峇搭人有改信高等宗教者称其他信奉原来宗教者为"祭鬼者"(sipele begu)。

峇搭人的祭祀是源于印度的,如"马祭"(hoda debata)便是由印度改变的。

戈丁氏以为峇搭人的祭祀方法应当是婆罗门时代以前,或早期婆罗门时代传入的。故祭祀由男家长主持,而缺乏偶像、寺庙、喀斯德制(即印度之世袭阶级制)和真的僧侣制度。但峇搭人的大部分印度文化却是由三佛齐和麻喏巴歇二帝国间接传来的,这一点却难说(多峇曾列为麻喏巴歇帝国的属邦或朝贡国)。以上二个印度化的帝国都有上举峇搭人所缺的那些事物,如现在的峇厘人民便是如此[译者按:峇厘Bali为麻喏巴歇遗民]。原始的峇搭人不过采择印度文化中较相合的部分并加以改变。喀斯德制在平民主义的峇搭人中像在北美的鸦族印第安人(Crow Indians)一样是不适合的,故也不采用。

峇搭人的祭祀的哲学很简单,便是由祖先崇拜引起的。活人应告诉死者关于家庭中的重要事件,活人还需要死者的帮助和庇佑,活人与死者仍旧同是一家人。阴间的祖宗有了更大的力量可以帮助或降祸于其子孙。所以死者的这种力量应当善用以增进家族的繁荣并加害其仇敌。如无需要的死人便设法规避他们。

一家中人几乎都可以举行祭祀。在祭父亲或祖父时姊妹和女儿不得参加。在举行祭祖典礼时家中的最老的人司僧侣的职任。女人在特别状况中也可祭祀,例如寡妇和无子的妇女。女人祭祀在屋里,应念诵祷辞无误,所祭的应为家中近亲。只有全氏族的大祭且有重大事件时方才请酋长、拉督或其他专业祭祀者来主持。

祭祀行于生人的鬼、死人的鬼魂和神祇。每个峇搭人都祭自己的生魂，否则恐怕生魂不再听从自己的话，不再帮助自己，甚或离开了肉体。他们又祭所有亲人的生魂。对于家畜的生魂不予祭祀，因为它们本身便用为祭祀的牺牲。但危险的动物如鳄鱼、老虎也予以祭祀，否则恐它们会吃人。植物如粟、柳树，也给以祭祀以使其速长。有用的无生物也受祭祀。如渔人祭船，猎人祭火枪，木匠祭工具，甚至住屋也须祭祀，凡生儿子时都须对灶祭祀，把灶代表了屋，屋神的化身便是一种无害的屋内蜥蜴，人们不杀害它并给以食物。

死人的灵魂不论是平常的鬼或已成为高等的鬼"苏曼谷"（sumangot），都比生魂更为重要。活人做梦、生病或灾祸常在屋内祭死人的鬼。氏族全体则祭已经成为苏曼谷的祖宗。

多峇人所祭的自然界神灵有水神（saniang naga）、土神（boraspati，化身为蜥蜴）、雨神（boru deak porudjar，也便是地的创造者）、风神等。又各处的水流、井、树木、山、瀑布、漩涡都有神。又对电光、云、星和新月也有时予以祭祀。在峇搭神话中日与月都被当作活的，但却无日或火的崇拜。

对于高等的神的祭祀虽罕有，但在祭别神时也请他们来歆享。峇搭人虽在祭某神时也必请别神来参加，恐怕不请会见怪。

祭祀的普通地方是在屋里，在那里活人和家中的死人得以交通。牺牲可以放在阳台上。牺牲又可放在墓前，当人才死后或家人觉得哀痛时都送到墓上去。大规模的祭祖可将牺牲陈列在市中竹制祭台上，或到高山中成神的祖宗所在处。

各种家畜除狗以外都被用为牺牲。淡色的动物用以祭天上的神，黑色的用以祭地下的神。其他祭品是煮熟的肉、米、菜蔬、果子、卵、盐、姜、槟榔、谷类的粉、饼、棕榈酒、烟草、花、叶、灰、用具、衣服、红白色布等。死人的鬼都按照生时可受用的领受其祭品。

神鬼只歆享牺牲的魂[按即精气]，活人还可以食其物质的部分。牺牲的魂随其气味被神鬼吸收去，所以烹煮的食物放在祭台上必须等到冷方可拿开。以动物为牺牲时，据说其魂在血中。有时特别让血滴在墓上，以供给新死的鬼。

峇搭人也像各处凡有祭祀风俗的人民一样，他们以为神鬼是可以欺骗的。有一种称为"巴奴拉安"（panulaan）的祭祀，用以赎一个无子妇女的亲属的罪，牺牲是三只蚱蜢，却称为一头黄牛、一头水牛和一匹马。

马被用于对三位一体的大神的大祭祀。每一多峇氏族都有一匹神马预备祭祀三大神的一位。他们以为这是圣神存在以鉴临子孙的象征。黑马是属于峇达拉古鲁的，棕马属于琐里八达，杂色马属于蛮加拉布兰。每一氏族都按照自己的氏族是出自哪一位神，便畜养一匹那一色的马。这些神马是不可侵犯的，而且是不可转让的。它们不受限制可以四处自由吃草而不致犯罪。

当一匹神马（hoda debata）长大可用于祭祀时，便选一匹同色的小马代替它。人们便开了一次宴会预备杀死老马祭神。他们看日历而选定了吉日，届时全氏族男女都到酋长所在的乡村。酋长是主持大祭的人。他已经觅得了一匹黑的或棕或杂色的公马。这两匹神马即老马和小马上了辔头，小马的耳朵还饰了生花和香草。在奏乐声中两马被引到村的中央，担任宰杀和剖剥的人已经在那里等待了。他们便宰了老马，并剥其皮。将皮洗了，蒙在木马（rangin）上，那不过是一段树干，下面挖空，一端粗粗的雕成马头形。蒙了马皮的木马被带到酋长的屋子，伴以其他祭品如米、饼、果子、白花、灰汁等，僧侣便将马皮贡献于神以为神的坐褥。马皮用法水洒了一遍，然后暂时留在屋里。人民再到村中，僧侣再叩请三大神、最高的创造神、自然神，和祖宗的鬼魂，献上新的马儿。一个人拿了一盘的饼，一袋的米和一粒鸡卵或甘蜜（gambir）在其顶面。僧侣叩请了诸神和七代的男女祖宗保佑人民然后将灰水洒在马儿身上。参加的人同时将米撒于马儿头上，祝说"我们的生魂是牢固的，敬祝我们大家康健"。马儿再经过一场撒米便被牵回马房。人民再到酋长的屋子，奏乐跳舞。神们由乐声所激动便附了一位酋长的身，对人民训话说他已领受了祭祀，以后还要保护他们。宴会既毕，便分马肉，各人都得了一块拿回家去吃。

像印度的达罗维荼人一样，峇搭人以前也曾用人做牺牲。现在信原来宗教的峇搭人当造屋植立大柱于土内时，也还祭祀土地的神（Boraspati ni tano），这是为要请求饶恕扰动了土地的罪。瓦涅氏（Warneck）说峇搭地方东北部一部分人民在以前曾在每一根屋柱下活埋一个奴隶。

不用奴隶的活人牺牲常是自动的。有时在收获节举行。宰了一头动物，有关系的亲属都来同享。有些青年愿做牺牲，分为二队，各执芦管或石头为兵器，假装战斗。情绪渐热，于是已婚的男子也加入了，女人们却在旁边观战，大呼鼓掌以激励他们。达到完满的地步时，必须流血，两方都有一人致死了，以后也不成为复仇的原因。

有时一个祖宗的鬼在梦中告诉了僧侣，指定要将某人做牺牲（常是僧侣所恨的）。于是便将红色短衣和白色头巾穿戴在那人的身上。1864年峇搭人的祖宗的鬼曾指定要一个传教师挪明生氏（Nommensen）的命，但他虽是单身无武装，土人却不敢袭击他。

更常的是祖宗的鬼只要求一条人命做牺牲，而不指定是谁。僧侣便派人到各村寻找，大呼"谁疲乏了"，如有人应"我疲乏了"，他便被捉做牺牲，不论他是重要或不重要的人物。因为他应了，便是他的灵魂指定他做牺牲，灵魂是会决定一个人的命运的。

第二日这做牺牲的人和一头水牛都绑在牺牲柱上。人民都涌到这地方，打着鼓，绕着柱跳舞。在祈祷辞中将牺牲献于祖宗的鬼，并请其宽恕人民。参加者都拍了牺牲一下，使自己的罪过都传到了牺牲的身上。最后将这代人赎罪的牺牲释放，任其逃走。但他也不能活过一个月，因为人们都避开他，不敢饲养他，以为他已经是献与祖宗的鬼了。他的死便是表示祖宗已经接受了这牺牲了。

祈祷是每次祭祀的必要条件。祈祷辞有刻板的形式，且用极有礼的语句。他们以为祈祷辞愈长，敬意愈大，有时延长了半天。在大祭礼时由僧侣念祈祷辞。他那时要穿着全套的法服和妆饰品。

峇搭的祈祷辞不是咒语，祭祀也不是施法。因为祈祷辞对神灵们是叩请的，不是强逼的。峇搭人也有咒语，但不用于祭祀。

祭祀如要有效，应当获得神灵的接受。人们便看预兆以推测神灵是否接受，或由僧侣占卜，或者神灵附了人身自己说出来。

禁忌（taboo） 有一系的禁忌即"答布"（taboo），自缅甸阿萨姆（Assam）地方的那卡斯人（Nagas）经印度尼西亚、美拉尼西亚散布至于坡里尼西亚。"答布"一字之传于欧洲却是最先得自坡里尼西亚。古罗马人也有禁忌，其字为 sacer，意义为神所指定而隔离的事物，和世俗的（profanus）相反。依理讲，犯禁忌者应由神降罚而不应由人责罚。

卡罗人的禁忌曾由纽曼氏（Neumann）研究过。卡罗人有三字都是指禁忌，即"班当"（pandang）、"列布"（rebu）[多峇语为罗布（robu）]和"喀马利"（kemali），都指一种事物的禁忌，犯了便是破坏宗教法律。有人说在峇搭人，像其他原始民族一样，所有的法律都是宗教法律。除法典（adat）以外无其他法律，而法典便是祖先的鬼所制定的风俗习惯。所以凡革新的事便是犯罪，因为革新便是破坏风俗和禁忌。

"喀马利"的意义与其说是指"被禁的事物"，毋宁说是指"奇异非常的事物"。所以要把那些事物隔离禁止，便是因为它们是危险的，有力或会致灾的。例如一片彩色的云日间出现于村的上面的天空，那便是喀马利，因为这是表示那村的酋长或其亲人要死了。如碰到了一条红色的蛇或有四足的蝗虫，便要震惊于神怒的来临。但所有最危险的事物，在魔术上却是最有用的，所有魔术的力量据说都源于古时一对孪生男女的乱伦，这在魔术杖一段中已说过。

"班当"（多峇语为苏板 subang）是限制某种做事手续或未来事件的。这是根于怕鬼的信仰的，例如某氏族的人不得食白色的水牛，因为那是他们的图腾。又如妻子怀孕时，丈夫不可剪发，拿死物，或立誓。这些事情会使胎儿受伤。对于别事有阻碍的事也是班当，例如僧侣禁止病人做某事或吃某物。

"列布"最和坡里尼西亚的答布相符合。列布便是将某物或某人隔绝了，隔绝的原因或由他是神圣的，或由他是不洁的。和被禁的人或物接触，便犯了宗教规则而招致灾祸。人或物如属列布，为其本身起见也隔绝自己，以免受凡俗的东西的亵渎。

新婚夫妇也是列布。他俩应当在婚后四天或七天内关在屋里，不得接见宾客。生小孩时不得拿一件东西出屋子，除帮助产母的人以外都不得入屋。新落成的屋也是列布，要经过七天方解禁。外方人都不得进村，村里人也不得出去外界。市镇如有疫病时也和外界断绝往来。他们用 draconia 的叶造一道篱以围绕本村，并制木的偶像，手拿兵器以驱去疫鬼。酋长也是列布，如在战阵上杀死酋长或其夫人，也是渎神的事。酋长的屋子也是列布，犯罪者可以跑进去避难。岳母和女婿、翁和媳都互相为列布，故不得相交谈。村中如有死人全村都要列布一天，并不到田中工作。酋长死，禁忌要经过数日。

关于乱伦还不用列布一字，而用更强的话，称为"孙邦"（sumbang）。"迷列哈"（mereha）则仅指不合礼的行动而可以由酋长责罚者，例如兄妹同行，或女婿坐近岳母等行为。最后还有一字"禁本"（kembung）是所有禁忌的名称之最轻者，意为丢脸，例如一个大孩子裸体遍处走。

祭祀有特别多种的禁忌。神所附身者平日都须遵守禁忌。他们不得吃狗肉，又牛如自死的也不得吃其肉。头上不得负不洁的物，因为神灵从头上进出。因为禁忌太多了，所以很少人肯当神童。

一个氏族行大祭时便有普通的列布。第一日除早晚外不得舂米、汲水或做其他繁重工作。列布经过了七天方止。事事都须安静，不得吵闹或战斗。谁乱了列布，不论有意无意，都会引起神怒，到第二次大祭方止。酋长且科以罚金，责他危害了全族的安全。

禁忌有些原是宗教上的，但后来渐变为世俗的。例如在夏威夷草地边有牌上写 kapu 一字以禁止践踏。多峇人有 marobu 一字，原意为某一时期内禁做的事，例如当种米时期内禁做的某事。现在这字用以指被法律或酋长禁止的无论何事。班当一字现在也有了世俗意义了。

神圣的数目　有一件可注意的文化特质由亚洲传到了太平洋诸岛，这便是"七"这个数目的神圣性质。在巴比仑和印度占星者观察得五个行星再加上日月而成七星，于是便把"七"字神圣化了。照克屡伯氏（Kroeber）所说，"七"的神圣化和占肝术（hepatoscopy）、占飞鸟术（haruspiey）都是起自巴比仑，而传到了印度尼西亚。我说还传到了坡里尼西亚。

纽曼氏（Neumann）将峇搭宗教中"七"的数目胪列于下：

峇搭人有七个重要的神。一个人有七条灵魂（照几个僧侣所说），灵魂可以死七次，最后成为自然神（sambdon）。半人半神的王 Singa Mangaradja 在胎里七年方出生，他能走路七个月而不需食物。新婚的夫妇须受禁忌七日，如阿拉伯人一样。生小孩时屋子也须禁忌七日。造一新市镇或新屋落成后须禁忌七日。才出世的小孩非到七日不得在河边洗身,洗身时又须有七人替他洗。锉齿须在七岁时或七岁后。锉齿后七日内不得出门见人。割礼也在七岁实行,并受七日的禁忌。死人的尸体盖七层布。死人的墓上七日以内应撒米、蒌叶(sirih)和棕榈酒,因为鬼留住墓边经七日。

第三章　民南加堡族(MINANGKABAU)

第一节　人　民

照民南加堡人的传说,他们的建国始自亚历山大王(Alexander the Great)。其实在公元 7 世纪时方由印度殖民建立了末罗游王国(Malayu),这王国后来扩张领土而包括了现在的民南加堡。民南加堡的名第一次出现在 1365 年苏门答腊诸国对于爪哇麻喏巴歇帝国的朝贡国名单上。[译者按:末罗游王国在中国古书上有其记载,见第一章译者附注。]

民南加堡一名的语源据土人所传起自争求独立的时代。这故事说有一回爪哇人的大兵来征伐这地。两方的首领同意用两头水牛的相斗解决胜负。民南加堡人施诡计将一头水牛犊饿了十天,并将一条尖锐的铁缚在牛鼻上。这犊儿饿昏了,直冲敌牛的腹下,想要吮乳,却把敌牛刺死了。为纪念这事土人便把地方和人民称为"民南加堡"(Minang Cabau)(Cabao 与 karabau 音相近,karabau 即水牛),这故事到现在还为土人所信,而水牛也还是民族统一的象征。

又一说较合常理是凡·德·突(Van der Tunk)所提,他以为这名源自古字 pinang kabhu,意为"故乡"。这话也很近真,因为民南加堡实是正马来人(Malays)的摇篮地。虽只有 150 万正马来人留住在民南加堡地方,在印度时代便已有同样数目的正马来人移居于马六甲和南洋各岛的海岸区域。这种正马来人又称为次生的马来人(Deutero-Malays),常改行男系制。他们的语言现在也略异于其故乡民南加堡所用的。

在 14 世纪和 15 世纪民南加堡包括了中央苏门答腊全部。全国分为三部,即三个"县"(Luhaks),三个"属邦"(Lantaus)和八个"商埠"(Babs)。三个县即是 Tanuh,Datar,Agam 和 Lima-pulus(十五市镇)。这些县便在现时的 Fort van der Capellan,Fort de Kock,Pajakumbuh 诸地。这三个县便是民南加堡国的核心。三个属邦虽承认民南加堡的王的权力,但和中央只有宽松的关系。这三属邦的名是 Rantau Kampar, Kuantan（Indragiri）, Batang Hari。每三年一次国王出巡这三属邦。八个商埠在海岸,很大,其名是 Padang, Priaman, Indrapura, Djambi, Indragiri, Siak, Painan, Benkulen。商埠和中央的关系也甚宽弛,在早期和中央全无关系。

在 17 世纪荷兰人初到苏门答腊时,民南加堡已经要完全瓦解了。王国在这时不过只有些小酋长统治着 Lilliputian 乡村小邦或称为 negari。大君主 Jang di Pertuan,住在旧港,不过是一个名义上的王而已。在 1680 年 Alip 王死后无嗣,王国便分裂为三部。19 世纪这古王国完全灭亡,回教僧侣的革命给他最后的致命伤。

回教的法律和风俗之传入民南加堡在何时已无从稽考。据威令氏（Willinck）所说,在 14 世纪后半,回教化的阿齐海盗已经劫掠民南加堡的海岸,有时还侵入内地。通常以为回教的传入民南加堡是在 16 世纪,但威令氏却说高原的大部分到了 18 世纪后半还未改信回教。19 世纪之初,回教僧侣们（padri）愤于民南加堡人还有多人未信回教,便用暴力以逼人改信回教,杀害不信者或掳卖为奴隶。然而民南加堡人民仍坚持其女系制的法律,不过表面上略取回教的形式而已。在宗教上他们虽在心里还信原来的宗教,但在表面上也奉行回教的仪式和祈祷。社会和政治组织则现在还混合了原来的女系制,印度和回教的男系制,而受治于荷兰的法律之下。

第二节　经济生活

家屋　民南加堡在印度时期分为乡村小邦名为"尼卡里"（negari）（由梵语 negara 即城市变来）。所有尼卡里都有固定的疆界,据说是由最初的定居者所定的,这些界线或者是河流、树木、大石或人为的地界。以前尼卡里的人民都知道这些界线,当作是神圣的。从来不曾有争地的战争,而且地界也不得移动,甚至便得地主的同意也不能变动。乡村在以前有篱笆、墙垣,甚或壕沟以拱卫它。乡村是尼卡里中人民所住的地方。像峇搭人一样,乡村也称为 kota。乡村的名以及防卫的方法都是传自印度的。在梵语内 kuta 意为有设防的地方。这样的设防在缅甸阿萨姆地方和西部印度尼西亚都有,但在民南加堡却无军事上的性质,新西兰的毛利人也有像这样的设防名为 pa,大约系由另一起源。

最初定住于一个乡村的只是一个家族 kampueng。现在的马来话 kampong 系用以指乡村,实是由上一字变成的,可见初时原是指血统上的而非地方上的。

图 3-29　民南加堡高地的公共房屋和谷仓

民南加堡乡村包括家屋（rumah kumanakan）和粟仓。在每一村内还有一公所（balal）和一个回教堂。公所是8岁以上青年的公共宿舍。

在巴东高地一座家屋可以住得七八十个人，他们都是由一个女祖宗传下来的。屋子造在桩上，属长方形。屋盖突出于前方，其下为长的阳台。屋顶成马鞍形，饰以水牛角。门前有石阶。屋内后部成几个小房（bilie），以木板、竹或布互相隔开，以为已婚者或及龄女子的睡觉地方。前部（tangah rumah）有一大火炉为小孩和未婚者的共同卧室。屋下养家畜包括水牛、牛、马、鸡、鸭等。通常屋子系用木、竹所造，有几种叶系用以葺为屋盖。

屋内家具器皿都简单。铁和铜的锅釜用以煮食物。大小筐篮由竹藤或 pandanus 的叶编成以盛

图 3-30　民南加堡木壁有装饰的房屋

米或他物。席兼供坐与卧之用。

米藏在家屋旁边的仓内。每个乡村都有一座鼓房,以藏鼓(tabuah)。鼓是将树干一段刳成,有事时用以召集村人。公所的用处第一为头目们的会议厅,第二为未婚者的公共宿舍。

市场(pasa)在民南加堡人生活上很为重要。市场常在平地上,买卖者按时都到这里来。

图 3-31 民南加堡人的房屋和市场

坟墓在本村内常即在屋地中。

衣服 民南加堡人的衣服种种不同,男人在家里或在田里做工时只穿沙笼(sarong)和短裤。

男人穿着整齐时,有头巾、短衣、沙笼、带子和裤子。酋长们有重大事件时系一条带,上有金片和珠宝。

武器 现在民南加堡人所用的武器有欧洲式的猎枪和各种旧式武器如克里斯(krises)、标枪、刀、匕首等,这些是土制的,有很精的装饰。一种流星(umban tali)还在使用,那是用绳子制成用以在田里杀牛的。

乐器 民南加堡的乐器包括锣、鼓、小箫、三弦的琴。这些乐器都用以伴跳舞。在巴东高地只有男人独跳,在边境男女都参加。

生业 民南加堡人的生业较重要的是农业、商业(特别是牛的买卖)、工业、打猎、捞鱼等。

畜牧比农业稍次,但也还是重要。水牛、牛、马和山羊都有。他们畜水牛(karabau),一面当负重之用,一面又食其肉。

主要的工业是纺线、织布、编花边、织席、编筐篮、缫丝、淘金、染布、制陶器等。这些是女人的职业。又有搓绳、造纸、木工、造舟、刻木、饰木、开矿、打铁、熔铅、制烛等是男人的职业。还有制糖、制白垩、制甘蜜（gambir）、制烟草、开油矿等业则男女都有参加。

半世纪以前纺机和手织机在每间屋里都有。现在土人们却买欧美来的棉布了。丝业是最近方由欧洲传来的。以前能够用春烂的叶制各种纸。

水田和旱田由男女一同耕作。如乏牛时女人便用手掘土。男人从事插篱围田，造屋修屋，种烟草，造渔具和小艇，从事捞鱼和打猎，采樵，拾森林中物产，缝衣等。女人插甘蔗，在屋旁园里从事园艺，到沼泽地方捉蟹捞鱼。女人担任全部家事，照顾小孩，烹饪，春米，纺织，预备棕榈叶以为葺屋盖之用。

各处首领如由政府领薪的不再从事田里工作，如原来的首领在土人法律尚有势力的地方，更不必做工。对于阿拉伯文字有一知半解者便不屑再做泥手泥足的田里工作。他们的母亲姊妹头上顶了重物去做工，他们却穿了漂亮的衣服，提了鸟笼到市场去，鸟笼里养了所爱的鸽子，恐怕鸽子受热，笼上面还罩了一块彩色布保护它。

凡·哈雪氏（Van Hasselt）说民南加堡人虽在名义上是行女权制（matriarchate）的，其实女人却是男人的奴隶。她们不但替男人烹煮食物，还让男人先吃，然后自己方同小孩吃。

第三节　社　会

政治　民南加堡的政治根本上是部落的而不是地方的。实际的统治者是氏族（suku）的氏族长（datuq nan berampè）。这些氏族长的权力又受自较下级的家族会议，所以实在是代表者而不是统治者。

名义上在印度时期［按：即印度殖民时期］，独立的乡村小邦即"尼卡里"（negari）便自成一国，使用一种语言，有一个统治者称为 Jang di Pertuan。实际上这种酋长制度极不适合于土人的观念，而且也永远不曾加入于民南加堡的法律。民南加堡人行族外结婚（exogamy）和女系继承制，这些酋长们却在家族中自相结婚并行男系的长子继承制，这也大有枘凿。

酋长的唯一权力是调停各尼卡里间的小战争。当这种战争经过了长期还未分胜负，酋长便派一个使者带一把黄伞到交战地方去。使者将这把黄伞插在战场上，表示战争结束了。假如交战国不理他而继续战下去，酋长也无再进一步的办法，因为他没有兵力可用。

印度系的酋长们只以获得尊荣和赋税为满足。他们是无一个兵士的国王，可以说是世界上最为名不称实的国王。他们消灭以后，尼卡里的实际上的政治还是继续进行着。

尼卡里名虽是自治的小邦，但这个概念也容易误会。在每一个尼卡里中都有所含四个氏族的代表,每个氏族的首领更构成最高会议。尼卡里是印度传来的地方性组织,加于土人的世系性的组织氏族之上。其实氏族便能执行政务,不需要尼卡里。而且一个外来人要加入尼卡里为公民,仅只居住的条件还不足,必须再投入一个氏族内方得被承认。

氏族虽在尼卡里之内,尼卡里并不是最高的政治单位。可惜氏族的土名 suku 一字来历不明。马来话这字原意为"腿"或"第四部分"。这字显然是出自民南加堡的,与峇搭的氏族 marga 正相符。民南加堡人原有四个氏族,所以后来的马来话以 suku 为四。这字却也不一定只有四的意义,例如卡约人(Gajo)的氏族为 kuru 或 suku,南榜人称乡中族人为 suku。

民南加堡人自以为氏族是源于印度的,说氏族的创设是始自一个女人 Indo Djati 的儿子们。几位荷兰民族学家包括威令氏(Willinck)和魏士登能氏(Westenenk)都以为氏族是印度殖民为政治上的目的而创设的。或者印度人发现了这里原有氏族组织,便利用它以应政治上的目的,像在苏门答腊的其他地方一样。

本来民南加堡的四个氏族是行族外结婚的(即同姓不婚)。这四个氏族又分为两组即两个"半部族"(moieties),土名为"拉拉斯"(laras),即以两个氏族合为一个拉拉斯,其名称即两个氏族的名,例如一个拉拉斯名为 Bodi-Tjaniago,另一个称为 Koto-Piliang。拉拉斯原是爪哇语,意为"均衡的"或"和谐的"。有人说当印度化的爪哇人到了民南加堡时发现他们有这种组织而还无名称,便称它为拉拉斯。

民南加堡人有二则传说是关于拉拉斯的。第一则说拉拉斯是在古时创设以防止乱伦的,后来方再分为四个氏族。第二则说拉拉斯是地方性的组织,为后来尼卡里所成立。

在民南加堡人改信回教时拉拉斯已经是地方性的单位,其法律略有小差异。如 Bodi-Tjaniago 的刑法较为宽些。公所(balai)的排设也有不同,在 Bodi-Tjaniago,公所的地板是平的,各领袖同样的坐,在 Kota-Piliang,有些领袖坐得高些。

到现在原来的四个氏族已经分裂为许多更小的外婚团体,各有其氏族名。有人说共有 24 个氏族,有人说是 27 个。一个大乡分裂为小村,也称为氏族(suku),因为同氏族的人便住一小村。所以如一大乡住了四个"大家族",便说是住了四个氏族。

氏族以下的实际上的最小政治单位是女系大家族,称为 sa-buah-parui,包含了所有从一个女性祖宗所传下来的子孙,即儿女们,他们的母亲、姨母、舅父,姨表兄弟姊妹、外祖母、外祖姨、外祖舅等五代以内的母族亲属。他们是"有共同的住地,共同的坟墓,共同的家屋,共同的米田的"。女系大家族住在一乡村中的一分区,有一位大家族长或村长(panghulu)为其首领。大家族长以最长辈妇女的一个男性亲人任之。hulu 意为"第一"或"始初"。

女系大家族再分为家族,称为 djurai。每个家族住在一所屋子内,以最长辈妇女的一个最老兄弟为家长,称为 mamaq。mamaq 原意为舅父,如卡罗答搭人和印度太密耳人(Tamil)都是这样。家长有兼为女系大家族的族长者,便可有 panghulu 的荣称。民南加堡的政治在乎二个会议,第一个是大家族长或村长的会议,在乡村公所内集会。第二个是一尼卡里中四个氏族长(datuq nan berampè)的会议,在尼卡里公所内集会。推动法律的实际力量在乎家长(mamaq)和大家族长(panghulu),执行法律的权则在氏族长(datuq nan berampè)手里。

大家族长或村长有二项作用。他一方面是一家的家长(mamaq),照家人的劝告而行事。另一方面,他又是大家族长或村长,他代表了家庭又须对其他大家族长和氏族长负责。大家族长须注意其属下的行为是否合于原来的法律和回教法律(sjarat),犯法须予责罚。他是大家族和氏族之间,又是家族与尼卡里之间的连接线。他又是家族传说的保存者。他须查看家族中人有无做他们分担的工作,例如开路、建筑公所或回教堂等。他又须负责监察属下的家长们对于家族有无忠心。

大家族长或村长有传达家族的意见于氏族长之义务,如在开会时更须同时通知其他大家族长。他如失了代表的职,他的家人可以对氏族长控诉,予以撤职甚或革出家族外之处分。

大家族长或村长应获得大家族中无论何事的报告。凡生育、死亡、定婚都须报告大家族长。凡他的大家族中人(anak-buah)订契的、银钱出入、土地租借、商业手续等如不告知他一声,都不得实行。他记载大家族的公共财产(harto pusako)和家人私产(harto pantjarian)的账目。他不但知道自己大家族的事情,还知悉别的大家族的内部历史和轶闻。他到了老年自觉不久人世了,便把这些传说转授青年的继任者。

大家族长无执行权,不过是大家族的代表人而已。执行权只在于氏族长的手里。但氏族长们也不过像规劝者而不像创法者。氏族长从下层的人接受了命令,自己也不能别出心裁地做什么事情。

这种政治实是最真实的民主政治,有几个特点应当指出:(1)一邦的主权在乎家族。家长也无独裁权,每事都须先经家中老妇人(indua)领导讨论一番,再经男人们辩论一番,然后交由家长执行。(2)每一议决案都须依据他们的二重宪法,即土人法律(adat)和回教法律,不得违背。(3)每一议决案都须全场一致方得通过,不能以多数压逼少数,唯脱离会议者得处以逐出家族或本邦之罚。(4)行长老政治(gerontocracy),只有家族中最老的男人方得任家长,大家族中最长的家族的家长才可以兼任大家族长，全氏族中最长的大家族长才可以参加尼卡里会议。

这种制度着重全体选举权、所有权的安全和宪法的不可变性。他和过去的传说有密切关系，但对于变动不定的战争和商业很难适应。它维持了普通的男人的生活于贫穷线之上，而引诱了外间男子的移入。

像其他原始社会一样，受公职由于继承，但这里是依女系计算，又须该继承者具有适合的能力方可。大家族长即村长的候选人必须是身心都健全，且从来行为都是合于法律的。他必须有任该职的能力，不要太固执己见，但也不要太无意见，他又须是可信托的。如他的年龄太轻，一个老些的亲人可暂时摄政。在被选举以前应得他的家族的同意。选举后又须经过氏族长的承认。如氏族长不同意家族的选举，便应提出别一个候选人。

民南加堡法律的原始性质还有一条，便是任公职的报酬不是钱财的而是荣誉的。第一，大家族长有一个可遗传的荣誉的名 galar pusaco，可以代替真的秘密的名而随便称呼。这种荣名据说超过了印度时期，不可改变，和职位一起遗传下去。次之，大家族长可穿着特别的衣服，并佩克里斯短剑表示其地位。只有在这样穿戴时方被视作大家族长。最后，在节日宴会时他有另一处为办公地方。

荣誉和地位在民南加堡都是金字塔式的。氏族长享受了较低级者的荣誉和称号，还再加上自己特别享受的荣誉和称号。例如家长不过是一个家族之长，大家族长即村长已是邦国的一位公吏，氏族长更是许多大家族所合成的氏族的最高领袖，而且和其他三个氏族长合起来便构成了尼卡里的政府了。

社会阶级 不像峇搭人，民南加堡人不大关心社会的分类。在印度文化输入以前，除了年龄的差别以外实在也没有什么差别。现在"贵族"称为 urang bangsa（bangsa 出自梵语 vam ca，意为种族）。所谓"贵族"便是最长最老的家族，为首领们所从出。各家族都想和门当户对的家族结婚。

奴隶制度虽在行男系制的峇搭人和尼亚士人中很盛行，但在女系制的民南加堡人以前却没有。在峇搭人和尼亚士人中奴隶的发生多由于战争和借债，这二者在民南加堡都少有。印度文化虽传入了奴隶制度，但却在回教僧侣暴动后奴隶方大量产生。

财产 民南加堡人的财产现在分为二类：即公产（harto pusaco）和私产（harto pantjarian）。pusaco 一字源于梵文，原意为"维持生命的物"，在印度尼西亚语意为"继承的物"。以前或者有一时期所有民南加堡的财产都是公产。

在民南加堡高地无关于遗嘱的法律，因为一个人死后他的私产便完全归于家族为公产了。甚至在生时，一个人也不能完全支配其私产。他有使用私产的权力和与人订财产的契约而不需要家长的同意，但如不动产便不得随意付给外间人,甚至送给妻或子女都不可。

公产可包括不动产,如米田、已垦种的田、丛林地或草地、家屋、粟仓、马房等。公产也可包括动产,如金银器、贵重衣服、兵器、水牛和牛。私产也兼包动产、不动产二种。从事工艺和商业的所得是私产,开垦一片荒地也可取该地为私产。简言之,所有占为私产的,便是个人劳动所得的东西。

最古的公产称为 harto mauah,是为女祖宗传下来的。所有大家族的人都有一分权利。其后所得的公产,则属于各家族。财产成为公产后只有后裔得以享受,平辈和长辈都不得参预。家长掌管一家族的公产,大家族长掌管本家族的公产和大家族的公产。民南加堡的财产制度是为要防止浪费的。但有时个人私产不够用时,也可借用公产。公产的出卖是最后不得已的办法,而且须得全家族人的同意。依法律,公产只可由下述的借债而出卖:(1)为埋葬家人的用费。(2)女儿结婚用费。(3)为防止家屋倒塌的用费。(4)为交纳赎命的罚金(bangun),而犯人自己财产不足时。(5)为赴圣地麦加城的旅费。

如一个大家族分支时方得分割公产。但如一支迁移而加入于别的尼卡里时不得要求分享公产。

土地 土地原为尼卡里所有,分与各大家族开垦即为各大家族的公产,再分与个人之请求者而为其私产。

土地分为二类:其一为"死地"(tanamati)或丛莽地,其二为"活地"(tanahidui)即已垦地。死地属于尼卡里,未经开垦不得为家族所占有。换言之死地属于尼卡里人民的全体,人民都有权到那里拾取自然产物或打猎捞鱼。活地包括水旱米田、辣椒园、蒌叶园、甘蜜园、椰子园及其他。已垦的地属于最初请求开垦者,由姊妹的子女继承为公产。

已垦的地其实也属于尼卡里,各家族不过可以享受用益权而已。已垦地的再分割由尼卡里诸首领执行,但各家族不得保留其所需要以外的地。这样可以使土地的分配公平,不致有的太大,有的太小,因而发生经济上的掠夺。

民南加堡的女人是主要的开垦者,由于团体公有的制度,她们请家长为代表以管理土地。无疑的便是这一条办法保证了民南加堡女系制的成功和稳定。

刑法 民南加堡有刑事法典(adat siksa),但无民事法典。民法缺乏的原因是由于家长的行使权力。例如一个人要加入或脱离尼卡里,或是要和人订立关于私产的契约。他都要先问家长。又如关于履行契约的争讼家长得为判决,否则上诉于高等法庭甚至尼卡里的领袖们。家人如违抗家长的命令者得扣留他一分的公产。如要领回应先向家长谢罪并开一次宴会。

民南加堡人的刑法还未超出于血属复仇(blood revenge)和赎命金(weregild)的范围以外。虽受印度和回教的影响,土人也还不晓得有违犯国家或神灵的罪。这种落后的情形是由于民南加堡人依女系统治制，家族便是国家。峇搭人的国家政治组织更为发达，所以反叛的罪被认为违犯国家的最大罪。

在民南加堡所有的刑事罪不过是侵犯了对方的个人及其家族，所以金钱的赔偿可以解除所有罪过。但是犯罪者所付的罚锾不但须交付吃亏的一方，还须将一部分交与尼卡里的领袖，其理由是因一方面他是吃亏者一方的领袖，一方面他又是裁判的专家。尼卡里领袖并不自己寻觅犯罪者，却静待原告者来起诉。

杀人案不分别故意或非故意，却分别一个族长和一个平常人，大人与小孩，男人与女人，以便酌定赎命金的多少。

民南加堡人虽行女系制，但丈夫照印度尼西亚的惯例却有权可以杀死当场捉获的奸夫淫妇。窃贼如当场被获也可杀死。

法庭上的判决根据物证（tandos）、宣誓和神判。物证有三种。第一种物证 tando djehe 可据以向法庭起诉，但不能即为定文谳。如提出第二种物证 tando djemo，例如足印或有人见被告曾在犯罪地点的附近，被告应宣誓洗雪。只有第三种物证 tando beti，例如罪人衣上割下的一块布，或罪人贱价出卖赃物等可据以定罪。

因为一家族的人都须为其中一人的犯罪负责，所以如必需时，有权可以驱逐害马以免被累（dibuwang hutang）。女人在法律上却被视为被治者而不是主动者，她们无行政权，无订约权，甚至婚约也不能自订。所以她们是无犯罪能力的，故不得处以放逐的刑罚。

威令氏（Willinck）概括了民南加堡的法律说："这里没有实在的法官，没有公诉，没有实在的法律案件。"

亲属惯例（kinship usage）　民南加堡的亲属名称分为三类：女系亲（cognate）、男系亲（agnate）和姻亲名称（terms of affinity）。后二类虽也略为完备，但只有女系亲被视为有真正的亲属关系。其理由如下：他们有一句俗语说"公鸡哪有生卵的"。小孩的生长又全赖母亲，因为只有女系的亲属同住在一家里。真正的结婚形式也不存在。因此他们自然偏重女系的亲属。这种情形很像缅甸的阿萨姆地方的喀西族（Khasi）中的 Jowai 人。

照民南加堡的法律，一个男人不能由结婚而获得一个女人，女人也不能获得男人。由交付身价的手续，女人可以雇佣丈夫同睡。男子结婚才可以和其妻同宿于妻的小卧室内（bilik），否则须在自己一方面的男子公共宿舍内。日间他须回到自己的家，但也不得越过前厅（tangah rumah）进入内部，前厅是女人们在家里做工的地方。

民南加堡男人除了要求其妻须对他忠心以外，没有其他权力。他不能叫他的妻替他制衣服,因为这是母亲和姊妹们的责任。他如受妻或妻家赠送食物,他应当偿还。夫妻有永远不曾同食一次的。女人可以要求丈夫常来看她,尽他的丈夫责任。他如要表示亲切,可以帮助妻家的家庭或田里工作。他可以常常给她赠品或一定的钱以赡养她。但这些都是自由的,法律并不强逼男人负担这些义务。实际上一个男人如将他的私财给妻太多,他自己的家中也会引起纠纷。

民南加堡人的婚姻的关系比较印度尼西亚别处脆弱。如丈夫罕到妻家,妻家认为他不照顾他的妻,婚姻便破裂了。双方便可立即再婚。

夫妻互称为 rakanan(伴侣),别人称他俩为 balaki babini(夫妻)、duwo istri(一对配偶)或 barumah bakanti(屋里的同伴)。已婚女人称为 padusi 或 paradusi,少女为 anak gadis,寡妇或离婚妇人为 orang rando 或 barando。已婚女人对丈夫称为 istri 或 bini(妻),男人则为她的 laki,或用更正式的印度称呼 suami。妻又称夫为 djungdjungang,意为扶助者,以表亲爱的意。妻如对人说到丈夫时她称他为 ajah 或 baba anak hamba,意为"我的孩子的父亲"。她直接对他的称呼是 ang,意为"哥哥",如已有小孩可称为 paq,即"爸爸"。如无小孩可称为 maq,即"家长"的意。她又可称他为 tuan,或照他的职业称他。无论如何她不得当面或对别人叫出丈夫的真名。丈夫称妻为他的 bini,当面叫她为 adieq,即"妹妹",将她当作自己的妹妹。

讳名或父母依子女称呼的风俗(teknonomy)在民南加堡有二式,都是为要避免用人名的。男人如未生子时被称为"舅舅",他的妻称他为 mamaq si……如已有子女,便被称为 paq si……同样,岳父母应当照女婿已生子或未生子而称呼他。但岳母可以叫女婿为 dawan,女婿称岳母为 angku。

避忌以及防备乱伦的规则,在民南加堡不及在峇搭的严厉,但性质是相同的。父亲不得抱女儿,兄弟和姊妹也不得有热烈的表情。全氏族都和家族一样,同一氏族内的男女相互间都须自己检束。反之不同氏族的男女间行为可以无拘束,特别是在未结婚时。有一点是民南加堡人和峇搭人最不同的,民南加堡人在订婚前男女可以自由混杂,但订婚后便须竭力避免接触谈话,在峇搭人订婚不过是一种尝试结婚的性质。

岳父母和女婿都不得太厮熟亲热或说笑,不得坐于同一块席上或凳上,或用相同一块盘或芭蕉叶进食,恐怕手指相接触。同样,姊夫妹婿对大姨小姨们也是互相避忌,永不说笑的。

理论上夫妻两方的大家族不因两人的结婚而发生关系。但实际上,在这里也像在峇搭人一样,婚姻保存了两个团体间的交换。例如妻死后其丈夫续与妻的姊妹结婚,被认为最好的事,他们以为"这样可以使两家的关系不会断绝"。同样,一个男人也可和兄弟的寡妇结婚。

姑舅表的结婚在法律上无规定，亲属名词也不反映出这种结婚，但认舅父的儿子或姑母的儿子为最适当的女婿还是通行的风俗，他们以为这样可得一个门当户对的女婿。

结婚的限制　结婚一定是族外的即同姓不婚，一个女子不但要嫁一个另一大家族的男人，还要不同氏族的才可以。乱伦土名 sumbang，其罚是受家族斥逐。

关于别种的婚姻限制现在回教法律比原来法律更为有力。照旧法律女人可嫁异父同母的兄弟，但人民却罕有这样的。在有些地方一个男人不得有一个以上的妻，在有些地方有钱的男人却可以照回教法娶四个妻，轮流和每个妻同居一个月。

依回教法一个男人不得同时娶两个姊妹，翁媳岳婿都不得结婚，夫的兄弟妻的姊妹当夫妻并存时都不得通婚。

以前旧法律禁止处女和尼卡里以外的男人结婚，现在已不妨。再婚妇人可以嫁外乡人。

结婚　像在峇搭和其他原始人民一样，鳏夫和老处女在民南加堡是几乎完全没有的。老处女有一个揶揄的绰号是 apa guna，意义是"有什么用的东西"。民南加堡女人没有不嫁的原因，她还是少女时，家人便替她找了一位丈夫，她如丧夫或离婚便自己物色一位继任了。再婚时她应得家长的同意，她的丈夫方能被家人所欢迎，男人却无需同谁商量。

第一次结婚在民南加堡方有重要的社会意义。婚约是由男女两家订立的，并不和当事人的青年男女商量。男子常在 15 岁时结婚，即在行割礼的时候，女子在第一次月经来时结婚。第一次的结婚虽有社会上的重要性，但极少有到白头的。女人很常有在 20 岁以前便换了五六个丈夫的。峇搭的女人

图 3-32　民南加堡高地的新郎

如可以说是在婚前享受自由,民南加堡的女人可以说在婚后享受自由了。

哥哥姊姊都结婚以后家人有意为最小的女儿选择适当的女婿,便请一位媒人到男家说亲。男家答应后,女家便送订婚钱(tandos)交男家并收到男家的回礼。两家都告诉了氏族长,公开宣布婚约。以后如婚事破裂,无论在婚前或婚后,订婚钱都要退回。民南加堡人在订别种契约时也要交换定钱,如一方毁约,定钱便被对方没收,如双方同意废约,定钱可退回。

交订婚钱以后四五日,女家再送礼品过去,男家回敬鸡、陶器和布。这叫做免除 selo(selo 便是交膝坐的意思)。以后两家便更亲近了。如不曾送这次的礼品,以后结婚生了子女可以要求男家补送。

订婚的时间常不长。但如未婚夫妻年龄太小或结婚礼须费预备手续,或屋子须添加一部分,都可以延期或至一二年之久。如订婚者还是小孩而订婚期甚长,他俩可以轮流到两家居住,但不相接触而已。这是为要维持两家的关系的。

结婚礼开盛大宴会,尤其是两家都是名门时。在回教以前的时期女家的家长和男家的家长行最后的礼节。常是女子的父亲装做"放她去"。像在南印度和印度尼西亚别地一样,结婚礼中还有新夫妇同吃食物一节。和回教法律相反,结婚礼的用费大部分由女家负担。为遵从回教法律,由男家以银器奉为新妇身价的象征,但其实被买的反是新郎,照威令氏的话,是"被租"的。女家以"妆奁"送男家,其价值约自 25～60 gulden。这一笔钱称为 ame,在离婚时退回女家。

"成婚延缓"(delayed consummation of marriage)的风俗见于 Agam 地方。这种风俗还行于爪哇、阿齐,以及印度尼西亚的别处。自结婚之晚起新郎每晚都在新娘房内过夜,但新娘的两个长亲也在场,故新夫妇实在不会相熟,新娘对新郎其实还很冷淡,这样过了五六晚,最后新郎离开时还须小心溜出去,不要惊动屋里人。

捉新郎的嘲戏礼节在第一晚举行,这像阿萨姆的葛罗人(Garo)一样。新郎和新娘闲谈了一晚,到天亮时回自己家里去。女家却派人伏在路上把他捉回来。这要表演得像捉牛一样,牛不惯新的牛栏而逃去,所以再捉回来。在男系的峇搭人中新娘要假装哭泣着到夫家去。在女系的民南加堡人中却是新郎要假装抵抗着到女家去。

在峇搭人中如有一家有死绝的危险,便须有一个男人承继人去以后方有男的后嗣。在民南加堡情形正相反,如一家有死绝的危险便须有一个同一尼卡里的女人承继人去以后方有后嗣。

离婚　离婚在夫妇生时解散称为 batjarei hiduiq(意为生离),如在死后解散称为 batjarei tambilan(死别)。

在现在还未受回教影响的地方,离婚可非正式地举行,以前民南加堡各地都是这样。离婚时男人不过卷起自己的东西便走。男的告诉男家的人,女的告诉女家的家长。大家族长对这事不管什么。一个女人如要离婚而无理由,她可以移动她的睡处以暗示男人,男人会意便不再来了。

生育 生小孩时丈夫不得在屋里。丈夫与接生者都难为情,所以互相回避,胎盘放在芭蕉叶编成的袋里,埋于屋内柱下。

产后三天产母便起来从事轻易的家事。她如太弱也可以留在床上经15天。在这期间内她不得吃红辣椒、根茎植物、甜味、和饭的调味品。她只可吃干鱼、盐饭干、肉干。禁食的物恐其使血生热,甜的怕生痛。丈夫无禁忌。

小孩的待遇 小孩的照顾不是家中某人的专责而是由全家女人共同负责,大家都有管束小孩的权,大家都可决定小孩的结婚和其他大事。最老的女人最有发言的权,还有她的男代表即家长也有权。小孩的父亲最不关心他的子女,虽是他也时时送一点东西给他们。在较好的家庭,未嫁的女儿很受小心保护。

由欧洲人的观点而言,民南加堡的小孩所受教育实属错误。他差不多全被放任,年纪还幼便须从事家庭中的经济工作。小时也学习一点阿拉伯文。他不曾受过科学和文学的训练,只学习些手工的技能和关于动植物的实用智识。他所注意的几乎全是固有的工艺如兵器、家具的装饰,建筑物的雕刻,贵重金属器的制造。女孩很小时便学织布和编筐篮。

发情期礼节 男孩须割生殖器皮,女孩须刻生殖器皮。男孩从小留一簇头发到了行发情期典礼时方剪去。女孩在结婚以前便须锉齿,又很小时便须穿耳。男女孩生后几日便抱到河边洗澡,即在这时由回教僧侣命名。

女孩的发情期在十二三岁,不行礼式,但从此以后便较小心照管,不让她和男孩子玩耍。女人在经期中不用油搽发,避开男人,每二日在河里浴一次。

男孩15岁成丁,以后方有资格从事自己事业和担任公家职务。

姓名 小孩在出生后五日内浴河水时便命名了。正式的名由回教僧侣赐给,但父母也可随意起一个名,这第一个名称为"小名"(nama ketek)。结婚以后承受传下的称号或"小称号"(galar ketek),这可满足他们的虚荣心。用称号后便废了小名。唯一的真的称号是村长即大家族长(gala panghulu)。名和称号都是印度起源的,其意义现在他们也不晓得。

一个人具有某家族的名〔按如中国之姓〕便有分享该家族财产的权利例如米田等。偷用家族名便等于偷去家族的财产。奴隶不得用家族的名,而只用小孩时的名。

民南加堡人像峇搭人一样,不愿露出其名,如问人家长辈的名更是侮辱。讳名而借小孩的名以称大人的风俗也存在,男人借用外甥或子女的名,女人借用子女或外孙的名。

丧葬 死人行埋葬且即在死的当日。男人如在妻家生病,须派人告知自己家人。死后尸体即交其家族。死人的妻和妻家人不须管埋葬的事。

有丧事也无外表的服丧记号。依回教法律寡妇无孕的等满了四个月再十天便可再嫁。民南加堡的寡妇却等一百日,他们以为死人在一百日内化身成一种鸟飞翔在自己的住所和妻的住所。百日既满便给死人一次大宴,以后死人的鬼便离开到了阴间(kampong achirat)去。寡妇便到夫家做最后一次的拜访,他们一同到墓上去。墓上不放什么祭品,却将家具如席、筐篮、食物等赠送死人的亲属。直接对死人祭献违背回教的法律。

男人妻死可立即再婚,因为没有规定丧期(iddah)。但男人常等到一百日后,以为妻的灵魂也在这期间变成了鸟在生时住处飞翔。

父或母死无大影响于子女。父亲死他仍旧在母家。母亲死,父亲可要求一个以上的子女。但通常是子女留于母家,父亲常来看他们。

女系制和男系制(matrilineate and patrilineate) 研究苏门答腊关于政治和财产的两种相反制度可以证明女系制和男系制都是由两系并行制(bilateral)的家族所演成,而且都不到完全发达的地步。峇搭人的政治全在男人的手,但女人的声音有时也在会议中听到。民南加堡的女人在政治上有很大的势力,但女人却不能当村长和家长。在峇搭族女人不但无财产权,她们本身还被当作财产,不过不得出卖和侮辱而已。民南加堡女人在名义上继承所有财产,但实际上所有主的名号仍是属于男子,女人不能和人立契约,甚至自身的婚约也不能自订。峇搭女人在结婚时是被卖给男家,在民南加堡的女人却说是雇了一位丈夫,但其实两者都是根于交换结婚,将一家一族的女人同另外一家一族的女人互相交换而已。依理言之,峇搭女人既是买的,应很贞洁,而她们的民南加堡姊妹却不过是经了长期未婚才雇了一个丈夫,但实在情形却正相反。大约两个氏族在以前都曾行过印度尼西亚的普通风俗——婚前的放纵。至于一性以另一性为奴隶的事,无论在峇搭或民南加堡,都无其痕迹。苏门答腊各处男女的分工也像婆罗洲或菲律宾一样。

自然总有什么原因使苏门答腊发生了这二种相反的制度,但这种原因不能说是由于社会学上的某种需要,由于本地的风俗,由于历史上的原则如袭嫂制或续姊制,由于两性间的分工,或由于男家居住或女家居住。

解决这问题的假说在于风俗的传播。语言学上有很充足的证据,指出约在公元前2000—前1000年间苏门答腊曾受达罗维荼人〔Dravidians,按即印度最早土人〕的直接影响,几种风俗如男女有别、男女相谯、姑舅表结婚、女系氏族制、男系氏族制、半部族制、族外结婚、图腾制度,都由南印度传到苏门答腊以至太平洋海岛。

第四节 宗 教

民南加堡人的宗教信仰是固有的原始宗教、印度教和回教三种混合的。有时一种特殊信仰很难断定它是印度教的或回教的。七层天的信仰无疑是起于印度时期，因为印度人有七层天堂七层地狱的信仰。但七层天的信仰在回教中也有之，因为教主摩罕麦便升到第七层天上。灵魂概念或万物有灵论（animism）却是印度尼西亚土人的。

宇宙观 他们说地是一个圆盘，在一头大牛的角上，大牛站在一颗卵上，卵又在一尾鱼背上，鱼则在无穷的大海上慢慢游动。在海底下有着黑暗的空间。有时飞虫进入牛耳内，牛便摇摇头而成为地震。

在陆地山林之上蔚蓝的穹隆的天包含了肉眼所看不见的天堂美景。天上分为七层，每上一层都比下一层更为华丽，最上一层是最高的神"上帝"（Allah）的住所。

日是一个纯粹的火球，被神拖着在天上走。日和月也像人类会生病。生病时便加层黑面幕，那便是日月蚀。

上帝是制造者，此外宇宙间还有无数的神灵，有善有恶。善神称为 djihin islam，恶神称为 ibilih，setan 或 hantu。神灵凡现形给人看的不论何形，都称为 hantu。

灵魂信仰 马亚斯氏（Maass）说南洋群岛和马六甲的马来人关于灵魂有二种不同概念和三种名称：（1）Njawa（民南加堡人称为 njao），有生命、生命挈带者、生命原则的意义。这是人死后离身体的真正灵魂。这个字和概念与印度相同，是传来苏门答腊和爪哇的。（2）Djiura（民南加堡语是 djio），由梵语 djiva 变成，意为生命原则。（3）Sumangat（民南加堡语 sumange，峇搭语 sumangot，民答威语 simangere），这是由梵语 sangat（意为强壮）变成。这种灵魂有意识、生活力或健康的意义。这一条灵魂在梦中或病时离体但常再还身内。

陶尤氏（Toorn）对民南加堡人的灵魂概念有特别的研究，他说：

"njao 虽被当作生命的源头、生命或气息，sumange 却被称为生命力、生命火或意识。sumange 能发生恐惧、尊敬和惊奇的印象。它供给了力量、光彩和生气。它表现于面上姿势和身体动作。每个特别健康的人都可称为 orang basumange，但如有病而无精神者便是它的精神（sumange）弱，或暂时离开它。"

"sumange 和 njao 都是无形体的。它们之间有其内在关系，但如就其对肉体而言却有差别。njao 如去，身体便死，但 sumange 暂去不过使身体衰弱而已,如永远离开身体方死。"

"民南加堡人以为 sumange 另为一物,它自有其意识,有意志,能思想感觉,能自己独立脱离身体。"

"sumange 在人受苦或大乐时都会离身体。它的离开或回归,有时自动有时被动。自动的离开发生于梦中,它徘徊于曾经有印象的地方或物件。有时做梦者会说出 sumange 所经的事情。它能自己回归。但如将梦者的脸搽黑或弄脏,sumange 便不高兴。"

"sumange 的被动离体是在害怕、烦恼或生病时。害怕有时是由于 sumange 突然和别的 sumange 相遇,遂致引起它的离体。以后它会自己回来。烦恼是由于 sumange 逢着不幸的事,例如死刑的罪人未刑时面已无色,这便是 sumange 已离体的征象。生病是由于恶灵加害于 sumange,致全体都感觉不舒服,生病离体的 sumange 能自己回来,或被医生(dukun)催它回来。"

"动物植物和人类一样有灵魂(djio)。土人说动物死或被杀其灵魂便飞散。但如植物死便无灵魂存在的问题,他们说植物会死。例外的是米。在民南加堡,像在南洋群岛所有种米民族,对米的灵魂有特别的待遇。"

米母亲(Rice Mother) 印度尼西亚种米的人民不但将米的灵魂和别的动植物区分开来,还给他和人类灵魂相同的名称,西里伯的土拉查人(Toradja)称米的灵魂和人的灵魂同为 tawuna。在峇搭人称米的灵魂是 tondi,在爪哇人、正马来人、望加撒人(Makassers)和布既人(Buginese)称为 sumange,suman gat 或 semangat,都和人的灵魂相同。

米是会思想会感觉的东西。米的灵魂虽存在于每株稻和每颗米身上,但特别行仪式由田里取起的一株稻身上却特别有灵魂。米灵魂集中在这株稻上,所以另称它为"母亲"、"祖母"、"祖父"或"舅舅"。其他田里的稻是"孩子",或"外甥"。

印度尼西亚人以为一粒米或一株稻的灵魂像人的灵魂一样,在被刈、被践踏、被烹煮、被鸟鼠吃的时候会失掉。"米母亲"却包含特别丰富有力的灵魂,又能吸引那些失落的米灵魂到身上来。

在收获前后常行仪式以收集米的灵魂使到仓内去。方法是召请米的最高神灵,将他锁起来关在仓内。行这样的仪式方能保证次年的丰收。

民南加堡人虽已失去信原始宗教的印度尼西亚人常有的禁忌,也还保留着关于种米的禁忌(pantagan),因为他们不敢犯着"米母亲"。这些禁忌是:(1)在稻田里不敢脱衣或将衣盖头。(2)死于产难的女尸不得经过稻田,犯之便不结实。(3)女人在几个时期中不得行经稻田。(4)不得在稻田里脱上下衣着。(5)未去壳的稻只可拖入屋内,如用别法拿进去便是耻辱,米也不留于烹饪器内。(6)在稻田内不得谈秽亵话。米会害羞而失去其香味。

灵魂的去处 民南加堡人关于灵魂去处的意见(eschatology)以及其所用的名称,主要是印度式的。回教到南洋群岛是经由印度的,所以也带有印度的观念,但还有很多种信仰的传入在乎回教之前。例如灵魂须经称重以定善恶的信仰源于埃及,后传于印度。自然这种信仰的传播不能超过天秤的传播。反之,死人过桥的信仰广传于大洋洲,在斐济岛(Fiji)更盛。

民南加堡人以为人的灵魂的一部 sumange 当人生病时即离体,另一部 njao,则死后方离开。天使卡勃里耳(Gabriel)带了人的灵魂到天上去,让他看一看生前所住的地方。天使再带他到地上。死人那时还会听、看和感觉。只不会说话而已。在赴墓地前尸架暂放在屋前平地上经几小时的久,那是要给死人有机会忏悔其一生所做的坏事,并向所爱的一切东西辞别。埋葬以后死人便和肉体无关系了,他的灵魂回到生前的住屋,逗留在屋顶小阁或屋脊上,男人的灵魂每日到他的寡妇房子看看,女人的则到丈夫处。在一百日内死人所用的床和椅子须加装饰。不得做出什么惹死者生气的事,提到死者时要表示尊敬。

满百日时再开一次丧宴,灵魂便到阴间去了。据说灵魂须在一条锋利的金属线上走过,线下还有地狱之火(naraka,梵文)。恶人掉下,好人方能渡过去而安抵天堂(sirugo)。

好人的灵魂到了天上。天上有一大树(sadjaratul-muntaka),是人类的种族树。灵魂栖于树上,等待将来再出世。恶人的灵魂须在地狱里受苦。在地狱的时间也不是永远的,将死人一生的善恶称量过方决定其受罚时间的长短。善行称为 pahala(由梵语 phala,意为服务、果实),恶行称为 dosa(同梵语,意为罪)。

民南加堡人说有人会因罪而化身为别物。这一定是得自回教化的印度来源的。灵魂的化身(reincarnation)是逐渐的且不完全,例如化为动物如虎、野猪或蛇,还留着人的特征。这种化身的动物称为 djadi-djadian,躲在本人家屋的邻近,接受些食物。

据有些巫医说由人化身为动物,再由一种动物化为别种动物,可化至七回,最后化到成土,但有些别的人说化身只一回,所化动物死后灵魂便到阴间去。

巫医 民南加堡的巫医称为 duknn 或 urang kapiturunan。〔译者按:原始民族的医生与神巫实是同一人,用法术治病而不用科学治病,故不得专称为医士而应合称为巫医。〕巫医男女皆有。女巫医特专于接生,为女孩刻生殖器纹和按摩法。男巫医也有其专长,有的治内科,有的为成丁者锉齿,还有的为男孩行割生殖器包皮礼,或按摩。

巫医的训练手续如何,现在还不十分知道。通常其职业是父传子或母传女。父母口授子女,没有写下的医书或方单。青年人学习采药并在旁观察治疗病人。从16岁或18岁起青年人开始做巫医。

巫医很受土人的尊敬,不但因为他知道医学,还因为他知道魔术(多属回教的),能够除妖斩怪。人家又有请他去和妖巫斗法的。他又能和神灵交通。

巫医虽有 kapiturunan 的头衔,其实他是一个见鬼者(seer)而不是真的神巫(shaman)。请求神鬼上身时他只能盖在一条毡子内作法,不能像峇搭神巫公开表演。巫医的学徒是否曾由幻象以获得其保护神还不能知道。

陶允氏(Toorn)说有些民南加堡人自己独处不和别人往来以便和神灵接触而学得魔术例如隐身术等。他到高山上或深林里,留在那里等到成功方出来,常在七天以内可毕。他在那里希望获得幻象。马亚斯氏(Maass)说他能在夜里看见鬼魂。他看幻象的能力就像民答威的见鬼者一样。

巫医能把病人被鬼怪捉去的灵魂找回来以治愈他的病。如有人生病,便请巫医来。巫医命一个不在经期中的女人预备草药、花、米,巫医把这些拿到僻静的高处,在碟内焚烧。这样他便可请到帮他的神灵(djihin)。他便请他们帮助寻觅病人失去的灵魂并为带回来。巫医自己便也倒下用一条毡子盖身。约15分钟后他的四肢便会颤动,这是表示他的灵魂已经离身到阴间去了。他到了阴间说明来意(自然这是人所听不到的),于是最老的女神灵 Mande Rubiah 便同她的手下很多男女出去寻找失去的灵魂。有时如属重病,恶的神鬼们要求祭献方准放回病人的灵魂。祭品例如臂环或克里斯剑(kris)等,便交给巫医去。

如女神灵还找不到病人的灵魂,那末病人一定会死了。如找到了灵魂,巫医的四肢再颤动,但这不是他自己,这是他所派的神灵 djlhin 先附身来报告。毡子下面便发声吩咐人们要烧石油,以便病人的灵魂在阴间鬼屋里看得见楼梯爬到上面参加宴会。于是病人的魂便由神灵们保卫着回到肉体了。

这些手续既完,人们还再问女神灵 Mande Rubiah 怎样再处理病人。回答常说病人每12小时须洗澡一次,面对着邻近的大山。还有,应当备一祭台(ataran),上面陈列煮熟的卵、饭、萎叶和番薯为祭品。巫医还有别种治疗法。他命在病人后面张一个幕,亲人围绕病人在那里,但须绝对安静。巫医进入幕后,和恶鬼谈判。人们都听见巫医和恶鬼的说话声。最后巫医便出来报告谈判的结果,以及恶鬼的要求。他向病人唾了一口,并念一遍咒语。这一种治疗法是没有神灵附身的。

马亚斯氏(Maass)研究民南加堡的关丹区(Kuantan)土人说通常并无神灵附身的观念,只有少数人,特别是从回教圣地麦加回来的人,方从阿拉伯人学得这一套。

民南加堡人用牛吼器（土名 manggasieng，英文 bull-roarer）以为追取妇女灵魂的魔术用具。这常是被摈斥的恶人所做的。把所要加害的妇女的头发取一点来合用，摇起这种东西来，声如牛吼，于是恶鬼便把那女人的灵魂偷来使她变成疯癫。

第四章　苏门答腊西部诸岛

引　论

苏门答腊西部诸岛中，在民族学上较为重要的是尼亚士岛（Nias Is.）、民答威群岛（Mentawei Is.）、英加佬岛（Engano Is.）。由于地理上的孤立，而且由苏门答腊来的船因风和海流不顺的缘故也不容易往来，以致这些海岛的文化远比苏门答腊为低。

这些海岛多数被珊瑚礁和岸所包围。海浪汹涌着冲拍这些礁和岸，尤其是西岸更为猛烈，以此船要靠岸非常危险。岛的内部也同样的不可亲近。河流太浅，多有沙岸。地势不高，满布丛莽，带有沼泽和多疟蚊的气味。在荒野中只有不很清楚的小径。土人们对于探险和合并都加为难，不但自己私斗，有时也联合起来以抵抗外来人。

尼亚士岛文化比较别岛为高，人口也较密。计有 20 万人住在 650 方哩。这一岛曾受外来印度以前（Pre-Hindu）或印度（Hindu）的影响，有巨石纪念物、种米和使用金属器的文化。民答威群岛和英加佬岛便没有上举的文化，他们的文化是几乎完全不受印度文化影响的纯粹印度尼西亚文化（Indonesian culture），民答威群岛由四个岛构成，即施美罗岛（Siberut Is.）、施普拉岛（Si Porah Is.）、南北二巴给岛（North and South Pageh Is.）。人口合计在 1 万人以下。英加佬人（Enganese）是印度尼西亚人中最原始的，现在已经濒于灭亡了。英加佬岛在 1771 年还有很多人口，在 1868 年，还有 6500 个英加佬人，到了 1909 年只剩了 372 人，现在更只剩 300 人以下了。战争、疫病和妇女少产据说是人口减少的主要原因。

所有这些岛人都属于马来西亚种（Malasians race）［译者按：即广义之马来种］，所用语言都属马来·坡里尼西亚语系（Malayo-Polynesian stock）。吠陀族（Veddoid）的痕迹，如波状形的头发，曾见于尼亚士岛人和民答威岛人。

在尼亚士还有从苏门答腊来的正马来人所传的混血分子,但民答威岛人却严禁女人和外来人发生关系。英加佬人的遗民染有正马来人的血统很浓。

苏门答腊西方诸岛的动物,比较其他南洋群岛,少有哺乳类。象、虎、犀、豹、貘都没有。野牛和野猪在尼亚士有之。野猪在施美罗岛也有,但在民答威南部诸岛却无。鹿除英加佬以外诸岛都有,诸岛都有猿猴类,其中有长臂猿。长尾猴在民答威诸岛都有,这在其他南洋群岛便无。河流因有鳄鱼故致危险难行。丛莽中有毒无毒的蛇潜伏着不少。

各处岛人都有狗鸡猪等家养动物。鸡和猪只在宴会时宰吃。

第一篇 尼亚士人(Nias)

第一节 引 论

在古代阿拉伯人和波斯人的游记中曾提及尼亚士人。波斯盲人苏莱曼(Soleiman)(公元851年)曾记载 Niyang 岛的猎头民族(head-hunter)。几百年间尼亚士都充为奴隶募集站,由那边再送到苏门答腊西岸。17世纪荷兰人在本岛得了一个立足点,从那时起便为荷兰东印度公司的领土的一部分。在1756年英国人在本岛北部植立英国旗,但到1825年仍归荷兰。20世纪之初全岛由荷兰官吏和法律统治。多数土人改信基督教。

土人称本岛为 tano niha,意为"人民之地",niha 一字后被荷兰人讹为 Nias。

有人说尼亚士岛人是从峇搭人分支来的。其证据是语言、体质和风俗的相同。但关于移入的事现在却全无所知,土人也无关于这事的传说。反之,土人自己像坡里尼西亚人一样,以为他们的起源是出自神灵的。

尼亚士岛人的身材平均约5呎,但在南方的比较高些。比较苏门答腊的原马来人(Proto-Malays)肤色略浅,颧骨略平,唇略薄,鼻略狭。

尼亚士人的物质文化、社会组织、宗教和神话虽和峇搭人很相近(这是由于两族的高级文化都是由印度传入的),但尼亚士人却无文字和食人俗,而峇搭人也无"巨石文化"(megalithic culture)。

凡记载尼亚士的著作家都指出尼亚士北部和南部在语言、政治、社会、道德、智慧、物质诸方面都有差异。最显著的差异是在乡村。南部的乡村很大,位置很好,水源的供给充足。北部乡村小,且倚赖自然物为防卫,常远离水源。北方人民无论在身体上或心理上都比较淡漠不活泼,这是由于食物不足和不清洁,且因以前常有战争、生命不安全的缘故。南方人民比较有精力,富有社会秩序的观念,且喜欢艺术。但抵抗外人的统治较为热心的还是南方人,而且他们现在还保存猎取人头和杀人祭神的风俗。

第二节 经济生活

乡村及房屋 尼亚士乡村通常包括二列有桩房屋,中留空地加以石砌。这种形式的乡村散布到峇株岛(Batu Is.)方止。

房屋在土话称为 omo。每一座屋住一家以上。常是父母和已婚儿子同住一屋,有时还有其他亲人。在北部,奴隶也同住一屋,在南方奴隶另有别屋。

所有乡村中的社交生活都可在家屋中举行,例如接见客人、开宴会以及各种工作,除种田以外,都在屋中做。家屋也是晚上聚会的地方,那时别处已经无事。

北部的房屋是椭圆形的,南方的是四方形的。屋中的区分各处相同。原则上是在屋的前部须有一大而圆的厅,正向前面广场,厅后部有一灶。在前厅之后是卧室。在南方有特别构一小房以供结婚者之用的。岛的中央有少数房屋像婆罗洲的"群居屋"(communal houses),前面有廊,后面有分隔的房间以供几家居住。

史罗德氏(Schroder)说尼亚士家屋分为各部分如下:(1)屋柱的下部即屋下,那里也便是猪栏。(2)阶或梯。(3)前厅,供公众生活用,以格子屏和后部

图 3-33　南尼亚士有石碑的酋长房屋

分隔。(4)灶和私室在前厅之后。(5)卧室。(6)棕榈叶的屋盖,灶烟直从屋顶出去。

南方酋长的房屋很宏大且多装饰。比平民的房屋大得多,而且用较好的材料和技术。屋的高和其华美相称。平民的房屋几个月可造成,酋长的却要成年。有一位酋长的房屋造了五年方成。

要造新屋时打鼓以辟除鬼怪,并请僧侣祭神,还要开宴会。特别要祭祀天神Lowalangi,房屋才会牢固。将猪从屋顶滚下来,即在屋基内宰杀。以前在立柱时要杀人祭神,将人头挂在神像前。屋落成时还需要更多的人头。

屋里的家具很简单。人睡在木枕上。有石或木做成的桌子。壁上有架子以便插标枪和棍子。地板上铺叶编成的席,食物放在藤篮里。打猎所得的动物头骨挂在壁上为装饰。

在大乡村里还有"祖祠"(bule),这是小而粗陋的屋子,中有祖先的木偶。有一处祖祠是只由四根柱从地到屋顶构成,旁面无墙壁。里面藏了17颗人头。僧侣要和神鬼谈话的便到这里来。

尼亚士的"祖祠"已经不是集会所,这和故事所说的已不同,并且也不是男人的公共宿舍。外来人如无别处可宿的,有时也借住于此。尼亚士的祖祠已经太退化而不足以为部落的集会之用,比不上耆搭人的公所。酋长的大屋反成为集会之用。

图3-34　尼亚士人祖先的偶像

南方的乡村有墙环绕护卫,墙有石阶和门。北方的乡村多倚山水以为固。村口的石阶当房屋倒坏后还存留。近村有男女浴所,是石所造的,水由石沟引入。在有些乡村水是由竹筒吸运的。乡村旁边的河流常即用以洗澡。打铜铁处或在村内或在村外。

食物　尼亚士人的主要食物是植物类。别种食物较少,例如猪肉是在宴会时方吃。在北方海岸人民食鱼颇多。植物性食物是米、西谷、玉蜀黍、芋、薯。

有些故事说米是怎样被神传入尼亚士,但无实际的历史记载。米在现时比较以前食用更多。水旱两种都有。马来亚通行的"米母亲"(Rice Mother)在这里也有。当稻熟时,僧侣便对"米母亲"祈祝,然后开始收刈。收获完毕,将三根稻秆扎合带到一个偶像前对它祈祷,并用猪、鸡祭祀。

甜薯在一年中吃得最久。在有些地方,玉蜀黍种在米田里。芋在各处人都吃,椰子也是重要食物,尤其是在南方。有一段故事说以前有一个小孩被放在袋里埋葬,后来从他身上长了椰子树起来,这便是椰子的起源。土人也嚼甘蔗以吸其汁。西谷在食粮少的时候制造,出门捞鱼时食用。西谷树生在沼泽地方,土人砍伐来,剥去树皮,洗去其粉,筛以备用。

棕榈酒也用为饮料,特别在北部。男人常喝得过量,妇女小孩却不喝。全岛人都嚼槟榔。土人又吸爪哇烟草或和槟榔同嚼。

盐由海水取得,贩到内地去。

所食家畜家禽是鸡、山羊、水牛、猪、鸭。猪无论蓄养的或野生的,都是主要的动物类食物。除了回教徒以外,凡信原始宗教的和基督教徒都吃猪肉。猪在宴会时宰杀,猪肉干以前且用为交易的媒介即货币。

宰猪在开宴者的屋前或屋内举行。猪先刺杀,然后烘烧,再加以分割。分猪肉是不容易的事,因为当场的人都各有其应得的特殊部分,如在以前,分得不对,很会引起私斗或战争。猪头应分给在场最高的酋长。猪肉放在土制的陶器或外来铁锅内煮。公猪和公鸡都先阉割养肥然后用于宴会。

鸡同样的也是以用于祭祀为主。鸡肝或羽毛送给神吃去。宴会时有一次由参加者杀死几百只鸡的。鸡卵也拿来吃。多数的鸭是海岸野生的。

水牛在内地还少。海岸地方当回教徒宴会时方宰牛。山羊也是近时方输入。

所吃野生动物是野猪、猿猴、鹿、香猫(civit)、豪猪、海龟、陆龟、leguan、蟒蛇(boa constrictor)、各种鱼。老鼠、野猫、蛇和蛙不当作食物。不敢吃鼠是因为相信它们身上有祖先的灵魂。女人不敢吃猴子,是因为以前有一个女人变成了猴子。所有野兽都属于丛林的神 bela,其中色较浅的动物特别为神所保护,故不敢杀吃。

打猎一面是为要除掉有害动物,一面为获得动物肉为食料。老鼠用机捉获。猫因其会捕鼠甚被重视。伶鼬(weasels)也被猎取。猫头鹰则因恐其鸣叫致雨故就巢里捉来。鳄鱼大受崇敬,像在印度尼西亚别处一样。尼亚士人以为鳄鱼是天神 Lowalangi 所派来的,只有当它吃猿以后才捉它。捉鳄鱼的方法用鸡为饵放在钩上,或用枪刺它。鳄鱼的皮用于有礼节时。

猎获为食物的主要动物是野猪、鹿和猴子。捉野猪是在有雨的夜间,那时它们不能听声,或者把它赶到竹的猎机或网里。赶野猪有时用狗为帮助。有时将尖利的枪装在野猪经过的地方。鹿也是用这法杀死的。猴子或用射,或用猎机捉它,那种猎机是能进不能出的。

鸟用吹箭筒(blow gun)射它,或用网、猎机或陷阱捉它们。野蜂用烟熏走它,以取其蜜。

打猎时有很多仪式和禁忌。在南方土人要入山林打猎前须先向树林的神请求。打猎时使用特别的话,不敢直叫动物的本名。土人说以前树林的神(bela)有火,人类没有。所以在打猎时不得向别人借火,由怕走了动物因而也发生许多禁忌,例如不敢由屋内疾走而出,或打破陶器,或打锣。凡属动物除了猫以外都可以杀死。

和民答威的风俗相反,真的尼亚士土人捞鱼不用小船,其实尼亚士人全不用船。因为河流不适航行,土人又只在河里捞鱼,不到海边去。捞鱼的权属于沿河的乡村。捞鱼是用渔筌、渔罾、渔网、渔钩等工具。有时用药毒鱼然后在闸内用网捞起。

南方土人每天吃三餐,在北方只二餐。男人、女人、小孩同一处吃,奴隶另一处。用手进食。有陶器、椰壳和竹筒等器皿。最旧式的取火器是火钻(fire drill)〔译者按:即钻木取火所用的木钻〕,但也用燧石和他石相击以取火。

狗和猫在尼亚士都重要。狗(asu)在屋子下面,或灶边,食人的食余。虽不用为守门,但在打猎时很有帮助。它们能咬住禽兽以等候主人到。猫(mao)略有点神圣性质,不得售卖或杀害,因为在死人到阴间的桥上有一只看守的动物,便是猫。

衣服装饰　男人的本地服装是一件腰围和一条束住头发的头巾。棉布已经代替了不可洗的树皮布。女人穿一件外衣,至少是一件腰围和一条头巾。笠子男女都用以蔽日。在南方土人行于珊瑚礁上时穿树皮履。

衣服也视乎个人境况、气候,以及和外界文化的接触而有歧异。酋长不穿特别华美的衣服,却喜欢在节日戴金饰品。在南方酋长和其他重要人物时时都戴金饰,男人的腰围常是红、蓝或黄色。青年人喜欢穿着多种颜色的衣服。穷人只有一件树皮腰围和外衣。有丧事时饰物都去掉,只穿旧衣服。

图3-35　穿战服的尼亚士人

男人留长发,在脑后打一结。女人也留长发,用一条发带束在头上。

金是主要的装饰原料。土人称金为kana'a,近于梵语的kanaka,表明尼亚士早时便和印度或苏门答腊的印度殖民地有买卖关系。银、红铜、锡、黄铜、铁和铅造成尼亚士人的沉重耳环。有玻璃珠、土珠和铜珠。其他饰物有鳄鱼齿、虎齿、虎尾、龟甲、蜗牛壳。藤常拿来缠绕身体。果子、棘刺、花、叶常塞在发里。木槿花在古时的神话里便曾说到，男女都插戴以辟除鬼怪。

土人身上搽油，但不是绘画。尼亚士人无文身俗。南方有少数老人有文身，但这是为要到峇株岛（Batu Is.）方做的，因为住在这岛的民答威人如见没有文身的外来人必加杀害。

所有尼亚士人都要将齿锉尖，以前还加染黑。锉齿时用土制的锉，锉后加磨。锉齿在小孩10岁至14岁之间举行。男孩在13岁至16岁之间行割生殖器包皮礼，以为成年的表示；由俗人施工，无仪式，不过是印度尼西亚人通行的刻纹而已。

买卖和手工品　据波斯书籍记载，尼亚士人早在10世纪时便开铜矿，金或者更早。这岛的文化也可说发生已久。

在以前奴隶是主要的商品，直到1904年奴隶的买卖方才停止，再几年以后方才完全禁绝。民答威岛人和英加佬岛人不曾有奴隶，也不曾被人拿去当奴隶。

在1836年尼亚士的出口货是椰子、家禽、胡椒和奴隶。入口货是铁、钢、铜制品、金、谷物、布帛、中国瓷器。

尼亚士无专供售卖的制造品，货物只制以自用。工业有制偶像、制树皮布、木工连雕刻、烧陶器、金属工、结网、炼椰油、藤工、打绳、绘画、织席、织布、晒盐。金器由金匠制造。盔、钩、盾、枪尖则为铁匠所制。

尼亚士人其实无专业，每个人都要养猪种田。酋长和重要的人物则监督其田里的奴隶。最尊重的技艺是金工。次之为木工和铜工。这几种工是酋长及其儿子的职业。但便是金工也要在收获时暂停。女人专做的工是烧陶、织布之类，男人的是砍割捶打的工。南方的酋长的夫人不做粗重的工。

男女分工在尼亚士人中比较在峇搭人公平。男人也从事一部分耕种的工作，看顾家畜，打猎捞鱼等。

因为全民族都从事农业，早起是必需的，故土人大都在早上四五点便起来。除非在田里草屋过夜，否则早上四个钟头须做杂事。在北部饮棕榈酒的便在这时去收它，因为这汁已从上流了一夜在竹筒里了。牛也是这时饲的。八九点钟时露已干了，人们便到田里工作去。一年中间有一段时期是在稻田工作的。田里工作毕，男人回家，女人还收集牛的食料。南方人在吃晚饭前洗澡。晚餐约在八点钟。食后闲谈和讲故事约一小时。十点钟睡觉。一年中种稻是主要的工作之一，米收获过后多出打猎。

岛内买卖的便利在外来殖民以前也好，因为那时特别是南方道路很好。便在今日道路也常沿着河边，有时要涉水。桥有时是一条藤制成的，上面有另一条以便手握。岛上有一条悬空的藤桥。货物的转运是用手用背或用肩挑。

女人背一只筐在背上,带放在头上和肩上。战时女人带筐,男人不负载什么,拿了枪和盾在前头走。

乐器也有打或吹二类。最原始的是二个贝壳相撞作声。大小不同的锣数件成为土人的乐队。木琴常具三条木板,用两根树枝敲打。土制的琴是在两段的竹中间绷了些签条当作弦,用小槌敲击作声。吹的乐器有三种箫和一种喇叭。有一种稻藁做的箫,称为米箫,用在刈稻时。有些小竹箫,像坡里尼西亚土人一样,他们也有鼻箫,但只见于北部,且甚罕。

攻击的武器有枪、刀剑、匕首、石,最近还有火枪。枪比刀剑更常用,枪有抛投的标枪和手提的枪。在猎人头时先用枪把人刺死,然后割头。像在西里伯南部土人一样,一个战士常溜到敌人的屋子下面,然后用枪从下面洞贯地板刺上去。石是用手投掷的,还没有投掷器。尼亚士人不晓得用有毒武器。

武器是遗传下来的,不用以殉葬。很少同死人遗像一齐挂起。

防卫的武器有二种盾。一种是椭圆的,用于全岛。这是用手执持以抵御刀枪的。另一种是四方的。盾用皮制。战士常穿皮的短衣,那是鳄鱼皮或水牛皮所制的。有时也戴厚皮的盔,饰以黑发假须。

巨石文化(megalithic culture) 尼亚士的巨石文化[译者按:这是指巨石所构成的纪念物,石仍是天然石形,甚大,或一块矗立,或多块叠架,以纪念重大事件,但因在原始时代尚未刻文字。在欧洲史前遗址发现甚多。他处亦有。以其系一种特殊文化故称为巨石文化。传播论派以此为证据而推论各地文化出于一源。]很受学者注意,因为它和印度及亚洲南部有关系。研究巨石文化最精细的汉·格顿氏(Heine-Geldern)说巨石文化和以牛为牺牲的风俗在亚洲南部属于同一历史层。在尼亚士,像在民答威,猪的牺牲已代替了牛的牺牲。巨石文化在印度尼西亚最发达的地方是尼亚士、松巴(Sumba)、佛罗勒士(Flores)和西里伯的一部分。在爪哇和苏门答腊也有史前的石纪念物,这种巨石构造物在尼可巴岛(Nicobars)、民答威岛和英加佬岛都没有。

尼亚士的巨石纪念物和阿萨姆地方(Assam)的那卡人(Naga)的巨石纪念物很相像。尼亚士的巨石文化虽是大约比那卡人的为后,但更为发达,其中"立石"(menhir)[译者按:立石即一长石矗立]已略具方尖塔(abe-lisk)[译者按:即埃及古时的石制纪念物,形状已雕成方而尖的形,大约即史前立石发展而成。]的形状。尼亚士和那卡都有石墙、石砌路、石阶。尼亚士和那卡人的巨石纪念物也同有二类,一类是在所纪念的人生时植立的,一类是在其人死后植立的。还有一件相同的事是凡植立巨石纪念物时必须开设重费的宴会,宴会分为数等,最后又有一件是凡立石都是纪念男人的,倒石是纪念女人的。

在尼亚士每一乡村都有石凳,这是以前给死人的鬼坐的。在南方这种简单的石凳称为 daro-daro,有靠背的称为 tedro hulu。在北方这些石凳称为 behu 和 harefa。石凳在树林里高山上，近浴所处，都有，兼供活人和死人之用。在很多乡村祖宗的头骨便放在石凳（daro-daro）之下。尼亚士人以有石凳之处为聚会所，像坡里尼西亚的聚会所 marae 一样。

和苏门答腊以及西部他岛相反，尼西士以多偶像著名，其偶像且常是"生殖器崇拜"的像。这种偶像称为 adu（意为鬼），又称 behelo（由马来语 brhala 变成，意为偶像），又称 behu（由马来语 beghu 变成，意为鬼）。在北部凡偶像都称为 adu。在南方凡因治病而制的偶像称为 behelo，如尼可巴岛人（Nico-bars）一样；其他的偶像称为 adu。

偶像用泥石或木制成，以木为常。家有死人便制一尊偶像放在屋里，这便是祖宗偶像。小孩早殇者以及男女无男嗣而死者却无偶像。因病而制的偶像很粗。上部略具眼睛和鼻子的形式。巫医用这种偶像呼召精灵们送回病人的魂魄。

石制偶像称为 gowe，和石凳相同。石像有男女，如具特别扩大的生殖器，表示希望生育的意思。植立石像时必须行盛大仪式。

计时法 尼亚士人计算时间是从他们祖宗从天上下降地面时算起。每个人都能够从最初降落地面的祖宗算到现在本身的世系。

尼亚士人的年从昴宿（英名 bleiades，土名 zara）的出现计起。据他们的一段故事说以前有七个小孩（即昴宿七星）到天上去，他们的父母和一个奴隶（猎户座星）跟在后面。土人看昴宿出现后一个月便开始种植。土人计算一年便是这昴宿的出现到下次出现的时间。如要计算比一年长的时间，便计算其间收获的次数，每一次收获代表六个月。［译者按：这应该是比一年短，文中云比一年长或系误写。］

一年分为十二个阴历月，一月分为二段，一段是月的渐满期，一段是月的渐亏期。第一期利于各事的开始，第二期利于各事的结束。月又再分为日，有些是吉利的，有些是不吉利的。一日中再用描述的名辞分为数段如"日出时"等。

日称为 si baja，和米的神同名。据说以前有二个日和二个月。星是日和月的孩子们。

尼亚士人像坡里尼西亚人一样，时间按夜计算而不按日算。

天上只有二处，一是日升处，一是日没处。地面也只有二方向，一是上流，二是下流。似乎尼亚士人初时只晓得二个方向。

游戏及跳舞 尼亚士人照其他印度尼西亚人的常例很罕用人工物以助游戏。他们没有源于印度的游戏，只有一种是出自中国的，即纸鸢。

用人工物的几种游戏是踢足球、抛套索、掷标枪、沿水抛石。足球是用藤所制，以在空中抛掷久不下地为胜。史罗德（Schroder）说球或是代表日，土人不要日早落故作这戏。

不用人工物的游戏有用膂力的,有用敏捷的身手的,有用机智的。用膂力的例如追触(tag)(按即一人走,一人追,以手触为胜)、泅水、立于别人头上、相拖、拔河、偷猪等游戏。用机智的是猜谜、竞唱。有时是藏物令小孩寻觅。

游戏常在有宴会时,同时还有跳舞。

最喜欢的跳舞是战争舞,战士们全副武装,拿枪持盾,假装战斗之状。蛇舞行于尼亚士中央和北部,由男子扮演,女人在后面小心细步追随着。尼亚士人虽不像民答威人多行拟人的动物跳舞,但也有一种偷鸡舞。一个女人假装偷鸡的鹞子,拍手表示鹞子拍翅下来之状。于稻收获、造屋、买锣、生育、命名、定婚时都有宴会。如在酋长须请全乡村人赴宴,少年酋长的割礼尤其隆重。尼亚士人的宴会不像那卡人和民答威人有许多禁忌,但也有和祖先相交通的意思,所以在那时举行的跳舞和游戏,显系源于宗教意义。鼓和锣是跳舞时的乐器。

第三节 社 会

政府及阶级 尼亚士的北部和南部人民是从中央去的。在马尔斯登氏(Marsden)时(1811年)人口已经散布及于全岛分为约50个小区。每区有一酋长,其间常生战争。史罗德氏(Schroder)说现在有37区1526个乡村。

区(ori)不是尼亚士人的最古政治单位,像印度尼西亚别处的样,显然是由印度传入的。区的政治实际上在乡村领袖的手里,所以乡村才是尼亚士的政治中心。氏族在尼亚士已经无政治作用;只有在北部氏族才行外婚制。保存男系氏族制的原因实是为计算世系的祖先崇拜起见。

尼亚士人的法律和规则一部分由区制定,一部分由乡村制定。区规定乡长的地位,境内所用的量法,新娘身价的数目,金和猪和米三者的相对价值。区才有明确的境界,乡村不甚明。

为实际的目的起见,最高的政治单位是乡村,自有其规则法律和财产。乡长在南部称为 si ulu,在北部和中央称为 salawa。ulu 意为河的源头或上流,alawa 意为高,si alawa 意为高者。乡长由继承而拥有其尊严,但他们的母亲也须属同一级才可。否则子孙便降为平民。在南方家族的领袖和酋长地位传于现存最长的兄弟(ama),在北部长子把将死的父亲的最后一口气(灵魂)抓来放入自己口里,因而获得了继承权。自然才能的适当与否也和年辈一样重要。

在南方大乡村里,那边有不止一个的氏族,常有一位正乡长,一位副乡长。乡再分为小村(gana),每一小村住一氏族,氏族有其氏族长。每一小村都有其义务和特权,例如修桥造路等事。只有富裕的头目才能有权力,因为宴会时须供给必需的猪。头目们互相嫉妒,每人都想在宴会的时候胜过敌人以获得升级。

尼亚士人的财产基础在于种植和养猪。大头目们大都是大农家和大养猪家,由于这些财产更能以重利放出其债款于平民,所以平民便是其债户。

头目们以多种方式表示其神圣的地位。他们首以衣饰自异于平民,因为只有他们及其家人才能戴金饰物。只有他们才能蓄奴隶。照尼亚士人的信仰,头目们死后住于一个特别舒服的地方,因为他们死时祭献很丰盛。平民的鬼魂因为死时无甚祭献所以死后还是穷鬼没有势力。

尼亚士的头目在属民当他为父亲一样,所以被称为 ama 即父亲。他的夫人被称为 ina da 即我们的母亲,头目们的儿子被称为 achi 即小兄弟。

头目之次是 si ila,是被人民由平民之中选出来的,他们实即是乡村中的长老。他们对乡村长进忠告,并察看他们有无实行。

重要事件由头目召集平民集会讨论之。集会在乡村中广场或头目的屋内举行。在会中讨论法律的适当解释。违背法律会使生人和死人冲突,引起死人降祸于生人。

头目们是创制法律者又是维持法律者。人民可以由较有地位者行其势力,但最后裁决的权还在头目的手里。尼亚士的头目比较峇搭的远为重要,土人以为他们是祖宗再从天上下来的化身。所以他们有神圣的性质,地上的事情是要依赖他们的。在这一点尼亚士人很像坡里尼西亚人。

在头目、平民、奴隶三者之间有一大鸿沟,但尼亚士人还有一特别风俗,尼亚士的法律规定平民也须开几次宴会才能获得其完全的阶级。

奴隶或由战争,或由债务而获得。像在峇搭人一样,如一个人欠债到了一个奴隶的身价,他本人或他一个家人便须为奴隶。又和峇搭人相同,奴隶有屋内奴隶和田里奴隶二种。奴隶的命运却也不十分坏,没有区别的征号。主人会替他们娶妻,以便获得小孩奴隶。因为自由的尼亚士人结婚费太贵,所以奴隶们多已娶妻,自由人反有多数独身。

奴隶的主人有杀死奴隶的权,但这事很罕见,因为这是毁坏自己的珍贵财产的事。当以前还行杀人祭神时,无用的奴隶会被拿去做牺牲。通常只有逃走的奴隶被严酷处罚。

法律 照尼亚士的法律,刑事与民事却有分别。这可以证明尼亚士人已经在向组织国家的进程中。在刑事罪,他们以为这是违犯法律,也便是侵犯全团体的罪。在以前罪人须受死刑,后来方改为可以罚锾赎死。犯罪的种类分为如下:(1)侵犯祖宗的罪(便是违犯法律);(2)侵犯权力的罪(即指头目);(3)侵犯他人的罪;(4)侵犯财产的罪。

尼亚士的法庭比较最原始的阶段还进一步，而考虑到犯罪的"意志"。当头目或其家属被杀害，便不分别故杀或误杀。

尼亚士人的法律还有一种特点，即对于侵犯妇女罪的严厉处罚。一个男人如被控摸妇女的胸得被砍去一手；又如男女通奸致怀孕者，该男子及其妇女得处死刑。对于奸淫生子的女人得用酷刑例如烧以铁钳，以逼使供出奸夫的名。这些法律是由于尼亚士人极重妇女婚前的贞洁，因为神灵们和人类家族的延续有关系。土人的性道德自从改信基督教后反退步了。他们现在的害怕死后刑罚还比较以前的害怕犯法的刑罚为轻。

全岛的划分为区，大大改变了"血属复仇"（blood revenge）的法律，血属复仇的风俗和分区冲突，因为区的法律规定杀人者都须由区的头目判断。这种法律有时且及于他区。血属复仇其实也有借口复仇而实为猎取人头的。

尼亚士人也采用宣誓和神判。神判名为 tuna（马来语为 tenung）。神判有沉于水底的，又有用战斗的形式的。宣誓有个人的，又有团体的二式。对伪誓者无责罚，因为神会责罚他。为怕神会降罚，土人另有一个神，凡伪誓后便对他祭祀，希望得免神罚。

战争 在荷兰统治以前，尼亚士人有二种战争。第一种是出于一时之争而发生，常限于一区内。第二种是两族间的大仇恨，发生于散布很广的诸区间。凡男子能拿武器的都参加战斗，只有奴隶不参加，但做挑夫而已。

有的乡村被夜袭，弱的男人和妇女小孩被掳去，壮丁都被杀死。祖宗的偶像都被抢去放在头目的屋下。

史罗德（Schroder）列举战争的原因于下，他指出第一、第四二种是最常见的衅端。(1)命案。(2)强奸妇女。(3)抢劫和偷窃。(4)头目收纳别村的逃亡的奴隶或罪人。(5)新娘身价或他债不清还。(6)疆界之争。(7)侮辱。

猎取人头虽是战争的附带事情，但其根本动机，在尼亚士也像亚洲南部和太平洋诸岛一样，是宗教性的。有些事件需要人头，便到有仇的地区去寻觅。在尼亚士收获的礼节和人头无关系。在南方人头的猎取是由于：(1)血属复仇。(2)创设新村时（人头放在乡村石像前祭祀）。(3)建筑公所，其中有神像。(4)建筑大头目的屋子。(5)头目死，长石凳放在他们前。(6)祭死者的大宴会。(7)其他大宴会。(8)制造金饰物。(9)立重誓。(10)在尼亚士中央部，女婿须将人头呈献岳父，当作新娘身价的一部分。(11)在尼亚士北部和中部在有某种病时，须获得一个人头以使鬼怪们放回病人的灵魂。

在有一村据说猎头者曾咬去死人颈上的一片肉。杀了人头后用舌舐去刀上的血，是尼亚士岛的通行风俗。史罗德说这种遗俗可以证明尼亚士人以前是食人肉的。

像在菲律宾的猎头民族一样，战士如已猎取一颗人头的便得享受某种妆饰,例如颈带 kalabubu 等。

生育　尼亚士人也行有限制的"产翁"俗[eouvade,译者按:即男人代其妻装做产后坐蓐而遵守禁忌,中国古书称为产翁]。生子后父亲不得到丛林内,到小孩满月为止父母都不得梳发。据说如犯这事的,小孩会从楼梯上跌下。父母都不得用泥在槟榔内。

生而肢体残废者立即杀死,又母亲因产难死的小孩也杀死,孪生的小孩,必取一个放在袋内挂起饿死。婴孩生而发肤白色的产妇有大耻辱,人家说她和鬼交。这种小孩常却在产后处死,但也有留养到 15 岁的,希望他会改变发肤的颜色。

出生后几天便替小孩命名,开一次宴会,僧侣在这时预言小孩的终身。父亲替小孩择名,依照当时所发生的事或依照小孩的特征为标准。常择低贱的混名以欺骗鬼怪使它们不注意。史罗德氏说一个人的真名永不说出,亲从子名(teknonomy)的风俗也有实行,父母从第一个孩子的名[译者按:例如称"某人的父亲"]。小孩也有真名和诨名,父母自然是用小孩的诨名。女人嫁后另起新名。病人也有改换诨名的。头目们开大宴会后得享受荣誉的名例如"太阳的光亮"。

结婚　尼亚士人的族外结婚和亲属风俗调查很不够。似乎初时尼亚士人有行男系的族外婚的氏族,像现在的峇搭人一样。这种氏族现在还有作用。在北部称为 orro,意为"某某的子孙"。在南方称为 uri,意为"家族的联合"。史罗德氏说北部在氏族的某世系中还不得通婚。南方在三个氏族中可以自由找寻配偶。故在南方是行族内结婚的,在北方是依世系的族外婚,也不是照氏族的。姑舅表结婚在南方有之,这便是说一个男人需娶其舅父的女儿为妻。

在北部已订婚的未来夫妻应互相避忌。在南方未婚的女婿却须到女家帮助工作以偿还一部分的新娘身价。

尼亚士的结婚都是买卖式的,并且不但是两家的契约,而且是和祖先崇拜有关。须先对祖先的偶像禀过方得行结婚礼。一夫多妻也准行,但因新娘身价贵,多妻者甚罕。兄死娶嫂的风俗也有,但须再交少一点身价银与女家。

新娘的购买纯是男权的,新娘交到男家当作一件货物一样。处女的纯洁非常注重,寡妇和非处女只值半价。为保全未婚女子的贞操,不准女子和男人在同一处宴会中混杂,她们又须在妇女公共宿舍同睡,由一个老太婆看管。

新娘身价自 120 盾至 500 盾,分期交纳。不但新娘的父母以及其他亲人可以接受身价,其中有一小部分还须缴交乡村头目并和乡中人民分享。在离婚时这些钱应退还。

订婚常很早,有的甚至在出生以前,便指腹订婚了。订婚须交付一点定钱。姊姊的婚约常是这样比妹妹先定了。女子如到长大了才订婚,常不能不顺她的意。订婚常须请问女子的母亲的意见,虽是法律上规定子女全属父亲。说亲虽由媒人但未来的新郎可以先到女家看看女子是否喜欢他。

乡长主持结婚礼,婚礼中有一节是新郎新娘同食和同嚼槟榔。乡长将水倒在新娘脚上,还要对乡村的神祭祀。新娘由丈夫的母亲给她一个新名。结婚以后新娘便到夫家住,入门时不得触着门限,恐怕犯了不能生育。

女人除传宗接代以外还要从事种田和养猪。只有出身于高等家族且嫁给重要的头目做夫人的才能免除劳动的义务。女人自己的财产是衣服饰物和鸡,可以传给女儿。

离婚 离婚可由男女的一方面提出。女家提出离婚只有一条理由,那便是身价不照期交清,女人不得以别种理由离开丈夫。她如逃走便被送回。女人如不生育,丈夫得遣送她回外家,因为不生育便是她的罪。但这事须先得乡长的准许。女家应另送个女子来代替,或退还身价。

如丈夫死无子女,女家可接回女子。男家的继承人可以在那寡妇再婚时讨回身价。寡妇如不回外家也可嫁别的妻所生的儿子或丈夫的兄弟。如已有子女寡妇可留居夫家。她可嫁给丈夫的兄弟,但不是全岛各处都必须如此的。

死亡 在尼亚士中部处理死者有三法,依其阶级为头目、平民或奴隶而定。第一种放在台上,第二种埋葬,第三种是抛在丛林内喂野猪。棺称为 owo,意为船。

人死后尸用有香味的叶洗濯,死者灵魂如再回到屋里,人们便可由香味而知道。头目的尸穿着华服佩戴金饰。口和鼻都闭塞,眼睛也合起。

大敛完毕开始举哀。邻乡人民于晚间也来慰问。那时有跳舞和宴会,敲锣以驱走恶鬼。

人死后四日内是服丧和禁忌时期。在这期内待遇死尸像活人一样。屋的四围遍插尖竹签,不准通过,犯者处死。女人唱挽歌。给死人几次追祭。

死尸在第三日抬到墓地埋葬。在墓地起一个棚,将死人所需用的器物放在那里。

在第四日僧侣环屋而行警告死人的灵魂说现在不要再逗留在屋子里以免惊扰活人。屋旁便种些有刺的植物以阻碍死者的灵魂再回屋里。同日制好了木偶(adu),请死人的灵魂附在上面。

到墓的附近找寻死人的化身。据说死人回家是变成蜘蛛(moko-moko),便把墓旁的蜘蛛拿回家去放在木偶那边[译者按:这便是我国人所相信的回煞]。这种安魂的手续是有男嗣的方得举行。

上述这种风俗是出自印度化身的信仰,其传播的地方自印度经印度尼西亚而至坡里尼西亚。奥耳登堡氏(Oldenberg)说印度在吠陀时代,如要迁葬而找不到遗骸时,便把一块布摊在水流旁边,呼着死人的名,如见第一只昆虫或其他动物爬到布上,便认为是死人所化,把它拿来当作遗骸埋葬了。三毛亚岛(Samoa)的土人也说死人会化身为昆虫,便把它用树皮布包起来埋葬。

头目死后二个月,将他的遗骨洗去了腐肉,开一次宴会。南方的土人便在这时出去猎取人头,这种风俗直行到最近。在尼亚士甚至还有专业猎取人头的,他们将头卖给丧家,他们自以为另有一个神保护他们,像印度的杀人团(Thug)一样。

在举行丧宴时将奴隶杀死在墓里,使他到阴间奉侍主人。他的头颅割起在棺边摩擦,叫唤死者"起来"。如不止一个,便各给以一种名称,有的是死人的枕头,有的是垫臂,有的是垫腿。殉葬的奴隶都称为死人的使者。

有洗濯死人骨头的义务的奴隶,称为 binu,和供奉死人的头颅同一名称。他的禁忌重重,须睡在村外,且须由别人煮给他吃。在以前这个奴隶还须绑在桩上砍头。他的头颅放在墓的下边,以为死人的足垫。现在做 binu 的虽避免了做这种牺牲,但他的耳朵还须割去。

尼亚士人对于死人的观念,像别处一样,只是畏怕。头目的鬼特别被畏怕,因产难而死的妇女的鬼也同样被土人所怕,为避免产难的女鬼再回家来,他们将其死尸由一个洞拖出屋去,不敢由正门。

服丧的手续包括禁食某种食物,禁穿某种衣服,人死后几天内不得出门去。

第四节 宗 教

引论 南方人说有一个"万物的母亲"(all-mother)是万物的源头,在北方却说有一个男性的某物是万物的创造者。在南方还有人性神祇的系统,在别处说风的神创造万物,而万物都由"世界树"(world tree)而来。世界树的观念在南方没有,南方的人想人是从月神传下来的。北方也有起源于月的故事。各处都说最初有二个孪生的神结为夫妻,生了其他的神和人类。像这些关于乱伦和世界树的神话都得自印度,而其最初的源头还是印欧民族(Indo-European)和闪族(Semitic people)。

神话 南方人民说世界的起源如下述:最初没有地土没有世界,只有无名称的和看不见的"混沌"一团。以后"混沌"分裂了,女神 Ina-da Samihara Luwo 出世了。这位女神便创造了世界。

以后石头坼裂了另一位女神,即人和神的"古母亲"Ina-da Samadulo Höse 也出生了。

这第二位女神虽是不嫁却生了四个子女,是两对孪生儿,每次一男一女。两对孪生男女在生出时便自相结婚成为夫妻。小的儿子后来名为 Lowalangi

统治天堂,大的儿子 Latura 统治地下。两个发生争闹,Lowalangi 便向地上丢石头经过九日。

Lowalangi 再婚一次,这次是他哥哥的孪生姐妹,他们这一对配偶便成为人类的祖宗。这第二妻生一个胎,却是圆形的,没有手足。胎分为两半,一半出一个男孩,一半出一个女孩。这两个男女又结婚了,产生第一个人,名为 Hulu。

尼亚士北部和中部人民所产的世界开辟故事与南部不同,据说最初有一位将死的神,由他的心发生了世界树。Lowalangi 吹一口气在第一对男女口里于是他们便活起来。有些故事还说有一条"世界河",环着地的周围而流,还有一条"世界蛇"伏在地下。这些故事里都说风是创造的力,又说初时世界是一团漆黑,因为日和月都未创造出来。

尼亚士人以为地的上面有九层的天,在最高层住着 Lowalangi。地下也有九层。尼亚士人、峇搭人、婆罗洲西北土人、坡里尼西亚人都说以前最下层的天和地极相近,几乎接着屋顶。

在尼亚士北部和中央土人说人类初时原是神所养的猪。人的死据说是因为 Lowalangi 给他的魂(noso 意为呼吸)已完了。他们又说人的死是因为 Latura 需要一个人做食物,南方人确信人类原是 Lowalangi 所养的猪。

尼亚士的神 Lowalangi 的地位显然处于印度的梵天(Brahma)和坡里尼西亚天神 Rangi 之间;Lowalangi 和 Rangi 二位神名也相近。在坡里尼西亚的 Langi 一语意义便是天。尼亚士的 Lowalangi 是风的神,他给人类呼吸,呼吸便是灵魂,人死后灵魂还再回到他那里。所以个人的灵魂也便是"灵魂总体"的一部分。史罗德说 Lowa 一字意义便是呼吸。

Latuna 住在地下,便是死人的神。他的位置和印度的阎摩(Yama)相反,阎摩也是死人的王,和诸神住在最高的天上,"世界生命树"(Cosmic Tree of Life)之下,喝着从树叶滴下来的 soma,旁边有善良的灵魂 pitris 环绕着他。

Lowalangi 和 Latuna 都是闲散无为的神,他们不接受祈祷和祭祀。

尼亚士人还崇拜部落的祖先也即是文化英雄(culture heroes)。多数人常说到人类的祖宗 Hia。他小时来到地上,长成后方回天上去。由他的服装和名可知他是月神,和坡里尼西亚的女月神 Hina 很相近。

第二位文化英雄是 Daeli,他带了番薯和磨制石器到地上来。有些故事还说他带火给人类。第三位文化英雄是 Hulu,草木的起源据说是由他的血里生出来的。第四位文化英雄是 Sebuwa,他带了僧侣用的鼓给人们。

尼亚士人说祖先的鬼 beghu 也会成神灵。树林的神灵称为 bela 或 belada。某种自然现象也称为鬼 beghu,例如晚霞和雨中的太阳。这些自然神灵都很有危险。有一个地方的人以为地下的大蛇会致地震。

灵魂和死后的情形　依史罗德所说尼亚士人将一个常态的人分为下列几部分：

1. 物质的身体 boto。死后除骨以外，身体都化为空气。

2. 气息 noso，这是使身体会生活的，原是由风借来，死后也再归到风里。甚至木偶也须给以气息才能有灵。

3. 影像等 lumolumo，即一个人在日中火旁的阴影以及水中反映的像。据说这是人的第二身，身体以外的又一个"自己"。这便是梦中或病时离开身体游行别处的灵魂。这一种还再分为两部分：(1)阴影，人死后这部到地下去。(2)像再分为二部：(A)一种像，人死后还留在墓的附近；(B)一种活动的原则。

尼亚士人以为影像在人死后变成为鬼(beghu)。婆罗洲的 Olo-Ngadju 却把这个再分成为二部，一部是 liass，立刻到阴间去，一部是 karahang，在吃过丧宴以后方去。

尼亚士人以为人死后其气息回到神那里去，身体则恢复原状，便是水和空气。现在已经无影及像了，但死人还有第二身存在，这便是鬼。

死后阴影的鬼到天上或地下去。影的鬼则留居墓的附近。死人要到天上去应过一道桥，在桥下便是地狱，等候着恶人的灵魂掉落下去。在天上有一个守门者，持枪携盾，还带着一只猫。这守门人便查问死人在生的行为。依拉巴氏(Rappard)所说尼亚士所认为大罪孽的是谋杀、毒杀、伪誓、奸淫、偷盗。凡在世作恶、不曾祭祀，尤其是不行丧祭者，不能过桥，被猫推入水中。这猫尤其喜欢把那些在生曾害猫的人推入地狱。

史罗德说尼亚士人不大注意死后刑罚的观念，死后的情形像生时一样的继续。上文已说过头目死后因葬时有盛大的祭祀，故其死后的情形也比平民为佳。在阴间日与夜相反，鬼的语言也和人类不同，只有僧侣会了解。僧侣才能看见鬼，鬼的出现像萤火的形状。

土人说灵魂须死九次方才完全消灭。他们又说死人会化身为昆虫或别种动物住这世界。至于化为何种动物依照其年龄和死的状况而定。例如死在水里的化成白蚁。蛇和鳄鱼据说也常是死人所化。

在尼亚士关于灵魂的印度观念，和阿萨姆(Assam)的那卡人(Naga)很相像。例如死人过桥，猫的神圣性质，以及死人的化身等观念两地都有。

人死后其另一部的灵魂即气息回归神处。Lowalangi 将所有的气息都藏在大瓶里，某部落的人放在某部分。有三位神灵管理人类的命运，这三神的名是 Si Barasija-Noso，Ture Luluwo 和 Lowalangi。第一位神将灵魂给未出生的婴孩，第二位神照第三位神的要求，给某人多少灵魂便给多少。灵魂的数量以及在生的寿算都看未生的婴孩对第三位神的请求而定。这种信仰便是由于印度的三位一体观念以及命定观念。

小孩出生后他的"气息灵魂"藏在心脏里。所以尼亚士人以心脏为生命和感情所在处,在语言中常谈及。

祭祀 尼亚士有二种祭祀,一种是对祖宗的祭祀,又一种是对自然精灵或神祇的祭祀。第一种是团体宴会的性质,每有宴会便致祭。祖宗的鬼歆享牺牲的灵魂,人类则吃其肉。祭自然精灵和神祇时,牺牲的肉和魂都给他们享去。

用为牺牲的是猪、鸡、卵、米、棕榈酒、水和人头。

只有猪可以祭祀最高的砷。在宰猪或鸡以前,先将猪毛或鸡毛在火里烧焦以告神知。同样,如要将人或奴隶杀死祭神也先将其头发剪去。民答威岛人也在祭神前将猪毛鸡毛先烧焦。

用卵祭祀的方法是将卵在神像上面打破,不再做什么。这种祭祀法通行于印度尼西亚诸岛,在阿萨姆的喀西人(Khasi)也盛行这俗。

僧侣 尼亚士的僧侣称为 gere,这话等于民答威人的 si-kere-i,这便是见鬼者(seer)或巫医(medicine men)并和执掌祭祀的僧侣结合为一。这名称的语根 kere 意为"超自然的力"(意为超出于自然界以上的奇异的力)。

男人和女人都可以当僧侣。人的"超自然力"是在一家族中流行的,所以这种职务常由父传给子。青年人 20 岁时便可当僧侣行医。传授的时间是八日。

凡命中注定应做僧侣的有一日会突然失踪,那是被神灵捉去了。神灵常再放他自由,三四日后他便回到家里。有时久未回家,家人们四出找寻,常发现他在树上和神灵们谈话。

这人回家后心理大起变态。他或者还带了一种动物,那是代表他所获得的保护神的。例如他满身缠满了蛇,但这些蛇只有他自己才看得见。

回家后便对神祭祀,酬谢他们放这青年回家。同时做了一个偶像(adu),这青年身上的树林神灵便转附于偶像,于是这青年才回复了本性。从此以后他便可学习祭祀和治病的技术了。

其次这青年还要到墓地去以告知祖先,到水边去以便和水神认识;到高山去拜访山神。

从山上回来后还不得就进自己的屋子。这会使他不利。围绕在他身边的鬼如跟他一起入屋子,会使他的亲人和猪生病。他须到别乡村去留居几天以便将身上的鬼脱卸给别人。

如这人的父亲也是僧侣,他便亲自教他儿子演魔术驱鬼怪,打神鼓。其他的方法跟别的僧侣学习。他跟他的老师作职业上的拜访。

在南方僧侣做法事时穿着特别的服饰,包含头发装饰和一件披在肩上的布。

疾病 疾病的原因如下：(1)"影像"(lumolumo)离身。(2)"影像"或人本身受伤害。

"影像"的离身由于下列三条原因：(1)由 Lowalangi 或 Latura。(2)由恶的精灵。(3)由死人的鬼魂。

在南方常以为病人的魂是被 Lowalangi 取去，因为人类原是他所养的猪。他给人类以生命，他也可从人类取回生命。

病也可由老年、不幸，或意外的事而致。在这种情形是气息(noso)不对了。人如年老死去，那是因为他出生时所求来的气息用尽了。如由意外的事致死，被猎取人头除外，那是因为出生时所求来的气息太少。

因意外致死的鬼魂还逗留于失事的地方，感叹着说当出生前没有远见。溺死的鬼却可以用适当的祭祀召上岸来。

治疗 治病全在僧侣和"巫医"的手，普通人只晓按摩和吸引。如以为病是由鬼怪作祟的，便须延请僧侣。由这种原因的居多数。

病人也有被人施术而致，和鬼怪无干的。例如术士也能用法将一块石头放入人身，使他生风湿的病，便不能小便，须请巫医来从膀胱内吸出红白石子来。

如因灵魂失去而病，僧侣便为捉回，放在一块布内，按在头和肩上使他进入身体。鬼捉去人魂，僧侣能够知道，因为病人的身体变黑了。鬼捉人魂的方法是吓他一下或咬他一口。

如有疫病时土人便说有鬼遍处捉猪。对付的方法是关闭乡村以挡住外来的鬼。从外来的人须不带恶鬼来的(即无传染病的)方得进村。这实在是很好的检疫法，不过不明了疫病的真原因而已。

鬼又能撒灰或别物环绕一村而使人生病。鬼又会将病放在水里，使饮者传染着。土人所以这样怕鬼，实在是由于他们的不清洁的习惯。民答威人不敢污浊河水，恐怕"水的母亲"生气降病于人类。

如村中有多人生病，僧侣便出来祓除鬼怪。他们持枪拿刀绕着村子乱戮，鬼如被戮着了九次的生命便失去了一次。

治病也常用祖先的偶像以招回病人失去的灵魂。偶像身上妆饰了些新鲜的棕树叶。另将一长串的棕叶，从屋子前面埋头骨的地方，拖到代表病人本身的偶像那里，以引诱偷灵魂的鬼。鬼便沿着这一长串的叶进别屋内。这时便举行一次大宴会，僧侣擂鼓召请所有祖宗的灵魂，并侦察出恶鬼，将一根香蕉茎送给恶鬼，恶鬼便释放所偷去的灵魂。祖宗们将灵魂放在病人头上，病人便好起来了。僧侣能够由偶像而和祖宗说话。僧侣得受病家谢礼，在祭祀时可得牺牲的一部分。尼亚士的僧侣是见鬼者而不是神巫。除马来风俗的影响以外，他们不曾为自己的保护神附身。

第五节　峇株群岛(Batu Is.)

在尼亚士岛和民答威群岛之间有峇株群岛，包括 50 个大小不等的岛，环以珊瑚岸和礁。

峇株岛现在的人口很少，多数是尼亚士来的，还有马来人住在海岸市镇，民答威人也来这里经商。峇株岛的文化像尼亚士南部，有些文化特质从尼亚士传到民答威的，大约便是经由这里。

峇株群岛人的主要武器是刀枪和盾。弓箭不用。人民所食的多为西谷，食米很少。嚼槟榔很普通，吸烟不多。棕榈酒有事时方制。有三种主要专业，便是金匠、铁匠和造大屋者。

政治是专制式的，一个以上的乡村受治于一个酋长，称为 siulu，是世袭的。凡就公职的人很需要钱，因为他须开宴会。奴隶制同于尼亚士。

婚姻是买卖，像尼亚士一样，严守婚姻的法律，奸淫处死刑。

峇株群岛也有巨石纪念物和偶像。偶像称为 adjuadju，是生殖器崇拜性质的。巫医称为 ereh，语根和尼亚士及民答威都相同。其作用自然也相同。

第二篇　民答威群岛

第一节　引　论

民答威群岛北含施美罗岛(Siberut)，中跨施普拉(Si Pora)，南有南北巴给岛(Nouth and South Pageh)，土话称男人为"施民答"(Si Manteu)，"民答威"一名就是由此讹变而来。土人自称为"沙加拉彦"(Sakalagan)意即"人类"。施美罗岛意为"老鼠岛"。昔时有一个荷人船长，船破于此地，因此得以发现施美罗岛及施普拉岛，遂名为幸运岛(Good Fortune)。至 1692 年有一幅法国出版的地图，合此二岛而称为幸运岛(Isle de la Fortune)。后来知道这原是二个不相联系的小岛，因此便叫大的为"大幸运岛"，小的为"小幸运岛"(Big and Little Luck Island)，英美系地图则称北方二岛为民答威(Mentawei)，南北巴给岛(Pageh)另称为巴给群岛(Pageh Islands)或那骚群岛(Nassau)。其实全部诸岛都该合称民答威群岛。

民答威与苏门答腊东部人民之文化虽相异，但苏岛与民答威群岛相距却不甚远。天朗气清之时站在北巴给岛的沙湾·吞古(Sawang Tunku)兵站即可远眺古林芝峰(Peak of Kurintji)，云雾氤氲，可是望不到苏岛海岸。

施美罗岛(Siberut)与迤南诸岛文化上颇相悬殊。施美罗，尤其是北部一半与尼亚士岛略为相似。如土人使用枪、盾、弓、箭，且有猎首、买卖婚姻等习俗。施美罗岛与巴给岛(Pageh)不同，与世隔绝，直至最近尚不甚为人所知。但由最近韦滋(Wirz)之报告看来，施美罗岛实不无渗入尼亚士文化。施美罗有一村落叫施马力义(Simalegi)，系由峇株群岛(Batu Islands)移来之尼哈人(Niha)部落，至今另用一种土语，颇似尼哈语。该村习俗也皆与尼亚士岛相似。

据汉·格顿氏(Heine-Geldern)所云，民答威、英加佬(Engano)、尼可巴(Nicobar)诸群岛都是文化十分朴拙原始的。三地之土人皆不知耕耘稻谷。英加佬、民答威的主食为沙茭(sago)及其他植物球根如芋薯等，不知纺织，金属工，也无嚼槟榔的风俗。三地皆无吹箭筒。民答威人使用弓，这是西印度尼西亚一带所无的。物质文化有三地相似者，如英加佬、尼可巴二地之圆桩屋，民答威、尼可巴二地之渔网皆略相似。

至于非物质文化方面，民答威、英加佬二地土人不分氏族(sibs)，政制为民主式，与尼亚士之行神权政治(Divine Chieftaincy)相反。民答威人习俗中，如供神用猪鸡、全族大宴会(communal meal)、占卜术(特别是以肝脏占卜之术 pepatotomy)等皆可看到印度(Hindu)文化之影响。可是民答威的神话，却未受印度文化之波及，其中既没创世主，也没创世的神话。

民答威人来源不明。据一般的臆测，民答威人系由苏门答腊移至尼亚士，而后至施美罗岛。据1621年之记载，其时民答威群岛中只有施美罗一岛有居民。巴给岛土人至今尚保存南迁传说及北巴给岛最先殖民的大加可(Taikako)村传说。据此看来，民答威群岛土人或系硕果仅存的古代苏门答腊文化，唯一未被印度文化所侵袭的。然则此地带之研究实具有莫大之意义，惟有些特征自属近代的变迁，而非古来如此，如祭祀大宴(Punen)之改良即是。

荷兰政权时代，民答威群岛是个无利可得的地域。第一篇有科学性质的巴给群岛记是一英人约翰·克利斯浦(John Crisp)在1799年写的，为马尔斯登氏(Marsden)引用于其书中。民答威群岛于1864年，正式归入荷兰版图，就地设荷人官员及马来警察。但至1904年荷人始实际设立一兵营屯驻。这是因为时当日俄战争，荷人不愿外人利用该群岛为海军根据地。1901年德人传教士烈德(Lett)至此传教，荷人即利用他为通译。巴给岛人以为若将这通译逐出，白人文化将大受妨害，因此1909年烈德被土人袭击，受伤而亡。1915年又有一马来警官，于追捕一杀人凶犯之时，中毒箭而死。

现在该地的传教士武革氏(Börger)与土人和睦相处有20年。土人性质原系温和可亲，只是不可妨害其原有习俗及宗教。如果村落中有个人要改信基督教,即被斥逐出乡。他却使巴给岛的 Siabu 及 Saumangamia 二村改信基督教。

以下所记民答威文化皆系指巴给群岛而言,否则即明记施普拉岛或施美罗岛。因为巴给文化是世人所最熟知,且亦为著者直接亲自探查者,并且它又是最纯粹的,最未为尼亚士文化所影响。或者当巴给土人南移巴给岛时,北部施美罗印为尼亚士文化所影响。

巴给语与施普拉语略异,与施美罗语更大差。巴给人与施美罗人不能互通语言。

第二节　经济生活

乡村及房屋　乡村皆滨河而设,且离海略远,因此得以吸取淡水以供饮食沐浴。昔时河道为乡村间主要通路。

每村有一个或有数个公所(uma communal house),其旁环列家屋(lalep family house)。这公所及旁列家屋合而成为民答威之社会、政治及宗教的单位。民答威乡村并非合为一单位,这点与菲律宾的旁督乙哥洛人(Bontok Igorot)同样。每村分为数部,各有其公所(uma),而各部即称为公所区(uma)。村中除公所(uma)、家屋(lalep)外尚有鳏夫寡妇所另居之屋,称为孤身屋(rusuk)。公所及家屋皆有祭台以供献祭,唯 rusuk 独无。除此之外,rusuk

图 3-36　施美罗(民答威)河上乡村

与家屋(lalep)无异。村中诸屋皆建于桩上,无窗,用一根刻有阶段的木柱上落。各村用木筑墙围,住牲畜。在荷人卫生设施未行之时,牲畜即养于屋下。

巴给群岛最大最老的乡村是大加可村(Taikako)。这个村有四个公所区(uma)及一个孤身屋区,屋与屋之间用木造成一悬空通路。大加可村人自任为巴给群岛主人,如有移民想另筑新村必须得到他们的许可。如果别村住民要种植椰树,也须先赠送大加可村人礼物。大加可村人旅外之时有权摘取别村椰树的椰子。

西老依南村(Silaoinan)(意为河边村)为巴给群岛之最新村落。1908年大加可村议定反抗荷人。村人不赞成,便另筑新村,这便是西老依南村。因为不得推翻祭司(rimata,意含祭司、首领之意),所以不赞成其政策者只得离开。

公所(uma, communal house)为民答威人社会中心。

图 3-37　民答威群岛巴给岛大加可村的市镇,表示旧式竹道

祭司(rimata)为公所区首领,即村落一部之首领,而非全部村落之首领。行宗教大宴会(punen)时,男人皆不归家而宿于公所,以避免有淫秽行为。施美罗岛上,祭司即宿于公所中,而巴给岛土人则数个家族的人皆可宿于公所中。日中男人居公所前部走廊,妇孺则居后部。

巴给群岛上的公所,大小都有,但都有同样的形式。屋前后各有一梯上达主屋即下面一层。还有一个"鬼梯"以达走廊,这梯又叫做"猴梯",实际上是为了猎得的野兽而造的。宗教大宴时,要祈祷使这些野兽的鬼魂进入公所。公所楼上前后各有一走廊。公所最大最前的房间叫 laibokat,意为闲谈室,这房中设有火炉和献祭的野兽的头颅骨。旁边是大宴时给男人睡的寝具。中房形如长廊,安上松弛的木板以为地板。大宴时跳舞于其上。这房中有雌雄二个大祭台(buluat)。中房二旁都有围墙,墙外都有房间给私人家族寝宿。公所后房叫 bagat uma(意为公所之内部),这房的房门通公所后走廊。公所楼上叫 djaramba，用以贮藏种种公共用具，如木鼓、猎蠵龟大网等。

公所的中柱通过中房即跳舞房。柱上设一祭坛，坛上放有 katsaila。这是一束叶子，其中也有神圣的龙血树（dracaena）叶。宗教大宴（punen）时，聚死者的灵魂，集于 katsaila 上。中柱上还挂有第二神圣的东西叫 toraidja luima，又称 punen 或 batu kerebau。中柱即由 batu kerebau 而得名。这圣物是些圣叶、珠子、铝块放在竹制容器之中。Toraidja luima 能加强公所区人民的生魂及死者的鬼魂，且把人民的灵魂联结于公所。这东西可挂在公所中，也可挂在祭司（rimata）屋里，祭司先祭祀 silimen（圣餐本身），然后祭 katsaila，最后祭 toraidja luima。当神巫发问时，katsaila 及 toraidja luima 的问答唱和须一致。

住宅（lalep）如简拙的一层桩屋（屋下有桩），只有一间房和走廊。每屋有一间屋顶小房以贮渔猎饮食用具。孤身屋（rusuk）与住宅相同，唯没有祭坛。因此居住 rusuk 中的青年恋人便不能在此就餐。习俗每餐之前，食物之一部须供上祭坛献祭神祇。

食物 巴给人的主要食物为芋，耕种芋田者为妇人。次要食物为香蕉，这是男人种植的。施美罗人主食沙莪，但巴给人拿来喂鸡。

只有北巴给岛上的基督教传教所及二个基督教村种植稻米。在不种植稻米这点上，民答威群岛人和英加佬人是与其他西印度尼西亚人不同的。民答威人因为稻类需要不断的看护，而在他们长久的宗教大宴（punen）期中便不能在田中耕种，所以不喜欢种稻。土人喜食白米。每当出外捞鱼时，便以异常的高价由马来人买入。这是因为同量的米比芋、沙莪都较滋养。克累德氏（Kruyt）说村落之所以会改信基督教主要原因在于便于种植米稻。

芋田是湿水田，上面全是水，土人妇女坐独木舟去种植。这些田全是妇女所有的。芋种后一年，才可食用。但芋田一加垦植后便是固定的财产。

香蕉园是男人种的。有的由两家合种一片园地，有的整个公所区合种。开垦时，先芟除灌木，砍伐大树。但并不用火焚烧。甘蔗、椰树也种植于香蕉园中。

新香蕉园开辟之时必须遵从许多宗教禁忌，尤其是当园地为公家所有时。如果一棵树砍下时，忽有地震或忽见有蛇，那么个个人都须回家。如果有一只鹿刚从那里跑过，即须杀死一只鹿，举行 punen，然后方可重新工作。如果因地上发现三次蛇，那么便须放弃原定计划，另找新地。每棵树砍倒时都须献祭树神。

每四五年香蕉园须重新翻种一次。园地的境界用竹围起。祭司有裁判越界纠纷之权。如果这地属于全公所区，那么祭司须执行有关园地之一切事务。事毕，便拿些香蕉，泼上清水，供上公所的祭坛。其后便开一次长五个月的大宴。

土人大部依渔猎为生。鹿狩、猴狩总是因大宴 punen 而举行。猎得的鹿肉、猴肉须平均分给公所区中各家，一部分则隆重地献祭神祇。

打猎是公众的事，于祭司领导下，公所区中每个男人都参加（除掉他的妻子有孕在身的）。猎前，妇女可以由园中持回各种食物，但行猎时必须留于村中。他们带猎狗于白日打猎，使用弓和毒箭。

如果猎得鹿或猴时，大家便高声欢呼"嗳啰"（aile）以谢林神。幸运的猎者、猪狗和猎物都饰以鲜花绿叶。设若打中猴子，那便整只带回公所；如打中了鹿，便就地割切，肉用叶子包裹，以便放在篮中携回。血液盛在竹筒中，带归给全村人饮食。

那时公所中便锣声大响，召集一切土人。祭

图3-38　民答威施美罗男人射猎

司拿着剥了壳的椰子进来，作法呼集林中鹿猴的鬼魂。同时还有一个人击起皮鼓。兽肉煮熟后，祭司便剖出心脏和一块背上的肉，供献祭坛上。然后大家入席。最后祭司把兽头上的装饰品拿开，再用椰子肉塞入其口中，念道"归来，归来，鹿儿的灵魂哟！"这样安慰了死去的野兽，才可以使猎物源源不尽。

猴和鹿的头颅骨及大海龟壳（iban laut）都挂在公所中。猪头骨则弃掉。但雄鸡的头颅有时也挂在屋顶上，藉它的啼声来吓走恶鬼。

有时当举行大宴时，土人大举猎猴，但这时只能活捉不能打死。猎法先驱使猎狗逐猴上树，于是土人追踪而至，极力摇树，使它落下。猴一落下，猎狗便追上咬得猴子四处奔窜，结果终于又逃上它树，直至最后那猴子精疲力竭，浑身鳞伤，终至跌下不能起立。如果猴子跌得好，身体健强，便捉住带回公所祭奠。

土人捞鱼使用网、铦、钓钩、鱼筌、弓箭、鱼毒等。女子又另用一种十字形树枝的板凳（panu），下半身浸没在水里，站着打鱼。至于抛开的撒网却是马来传来的改良法。男人则喜欢在浅海里用铦、弓箭等射鱼。铦和箭的尖锋都可以脱掉。鱼毒则用露藤根（Derris elliptica）撒放在浅海中。

大海龟（蠵龟）在大宴punen中占有重要的位置。捉蠵龟的网（djarik）和安达曼人的相似。网打开后上面系住浮子，下面安有锚。当男人们猎龟时，家中的妇女孩童都有严厉的禁忌。他们不能种植、伐薪、收集椰子，又不能互相访问、借火。连小鸡都不能孵,因为小鸡破壳而出时,那蠵龟便会破网逃走。至于猎龟的渔夫也是禁忌重重。他们不能沐浴,头发也不能洗涤抹油。并且不可以发怒谈话。晚上睡觉时也不可以一足伸,一足缩。这些禁忌的目的在使网不会脱锚,龟不会逃逸,猎得蠵龟后带回家去。

图 3-39　民答威 Sikakap 海峡妇女捕鱼

龟肉平分给公所区中一切土人。不过蠵龟肉不似猴肉、鹿肉、猪肉、鸡肉般神圣,可以分给来访公所区的外人。

巴给岛人(Pageh Islands)每年中有一定的月份乘大战船(kalaba)到无人的荒岛捉蟹。各地土人都吃蛙和鳗,但不在大宴 punen 期中。土人在夜里拿火炬捉蛙。

巴给岛人视鳄鱼很神圣,称它"祖宗"(teteu)。传说从前他们有一位祖先化成鳄鱼,据传施美罗岛(Siberut)人敢吃鳄鱼肉,但巴给岛人不但不敢吃鳄鱼肉,连鳄鱼皮也不敢使用。土人迷信鳄鱼是水母娘娘(Mother of Waters)的仆隶,专门惩罚那些违背禁忌的,例如倾倒垃圾入水的人。如果有人给鳄鱼咬噬,土人便搭起一个鳄鱼笙来捕捉一只鳄鱼为偿。然后把尸身和鳄笙一起丢入水中,以后便不再会有鳄鱼咬人了。事毕举行二个月的大宴,那时公所区中每个人都须献纳一头猪或一只鸡,猪肝鸡肝便拿来祭祀死鳄鱼。从前土人给鳄鱼咬死时,便举行一回 punen lepa,须得征伐他乡去掳掠一个活人当牺牲。

施美罗人吃蟒蛇肉,但巴给人不吃,蟒蛇皮和鹿皮都用以制鼓。土人以为蛇是不死的,因为它每年脱壳。

民答威群岛风俗不能用以祭神的食物大都就是禁忌物。妇女儿童及未婚男子虽然可以吃这些禁忌食品。但精灵总是厌忌它的。松鼠、老鼠、水陆蠵龟及腐败鱼类都是禁忌品。土人的食物中有禁忌品的分别,所以不吃欧人的食物,如牛肉就是。结果群岛上没有一只牛。

狗在民答威群岛上人生活中是重要家畜。但是没有宰杀食用的。土人的传说中没有关于狗的来源的。民答威狗不会吠。土人没给狗命名,只有一部分受马来风俗的影响才命名。民答威土人不买卖狗,他们把狗儿借给人家,生出小狗来,便留一部分给人家。土人禁止杀狗。如果狗咬死了人,被人乘怒杀死,那末便须举行一回三个月的大宴(punen),使那狗魂不会咬害土人妇孺。狗死后尸身随便丢在旷野。

猫土语为 mao,据传系由马来人传来的。土人拿它当礼物相赠,但是不买卖的。

土人男女老幼都有吸烟癖。民答威群岛土人之所以会这般喜吸烟,可以说是因为他们不嚼槟榔的缘故。民答威群岛上不种植烟草,全部仰给于马来人。烟草卷成卷烟抽,是用尼巴棕叶(Nipa Palm)或香蕉叶卷成的。土语"抽烟"叫 potpot。

岛民有一种特创无麻醉性饮料叫 djurut,是椰乳、甘蔗汁、香蕉切片及嫩椰的肉做成的。它不曾发酵。土人习俗每届中午或傍晚便饮 djurut。它本身不是神圣的饮料,但饮前须洒几滴在地上敬神。土人常用以敬客表示友谊。外人如果能够和他的地主饮 djurut,他的安全便有了保障。

土人由海水晒盐,但他们很少用盐烹饪。

土人原本是钻竹取火的。钻火器叫 gugu-djut,现在则有马来人的火刀火石,土人怕火,不敢用火焚除林丛来开辟园地,而且不可以踏熄火焰或撒尿其上。火能驱病,见鬼者(巫师)(seer sikerei)在病人头上挥舞火棒用以驱病。

土人烹煮和盛水都用空竹管,因为他们没有陶器。每个炉边都放有这种竹管以备使用,有的放在炉边,有的放在炉上烘干。肉、鱼、芋都盛在竹管中,在火上回转,以免熏焦,由我们外人看来,这煮法还是不能满意,因为结果食物外面焦黑,而内边还半生未熟。

服饰 通常男人只围一条面包果树皮做的腰带。只有大宴 punen 期中才围上加厘(curry berry)汁染黄的腰带。此外周身都不过佩戴些装饰意味的饰物。如:染红的藤带、玻璃珠、舶来的青铜钏、指环、趾环等。男人常插花在发上。

女人的衣服也同样简陋。平时在家中时,只有一条树皮腰带(现在是舶来布带)围在腰下。外出时另穿芭蕉叶做的衣裙。帽子是羊齿植物或棕叶做成的,或也有用芭蕉叶的。

土人男女都留着长发。男人的长发由左耳边垂下,再在肩上打一个结。这辫子上用五色的树叶装饰。用巴豆叶的最多。男人不留须,大多剃得干干净净。脸毛及眉毛更是男女皆拔得精光,这种面脸给热带的水面反射光照着时,实在刺眼。

岛民最重要的美容法是锉齿和文身(titi)。土人文身用二根小棒子,一根上装着一根针,再用另一根敲打皮肤,刺成一个个小孔,然后涂抹褐色甘蔗汁来染色。由颊至肩刺成一个弯弓的花样。胸前也有画成一条条直纹直到脐上的。臀部、手臂、腿上及手指都文成花样。女人的文身和男人相似,但花样较简单。男人结婚前上臂须文身。

小腿的腿腹和手背、身侧的文身是美容的最后一步,从前只在特别大宴(punen lepa)期中刺的,这 punen lepa 是要被净流在村中的血液作祟。有如村中发生杀人案或者给鳄鱼咬死的事情时,文身时须另在公所门前筑一个阳台,文身便在阳台上文。因为要避免血流到地上去。一个土人对我说"文身流出的血是为着遮盖死人的血的"。

伏尔兹(Volz)的书中说:施美罗岛上每村都有它独特的文身图案。每当远征归来,战士们可以把那些敌人的人头文在身上。

土人风俗强制人人都文身,否则有生命危险。可是据克累德氏(Kruyt)云:土人也有没锉齿的,不须人人锉尖齿,不锉齿的人虽会给人讥笑,但也还能够结婚。至于我自己则还不曾见闻过一个牙齿完整的人。小孩乳齿脱落时,便随便丢掉,等到第二齿生长出来(但不是智齿)后就趁它未曾十分硬时用铁锉锉成尖锋。锉齿时没有特殊仪式或禁忌,任何未婚男子都可以锉。

民答威人没有割礼的风俗,文身、锉齿等也都不似与发情期礼节(puberty ceremony)有关。

贸易与工艺 民答威人没有分工制,他们的工作只有男女、已婚未婚的分别而已。除了"见鬼者"(巫师)(seer, sikerei)之外,他们无所谓职业。甚至"tukang"一语(坡里尼西亚的 tutunga)也是最近由马来人传来的。这话在马来人原意为"有一艺之长者"。

因为土人没有工匠、职业之分,所以实际上也没有村际贸易,每村,每公所区,即村中分区都是自给自足。可是土语中还有"pasaki"(买卖)及"saki"(买)二语存在。民答威人不使用货币,他们唯一的贸易是和马来人做买卖。土语这"panaki"及"saki"二字,和宗教意味的"panaki"有关系,"panaki"的意义是"祈祷"即求神灵做福祉的买卖。同样"pasakiat"一语现在的意义是"马来市场",原来的意义却是竖在田野里他们拜祭的木柱。

各村落间没有交易往来,民答威文化实在是寄生在马来文化上。土人叫马来商人为 sa-sareu,亦即为"外人"(reu 意为"远", sa-sareu 犹云"远地之人")。由这些外人手里,土人才得到一切铁器,如斧、刀、凿等都是。他们用椰子、藤、丛林产物等交换。没这些铁器时,民答威人便不能在相当日期中完成他们优美的房屋、战船。但从前,当土人还都住在施美罗岛时,大概他们还仅有石斧而已。"sikap"一语现在的意义是"钝斧",但从前或者意为"石斧"。

民答威各岛间也从未有贸易来往。巴给岛人到施美罗岛上,就单只为了掳掠大宴期中的活人牺牲。

民答威土人原有的武器是弓箭。各种刀枪都是由马来人传来的。只有一种带鞘双锋阔面钢匕首(palite)是民答威人原有的。据神话中所传,匕首的原形本是削尖的竹片。

一般记载常云：西部印度尼西亚各地很少用弓。汉·格顿氏(Heine-Geldern)曾画一地图志明印度尼西亚各地弓箭的分布。台湾、菲律宾、民答威及东部印度尼西亚各地用弓箭战争打猎。爪哇土人则用以练习射击。西里伯岛的土拉惹(Toradja)人用于祭礼大典。西部印度尼西亚各地到处都有"弓"(pana)一语。从前耆搭人用弓战争,现在西部印度尼西亚各地都用弓当小孩玩具。所以我以为印度尼西亚实在没有一定境界可分东西。不像普来德氏(Pleyte)所云西部印度尼西亚是吹箭筒的老家,而东部是弓的本土,可以依此截然分成东西两部。

民答威人的弓长约4呎半,是Salap棕(Arenga obtusifolia)木,色黝黑,有弹性。弦是尼巴棕(Nipa fructicanus)包茎叶的叶脉做成的,很轻,下端凹入。箭锋是竹制的,箭干是Nibong棕(Cariota urens)坚木做成的。连接并不坚牢,锋端浸有Omai树(Antiaris toxicaria)汁、露藤根(colulus)、烟草、大辣椒(lombok, capsicum)等毒药浸液。然后放在火上烘干,数天后尚可有效。箭放在竹箭筒中。箭筒上有珠子装饰。土人以为珠子能够瞄准目标。弓叫rourou,弦叫itek,箭筒bukbung,箭logqi,民答威的弓另有一"第二把手"(secondarg grip)。

民答威人有二种船。(1)船舷两边有浮架的单人划独木舟(abak);(2)多人齐划的挂帆大战船(kalaba)。这大战船通常用于捕蟹,及往周围小荒岛拾取椰子。但天气晴朗时也能够驶到施美罗岛去。它二面有浮架,也有舵及护船船盖,还有二根桅杆用以系帆。据Criop氏所量,船长25呎,加上船首突出22呎,船尾18呎,共长65呎。最阔处5呎,深3呎8吋。

独木舟用于溪流河涧中,但不驶行大海。这是用一条大树干凿空的。

土人往内地旅行时,带一个竹器,内盛烟草、火刀、燧石、蚊帐及一条腰带。渡涉河流时,他便放在头上。土人还有种种篮子,用以携带芋、鸡等。女人由田里带芋回家时另用一种藤篮叫opa的,用带吊在肩上。

餐具特别简陋,只用椰壳和木槽(lulak)。他们就食时,须先倒水在手上,

图3-40 施美罗(民答威)沙滩上的独木舟

然后才可由大木槽中攫饭吃。

乐器有锣、铃、口笛、皮鼓、中空长木鼓、木琴等。Maass氏说锣由中国人传入，但Kruyt氏说是由布既人（Bugenese）传来的。锣及长木鼓（tudukat）收藏在公所的屋顶小房中，只当祭献时或猎人发现鹿时，才打锣打鼓集众。皮鼓（kateuba）是根挖空的糖棕树干，一头用鹿皮或蛇皮蒙住，它是大宴punen舞踊的唯一乐器。小手铃是祭司和"见鬼者"祭献或作法时使用的。作法（magic，nunangnang）一语原是由nangnang（摇铃）而来的。铃儿自然是由外输入的。口笛（pipian）是农事闲暇在户外吹玩的，不是吹来追逐异性。

巴给岛人实际上有二种木琴（xylophones），一大一小。长木鼓（tudukat）实际上是一种木琴，它

图 3-41　民答威群岛巴给岛的战船，美国自然历史博物馆的模型

是三根大小不同的长树枝，用一根木棒打的，小的一种也叫做tudukat，但很小，可以放在膝上敲打。这也是在户外敲玩的。

施美罗岛的长木鼓也同样是木琴，那三根大小不同的木柱也和巴给岛人一样称为父、母、儿。Wirz记载，这些鼓原有特别的鼓语，如西非洲的土人风俗一般。这些鼓收藏在公所中，通常是祭司rimata打的。依照打鼓的样子，土人便明白下列各事中是哪个发生了：死个老头，死个老妈，生个婴儿，杀掉一个敌人，烧毁一座屋子，杀死一只雄猩猩，杀死一只雌猩猩，射死一只野猪，射死一只鹿。

战争　民答威人有三个原因可以发生战事：（1）亲属复仇；（2）建筑公所；（3）村中发生人命案或村人被鳄鱼咬死，举行punen lepa大宴时。

巴给岛人称亲属复仇（blood revenge）为luinun。如果二人争斗时，杀死了人，被害的亲属即起而复仇。但如果做错事，好像与人通奸而致被杀，则被害的亲属不能复仇。

建筑新公所或举行punen lepa时需要活人牺牲，因此发生战事。施美罗岛上土人不但要猎敌人首，还要敌人手臂、脚腿。据Wirz氏记载，这些肢体的

肉都给人吃了,人头放在新公所的中柱下。Kruyt 氏记载施普拉岛人只砍头而已,不断肢体,而 Wirz 氏却说他们只要杀死敌人便算了,巴给岛人不猎人首却是确实的。几年前,他们还有出征施普拉岛和施美罗岛的习俗时,其战法如下:他们先埋伏起来,射杀前来捞鱼的土人,他们既不焚烧也不攻打敌人的公所。战士打杀了几个敌人后,便砍劈敌尸,再拿花草装饰在他们自己的头上。如果杀不到人,便射箭入丛林中,跑回来。回来后即用神圣的花草代替人头放在新公所的中柱下献祭地震之神 Teteu,以博神欢。

猎首是施美罗岛人所重视的(从前亦然),且有很多猎首的禁忌。家中妇女须静默无语,且不能烹饪。她们宿在公所中,禁食果物及某种鱼。如果违了这些禁令,她们的男人就会遭逢种种危害。

战士们带回了战利品,在河口大呼大叫。敌人身体各部悬挂在公所中二天,那时战士围住跳舞。然后把身体埋葬起来,首级则挂在丛林中。巫师(即见鬼者)用神圣树叶送走被害者的鬼魂。其后二个月间是禁忌期。

施美罗岛人风俗,两方言和时,一方的祭司即涂油于敌方的祭司的头上,对方也如此施行。同时祈祷。

历法 一年分十二月。一年开始于六月,由七曜星(Pleiades)的位置而定。此时为蟹季,蟹季(Agam)中四个月的名称即依该月中捕得的蟹种而命名。

蟹季后二个月,即十月、十一月,是恶气候的季节。再后四个月叫 Rura,即当时盛吹的西南风的名。再有二个月是暴风雨的季候。

第三节 社 会

引论 民答威人之政府制度、家族观念都与宗教有密切关系。因此不得不先略述其宗教观。这里先略述其大概,以后再详记某些重要宗教仪式及信仰。

民答威人称宗教宴会为 lia 或 punen。lia 是家族宴会,为期较短,同时宰鸡献祭。pumen 为全公所区(uma)之男女老幼共享的大宴,时期较长,有时且延长至数年之久。祭祀用猪及鸡。lia 由家长(ukui)主持,punen 由祭司(rimata)主持,佐以一个或三数个见鬼者(巫觋,seer,sikerei)。据 Hansen 云民答威人每年有十个月是 punen 期及其附属的禁忌期(takeikei)。民答威人的 punen 宗教祭祀大宴在其他东南亚洲的文化区中也可以看到。如菲律宾的 Bontok Igorot 人有大假期。印度阿萨姆(Assam)的 Angami Naga 人的 pena 及其附有的禁忌(gena)更和 punen 相似。在这 punen 期中,村中各人都须隔绝,田中工作也都停顿。所以这实在不过是比民答威 punen 制更严密些而已。可是它影响到人民的种种制度，这点是其独特的。

punen 大宴举行的原因如下：建筑新公所（uma），选举新祭司（rimata），划出新公有田地，村中发生血案，村中发生流行病，树倒在村中，杀死祭神动物猴、鹿、蠵龟等。建筑新公所或选举新祭司时举行的 punen 为期甚久（至少九年之久），因此两回事几乎同时举行。家族或个人 punen 即 lia 系为家中有人生病、结婚、招养继子、造船、辟田等事情举行。民答威人几乎可以说是每个小孩都须被继，但这是家庭中的事。男子与再醮之妇结婚时，即须招继前夫之儿。否则该妇人之伯父、叔父或舅父须收继这些小孩。其仪式以及其禁忌期，共长九个月。为着给予孩子合法的继承权，招继是必需的。

大宴开始时，参加各人皆举行洗发礼，换上盛装。田中工作全部停顿。外人禁止进入公所区。大宴中主要礼仪为宰杀猪鸡，及祭献肝脏占卜吉凶等。每回祭祀，都须祈祷使公所区中人民之灵魂回附原身。大宴首几夜，见鬼者须仿鸟兽舞踊，用以取媚精灵。大宴后期举行猴鹿猎狩及安置大龟筌（djarik）以捕捉蠵龟。大宴期中禁忌性交，故男人皆须宿于公所里。大宴结束时并无特别典礼，届时男女各自捕鱼耕田如常。

举行重要大宴时，人民各种工作皆须由祭司行开工礼，如造船时即须待祭司及其助手先造竣一只船，且奉献神祇后才可动工。其他如开垦新田地、打鱼、制 djurut（民答威饮料）、出猎等莫不如此。大宴 punen 制的这种特殊做法使其典礼延长。如村中发生地震、村人生病等恶兆发生，则各事皆须延迟行开工礼。婚事及继子等家族大宴（lia）中，各种工作也须同样行开工礼，同样奉献神祇。改选新公所时，来加入公所之青年须行入所礼（initiation 成丁礼），这叫 eneget（由 sege"到达"而来）。这入所礼是为使村中青年受公所守护神之庇佑。这是马来西亚原始民族，如西兰人（Ceram）等所行部落成丁礼的遗迹。大部分准尼格罗人（Negroid）及许多美洲红印第安人皆有这种部落成丁礼。每个青年加入公所皆须宰杀祭献一头猪。一个男孩须祭二头猪，一个女孩祭一头猪。成人之欲加入别一公所者须于离开原来公所前献纳一头猪供大宴之用，又加入新公所时也须另纳一头猪。

由理论上说，民答威人以动物祭神或系始自其祖先时各家族流浪无定居之时。因此家族 lia 实比隆重之 punen 较早发生。原来主祭者本是族中最老的男人（即现在之家长 ukui），而祭祀亦系为血族（原来之单位）而设。后来设立了公所，而各家族结合而成为公所（即较大之单位），祭司（rimata）亦即成为该区中之行政首领（即家长），但家族制度（即起源较早之 lia 制）却未泯灭。牺牲、祭物一字即为 lia，而家族中诸事如生育、继嗣、小疾病发生时，lia 仍为唯一之仪礼，lia 是 punen 制中不可或缺的部分。punen 大宴或祭祀牺牲时，必附有家族祭祀。那时家长由公所带归一份膳肉在家中献祭，然后和家人一齐食。

此外尚有一个原因使我断定家族 lia 起源较早,即村中各单位(公所区)都是行共产制。公所区是个扩大了的家族,祭司 rimata 即其家长。家族中全部家产都平分给家人,公所区在大宴期中也是如此。一切渔猎所得都平分于诸人。祭司所得也与人无异。奉纳祭物,除了系用以赎罪者外,也是平均分配,结果使各人家畜持有数也渐趋同数。除见鬼者及祭司于执行法事时另佩有职事征记外(如祭司插有鸡毛),在大宴期中,人人须穿戴同样服装。在大宴期外服饰也无甚大别,至今为然。

由此可见大宴制(punen system)乃发源于家族祭祀法。大宴制所寄生的文化原是缺乏宗教仪式的,后来见鬼者(巫觋)由精灵界传入了许多禁忌。大宴制因此繁缛起来,而现在竟渗入了民答威文化的各分野了。死亡、婚媾、成丁、疾病及传授工艺等礼仪都不过是大宴 punen 礼节的一部。再由于罚锾、放逐等制度,政府也成为大宴监督法之一部。古昔家族集团时代原有的共产制现在用礼法保留在大宴期中。大宴制度强制人民闲散无为,它延长了房事的禁忌期,其长久怕世上各民族无出其右,它使人民间断地欢宴和饥馑,它使人民全然不能吸收外来文化,如喂养非祭品牲畜(如牛)及种植米稻(因为种米需要不断劳作)。另方面,其所以能存在,乃因为见鬼者之固执拥护,他们能操纵人民之信仰。再者这制度能打动群众心坎;联合他们在共同信仰下,共同享有一切物质,共属同等的阶级,同有一样的势力。

下面叙述民答威社会组织时,即直接使用下列土语,不另加诠释。"rimata"祭司即公所区准长老。"sikerei"见鬼者。"uma"公所、公所区(即村中之一种区划)。"lalep"住宅。"rusuk"无祭坛的屋子。"punen"公所区宗教大宴。"lia"家族宗教大宴。

政府 民答威人与其他原始民族一样,没有真正的领袖、法律和政府。政治单位(公所区)自然很小。他们的民意因为有放逐权和生死权作后盾,使每个土人都严守习俗礼仪,不敢僭越。巴给岛中最大村落大加可(Taikako)有四公所区 160 人口,最小的村落门台(Muntai)一村只有 5 口。

荷兰最初统治民答威时,挑出那些祭司来行使他们的法规制度,如造路、卫生设施等。他们以为祭司和尼亚士、峇搭人等的头目相似,不久这种做法便显出谬误来了。不但祭司在大宴期外无特殊权力管理人民,而且他们本身职事也不能许他们厉行外国法令。祭司是"答布的"(taboo,禁忌的;suru,saered,神圣的),他们实际上什么工作都不能做,只有懒人才要那职位。

祭司的职位不是世袭制,不过通常都推举前任祭司的儿子、兄弟充当,因为大宴制的知识总是限在他们家里,有时僧侣死后,各家族家长齐集公所,由最老的家长任命新僧侣。这种任命全场无人持异议。新僧侣不必是老人,已婚男人懂得大宴规则的都可以充当。如果任命的结果有人持异议,即另推一个新候补,新候补未选出之前即由区中最老的人主持祭祀。新祭司的推举常延期至新公所完成时,其理由前面已说过,祭司的助手也如祭司般推举出来,且也同样"神圣的""禁忌的"。助手土语叫"sikaute lulak"(意为在槽头)和"sika muriat"(意为在槽尾)。助手切祭物分给人民,又帮忙祭司发大宴通告。祭司生病或生孩子时,"槽头"助手便代他主祭。祭司、助手和 sikerei 都须是已婚男人,因为这种人才会遵守禁忌,不吃违禁食物,未婚者的习惯却不会遵守。

祭司管理一切公共利益的事务,因为这些都是由大宴规则制定的,他决定什么时候该翻种芋田,什么时候另建新屋,什么时候往田中收成。祭司能呼风唤雨,能占卜吉凶,能采集有用药草并有魔力能带来好运的树叶。

祭司日常生活和其他已婚男子一般无异。他的工作毫无报酬,只在有些乡村,他可以得到一份特选好祭肉。另一方面,他负有监察祭物是否齐备、祭祀是否合宜的责任。

祭司及其助手皆有普通已婚男人的禁忌,此外还有些特殊禁忌,因为他们保管着公所区中人民的灵魂。他们是已婚男人,所以不能掘地、种植、杀生。他们不能吃禁忌食物,更不能通奸。如果通奸,则精灵会杀掉他们及其孩子。僧侣特有禁忌不能做许多区民所做的工,如汲水、喂牲畜。僧侣不能点他的卷烟,须请未婚男人为他点火。因为他的手禁止拿火,如果他拿了火,公所区中即生热病。

见鬼者 sikerei 在公所区中是次于祭司的大人物。男女都可当"见鬼者",村中也不曾规定"见鬼者"的数目,疾病危笃时可以请得本区祭司同意往他公所区延请"见鬼者"。sikerei 一语由 kere"看不见的权力"而来。一个"见鬼者"愈有魔力,则愈有人求他。

罪恶可分为三种范畴:(1)以暴力伤害公所区中个人;(2)以巫术伤害公所区中全体或个人;(3)因为违背大宴规则而伤害公所区全体。

假设没有适当理由而杀死别家之人,则人将杀他复仇。如果在自己村中杀人,更违背了大宴 punen 法规,因为溅血在地已渎冒 Teteu 大神了。不幸情形如此,即须缴出许多猪鸡给公所区人民,终致破产。

"见鬼者"在民答威社会中有重要地位,因为他能侦查出施巫术的人。假设有人病了说是给巫术作祟,而终于死亡,则家人即请"见鬼者"侦查谁在作祟。"见鬼者"就跑到无人荒岛去侦查罪人。回来后他并不说出罪人名字,他只形容罪人的姿态及衣服。公所区中人即转告祭司,于是祭司召集有力人士开会。决定谁是罪人,决定后立即捕逮带往墓地。施术罪人便被吊死在那里。巴给岛人便如此施刑,以免血流地上。尸身即随便埋葬,没有什么礼仪,上面盖有树叶和树枝。事后再通知罪人家人,且不许申冤,否则即遭同样处置。有时，施术罪人只放逐在荒岛上，或只逐出村中而已。土人说他们处罚这种罪人"是为他自己的好处"。因施巫术者活着时，"他不能抑制自己使用魔法"。死术士不能进入鬼魂的乡土。"见鬼者"决定罪人时并没有什么理由可以自私，因为他得不到死者半点的财产。财产依然遗留在家中，亦不曾充公。民答威不曾为着巫术案而起战争或纠纷，因为被告总是与死者同一公所区。

土人的理论以为身罹巫术的总是资质地位过人、财产富有的男女。因此一个人勤勉而有许多家畜，那末，人家便讲他是"中毒"了的。他的家人想要代了他以得其遗产。再者如果一个人打猎打得太准确，或者活得寿命太长，那末人便因为妒忌而作法害了他。所谓巫术案很多是由于田界的纷争，或由于女人而妒忌。事实上，施巫术的被告也常是优异土人，竟因此而由区中消灭。如果一个人比邻居猎得好，渔得多，或者较能勤耕力作，财产较多，那末"见鬼者"便会指他出来，他便身当群众的疑心与妒忌。土人说某人寿命会长、财产会富总不是自然而致的，如果他没有魔力，如果他没和魔鬼结交，他便不会这般发达。巫术是民答威人维持共产主义和人人平等的一法。

违背大宴 punen 规则的处罚轻重不同，有的罚鸡、猪供祭神之用，有的放逐到无人荒岛（结果饥饿而死），有的吊杀。大宴规则既然这么多，土人自然会去触犯，因而罚锾。村中大宴时，我（著者）自己也常常触着规则。那时尚禁止外人触犯规则，因此我也只好缴交一只鸡款给祭司。

几年前，这种大宴规则执行甚严，而犯通奸罪之男女也必杀无赦。大宴期中禁止房事，如果妇女在此期中妊娠，则土人必大动公愤。我尚不知道这种违法行为如何处罚，但通常这妇人必于未被发觉前堕胎。

一个人和他的家族脱出了公所区，不论自愿或被逐，皆可加入另一公所区或居住于 rusuk（鳏寡所居，没有祭坛）中。如住于 rusuk 中，则人家称他为 si-purusuk（住在 rusuk 而不加入公所区民的大宴）。我逗留巴给岛时，有一个土人改信基督教而脱出另居 rusuk。sipurusuk 不许猎杀鹿或猿。

婚姻及亲属关系 施美罗人的婚姻风俗和尼亚士人相似，且确实是受尼亚士人的影响。施美罗没有真正的氏族（sibs），但 Wirz 说土人行 rara 外婚制。rara 是扩大了的父系家族集团。施美罗人禁守一夫一妻制，和尼亚士风俗刚相反。新郎之父缴纳新娘身价（聘金），如八头猪，六只小刀，二块芋田，六棵榴莲树，六棵椰子树，六只小鸡放在鸡笼中，一只铁浅锅。聘金分给女家家人。如果新郎要带新娘回男家，则须至少缴纳聘金半额。新娘之父须送回礼，这是和尼亚士风俗相反的，他须送回一头猪，而新娘叔伯须各送五只小鸡。新郎之父收到二满船的椰子、芋及沙葵。

巴给岛的女人未嫁时可以和人公开共宿。施美罗人则须偷偷地瞒人耳目。尼亚士人却须保持童贞，施美罗女人结婚比、巴给人早，在春情发动期便结婚了。女人未嫁带孕即被迫须立刻结婚。私生子常溺死水中。

施美罗人离婚很容易,只须一方要求,这和尼亚士人、巴给人都不同,女方请求离婚,必须缴还聘金才可以重婚。

巴给女人持有芋田,但施美罗女人只有器具和饰物。巴给人常是女家居住制(matrilocal),因为新郎想染指妻子的田地。施美罗人是男家居住的,只要新郎能够缴纳聘金的半额。

聘金制不像是民答威人原来的婚姻法。在较低等民族中买卖婚是不多有的,而在民答威传说中也从没有说及买卖婚。再者新娘买卖的观念好像不适合民答威人。他们既没有强力的父权制,在他们的社会及经济生活中都没有买卖的观念。

巴给人没有施美罗人的 rara 即胚形的氏族。另方面他们的亲属命名法却和有氏族的人民一样。如母亲的兄弟(舅父)(kamaman)即和父亲的兄弟(叔伯)不同。同样地,姑舅表兄弟(cross-cousins)和姨表兄弟堂表兄弟(paralled cousins)也有分别。但没有表兄弟合婚习俗。土人称呼法常以年纪为别,而不以亲属关系称呼。因此我的结论以为民答威原来的亲属系统是属于坡里尼西亚系的。称呼法依年纪而定,禁止血族结婚。所有氏族制痕迹和氏族命名法都是由尼亚士传来的。

只有巴给岛的 Saumangania 一村是行买卖婚,他们叫聘金为 patalagaat,意为"中间物"。他们缴付聘金,因此民答威婚姻制度特有的同居 rusuk 中的风俗也废弃了,同样的巴给岛其他各村或则与同村女人结婚,或则即居于妻村。Saumangania 村中却是男家居住(patrilocal)。

民答威通常婚事可分二期。首期可同寝而不可同食,这时我无以名之,故称为订婚期。次期即结婚宴会(lia)已过,新夫妇才可同食共宿。此后男的便是 ukui(家长)了。首期即订婚期中二人同宿于 rusuk 中,因为男的不能往女家访新娘。生出来的孩子便过继(pipi)给新娘的父亲。如果过继不成,才过继给新娘的舅父。等到二人要结婚时,新郎须翻种一片香蕉园,又须建筑一座家屋(lalep),女家帮忙他。结婚后,又再过继回来他们的孩子。

女孩子议婚甚早。男子向岳母求未来的妻子。但此时不纳采礼。等女孩子长大了,二人才真正订婚。那时他送些珠子、布、腕环给女子的母亲。那母亲接受了,隔天便送女儿到男子田中小屋里相会。如果母亲不接受,女孩子自己也会跑去的。这二式订婚都是有效的。做母亲的便须使女儿和其他男子隔绝。第一次订婚时,女子尚很年轻。

rusuk 的主人可以是女子,也可以是男子,订婚夫妇烹饪睡宿在这种屋子。但须各在父家用餐。青年男子可以在 rusuk 中互相公开访问,可是订婚夫妇的通奸案和正式夫妇一样的少。男人可以抛弃订婚妻子,另娶别人,但会很受人卑视。

男人和订婚妻子在 rusuk 同居时,他须替岳父作农事,他也须供给妻子布、筐篮、饰物等。他在 rusuk 中须避免和岳父母交谈。女子须避开婆婆,但不必避开公公。结婚后就不再有这般讳忌了。民答威人严守一夫一妻制,但在 rusuk 期中男子可以和诸姨发生关系,在 rusuk 中男女行动也不公然以夫妇自居。常是女子先进,片时后,男子才跟进来,二人不一起进门。

民答威婚姻的 rusuk 期无疑是马来西亚原有婚前乱婚制的演化。巴给人的婚前期较长,他们不能早婚,因为已婚男人的禁忌大大减少了他们的经济活动。rusuk 中的丈夫单独占有新娘,有已婚男人的利,而没有已婚男人禁忌的害。

民答威人结婚大都因为女子长辈死亡或离开村落,结果没人看顾稚幼。其次是因为男子想得女子的芋田。还有一个同样重要的理由是因为男人想当僧侣或见鬼者,前面说过这些职位都须已婚男人当。

通常是因为女子想结婚。她并不直接告诉男子,因为她会害羞。如果她有了二三个小孩,她便可以告诉朋友说"麻烦死了,这些孩子都像无父般的"。那末人家便会叫她的男人结婚。据我在 Matobe 村调查所得,三分之一的孩子是私生的。

二人决定结婚时,新郎又有所须的屋子、家畜、筐篮等,经济上能营婚后生活。那末新郎之父或叔伯即率领男方亲族往女子之家,和女子之父作刻板对谈。男子之父求那女子嫁给儿子,而女子之父则答应,但同时却又贬低女儿,谦卑地说她不配嫁人。

日子定妥了,便预备柴薪、食物、鸡的沙茇粉以供结婚大宴 lia。然后每个人都正式用酸橘汁(magiri)行洗发礼如仪。至傍晚大家到女家访问。次晨才在新郎父亲家中行结婚礼,新郎之父主礼,新郎之母携新娘入门。

民答威结婚的主要特点在新夫妇之共餐。以前二人从未共桌而食。自此礼之后,二人定须在他们家屋(lalep)中共食。夫妇异桌而食是罪恶。这罪叫masoilo,会激怒家中祭祀的鬼灵。新夫妇公开共食的情形如下:主礼的兄弟切开一粒白鸡的蛋,一半给新郎,一半给新娘。蛋吃完后,大家入席大宴,婚礼的蛋叫 pasailiat kabei(换屋中的手)。

婚宴食后,男女分别往河中沐浴,回途采集圣花,以饰家中祭坛。迁出原供旧花,散撒家中各处,改供新花。然后大家遍身抹油,再用加厘粉染黄身体,这是 lia 的服饰,那时执礼兄弟口中祈祷,供献蛋及山芋给祭坛神灵。祭后,拿一只白鸡在新婚夫妇的头上递过。这叫 lia-ake(做 lia)。口念祈文如下:

敬祭雄鸡一头,愿我妻我子,翱翔霄汉,身为晨钟,有如彼鸡禽。

意即云愿其妻子能如雄鸡聪慧。祭后,便绞杀这鸡,身上撒水,在火上烧炙,肝脏取出占卜凶吉。

以后的 lia,是新婚夫妇二人的事了。还有一个兄弟帮忙。这事久达一二个月,每种食品都须在新屋坛上祭祀,用新田地、船只、新工具等收获诸物之剩余都须在公所中撒水奉献给神。此时须特别捕捉小虾及蟹致祭神灵。因为这些生物会换壳,因此会得使新夫妇寿命长久。新家中祭坛的花束也须更换,因为这些神灵花卉是含有家屋 lalep 中各人的灵魂的。最后如果二人同村,新娘须带入新郎之公所中,如果新郎是村外之人,则须带入新娘之公所。结果又是一个短期 punen 和宰杀一头猪。

民答威每个已婚男人都是 ukui,即家中祭司,因此结婚本身就是一种圣礼。结果他们的离婚案自然十分稀少,几乎绝无,私通案也是同样少。但是巴给人的结婚生活并不比他处幸福,他们夫妇不合时便各走各的路。土俗妻子自动奔逃时,为夫的不能找她回来。这是她自愿奔逃的。

前面说过民答威人名称呼法着重在年纪分别。不但童稚、成人、已婚成人各各有别,连丧中遗族也要丧失其人名。据 Pleyte 云,鳏夫只能娶寡妇,这或者是习惯如此,而不是义务必需的。

民答威故事中孩子的自然伴侣是舅父而不是父亲,据 Kruyt 云,姑母比姨母更和小孩接近,舅父们须许可外甥、外甥女和舅父自己的兄弟、儿女同样收成他们田园的出产。

民答威周围民族也有行氏族制度的。且其亲属关系与姑舅表兄弟结婚制(cross-cousin marriage)氏族制度相符。由上看来,民答威人虽略受其影响,但甚微。例如峇搭人对兄妹间接触有严密的禁忌。但巴给岛人兄妹年纪小时,可以一同食宿,但成人也分房睡宿。

孪生子也如此分别。世上许多民族以为孪生子是公众灾害,生产时便立即杀死一个或双双杀死。这种风俗或者是因为恐怕孪生兄妹在胎中乱伦。峇搭人便确实这般相信,且有这般风俗。但巴给人却保留孪生子的生命,且也不以为这样做有什么灾祸,如果孪生子是一男一女,便有人相信他们不会活多久,且讥讽他们生前的道德。

怀孕与生育 妇女怀孕时不做粗重工作,同时有许多禁忌。她不能走近动物的死尸,怕会害死胎儿。她不可以在日中席坐走动,或背火而坐,也不可以打结种芋、洗沙筶。禁食某些食物。他们没有父亲育儿(couvade)的习俗。为父的这时也没有什么新禁忌,可是他不能打猎。

妻子怀孕时,丈夫须禁欲不和她发生性行为。且须待婴儿产后相当时期才可以接近她。在这期中她只能够和已婚男人接触,甚至自己的未婚兄弟也不能入屋。

民答威人生育时,只有些妇人帮忙而已。她们扶住母亲以坐的姿势生育。

如果生产不顺利,便打开屋中一切东西,及所有的绳结。如果这样子做后,孩子还不生出来,他们便以为这是因为母亲犯了 punen 禁忌。情形一直严重时,她们就叫一个见鬼者来献祭,祭品一半给见鬼者作报酬,他便如常治疗,这见鬼者带一个铃、一盆水和活命树来。他摇铃念咒,召他的保护神入水,再捣碎那些活命树,混入水中。这药一部分给那女子饮了,一部分倒在她身上洗浴,最后祈祷那女子的灵魂归来。治疗至此手续告终。

婴儿生出后,妇女们用小刀切断脐带。胎盘用灰盖住放在竹锅中藏在火炉上。婴儿出生即死则抛在野外。如果母亲难产而死,婴儿即被杀共葬。否则死母亲会回来看视小孩。

生产次日,母亲即抱婴儿往河中,终日怀抱着婴儿蹲在水中。只食时回家,她须连续这样三个月,除了下雨天。婴儿只能在河中吸母乳,不能在陆上。母亲不在喂儿时,胸前用藤缚住。婴儿不长大到学行时不能触着地上。养育小孩叫 uka,又意为"拿",双亲须不断看顾小孩,"拿"小孩在臂上。

小孩的过继 妇女生育后,待身体复原,力能胜任便即工作。至过继小孩之人则须至少举行 lia 十个月。如果双亲已正式结婚,则为父的过继(adopt)小孩,否则内外祖父过继。过继大宴(lia)引起了种种延迟,这也是巴给人反对早婚的一种理由。

孩儿生后一二天,便举行第一 lia,这叫 lia kabebela"新生手之宴"(lia for the hand coming out)。他们杀鸡祭祈,婴儿佩上第一个护符,父亲砍一根木头,细细劈成火柴般粗细,再用红洋布包起,排在小孩颈上。

然后,父亲依照礼仪开始他的各种工作。他一个月只能打鱼,第二个月打猎,又一个月制树皮(tapa),再来开始农耕,最后或者筑船,或者磨制沙莪。他们耗三个月在为小孩制装饰品,如青铜腕环、臂环、树叶尾巴等。青铜饰物自然是舶来的。那长久的时间全花在献纳这些饰物给神祇。孩子最后的饰物是树叶尾巴。佩上时须举行一特殊 lia 叫 lia koirit alai(弃发之宴)。这宴开始时,先替孩子剪发,特别是颈边、耳后二部。这发用圣树 bobolo(Dracaena)树叶包起,放在竹制煮器中,其中盛有全部家中小孩的头发,这东西代代遗传下去。宴过后,孩子头顶的头发一生不能再剪,怕会失掉灵魂。

孩子五个月了,便佩上第二护符,叫 ngalou panake(关闭护符)。自此以后他能够吃任何食物,不怕食物能加害他了,这护符叫"关闭护符",因为它把灵魂"关"在孩子的身上。这时孩子另有装饰品,如玻璃珠、璎珞,头发又剪一次。为着要加强这第二护符的效力,他们捕来二只猴子,首先杀掉的猴子叫 loket(诱惑)。这猴的头盖骨照常挂在公所中,这猴的头骨,和其他公所中的猴、鹿头盖骨都是要诱惑森林中的野兽,使它们易于捕捉,punen 时便作法召集野兽的灵魂,跑上一个特设梯子叫鬼梯的,然后进入公所。第二只捕杀的猴叫 seukatnia（煮杀的）。这猴煮熟后，猴肉拿来擦孩子的身体，"为着加暖护符"，最后带孩子到田地中，又在那里举行一回 lia，各种工作也都完满开始，过继 lia 即行告终。普通这宴期长十个月，但如期中孩子生病，即将延长，lia 期中，主持之人不能与妻子有房事或如常工作，结果田中杂草遍野。可是这宴的种种过程都是必需的，否则那孩子不算合法，而不能继承。

人名 民答威人和坡里尼西亚人一般，时常变更人名。一个人死了，同名的遗族必须改名。一个人不论男女，他的近亲死了，他须服丧。丧期中他失掉他自己的名，而称为 teteu，或近似的称呼。丧期中，他不能佩戴饰物，不能参加 punen 大宴。死人的鬼魂使丧族不洁。丧期末，丧族须依礼沐浴。举行一回 lia，那人又另起一个名字。夫妇中途失偶，须服丧至再嫁再娶为止。如果不重婚，则那人一定带有 teteu 之称呼。成为见鬼者的男女也须改名。但可以常常改变这名。

婴儿四个月之前由父母命个乳名，也可以起个绰号，名中不能示出家族的名字，但可以命祖先的名讳。他们常自己起个祖先、祖父的名字，只要那代的人已逝世便无所碍。他们临终常改变名字，以免带着名字入墓冢。死人的名字不能再命名、提起。犯了这条例，便是自己招祸，因为那名已为鬼所祟了。昔时这样做会诱起战争来。下面一事更可证明鬼魂与名字的密切关系。他们长辈的不但在孩子死时须改名，即死孩的兄弟姐妹有一人相继病倒时，也须改名。那时便叫个见鬼者来给长辈命名。民答威唯一的病因及死因是灵魂为鬼所摄（除了目击的自然死因及巫术）。所以此地改变人名根本是一种避鬼的方法。

由民答威人的名字字面，我们不能分别其为男女。但女人比较上多以花卉为名。下面六个人名是在巴给岛调查所得的。我们不能保证那的确是正名还是绰号。民答威人不喜说出他们的名字，因为名字可以用以施行巫术。前三个是男人的名，后三个是女子的。

Si Ngena-katiri	等在河上流的人
Si Telu-malainge	三倍漂亮的人
Si Manjang	鹰
Si Itjo-tubunia	看自己身体的人
Si Ta-anai-si-ake-nia	无人送礼给她的人
Si Ogo	花

最后还有一样事情，就是他们不曾记载祖先事业或其名字。因此我们无法调查他们的世系及历史性传说。民答威故事中全是无名英雄。他的名字如不是单叫"人"simanteu，便是他自己轶事的说明，如 Segemulabi 这人名意云"攀藤上（天）的人"。

死亡与埋葬 病人呼出最后一口气后，大家便一齐放声大哭，同日死尸便搬到墓场去。巴给人把死尸放在一片树皮布上，这树皮也就是病人未死时的床褥。尸上用布盖起，再全部放在尸架上拉。尸身用小船载到墓地去，脚伸向前，因此死人如果在墓中起立时，它才会背向村落。

尸体运赴墓场那天有很多禁忌。那天禁止捣沙莪、掘芋、在河源生火等，如果有谁犯了这些禁忌，那鬼便会跑回村中带来疫病。凡有关葬礼各种工作都须未婚男人及妇女处理。

墓地在村落的上流，不但无人打理它，且大家尽可能避开它。

尸体运到墓地后，在最后葬埋前，再洗沐一次，洗后，死尸重行穿着起来，用布盖住。洗浴的目的在使死人和家族中其他死人居住一起，而不会再来作祟活人。祭司（rimata）埋葬时，扈从扶棺的人须由关节处切掉死祭司的手指、脚趾、大腿，这是因为祭司是看顾公所中圣物（punen）的人，他管理同村诸人的灵魂，因此他能够带一村人民的灵魂随他入墓。用土人的话说：

> 如果人们的灵魂或 punen 要求说："我们跟你去，爸爸。"那末死祭司便会这样回答："别来，孩儿们，你们不能跟我来。我的手足受伤，我的大腿残废。我不能怀抱你们在膝上。回公所去。你们的妈妈在那里。你们的爸爸在那里。"

处置尸体的方法通常是放在一个简陋的高台，离地 2 呎至 6 呎高。但也有埋在地下的，扶棺诸人可以随意任选一法，或者听从死人生前的遗言。在 punen 期中逝世的人，不能埋葬，只曝露在一片干净空地。旁边置一块木头，用以示知路人。给鳄鱼咬死的人，死后尸体放在树枝上，以使天上神祇能看到尸体，而代他复仇。

施美罗人尸体夹在高台上面劈开的树干中，他们也与巴给人同样，丧事须未婚者料理。

巴给岛上有人死时，村中即举行短三天长六天的大宴（punen），在此期中，他们不能入海打鱼，外人不能入村，怕会染病。扶棺的人于丧事后须禁忌一时，他们由墓地归后即须用圣叶扫去恶运（传染鬼祟，他们称为 badju），禁忌期中他们和已婚者同样，不能在家中做笨重工作、种植、芟除野草等。

他们没殉葬物。见鬼者死后，他的法物也带到墓地去，可是仍旧带回来，遗传给死人的兄弟或儿子。从前的风俗须砍掉死人的一些果树和谷物，使死人不会全部带去。这风俗还遗留在 Matobe 村。其他各地则只当死人无嗣承继，或死人鬼魂（见鬼者能看见他）回来讨业产时才这般做。

死人近亲服丧时第一步即互相剪掉头发。送葬归来，未亡人、孩子、双亲都互助剪发。鳏夫寡妇须弃掉其名字及一切饰物直待重婚。女人们放声大哭以示悲戚，未亡人或死人之母亲须另穿一芭蕉阔叶上衣。她穿这衣十日。Silabu 村人早晨也穿上衣。他们把脑袋穿过大四角树皮布,再戴个大芭蕉叶帽。

土人以为服丧之人为不洁,系受鬼所祟者。他们不能与村中其他诸人混处。死人之家须挂一片某种树皮以表示禁忌。如果屋中相继死亡,即此屋为恶宅,人人弃而不居。

如果有人死后,村中即盛行恶疫,则见鬼者即倡言他曾看见该死者之鬼魂回村,于是村人即毁掉死者之一切财产,如芭蕉、果树等,以供鬼用。有时病人家族曾答应酬谢神祇,如果病人复原,但结果自食其言,于是鬼魂即将回来讨索。其后又复举行大宴(punen)及献祭。

如果村中继续疫病流行,则须举行特殊大宴(punen)以献祭鬼魂。并在河口竖起拜柱(kera)以驱逐恶鬼。punen 时以猪背、猪肾致祭鬼魂。猪背用以使鬼魂背村而行。猪肾(欲望之器官)用以使鬼魂不欲再临村落。

巴给岛之遗产继承条例很简单,通常家长临终弥留之际,口头传授遗嘱,同时传授家人村中神话及传说。他死后,寡妇及小孩依然同住一屋子。她再嫁时,屋子便传给她的儿子或兄弟,芋田及某些家具也都传给女系。

死者灵魂在墓地附近流连三天才启程往灵魂的国土。巴给人称这地方为 lagai sabeu "大村",在岛之西岸外。死人的鬼魂乘一艘大战舰来攫取新来灵魂。待新鬼到了鬼国时,那边便举行大宴以欢迎他。鬼国生活和人间一样。鬼魂也打鱼也种田,但不打猎。只有见鬼者才能上达碧落下黄泉,鬼国天国都去得。一切鬼魂都能够入 lagai sabeu,除了那些生前施巫术的不能进去,这些坏鬼遗弃在公所外,不能和其他鬼魂混处。因此就是巴给人的鬼国也有入境查验。

第四节 宗 教

神祇及灵魂 民答威人相信自然界的神祇、灵魂及鬼。重要的自然界神祇是天神们(tai-ka-manua)、海神们(tzriI-ka-baga-koat)、林神们(tai-ka-leleu)及土神们(tai-ka-polak)。这些译名是直译的。神们没有个人的名称,也没有比他们更高的大神,印度尼西亚其他各地都有较高的神祇。

地震神叫 Teteu,即祖父。昔时建筑公所时,活人牺牲便是祭给他的。如果不使他满意,他会把新公所震倒,同时也为它禁忌流血村中。只有建筑新公所时,故意流血地上以召 Teteu 来观赏舞踊。

除这些神祇外,巴给人还信有二位河神 Ina Dinan(河及水之母)及 Ka-meinan,(意为姑母)。前一位神祇是善神,只要献祭如常,且不失礼,便加佑人民,遍行印度尼西亚的小孩河浴习惯,在这里据云是用以使小孩亲近水神,而不致颠踬入河中。至于第二位神祇 Kameinan,大家都说是恶神。

天神是诸神中最主要的,法力高强的见鬼者必须有他们当保护神,差点的见鬼者则只能求林神的保佑。天神及其他神祇都是人形。他们也有男女老幼,住在天国大村中的房子,饲养牲畜,他们和地上人类一般形象,但比较美丽。土人常祈祷 tai-ka-manua 使芭蕉及芋蓬勃生长。因为天神是掌握旱雨的。土人祈愿时把一根木根上端劈成三叉,食物放在这部分,然后把这木根笔直打下地去,这叫 pasid buluat "造祭坛"。见鬼者能爬竹上天,或在昏迷中神游天国,以求天神们护佑。传说从前有一个 Teteu 与天神们发生战争。Teteu 把天震摇起来,而天神们作法弄一个洪水淹他。最后终于言和了。

民答威宗教和印度尼西亚其他宗教相同,也是建立在灵魂的观念上。民答威拜神的主要原因在于祈求健康长寿。疾病是灵魂暂时脱壳,死亡是永久的失魂。在梦中病中离体的灵魂叫 si-magere。死亡离体的灵魂叫 ketsat。这个死后的灵魂便变成鬼叫 sanitu,鬼带疾病到人间,从来心术不正的,除了施巫术时外再没有人祈祷鬼,也再没人祭他。只有当它带病回村时才例外致祭他。人人避开他,因为它是诱人灵魂的主犯。为了避免它,村中的一切人口都树立拜柱(kera)。只需村人不曾失礼,不曾犯禁忌,这些拜柱会使鬼远远避开。

只有施美罗略有祖先崇拜的痕迹。据 Wirz 说那里祖先的鬼加以 sa-ukui "爸爸"的尊号。

这里需要另加解释,不但一切人类有灵魂,连一切动物植物也有灵魂。当杀猪献祭时,猪肝放在祭坛上供奉公所的保护神,但那些神祇不是来吃猪肝,他们要吃住在肝中的猪灵魂(ketsat),某杀猪祭神记中说"猪的灵魂跑上天去,支支地叫",这是祭献天神的。一切东西的背上都有另一灵物使它生存。生物也有,而我们以为无生命的无生物也有。这些灵物叫 Kina(神灵)。一切东西都有 Kina。所以拜柱(kera)之所以会拒鬼入村,并不是自己的能力,而是它们的神灵 Kina 的法力。由这缘故,土人们拿荆棘、枪、匕首等给拜柱使用。土人须献祭拜柱,事实上即是献祭拜柱的神灵。土人既以为一切存在的东西都有神灵,则一切东西都是人形的了。公所、屋子、船艇、竹等都能说话、听话、行动如人类。民答威最重要的禁忌在于砍坏船只及工具。这些东西的 Kina 会反对这种行为。我们可以说神灵(Kina)比生物之灵魂更是万物根本。因为灵魂只存在生物中,而神灵(Kina)则遍存万物。就是灵魂(si-magere)本身也需要有神灵(Kina)存在才会生活。所以新公所落成时,祭司第一句祈文是"Konan kina-si-magere-mai tatogaku"(来吧,孩儿们之灵魂的神灵)。

治病与巫术 土人们见过某种幻象后便能见鬼,不论愿意看到或不愿意看到。见鬼者一有法力,也就有保护神帮忙他治病。于是见鬼者即能看见神鬼,且和神鬼交谈。据土人说他有"观看的眼睛和听闻的耳朵"。

下面是一个幻象的例:有一个土人坐在田中茅屋边,突然有一个人跑来坐在他的旁边。他们攀起话来,于是屋主便问陌生人从哪里来,贵姓大名。那人回答说他属于这地方。陌生人敬他烟草,他便卷起烟来。他卷了一支又一支,烟草还不见减少。后来二人一齐回村,但那陌生人陡地不见了。于是他便确定这客人不是人类。那客人第二回又来田中茅屋拜访,由竹器中取烟草还敬那主人,但那盛烟草的竹器竟会自己滚去找那主人。于是主人便确定这客人是神祇。那人便把这事告诉他的父亲,二人商议要请那陌生人一顿饭。那客人终于来了,但只有那神眼的人(主人)看得到,陌生人一直吃,但他的碟子总不会空。自此以后,那人能够看鬼了,然后再去请同业指教。

不论男女,肉体被神所拐后,即可成为见鬼者。据 sitakigagailau 故事所述,这少年被天神拐上天,再给他另一副如天神一样美丽的肉体。他回地上后,便成为一个见鬼者,天神们为他治疗病人,而他将治疗时所行大宴的祭物,献给天神,以报答之。

但通常他们之变为见鬼者,还是在病中、梦中一时疯狂被神召任的为多。这些病和梦是天神或林神作法而致的。这种病疫大多是疟疾。而他们的梦或则升天,或则往林中找猴子。在病和梦这两种情形下,灵魂(si-magere)都暂时离躯。那时再叫一个职业见鬼者来医治。

那见鬼者先问屋中祭坛上的神祇,这病的原因何在。他会劝那青年(如果是男的)结婚,因此他才不会再犯禁忌。如果那见鬼者对那青年的印象不错,他便劝那青年训练成个见鬼者。这劝告总说是神祇吩咐的,如不服从,便会发疯死亡。

师父先祓净青年灵魂的不洁。于是二人去采些花草植物放在新 balo-balo 中。这是个竹节,上铺圣树圣叶。每个见鬼者都放它在门口,用这和他的保护神交谈。

其次师父为那青年(magiri)洗发,再带他回家,指导他看鬼。

他们到达师父家中,师父便拿出一个杯子,召来的主管神祇便放在其中。师父念咒道"尔眼明,我眼明,尔我能观下天界诸父母神灵"。他念咒时师徒二人不停地摇铃。祈愿后,师父用灵草擦青年的眼睛。三日三夜二人对向而坐念咒摇铃。非待到那孩子的眼睛"明"后,二人都不能睡。三天后二人再去森林中采灵草,放在椰瓢中。这些灵草是用以使神祇的身体光彩美丽,才不会在那孩子面前显现时怕羞。师父把椰瓢放在师徒二人之间,念咒道:"为尔父之故,我儿(林神们)须照耀。林神,尔为彼主,照耀于彼眼,显尔身,示尔形,勿隐尔神躯。"这会使徒弟的眼睛略"明"。再二日后因为天神林神皆还不曾显形,二人得再采些灵草。七日之后,徒弟如能看见林神,则礼式告终。否则须再重新复演七日。

练成了见鬼者后,第二件事便须制造新见鬼者作法用的法器。第一件是左耳上的发饰,这是些鸡毛用树皮线缠起。那树皮线用珠子装饰,外面用树皮包扎,上面再盖上红棉布。再来是胸环,这是青铜制的,上面用椰棕及鸡毛串珠装饰。又须打些青铜臂环。还有臀环用黑色及红色藤条串珠围腰。头上带有三条珠串璎珞当头带(kirit)。这些头带是祭坛及见鬼者间的电话线。见鬼者由这些带和祭坛的神祇交谈。又有一个竹器以盛油涂身,及青铜臂环、腕环等等。再有二个柄上扎红布的铃,这红布使铃会连在手上,铃是召神用的。

制备工具须费九日,九日之后师父便为徒弟念最后的咒文。他先问:"现在你的眼睛可明了?你能看见你的父亲们、长辈们、兄弟们(指神祇)吗?"那孩子便回答:"是,我看见他们很清楚。"于是师父念咒道:"孩子听着,尔有所求,吾必临汝旁。尔系吾造。而今而后,尔能以冷腕(神技)医民答威一众生灵。尔今有灵眼能观诸林神,尔今有灵耳能听祭坛诸神祇之敕言。尔法力使尔长生不老。尔法力使尔普济众生、医人痼疫。"那师父再为徒弟服头饰。这时徒弟念道:"吾今服此头饰,即有神力,即处外人村中亦有神力。村人将视此饰,吾所往诸村村人将视之,林神将视之,天神将视之,海神将视之,村中地下神将视之,村中诸拜柱(kera)将视之,公所区中诸孩子将视之。愿吾将传有他村见鬼者之法力,而能与他村祭坛对谈,与他村之神祇对谈。愿吾能与其他法力高强之见鬼者合其咒言。愿吾之神祇能管辖他村,而吾得以头饰而知治疗之方。愿吾身强健,吾法永久,吾寿遐长。阿门(bulatnia,愿其无误)。"

念罢,师父替徒弟佩上胸圈、臂圈及树叶尾巴,于是法具完备。然后师父把徒弟的两眼包起二三天,使他不能看见东西,这是使病人于见鬼者施法其身时,同样会盲目不见。师父滴些药草的汁在徒弟的两眼中,念咒道:"红 laiga 花,明彼眼,光神面,使彼能见神,咒使人民盲目不能观。"

于是师父又拿一个手掌长的竹器,二头打开,他吹进徒弟的二耳,念道:"孩儿,我吹你耳,使你能聆林神之语、神坛之言,我使你耳聪、眼明、手冷。我使你法力无边,我使你成为见鬼者,治人病苦。"

这新见鬼者第一年是见习期,这期中,他跟师父去看师父治病,又学习其他见鬼者怎样作法。这年中,他须守些禁忌,如果他的老婆竟在这期中怀孕,那么人家便会失掉对他的信念。

见鬼者的法力和萨满(shaman 巫者)不同。见鬼者不定能永久保有他的法力。他的法器,尤其是头饰,如果因时间的消磨而坏了,或者他很久不曾作法,而想重作冯妇,他便须重练法力(masibaba kerei)。那见鬼者作法有错误,或犯了禁忌,也须重新练法,在这种情形下,这见鬼者不能再和他的保护神接触,人民不再请问他了。鬼者重练法力时须请另一见鬼者帮忙,另做一付法器,有如初回。

我们由师父给徒弟的最后诫言,可看出见鬼者须严守法礼,且须精细观察他人以学习作法。

这里所记师父的话,可以正式回答这个问题:"原始民族的医生执行职务时,忠诚到什么程度?"

他说:"孩子,你看过我们祭祀的神祇,你听见祭坛的声音,而现在你又和我们的林神父亲们谈过话了。你已学成出业,我们祭祀的神祇不欲我们工作错误,不欲我们有罪咎,不欲我们食用禁物。如果我们做了这种禁事,神祇便会使我们本身、小孩都病倒,他们会降祸我等,如果我们有了罪咎,工作时便不能看见神祇。如果我们欺骗了祭坛上神祇,他们便会不理睬我们。别懒惰,观察其他见鬼者诸道友。我们的法力一部由学习所得,一部由观察而来。"

见鬼者被召赴村中治病时,他先回视村中各家。每家他都由家中神坛与他的守护神祇交谈。这些神祇得告诉他,屋中诸人犯了哪一禁忌。屋中诸人自然只听见见鬼者的声音,听不到神祇的说话。见鬼者预先由村中人民晓得每屋住民的"罪过"。如果他们不曾犯过禁忌,那见鬼者便不得不发明些新的禁忌,说他们犯了,因此禁忌条例愈变愈复杂,见鬼者通知了家长说他或其家人犯了那禁忌,家长便须答应补偿罪过,献祭神,然后正式治病。

见鬼者在早晨跑出去,在村落邻近村中采药草,见鬼者不管药草的实际药效如何,只看形态和名字字义而选,采来后,削碎混水放在中凹竹器中。他把这些药收起来,待将来治病。

午后,日方过晌,见鬼者即召呼公所区中人民的灵魂归体。这叫 sogai simagere(呼魂),是 lia,punen 中必有行事。病人须依其祭坛上神祇之要求,捐出鸡猪数头。

村中未婚男人杀了这些牲畜,搬入公所中,同时见鬼者跑出公所前,向住民灵魂祈祷。他拿 bobolo 树(Cordyline terminalis)的茎当人民灵魂的容器,每株代表一家。见鬼者摇着铃念道:"来,来,孩儿们的灵魂的神灵,别跑开,别离开,这里有你的食物、鸡和猪。"那些神灵看见见鬼者,便跑进 bobolo 叶去。于是见鬼者不再摇铃了,拿叶放在病人头上,盖住囟门。这是为了要保护生命魂(life-giving soul,ketsat)的,这叫 tutut ketsat,即锁 ketsat。

然后,住民都爬上公所走廊看祭司和见鬼者在相看所杀猪、鸡的肝,如果肝尖清明,附近血管不曾横断,则病人能复原。于是祭司便供肝上祭坛献祭,同时祈祷如仪。

祭后,祭肉分二份,一份给见鬼者,一份给原公所住民。这祭肉便放在竹器中,且立刻煮熟,以免腐烂,而见鬼者更须把他的份分给他自己的公所区住民。但他每回治病即可得到手臂长的一段布,10 串珠子,一头活鸡,一大篮芋及25粒椰子。这是"大治疗"的报酬,约值5荷盾,即2美元。至"小治疗"的报酬只有半额。治疗费系依病情轻重而定,贫富无异。至少理论上可以说,民答威人经济上是一样贫富。

那日下午献祭后,见鬼者便给药病人,他带着法器、草药、工具等,跑入躺有病人的第一家,他所带的有如手提篮子、荆棘剪、竹器中盛一瓶瓶椰油和混水捣碎的草药,还有铃等等。他先给病人洗头。洗后,拿些未剪草药,挤一部汁在手,一部汁流入杯中。杯中的加水洗发,口念:"我孩儿(诸神)洗汝发,使诸邪退离汝身,一涤汝罪恶。"然后再挤些药汁在杯中渗水,倒在病人身上,只留一点儿给他饮。见鬼者念道:"我儿诸神洗汝,使诸邪离汝身,我儿诸神洗汝,醒汝人生正道。此乃汝之药。"

图3-42　巴给岛(民答威)巫师召唤灵魂,后面是公所

见鬼者的治法最完全的须吃七种药。第二种药和第一种同是内外皆用。第三种是清除病人腹中以治发热。再有三种药是外用的。巴给岛的见鬼者不吮吸病人的血来治病,如尼亚士人的见鬼者般,但他们也用按摩的。这两种治疗的魔术意味是相同的,即由病人身上吸出病原。

第四种药系使病人身体易于感应。见鬼者拿药擦病人的身体,助手在一旁念道:"林神爷,病已膏肓,愿我等拿药之手神力广大,否则我等将因法力之低微、治疗之徒劳且惭且愧。此乃柔体之药,我等擦病人之身使其柔顺。"第五种药是用按摩术(porot)擦上的,用以"闭肉"。那见鬼者一面按摩一面念道:"林神爷,愿我等之手有神力,以按摩病人之身体。我等按摩其肉,使骨笔直,使呼吸如常,使彼复原。"见鬼者用手按摩时,他的守护神也用神手按摩。据说,如果此药有效,且适合病体,病毒(由巫术作祟)即成根骨头,或其他东西跑出,而肉又闭合起来。否则见鬼者会得由病体取出病人所吃禁物的鳞爪片段,如猴或鹿之毛发等,或则因为病人犯罪咎,恶水神(sikameinan)把水弄入他的体中,那么这些水也会得流出来。药有效时,病人体中的东西都会得跑出来。

如果弄不出来,病人便会死亡。然后见鬼者打开他的竹篮,拿出油罐。他用手拿住瓶口,让油慢慢滴出,擦在病人身上。念道:"百病油,油润病人身,油阔一切病,油润我儿体上诸物。"那病毒(tae)一油润便会轻易地溜出。

现在治疗告终,见鬼者及其助手联合歌舞。他们拿出些短竹筒,唱歌跳舞,唱道:"我等林神之父,歌舞示汝曹,以娱夫病者,显圣示汝民答威众生,我乃汝之父,庇护汝生灵。信赖我法力,信赖我灵药,我将受此职而无愧。"二人一面唱歌,一面拿药筒在手中摇上摇下,打拍子,后来药筒愈摇愈快,二位巫医几乎拿不住了。待精疲力竭,两手酸软时才停了歌舞。最后给病人沐浴一下,啜一口药,便走上第二病宅了。

民答威宗教中,舞蹈不很重要,因为它已衍化成大宴(punen)中的一部分,前面说过,见鬼者们在大宴(punen)首夕舞踊,而每种舞踊都是模仿些鸟兽。为逼真起见,舞者还带着叶制尾巴。这是为着诱惑猎物的灵魂使下回打猎必定成功,我在巴给岛(Pageh)只见到男巫跳舞,但据 Wirz 记载,施美罗(Siberut)岛上也有女见鬼者跳舞。

图 3-43　民答威施美罗的动物模仿舞

为紧急救治全村而开的大宴(punen)中见鬼者们另跳一种舞叫 sairigi,以抽出公所及其邻近地方的病毒。

见鬼者们先对公所念道:"公所之灵听着,我等舞踊以娱我父林神,汝体中若有病毒,祈示我曹觅出,以免汝诸孩儿受病祟。"于是住民大家打起蛇皮鼓,见鬼者跳起舞来,其中一个见鬼者先跑上公所前,又跑到公所后,找病毒(tae)。他终于攫住一个东西,握在手中,带来祭坛,问道:"公所之灵,我已捕此物,辄示我尚有他物作祟否?"那坛神便答:"屋顶尚有蛊物。"大家便又打鼓,见鬼者重新跳舞起来。他爬上屋须找蛊物,拿了下来。隔日早晨,依然如此作法。待全部拜柱(kera)也都找查完了,除去蛊物,村落即告清净。

有时见鬼者们跳 sairigi 时,步伐愈跳愈速,以使其昏倒地上。由此见鬼者可以和天神交谈。他们说他们坐船上天,公所便是他们的船。老鹰飞来衔他们上去。到了天上,他们去参观天神们的公所,在那里演说一回,向女天神讨了几瓶油，天神们很大量，送他们油。见鬼者说这油使他们法力高强。

如果公所区中有人迷途林中，漂泊海里，见鬼者会在跳舞中见到他们。待见鬼者意识恢复，便会告诉住民，这些游子的踪迹，使人家好找他。那些漂泊者如已身殁，则见鬼者也会晓得的，他们由舞蹈中知道。

野蛮社会中，治病和蛊惑是表里相通的。他们是同一信仰的二面，叙述治病，不能不连带讲讲蛊惑。术士摄取、伤害了病人的灵魂，医生便得把灵魂唤回来。术士注入了毒物，医生便得除掉他。第三步，如果术士向恶神（如民答威的鬼）咒人，医生便得解咒。民答威人解这咒诅时便得请善神帮忙。结果，医生自然须懂得术士的魔法。在许多地方，这二种职业是一个人兼的。但在民答威，从没人疑心见鬼者施术害人，反而请他查罪犯。巴给人称术士为pananae即放蛊（tae）的人。

放蛊法有一种是拿些被害者的替身物或他的所有物献祭给鬼。这法可以加害被害者的灵魂，同时也可说是一种交相感应巫术。下面是一法，术士先偷几只被害者的鸡，再偷些山芋、蛋和棉布等。他悬空拿着那些偷来的东西，用些有毒植物鞭打，咒道："鬼啊，这是你的食物，你的肉，你的东西，我不晓得这些鸡主的名字，但你知道的，你找他，你帮我殴他至死。"

术士用食物、所有物、替身物等作祟有好多方法。这些东西有放在泥泽中的待沾满泥污时，它的主人便病倒。也有放在树巅的，待太阳把它炙烧时，它的主人便发热了。也有放在火炉后使它慢慢烧焦。这几法都须祈求鬼帮他作祟。如果想害死小孩，则术士将他的饰物、玩具、食物拿来抛入河中，招鬼念咒道："某某人之玩具、食物之灵听着，此乃汝之住所。愿那孩子热至暗红，愿他咳嗽、哮喘及其他疾病。"

术士有时施感应巫术再祈鬼帮助，有时直接加害被害者的灵魂。下面是感应巫术的一例。术士埋一条putput鱼在被害者的田中，这鱼会得胀起一肚子风，那术士咒道："putput之灵，这是你住所。你身膨胀时，某某人之身体亦将胀起，愿他发热生病。"如果一个女子移爱他人，那末他的旧爱人要害她，他便拿了她的布放在中凹竹筒中烘火。咒道："某某人之布之灵，此乃汝住所，待汝热时，那女子身内将干枯涸竭，永不能生育。竹筒之灵，待汝缩时，某某人身内亦将缩合萎小，永不能生育。"如果他咒后，那女子还是受孕，那末那术士便再拿些她的布放在树杈或荆棘上，念咒道："某某人之布之灵，我这里吊你荆棘上，那边某某的孩子也在胎中这般吊死。"下面所记是术士摄魂法的好例，可以推及其他。术士把一根竹，由两节间劈断，内面放有被害者的布及饰物，再把竹管抛入河中，任它漂流入海。念咒道："某某人之布之灵，饰物之灵，此乃汝住所。竹管之灵，汝漂流时尽拿内中所有。愿某某人之灵魂，其父、母、孩儿之灵魂如此漂流至死。"

普通术士只损害人家财产。如杀掉他的鸡雏是。这时术士砍坏自己的鸡栏，或则对着他仇人的鸡栏拿刀作杀戮的样子。他咒道："鬼啊，叫鼬鼠、leguan、老鹰、蟒蛇吃掉某某人的鸡吧。"另一法则拿一块 aileppet 树木（意为"冷"木）丢进他仇人的鸡笼，咒道："aileppet 啊，使笼中寒冷，冻死鸡雏吧。"术士要弄瞎他仇人的猎狗时，便拿一块喂那些狗的肉塞在竹锅中，再求鬼帮他，于是那些狗便眼瞎了，术士也能够蛊惑仇人安下的陷阱，他唾了一口那陷阱，咒道："我唾你，陷阱的魂，猴儿鹿儿会从此嫌忌你，你永不能再捕得一只野兽。"

巴给岛人请见鬼者由人类和东西取出病毒（tae）有如前述。这外来毒物，或则系因犯了禁忌，神祇放进体中罚他的；或则鬼弄进的。但普通大家相信这是术士放的。实际上所施行巫术并不多，见鬼者找到的是他自己带来的东西。他用遮眼手术从公所墙壁或田地中拿出来。通常有人想害他的仇人时，他便弄玄虚，在自己田中埋了蛊毒，再去叫见鬼者来找。

大耍 民答威的见鬼者有意或无意地见了幻象，因此他便得了他的守护神。如果有意找幻象，他便须经过拒否、斋戒、涤净等步骤。见鬼者一有法力便能看见神祇，和他们谈话。他和自己的守护神特别和睦，那神帮他治病。疾病根本原因是鬼作祟。有人犯了禁忌时神祇便让鬼进村，那鬼会偷了住民的灵魂。另一病因是术士施感应巫术，摄取灵魂，放蛊毒在东西或人类身上。见鬼者治病法即唤回灵魂，取出蛊毒。他也能和解得罪了的神祇。

民答威的见鬼者不会给外来神祇附身，他也永不由病人身体除魔，他不预言。民答威人见鬼者之法术中最近似于预言者是"上天"。但这不过是看见超自然的幻象而不是晓得未来之事。

部落成丁礼 民答威人和其他西印度尼西亚人不同，他们有着部落成丁礼的残迹。这成丁礼已失掉大部分原来的意味和典礼而渐变成繁华隆重大宴制中的一部分。有一时似系单男子，但现在两性都有。在施美罗岛（Siberut）这典礼在怀春期前不久举行，以使青年人加入 rara 即扩大了的家族。在巴给岛（Pageh）这典礼举行于建筑新公所时，邻村男女之未行成丁礼者都加入。

施美罗人男女在成丁礼（enegu）时才初穿第一条腰带。典礼首日，男的由祭司 rimata 拿腰带，女的由祭司夫人拿。

这岛风俗，一个人有了足额的猪时，他便跑去问他的家族团长，即祭司，可否举行 enegu。成丁礼中每个孩子须献祭一条猪，如果孩子的父亲没猪，那末他可以由家人买一只来。礼后便举行宗教宴会。成丁礼（Wirz 疏忽了叙述这点）有一个为期十日的大宴（punen），以打猎开始宴期。

巴给岛上每个男孩欲受新公所之保护须献祭二头猪，女孩一头猪。那时住民都穿最好的黄腰带，饰佩鲜花。主礼的祭司仍着上通常大宴（punen）穿的黄树皮布、青铜臂环、头环,绕颈挂许多串珠子。

待一切准备完妥,祭司即在公所中打锣,大家入所。父母们把要行成丁礼的孩儿们上臂缚起,那祭司祈道:"我们带 katpaila(坛上鲜花)来公所,我们带父亲来公所,我们带母亲来公所,我们带孩儿来公所,我们活泼地进来,我们健康地进来,祝福我们,公所之灵,祝福我们,大宴之灵,看住我们的孩儿,护住我们。"

那祭司给男孩前额打了一下。再拿二种花,用花瓣打那新归依的孩子,继着那些孩子互相对打,做父母的也打那些孩子,但不打自己的孩子。孩子们也打别人双亲但不打自己的。

祭司先祝福孩子道:"我打你,孩儿,愿孩儿们在林中找食物的、打猎的都快乐,愿他们成功,愿他们勤于找食物,愿他们对妻子忠诚,愿他们不与公所区中之人殴打,愿他们健强善捕猪。"

祭司用树叶打女孩,她们自己也对打。祭司念道:"孩儿,我打你,使你性情驯良,使你不与他人发怒。使你勤于找食物,勤于打鱼,勤于用 panu(一种女子用三角网)打鱼。"

现在这些新归依的孩子们都到河边去。待他们到水时,祭司拿一只大雄鸡,一只大雌鸡,他把鸡脚用水弄湿后,放在孩子们的头上。他念道:"我弄湿了鸡脚,使你等孩儿不会暴躁易怒。水永不会死,所以你们也会长寿。"

他们爬上公所,不论男女,每个孩子都分得一束 Dracaena 叶子插在他们的腰带上。继着是鸡肉和猪肉的大宴。做父母的先和自己的孩子同槽吃,然后再和其他孩子同槽吃。这造成公所区中长辈和孩子们的联系。未举行成丁礼的孩子不能和他的长辈同吃猎物。

结论 民答威宗教整个看来,主要的原有特征好似是在巫术、治病及部落成丁礼中。在初期,禁忌可能是全在怀春期中实施的。民答威人敲掉门齿或者同样的是怀春期的记号如在英加佬人(Engano)般。锉齿是较后的。

隆重的大宴制是由较简的祭祀制衍变来的,这种繁缛隆重的大宴是因为民答威人离世孤立,没有经济竞争,以及看不到外地精神文化。这制度已是望衰败萎靡的路跑。烟草、布、灯油一输入了这地,民答威土人便有新目标须努力,新工作须办理,这些都是超出他们宗教礼仪所规定的范围。伴着外来货物,便自然输进外来思想和批评的理念。民答威的大宴已不是往日的大宴了,不论时期的长短,或执行的严厉都比不上,土人们自己也明白这事实,他们憧憬着过去有如民族黄金时代,那时的大宴才称得起大宴,祭物的数量确可供神祇们大餐特餐。

第三篇 英加佬(Engano)

第一节 引 论

英加佬(Engano)于苏门答腊以西诸岛中独饶异趣,因其住民乃全马来西亚之文化最低陋者,从前更系如此。1770年英加佬人尚使用石斧,是时所有马来西亚其他民族都已盛用铁器。但那时英加佬人也已知道铁器的好处,在用椰子和马来人默默地交换旧铁。英加佬人的社会组织或宗教,外人皆懂得很少,是民族学上一大不幸。现在这族实际上几乎已经灭种,所以将来再没甚机会可以研究他。

英加佬(Engano)一名是由葡萄牙语来的,意义为"伪诈"、"失望"。葡萄牙人发现这岛时,大概以为受骗了,例如他们或会以为这是爪哇,否则也以为是他们寻觅的金山银岛。英加佬岛是荷兰航海者发现的第一个岛(1596年6月5日)。但在1593年出版的地图上已记有这岛。

马来人不知英加佬一名,他们称它 Pulo Telangiang(裸人岛)。英加佬人称群岛中面积最大、人口最多的岛为 Chefu Cacuhia(大岛)或 eloppeh(地)。马尔斯登(Marsden)记载,南榜 Lampong 人在1783年以前一直以为英加佬全部住民皆女性,是个女人国。她们因风受孕,吃果子受孕。Modigliani 称他的英加佬游记为"L'isola delle Donne"(女人岛)即是由此原因。实际上并没有什么科学根据可证明英加佬人行女权制度,往昔也不是。

最初来这岛的是一个荷兰人叫 Saar 的,时为1645年。第一本科学性质记载土人的书是 Van der Straaten 及 Severijn 合著的,在1854年出版。在这科学探险前一年,有一只英国船搁浅岛上,被土人乘机掠夺,自此以后,荷兰官员定期视察英加佬,它是属西苏门答腊荷兰政府管辖。

从前英加佬很仇视外人,如有船只在他们岸上搁浅,他们便吹起大螺,召集土人掠劫。待后来惯于和外人交易了,连妻子、女儿都带来船上赚水手的钱。这种风俗由尼哈人(Niha)或民答威土人看来实是不可想象的。

他们住的村落叫 kaudaras,建立在河边海岸。几乎各村都用树干围起,高达5呎,用以防野猪闯入村中。村落间的交通只有林中小径或沙滩,岛上没猴子,野猪及麝猫(civit cat)是仅有的猎物。大村落土人也喂狗和猫。猫定非该地原产。

土人自然不懂得种稻,连甘蔗也是近来传入。但陶器却是原有的,属于新石器时代的型式,有交叉的线条,这点与民答威群岛人不同。陶器用以烹煮,土人有粗陋、双舷外加浮木架的独木舟。主要的武器是枪,不是弓箭。

第二节　经济生活

房屋　英加佬村落散处于市镇范围中,大者 90 家(uba),小者 6 家不等。房屋的形状是岛中的奇观,那是圆形的,直径约 3 呎,筑在铁木(iron-wood)的柱上,离地低者 6 呎,高者有至 20 呎,地板是厚板铺成的。墙壁是木或竹造的,倾斜上达屋顶。屋顶是藤叶织葺成的。有的人家安个木雕人像或鸟像在屋顶上。

上落屋子用一根刻有阶段的木柱,入口开在墙上,椭圆形大小刚好容一个人匍匐爬进。屋中不隔房间。屋子除入口外再没其他窗户,所以如果屋中不点火便十分黑暗。火烟打从入口出去,除非入口用藤叶关了。屋中没设家具,只有些 pandanus 香草织成的席子供人睡眠罢了。猪和麝猫(civit cat)的头盖骨挂在墙上点缀一室。

这些高屋只睡成年男女,家族中其他诸人则睡在较陋的粗造茅屋、草棚中。

每村有一间四方形的公会(kadiofe)筑在柱上,没墙,有个藤屋顶。这里是会客、休憩的地方,也是谈论政治事件的地方。

汉·格顿氏(Heine-Geldern)以为这种圆屋子是印度尼西亚最古式的。最古的圆屋是筑在地上,在第母耳(Timur)岛有这种屋子,大概是未受马来西亚文化熏陶以前的东西。安达曼群岛人(Andamanese)也有筑在地上的圆屋,但用以收容数家人口。

柱上圆屋比地上圆屋普通,这是原来的圆屋和后来发生的马来西亚式桩屋混合生成的。在第母耳(Timur)岛一部,在英加佬、尼可巴群岛都有这种屋子。西婆罗洲的青年男人住屋也是这种。北尼亚士岛的椭圆屋子是由这式衍变而成的。印度尼西亚最新式且最普遍的屋子

图 3-44　英加佬的圆桩屋
来丁(Leyden)博物馆的模型

是四方形的,有着半圆或椭圆穹屋顶。

苏门答腊、菲律宾及摩洛加(Moluccas)群岛中都有树上屋子,英加佬屋子之所以筑得甚高,好像是用以代替真正的树上屋子。

食物　土人食芋、椰子、山芋、香蕉、鸟类。很常吃鱼,偶尔有口福时也吃野猪。家养的猪只在宴会中享用。据说鸡是近来才输入的。唯一饮料是椰水,因为椰子甚多而易得。他们有时也饮一点清水,但不大喜欢它。

芋及香蕉种在村落邻近的旱田中。

土人十分厌忌吃盐,从前外来商人给他们的食物,如果有咸味的便抛丢。1771年他们还不会吃米,到了1840年已会向马来人买米自煮了。1854年他们还不喜嚼蒌叶及吸烟,到了1868年男女都是香烟嗜好者,土人也学会了饮棕酒。

英加佬人煮猎物法,先烧掉毛皮,劈开兽身,拿掉腑脏,放在炭火上焙,实际上是焚烧罢了。芋及山芋如民答威人放在竹器中煮。小鱼生啖,大只海产则在火上焙了吃。

生火用木头钻木头。据说生一次火须用四人。

从前家畜只有猪、狗二种。土人很小心喂养猪,晚上关在猪栏中,猪食得很好,又洗得干净。白天,家猪和野猪同群,只有切短了的耳朵可以辨别得出。土人女子给小猪、小狗哺乳。每条狗都各有名字。

英加佬人用大网猎野猪,网张在林中,猎狗把猎物赶入网中,大家用枪射死。

他们打鱼不用钓的方法,土人乘退潮时站在礁石上用舶来抛网及三锋鱼叉打鱼。现在叉头是铁制的。

捕鸟用网,但先用黍(lime)诱至树上。

土人从不杀鳄,反而视为神圣。

服饰　土人男女都几乎全裸。东南亚洲土著中很少全裸外出者,除了些Naga人部落或者男人裸体,或则女人裸体。

常时,男人全裸,或穿黄色有袖树皮上衣,但此种上衣全为打猎而穿。女人常服只有一条树皮布,手掌大,用绳围缚在腰间,种田及打猎时,女人穿着小片香蕉叶精细编成的衣服。宴会时,女人穿树皮下衣,与男人相同。出门时,男人常戴着树皮头巾,或鲜叶以遮太阳。

大概原始民族穿愈少衣服,便一定装饰愈繁,尤其是英加佬人更加如此,但他们只饰身并不文身。他们装饰是为宴会的,不是日常如此。男人们有阔树皮的头饰镶以白珊瑚串。他们的臂及颈上佩有树皮带系着珠母。腹上有肚带饰以珊瑚,这肚带全是装饰意味,并不盖住阴部。女人赴宴时另佩一种木制头饰,刻如人形、人头、鸟形等。这木帽顶端钻有小孔以插花枝,女人还佩有颈带、臂带,饰以贝壳及珠子,也有华丽的肚带,黑底上缀白珠子,她们还挂大贝壳在颈上,也当梳用。男女都喜欢在耳上插花卉。

土人弄大耳轮如尼亚士岛人。耳环是木制的,近来则用锡箔或水牛角制的,耳环上插花或羽毛。女人婚前须敲掉门齿。男女都不锉牙齿或染黑牙齿。

武器及工艺品 枪似是英加佬原有的武器,长达6呎,杆是Nibong木或其他坚木作的。有的枪安上尖竹刺,上面再缚上鱼骨或沙鱼齿。自此点而言,土人的枪较似密克罗尼西亚及坡里尼西亚式,而与印度尼西亚式者不甚相似,近代枪头有用舶来青铜锋或铁锋者。

图 3-45 英加佬古代战争服装

英加佬人用6呎高、3呎阔之盾护身。土人战士把盾下面尖端插入土中,遮着身体抛标枪。

英加佬女人以剽悍著称。据传她们拿了长棍随着丈夫打仗,如果他们快败阵了,女将军便用棍把敌人的盾牌撞倒。她们也有用钩枪来钩倒盾的。

1592年Hantman旅行此地云曾见英加佬土人用弓箭打猎。在Franas所著之字汇中有piéko一字意为"弓"。此外再不见有弓箭之记载,而土人自己也否认懂得这武器。可见弓箭很少使用,且废弃甚早。

英加佬人由贸易而晓得其他各种武器及器具如鹤嘴锄、刀、手斧等,1840年这些东西在岛上已使用甚多。土人买来了刀,自己再雕饰刀柄。

英加佬人时时刻刻都在打仗,但总不是大规模的。因为双方人数稀少且战法也不许扩大。双方隔一箭之地对峙,如果有一个人中了标枪,则全帮逃走。偶然也有人因此致命。但有时也有战士在背上头上插树叶表示决不逃遁,要战到死。

猎首的原因不甚明了。但这是在战争或私斗中所行的。"首领"的妻穿着特式盛服,上饰人指甲。"族"中男人杀害或击伤了敌人便给那女子一串珠子系着一个人指甲使她安在这袍上。这袍叫ulucawahe,与柄上刻人头的克里士(马来剑)同名。后者给女人佩着垂下当颈圈。

有一时土人曾藏敌人的头在屋下,大概是公所屋下。后来中国商人初到此地，便忠告英加佬人说，这些头会给村里招来疾病。因为他们怕土人会砍掉他们的头。于是土人便把这些战利品抛入林中，从此不再砍人头了。

英加佬人的船是简单挖成的独木舟，二旁有舷侧浮架，船首雕成人形，但现在刻成鸟状了。新船入水时，举行大宴。

土人使用藤篮、陶器及石杵。水盛在竹管、椰壳中。

乐器仅有口琴、鼻笛二种，前者由马来人传入。女人在宴会时跳舞，手携手围成一圈，跳时两肩及上体随歌声及鼻笛而摇。丧宴时，男女合唱向左右慢摆身躯。

第三节 社 会

政府 关于英加佬社会组织之报告篇篇大相径庭，实在情形如何所知甚少。至于有关氏族或首领者几无一篇可靠。据 Helfrich 记载，土人共分六个氏族（ijahaauak），散处各地，各有其首领。但据 Qudmans 所云，则一村即为一家，不知有首领。掌管土人与马来人间贸易之老人叫 ama ama（即父亲），但他们也不能称为首领。还有一篇报告云英加佬共有五个母系氏族，这是不可能的，可以除外不理它。

岛上除亲属复仇制外，可说是一无法律。村落间及地区间之纷争，用和议或战斗解决。战法双方在盾牌后列成阵形，待射倒了一个，那方便是有罪的。据云纠纷原因都是由土地权及打鱼权惹起的。

婚姻 除了禁止亲属逆伦外，并没有什么习俗阻碍择偶自由。这使英加佬人不可能有父系或母系氏族。据 Modigliani 及 Helfrich 所云，土人婚姻是女家居住，新郎入赘妻家，为妻族工作。妻殁仍须为妻族作耕，直待他另婚，这时须交款给妻族。这里风俗是行袭嫂制（levirate）及继姊制（sororate）的，所以为夫的，妻死如不娶小姨另婚他人，便得纳罚款。

这里没严密的买卖婚，新郎送礼妇家，新妇带来了嫁奁。离婚很常有，但得纳还一部分聘金或嫁奁，男人想娶二个妻子也尽可以娶。土人不用此以夸示富有。

据 Oudmans 云，英加佬有二种不同的掠夺婚。但不知这制度是否土人原有的，或系由南榜土人传来也未可知。尼亚士及民答威二地确没有掠夺婚制。

有一种掠夺婚制是新郎背了新妇跑，女家虽原先已同意这条婚事，也须拿枪攻打他。如果新郎打得好不曾受伤，便付了聘金带新娘回他的本村去。还有一种结婚法是新郎和新妇私奔，女家男子和岳父在后追，岳父大人说要枪杀新郎，于是新郎便降伏，付还聘金了事。可注意的是行这二种掠夺婚婚后是在男家居住的，和普通的不同。

生育与人名 从前土人生育在丛林中,如果孕妇在家中分娩,难产而死,则须遗弃全村,另迁新居。至于普通丧事,则只拿起屋子换个新址。分娩时孕妇放在火上烘。

土人常改换名字。如有人叫人家从前的旧名,即将受罚。据云换名时常以他所养的狗名自号。当父亲的则自称"某某的爸爸(ama)"。又加名字以志丧事,如民答威人。

死亡及举丧 死人埋在树中央或村邻近。如系因传染病致死者,则裸体抛弃丛林中。女之因孕而死者则包在树皮中埋于丛林,三个月内之婴孩死后火葬。较大婴儿则包在渔网中悬挂树上。

通常成年男子葬法,用树皮布或渔网包起,埋在他屋前墓中,以他的武器、饰物、烟盒殉葬。

男女之别居一屋者则其屋须搬离原来地址,再砍倒二株椰树、五株香蕉树。鳏夫寡妇各往依其亲戚。丧事期中(常长达三个月)死者亲戚及市中住民不能穿衣,男的只戴树皮帽,女人戴藤或 pandanus 草叶头饰,或则戴 phrygia 式帽般的 Nipa 叶。Modigliani 说这帽不是女人戴的,是男人戴的,且是模仿装饰常用的鹦鹉贝(nautilus shell)。

Helfrich 说男人死时,寡妇头发剪掉一点,而鳏夫却全部剪掉。但 Modigliani 说寡妇剪了发,在水中洗浴,而鳏夫的头发不曾动一下。

镇中人死,则全镇住民禁止唱歌、欢宴、结婚。

他镇人民不可进入有丧事的市镇。岛上土人都不可以打猎、砍柴,或在有丧事地方范围内汲水,或在其海岸打鱼,有谁犯了这些禁忌便须纳罚款,半数交丧家,半数交其地方。

丧后三个月,大宴一次即告丧期完满。但死者家属还未即佩饰物。如果夫妇之一死亡,则未亡人失掉名字,称为鳏夫寡妇。服丧者不敢使用自己的原名,因为怕死者的鬼。丧期中,鳏夫寡妇不许入桩屋中睡,须自己在地上搭间茅屋。

据记载,英加佬人此外只有在筑新村时再大宴一回,那时大家打扮古时服饰,那就是男人全裸。

第四节 宗 教

神祇 英加佬人宗教无疑是和民答威的相似。但据我所知,在仪礼方面可说是很不发达。关于这点 Helfrich 说得很简略,其他学者也不胜他。

土人信一种也善也恶的神灵称为 Kowek。英加佬人没崇拜较大的神祇。神住在市镇、海岸、河滨、大洋中。他们拜神也用食物祭神。疾病大旱时才献祭，祭品有芋、香蕉、鱼等。

英加佬人也同样信有一条世界大蛇。和峇搭人、达押克人（Dayaks）及其他马来群岛土人相同。前面述峇搭人宗教时已讲过这是印度传来的。有这种信仰的印度尼西亚人习惯当地震时，喊出异声来镇静地震神（即世界大蛇或相当神祇）。峇搭人地震时叫"剑柄、剑柄"，因为大蛇 Naga 被剑钉住。民答威人说从前有个法术高强的巫师埋在一间公所的中柱下面，当第一个活人牺牲。因为他即是地震的原因，所以地震时他们喊道："我们在这里，老祖宗（Teteu），我们在这里，老祖宗。"

英加佬人相信地震是因为一条眼红如火的大海鱼造成的，土人见鬼者有的能看到这种，大家很尊敬这些见鬼者。土人另有一个故事说，一个人被人民杀死埋在地洞中，他变成个有力神祇，为了给敌人知道他尚活着，他便作法使地震动，地震时土人便以鱼及棕酒祭他。

疾病 土人以为疾病是鬼（koe）作祟的。病人用圣树树叶敲打身体可以驱除病魔。见鬼者（Ko haja）能够询问鬼致病原因。但关于这事实际上几乎还不曾有人探究过。

第五章 北苏门答腊（NORTHERN SUMATRA）

第一篇 亚齐（Atjeh）

第一节 引 论

历史 公元1500年以前之亚齐史大部不明。据《梁书》（约500年）记载，当时北苏门答腊有一婆利国（Poli），国中有136个村落。种稻，土人能织棉布，平民着布，国王着丝。王乘象舆，土人信佛。

［译者按：《梁书》卷五十四《婆利国传》曰："婆利国（Bali）在广州东南海中洲上，去广州二月日行。国界东西五十日行，南北二十日行，有一百三十六聚。土气暑热如中国之盛夏，谷一熟再熟，草木尝荣。海出文螺、紫贝。有石名蚶贝罗，初采之柔软，及刻削为物，干之遂大坚强。其国人披吉贝如帊，及为都缦。王乃用斑丝布，以璎珞绕身，头着金冠，高呎余，形如弁，缀以七宝之饰，带

金装剑,偏坐金高坐,以银镫支足。侍女皆为金花什宝之饰,或持白栿拂及孔雀扇。出以象驾舆,舆以什香为之,上施羽盖珠帘,其导从吹螺击鼓。王姓憍陈如,自古未通中国,问其先及年数不能记焉,而言白净王夫人即其国女也。天监十六年(517年)遣使奉表曰:'伏承圣王仅重三宝,兴立塔寺,校饰庄严,同编国土。四衢平坦,清净无秽,台殿罗列,状若天宫,壮丽微妙,世无与等。圣主出时,四兵具足,羽仪导从,布满左右。都人士女,丽服光饰,市廛丰富,充积珍宝。王法清整,无相侵夺。学徒皆至,三乘竞集,敷说正法,云布雨润。四海流通,交会万国。长江沙漫,清泠深广。有生咸资,莫能消秽。阴阳和畅,灾厉不作。大梁扬都,圣王无等,临覆上国,有大慈悲,子育万民,平等忍辱,怨亲无二,加以周穷,无所藏积,靡不照灼,如日之明,无不受乐,犹如净月。宰辅贤良,群臣贞信,尽忠奉上,心无异想。伏惟皇帝,是我真佛,臣是婆利国主,今敬稽首,礼圣王足下。惟愿大王,知我此心,此心久矣,非适今也,山海阻远,无缘自达,今故遣使献金席等,表此丹诚,普通三年(523年)其王频伽复遣使珠贝智贡白鹦鹉、兜鍪、瑠璨器、吉贝、螺杯、什香药等数十种。"]

阿拉伯人于公元846年至950年间侵入北苏门答腊传来回教。据马可·波罗游记,该地小邦于1292年时尚未改信回教,唯大国Samudra(须文答剌、速木都剌、须文达那、苏门答剌,位于岛东北Pasé河口)不久即改信回教。

Samudra国开国之苏丹又开创一波斯(Pasé)苏丹国(《岭外代答》,参阅第一章"历史"第一节),后来二国合并。在14世纪中叶,Pasé苏丹为Malikuz Zahir,那时该国已改宗回教。

1509年葡萄牙人首至Pasé。至1521年,葡人拥立Pasé苏丹。1509年葡人未至此地前,我人不甚知悉亚齐情形。此时期以前亚齐一名仅指一海港(现在之Kuta Radja)及其邻近,并非一地区之名。这港不但非要埠且未曾独立,乃当时强国Pasé之一藩属。

葡人之胡椒及丝绸专卖政策,促使亚齐勃兴。葡人力阻各地之自由贸易,尤其是Pasé。由此阻力,结果商人群弃Pasé另趋自由港亚齐。终使亚齐藩邦力能独立。1524年亚齐战胜Pasé,逐葡人出境,Pasé之傀儡苏丹走往马六甲,国境分裂。

约公元1520年亚齐兴起独立,立Ali Mughajat Siah为首任港主,即苏丹。自此时起,亚齐国势蒸蒸日上,渐趋强盛,此一港国之名不但扩至大亚齐(Great Atjeh)(苏岛北端),且侵及南方诸洲境。

亚齐国立国不久即扩充势力至苏岛东岸诸国。至16世纪中叶Aru国(哑鲁、阿鲁,见《明史》、《瀛涯胜览》,今之Langkat)及Gasip国(今之Siak)皆亡于亚齐。但至16世纪末Siak国脱离亚齐,并入民南加堡国版图。

1599年,荷人首与亚齐发生关系。几年后,亚齐于著名之Iskandar Muda

苏丹统治时号称亚齐之"黄金时代"(1607—1636 年)。此期中亚齐国威远及现在北苏之亚齐属邦(Dependencies)全境,且于马六甲大陆略地数处。

　　Iskandar Muda 苏丹与荷人不睦,但至下一代苏丹 Iskandar Tsani 即与荷人盟好,助其逐葡人出马六甲(1641 年)。Iskandar Tsani 崩后,亚齐国势日渐凌夷。其后继位临朝,后崩后,又是一连三朝女帝。于此数女帝朝中(回教国中女帝听政是变态)亚齐帝国内乱频仍,国中四分五裂,从属藩国、臣属采地皆实际上独立自主,1659 年荷人迫亚齐与荷兰东印度公司订约许该公司贸易专卖。

图 3-46　卡约战士

　　现在的亚齐人成分复杂。除原住民族外,尚有马六甲及巴东高地(Padang Highlands)迁入之土民、峇搭(Batakland)及尼亚士迁来之异教徒(尼亚士人大多为奴隶)、爪哇人、印度人、阿拉伯人。结果混成的民族较瘦,较轻,较马来人伶俐,皮肤较黑,较马来人活泼有生气。马来西亚原本住民,或与现在之卡约及亚拉士山中住民相似。据最近人口调查,三处人口如下:

亚齐人(Atjeh)人　　　　　　　　　676850 人
卡约(Gajo)人　　　　　　　　　　35000 人
亚拉士(Alas)人　　　　　　　　　12000 人

第二节　经济生活

　　村落与房屋　亚齐屋子外形都相似。屋下有 16 根木桩,高约 6 呎。屋中前后分为三部，各各用门路（doorway）隔开。有梯通上前廊。其后为中房即睡房，屋后为后廊。睡房是屋中最神圣部分，只能由后廊进入，屋中三部彼此用布挂起隔住。较好的屋子在后廊后面还增设个厨房，自有其屋顶，这样较好可以使烟不会熏入屋中。否则即在后廊炊煮。

酋长之家有时比部下的屋子高大且价较昂，但二者并没特殊差异，现在有许多亚齐酋长建筑欧式屋子。原来屋子的地板是厚板或藤铺成的，墙是厚板造成或竹及椰叶织成的。墙上留有圆洞、方洞以通光线。晚间则关上。屋顶是沙莪或尼巴叶葺的，有时也多盖一层椰叶。

屋子前面是最公开的。在这里招待不曾邀请的客人，在这里摆设宗教祭宴，在这里讨论公事。后廊是女人针黹、煮饭、洗扫的地方。

家人、亲戚及好友都可同住。已婚夫妇睡在中间的闺房，新夫妇在这房中饮合卺杯，死人也在这房中洗沐。

亚齐的婚俗是女家居住的。女儿出嫁时，父亲得给她一间屋子，如果他没钱在邻近建一座屋子，便在他的屋子左右附建一所，造条门路通原屋后廊。富人居巨屋，二个楼梯，二间睡房，旁边有二间剩余的屋。这种屋子可容得下二个女儿的家庭。

亚齐家屋远较原始马来西亚人的精备，但也是用工夫于装饰及悬挂，不曾着目家具。除了厨房及睡房用具外，家具只有凳子、筒、席等，大多是放在走廊地板上。宴会时前廊地上铺地毡，每个客人都有一块席坐。

寝房是屋中饰得最华丽的房间，天花板铺着红花布，地板铺满席子。墙上

图 3-47　亚齐人住所

挂有瑰丽的布帷。他们无所谓床,已婚夫妇睡在褥上,头枕高价的枕头。睡房及后廊之间有幔帏遮起,以免女婿和岳父母接触。

亚齐人的乡(gampong)包有住宅区、稻或他种田地及当地未垦原野而成。土人屋子大都散处四野,没一定系统。

在北岸一带最小的土地区划是区(meunasah)不是乡(gampong)。每个乡含有一个或数个区,各各有名。

从前在亚齐一乡中诸人都是同一血统,但真伪都有。现代在卡约(Gajo)也是仍然如此。因此每乡即如亚齐人氏族(sib,kawōm)之一部。但这里如峇搭人一样是父系血统,但行女家居住婚制,所以氏族自然失了地域意味。

除了家屋外,亚齐村落还有间回教寺(meuseugit 或 seumeugit)及一间男人屋(maunasah)。亚齐人原来的男人屋(balé)屋型至今仍有一二遗痕可见。

在大亚齐境中,不能每村皆有回教寺。据回教教律星期五的礼拜须至少有40个当地自由成年男人参加。阿拉伯语称这种住民为 muqim。因此当回教初在亚齐立足时,传教士便觉得必须合并数村(原本规定四村),以成立一回教寺区,亚齐语称这一区域为教区(mukim)。每个教区的回教寺建立在属下诸村之中间平野。

亚齐的回教寺既位在村外,且寺上没高尖塔,因此普通回教徒用以召集礼拜的方法便行不通了。亚齐人于是便用印度尼西亚式的鼓以召集教徒,每间回教寺外部有个这样的鼓(tambo)。这是棕木造的,挖空的洞上盖着牛皮。

男人屋(meunasah)是回教传来前的习俗,印度尼西亚各地都有,亚齐的最小政治区域或者原是围着男人屋的一群屋子,成为村中小区,如民答威一样。从前偶像崇拜时代这种屋子一定是叫 bali 的,现在爪哇也是叫这名,它四面无墙。

回教传入后,男人屋外表有如私人房屋,表面上是祈祷屋,称为回教式名字 meunasah。马来亚为 mandarsah,由阿拉伯语 madrasah(意云村中之小村)而来。

亚齐的 meunasah 带是位在村中。式样与普通家屋一样,但没有窗子,内部也不分成三部。亚齐、卡约、亚拉士三地的男人屋外形都相似且目的相同。

一、供男人过夜。从前日落后所有的成丁壮丁都聚集于此,现在土人已放弃这风俗了,许多村中的男人屋现在晚间几乎阒无人迹了。

二、使人在此祈祷。亚齐人改宗回教时,男人屋即变成祈祷所在。但除在回教断食期中外,现在也已失掉这目的。

三、为社交所在。村中男人白日工作完毕,便来这里闲谈。赌博、斗鸡常在村中长辈们管教不到的地方玩。

四、白日里是教授年轻人《可兰经》的学校。

五、他村的未婚男人以此为村中逆旅，晚间即睡于其中。

六、在大亚齐，婚约不在新娘家中签字，在 meunasah 签。

亚齐、卡约及亚拉士三地"balé"一字尚用以称无墙亭子。它无墙壁，这点和普通屋子及 meunasah 不同。亚齐人依用途有数种不同 balé。

一、Balé meunasah，有男人屋（meunasah）的地方即常有 balé，balé 附属于男人屋，村中公事即于此讨论。

二、Balé meuseugit 附属回教寺。

三、Balé rumoh 酋长私邸附属物。访问酋长时须在 balé 等待，不能直接在前廊等。

四、Balé kubu 邻近圣墓的小亭。十人置祭食于此，以免疾疠。

五、Balé pande 黄金细工的工场。

服饰 海岸住民与山中住民其服装略有不同。他们都穿阔裤，裤上另有一条腰裙，上面嵌在腰部，长达两膝。海岸住民常穿上衣，但山上住民很少穿它，而用条布巾，或披在肩上，或围缚在身中，或盖在头上，通常土人戴 kupiah，是种锥形帽子，与麦加人戴的帽子同颜色。

亚齐男人外出时总一定带着尖刀及折好的色巾，中有嚼槟榔及化妆用的杂具。贵人旅行时另加佩亚齐剑，这是普通用以击斗的，插在鞘中。

女人裤外另穿裙，海岸一带的长及脚上，山中的则并不比男人的裙子长。她们也穿上衣，肩上披一块布，有如爪哇人的披肩。

图 3-48　亚齐人型式

土人女人佩有臂环、踝环、腕镯、金属颈环、耳环,此外还有指环。

食物 亚齐人的确是农耕民族,大部分是种稻为生,也种甘蔗。乡鄙之地以胡椒为多。造林以果树为主,间有种椰子及槟榔。

稻种水旱皆有,sawah 即水稻田,如非位于湿地者,即须筑坝围住雨水,使其慢慢流下灌溉田地。女人只下秧,耕耘都是男人做的。

亚齐人与马来人一样主食为米饭、果实及鱼类。只有在年节日才食肉。除了在一年一度大年节或许愿者外,很少杀水牛、黄牛、羊、山羊。

第三节 社 会

政府 荷兰政府时代,亚齐附属地卡约(Gajo)、亚拉士(Alas)分为六区。(一)大亚齐区、(二)Pidié 区、(三)亚齐北岸、(四)亚齐东岸、(五)卡约及亚拉士、(六)亚齐两岸。

从来亚齐即不是个专制苏丹治下的统一国家。即于其"黄金时代",著名之 Iskandar Muda 苏丹也不过是一港主,并非政治上的君王,他王朝的兴隆显赫大部由专卖贸易而来。后来这海港的专卖贸易赢利渐少,原来制驭诸侯(uléebalang)之力也渐弛。诸侯间徒事野蛮之战争。亚齐苏丹皆因商业上利益之故惟思在国外略地订约,不求国内土匪诸侯折服。如 17 世纪初叶征服卡约诸役皆是偶然的事。及 17 世纪末,苏丹威信大衰,几乎保不牢其港国。

待 1873 年荷人至亚齐,苏丹政治上已未能置属国于掌下,只蛰伏于原来之王国,据 Kreemer 所引 Veth 报告,该日暮途穷之帝王情形如下:"在污秽倾颓之 Kraton(王宫)中仍居有一国王。其权力未能管辖臣下。其私帑不足以维持宫廷耗费。所谓宫廷不过几个鸦片瘾者。这国王处处都是全马来群岛中最可怜、最低微的君主。"

亚齐苏丹政治上虽已如此凄惨零落,但宗教上仍为百姓所尊崇。有如 Raffles 所云:"到处受臣民爱戴尊崇,但无有聆从其命令者。"这种宗教意味的君主在民南加堡、峇搭人,及其他苏岛、马来群岛各地都有,不是亚齐人特有的。

待荷兰人占据皇宫,苏丹之命 Pidié 时,亚齐苏丹之回光残威已扫荡净尽。1903 年伪苏丹 Mohammet Dawot 去位,亚齐国祚至此告终。

苏丹之政治特权为数甚少,确有者九种。五种为处罚臣下之刑罚,但甚少施用,简而言之:一、械手,二、针刺,三、磔刑,四、剐割,五、米臼中捣人头。又二种特权是敬礼性质,一、开放薄暮礼炮,二、可受 deelat 之欢呼。此外还有二种特权很重要:一、苏丹有权写命令敕旨及介绍信,这些都叫 sarakata,二、只有苏丹有权铸币。

除苏丹直隶省外,大亚齐分成三省(sagi),省名依省境原有 mukim(回教寺区)数目而定。因此其省名如下(沿用至今):22 mukims 省,26 mukims 省及 25 mukims 省,自各省成立至今,省中回教寺区数目自然增加不少。分省的由来不甚了了,据 Snouck Hurgronje 之意,省系由诸侯(uléebalang)之攻守同盟而来。

各同盟联邦都听联邦中之最强诸侯号令。只此首领对邦际公事有力说话。各诸侯自理其采地事务有如无省存在。省长、诸侯、官吏都是世袭的。

从前原是三省省长共立苏丹的,他们由前王家中选其中意者为苏丹。有时或竟推立外国人为苏丹。选中者须付省长各各"婚礼"500 元,新苏丹加冕礼称为"王与地之结婚"。结果促成省长滥用职权及贿赂公行,后来,其他诸侯也竟参与推立苏丹了。

据 1881 年公布荷兰政府亚齐州法令,大亚齐共分三县(诸侯采地 uléebalang),县分教区(mukim)、教区分村(gampong)。省长已是废止,但后来省长都被延请入政府以表示好意应酬。

自古以来诸侯(uléebalang)即为人民土地的实在首领。在他自己的采地中,他身掌行政、司法、军事诸权,再没有他以上的官员了,他们的权威比苏丹还更为渊源悠久。他们不是苏丹任命的。

辖下百姓替诸侯上尊号 teuku(由马来语 tuan ku 老爷而来)或 teuku pō 或 teuku ampon。外人则称他们 radja(王)。他们得课土人杀牛税及土人诉讼费,他们另由荷兰政府支领薪金。

大亚齐共有 15 县(uléëbalang),其中 2 县是独立的。诸侯自有其侍从武官,侍从长叫 banta,常即由诸侯之弟或男近亲选出。诸侯家臣叫 rakan,那是住在诸侯家中,或邻近的人,受诸侯或其家之接济。

村长与诸侯之间有回教寺区长 imeum。imeum 原是回教寺区(mukim)中星期五礼拜的宗教主持者(阿拉伯语 imam 领导者)。但现在他们的职位失了宗教意味,而 imeum 变成土地区域(mukim 回教寺区)的世袭区长了。因此他们也是小诸侯,受命于诸侯管理人民。星期五礼拜的事务则另委回教寺管理人(imeum meuseugits)管理。

前面说过,荷兰政府支持这些回教寺区区长,任命他们为行政长官。虽然 mukim 原非行政区划,但人民当它是比村或镇大的行政区。

现在最小的行政单位是乡村。村人好似个大家庭,含有四个主要人物,所谓"村中四柱"。

一、村长 keutji(意为长老)或村"父"(koe 或 eumbah)。

二、村中教长 teungku(meunasah)或村"母"(ma)

三、村中父老 usēueng tuha(意为老村人),他们经验丰富,聪明有智,举动从容,通悉习俗法。

四、村人(ureuēng leu)是父亲(keutji)及母亲(teungku)的孩儿。

村落之公共要事(如大宴)须先得大家斟酌赞同。

教长(teungku)需识字,因此才能读马来文的 Kitab Sirat,这书记有断食、洗身、公众宗教仪礼的规则。但 teungku 却常是无知识的,这是众人皆知的事实。因为 teungku 一职和村长(keutji)相似都是世系袭的,有许多 teungku 把自己的职事叫当地较有学问者代做,而自己分他薪水的一部。

村长负责管辖他领下及镇中的治安。他掌管一切家族家法、种稻、住宅、宰杀兽肉之分配,发表断食期开始及终结等等。分配肉类是重要的仪式,每人都依其阶级及境遇分得其应有一份。

村中各事大多须经 keutji(父亲)及 teungku(母亲)二人商议。前者掌管土人习惯法(adat),而后者制定宗教法(hukom)(adat 为阿拉伯语"习惯",hukom 系阿拉伯语 hukum"讲说"之讹)。

teungku 大致处理村中宗教事务,如下列诸事皆是:

一、看管村中回教寺。

二、征收宗教税。

三、主持正当结婚礼。

四、宗教宴会时为众祝福。

五、为已死及临终之人作宗教仪式。

六、监督杀宰祭祀牲畜。

七、为孩子行回教祝福。

人民原来不分为市镇或土地区划,而分为氏族,和苏门答腊其他各地相同。因此我前面大略讲过的分地分区的政治制度,至少大部分是人民改宗回教之后才发生的。

亚齐同一男系传下的子孙叫亲族(kawōm 或 sukèe,由阿拉伯语 qaum 意为人民或家系变来),现在 kawōm 制已很衰微,只在大亚齐之高原中依然维持下去,那些地方政治不发达而常有亲族纷争。

kawōm 制分亚齐人(虽非全部,至少有一部分如此区分)为四族。各族族名的意味已湮没不明。这四氏族名为:一、Lhèě reutoih("三百"族),二、Tjut-Dja-或 To Sandan,三、Dja-或 To Batèē,四、Imeum peuēt("四、Imeum"族)。

kawōm 中人个个都以亲族相待,有相同权利及义务,特别是族中有人受辱、受伤或被杀时,于此情形下族人须为他行亲属复仇(blood revenge,bila)或讨取偿命金(weregild,diēt)。

随便哪一市镇中总都会有这四氏族的人,同氏族的人住在一起,他们便推举个首领(panglima kawōm)管公事,特别是有关亲属复仇的。ulèëbalang

承认人民所公举的首领,且在选举时给他一批特造钢武器。地方长官不能中选为 panglima kawōm,因为二职互相冲突。

四族之中 Imeum peuēt 族最大且最善斗。剩下三族多少总联合起来对付它。亚齐政制初由世系制变成地方制时,这三联合族便把持政府排斥公共敌人,这三族囊括了一切王国中的 uléēbalang 及更高官职,而 Imeum peuēt 族人没一个职位比 mukim 区长高的。曾经有一时三族各自选其 panglima,后来它们合选其首领。这三族于亲属复仇时且实行攻守同盟。

史前时代某时期中,四族或者皆系族外结婚的,同氏族男女不能通婚,且氏族或者有图腾禁制。据 Snouck Hurgronje 云,当他调查亚齐人时,Dja Sandan 氏族之人不能吃白水牛肉及某种咸水鱼叫 alu-alu 的。印度也常有许多氏族,原系族外结婚的,待脱离了原始状态后竟变成族内结婚,亚齐或者也系如此。因为据 Kreemer 报告,这四族原是族内结婚的,但后来那三联合族却可以互婚,只是仍不能和三联合族外的人结婚。

亚齐的 kawōm 或称 sukéē,与民南加堡的 suku 十分相像,二者都是分为四族的。我以为亚齐族昔时可能有双重分裂,如民南加堡昔时一般。这可以说明后来三联合族与其他一族的仇视。但在亚齐并没有传说可证明从前是如此的。

亚齐人分为贵族、庶民、奴隶。这里的阶级分别虽比峇搭人分明,但比曾受辖于爪哇的南苏门答腊土人模糊。他们不同阶级在任职资格、婚姻、聘金多寡上皆有显著的差异。

贵族含有苏丹及其王族,及制定法律的世袭王侯。

庶民可再分为三级,但三级间没一定精细区别。

一、贵人:uléëbalang 之亲属、imeum、村行政人员、回教教士、懂得书写的土人、各门大族、富人。

二、中等阶级:村行政人员之亲属、回教寺长老、笃信回教严守教规者。总之,虽非显贵之人而却有相同威势者即是。

三、平民,也可包含奴隶及其后裔而言。

奴隶制度 亚齐的奴隶大多由尼亚士来的,而卡约及亚拉士二地的都由峇搭来。亚齐人赞美尼哈(Niha)人是些好奴才,他们服从、易教、勤谨、可靠,尼亚士来的女人是特别美丽的。

奴隶一部是由战争掳来的,但大部分是在尼亚士买来的,还有马来人、峇搭人,有些中国人是由马六甲海峡来的。有些黑人奴隶都是由麦加来的,亚齐人喜欢用黑人作屋中工作,十分重视。

亚齐人如峇搭人及其他人种,债务者如没钱还债便顶替债主做工还债,有如人质。人质可以以钱赎身,但奴隶非主人同意不能赎身。

回教律禁止男人与自己的奴隶通婚，因此亚齐人没这种风俗，但教律许可主人娶女奴隶为妾。亚齐人也很少如此，因为亚齐人太重视母系传统了。回教教律规定这样生出的孩子有与自由女人生出者同样权利。亚齐人便不是这样，法定权利虽则相同，但社会地位不同。人人记住这种人的血管中流有奴隶的血液。

回教不曾禁止自由男人和他人的奴隶结婚。亚齐常常有自由男人离家有时便娶居留地附近人家的奴隶为妻。据教律这样生出来的孩子是个奴隶，属于那女子的主人。但习惯都当这孩子自由人，不过是奴隶的后裔罢了。

经过多少时候，奴隶便与自由民混合了。这是亚齐人多混血种血统的主要原因。奴隶可由许多方法得到自由，因为这没成文法规定，有许多人因为奴隶日日生病而释放了他。有些奴隶成家立业便讨得主人的赞同，大请一宴，即成自由民。

大体上土人待奴隶们很人道，有如一家之人，Kreemer 引 Dampier 1717 之报告云："亚齐人的奴隶境遇不恶，有许多做了商人店主。他们力能赎身，他们掌握市场，开钱庄找换货币。渔夫大半是奴隶。有的自己有住宅。"

1820 年 Raffles 任职 Benkulen 总督，首先取缔买卖奴隶，后来荷人又渐渐压制这种买卖。这种人类买卖继续下去，尼亚士便多生些战争，因为亚齐人不断到这里买卖掳掠奴隶。

婚姻 著名荷兰法律学家 Van Vollenhoven 及一般荷兰民族学家的意见都以为亚齐人的亲属关系及婚姻法规都是建立在两系家族制（Bilateral family，男女两系并行）上，但含有母系制及父系制的遗制，及回教教旨教规。从前的学者如 Jacobs 也以为亚齐人家族制度经过三个阶段，母系制，父系制，最后是双面制。

他们之所以会主张亚齐从前是行母权制的，主要原因在于男人婚后须在妻子的家、妻子的镇上居住。但我们前面说过，这种女家居住或者是市镇成立及原来男系氏族崩溃的结果。但由父系制转变成双面制却是无疑的，古时亚齐即曾这样转变，而现在也还在继续转变。

亚齐人的婚制是两方父母权力各各相当、不分轩轾。血统是父母双系，财产是夫妻各有。

女子婚后依然住在她自己家里，或她双亲的家里，孩子也在这里养育，这是和母权制相符的，如果她的男人不住在这村中，他便到她的家中找她。这女家居住制是和回教教律冲突的，但村长 keutji 支持她，因为她是依着习俗的。

所有婚姻都须得村长赞同。只有人口过多而妙龄女子及无夫妇女不多的地方，村长才会随便许可他村中的男人在村外结婚。他会说："这里有许多女子，为什么你要跑去别地方播种？"另方面村长不会反对村中女子和村外男人结婚,因为这样会增加他境内人口。

因为女家居住的缘故,村中最亲的亲属便是住得最近的。通常都是母族中同一女祖先传下来的,至同一男祖先的后裔却会散居各村。

在亚齐婚制中,父系氏族已无甚影响,不过如前面说过是种遗迹罢了。

亚齐语称血族为 waréh,这原是阿拉伯语"继承名"(wārih)之讹,但没有继承权利。血族分为"自己的种"和"外来的种"(亚齐人的话)。这点正与民南加堡人意见相反,他们以为传种的是男人不是女人。人的种子在胎中会自己生长就如田中的菜种。这虽是回教的观念,但原来信仰也是如此,如西里伯的土拉查(Toradja)人即如此相信。

父系长辈的血族叫"自己的种"。他们都称为 wali(阿拉伯语"监护人")。母系的血族叫 karong。如果与这二组都有关系的便叫 wali-karong。

亚齐人与马来人相同,已遗失了表示氏族关系的亲属称呼,且把叔伯、舅父都和父亲混同称呼。

除了有与土人习俗冲突者外,亚齐人都遵守回教婚律。

通姻限制与回教徒相似。一个男人不能同时娶四人以上的妻子,但普通人家很少一夫多妻的。富人娶了一个以上的妻子,但他却损失了家庭的安宁。亚齐人自然不能有别室居妾,因为他们是女家居住婚制的。

亚齐人不能娶回教教律禁止通婚的某些亲族。《可兰经》规定,男人不能娶母系的任何血亲,但舅父母、舅父母的后裔不在列中。习俗禁得更加严密的是二个兄弟不许娶二个姊妹,峇搭人及卡约人也是如此;又不许和因婚事而成亲属的人结婚。这习俗禁绝了袭嫂制及继姊制(levirate and sororate),但有时也偶尔发生的。民法、教法都不许人与兄弟姊妹的孩子(侄)结婚。

此地从表兄弟姊妹(cousin)也能结婚,有如一般回教徒。两兄弟的孩子们,堂兄弟姊妹可以通婚,这种习俗除了回教徒外几乎到处禁止,姑舅表婚(cross-cousin marriage)从前原是许可的,就是说兄弟的儿女和姊妹的儿女可以通婚。但从表兄弟姊妹间(cousin)也有个限制,即与父母的兄姊的女儿不能联婚,否则当乱伦论。峇搭也有这种相似的年辈限制,即鳏夫得娶亡妻的妹子,但不能娶亡妻的姊姊。亚齐人对父母的兄姊和弟妹自然有不同的称呼。

习俗姊姊须先妹妹结婚,马来群岛及苏门答腊其他各地也都如此。

有些婚姻限制是纯粹回教教律,与民南加堡的相似。妇女脱离婚姻后某一时期中不能结婚。阿拉伯称为 iddah 期,而亚齐人、卡约人、亚拉士人也有个相似的名称。如系夫死则期长四个月又十天,如系离婚则期长三个月又十天。如离婚之妇身怀六甲,则须待生产 40 天后才能结婚。

回教教律不曾禁止童年早婚,从前不待女儿发育成熟便嫁给丈夫。过得去的家庭,女子平均结婚年龄是 10 岁,现在已延至 16~20 岁间。童年早婚与原始风俗相冲突,甚至卡约人及亚拉士人,他们原不大重视发情期的,女子也于15~25岁间结婚。

订婚 前面说过,亚齐人的婚姻是村中的公事。所以替新郎下采的不是未来新郎的亲属,却是村长 keutji、教长 teungku、某些长辈及媒人。

男女两造得先议婚,那青年男子的双亲得了村中诸首领的同意后,便去女家议婚,如果双方首肯,男家父母即请个媒人议定聘金。

待双方议定后,便送订婚采礼到女家去,由女方村中有力人物接取。采礼大概是约值聘金半额的黄金饰物。开了一席订婚宴后,二人便算订婚了。如果后来男家退婚,采礼依旧留在女家(采礼有如一种质物)。如果女家退婚,则须还双倍采礼。

二人继续在订婚状态中直待女子到达适婚年龄,亚齐人、卡约人、亚拉士人都如民南加堡人一般,订婚夫妇须互相避开。在这些地方,这也是无足为奇的,因为在订婚前,男女也不能混在一起。可是,严防尽管严防,未婚女儿尽管少离母怀,但私下里相爱相慕,风流艳事大有所闻。

结婚礼 结婚日子由两家议定,择吉行礼,卡约人风俗,女家递给男家一条绳子,上面打结(quipuo),结的数目就是婚前日子的数目。下列诸事是婚前应做的:下聘金,制备新帷幔、新枕头、新席等,备办柴薪,舂米,购备蒌叶(sirth),借或租新娘装饰。

婚期前三日,在新娘家中举行"gatja"夕。新郎家族皆不能参加。新娘的手掌、足跟、指端都涂抹 gatja 叶的红汁,因此称这三夕为 gatja 夕,富人于此三夕中大宴全村村人,宴长或一夕或不止一夕,由此三夕之首晚至婚后第七日,在这期中那男的称为新郎(lintō),女的称为新娘(dara barō)。

正式的婚礼由 andam 日(第三 gatja 夕之隔日)起举行。因为那天新娘浑身换上结婚装束,前额的头发及眉毛剪掉(andam)一些,所以那天叫 andam 日。新夫妇的客人都带礼物来。那时须祓净新娘以除去恶神,土人称这为"冷却"(cooled)。祓法是个老妇人(常为村长夫人)把带壳的及不带壳的米稻撒在她身上;撒蜜糖水在她身上,糖水中放有金环;用番红花染红的米撒在耳后;再放一些米在她口中。

婚礼是南印度礼与回教混成的,因为原始宗教对结婚没甚特殊仪礼,结婚称为 marnpleue,马来语为 mempilai,系由太密耳(Tamil 吉宁人)语 mapilai 讹成的,卡约人及亚拉士人也有相似的名称。

同日(andam 日)晚间,新郎盛装随亲戚等往新娘之家,一切亲属都系于女家。新郎骑马,还有土人吹打。

女方村落的人排列在女家预备招待客人,据 Jacobs 记载,双方都排成阵势好似作战,而双方的舌战更使人回忆起掠夺婚来。事实似是如此,因为峇搭人及南苏门答腊都还施行象征掠夺婚的仪式。

最后引新郎上屋梯,半途站在梯中待人家投米他身上。投米是一种古印度风俗,大概用以表示多产。于是女家中一人便教他种种事情,如怎样对待新娘,怎样种田等,多少带着谐谑。新郎然后步入家中。

婚礼是回教式的,在前厅举行。婚礼中有些象征仪式是发源自印度而非由阿拉伯来的,用以象征新夫妇的结合,如同碟而食,新娘坐在新郎膝上等等。约于次晨二时,新郎与其亲戚朋友同去自己村落,不必另行什么仪式。

这里所略述的婚礼(Snouck Hurgronje 在用英文所写记述亚齐的书中有较详细的记载)是良家子女初婚的全部仪式。

婚后七天,新郎夜夜到新娘家去,但婚礼须婚后七晚才算完满。前面说过,民南加堡人的婚礼也是延长数天的,这习俗在马来群岛是很普遍的。

新娘身价 实际上亚齐人并无新娘身价(聘金)或买卖婚,因为据回教教律,这款项是新郎婚后即给新娘的,不是给新娘的家族,这款据亚齐风俗须全数付出,但依回教教律则可以分期摊还。

他们既是行女家居住制,则聘金自然微少,且新娘双亲还供给住宅,甚至一年粮食或供给粮食至头胎孩子出世,这和聘金相抵消。

婚事完毕,妻已非处女了,她的丈夫即给她些嵌宝石的饰物,或金或银依其境遇而定。如果后来离婚,丈夫可以拿回一切他所给的东西,但不能拿这些宝石饰物,亚齐人说这些宝石饰物表示"这树已爬上了,果子已摘过了"。

Snouck Hurgronje 归纳亚齐婚制与纯粹回教婚制不同者有下列各点:

一、村长(keutji)有权阻止损害村中利益的婚事。

二、习惯法一个男子不能要求他的妻子离开她的家随他去,且禁止这样做。唯一的例外是她的家族及当地村中首领同意她离开。通常只当女家阶级或社会地位比男家低微得多才能这样做,因为他依习俗赠送礼物,她还未报答过。

三、订婚采礼(质物)及其法定效力。

四、婚后所赠礼物及其规则。

避忌 夫妇须互相尊敬。虽则大亚齐并没有父母依儿女的名字命名的风俗,且生孩子后,夫妇仍不改其名字,但夫妇却禁止使用彼此的名字。妻子指她丈夫为"我孩儿的爸爸"或"娶我的人"。男人不能公开和妻子二人在一起。

亚齐人岳父母与女婿、翁姑与媳妇间最客气,自订婚后即须如此。避忌最严的是岳母与女婿,翁姑间次之,姑媳间最弛,订婚或新婚女婿须尽力回避岳父母,可是他却常是与他们同居一屋的。女婿"回家"到他妻子那边去时须咳嗽一声使房中人回避。如果三人必须见面(如丧事或大祭),女婿对岳父母得彬彬有礼,敬而远之。他对岳父母打招呼、谈话或坐在一起时都得很有礼貌。

刚婚后时避忌最严,直待首胎孩儿生后才渐渐放弃原来小心翼翼的礼貌。

对兄长也不能谈话,即有也是偶尔为之。一个人须特地为他的哥哥做任何命令,只要他以为是对的。他以最尊敬的话称他的哥哥、讲他的哥哥。姊妹间比较亲密,可是还不及欧洲人的程度。关于兄弟和姊妹间如何却还无人提起,大概他们间没什严苛的避忌如舁搭人般。

这些避忌的风俗使亚齐人没个坚固的家庭联系,唯一的有力家庭联系是母子之间。可是离婚时,母亲离弃孩子却不会觉得有何遗憾。亚齐男人很少提起他的父亲,即提起也是有如路人。教养他的是母亲。

结婚财产 结婚时男人带来的一切东西都仍旧是属于他个人私有,甚至婚后第七天他送与妻子的礼物也还是他的。假使他父亲还健在,普通的情形,他最多带些衣服去结婚。

属于新娘的主要礼物是新娘宝物及订婚礼物。结婚以后,丈夫送她的宝石也是属她的,一直到婚后第七天,丈夫给她的一切礼物如订婚礼物、处女礼物等都是属于新娘的。

结婚后,夫妻财产各不相涉。而二人共赚的则为共有财产,这和农耕特别有关。

离婚时,财产分为二部,男女各拿回他或她带来的财产,婚后赚得的则平分为二半。即使那是男人赚的也得平分。

死亡时,财产依《可兰经》分配。但夫妇财产权则如上述。

离婚 亚齐人离婚全依回教教律办理。Kreemer 记载亚齐人离婚案比其他许多回教国都少,因为这里行女方居住婚制且妇女独立,可是 Jacobs 则云亚齐人离婚案甚多因为他们童年早婚,小夫妇订婚时还彼此不认识。Jacobs 且云亚齐人重婚 10 次、15 次是不足为奇的。他自己即曾遇到过一个 13 岁的小女孩见弃于她的第三任丈夫。

离婚有三种形式:一、男人单方抛弃(taleue 阿拉伯语 talaq 之讹),二、女人用钱买到离婚权(teuboih teleuë 阿拉伯语 choel 之讹),三、由判官离婚(pasah 阿拉伯语 fasch 之讹)。

男人随时随地可以抛弃妻子,不管有理无理。但女人须得告诉 uleëbalang 及 tunku 离婚之理由如待遇疏远等,然后才能得到自由。就是说她才能以二倍聘金买回自由。离婚时孩儿全部归丈夫。这与回教教律相反的,回教教律许可妻子抚养幼儿之不能自顾者。可是男人很少会和在养育乳儿的妻子离婚。

talaq 即抛弃,下等阶级中常是如此,但在贵族中很少有,因为这样会使两家感情太恶劣。这种离婚法男子须念一句话三次,但普通只念一次算了。他念三次这句话后,便不能再要那女子。那句话是"我离开你三次"。于是他拿起妻子的手放在三粒槟榔子上说："你在我面前是姊妹了，一、二、三。"这种手续最好是在证人面前做，但通常没有请证人。除非真的要离婚，否则不能随便这样做的。如果丈夫远在他方，他可以用信传来这话。

前面说过这样子离婚的妻子不能再破镜重圆的。但是谁都知道一个男人可能在愤怒中，不觉说了这般话然后又深深自咎自悔。因此《可兰经》造了一个破绽，它规定如果这妻子订婚后又离婚，那末原来丈夫可以娶回来，亚齐人如果这样抛弃妻子但又想娶回来，他便选个穷人，拿钱给他娶自己的妻子。那穷人便和那女子做了一夜夫妻重又离婚，待三个月又十日后，原来丈夫又可以娶回妻子了。

司法 在荷兰人到此之前，除 uleëbalang 外别无更高判官。诉讼时须由一私人团体在法庭起诉。审法有证据（tanda）及证人是否确切，叫犯人行回教宣誓，必要时还用宗教裁制法（ordeal 神判）等三种。法庭设在 uleëbalang 的 balè 中，但严重案件（如盗窃案及凶杀案等）则在回教寺审。

最古老的刑罚是亲属复仇（blood revenge, bila 印度语），即一氏族共同对付他一氏族。后来则变为向苦主氏族付偿命金（weregild, 阿拉伯语 dit）。庇护所的风俗或系由印度传来的。回教法被告可逃往苏丹皇宫，成为苏丹之奴仆。

亲属复仇法与回教教规不同。回教徒的亲属复仇法是当发生人命案或伤人案时，苦主家族得了公家许可后才能复仇的。亚齐人的亲属复仇则为 panglima kawōm 领导，kawōm 中族人为苦主复仇，而复仇权扩充及苦主氏族全部族人。

uleëbalang 们掌管司法权时，他们规定通奸为犯罪，因为这破坏财产权，不贞（未经结婚的性行为）也是犯罪，因为这犯了公众道德。

在苏丹时代，如果女子野合有孕，或与男人交往为人所知，则二人双双处死。他们活活半埋在地再用石击死，或者丢入满布尖钉的坑中，或者给苏丹的大象践踏。他们用刑叫女子讲出情人的名字，如果这是大家之女，她便可以付出巨额罚金来，而和情人结婚。如果野鸳鸯当场捉住，为丈夫的须双双杀死他们，如果单杀死一人，则死者家庭可以控他杀人案，但是那丈夫如果能够拿出证据来，如奸夫的衣服，则他可以说是复仇杀死的。

据 Kreemer 记载，各种不贞的形式在亚齐都是普通的，但其惩罚却很奇特。刑罚虽很厉害，可是却不严厉执行，因此普通不贞案件是 uleëbalang 的官吏胁取金钱的方法。罚来的款项都溜入这些官员的私囊中。

古来施于罪人的刑罚男人是溺毙，女人是绞杀，后来二种刑罚并合起来，把男女罪人的头按在水中，再用根竹竿横在罪人颈上，然后二人一个一边站在竹竿末端绞死。

礼法 亚齐女人出门时虽不佩面幕,但他们男女之间管制甚严。亚齐妇女在男人前绝不能露胸,即在丈夫面前也不能。女子独行时,男人不敢招呼她。单身男人不能和单身女人二人一起走路,即其母亲妻子都不可以。

虽然两性间往来如此严格限制,或者即因为如此限制致亚齐卖淫成为一种公共事业,如众周知,原始氏族中娼妓很少或更没有,而在文明民族中,对性行为限制愈严者娼妓愈盛行,亚齐娼妓是募集18岁至20岁之未婚女子特别是寡妇及离婚女子之未重嫁者而成,娼妓甚为人卑视,且不能进入某些村中。

生育 亚齐人很常避妊及流产,他们的家庭大多很小。因为是早婚,所以首胎孩儿出生时,小母亲还未成年。妇女至25岁便已衰老。她们用种种巫法,如在墓边祭祀等等以求子。

亚齐人通常很少注意女人,但身上有孕时,则十分保养,因为在她身上有那男人的果子。一觉月经不来,知道身上有孕后,夫妻二人立刻防护备至以免胎儿受害。

孕后五个月中,丈夫不能杀死生物,连虎蛇都不可以。如果他杀害了生物,胎儿便会赋有那生物的特性,会酿成难产,晚上丈夫不能离家,须在家保护妻子以免为恶鬼所害,他村村民不能进屋,因为怕恶鬼会跟他进去,或者这是害怕恶鬼的缘故。

女人身怀六甲可以不必做粗重工作,也不可以看见能惊吓她,或能使胎儿有不好影响的生物。她不能杀害生物,不能食某些能流产的果子,不能食生得太密的果实,怕会生出孪生子,因为孪生子在经济上很不利,但原来或者是由于迷信而害怕,好似尼亚士人。

产后,产妇得在火上熏过,胎盘用竹刀割断,放在坛中埋在屋前。下面起了一把火,连烧七夜。亚齐人也相信胎衣是孩子的不完全孪生兄妹,峇搭人及马来群岛其他各地土人都如此迷信。他们又以为孩子睡时,胎盘的鬼会来和孩子玩耍,如见孩子肚痛,他们便以为胎盘在生病,即拿些药草放在埋它的地点。如果孩子一直号泣不住,他们便掘起胎盘另埋在一个较干较暖的地方。

除了畸形者外,不许溺杀婴儿。这里如一般回教国,重生男不重生女,野合而生的女儿,落地即杀死。

如果母亲不能授乳,则祖母代哺。据说祖母即使数年不生育,也能泌乳。他们以为自己家族中人当乳母较佳,因为据回教教律这会在乳母及乳儿二家族之间建立血统关系,而阻碍婚姻。《可兰经》规定女人须哺乳自己的孩子二年。

土人妇女探望新生孩子,得小心地尽可能讲他的坏话。否则神鬼妒忌起来,孩子会死亡,例如她们不说孩子又肥,又美,她们说"看这小肥狗"。她们给孩子起了些难听的绰名。

据回教教律小孩子生后第七日是很重要的，这天须给孩子命名、剪发及向小孩献祭。但这也可待小孩长大后致祭。

亚齐人在小孩生后第七天正式命名及初次剪发，可是也可以延期。那天张宴请客，剃掉小孩的头发及眉毛。致祭则常延期至行割礼时，或结婚时，甚则延期至死时。

产后第四十四天，行"去炉礼"。通常在第四十一天或第四十三天举行，因为双数的日子较不吉，他们备下一席祭宴，产婆把产妇从前烘过的火炉，丢到屋下去，于是产妇洗了澡，便再没什禁制了，她可以回去她丈夫的床睡。产婆回自己的家，把一切不好的恶气都带走了。

但产婆离开以前，孩子须带到屋外去触一下土地。这孩儿与土地（印度的地母娘娘）的初次接触，在马来群岛很多民族中是重要的事件。孩子身上涂抹红土及白土，以使他为众人羡慕。然后产婆抱他出来，放他的足着地。普通再抱到他的关系最密血亲的墓上，在那里洗他的头。

命名 土人喜于生后第四日为婴儿命名。其名或为阿拉伯名或为土名。男孩大多命阿拉伯名，teungku 由占名书中替他选择，男孩回教名如 Ali, Amat, Mohammat 等，女孩回教名如 Aminah, Remelah 等是。土名则由其人之身体特点，或其生日，或其居住地方等命名。土人没有家族或遗传的名字，因为他们禁忌死人的名字，他们一生不改名，但正名外另有绰号。

亚齐人对名字有下列禁忌：

一、不能讲自己的名。如果想查出一个人的名字，只好去询问那人的朋友或旁人。亚齐人和卡约人说"别像雉鸠老叫着自己的名字"。

二、不能叫同伴正名，须称他 eumpië。

三、谈话时不能叫人正名，除了那是小孩子或近亲。亚齐人以其阶级、地位或绰号称人，亲戚则用称呼。

四、不能讲起人家父、母、叔、伯、舅父、夫、妇的名字。对卡约人说"你父亲年少时叫某某名"，是种侮辱他的话，结果会引起不和。

五、卡约人及亚拉士人风俗，有了孩子的人，他从前的名字便是禁忌。

发情期礼节 虽然《可兰经》中不曾提起割礼，但这是每个回教徒的义务。在马来西亚印度（Malaysian India）土人很重视这关系，那里割礼就等于加入回教。Jacobs 以为亚齐人在未改宗回教前曾有割礼，但这礼或者是切开包皮礼而非真正割礼。

男孩初学《可兰经》不久便行割礼，即约在六岁至十岁之间。女孩割礼较早，常于能蹒跚步行时，即二岁时施行，亚齐、卡约、亚拉士各地都是回教教士割男孩，产婆割女孩。

亚齐人施割礼不须特殊场合，参礼者只有一家人。但有时那男孩即方才病痊,割礼时他亦须装成新郎装束,随全体家人排列成行,隆重地往参祖墓。他在那里洗头,然后祭祀一番,这男孩须限制食辣物,直待伤痕重合。他不能吃菜蔬、果实、辛辣、香料等等。大体上以干米饭度日,他不能赤脚着地,须穿草鞋。

割礼后,包皮挂在屋中。如果那男孩后来生病,便拿下包皮在微温水中洗涤,即拿这水给病人喝。月经期中妇女及一般出血的人不可以看见刚行割礼的男孩子。

在这地方,割礼是唯一古部落成丁礼的遗迹。卡约男孩集团行割礼,但亚齐人是一一分别施行的。割礼后孩子便成大人,大家以大人看待。伤愈后,直至他结婚,都须睡在男人屋,唯一例外是当他大病时。

女孩的割礼十分秘密地施行,连她的父亲也不知道女儿何时行割礼。那时全没什么庆祝典礼。

锉齿不是回教风俗而是邪教的风俗,在《可兰经》中且言明禁止。但马来西亚民族中很古就有这风俗,而印度移民前的峇里原住民(Baliaja)且以其为结婚的先决条件。

因为印度及回教风俗的侵入,亚齐人已渐废止锉齿,可是住民大部仍然锉齿,男女都有,操术的人是个女子,男孩们第二副牙齿出齐后(除了智齿)即锉。女孩则于婚后锉。他们只锉上面的牙齿,齿上发黑,但后来磨灭了却没要紧。

亚齐女孩约六岁时她的母亲给她在耳朵上穿孔。此外更无其他毁损耳轮的风俗了。

亚齐女孩首次有月经时并没特殊典礼。他们也如其他各地回教徒,以为在这时及以后月经期中的妇女都是不洁的。由月经开始以后,七日之间不能与男人交合。她不能参与祈祷或任何宗教仪式。正教的人不要触到任何月经期中妇女摸过的东西,七日后妇女们洗澡被净,口念咒语。

据回教教律,妇人于产后及日月蚀后、怀孕后期,都禁止房事。

教育 亚齐人个个人学习阿拉伯字原文《可兰经》,可是连教师自己也不懂他们在念什么,也不能译原文成土语。土人读了两年便会朗朗上口,背诵这圣经。

他们还教男孩子读罗马字马来文,教孩子阅读 Kitabs(马来文宗教文书),然后译成亚齐语。聪明有希望的青年则继续受教育,训练成宗教教士。

亚齐没有所谓学生,书写不是在学校中教的,他们所以懂得书写都是由旁人学来的。

死亡 回教徒的遗族必负有下列四种义务:

一、洗涤身体。

二、包覆尸衣。

三、为死者行法事。

四、埋葬。

通常在印度群岛（Indian Archipelago）回教徒中，这些规例都以正教仪式施行。在回教徒中棺材是特殊的，所以用棺材时得在尸身下面放一块土。亚齐人只有奴隶及穷人不用棺材。

家中有丧事时，男人戴孝 44 日，他不能穿华丽衣服，不能赴宴或上市场。除紧急要事外，他不做工不打鱼。女子也如此戴孝，且不能油发插花。

亚齐人没公墓，但各家自有其墓场，男人死在妻子的村中须埋在自家的墓场。孩子埋在父亲的家冢。

第四节 宗 教

亚齐人比马来群岛中任何民族都较虔信回教，严守教规。亚齐人的记时法是回教式的，亚齐人也庆祝回教祭宴及纪念日。许多亚齐人作每年一度的麦加巡礼。但古代传下的万物精灵论（animism）如相信精灵法力、自然力量、地方神祇（loeal gods）等遗存在亚齐者的也不比其他回教国少，这些遗存迷信中有些亦为回教所容许，特别是避免厄运的大宴、亲属死后的大宴及收成后的大宴等。他们所信奉祭祀的圣人一部是回教的，一部是亚齐本土的。

一般土人还以为疾病是恶神作祟，治法即与这观念相关。

萨满（shamanism 巫术）在阿拉伯尚很有势力，因此在亚齐自然也是十分兴盛。亚齐的萨满，人家延请时便大食一顿，然后置一壶沸水在身边，不断抛木于火中取暖。他念咒愈念愈大声，直待浑身大汗；最后停止时好似已失知觉，那时大家便询问他，他身内的神灵便会回答那些关于偷窃案、治病法等的询问。萨满的报酬很厚，所以除非其他一切方法都无效时才去求他们。男人女人都有从事这发财捷径者。

第二篇 卡约及亚拉士（The Gajo and Alas）

第一节 引 论

卡约与亚拉士是北苏隔绝人寰的山陬。卡约除东南一部与亚拉士及塔良（Alas and Taniang）接境外，到处为亚齐环抱。亚齐有如一条阔带横处卡约与海洋之间。亚齐海岸地带与卡约高原住民地带中间，到处隔有无人山地，一大片莽莽苍苍,阒无人烟。

10世纪初叶以至中叶亚齐黄金时代,亚齐港苏丹曾征服卡约及亚拉士,使这些小族长政治的村落共和国隶属亚齐。至20世纪前30年间,荷人与亚齐开衅,但亦尚不知白云深处有此等国家。世人只知北岸及两岸山脉之后有高原及湖而已。亦知悉卡约人蟠居其地,与亚齐人及民南加堡海岸间有定期贸易,以及治理其地之土酋称为kědjuron等而已。

1881年,有二篇文章载于杂志中论述卡约人。但在制服了亚齐(1898年)以前,我们不可能知道这些内地的情形。1902年有四队探险军到卡约各地去。Snouck Hurgronje花了三年的时间收集该地情报。在1903年出版一本完全的地方志。

亚拉士的事情远比卡约更未为世所知。有关此地的情报大都系Kreemer氏报告的,而他则根据一本1915年荷人监督C. G. J. Christian氏见闻录的原稿。

据土人传说,昔时有一群峇搭蛮人由多峇湖来至亚拉士地方,其首领名亚拉士(Alas),故后来该地即称为亚拉士(Alasland),其人即名亚拉士族,其后由峇搭及民南加堡二地常有外族侵入亚拉士,这些外来殖民都住于Batu Mbulan老殖民地,因此该地人口稠密,致使小酋长陆续分出小部落,但仍旧对母村尽忠。民南加堡的移民势力较大,迫使其他移民改宗回教。1912年,荷人统治该地,改氏族制为市镇制,因此得以施行地方政治。

为行文便利起见,本书述卡约人较详。但除另行声明者外,亚拉士人的风俗大致与卡约人相差无几。

第二节 经济生活

农业 卡约人大都业农,尤以种稻为多。稻多水稻,由河中汲水。每隔20年、25年之间,常有歉收一次,每逢歉收即将发生大饥馑,人民饿毙者甚多。

土人也吃干鱼、鹿脯。也养牛,但水牛、山羊、羊肉则只宴会时才食。这些牲畜与小马助土人耕耘。水牛拉犁。

旱田种烟草及蔬菜。土人食用凝结的水牛乳饼与峇搭人、民南加堡人相同。除米外,玉蜀黍、棉花、甘蔗都是此地主要作物。

房屋及村落 卡约最重要的屋子是住屋(umah)。这种屋子建在柱上,是公共住所,中住数家。这是与民南加堡人相似的,但这里的是父系亲属制不是母系的。因为住家多,所以屋子较长,但大小和亚齐人住屋相当。那屋有前后二廊,前廊(radi)供男人使用,后廊(udjung)供女人使用。各家自己的睡房(bileq)则位居中央(lah)。

bileq 供夫妇及其小孩睡宿，各家私有财产也收藏于此，各 bileq 自有其灶供晚间加暖，日间烹煮。故这里亦如民南加堡又称家族（lim）为 sara dapur "一个灶"，表示家中诸人为同灶亲戚，或 sara kro 表示其为同"米亲戚"。晚上在灶中烧松球照明。唯有例外情形下才在灶中烹煮，通常在 andjong 公共灶中煮。有的筑这公共灶在另一屋中，这灶很大，每家有二个灶孔。

男人的前廊通常只用于宴会而已，平时是空空洞洞毫无一物的，特别礼宴如割礼时及结婚时也排设于此。前廊有的隔出一部分给青年男人睡宿，但他们晚上常到男人屋（meresah）去睡。

女人的后廊伸展通过全公共住所。女人户外工作如烹煮、汲水、舂米、打柴等工事休暇，即在此纺纱、补破衣、织席以遣一天光阴。孩子即在这里游嬉。

每公共住所附近都有一间米仓（kebon）建在桩上，有如亚齐人的。

卡约与亚拉士的风俗：屋中一个女儿结婚即少一个人，这与亚齐风俗刚相反。男人娶个妻子来家可把宿舍（bileq）再隔一间，或者屋子改建得长些。

普通男人屋（meresah）与住屋不相关联，但都在村中同样高低的地方，meresah 实质上与亚齐人的 meurasah 相同。meresah 也有木板的地板和墙壁，一至五个灶供照明及加暖，有几间 meresah 旁边还有小屋子（djodjah）供宗教礼仪之用。村中宗教首领 imöm 也在 meresah 中传授教义。

通常八岁以上的男孩、未婚男子、鳏夫、外人在 meresah 中过夜，已婚男子于白天户外工作完毕后，来此裁缝、刺绣。就餐时全部男人须往公共场所去，因为 meresah 中不能烹煮。

卡约及亚拉士土人在村中依亲属关系而分族，卡约人称村为 kampong，亚拉士人称村为 kutè。有些村落全部村人是属于同一氏族，但通常一村中含有三四个氏族，氏族中再分为家族。每氏族居一小村（hamlet）中。村中的小村，各以天然界限如小溪、稻田等划开。或者各小村自有其男人屋，或者一间男人屋数氏族公用。

卡约及亚拉士二地，市镇都建立在河的两岸，其位置很不规则。

第三节 社 会

行政 卡约人仍以世系制分治，只有荷人强迫施政之处，方行地方政治。土人分为数父系氏族（blah，suku 或 kuru），各住一村或合住一村。亚拉士称氏族为 mörgö（由峇搭语 merga 或 marga），氏族区分为 suku 或 blah。

此地最小行政单位为氏族分成的小家族，各有其家长 röjdö 或 pengulu。族人自认为同胞兄弟，互称为 sara rödjö（一个 rödjö）或 sara inö（由一个母亲）。后面这称呼在父系社会中自然是不合事实。

rödjö 治下族人任何时皆可脱离本族，改入新首领治下。新旧二族族人分离后不再互认为同胞兄弟，相互间亦不再有习俗的权利与义务，但是同祖的诸后人还得互称 wali（表示父系血统），且不能结婚，须待两方以合适仪式解除这最后障碍后。

氏族扩展时，先形成数个小村（hamleto），然后并成村落（villages），但 rödjö 之权力尽力保持长久。这族长有些代理人（bödöl）在族人（sandörö）各住所有相当权力，但重要事件还得取决于 rödjö。

rödjö 之位系代代继承者。习俗以其子承位，但非定属长子，以诸子中之为 mětuah 者，意即赋有幸运徽记者。选择由氏族中人及所延请之见鬼者（guru）主持。土人如峇搭人，遗产及职位继承都行幼子继承制，因此须先由幼子选择起才及长子。如果幼子尚未成年须延请一位保护人。

已故 rödjö 就葬前，其继承者即袭其名号身份，与其尸身同躺一挑架，抬到墓地，然后抬回家来。44 日后，族人聚会扶所选新族长就位。

rödjö 如峇搭酋长在其族人中都不过是 primus inter pares（同辈中之第一人）。卡约人的生活方式很简单，因此不能使他有多大显赫威势。通常族长出外穿着与他人无异，也无甚特殊侍从。族长本身须在田中耕田，rödjö 住宅的屋脊是全部木制且特别雕饰。族长也有特别棺材，而平民只能用布裹尸而已。最后，族长于年宴时，得在民众面前沐浴涂油，然后由土人妇女抛米族长身上，以除族中疫疠，且表敬意。

族长身旁有二位长老帮他治理氏族。一位是 tuö（或 petuö）"长老"或族长副官，常是年岁已高，通晓习俗的，又一位是 imöm，宗教首领兼 hukom（宗教教律）的守护人。他管理宗教宴会、结婚、丧葬等事。

rödjö 收入的最大来源是触犯习俗者的罚款（称为 salah，与这种犯触习俗的行为同名）。反常形式的婚姻如诱拐即为 salah。入赘、继嗣及释放奴隶也是族长人息的来源。每有婚事，族长可收入一些款项，有些地方，每有丧事也须纳款族长。宴会时每杀一只水牛，便须分族长一份。

rödjö，imöm，tuo 及 sandörö 合为卡约社会的四种自然阶级。

唯一的地方首领是 kědjurun，这是 2 世纪前，亚齐人管辖卡约时设立的制度。据古来传说，卡约原有四个 kědjurun，以应亚齐的神圣数目 4，这时卡约分为三省：Laut Tawar, Döröt 及 Gajö Luös。Laut Tawar 中选出二个 kědjurun，以凑成四个。这些地方的首领由亚齐苏丹领取职事及头衔的徽记。

亚齐苏丹虽欲造成些负责保守土地、抵抗外来侵略的地方首领，但他们都失败了，达不到目的。长久以后 kědjurun 日渐无足轻重，因为他们完全站在卡约人公共生活范围外，但卡约人想使 kědjurun 有些作用，结果他们便成为 rödjö 间，或不同 rödjö 治下族人间纠争的仲裁人。

建立新殖民地或外地移民入境都得先获当地 kědjurun 的同意。新 rödjö 就位须有 kědjurun 祝福及同意，不论老 rödjö 死亡、去位或另任新氏族族长，kědjurun 都是他们自己氏族的族长，kědjurun 职位的继承也与 rödjö 者相同。

1904 年卡约见并于荷兰，kědjurun 重行得势为地方首领，而 rödjö 附属他们。

Snouck Hurgronje 曾比较亚齐及卡约政治形式的不同。因为他精通两地情形，且解说明晰，兹录其全译如下：

亚齐有下列诸阶级。keutji 为村长，其下设许多 ureuëng tuha（部下），其中选出几个 waki，职权略如卡约人的 tuö。亚齐的 teungku 于另一名义下掌管和卡约人的 imöm 同一职事，最后还有村人即 keutji 所称为其孩子者（aneu）。亚齐的 keutji 管辖一地域，即村落。一切进入这地方，置有地产者即为 keutji 的孩子。如果他们离开这里，另在他处置地者便即脱离 keutji 的管辖。卡约人的 rödjö 则管辖些所谓兄弟们，他们都自认为同胞兄弟。他们不能脱离这联系，不能不矢忠氏族，除非加入另一氏族。加入别族只能由承嗣或入赘（ambil anak 意为入嗣结婚）二法，但实际上二者都很少施行。所以卡约人是世系制居先。但亚齐人是地方制为首，至于从前的氏族依然存在于 kawōm 中，但已衰微。

卡约人的 sandörö 远较亚齐市镇中的人民亲密团结，后者不过是同住一起的市民，互相间不对个人行为债务等负责。卡约的 sandörö 相处如兄弟，于亲属复仇或有其他债务罚款时互相负责。如有人拒付同族的 sandörö 的债务，结果会致引起战斗，卡约人有法子驱出不肖兄弟，这和原始氏族风俗不符，但与民南加堡的习俗相似。和这不肖族人的血统最近亲戚——就是那些最受累受虐的——可在氏族会议中向族长（rödjö）请求驱逐（menjeren，由 tjere"脱离"而来）那不肖族人出族。原告为这事须付族长一些费用。出族的人唯一希望便是加入另一氏族，加入时须送新族长银钱以谢收容恩典，还须大宴新族人。如果全家族不满意旧族长，那末也可以全家加入新氏族。这种新族人不能和新氏族的女子结婚，有如诞生于此新氏族般，但可以与旧氏族中女子结婚。当嫌隙尚在时男子很少，甚至从不曾用此特权。离开旧氏族，而不加入新氏族的人，只得在原野中浪荡，或者寄身下流城镇中，终日吸鸦片斗雄鸡，再不然则逃上亚齐。

亚齐人的 keutji 虽称为村落之父，且大有族长的势力，但远较卡约的 rödjö 无实权；后者实际上是血族的首领。keutji 的权力被 imeum 所制。如未得 imeum 的同意，他不能在他村中执行重要事件。但 rödjö 却差不多是独立自主，只在事情牵涉他族族人时须照会他族族长而已。没人比他权力更大。rödjö 不但规划公共利益，解除战争，他还独掌判决一切罪犯的权力，甚至死刑。这些都不须仰人鼻息。

可是 rödjö 个人的权力很小，许多地方不及 keutji。keutji 的权力虽则有限，但他可以强迫辖下村人为其所不欲为之事，rödjö 则须先确知 sandörö 之有势力者不会反对，他才能行事。不合他们心意的计划简直只好搁下。连命令如果不合习俗也不能执行。如果那 rödjö 胆敢逆大众之意，他们便另选个新 rödjö。因此 rödjö 实在不过是个小民主国的族长总统，那些国民们很重视他们的自由，他们只听从合于习俗的命令。

如苔搭人一般，只有已婚男人对氏族公事有权发言，只有已婚男人能当证人，能负责债务，换而言之，已婚男人才算成人。

习俗（adat）（原系阿拉伯语，意云习惯法）代代传下毫不更改，因为祖先在监督着。这是在印度尼西亚到处如此的。原始氏族以为死人嫉忌生人，且更不能容人革新。好 rödjö 是保守的，紧跟着祖先的路走。但实际上习俗渐渐蜕变。不但其他原始民族、隔绝人世的民族如此，这里也是如此日渐更改，改换的速率直接视其人与外界接触繁稀而定。卡约比亚齐更隔绝人寰，但比苔搭好些，因此荷人未到前，其政治制度进步至此二者之间而止。

战争 kědjurun 间从不曾引起战争。因为他们不管辖土地单位，通常是同一区中的二个 rödjö 起衅。

战争爆发，二方各筑小墙护住市镇，地上遍栽木竹尖棍，掘作陷阱。可是设防尽管设防，实际上村落毫无危险，因为习俗不许摧毁住屋。战士在市外厮拼，待一方逃入村中，战争即告终，由中立团体议和。

战时，不复遵守习俗及 hukom 的规律。rödjö 另选个首领叫 panglimo 代他治理。panglimo 须特别适宜于战时统治人民，panglimo 另选个 pemeter 代 tuö。

战斗双方都是回教徒时 imöm 不加入战斗，或至少伪装不加入。那时有个 guru prang 代理他的职能，这人须会精解预兆，占卜吉利时辰，如果区中没这种人，便由外地延请。

刑法 加刑于破坏习俗法（adat）的犯人必须要有实物作证，卡约人也有这种原始概念。"无 bendo，无 salah"（没证据即没罪过），淫妇丈夫手中的奸夫头巾是足以定罪的证物。如没有这种 bendo，单凭证人口供是无效的。

加刑于命案凶手时须诉诸 adat 及 hukom 二种法律。常有凶手的罪过已很明显，但没有定罪必需的 bendo，即凶手的实物作证，如果凶手不能辩护，便处刑。死刑有二种形式。一是绞杀，一是溺死，在亚拉士也常有斩首。溺法用木叉把犯人的头按下水，但这法常用以刑贼盗。凶手通常被绞杀死。

杀死自己氏族的人或他族之人者即犯了亲属罪（blood guilt），如杀害他族之人，则被害氏族族人到凶手氏族中报仇，但凶手之氏族族长有权依神法及人法(hukom 及 adat)处理该案。由二族族长合议解决之善法。

战斗中杀死人，或事主自己诱杀贼匪，击毙奸夫，都不必偿命(bela)或偿金。但此种情形下，须有实物作证。如偷去失物有一部在贼匪身上，或淫妇亦受伤。后来那淫妇却受绞刑而死。

事主即使当场捉住罪人，但如果罪人幸已到达他自己村落的边界，则苦主也不能杀害他。如果盗贼已逃离，则罚他款项，且把贼物充公。具体地证明窃案，不但须有贼物，且那贼逃走时须受击伤。惯贼捕住即溺死。

通奸案不管是与未婚女儿、有夫之妇，或不能通婚之女子，如果没有证物则虽有罪亦视如无罪。如果有证物则罚款交女子男亲族(父兄丈夫)了事。这与亚齐法律相反，亚齐人规定通奸是冒渎国家。卡约人风俗女子是父、夫之财产，因此其男人所有者须得赎金以补损失。亚齐法律不过为卡约观念发展而成的。在较文明的法律中，通奸案如有刑罚也不过是民法案不是刑法案了。

怀孕是最有力的 bendo (可见物证)，如果通奸怀孕，则须尽力补救。奸夫如不曾杀死，那女子即判与那男子为妇。但假如不能做到，因为那女子已婚，或这婚姻触犯卡约人的族外婚姻法，则双双杀死。可是普通是由那男人或女人亲属付出偿命金，堕掉腹中孽障。事后迫那女子和个下等阶级的人结婚完事。

注意这里的一切官吏(连 rödjö, tuö, imöm 在内)都不会被判罚款，如果官吏犯了罪，他会被撤职。女子也如峇搭人风俗，是一种财产，因此她不能再有产业，也不必付罚款，卡约人赞美女人的地位说在这点上女人好似 rödjö，因为她们不必纳罚款。

习俗法规定除 bendo 即具体的证明外，尚有其他方法可以知悉真情，如宣誓及神判。但有推定证据而没物证的诉讼称为 döwö soq (疑案)。如果原告所提的证据还不足以断定罪人，原告即须受罚，因其无端疑人。

盗案疑犯可以宣誓雪白，最简单的指《可兰经》或指地而誓云："我如伪誓不真，愿地不容我身。"土人相信犯伪证罪者死后将遭严惩苛刑。可是阿拉只在死后施刑，遥遥无期，他又慈悲无量，会得赦免伪证者，因此土人较信任那些现世报应的誓言。那是对圣物(如石、树等)发誓，保证誓言真确。再拿这圣物放在圣地如坟墓中。土人相信如果伪发了这种誓言，便会有物质上不幸，如失落大宗银款、疫病、死亡等。这不幸不是大慈大悲的阿拉所降下的，是由于圣物的魔力。

土人的神判通行于印度尼西亚各地。法使嫌疑犯伸手入煮沸的油中。分家析产讼事之两造其头皆须潜入水中停留水中，最久者得胜诉。

婚姻 卡约人家族是父权制，每家皆自认为四大父系之一。但由家族中渗入外来血统的数量看来(或全部过继入氏族，或即招赘"angkap 婚")，即可知这里的氏族并非真的脉脉相传,不过是认为如此的。招入赘(angkap)便是峇搭人及南苏门答腊的 ambil anak 婚,即男子入赘妻家。

峇搭人及亚齐人入赘人家,必选那人家善良可靠。赘婿人家大宴那些必须招待的村中长老,这宴的繁简视乎丈人的物质境遇拮据或富裕而定,或杀水牛或杀山羊。待付完族长过继费后,这新人便是 sandörö 了,自此以后即隶属那氏族。如果招继个奴隶,则更须大宴以使众周知,那人及其子孙不再以奴隶看待了。

招继的普通方式是 angkap 婚,即女儿不离开父家,而与一外人结婚。这时不付聘金,那人即成为妻子兄弟族人的 sandörö。但为着迁就回教教律起见,那男人送妻子1块钱当结婚礼物。

这种招赘与其他招继方式有相同的动机,即父亲想有个人耕种,且会给他传后代,同时又想留女儿在家,不把她卖掉。膝下没子时父亲更是如此办。

这种联姻的女婿是不管他的世系地位如何,可是真的奴隶出身的男子,人家却不要他。凡是奴隶的两个耳轮都钻有二个洞,可以分明认出。普通赘入的都是亚齐人及其他外人如马来人、吉林芝人以及少数吉宁人、阿拉伯人。偶尔也有中国人改宗回教而入赘。

普通卡约人行 angkap 婚都是暂时将就的。他不能付出聘金但又不想拖延婚期。他便努力为妻家工作,使得早日迎妻子回自己的家。这种 angkap 婚叫 angkap djandji。为丈人的想拉住女婿愈久愈好,女婿通常须发誓道在某期间中他不付出聘金,然后丈人才肯给他先行结婚。

卡约男人一付清聘金,便有权带领妻儿回自己的氏族。如男人已死则此款由其父系族人代付。如女子于聘金未清之前身殁,则余债一笔勾清。有时女血亲能代替那女人嫁给那男人。

虽然理论上卡约女人自己没财产权,只能管理夫儿的产业,但是 angakap 婚的女子是例外的。为丈夫的只于住留妻族中时才有产业权。常有亚齐浪子入赘卡约家中,然后抛弃产业妻孥而逃,这种事卡约人不以为损失,却认为有利之事。

卡约普通的婚姻是买卖婚,这里土人的买卖婚是标准道地,土人为了聘金便卖女儿出自己氏族。可是因为卡约人尊敬女人,他们不说男人"买妻子"却说"招妻子"。不过话虽然说得好听,但聘金又巨额,又须馈赠其他贵重礼物。结果卡约人常有老鳏夫老处女。

一般地说土人除了氏族禁制外,严守回教婚姻禁例。土人虽不曾明文禁止两兄弟娶两个同父姊妹,但这事却很不合习俗。这里也如其他行氏族制的民族,母亲的兄弟(舅父)的称呼与父亲及父亲的兄弟(叔伯)的称呼不同。异性同胞(兄弟对姐妹)的儿女与同性同胞(兄对弟,姊对妹)的儿女称呼也不同。

至于卡约、亚拉士二地的姑舅表婚（cross-cousin marriage）则还未有人探究过。我们可以确信二地都有这种婚姻或其变型。

男人常娶邻近的女儿，因为女家不愿看不见女儿，男人则愿晓得女儿的事情。

初婚由两方家族议定，这是唯一重要的婚事，订婚期长一年至三年，因为必须有充分时间使男子筹集聘金，女子备办嫁奁，如烹调器具、饰物、衣服、席，还有牛也带来。富人的嫁奁有时值聘金数倍。

婚礼是：新夫妇交互放蒌叶入口，伸手入水。

婚后新郎须留在丈人家中四天至七天。居留期中新郎给妻家的女孩儿作弄取笑。这叫"bersendo"，意为"开玩笑"或"玩耍"。这使新郎十分难堪，一下子满面煤烟白粉，一下子冷水淋头，又须唱歌跳舞。如果做得不好，便须受罚。下午在河中沐浴时，女孩儿们便替他饰上原来职业的表征，如种烟草的新郎饰上一切种烟草的器具，打猎的新郎饰上猎具再缚只狗在腿上。

除 anqkap 婚及买卖婚外，卡约人还有私奔婚、诱拐婚。卡约人并非想私奔以减少婚姻费用，虽然这样可以大大减轻两家婚费，他们是为了克服两亲布下的障碍而私奔的。

如果一对情侣违背两亲意旨决意结婚，那女孩便跑去找那男子氏族的族长，且居留在他的家中。她带有一些那男子的表记如他的头布或蒌叶袋，这女子寄身在族长的庇护下。女孩儿的亲戚三次到此，有礼地讨她回家。每回族长总答说她"来与她的真伴侣同住"。最后一次仍是这般回答时，那女孩的男亲族便佯装大怒，武装起来跑到族长的屋子去重新要求那女子归来。

于是那男子付出一些银款，便与那女子订婚。这款约只为通常聘金的四分之一。不久二人结婚，但女子的亲戚佯装余怒未息，一点都不参与婚礼。请一位远房亲戚当保护人（wali），在祭坛边把那女儿嫁给新郎，这时不设祝宴又是省下一笔费用。二人和女子的亲人同住一年（因为付出这样少的聘金），后来，特别是生了小孩时，便捐弃前嫌，和诸女家亲戚和解了。

真正的诱拐却远不如这般轻易放过。有些地方诱拐的决不能结婚。诱拐者或则处死或则科以巨款。那女子再交还她的两亲。施行这种规例的地方，很少有诱拐案件。在 Gajo Luos 二人可以结婚，虽则这事大大犯了习俗。

虽然这地方到处可以娶几个妻子（一夫多妻），但很少有人这样做。常人一结婚便忠于其唯一妻子，直待二人中死了一个。聘金数目很大，简直不许普通收入有限的人想离婚或重娶。但是门阀显赫、富有财产的人也娶个妾。如果正妻已有孩子，丈夫须付她赔偿金。妻妾同住一屋。

丈夫身殁，妻子，特别是已生孩子的，即改嫁死者之兄弟或侄。这时不必另付聘金给女家。即使女子不改嫁夫族之人，只要夫家肯照顾她，她的两亲便不能带她归娘家或另行嫁人。

如果女人归娘家再重嫁,那聘金只有第一回的半额。

孩子不跟母亲重嫁,仍留在父家。

卡约人还未闻有回避或戏谑的亲属关系。翁姑及媳婿间并不互相回避,不过不能互称名字。卡约人一般对名字的避忌都很严。夫妇间全然不能名字相称;及首胎孩儿生后,二人都失了自己的名字,因为土人行 teknonomy 制(父母依孩儿命名)。

于结束卡约人婚制一节前,试略为解释此等民族间之所以盛行女家居住婚。通常都以为这是从前女权制度的遗制。本书原主张并行家族制(bilateral family,男女两系并行)为苏门答腊最早之制度。后来或衍变成父系制,或衍变成母系制(如在民南加堡)。婚姻原即系二家族间之交换行为。后来随半部落(moiety)及氏族之发达,变为二氏族间之交换行为。待交换制度崩溃后,即用聘金(新娘身价)偿付,如峇搭人风俗。母系制诸民族如民南加堡人,或女家居住诸民族如亚齐人,皆不须聘金,因为女家不会因婚事而有所损失。前面述峇搭人时已说过(卡约人也是如此),若聘金数目太大,婚制即渐成女家居住。卡约人风俗,诱拐是犯罪的,因为既不纳付聘金,又不行女家居住以补偿之。因此这是触犯财产法。私奔则用变型聘金及变型"女方居住"补偿女族损失。但即在正式买卖婚时,因为金钱不能完全补偿女子氏族之损失,才象征地使新夫妇在女家居住七天,并玩弄新郎以补偿之。

图腾 因为峇搭人及亚齐人皆有图腾崇拜,因此卡约人及亚拉士人氏族也可能有图腾崇拜。即使不全部崇拜,也有一部氏族崇拜。Snouck Hurgronje 只说卡约人如爪哇人般有些家族禁忌食用的某些动物,据说这是因为家族开基祖先,为了传说中的某一意外事件志愿或发誓如此。触犯了这禁忌便会生病或死亡。

发情期礼节 卡约人及亚拉士人风俗有如亚齐人,于小孩生后第七天命名剃发,这时小孩在附近河中沐浴。

剃发时男女小孩脑袋上都可留上一束头发不剪,患病或遇有其他不幸时才剪掉这束以去灾,割礼后男孩头发又再留下任其生长。女孩六岁时留发。女孩耳轮穿孔不须任何仪式,其后把耳朵弄长。

前面也有说过卡约的风俗,男孩在六岁前一齐行割礼。这时的祝宴性质有如婚宴,孩子都穿戴如新郎。卡约女孩几个月大,即行割礼。亚拉士女孩则约于五岁时举行。

卡约男女孩约于15岁时由个男人锉齿,且染上永不褪的颜色。上下颚牙齿都锉遍。亚拉士男女孩则皆约于八岁时锉齿。

遗产 由于卡约人的特殊婚制,他们不能遵行回教遗产法。事实上土人全然不知有关这事的回教教律是如何。

土人遗产法不曾明确规定,但符合父权社会的原则。原则上女子不能有财产权,可是实际上她们与其丈夫合掌财产,寡妇、母亲则与其儿子共掌,因此她们常管理家族财产。甚至女儿假使行 angkap 婚,多少已变为家族固定的一员,也可能管有财产。

通常儿子结婚时,为父的给他备下一部分稻田,数头水牛,及公共住所的一部。大儿子们常各得同等数量,只有末子分得最多,有时达兄长们所得的二倍。末子称为 bengsu,负责看顾兄长们,且合宜地埋葬他们。父亲身殁,财产不另瓜分,而整部遗给继承的家长。土人从不知立遗嘱。

如果一个人死后只遗下些女儿,且都没行 angkap 婚;则父亲之最年轻兄长(最小伯父)继为家长,看顾家族。但如果女儿中有个行 angkap 婚的,其丈夫即继承遗产并为家长。

如果一个人有儿子也有女儿,且女儿们行 angkap 婚,则普通父亲总于女儿们成婚时,瞒着儿子,送给他们财产的一部,父亲身殁,膝下的财产遗给末子。

卡约男人大都身后萧条,遗产只够还丧费,剩下的已不多,如果末子无能,不当掌有其特权及责任,则可以褫夺之。

第四节　宗　教

由于此地僻居山鄙,土人不甚通晓回教,且不甚注意。只有寥寥几个是 hadji(曾往麦加巡礼者),即这几人也不曾久留阿拉伯以学其风俗。

亚齐人须通晓一种外国语,即马来语,始能读宗教文书,但他们也有土语写成的杂文。卡约人没书写的文学,他们的民间传说只是些故事及简单的事理。

所以卡约的家族习惯法很少为回教所影响,且其与回教律相左处,几与民南加堡人相等。由上面所述看来这是不足为奇的。

土人毫不热心行回教礼节,这可由此地之 mesegit(回教寺)寥寥可数而知。略为循规蹈矩做功课者自成一小团体,号以爪哇语 santri。

土人相信善神、恶神、鬼、活圣者、死圣者。这些都须以礼物、礼拜以媚之。其中有些礼节,或有责其触犯回教教律者,但二者界限不甚明晰。

第六章 南苏门答腊（SOUTHERN SUMATRA）

第一篇 南榜（Lampong）

第一节 引 论

本书第一章引论即云南榜土人分为山岳人（Orang Abung）及平原人（Orang Pablan），山岳人或系此地原住民，而平原人系山岳人及爪哇来之巽他人（Sundanese）混成者。平原人采用许多后来的马来文化及巽他文化。本书先述较文明之平原人，后及山岳人。

南榜与爪哇之班淡（Bantam）隔巽他海峡相望，但从前之贸易交往皆不甚了了。班淡受南榜所产胡椒之益，且逐渐制御南榜。但班淡苏丹除以固定价格购买胡椒外不复苛求南榜土人有所献贡。班淡苏丹又赠南榜氏族族长以punggawa（苏丹钦差）之号，且指导境界纷争之解决。此外尚卖给他们其他衔头，因为班淡诸苏丹深知利用南榜土人之虚荣心以获自己之商业利益，南榜土人再把这些衔号自相买卖。

荷人于东印度公司时代有与南榜接触。1864年东印度公司由班淡苏丹哈齐（Hadji）获得当地胡椒专卖权。

南榜地虽广袤有500方哩，但人口只有6万，Van Hoevell 云人口之所以如此稀少，乃由下列诸因：

1. 豪富暴虐无道。
2. 娶妻须付大宗银款，此婚姻障碍使大部住民终身孤鳏无子。
3. 习俗使男子必须娶其兄弟、侄甥、祖父之遗妻。由此习俗，南榜小儿，甚或乳儿竟有四五个或更多妻子。
4. 小儿多病。
5. 人民多死于械斗及野兽。
6. 据 Van Hoevell 估计，于班淡统治下，有五分之一人民被贩卖为奴及被海盗所掳。

第二节 经济生活

农业 南榜土壤不宜灌溉,故鲜有水稻。从前以水牛践踏泥土,不用犁。近世始由爪哇人传入。数家合有一地,耕耘芟草各各自理,但合力收获。

畜牧业在南榜无足轻重。土人家豢三数水牛及山羊而已,渔业是主业之一。

内地未曾开垦,多有野兽。如虎、象、犀牛、猴、野猪、山猫、山羊等。河涧中多巨鳄出没。

村落及家屋 南榜村落皆临河。两村之间或有相距甚远者。家屋(uma)环绕公所(sesat)四周。

家屋筑桩上,离地5～7呎高。外绕篱笆以守护薪柴、禽畜及其他财物。屋高或一层或数层不等。中间一部以款待客人。有一灶位。还有睡房分成三室,供妇女睡宿。如果一人娶数妻,则依迎娶先后而居。结发者居第一室,次妻居第二等等。如果娶有四妻,则另开一室以居之。由兄长等遗下得来之妻子则须居于屋中她自己一室。妾居妇女睡房之第三部。

全屋以木筑成,或则杂用木、竹、树皮。中等人家之屋子常雕饰华美,以棕叶葺顶。屋子多设有楼梯,上达前廊。梯子用以晒曝东西。屋中姑娘们在廊上会情郎。

每村中之最古小村皆有公所称为 sesat 或 balidana。sesat 最好建立于最

图 3-49 南榜家庭

不受回教影响的区域，它常建在木桩上，是一间大房但分成数区，以供不同阶级的人席坐。该屋的墙及地板是竹编成的。

村政府在 sesat 中开会。政府规则揭示在此供人阅览，sesat 又为大宴的所在，及供政府官吏、仆隶、旅行欧人住宿。

除了村公所外，村中各小村皆有一小公共屋子叫 passeban，angung 或 lungku。小村村长及其最老部下在此处置其管辖下之小公事。

南榜的富人使用精致的银器。宴会时用银碟、蒌叶放在银器中待客。大瓷陶器用以贮物，小盘子是铜制或木制的。水贮在挖空的南瓜中，但也有用竹筒盛水者。在内地深处，土人仍因生活必需，自己烧造陶器，但不若旧港、爪哇等地制品之精细。

服饰 内地使用树皮布。但较开化土人则穿着如马来人及爪哇人。饰物大都为未婚女子跳舞时穿戴。男子饰物较简陋。他们除带有指环外，尚佩有金银的克里斯剑鞘。有地位男人在节日戴金冠、臂环、颈环、镶金带、二支以上的克里斯剑。已婚男人戴银耳环，如果年轻未婚人戴耳环，会被人取笑。

南榜年轻贵族妇女跳舞时，穿戴之豪华遐迩闻名。除奢丽服装外，头戴 pandanus 叶冠，额上有打成的金带。发插有角质发梳，绕头饰以珊瑚，绕颈饰以金带，少女右手小指各戴有金银指甲以表示贞洁。还有绕臂臂环，上雕花卉。奴隶少女不能佩戴金指甲，但可戴银铜制者。

图 3-50　南榜少女的舞装

经济生活 除贵族及富人外，一般人皆以农渔为生，清晨起身，在河中沐浴或洗脸，妇女此时为孩子洗脸并汲水。男女分别沐浴。有些人此时吃些饭当早餐，富裕人家加饮些咖啡。食后各作其日常工作，时间久暂不等。较穷苦者在稻田耕耘。妇女普通汲水、打柴、打稻、煮饭、纺纱、织布、修补自己及男人衣服。有时拉重载或建公所时，全村总动员工作，男女青年皆助工。

富人午餐不定时刻，穷人则于晌午就食。晚餐于落日前就食。在田中工作者带饭去食。傍晚，不必留于田中者则往其友人亲戚家中，于未睡前闲谈。

那时青年男子便找未婚女儿献殷勤去。

南榜人食物较爪哇人远为简单。kapala marga（最高贵族）不过食些饭及菜汤。近海傍河的住民有时吃点鲜鱼。从前盐用以款客，当作特殊招待。水牛肉只在宴会时吃。男女皆嚼蒌叶，嗜好吸烟。

武器 在班淡统治时代，地方及氏族常因境界纠纷互相战斗。土人持有武器叫 knodsen，是支尖斧缚在长棍末端，及一根长竹末端缚块蛋石。战士用后者巧妙地架开敌人刺来的尖斧，且打断尖斧。他们也用盾牌架开尖斧。还有一种武器或系传自爪哇，是根长竹末端缚有藤刺，用以钩捉敌人，及撕裂其皮肤。爪哇人用此捉贼及抵抗发疯杀人者（amok）。

回教未传入前，南榜土人行猎首风俗，他们继续行这异俗，直待荷人禁止。

第三节 社 会

政府 南榜分为五省，依其境之河流及港湾命名。

每省又分为较小之县，称为 mega（与峇搭语 marga 相当）。每一 mega 皆住有一父系氏族，服属其族长。mega 依所住氏族命名。在旧港也有同样系统。可见 marga 一面原有地域意味，非只如现在峇搭人所用单为世系名词。

mega 首领称为 tuan ratu datu，或苏丹。有的号称 umpu。这是马来西亚语，意为男或女祖宗。

南榜土人之懒惰正如俗传。但另方面其虚荣心超越马来群岛其他土人而上之，二者也正可相抵消（如果这事可能）。因此轻易成为班淡诸苏丹的俎上之肉。班淡苏丹把衔号卖给一县首领，换回了胡椒及其他高价的年贡。班淡苏丹所承认的县首领号为 pangerang 或 kjaiaria。

今日南榜土人还很多有 pangerang 衔号者，系代代由男系世袭而来。袭此衔号者，也有因生活无方、不知节制以致贫穷潦倒者，现在南榜土人道德堕落，有些村长也自号比 pangerang 还大之衔头。这原是有背习俗法的。有些衔号分明冒渎神明，如 Allah-bidjel"真神"。还有个阿拉伯语又长又劣的衔头叫"至高上帝的宠儿"，常与上帝讨论诸事，与安琪儿同宿，只差再一步便如上帝本身的卡勃里儿王（Gabriel）。

现在除土酋欲课罪人罚款时，很少使用世袭衔号。

南榜每县皆有数村（tiu），但少有十村以上者。每村再分为小村（tumpuk，或 suku）。从前或只有四小村但现在已有十、十二或更多。小村数目之增加常系因原来的小村的村长 kapala suku 的哥哥想得统治权。一个人带领他的同血统诸人脱离老小村，自己另辟新小村，则须得村长同意。且也须纳款其他小村村长。有些小村只有一家，村长即管理他自己亲属而已。

最老小村（suku）的小村长（叫 kapala sukutoho）管辖全村。但他不能独立。还受辖于 mega 县长，tuan ratu。

小村长职位世袭给次弟。如果没有兄弟，职位即传给合法妻子的长子。如果也不行，便传给不合法妻子的儿子。小村长在位时，其继承者号为 panji-embang（秘书）。继位之时新小村长宰杀水牛以大宴村中诸人。

氏族（即地方首领）职位之继承也如小村村长继承法，为年长者所承继。村中最老小村之小村长兼任村长。县中最老落之村长可践氏族长之位。

关于南榜之地方及氏族分划，有下列传说：

"南榜人为某名'南榜'之人之后裔。他与二个兄弟叫 Madjapahit 及 Sunda 者同住于现在之 Belalau 地方。后来人口滋殖，家族渐大，于是分裂开来。一部住在 Mura Dua 及 Kaju Agung（旧港），另一部散居现在南榜地方。他们在南榜遇到一种土人叫 Buwai Sumbing（Sumbing 后裔）。他们便把土人赶走。"

"他们漫游四处时主要诸族便再裂成新族（kabuwajan 或 buwai）。一族所居之地即称为 mega。"

在班淡治下，pangerang 即氏族长，于继位时由爪哇苏丹颁赠一些礼物及表记。礼物如铜制职位证章（piagem），有时还加银边，整套爪哇官吏服装，还有火炮、克里斯剑、枪等武器，这些赏赐都是土人传家之宝。

南榜土酋又有些外表职位表记，其起源不大清楚。这些表记叫 pepadon（宝座）、sasako（太师椅）、lawangkori 等三种。

南榜土酋当其逗留班淡时，或曾注意到爪哇王子有权坐比平民高些，因此便抄袭了那风俗，传入了宝座说的 pepadon。

pepadon 是个四角凳子，下面有四实质阶段，是一整块实质坚木凿成的。大都高 9 吋 10 吋，4 呎长，3 呎宽。土酋欲就坐此座时即须宴请诸人。此座平常不用，则贮诸公所。只有其主人用一回，再无人可以坐它。僭坐者将被罚款。

不单氏族族长有 pepadon，村、小村诸首领也模仿他们造宝座。各种 pepadon 之主人其阶级特权各各不同。但可用钱由一级 pepadon 升上另一级。如果一个土酋家传有个宝座，则他的女儿聘金增加。后来想买宝座的新土酋个个须送他礼物。据从前土法，他还可以课触犯习俗者罚金。

持有 pepadon 者尚有许多小特权。兹略述一二如下：有氏族 pepadon 者可以使用一把日伞连璎珞；节日祭宴可以着条白布围在裤子外边；女眷赴宴时，前面有人拿块白麻布弄成半月形打道。有村 pepadon 者用黄日伞及黄布。有小村 pepadon 者则用红色。此外尚有些特权各地不同：如宴会时在地上推铜盘之权。某地有氏族 pepadon 者之妻子乘轿赴宴时，有权在她丈夫面前伸直两腿。

土酋第二种表记是 sasako，一种雕刻精美的太师椅，这是用以分别持有 pepadon 者及较低级土酋。资力不足以坐 pepadon 之土酋，宴请客人后即可坐此种太师椅。sasako 也如 pepadon 收藏在公所中。

碑坊（lawangkori）好似穹形的凯旋门，有华丽的门及木细工。南榜某些地方的 lawangkori 一部分是烘烤过的石头筑成的。上嵌瓷制为像并加白垩为饰。常系较土酋地位低的人借此以示显荣。lawangkori 树立在主人屋边。任何人来访主人，特别是新夫妇，只要付主人一头水牛或其代价金即可使用这门。主人自己已于做完"好事"，如报了亲属纷争（blood feuel）之仇，或由班淡回来、得了新头衔、纪念品等事时才能由此进出。

据云这些门比回教传来还早。Van Hoevell 就看过一个上饰木人头的门。

无疑此种门比宝座或椅子都早，后者是由班淡传来的表记。至于穹门都是巨石碑坊的代替品。据 Heine-Geldern 云，巨石碑坊原是南亚洲土人所建立的，与宴会及杀牛祭祀有关。只有最原始的马来西亚土人，如民答威群岛人才没宰牛祭祀、巨石碑坊、猎首等风俗。他们的宴会和某些菲律宾土人的相同，不过是祭宴而已，不是浮华的社交宴。

宴会 南榜一切重要事件施行之前必先大宴。如男孩割礼、锉齿，女孩穿耳孔、出嫁，上等家庭女子婚后首次归宁等时皆大宴宾客。但最大盛宴是土酋就位 pepadon 时。如新小村还没个小村长曾有这般荣耀，则首回就座之小村长须付 40 reals 给村长。这款分给列席宴会诸人及原有 pepadon 之诸土酋。这时新就座之小村长至少须杀 10 条水牛，如果杀得少些，人家会讥笑他寒酸。部下众多之土酋至少须杀 30 条水牛，有时还更多，又须赠送每个列席土酋一条活水牛。

祖先原已就位 pepadon 的土酋，只需杀条水牛请人吃顿饭，便可以继位，但如果财力足够，他至少会比前任土酋多杀一条水牛，即使前任为其亲父也是如此。用这事以表示他比前任更富裕。

从前如有人由班淡带归头衔及传家宝，必大举欢宴。普通这时缚个奴隶在桩上杀死。同样，病入膏肓、药石无效的病人又行复原时，亦须大宴。

宴后举行竞技比赛、狂舞，直达午夜，继着又斗鸡、赌博。

荷兰政府想抑制这 naik pepadon（就座式），因为这仪式浪费了大量时间、金钱、牲畜。

法律 土人名义上虽是回教徒，却不懂得回教律。土人法律有古代风俗、班淡官吏的规则及 radjasau[发源自 Madjapahit（爪哇）的法律书]三种。

刑罚只有亲属复仇及偿命金二样，没有体刑。原先罚款只付给苦主及其氏族。但于班淡治下，土酋也有课税特权以促进"国家公益"（就是他们的私囊）。

亏待了他人便须罚款给苦主，数目与苦主地位成比例。这款叫 penêpung，用以购买水牛、山羊、鸡雏，把这些牲畜杀了开个大宴，和解两方及两方家族。

自由人杀死了他本族（kawabajan）族长或族长血亲时，被害男亲戚可向凶手近亲索凶手偿命。但只在较野蛮部落才这般要求。普通请位邻族（kabuwajan）族长当和事老。罪人须罚款（bangun）给被害亲属，若罪人已逃逸，其最亲族人须代付。如果死者之兄弟继位，此偿命金额为 1000 reals，如果死者之子继位则罚 800 reals，除银项外尚须罚物，如白麻布、水牛、二个人头愈新愈好。所以土人缚个活人牺牲"irawan"在桩上，大家拿尖斧及克里斯剑围住他跳舞然后杀死。再把这人的血混了水牛的血用水冲稀，拿来给苦主方洗去耻辱。这当"irawan"的奴隶，尸身照常埋葬。那二个人头先用为苦主们在公所大宴时的足台，然后埋在被害者脚下。

这里所述纳付偿命金的情形（1852 年 Van Hoevell 原记）分明与峇搭风俗相似。可以确证南榜人与峇搭人同源之说。南榜人是否确实吃掉缚住的那人如峇搭人般，这问题没人能置答。

有地位的人如给他族之人杀了便会引起一场战争。这事得由邻族族长解决。如果凶手地位卑微，便抓住当 irawan，他的死身便代替偿命物中的那二个人头，埋在被害脚下。

一个家族的族人如给奴隶杀死，便是那家的最大耻辱。这时那家一些老族人须往远地雪清这污辱。那时屠杀些非武装的男女小孩，然后胜利地带归那些人头。如果那族人给奴隶秘密杀死，又找不到凶手，便杀个奴隶以雪耻，常是杀个衰老的。

较近班淡的地方，土人的 irawan 是伪装的。他们抓个自己的奴隶佯为刺打至死，然后卖给愿出最高价的人。他们害怕班淡的刑法。

小村村长杀死自己部下，须受同村其他小村长审判。依被害之地位高低定罚款多少。但如杀死至亲如两亲、妻子、孩儿或所买奴隶则无刑罚。唯此人自辱自弃将为人叱责卑视。

乱伦通奸者都处以斩首溺水之刑。但强奸罪者不加刑罚，那男子须娶那女子；必要时养她当奴隶；否则送她回她父母家，不再骚扰她。

盗窃案失主要求失物归还，赔偿 2 倍。如果那贼不肯归还失物，便拉他见族长。审判结果要贼赔，而他却无力偿付，便须沦为失主之奴隶。

如有二个公认诚实、无可指摘的人作证，即足以判罪人。证人作证须宣誓，这时很少用《可兰经》宣誓者，普通在祖坟作誓。

如果无人作证,即请神判定。有一法是砍掉一只雄鸡的头,看它临死时挣扎往二造之哪一方。还有一法是雇青年人潜在水中,看谁停留最久。否则叫被告由沸油、沸水中拿出东西或者用舌舔炽热的铁。

遗产制 南榜土人一人有数妻,则以其妻之家系最高贵者所生首子为继承者。该人也可使另一家系较卑者所生之子继承,但须宴会一次。继承者独得一半动产,余下一半给诸子平分。不动产如田园等为家族公业,每人皆可分用。唯首子始有权让渡此等产业。

总之死后无子者其全部财产遗给其长辈,若长辈皆已死殁,则遗给兄长。此兄与死者诸遗妻间如生有子息,该子即为遗产继承者。如若此兄与死者诸遗妻不曾生育,则由其自妻之子继承。

承袭遗产之子若自身本富有,则可以娶二同等阶级之妻。初婚妻之子继承亡父,次婚妻之子继承自己。任何人皆可过继外人为自己之法律上父亲、兄长、孩子以继承自己。过继须开宴会。

因此孙为祖父之自然继承者。但这并不很妙,因为遗产是含有祖母及其他祖父之遗妻在内的。普通孙子不和祖母结婚,任她孤寡至死。不过孙子常娶祖父之其他遗妻(但不娶遗妾)。若死后没男后裔,则遗产连遗妻都传给所在地小村长。

以 ambil anak 婚入赘他家者,其妻掌有财产权及子息权。

婚姻 古来风俗同氏族(mega)中诸人原皆不能通婚。后来只限于同村村人,再后又缩至同小村村人不能互婚。由于文化开明及回教影响,这些规则日渐弛缓,现在只禁止近系血亲结婚而已。至今还没人报告此地是否从表兄弟可以互婚。触犯婚姻习惯法者罚款给氏族(mega)长,且须开宴谢罪。

南榜土人普通结婚年龄很难确定,因为这大半依该男子之长辈及亲属财产多寡而定。男子没钱还女方父亲所索取聘金,且没有已婚兄弟、侄儿、祖父可遗下妻子给他,那就只好鳏居一生,膝下空虚。南榜土人常有这种人。因此土人笑骂人"matlimahanai"(孤鳏终生)。

正统婚法是先由两方父母议定后,才正式对小村住民公布,但现在这样做的不多。这种婚法叫"minganmawaai"(好婚)。

行这种婚法的,有些富人于儿女稚年时即契结朱陈。结果常酿成女子之不幸。南榜人原没离婚风俗。新郎都不在乎的,如果对此婚事不满意,他就再多娶几个妻子媵妾。

马来所谓 djudjur(聘金)者,南榜人称为 serhoh;而 daw 则指聘礼之黄金及其他东西。纳清聘金后,那女子即永久嫁给那男子及其家族。她成为男子之财产,依习惯法这婚事须至死始休。若依土人所行袭嫂制及续姊制(levirate and sororate rule),即使夫或妇死殁亦不能取消婚姻关系,因为这是两家之联系。

新娘须带家具出嫁。如果不曾带,聘金会减少。地位甚高家族间互婚时,嫁奁几与聘金同值。

Van Hoevell 偶言此地之买卖婚或系于回教影响下由班淡人抄袭来者。土人平民则于两亲承诺后私奔,这是省钱的结婚法。

两方父母议定婚事,但不曾公布周知,这种婚法叫"sabombangan kiempunan"(议婚后的诱拐)。两家预备着传统婚法,但婚前数周或数日前恋人把女孩拐走了。这可省起一席婚宴。

那青年私奔后藏女子在父亲屋中或自己小村的首领家中,后法是当女子阶级比男子高时做的。数日或数周后,女子的父亲率领一队全副武装的土人好像来械斗。小村的土人早有预警,立刻出村逼来者暂行停步。女子父亲装得气冲冲、凶狠狠,但结果收了一头水牛、一头山羊当作所欠聘金的代表品罢了。

然后村长领那女子的父亲入公所,去和男子的父亲,或同阶级的代表伴斗一下。同时使二头雄鸡相斗,好教情景紧张。新郎父亲的雄鸡打个败仗,这是叫那父亲服从的信号。

最后二亲家进入公所讲议聘金。聘金一部分重行还给男家,好使公公替新媳妇做衣服。这事完毕,会集诸人大食一餐,一对新人即永结同心了。

婚礼大体上是回教式的,村长主礼,新夫妇于长辈亲戚环集下并肩而坐。新郎的左腿放在新娘膝上,这叫"tiendes-siela",象征着二人结合一起。新夫妇互相命其"婚名"。

掠夺婚(nakat)不必女家同意。后来男子才叫个仲人送些礼物给女子父母,使他们知道哪里去找女儿。这时如果送来聘金太少,或诱拐者地位太卑,女子父亲可以带回女儿。但女家不喜女儿有失贞的嫌疑,而这总是可疑的,所以结果还是许婚。

南榜地方,特别是回教未甚得势的所在,青年男女的交际是很自由的。结果发生许多私奔案,尤其是下等阶级中特多。但婚后闺范甚严。

ambil anak 婚不必纳聘金,男子入赘女家居住。男子反收到嫁奁,数目与其阶级相符,即视其 pepadon 而定。这种婚常因女子父亲只有一女,且不愿使家族倾覆,于是大都便招个亲戚为婿。如果那男子不收嫁奁,则仍为本家之人,但收了嫁奁后,他即过继妻家,须继承其丈人之遗产。

男人死后,妻子遗给兄长,但如他答应的话则可改嫁弟弟。若寡妻无子,弟弟(小叔)可自己娶她或嫁她出去。这时只能收一点子聘金。

女人身死,丈夫有权娶小姨。这时如果妻死无子,他交纳半额普通聘金,但如果亡妻遗有一两个孩子,便须付全数聘金。

氏族制在南榜虽已日没途穷,但尚有如上述证据,可示出此地亦如他地认婚姻为二家或二氏族间之交换行为。因此如果妻生有孩子即已偿还聘金。ambil anak 婚中女家须付出款项,因为他们买入新家人,而男家却失一个人。女子嫁出村外,新郎不但须付聘金且亦须偿付村长。这便更加明显了。因为这时女家分明更没再得到新家人的希望了。

在一夫多妻制上,土人遵守着回教教律,一个男人可以娶四个老婆及随便多少个妾。村长有时多至十三四个妻。首妻常即为正妻,管辖其他妻妾。

妻子生子后,婚事才会充分巩固。妻子未生育前即使家系高贵,除见屋中人外,再不敢出头露面。生孩子后,大宴一场,女子便可堂堂见人。这叫做到河里去"turun di wai"。

割礼 富人孩子于其七至十岁间割礼。穷贫些的则于任何时手头充裕足以宴会一场时才替孩子割礼,有时竟不施行。女孩常不曾割。内地的山岳人(Orang Abung)原没割礼风俗,所以这里的割礼完全发源自回教风俗。

埋葬 死人以回教礼式埋葬。各镇之公冢大都依镇中小村之数目分区。每小村皆各有其埋葬地。

结论 南榜文化是十分原始的峇搭式文化,表面覆盖有远为高等华美的班淡文化。衣服屋子及十分发达的纺织工艺都显示着那较高文化。另一方面,南榜社会组织有许多地方好似峇搭人。土人还保持着他们的原始印度书法,虽则这仅为青年人所书以互通怨慕情愫者。此地的宗教名义上为回教。

第四节　山岳人(Orang Abung)

山岳人或系南榜原住民。本是种游居野人,没定居没农耕,渔猎为生,食草木根叶度日。他们首先卜居 Abung 河岸,取该地之山 Abung 山为族名河名。但山名河名也可能系取该族名而号者。山岳人之言语乃南榜语之一式。此等山人从前人口远较现在为多。

此地曾有一时盛行猎首风俗。据云土俗每当战士征伐归来,青年女子半途往迎,凡带有人头之战士即大受女子青睐,而双手空空如也者却连村都不能进。

死人头骨在婚礼时有双重用途。新郎盛金银聘金在头颅骨中递给新娘父亲。新夫妇也双双用人头骨饮棕酒。没这仪式的婚姻算不得合法的婚姻,人们也不认新娘有已婚妇女的身份。

山岳人守其祖先之宗教久过其他南榜人。但关于土人宗教始终未有人报告过。据云土人在墓边,用穆罕默德之名行土教仪式。

大体上现在土人风俗与较文明之其他南榜人相同,且为彼等所吸收。

山岳人分为四族即四氏族。婚制与海岸土人者相同。婚前两性甚自由,家屋另辟一隅以供青年男子访女子唱恋歌。但这种自由罕有酿成淫荡结果者。婚礼时新郎即伸腿在新娘膝上,互相命"婚名"。

行一夫多妻制、买阶级表记、开宴会皆一如平原人。

第二篇　原始氏族

第一节　古部人(The Kubu)

引论　古部人聚居于Musi,Rawas,Tembesi,Batang Hari诸河流间一片半沼泽地带。现在古部人实际上已全部被政府强迫合并立案为村落(dusun)。1907年古部人有7590人口,散立五个氏族(marga)。他们身体羸弱,妇女尤甚。土人大都已改宗回教,但不过名义上崇拜而已。他们不愿抛弃从前饮食习惯,仍旧杂食各种肉类,即使半腐者也都吃下去。男人也不依回教仪式割礼,而依土俗割礼。女子全然不行割礼。

古部人分其历史为下列诸期:

1. 古代史,自Bari族时代至Senuhun王(Ratu)入位。
2. 近代史,自Ratu Senuhun朝至古部人与荷兰政府接触。

图3-51　古卑的野古部

3. 现代史,自荷兰政府施政至目前为开发石油而开拓该地。

古部人自云,上古时代苏门答腊海岸有海盗定期携眷至此。有一次二海盗兄妹乱伦,其妹且受孕。但是二人名字不能探知,因为古部人禁忌讲到祖先名字。海盗们谴责二人将其流放入莽丛中,结果二人于 Lalan 河岸创建古部国土。

二人之后裔为 Bari 人,意为"古昔升平时代之人"。

古部人近代史则确实可信了,约 17 世纪前叶,Ratu Senuhun 由旧港来到此地,降顺了诸野人。他所给予的铜"piagems"至今犹为传家之宝。

古部人于马来霸业时代从未与统治民族直接接触。他们"默默物物交换"以相贸易,即古部由村中带出货物,放在地上,自己隐身入村,然后回来收取马来人付出的货物。较原始的民族在这贸易从来是吃亏。这种"默默物物交换"直达 40 年前始废。人们看得到马来人,但永看不到古部人。

古部人有些 dipati(土酋)以治理人民,这些人实际上不过是领队找觅林产的小族长而已。

虽则古部人不曾直接与其他较文明的民族接触,但却采用了旧港马来的言语、社会组织、宗教。他们很迟才改变生活方式,始终在村中漫游,直至荷人迫他们定居务农。甚至今日古部人依然是讨厌定规工作及沐浴。

后来旧港荷兰政府主持此地政务,于政府监督下任命马来人收税。自此时起古部人开始最后一次生活变更。税金以林产充当。1898 年旧港发现石油,此后古部人始学会使用货币。

古部、吕部、乌鲁(Kubu,Lubu,Ulu)之语源不知为何。村中住民所云 ku-bu,其意为无所不食、连肮脏东西都吃的人,不住屋,身体很污秽,因为古部人忌水,换言之即指最低等民族。因为族名附有这种污辱的意思,所以开化古部人不喜人称他古部人,须称为 Darat 人或 Laut 人(陆居人或水居人)。1906 年 Van Dongen 与僻居 Ridan 河畔沼泽地带之古部人接触,这些人的生活方式正如其较文明同胞所称之"古部"。

经济生活 原始民族古部人建有桩屋及 pondok(一种无墙,叶葺屋盖低小的屋)。造法先打柱下地,四角四根,再系上四根横梁,上横 10~20 根木柱架成地板。离地板 3 呎高的地方搭个叶子编成薄屋盖。用藤或其他藤葛植物细扎。屋中没陈列家具、饰物、符咒。男女老幼以及不可或缺的狗晚上都爬进这粗陋的寝所。

在干燥的高地丛林中,这种屋子常三五成群建在一起,聚成古部村落叫 sirup。

古部人屋中唯一器具是竹锅,有时用以盛水。古部人于户外林中工作时则背一个篮子。

男女腰间向上卷条树皮布。衣服身体皆毫不装饰。小孩终日全裸。

古部人武器是根长木标枪。土人能用以射杀一切动物及捕捉土人嗜食的海龟(labi)。捉龟时用标枪钝的一头,上面钉有一根长铁钉。

这种民族不知任何乐器,又不知舞蹈。

野古部人不种稻,也不喜吃米。他们不吃猫、虎、象,但吃野猪、各种猿类及马来人所不敢吃的海龟。不易拿到是特别喜吃的香蕉。也吃果实、根块、虫豸、蜥蜴及蛇。古部人用尖竹片及马来传来之短刀(parang)掘取虫、豸及管状根。一切食物都放在火上,焙了一下子即吃。土人不知食盐,但现在已知吸烟。

古部人终身不接触水,除了几滴不能逃避的雨点。水很冰冷会使人生病。身体污秽或满身泥泞时便用短刀(parang)或竹篾刮掉。因为他们忌水,所以浑身恶臭,皮肤生病不断发痒。据云古部人穿过丛林时很有避开卑湿地带的捷才。土人惯居于森林暗黑处,故此很厌忌日光。女子永不剪发,男人用短刀(parang)剃掉。男女皆不梳头理发。

图 3-52　野古部和他们灌木内的小屋

Ridan地方古部人在一个地方至多住一个月,有时只一星期;后来住处四周的森林中食物太少,河流沼泽的鱼介不够,又不能再捕获他所喜爱的海龟,于是他们跑了。

古部人的物质文化单调简陋,同时也缺乏社会宗教的发展。他们一切制度都是发源自后期马来西亚文化。

社会组织 现在定居古部人已模仿邻族分为些氏族,但野居古部人还只有家族组织。他们原来的乱伦法及亲属关系没人知道。据 Schebesta 云,现在除了最亲者外一切人皆能互婚,也没亲属避忌风俗。

青年男女齐在丛林中流浪,互相接触交际终至结婚。女孩成年后不久即婚。婚事没行仪礼,二人只跑去跟长辈说明心意就完了。二家最老的人主婚礼。新夫妇相偎坐在地上,女左男右。老人问新娘可愿跟这新郎,她答说愿意。于是老人公布任何人遇见他俩在一起,切不可打扰他们,因为他俩已结婚了。此后散会,大家跑自己的路。也没欢呼,也没欢宴,也没聘金般的东西。古部人说从前新夫妇互以右手小指相钩表示结合。

较文明的古部人 Klumpang Kubu 人婚礼也由两家的一个长辈主持,须长辈们先行承诺婚事,但如二人私奔了,他们却不管。新夫妇由同一香蕉叶碟子食米以表示缔婚。

古部人可以娶随便多少妻子,这或系模仿马来人的。从前有的有三个妻子,但现在没人有二个以上的。有二个妻子的古部把寝台弄大一些,自己睡在中间,一边一个老婆。

古部人离婚便离婚,直截了当,没丝毫仪式,男的可以抛弃老婆,女的也可以丢掉丈夫,Van Dongan 遇到一个野古部青年给同一老婆二次抛弃。二个人都找不到新配偶,因为该地再没有古部青年了。离婚时孩子喜欢父便跟父,喜欢母便跟母,但稚幼孩儿自然随母亲。

妇女受孕后禁忌看到尸体、象及水牛(karabau)。他们在丛林中生产,这时有个女子与其丈夫帮助产妇。

新生婴孩不加洗浴,但以树叶树皮布擦净。产妇一能步行(有的产后登时能行,有的翌日)即往丛林觅食,或则独往,或则丈夫陪伴。

古部人不喜妻子一胎二子、三子,因为他觅食得更苦。他便说这女人一时生这么多孩子,像只山羊。或竟会立刻抛掉她走了。

孩子们随着父母同居住同掘树根。直至十一二岁。那时自忖能够自立了,便穿起有生以来第一条腰带,傍着父母寝台边自己另筑个寝台。自此时起孩子们自己觅食不再与长辈共食。两亲及孩子间的联系至今已断,孩子们可以入村中独自漫游,或则居留家中直待婚后。

古部人没切开包皮或割礼风俗。这点上,除了澳洲土人外与其他吠陀系(Veddoid)民族都相似。

古部人都皆有名字,但只同村(sirup)之人始能知道,他家之人不以名字相称,而云"这条河或那条小河的人"。一地之土人很罕与他地之人接触,因为他们没宴会、成丁礼或其他公共集会。

图 3-53　古部的器具

古部人各团体间以及与外人皆没发生战事,可是开化古部人由马来人学了用亲属复仇法来胁迫偿命金。

如有人急死或重病将死,全家即跑掉,弃下死人或将死之人在屋中不顾,在远地另建一所屋子,再没有人处理死尸。相似的古部人如碰到有死人的地方,或有死人的遗物,他赶忙急速跑开。这种跑离死人的行为叫"melangan"。

即较开化的古部人,如有人重病,相信已无望复愈时,全家便逃入林中。如果孩子将死,只有两亲留下看顾,土人以为看到将死的人会遭逢不幸。亲人生病遗下时,三日后另一家人,常系其兄弟回家观看,如果还活着,便想法医治。

如果病人已死,看视的人急忙通知村中妇孺。于是全家归屋在尸体周遭撒米。

其后,尸体用普通的布包起,放在梯上,抬往墓中,墓深约 3 呎。食物放在墓上,葬仪至此告终。开化古部人还有其他葬法,如放在空树洞中,或抛弃在茅屋中连屋烧掉。

现在,丈夫死后,寡妇退入村中(melangan)三月。在村中三个月后,寡妇(鳏夫)回来结婚。如果寡妇在此时之前结婚即以不贞论,须交付罚金于死者亲族。

宗教　关于古部宗教的报告可谓甚多,但实际上对此族之原来信仰所知甚少。古部人的萨满教(shamanism 巫觋)很有意义,因为这表示此族远在采用马来物质文化前,即传入十分发达高深的马来教礼、教理。萨满教中丝毫不是古部原来的,它是印度及马来文化。

1885年英国学者Forbes到古部踏查。彼云"土人似无冥间的观念。他们说'死就死了'"。彼又知古部人厌忌死人,云"其野蛮生活竟舍弃死人不顾,任其曝露于死殁地点,此后土人即远避该地"。Hagen氏也同样报告谓古部人不信死后有灵魂,因为他们抛掉死尸,一任野兽噬食。但同氏又云古部人以为一切疫病归因于恶鬼。

现在开化古部人的萨满(shaman, malim 巫觋)已有深邃的印度式人生哲学。据Van Dongen氏云,其信仰大略如下:

凡人皆合sipat(体)、roh(神、能思想之力)、njawa(气,健康之本)三者而成。

人体物质等于sipat。灵魂含神、气二者而成。气(njawa)者即呼吸,终生不离人躯直至人死。神者(roh)乃思考之力,能离体漫游,如梦寐之间即离体神游。

死后不论生前善恶,气(njawa)、神(roh)二者皆行归天(sorga)见上帝(Radja Njawa)。Van Dongen氏云Radja Njawa(上帝,气王)亦可译为全神、世神、宇宙之力。

古部人云最初第一个萨满称为malim kujug。他尝使其死犬(kujug)还魂,故而如此称号,自救活其犬后即有dukun(驱鬼者)之法力。后来每地派送一人跟malim kujug学法。结果每地皆各有其malim长。现在所用malim一语为dukun bermalim缩成者。

巫长之职由父传长子,代代世袭下去。现在巫长称为pengasu(asu意为犬)。巫长主持驱鬼、宗教仪式及重要降神。其他助手(常为其徒弟)为普通巫

图3-54　古部的宗教仪式

师(萨满)。

malim kujug 救活死犬还魂(踏出犬体中恶鬼)时,他的妻子帮助他。所以现在每个 malim pengasu 作法时,他妻子也须同样帮他。她号称师婆(ul-ubalang)。

土人生病时延请巫师祓净(bermalim)病人。所用驱鬼咒(歌诀,saleh)有许多种类,但降神法皆几乎相同,无甚差异。

治病前日,须齐备祭品,一切祭物皆七个一次带入。

驱鬼之夜,巫师、助手及师婆皆不食一物,治病时只吸烟及嚼槟榔。人家食饭时他们远远另坐一边。作法事时,巫长须噤合一切身上孔窍,其助手也常须如此。他们集中注意的时候,不能听,不能视,也不能打欠伸,也不能肚子痛。这也是在晚上降神的一个原因。

傍晚日落时,巫长及助手沐浴净体,再用酸橘汁擦体。

如果病人屋中宽大即在屋中治病,但普通都在(公所)balai 中施术。手执筒状长鼓,空手击打、伴奏。

降神会共唱三十三咒(saleh),最后二咒却不是必需的,小会中可以不必念。唱咒(saleh)步骤如下:

1. 巫师(malim)先合诵咒中主要部分。
2. 打长鼓,大家起立,圆舞,起初列席者全部合舞,后来只剩巫师跳舞。
3. 舞蹈越来越急激,诸巫师终于卒倒。
4. 叩巫长之手使其苏醒。然后巫长祝福病人及大众,讲述刚唱咒诀的哲学意义。

巫长昏迷时能看见病人灵魂在树中或在屋顶上如何受恶鬼作祟。医神(本族神巫师祖 malim kujug 氏之魂)于第二十五咒后即附身巫长直至治病完毕。但鬼魂不借巫师之口说话。古部人模仿正宗的萨满术,已分明达到他们力所能及的地方,但却败在这最要紧的关头。

Van Dongen 说古部人没有民间传说。在这点上他们与锡兰的吠陀族(Vedda)相似。后者于学得星加拉(Singkalese)文化后,忘掉原来言语传说。

总之,古部分明是种退化民族。有个时候他们的文化无疑地至少和马来半岛的沙盖(Sakai)人文化一般复杂。可是为了被赶入旧港的沼泽地带,为了被他们所半寄生的马来西亚民族包围起来,又为了逐渐习得周围马来西亚民族的外国语及外国文化,结果终致损失了大部分原来的学问及技艺。我人以生物比类人类文化,原是容易毛病百出的,但寄生民族却无疑的有如寄生动植物之易于退化。民答威群岛人为着获得铁器也同样须寄生于马来人。可是民答威地点比较不差,所以他们一面由外人得到必需品,一面则激烈排斥一切能危害自己民族生存的东西。

第二节 马马人(The Orang Mamaq)

马马人或原为吠陀系民族。居于关丹河(在苏门答腊,Kuantan River)右岸,因得其利(Indragiri,地方),中隔占碑苏丹国(Sultanate of Djambi)与古部人相望。1880年此族人口有2万人。

约于14世纪中叶,民南加堡族有二氏族(suku)移殖因得其利河口(Indragiri River),继续行其母系制习俗。二氏族间互有通婚权(jus connubii)。约于15世纪末,16世纪初马六甲王国有一王子由柔佛渡来管辖因得其利之民南加堡人。自此柔佛势力日益膨胀,柔佛殖民陆续渡来。

于柔佛统治下,此地之母系制度即为父系制度所代,民主政制为君主政制所代。原来民南加堡土语也变成廖内凌牙系马来语。16世纪中叶人民渐改信回教,便促成父系制之成长。但虽有此等有力父系势力,因得其利的马来人习俗依旧有许多母系遗制。如Wilken所云:纯粹"母系民族"只有使用民南加堡系马来语的地方才能存在。此地马来人已忘掉这种马来语了。

因得其利原来马来移民虽遗失其原有母系制,却传给原始的马马人(Orang Mamaq)。这族保守着原来的民南加堡语及母系制。马马人不曾改宗回教。马马(Mamaq)的名称原是指妻子的长兄他便是家长。

马马族全体分成数氏族(suku),行族外婚制,世系以女系为准则。有同一氏族女祖先。氏族诸人同居一家屋中,对各人行为互相负责,婚制为一夫一妻。

马马酋长(patih)一人管理马马民族,各氏族皆有其族长(panghulu)治理族中事务。从前酋长服属柔佛。

马马人之家屋下面有桩。土人种稻,但据云系新近传来的。日常食品大部为渔猎所得及森林产物。

土人使用长枪及标枪,但不知用吹箭筒。渔术用枪及网。

土人虽不知纺织造陶,却能精炼铁器。也知道藤工及编篮。马来竹笛是土人的乐器。腰布现在用布做了,不复用树皮布。

马马人的节日喜庆较古部人繁多。婚礼须大宴。榴莲熟时更有民族大宴。现在土人也斗鸡了。

土人宗教与定居古部人相似,也有萨满如古部人,但马马萨满懂得每次治病要收钱款。

第三节 沙盖人及亚吉人(Sakai and Akit)

沙盖人居于马马人之北方,但仍系海岸冲积平原,即硕苏丹国地(Sultanate of Siak)。分二大族，Batin Lima（"五族"或"五氏族"）及 Batin Selapan（"八族"）。前者大部居于硕河（Siak River）支流 Mandau 河上游的西岸。后者居 Rokan 河上游。

沙盖人畏忌外人，颇难与其接触。我人所知此族事情几全部乃 Moszkowski 所探得者。沙盖人源自吠陀民族，有许多点与马来半岛之沙盖人相似。唯苏门答腊之沙盖人由 14 世纪民南加堡移民传入言语及母系习俗。土人传说从前硕河支流的 Crassip 河上有个大民南加堡王国，后来为亚齐人所灭，故此沙盖人逃入 Mandau 林中。

沙盖人不喜人称其"沙盖"，以为此乃一种侮辱。他们自称为 Batin 人。Batin 之号原由马来人借来的，原是些沙盖贵人的马来尊号。

沙盖人也和马马人相同，任意采用马来风俗，但不改宗回教。他们不愿抛弃吃猪狗肉的习惯，他们最喜欢吃这二样动物。不行回教割礼，但男孩子 13 岁时切开包皮如峇搭人一样。

沙盖人是漂流居文化的民族，有如一切吠陀系民族。厌忌农事。硕苏丹国曾强迫他们种稻。且有时惩罚无田的人。结果他们虽继续种稻，但不去收获，因为他们被迫种稻却不曾被迫割稻。

每一氏族即 suku 皆自有土地，好使族民在那里种田、采集林产，再献纳出产十分之一给 Batin。主要食用植物为树薯，树薯田须每三年翻种一次。沙盖人又种薯蓣、芋、豆、胡椒、西瓜、甘蔗、黄梨、香蕉等。土人由马来人买烟草及槟榔。

沙盖人唯一的农具是掘地棒。农业时代以前即用此掘取地下根，现在用以掘洞种植物。

掘地棒也即枪之原形。沙盖人现仍用枪。但已安上马来铁锋。他们也和马来半岛之沙盖人一样不用石器。从前用木器及竹器，也用竹片当刀。

沙盖人家畜种类甚少。土人总喜养狗。现在已有些半驯的鸡。

土人主要以猎渔为生。肉类喜食猴肉。用吹箭筒及箭杀它，此地毒箭也如民答威人的。箭头用箭毒树（antiaris tonicaria）及一些番木鳖（stry ehnine）属植物加毒。动物伤处须割掉才可供食用。东苏门答腊几乎不见吹箭筒的踪迹，但吹箭筒却是婆罗洲达押族（Dayaks）及马来群岛的某些民族（沙盖人即其中之一）之主要武器。

土人用马来式吊索机及陷阱捕捉猪、鹿及豪猪。

沙盖人也如民答威群岛人，用露藤根（tuba plant，derris eliptica）毒捕鱼类。现在依然用此毒鱼。荷兰政府要求土人使毒捕鱼，但硕苏丹国却禁止使用。鱼毒会杀绝鱼种及很多幼鱼。土人很少用钩钱钓鱼。常法悬挂个竹篱横过河流，中间开口，口上安罟。另法则用网捕鱼，网上有一平台可站渔夫。这几法都是由马来人学来的。

从前沙盖人也佩着树皮腰带。现在则由马来人买入棉织物。

屋子甚简陋,只有一间房,用树皮及干棕叶筑成,建在筏上。土人时常移动,不能居住精美屋子,若所耕田园贫瘠,所居河流干涸,土人即移居他地。逢疫病或死亡时也弃掉旧屋。

沙盖人婚制颇混乱。土人原来本是两性交际自由的。后来衍变成一种不稳定的一夫一妻制。除父母二系血亲外,再无婚姻限制。氏族制系民南加堡人传入的,男子须娶族外女子。后来硕苏丹国又制定聘金制及父系继承制,不过父系继承制只限酋长而已。这些变迁皆发生于数百年间,可见社会组织实不是稳定不变的制度。

现在禁止氏族中通婚,男子想娶某女子,他即向她的母亲求婚,母亲再转问这女儿是否喜欢这求婚者,如果她不爱,那便完了。如果她愿意,还得再求他的父亲许可。男子不能带妻孥出妻子村落。

如果男子和女子在一起,被女子的两亲抓到,他即须娶那女子。且可能时须付聘金。聘金用货物,因为土人不使用货币。

Rokan 地方的沙盖人有一种特别形式的掠夺婚。男子想结婚时,他及其恋爱对象皆站在一堆垃圾秽物的旁边。那男子便追女子,想法捉她。苏门答腊其他各地都没有这种追逐风俗,而马来半岛沙盖人却也有这风俗,所以这一定是沙盖族原有的。

Rokan 沙盖人还有一种私奔婚制。土人想诱拐他人之妇,便和她同匿村中七天。如果原夫在此期间找到妻子,她即须跟原夫回去,一对罪人罚物了事。如果找不到一对野鸳鸯,他们可以回来公然结婚,但不行婚礼。

婚后一切动产不动产皆属于女子。酋长职位由母亲传下,孩子随母不随父。

土人时常离婚。妻子可以直截了当地叫男人走,孩子及二人共赚的财产遗下给她。男人也可以任意弃妻,但须失掉孩子及共有财产。如果他不曾建一座屋子,他还须付妻家一笔罚金以谢妻家。

沙盖人不行一夫多妻制,且十分注重男女婚后的贞节。

妻子死后,她所有的财产分成三份,一份给丈夫,一份给母家,一份同埋墓中殉葬。男人死后则彼与妻子合赚财产全部平分给本家及妻家。男人殉葬之物甚少,Moszkowski 在一个男人墓中只找到一根小刀及一枚铜币。女人殉葬物较多,因为沙盖人所有一切饰物皆系女人佩戴的。

葬仪是远古马来西亚式的,不是吠陀式的,只有滴血献死人却是例外。据我所知这风俗除了峇搭族外在印度尼西亚各地都没有。但澳洲土人却有。墓上搭个四角棚子,埋葬那日,邻人亲族皆齐集丧家,用小刀割自己,使血流过尸体,死人亲属须守墓。常人之墓三日,酋长之墓七日。守墓目的在吓走墓中恶鬼 hantu kubur。同理墓上还须点上一盏灯。死后须大宴。

土人所有唯一部落成丁礼是割包皮。氏族中一切男孩皆一起割开包皮,那时还大宴。

本书一再强调所谓"母系民族"不一定能提高妇女地位。沙盖人一切笨重工作,例如汲水等,皆置于妇女双肩之上。Moszkowski 云妇女(de jure)法律上所有权利为家中男人(de facto)实际上代为执行。这里常行的母权及他处惯有的父权,二者之唯一不同点在于女子不雌伏于丈夫权力下,但却慑伏于她自己长兄之淫威。自己的长兄实在倒有许多原因辱待她,且妄作威福,远逾于其丈夫所能所愿的。所以即使赋有最进步的理论上权力,如果那人无力执行,也是枉然。

我们尚丝毫不知沙盖人原来的宗教如何。土人没有自己的乐器、舞蹈、诗歌。他们失传了自己的神话,晚上闲谈的全是讲"吃"。

大体上沙盖人之信仰与马来人相同。怕同样的鬼 antu。把 Batara Guru (Civa 印度教湿婆神)化成个野猎人。恶鬼是一切疫病的原因,萨满最重要的职事,即由病人身上驱恶鬼。

马来人以为人的灵魂化鸟离体。恶鬼会掠捉那鸟。萨满即须由恶鬼手中夺鸟回来。

沙盖人的萨满跳舞使自己昏迷。跳舞时他右手拿把剑,常还拿副弓箭。左手拿缀铃的臂带以代替大鼓来打拍子。萨满昏迷卒倒后,便与鬼交谈,但鬼不附他的身体,萨满醒来便教病人别怕,因他已克制恶鬼了。

第二回作法时,萨满便吸病离病人。

沙盖人必定亦和其他原始民族相同,从前曾有其特有的巫医(即见鬼者)。但早已失传了,如 Moszkowski 所云"现在他们模仿马来戏法,因为自己没有好一点的"。

硕苏丹国中(Sultanate of Siak)有二族亚吉人(Akit)。他们原本是海岸住民,但现在移居 Mandau 及 Siak 二河流域。其族名据云乃由其建屋筏上而来。亚吉人之体质很饶趣味。因为他们系十分混杂的民族。据 Moszkowski 所观察土人之头发直发、卷发(即波发),甚至羊毛发三式皆有。所以这些原始民族或亦混有一脉塞茫人(Semang,在马来半岛)即尼格利陀(Negrito)之血统。

第四节　吕部人及乌鲁人(The Lubu and Ulu)

吕部人及乌鲁人关系甚密,或系混合吠陀系诸族而成者。居住于苏门答腊中部山地,Padang Lawas,Ankola 及 Mandheling 诸省,即南部峇搭境。乌鲁人居于吕部人之南，南部 Mandheling 省中，使用民南加堡土语。由民南加堡西岸 Ran 地方迁至现在居地。吕部人语言大部分采用邻族南峇搭语。

吕部人及乌鲁人从前皆系无定居民族，行"父母二系并行家族制"（bilateral family），风俗与野古部人相似。但现在已采用氏族制且被吸收入峇搭族。不过二族氏族制度不同。吕部族者为父系制，大体上类同南峇搭人。乌鲁族者则为母系制，大体上有如民南加堡人。

1891 年吕部人有 2000 人口，大半定居，信回教。1856 年据 Godon 所云则有 5340 人，可见此族人口减少颇速。

1855 年 Willer 及 Netscher 二人查探吕部族。那时此族尚属野人，呼啸于山岭间，一无定居。大半居住树上，以吹箭筒及毒箭射猎，食林产度日，食余者与马来人交易。身上只穿一条树皮腰带。土人食种种肉类，腐烂不堪者亦食。用中凹竹器炊烹。土人宗教则未曾提起。那时土人尚没氏族，只有简单酋长制。

兹略述 1912 年 Kreemer 所目击吕部人情形如下，以示其同化之迅速。

此时吕部人衣服褴褛，又穷又脏，生性怕水，不会游泳，虽住河边，很罕洗涤。在外人面前又懒惰又畏葸。他们原是善良民族，但峇搭人很疑忌他们，以为他们弄种种巫术，十分卑视，峇搭人及吕部人很少混在一起。其宗教名义上是回教，且有割礼。虽然他们虔敬宗教不喂养猪，但是人家都深疑他们暗地里偷吃猪肉。

吕部人不很酷选食物，不过特嗜老鼠肉、蝙蝠肉及黄蜂幼虫。土人也吃吹箭筒射下的猴子，不久之前主要谷物是玉蜀黍，现在米也是普通食物。土人善爬树，替峇搭人爬树采椰子赚钱。

土人不畜水牛、黄牛、马，只喂几头山羊及鸡。他们打猎捞鱼都只为自己口腹。收采林产作交易。

民族武器为吹箭筒（ultop）。只有祭司及巫师（datu）懂得制炼箭毒，因为这需懂得种种配合方法及特殊咒语。箭毒须在林中制炼，不能在屋中。许多人帮助巫师，每个人都有其特殊工作以使毒药有效。一个爬上树去佯作跌下，一个假吐，一个倒地在装痉挛。

除吹箭筒外土人还用枪、刀打猎。

土人的乐器及诗歌系由峇搭人传来的。他们不跳舞，宴会中也不跳舞。乐器是几件十分简陋的玩具，于月夜欢歌、野火边狂唱之时，用以伴奏。吕部人的 godang 是种简陋的竹节做的乐器，穿一条竹丝，用一小块木头打。峇搭人的 godang 则为一种鼓。otuk 是把一块竹劈成一片片，用小棒打。吕部人也有一种竹笛（tulika）。

吕部人在更深月明的时候，男女欢歌，曲如马来人的 pantun。土人又有一种说书(turi)，那是年长男人一面喝棕酒，一面听老人讲故事。

吕部人已不居住树上，现在改住地上的粗陋茅屋。较大的桩屋称为umo。土人不像峇搭人筑米仓，米盛在袋中储藏屋里。

三数相邻屋子合成一区(bandja, settle ment)，三数区合成一县(kuria, district)。Mendheling 有 11 吕部人县份。区长称为"na bodjo bodjo"，县长称为"tuan diur"。地方的一切长老，即家长，在政府中都有权力，称为"nan tuho tuho"。吕部人没有贵族，不像峇搭人，酋长死后，常推其长子继承。

吕部人也如峇搭人般分成些氏族叫 marga。

吕部族个人一生的种种礼节也如峇搭人。

胞衣埋在屋下，土人以第二灵魂看待。

孩子生下 20 天，首次沐浴，命其乳名。土人父母依孩子的名而称呼(teknonomy)，孩子如名叫 Sosok，其父亲便称为 amai Sosok(Sosok 之父)，其母亲称为 bopo Sosok(Sosok 之母)。

命名之时，孩子首次剃发。头发及脐带皆小心收藏。男孩子须切开包皮。婚前女孩大都先锉齿染黑。男人很少有这风俗。

土人习俗两性间婚前交际自由。不过要属于不同氏族。每村皆有一特别公所供男青年住宿，另一所供女青年。二者都叫 tawatak。12 岁以上男孩即住于 tawatak 中。女孩也在另一所 tawatak 中住宿，有个老寡妇陪伴。男孩在薄暮黄昏便到此和女孩闲谈。忽而聪慧，忽而痴癫，都在爱河中浮沉。不过女孩大约还注重贞操。

女孩约于 15 岁结婚，婚前先有订婚。婚姻是买卖婚制。父系男家居住。聘金很少，仅约峇搭聘金的二十分之一，聘金既少，新郎便大为合算。但是吕部新郎还是穷得付不出款子，订婚后尚须为未来的岳父岳母工作两年。土人婚姻，男女的心意远较父母的愿望有力。

习俗规定男女须娶他的 boru tulang(舅父的女儿)。因为"裸露的伤口老是吸引水蛭"。

datu(巫师)由占卜书中选个完婚吉日。

婚礼中最庄重的时候是新郎卸除新妇的饰物时。因为习俗禁止已婚妇人佩戴饰物。同时新妇另改名称为 namabodju，待首胎孩儿生后才又改从孩儿的名，新郎结婚时改起个与旧名关联的新名。

婚宴时新娘之父或其氏族皆不能列席，有如南峇搭人。婚后新夫妇不能见人(这是禁忌 taboo，峇搭语 robu，吕部语 coobu)七日。在此期中二人藏在新郎两亲家中，女婿与岳母，翁及媳皆互相避忌。

南峇搭人可以行掠夺婚以节省结婚费用。吕部人不许如此办。南峇搭人还有一种常行婚制叫 maniompo(由语根 sompo"意料之外"而来)。这是女子直接跑去男子两亲之家,即住在那里。女子未婚而已有孕,便这么办。

夫死,寡妇改嫁亡夫之弟,但他却不一定须娶寡嫂。他可以把她再传给家中次一辈的,或送她回娘家氏族。

遗产先传给长子,再及长兄。女子没财产权,却当作男人,或男人的家族、氏族的财产看待。

土人少有离婚案发生,因为配偶是夫妇自己择定的,且男子须为了聘金努力工作。如果女子想离婚,她须送还聘金、孩子给男人。

前面说过,土人名义上虽是回教徒。但还遗留很多土人原有的及邻族回教峇搭的土教。他们崇拜许多善神恶神。尤其虔敬 Singa Tadang(民族最初酋长之神)。他们也相信灵魂(tondi)之威力及吉日凶日。

疫病大半是归因于恶神,尤其是鬼。神鬼或内或外伤害病人。土人可以延请管辖恶神的巫师(datu)来作法。吕部人盛行以魔术害人,因此很受邻族峇搭人的厌忌。

Kreemer 说:有人以为住在 Mandheling 的乌鲁人(Ulu)与吕部人同族。但他本人以为二族丝毫没有一点关系。习俗上二族是极端相反的。乌鲁人行母系制,有习俗 kamanakan 及 harta pusaka 制等等,皆同民南加堡人。而吕部人则行峇搭人的父系制。但前面说过,这二族皆系于百年中间改变为单系家族制(unilateral)的。原来皆行吕部人的简单双系家族制(bilateral family)。所以吕部族及乌鲁族原系一族,此实无怀疑之余地。此外古部人及苏门答腊其他吠陀系民族原亦皆系同族。

第五节　百奴亚人(The Orang Benua)

马来半岛南部,廖内凌牙(Riau-Lingga)群岛,邦加(Bangka)及苏门答腊东部各地,都有些原始蛮族,使用马来西亚方言,为马来西亚族之分支。在马来半岛者称为 Bidwanda 人,Blandas Mantra 人,或百奴亚人。普通模糊地总括称为 Jakun。半岛极南端及群岛上此族亦有很多异名。百奴亚人是其中之一。海居者称为 Orang Laut,陆居者称为 Orang Darat,马来人轻蔑他们,称为 Orang Utan(林中人)。

1854 年 Netscher 述冷邦岛(Rempang)之百奴亚人情形如下(重引自 Hagen 之书):

该时百奴亚人口约有 1000 之谱,无定居,到处漫游。筑粗陋竹棚,上盖叶葺屋顶。炊煮用陶器。不务农事。除用林产物物交易外,无甚贸易。

百奴亚人食用一切林产:猪、蛇、青蛙、树叶、草根都吃下去。此外再由交易得到一些米及西谷。男女皆穿腰带,原本是树皮布做的。

土人武器主要的是吹箭筒及毒箭。此外也还使用马来短腰刀（parang）。

土人把一切东西全装进一个1呎长的竹筒。他的财产是吹箭以及磨擦吹箭的毒药木头，生火的木块，有时还有小刀等。

百奴亚人皆有一只长毛尖耳小狗。那是他的永久伴侣。土人小心看顾这些小狗，这是他们的唯一家畜。

家族关系十分宽弛，没有氏族制及买卖婚。孩子长大到能够拿吹箭筒时，父母便打发他自立。如果后来他找到一个喜欢他的女子，二人便回来找男子的父母，假使找得到便告诉他们这头婚事。父母送男孩一把吹箭筒，女孩一些土钵，当结婚礼物。于是这婚事即定妥了。此二人永不离开，除了疾病死亡分开了他俩。

关于百奴亚宗教或医巫，所知甚少。土人将临终之人遗弃在林中。死后浅埋地下。

Wilkinson指出马来半岛及东苏门答腊的几族野马来人（总称为Jakun者），实际上也可以称为原马来西亚人（Proto-Malaysian）。这称号原是常用以指马来群岛中马来人、爪哇人、民南加堡人三族以外的土人。野马来人讲一种马来方言，不过他们讲字尾的k音，咬得很分明。这是马来人及民南加堡人所省略滑过的。在所谓"马来文化"出现之前，马来语已能溯自此地，因为原马来人居住于马来半岛。

Jakun人与较进步之所谓原马来人文化上根本不同，因为据已知事实，此族人不曾由印度传入印度文化或先印度文化（Hindu and Pre-Hindu Culture）。例如祭宴他们便没有了，另一方面他们都有陶器，但这是古代传下，或系新石器时代传下的。民答威群岛人没有陶器，这或因该地泥土不宜制陶，因此其术已失传。

跋

苏门答腊之民族及文化

前面已略述苏门答腊各族土人风俗文化，由此可见文化之波由印度滚滚东来，使几族土人之文化进展至高超之地位。由此结果，终使后来管辖此地之荷人，无所贡献于高等文化之诸族。只有传进政权集中的政制，以及这种政制赋予的人命财产之安全。

马来西亚人初抵苏门答腊时，或只见尼格利陀人（Negritos）及吠陀人

(Veddoids)带狗,携掘地杖,打鱼,用弓及吹箭筒射猎,漫游于林中。土人居于粗陋棚中,合成小家族群,由其最老的、经验最丰富的男人指导。

由马来半岛的原始马来西亚人(Jakun 人)看来,马来西亚的殖民是否比苏门答腊岛上的原住民开化,还是个疑问。但这些殖民日渐吸收大陆移来的其他马来西亚人新文化,于是文化上竟越过那些野族,且能绝灭尼格利陀人,把吠陀人赶入岛中深山僻壤去。至于西部诸岛的土人则尚未充分受这些后来文化的利益时,便离开苏门答腊了。

因此,由民答威文化看来,苏门答腊的马来西亚殖民首次传入的文化特征为桩屋、舷外浮架独木舟、帆船、人工培植球根植物如芋及薯蓣、制备西谷、畜养猪鸡等。又由于传入桩屋,结果便发生男人屋。使土人分村为小村。小村各有其首领。

在印度人于纪元后不久实际侵入前,马来西亚人或已驯养水牛,且定已能种稻,至少能种旱稻。米称为 běras(即果实),因为它与马来西亚人原有的其他果实相似。马来西亚人现在又学得三数工艺,铁工即其中之一,男人中已开始分工。巨石纪念物及猎首风俗皆系首期文化特征,但受印度人所抑制。前者因为印度人传入另一种巨石工艺,后者因为太野蛮了,不合统治者的脾胃。

先印度文化(Pre-Hindu)传入此地者最重要特征可推氏族观念。马来西亚人一于氏族族长指挥下集成大氏族单位后,更能驱逐吠陀人出苏门答腊岛上的住地。血属复仇即战争集团现在也远较从前者巨大。这些集团由彼此互婚的方法促使各族人数一定,联婚不断。或即于印度时代之前,氏族的地方意味已渐因市镇之兴起而崩溃。氏族族长变成市镇首领。一切原始民族皆喜欢采氏族制。一切文明民族或皆经过氏族制阶段,其原因在于氏族制扩大血亲关系的集团,从而使一族安定。由于文化再进步,地方单位乃取世系单位而代之。氏族变为无益可言了。

氏族一失去益处,便反成害处。由于异族结婚的规定及集体负责制。诱劝良民居住市中或斥除不良分子出市外,二事都远易于收容或斥除族人出氏族。就正统规则说,氏族不能任意收容或驱逐族人。完全的氏族制要求族人生死其中。苏门答腊可以看到氏族制退化的种种程度。各族皆转变成市镇及地方单位。前面说过,印度人居先,荷兰人居后皆促使其转变。

印度人所传入文化特征,全岛皆几属相同性质。已在述峇搭人处讲过大要。其中含有种水稻、用犁、棉花及纺纱机等。但更重要者为印度人的生命观及宗教观。马来西亚小市镇会彼此竞为大商业帝国也分明是由印度影响。

何故苏门答腊的尼格利陀人会绝灭?何故吠陀人会惨遭排斥?这些民族于历史给他们机会时,明显地不会吸收较高文化特征。这似即种族优越问题的要点。

我们不能由文化的某一阶段断定一种民族的能力。这样做法是重蹈从前 Tacitus 的覆辙。他说：日耳曼族不适于思维或体力的工作（laboris atque operum non eadlem patientia）。可是如锡兰岛之吠陀族几世纪来皆接触高等的佛教文化，但结果却遁入林中。可见他们缺少高加索人种及蒙古利亚人种所具有的野心。同样我们可以如此责罪苏门答腊的古部人及其同属。这些民族只于近年来在荷兰人帮助下，才吸收外来文化。

最后，苏门答腊史上不曾见有一民族能保守其血统纯正不受外族渗入。以使他较其邻族优越。民答威群岛人不许外族通婚。事实上，从前且完全不许外人入岛，除了文身且遵守民答威习俗者外。另方面马来人则欢迎一切改宗回教的人入族。结果，混合各族而成的马来人成为进步人种。吸收形式、性质各异的新文化时，其吸收速度快慢，事实上就是原始民族及文明民族的真界限。

第七章　苏门答腊的考古学及艺术

Robert Heine Geldern 著

第一节　石器时代

在爪哇曾发现洪积世的人类遗骸，所以可推想苏门答腊在洪积世也已有人类。但是在苏门答腊却从未发现过属于这期的人类遗骸或遗物。目前很不容易断定在这里所发现的遗迹的确实年代，而且所有发现的遗迹遗物也没有一种可断定是比较冲积世的初期更古的。所以我要特别声明说我在这里所用的"旧石器时代"（Palaeolithic）一字是用以指一种文化型式，而非表示一定时间。

关于苏门答腊的史前期（Prehistoric Period）的知识，现在虽是不多，但已经能够看得出此地有两种绝不相同的旧石器文化：一种是"石片文化"（Flake Culture），一种是"手斧文化"（Hand-Axe Culture）。至今为止"石片文化"遗址只发现二处，在中部苏门答腊。在上占卑（Upper Djambi）一个名为 Ulu Tjanko 的洞穴内，由一位瑞士地质学家 A. Tobler 发现了些用黑曜石（obsidian）做成的石刀片，尖锐石器和石刮刀等混在许多陆地蜗牛、淡水蜗牛的壳堆中，这些蜗牛是当作食物的（见图 3-55）。另有 J. Zwierzycki 君也发现了同类的遗物于同一地方的别一个洞穴内，但其石器的原料除黑曜石外还有别种石。这二位发现者的记录都不曾指明这种遗物的年代。这些遗物或者和锡兰的石片文化遗物以及西里伯岛西南部的Lamontjong 的洞穴遗迹有关,或者属于旧石器时代的最后期。在 Ulu Tjanko 洞穴中还有些人类遗骨,可推测为一种身材细致的人种,或者是吠陀种人(Veddoid)。

关于"手斧文化"我们便懂得较多。其遗迹大多在棉兰(Medan)及世鲁歪(Seruuai)附近东海岸北部的贝壳堆中,还有很多散播在同一区域及其后诸山,以及亚齐的东部近 Seumaweh 及 Laugsar 之处。其贝壳堆的直径 30~60 米,高自 4~5 米。大部分包含海岸壳莱和蜗牛。初时其贝壳堆必定是在海岸近水处。然后来因陆地升起的缘故,这种贝壳竟离海 10~20 公里。堆中除贝壳及许多石器以外还有猎得动物的骨,是破的,大约为便利吮嚼骨髓的缘故。其石器系粗制的,略有手斧的特征,其器只一面有琢削,另一面则不加工仍保留圆形石子状(图 3-56),这是和标准的欧洲旧石器时代物不同的。石器的原料大都是石英岩(quarzite)、沙岩(sandstone)、安山岩石(audesite)及其他火成岩石。形状有多种,有石尖锄(picks),有椭圆形或杏仁形石器,短的平圆石器,长的平圆石器,又有桂叶形(laurel)石器。有些石器有匀直削去的颈,像安南东北部的和平式(Hoabinhien)的 haches courtes。此外还有很多未加工的撞击用石块槌打器,碗状的捣石和 ruddel。

Schürmann 由地质学的研究断定,北苏门答腊的贝壳堆属于冲积世

图 3-55　乌鲁 Tjanko 的石刀和石尖器

图 3-56　亚齐手斧

的初期。这说由那些堆中的遗物的文化上地位更加证实。苏门答腊的手斧文化无疑是与印度支那东北部的和平文化和早期巴逊文化(Bacsonien),还有暹罗和马来半岛的手斧文化等都有关系。在这些文化的中期略带有一点新石器的形迹,那便是有磨过边缘的粗斫的石器和劈开圆石子制成的石斧。这种石子斧(rubble axe),一面加斫磨,一面仍存原来的圆面。这些后印度的手斧文化都属于旧石器的末期。苏门答腊的手斧文化的主要部分虽没有新石器的痕迹,然而带有磨过边缘的"原始新石器"(Proto Neolith),最近却也曾发现过。

不幸的是在这些贝壳堆中发现的人骨太破碎了,不够用来考察他们是何种族。但是由印度支那及马来半岛的手斧文化类推大约可臆测苏门答腊的手斧文化的民族也属于同一类的巴布亚—美拉尼西亚族(Papua-Melanesoid race)。我们还不能断定苏门答腊的两种旧石器文化即巴布亚美拉尼西亚人的手斧文化和另一种或者是吠陀种人(Veddoid)的石片文化究竟是同时并存或者先后相递,若分先后究竟谁先谁后。我们也可推想苏门答腊还有更早的旧石器文化,但到现在还不曾发现遗物。还有原始的马来西亚人(Malaysian)现在还遗留其痕迹于古部人、沙盖人和其他部落中,但其起源也还不能由考古学的方法发现。或者这种原始的马来西亚人便是原始新石器的传入者,这虽是未经证明,但却是可能的。

苏门答腊周围海岛如尼可巴、民答威、英加佬诸岛,到现在还住有极幼稚的农业文化的人民,由这事可以猜测苏门答腊曾有过初期的新石器文化。考古学上的痕迹还不曾发现过。我们有稳健的根据,因为我们研究苏门答腊的后期新石器文化,其特征是有各种石锛,其断面是四角的(Vierkantbeile, Quadrangular adze)(见图3-57),这种文化大约是在公元前2000—前1500年间经由中国和印度支那中部(老挝及暹罗)传到马来半岛和印度尼西亚。携带这种文化的民族还传入了澳洲系语言(Austronesian language),带边架的小艇,种米、养牛或水牛,猎取人头,竖立巨石纪念物等事到印度尼西亚来。这种文化中除四角石锛以外还有鹰嘴形石锛(Beaked adze)(见图3-58),其逐渐演变可以由考古学的方法沿澳洲民族迁移(Austronesian migration)的路线由上老挝(Upper Laos)经过马来半岛到印度尼西亚。苏门答腊的四角石锛和鹰嘴形石锛都极像爪哇的。这两地方的新石器文化同样显出喜欢采用半宝石的石质和彩色的石英,还有斫磨的技术也十分的完美。有些石锛确实是真正的艺术品。我们不但可看出苏门答腊的这种"四角石锛文化"(Quadrangular-Adze Culture, Vierkantbeil Culture)和爪哇有密切关系,我们还可由这些石锛而看得出苏门答腊的新石器时代的马来人(Malayan population)已经有了高度的技艺和精致的美感。

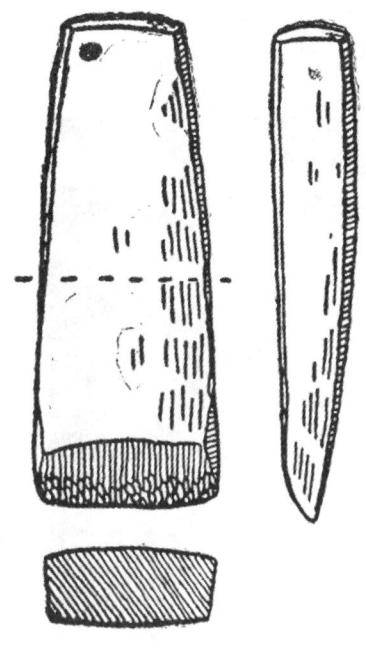
图 3-57 南苏门答腊四角形石锛

图 3-58 古林芝角石制鹰嘴形石锛

第二节 尼亚士的艺术

合用考古学的方法和民族学的方法可以使我们明了新石器时代的四角石锛文化的艺术。这种艺术和巨石纪念物（Megalith）也有密切关系，并且还存在于后印度及印度尼西亚的较为僻远的角落，例如阿萨姆（Assam）和吕宋北部以及尼亚士岛。这种艺术以雕塑为主，大都用于祖先崇拜的仪式灵魂信仰（eschatological belief）和魔术上。至于单纯为发挥审美观念例如屋宇、器物、武器的妆饰，在婆罗洲的达押人（Dayaks）以及其他许多印度尼西亚人所常做的，在这里似乎完全没有。所以在这里真实的妆饰的要素是较差的，有的只不过是简单的几何形的花纹而已。但在这里却见有很多种巨石纪念物的徽志，做了妆饰的代替品。我们可以区别得出"繁殖"和"财富"的魔术的象征，也可区别得出各种"纪念物"。那些在战争、打猎、恋爱、年节及祭祀（例如牛头）的纪念物都被当作是能够使他们获得尊崇体面的象征物。它们被视为上述各种行事的证据，证明执行人在宗教上或魔术上的功绩，所以这些纪念物便能使其人一生快乐有福，又能保护他避免灾祸妖邪，保证其进入天国。所以实际上这些纪念物便和巨石建筑的纪念物有同样功效。这些纪念物常置于木造的建筑物或木的纪念物上，同样也置于石的纪念物上。这些象征的浮雕塑像等，大都是死人或祖宗的像，在东南亚洲的巨石纪念物上占了重要的部分。

图 3-59　南尼亚土酋长的木质宝座

这种型式到了尼亚士达到了终点。其石建筑和石雕刻的技术达到了可惊异的完成地步。但这也不是说尼亚士没有原始拙朴的巨石纪念物。除了那些原始的"立石"(menhir)和"棹石"(dolmen)以外，次之便是色彩繁多的精致的巨石纪念物，其中有些还很新。在这岛上的各处可见到这种发展中的各不同方面。

在南尼亚士，建筑术是主要的。石的乡村围墙，石砌的集会所，通到高处村落的石阶层，都是东南亚洲的标准的巨石文化型式。有些阶段是用磨光的石来做的，有些石墙加了浮雕，其古朴之状可以算是最美观的印度尼西亚建筑术（图 3-60）。从 Orahili 村通到 Bawoma-taluwo 村的阶石是由四段合成的，长达 700 层，由这个可以看出他们建筑术的成就。

由于南尼亚士土人的美术癖性，甚至较简单的巨石纪念物如立石、桌石，原来虽是为纪念生人或死者的东西，也被改变为艺术的建筑物。简单的立石变为方尖塔(obelisk)、多角柱，或低矮的石柱(stela)，末端成涡卷形。桌石变成圆形的石棹或是艺术化的石凳，两者都叫做"座位"(darodaro)，是以供死者的鬼魂坐的所在，但活人在开会或年节也可在上面坐（图 3-33）。在最精致的巨石纪念物不论立石或"座位"上面，光滑面上常再加雕凿可爱的艺术象征图案，大都是尼亚士式的玫瑰花纹样。在南尼亚士有一件有靠手和背的王座，在峇株岛也有。在接背的向外一面有人形或鳄鱼形的浮雕。总而言之，南尼亚士人似乎很喜欢石浮雕。在纪念物上，石阶旁的壁上，或甚至在村中简单的铺地石上都有浮雕。除纯粹的象征图样和单个人物形以外,还有全景,例如在一个最大的座位上便雕有四只猴子提鲨鱼的图,很为生动。

在北尼亚士上述的这些巨石建筑物石阶、砌石的地方、浴所、棱堡等似乎很罕见或者完全不见。在中尼亚士则由原来的巨石纪念物还变得不多。如方尖塔石柱在尼亚士中部及北部都较存原始形式。但立石在这一带则向另一条路改变,成为石柱像(hermae)和石像。在外表上石像是木像的重制,但其性质还是像普遍立石一样。石像也用以纪念"大事业的宴会",或用以纪念死人。又和立石同样,用以供死人的鬼魂坐在前面平石板上时作靠背之用。这些石板便也相当于南方的"座位"。

图 3-60　通向南尼亚士 Hilifalzwu 旧乡村的石阶

可惜关于尼亚士的石雕像还懂得甚少。施罗德氏(Schröder)曾将中尼亚士的摩罗奥县(Moro'o)发现的比真形较大的石柱像(hermae)和石雕像制图出版。这些像的面部几乎缩成了几何形的轮廓,虽有缺点,并且技术是原始的,但因其有纪念物的性质,故也很可注意。在尼亚士岛的别处有些很能像真的好像,但也有些很可笑的怪像。尼亚士的雕塑艺术的倾向可由一处雕成简省体的鹿及犀鸟的横石纪念物而看出(图 3-61)。这是模仿木制的舁床的,那种木舁床装饰着动物头并于大事件开宴会时用以舁起来宾,不过这模仿品是石的罢了。还有石柱的上端雕着犀马,也无疑是木制纪念物的复制品。

尼亚士极多木雕的偶像,多属祖先的像或保护神的像(图 3-34)。这些像的繁衍,以及其形状的意义,都不能说得出,因为从来不曾有人详细研究过,这种报告也很少。这些偶像不一律,上自很近真形的详备的人体,下至只有表示眼和口的简单一根木形。据施罗德说,南方的偶像特点在乎圆形和平滑的表面。在中尼亚士偶像更简单,有些甚至只像几何体。北部的雕刻是用凿的,比较平扁,不很像塑的。这些偶像都是裸体的,不过有悬挂饰物并有头饰。多数祖先的偶像两手捧着杯,使人看了连带想起东欧西伯利亚草原以及中亚的巨石纪念物中的大杯偶像。似如石柱像(hermae)的偶像大都是直立阳物像(ithyphallic)。多数同实物大的偶像和石柱像都有两只角在头上(图 3-34)。

这些原都是拟人化的东西,其初或者是像后印度的阿萨姆族的两叉的木柱,还有佛罗里斯岛(Flores)也有那种木柱,是用以挂牛体做牺牲的,同时也用此为纪念物。小心雕刻的偶像,特别是祖先的像或家神的像是艺术家所雕的,但如在病时用以禳祭的潦草不佳、事毕弃掉的偶像则是神巫所做的。这些较为简陋原始的偶像虽是缺乏技术,但其引起兴奋的感情却有时比精细的作品还更有效,因为后者常带有一种安静的表情。

北尼亚士的屋子是椭圆形的,南方的是四方形的。北尼亚士在巨石建筑中所表现的创造庄严的建筑形式,也表现于酋长的木造屋的建筑。这种木屋的体积是很可注目的。例如 Bawomataluwo 的 Siulu 的屋子有 23 米高(图 3-33)。在印度尼西亚别处的有桩屋子恐怕没有再比这一种更高大的了。不但外观,那底下支

图 3-61　尼亚士中部,Gomo,Orahili 的石碑

屋的粗柱,突出的墙,弯斜高耸的屋顶,坚固的天花板,都给人一种真正艺术的印象。内部空位的分配也有高度技巧和艺术,除了高等文明的建筑以外可算是最好的了。斜射的光线发生了一种特殊而动人的影响,那些精细雕成的纹样——极雅致的纹样如梳状、盔状、颈串状等——和朴素无华而却配合适度的墙壁大柱互相对比,很为好看。在有些酋长屋中还有箱柜形的木座,饰以人形、鳄鱼形、玫瑰花形以及几何纹样的浮雕,这些都可包括在尼亚士艺术创作之内。

可惜我们知道的还不足以用历史分解的方法来说明这种可注意的尼亚士的艺术之花。但是我们却可假定北尼亚士的椭圆形屋子,用偶像以驱除邪祟,以及有些成型式的雕塑都属于比巨石文化更古的另一种文化,或者是和尼可巴及英加佬的文化有关。继这种文化之后的是巨石文化,包括巨石纪念物、巨石建筑、祖先偶像和象征的纹样等。由这两种文化而发生的艺术,后来再受了印度艺术的影响,更提高了原来的水准,再后的外来高等文化的影响或者是来自爪哇、苏门答腊或后印度,其时代或者是 14 世纪或较早,这种影响表现于尼亚士的剑柄上的雕刻,其动机似乎源自"印度爪哇"(Hindu-Javanese)或"印度

苏门答腊马卡拉"(Hindu-Sumatrean-Makara),或者甚至出自佛教的轶事,尤其是 Sutasoma zâtaka 一部佛经中。还有更近的爪哇或苏门答腊高等文化的影响则见于有些凿刻的作品例如南尼亚士的 Hilisimaetono 的石制华盖。虽受了这些外来的影响,然而尼亚士的艺术的主要性质还是根于巨石文化。它显示出这种"先印度的"(Pre-Hindu)巨石文化的艺术,如逢到了更高技术及精神上的目标供给以机会时也有发扬光大的很大可能性。

第三节 南苏门答腊的巨石文化的艺术

新旧二种巨石文化的痕迹散播在苏门答腊广大地方,例如峇搭人的村落石围墙,民南加堡人的集会所和斗鸡场,这两处都有石的"座位"(stone seats)环绕着。还有同地方的竖立的石头、石堆,以及上罗干地方(Upper Rokan)的石纪念物和石棺,南古林芝(Kurentji)的"石炮",上部占卑(Upper Djambi)的曼哥(Mangko)地方的有浮雕石块等都是。最后还有如勒布教授(Prof. Loeb)所指出的南榜人的"宝座"(Pepadon)的风俗便是源于巨石文化和"庆功宴"(feasts of merit)。

苏门答腊的巨石纪念物中最重要的一群是在西南部的巴西马(Pasema)高原及其附近的县。据凡德胡氏(Van der Hoop)的考察,这些巨石纪念物中包括单个或多个的"立石"、椁石、石棺、成层的建筑(据说是墓)以及石像。这些石雕物显示有二种型式,其中一种是较原始的土著的。蹲着的人像两手相合于膝上或胸前者便是这种较古的作品(图 3-62)。这和"先印度"的爪哇石刻很有关系,而这一定是属于原来的巨石文化。第二种的雕刻品是较发达的,有单个的,也有成群的。成群者例如一个人骑象或水牛(图 3-63、3-64)或一两个大人和一个小孩骑着水牛,或一个人和两个小孩骑着象,二三个人或一男一女和一小孩立在一头

图 3-62 南苏门答腊 Muaradua Komering 的原始石雕像

象或水牛旁边，一个人斗着一头仰面倒着的象（图 3-65），两个人战一条蛇，两头老虎其中一头雌虎用爪抓着倒在它下面的一个人的头。

图 3-63　巴西马 Pageralam
一个人骑水牛的石雕像

图 3-64　巴西马 Pematang
一个人骑水牛的石雕像

图 3-65　巴西马 Gunung Megang 的一个人和倒在他身边的象战斗的石雕像

像在尼亚士的样,在巴西马有一种较发达的巨石文化,但其结果却不同性质。不像尼亚士的多属静的艺术,在这里却多有动的性质(图 3-63、3-64、3-65、3-66、3-67)。各物都富有活动力量和情感。面部以及整个姿势都表示着强力和灵动。突出的眉,圆睁的眼,大颧骨和扁平的唇,凸突的嘴部,尤其是大下颚,都使这种人面形有怪异的凶暴性质。那些雕刻者很明显的是有意要把土人的种族型态依实表现出来。但因为将他们的特征太过扩张,以致有些人像变成讽刺画的形状。这样的像使人误会而推论是属于尼革罗种人(即黑人)。和尼亚士的雕刻相反,巴西马的雕像尤其是成群的像,都有激动的姿势。身体是扭转的,头是倾向于一边,或向前,或向后,强壮有力的手臂正搏斗着或控制着某种野兽,人和兽的身体都抽搐地互相紧抓着。非常扩大的人体和野兽极不相称,却愈增加了其凶暴的性质。

上文曾说尼亚士的石像是木的祖先像的复制品,所以很多方面都相类,但巴西马的石像却没有木制的原型,这里才有真正的石刻。这些石像的一个特点是尽量利用石的原形。这在峇株卡耶(Batugadjah)石像最为明显,那块石的形状很适于雕做一个象左右被两个勇士所攻击,便照这样雕成,不须十分改变原状(图 3-65)。

在两个石墓的墙壁上,凡德胡氏和德比氏(Der Bie)发现了图画的片段。有两图是黑白红黄色的,画一个人和一头水牛,另一图好像是要画一个人和一头象。所画的对象和石刻相同,手法也属同一类。其人型也属同样剧烈的动

图 3-66　巴西马峇株卡耶(Batugadjah)的石雕纪念物,表示象和背带铜鼓的战士

态,有同样怪异几乎像讽刺画的面貌,这可以证明这种文化和石墓属于同一时代。

后期巴西马的雕刻术虽还未脱去原始色彩,却已受了某种较高文化的重大影响。其证据便是其作品有显著的自然主义,动作的自由以及抛弃了前部的束缚。例如由人骑象的雕像可以推测便不是受了印度艺术的影响,也可以说是其作者本身受了印度文化的影响了,因为驯象骑象的事是属于印度文化的。印度文化的影响巴西马艺术很微,虽曾表现于几个石像,不论印度教或佛教的痕迹都看不到。凡德胡说峇株卡耶的人攻象的石像其中人的背上有最古型式的铜鼓,那种铜鼓很像印度支那于公元初期所用的,还有巴西马的石刻中

图 3-67　巴西马 Palaupanggung 的石雕头像

有剑、匕首和盔也很像是同时代的铜制武器,那种铜器在北安南的东逊(Dông-son)和东京曾有出土。凡德胡和其他研究者在巴西马的石墓中除许多石制珠子和玻璃珠子以外还发现有几片铜的物品,一件金指甲,一个铁矛头。他推论巴西马古迹的创造人还属铜器时代文化,虽是像安南东逊古迹一样也已开始有了铁器。我们可称之为后期铜器时代文化(Bronze Age Culture),这种文化由北方输入东南亚洲,其时期约起自公元前 300 年或甚至公元前 600 年前,终止于公元后约 100 年顷。这种东逊文化(Dông-son Culture)犹如欧洲的哈尔斯达文化(Hallstatt Culture)或拉典文化(La Tene Culture)。这种文化的强烈的波浪传播到苏门答腊可以由峇搭和民南加堡的装饰艺术中所保留的痕迹而看得出。

我在别一书(*Vorgeschichtliche Grundlagen der kolonialindischen Kunst*)里曾说巴西马的石刻在型式上很像公元前 117 年中国将军霍去病(Huo k'iu-ping)在陕西的墓前的石刻纪念物。〔译者按:这是指马踏匈奴像,其像也很表示动态及力量的。〕巴西马的石墓不属于较古的巨石文化,巨石文化是在新石器时代传到印度尼西亚的。不论在印度尼西亚或马来半岛,凡是有石墓的地方同时都有发现铜器或铁器。这件事实使我们可以推想巴西马雕刻术和中国汉朝的雕刻术有关,苏门答腊的石墓也和那时的中国石墓有关,而

这种石墓便是由中国传到印度尼西亚的。最后巴西马的石墓中的图画也使我们连带想起中国同时代墓中装饰。

由此言之,我们可以把巴西马的石制纪念物分为两类,一类较古的包括立石椁石和蹲踞的人像,另一类是较后的,或者是公元前 200 年—前 100 年间由东亚大陆殖民的运动带来的。这后一类包括巴西马的特殊的雕刻术和石墓。有些像兼有两种特征,可见两类曾在巴西马会合。而且较古朴的一类有些还是建立于较进步的铜器时代。

第四节 峇搭的艺术

巴西马石雕刻受自北方影响的痕迹,到现在还存留于峇搭的艺术中。峇搭的艺术以及全部文化包含着起源各不相同的要素。有四阶段可以区别得出来。(1)"巨石纪念物型":如上所述大约是由后期新石器四角形石锛文化来的。(2)东逊文化型:即后期铜器时代及早期铁器时代。(3)印度影响。(4)回教马来影响。有些或者起自比四角石锛文化更古的新石器文化,但这个须待对于印度尼西亚和海洋洲的艺术能作历史的分析时方能决定。

除了多峇村落(Toba villages)的 cycloppan 石围墙以及有些孤立的极粗陋的不重要的石祭坛以外,固有的巨石纪念物似乎渐渐消失。但有一种很后来的特殊的坟墓雕刻物似乎原由巨石纪念物变来。例如高而圆的石缸,有一个石盖和蹲踞的人形在顶上,还有多峇的石棺,那是用以盛贮尸体腐烂消灭以后的骨头的都属这一类。在石棺的前部雕凿了一个蹲踞的人像,有一个大面和两角。有时还有另一个蹲踞的人像在棺的后部。全部都表现着流线形和圆形,这是峇搭艺术的特色(图 3-21)。这种石棺据说是在 19 世纪方有使用。在过去数十年受欧洲的影响,乃用洋灰筑墓,上加刻字并用有角的兽形(singas 或水牛头安上),以此代石棺。这是古代巨石坟墓最后退化的 epigones 了。

峇搭的雕刻就全体言之似乎源于古代的巨石艺术,虽其意义动机和型式的一部分因受了东亚和印度的影响而有多次的改变。例如祖先的肖像原是属于巨石文化,但后来比供魔术用的偶像数目较少,重要性也较差。温克勒氏(Winkler)甚至说峇搭人没有祖先肖像,只有在 Debata Idup 的传说中的部落祖先,土人们向这些祖先像祈求子嗣。但这话是太过了。例如 Warnech 的土著的报告说凡祖先如升到 Sombaon 的地位者须用木或石雕其像以立于小山上或井旁。Volz 也曾提及祖先石像。在有些地方还有石像,甚至有和人同样大的,立在墓边或用以纪念死人。其中有些是人骑象或马的,这便表现出印度的影响(图 3-68)。木制的"艇形棺"(boat-coffin)上附人像也应提及。但此外魔术上所应用的偶像却远比这些 eschatological 像更多。其中有些是为辟除邪祟的,有些则装上了头发指甲使它有灵,用为病人的替身以祭祀致病的鬼神。最重要者是涂抹 pupuk 油膏使它有灵的偶像,那种油膏是特为这个目的杀死的人身上取来制成的。这种偶像便为那个被害者的鬼魂栖宿之所,这被害者的鬼魂以后便长为杀他的人所役使,称为 Pangulubalang,意为护卫者(译即中国的樟柳神)。那种古式的蹲踞的偶像永远不变,绝无例外。有些虽工手不错,但却很少能达到像尼亚士雕刻那样艺术程度。

图 3-68　多峇峇搭 Muara 未完工的石雕祖先像

　　小件的东西例如魔术药品的容器(人膏等)常较有艺术价值。这些常是水牛或山羊角所制的(图 3-69 下、3-70)。木制的塞子常雕作有角动物的头部和胸部,这和石棺有关系。有时面部是人,有时是动物。其弯曲的线可看出印度的影响,但那一列跪在动物的背上及头上的人像却是原始雕刻的传袭型式。所以甚至这些较为次要的雕刻品都表示出峇搭艺术的综合性的特点。又这种人骑动物的像和成列相叠的人像也雕在这种容器的木塞上。

　　象牙黄铜角或木制成的峇搭刀剑柄所雕的人形也极像药物容器的木塞上所雕的。其动机多不可考。只有一种佛经 Jâtaka 的故事中 Kamâshapâda 和 Sutasoma 的像却是很明显的。峇搭人像缅甸人、暹人一样有二种这样的像,一种是恶鬼 Kamâshapâda 擒了 Sutasoma 王放在肩头上,第二种是这动物头的大鬼蹲在站立的 Sutasoma 王后面作要吞噬之状。

　　峇搭人的魔术杖(magic wand)是峇搭雕刻品中最有趣的。其上雕了一串的人形和动物——男人、女人、水牛、马、鳄鱼、蛇等,使人记起了北美印第安

图 3-69 （上）峇搭黄铜制腰带装饰品
（中左）峇搭黄铜剑柄　（中右）多峇峇搭木雕偶像
（下）峇搭魔术药品的容器，角制附有木雕

人的头饰柱（crest pole），Schurtz 说两者有发生上的关系似乎不错。峇搭人所述关于这些人物的种种故事是一种更古的故事的说明。这些人物形于魔术上的用处决不是本地发生的。很明显的，东亚和印度的影响成立了这种魔术的说明，例如他们祖先的偶像说明为魔术上的"护卫者"。峇搭人的魔术杖虽还保存其原状，但其小节已经受过外来的影响。有些还明白表现其受印度的影响。虽大多数在艺术上无甚重要，但也有些出于大胆的想象、细致的施工及发挥魔术神怪的精神也颇能见长。

手镯、带饰、烟斗、烟盒、槟榔盒以及红铜、青铜、黄铜所铸的刀剑柄等货物在峇搭人中很重要。上述的魔术杖也有用黄铜铸成的。铸法是用 cire perbue 的方法。金银或"须哇杀"（suwasa）（金银铜的合金）所做的饰物常达到高度的技术。有时且用颗粒状形以为饰。双重的螺旋纹和褶裥的条纹是最常见的饰样。这两者都源于东逊文化，此外其他更古的饰样如水牛头和蜥蜴，更近的如印度的例如狮头（singa）都加入于峇搭艺术中，带上的铜饰物尤为特殊（图3-69 上）。其饰样是古印度尼西亚的，即一个人形站在水牛的头上多少混合了印度和爪哇艺术的有角狮头（Banaspati Râhu）。

还有竹制的艺术品也应说及。盛石灰供嚼槟榔用的竹盒是以三角形、褶裥纹、双层螺旋纹为饰，螺旋纹据说是象藤蔓的，后二种也有东逊艺术的强烈影响，角制品也有同样的褶形纹很为工致（图 3-70）。

图 3-70 峇搭角制魔术药品容器　　图 3-71 峇搭雕刻和绘画的木雕像　　图 3-72 民南加堡竹容器

住屋建筑及其妆饰表现出三种型式的混合，即巨石象征型（Megalithic-symbol Style）、东逊型（Dông-son Style）、印度苏门答腊型（Hindu-Sumatrean Style）。最重要及最有艺术意味的屋型是多峇人和卡罗人的。

多峇人的屋子是长方形的，下支以桩，墙向外倾，所以，如除开了屋顶，无论从何方面截取其横断面，便成为一个梯形，而较小的一所在下。其鞍形的屋顶在中部较低凹，其屋脊的尖端在前面的比较后面的更尖锐（图 3-21）。这样的形状像安南东京出土的公元初的铜鼓所表现的一样，或者源于东逊文化。

屋的前面满满饰以雕刻和绘画。双层螺纹和涡纹最多（图 3-8）。据 de Boer 说这些纹样象一种海草（siandor ni laut）。它们虽明明与印度和"马来回教"（Malayo-Mohammedan）传入的藤蔓卷须同化，但还可追溯到东逊文化中的 S 形双层螺旋纹。前部的一根柱常绘日常生活、战争、打猎、宴会的图。峇搭人的这些图画型式上和婆罗洲的达押人的图画很有关系。我在别一处（Vorgeschichtliche Grundlagen der kolonialindischen Kunst）曾说明两者或者都可追溯到东逊文化。有一种更古的是女人胸部的浮雕，在屋前部壁上，这是标准的巨石文化时代的遗物。雕刻的蜥蜴是土地的神 Boraspati ni Tano 的化身，以及有些常见的图形纹或者和巨石文化的玫瑰花纹样有关，这二者也是较古的。

大怪物的头，上有三角，用以妆饰前面的屋壁、三角墙和犀角柱。她们称为"狮头"（Singa），这是由梵文来的，但有些称为"象头"（Gada Dompot）。有角的狮头常见于印度及印度殖民地（如爪哇）的艺术中，似乎代替了古时的土著的水牛头，或者与之混合。我们也应注意峇搭人的狮头和南印度 Pallava 建筑中三角墙上的三叉顶的人头（trisula crowned），例如在 Mâmallapuram 的 Gane'sa Ratha（7 世纪）很为相似，由此可以更确实地断定峇搭人开始受印度文化影响的年代。

卡罗人的屋子（图 3-5、3-8）比较多峇人的有更多种。除了有桩的屋以外还有别种屋子，有下层基础是用梁横架在石柱上，像多峇屋子一样，墙是向外倾斜的，但屋顶更为决定形式的要素。最简单者是一个斜角和一个鞍形的屋顶。在其斜面下部的中央有一个鞍形的隆起，脊端尖锐，很像水牛头。这样的屋顶广布于东亚和美拉尼西亚。在 1 世纪时，这种形状曾见于一面日本制的铜镜。这或者和其他的东逊文化事物一同传入了苏门答腊。

这种屋顶原是两种型式结合的，再由卡罗人把它发展较为复杂了。例如向下的斜面多加一个，另成了一个纯粹为好看的一层，这一层也有斜角鞍形的屋顶。有时还有两个鞍形屋顶，互相交叉，这常见于柬埔寨和暹罗的建筑。屋脊相交叉之点常有一大柱。其上有全屋顶的锥形，顶端还有像遮阳伞的东西（图 3-8）。我们可拟想这种多层的屋顶表示受印度和佛教的影响，像峇厘的 merus 和缅甸的寺庙王宫。屋顶的遮阳无疑的是由于佛教的寺庙而来。在 Padang Lawas 的 Bahal 的佛寺遗址，即在峇搭境内，这样的石雕遮阳曾经发现过。这又可见峇搭文化的要素的显著复杂性。

卡罗人像多峇人喜欢绘画日常生活或故事于屋壁上，但涡卷纹却不像多峇艺术中那样多。卡罗人喜欢较简单的纹样，有些是几何纹的。有一种极常见的蜥蜴形的几何纹是由 Areng 棕树的纤维编织而成，墙壁的木板便是由此连接的。

多峇和卡罗的屋子虽是由于其奇幻的屋顶、美观的分部比例以及其繁多有趣的妆饰而呈极为动人的外观，但其内部未曾加意处理。甚至于全无墙壁以隔开不同的家族。

最后，我们还应当提及峇搭书中的图画。虽其所画的多属源于印度的魔术和占星术，然其型式明系与壁上画的土著型式有关。

假使能将峇搭艺术作更透彻的分析一定很有用处。这或者可以产生比一地方更大的效果，可以说明东亚甚或海洋洲文化的历史。

后期青铜时代的东逊文化的影响，例如在巴西马的雕刻和峇搭的艺术上，将来还可在苏门答腊的别部分发现。甚至民答威群岛的妆饰艺术也是根于东逊型式，有螺旋纹，有褶纹，和他们文化的原始性质不相合，这种型式也成为远为高等的开化民族即中央苏岛的民南加堡人的艺术的基础。

第五节　印度佛教期的考古学及艺术

苏门答腊之闻于印度最迟是在公元1世纪时，印度人称之为Suvarnadrîpa，意即"金之岛"（the Island of Gold）。印度人大约在2世纪时曾置殖民地于苏门答腊，不过关于印度苏门答腊期的历史到现在还没有发现过考古学的遗迹。最早的印度苏门答腊的纪念物是一个石佛像的身，那是在巨港附近一个小山Bukit Seguntang发现的，已经破做数段了。Krom又说这个石像曾受过南印度Awarâvatî派的影响，据Stella Kramrisch夫人的意见，这件石像不能早于6世纪的后半，这位夫人曾帮助著者决定巨港和占卑所发现的古物的年代及其与印度的联系。又因其不会迟于6世纪，所以这或者是三佛齐帝国（Srîvijaga）以前的古物，因为三佛齐是7世纪才成立的。

巨港所发现的其他雕刻物是属于三佛齐的兴盛的时代了，其京城大约便在现今的巨港。有一个菩萨的石像在Bukit Seguntang山坡发现，还有Avalokitesvara菩萨的比人大的石像发现于Musi河，其艺术上的型体是与7世纪南印度Pallava国有关联的，所以似乎属于三佛齐初兴的第一期。有三件极优美的青铜像，一是佛陀，二是Avalokitesvara，三是Maitreya，属于中央爪哇体，其时代必定是介于8—10世纪。这三体都发现于离巨港不远的Komering河。还有在Bukit Seguntang发现的是一尊青铜佛像，头上有花冠。由体式上和肖像学上看来，是很特殊的，这可以证明除了南印度体式和爪哇体式以外，还有本地体式一种。

三佛齐时代遗物中的很有趣的东西是四件石刻，那是古马来文和梵文相杂的。有三件是现在所知道的印度尼西亚最古的石刻，也是马来文，甚至是澳洲语系（Austronesian language）最古的石刻。其文字极像南印度Pallava王国的文字。

图 3-73　铜像　可能 8—10 世纪
a. b. Buddha 头　　c. Maitreya　　d. Avalokite vara　　e. Buddha
a. b. 在靠近巴林冯的 Bukit Seguntang 发现
c. d. e. 在靠近巴林冯的 Komering 河发现

在巨港附近发现的这种石刻,其年代属于沙卡(Saka)纪元的 605 年,便是公元 683 年。所刻的文字是记载那一年所发生过的一件大事,但其文字还不能完全懂得。有些考古学家还说那便是指三佛齐城的建立一事。第二件石刻发现于巨港附近 Tala Tuwo 的地方,年代是沙卡纪元的 606 年,便是公元 684 年。文字记载着国王赐给一所花园的事,文末是一长串的佛教祝福文(pranidhâna)。可以推论三佛齐的 Sailendra 朝的国王在 7 世纪便已信仰佛教的 Vajrayâna 派,后来他们已尽力推行大乘佛教于印度尼西亚和马来半岛。所以在印度苏门答腊期的纪念物的大部分都是属于大乘佛教的。和爪哇相反,苏门答腊只有极少数纯粹的湿婆神性质的(Sivaitic)石像,而小乘佛教也没有留下考古学的遗迹,虽是中国旅行僧人义净曾说这里的宗教是小乘佛教,直到了 7 世纪为止。

第三件石刻发现于邦加岛(Bangka Is.)的 Kota Kapur 地方,年代由沙卡纪元 608 年即公元 686 年起。这可以证明这岛曾属于三佛齐。这一件记载着本岛的王曾经抵抗过爪哇的侵略。第四件石刻很像 Kota Kapur 所发现的,但不记明时日,发现于占卑境内的 Karang Brahi 地方。

除此以外,苏门答腊很少有可以推断为属于 Sailendra 朝的石刻了,我们可提及由占卑发现的二尊佛像(J. Adam 重新构合的),其体式和北印度相同,明明和笈多朝的(Gupta)艺术传说有关。在 Mandailing 的 Si Manga mbat 地方砖筑的遗址旁边,Bosch 氏发现有些石的浮雕(其中之一雕 Kâla 头),那是寺庙的建筑的遗物,确定是中爪哇的体式,年代属于 8 或 9 世纪。此外,还有些中爪哇体的湿婆式的(Sivaitic)雕刻和建筑遗址也发现在巨港西方 Lematang 河附近地方,年代属于 8—10 世纪。

在 Padang Lawas 的 Gunung Tuwa 地方峇搭人境内,曾发现一堆青铜遗物,年代属于沙卡纪元 946 年(公元 1024 年)以前,这是 Avalokitesvara 菩萨化身为四臂的 Lokanatha 即"世界之主",在两个 Târâs 之间的像。以前这像上还有造像的艺术家的名字 Sûryya。这像虽是在苏门答腊铸成的,但其全体式和字的性质明示受过爪哇影响的。尼泊尔的(Nepalese)11 世纪的一件文稿曾记载这时的苏门答腊人极崇拜 Lokanatha,在三佛齐国都所立的像驰名于佛教徒的世界。

在印度苏门答腊期的遗物中应注意到近占卑的 Kampong Solok 所发现的四件美观的 Makara 头。其中一件曾志明是沙卡纪元的 986 年(公元 1064 年)。苏门答腊的 Makara 像常是一个战士立在一头大怪物的打呵欠的上下颚间。

有一群遗址发现于上甘巴河(Upper Kampar River)的 Muara Takus 地方,那是几座砖建筑的遗址,其中有三座窣堵坡(塔)(Stupas)和一串阶段。一座细而高的窣堵坡保存较完整（图 3-74）。Bosch 说由于有一块石和一片金箔表示出 Nâgârî 的性质，所以这些遗物不会比 12 世纪更早。上巴东（Upper Padang）的 Tandjong Medang 的砖筑窣堵坡大约也在同时。印度苏门答腊式的艺术的特征便是砖建筑较多于石建筑，而建筑物之中以窣堵坡为多，这是和印度爪哇式不同之处。

Padang Lawas 的 biaras 的雕刻建筑是苏岛的最有趣的东西，Biara 一字是由梵文 Vihara 衍成的，意义为寺院，在中央和北部

图 3-74　甘巴（Kampar）区 Muara Takus 的塔

苏门答腊的佛教时期的遗址常称为 biara。除了一座石建小寺以外只有砖筑的寺院。Gunung Tuwa 附近的一座寺院叫做 Biara Si Topayan，现在还存留于二层阶段上，其间有一小庭。有二石刻记载其创建的事实。其中有些古爪哇的字使人想到峇搭字形，或者后者便是由前者变来的。Padang Lawas 的其他寺院常是外包四方的围墙，中央建主要的寺，周围环以小寺窣堵坡和阶段。一道阶层，底有 Makara 像，上达长方形的 cella 的基底。在 Panei 河近 Portibi 的二座 Bahal 寺，其内殿有壁肩（corbel）的屋顶还有一部分存在。这个模仿窣堵坡的形状，其上部也有一个复盖。寺院的基底饰以砖的浮雕，其所雕的是跳舞的罗刹（Râkshasas）和蹲踞的狮子。Bahal 第二寺的主要佛像对于宗教史上有很多说明。这尊佛像是在一个死尸上面跳舞的 Heruka 神，这是佛教中 Vajrayâna 派的最可怖的神，祭祀他须用流血的牺牲，或者要用活人，在祭祀的仪式中要饮人血吃人肉。崇奉这神是印度宗教和土著宗教的接触点，因为 Padang Lawas 地方住有一支峇搭人，这派退化的佛教的仪式却给峇搭人的吃人肉的风俗以另一种的诠释。或者便由于这种佛教的诠释致使峇搭人的吃人肉的风俗存留了这样长的时期，虽是那种诠释后来又被人遗忘了。

Bosch 氏以为由于这些明显的佛教痕迹，可以推论 Padang Lawas 的寺院是建于 Tumapel-Singhasari（爪哇古国）的国王 King Krtanagara 即位（公元

1254年)以至于末罗游(Malayu)国王 King Adityavarman 逝世(公元 1375 年后)之间。由许多遗址及刻字可以推知佛教的 Kâla-Cakna 派,这是佛教和湿婆教混合的宗教,曾于上述时期在中部苏门答腊、末罗游(占卑)以及民南加堡等处盛行过。东爪哇的 Tumapel-Singhasari 国王 Krtanagara 曾于 1275 年侵入苏门答腊而末罗游(占卑)便于这时成为爪哇的属邦。这位爪哇国王是那一派佛教的热心的信徒,所以这一种宗教便不是他传入苏门答腊,也是由他的影响而发达起来。

图 3-75　巴东拉瓦 Tuwa 山的 Makara'a 头

　　Westenenk 氏在 Batang-Hari 河左岸的 Sungai Langsat 地方发现一块刻字的石头,大约是石像的底部。其字是通常爪哇卡维文(Kavi),其语句是卡维语和许多马来语相杂。其字记载沙卡纪元 1208 年(公元 1286 年) Krtanagara 王命令将一尊菩萨 Bodhisatva Amoghapâsa Lokesvara 的像——是王子 Visvarôpa 的赠品——由爪哇运到苏门答腊来,由四位高级僧人执行,植立在 Batang-Hari 河上的 Dharmmâsraya,以使人民和末罗游的国王 Maulivarman 都欢喜,而末罗游王便是爪哇王的一位诸侯。这菩萨像周围还环绕着许多 Dhyâmi-Buddhas Târâs 佛,以及其他佛像。60 年后被移到同属 Batang-Hari 河区域的另一地方 Rambahan,一直到现在还可看见。这像与其时代及起源地正相符合,其式正是爪哇 Singhasari 国的。或者这是东爪哇 Tjandi Djago 的主要佛像的仿制品,这后者原是 Krtanagara 王的父亲 Vishnuvarddhana 的肖像,不过是采取 Amoghapâsan 菩萨的形状而已,他在 Tjandi Djago 寺的雕像便是这样。在 Sungai Langsat 发现的另一尊像是比人更大的 Bhairava 神像。这像也是属于爪哇 Singhasari 艺术的范围的,大约也在同时由爪哇运到苏门答腊来。

　　上述的佛教一派 Kâla-Cakra 派似乎落到了苏门答腊的肥土里。这由于 Adityavarman 王的铭刻而知道,他统治末罗游和民南加堡约有 30 年之久。他即位大约在公元 1343 年至 1347 年之间,而逝世则在公元 1375 年以后。在公元 1347 年他命令将 Krtanagara 王的 Amoghapâsa 像移到 Rambahan,置于一座佛寺中。他还命令将这件事刻字记在像的背后。这篇古文字的记载曾由 Kern 氏阐释,Moens 翻译。这篇铭刻所用的字是梵文,但错误甚多,可见自 7

世纪以后文化便低落了。在 7 世纪时三佛齐是佛教学问的中心,中国僧人曾到此研究梵文。

苏门答腊和南印度的密切的关系,尤其是对科拉帝国(Cola Empire)的关系,引起公元 1000 年时三佛齐一位国王在南印度盖了一座圣殿,而 1023 年时科拉王也暂时侵服了三佛齐,这事曾留下考古学上的遗迹在苏门答腊。例如在 Baros 附近 Lobu Tua 的地方曾发现一块古碑,是用太密耳字(Tamil)写的,时间在 1088 年,起因系由于和南印度人的合股做生意。由 13、14 世纪以后更有其他的碑,也是用南印度文字写的。而在 Padang Lawas 的 biaras 更有一尊青铜女像发现,确实是属于南印度的。

第六节　回教时代的考古学和艺术

较古的回教纪念物除了少数例外,只限于墓碑,其中多数不是苏门答腊造的,是由 Gujerât(印度)的 Cambay 运来的。由历史眼光观之,这些碑文是很有价值的。有些墓碑是属于苏门答腊的改宗回教的第一期。例如 Malik al-Saleh 苏丹的墓碑便是,他是 Samudra-Pasè 帝国的开创者,死于公元 1297 年。除了墓碑以外,还有在阿齐的几座圆顶屋(cupolas),以及在 Kota Radjo(阿齐)的奇形的小建筑,叫做 Gunongan,意义是"山",是 Iskandar Thani 苏丹(1636—1641)所造的,一种游赏用的亭子,都是回教古迹。

这里应当叙述些苏门答腊的回教人民的较近的艺术,例如织物、金属工、和角牙木料的雕刻。虽有荷兰的民族学家曾研究过这些初步的应用艺术,但还未有做过历史的研究者。并且在一本书内也限于篇幅,不能详究,因为这种研究必定涉及苏门答腊以外。在这里我只可以简括地说苏门答腊的回教徒的应用艺术虽似乎属于一种体式,其实却是多种要素的混合物。其基础仍旧是青铜时代的东逊式,这可以看民南加堡人的艺术而知,他们的艺术品常有褶纹和 S 形字双层旋涡纹(图 3-71)。以后更有印度式、印度爪哇式,最后是回教式逐一同化,甚至中国影响也加入了马来装饰的发展中去。

对于民南加堡的建筑应给特别注意。民南加堡的屋式和多峇有关系,并且和东逊文化的古铜鼓上的屋子图形有关系。屋顶是重复的,不过不像卡罗人的上下相叠而是两个屋顶平行相挤着(图 3-29,3-30)。这种屋顶也见于柬埔寨和暹罗的建筑。这两处和民南加堡的建筑必有关系,不过不知道这种屋顶是起于印度支那或苏门答腊。有时民南加堡的屋子两头成为凸突状,很像中古时的帆船,有船头堡和船尾堡(fore and aft-castle)(图 3-30),墙壁上满满饰以螺旋纹和其他纹样,多属印度式或回教式。虽是有些还露出东逊文化的根底。墙壁上的玻璃嵌镶细工也表示中央苏门答腊和暹罗的关系。

公会所(balai)极像家庭住屋,但只左右翼有围墙,中央部分却是无围墙的(图 3-31)。最美观的建筑是谷仓,下面有桩,墙壁向外倾斜,雕饰甚繁多,上面有鞍形的屋盖(图 3-29 左)。

关于苏门答腊用木造的古回教寺很少有人研究。似乎在苏岛的大部分,至少在阿齐和民南加堡,印度式的屋顶即成层上升的,像在峇厘的 meru 和缅甸寺庙,也适应了回教的建筑术。

第七节 结 论

以下试就我们现在所知的分述苏门答腊的各种文化层。

1. 后期旧石器的石片文化(Late Palaeolithic Flake Culture),其人种或者是吠陀系人(Veddoids)。

2. 后期旧石器手斧文化(Late Palaeolithic Hand-Axe Culture),其人种是巴布亚·美拉尼西亚人(Papua-Melanesoids)。

3. 手斧文化后期的原新石器(Protoneolithic lements of the Later Phases of the Hand-Axe Culture),石器边缘略经磨过,还有石子做的斧(rubble-axe),这种文化大约是"原马来人"(Proto-Malaysians)传入的。

4. 早期新石器文化(Earlier Neolithic Civilization),现在还可在英加佬岛和民答威岛看得出,虽是在考古学上还不能追溯上去。

5. 后期新石器四角形石锛文化(Late Neolithic Quadrangular-Adze Culture)(荷文为 Vierkantbeil-kultur),这是由原始澳洲种人(Original Austronesians)又名马来·坡里尼西亚种人(Malayo-Polynesians)从后印度带到苏门答腊的,时期大约在公元前 2000—前 1500 年。这种文化包括以下诸项即四角和鹰嘴形的石锛、锯石的技术、种粟和稷、养牛、有边架的艇子、巨石建筑、祖先偶像、猎取人头等。

6. 后期青铜器和早期铁器的东逊文化(Late Bronze and Early Iron Age Dông-son Culture),其到苏门答腊时大约在公元前 300 年。这种文化的诸要项是有窝的青铜斧(Socketed bronze celts)、青铜或铁制的匕首和枪尖、青铜鼓、旋涡形和褶状饰样、表意的绘画(figurative painting),多峇和卡罗人的屋子形式或者也在内。其传入苏门答腊大约是从印度支那东北部(即东京安南)和南中国由商人和殖民带来。

7. 汉朝初期的中国文化的输入,一部分和后期的东逊文化同时,其特点是石棺的坟、巴西马的石刻,这后一种和汉初的雕塑术有密切关系。

8. 印度·苏门答腊文化(Hindu Sumatrean Culture),最迟由公元 1 世纪起,由印度殖民以及婆罗门教、佛教的传教师传入,再由印度和"广义的印度"

[译者按：即受印度文化影响的地方]（Greater India）（如爪哇或者柬埔寨、暹罗、缅甸）继续影响，直到14世纪。

9. 回教文化（Mohammedan Culture），由13世纪中叶盛行于北苏门答腊，自15世纪或16世纪后更传播于全岛的大部分。初由在印度特别是Gujerât一地的回教商人间接传来，后来更直接由阿拉伯传来。

10. 后期的中国影响，至少自14世纪之末以后。

这个暂定的表无疑的还是不够。例如在苏门答腊应当还有更古远的旧石器文化，为我们所未知道的。还有青铜器时代达到苏门答腊大约在东逊文化之前，但我们也还不能证明这事。

当然我们不应该想象上面所举的文化层（cultural strata）传入苏门答腊是按照一种严格界限的"文化潮流"（cultural wave）或"侵入潮流"而来。反之，这是按照极为错杂的进程的。这是由研究历史时代进入苏门答腊的文化便可证实。苏门答腊和印度及印度文化的最初接触至迟在公元后1、2世纪。但由此以后印度和苏门答腊的交通是不曾完全停止过。例如在9世纪时三佛齐王曾在印度那烂陀（Nâlandâ）建立佛教建筑，在公元1000年时在Negapatam也有这样的建筑；在11世纪的尼泊尔的古文稿上有苏门答腊式的佛像；三佛齐在后期佛教历史的重要；以及有很多次由苏门答腊散播佛教的活动和学问于中国、印度，甚至到了中国的西藏。在11世纪时科拉国王还侵入了苏岛，公元1088年太密耳文的碑建立在Lubu Tua；还有达罗维荼（Dravidian）部落名也见于峇搭人中，这些都不可忘记。所以我们可以主张苏门答腊不但曾有一次被印度殖民，而且因为1000余年的密切接近，苏门答腊竟变成了"大印度文化区域"（Greater Indian Cultural Area），自然的，除了由印度孟加拉区域以外还有其他文化从印度的太密耳人（Tamil）区域和马拉巴（Malabar）传到苏门答腊，而在11世纪科拉王时由南印度传到苏门答腊的文化也和7世纪由南印度的Pallava国时期所传的不同。物质和精神文化都常不直接由印度母国传到苏岛，却常是经由印度殖民地尤其是爪哇转达，所以在达到苏岛以前途中难免发生改变和同化。

苏门答腊的佛教史有一特点是这种印度宗教生活的发展上和变迁上不断受苏门答腊的干预。当7世纪义净来到苏门答腊以及佛学家Sâkyakîrti在三佛齐著书时的佛教是小乘教盛行，大乘教方才萌芽，及至到了13、14世纪Krtanagara王，Maulivarman，Adityavarman等人时的佛教却是Kâla-Cakra派极盛了。

苏门答腊的回教及回教文化，也有同样的历史段落。回教原是由印度输入的，讲得更正确些是由Gujerât传来，这原来是多少有十叶派的色彩，后来却由17世纪起逐渐增加其阿拉伯正宗派的性质。在卡约人（Gajo）中甚至还确实有土耳其的兵器和衣服,这表示了甚至土耳其的影响也到了苏门答腊的内地。

我们可假定说在历史时代的文化是怎样的,在史前时代也是怎样,但还不能证明它。我们如能辨别得出新石器时代的四角石锛文化的再分层,便能解决很多考古学上与民族学上的争论。我们还不能观察得出史前文化层的散布与各种社会形态的配合,例如峇搭人的父系制和民南加堡人的母系制。

最后为要避免错误的解释,我要再主张说多种外地传来的精神及物质文化在苏门答腊也独创地发达,且常由很巧妙的方法发达。我们只要想一想尼亚士和巴西马的艺术创作便可明了。

现在对苏门答腊的考古学的研究还才开始。实地研究的工作还有很多等候完成。这个岛由于其位置适在原始人由亚洲渡到澳洲及太平洋南方群岛的中间,也在后来的航海家往来于印度和中国的中间,我们希望它能供给最重要的事实于人类的历史。

[林惠祥译自 Sumatra: *Its History and People* by Edwin M. Loeb, *Archaeology and Art of Sumatra* by Robert Heine-Geldern Published in Vienna 1935. Copyright by The Institut für Volkerkunde Vienna.]

(原载《南洋问题资料译丛》1960 年第 3 期)

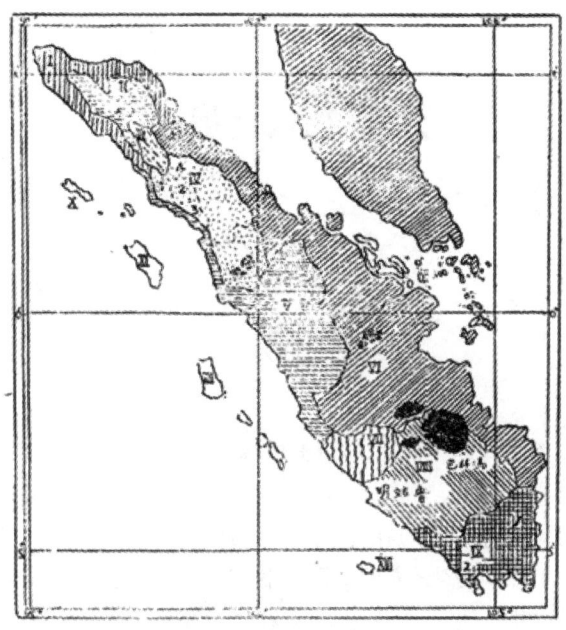

苏门答腊语言学分区

	Ⅰ.	亚齐语言	（Atjeh Language）
	Ⅱ.	卡约方言	（Gajo Dialect）
	Ⅲ.	亚拉士方言	（Alas Dialect）
	Ⅳ.	峇搭语言	（Batak Language）
		1.辛克方言	（Singkel Dialect）
		2.咟咟方言	（Pak-Pak Dialect）
		3.戴利方言	（Dairi Dialect）
		4.卡罗方言	（Karo Dialect）
		5.多峇方言	（Toba Dialect）
		6.曼地令方言	（Mandheling Dialect）
	Ⅴ.	民南加堡语言	（Minankabau Language）
	Ⅵ.	廖内—凌牙语言	（Riovw-Lingga Language）
	Ⅶ.	勒昌语言	（Redjang Language）
	Ⅷ.	默地安语言	（Mediane Language）
	Ⅸ.	南榜方言	（Lampong Dialects）
		1.吐南布旺方言	（Toelang Bowang Dialect）
		2.巴白安方言	（Pabijan Dialect）
	Ⅹ.	雪马路语言	（Simaloer Language）
	Ⅺ.	尼亚士语言	（Nias Language）
	Ⅻ.	民答威语言	（Mentawei Language）
	ⅩⅢ.	英加佬语言（Engano Language）	
	ⅩⅣ.	古部、吕部等语言（Kuboe, Luboe, etc. Language）	

附注：巴林冯（Palembang） 明古鲁（Benkoelen 或译明古彝）

婆罗洲民族志

序

贺斯氏(C. Hose)　麦独孤氏(W. Medongall)

写这本书时,我们的目的在于把 19 世纪将终时,婆罗洲的异教部落作一个明晰的描述。我们观察研究时,虽然很获益于其他著作家的成绩,得其指示及帮助,但我们不想把他们的意见包括在本书内。我们宁愿就我们所能得到的直接材料加以记录。这些材料是由直接的观察其人民及其所有物、风俗、习惯,以及和许多部落的男女作无数次的谈话而得。

读者有权利可以问我们有什么便利之处,以获得这些材料,故我们自述于此。我们中的一人(贺斯)曾在沙拉越王之下任文官职务 24 年,其中 21 年中,约有 18 年是在巴南县郡(Bacomi District),其余在勒章县郡(Rejang District)。在这两郡中,尤其是峇南郡,各主要部落都有其代表所及居留地,而他的职务的性质,即州长办事官(Resident Magistrate)。这一种官职使他必须和各区各部落土人有密切的交接,而且还须作许多次长期到僻远内地的旅行。那些地方以前是不曾有人探险过的。这样的旅行中,只有部落土人是他的唯一伴侣。经过数星期或数月,夜间及许多日间都住在那些土人的屋中,这样可以供给他无比的机会,以获得对于土人及其行为的密切的知识。他不放过这种机会,在全部时间中他做笔记,发疑问,摄影片,制简图。

在 1898—1899 年,第二同事者(麦独孤氏),因参加哈顿博士(Dr. A. C. Hadlon)领导的剑桥人类学远征队(Cambridge Anthropologic Expedition)费了一年中大部分时间住在峇南区,他在 1897 年到陶列斯海峡(Toises Strait)。我们二人会面后便从事合作,收集材料,合写一篇关于沙拉越动物崇拜的论文。这种合作很有益,引起我们扩展我们的合作,预备写成一部书,包括现在已到手的材料,以及我们中有一人仍在婆罗洲所能再得的好材料。这本书可以说始自 1898 年,以后继续进行。但到最近几年方成书,那时我们方能同在一处,从事实际写作。

在1899年哈顿博士来峇南区住了几个月,此外还有剑桥远征队的其他人员(Dr. C. G. Seligmam,C. S. Meyers,Mr. S. Ray)。我们应当感谢他鼓励我们从事人类学的实地研究,以及他当时所作的给我们有刺激性的好例,还有后来的鼓励及帮助,如阅读这书的稿本,给我们许多有用的提示,我们又感谢他为本书写一篇附录。在这篇中叙述和讨论他在沙拉越旅行中,由我们襄助,所作详尽的土人体质测量的结果。

我们也表示感谢其他襄助过我们的人士,如牛文惠博士(Dr. A. W. Nieuwenhuis),允许我们重印了他的几张照片。他是荷属婆罗洲内地勇敢的探险家,在他的两本大著中(*Ruer duroh Borneo*)记载他两次到内地的长期旅行中的观察。我们又感谢凌洛先生(H. Ling Roth),承他赠送他的木块[译者按:指文身木印],我们用了许多,那是他用以预备他的大著《沙拉越及英属北婆罗洲之土人》(*The Natures of Sarawh and British North Borne*)的。我们又感谢《婆罗洲猎头者之家庭生活》[*The Home Life of Borne Head-hunters* (1907)]的作者孚尼斯氏(W. H. Furness),他于1897年及1898年到峇南区所摄的照片,曾给我们用几帧。又如塞里曼博士(C. D. Seligmann)及罗那博士(C. S. Myers)也允许我们翻印几张照片,又有前沙拉越博物馆的研究员奢佛先生(R. Shelford),也允许我们采用一篇论文的大部分,那是以前他和我们中的一人(贺斯)合写,讨论婆罗洲文身的风俗的,还有他所作的陆达押族的测量,也给我们参考。还有前峇南区的襄理员官[现任沙拉越第四区知事的道格拉西斯(R. S. Donglas)]也很恳切地给我们许多实际帮助。

最后我们还应该欣然表示对沙拉越王的谢意,他欢迎剑桥人类学远征队到他的国内,并鼓励自己手下的官吏从事科学的研究。如果不是这样,这本书也无由写成。

1912年7月

补 序

麦独孤氏

我觉得我的名字也现在这本书上为著作者之一,应当表示歉意,并略加说明,补充这篇共同序文。因为这本书实是由贺斯博士关于婆罗洲土人的知识简括写成的,他于一世纪的四分之一的长时间密切研究并得内地土人的同情的作伴方得有这样广博的知识。我在这本书的工作不过像产婆的催生而已,虽是我们或者可说曾帮助这婴孩出世以及洗身或者穿衣,或者在长久的怀孕期中略为贡献了一点子有用的意见。但因为你一个人对于一个复杂的题目懂得愈多则愈难,将它写成简短通俗的文字,故以我关于婆罗洲土人的浅薄的认识,对于贺斯博士的精深详博的知识,或者反是有用的合作者,因此我乃欣然接受我的朋友的慷慨的请求,将我的名字放在他们大名之旁以为本书的一同著作者。

译者小序

这本书的原著名《婆罗洲的异教部落》(The Pagen Tribe of Borneo),另有一副名是《他们的体质上道德上及智慧上状态的叙述以及其民族关系的讨论》(A Description of Their Physical Moral and Intellectual Condition with Some Discussion Their Ethnic Relation),为明简括起见,改为《婆罗洲民族志》,对象便是婆罗洲的土人,他们原始性的宗教,故被欧人称为异教徒。婆罗洲现在居民最多数多住内地,此外沿海的马来人是较后移入的,故不包括在内。

原书著作者二人,然中主要者是查尔斯·贺斯氏(Charles Hose),科学博士,曾任沙拉越州长、县长及最高会议议员。第二人是威廉·麦独孤(Willion Medongall),牛津大学研究员,原著1912年由伦敦麦美仑公司出版。

译者所以选择这本书的原因有下述之二条:

1.人类学研究人类文化的起源及发展,其材料多采取现存原始性氏族的原始性文化,世界上供给这种材料的地方,南洋为其重要区域。南洋之中,婆罗洲地方既大,而其土人文化尤富原始性质,以此欧美的大学及人类学专家甚为注意此地,时常派遣探险队到此地研究及采取民族标本,以陈列于博物馆。所以婆罗洲实是人类学的宝库。我国人因地理上的接触更应注意这地方。译者为自己研究及介绍于国人起见,故拟译这一类书。至于选取这部书是因为这部书在同类中最为详细,而且最为可靠,是著作25年的长期研究的成绩,不是一次的探险旅行所能得到的。现在成为有权威的名著。虽其出版时间稍久,但在那时婆罗洲的原始文化还得存较多,近来也逐渐改变,所以凡是那时写的书,材料更丰富些。

2.由华侨的前进言之:华侨在南洋多数集中于暹罗、安南、马来亚及爪哇,那些地方本地民族也最繁庶,至于其他地方如婆罗洲、苏门答腊、西里伯、新几尼亚,依然地广人稀,土著和华人都少。译者以为替华侨的前途着想,必须注意这些未曾开发的地方。华侨目的在谋生,这种地方还比较通都大邑,易于谋生。以后出国的华侨必须趋于此,方是长策。这些地方之中,婆罗洲地方既广,距离又最近,实是我华侨的未来乐土。但既要居留谋生于该地,必须熟悉土人的状况,方能由了解而发生友谊。所以这种知识可为华侨移民以预备,而有介绍于国人的必要。如上所述,这本书叙述婆罗洲土人极为详细,故很可供这种用处,而为一般人的读物。虽现在土人已渐进步,但我们多懂些他们的旧俗岂不更好。

全书共二十二章,又附录一章。第一章先将婆罗洲地理作一概括描述。第二章将婆罗洲开化地方(限于北方沿海,属马来人)的历史综述一遍。第三章点清民族的区分并述概略。第四章以至第二十章分述土人生活的各个方面,如衣、食、住、行、娱乐、结婚、交际、社会、战争、艺术、宗教、伦理知识等。第二十一章由人类学的见地研究婆罗洲土人的来源及分歧,多有独创的意见。第二十二章叙述欧人所成立的政府统治土人经过及其政策,以著者亲身所经历为例,很可为统治原始民族的借镜。附录一章即是英国人类学大家哈顿博士所写的研究土人的体质特征。附有许多张体质测量表(译本因一般读者无需要这种枯燥的表,故节去,只译其论文)。

第二章历史篇,所述婆罗洲古时与中国的交通,译者特将中国史书所载选抄补入。这一章在中南交通史上很有关系。

原书每章不注意分节,虽也区别一部分,但此外尚多有应分主处不再区分,且又无节次,译本特为区分,补拟节名,编排节次,以清眉目。

书中固有名词的译名参酌华侨习惯及国音。原书定价太贵,上下二册(战前新加坡印 65 元),译者自己不曾买,幸有韩槐准先生赠送下册,其上册则日日赴新加坡莱佛士图书馆(Raffles Library)在马来西亚参考书室而借译,志此道谢。

这本书虽有用处,而译者也有意多译,但译者当时(1941 年)正在逃亡之际,生活困难,若非有郑成快先生纪念委员会的预约也不会有时间从事这本 600 余页的巨著的翻译。这事曾由张礼千先生介绍于该委员会主持人郑天送先生(成快先生长公子),同时又预约《苏门答腊民族志》,也是大册(已完稿)。译者以这稿费维持一时期的生活,心甚感荷,而尤钦佩郑先生能以文化事业纪念其尊翁,为文化上沙漠的南海放一异彩。

除这二项主要效用以外,本书的事也是一本有趣通俗的,可供一般人的阅览。其中所说离奇古怪的风俗习惯不输于小说,但却都是事实,可以增广知识。且其中材料既多,涉及的范围也广,除上面所述的人类学及中南通史二项以外,凡研究社会学、民间文学、宗教学、民俗学、神话学、艺术,殖民地政策者,都可发见不常见的新材料。

林惠祥于新加坡后港村舍中
1946 年 10 月 31 日

目 次[①]

第一章　婆罗洲的地理
第二章　婆罗洲的历史
第三章　婆罗洲的民族概略
第四章　物质生活
第五章　社会制度
第六章　农业
第七章　日常生活
第八章　河上生活
第九章　林中生活
第十章　战争
第十一章　手工
第十二章　装饰的艺术
第十三章　精灵存在的理念及所引起的行为
第十四章　灵魂观念
第十五章　万物有生观及动植物崇拜
第十六章　魔术符咒及厌胜物
第十七章　神话传说及故事
第十八章　幼年及青年
第十九章　游行的猎人
第二十章　道德上及智慧上的特点
第二十一章　婆罗洲的民族学
第二十二章　政治
附录　婆罗洲土人的体质特征

---

① 该书原底稿只保留著者的序言及译者序和第二、五、六、十二、十四章底稿,余者均散失。——编者注

第二章 婆罗洲的历史

一、婆罗洲古史与中国

婆罗洲的异教人民的历史他们自己没有记载下来,只有五六代以前的祖先生时的重大事件还留一些极虚泛的传说。但远东方面的开化民族的记录中却也有涉及婆罗洲的,这些记载对于婆罗洲的现在人民的过去历史和现在状况,给予了一线光明。在这几页中我们似乎应当把这些少数记载集拢在一处。婆罗洲的后期历史大都是荷兰和英国的分占的历史,尤其是沙拉越国被英人占士勃律(James Brooke)获得王位的历史,更是众所周知的事情,这些近代的历史在本书中只用几句话概括之,不复赘述。

婆罗洲的海岸久经一种属马来文化的回教人民所占住,这种人民一部分是马来人和阿拉伯移民的后裔,一部分则为近数百年来改宗马来宗教[译者按:即回教]及其文化的土著人民。当欧人初到这岛时,这种人民像今日一样,大都住在海岸区域的村落与市镇中,以及河流的出口处,受治于几个马来苏丹及其属下的官吏,以及本地的土王和班芝兰(Pangirano)。主要的苏丹的首都有在西北方的文莱(Bruni)、西方的三巴示(Samras)、卡拔河口的坤甸(Pontianak)、南方的同一名称的河口的马辰(Banjcrmasin)、东南角的巴西耳(Pasir)、东方的高第河口的高第(Kotei)和巴仑干河口的巴仑干(Balungan)。还有苏禄群岛(Sulu Is.)的首都约罗(Yo Lo)的苏丹则宣称其主权及于婆罗洲的北部一带。但这些苏丹还不是最初开化或半开化统治的代表,因为历史上还留着更早时期的记载,当时输入的文化至今还留着痕迹可用证明这事。

欧人东来以前和以后,东印度历史上虽也曾有过一些事件,但现在已经模糊不明了。有些亚洲国家的史籍中似乎包含有珍贵的记载,其实却很使人失望。吉灵人(Klings)现在还是远东区域的印度商人,他们在公元1世纪或2世纪曾到马来群岛,传入了他们的文字和纪年史。但他们的早期历史却太贫薄而不能使人满足。马来人的阿拉伯文化,于12世纪时方移植于苏门答腊,自然也不能有助于说明早期的历史,并且非到15世纪以后还不能发生可靠而详细的记载。中国人与此相反,他们永远是文学的人民,小心保存了所能得到的关于所谓"南海"(Southern Seas)的记载于他们的古籍之中。但是中国究竟太远了,而有些地方事件不能引起其兴趣。在这种情形之下,那些史官们还记载了些地理的情形以及入朝于"天子"(Son of Heaven)的那些贡使的情状,这是很可感谢的。

关于婆罗洲的最早记载是6世纪时中国史籍中的婆利国（Poli）一条。据说婆利是柬埔寨东南方的海中一个岛，在广州东南水程两个月。前往该处的路线是沿马来群岛而行，这条曲折的路后来还为中国帆船所遵行。于公元518年、523年、616年，均曾有贡使到中国去。史家说："这一国的人民精于用一种'轮形刀'（discus-knife），其边缘为锯，向人抛掷，必中其身。别种兵器略如中国。风俗像柬埔寨，出产为暹罗。有犯杀人或盗窃罪者被割去其手，犯奸淫者梏其足一年。祭祀选择没有月亮时，以碗盛酒及食物置于水上使流去。在十一月有大祭祀，他们由海中取得珊瑚，有一种鸟名'沙里'（S'ari），能说话。"［著者附注：有一个文莱人，还存在，他的手便是由犯盗窃罪而被割去］

［译者按：《梁书·婆利传》云："婆利国在广州东南海中洲上，去广州二月日行。国界东西五十日行，南北二十日行，有一百三十六聚，土气暑热如中国之盛夏，谷一岁再熟……其国人披吉贝为杂及为都缦，王乃用斑丝布以璎珞绕身，所著金冠……侍女或持白柅拂及孔雀扇。王出以象驾舆上施羽盖珠帘，其导从吹螺击鼓……王姓鞞陈如……天监十六年（517年）遣使奉表曰：'伏承圣王信玺三宝兵立塔寺……伏惟皇帝是我真佛。臣是婆利国主，今敬稽首，礼圣王足下……今故遣使献金席等表此丹诚。'普通三年（522年）其王频伽复遣使珠贝智贡白鹦鹉、青虫、兜鍪瑠璃器、吉贝、螺杯、杂香药等数十种。"又《隋书·婆利传》曰："婆利国自交趾浮海南过赤土丹，乃至其国。国界东西四月行，南北四十五日行。王姓刹利邪伽名护滥那婆。官曰独诃邪挐，次曰独诃氏挐。国人善投轮刀，其大如镜，中有窍，外锋如锯，远以投人，无不中，其余兵器与中国略同。俗类真腊，物产同于林邑。其杀人及盗截其手，奸者锁其足，期年而止。祭祀必以月晦，盘贮酒肴浮之流水，每十一月必设大祭。海出珊瑚，有鸟为舍利，解人语。大业十二年（616年）遣使朝贡，后逐绝。"］

关于同上地方后来又有一条记载说："他们带野兽牙在耳朵上，腰间围一条棉布；棉是一种植物，他们取其花以做布，粗者名'古贝'（kupa），细者名'毡'（tieh）。夜间方集市买卖，遮蔽其面。……在这国的东方有罗刹国（Rakshas），其风俗和婆利相同。"

［著者原注：这段记载见格仑尼微（Groaneveldt）的《马来群岛与满剌加琐记》（*Notes on Malay Archipelago and Malacca*）。但格仑尼微氏却以为婆利是在苏门答腊的北岸。他说他赞同一切"中国舆地学者"而认为"其邻近有尼可巴群岛（Nicoban Is.）可以证明他们是正确的"。但是所谓"罗刹"据云："久为尼可巴群岛的名称，或者因为其居民蛮野久著恶名的缘故。"按罗刹（Raksha）源自印度字"罗刹沙"（Rakshasa），印度到爪哇及马来半岛的移民即用此名以称任何蛮野的人民，所以那段记载里说婆利之东有罗刹国，未必便可以为

"甚至中国舆地学家"的证据。格仑尼微氏信"现代中国舆地学家"的话,以为(Kaling)地方,夏至正午用日规八呎投影二、四呎,便是爪哇,那便是说赤道南五度地方。他已于无实意中证明了那些近代舆地学家的不可信,他便应当宽恕那些宁愿赞同婆利是在柬埔寨的东南,而罗刹国是在婆利之东;不愿赞同那些舆地学家与此相反的意见,以为婆利是在柬埔寨之西南,罗刹国则在婆利之西的。"婆利"似乎是"婆罗"(Polo)的更正确的名称,婆罗之名据说是文莱在更早以前闻于中国的名称。〕

〔译者附注:按上文指《旧唐书·婆利国传》,其文如下:"婆利国在林邑东南海中洲上,其地延袤数千里,自交洲南渡海,经林邑、扶南、赤土、丹丹数国乃至焉。其人皆黑色,穿耳附珰。王姓刹利耶伽名护路那婆,世有其位。王戴花形如皮弁,装以真珠璎珞,身坐金床。侍女有金花宝缕之饰,或持白拂孔雀扇。行则驾象鸣金击鼓,吹蠡为乐。男子皆拳发被古贝布,横幅以绕腰,风气暑热,恒如中国之盛夏。谷一岁再熟。有古贝草,缉其花以作布,粗者名古贝,细者名白㲲。贞观四年(630年)其王遣使随林邑使献方物。"又《新唐书》亦有一条:"地大洲多马,亦号马礼,袤长数千里……俗黑身,朱发而拳,鹰爪兽牙,穿耳传珰,以古贝横一幅缭于腰。古贝草也,缉其花为布,粗曰贝,精曰㲲。俗以夜为市,自掩其面……其东即罗刹也,与婆利同俗。隋炀帝遣常骏使赤土遂通中国,赤土西南入海得婆罗。总章二年(669年)其王游达钵遣使者与环王使者偕朝。"〕

这是一段很有趣的记载,并且符合于其他的证据。因为文莱在改宗回教之前是米沙亚人(Bisaya)的王国,国王宗仰佛教,受印度影响,而且关于婆罗洲的人民的描述几乎都和现代米沙亚族住近文莱者相同。例如轮形刀,是一种木制武器,现在已不用,但以前是曾用过的。蛮野的卡达延部落(Kadayans)每当新月初升时举行祭祀,并禁吃几种食物。马兰瑙部落以筏载物浮于河上,以致祭于海神。两种棉的名称当时是中国所未闻过的,现在婆罗洲还有之,"加薄"(kapok)是马来话中的常语,"搭亚"(taya)则是海达押人称棉之语,这一字不知是否也见于苏门答腊,但马尔斯登(Marsden)大字典中却没有这字。以兽牙为耳饰或即指更耶人。这些符合之点如足以指明婆利便是古时的文莱,我们便有一条说明野蛮风俗的古远的唯一记载了。1400年的经验还不能使人知道尝吃盐的波浪的实效,很可证明一条普遍的错误的意见,即是说"凡古旧的必定都是好的"。

婆利已经有了些文化,甚至还有奢侈的事物。国王的位是世袭的,信佛教的国王受人很多崇敬的礼节。他穿着有花的绸衣或棉衣,饰以真珠,坐在黄金宝座上,旁有仆役执着拂尘和孔雀羽的扇侍奉他。他出宫时,他的车上有羽制的盖和绣花的帐幕,以象拖车,随以锣鼓吹螺的音乐。在山土榜地方(Santulong)曾发现印度饰物和中国古钱,文莱的官名也有很多是出自梵文的,而沙拉越人也到最近方不再说"印度时代"一语(the day of the Hindus),故说婆利的国王是佛教徒,实在不足为怪。

不论婆利是否即文莱,但距爪哇 45 日,距旧港 40 日,距林邑(Champa)30 日,顺风可到渤泥(Puni)却实在是文莱。中国人在其语音中无 p 音,以及复子音,故现在还称这婆罗洲的首都为(Puni)。格仑尼微说中国人以为渤泥(Puni)在婆罗洲的西峰,在《宋史》中有数处记载如此。那时的宋朝虽只统治南部的中国,然而擅有海外的贸易往 300 年之久(960—1279 年),渤泥(Puni)在那时是一个住民 1 万的城市,用围护以木栅。王宫像现在的文莱的屋子,以棕叶葺成,平民的屋则以草葺成。战士执矛披红铜甲。人死后其尸骸暴露于丛林中,7 年之中,年年均须祭祀。每餐用竹叶或棕叶代陶器,食后丢弃。出产物例如贡品有樟脑、玳瑁和象牙。

据说在公元 977 年渤泥王 Hiansta 遣使朝贡中国,说:"愿皇帝万岁万万岁,请勿以我小邦的礼貌不周而见却。"使者携呈国王的书信,写在树叶上,其叶薄而有光泽,色微青,长数呎,阔寸余,字甚小,须横读。这种字很像现在苏门答腊峇塔族的魔术书所写的。那国书说:"渤泥国王向打……"(见下文译者注)这使者到中国时受过招待,并赐物送他回国。100 年后,在 1082 年渤泥王锡理麻喏(Szi maja)又遣使入贡中国,但所说的年年入贡,却不曾实行。其后宋的国势渐衰,东印度的国王们也不再恭顺了。

[译者附注:《诸蕃志·渤泥国》一条言:"渤泥在泉之东南,去阇婆四十五日程,去三佛有四十日程,去占城与麻逸各三十日程。……其国以板为城,城中居民万余人,所统十四州,王居覆以贝多叶,民居覆以草,王之服色略仿中国。若裸体跣足则臂佩金圈,手带金练,以布缠身。坐绳床,出则施大布单坐其上,众舁之,名曰软囊。从者五百余人,前持刀剑器械,后捧金盘,贮香脑槟榔等从。以战船百余只为卫。战斗则持刀披甲,甲以铜铸,状若大筒,穿之于身,护其腹背。器皿多用金,地无麦有麻稻,以沙糊为粮。又有羊及鸡鱼。无丝蚕,用吉贝花织成布。有尾巴树,加檬树,椰子树,以树心取汁为酒。富室之妇女皆以花锦销金色帛缠腰。婚聘先以酒,槟榔次之,指环又次之,然后以吉贝布,或量出金银成礼。丧葬有棺敛,以竹为轝,载弃山中。二月始耕则祀之,凡七年则不复祀矣。以十二月七日为岁节,地多热。国人宴会,鸣鼓,吹笛,击钵歌舞为乐。无器皿,以竹编贝多叶为器,食毕则弃之。其国邻于底门国(Timor)。有药树,取其根煎为膏服之,仍涂其体,兵刃所伤皆不死。土地所出梅花脑、速脑、金脚脑、米脑、黄腊、降真香、玳瑁。番商兴贩用货金、货银、缎锦、建阳锦、五色绢、五色茸、琉璃珠、琉璃瓶子、白锡、乌铅、网坠、牙臂环、胭脂、漆碗碟、青瓷器等博易。番舶抵岸三日,其王与眷属率大人到船问劳,船人用锦

藉跳板迎，肃款以酒醴，用金银器皿、籐席、凉伞等分献其差。既泊舟登岸，皆未及博易之事，商贾日以中国饮食献其王，故舟往佛泥（Borneo）必挟善庖者一二辈与俱。朔望并讲贺礼，几月余方请其王与大人论定物价，价定然后鸣鼓以召远近之人，听其贸易，价未定而私贸易者罚。俗重商贾，有罪抵死者罚而不杀。船回日，其王亦酾酒椎牛祖席，酢以脑子、番布等，称其所施。舶舟虽贸易迄事，必候六月望日排办佛节然后出港，否则有风涛之厄。佛无他像，茅舍数层，规制如塔，下置小龛，罩珠二颗，是谓圣佛。土人云二珠其初犹小，今渐大如拇指矣。遇佛节，其王亲供花果者三日，国中男女皆至。"又《宋史·渤泥传》亦云："……太平兴国二年（977年）其王向打遣使施弩、副使蒲亚里、判官哥心等赍表贡大片龙脑一家底，第二等八家底，第三等十一家底，米龙脑二十家底，苍龙脑二十家底，凡一家底并二十两，龙脑版五，玳瑁壳一百，檀香三概，象牙六株，表云为皇帝千万岁寿，望不责小国微薄之礼。其表以数重小囊缄封之，非中国纸，类木皮而薄，莹滑色微绿，长数呎，阔寸余，横卷之仅可盈握。其字细小，横读，以华言译之，云：'渤泥国王向打稽首拜，皇帝万岁万岁万万岁，愿皇帝万岁寿。今遣使进贡，向打闻有朝廷，无路得到。昨有商人蒲卢歇船舶水口，差人迎到洲，言自中朝来，比诣阇婆国遇猛风，破其船，不得去。此时闻自中国来，国人皆大喜，即造船舶令蒲卢歇导达入朝贡。每年修贡虑风吹至占城界，望皇帝诏占城今有向打船到，不要留，臣本国别无异物，乞皇帝勿怪。'其表文如是，诏馆其使于礼宾院，优赐以遣之。元丰五年（1082年）二月其王锡理麻喏复遣使贡方物，其使乞从泉州乘海舶归国，从之。"]

在13世纪及14世纪之初期，文莱同时服属于两个比他后起的国家，即爪哇的满者伯夷（Madjapahit）和马来半岛西岸的满剌加，即马六甲（Malacca）。这两国都是13世纪成立的。满者伯夷初时原系几个爪哇小国之一，很快地扩张了势力，征服邻邦和附近诸岛。满剌加成立于新加坡殖民地被爪哇人[译者按：即指满者伯夷]倾覆后，后来成为马六甲海峡的大商埠，以及南洋回教徒的根据地。这两大国代表二种宗教及二种文化：满者伯夷代表婆罗门教和印度文化，满剌加代表回教和阿拉伯实用文化。

在14世纪初期文莱是满者伯夷的属国，但其后当满者伯夷幼王时似乎恢复了独立。卡拔马来人（Kapuas）的传说中所说及卡延人（Kayane）进入婆罗洲的故事大约是指这时。

[著者原注：据已故的Juanku Mudah借给我们的一部马来古书稿本所述，其故事如下：满者伯夷的一位国王有一位美貌的公主，名为琪拉那（Radia Galo Chindia Kirana）。有一位大官名巴底勒仁第耳（Pati Legindis），他的两个公子名西底耳（Laiang Sitis）和格米底耳（Laiang Kemintis）都爱慕着这位公主。国王死后，这位大官勒仁第耳便统治这国家，而美丽的公主受他的保

护。他为满足他的两个儿子的愿望,便说谁能杀死峇南邦干(Balanbangan,婆罗洲北方的一个小岛)国王,绰号 manok jingga 的,便得娶这位公主。在朝廷上适有一个人名达玛·奥兰(Damas Olan)原是马达林王(Raja Matasem)的儿子,瞒起了自己的身份,在这里投拜了勒仁第耳为其义子。这个少年方是公主所爱的,公主便劝保护人准许嫁这少年。但保护人勒仁第耳却说他须坚守他所发出的诺言,谁能拿到峇南邦干王的头来便可娶公主。于是达玛·奥兰便带着二个从人出去做这件冒险的事业,他终于做成功了。当他转回时,遇见二个情敌,他们骗去了那颗人头,还把达玛·奥兰活埋在预掘的坑里。勒仁第耳不生疑心,便命令公主嫁给了西底耳,因为是他送人头来的。但是公主却由一个眼见者得到奥兰被害的真相,她便要求缓期一星期。奥兰果然由深坑中逃出来走到朝中,说出被害的事,还把以前的身份揭露了。于是他便娶了公主,后来并受勒仁第耳付托了国政。奥兰获得了最高权力以后便放逐两个情敌到南婆罗洲去,带了一批罪犯做从人。他们耳上或身体上别部因犯奸淫罪而加刑过。这些罪犯便是卡延人的祖宗,在西古丹那(Sikudana)附近上岸散布到卡拔河和马辰河之间的地方。这条传说和别条传说很能符合,这是很有趣的。卡延人自己也说他们在不久以前过海到此。爪哇历史说满者伯夷在安卡·韦者耶(Angka Wijaya),少时由其姐 Balu Kanya Kanchana Wungu 公主执掌政权。有一邻国国王名 Manok Gengga,乘机夺取这幼王的大部分土地。有一个佛教信仰者的儿子名达南乌兰(Daram Wulan)推翻了他,便得到和公主结婚的报酬。后来安卡·韦者耶长成时他把国土分一大部分给姐姐和姐夫。

安卡·韦者耶扩张了国力到苏门答腊的旧港、帝汶岛、德拿特岛(Ternate)、吕宋和婆罗洲的沿岸。他使亲生的儿子出治马辰。在1368年爪哇兵替文莱人驱逐来犯的苏禄人出文莱,苏禄人曾蹂躏了那地方。几年后这忘义的王转而服属中国,不久以后又进贡于满剌加的漫殊耳沙王(Mansur Shah),他是1774年即位的。

在15世纪之初又有一件大事使我们再注意到中国的朝廷,但这是最后一次了。蒙古大征服者成吉思汗和忽必烈汗都和马来群岛无大关系,惟后一位皇帝曾于1292年有一次远征爪哇未获成功。到了明朝自1368年起便发展了这帝国的海上势力。有几年之中东印度的使节纷至沓来。在这个14世纪的后20年使节渐稀,于是在1405年中国皇帝想他应当派他的一个可靠的太监郑和到南洋各国来。这个人作了多次的旅行,远到非洲的海岸,他的使节果然很快获得效果,郑和虽不曾亲到渤泥国,国王麻那惹加那(Mazaja Kali)也于1405年遣使入贡中国。国王得到了回赐的绣花绸缎,非常欢喜,便于三年后亲自入朝"天子"。他于福建登陆,由一名太监护卫,于欢迎声中到了京师。皇帝赐见，待以最高级的地位，赐物无数。就在那一年这位恭顺的国王达到他的"亲见天颜"的大志后，便死在中国京师，留下他的儿子遐旺（Hiawang）嗣位。遐旺便劝中国皇帝饬令爪哇停止对渤泥每年征收贡物樟脑40斤，并自愿每3年对中国进贡一次，他便回国即位。在1410年至1425年之间，他共进贡6次，还再亲自入朝一次。但自此以后，小渤泥也渐渐漠视他的宗主国了。〕

〔译者附注：《明史·渤泥传》言："洪武三年（1370年）八月命御史张敬之、福建行省都事沈秩往使。自泉州航海阅半年抵阇婆（Java），又逾月至其国，王马合谟沙傲慢不为礼，秩责之，始下座拜受诏。时其国为苏禄（Sulu）所侵颇衰耗，王辞以贫，请三年后入贡。秩晓以大义，王既许诺，其国素属阇婆，阇婆人间之，王意中沮。秩折之曰：阇婆久称臣奉贡，尔畏阇婆反不畏天朝邪。乃遣使奉表笺，贡鹤顶、生玳瑁、孔雀、梅花大片龙脑、米龙脑、西洋布、降真诸香。八月从敬之等入朝，表用金，笺用银，字近回鹘，皆缕之以进。帝喜，宴赉甚厚。八年（1375年）命其国山川附祀福建山川之次。永乐三年（1405）冬真王麻那惹加那遣使入贡，乃遣官封为国王，赐印诰敕符勘合锦绮彩币。王大悦，率妃及弟妹子女陪臣泛海来朝，次福建，守臣以闻，遣中官往宴赉，所过州县皆宴。六年（1408年）八月入都朝见，帝奖劳之……赐王仪仗、交椅、银器、伞、扇、销合鞍马，金织文绮纱曼绫绢衣十袭，余赐赉有差。十月王卒于馆，帝哀悼辍朝三日，遣官致祭，赗以缯帛，东宫亲王皆祭，有司具棺椁明器，葬之安德门外石子冈，树碑神道，又建祠墓侧，有司春秋祀以少牢，谥曰恭顺。赐敕慰其子遐旺，命袭封国王。遐旺与其叔父上言，臣国岁供爪哇片脑四十斤，乞敕爪哇罢岁供，岁进天朝。臣今归国，乞命护送，就留镇一年。慰国人之望，并乞定朝贡期及傔从人数。帝悉从之，命三年一贡……初故王言臣蒙恩赐爵，臣境土悉属职方，乞封国之后山为一方镇，新王复以为言，乃封为长宁镇国之山。御制碑文，令谦等勒碑其上……自十三年（1415年）至洪熙元年（1425年）四入贡，后贡使渐稀。……万历中（1573—1619年）其王卒，无嗣，族人争立，国中杀戮几尽，乃立其女为王。漳州人张姓者，初为其国那督，华言尊官也……婆罗（Borneo）又名文莱（Bnrni），东洋尽处，西洋所自起也。唐时有婆罗国，高宗时（650—683年）常入贡。永乐三年（1405年）十月遣者使者赍玺书彩币抚谕其王。四年（1406年）十二月其国东西二王并遣使奉表朝贡。明年（1407年）又贡。其地负山面海，崇释教，恶杀喜施，禁食豕肉，犯者罪死。王剃发，裹金绣巾，佩双剑，出入徒步，从者二百余人。有礼拜寺，每祭用牲。厥贡玳瑁、玛瑙、砗磲珠、白焦布、花焦布、降真香、黄腊、黑小厮。万历时（1573—1619年）为王者闽人也，或者郑和使婆罗，有闽人从之，因留居其地，其后人竟据其国而王之。邸旁有中国碑，王有金印一，篆文，上作兽形，言永乐朝所赐，民间嫁娶必请此印，印背上以为荣。后佛郎机横举兵来击，王率国人走入山谷中，放药水流出,毒杀其人无算,王得返国,佛郎机遂犯吕宋。"]

中国在北婆罗洲的殖民地大约也发生在这时,那边的大山岐那峇鲁(Kina Balu,意为中国寡妇)以及由这山发源的大河岐那峇丹干(Kina Batangan)便是由此而得名。有几位古作家似曾涉及这事,而当地的传说也还流传。文莱人和伊达安人(Jdaans)(住在北方,很似米沙耶人)的故事说有些中国人来取岐那峇鲁的龙的大珠,但其后为胜利品相争散开,有些人落后留居那里。伊达安人自以为是这些中国人的后裔,其真实的程度虽很有限,但其国家和人民都很有中国影响的痕迹。

有很好的证据可推知中国人的移民不限于文莱及婆罗洲的北部。在婆罗洲西南部有洗沙金和钻石的痕迹。这种工作便是中国人做的,当时欧人还是初来。工作的程度表示他们已经到了几百年。印度爪哇的影响也不限于对文莱朝廷的关系。因为在婆罗洲南部许多地方印度爪哇的痕迹还存留在葬埋的风俗,在石雕牛像上,以及印度型式的金饰物上。

[译者附注:按本书以中国史籍所记婆利即为今之文莱,证据未甚充分,尚未能即成定论。唯渤泥、婆罗之为文莱则确实无讹。中国史书所记可供参考此地之古时民族状况,故上文节录数节,以补原文之不足。]

二、回教时期

回教的信仰以及欧人的东来深深影响了东印度的风俗和政治,所以现在便很难描写遐旺王再度朝见中国皇帝时的情境。在1521年距那件大事过后未及100年,有一位比加费达(Pigafetta),他便是记载麦哲伦(Magellan)的伟大事业的史家,在第一次环游地球的行程中曾拜访过文莱的"摩耳"王[moarsish,译者按:即欧人称回教徒之名]。以后便发生变化了。在这二种新影响之中,回教先出现,那是很有为善和为恶的力量的。宗教的竞争结果在1478年回教得到完全胜利,那时满者伯夷完全被毁灭,那是满剌加被葡萄牙人征服前30年。

回教何时起传入文莱,已不能确知。当地的传说,误以为是有名的阿腊倍达达王(Alak ber Tata)所传入,他后来又称为摩罕麦苏丹(Sultan Mohammed)。和他多数居民一样,他也是米沙耶人,早年原不是回教徒,也不是一个开化的君主,这是由其惯习可看出的,因为他的尊贵的主要象征是一条很大的腰布,他缠了这条腰布在80人簇拥中行走,前后各有40人。他是现在的文莱人的所能知道的最早的一位国王,其原因一部分是由于他的荣耀的功业,一部分是由于他传入了阿拉伯文字。经过南征北战以后他征服了伊干(Jgan,其后裔便是 Malanaus)、卡拉卡(Kalaka)、塞里峇示(Serilas)、沙东(Sadong)、塞马拉罕(Semaraham)和沙拉越诸部,强迫他们纳贡。他停止了年年对满者伯夷的进贡,贡物是一瓶槟榔汁,虽是无用的东西,但采集时很麻烦。在他统治时穆律人被他用和平的手续收入文莱主权下,而对中国的殖民地也以和亲方法维持和睦的感情,文莱王的一位兄弟兼继位者娶了一位中国要人的女儿。

[著者原注:这国王的兄弟阿宛·者南卜(Awang Jeranbok)和穆律人的故事流传于文莱人和穆律人中。有一次他出发探寻曼支林河(Manjilin)的源头,越过几座大山后迷失了路。漫游了三日后,到了一所穆律人的村落,村人要杀害他。他劝他们不要杀他,他们便也停止。他和这些野人同住了有些日子,得了他们的好感,他们便跟他到文莱,受国王的厚待。这些穆律人便劝诱他们的朋友服属文莱。]

文莱国王阿腊倍达达据传曾到过柔佛,在那里改信回教,娶了峇凯苏丹(Sultan Bakhei)的女儿,得了苏丹的称号,并获承认统治沙拉越以及别处的权力。

[著者原注:柔佛国成立于满剌加被葡萄牙征服后,即1512年以后。摩罕麦苏丹(译者按:即指原来的文莱国王)的兄弟的玄孙 Abdul Krahar 苏丹死于1575年。由这件事实以及摩罕麦苏丹停止进贡满者伯夷一事,可以推知他统治文莱是在15世纪中叶,这条推论如正确,关于他曾到过柔佛的传说便可断其无根据了。]

[著者原注:有人说他不曾改信回教,有人说他曾被召赴柔佛行入回教典礼。]

[著者原注:又有人说他是在醉中夺得那位公主。柔佛苏丹非常愤怒,要发兵攻打文莱,一位官员提议应当先调查文莱的国力方可下手。他便被派赴文莱,到时大受优待,娶了妻,和从人等都留住文莱。他送信给柔佛王说:公主的待遇如王后,和国王相处很好,这使柔佛王息了怒。著者有一位朋友属于旧商人阶级,自说他们这一族便是这位柔佛来的 Pengiran Bandahara 的后裔,现称为 Bwrong Pingai 族。]

摩罕麦苏丹死后继位者是他的兄弟阿克默(Akhmad),他是华侨领袖的女婿。他死后王位传于一个阿拉伯人,是由 Taif 来的,曾娶了文莱国王的公主。所以现在文莱王室的血统有三个来源,即阿拉伯、米沙亚和中国。保留至今的国王即位典礼也可证明这事。在即位仪式中一个最大的官戴着头巾和哈只[Haji,译者按:即回教长老]的衣服,二位较次的官各穿中国和印度服式,第四位官则带一条腰带加于裤子上,以代表米沙亚人。这些官吏都宣称国王是神所派遣的,经过了表示忠诚的礼节以后,有两面锣,一是出自苏门答腊的民南加堡族(Menangaban),一面是来自柔佛,便敲打起来,于是回教高级僧侣宣布新苏丹即位,念诵经文,宣称他是室利杜里武安娜(Sri Juri Buana)的后裔。

这后一人名原是一个旧港酋长,于1160年建立了新加坡早期王国,并统治了这个岛48年,其后裔成为满剌加的王室。

这阿拉伯人的苏丹也承受了贝耳葛(Berkat)的名,很能励精图治。他建了一座回教寺,使很多臣下改宗回教,所以自他以后文莱便可算是回教国了。为保护其国都起见,他沉没了40艘满装大石的木船于河中,至今还能阻住大船的进入。沉船还高出水面以上,在以前且矗立着大炮,贝耳葛苏丹死后由其子苏来曼(Suleiman)继立,政绩无甚可纪。

放下苏来曼不谈。我们提到了文莱历史上第一个英雄布其亚苏丹(Sultan Bulkiah),他的早年的名那科达·拉甘(Nakoda Ragan)更为著称。他的一生为散文和诗歌所颂扬。他旅行到很远地方,征服了苏禄群岛和东部婆罗洲。他使一个愚蠢的兄弟做三巴示(Sanbas)的王。他甚至还派遣远征军到马尼拉,第二次便攻克了那个地方。贡物由四方送到他的宝库内。他的王后是爪哇公主,带了很多从人到文莱。这些爪哇人和米沙亚人通婚,据说卡达延部落(Kadayans)便是他们的混合种,这种人是从事农业的安静人民,精于工艺,但因属受压迫,故变成很胆怯。有些近时还移住于纳闽(Labuan)的英属地,其他则住沙拉越西武底河(Sibuti)附近,服属于沙拉越王。那科达·拉甘的国都在Buang Jawa,是干燥地方。他无意中被他的妻的针所伤而致死。他死后贵族们大起争闹,其中有些人便建立了现在有桩屋建筑的文莱城。上文所说比加费达氏(Pigafetta)于1521年和麦哲伦的生存的伙伴来访的,便是这个国都。他的记载是欧人方面最早的好记载,他称这地方为Bornei,其纬度则有不及10哩的误推。〔著者附注:他又将经度误推为偏东30哩,但那时自然还没有计时器。〕

由比加费达的记载中很易看出那科达·拉甘的功业还未全消灭。朝廷上的宏丽壮观,人口的众多,都是征服四方的结果。国王像满剌加的王一样,有他自己的象,他和朝臣们都穿着中国的绸缎和印度锦。他有骑兵队,朝廷上的气象和仪式很可观。

自此以后文莱的国势逐渐凌夷。不断的内战引起了葡萄牙人和西班牙的菲律宾总督的干涉,虽还不致倾覆这马来人的国家,但却已损坏了他的力量。

三、欧人统治时期

婆罗洲更后的历史是荷兰人和英国人的屡次尝试要在婆罗洲占一立足地,但多是无效的。荷兰人于1600年到文莱,经过十日滞留以后,得到了胡椒,欢喜离开,司令官判断这里是一群流氓的巢穴。荷兰人不曾强逼土人交好,但设立了厂屋在三巴示,垄断了贸易。在1685年有一个英国船长名寇梨

(Cowley)到了文莱,但英国人不像荷兰人那般热心从事葡萄牙人所已放弃的商业。

在南岸的马辰比较有进步,荷兰人比其敌手英国人先到那里,但后来由阴谋而被逼撤退。在 1704 年英国在中国舟山岛的商人被中国皇帝驱逐而退出,后来又在距交趾支那不远的昆仑岛(Pulo Condaz),遭屠杀之祸而再退到马辰。他们见了这地方有发展的希望,很为快乐,因为他们可收买胡椒卖给中国人,得到三倍原价的价钱。但他们在中国的痛苦的经验还未教他们得到智慧。他们初时受爪哇苏丹的厚待,后来竟闹翻了,经过几次血战以后,不得不撤退而去。

在 1705 年荷兰东印度公司方获得一立足地于爪哇,1745 年建立其主权于爪哇东北海岸的全部,1747 年在马辰创立一厂屋垄断贸易的利益。约在 40 年后(1785 年)土王见恶于其臣民,国土被 3000 个西里伯人侵入,荷兰人把西里伯人赶走,废了土王,另立其弟为王。这新王便自愿臣属于荷兰,以为酬谢。于是订立了条约,荷兰人由此得到马辰以及其属地的主权。荷兰人这样获得了根据地,以后从不放松。自荷兰人在东印度的属地被英人占据时期过了以后,荷兰人尽力巩固扩大这根据地直到了现在婆罗洲的三分之二以上的地方都在荷兰国旗之下,并觉得受他们统治的有利。如还有一块地方未曾受荷兰的影响者,不久也难保其孤立,因为荷兰统治者还在扩张其势力以达到最穷远的地方。

再转论西北岸和英国人的关系。苏禄苏丹因为替文莱杀了篡位者(Abdul Mubin),而得到在婆罗洲的一块地方。他便于 1763 年,把这块地让给东印度公司[译者按:这应是指英国人的东印度公司]。在 1773 年在文莱北方峇南邦干(Balambangan)岛上成立一小租界。次年文莱苏丹答应给予这租界以胡椒贸易专利权,而要求代为防御海贼以为交换。翌年峇南邦干突被苏禄人来攻陷。1803 年克复,过了几个月终于再放弃。

将近 18 世纪之末,文莱苏禄和民达脑的马来人,大约由于以前东来欧人的榜样所引诱,发生了做海盗的念头,他们以前不是未曾做过海盗,不过这回却发生了新勇气,再来干这回勾当。英国商人时时还来这些地方,但经过 1788 年损失"五月"号(May)船,1803 年损失"须山那"号(Susana)船,1806 年损失"商业"号(Commerce)船以及水手被戕以后,海军司令便警戒商人说:"赴文莱河的路便是毁灭。"经过 40 年之久,这条警戒还留在英国的地图上,英国航海家也服从了这屈辱的忠告直到 40 年代的初期,和平方再恢复,那时经过了一件极为浪漫式的不可能的事件而达到,这便是一个英国绅士获得了沙拉越国的王位。

这件事对于西部婆罗洲的未来命运很有关系。其初有一位英国少年名占姆士姓勃律(James Brook)辞去了英国东印度公司军中的位置，自己买了一艘140吨的小艇于1838年航行于东方群岛间。他的勇敢而却空洞的计划是要建立和平繁荣和公正的政府，于这些骚乱的区域中的某一处。他欣羡这些地方的美丽，而感叹其不幸，因他以前曾有一次航行于这中国海上。当他在新加坡时，他听说沙拉越的马来人起来反抗其文莱贵族，曾请求荷兰人援助而无效。沙拉越当时是文莱领土的南端地方。这些文莱贵族名义上服属于苏丹，他们多是阿拉伯人的后裔，常把婆罗洲的西北部弄成长期反叛的状态。他们教唆住在巴东鲁巴(Batang Lypar)和附近河流的海达押人加入他们的海盗群中，因为他们实在有需要这些人的帮助，所以对这些人的待遇也经过相当考虑。至于对其他人民便肆意劫掠虐待，致使人民放弃已垦地方退入丛林去，而人口急速减少。

　　勃律便于1839年8月向沙拉越航行，到地时发现这地方已由内乱而破碎不堪。苏丹最近曾派遣他的叔父（或舅父）兼未来继承人名穆达哈沁(Muda Hasin)的，到此恢复秩序，但这位温和而软弱的贵族却不能克服这种境状。勃律便费些时间视察海岸，研究人民及地方，并获得这位贵族的信心。自游历西里伯回来第二度到沙拉越时，距初次到地适属一年，发现这地方比以前更糟。穆达哈沁便请求勃律统率他的军队以平定叛乱。勃律答应，不久便使那些反叛的领袖情愿降服，但却订一条件，是只有勃律才可以做沙拉越的总督或国王，此外文莱的贵族们都不得就这任。穆达哈沁初时希望以这职位诱使勃律尽力平乱，勃律也觉得这样很公平。后来穆达哈沁见事情平息，没有失败耻辱的危险了，便显出不愿意履行条约。勃律觉得自己和那些叛徒定那些条约有实行的义务，而那些叛徒险被文莱贵族复仇杀害，勃律费了大力才救援了他们。勃律便坚持履行条约，略用一点武力表示，于是在1841年10月24日宣布为沙拉越的拉查兼总督，大众都很欢悦。穆达哈沁做苏丹的代表签名于册命书上，但因为沙拉越原来不是王国，而是一块土地，被文莱的官吏所统治，他们都无拉查(Rajah)的称号，故穆达哈沁也不是国王，而这回的事并不是穆达哈沁让位于勃律。勃律因此便想应当求苏丹本身正式承认他的尊号和权力。他便于1842年拜访苏丹，获得了苏丹证实其代表所做的事。以后沙拉越王国版图更扩大，直到现在包含了约6万平方哩的土地（约等于英格兰和威尔士）。以后再加详述（第二十二章）。

　　婆罗洲的北端从来为文莱和苏禄贵族们猎获奴隶的场所，他们的苏丹都宣称这块地方为其属地，但都不曾实行统治过。在1877年有一个名奥耳弗列·邓忒(Alfred Dent)者，原在上海经商，便劝两位苏丹将这地方的主权卖给他。于是英属北婆罗洲公司(British North Borneo Co.)便成立以谋商业上的发展。自然也应当绥靖了那地方并树立行政制度。1881年由英政府发给这公司以特许状(Royal Charter)。现在地方治理得很见成功,商业利益也大有逐渐增加的前途,其土地除了文莱市附近一小区域以外,包括了附近各海岛,那是以前未曾服属过荷兰或沙拉越的。在1888年沙拉越和英属北婆罗洲正式受英国政府保护,但除了外交以外其土地仍受拉查或公司统治。在1906年文莱苏丹也将自己及其都城以及其小领土都归给英国政府保护,于是婆罗洲全岛便都归于欧洲统治了。

第五章　社会制度

一、部落组织

卡延人成为一个明显整齐的同宗部落。他们的村落散布在广大的地面。卡延人到处都说同一种方言,遵行同样的风俗,有同样的传说、信仰、礼节和仪式。他们各地方的小差异不会大于英国各州乡人的差异。虽在分散远隔的支族间,很少有交通往来,但他们却由对于部落名称、荣誉传说和习惯的共同感情而团结起来。做首领者各将本支族的迁移的历史,过去长名首领的大名和世系,以及各支族所曾经过的重大事件,都记在心里,并传给后来的人。卡延至少有15支族,各有特殊名称。[著者注:这些支族名称如下:Uma Pliau、Uma Poh, Uma Semuka, Uma Paku, Uma Bawang,以上在巴南河流域;Uma Naving, Uma Lesong, Uma Daro,以上在勒章河流域。Uma Guman 在滨杜鲁河流域(Bintulu)。Uma rekan 在巴东卡延河(Batang Kagan)。Uma Ging 在卡拔河(Kapuas)。Uma Belun, Uma Blubo 散布在几条河的流域。又有一支族在马达南河(Madalam);为一支族在高第河(Koti)]。Uma 一字意为村落或居留地。所以15支族或者便代表15村落。他们在古时未散开于这样广大地方时,只有这15个村落。现在每一支族都有几个村落,大都在同一河流的流域,但也有例外。

卡延人的共同部落感情使他们互相团结,而不致有严重的内斗。但各支族或各村落间实在并无正式的联系,每村落都绝对独立,除非风俗规定或为审慎起见,一个村落如愿从事重大事件,例如移村或打仗,村长方于必需时探询同部落邻村村长的意见或求其帮助。相近村落的人民间,尤其是村长家族间,常有多重血统关系,因为常有通婚。

二、首领

如上所述,一个卡延村落定包括几个长屋,每个长屋有一首领管理者,其中有一人兼任全村的村长。

各长屋中的小事或纯粹家庭事件,由屋长处理之,所有公共的重大事件则报告村长主裁。在前一类中,例如关于家禽畜、种植物的所有权的争论,租借小艇、渔网或别物的损失赔偿,结婚离婚及其他较小的个人间道德上或身体上的伤害等事。后一类即重大事件,须由村长会同屋长等开会讨论,其事件是有关于全村的,如对别村和战问题、全村迁移、各长屋间的事端、杀人罪或重伤罪等事件。

首领们的权力的范围以及所施刑罚的程度,由风俗所规定,但首领的权力也看他本人的性质,而刑罚的程度也由首领裁酌。刑罚多属罚锾,其物如锣(tawak)、刀(parang)或枪以及其他个人财产。概括言之,首领的职任是仲裁者或居间人的性质,较多于审判官,他决定对于被害者的赔偿,如逢有侵犯全屋的事件,加以罚锾,所纳的物品归首领保管,以备将来为全体的公费。

首领又须负责为全体的人民察看吉凶征兆,遵守禁忌(malan),领导社会礼节、宗教仪式等。首领对外须为全体人民的行为负责,在战争时须指挥作战。

首领的维持权力及实行命令须看人民的舆论,首领如属贤能,人民必定拥护,如有不服从者必遭受严厉的道德制裁。

村长或屋长为大众服务的报酬,在物质上甚少。他或者可接受人民自动帮他耕地,乘船时可得一个荣誉的座位,在船的中央,推船时他不必参加。他所得主要报酬是社会上的地位和受人尊敬,以及施行权力时心理上的满足。

如果一长屋或一村的人民非常不满其屋长或村长时,他们可退出到稻田去,搭盖临时屋子。如有多人参加,便成立一新长屋,并选出一新屋长。旧屋长留居旧屋,只有少数人随他,有时甚至只有他的近亲。

首领的位置是选举的,而非世袭的,但选举时倾向于旧首领的能干的儿子,故首领常是父死子继。老首领常有自动退位,让其儿子的。如果首领死后无长成的儿子,则其他贤能的长辈可以被举继任,但常须经过数星期的非正式讨论接洽,其后如前首领的儿子长成后,是一个有能力的人,他便有待后一任继为首领的希望。但如现任的首领死后,也有一个长成能干的儿子,那便是同时有二个竞争者,各有其拥护的人。这样情形会引致分裂,全屋全村各分为两个,二个竞争者之一率其拥护者离开,到别地建立一个新村。这离开的一方可折去其屋子的木料,连其个人财物一并带去新村。

更耶人的部落不及卡延人的纯一和整齐，但他们的社会组织也大体和卡延人相类。虽是他们的体格、语言及别的风俗比较近于别族，例如克任曼丹人。更耶部落也包含些有名称的支族，不过这些支族也不及卡延支族界限明晰。每个支族大都依其所近河流而命名。每个村落又常位于河的支流的口，因而以该支流的名为号。所以更耶人部落的有名称的支族，不过便是时常遭徙的过程中所成立的地方团体，各以所住地名为号。

［著者注：巴南河的更耶人都称为 Kenyah Bauh。在巴东卡延河流域有 Lepu Tau, Uma Kulit, Uma Lim, Uma Baka, Uma Golan, Lepu Tepu。在高第河（Koti）流域有 Peng 或 Pnihing。在勒章河有 Uma Klap。以上是纯粹更耶人的主要支族。他们各有几个散开的村落，各村的人民各以其地名为号。此外尚有其他支族如 Uma Pawa 和 Murik，在巴南河有 Lepu Tokong 和 Uma Long，在巴东卡延河，其人民在各项重要特性上，似乎是介于更耶人及克任曼丹人间。］

上文所述卡延人的首领与人民的关系，与更耶人大都相同。不过更耶人的首领权力较大，更耶人民自动为其首领服役，不论公事私事，欣然顺从其命令，接受其决意，更为恭顺。更耶人的首领对人民也较为慷慨爱护，更能注意人民的私人事件，因此，更耶首领的领袖和人民的代表的身份更为明显，而全团体的结合更为巩固。首领势力的造成，大都由于其训练而致，因为首领的子侄们自少时便常被派遣负责率领一小队部下到远处村落传达或采访信息，或调查纠纷。在公众前发言，因而自少便养成为演说家。

在克任曼丹人、穆律人和海达押人中，每一屋也有一首领，但他差不多没有权力（在克任曼丹人比后二种人或略多一点）。他逢同屋有争端时当一个仲裁人，但他的公平常不免于受人怀疑，除非风俗曾严格限制其好恶之念。

三、阶级

在卡延人和更耶人每一个村落有三个阶级可以区别得出，并为村人承认。上等阶级的人是首领的家族及近亲，他的姑舅、兄弟、姊妹、甥表以及这些人的子女。这一阶级境况常较好，拥有财产如铜器、珍珠、燕窝洞、奴隶，以及其他财物，其数量较中下级人为多，其质料也较好。

上等阶级的人也可由其较优雅的态度，较整洁的外观，较贵重的武器和饰物，较整齐的体形，一目而知。上等阶级的妇女也显示其出身和教养的优越。她皮肤上的刺涅较为细致，其耳朵上的穿孔较大，妇女的社会地位以其耳轮的长为表示，她的衣服及身体较为清洁、整齐，肤色较淡，这显然是由于其较少曝露于日光中。

上等阶级的男人也在稻田中耕作，并参加其他劳动。但他们得耕种较大的田地，因他们有奴隶。奴隶们除耕种以自给外，并须为主人种田。上等阶级的妇女虽然也须参加除草、收获、烹饪等事，但因有女奴相助，故其田中和屋中的劳动也较轻松。

首领的房间常比别人的大一倍，位置多在屋的中央，其他上等家族的房间常也比下等者为大，位于两边。

凡有集会以及举行公共仪式礼节时，上等阶级的男子居领导地位，他们常在首领的周围，上等阶级个人间的交际，比之他们与下级者的交际较为无拘束而亲切。

更耶人的上等阶级比卡延人为多，而其衣饰、态度也较为明显。

中等阶级常占一长屋中的多数，他们也可享有各项财产，但常较少，且罕有奴隶。他们的发言在公众大事上较无力，但在他们中也有少数人特别有能力或经验者，其发言与协力常为首领所重视。在这一阶级中又常有少数人负有技术或知识的特殊责任，常是世袭的，例如打铁、造船、捉魂、采樟脑、推定季节等事。所有这些特别职务都有利益可得，而最后一项且可豁免种稻。

下等阶级便是奴隶，是由战争时捉来的，以及他们的后裔。因其来源如此，故其分子常有不同的体质。未婚的奴隶不论男女，和主人同居，待遇也几乎相同，同在一房中吃，有时也同在一房中睡。奴隶也可结婚，其子女也是主人的财产。有些奴隶家族可得独居一间房，其生活便较少依赖性。他们虽还在奴隶阶级之中，并有"房外的奴隶"之称，但其主人也不能命令其做极有限的范围外的工作，而且有时还自动放弃其权利。这不再做奴隶的家族，以后还属于下等阶级。

各阶级的分子几乎全都和阶级的人结婚。上等阶级的青年人的结婚规定较为审慎。他们虽可自行选择配偶，但其选择却须受其长辈和首领的限制。他们中多人和别村人结婚，至于其他阶级的人则只和本村人结婚。

上等阶级的青年人如恋爱着一个中等阶级的少女，照风俗不得娶她（有时也有例外特许的），他可和她同居一年或二年，以后到了他的结婚期（常于定婚后由兆或缺乏生活资料或住所而暂缓结婚），他可离开这女人，如已有子女也交与她养育，并给她一份财产，舆论多要求如此。这女人以后可嫁给同阶级的男人（但其以前非正式丈夫所生的子女们却可要求算父亲的阶级的权利。以此很多村落中常有这种两属地位的人，他们不能得上等阶级的完全承认，他们便各以其个人的能力分别加入于上级或中级之中）。

中等阶级和奴隶阶级之间有时也可通婚，如有一个中等阶级的男子娶了一个女奴，女奴的主人便劝他和女奴同住于他们房中，成为一个附属分子。将来所生的子女有一半成为主人的财产，反之如这男人坚持住在自己房里，他便可完全解放他的妻子,但须以劳作或铜器偿付其主人。这样结婚所生的子女完全为自由人,一个有志的奴隶也常可买得自由。

一个男奴娶一个中等阶级的女人便较罕见。这个男奴须先获得其自由,并有一间房子加入于中等阶级中,方得成婚事。两个奴隶结婚则继续住于主人的房中,轮流住于两方主人的房,每次约二三年。这样生下来的子女分属于两方的主人。

总而言之,奴隶的待遇很好,所以也无所怨恨,似乎很多不想解放自己。一个能干的奴隶可成为他的主人的信托者和伴侣,可由此以获得在村中的很好的地位。一个青年奴隶常被主人主妇叫做"我的孩子"。奴隶罕受殴打詈骂,无其他刑罚,在主人家中很自由,参加工作也参加游息,同苦也同甘,奴隶的衣服和外观也没有异于村中其他的人。

四、家族及婚姻

很少人有一个以上的妻。有时一个首领因其妻结婚多年还不会生育,或者款待客人非她的能力所及,于是得了她的同意,甚且有时是由她的提议,可以添娶一个较年轻的次妻。每个妻各有其卧室在丈夫的大房范围内,年纪较轻的妻须让年纪大的妻,须襄助她家屋中和田园里的工作。这次妻常选自社会地位较低的家族,以便长妻易于维持较高身份。此外未有再娶第三妻者,因为舆论已不甚赞同一个人娶次妻,自然更不能容许娶第三妻。虽在屋中有奴隶,但纳妾制不能获得承认。

选择配偶不规定限于某团体内或团体外,这便是说没有外婚团体或内婚团体。乱伦受严重注意,亲属禁婚的程度规定很明。这很像我们(西人)一样。一个男子一定不得娶其姊妹、母亲、女儿、姑母、姨母、侄女、甥女为妻。即未有继养而有这种关系的女人,也同样不得通婚,其禁止或者还更严厉。表兄妹可以结婚,但不很受赞同,而且须行特别仪式,公意似乎以为这种结婚不能获得幸福。上等阶级的青年男子很多娶同部落或邻村同阶级的少女为妻,有时也娶别部落的女人。这后一种通婚常为首领长辈们所鼓励,希望藉此联络两方的感情。

婚事的提议几乎完全由青年男子发动。他首先偷偷注意引起他爱好的女子,他可于傍晚到女家和这女子做伴,他可施展他的奏口琴(geuis harp 土名 Keluri)的功夫,或者唱着流行的恋歌,稍为改变字句以适合环境。假如这女子接受他的好意,便对他表示意见,依礼无论在何种情况之下,女人应将点了火的卷烟奉给这男人。假如这女子准许这男人停留,她可将卷烟照特殊样子卷好,然后点给他。其法是将缠扎烟枝上的叶条扎在近口卸处,平时那一条是扎在烟枝中腰。这男子受了鼓励,便可常来探访,如有进展,他可希望有一天他的头向后倒在女子膝上,由女人取出一对镊子,拔起他的眉毛或睫毛。如果毛甚少,这女子便知道已经有人拔过了,但男子一定否认。他或者假托是由于头上毛病所致,于是女人便施行按摩术,却将那些毛夹在指节之间尽力拔看。求婚的手续到了这一步,这女子便可玩奏口琴,引诱那男子到房中。这琴声据说能够传话给他,大约是心上的话。如此这男子便可和他的爱人停留在次日清早,或者当老人们安歇后他可到她身边去了。达到了这阶段后便须举行获得公众承认的正式定婚礼。男人请出了男女长辈,很常是父和母,报告首领。首领常假装惊异,如果对方是很适当的女子,他便说了一些好意的话,如果他知道有些困难,他便指出来,他虽罕用直截的话来阻止,但也能用训法来延缓这婚事。

如果首领和父母都赞成,这青年男子便致送一件铜锣,或一串珍珠于女家,以为诚意的表征,万一如有不能克服的困难,这礼物便被退还,而婚事便无须谈起。定婚以后不久便可结婚,无须延缓,但在定婚结婚期间,都须注意吉凶的征兆。全村无论何人所遇的意外事件都是凶兆,与未婚夫妇愈相近的人愈有关系,鸟鸣鹿叫都很重要,在屋子附近的鸣叫的声大都是凶兆。为抵消这事,可派遣一位精于观察征兆者到林中寻觅吉兆,例如一种啄木鸟(Trogan)的啸声,"蜘蛛猎者"(spider hunter)的鸣声,鸢在高空上由右飞到左飞,都是吉兆。假如征兆太凶,便延缓一年方才结婚,到次期收获过后再觅新的征兆。在这期间这男子常被劝离乡,希望他另觅良缘。如果他爱情不贰,且获得了吉兆,便可在收获期终时举行婚礼。结婚如行于他时,婚宴也须延至次期收获之终。结婚以后男人和妻住在丈人的家,经过一两年,最多三年。在这期中替他丈人耕田,帮助维持生活,表示对丈人丈母的尊敬。在三年将终时,这对青年夫妇便在男人家中获得一个房子,从此自己生活。除了上述替女家服务以外,男子或其父或别的亲属,还须于结婚时,致送礼物于女家父母,其物的价值视乎两方的社会地位,这礼物常归于女家父母所有。

[著作注:我等应乘机对于一种极流行的很重要的错误意见提出纠正,这条错误意见是关于婆罗洲土人的误解中最常人征引的。这种误解最近还见于钦教授的书《世界的人民》(Prof. Keanes, *The World's People*,1908年出版)中,书中说婆罗洲人民"没有一个女子肯看一看求爱男子,除非他提到了一颗或二颗人头放在她的足旁"。据我们的意见,这种情况只有"九头的民族(hydra headed race)"或者有之。(译者注:九头蛇见于希腊神话,著者的意指此语无稽等于神话)。这种话无论对哪一部落都不合,在大部分的婆罗洲人中,都绝无根据。只有海达押人中略有一点真相。在这种人民中求婚者如获得一颗人头,确能促进求婚的成功,而且也有女子及其母亲嘲笑一个求婚者不曾得

到一颗人头,但却很少有人以人头为求婚的重要条件。一个母亲或者对一个追求女儿的少年说:"Bisi dalam lisi delual buli di tanga anak aku."意思是说:"你如果可以装饰房里房外的东西,你便可向我的女儿求婚。"(装饰房里的是陶缸,装饰房外走廊的是人头)]

在卡延人中离婚很少见,但不是绝对没有。离婚的主要理由是不贞、离弃、性情不合及家庭争闹。一对夫妇也可由不同意而拆散,只需呈纳相当的罚款于首领,同意的拆散常由于不育,而又不能获得一个过继的孩子。夫妇两人都想另换配偶,以期获得小孩,因为在他们中,有子的愿望很强,以有子为荣。妻如不育,丈夫可离家经过长久时间,徘徊森林中或探访别家,希望他的妻因离弃而提出离婚,或使自己有机会或借口而要求离婚。如发现妻有不正当行为,丈夫便可和她离婚,丈夫可保留自结婚后积聚的财产。子女分属父母。这案件的被告[按:指通奸者]被首领判决罚锾,所罚的一半归被损害的丈夫领去。丈夫方面的不正当行为须很昭彰,其妻得据以请求离婚,手续与上述者相同。在卡延人中,离婚以后常由亲友调停而再行结合,不需另行仪式。离婚没有正式举行的手续,大都是两方同意离开,并缴纳罚款于首领,以求得社会的宽恕。

五、继养

继养并非罕见的事,希望有孩子,尤其是男孩的心是很普通很强烈的。但是婚后不育的事各处都有,而且在更耶人中也很常见。一个女人如婚后经过几年未曾生子,夫妇便常继养一个或多个子女,他们通常喜欢选择一个亲属的小孩。但继养并无限制,甚至俘虏、奴子都可以。养子出自贫家,常须给以财物或米粟以交换之。养子原来的父母家境好转,例如好收获等事,常有要求退回养子的,这便引起争端了。养子的地位和亲生子女相同。

有些克林曼丹人(Barawano 及在巴南河的 Lelako)于择继养子时行一种奇异的象征的仪式,当一对夫妇决定要择继养子后便遵行各种禁忌,如怀孕的后期一样,经过数星期。其禁忌的性质概括言之,不外为避免真的临盆时困难的事情,例如不得携手入小孔内取出物件,不得用木钉或木栓定住了某物,出入时不得逗留于门限上,到了择继的日子,女人坐在房里,支着身体,绕了一块布,仿做着真正分娩的样子,将所要继养的小孩从后面推过女人的胯下,如果小孩尚幼,便抱到胸前引他吮乳,以后再替他起一个新名。

父母常不愿指出哪一个孩子是继养的而不是亲生的,这不是由于他们用心掩蔽事实,而是由于继养的手续十分完满,父母完全视养子和亲生的一样,所以不让能辨别他们的差异,母亲如给养子吮乳者更是这样。

六、人名及称呼

小孩数岁内都无名字，男的叫做"乌葛"（Ukat），女的称为"奥英"（Owing），二者有某某的意思（Thingumvgbob），在海达押人常称小孩为"乌拉"（ulat），意为小蛴螬。他们以为小孩生命的根基未固时不宜命名，有了名反引起鬼怪的注意，到了三岁或四岁时，如遇同屋有别的小孩命名，方给他名字。名也经慎重选择，长子或长女常用祖父母的名，男女各有分别。个人最初所起的名常不用到一生，如经过一场大病或变故，便改一个名，用意在使追随他的鬼怪不能再认得他，所以达马武南（Tama Bulan）的小名是"卢者"（Lujah），他少时用这名数年，以后生了一场大病，便改名为"汪"（Wang）。在克林曼丹人中，如遇到这种情况，便将小孩的名改用不好听的名，例如"屎"（Tai），使他不受鬼怪的注意。第一个小孩命名后，父母的名便称为"某某的爸爸"或"某某的妈妈"，例如小孩名"奥滂"（Obong），他的父亲便名为"达马奥滂"，即奥滂的爸爸（Tama Obong）、母亲名为"伊奶奥滂"即奥滂的妈妈（Jnai Obong），父母原来的名字从此不用，几乎竟被忘记。〔著者注：一个小孩很常不知道父母的本名，丈夫也有忘记了妻的原名的。〕除非有时和别人的名相同，那才再用原来的名以区别之。例如说"奥滂的爸爸乍乌"（Tawa Obong Gau），乍乌便是奥滂的父亲的原名。达马武兰的名字便是由其第一个孩子而得，达马武兰便是武兰的爸爸（Tama Bulan）（武兰意为月亮），他有时为要和别的达马武兰区别，便再加上自己的本名，成为"达马武兰汪"（Tama Bulan Wang），假如第一个孩子奥滂死了，父亲"达马奥滂乍乌"改名为"奥容乍乌"（Oyong Gau），如其他的孩子死了，他便名为"阿甘·乍乌"（Akam Gau），假如他的妻死了，他便名为"阿班·乍乌"（Abon Gau），他的兄弟死了，他便名"押·乍乌"（Yat Gau），姊妹死了，他便名为"哈宛·乍乌"（Hawan Gau）。如有以上之中二个亲属死了，这些名字可以随便用。但妻和子的死影响于改名最大。无子女的老人称为"零哥"（Lingo），无子女的老妇人称"阿把"（Apa），都加于本名之前。寡妇名为"峇鲁"（Balu）。子女不用父母的名，父母死子女也不改名，只有添用"奥遥"（Oyau）一字以表明丧父，"伊仑"（Yhum）一字以表明丧母。但这二字也只用到自己做父亲时为止。一个人如做了祖父，他的号是"拉基"（Laki），例如"拉基·乍乌"（Laka Gau）这个超越了一切其他的名。小孩称其父为"达曼"（Taman），称母为"伊奶"（Gmai）或"地南"（Tinam），内外祖父母都是"波伊"（Pai），父母称子女，便是长成的也称为"阿拿"（Anak），或用叫其本名。父亲的朋友称为"阿买"（Amai），这个名也可称无确定关系的长辈或别部落的别种族的人。"伊奶"也可要用以称伯叔母、姑舅母等，也有采用马来话"妈·曼那干"(Ma Manakan)专称伯叔等者。还有称甥侄的一字也借用马来话"阿拿·曼那干"(Anak Manakan)。表示亲属关系的名称很少,并且不固定,例如"巴驎伊葛"(Parin gat)一字略如表兄弟姊妹堂兄弟姊妹之意,有时又略如兄弟之意,没有子或女二字,"阿拿"是泛指孩子而已,也没有兄弟姊妹二字,两者都称为"巴驎",这字在演说者又可用以泛称男女朋友或同地位同年龄的人。同父母的孩子们笼统自称为"巴拿"(Panak),这字也可泛指别人。继父称为"达曼·东"(Taman Dong),岳父为"达曼·底梵"(Taman Divan),祖宗称为"西本"(Sipun),用以指祖父母以前的男女祖宗。一个上等阶级的人也常有一个属于中等阶级的好友,随他到各处帮他做事,和他同命运,这两个朋友之称为"巴基示"(Bakie),两个密友,尤其是同爱一个女人的朋友,互称为"陶容"(Toyang),在海达押人则称为"音勃连"(Gmplian)。

以上便包括了所有卡延人用以称呼亲属的名词,此外大约也没有了。似乎没有秘密的人名,除非是那些因不幸而废弃的旧名,以后常不愿提起。小孩的名常不用,大人也很少互叫真名者,除非在森林中方如此,他们常互用称号,如"奥容"或"阿班"等。原因是为要避免鬼怪们闻名而注意。

上述所述卡延人的社会组织等事都可以应用于更耶人,只有称呼上略有差异而已。克林曼丹人和穆律人也没有重大差异,不过首领的权力较弱,阶级的区分较不明显,奴隶较少而已。海达押人的社会组织也多相同,其不同之点在乎不容许一夫多妻制,即有也是非法的,发觉时两方都须被罚。离婚极常见,且容易获准。婚姻关系的庄严比较少,所以较为容易结合,也容易散开,不忠实常是离婚的原因,且常由同意而离婚,任何一方都可以付少许罚款而获得自由。男女都常有结婚多次的,即第十次的新郎或新娘也不是没有,甚至有结婚后一星期内即离婚的事。

海达押人像其他人民一样,视乱伦为极严重的事,各种亲属间的结婚禁律在人民中都能了解,很像卡延人。

海达押人的一个村落,因为他们常割去敌人的头带回来,而不生擒以为奴隶。

七、财产的继承

一个人死后他的财产分他的寡妇和子女。为避免争闹起见,老人常于未死时先分家,寡妇为房屋的主人,但已婚或未婚的子女也可以有一份。寡妇承得了全部或大部分的家具。至于锣及其他铜器、武器、战艇、船,平均分配给诸男子,最长者所得稍多一点,女儿们分得古珠子、布匹、珠宝盒及其他零星东西。男奴为男子们所分得,女奴属于女儿们。燕窝洞和蜜蜂树可以由诸子女分得或共有。

很常有一个男子或女儿,不即结婚,留在父母家中,侍奉他们老年。父母常留给这个子或女以珍贵的物件,例如一串古珠或古瓶。

在海达押人中,古缸是主要财产,死后分于子女,如缸少不够分配,便保留共有,他们中的一人可收买别人的份子。

卡延人的屋子中的各分子的团结,不但是由于物质上的状况,例如同住一个大屋,共同劳动,也不但由于道德上的纽带,如亲属关系,同尊一首领和相互间的忠诚,也还由于更微妙的关系,最要者如同受预兆的鸟或神灵的保佑,因为预兆是普及于同一屋的众人的,其占察也为全屋起见。这种精神上的一致,很受热心维持。有时一个家族或者有为特别理由,例如噩梦或多病而要求退出屋子,假如其他的家族都不愿离开旧屋另觅新屋,他们便反对退出。如那一家的人一定要离开,应交付罚款,然后方得离去。但不得拆去屋料,不过那空下来的房子也无人进入居住。反之,卡延人又很不愿意接受另一个家族加入屋子内住。他们罕有添加房子,新婚夫妇须仍住父母的房里,直到全屋子都迁移别处建筑新屋。有时一座屋子遭遇敌人攻袭后,其余人被收容于别屋的,但他们只寄住在走廊,直到别建新屋,他们或可自建其新房子,而算做这座屋子的人。另一法是为这些客人另建一小屋于大屋旁边,由一条顶面无盖的地板相连。

附录:更耶人的族谱

这些人住在沙拉越峇南区(Baranv District),其屋子名 Long Tikan,即达马武兰(Tama Bulan)的屋子。我们(著者)曾按照李维斯(Dr. W. H. R. Rivers,英国著名人类学家)的方法,调查更耶人和海达押人的屋子,制成其住户的族谱,兹发表一部分于此,以为这一章的附录。此谱中包括于 1899 年住于这屋中的全部人数,连已死者也在内。次序按照户口,即房间。

谱中男性的名用正体字,女性用斜体字。又使用以下符号:

=	表示结婚关系。
=—[	表示由这对配偶所生的子女。
——○	表示其上的人名曾活到成人,但死后无嗣。
——×	表示其人于幼时殇,不知性别与人名。
♂	表示男孩,尚无名字者。
♀	表示女孩,尚无名字者。
?	不知其名者。

(1) Sidi Karang 之户口

```
            Sidi Karang = Sidi Peng
                    │
            Baial Gau = Ulan  ×
                同居别家
                    │
            Mang = Baru Tellun
          ┌─────────┼─────────┐
      Luat =?    Ukang    Iesun = Balu Ulan
         │         ○
        Lim
         ○
  ┌──────┬──────────┴──────────┬──────────┐
Usun  luyok = Oyong Turing Liniaug tang Wing = Lara Wan
                        ○
```

(2) Ajong 之户口

```
       Mawa ontong = ? (Long Belukun Kenyan 族之女)
   ┌───────────┼───────────┐
Bala lara  Ajong = ngino (Long Tihan 族)   Wan
          ┌────┬────┬────┐
          ♂    ♀    ×    ×
```

(19) Tama Bulan 之户口

```
            Laki ludop = Bungan
                    │
    Tama Bulan = （长妻）Peng = （次妻）Payah Wan
                │
        Bulan = Luja （Uma plian Kayan 族）
   ┌────────────┬────────┬────────┐
Balari 及 Livang  obong=wan  Levan   Linjau
(Tama Bulan 之
 二继为养子)

              奴隶
  Segilah(Long Tikanx lirong) = (长妻)Vang(Long Tikanx Muret)
```

(22) Aban Lawai 之户口

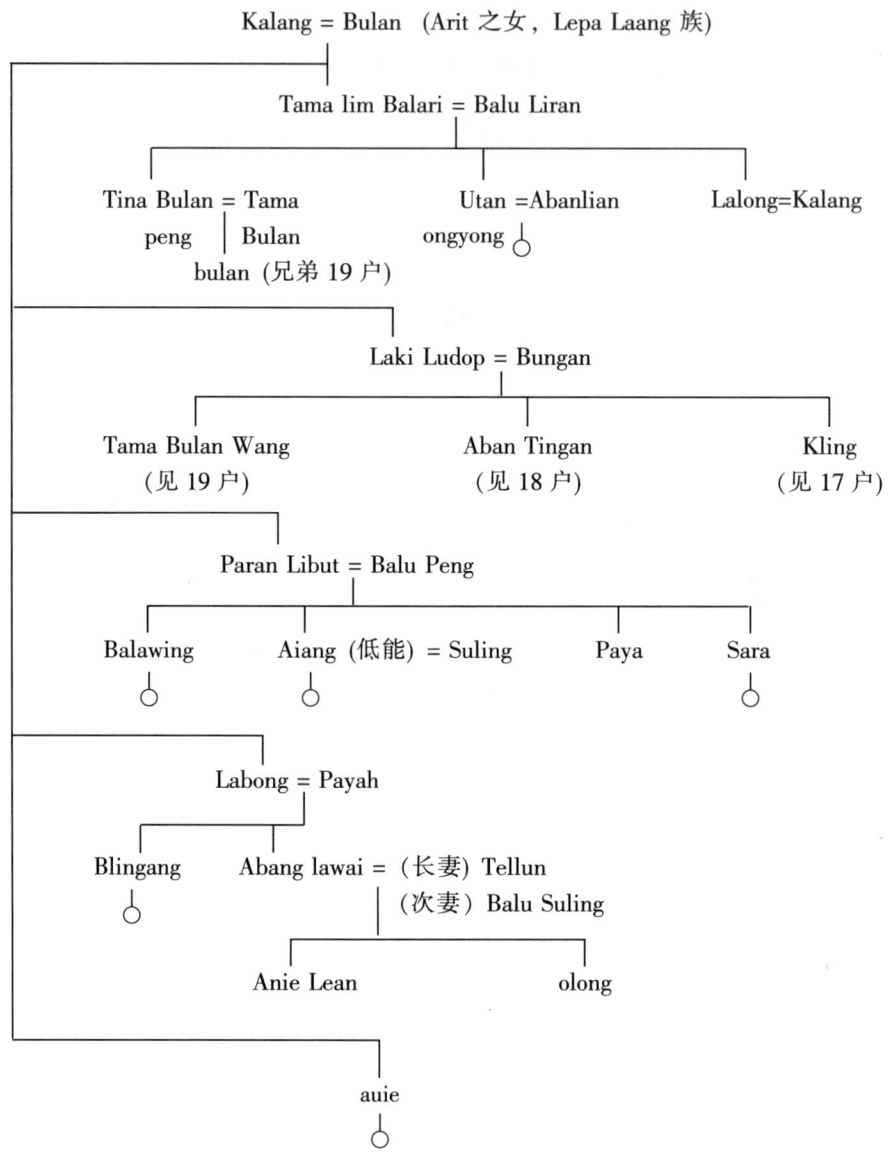

[译者附注：此种族谱在原著甚多，计该屋有 22 房，即 22 户，占 11 页。译者选其谱式不同者四种，抄译于此，其余从略，以省篇幅。]

第六章 农 业

一、种稻的手续

所有婆罗洲内地的主人,除了埔南人和马兰瑙人以外,以所种的米为主要食物。一年之中除了有几个星期盛产林中果子,其他时间每餐都不能没有米。在收获不佳的时节,米量减少,方以野生西谷,栽种的玉蜀黍、木薯和番薯。上述的后三种以及南瓜、胡瓜、黍、波罗蜜、香椒,都经常栽种少许。但这些合计起来,还不能完全代替了米。种植者须和多种困难奋斗,因为在湿热气候中莠草易生,而田园的周围便是处女种植物,容易被多种害虫所伤。所以每年米粟(Nadi)的收获需要有极大的努力和小心。土人多数不知用犁,只有穆律人的一支杜逊人(Dusune),由中国人学得。卡拉必人和有些海岸的克林曼丹人住在冲积土的地方者,或者由于和菲律宾人或印度支那半岛那人来往而学得用水牛践踏田土,以预备播种的方法。卡拉必人由小山上引水泉流到田里。

除上述者以外,别族人的种田方法都很简陋,他们将原来的树木吹倒烧作肥料。收获了一次以后,那片土地便易生莠草,以后也不能再靠烧木灰作肥料。所以收获了一次以后便旷废那田地,任它生草,经过至少二年,在其间另在别处耕种,这是很普遍的事。到了第三年树木又再长成,而莠草因被树木所挤而消灭,于是再次砍伐树木烧成肥料,又可播种一次米粟。一片土地这样种植了三四次,每次相隔二三四年,以后收获便减少。所以土人宁愿费大力砍伐大树开垦新的处女林,而不继续在旧地耕种。以此每个大村落的人,在数十年中,将力所能及的范围内,约离村3里以内的土地,完全用尽了地力。到了田地已经变成瘠瘦以后,便须移村到更远的地方,或旧住地以前不曾有过太多的疾病、大火,或别村的攻袭,他们便再迁回旧住地,在旧屋基或其附近另建新屋。旧住地经过了旷废这样久,据说便也像处女林地一样好,而其树木也较容易砍伐。但因其究竟比不上处女地的肥,所以每年总要多垦一点新地。

各家族如有耕种自己的土地,选择土地须和别家商量,其大小尽他们一家人的力量。从小山斜坡到小河岸为止的土地,被视为最好的土地,其原因一部分因其易于灌溉,一部分因在斜坡易于砍倒树木,而小河又便于交通。

选择了土地以后,男人们便砍伐小树丛,先开成一片 V 字形的地,其尖端对着小山,其底在河岸。这个做完了,便请求同屋别人,常是亲属来帮助同砍伐大树,若是开辟处女林,其中多有巨大的树,其树头很大,砍伐时须在其周围造一架约 15 呎高，两个人站立架上，在树的两边，用着其有弹性的木柄的斧头，砍在此树头高一点的地方。一个人砍成一深缺于向上的一面，另一面则砍一同样的缺于相反的一面，但只约 1 呎，两缺都深及树干的中心。这种工作得非常快捷，大约直径二三呎的干也不过费 30 分钟。在这片 V 字形地里面的大树都按这样砍了缺以后，男女小孩或狗都走出这片地方。选择一二棵大树，当做这大树阵的尖顶，把它砍向山坡下面倒落去。[著者注：他们是精巧的樵夫，能够砍树使它倒向所希望的方向，最后的斧头砍去上下二缺中间所留的一小部分]这大树倒下时，将其下面别的大树也撞倒了，而别的大树们又再依序撞倒其下的他树。这样在这一片地场内，犹如雷鸣地震，山崩石倒一样，发生极大声响和混乱，至于那些造成这可怕状态的藐小的人类，在旁边亲眼欣赏自己的作品，禁不住快乐万分大跳大叫起来。

　　这些砍倒的树木须再等数星期方可焚烧，在这期间须预备各种器具，以便耕种、收获和囤存，并于小片土地上先栽了些早熟的粟种，以及少许玉蜀黍、甘蔗、番薯、木薯等。这些小片地方常是相接近的。如在晴天，砍倒的树木约在一个月内可以焚烧；如属雨天便须再等，选好一个多风的日子，便放火焚烧那些树木。放火前先叫出了田里的人。焚烧的土人撮口吹风，老人对风念咒，希望增加风势，以助火力。猛烈焚烧了几点钟后，再经过几日的冒烟，如果火力充足，树木便都变成灰烬和炭块，如不成功，还须再烧一次。灰烬冷熄了以后便可播种。男女一起工作，男人在前面用小木锹挖小孔，相距约 6 呎，女人跟在后头，颈上挂一个筐，内盛粟种，每孔播入粟种三四粒。小孔不再盖土，这时，约二个月的旱季已将满，以后充足的雨量在数天内可见粟种发芽生长起来。粟有多种，有些适合种在山坡，有些适合种在湿地。在一块地面常播三四种粟，视其高度及斜度而定。因为各种粟的生长速度不等，故播种先后也不同，使它能同时成熟，并使害鸟害虫无机会可依序吃毕已成熟的部分。将成熟时，土人在每一块田里搭盖一小屋，派人在那里看守，直到收获完毕。粟的成熟期约自播种后经过 14~20 星期，视粟种而定。他们在田里用各种方法以吓走害鸟，将长约 8 呎的竹枝插在田里，相距二三十码，在竹枝的上端以藤系连，将约 1 英亩大的田里的竹枝都相连为一片。每一房子的人所种的田常是 4 英亩，于是便有 4 处这样的竹阵。只需把一根竹枝摇动，便能使全英亩的竹枝都震动了。田里每一英亩的竹阵缚一条藤，连到看守人的小屋，在那边有一个女人或小孩管看这些藤，时时抽动，牵连了 4 英亩的竹枝阵都震动起来。在竹枝之间的藤上悬挂了各种物件，有的会发声，有的会摇动，有时这条系连那些竹枝的藤，一头缠在小树枝末，一头深插在河床底下泥土中。河中水流便会引动了竹枝和小树枝动摇不停。卡延人说他们过后一种躲懒的方法是得自克林曼丹人的。看守的人终日在小屋内，他为调和工作的单调乏味起见，常常呼啸着,并用一对木槌敲打一个木圆筒。看守人有轮换,但看守的工作日夜继续不断,自称高2呎以至于收获为止。用上面这些方法,他们可以防避野猪、猴子、鹿、"称雀"等的损害,获得部分的成功。

当小屋和吓走虫鸟的竹枝阵做完了以后,他们更筑了一道粗篱将一大片稻田围起来,以防备野猪。这种篱约三四呎高,做法是先将木柱一头插入土内,然后将其旁边的竹枝小树枝倒横编扎于其上,或即编于其处原来的适当的树干上,约有五六道。这个做完了,男人的工作便完,只有偶然帮助除草而已。这期间男人便远行到林中去采集藤、树胶、樟脑等物,或从事战争,或拜访朋友。

芟除田里莠草是妇女的责任,妇女应当到田里刈草至少二次,相间约一个月,用一件短柄锄做工具。锄是一扁片,装置与铁柄成直角,铁柄一端屈曲,接连锄片,一端接连着短木柄。妇女右手拿着锄,弯腰小心地掘去每一棵稻旁的草。除完一块田地约费时3星期。在除草工作的停止时间,她们还从事收获小量的早熟种的粟、南瓜、胡瓜等,一共费了几个星期,晚间便睡在田里的小屋中。如逢好时季,这时便是一年中最快乐的时候了,男女都注意稻的成熟,心里很觉愉快。

粟粒结成但还未熟时,土人也采食青粟,采摘粟穗,把它槌扁,不经烹煮,只放在日下晒。虽是很费咀嚼,但土人却视为美味。

当粟粒成熟时,弥漫着喜悦希望的空气。这时是求婚的最好时候,很多婚姻由此订成。

收获是一年中最大事件,男女和小孩一律参加。稻雀见粟成熟了,数千万只成群结队而来,常听得人类的喧闹声,不敢靠近。于是人们便跑到田里采摘所有成熟的穗。其工具是用一件镰刀片,两端插在一块弯木上,其木比镰刀片大,有时雕作龙形,镰刀片便装在弯木的中央凸出部,将这镰刀握在右手里,木柄上有一短横木靠在拇指与食指之间。工作时拇指握住一穗,用镰刀口将它压着便割断。割下的穗便投入挂在颈上的筐内。筐盛满时,便拿去倒在小屋前的席上,露置了二三日以后,用足践踏使粟粒脱离了穗。粟由粗席的疏眼漏下,到了下一层的细席上,粟粒须再经日晒至干。这样经过了刈穗、打壳、晒干的手续以后,便用大筐盛着,挂在上肩运到粟仓里,快乐欢呼,于是收获节便开始了。

上述的那些种田的繁细手续,似乎便可以使人得到良好的收获,但在土人的意见,却以为若没有各项帮助以及各种琐屑的仪式,则上述种种工作还是无效。因为粟是有生命或灵魂的,所以也会生病,也会受各种虚幻的吉凶势力所影响。

二、季节的决定

播种季节的决定是很重要的,所以每一村落都以此付托一个人负责,他须常常注意观察季节的征候。因为这事是很辛苦的,故他可以免除耕种,而由大家凑送给他一家所需的粟以为报酬。

首领测得短促的旱季的到来,以便砍伐及焚烧林木。婆罗洲因近赤道,一年之内,气候、温度、植物都没有显著的变迁,以为季节的标准,只有轮换的东北和西南季风气候可以为各月的经过的证据。东北季候风自十月吹至三月,西南季候风则自四月至九月,两者转变时期另有不固定的风。有规则的旱季和西南季候风同时来,经过约二个月,但有时这期中的雨量也不比别时少。

这"气象学家"(他没有官号,不过因其职务的重要,获得大家的尊敬而已)不晓得每年有多少日子,而且也不设法记载日子的过去。他知道阴历的月有 28 日,但他又知道旱季的日期也不一定落在某月日,所以也不设法记着月数。他几乎完全依靠观察太阳的纬度的微少变动,其观察是利用一件工具,很像古时希腊的日晷仪,土名为 tukan do 或 aso do。

一根坚木制的圆柱,直竖在地上,以垂线帮助它正直,又将一块小木板放在地面上,中有一孔将这木柱下端穿过小孔,其上有肩抵住木板,这样可使木柱不致再沉入土内。柱的上端常雕成人形,有些很细微,有些则不过用几个刻缺表示而已。木柱的长度在地上部分者等于制造人的两臂横伸时由左指尖到右指尖的长度再加以由拇指尖到食指尖的长。这根柱立在屋前或屋后地上,周围须加扫除,并围以坚固的垣,在这围内的地面有三四码的直径,很为平均。这"气象学家"有一件平扁的木尺,其上刻缺以记长度,其长度是先将尺横靠左臂的桡骨一旁,其一头抵在腋下前方,在以下各点各刻一缺,第一缺在距尺端约一吋,第二缺对着在上膊中部,又一缺对着肘,又一缺对着腕的转弯,又一缺在指骨间第一节,又一缺在指尖。这尺的另一面有很多别的缺,其最远的记着中午日影的最长距离,次之是三日后缩短了的中午日影,又次是每再经三日后的日影。正午的日影,自然是一日中间最短的日影。日影长度的变化的记号,纯粹是由经验而得,其法按每三日测记正午日影一次。

这"气象学家"每当正午无云时便记着日影,如逢日影达到最长度以后,他便更为小心观察并对大家宣布预备田地的工作将要开始了。当日影到了平臂一半的刻缺,便是播种的最好时节,故在此以前,田地便须清除预备等待这时下种。如延迟过了这缺方才下种,便恐有种种不便,例如多猴子、虫、鼠、雀儿等为害。每届良好的收获,必将一根铁木为杙,打在地面,表示播种日的中午日影长度,以记着播种日子。这个气象预言家还有其他记号和刻缺等,其意义只有他自己晓得。他们工作手续含有神秘性，守着秘密，无论首领和大家都不能知道，而他的话常得人信从。

上面所述观察日影的方法通行于更耶人中，但有些卡延人另有别法。在长房中气象视察者所住房子，顶面开了一孔，其下地板上放一块平板，看由屋顶小孔射下来的日影照在木板上，然后加以测量，由此以测出正午日光的纬度，及其方向，子午线的南北等项。这块木板的水平地位是用圆滑石球放在上面试看，将板安排到石球不能滚动。由屋顶孔中射下来的日光，名为"神灵们的吹箭"（Kaleput toh）。

有些克林曼丹人行第三种方法，以测得播种日期。他们用一段几尺长的竹筒，其上刻了一缺，那一缺是由经验获得的。将这竹筒盛满了水，直立着，然后把它倾向某一颗星，水便倾斜而溢出，再将竹筒回复原状，看看存留的水的水面在哪里。这水面如刚好在原来刻缺之处，那便是表示播种期到了。

海达押人则观察金牛星（Pleiades）的位置而定播种期。

当播种期决定了以后，还要有吉兆方得动工种田，通常用一头猪和一只鸡祭神，将其血洒于屋前木偶身上，然后派出二个人坐船出去，如看见一只"蜘蛛的猎者"便须登岸履行其他手续。各种鸟类之中以叫做"门惹"（muntigc）的最为重要，有些的鸣声是吉的，有些又是凶的。这两人如遇见很好的兆便回来报告。有时在外过了两天，以等候吉兆。他们出门以后，全屋中须遵守严格的禁忌，例如不准生客入内，屋内人静坐着，只做最有必要的事件。征兆的好坏须在家人之前对首领报告，如有征兆是凶的，或可疑的，便再派人出去另觅。如果是吉的，女人们便各对着自己房里所藏的粟种私行仪式，经过讨论决断以后，首领便指定某日为开始清除田地的日子。

到了播种开始时，屋中人又须行禁忌。当稻在生长时期，还行了些压胜及迷信的手续，以催促稻田的生长及健壮，并除去害虫。种稻的压胜品是各种小物件，例如奇异的石子，木块奇异的猪牙、珠子、鸟羽、石英等。卡延人不赞成把石子石头当做压胜物。这些压胜物大都是由做梦获得暗示，而待承认，常由母亲传给女儿。压胜物放在筐中，将筐放在粟仓内，到时由妇女将筐带到田地。途中对着粟种说："祝你有好的茎和好的头顶，祝你身体各部都发育得好……"她又再念诵驱除害物的咒语说："噢……老鼠们，跑下河去，别吵扰我们。噢！雀儿和害虫们，到河底下去吃那边人所栽的稻。"假如虫鼠等物为害太了，女人们便杀了一只鸡，将鸡血洒在生长中的稻上，同时命令虫鼠等快走，又请求收获的神"拉基·伊逢"（Laki Jvong）赶它们去。

只有女人可以收摘最初的穗。如果她们在到稻田里的路上碰到某种蛇、蜘蛛、蜈蚣、多足虫、两种杜鹃，她们应立即回家，停留一日夜，因为这是生病或早死的兆。又假如所带的大筐绳子中断，木枝从上落下打着她们，听见"蜘蛛的猎者"鸣声,或一个女人脚触着某物,如逢这样事情发生,全队的妇女都须回家。

由上所述,可见关于种稻的仪式及实际工作是以妇女为主,男人不过被请来清除田地以及襄助以后几件工作。女人们选择及收获粟种,他们保存着关于种稻的大部分传统古俗。妇女本身似乎和稻有自然的关系,他们把稻的出产叫做怀孕。妇女们当稻生长期中有时睡在田中,希望增加田土的肥沃和稻的多产,但她们对这事却不说出。

三、收获节

当收获完成后约10日间,生人不得进入屋子,那时将粟粒搬入仓内,这件事做完以后,便选择粟种以备下季之用,收获节便适时开始。各房子的女人都在选出最好的粟粒,到足够下季播种之需。这些新种和少许的旧种混合,那些旧粟种是以前拣选并藏在筐里特别保存下来的。这个筐里藏着以前历届良好收获的种子。他们以为自古时开始种粟以来,历届的粟种都曾留下来,而最初的粟种的良好性质能够传染于其他的粟种。这个筐永远不空,他们取出一撮的旧粟和新粟混合,再将这混合的粟取一把放在筐里。他们的意见以为这些旧粟中包含了近于神话的最初的粟种,一代传过一代,可保证其必有粟的灵魂,使新粟能够长成快速及生殖繁多。收获节的仪式便是生育原理的仪式,在女人和粟是相同的。〔原注:不孕的妇女希望生育者可睡于田中小舍内新割的粟穗上面,也是由于同一意见。〕

前一年已经生育过的妇女可做些玩物,便是编制的东西像某种动物的形状,其中装满煮好的米,把这个抛给小孩们,这像是表示感谢的意思。

还有一种亲俗,捉了河中四只水上的甲虫放在一个大锣所盛的水面。精于这事的老人特来相助,大家集在一处,觉得很有趣,老人解释甲虫的动作,预测次季收获的好坏,并祈求"拉基·伊逢"的保佑。他们请拉基·伊逢带粟的灵魂到屋中来,将甘蔗汁滴入水中,女人们喝这些水,小心将甲虫送回河里。这些甲虫便带去了使命给拉基·伊逢去。

这一件观察甲虫征兆的手续做完了,便来一次大吵大闹的玩戏。妇女们将煮熟的有黏性的新米捣成一块,蘸了锅上的烟煤,然后将它贴在男人们的脸上或身上,留下了黑色的印迹,不容易擦去。男人们吃了亏,便追逐那个女人,抢得了那块饭团回敬女人。在青年人中准许有短时间这样的玩闹,便在已婚的大人们,如这样做也不十分严重。如在平时是会被人斥责的。这实在是一年中的"嘉年华"节。每一房间都用新米做了一些"武拉酒"(Burak),自由流通于男女之间,又吃了米饭和猪肉的大餐。大家都加入跳舞,有些女人装得像男人,有些拿着捣粟的杵,大家列成长形阵在走廊中依着口琴声,一进一退地行动。有些青年男人跳着模仿猴子、群鸟或其他动物的舞蹈,有单人的,也有双人的。有些人模拟别人的特点。女人们也排成长列,各将手加在前一人的肩上,依着口琴的调,在走廊中跳舞,整日都在作乐。晚间喝了更多的武拉酒,唱着歌,女人和男人杂在一堆,不像别的节留在房里。在夜半以前许多男人喝醉了,自己觅路回去,而且也很少欺负别人或和人争闹的,如收获非常的好,这样的喧哗作乐便再做一日或二日。

在收获节最多跳舞,跳舞有二类:一是独舞,一是团体舞。独舞多属模仿动物的滑稽舞,最常模仿猴子(dok)、群鸟和大鱼。这种舞似乎没有魔术或宗教的意义,而是纯粹艺术的娱乐,不模仿可怕的动物。团体舞在卡延人中有四种最流行。男女都参加,女人常穿得像男人,动作和进展很简单。"吕巴舞"(Lupa)是战后的舞。"卡约舞"(Kago)性质同上,一个女人提着一颗干的人头,女人都穿战衣,假装取了敌人首级回来,"拉圭骨舞"(Lakekut)是音乐的训练,舞者按着乐声足践地板。"吕伯舞"(Lupak)像一种缓慢的"波兰舞"(Polda)。这些舞式中没有二人合成一对的。第五种是"离魂舞",三个人共舞,其中一个假装死去,再由"生命的水"而救活,这"生命的水"是到阴间取来的。这一种舞常做得很戏剧化而引致观众流泪。

第十二章 装饰的艺术

所有婆罗洲土人都有几种装饰的艺术。一部分克林曼丹人,尤其是马兰瑙支族更胜过其他部落,在多种装饰艺术上达到了高度的造诣。但各部落特精于木雕(例如将木的装饰),卡延人精于文身及钢上雕纹,更耶人善能绘盾及作线雕于木上,用以装饰家屋及坟墓。卡延人及更耶人都擅长雕刻鹿角的刀柄,巴拉弯人(Banawano)及色卜人(Sebopo)善作穿珠工,卡拉必人(Kelatbts)及依班人能在竹面上刻纹样,埔南人能作有饰纹的席,卡瑙乙人(Kanowits)及丹戒人(Tanjonps)则精于编筐篮。

一、木雕

木雕是最普遍的,也是最重要的装饰艺术。多数是用极坚的木雕的,其主要的工具是大刀、小刀(附于刀鞘上的)、锛及各种斧。小刀的刀身长约3吋,形如大刀,刀身比例较阔,但一面微凸,一面微凹,与大刀相同。小刀的干插入坚木制的柄的末端,将马来树胶和细藤扎牢。坚木柄长约1呎,直径约半吋,形微弯,凸面在小刀锋口一面,柄端雕成鳄鱼头很巧妙,在鹿角上雕得更长些。小刀身握在右手拇指及食指之间,锋口向前,长柄握在前臂及下肋之间,全身的重量可以加在臂上,以雕刻坚硬质料。精细的雕刻多用小刀施工,锛及大刀则多用于较粗的工。

锛是一片钢做的锐角三角形物,微凸的底都没有锋口,三角形的上半部(有具肩者,有无肩者)扎于坚木柄上。木柄是一根坚韧有弹力的木板,由树上取下来,连着树干上的一块。这连着的一块木,修削成长方形,和柄相连不断,两者相对成70～80度的角,钢锛的上身便扎连于这弯曲的木块上,用细藤缠扎很牢。常加一块犬皮在锛上,然后加扎,这可使锛容易锐起,并使匠人容易改变锛的锋口与柄间的角度,可扎成更锐的角度。如将锛身改扎也可作成斧形。

木雕常加红黑色,黑色由煤台灰混合甘蔗汁或石灰,红色由氧化铁混合同上物而成,用指头搽擦,并佐以一根尖木枝描绘细线条及边缘。

二、穿珠工

除伊班人以外,各族土人都珍重搜罗古珠子,尤以卡延人为最。上等阶级很少没有珠子的。

珠子有很多种,有些卡延女人特别精于鉴别古珠,能分辨其种类,并能察出现代的摹制品。

在以前古珠曾为主要的货币,现在还是一部分重要财产。多数珍贵古珠是外国制的,只有少数由贝壳或玛瑙所制者是本地所出。外国制的古珠或者是阿拉伯人及中国商人于各时代输入的。有些或者是中国制的,其他则是自近东甚至威尔斯。有些是精巧的彩色玻璃珠,有些是中含彩色的石珠,有些是坚硬美丽的物质做成的。少数罕见的珠特受珍视,价格无限,每颗至少在100元以上,其中最贵重的一种名为 Lukat Sekala,拥有一颗这样的珠,其著称于一大地方,犹如我们(欧人)拥有一件古代艺术名作一样。一个富裕首领的夫人所拥有的珠子价值可等于几千镑,如有机会便将大部分挂在身上,以炫耀于众。这些古珠常穿成颈串、腰带等,按照大小及色彩的调和以及其价值,最珍贵者放在中央。一颗罕有的珠子有时挂在腕上。

拥有珠子的女人少有不带在身上的。她有时也和别人交换,也希望增加收藏品,有时也将一两颗赠送好友或亲人,并于未死时指定死后分配于亲友,但未死时不即过手。

除了这些珍贵的古珠以外,还有现代欧洲制造的许多小玻璃珠,也为各族土人所采用。这些小珠被穿线成为各种纹样,常是二色,黑与黄相合者最受欢迎。这种穿珠工用于多种装饰,如用于女人头巾、笠的中央、刀鞘、烟卷匣、战甲上颈部、女人上衣(最后一条见于一部分克林曼丹人)。

穿珠的纹样不多,各族常相同。所用的线是将波罗蜜树的纤维放在膝上搓成,这种纤维坚韧耐久,纹样刻在木板上成浅雕的模型,先将一条线结在模型上,然后再结很多线成排在这条线上,便将小珠穿在这各线上,相邻的两条线分段相合打结。珠子的色则照模型上的纹样而选择。

除了这种平面的纹样以外,礼带、颈串、耳环、烟卷匣等也多用这些珠子。现代输入的珠子用于这些用途时,有时再就珠子两面加工修磨,使穿在线上能相紧合。其法是将珠子嵌在甘蔗的一头,然后在光滑的石上磨,这法使珠子更为精致。

三、刻竹

将纹样刻在竹上的工作很简单,但也很可观。竹制器物常加雕刻者是饮用杯、烟草盒、燧石钢铁盒及其他零星物件。

刻法先用小刀在竹上刻画轮廓,然后凭艺术家记忆中所要的模式,按照竹的表面的比例而施工。伊班人比别族土人更能自由发挥其艺术,能够适应材料而改变其模式,一段一段工作下去。别族则须先计划全面,然后施工于各小部分。没有人能够创出一种新纹样,但伊班人的自由发挥的艺术都能将传袭的模式加以更大的改变。或者因为这条理由,伊班人所应用的纹样种类较多于别族,别族只有少数有限的模式而已。卡延人及更耶人几乎只限于应用狗形及钩与环形的纹样。

用小刀所刻出的轮廓,因将其底地弄暗黑些而使其纹样更明显起来。这有两法:(1)将底地加以平行的刮削,但不遍及全面;(2)竹的全面除纹样底地外,全部削深,约达半耗。在两法都再加以黑色或红色的颜料,用指搽擦全部,等待干时,摩擦(卡延人)或用小刀轻刮,(伊班人)于是色料只留于刮削过的痕中或底地,而其纹样则成为极浅的浮雕,色有竹的原色,底地黑或暗红色,或仅由平行的刮纹而稍暗黑。

四、扎缚技术

用藤及某种棕叶及凤尾的"茎叶"纤维以扎缚(Lashing)各项东西,代替了我们的钉子、螺钉及铰钉。扎缚的方法很精巧,常有装饰的效果。有时这些绳子还将一部分染黑,和不染的原来淡黄色相映更为美观,其精美的很可再做装饰艺术之一种。最精于扎缚技术者是卡拉必人,他们在小竹盒外加一层扎缚,用黄黑二色绳子结成很好看的几何纹样。竹面加扎之处常刮去约一吋之十六分一,这样可比原来的竹面较不会滑,而容易把握扎缚的表面和原来不扎的表面相平。结果不但有高度装饰的外观,而且使那盒子可以耐久,竹的易裂性因扎缚而抵消。

各族都用同样的扎缚法以扎合二片刀鞘大刀、小刀的柄上与刀身相合的地方,有时铜线也用以做这事。

和扎缚的技术有密切关系的是装饰的打结。有多种打结法常被应用,都打得很好且有实用,有些则有装饰的目的,如打成蔷薇花形等,尤其是卡延人更常用于刀鞘上。

五、绘画

上文曾说木雕的东西常加绘黑红和白色,还有其他平面的木上也常加彩绘,如盾、粟仓外壁、坟墓、小屋、船舷、住屋中走廊内板壁上的饰纹等。更耶人及一部分克林曼丹人,尤其是 Shapovue 及 Barawans 二支族,最精于这种艺术,也最常应用,但其他各族多少也都有应用。

上文所说三种色彩,即黑、红、白,各由煤台灰,氧化铁和石灰做成的。这三种是土人本来的颜料,但现在还有从杂货店买来的蓝靛和黄色料。搽色常用指头,加些针形物相助。

各部落的个人有时用木炭在走廊壁上作简陋的绘画,以自娱乐。所绘者常是人和动物形、生活的境况,又常描写那时这屋子的人所从事的职业,例如稻田的光景,一群人刈草,一队战士回家、采蜜、捉获大鱼等事,这些绘画都很简陋,在这点,各族土人似乎都无差别。

埔南人因无屋子,所以也无墙壁可供绘画,因此很少有机会以从事绘画。但我们也常见过他们绘在洞穴壁上的狩猎图,其方法是刮削石灰岩石的粗面,然后绘画所模拟事物的轮廓。

马兰瑙人在收获燕窝时期住在大石灰岩洞中,有时也用焦炭在壁上绘画。在布上织纹样的几乎全以海达押人为限。下文当再叙述。

六、编贝壳

贝壳[多属 nassas 及圆锥形贝壳(cone-shells)的平底],有时也被伊班女人取以装饰其所织的衣服。卡拉必人用于笠上。别族人也有用于装饰筐篮的。伊班女人将许多贝壳的圆形扁片砌贴在衣上,当举行人头舞时便穿这件华服。

七、装饰的模样（decorative designs）

卡延人应用很多种装饰用的简单化模样。大都用于文身、穿珠子、饰屋木板、坟墓、船、粟仓、竹盒、笠、华丽的房门上诸项。其应用法是将模样加在平面上或弯面上，或为浮雕，或全不雕刻，这些成为一类。除了这些表面的模样以外，还有很多模样是用于立体物件的，如刀柄、桨、屋梁的末端，各种仪式所用的木柱、坟墓、战船头等。其中施于刀柄的为特殊，自成一类。除此以外，其余的也可算做又一类。加于刀身上的雕饰纹成为第四类，和以上的不同。第五类是格子细工所雕的花纹。以下略述这五种模样：

1. 第一种最多，应用也最广。大部分显然是简单化的动物形。其中人形、狗形、斑节虾是最多数模样的来源。猴（macague monkey）和大蜥蜴的纹样也可以看得出。此外，有些模样出自何种动物形已经模糊不明，不能确断它的来源了。

有些模样似乎出自植物形，有些则似乎出自既非动物也非植物的东西，例如钩形模样。

在这些模样之中，以狗形模样为最多及最常应用。狗形模样（英名 dog-pattern，土名 Kalang asu）包括一大类，其中有些显然是狗的形状，有些则很不明显，必须借助于中间形式方可知其原来出自狗形。克林曼丹人中 Long Ulai 支族屋走廊壁上饰板刻有狗形模样，其头足身尾极为明显。这种狗形模样中必具眼睛，其他部分以此为中心，但有用以指这一类模样，但应用的人心中却不一定以这样模样真的原属于狗形，不过来表示一类模样而已。

我们曾询问惯于应用狗形模样的土人关于这模样中的各部分的意义，我们并引导他们认出哪一部分是狗的眼、牙、下颚等，他们常有恍然觉悟之状，好像得了有趣的发现。〔原注：有些卡延人常称狗形模样为"虾头模样"（usang onang）。可见一种物形的起源渐被别种所代替。〕模样起源的不明是由于更简单化的缘故，不论是狗形或别种物形都如此。只有少数人特别注意模样者方能完全推溯得出其原来代表的物形，但这是例外的。多数土人艺术家只不过模仿流行的形式，有时或加一个旋涡纹或其他小变化。

有些人著名善能做出新模样，他能改变常见的习惯模样而造出变体，但由于他的工作的状态，他并不造出完全新的。他先在材料上一部分做了一点工，又在别部分也做了一点，做成了各不相连的部分，然后合而为一。女人虽应用这些模样于文身，但她们却模仿男人们的模型，模型是绘在木或布上，以便穿珠之用，或者做成浮雕的模型以供文身之用。一个卡延人专家能记得多种模样在心里。当我们（著者）有一回停留十天在一处地方，我们曾获得一个这样的专家特别为我们用铅笔绘在纸上,绘了41种模样,多数是相当复杂精致的。

2. 刻在立体物上或高度浮雕模样,多数是简单化的人形及动物形。但其简单化的程度不如上一种,所以颇能明显表现其原物,祭祀神灵的神柱上常刻人形,其程度自仅表示头及四肢的最简单形式,以至于表现全体各部的复杂形式。但除马兰瑙人所刻的以外,没有达到高度的正确性或艺术性的。

动物形多用以加于战船头以及屋梁的末端,有些颇有艺术程度,可赢得我们赞美,而且所用的材料常是坚木(但非铁木),如 Minabo 木,又其所用的工具不过是斧刀和小刀而已。最常表现的动物是狗、鳄、猴子、鸟和熊。雕刻的狗形不很简化,有时用为屋中低座的足,首领在行礼式时站于其上。

3. 刀柄常是鹿角做的,也有用木做的,发挥出一种特殊的模样。这些似乎都由人形变成,不过有些不甚明显的则须比较中间型的方能知道。其中表现人形最明的有以下的位置及性质,刀身的柄端插入角柄里面,约 6 吋长,这一部分便是握刀之处。柄的后端向下弯曲,与前一部分成 70 度的角,长约 4 吋,弯面所对的方向便是刀的锋口所对的方向。这把握部用细藤扎缚。在这弯曲的后部施了很多雕刻。如将刀平持,刀尖向前,刀口向上,则刀柄后部垂直在观察者的前面。这时便可看出所雕的模样是人形,站立着,两手叉腰,面和观察的人正相对。其关键在于两排牙齿。其上有两只眼睛,在口以下,两肘横伸。略下一点近于中间有两手,其下又有两腿站立着,身略俯在膝上。不只是浮雕,而是立体的雕刻。足在下面更向横伸。由头顶伸出一簇短发,由白红黑三色合成。另一簇短发由脐部伸出,另一对由口下向左右伸出。鹿角刀柄的主要部(即直的部)末端,突出于人形的足以外,雕成动物形的模样,或者是狗或鳄,由其张开的颚伸出一簇长发,还有一对短发,由耳部伸出,这刀柄刻的全部便是一个人站在一头狗或鳄的头上。全部雕刻的意义不甚明,因为人形的各部分互相隔开,其间有浅刻,如手、肘、膝,甚至牙齿,以及许多对的连环钩形。这些也见于别种模样中,而这些又似乎是取得人头的象征,实是全部雕刻的要点。精巧的作品是雕成立体形的,常穿一孔或更多直径约 5 粍在柄上最厚之处,在中部有一对这样的连环钩形。

在最精致的刀柄雕刻上,因其各部太繁杂,致人形的全体不易看出,但和上述的大略相同。又其发挥尽致,遂只注意艺术功效,而不顾及能否完全照着原来的蓝本。

还有刀鞘上的装饰也和有刀柄的装饰同类。刀鞘包括两片 tapang 木,用细藤紧紧扎牢。两片木都有挖凹,故能留一空,以容纳刀身。外加一条编好的带,可挂在腰间,鞘的向里一片,两面都光滑,向外一片则大加装饰。其装饰便是浮雕,其所雕的和刀柄上一样,便是单个或连环的钩形、肘、牙齿等,都结合着旋涡形纹。

4. 格子细工的模样大都和施于平面者相同，尤其是狗形，但其简单化的程度更甚，钩形模样常满布在角落处。人形常不能看得出，格子细工，主要是用以装饰首领的坟墓。

5. 镂在刀身和小刀矛头上的模样自成一类。这是流线形的旋涡纹，包括许多螺旋形和S形，不能推测出自某种动物或植物，虽有些似乎暗示出自狗形。因这种模样和别种装饰全无关系，故有人说这种模样是和打铁技术一同由外族传来的，但这种工作的材料或者也会影响于其他装饰模样。有些绘在笠上或盾上的模样，或者和刀上镂纹有关。这种艺术几乎全限于卡延人。

还有应当指出的是卡延人的艺术是公共性质的，例如屋子上的雕刻是由自愿及协作施于公共走廊，而罕有施行于私人房里的，装饰的笠和盾也挂在走廊而不在房里，还有战船是公共所有的，故也比私人的船更多装饰。

所有这些艺术都是业余的工作，虽有些个人特别精于某种艺术，但他们并不靠艺术生活，他们也和别人一样，大部分靠种稻为生，他们有时也以艺术和别人交换工作，或者有时也接受艺术工作的报酬，但大部分艺术工作都是互相代做的，而没有物质上的报酬。

八、更耶人、克林曼丹人及伊班人的艺术

更耶人采取全部或大部卡延人的艺术，而在其各部落之间也没有艺术上的差异。他们采用猴形的模样较卡延人为多，他们屋中有一种常见的装饰，那是屋中主要板壁上头一件横置的纹饰，上有动物形浮雕，加漆黑红色，其名为"水神"（土名 Bali Sungei），又称"娜卡"（Naga）。后一名称各部落都知道，或者是外来的，或者这种模样及其名称是由龙变来的，龙在中国艺术中很常见。

克林曼丹各部落也应用很多种装饰模样，同于卡延人的。但各部落各有所偏重的动物形，如在郎卜根人（Long Pokuns）喜欢用长臂猿及"神猿"（Sacred ape）的模样于屋子的装饰，在赛卜及巴拉弯人中喜欢人形。马兰瑙人特别爱刻精致的立体木块的鳄鱼。有些克林曼丹人的墙基很为宏大，且盛加装饰。丹戎人、卡瑙乙人和卡拉必人精于编物，用黑红白三色做出各种模样。其中多数是简单的图案形，这是由于其材料而致，较精致的模样是钩形、鸽眼形、毛虫形。

伊班人装饰模样的丰富超过其他部落。这些模样多数用以装饰竹的表面及染布。竹的表面的模样多属叶状的旋涡形，尤其是芋叶形，也有些是出自动物形的。

染在布上的模样多属源于动物形的，但艺术家本人却不知道其来源，甚至其模样的名称是哪种动物，他们还不知道。除了几种显然是源于某动物的以

外,其他甚至专家也没有一定名称。蛙、小鸟、人形及蜥蜴是最常指名的。动物身上的一部分例如头或眼,常脱离身体,单独而又重叠,成为连串。有时虽在大体上知道某一模样,源自某种动物,但却很难察出其模样中某一部分,等于该动物身上的哪一部分。例如有一件常用于染布的模样,名为大鹍鹛(土名Agi Bulan),我们不能察出哪一点像哪一种动物。

我们以为伊班人是由马来人而学得的。因为他们的技术同于全半岛的马来人,而其模样也是这样。我们想只有这说可以解释。为什么这一族能知晓这种技术而其他内地各族很少知道的。还有他们的模样中植物形多于动物形,这也和其他各族相反,这也可为一种证明,因为马来人由于宗教上的禁例,不得用动物形为饰,而只可用植物形。

九、文身(Tatu)

文身盛行于婆罗洲土人中。他们应用许多模样,施于身体上许多部位。有一篇论文是著者中之一(C. Hose)和以前沙拉越博物馆研究员 R. Shelford 同写的,后一人特别注意这一题目,现在我们将那篇文章的大部分收入这里,我们敬对 Shelford 先生允许这事表示谢意。[原注:这篇论文名为《婆罗洲文身风俗研究资料》(Material of a Study of Tatu in Borneo),原发表在《皇家人类学学会会刊》(Journal of Royal Anthropological Institute)第三十六卷中。我们又致谢该学会准许转载这篇论文的一部分,并翻印其附图。①]

研究婆罗洲土人的文身风俗如要得到直接的材料,由于土人的分歧,需要作多次的探索和旅行。我们(著者论文)曾经游历过婆罗洲很大地方,而且曾经询问过沙拉越的几乎每一个部落的土人,关于他们的文身风俗,但我们也还不能说已经穷究过这个题目,还有前属婆罗洲内地及英属北婆罗洲的土人,我们还未访问过,关于他们的材料我们还很少。

文身的风俗盛行于婆罗洲,所以要列出无文身的部落的一张表,还比较有文身者为易。我们可将这种表分为二部分:第一类是原来不曾文身的,不过现在其中也有些人仿效邻近部落,也有文身了。第二类是因受回教影响而放弃文身的(以克林曼丹人为多)。

第一类,原来无文身俗者:埔南人、马罗人、陆居达押人。

第二类,后来放弃文身俗者:Malanau Mirie、Dali、Narom、Sigalang、Siduan(后这二支族属于住河下游的 Ukit 族)、Tutong、Balait、Bakiau(这一支族常

---

① 本文中附图在译稿中已散失。——编者注

有曾经文身的痕迹）、Bisaya、Kadayans。

第二类中以前曾经行过的文身模样，现在都已忘记了，他们现在多数改穿马来服装，改从马来风俗。陆居达押人完全不知道文身，且自言以前不曾有过。马罗人和埔南人采用卡延人的文身模样，但没有自己原来的，而且对所采用的文身模样也不附以特别意义。〔原注：钮文惠氏（Nieuwenhues）说土人在旅行时也可以仿效居停主人的文身模样。〕

别处人民用疤痕和硬瘤（Keloids）为装饰的风俗，不见于婆罗洲。婆罗洲有几个部落的男女为要表示勇敢耐痛，也有将一列火绒放在前臂上，然后点火燃烧者，这样所生的伤痕永久存留，但却不是当做装饰的。Carl Bock 也见过有些埔南女人前臂上有一列硬瘤，但都是一种类似种痘的斑痕。

卡延人中除一两例外，可说是在婆罗洲最盛行文身的，男人所行的文身模样广被模仿，女人的文身有很多仪式。概括言之，克林曼丹人的真正模样是很简单的。更耶人最接近于卡延人，也借用卡延人的文身模样，但多数更耶人和克林曼丹人都应用简单的模样。巴当卡延河（Badang Kayan River）的最原始的更耶人且全不文身。克林曼丹人文身模样虽很简单，但也有例外，如其中 Ukits、Bakatan、Biadjau 文身的模样都很复杂。又如 Long Utan 一个已灭的支族，或者属于克林曼丹人，也用高度复杂的模样，因为有很多部落都由卡延人学得文身方法和多数模样，所以便先叙述这一族的文身。

（一）卡延人的文身

钮文惠博士和我们同意，以为男人的文身除了装饰以外无别的意义，而多数模样也没有特殊的性质，而且男人施行文身时，也没有特殊仪式或禁忌，男人一生中没有限定某一时期方可行文身，但通常是行于少年时代早期。他又说：Mendalam Kayan 的首领甚至不文身。

沙拉越的卡延人中如一个人砍得敌人头颅，他便可在手掌背及指上黥涅，即文身，但如只参加杀戮，只能有一只指头，大都是拇指可以黥涅，在 Mendalam 河的卡延男人只在左拇指上黥涅，又不在腕骨上及指背上黥涅，还有大腿上也保留给砍得人头的英雄们。关于文身的历史，据卡延人所述如下：在古时鸟身上的羽毛原是朴素呆板的古卡鸟（Coucal）和"谦慎的雉鸡"同意文身，Coucal 先替雉鸡施工，做得很见成功，所以现在的雉鸡羽毛这样美丽。次之，雉鸡也替古卡鸟施工，但因它的愚蠢，不久即遇到困难，自己恐怕不能做得好，它便告诉□□□坐在一只□□Sawak 硝皮液的碗里，将那黑色染汁泼在□□身上〔□号即译稿中缺空〕，便即飞去，诿说这里有很多敌人，所以他不敢停留，因此现在的 Concal 头和颈成黑色，而身是黄褐色。钮文惠氏也述及这段故事，但其中的□□却改作乌鸦，而硝皮液的碗不说及。

卡延男人身上有数处可加孤立的文身模样，如腕的外面，前臂屈肌的表面,大腿外面的高处,胸前,肩上,战士则可加于掌背及指上。但不一定人人都在这些部分全部文身,施在腕上的模样名为吕骨珠(Lukut),这是卡延人一颗珍贵的古珠子,这种模样的意义很有趣。当一个人生病时,土人以为这是由于他的灵魂离开了肉体,如再复原,便说是灵魂回来了。如要防备灵魂再走失,须在腕上扎一条线,线上穿一颗这样古珠,因为这种珠是法宝。但线容易断而珠容易失,所以不如将珠形黥涅在人腕上,便不致失落。这种古珠因其可保护灵魂不再离体,故后来竟被当做可以防备百病的法宝,而其文身的模样也被当作有同样的效力。

在前臂及大腿上加狗形模样(土名 Udoh asu),钮文惠氏曾研究一串的这种模样,指出其由拉长的狗形变到玫瑰花形,拉长的狗形在沙拉越卡延人中有时可看见,在 Mendalam 卡延人是大腿上常见的模样。可见有些是拉长的狗形(图一、二、五),有些是狗腿大如盘(图五),有些狗眼竟有玫瑰状,有的只是一个狗头。狗形多属单个的,但也有双个的,其尾相连,又有一大狗带一小狗儿的。

狗形模样在卡延人艺术中很为重要,这是因为卡延人和更耶人对狗很有敬重的意思。这种狗形广被许多部落模仿,其名及形渐改变。

在肩与上臂之三角筋上以及胸前,黥涅玫瑰花形或星形。或者玫瑰花形原是从狗眼变成的。一种模样会渐渐失去原来的意义,甚至连名称也失去,后来乃由其与某物略有相似之点,便改称为某物的模样。

卡延人的手臂上的文身模样有表示人面的,名为 Tagulun,其实不像,又有称为竹笋的。〔原注:古时卡延人或克林曼丹人的大首领建筑大屋时,第一根大柱的下头要撞在一个奴隶身上,这是对保护神的牺牲品,后来不行了,但将人形雕在柱上,这人形称为 Tegulun。〕

卡延女人的文身是一串复杂的模样〔原注:同一模样,重复成串〕,在前臂全部掌背、大腿全部、膝下面、趾骨表面。一个卡延少女的文身是很严重的事情,不但黥刺时引起很大痛苦,而且同时须履行很繁缛的仪式。文身工作经过很久方完成,有时达到四年之久,因为须分数次施工,每次只能施工于身体上部分,每次施工后须停很久时间方再续工。少女约当十岁时先在指上和足上面黥刺,约一年后在前臂上施工,再一年在大腿上一部分,在第三四年,已到成年期方完成全部文身工作。

一个女人必须在怀孕以前完成文身,如生子以后尚未完成文身者必被视为不合。女人如施行一部分文身后,发生重病,便须延缓文身。又据钮文惠氏所说,女人不得在播谷时或死人未葬时文身,因为这时不得有出血的事,这是一种禁忌(Lali)。又如有噩梦,如梦见洪水,这是大流血的预兆,也须禁止黥刺身体。文身的女人忌吃大蜥蜴或有鳞的曼尼士鱼(manis),连其丈夫也须一同遵守禁忌,直到有一对男女小孩。如只生一个女儿,还不得吃大蜥蜴的肉,直至女儿也行文身时;如只有一个男孩,还须到成为祖父母方得吃大蜥蜴。

文身在卡延女人是很普遍的,他们以为文身的模样是死后在阴间的火炬,如没有文身,必须长久留在黑暗的阴间,一个女人对钮文惠氏说她死后可以由文身色素的浸染而认识她的骸骨。卡延人的文身工作是由女人执行的,从来不由男人执行,而且男人虽将文身模样刻在木块上以为样本,但女人在认识文身模样的意义及性质上却是专家。钮文惠氏说,文身技师的职业大都是世袭的,这种人像打铁匠和雕刻师一样,都有其保护神,每次施工须对保护神祭祀,文身技师的女儿幼小时,不得为人文身,文身技师经验越多,祭献的牺牲越大,则所取报酬越多。她又不得吃几种食物。土人以为文身技师如不严格遵守禁忌,所刺涅的文身模样便不会明显,而她也会病死。

文身技师所用工具很简单,不过是二三支针,土名 ulang 或 ulang brang 和一把铁锤,土名 tukan 或 pepak,平时收藏在一个木箱子内,箱子土名 bungan。针是一根木枝,一端屈曲成直角形,末端削尖,附加一块树脂,插入三四支短钢针,只露针头于外。铁锤不过是一根短铁条,一半用绳缠扎,色素是煤台灰、水和甘蔗汁的混合液,盛在一件浅木杯(土名 uit ulang)中,最好的煤台灰,据说是由金属的锅衣取得,但由焚烧树脂或 dammar 而得者也可用。文身的模样刻在木块上,成为深浮雕的印(土名 kelinge),用色素搽抹在模样的印上,然后印在身体上。以为黥刺的标准。加在女人身上的模样是纵长的列,各列之间以屈曲线(土名 ikor)为分界记号。

受黥涅的人倒在地板上,技师及一助手各蹲一旁,技师先用一块糖棕纤维浸入色素内,然后擦在要施工的臂和腿上,计划模样的分列,在分界线上先加黥刺,然后选取一个残木印,搽抹色素,印在所要施工之处,即两条界线中间。技师或其助手用足踏着,将受黥刺者的皮肤使之紧张,将针浸一点色素,把针尖对准皮肤上的印纹,用锤敲击,将针打入皮肤内。这样做时受黥刺者很疼,常不禁发出呻吟声,但技师却不管,只顾照法进行。因为不用防腐药,所刺的部分常生溃疡,似会损及文身模样,但却也罕有因结疤而破坏文身模样的。

俗例禁流朋友的血,所以当第一次出血时,须由受黥刺者致送礼物于技师,其物为4颗古珠或别物,价格约1元者。这名为 Lasat mata。如不这样做,这技师会致失明,而受黥刺者的亲属也会遭遇不幸。

一条界线(ikor)刺到一半时,技师便停工请求赠送礼物(土名 Selivit),这是几颗珠子,有钱的人用8颗黄色的珠,名为 Lovang,每颗约达1元,贫人2颗。据说如不赠送这项礼物,技师必被屋子周围的鸡狗所扰,而有碍工作。为要避免这事,也有人更用大帐以保护受黥刺者及技师。技师接了送礼后,抽一根卷烟重新工作,除了吃饭以外,没有别事阻止工作了。技师的饭须由主人供给,因为她不能停工煮饭,而且吃饭也很匆促,放下工具不过几分钟,主人家须宰鸡或猪请技师吃。报酬大略有一定,前臂须一个锣,价约由8~20元,照工作而定。大腿要一面大凸锣(tawak),其价值如需高度技术者,约60元,较差者由6~20元。[原注:峇南河区域的文身工资远高于门达南河,在后一处须有20年经验的技师方得要求一个锣,较差的技师只能得到珠子和布。]指上的黥涅可得一件短刀(malat)为报酬。钮文惠氏说土人以为技术如取得过度的报酬,一年内便会死,但我们在勒章河及峇南河调查卡延人,并没有这样的话。

膝盖是最后黥涅之处,在这一处动手之前,须先付清工资,因为这一处的模样是全部的关键。大腿后面留一道狭长部分不施黥涅,土人以为如这一部分也不开放,则大腿必会引起变形。

少女文身须在每度新月出后的第九日,这时的月名为"哈腊鱼的腹"(土名Butit halap),因为少女皮肤细嫩,须停工数日,以后陆续施工便不论在哪一日。

门达南的一个卡延首领告诉钮文惠氏说:当地少年时,只有首领的妻女可以黥涅在大腿上,较低级的女人只可以在胫骨下部及踝上足上黥涅。模样是四方形的,隔以不施黥涅的空白长条。四方形有12个,由4条纵的及2条横的空白长条隔开,各条宽6粍,2条纵的下垂到腿前部两侧,2条在小腿两侧,距离约相等。前臂上的黥涅相同。这种文身模样现在废弃了。但钮文惠氏还曾见有一老妇有这样的文身。到了现在关于文身的阶级限制已不十分严守,但还可由文身而看出一个首领的小姐,一个平常的自由人的女子或一个女奴,这要看那些构成模样的线条,少者地位愈低。而且低级妇女的文身模样不及高级者的复杂,故常是单凭两手施工。

文身图第五之三是一个峇南河卡延人中Uma Pliau支族高级女子的前臂上黥涅模样。在前臂两面分界处的曲折线,便是上述的分界线(ikor),这界线最先刺成的,以后方施工于内部。先看前臂上屈肢的一面,那些模样可分析如下:三道同心圆环(AAA),称为"满月"(Beliling Bulan),一个三角形(B)在两面都由几条平行线构成,这名为船头(dulang harok),又有旋涡形(CC)名为犀鸟的头(ulu tinggang)。在前膊的施肌上也有满月和犀鸟头,但没有船头。还有另外两种:一是大屈折线(A),名为"棕叶"(daum wi)。又一在近末端处是交错的线纹(E),名为"露藤根"(tushun tuva),指上在腕关节处,只有简单的屈折线,以及在指节上加横线,拇指上略有不同。

同上图中第1是荷属峇当卡延河Uma Lekan族卡延人的一个高级妇女的前臂上黥纹。照我们看来,这一种美丽模样在世界上各处文身模样中可以说是最优秀的了。虽是很复杂,但也可以看出有些和上述一种相同的模样,如满月形、犀鸟头形、藤叶形、露藤根形,只有船头形不见,而另有人面形(silang)。

大腿上的黥纹,则大腿后部常有两道交叠纹样,或其变体。其最简单者是文身图第三中的1,这名为三线模样(ida telo)是奴隶所应用的。一种较复杂的,见于勒章河区域,见同图第3,是奴隶与自由人妇女共用的,同图之2及第四之6的模样,名为四线模样(ida pat),是专为自由妇女用的,奴隶不得用。奴隶的是三线四线混合的。首领的妻子可应用这种模样,再加一线,称为"五线模样"(ida lime),其状如图第四之1及2。这两种如和同图第3比较,可以看出其模样的原意,这第3图的模样是钮文惠氏得自Long glat族(克林曼丹一支)的犀鸟形模样,Long glat的模样是刺在大腿前面及两侧,卡延人的模样则稍为改变成弯曲形,以适合大腿后面,换言之,Long glat的犀鸟形,虽重叠成串,但还是各自孤立,至于卡延人的犀鸟形却混乱改变成为弯曲形了。由同图第5可以看出这一点。这第5种是Broke Low先生由上勒章河的卡延人所得的。这一种又像是狗形,但无疑的是女人大腿前面的黥纹,三四列重复成串。这一种与第1、2都是从木印描出的。〔原注:文身模样的木印,细雕成方形,一面满雕模样,这是女人用的。至于男人用的则木块甚粗又常不满一面。因为女人的文身模样重复连续,所以木印须雕成适当大小,以免印成的模样不能整齐,至于男人的文身模样则因系一个一个孤立,故较易印。〕在沓南河的卡延人有一部分告诉我们,这种模样名为"无尾狗形"(tuang buvong asu),他们说这种模样也雕在刀身上,同上图第4,是得自一块不知来源的木印,据沓南河卡延人也称这种以同上的名,但略示踌躇而已。可见犀鸟形的原意到了这里竟不明了。

　　上文说交叠纹模样常用于大腿后面,但在Boloi河土人却有一种例外(图五之5),这种模样名为"钩形"(Kalong kowit)。其中A的部分表示一颗古珠,B便是钩。在腿后面刺了两列这样的模样,其中间是一条空白。高等阶级女人的大腿前面及两旁,刺了三列以上的模样,略如上述,文身图第三之2、4及5。膝盖上面最后方加黥涅,其上的模样各为重要的模样(Kalong nang)。

　　Uma Lekan卡延人的一个可爱的模样刺在大腿后面(见图五之2)。其中有满月形(AA)及人面形或虎面形(Silong lejau)。

　　人面形的模样(anthropomorph)有渐变为别种形的,例如所谓露藤根形便是由人面形(rilong),刺在大腿上成列,又有一种也明是人面形,但名为"重要的模样"(Nang Klinge),因为是刺在膝盖上的,而这是最后方刺的。又一种名为"露藤根形"(tushun tuva),但显然有人面形在中央,又有一种模样则露藤根和人面形的关系已全失去。

　　一个下等阶级妇女的足上,可以刺一个照文身图三之6的模样,略似旋涡形。一个首领的女儿可将刺在大腿上的模样的主要部分略加改变,刺在足上。

(二)更耶人的文身

沙拉越更耶人的文化很接近卡延人的,故他们的文身和更耶、克林曼丹部落不同,在后者的文身模样多属自创的。

更耶人如 Lupu、Jalan、Lupe Tau、Lepe apong 诸部落,如有文身必定照卡延人的样子,刺些狗形在前臂及大腿上,玫瑰花形或星形在肩上及胸前。但狗形却称为虾形(usang prang)。狗形之变为虾形,可以文身图二之 9 为一好例。此外,还有蟹形(toyu,文身图第一之 10)、"百足的下颚"(Lipan Katip,同上图之第 9)等。这些都刺在前臂的屈肌表面及大腿旁面。有一种像星形的称为榴莲形(Usong dian 见图六之 7)。这些部落的女人也照卡延女人的样,刺相同的模样,用同样的刺法,但有一条例外,便是不刺在大腿上。在峇南河的更耶人,文身时几乎没有什么仪式。

(三)更耶、克林曼丹人的文身

〔原注:这个名称指一部分更耶人在风俗上近于克林曼丹,而异于卡延人者。〕在这些复合部落土人中,文身模样大有不同。男人少有文身者,如有文身的,也是照卡延人的样。在 Koti 河盆地的朋族(Peng)中有较发达的男子文身模样,但现在似乎已失去。我们所曾见的有图第六之 2 及 3 两种。这两种都是男人的,但可惜不知其意义。此外,我们还见有一个大圆盘形,刺在小腿上,也是这一族的。钮文惠氏说过这一族女人刺单个的狗形,在臂及腿上,像卡延人一样。

峇南河的更耶人在臂上手上颚刺极原始性的模样(图第六之 4)。那是一道阔纹围绕在前臂的中段,还有一条狭纹相距约 1 吋,也围在臂上,由这条狭纹引出 8 条细线牵到掌中部指根。这种模样称为"线形"(Butik alli)。此外,身体别部都无文身。

在峇当卡延的更耶人文身不得在大屋内,另建一个小屋专为这事之用。文身时须穿着树皮衣,住在小屋内不得出来,直到文身完全。如有男人出门,须待他回来文身方得开始。在乌马斗(Uma Tow)部落须待首领的女儿先于文身,其余的妇女方得文身。又如首领的女儿未经文身而死,其余的女人便皆不得享受这样的装饰。

据钮文惠氏所说,隆格拉(Long Glat)部落的少女自 8 岁起,先在指上颚涅,到月经开始时指上颚涅完成。以后施于掌背及足上。18 岁至 20 岁施在大腿前面,以后方在大腿后面。她们不像卡延女人大腿的文身须在生子前完成。每次文身的日子必须宰一黑毛鸡供技师吃。土人以为完成文身的女人,死后方得到神话中的河流 Telang Julan 河中洗澡,并在河底拾得宝珠。文身未完成者只能到那河岸站着,至于全未文身者要到河岸也不能。这种信仰似很普及于 Uppen Mahakam 河及 Batang Kayau 河流域的更耶、克林曼丹人。

隆格拉女人文身的模样有近似犀鸟形、雉羽形、狗形、四头形、豹斑形(Betik kule)诸式。

(四)穆律人及克林曼丹人的文身

有些部落多少都有采用卡延人的文身模样,例如以下的沙拉越诸部落 Si-bop、Lirong、Tanjong、Long Kiput、Barawan、Kanowet 等,都有学卡延式的文身。但这些部落的女人却罕有文身的。这些部落的文身都是由外族学得的,因为我们不曾发现他们有独创的模样,而文身的风俗也不是普遍的。男人们的文身也不是用以表示战争或冒险的勇气,不过为模拟较为好战的卡延人而已。

以下要叙述那些有自创的文身模样的部落,但在这种部落中,也渐流行卡延式的模样,而渐失去古来的模样。这些本地模样,都无木印,只凭手工。

(A)乌马隆(Uma Long)部落:峇当卡延地方的这一部落的女人行最原始式的文身模样和别族都不同。其所黥刺者不过是密集的不整齐的点及直线(图第七之5)。文身部分限于前臂,此外没有了。

(B)杜逊人:只有男人文身,模样简单,只不过两道 2 吋宽的纹,由肩上弯曲下来,相遇于肚腹上,以下再分开而各止于臀部,又从肩上引出二条经过两臂。在臂上屈肌外面有短横条,有人说每一横条,记一个被杀的人。这种模样见于杜逊人中的 Jdaan 支族。据 Whitehead 君所说,住在支那寡妇山坡的杜逊人,只在臂上黥涅平行的短横纹,但没有表示取人头的意义。杜逊女人不行文身。

(C)穆律人:在沙拉越 Trusan 河的穆律人很少文身,男人有时只刺一个小旋涡形于肩上,一个简单圆环形于胸前。女人则有较细的线纹从指关节到肘为止。英属北婆罗洲的穆律人还较常文身,男人文身如杜逊人,女人也有文身,男人较复杂一点。

(D)卡拉必部落(Kalabit Tribe):这一部落住在林那河(Limbang)及巴南河的分水岭,和穆律人有密切关系,但其文身却大异于穆律人。男人罕有文身者,其模样也只是臂上的线条而已。女人的文身却有较复杂的图案形模样(文身见图第七之 1 至 4)。在前臂上有 8 道屈折形模样,均约有一吋之八分一宽,绕在臂的周围,但在屈肌面中间及骨一旁之处却不接连,有时在近腕背的最末条屈折线上,引出二条短横线。有时在腕骨上面作两个菱形模样。腿上则刺涅在大腿背、胫骨上,有时在膝盖上。

卡拉必女人在 16 岁文身,不论已婚或未婚,文身工作不像隆格拉族(Long Glat)或卡延人,也没有繁多的仪式。

(E)隆乌丹部落(Long Utan):这是克林曼丹人中的一个已灭的部落。此前住在巴南河支流丁者河(Tinjar)地方,我们由一个克林曼丹人而知道这一族的文身风俗。这人曾见过这一部落。他照我们的话,便将这一族的文身模样雕在木印上,有施于臂上的,有腿上的,但他不能说明其含义。这族男人不曾文身,女人文身(见图第六之5及6)。其模样中的要点是旋涡形及交叠的圆环。交叠的圆环形曾见于更耶人的刀柄、柱头、竹片上,其意义表示一种檬果的制开的实。所以这种模样在隆乌丹人中或者亦有同样意义。

(F)比亚曹人(Biajau):荷兰学者哈麦氏(C. den Hamer)将这一名称概况住在荷属西南婆罗洲的 Marung、Kahagan、Katingan、Mentaja 诸河流的居民。这一带地方民族的情形自50年前算讷氏(Schwaner)著作出版以后,还没有重要出版物可看,而须再行研究。我们对于这一带地方的部落的散布或组织还知道太少。算讷氏记载其文身风俗也不详细,兹从算讷氏的文中引用一段(Ling Roths Translation of Sehwaners Ethnographieal Noles)于下:巴立陀河(Barito)或马辰河(Banyermasin)的下游右方支流 Pulu Petak 河旁的住民黥刺于上身、臂上、小腿上,其模样是美观的交叠形及旋涡形。Muvung 河旁住民据说文身最好看,男女都有。这条河实是巴立陀河的上游。巴立陀河下游左方支流的住民常不文身。但据算讷氏所记,在1850年还存在的文身模样却很有意义。据说一个模样包含两个交叠的旋涡形,并有星形在末端,刺在肩上表示这个人已取过几颗人头了。在指上作一个锐角形,表示精于伐木。颞颥上刺一个星形,表示恋爱的快乐。我们不能说这种记载是不确的,可惜关于这种在婆罗洲最有趣的文身形式未有更详细的记载,而现在已不能再得了。在 Tecveh 河上游,这些巴立陀河上游支流男人文身很多,特别在颜面上,如前额、两颊上唇,其模样大小,不很引人注意,我们也无其他记载。哈麦曾记载比亚曹人的文身,可惜没有附图。

(G)屋打南(Ot-Panum)、乌鲁阿喳(Ula Ajar)、商(Siang)诸部落:住在卡拔河的各支流。钮文惠氏说他们用二种色料即红及蓝,工具是一条赤铜或黄铜,长约4时宽约半时,一头扳曲成直角作成锐针,有时将线扎在针上近尖端之处,以限制刺入的深度。

一个曾住在这种人民中的马罗人告诉我们,关于这种人的文身风俗,据说这一种人中,上下阶级的文身大有差异,上等人文身的模样繁杂,下等人则只能应用简单模样,男人在胸前及腹上作二道弯形纹,末端卷曲,在两臂外面也有两条末端弯曲的线(图第七之6)。在大腿外面有较可注意的模样(见同图之7)。其名称为"飞的松鼠"(lineat),在小腿骨有圆圈形,名为野猪。据哈麦说:女人在小腿前面刺两条平行直线,其间由数条短横线接连(状如梯),据说是扁鱼形(见同上图之8)。

在这些人民中,像许多其他人民一样,这一代的人渐渐不行文身,而有文身者,其模样也渐改用卡延式而废弃原来的。将来再一两代后,这种曾经盛行过的美丽技术大约会消灭不见。

(H)卡哈延(Kahayan)河土人：文身图第六之3便是这里土人一种文身模样，是由 H. Hiller 博士所绘的。

(I)峇卡丹人(Bakatans)及乌乞人(Ukite)：钮文惠氏曾指出这些部落的文身是特殊的，因为他们的文身法与别族不同。其黥涅的部分反是模样的背景，而模样却是在于不加黥涅的保留原色的皮肤上。照摄影学的名词言之，如上述卡延人、更耶人诸族的文身模样，是已经印在纸上的正片，而峇卡丹人的却是其片底即反片。这一种男人以前盛行文身，我们由勒章河的一个峇卡丹人获得其主要的模样（见图第八）。胸前有大旋涡形，名为"钩形"（gerowit）（上图之1及2）。在背上及肩上有二列圆环形，名为 Kanak，还有许多小钩形杂在其间（上图之9）。在肩旁上有一横样，名"蜥蜴形"（akih）（上图之3、4）。在二头筋上大腿背小腿上都有圆环形。胸上的旋涡形略加改变，刺在前臂的屈肌面。在下颚上也有黥涅模样，其名为"线纹"（Ja）或刀形（Kilang），还有上面所说的钩形。喉上的模样也名为钩形。在前额上有时也刺上一颗星形或玫瑰花形，其名为一种古珠（Lukut），这似乎是一种记号。因为在丛林中的战争，有时出其不意地偷袭敌方，如无记号，恐致分不清友敌。更耶人出征时有时用棕的纤维束在腕上，以为记号。

这族人文身不得在屋内施工，只可在出战的路中，只有男人为技师。身上各部的施工是逐渐的。腿上及足上的黥涅最后方完成。踝上环绕的线只限于最勇敢的人。

上面所述的也同样适合于乌乞人。但现在乌乞人却多采用卡延式的文身，只有老人有时还有乌乞人古式的文身模样。在本素有乌乞人刺在大腿背的文身模样（见上图之5）。

峇卡丹人及乌乞人的妇女都很少文身，只有前臂、腕骨上、腕背有黥涅（同上图之7、8）。

五、海达押的文身

海达押的男子在今日，除峇卡丹人、乌乞人、卡哈延人及比亚曹人而外，可以说是婆罗洲最盛行文身的人，但经过了长期密切的研究以后，方知道他们的方法及模样全是仿效外族的，尤其是卡延人。我们前此以为海达押人也有两种特殊的模样，一是在喉上的，一是在腕上。但后来研究峇卡丹人的文身方知前一种包含在钩形中，也是用在喉上的，后一种则在珠形中用在女人腕上。海达押青年人常只应用许多孤立的模样，我们曾见一人在大腿上有5个狗形。在臂上也有两三个狗形，甚至在胸前也相同。但胸前和肩上较常用星形及玫瑰花形。背上的黥涅全无表示勇敢或武功的意义。他们的文身是这样放纵不拘的,故其模样便因而退步。海达押人的工艺美术很多学自先入婆罗洲的别民族,他们在别种装饰艺术也曾比原来的更为进步。如刻竹及织布,都可说真是"美丽的物品"。但在文身这方面,却不是比原来进步,而却是更为简单化及退化。例如文身图第二之1至6是海达押人的狗形模样(tuang asu),其状已看不出是狗形,只凭作者自由发挥而已。当文身技术是世袭的,而其施用于身体有一定的部位时,其模样便有固定性。如有变体,必有其意义,而其变体也可追溯到原来的蓝本,且其改变也不会太大,而致完全失却原来的意义。至于由外族传来的模样,常被改变形状,致使其原名及原意常致失去。而且文身如无特殊意义,技术任人可为,而本族中又无原来的模样,则那些从外传入的文身手续及其模样必致完全破坏。无论何种虚拟的名称都可加于退化模样。在更耶人中狗形的改变及退化,尚不及在海达押人之甚。这是由于更耶人的文身还有限制,而且他们常和卡延人来往,有好例可看,(由图第二之3)可看出海达押人的狗形的极度退化,他们有时称狗形为蝎子形(Kala)。〔译者注:此处有一段甚琐碎且不重要,从略。〕

海达押女罕有文身者,即有也只作小圆环形在胸前及小腿上。

兹将婆罗洲各族土人的文身风俗列一简明表于下,这表的主要用处在于表示我们关于这事的知识上还留了些空白。

鉴于文身模样的交互流传以及有些部落舍弃自有的而采取外来的,故我们并不以为文身可以有大助于种族问题的研究,因而也不另作一个文身份类表,便做也不过是重复上述的各种形式而已。①

婆罗洲土人文身风俗一览表

种族	性别	文身模样	身体部位	仪式	目的
卡延人	男	孤立的,狗形、珠形、玫瑰花形、星形、相连成串,单用手工。	前臂之里、大腿外面、胸前、腕、肩、掌、背	无	武勇的记号、辟邪
	女	成串复杂、几何形、人形及动物形	前臂全部、掌背、大腿全部、蹠骨表面。	甚繁	装饰、死后之用及治病
更耶人	男	如卡延人,有些略退步并改名称	同卡延人	无	有时表示武勇,多为装饰
	女	如卡延人	前臂全部、掌背、蹠骨表面	无	装饰

---

① 文身图像已散失。——编者注

续表

种族		性别	文身模样	身体部位	仪式	目的
更耶、克林曼丹人	朋	男	几何形连续模样、圆盘形、孤立的	由肩至腕、小腿	?①	?装饰
		女	如卡延女人	前臂、腿上	?	?装饰
	列布吕洞	女	简单几何形	前臂、掌背	?	?
	乌马斗人	男	?如卡延人	?	?	?
		女	简单几何形（下级女）、人形、仿别族（高级女）	前臂、掌背、大腿前面、旁面、胫	略有	?
	隆格拉及乌马吕哈	男	?全无	?	?	?
		女	复杂成串，多属动物形	如卡延女人，踝亦有，前臂不多	略有	?
克林曼丹人	乌马隆	女	简单几何形	前臂、掌背	?	?
	杜逊	男	线	腹、胸、臂	无	部分为记杀人
	穆律	男	旋涡纹、圆环形	膝盖上、胸	无	?
		女	平行线	臂、掌背	无	?装饰
	卡拉必人	男	如杜逊	如杜逊	?	?
		女	屈折形、袖章形	前臂、腿下部	甚少	?
	隆乌丹	女	复杂成串、几何形	如隆格拉	?	?
	比亚曹	男	复杂成串、几何形	其中数支族几乎全身黥涅，面亦有	?	有数支族为纪念战争及恋爱、工艺等
		女	?	如隆格拉	?	?
	屋打南	男	曲纵圆盘形、简单几何形	胸、腹、臂、大腿、小腿	?无	有时为武勇记号
		女	简单如乌马斗（下级），上级如隆格拉	胫、大腿、小腿	?	?
	卡尼延	男	间隔形	胸、腹、喉、臂	?	?
	峇卡丹乌乞	男	多为旋涡形及圆环形，几乎全属反片状	颚、胸前、肩、喉、前臂、大腿、小腿、足、掌背、踝	已废	武勇记号、成丁记号
		女	人形、线条、珠形	前臂、腕	无	装饰

续表

种族	性别	文身模样	身体部位	仪式	目的
海达押人	男	卡延式及沓卡丹式之退化	几乎全身,除面以外	无	装饰
	女	小圆环	胸、小腿	无	装饰

① 表中"?"表示相关知识的空白。——编者注

(1946年林惠祥手稿)

"台湾者中国之土地"[①]

内容提要

本篇的主旨是从学术上列举事实,说明台湾与祖国的久远而密切的关系,以证明台湾从古以来便是我国领土的一部分,我全国人民要求解放台湾,也即收回台湾,是完全合理的。书中由四个方面来说明:第一,从历史上的关系言之,历举三国、隋、唐、宋、元、明、清历朝祖国和台湾的关系。第二,从民族的关系言之,说明台湾汉人未改变民族特征,并提出高山族在远古文化上及人种上和祖国的关系。第三,从开发台湾的功劳言之,历举中国人民开发台湾时的困难与牺牲。第四,从台湾人民的爱国传统言之,历述台湾人民反抗荷兰和日本侵略者,以证明他们是不甘心受侵略者统治的。书中材料多得自学术研究和亲身见闻。如证明三国时的"夷洲"和隋代的"流求"便是台湾,以及提出台湾在石器时代的文化和人种更有一部分是由祖国大陆东南区移过去诸点,都还未见于已出版的书报,故不但可作宣传品,亦可作学术研究的参考。

一、小　引

自 1950 年我中国人民解放军解放了全国大陆以后,由于美帝国主义的阻挠,台湾和一些小岛被蒋介石集团所盘踞,尚待解放。数年来台湾人民处在美蒋双重压迫和剥削之下,日夜盼望获得解放,而重归祖国的怀抱。1954 年 8 月,中国各民主党派和人民团体发出联合宣言,表示我全国人民要求解放台湾的决心。9 月 3 日,我驻厦部队开始炮轰金门,发出了解放台湾的第一炮,我全国人民热烈地投入解放台湾,也就是收回台湾的运动,不达到目的誓不休止。目前台湾被蒋介石集团所盘踞,实际上又兼受美国侵略集团的霸占,为了维护祖国领土和主权的完整,我们应当解放台湾,也就是应当收回台湾。

[①] 郑成功致侵略台湾荷兰守将书。

美国侵略集团对台湾的野心由来已久。远自19世纪之末，美国侵占了菲律宾以后，便垂涎于这个紧接菲律宾的美丽之岛。但因被日本帝国主义捷足先得，无可奈何。到了第二次世界大战时，美国侵略集团便曾于1942年表示要在胜利后将台湾置于联合国统治之下（实际便是美国统治），不作为中国领土之一部，台湾居民亦不得投票要求回归中国。这种意见遭受我国人民坚决反对。到了1943年开罗会议，乃不得不决定将台湾归还我国。不幸蒋介石集团盘踞台湾后，美国的军事、政治、经济、文化的侵略遂乘机笼罩了全台湾，使台湾人民陷于水深火热中。美国侵略集团为了制造侵略台湾的借口，故意歪曲历史事实，将台湾说成一个特殊的地方，似乎和中国无甚关系，以证明其可以"共管"或"独立"，而荒谬地说我们解放自己的领土是"侵略"。我全国人民都知道，台湾从古以来便是我国领土的一部分，解放台湾是我们的内政，不容外国干涉。我们说台湾是我国的，是有种种不容置辩的理由作为根据的。本文所述便是这些基本的理由，这些理由都是根据事实的。这些基本理由大家都知道，但已发表的文字还未完全详细阐述，有些材料也未见发表过。例如我们说三国时的"夷洲"和隋代的"流求"就是台湾，但何以知道是台湾，却还未有详细说明过。又如三国以前的台湾石器时代，以及高山族的来源，和我国大陆也是有关系的，这一条也还未为一般人所知道。现在便综合新旧材料，分四个方面叙述于后。

二、悠久历史上的密切关系

台湾和祖国的关系发生很早，台湾是我国人最先发现的，然而帝国主义却妄想和我们争论发现台湾的先后。以前日本帝国主义说他们曾于明代来过台湾，欧美的帝国主义则说台湾是葡萄牙人于1583年最先发现的。其实我国人早已屡次到过台湾，每次都有记载，但因古今地名不同，屡次改换，致后来的人有的不知道以前的事，而台湾的名称不过起于明代，故近代人只知追溯到明代。1929年，作者曾到台湾调查高山族（当时称番族），于所著《台湾番族之原始文化》一书（"中央研究院"1930年出版）之末附载《中国古书所载台湾及其番族之沿革略考》一篇，曾追溯台湾和中国的关系到三国时。这篇论文因是附载于专门性学术报告之内，又早已绝版，故流传不广，见者不多。现在我再根据后来的研究，将这问题再做一次更详细的探究如下。

（一）三国时的夷洲

研究台湾的历史必定涉及秦代徐福的故事。汉代常传说秦始皇遣方士徐福到海外求神仙异物,给他带了童男女数千人以及谷物百工等。徐福到了海外的一个好地方,便留居不回,这个地方名为澶洲及夷洲。《后汉书·东夷列传·倭》:

> 会稽海外有东鳀人,分为二十余国。又有夷洲及澶洲。传言秦始皇遣方士徐福将童男女数千人入海,求蓬莱神仙不得,徐福畏诛不敢还,遂止此洲,世世相承,有数万家,人民时至会稽市。会稽东冶县人,有海行遭风,流移至澶洲者。所在绝远,不可往来。

到三国时,因航海术更为发达,吴国的孙权便派遣将士乘船到海外,探求澶洲及夷洲,结果找不到澶洲,只发现夷洲,带了土人数千人而回。《三国志·孙权传》:

> (黄龙)二年春正月……遣将军卫温、诸葛直将甲士万人浮海求夷洲及澶洲。澶洲在海中。长老传言秦始皇帝遣方士徐福将童男女数千人入海,求蓬莱神山及仙药,止此洲不还。世相承有数万家。其上人民时有至会稽货市。会稽东县人海行,亦有遭风流移至澶洲者。所在绝远,卒不可得至,但得夷洲数千人还。

由此可见,我国人发现台湾是导源于徐福的故事,目的是要探寻他和数千童男女所住的地方。孙权派人出发时的黄龙二年,便是公历230年,即距今1700多年前。结果没得到澶洲,却发现了夷洲。当时人航海探求的目标是徐福后人所住的地方,但所发现的夷洲土人不像是徐福的后人,因之便推想澶洲方是徐福后人所住的地方。上面两段记载都较侧重澶洲,大约由此。就所记澶洲的方向、距离推之,应是今之琉球。在琉球亦曾有徐福子孙的传说,或者徐福是曾到琉球的。这事与本题无关,无需详论。

就三国时所发现夷洲的方向、位置、自然环境和人种风俗言之,夷洲便是台湾。三国时人沈莹著《临海水土志》(临海郡,吴置,在今浙江临海县东南百五十里),曾附记夷洲的情形如下:

> 夷洲在临海东南,去郡二千里。土地无霜雪,草木不死,四面皆是山溪。人皆髡发穿耳(指野人),女人不穿耳。土地饶沃,既生五谷,又多鱼肉。有犬,尾短如麇尾状。此夷姑、舅、子、妇卧息共一大床,略不相避。地有铜铁,惟用鹿格(应是角)为矛以战斗,磨砺青石以作弓矢(以石为箭镞)。取生鱼肉杂贮大瓦器,以盐卤之,历月余日乃啖食之,以为上肴也。

又宋代编的《太平御览》也有"夷洲"一条,所记更为详细:

> 夷洲在临海东南,去郡二千里。土地无霜雪,草木不死,四面是山,众山夷所居。山顶有越王射的(鹄的)正白,乃是石也,此夷各号为王,分划土地人民,各自别异(分为不同名称的氏族或部落),人皆髡头穿耳(指男人),女人不穿耳。作室居,种荆为蕃障(荆棘作藩篱)。土地饶沃,既生五

谷,又多鱼肉。舅、姑,男,妇(不同辈的二对以上的夫妇)卧息共一大床……能作细布,亦作斑文刻画,其内有文章(即纹样),以为饰好也。其地亦出铜铁,惟用鹿觡矛(以鹿角为枪矛)以战,磨砺青石以作矢镞,刀斧(即石刀石斧)、环贯(即石环)、珠珰(石珠石佩),饮食不洁,取生鱼肉贮大器中以卤之(盐渍),历日月乃啖食之,以为上肴。呼民人为弥鳞,如有所召(氏族长或酋长呼召),取大空材(中空的大木),以着中庭,又以大杵旁舂之(撞击),闻四五里如鼓,民人闻之皆往驰赴会。饮食皆踞相对(无椅桌)。凿木作器如槽状,以鱼肉腥臊安中,十十五五共饮(疑是食)之,以粟为酒,木槽贮之,用大竹筒长七吋许饮之(即吸饮)。歌似犬嗥,以相娱乐。得人头,斫去脑,剥去面肉,留置骨,取犬毛染之以作须眉髪,编其齿以作口,自临战斗时用之如假面状(以人头为假面),此是夷王所服(酋长方有)。战得胜,头著首还(得胜的人带人头回),中庭建一大材,高十余丈,以所得头差次挂之,历年不下,彰示其功。又甲家有女,乙家有男,仍委父母往就之居(男离己家,入赘女家,即女系制度),与作夫妻,同牢而食。女已嫁,皆缺去前上一齿(敲拨上排门牙一个)。

由这两段记载推之,夷洲应即台湾,除台湾外别无其他地方。证据有以下五条:

1. 由方向位置言之:夷洲在临海郡东南二千里,临海在今浙江省东南沿海,更在其东南海外二千里者,只有台湾而已。

2. 由自然环境言之:夷洲土地无霜雪,草木不死,是亚热带气候,也只有台湾如此,其北方的琉球便不是这样。夷洲四面是山溪,台湾也多山。

3. 由物质文化程度言之:夷洲土人在三国时还在新石器时代(图5-1),使用石刃、石斧、石箭镞、鹿角矛为武器,以陶器、木器为器皿(图5-2)。能纺织,有石饰物。台湾曾发现很多石器,其时代不很古,正与夷洲相符。作者曾采得石器二百余件,陶片少许。

4. 由风俗习惯言之:夷洲土人的风俗和后代台湾高山族很相像,如分别氏族部落,行女系制度,战胜者将人头挂家内(图5-3),男人穿耳,高山族到数十年前还是这样。

5. 日本人曾在台北发现指掌型的古砖,推测为三国时之物。

由此可见,三国时的夷洲便是台湾。吴国带回的夷洲土人数千人,便是现在高山族的祖先。这些人到中国大陆后,便加入于中国大陆东南的人民中,其子孙必定有存留至今的,可见我国大陆东南汉族人民中也有一点儿高山族的成分。

关于夷洲的记载后来不曾增加,我国人虽曾再到台湾,却已忘记夷洲的名称,而改用别的名称。因此,关于夷洲的古记载久成疑案。到了清代,一面管理着台湾,一面却将夷洲当作外国。如敕撰的《图书集成》便将夷洲列在边裔,与日本、朝鲜同样看待,可见封建时代皇家学士的空疏。

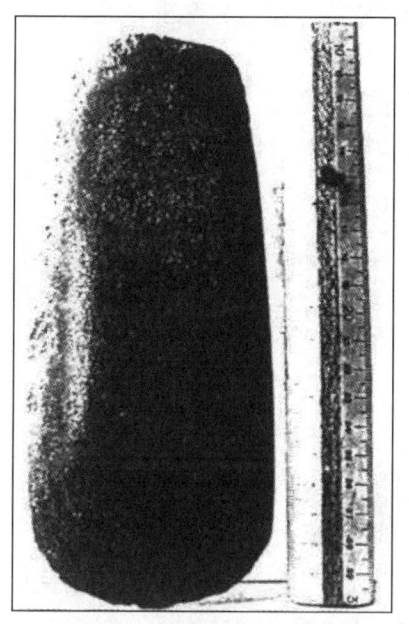

图 5-1　台湾在夷洲时代的石斧

（也兼为石锄,作者于 1935 年在台北圆山采得。）

图 5-2　台湾新百器时代的彩陶片

（在红色或灰色的陶器上加黑色或棕色的绘纹,日本人推测是由中国传去的,本图选自日文《台湾文化论丛》一书。）

（二）隋代的流求

由于台湾离大陆不远,祖国人民的航海术逐渐发展。到了隋代,有一个福建航海家何蛮,每当春秋两季天气清朗时便向东探望,推测在不远处应有陆地。于是隋炀帝便于大业三年（607 年,距今 1347 年）派朱宽和何蛮东去,到达流求国。朱宽去了两次,其后又派陈稜、张镇周两人领兵由义安郡启行,五日便到,带了土人数千回来。当时将这地方称为流求,因为他们不知道这便是三国时的夷洲,所以另用新名。其实,流求也便是台湾。因为据当时所了解的流求情形,和古代的夷洲相似,也和后代的台湾相似。为彻底明了这一点起见,特将《隋书·流求国传》一段记载全文引述于下,然后一一加以考证说明（括号内是作者所加的注释）：

流求国居海岛之中,当建安郡（福建）东,水行五日而至。土多山洞。其王姓欢斯氏,名渴剌兜,不知其由来有国代数也。彼土人呼之为可老

图 5-3　高山族古时遗留下来的人头

（上、下二图是排在架上的，中间一图是悬挂在屋角的，现在已无这种风俗，这种风俗可以证明夷洲和流求便是台湾。）

羊，妻曰多拔茶。所居曰婆罗檀洞，堑栅三重，环以流水，树棘为藩（以荆棘为篱）。王所居舍，其大一十六间，雕刻禽兽（即在木料上加雕刻），多斗镂树，似橘而叶密，条纤如发，然下垂。国有四五帅（大酋长），统诸洞，洞有小王（小酋长）。往往有村，村有鸟了帅（氏族长），并以善战者为之，自相树立（人民选举），理一村之事。男女皆以白纻绳缠发，从项后盘绕至额。其男子用鸟羽为冠，装以珠贝，饰以赤毛，形制不同。妇人以罗纹白布为帽，其形正方。织斗镂皮（树皮），并杂色纻及杂毛以为衣，制裁不一。缀毛垂螺为饰，杂色相间，下垂小贝，其声如佩。缀当施钏，悬珠于颈。织藤为笠，饰以毛羽。有刀、矟（矛）、弓、箭、剑、铍之属。其处少铁，刃皆薄小，多以骨角辅助之。编纻为甲（布甲），或用熊豹皮。王乘木兽，令左右舆之而行，导从不过数十人，小王乘机，镂为兽形。国人好相攻击，人皆骁健善走，难死而耐创。诸洞各为部队，不相救助（不统一）。两阵相当，勇者三五人出前跳噪，交言相骂，因相击射。如其不胜，一军皆走，遣人致谢（求和），即共和解，收取斗死者，共聚而食之（有食人肉俗），仍以髑髅将向王所，王则赐之以冠，使为队帅。无赋敛（无剥削制度），有事则均税（共同负担）。用刑亦无常准，皆临事科决，犯罪皆断于鸟了帅，不伏则上请于王，王令臣下共议定之。狱无枷锁（锁），惟用绳缚，决死刑以铁锥，大如筋，长尺余，钻顶而杀之。轻罪用杖。俗无文字，望月亏盈以纪时节，候草药荣枯以为年岁。

人深目长鼻，颇类于胡，亦有小慧。无君臣上下之节，拜伏之礼（无阶级，当在原始社会）。父子同床而寝（即指翁姑儿媳不分床）。男子拔去髭鬓，身上有毛之处皆亦除去（番族原乏毛，非拔去也）。妇人以墨黥手，为虫蛇之文（即文身）。嫁娶以酒肴珠贝为聘，或男女相悦便相匹偶（结婚自由）。妇人产乳，必食子衣（即胎衣）。产后以火自炙，令汗出，五日便平复。以木槽中暴（曝）海水为盐，木汁为酢（醋），酿米麦为酒，其味甚薄。食皆用手。偶得异味，先进尊者。凡有宴会，执酒者必待呼名而后饮。上王酒者，亦呼王名。衔杯共饮，颇同突厥。歌呼蹋蹄（且歌且跳），一人唱，众皆和，音颇哀怨，扶女子上膊，摇手而舞。其死者气将绝，举至庭，亲宾哭泣相吊。浴其尸，以布帛缠之，裹以苇草，亲土而殡（无棺），上不起坟。子为父者，数月不食肉。南境风俗少异，人有死者，邑里共食之。

有熊黑豺狼，尤多猪鸡，无牛羊驴马。厥田良沃，先以火烧（火烧草木为灰肥）而引水灌之。持一插，以石为刃（石锄），长尺余阔数寸，而垦之。土宜稻粱、床（子民先生云："床"字可疑，或"禾"字之误）黍、麻豆、赤豆、胡豆、黑豆等，木有枫、栝、樟、松、楩、楠、杉、梓、竹、藤、果、药同于江表。风土气候与岭南（广东）相类。

「台湾者中国之土地」

俗事山海之神，祭以酒肴。斗战杀人，便将所杀人祭其神。或依茂树起小屋，或悬髑髅于树上，以箭射之，或累石系幡以为神主。王之所居，壁下多聚髑髅以为佳（表示勇武）。人间门户上必安兽头骨角。

大业元年，海师（航海家）何蛮等，每春秋二时，天清风静，东望依希，似有烟雾之气，亦不知几千里。三年，炀帝令羽骑尉朱宽入海求访异俗，何蛮言之，遂与蛮俱住，因到流求国。言不相通，掠一人而返。明年，帝复令宽慰抚之，流求不从，宽取其布甲而还。时倭（即倭）国使来朝，见之曰："此夷邪久国人所用也。"帝遣武贲郎将陈稜、朝请大夫张镇州，率兵自卫安（今广东省东北部）浮海击之。至高华屿（应是行二日），又东行二日至鼍鼊屿（似是龟鳖屿，即今澎湖的一屿），又一日便至流求。初，稜将南方诸国人从军，有昆仑人（南洋昆仑岛人）颇解其语，遣人慰谕之。流求不从，拒逆官军。稜击走之，进至其都，频战皆败，焚其宫室，虏其男女数千人，载军实而还。自尔遂绝。

这段记载有几点很像三国时的夷洲，如：方向位置，其地多山，土壤肥沃，有农产；土人在原始社会阶段，有氏族部落，以角为武器；有盐，有酒，以木槽为器皿，有衣服、饰物；好战斗，战胜者将人头带回家陈列；长辈和下辈夫妻同床睡。以上两方面都相同。夷洲只有石器，流求则已有铁的武器，但还少，且农具还用石器。这是由于时代不同，流求在隋代，比三国时的夷洲当然进步些，已由石器时代进入铁器时代，但铁器也未盛。由此可见，流求便是夷洲，不过隋代人不知而已。

至于流求便是台湾，证据更充分，略述如下。

1. 方向位置：由建安郡向东依稀可望见流求。建安便是福建。而当时海船出发是由义安郡，即今之广东省东北潮汕一带，水程五日可以达到，当然是台湾，而不是今之琉球。

2. 自然环境：风土气候与岭南相类，只有台湾方有这样的亚热带气候。多山，土肥，宜种稻，有樟木等物产，也同于台湾。野兽有熊狼无虎，同于台湾。流求无马，台湾也少马，今之琉球则多马，以马为贡。

3. 风俗习惯：流求土人属原始社会状态，所谓国王不过是酋长，且有多位，分多数部落，不统一。无剥削，无政治法律，台湾高山族到近代还是这样。流求虽有铁器，但还少，耕地用石锄。台湾高山族到最近也还未精于锻冶铁器，且在台湾所发现的石器时代遗物中便有石锄（作者曾采得二件，见图5-1），这也都是符合的。流求人常相攻战，杀人便带回人头陈列于家，高山族直到数十年前还有这种风俗，这种人头堆还有遗留（见图5-3）。流求妇女有文身之俗，高山族也盛行文身，直到最近。流求男子拔须，高山族也少须。流求有衔杯共饮之俗，高山族有双连杯，便是为衔杯共饮之用的（图5-4）。其他如流求能雕木、制盐、酿酒、爱歌舞、拜自然神、悬挂兽头骨角、烧草木为肥料、无历法诸点，都和台湾相同。几乎《流求国传》整篇都是描写台湾高山族的，时代相去千余年，异点却很少。如不是台湾，还有哪一处能相符？

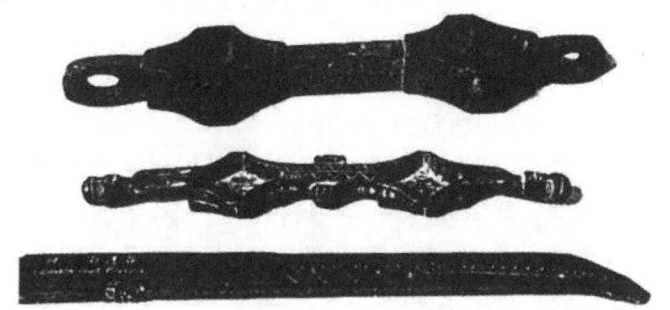

图 5-4　木雕双连杯（上、中）及木雕刀鞘（下）
（上、下两件都有人头及蛇形，表示陈列人头及拜蛇的风俗，这是现在高山族的物，双连杯可证明流求便是台湾，陈列人头在夷洲和流求都有，拜蛇的风俗在福建古越族也有。）

4. 人种：流求土人深目长鼻，也和一部分高山族相类。人种民族问题下面再说。

由上以理由观之，隋代的流求必是现代的台湾，绝无可疑。但以前的人不知道流求的名前后所指不同，明清两朝册封琉球的使臣，在国内先查看《隋书》的记载，到琉球时觉得情形大有不同，他们都不知其故，只疑是《隋书》记载失实，或古今情形不同。如明陈侃《使琉球录》，清徐葆光《中山传信录》、黄景福《中山见闻辨异》，都有这样的话。

（三）唐代

唐代中国大陆人民未有到台湾的记载，但临近台湾的澎湖岛却有唐人居住。唐中叶国乱，宪宗时有隐士施肩吾率领族人移居澎湖。他曾有《岛夷行》诗云："腥臊海边多鬼市，岛夷居处无乡里。黑皮少年学采珠，手把生犀照咸水。"诗中说澎湖原有土人，其肤色黑。《泉州郡志》说："昔人多侨寓其上，苫茅为庐，推年大者为长，不蓄妻女。耕渔为业，牧牛羊散食山谷间。"这或者是初期澎湖移民的情形。澎湖极近台湾，中国大陆人民既能到澎湖居住，未必完全不曾到台湾，不过不曾有记载而已。

（四）宋代

宋代我国大陆人民也有曾到台湾的记载，后来的郁永河《稗海游记》说："相传台湾空山无人，自南宋时，元人灭金，金人（华北人民）有浮海避元者，为飓风飘至，各择所居，耕凿自瞻，远者不相往来。数世之后，忘其所自，而语则未改。"这话虽是后人所记，却是很有可能的。

宋时称台湾为琉求，只改"流"字为"琉"字。《宋史·琉求国传》曾记载琉求土人到过福建的事。其记载如下：

> 琉求国在泉之东，有海岛曰彭湖，烟火相望。其国堑栅三重，环以流水，植棘为藩。以弓、矟、剑、鼓为兵器。睬（视）月盈亏以纪时。无他奇货，商贾不通。厥土沃壤，无赋税，有事则均税。旁有毗舍邪国，语言不道，袒裸盱睢，殆非人类。淳熙间（南宋孝宗年号，自1174年至1188年），国之酋豪尝率数百辈猝至泉（福建泉州）之水澳、围头等村（在今晋江县东南海边），肆行杀掠。喜铁器及匙箸，人闭户则免，但刓其门圈（挖去铁门圈）而去。掷以匙箸则頫（俯）拾之。见铁骑则争刮其甲，骈首就戮而不知悔。临敌用标枪，系绳十余丈为操纵，盖惜其铁不忍弃也。不驾舟楫，惟缚竹为筏，急则群异之，泅水而遁。

文中说琉求在彭湖之东，与彭湖烟火相望，明明是台湾，这比《隋书》所记更为明确了。琉球土人航海到福建也非不可能的事，他们冒险的目标似乎便是为获得铁器，可以证明他们进入铁器时代还未久，自己还不晓得熔冶铁矿。其旁有毗舍邪国（"邪"应读"耶"），按台湾东部高山族阿眉斯自称为班遮（Pan-chia），不知是否由此名变成。又菲律宾有微赛耶族（Visaya），音与"毗舍耶"极相近。南洋苏门答腊有殊利微赛耶国（Sri-Vishaya），古译室利佛逝，又作三佛齐，曾于古时称霸南洋，其势力范围达到菲律宾，微赛耶族的名由此而得。台湾与菲律宾相近，或者微赛耶族曾移居台湾也未可知。台湾人连雅堂著《台湾通史》，也说当我国隋代以后，南洋有洪水之灾，马来人曾移居台湾，微赛亚族也便是马来族的一支。这种后到的马来族，与夷洲时代的土著是不同族的。

（五）元代

元代也称台湾为琉求，关系比前更为接近。元世祖至元二十九年（1292年）派杨祥、吴志斗为使，往琉求招其降附，因语言不通，不得上陆而还。到了成宗元贞元年（1295年），福建省平章政事高兴派兵抵琉求，带土人一百三十余人回来。元代至正二十年（1360年）又开始在澎湖设巡检司，隶福建泉州

路。元人汪大渊著《岛夷志略》说:

> 澎湖……泉州人结茅为屋居之。风俗朴野,人多眉寿。男女穿长布衫,系以土布。煮海为盐。采鱼虾螺蛤以佐食,蓺牛粪以爨,鱼膏为油。地产胡麻绿豆,山羊之孳生数万群。工商兴贩,以乐其利。隶泉州晋江县。

(六)明代

自明初便不再称台湾为琉求,而将琉求的名称移指现在的琉球,"求"字也改为"球"字,因为洪武五年(1372年)曾遣使直达现在的琉球,便将这古地名移来称它。至于台湾,则改名为小琉球。明代闽人何乔远所著《闽书》有一段说:

> 琉球……地卑湿,气候常温,隆冬冱寒,亦有小雪。……其地去澎湖不下数千里。《宋志》云泉州烟火相望,闽人尝言霁旦登鼓山可望琉球,皆非也。又有小琉球与闽海稍近,未尝朝贡,或言并入琉球。饶甲矢,人武健,以金鼓为节,邻国目为劲敌……闻东隅有人,鸟语鬼形,不相往来,盖毗舍那("那"应是"耶"之讹写)国云。

这段所说的琉球隆冬寒冷,时有小雪,又其地离澎湖数千里,确是指现在的琉球而不是台湾。明代人以元以前的记载为错误,以为琉球实在很远,不知道自己误将琉球的名移用,致使台湾的历史陷于不明。他们因将琉球的名称移用,乃称台湾为小琉球,但这名也不恰当。此外还有几个名称,如鸡笼山、北港、东番等名,也都不大流行。

明初三宝太监郑和七次下西洋,也曾经过"东番"即台湾。相传他曾投药水中,令"土番"染病者于水中洗澡立愈。又相传凤山县有三宝姜,可疗百病,是郑和所遗留(见王士祯《香祖笔记》)。又相传他曾送土人铜铃,其后土人传以为宝,富人挂在身上。明张燮著《东西洋考》曾记此事,但误解为郑和是出自恶意,将土人比作狗,这是传说的错误。郑和是伟大的外交家,决不会这样玩弄弱小民族的。

《明史·外国传》记载台湾的情形也很详细。摘录如下:

> 鸡笼山在彭湖屿东北,故名北港,又名东番,去泉州甚迩。地多深山大泽,聚落星散。无君长,有十五社,社多者千人,少或五六百人。无徭赋。以子女多者为雄,听其号令。虽居海中,酷畏海,不善操舟,老死不与邻国往来。……俗尚勇,眴即走,日可数百里,不让奔马。足皮厚数分,履荆棘如平地。男女椎结裸逐,无所避。女或结草裙蔽体,遇长老则背身而立,俟过乃行。男子穿耳,女子年十五断唇旁齿,以为饰。手足皆刺文,众社毕贺,费不赀。贫者不任受贺,则不敢刺。四序以草青为岁首。土宜五谷,而不善水田。谷种落地则止杀,谓行好事助天公乞饭食。既收获,

即标竹竿于道,谓之插青,此时逢外人便杀矣。村落相仇,刻期而后战,勇者数人前跳,被杀则立散。其胜者,众贺之曰:"壮士能杀人也。"其负者家,众亦贺之曰:"壮士不畏死也。"次日即和好如初。地多竹,大至数拱,长十丈。以竹构屋,覆之以茅,广且长,聚族而居。无历日文字,有大事集众议之。善用标枪,竹柄铁镞,铦(利)甚,试鹿鹿毙,试虎虎亦毙(按台湾无虎,此是讹传)。性既畏海,捕鱼则于溪涧。冬月聚众捕鹿,镖发辄中,积如丘山。独不食鸡雉,但取其毛以为饰。中多大溪,流入海,水澹(淡),故其外名淡水洋。

观于这段记载,很像元以前的琉求。当时的人何以不再称琉求而将这名误用,这可以说是当时的士大夫缺乏历史知识,故有这样的错误。还有澎湖的巡检司自元代设立后,居民渐多。《泉州郡志》说:"……讼者取决于晋江县。城外贸易岁数十艘,为泉之外府,后屡以倭患墟其地。"明初洪武五年(1372年)将澎湖人民迁移内地,到洪武二十年(1387年)将巡检司也废了。

明代的统治者不但漠视台湾,误解琉求的名称,并且连澎湖也放弃。但是我国人民却不愿放弃澎湖,并且很关怀台湾,经常迁移进入居住。嘉靖时,反抗封建统治者的海上武装,即官书所谓"海盗"林道乾曾住澎湖,后被都督俞大猷进攻,乃退至台湾南部。俞大猷不敢进逼,留驻澎湖以防他,林道乾乃往南洋。俞大猷再请恢复澎湖巡检司。福建人民私往澎湖者日多,其他所谓"海盗"如吴平、许朝光、曾一本也常占据澎湖,战败便逃到台湾。到了明末万历时,有一支特别强大的海上武装福建海澄县人颜思齐,率领同党据守台湾的笨港(今名北港,在台湾西部),漳泉人民随他而去,思齐死后,郑芝龙继他的位。芝龙降明后官至都督,因福建大旱,芝龙建议移饥民数万于台湾。到明亡之年(1644年),在台湾的汉人已达十万家。

"台湾"的名称在明末万历年间已很盛行。季麒光《蓉州文稿》说:"明之万历间,海盗颜思齐踞有其地,始称台湾。"但何以取名台湾?据徐怀祖《台湾随笔》说:"台湾于古无考,惟明季莆田之周婴(宣德、正德间人)著《远番篇》载《东游记》一篇,称台湾为台员,盖南音也。"又《台湾县志》说:"赤嵌城亦名台湾城……明万历末荷兰设市于此,筑砖城,制若崇台。海滨沙环水曲曰湾,又泊舟处概称湾,此台湾之所由名也。"以上二说,前说主音,以为台湾原称台员,无意义,是一种译音。有人说台南有土人名Taioan族,台湾的音便是译此。后说主意,以为台湾是由于其地有台有湾。前说似乎比较正确,因为似台的城是由荷兰人来后方有,荷兰人来台湾在明末天启年间,台员的名称则在明中叶宣德、正德年间已有。

日本人常说他们很早便到台湾,其实日本侵入台湾最早始于明代的倭寇。他们也曾到过台湾,日本执政丰臣秀吉曾托商人致书台湾,称为高山国,无结果。明末(1608年)日本商人曾引台湾东部的班遮人(即阿眉斯)到日本观光。次年日本九州军阀侵略台湾，带走俘虏。数年后日本人又要侵略所谓高砂国(也指台湾)，遇风失败而归。

荷兰人也曾一度占据台湾，但只据南部一隅不是全部，时间也不久，只有38年。最初荷兰人于明末天启二年(1622年)占领澎湖，后被明军击走，荷兰人乃至台湾(1624年)，在安平筑赤嵌城，又在台南筑赤嵌楼，从事对我国及日本的贸易，利用我国人开垦台湾，却剥削我国人的利益。但其人数只有官民600人，兵士2200人，远比不上我国人之多。在台湾的我国人不服，屡次反抗，被荷兰人惨杀数千人。

当时民族英雄郑成功努力抗清复明，以金门、厦门二岛地太小，乃想收回台湾，率兵士25000人，乘船百余艘，围攻赤嵌城。台湾我国人竞起响应，土人也来协力。郑成功致书于荷兰侵略台湾的守将说：

> 执事率数百之众困守城中，何足以抗我军，而予尤怪执事之不智也。夫天下之人，固不乐死于非命。余数告执事，盖为贵国人民之性命，不忍陷之疮痍耳。今再命使者前往致意，执事熟思之。
>
> 执事若知不敌，献城降，则余当以诚意相待。否则我军攻城而执事始揭白旗，则余亦止战以待后命。如我军入城之时，余严饬将士秋毫无犯，一听贵国人民之去。如有愿留者，余亦保护之与华人同。夫战败而和，古有名训，临事不断，智者所讥。
>
> 贵国人民远渡重洋，经营台岛，至势不得已，而谋自卫之道，固余之所壮也。然台湾者中国之土地，久为贵国所据。今余既来索，则地当归我。珍瑶不急之物，悉听而归。若执事不听，可树红旗请战，余亦立马以观。毋游移而不决也。生死之权在余掌中，见机而作，不俟终日，唯执事图之。

这件哀的美敦书，辞意严正，态度慷慨，使外国人也不得不慑服。荷兰守将坚守九个月，损失大部分兵力后，终于屈服，率领荷兰兵民离开台湾。自此台湾便回到我国怀抱。这时是公元1662年2月1日，距今将近300年之久。

(七) 本节结论

由以上的历史事实说来，台湾自古以来便是中国的领土。据史书记载，在1700余年前，我国人便发现台湾。我国与台湾的关系最多最密，自三国以后，经过隋、唐、宋、元、明、清，关系继续不绝，而且愈来愈密切。照世界通例言之，某一地方如与某一国人民发生关系最早，而且最繁最密，为这一国人民的生活根据地者，便是这一国人民的土地。这不是占领，这是自然移植。郑成功在300年前便说："台湾者中国之土地。"这句话对初期的资本主义侵略者来说是有效的,对现在的帝国主义来说也一样是有效的。

三、兄弟般友好的民族关系

从民族的关系言之,台湾住民几乎全是由大陆移居的汉民族。至于少数的高山族虽不是汉族,但一部分应是大陆古时兄弟民族的一支移去台湾的,而且后来也和汉民族融合很多。台湾人民都是祖国统一的多民族大家庭中的成员。现在分别列举事实证明如下。

(一)汉人

1943年台湾的人口是647万人,其中汉人占92%。到1947年台湾人口670万,其中汉人占96.5%,高山族及其他合约3.5%。可见台湾人口几乎全部是汉人。台湾人的祖先都是从中国大陆移去的,其中最多数来自泉州、漳州(即闽南人),少数来自闽西及潮梅等处(即客家人、潮州人)。原来的祖籍虽不同,所使用的语言却都通行闽南语,属厦门语系。因为厦门语便是漳、泉语混合而成。此外客家人用客家语,但也都会讲闽南语。台湾沦陷50年中,日本竭力推行日本化,想要消灭台湾人的固有语言和文化,但是台湾人始终坚持原来的语言文化,不曾改变。台湾人自小被逼入日本政府设立的公学校(即初级小学)学习日语,严禁在校讲闽南话,但是台湾儿童出了校外便讲闽南话。后来日本竟强逼台湾儿童在家庭中也要说日本话,不准用闽南语,然而闽南语也依然存在。台湾沦陷后,初时台湾人仍自设私塾教汉文,后来日本加以禁止,只在公学校中教一点汉文,想要逐渐消灭汉文,然而台湾人仍是用汉文写信记账,喜欢看汉文书报小说,致使日本人办的报纸也不得不划一版为汉文版(闻后来也取消)。台湾人又盛行结诗社、文社,征求诗文,评定甲乙,发给奖品,显得对固有文字恋恋不舍。其后祖国五四运动中发生白话文,台湾青年学生也介绍白话文到台湾。同时台湾青年也喜欢学习祖国的普通话。语言文字是民族的要素之一,故台湾人是不折不扣的汉民族。

台湾人不满日本在台湾所办的教育,中级以上的学校不但数量少,收容学生少,质量也不好。小学所教的也只有日本语和一点浅近的常识。对于有关思想的社会科学,除了奴隶思想之外都不肯教。台湾青年为追求真理和倾向祖国起见,想到祖国求学,但日本政府不准许,他们便千方百计偷出口来,有的甚至先到日本,然后由日本到上海,再转到福建厦门的集美来(作者曾在厦门教过数十个这样的学生)。留学祖国的台湾学生也响应五四运动,传播新文化到台湾去,他们也提倡自由平等、民主主义、劳动神圣、反帝反封建以及社会主义等学说,甚至于反对日本语文。由此可见随着祖国文化的进步,台湾人民也不曾落后过。

台湾汉族的风俗习惯也同样保持固有的汉民族的传统。家屋的建筑、衣服妆饰的形式、饮食的习惯、社交的礼节、结婚丧事年节、游戏娱乐、民间艺术、歌谣故事、宗教迷信等,都仍是中国式的。例如,台湾人仍多穿汉装;结婚初时仍讲六礼坐花轿,后来也像祖国行"文明"婚礼;丧事仍是披麻戴孝,筑中国式坟墓;年节仍有元宵、清明、端午、中秋诸节;游戏娱乐仍盛行下棋、麻雀、灯谜赛会;民间艺术如音乐盛行闽南的南音,戏剧有从闽南戏和潮州戏脱胎的歌仔戏;中国大陆流传的民间故事台湾也有,梁山伯祝英台、陈三五娘都是台湾人所熟悉的;台湾人也不改信日本人的神道教而仍崇信释道二教,关帝、城隍、观音、妈祖仍是一般台湾人的崇拜对象。笔者在抗战前游台时感受最深的还是戏剧。台湾人不能再在学校读祖国历史,然而在戏剧中,台湾人却看见了唐朝宋代的历史人物,穿戴着祖国古代服装,说着祖国古话,表演祖国的历史故事,这不输于上了一次祖国的历史课。民族精神的不减,这应当也是一个原因。风俗习惯也是民族的一个条件,台湾人的风俗习惯同于祖国而不同于日本,哪能说他们不是中国人? 作者最后一次游历台湾是1935年,那时台湾人的风俗习惯都如上所述。1937年"七七"事变以后,日本政府厉行所谓皇民化运动,极力摧残中国的风俗文化,推行日本文化,甚至鼓励台湾人改用日本姓名。当然有些无耻的人会因此而改变,然而其人数不多,故对台湾人风俗文化的影响不大。

最后还有一事,是民族融合问题。作者曾问过台湾人,日本人和台湾人有混合种吗? 答极少见,因为通婚很少,大约是由于民族间也即阶级间分歧很大,身份不同,风俗习惯也不同,日本人看不起台湾人,台湾人更看不起日本人。因此经过50年还是不曾和日本人混合,台湾人还是台湾人。

(二)高山族

高山族是比台湾汉族更早进入台湾的,除和汉族融合的以外,比较纯粹的还有16万人,所居地占全台的大半。我们说台湾人绝大多数是汉族,而高山族据一般研究者的意见都认为属马来族,说的话属马来语系统,是由南洋进入的。

固然现在的高山族是属广义的马来族,语言属马来语系统,一部分是由南洋菲律宾移来,然而进一步推究高山族来源问题,可以发现高山族和祖国有极密切的关系。这一点是由考古学、民族学发现的材料所证实的,分述于下。

1. 高山族和中国大陆人民也有相类同之点,这是由以下三方面发现的。

(1)新石器时代古物:高山族的新石器时代遗物有和大陆东南部闽浙粤所

发现的很相像的东西,其相像的原因不是由于各自独立发生,偶然相类,而是由于传播。例如台湾石器中有很多石锛(似凿而阔),而少有石斧,这一点很像中国大陆东南部新石器时代的情形。尤其是有一种"有段石锛"(图5-5、5-6)

图 5-5　台湾的有段石锛　　　　　　图 5-6　台湾的有段大石锛
　　(数量(左是背面,右是侧面。下端是刃,用以　　(台北圆山出土,木柄是
砍割动植物。其特点是正面平,背面有横脊,分背　　新装的。)
面为两段,故称为有段石锛。作者于1935年在台
北圆山贝冢获得。)

很多,南洋只有菲律宾才有,但菲律宾的是比较进步型的,也即是更后期的东西。在闽粤常发现的(图5-7、5-8)却是比较原始型的,也即是较早期的东西。

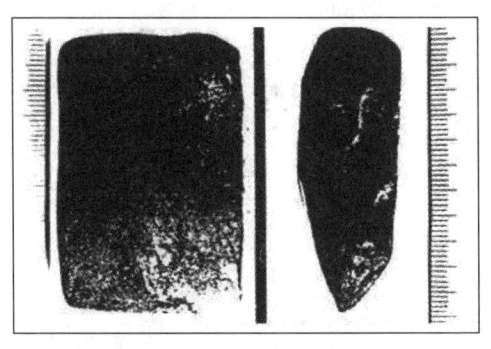 

图 5-7　福建闽侯县的有段石锛　　　图 5-8　福建武平的有段大石锛
　　(特征与台湾的相同,大小也相近。作者于　　(武平天马山出土,木
1954年4月在甘蔗恒心乡获得。有段石锛的相　　柄也是新装的。)
同证明台湾的新石器文化是由祖国大陆东南沿
海传过去的。)

台湾又有一种"有肩石斧"(图5-9),在海南岛也很多,在浙江也曾发现(图5-10),菲律宾和南洋群岛都没有。台湾的这两种遗物,作者都曾发现过,且有

福建、广东的东西可作比较。还有日本人曾发现台湾也有彩陶和黑陶（见图5-2），最近福州也发现彩陶和黑陶（图5-11），也是很相像的。①

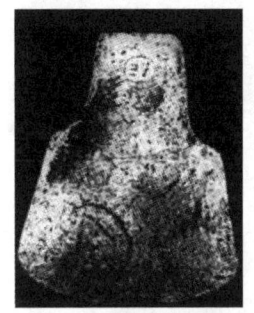

图5-9 台湾的有肩石斧

（下端阔而薄，便是刃。上端左右似人肩状，故名有肩石斧，作者于1935年在台北圆山贝冢获得。）

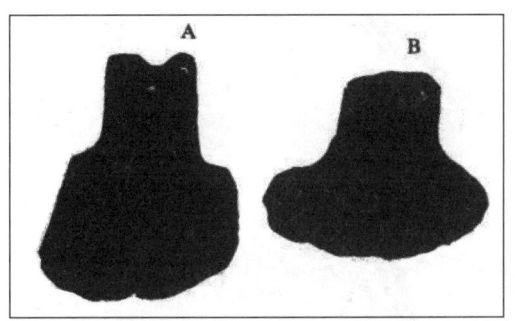

图5-10 浙江杭县良渚镇的有肩石斧

（下端微缺，极似台湾之物。此图由何天行著《杭县良渚镇之石器与黑陶》重照。）

（2）风俗习惯：高山族盛行文身之俗，文身便是黥刺身体以为妆饰。这种风俗在菲律宾土人不盛行，但是汉代中国大陆东南一带土著越族却也是盛行文身的。越族后来便和北来的古汉人混合而成为后代的福建、广东、浙江人。又现在海南岛的黎族也还有文身之俗。高山族剪短头发披在后面，古越族也是断发的，古书说越人断发、文身。高山族又有拜蛇之俗，奉蛇为祖先，雕蛇形于木器和陶器上（图5-12）。古代福建土人——越族的一支派闽越人也是拜蛇的，也奉蛇为祖先。所以汉代人许慎著的《说文》中说："闽为蛇种。"

（3）体质：高山族人的体质特征在于眼形比较圆，有双重眼睑，位置水平不斜，这是所谓的"马来眼"，福建人、广东人也常有这种眼形。高山族人多数脸形较短，闽粤人也多这

图5-11 福建新石器时代的彩陶片

（也是在红色或灰色的陶质上加黑棕色绘纹，和台湾的相类似。这应是由华北传来福建，然后再传去台湾。1954年4月在闽侯县甘蔗恒心乡采得。）

---

① 关于石器时代台湾和中国大陆的关系，详见拙著《台湾石器时代遗物的研究》，载《厦门大学学报》1955年第4期。

样。高山族和闽粤人在身体上是很相像的(图5-13)。

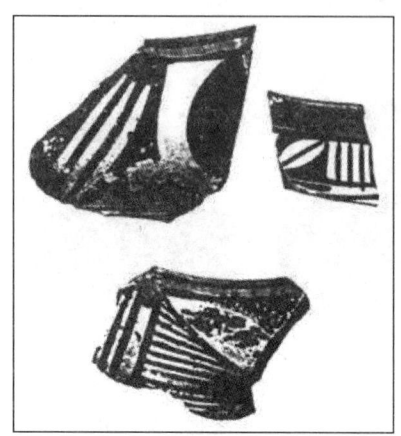

图5-12 河南仰韶村彩陶片
(花纹和台湾的彩陶有相似的。)

图5-13 台湾高山族老人
(其容貌和汉人极相像,可证来源相同,作者于1935年在台湾近日月潭山路上所摄。)

2. 高山族和中国大陆人民相类同之处,证明二者之间在人种和文化上有关系。

(1)文化上一部分应是由中国大陆东南部传去。如新石器时代的有段石锛、有肩石斧、彩陶、黑陶,应是由福建、广东传过去。文身、断发、拜蛇之俗也应是由闽粤传去的。

(2)人种上一部分高山族的来源与古越族应有关系,或是古越族的一支过去的。证据是现代的高山族和闽粤人体貌相类。固然现在的高山族可说是属马来族,然而马来族的来源和越族也有关系,他们的一支在远古以前也是从中国大陆东南部移去的①。

3. 一部分高山族应是由中国大陆东南渡海移入台湾的。现在的高山族有很多支派,至少分为七支,体质、文化都略有不同。他们的进入台湾,或者不是由同一条路,其中有的是由菲律宾渡过巴士海峡来到台湾,有的是从中国大陆的福建沿海或广东东北部渡过台湾海峡进入台湾。福建与台湾之间原不甚远,中间且有澎湖群岛,在澎湖的西方又有很大的浅滩。台湾海峡之中海深在50米之内者占极大部分,在古时或者有更多浮起的小岛屿。由菲律宾可以渡海入台湾,自然也能由中国大陆渡海入台湾。若说全部高山族都是从菲律宾

---

① 参看作者1938年发表的论文《马来人与中国东南人同源说》,载南洋《星洲》半月刊。

来,则上面所举的与中国大陆方面的类同点便难解释。例如有段石锛,一定是出自一个源头的,如说是由菲律宾传到台湾,再由台湾传到中国大陆,在时间上则是颠倒的。因为中国大陆的石器时代结束早,而台湾结束迟;又菲律宾的型式是后期的进步型,中国大陆的却是早期的原始型。有肩石斧也应是由中国大陆传过去,而不是由台湾传过来的。黑陶和彩陶原出自华北,先传到福建,然后传于台湾。至于中国大陆传去台湾的路,如说不是渡过台湾海峡,而是经由中南半岛入南洋群岛,最后方传到台湾,然而有段石锛、有肩石斧、彩陶、黑陶在南洋群岛一路上却很少,或者完全没有,不像是曾经过这一带地方,而只能推测是从福建经澎湖传到台湾,再由台湾传到菲律宾去的。

如以上所说,高山族也和中国大陆人民有着密切的关系,高山族不但在现在是兄弟民族,在远古也已经是兄弟民族了。故从民族方面说,不但是汉族,就是高山族也可证明台湾自古便是中国的领土。

以上还是就古代而论。到了近代,高山族和汉人同是被压迫民族,他们便常联合起来反抗共同的敌人。在清代反抗国内统治者,特别是后来又共同反抗日本帝国主义。汉人起义失败便走入高山族的地方,高山族起义汉人也表示同情,如 1930 年的雾社起义便是例子(图 5-14)。

图 5-14　1930 年台湾雾社高山族起义时,在福建集美学校的台湾学生响应的宣传品

四、辛勤开发台湾的功劳

台湾是亚热带的一个海岛,原是山岚、瘴气、毒虫、猛兽丛集之处,不是可以适合人类居住的地方,更不会自己产生丰富珍贵的经济物产,来给人类享

用。先前居住的高山族人数既少,又只有原始社会的低级生产力,无法开发台湾。如非后来有勤劳的汉人带着较高的生产技术,进入台湾去做开荒的工作,台湾哪能变成适于人类居住的乐土呢!

中国人民的大规模开发台湾本岛,始于明中叶以后。当时反抗政府的海上武装即所谓"海盗"常到台湾去,但人数还不多,还谈不到开发。第一次有计划的大规模移民实起于郑芝龙。吴梅村的《鹿樵纪闻》说:"崇祯中闽地大旱,芝龙召集流民,倾家资,市耕牛粟麦分给之,载往台湾,令垦辟荒土,而收其赋,郑氏以此富强。及芝龙北降,台湾为红夷(按即荷兰人)所扰。"郑芝龙所移去台湾的人民,据史书说有数万之众,郑氏给他们每人三金一牛。以数万劳动人民的力量来垦荒,当然成效很大,而且见效很快。当时汉人所住的是台南一带,所以台湾的开发是南方先于北方。

明末中国大乱,人民移居台湾者更多,到清兵入关的1644年,已达2500户,人口10万人。他们在台湾的工作是开辟荒地,种植谷物糖蔗,或入山地交易山货。当时郑芝龙不在台湾,故台湾汉人的劳动收获被荷兰人剥削去,汉人所耕的田地主权属于荷兰人,名为"王田",分上、中、下三等缴纳地租,实际上即是农奴而非农民。汉人又须纳人头税于荷兰人,每人每月5辨士半。打猎的还要纳狩猎税。汉人不堪压迫,乃由郭怀一于1652年发动起义,被荷兰人杀死数千人,终被镇压。由此可见我国人初期开发台湾,劳动成果却被外国人抢去,连生命也随时会被剥夺。开发台湾的功劳不是我国人的是谁的?

开发台湾的第二期是郑氏时代。郑成功既驱逐了荷兰人,便设置府县,正式统治台湾。实行屯田法,使军队分赴各地兼作农民,垦荒种植,从事生产。郑成功初入台湾时也不是没有困难的,当时台湾水土尚不合新移民居住,出产也不足供军民食用,须赖金门、厦门二岛接济。金门、厦门二岛的郑氏部下安土重迁,多不愿送家眷到台湾居住,违抗搬眷命令,有时甚至停止发船运粮到台湾,致在台湾的官兵几乎绝粮。据《海上见闻录》说:"初至水土不服,疫疠大作,病者十之七八,死者甚多。"又郑成功部下杨英所著《从征实录》屡记乏粮受饿事,如说:"八月户官运粮船犹不至,官兵至食木子充饥。……时粮米不给,官兵日只二餐,多有病殁,兵心嗷嗷。"郑成功实是因为经济困难,在金、厦的部下抗命不肯接济和搬眷,忿怒痛苦又患热病而早死。这些事实说明我国人民开发台湾时牺牲之重大。

到了后来,台湾的生产事业渐有起色。清朝为了统一台湾,厉行迁界移民,令东部五省沿海30里内的居民迁移内地。沿海人民失去土地,又不得下海捕鱼,无法生活,很多投奔台湾,于是台湾的人口更多,生产力量更大,开发事业更为发展。郑经时,陈永华为执政,更实行种种措施,开发产业。除垦荒种植之外,又鼓励制糖、晒盐、采金、冶铁等事。所开发地方南至凤山,北抵鸡笼,包括西部平原的大部分。当时已开垦田园达 35400 甲(每甲 13 华亩),人口达 20 余万人(《台湾府志》卷四)。

开发台湾的第三期是入清以后。清初我国人民开发台湾,其实不是由于政府的提倡,而是人民自发的努力。清初征服台湾之后,设置台湾府和台湾、凤山、诸罗三县,辖地北至中部,南亦未抵南端,比郑氏时代反缩小了。而县令常只驻府城不到任,清政府派来的官也不再像郑氏父子那样努力经营建设。但是台湾的人口却日日增多,开发的地方却日日扩大,产业也日日发达,这是由于大陆人民相继渡台,协同原有的台湾汉人共同努力的缘故。

当时清政府害怕台湾人民反抗,不愿台湾人口增加,曾颁布禁令,不准内地人民赴台湾。禁令规定商人赴台须领路照,船只不准偷渡,男人不得带家眷到台湾,原在台湾者也不准搬家眷同去,潮州、惠州人更不得渡台。禁令这样严,然而人民偷渡的却源源不绝。偷渡是犯法的事,也即是冒险的事,当时偷渡的人民非常痛苦,牺牲生命者不少。据乾隆时朱仕玠所著《小琉球漫志·私渡》一条说:

> 入台私渡者甚夥……内地穷民在台营生,囊鲜余积,旋归无日。其父母妻子俯仰之资,急欲赴台就养。格于禁例,群贿船户,冒顶水手姓名挂验。女眷则用小渔船夜载出口,私上大船。抵台后有渔船乘夜接载,名曰"灌水"。一经汛口觉察,奸梢照律问遣,固刑当其罪,而杖逐回籍之愚民,室庐抛弃,器物一空矣。更有客头串同习水积匪,用湿漏小船,私载数百人,挤入舱中,将舱盖封钉,不使上下,乘黑夜出洋,偶值风涛,尽入鱼腹。比到岸,恐人知觉,遇有沙汕(沙滩)辄赶骗离船,名曰"放生"。沙汕断头(尽头),距岸尚远,行至深处,全船陷入泥淖中,名曰"种芋"。或潮流适涨,通波漂溺,名曰"饵鱼"。

观于这种惨事,可见我国人民开发台湾实是用无数的生命换来的。

我国人民冒险到达台湾后,还不足可以安居乐业的。如上述郑成功到台湾五个月后便染病而死,实是因不服水土之故,郑氏部下也死了不少。凡新开辟的地方水土都不好,台湾南方先开辟,北方较迟,故北方水土更不好。康熙时派兵到淡水驻防,其后生还者不到三分之一。东部开发更后,故水土尤其不好。移居台湾的人民为不服水土而病死者难计其数。

除不服水土之外,台湾的移民有时还和先住民族即高山族冲突,双方都极痛苦。开发台湾,两方面是不能不互相接触的。因此汉人常冒险到高山族的地方从事贸易或垦荒居住,有时难免发生误会。再加以统治阶级采取分而治之的政策,挑拨离间,使两族间互相猜忌,不能同居合作,荷兰侵略者曾利用高山族镇压郭怀一的反抗,清统治者更厉行这种离间分治的政策(如禁止汉人和高山族通婚),使两族不能联合反抗,致使两族都受损害。但是到后来双方逐渐和好同化，共同反抗共同的敌人，即清朝的贪官污吏和后来的日本统治者。

如上所述，我国人民不怕危险困难，自动到台湾并深入内地，从事开发台湾的艰巨工作。不久以后，台湾已经几乎全部开发完毕。据康熙末蓝鼎元著的《平台纪略》说："前此台湾只府治百余里，凤山、诸罗皆毒恶瘴地，令其邑者尚不敢至。今则南尽琅矫（南端），北穷淡水、鸡笼川（按即今基隆）以上千五百里，人民趋之若鹜。前此大山之麓，人不敢近，今则群入深山杂垦番地。甚至傀儡内山（南部），台湾山后（台东），蛤仔难（今宜兰），崇爻、卑南觅等社（皆在台东），亦有汉人敢至其地，与之贸易，生聚日繁，渐开渐远，虽屡禁不能使止也。"据此可见，开发台湾内地是由我国人民自动努力，而且收效很快。到了这时台湾平地几乎全部开辟，我国移民散布到各个角落，而台湾也便完全成为我国人的台湾了。

由以上的经过说来，我国人民开发台湾，遭受了那样大的痛苦牺牲，台湾不是我国的，应当是谁的？

五、台湾人民的爱国传统

台湾人民从来便富有爱国主义的精神，而且屡次表现出来，成为一种传统。固然台湾有汉奸叛徒，但那种人毕竟少数，掩不住多数台湾人民的爱国主义光芒。400余年来经历数次的改朝换代，台湾人民都曾在重要关头发挥爱国主义精神，和当时的民族敌人作决死的战斗，而且是孤军作战，其勇敢义烈是不输于祖国人民的。从头算来，可分为几段来说。

（一）反抗荷兰侵略者的事件

如上所述，明末清初荷兰人占据台湾38年，将中国人当作农奴，中国人痛苦不堪。郭怀一原是郑芝龙的部下，留居台湾，便与同志于1652年起义，攻打赤嵌楼。郭怀一战败被杀后，余部走到南方，被荷兰人追击，死数千人。这是台湾人民第一次对外的爱国主义斗争。外人说郭怀一是要响应郑成功，当时可能是有联络的。不久以后，郑成功果然率兵来驱逐荷兰人。当时荷兰是海上霸王，南洋大部分已被荷兰人侵占，船坚炮利，所向无敌。但终为民族英雄郑成功所驱逐，屡战屡败，终于屈服。这是中国人民发挥高度的爱国主义精神的表现。这些打败荷兰人的英雄们以后便住在台湾，成为台湾居民了。台湾人民开始便有这种反抗外国侵略者的优良传统，后来的屡次敢于反抗敌人的义举，与此不是没有关系的。

（二）郑氏时代的抗清

郑成功父子以台湾为根据地，坚持抗清。当时只有台湾一隅还保存着明朝的国脉，保留着汉族衣冠，收留不肯降清的忠臣义士，对当时的清统治者表示人民不可侮的精神。这种事业，不是少数个人所能为的，这是当时台湾人民都曾参加的共同行动。这事不须详说，也可知道台湾人民具有这样的爱国精神。

（三）清朝统治时代台湾人民的反抗事件

入清以后，台湾人民由于民族精神和阶级仇恨的结合，时时发生反抗，"三年一小乱，五年一大乱"，成为当时统治者头痛的问题。有清一代，台湾人民起义的大事件发生18次，小事件发生30余次。其中朱一贵、林爽文二役更震动了全国，起义者常以"反清复明"为口号，也即是民族革命。这些事件被清统治者当作叛乱，在被压迫的民族和阶级看来，却是富有反抗意义的，也即是爱国精神的表现。

（四）割台时抗日之役

1895年割台时，台湾人民非常痛愤，请求清廷收回成命，清廷不准。台湾人民不得已自行成立"台湾民主国"，但对中国仍奉正朔，承认为宗主国，其独立不过为抵抗日本而已。当时奉巡抚唐景崧为总统，也是表示不脱离祖国的意思。日本来攻时，守北部的官兵一战便败，官走兵乱，日军长驱直入，只有义军和刘永福一军协力拼死抗战，给敌人以严重打击，敌人死伤无数，甚至统兵来台的亲王北白川宫也被义军杀伤致死。最后因孤军无援，众寡不敌，清廷又严禁各省协助，乃归失败。当时台湾人民被日军杀死无数。蓝地黄虎的"台湾民主国"国旗，象征了台湾人民反抗的意志。此旗后来陈列在台湾博物馆内（图5-15）。

图 5-15　台湾民主国国旗式样

（蓝地，绘黄虎，斑纹色棕。由《丘沧海诗集》翻印。闻此书出版后即被日政府照会国民党反动政府禁售并毁版。台湾民主国的建立，目的只是为抵抗日本，而不是要脱离祖国。）

当时台湾义军领袖丘逢甲忍痛离台回归祖国原籍,他后来常将亡国的悲痛寄托在他的悲壮苍凉的诗歌中。这不是他个人的话,而是代表全部台湾人民的话,读起来令人非常感动。兹由《丘沧海诗集》中选录《离台诗》一首:

宰相有权能割地(骂李鸿章),孤臣无力可回天。
扁舟去作鸱夷子,回首河山意黯然。

又《秋怀》二首:

昆仑山势走中华,赴海南如落地鸦。
(这是说台湾在地理上也是附属于中国大陆的。)
缩地有人工幻术,通天何处觅灵槎。
(这是指李鸿章主张割台,台人不愿割台的意见无从上达清廷。)
沉冤鸟口空衔石,酣梦人心久散沙。
(这是说台湾人民自救失败,祖国也不能救他们。)
弹指光阴秋又老,长绳难系夕阳斜。
(这是说不久连中国也有灭亡的危险了。)

斜阳围听说场词,我亦曾驱十万师。
破碎山河开国史,飘零风雨出军诗。
(指台湾民主国建国及抗倭。)
海中故部沉苍咒,云里残旌失素蜺。
(义军战死甚多。)
岁自周天天自醉,红墙银汉隔秋思。
(怨清廷不理台湾。)

(五)台湾沦陷后的反日斗争

台湾虽被日本割据,台湾人民仍不愿受日本统治,在50年中时时起义反抗。初时是民主国的义军继续作游击斗争,经过三年方才平息,被捕者共8000余人。其后台人仍时常武装反抗日本,几乎每年都有一次,其中罗福星和余清芳两次最为重大。自第一次世界大战开始,台湾又发生新式的民族运动。"七七"事变以后日本宣称台湾人由"籍民"而升为"国民",厉行"皇民化"运动,要台湾人民做他们的炮灰和帮凶。台湾人中固然有背叛祖国的汉奸,甘心为日本的走狗,但是多数人民是不愿意的,时常发生反日的事件,如高雄事件、台大学生蔡忠恕事件等。

由上面历次的反抗斗争,可以证明台湾人民是具有爱国主义传统的,这种传统使他们在精神上永远不会脱离祖国,使他们永远保留中国人的身份。他们对以前的敌人是这样,对现在的敌人也是这样。对于蒋介石集团勾引外国来奴役剥削台湾人民,也会激烈反抗的,像以前的反抗荷兰侵略者、反抗日本帝国主义一样。

六、结　论

以上四方面,无论从历史上的关系、民族上的关系、开发台湾的功劳,以及人民的爱国主义传统说来,台湾自古以来就是中国的领土。由政治上说来应属中国,从学术上说来也应属中国。人是中国人,地是中国地。谁说台湾不是中国的?应另行处理?应给它"中立"?说中国无权解放台湾,说中国解放台湾不是内政而是对外,都是自己蒙着自己的眼睛瞎说,歪曲历史上的事实,漠视民族上的关系,抹杀中国人民开发台湾的功劳,侮辱台湾人民的爱国主义传统。说这样话的人只有一个用意,就是想把台湾作为他们的殖民地,要代替日本帝国主义来宰割台湾人民。

开罗会议已决定战后将台湾归还中国,可是到了战后,美国侵略集团为了自己的私图,声明在对日和约未签订时,台湾还不是中国的。到了蒋介石集团从大陆逃到台湾后,美国侵略集团更露出凶恶的面目,公开用武力阻碍我国解放台湾。朝鲜和越南战事结束后,他们对台湾的野心更有露骨的表现,不但要侵占台湾,通过蒋介石集团的统治,对台湾进行剥削,而且还要进一步企图利用台湾为跳板侵略我国。最近他们一面利用蒋介石集团,一面又企图将台湾特殊化起来,使台湾不得归还祖国,因此他们便把台湾的历史事实、民族关系等都歪曲起来,以证明台湾和中国无甚关系,证明台湾不应属于中国,证明台湾不必归还中国。

对于美国侵略集团这样的企图,我们一方面应在军事上外交上努力,另一方面也应在学术上,列举不容置辩的事实,在理论上驳倒他们。他们没有了道理,便师出无名,战斗必败。我们的理论是有事实作根据作证明的,故道理很直。理直则气壮,战斗必胜。这篇长文便是要详细列举事实,以说明我们的根据。这些事实都是千真万确的,都有来源和证据,所以这篇文字便是一种信史,是要从学术方面来证明我们决心解放台湾,也即收回台湾的政策是十分正确的,有理的,是必能获得胜利的结果的。

1954 年 11 月于解放台湾炮声中

后 记

  这本小书写于1954年9月炮轰金门以后。笔者为响应解放台湾的号召，希望以此帮助宣传。书成后因审慎修改，乃缓至现在方才发表。书中关于台湾石器时代一段虽属新说，但经一年来的研究已经可以确定。笔者另有一篇《台湾石器时代遗物的研究》，发表在《厦门大学学报》，可以参考。

  写作本书时，蒙同事陈国强先生给予种种帮助，又庄为玑先生也代为看过一遍。稿成后，并蒙厦门市委宣传部长萧枫同志审阅一遍，志此一并道谢。

林惠祥志于厦门大学人类博物馆
1955年11月

（《天风海涛室遗稿》鹭江出版社2001年版）

南洋人种风俗概说

序

本书将南洋各地的人种及其风俗都叙述一个大概,故用这个书名。人种与风俗相关,两项便是一项,故不是合两书为一书。

本书的性质是属于人类学的分科民族志一类,也可算是史地类的参考书。

但著者写这一本书的目的,却在乎唤起一般人对于南洋研究的兴趣。一面希望国内人士发生对南洋的兴趣,一面希望南洋侨胞对于南洋事物发生研究的兴趣。所以这本书也是一本通俗的常识书,性质有如报纸的副刊。

由于上述二项性质,故本书的取材及写法一面要顾到专门方面,一面又要顾到通俗方面。前者须不悖于人类学的智识,虽是叙述一地一族,也须顾及其在全人类系统上的地位,以及事实理论的正确,否则不过如齐东野语而已。后者须顾到一般阅者的兴趣,避免枯燥无味的专门论调。

南洋地广人稀,物产丰富,对我国的关系非常密切。可惜我国人对于南洋的认识还不足,不像欧美及日本人以学术研究辅助实际事业。这种学术研究却是我国人保持在南洋的地位以及发展在南洋的事业所必需的。本书也可算是关于南洋常识之一种,著者不揣固陋,出以问世,也不过要唤起国人注意而已,不足以当著述。谬误之处,自知难免,惟望通人同好予以教正为幸。

书末附《中马同源论》一篇,对于促进华侨与土人的关系也有微意。

中华民国三十七年九月
林惠祥
于国立厦门大学

第一章 总 论

第一节 南洋的人口

"南洋"一语是我国人所创的地理名词,其范围大小不一,大之可以包括中南半岛(即前称印度支那半岛)、马来半岛(实是前者的一部分)、马来西亚群岛(Malaysia)、美拉尼西亚群岛(Melanesia)、密克罗尼西亚群岛(Micronesia)、坡里尼西亚群岛(Polynesia)、澳洲,甚至印度;小之则只可限于马来西亚诸岛及马来半岛,连中南半岛也不算在内。本书以为南洋原是指在我国南方,渡海可达的地方,不论是岛屿或大陆的半岛都可包括在内,但距离太远的或不在南方的便不可算入南洋之内,以免与其他地域混淆。照此标准,本书中南洋的范围是包括中南半岛的越南、暹罗、缅甸,及马来西亚的马来半岛、苏门答腊、爪哇、小巽他群岛、婆罗洲、菲律宾、西里伯、摩鹿加,以及原属美拉尼西亚的新几尼亚。

南洋的人口在战前各属政府都有正确的统计,每十年举行一次。战后人口必有变动,但许多地方因为战事发生后停止调查,所以多未有确实统计。现在只就以前最后一次的确实统计照列于下,现在的人口如有确实统计的也查列于下,如无的则就其增加率而列其推测数字于下,也可知道大概。但有两点须特别提醒:(1)这些数字都是各地的人口总数,包括原来的土人和外来人。(2)战后的人口如属推测者都是按其前十年的平均增加率计。

地名	面积 (平方公里)	战前人口 (人)	调查年度 (年)	现在人口	调查年度或 推测速率	人口密度 (每平方公里)
马来亚	131777	4326700	1930	7173678	1947 年	44.0
苏门答腊	471550	8254843	1930	12000000	20%	25.0
爪哇	132174	41718364	1930	52000000	1555 年 约计 19%	411.0
婆罗洲全岛	746000	2860000	1930	4000000	1955 年 25%	5.3
苏拉威西	189034	4231906	1930	5000000	1955 年 约计 20%	31.7

续表

地名	面积（平方公里）	战前人口（人）	调查年度（年）	现在人口	调查年度或推测速率	人口密度（每平方公里）
小巽他群岛	73600	3500000	1930	5000000	1955年约计20%	68.0
菲律宾	296294	16003303	1939	21022708	1953年约计30%	60.0
伊里安	801000	—	—	1200000	—	1.15
柬埔寨	—	—	—	4073967	1953年	—
越南	740400	23030000	1936	21000000	1951年	—
老挝	—	—	—	19556000	1953年	—
暹罗	513447	16100000	1941		1953年	36.0
缅甸	605000	16823796	1941	19045000	1953—1956年	31.0
合计	4700276	—		172500000		36.7

由上表观之，可见南洋地广人稀，其人口密度约抵我国江苏省十分之一而已。

第二节 南洋人种的来源

以上的人口中包括外来人在内，外来人之数最多不过十分之一，其余都是土著（外来人之中又以华侨为最多，约达800万）。本书是叙述南洋人种风俗的书，自然应专述南洋的土著。

南洋土著的种族也很复杂，这是因为他们的来源有数支，先后进入南洋，互相混合，因而演成了现在多种多样的民族。

南洋在有史以前便有三种人先后来此居住，他们可称为三大原种。按其先后的次序分述于下：

1. 海洋尼革罗种（Oceanic Negroid）：这一种是最先来南洋的，但除与后到的其他种族混合以外，其纯粹的后裔现在只局促于几处偏僻的山林中。尼革罗种便是黑种，分为两大支，一为非洲尼革罗系（African Negroid），住非洲；一为海洋尼革罗系，住南洋各岛。海洋尼革罗系中有一支名为尼革利陀（Negritto），因其身材以矮著称，平均在5呎以下，故号为矮黑人（Pygmy）。这一种人现在只残留于南洋少数地方的深山中，如马来半岛、菲律宾、新几尼亚、安达曼岛诸处；但在以前却散布很广，几乎遍布南洋各岛和中南半岛，在中国南方也有这种人的痕迹。海洋尼革罗种的另一支，名为巴布亚西亚人（Papuasian），身材较长，现在只住在新几尼亚和美拉尼西亚诸岛。这两族和后到的两种人都有混血。

2. 印度尼西亚族（lndonesian）：南洋土人的原种中有印度尼西亚族是确实的事，但是印度尼西亚族究属何种人，却有不同的意见。或将印度尼西亚族算做是蒙古利亚种的一支，或则将他算做高加索种（Caucasian）的一支。著者以为前一种的意见是指混合后的印度尼西亚人，若论原始的印度尼西亚人应当是高加索种的原始支派。他们大约是由西方来的，或者经由印度及中南半岛而进入南洋各岛，那时也是在有史以前，约数千年前。他们进来南洋时，因为文化程度较高，便将先住民族即海洋尼革罗种驱逐到内地，而占据海岸平原的地方。这种人的特征是肤色较淡，具有"欧罗巴眼"，也便是"马来眼"（眼形圆而位置水平，有双眼睑，如现在所常见的欧美白人的眼形，马来人的眼也是这种），头发作波状即微弯形。这种人是高加索种的极早的分支，与现在欧洲的白人必定大不相同，肤色较暗黑，容貌也不同。高加索种在亚洲、非洲的人很多不是白色的，如含米特族和印度人都是黑的，印度尼西亚人也是这种。这一族人后来因和更后到的蒙古利亚种人混合，已经少有纯粹的后裔，几乎觅不到这一种人的纯种。现在东印度的人民虽自称为印度尼西亚人，其实已经是混合后的印度尼西亚人，而不是原来的印度尼西亚人了。

3. 蒙古利亚种（Mongoloid）：蒙古利亚种即黄种，由北而下，经过华南及中南半岛而至南洋群岛。他们是最后到的，大约在三四千年以前。他们南下时，在中南半岛和南洋群岛已经有了先住的印度尼西亚族和更早的海洋尼革罗族，于是沿途和这些先住民族混合，逐渐变了体质，另成了一种民族，通常称为马来种（Malayan Race），又因其肤色比北方的蒙古利亚种较暗，故又号棕种。他们中的一部分又喜自称为印度尼西亚人。其实在人类学上，这种混合着印度尼西亚人和海洋尼革罗人的血统的蒙古利亚种人，仍可算是蒙古利亚种的一支派，所以另起一个名称为海洋蒙古利亚种（Oceanic Mongoloid Race），以别于大陆蒙古利亚种（Continental Mongoloid Race）。海洋蒙古利亚种也便是马来族，印度尼西亚人的成分也被吸收在里面，不容易分开，于是名称也常混淆了。这种混合民族的体质特征大体上还是属于蒙古利亚种的型式，如头形广，发形直而色黑，鼻低，颧骨高，身材中等，须髯稀少都是。只有肤色较暗，成棕色，眼形多属马来眼，使他们显得与大陆上的蒙古利亚种不同。

以上三原种先后进入南洋各地，后来者的文化高于先来者，故后来者到来时，先来者便被逼退居内部偏僻地方。以此他们在各处都分成三层，最后到的海洋蒙古利亚种多住海洋平原，较纯粹的印度尼西亚族的后裔则住在内地，至于最先住的黑种人则局促于更深更僻的山林中。

三原种都是在史前进入南洋的,自然都属于石器时代,都以石器为器具(即石斧石刀等),但也有精粗之别,海洋尼革罗种只有粗制的石器,后二者都有精制的石器。此外也各有其他特殊文化。海洋尼革罗种文化最低,但也能用弓箭打猎。印度尼西亚人便知道制陶器,用"火耨法"耕种(即烧田里的草木为肥料),种芋、薯、豆类、旱稻,雕木为器物,构木为屋,置于树上或地上。最后到的海洋蒙古利亚种便带来了织布、水田耕种法、造有桩屋子等技术。

这些原始的南洋人在2000年前是否已经能制造金属物,难以断定。但不久以后便由印度人或中国人方面获得了制造金属的方法,并接受这两方面的其他文化,于是其中一部分民族便最先开化,成为有历史的民族,但也有一部分直到今日也还保存原始社会的状态,直至今日也还未开化,甚至有还在使用石器的。

第三节　现在南洋的人种系统

由于上述的三大原种混合的结果,便出现了现存的诸民族。上一节是由历史上追溯南洋种族的来源,本节则是要就现存的民族,按其体质与文化的异同,而分析其种类。

南洋的现在种族可分为三大类如下:

(一)第一大类:广义的马来族(即海洋蒙古利亚种)

如上所述,这一族便是蒙古利亚种的一支,自北而下,到了中南半岛及南洋各岛,和先住的印度尼西亚族以及更早的矮黑人尼革利陀混合而成。其成分似乎蒙古利亚种最多,印度尼西亚次之,矮黑人最少。因是混合种族,所以其名称也不一,有人称他为马来族(Malay),有人却称之为印度尼西亚族。著者的意见以为如用后一名恐与古时纯粹的印度尼西亚族混乱,不如用马来族的名称,可免误会。从人类学上言之,这一族便是进住南方海洋地方的蒙古利亚种,故也称为海洋蒙古利亚种。这一族在人种分类的旧法,即五分法,又称为棕色人种。但近来人类学上已改五分法为三分法,将这种人归入蒙古利亚种及黄种之中,只算做蒙古利亚种的一支。

马来族的体质大半和大陆上的蒙古利亚种相类,但因与上述别种人混合,故也有其特点。马来族的头发黑而直,须髯稀少,肤色虽号棕色,其实只较其他黄种人略暗而已,头形自左至右颇广,这叫做广头,身长中等,自1.52～1.65公呎。以上都是蒙古利亚种的特征。马来族只有眼睛很特别,眼孔大而圆,有双重眼睑,位置水平,不像北方蒙古利亚种的狭长斜吊,眼睑不卷起,这便是马来眼异于蒙古利亚眼之处。马来族中也有头形比较长些(前后的长径)的大约是印度尼西亚的成分比较多,这种人在南洋有数处特别集中,如婆罗洲的穆律人,菲律宾的印度尼西亚系诸族。因其印度尼西亚成分较多,故也有人喜欢用印度尼西亚的名称叫他,但却又说印度尼西亚族也是蒙古利亚族的一支,称之为原马来族(Proto-Malay),而那些具有较多蒙古利亚种特征的马来族,则被另称为新马来族(Deutero-Malay)。著者以为这种的分别法反而系统不明,故不采用这说。

马来族另有一种分别法,是分为广义的马来族和狭义的马来族。狭义的马来族又称为正马来人(Malay Proper),俗称巫来由人(Orang-Malayu),这种人原住在苏门答腊的中南部,因早受印度影响而开化建国,后来便扩张势力,散布于马来半岛、爪哇、婆罗洲、菲律宾等处,占据海岸平原。他们是开化的民族,另有其语言(正马来语)及宗教(初为婆罗门教及佛教,后为回教)以及艺术服装等。此外,其他马来族程度还低,大都在内地,如婆罗洲的达押族、苏门答腊的峇搭族等都是。马来系的诸族原无公共名称,其所以称为马来族,便是由狭义的马来人推广而得。这犹如蒙古利亚种的总名原是由蒙古人推广而得,其来历是一样的。所以狭义的马来族便是指正马来人,而广义的马来族范围同于海洋蒙古利亚种,包含正马来人及其他马来人。

马来族的主要住地是马来西亚(Malaysia),包括马来半岛、苏门答腊、爪哇、婆罗洲、西里伯、峇厘、龙目、菲律宾诸处,此外这有移入台湾的称为高山族,又有远至马达加斯加岛的。

马来族的语言属于马来坡里尼西亚语系(Malayo-Polynesian Stock),为胶着语的一种。一语由数部分合成,但胶结为一不可分离,与华语及越南、暹罗、缅甸语等属于孤立语者不同。自正马来语以至于菲律宾、婆罗洲各种方言,根柢上都相同,但分歧也很多。

马来族的性情安静沉默,但感情兴奋时却异常激烈,也很勇敢。马来族的文化程度不一。有至今还保存原始状态者,如婆罗洲内地的达押族、菲律宾的北方南方山地民族等。有于古时受印度、中国、阿拉伯的陶养,近世更受欧美文化影响者,程度很高;在一两千年前早已经是文明民族;如苏门答腊南部古时曾建立三佛齐帝国(Srivijaya),爪哇西部也曾有满者伯夷帝国(Madjapahit),都曾扩张其势力于南洋大部分。又如菲律宾及战后的印度尼西亚国都是受西洋影响的现代文明民族。马来族的宗教在高级文化的一部分民族,古时信奉婆罗门教或佛教,后来大部分改信回教、基督教;其未开化者则仍信原始性质的宗教,崇拜自然物、精灵、鬼魂等。马来族的艺术颇有些特殊之处,喜欢音乐、歌舞、雕刻、装饰及文身。文字古时有模仿印度文而制的古文字,后来改用阿拉伯字，近世又改用罗马字母。历史记载很少，文学也未十分发达。衣食住适应热带环境，颇为简单。衣服稀少，形式宽博，以纱笼（Salong）为其特殊服装。屋子常以木桩提高，使离地颇远，形似楼，但下面不可住人，只可养家畜及为工作场所。这种屋可以名为有桩屋或高架屋，在中国古时南方民族以及中南半岛的居民也都常有这种屋子，中国古书称为"干阑"，这是适应热地的屋子。善能驶船，有独木舟及帆船，太古时即能由一岛渡至他岛。兵器也很特别，有蛇形剑（keris）、吹箭（blow-gun）等器。

马来人的分支如下：（这一节是按照种族系统而编的，不问地方同不同；以下各章是按照地对方的，一地方可包括几个种族。）

1. 马来半岛的马来族——马来半岛的居民约一半是马来族，马来族有二支派：

（1）正马来人即巫来由族（Malay Proper or Malayu）：是有史时期从苏门答腊移来的，现在人数约三百数十万人。马来半岛的马来族几乎全是这种人。

（2）乍滚人（Jakun）：这是较古型的即原马来人（Proto-Malay），大约是有史以前便入居马来半岛，不是后来方由苏门答腊移来。其肤色比前一种人暗些。人数现在很少，已经逐渐同化于前一种中。

2. 苏门答腊人——南部的正马来人很早便开化，曾建立三佛齐国，到14世纪方灭，此后改信回教，声势衰落。其他部分另有不属正马来人的别族，但还属于广义马来族之内。

（1）巴须马族（Pasuma）：属正马来人，住苏岛南部，即古三佛齐国故地。

（2）民南加堡（Menangkabau）：也属正马来人，住苏岛西南部，现在还行母系制度。

（3）阿齐族（Achinese）：住苏岛北端，不属正马来人，也曾建立国家。

（4）峇搭族（Batak）：在上一族的南部，也还在苏岛北部。也不属于正马来人。自有特殊风俗。

以上四种是大族，其他小族还有卡约（Gajo）、阿拉斯（Alas）、苦部（Kubu）皆住于苏岛中山林地方，又有尼亚士人（Nias）、英加佬人（Engano）、民答威人（Mentawei）皆住在西方小岛，都是较富原始性的民族。

3. 爪哇人（Javanese）——爪哇人也属广义的马来族，不过他们喜欢自称为印度尼西亚族。文化也很高，公元初便受印度文化的影响，后来继三佛齐之后建立满者伯夷国，到15世纪方衰。以后还有回教王国兴起，直至荷兰人来后方灭。第二次世界大战后奋起独立，建设印度尼西亚共和国。爪哇人可分为以下数支：

（1）爪哇本支（Javanese Proper）：住中部，人口最多，约占一小半，为爪哇人的主干。

(2)巽他族(Sundanese)：住西部，人数只及上一族的三分之一，但程度甚高。

(3)马都拉族(Madurese)：住马都拉岛及东部，人数只达上一族的一半。

(4)万丹族(Bantamese)：人数更少，住西部。

此外还有其他小民族。

4. 小巽他群岛人——群岛中的峇厘和龙目二岛住民原是爪哇古时满者伯夷婆罗门教国的遗民，因被后来的回教徒所逼乃遁入这二岛，到现在还未改教，保守特殊的古风俗。分为：

(1)峇厘族(Balinese)：住峇厘岛(Bali)，人数约200万。地近爪哇大岛东端。为南洋名胜之区。

(2)沙刺族(Sasak)：住龙目岛(Lombok)，人数比峇厘少，古风俗亦渐改。

(3)更东诸岛如松巴洼(Sumbawa)、松巴(Sumba)、佛罗列斯(Flores)、帝汶(Timor)诸岛，土人多属广义马来族与巴布亚族(Papuan)的混血种。

5. 卡里曼丹婆罗洲土人——婆罗洲人口约400万人中纯粹土著的，达押族(Dayak)，俗称捞仔，约二百数十万人，属原马来族，其余为南洋邻岛来的正马来人、其他马来族，以及外国侨民。土人可再分为以下6族：

(1)伊班族(Iban)又名海达押族(Sea Dayak)：住近海岸及河流。

(2)卡延族(Kayan)：住内地，可算标准的达押人。

(3)更耶族(Kenya)：同上。

(4)加里曼丹族(Klemantan)：族内不一律。

(5)穆律族(Murut)：含有较多印度尼西亚人的成分。住东北部。

(6)埔南族(Punan)：住中部高山深林中，文化最低，是本岛最先住的民族。

6. 苏拉威西西里伯及摩鹿加土人——苏拉威西西里伯土人约有400余万，大都属广义的马来族，分支为下：

(1)武吉斯族(Bugis)：人口最多。

(2)望加锡族(Makasser)：人口较少。

(3)民那哈沙族(Minahasa)：人口更少。

(4)土拉遮族(Toradja)。

此外还有两小族是属于巴布亚族的。摩鹿加人也属马来族。

7. 菲律宾人——菲律宾的种族分类法最特别，是按上述南洋三大原种而分的。大约这里是南洋的边境，三大原种还未充分混合，所以还保存较多原来的色彩。现在的菲律宾各民族自然也不是全无混合，但按其原种成分的多少，尚可分为三大系。其中之一是矮黑人，归入下文叙述，这里只列以下2族。

(1)印度尼西亚系民族：他们到菲律宾时驱逐先住的矮黑人于内地，而占住海岸平原,后来马来族来时自身也被驱逐而退入内地。其文化程度比较矮黑人为高而比马来族低,还未十分开化。散布地方还不少,以吕宋北部山地及棉兰莪内地为最多。这一族已经是混合的印度尼西亚人,不是原始的纯粹民族,所以通常都把他归入广义的马来族内。分支颇多。

(2)马来系诸族:属广义的马来族。他们是最后进入菲律宾的,现在多住在海岸平原,人数也占最多数。依其文化的差异,分为下列三支:

(甲)基督教民族:文化最高,人数最众,是菲律宾的代表民族。自称为菲律宾佬(Filipino),意义是"菲律宾人"。分支很多。

(乙)回教民族:即摩洛人(Moro),住棉兰莪及苏禄群岛。有数支。

(丙)原始文化民族:这是进入山地未受外间文化影响的马来族,程度比印度尼西亚人高些。

8.中南半岛的马来族——中南半岛在古代原有马来族,即所谓印度尼西亚人,后来因与别族混合而少有纯粹的遗民,现在还有比较明显的支派如下:

(1)占族(Chiam):自古占住越南东南部,曾受印度文化影响而开化,建立占婆王国,又称占城,后灭于安南。

(2)摩伊族(Moi):住在安南山脉中,还是未开化民族。

(二)第二大类:海洋尼革罗种(Oceanic Negroid Race)

这种人与非洲的尼革罗种,即通常所谓黑人是同种的,故其体质也相类似:肤色暗棕至黑,发形卷缩,下颚前突,眼孔圆大,须毛少。他们到南洋最早,散布地方也多,但为后到的印度尼西亚人及海洋蒙古利亚种人所逐,而退居于边僻地方或内地山林。人数较少,而文化也最低。支族为下:

1.巴布亚族(Papuan)——住新几尼亚岛及小巽他群岛的东部。除上述的共同特征外,其他特点是身长中等以上,有颇高的,头形前后径很长,鼻高、大,作鹰嘴形。文化程度还未完全脱离石器时代,其风俗最特别。

2.尼革利陀族(Negritto):即矮黑人(Prgmy)——其特征是身材极矮小,在5英呎以下,头形广,鼻低而广。性情温和,文化都很低。支派为下:

(1)塞茫族(Semang):住马来半岛中央和苏门答腊东部。

(2)海胆族(Aeta):住菲律宾的吕宋岛东北部及其他。是菲律宾的三大原种之一。

(3)答卑罗族(Tapiro):住在新几尼亚西部山地。

(4)沙盖族(Sakai):住在马来半岛南部内地。这一种或归于矮黑人内,或当做系统不明人种。

（三）第三大类：中南半岛民族（即印度支那民族）

中南半岛诸民族和汉族、藏族同属于大陆蒙古利亚种的南方系。体质特征是发形直而黑，肤色黄棕，头形广，身材中等，眼形较狭而微斜，无双重眼睑，须毛稀少。但混有别种血液如印度尼西亚系或矮黑人者，其体质便有差异。语言有越南语系、泰掸语系、缅甸语系、蒙吉蔑语系。宗教大都奉佛教，文化大部分颇高，但僻地也有不少未开化的支派。其分支为下：

1. 安南族（Annamese）——住在东京三角洲、安南沿海及交趾支那大部分，为越南的主干民族，人数最多。自古受中国影响甚深，文化、体质都像汉人，语言也是一字一音的孤立语。

2. 蒙吉蔑族（Mon-Khmer）——太古时由中国西部南下，进入中南半岛，由缅甸、暹罗以至越南，历史上曾建立几个国家，后被安南族、泰掸族、缅甸族所压逼，先后灭亡。其语言便叫做蒙吉蔑语。现在的遗民都是混合种。散住越南、暹罗和缅甸。有以下支派：

(1) 柬埔寨人（Cambodian）又称吉蔑人（Khmer），历史上曾建立扶南王国，后改为真腊。因曾和多种民族混合，故现在体质上很复杂。

(2) 蒙族（Mon）：住在暹罗湄南河下游，曾建立堕罗钵底国，后为暹罗人所灭。又在缅甸也建立摆古王国，为缅甸人所灭。

(3) 罗斛族（Lawa）：住在暹罗境内，与暹罗人混合，暹罗国的罗字便由此族而得。

(4) 搭拉因族（Talaing）：住在缅甸境内摆古（Pegu）地方，故又称摆古人，原是蒙族的一支。

(5) 鲁迈族（Rumai）：又称巴拉翁族（Palaung），在缅甸境内。

(6) 瓦族（Wa）：是蒙族的原始支派，住在缅甸境内山地。

3. 泰掸族（Tai-shan）——泰掸族原在中国境内西南部，其进入中南半岛在蒙吉蔑族及缅甸族之后。现在人数却很众，散布在暹罗、越南、缅甸境内，以暹罗为最多。在中国西南也还有不少。这族有很多支派，或称掸或称泰，掸是缅甸人称他们的，他们自称则为泰，泰的意义是自由高贵。暹和掸音也相近。掸、泰以外还有别种名称。分支如下：

(1) 暹罗人（Siamese）：住暹罗大部分地方，是暹罗国的主要民族。

(2) 掸人（Shan）：在缅甸东部暹罗西部。

(3) 老挝人（Laos）：在安南西部及暹罗东部。

(4) 此外还有戈叻泰（Tai Korat）、吕人（Lu）、蒲泰人（Putai）等小支族在暹境内，又有土族（Tho）、白泰、黑泰、侬族在越南。又有卡连族（Karen）住在缅甸及暹境,种属未明,介于掸人与缅人之间。

4. 藏缅族(Tibeto-Burman)——这一族只住在缅甸境内,其来源是出自中国西南部,人种上与西藏人接近,语言同属一系,所以在人类学上合为一族。分支如下:

(1) 缅甸人(Burmese):多在缅甸伊拉瓦底河流域,为缅甸的主干民族。

(2) 卡钦族(Kachin):又名菁播人(Chingpaw),住在缅甸北部山地,未甚开化。

(3) 枯奇·钦族(Kuki-Chin):在缅甸西北山地。

第二章　马来亚的人种风俗

第一节　总　论

马来亚(Malaya)可以说是南洋各属的交通中心,地位非常重要,而且华侨寄居其地的又很多,所以对其地土人的认识,颇有实际的需要,因此本书便先论马来亚。

马来亚包括英属马来半岛及新加坡、槟榔屿诸岛,面积合计 50879 方英里。战前行政区域分为:(1)海峡殖民地(Strait Settlement),包括新加坡岛(Singapore)、槟榔屿(Penang)及半岛西南部的马六甲(Malacca)。二岛上的土人极少。(2)马来联邦(Federated Malay States),土人甚多,土王略有政权。(3)马来属邦(Unfederated Malay States),土王保留政权较多。战后英政府改变马来亚的政制,新加坡仍为殖民地,马来半岛各邦合组马来亚联邦,在联邦内土人势力很大。

马来亚人口总计 5805570 人(1947 年末调查)。其中马来人(即土人)2395123 人,占 41%,但散布甚广,多居乡村内地。此外一大半为华侨及其他民族,多住都市。

马来亚的一部分土人在古时便曾建立国家,受印度及中国以及阿拉伯的影响,文化颇不低。中国与他们曾有往来,故中国史书中曾记载他们的事,其国名如狼牙修、佛剌马令、彭坑、吉兰丹、丁机宜、满剌加、柔佛,都在马来亚境内。不过这些国家的人种风俗,前后不一定相同。以前大都信婆罗门教或佛教,后来则改信回教。人种也应有变动及迁移。

马来亚的归入英领始自 1786 年英国由吉打(马来亚西北一邦)王购买槟榔屿,1800 年获得半岛上西部的威士利,1819 年由柔佛王取得马六甲及新加坡。因各土邦争斗不绝,海贼又极猖獗,各土邦逐渐接受英国的保护,成为英国的属地。至今达百余年。第二次世界大战发生后,日本占领马来亚,极力煽动马来人反对英国,排斥华侨。战后马来人的民族思想渐发达,英人为应付新局面,故宣布改变马来亚的政制为自治邦。

马来亚的土人中多数巫来由族(Malayu)即正马来人,此外有由南洋别岛来的同属于广义马来族的人,又有少数先住民族住在山林地方。其中最主要的自然是巫来由,与苏门答腊南部及别处的正马来人同属一族,语言也相同。

马来亚的外侨之中首推华人,计2608315人,占人口的45%,次之为印度人。讨论马来亚的人种风俗不能不兼述外族,但照本书的性质自然应以土人为主而加以详述,外族可以简略。

第二节 巫来由族(Malayu)

巫来由即正马来人(Malay Proper),也便是狭义的马来族。他们的发祥地是苏门答腊,由此移居各地,其一部分入马来亚。其移来时代不古,大约在不及千年前。他们集团移住,来时将先住民族塞茫人、沙盖人及乍滚人赶入内地,而占住海岸平原地方。其后只有在森美兰州(马来亚中部)的一部分曾和先住的沙盖人发生混血,其余大都保持原来血统,自然也有些和华人或欧人结婚混合的,但还属少数。

巫来由人的体质特征是发形直而色黑,须髯稀少,身长中等以下,男子约在5呎4吋左右,皮肤淡棕色,颧骨大,眼形比汉人圆大,位置水平,即属于所谓马来眼,但也有微斜而略似蒙古利亚眼的。少数人发形有弯如波浪纹的,也有卷缩的,那是和先住民族的混血产物。

文化上在古时曾受印度影响,但后来变为阿拉伯化,文字改为阿拉伯式,宗教也改信回教。深信回教的戒律及信条。每星期以星期五为礼拜日,集合44人以上的男子,跪坐礼拜,且行斋戒,缺席者须交罚金。女人不须列席礼拜。每年有一次大节日,经30天之久,先断食,然后举行,又于那时颁给曾赴麦加圣地参拜者以"哈只"的称号。他们一生必须有一次到麦加参拜圣地,当做最大的愿望,非常的热烈。他们也还信仰巫术禁忌等事,有病时便乞灵于巫术。巫术也成为"贡头",华侨常说巫人精于贡头。

巫来由人的家屋除平地以外,有屋建于水边的,下层为高矗的木桩,上铺木板为楼板。楼下无四壁,故无房间,不住人。屋顶以阿荅叶即尼巴椰叶葺盖,编竹为墙壁、窗户,小室内颇暗,以竹为低矮的床,或即睡在楼板上。在房子外的"厅"款待客人,请客吃饭,嚼槟榔蒌叶。室内无其装饰,有挂"蛇形剑"土名"克利斯"(keris)于壁的。楼下养鸡和山羊,不养猪,因为不吃猪肉。晚间燃点汽油灯或椰油灯。动物中只爱猫儿,又在屋外畜养猴子,叫它爬上又高又直的椰树梢摘椰子。食物以米为主,种稻有水田和火田二种。煮法用水洗米,放入陶器内煮熟,水滚沸后弃去米汤,将饭倒在竹篮里。进食时用右手指取饭入口,不用左手。左手是用以揩粪的。以干鱼、蔬菜为肴,一日吃数顿。衣服简单。女人皮肤不给人见,和爪哇人一样。男人也穿木棉制衣服,头上卷布,脚不穿鞋,腰系"纱笼"即裙状物。

他们以前使用阿拉伯文字,书法从右写起;现在采用罗马字母,书法正和阿拉伯字相反,是从左起。马来语的发音据说以半岛南部的柔佛和廖内群岛的最为正确。在半岛北部的霹雳、吉打、吉兰丹诸地另有方言,马来语通行稍难。外国语如兴都斯坦语(即北印度语)、泰密耳语(南印度语)、葡萄牙语、荷兰语、英语、华语都有些少混入于马来语内,通行者约60语。

巫来由人原是不很勤劳的热带民族,虽是先住的土著,然而一切商业、企业都很少从事。一般平民所从事的职业是种植、捞鱼、伐木、打猎,或受雇于树胶园,较上等者多受英语学校的教育,任职于土王或英人的政府官署。第二次世界大战后,巫来由人的民族观念渐发达,组织政党,发起政治运动,将来必有很大的效果,华侨不应再像从前忽略他们的行动,必须和他们有良好的关系,方能长久安居于马来亚,否则前途是很有问题的。

第三节　塞芒族(Semang)

塞芒族属矮黑人即尼格利陀族的一种,是马来半岛的最古住民,至今还有残余。此外马来半岛西方印度洋中的安达曼岛土人,菲律宾的海胆人等,都同属这种矮黑人。

马来半岛的矮黑人住在近暹罗境的霹雳州者称为塞芒人,住在吉兰丹州者称为邦干人,其实都属同种,故可总称为塞芒人。人口越来越少,现在约只有五六百人,且有和沙盖族混血者,散居于吉打州和暹罗境内,为数也甚少。皮肤有少数是黑色的,多数属深棕色,身材矮小,发形卷缩,颜面像小孩,头盖小,唇厚。文化程度极低。虽有屋子,但甚粗陋,也属高桩屋,楼板离地甚高,以竹为矮床,将棕榈或阿荅叶盖屋顶,叶尾不剪,任它下垂以避风雨。可以称为家财或器物者几乎是没有的。武器有吹箭(blow-gun),其物以细长的竹为管,中装短而轻的竹镞箭,箭镞蘸毒,毒用口气吹出去,中鸟兽或敌人能致命。筒上有精细的雕刻。妇女剥树皮,浸洗捶打为布,即所谓树皮布,用以围腰。以竹制为长齿的梳子。他们以为插了竹梳可避虎患及雷击,所以颈上常插几个大竹梳。又将猴子的牙穿绳子,当做发饰或颈饰。臂上和脚上也束着编成的狭环子以为饰品。

塞茫族极害怕雷雨。以为雷电的发生是由于祖宗或者自己犯了什么罪故被处罚。据说雷电交加的时候，如将自己近亲的胫骨上加以伤害，便能避免雷击的灾。又使用一种叫做"特拉"的圆形梳，以为可以避雷击。其梳便是一段竹管所制，管上雕刻数种原始性的刻纹。

人死后家人便将所住屋子烧掉，迁移别处，又信死人的灵魂三日后的晚间，会到西方的香蕉园或别种果树园去，所以应将尸骸埋葬土内。语言内有种种混合的话。其混用蒙吉蔑语，大约是由暹人传来。又混用沙盖族的方言。

他们也像南洋其他未开化民族，多用竹为器物，其物颇有些可观的。如盛"吹箭"的箭服上雕刻很精，烟草盒也有雕刻。所雕有龟、鸟、花、果子等物，或者以为箭服上雕了这些动物，射时便容易命中。

第四节　沙盖族（Sakai）

这一族的主要住地是霹雳州以及吉兰丹州和彭弯州境的山地。沙盖族是出于黄白黑三大人种之外的奇异小民族，但与先住民族塞茫人的混血很多。身材比塞茫族略高，肤色黄棕。语言中混有暹罗古语蒙吉蔑语。屋子也像塞茫人，搭在很高的木柱上，以棕榈叶或阿荅叶盖屋顶。屋子又小，略能遮蔽风雨而已。农业是"火耨式"的，即烧草木为肥料。农作物有玉蜀黍和旱稻。因土地狭小，故产量也少。以薯补足之。耕地不久肥尽须放弃，另找别处，使原地自生草木，然后再烧为肥料，重新耕种。

沙盖族最精于使用吹箭。其吹箭管有用竹制的，也有选用比竹更直的树枝制的，将铁线烧红，烙穿了中心成为管状，长达七八呎，两头用藤扎牢，以防裂坏。管的末端加扎尖枪，故又可当枪用。他们用此捉猴子等动物，拿来当做食物。

沙盖人开化程度比塞茫人高。常时裸体，只用一片布遮蔽两股间。头发虽卷缩，但也颇长。出门必带枪和吹箭。箭上的毒是采自"伊保"树干的汁染成。罕有佩腰刀者。有奇形的竹梳。乐器有土名"端端"的，是一种竹制的东西，两手拿着对击成声，器名便由声而得。

马来半岛有很多害虫野鼠。沙盖人收获了一点儿旱稻，贮在仓中，如被虫鼠所吃，便有饥荒之灾。为预防这种灾害，他们便雕刻了种种动物形，如蜈蚣、蜘蛛、龟等物于竹片上，将竹片放在地板上或壁上，当做一种法物或护符，以为可以驱除虫鼠。又当缺雨时便在竹片上雕降雨之状，排列地板上，以为可以催雨。这些法子都是所谓法术，是未开化民族所常信的。沙盖人又很爱唱歌，有些歌谣。战后政府曾设立一所沙盖学校在森美兰，以教育沙盖人。

第五节　乍滚族(Jakun)

乍滚族住在马来半岛南部,尤以柔佛州为多。其风俗习惯介于巫来由族与沙盖族之间。这种人便是所谓原马来族(Proto Malay)之一。太古时马来族(广义)由印度支那经马来半岛,散布于苏门答腊、爪哇、婆罗洲、菲律宾诸岛,其停留在马来半岛,保存原始状况者,便是乍滚人。至于巫来由或所谓正马来人者,乃是后来在苏门答腊成立,方再移来马来半岛的。这两种人同属广义的马来族,但一新一旧不同。新的巫来由人文化高、人口多,旧的乍滚人文化低、人口少。乍滚人自北方到马来半岛时已在塞芒人和沙盖人之后,他们和沙盖人也有混血。乍滚人的体质特征大致和巫来由人相类,只有眼形微斜,较近于大陆的蒙古利亚种。文化还保存原始状况,不像巫来由人信回教。初时被巫来由人所逼退居僻地,近来渐与巫来由人混合,将来必归同化。

第三章　苏门答腊的人种风俗

第一节　总　论

苏门答腊是南洋第二大岛,面积很大,达 455000 平方公里,大于爪哇 4 倍。连属岛共 47 万平方公里。人口却很少,据 1930 年总调查,人口总数是 825 万人,其后因战事发生未再调查,大约也还未及千万。其中当时约 2 万人是欧人及欧亚混血人,约 48 万人是亚洲各国人,土人约 770 万人。土人全属广义的马来族,其中住在南部的更属正马来人。土人的文化程度不等,其开化者与爪哇同样,在南洋各地可算有最古的历史。

苏门答腊的开化是由于印度文化的影响,约在公元 1 世纪、2 世纪时印度人便到南洋殖民,先传入婆罗门教,其后更传入佛教,苏门答腊也是印度人的殖民地之一。到了 7 世纪时苏门答腊南部文化便非常发达。其初于公元 644 年在詹卑(Djambi)地方建立一个王国,称为末罗游国(Malayu 今译巫来由)。不久在巨港(Palenubang)地方又发生了一个三佛齐国,中文又译作室利佛逝国(Srivijaya),控制了苏门答腊诸邦及此外南洋各岛,并移民于马来半岛,这便是马来半岛巫来由人的起源了。三佛齐国曾于唐宋二代和中国有使节来往,中国史上曾有记载。三佛齐直到 14 世纪方衰落,被爪哇新兴的满者伯夷国(Madjapahit)所征服。三佛齐是佛教国,满者伯夷是印度教国,但现在两地的人民却都改信回教了。现在巨港的人民是正马来人即巫来由人。

苏门答腊的正马来人有二支,一是巴须马人(Pasuma),住在巨港、朋古粦(Bencoelen)、詹卑、南榜(Lambong)诸州。一是民南加堡人(menangkabao),住在西海岸州。两支族语言相同,风俗也差不多。

正马来人便是巫来由人。其起源便是出自上述巨港地方,约当公元1250年的王朝。据土人的传说:太古时有一位统治东西两洋的须兰王,娶一条人鱼为妃,产了一个儿子,名为散·沙勃鲁巴。沙勃鲁巴最先降临于巨港马哈迷儿山麓的诗干丹小山上。这时有两个住在山中的少女,在黑夜中忽见有光耀的稻,原来稻已变成了黄金,茎成白铜,叶成白银。爬到山上一看,有三个男子在那里,一个骑着银白色的牛,穿着王服,在中央;两个手持枪剑,立在两旁。少女着惊,问是何人。三人答说:"我们是阿历山大王的子孙,这王冠便是证物。"于是中央这位王子便即了王位,王号为散·沙勃鲁巴·杜里穆特·杜里布阿那这样一个长名。沙勃鲁巴王便下山到巨港河流域,娶了德满·勒巴耳·达文酋长的女儿为妃。又到民南加堡山驱除怪物。以后便传下了巫来由族。这种传说自然是无稽的,然而也可推知巫来由人确实发生于苏门答腊的巨港地方。

第二节 巴须马族(Paeuma)

这便是上述巫来由人的一支,住在巨港以至朋古粦的大河流域。古时这里曾建立佛教文明国家,即上述三佛齐国,现在这里的人民却另有一种风俗习惯,和古时不同了。现在改信回教,但还有其他迷信。他们信有一种称为"的瓦"的邪神,住在山上或林中,须祭以动物。对于传说中的祖先阿历山大王的墓尤其崇敬。人死后须为其磨齿,净鼻,撒搽香料于全身,包以白布,然后埋葬。为辟除邪祟起见,将竹片加以全面的雕刻,藏于天花板内。又将竹叶写上咒语,放在枕边,以为可止小儿夜啼。他们容貌颇异于寻常巫来由人,尤其是少女,发育极为完满而美丽,有如爪哇的巽他族美女。

第三节 民南加堡族(Menangkabau)

这也是巫来由人的一支。其住地在古时先属于末罗游王国,后属于三佛齐王国。其称为民南加堡还是后来的事。在14世纪这民南加堡王国曾控制了苏门答腊中部。到了17世纪荷兰人来后方才衰落,以后便归荷兰统治。

现在的民南加堡人还维持着女系的家族制度,女子不嫁出而反娶男人入赘,子女从母的姓而不从父,男人须离自己的家而入赘女家。家有女家长,族有女族长。马来族在古代大约是盛行女系制的,但现在别处的马来族都行男系,只有民南加堡人还保存紧严的女系制,这可以说这一族的特色。

宗教上已改回教,但也保留印度教及原始宗教。也同巴须马族一样,从事农工业。工艺颇精,衣服、器物、家屋都很好。能用金银线在布上作刺绣,又能作赤青铜的细工。衣服的体式与苏岛别族有异,男人不论在屋内外必定包上头巾,佩着刀剑。屋顶两端尖锐如牛角翘起状,略像中国的飞瓦。又常包锡箔于其上,使它光耀夺目。屋的构造颇复杂,体积很大,四壁用木板嵌成,满布细致的绘画及雕刻,与普通巫来由人的屋子大不同。他们还有一种特殊风俗,死尸的足必须向南方,头面向阿拉伯,请几位回教僧侣诵经后方才安葬。

第四节　峇搭族(Batak)

苏门答腊的土人除上述二种属正马来人外,其余都属广义马来族的别支,或说其中有印度尼西亚族的遗裔或混血。

峇搭族(峇字系南洋华侨特创之字,音如巴,但极轻,用以为马来语中特殊音 Ba 的对音)住在苏岛打巴奴利州及东海岸州的山地,是本岛的第二大族,再分为数个支族。

峇搭族古时有吃人肉的风俗,现在已改变,而且文化也不低。也从事农工业,又盛行畜牧,喜吃马肉,且可将马输出于外。颇有嗜吸鸦片的。娱乐主要的是奏着音乐,挥刀跳舞,跳毕便喝椰子酒。其酒名为"阿辣"。

家屋也注意屋顶的装饰,在两端模仿牛头状。室内暗,日光不入,开小窗以通气。村落的周围有筑墙掘濠以防外敌的。衣饰是男女都包头巾,染黑牙齿,在白齿上加套金齿壳为饰,据说可以防毒。女人头巾横扩甚大,耳朵上悬挂极大的螺旋形耳饰。

峇搭族的社会组织很特别,有贵族、平民、奴隶三阶级,但对奴隶的待遇却很宽大。他们喜欢赌博,赌输如不能清偿者须替胜者服役。结婚仪式简单,只开小宴会,订立夫妇誓约便是。少有行多妻制者。丧事在高等的人须准备多时方葬。也有行火葬的,大约是受印度教的影响。

宗教上古时信印度教,后来改信回教,近时有德国及荷兰的传教师来,又渐有改信基督教的。原始宗教的遗俗也还存在。他们以米为主要食粮,而田里红雀吃稻为害甚大,便以魔术驱除它,其法是叫女人到田里,大声鸣叫,红雀听了便会全部逃去。这种善能鸣叫的女人称为"鸣女",其实便是女巫。他们又有一种奇俗,如有贵客到来投宿,大群的美女竟来睡在客人旁边,但是同时却也有成群的青年男子携着枪矛,也来睡在客人旁边。

第五节　阿齐族(Achinese)

阿齐族住在苏岛北端,曾建立阿齐王国(Acheh)。他们原是从苏岛西方的尼亚士(Niae)移来的,国势强盛时曾控制对岸马来半岛沿岸的住民。文化不十分高。衣服男女都围一条布在双股之间,男人在其外再穿上一条短"纱笼"即围裙,女人穿一条长纱笼。刀剑能自己打制,像其他马来族一样,喜嚼槟榔。又有吸鸦片者。信回教,但原始的迷信还是很深。性情勇敢好斗。极厌恶白人,苏岛别族已受荷兰统治很久,他们还维持独立,不肯屈服。荷兰政府费尽力量要征服他们,最后经过一次亘历30年的战争,方能使他们承认荷兰的政权,这次便是所谓阿齐之役,费款达5亿元。现在的阿齐人是多种移住民族的混血,纯粹的很难见,有二分支。有一种特别仪式称为"干陀利",聚集许多穷人来宴会,举行回教礼式。结婚年龄极早,女子10岁左右便结婚,但夫妇却分居。婴儿生后44日放在灶上行庆祝礼。10岁行割礼,割去生殖器官的包皮。民族性也很勤奋,精于数种工艺,如金属工、珠宝工、纺织工、造船工等。

第六节　其他民族

苏门答腊土人除上述主要民族外,还有几种小民族,人口少,文化也低。略述为下:

卡约族(Gajo)及阿拉斯族(Alas):都住在苏岛北部,不久以前才被外人发现。语言及风俗很像阿齐族,研究者以为是阿齐的支族。

苦部族(Kubu):是未开化的奇异民族,在苏岛的偏僻地方,情形还不甚明。

尼亚士族(Nias)、英加佬族(Engano)、民答威族(Mentawei):以上三族各住在苏岛西方海岛上,岛名与族名相同。风俗习惯也很奇异,与苏岛上的民族又不同。

第四章　爪哇的人种风俗

第一节　总　论

战后新发生的印度尼西亚国便是爪哇人所主动的,现在也只限于爪哇。要知道这个新国的来源应当晓得他们的历史和人种。爪哇人也属于广义的马来族。他们采用印度尼西亚族(Indonesias)的名称大约是由于政治上的意义,其实他们并不是古代的纯粹的印度尼西亚族,而是印度尼西亚族和蒙古利亚种的混合民族,即是广义的马来族。

爪哇的历史与苏门答腊同样的古,也是由印度殖民的影响而开化,其时约在2000年前。印度人在此建立王国,输入印度文化,最初传入婆罗门教,后来又传入佛教。中国晋代高僧法显赴印度回,由海路经过耶婆提国,据学者考证便是现在的爪哇。到了9世纪爪哇渐强。13世纪中国元代派水师征爪哇。公元1294年爪哇建立满者伯夷王国,中文又译作麻诺巴歇(Madjapahit),势力日盛,代替三佛齐称霸南洋,到15世纪末方衰落。三佛齐信佛教,满者伯夷却信印度教。15世纪信回教的马达南国(Madanam)代兴,自此爪哇人及改信回教,而印度教徒不肯改教者逃入峇厘岛,至今还保存旧俗。16世纪荷兰人到爪哇,爪哇古国已衰落,以后遂渐次归荷兰人统治,以至于第二次世界大战。爪哇人的独立运动发生已久,到大战后遂爆发而建立印度尼西亚国,但与荷兰关系到现在还未解决。

在前荷属东印度群岛中爪哇最为重要,是荷兰人政治的中心,人口也最多。1930年大调查爪哇合马都拉岛人口共4172万人,密度每平方公里315.6人,可谓很密,其中土人占4089万人。十余年来因大战未再调查,大约总人口达5500万。

爪哇土人的食物以米为主,但不食猪肉。煮饭的方法将米放入陶器内,不加盖,煮滚后取出倾于竹篮内,等候蒸气散失后,再倒入大钵或大碟内。这样煮成的饭无黏着力,故不黏指。为要助味另加香料、辣椒、胡椒、加厘粉等,搅和了,便用指头捏起送入口内,不用饭碗匙箸。穷人不便在家里自己弄饭,故常到饮食摊随便买食,勉强果腹。取食时一定不用左手。喜欢嚼槟榔子。少数人吸鸦片。职业以农业为主,在城市者被雇为佣人,工资极低。土人村落周围常掘水沟,每日在污水中洗澡。男人偶然也有穿水牛皮所制的拖鞋的,但入屋时便跣足。拖鞋或者是阿拉伯人传来的。在"吧杀"(Bazar)即菜市附近所见土人的情况大抵所述。

爪哇土人因受印度影响,旧文化很发达。千余年前便有完备的政治组织,无论和平与战争的技术,都发展到很高度,尤其音乐、戏剧、金属、工艺更为著名。有历法和韵文,有文字名为卡微文,自12世纪传至现在,用以刻石和雕铜。有古时所造伟大建筑物例如婆罗浮屠(Boroboedoer),一度埋在土内。近再发掘出来。爪哇岛共有130余处的石造建筑物都是古时佛教及婆罗门教的纪念物,都富有考古学及艺术上的价值,可以表现爪哇人的古代文化。

第二节　爪哇本族（Javanese）

爪哇人本支占爪哇土人约 47%，住在爪哇岛的中部，在土人中最为重要。因是有历史的民族，故文化相当高。其密集地域是中爪哇的所谓王领地梭罗（Solo）及日惹（Jogja）两州。性质可以说是中庸的程度。平民生活很低。多从农业，善能掘地做沟渠。不喜出国。战前从事农园工作，每日获得工资二三十仙便满意了。喜欢嚼槟椰子和石灰，时时唾出血红的痰，又嗜吸烟草。一天跳入沟渠中洗澡数次。信回教，很虔诚，绝对不吃肉，在断食节中绝不进食。食时不用左手取食，因为他们用左手洗肛门。左手也不得持物相授受。

爪哇人的衣服不论男女下身围着一条纱笼（Sanong），形如裙却很宽广，在腰间折合绞系，不用带子。纱笼的料是一种有花纹的纱状织物。女人的上衣有细长的袖子，胸前用扣针扣合，不露皮肤于外。男人穿西洋式上衣。女人头发长，用金属簪加发上为饰。男人戴圆形帽，或将四方的布折为三角形以包发，其布名为"伊加卡巴拉"即头巾。罕有戴回教徒特有的土耳其式帽者，只有长老或高等人方戴那种帽。男女都跣足。男女都将椰油搽发，种玉兰花。贵族穿着黑色无鹅绒的衣，上加金银色刺绣。古时有染黑牙齿的风俗，现已没有。

爪哇的古风俗保存在土王领地最多。在王城内有古时筑成的水城，平时美女们在那里洗浴，王也在那里洗，一旦有急，便以此代壕沟，现在已经成为废墟了。但在梭罗、日惹两城内还有很多水沟，许多男女每日入浴数次。属武士阶级者还有佩刀。贵族出门必有长柄的凉伞，从者数人至数十人跟随着。国王的伞用金色，贵族最高者用白，次用赤，又次蓝黑色等以为区别。王宫的广场有一对神树，门有三道，王宫内可住百官，有炮为守护之用，以高墙区别内外。王宫内常举行古式跳舞，表演印度古剧。武士住在王城内，其妻制作纱笼以助生计。非武士者不得佩刀。上等家庭内有时焚香。家屋与巽他族相类，平民的仍是南洋式的草屋，高的自然也有木屋、西式屋等，王宫建筑则很特殊。

第三节　巽他族（Sundanese）

巽他族住在爪哇岛中部以至西部的勃良安州（Pniangan），其人数比上一族少，只占全爪哇土人的 15.5%。自巴达维亚开辟为商港以后，受欧人的影响，其地的人民急速进步，生活向上。男人常改穿洋装皮鞋，结领带。女人则多数还像爪哇族穿短裤及纱笼，上身披轻而薄的"加巴耶"，胸前扣安全针。女人在日光下行路常持纸伞。战前女人常受佣于欧人为女佣，所得比爪哇族女人多2倍。男人的收入比爪哇族为多,生活程度较高,受教育者也较多。男女都信回教,不吃猪肉,每年必照回教风俗断食30天,有因此不能做工的。其娱乐方法在卡罗高原有一种土名"安克兰"的竹制乐器,可以弹出妙音。皮人影戏土名"哇央"(wayang),在这里不及在爪哇族那里的盛,这里另有一种叫做"戈龙锵"的音乐,稍带悲调,入夜便常听到。在勃良安州因地势高燥,多有金鸡那树园及茶树园,土人收入较丰,但消费也较大,乏贮蓄心,喜欢斗鸡赌博。家屋周围多栽果树。山坡上有成阶层状的水田。以米为主要食粮,咸鱼或干鱼为副食物。像巫来由人一样,用右手的三个指头代箸取食。一般的习惯早起后饮一杯咖啡,然后吃早餐,午后睡二三小时,夜间燃气油灯,闲谈到夜深方睡。到处都有饮食的小摊,肚子空时只要费几分钱,便可吃一顿,所以贫民常不回家弄饭。有人说他们在战前只费5分钱便可度一天,因为家屋周围有果树,四季都有香蕉、木瓜等物可吃,口渴可嚼槟榔子止渴,每日只要用五分钱向饮食摊买食物便够了。这话不过形容他们生活的容易,并不是说这样便是满意的生活,战后情形恐怕也差些了。

婚姻多一夫一妻,富人偶然有二三妻的,这事为回教说准许。夫对妻有绝对的权力,妻像劳工一样,不敢不服役。有多妻者可由妻劳动而增加财富,提高社会地位。富人因多妻故多子女,有达数十人者。儿童到十一二岁必行割生殖器的礼式,宴请亲友,经历数日。

巽他族和峇厘人一样有很多丰颊的美人,这便是著名的巽他美人。荷兰人常雇巽他女人为名义上的女佣,因之产生很多混血儿童,这种混血者竟构成另一种人,成为社会上一大问题。巴达维亚和万隆等城市欧人较多,其混合种人也比较泗水、梭罗、日惹等处为多。

巽他族比较别族更有志气,热心于独立运动。教育高于别族,艺术也很可观。他们在战前虽也受荷兰人压服,但也靠荷兰人而多获收入,荷兰人去后,他们收入也减少,其势力有低于爪哇族之虞。以前从事革命运动者多有这一族的人,曾被荷兰送去新几尼亚,现在党人中也多有这族人。

第四节 马都拉族(Madurese)

马都拉族住在爪哇东部泗水附近的马都拉岛,岛不大,但人数却不少,占全爪哇土人的7%。有二支族,分住岛的东西,体格略有不同。住在西部的身体稍瘦,或者是由于营养的缘故。后头部略扁平,头顶光,颊骨露,不像蒙古利亚种的特征。东部的支族也有其特征,指甲和足部特别小。身体虽不算很高,但有时也见有高达170厘米即5呎8吋者。男人体格强健。女人的体质不易调查,因为他们是回教徒,回教徒不喜露皮肤于外,而少女的皮肤尤不肯令生人触着。

马都拉岛的东端产盐,每年末气候干燥,适于制盐,马都拉人多数在这时集中此地,从事晒制官管的盐,并任运输工。盐季过了,便过海到爪哇本岛谋生。爪哇东部中部市中的卖食物小贩大都是马都拉人,他们的担子形状很为特殊。又常携带土名"杜宾"的假面,叫做"克利斯"(Keris)的蛇形古剑,称为"哇央"的皮人影戏,沿门挨户,向游客兜售。这种马都拉的行商使外人一见觉得很狰狞可怕,其实如和他们讲话,便觉不至于那样的程度。爪哇人很畏怕马都拉人,因为马都拉人常因细故和爪哇人争吵。他们的语言便是马都拉语。

第五节　万丹族(Bantamese)及其他

万丹族又称为巴达维亚族(Batavians),是位在爪哇西部的少数彪悍的土著。他们的态度与巽他人颇有不同,较为粗暴。与正马来人混血颇多。方言便是万丹语,与泗水的方言不同。例如河流万丹语称为"芝",泗水语称为"加里";马车在万丹语为"沙度",泗水为"督加儿"。巴达维亚在以前原是贩卖奴隶的地方,现在还有其遗风。1888年万丹土人暴动,以前该地原有别的名称,以后方改称万丹,而其人民也改称万丹族。

爪哇岛也有巫来由族,其人数与万丹族相等,即占总数的16%,散布于爪哇西部各地,别处也有,但因混杂于爪哇族、巽他族之中,无明显的特殊风俗,只有在语言上是使用纯粹马来语而已。

在东爪哇岛迷拉卑火山麓有少数丁卡儿族(Tenggerese)。他们原是佛教徒,因不肯改信回教,故遁入山中与他族不相往来,度其辛苦的生活,以至现在。他们有时也到外面城市地方。日常从事耕作,以玉蜀黍为主要食粮。在爪哇北岸附近有加里门小群岛,其居民也说丁卡儿语,从事渔业,大约和上述的同一族。

在西爪哇森林中还有一种描扰族(Bajao),其母族原在婆罗洲,以前散布到爪哇来,其数不过数千人。

第五章　小巽他群岛的人种风俗

第一节　总　论

小巽他群岛包括爪哇以东的一横列小岛,由西而东是峇厘(Bali)、龙目

(Lombok)、松巴洼(Sumbawa)、松巴(Sumba)、佛罗列斯(Flores)、帝汶(Timor)诸岛。

前荷属东印度的土人大都是信回教的,小巽他群岛便有异了,其中峇厘及龙目二岛的土人是信"印度婆罗门教"(Hindu-Brahmanism)(古称婆罗门教,后称印度教)的,其风俗习惯与现在的爪哇人大大不同。其他诸岛在人种上、风俗上也各有特殊之处,所以小巽他群岛应特别分开叙述。爪哇在 16 世纪初期还有印度教的王国存在(见前章),自那时起全岛皆为回教徒所吞并,不肯改宗回教者须沦为奴隶。当时满者伯夷王国的遗民因不肯改教,乃向东移入峇厘及龙目二岛,与其地的先住人民共同保存印度教及其风俗习惯,直至今日。在爪哇本岛的佛教或印度教的古建筑物自入回教时代后便逐渐湮没,到近代乃由考古学家发掘一部分出来,方才重见天日。在峇厘及龙目二岛上却因人民保持印度教,故其寺院殿堂保存至今,光怪陆离,五光十色,为外来游客所叹赏。

第二节 峇厘族(Balinese)

峇厘族也属广义马来族,如上所说原是爪哇古时印度教国的遗民。其数约 200 余万。由爪哇岛泗水港到峇厘,海路仅 12 小时。

峇厘人的宗教虽号称印度教(Hinduism),其实与现今印度的印度教在仪式上颇有差异。印度的印度教供奉湿婆神(Siva)而不拜婆罗摩(即梵天 Brahma)及毗湿奴(Vishnu),还有印度的印度教信徒跪坐的样子,以及寺庙的形式,都和峇厘岛有异。这大约是因为印度后来再受阿拉伯及欧洲文化的影响,故其宗教也发生改变。峇厘人却是信仰坚定的古印度教徒,遁入孤岛后,凭其记忆及传说,竭力保存其教义及仪式,故其宗教自然与印度的有异。

峇厘岛有一所著名的印度寺庙,名为善释寺(Sangsit),寺内供奉米神德威克里,这是人口稠密的峇厘岛民最为崇敬的。这寺的建筑也是峇厘的寺庙中最可为标准的,其他寺庙大都类此。进入前门便有一片广大的庭,奏着娱神的音乐。中门以内可以献祭。中央为大殿,供奉湿婆、毗湿奴、婆罗摩三大神。旁边在巨石上雕刻奇怪的鸟兽。他们所受的印度文化、中国文化及坡里尼西亚(Polynsia)文化都表现在石雕上。由人类学上观之,可知峇厘人决不是单纯的民族。在印度教节日僧侣们穿着法衣,步上阶石,善男信女各捧多种供物献于神前。庭的内外玉兰花盛开,香气浓郁。(这种花在爪哇的女人也极爱好,用以饰头。)四壁里面也有石或木浮雕的奇怪物像,如 7 个头的大蛇及神牛等。

类似善释寺而规模较小的神庙在峇厘岛有数百所,几乎每村都有。每年当米的收获完毕,便举行一种仪式。假装由土内掘起一具尸骸,用水洗净,放在纸和竹所扎的车内,夜里抬到森林中焚化。次早再来收拾其灰和骨,一起投在海中。既毕,然后建一所庙。他们以为如不这样做,死人虽葬在土中,也不能往生极乐世界。这或者是古时印度教的教义。在印度恒河旁的宾那列斯(Benanes)城,也将焚化的尸骨投入河中,以为河底通于天,死者可以由此达到极乐世界。但印度人是在河旁焚尸,峇厘人却在林中。而且印度人不再建庙;峇厘人却替每一个死人建一所庙,这种小庙数十成列,真是奇观。

  峇厘女人极为勤劳,男人却怠惰,女人从事劳动以养男人。与回教徒的风俗相反,回教徒可娶多妻,使妻劳作而收其利益,男人有绝对的权力,在峇厘岛却绝无这样的情形。

  峇厘女人的面貌很像爪哇的巽他族,很为美丽。土语"锵格儿"舞的舞女更是南洋土人中罕见的美女。她们的风俗和爪哇不同,除了特别情形之外,两乳必露于外。发色黑,耳朵上带着圆形饰物,腰系纱笼,腹部将白布缠扎几重,两足跣露。高贵者或舞女不露胸,穿着上衣,袖长至腕,下围极美观的印花绸质纱笼。峇厘女人舞技极精巧,头和肩激烈地左右摇动,手足却缓缓动作,指尖极灵妙地颤动,这些都是很特殊的,这种舞便称为"锵格儿"舞。外观很像暹罗和柬埔寨的舞技。

  峇厘人又喜欢斗鸡。立四根木柱围一片地场,双方各放一只雄鸡入场搏斗。鸡爪上加扎极锐利的小刀,斗的结果常有一只当场毙命。众多男女围着看,一日的胜负达数百元。印度教的教律不许吃牛肉,所以峇厘人喜吃猪肉,与回教徒正相反。

第三节　沙刹族(Sasak)

  峇厘岛的东方有面积略相等的龙目岛。岛上住民名为沙刹族,也属广义马来族之一。人口比峇厘族略少,约百余万。如上所述,沙刹族和峇厘族相同,原也是住在爪哇的印度教徒,因不愿改宗回教,故逃来龙目岛。可是这两族却又不相和好,屡起争斗,曾有一次峇厘人图谋独立反抗荷兰时,龙目人却不赞成。现在情形也与古代不同了,龙目人半数以上已改信了回教。岛内又有一种奇异的风俗,岛中有一个池,据说妇女不孕者只要到这池内洗浴,便可怀胎,因为池中有一个大鳗,鳗的精能入女人腹内而成孕。这种传说和坡里尼西亚的马威(Mawi)传说相似。或者沙刹人未来之时,本岛已经有了坡里尼西亚人(Polynesians)居住着,后来坡里尼西亚人混合于沙刹人之中,而这种传说也被沙刹族人接受了。

第四节 其他诸族

龙目岛之东有松巴洼岛,由生物学上言之,与龙目岛同属大洋洲系统,而与峇厘岛的生物大有差异;然而人类是能够自由移动的,所以又当别论。本岛的先住民族究竟是何族,现在已不能明了。以前这里的淡爆辣(Tambona)火山爆发,灰尘远扬到1000海里以外的苏门答腊东岸,本岛海岸崩陷,发生沙列海湾,人畜死伤无数,但岛民中不曾见有记载或传说。这岛在以前有很多白檀树,繁茂成林,许多阿拉伯人到此采取白檀的油。他们叫白檀为"山打儿",这岛便也称为山打儿,后乃讹为"松巴洼"。

岛的北岸有卑麻村,出产名马。这里大约是热带马的原产地。岛民骑着马提着枪,很有马上英雄的气概。酋长及有势力者也与附近别族有异,其住屋的屋顶中央更有高出于上的装饰部分,外观类似苏门答腊峇搭族的屋子。岛民都信回教,业农。人数不明,似乎不上5万。生活程度极低,至今还使用有孔古铜钱,其钱大约是由中国输入的古钱,峇厘也是这样。用玉蜀黍的皮卷成的烟草一根值一文钱。风俗还有未开化的状态。容貌上表现带有很浓的阿拉伯人混血。

松巴洼的东南方有松巴岛,是一个瘦瘠的小岛,住民比松巴洼更少。地土干燥,因由珊瑚礁构成,水分缺乏,不适于耕种。岛民多从事畜养牛马。马与松巴洼的同样,输出爪哇等处。牛尤为此地特产。生活程度比松巴洼更低。

与他族不同的风俗是这里有"巨石文化"(megalithic culture)。[按:巨石文化便是说用巨石构成纪念物,如一根直立的"立石",像一个门的"石门",像大椁形的"石椁"。其石极大,但少加人工。]欧洲史前时代曾有这种遗迹留下,亚洲有数处也曾发现。爪哇及峇厘的石造寺庙等已经是多加人工的高等建筑,不是真正的巨石文化。在松巴岛的巨石纪念物较有原始的性质。其石椁是将极大的石平放在4块石头上,下面土内埋着死尸。石椁之旁另有石的标志物,上雕鳗头向天突起。这种石椁实是死人的墓。有势力者的墓其石椁和石标都很大,石椁高达7呎,长达9呎。石上雕鳗形的原因与龙目岛的传说相同,或者是以鳗为祖先,而加以崇拜。究竟本岛的巨石文化由何而来,现在还未能明。本岛人民的家屋也与别族有异,屋顶中央向空高突,很像翻转的漏斗。集会所的建筑使四面八方都可进入。这或者是模仿密克罗尼西亚人的。以树叶葺屋顶,楼板离地不高。屋外将巨石排列作座位。岛民的容貌也如松巴洼人带有很浓的阿拉伯混血。

更东有佛罗列斯岛,是葡萄牙人最先发现的。岛上有数座活火山,地土丰腴,荷兰人也有来作企业的。岛上又有著名的三色池,外人来观者亦多。土人是广义的马来族和巴布亚族的混合种。语言再分为十数支，人口比上述二岛为多，有教会小学校，收容番童数百人。本岛西方有一个戈魔多小岛，出产一种极大的蜥蜴状爬虫，长达3公呎即2丈外，或说这便是硕果仅存的古时的龙之一种。龙目、松巴洼、戈魔多、佛罗列斯、阿罗、威打诸岛在太古时原是一个大岛，因屡次地震及火山爆发而分裂成现在多数小岛。古时的住民或者是混有浓厚的巴布亚族（Papuans）血液的人种。

佛罗列斯的东南方有沙婆（Seva）和罗蒂（Rotti）二小岛。沙婆岛形势像一座城，与其他附近岛屿不同。罗蒂岛昔时有石筑金字塔的回教寺，现在已不用。北岸有少数渔民。种族和帝汶岛的安东尼人大约是同种。

帝汶岛又译的摩尔岛，在小巽他群岛东端。以东经125°为界，东属葡萄牙，西属荷兰。土人是广义马来族和巴布亚族的混合种。容貌除罗蒂岛以外，与附近各岛土人都有异。肤色黑，头发长，很像西里伯的陶拉查族。女人在唇下施黥涅，与新西兰的女人相同。男人不在面上作黥涅纹。无论男女都称为安东尼（Antony），这原是葡萄牙人通常的人名。又有一部分人则称为须拉尼，这是阿拉伯语"列须拉尼"一语所讹转，原意是"受洗者"。安东尼是指未信基督教的异教徒，须拉尼则是指已入回教的人，原都不是种族名称。有少数人是葡萄牙人的混合种。女人采野生的棉花，用手掌和膝头搓成粗线，再用手织成厚布，在寒夜用以盖身。这种布叫做"须礼摩"。用植物染料染色。又以输入的棉线织成女人的腰围，染成中间白两边棕的色，颇为坚牢。以椰叶缝合为伞，可以折叠和张开。喜欢嚼槟榔和石灰。将白或红色的软玉加以雕镂，虽是原始性的艺术品，却也很为精巧。又能将水牛皮加工为器物。有一种乐器土名"沙山倒"，是用一段竹筒，长40厘米，直径8厘米加上24条金属线为弦，外用椰叶张成三角形，挂在肩上，用十指弹起来，发出颇为曼妙的音调。这岛以及罗蒂岛、沙婆岛的女人，盛妆之时必定将两个水牛角装在头上。地方是在热带，女人盛妆时必用厚番布缠于身上，头部又加上沉重的大牛角，一定觉得非常热，然而无论安东尼人或须拉尼人都极少裸体者。女人又在下颚上施黥涅文。

帝汶岛的北方附近有阿罗岛（Alor），住民如摩鹿加，为葡萄牙人及巴布亚人的混合种。更东有威打岛（Wetar）、列蒂岛（Leti）、罗麻岛（Roma）都是很小的岛，居民容貌相类。这里有一种特殊物品，是3呎高的黄铜制的鼓，土名mokko，表面雕刻纹样，价格看雕纹的精粗而定，自3盾以至千盾。精粗各有名称，最精者名mokko melahi tanah，值千盾。中等者名mokko djawa tanah，值300盾。下等者名mokko poetih，值10盾。其间还有很多种。

佛罗列斯岛及罗蒂岛土人都善能织布。采撷野棉，用掌和膝搓成线，再将一种热带果实名"檬桔"的汁染成深浅二色，然后用手织机织成"须列摩"布。

能够织成人物或箭形的花样。又能嵌入银线,织成四角的巾,用以包头。未嫁女子又将玳瑁的甲片以及鸡毛马尾,插在头巾后头,用长发缠扎。婚期将近时便将这种头巾卖去,将钱来买衣服。

以上是峇厘以东到蒂汶的十几个岛屿的人种风俗的概要。语言在佛罗列斯便有十数种,究竟哪一种是原来的土语也无可稽考。极少数的马来语略可通用,但也只限于海岸的居民,内地便不通行。由人种上言之,属于阿甫鲁族(Alfurus)(西里伯也有这种人,见下文),各岛都有浓厚的巴布亚族混血。宗教上以崇拜自然物及鬼魂为多,海岸则多有信印度教者。其拜牛及以牛角饰头都可证明葡萄牙人未来时,峇厘和龙目的印度教势力曾推及于小巽他群岛。

第六章　婆罗洲的人种风俗

第一节　总　论

婆罗洲面积 746000 平方公里,是南洋的第二大岛,小于新几尼亚而大于苏门答腊。地广人稀,蕴藏丰富,开发的程度固远逊爪哇,也还不及苏门答腊,实是很有希望的处女地。人口密度每平方公里 5 人,可谓极其稀落。

婆罗洲的人口总数还无正确的数目,战前大约 300 万人,其中土人约 200 万,外来人约 100 万。土人中克任曼丹族约 100 万人,更耶族 30 万,穆律族 25 万,海达押族 25 万,卡延族 15 万,埔南族及其他土人 10 万人。外来人之中华侨约 20 万人,欧人 6000 人,余为南洋他岛移来住在海岸的其他马来族人约 80 万。现在大约将达 400 万人。

宗教上内地土人多属原始宗教徒,即欧人所谓异教徒(Pagans),海岸居民多属回教徒,语言在内地各有方言,海岸用马来语。据北婆罗洲山打根的法院调查,约有 33 种方言,实际恐怕有五六十种。十余年前美国曾派遣多数学者到婆罗洲内地调查其人种风俗,可惜尚未发表,故婆罗洲在学问的研究上也是处女地。

婆罗洲分为两部分,北为英属,面积较小,南为荷属,面积较大。英属再分三区,东为北婆罗洲(British North Borneo),中为文莱(Brunei),西为沙拉越(Sarawak)。荷属分为东南婆罗洲及西婆罗洲。英属部分的人口曾由英政府做过多少有些根据的调查。荷属部分便差得多。在几处产业较盛的地方人口聚集较多,但其中多属外来移民,例为峇厘八板的煤油矿区,马辰的农产区及其以北的钻石产区,又坤甸因和马来半岛交通便利且附近出产单宁,也招徕得许多人口。至于荷属的土人多住内地,人数远比英属为多,其风俗习惯比较不明。世人所知者以英属方面为多。

以上的人口之中,占最少数的欧人多为官吏、贸易商、工厂主、农场主;华侨住在海岸开发的地方,在经济上的势力仅次于欧人;在海岸低地的开化的马来人则充当吏役或营商业,与内地土人直接交易,经济力远逊于华侨;至于真正土人则多住居内地,沿无数的大小河流之旁,从事原始的农业、捞鱼、狩猎、畜牧、采集自然产物以为生。

婆罗洲土人多数无历史,只有北部的文莱地方,最先开化,可算有历史的民族,但其人民却是马来人,不是真正的土人。婆罗洲也曾受印度文化影响,但不及苏门答腊和爪哇之盛。又曾受中国文化的影响,自唐以来都曾和中国有来往。其后又受回教的影响。但这种受外来影响而开化建立国家的都是马来人,所建立国家即渤泥,也便是文莱(Bruni),中国的史书记载颇详。

至于婆罗洲的真正土人至今还保存原始的状态,不过程度自然也有差等。所奉的宗教既不是印度教也不是回教,而是原始宗教,所崇拜的是各种自然物、鬼魂、神怪,深信魔术禁忌等事。社会组织最高的是部落,也不甚严密,有时也有一两个有能力的酋长,能够控制全部落。部落之内有许多乡村,各有首领,各自维持独立状态。以前各乡村间常有战争。乡村内人口有三阶级,即贵族、平民及奴隶,奴隶多属捉来的别村俘虏。家族多行男系制,结婚手续行买卖制或服役制。无成文法律,但不成文的道德规律也很严厉。从前以"猎头俗"(head hunting)著名,因为他们尚武好杀,个人为表示勇敢以获取社会上的名誉及地位,常踊跃参加战争,割取敌人首级,归来举行庆祝,然后悬挂在自己屋中,其数愈多愈好。又于常时出外狙击行人,有如打猎,割取首级回家。现在这种风俗已将完全消灭了。所用的武器在不久以前还只用刀枪盾牌,现在也渐有火器的枪。艺术上也与爪哇、苏门答腊大大不同,而富于原始性质。如文身之俗(tattoo)盛行直至最近,这是南洋别地所罕见,其花样极多而有趣。雕刻绘画,也有异趣。跳舞音乐也保留原始形态,与爪哇、峇厘等处受印度影响者大大不同。生活与爪哇、苏岛等处也有异,不穿马来人常穿的衣服,而自有其型式,食物也以米为主,但敢吃猪肉。住屋常作长形,一屋分居多家,几乎一座长屋便成为一村,这也是婆罗洲的特殊风俗之一。工艺能打铁、造屋、刳舟、织布、制吹箭筒、编筐篮等等。没有文字,故其文化程度比不上爪哇、苏门答腊、峇厘、菲律宾,也不及同在婆罗洲的马来人。他们真是南洋硕果仅存的天真未凿保存原始文化的有趣民族。

婆罗洲的真正土人合称为达押族(Dayak),其构成的元素也是复杂的,也不能完全明了,大体上是印度尼西亚系与蒙古利亚系或者还有别种先住民族混合而成。现在达押族(华侨常称之为捞仔,是同一原名的福建音译文)再分为6种以上的支族,其体质风俗略有差异,其进入本岛也有先后,其发源地或说是东南亚的大陆即中南半岛。据专门研究婆罗洲土人的贺斯氏(C. Hose)说,其中如卡延人是由缅甸移来的。但照著者所见婆罗洲土人的照像很像中国的闽粤乡下人,故其来源和中国东南部的古代住民似有关系。(著者曾发表《中马同源说》,推论广义的马来族与中国古时东南部的越族有关系)

第二节 卡延族(Kayan)

卡延族住在本岛中央地带及水源地地方,村落常建在河旁。其住屋便是所谓"长屋"(long house),长达200公呎,纵分为两半,一半为长形走廊,也即是公用的厅;另一半区分为很多房子,每一房住一家,大屋有住到50家,二千数百人的。村落小的只有一长屋便够了。屋用极巨大的木料构成,甚为牢固,可经长久时间。其屋也像一般马来族的屋型,是高架的,下层用一两丈高的木柱多根直立为桩,屋建在桩上,用梯上下。楼板下为工作场所及畜养鸡猪之处。卡延族和更耶族社会组织较为发达,村有村长,部落有酋长。卡延族更能服从酋长,以好战著名。有上述三阶级之分别。以农耕为主业,在高地者种旱稻、玉蜀黍、甘薯、山芋等,低地亦有水田种水稻。生活宗教艺术等略如上文总论所述,不赘。本族的特殊风俗如下:女人长发分为左右两股,垂于背后,为防其散乱,将藤环或珠串围束头发。这一族收藏古珠甚多,其珠为宝石或彩色玻璃所制,是由岛外输入的。有喜藏中国古陶瓷。

第三节 更耶族(Kenya)

更耶族也住在中央山地水源地方,与卡延族邻近。风俗习惯与卡延族大致相同,两方很少斗争,不过体质及语言有区别而已。容貌比较美观,美丽的少女较别族多。在6种土人中比较开通,长于言辞。酋长或头目戴竹篾编的圆形帽,女人也垂发于后,男女都有耳饰。

第四节 克任曼丹族(Klemantan)

克任曼丹族包括很多小支,方言也有很多种,散住内地各处,与穆律族杂居河边者也多。风俗与上述二族相类。这一族的特点是善能使用吹箭,其箭有毒,采怡保树液浸成,用以射山猪或敌人。住在巴南河旁的用大独木舟数艘运载战士攻袭敌人。战士用鸟羽装饰头盔,穿着豹皮或山羊皮的战衣,腰间佩刀,脚上束环,姿势很为勇武。收获稻粟时少女都改男妆出去工作。

第五节　穆律族(Murut)

穆律族住在北部,与克任曼丹族相似,肤色稍黑,身长,在体质上较为特殊,故其来源似与别族不同。风俗习惯大体上还类似上述三族,其特点是社会组织不严密,酋长权力不大,精于农业,长于灌溉,能将山坡作成阶段式水田,喜欢饮酒。再分为许多支族,各有方言。其中有一支名杜逊人(Dusun),体貌风俗都有像华人之处,或者是华人与土人的混合种。又有一支族名昝加儿人(Tagal),有人推测菲律宾的答加碌族(Talalog)便是由这一族和马来人混合而成,但还未能证实。

第六节　埔南族(Punan)

以上四族的风俗习惯大体相类,埔南族便不同。其文化较低。身长中等,肤色较浅,头形左右两方较广。以上四族都是定住从事农业的,这一族却还未能定住,结成小群在水源山林中漫游,以打猎及拾取天然产物为主。所拾的如野生树胶、樟脑、打马胶、藤条等,拿到别族住地,换取铁器、布片、烟草、珠子等。不晓农业工艺。在一地方有时搭盖临时草屋,也不能抵挡风雨。社会组织不发达,无首领,无奴隶,从来不曾猎取人头,不事战争,实是很和平的民族。

第七节　伊班族(Iban)

这一族又名海达押族(Sea Dayak),身材较矮,肤色较暗,头形左右广。其散布地方很广,以在本岛北部及西部海岸为最多,因此有海达押之称。他们是最后进入婆罗洲的,大约不过1000年以来的事,其移入或者随正马来人回来。在以前曾随正马来人做海盗,横行于海岸及大河下游。性情剽悍好战,喜欢猎取人头。也能耕种旱田水田。其风俗有一部分得自先住民族,例如猎人头俗及文身;也有些传自正马来人。改信回教的不少。语言中也兼用马来语。其衣饰是男女都裸露上身,男人下体围长阔的裙,佩长刀。女人在腹部束藤制或铜制的大环,旋转如发条形,很阔。加上银币为饰。腰系裙到膝头。头发上以簪为饰。男女颈上都挂珠串,跣足。臂上有腕环。

第七章　西里伯及摩鹿加的人种风俗

第一节　西里伯岛诸族

西里伯(Celebes)也属荷属东印度群岛之一。位置在婆罗洲之东，菲律宾之南。形状最为特别。面积189000余平方公里。人口1930年423万人，现在大约达600万人；密度每平方公里30人，还是稀薄。地方开发的程度远比不上爪哇，也是一个很有希望的处女地。

1930年调查土人4173603人，华侨41402人，欧人7683人，其他亚洲人9218人。可见极多部分还是土人，外侨还少。现在总人口中，华侨约5万，土人450万～460万。

土人大都属于广义的马来族，也有少数是与巴布亚族同类的，其中再分为数支派如下：

1.武吉斯族(Bugis)——人口最多，约165万人，住在西里伯南部的望加锡半岛东岸，并散布于很多地方。长于航海经商，常驾驶帆船，远赴婆罗洲东南沿海以及爪哇北岸。住屋用竹木构成，也是高架的屋子，用阿荅叶盖屋顶。楼板下养家畜，又当工作场所。用船形的臼捣粟。衣服在城市的与爪哇人无大差别，女人的纱笼多属无花纹的，因为他们不像爪哇人精于印花。幼女在股间挂银制心脏形饰物。以米为主食，佐以玉蜀黍。勤于农业，望加锡(Makasser)北方的马罗罗斯尤为著名的产米地方。

2.望加锡族(Makasser)——与武吉斯人原来实是同一族，外观无大差别。人口约70万。住在望加锡半岛的南端。性情剽悍好战，以前曾抵抗荷兰人甚久。他们自以为是西里伯最优等的民族，看不起武吉斯人。与武吉斯人同属回教徒，望加锡人却更为热心，两族都能服从酋长，对外复仇心很强烈。妇女权力胜过男人。住所衣食与武吉斯人相同。

3.民那哈沙族(Minahassa)——人口约35万，住在西里伯岛东北部民那哈沙省。其他种族都是信回教或原始宗教的，只有这一族信奉基督教，智识也很进步，可以算荷属东印度的优秀民族。多充任下级官吏、教员及军警。肤色较别族淡，鼻高，容貌颇好。住屋衣服都很清洁。

4.土拉遮族(Toradja)——人数约60万，也很精于耕种。住在西里伯中央山地以及东部南部地方。他们原住海岸，因被后到的武吉斯诸族所驱逐，乃退入山内荒僻之处。为防御外族进攻，在山间隘口都有设备，屋子也像堡垒形。文化停滞不进,保留原始风俗。腰间常带短刀,喜欢猎取人头,饮人血,吃人肉,到三四十年前才被荷属政府严禁,现在已经没有这些恶俗,却变成和平质朴的民族了。他们也属广义马来族的一支,比以上三族都较为古旧。体格强健,身材很高。生活依赖农业,能在山地作水田,用竹管引水灌溉。女人工作比男人多,其地位也比男子高,有选择丈夫的权利。衣服在僻远地方者用树皮的纤维制成,极为简陋,与外界有接触者着马来式的服装。

5. 土阿拉族(Toala)——这是西里伯的最初的原住民族。身材小,肤色棕,发形卷缩或波状,鼻扁平。这一族与以上诸族都不同,大约不是广义马来族的一支,而是与新几尼亚的土人有关系。住在山林之中,从事拾食或游牧,又有当别族的奴隶者,散布全岛,混入于别族之中。

6. 阿弗鲁族(Alfuro)——住在西里伯的北部,也是未开化的民族。大约与新几尼亚的土人相近。这名称是回教徒所加的,有轻蔑的意思。此族实情如何还未明了。

第二节　摩鹿加群岛(Moluccas)诸族

摩鹿加岛又称香料群岛,原以出产香料著名。住于西里伯之东,面积合计6万平方公里。人口40万以上,密度每平方公里只有数人。群岛之中较大者在北方为哈耳马希拉岛(Halmahera),南为施南岛(Ceram)。

这一带所出的香料在数百年前便被中国人、阿拉伯人所知,竞来采买。欧人也因要获得这里的香料,才引起了探险远东的事业。自1511年葡萄牙人发现安汶岛(Amboina)(在施南岛南方的一小岛)后,于1604年归荷兰占领,以至于现在。

欧人初到这里时,住民都是信回教的土人,各岛都有土王,称为"穆律"(muluk),故称其地为摩鹿力,意为"王的地",摩鹿便是穆律音讹。

居民大多数是开化的马来族,分为安汶人及特那特人(Ternate),历史上曾受过印度、阿拉伯、中国、欧洲等文化的影响,自然也有这些人种的混血。宗教上都信回教,但不过是表面上而已,古时曾经传到这里的印度教和佛教也还潜存于其生活里面。他们的居住地多在海岸及山麓山坡等良好位置。耕种的方法曾受印度和中国的影响。农作物中西谷(Sago)栽培最多。这一带是世界最重要的丁香供给地,以前将天然的丁香树砍伐将尽,现在乃尽力栽培,以供出口之需。其他有甘蔗、咖啡、胡椒、肉豆蔻等。商埠在安汶及特那特。

山林中有先住的古型马来族以及矮黑人,散居不定,从事狩猎。又像西里伯也有些阿弗鲁族。

第八章　菲律宾的人种风俗

第一节　总　论

菲律宾面积 296000 余平方公里,包括吕宋(Luzon)和棉兰荖(Midanao)两个大岛及中间无数小岛。人口总数据 1939 年调查是 16003303 人,现在应达 1800 万以上。密度每平方公里 60 人,也还不算密,故境内还有很大的未开发地方,尤其是棉兰荖大岛还可容许多人口。

菲律宾在南洋的地位,因历史和文化的特殊,似乎自成一区,与别地不同。爪哇、苏门答腊及马来半岛古代便曾受印度文化影响,后来又传入阿拉伯文化,先后建立有历史的古式文明国家;菲律宾所受印度、阿拉伯文化都少,古时未曾建立国家,但近些受欧洲文化熏陶最久,西洋化最深,故最先建立现代的文明国家。

然而若就菲律宾的人种言之,也还是与爪岛、苏岛、马来半岛等处同一系统,极大部分属广义的马来族;其古代的构成分子也是蒙古利亚种加印度尼西亚族,再加少数先住民族矮黑人等。

菲律宾的人种成分还未完全混合,其比较纯粹的部分还有遗存;而且这三种成分的散布便构成三道圈,由外而内是马来族(蒙古利亚种成分最多)、印度尼西亚族和矮黑人。

矮黑人及尼格利陀族最先进入菲律宾,散居地方比现在为多。其后印度尼西亚人来了,便驱逐矮黑人到内地去,而占住海岸地方。最后马来族来了,又驱逐印度尼西亚人到内地,而占居海岸。因此到了现在,马来族住在海岸平原,印度尼西亚人住内部山地,矮黑人更被逼而局促于极偏僻的山岳地方。

菲律宾民族移入的路线大约是经由中南半岛、马来半岛、苏门答腊、爪哇、婆罗洲诸处;因为菲律宾的人种成分与这些地方相同。至其移入的时期三支成分不同,矮黑人大约在旧石器时代,约 1 万年以前;印度尼西亚人或者在新石器时代初期,即数千年前;马来族更后,或者在新石器的后期,约三四千年前。

菲律宾新石器时代后期有一种石器(上古的人无铜无铁,只能将石块打磨作利器。各地都有过石器时代,中国三四千年以前也是石器时代),其名为"有段石锛",形状很特殊。不意在中国的福建和广东也发现这种古物,而中国大陆与菲律宾中间的台湾地区也有这种东西。由此可以证明太古时代中国与菲

律宾便有文化上的关系,或者还可推知在人种上两方也是有关系的。(见著者所作的《中马同源论》)

移入菲律宾的古民族都是在石器时代,其后虽自行进步,也只限于原始文化。苏门答腊和爪哇所受的印度文化虽也曾传到菲律宾,但已经是强弩之末,其力甚微。至于阿拉伯的回教文化刚才传到菲律宾南部的棉兰荖和苏禄,使其居民改信回教而另称为摩洛族;然而同时西班牙人也已经带着基督教文化侵入菲律宾,将菲律宾的大部分人民都化成为基督教徒,近来再经美国的统治,菲律宾人更进一步地西洋化了。

菲律宾人虽是大部分西洋化,然而其文化中也还保留些固有的风俗习惯,以及古时所受印度、中国文化的影响,故其文化也颇复杂。而且其余小部分的人民或信回教,或至今还停留在原始文化的阶段。所以菲律宾人的文化是包括几个等级的。又如语言也很复杂,计达 80 余种,不过其中有三数种通行较大地方而已。菲律宾的语言也和人种同样属于广义马来族的范围,即所谓"马来·坡里尼西亚语系"(Malayo-Polynesian Stock)。

由宗教上言之,菲律宾人分属三种宗教:其一是基督教徒,在人种上是马来族的大部分。其二是回教徒,在人种上是马来族的小部分。其三是原始宗教徒,在人种上包括另一小部分的马来族以及全部的印度尼西亚族和矮黑人。

菲律宾的人种成分除上述的三原种以外,近数百年来更有新分子加入。西班牙人统治菲律宾 300 年,其盛时西班牙人在菲律宾者达数十万人,产出西菲混合种甚多,且多属上层阶级。华侨来菲律宾更早于西班牙人数百年,产出中菲混合种也不少,且也多属上层阶级。混合种人在菲律宾语(也即是西班牙语)中称为 Mestizo,在菲律宾社会上是不可忽视的。

菲律宾现在总人口 1600 万余人中信基督教的开化马来族占约 1500 万人,信回教的马来族一支即摩洛人约 60 万人,信原始宗教的印度尼西亚族和马来族中一小支合计 60 余万人,矮黑人约 10 万人;此外则为外国侨民,战前 1937 年估算华侨约 8 万(83993 人),日本人约 2 万,其他约 1 万。华侨其实不止此数,这不过是正式登记者而已,其他与菲人结婚所生的混合种,或者甚至在菲岛出生的纯粹华人而得有菲籍的,一定不少。有人说华人血统在全人口中约占 5%。

第二节　基督教马来族

菲律宾人民中现在人口最多的是马来族,而马来族中尤以信基督教而西洋化者为最多,他们是菲律宾的中坚分子,在政治、经济、文化上都有最重要的地位。他们另有一个名称为菲律宾佬(Filipino),意义便是菲律宾人,但这是狭义菲律宾人,因为信回教的摩洛人以及未开化的民族不包括在内。

马来族初入菲律宾时其文化程度也还幼稚,其后住于吕宋岛中南部以及米赛亚诸岛(Bisaya)的,因环境优良且受外来文化影响而开化,因开化而人口愈益繁殖,以至于现在的状态。至于一部分住在吕宋岛山地的至今还保存原始文化,不曾改信基督教,与印度尼西亚族差不多。

上文所说外来人如西班牙人及华人的混血,便是加入在这种开化的狭义菲律宾人中,所以这一种人的要素已不限于太古时的原种了。

这种开化的菲律宾人再分为 10 支族如下:

1. 答加禄族(Tagalog)——人口约三百数十万人,占第二位,但其他重要性却很大,所以首先叙述。这一族住在吕宋岛中部数省,国都马尼拉便在他们地界内,因此在政治上、文化上的上进机会较多,造成了现在的地位。而且他们的方言答加禄语曾写成优美的文学作品,故被公认为菲律宾最优良的语言,而有被选作国语的希望。菲律宾第一次革命的总统阿银那度氏(E. Aguinaldo)以及独立后第一任总统计顺氏(M. L. Quezon)都是这族人。

答加禄的语意原是"种水田的人",因为他们自古便精于种水田,400 年前曾经信回教,自西班牙人攻占了马尼拉(Manila)后,便极力吸收西班牙文化,40 余年来受美国统治时,又竭力采取美国文化,至今已成为现在的文明民族。

他们的服装男人出门着西装,在家着土洋折中装,其上衣很像华人的对襟短衣。女人的衣服很特殊,上衣两肩空虚高耸,用薄纱为料,状为蝉翼,土名"纱耶"或"巴仑巴巴益",下穿长裙;着西式女服者也多。住屋在都市多洋楼,在乡村为木造草葺的屋,也像别地的马来族,是有桩的屋,楼下养鸡。主食物也是米。风俗习惯大都西洋化,青年喜欢运动,善能说英语。

2. 米赛亚族(Bisaya)——人口最多,约达 700 万人,占全菲律宾人口的五分之二。散布在米赛亚群岛。当西班牙人初来时,他们还在原始状态中,有文身之俗。自西班牙人来后采取西班牙文化,进步颇速,人口的增加也非常快。现在他们在菲律宾全国的地位也甚为重要。独立后一度曾任副总统的奥士敏迎(S. Osmena)便是这一族人。人民从事种水稻及甘薯等,营渔业的也多,又善能经商织布。方言有 4 种。宗教上信基督旧教的天主教。名称的起源或说是出自苏门答腊巨港的三佛齐(Srivijaya),因为 Bisaya 与 Vijaya 音相近,而三佛齐是正马来人的发祥地,米赛亚人或是从那边移来的。著者以为名称或者由三佛齐而得,其人民入菲律宾较早。

3. 伊罗干佬族(Ilokano)——人口约 80 万人,居第三位。住地较小,集中于吕宋岛西北海岸的南北乙罗戈二省(Iloko)。地狭人稠,多有远去美国的。素以爱国著称,以前提倡独立教会,脱离罗马天主教的阿格立拜氏(G. Aguribay)以及现在的政治家季仁老氏(E. Quirino)都是这一族人。民性勤奋勇敢,受教育者多任公教人员。贫富之差不大,语言为伊罗干佬语,可通行于吕宋北部。容貌像华人,自昔曾受中国文化影响,故这一族和我国更有密切关系。

4. 米可族(Bikol)——人口约 20 万,住在吕宋岛南端及附近小岛。业农及渔,民性活泼,住海岸者受西班牙文化影响也深,有文学作品。

5. 邦板岸族(Pampanga)——人口约 60 万,住吕宋岛马尼拉湾北岸肥沃的低地,即在答加禄族的西北方。体格优秀,性情勇敢,热心基督教,从来多入军队及任警察,以前是西班牙政府所倚赖的忠实军士。

6. 邦雅丝兰族(Pangasinan)——人口约 70 万,住在吕宋岛中央平原的北部,靠近林牙烟湾。性质类似伊罗干佬族,勇敢善战,以前曾屡次反抗西班牙人。华人的血液甚浓厚。其地自古与中国有交通。现在人们勤奋而富有,农业手工都发达。

7. 加雅烟族(Cagauan)——人口约 25 万,住在吕宋岛北部加雅烟河流域。其方言称为伊班纳语(Ibanag),故又称为伊班纳族。虽曾经西班牙化,但还保存几分原始性质,过去反抗西班牙最为剧烈。有一部分属于印度尼西亚系的牙旦族(Gaddang)因改信基督教,也被吸收于此族中。此族身材在菲律宾人中最高,皮肤较黑。文化程度不及伊罗干佬族。多入军队,为菲律宾陆军的中坚。

8. 三巴耳族(Sambal)——人口约 9 万,住在吕宋岛巴黎示省及邦雅丝兰省。文化程度比其他基督教族为低,以前曾经有猎取人头的风俗,18 世纪初才改信基督教,被西班牙政府所征服比其他基督教族为迟。大约因地方偏僻交通困难,故开化较慢。

9. 巴达安族(Bataan)——住在吕宋与台湾之间的巴丹诸岛(Batan)。人口约 8000 人。文化程度与加雅烟族略相等,虽属西班牙化的基督教族,还保存原来状况,住屋的型式与台湾的红头屿野眉族相类,用石叠造,屋檐甚低,以防备暴风雨。方言便是巴丹语,与台湾的野眉族及阿眉族语言相类。(由此可以证明台湾番族也属马来族)

10. 伊丝乃族(Isinai)——住在吕宋岛中央一小地方,人口不过 3000 人,风俗无甚特殊,语言近似伊罗干佬语,故也可算入伊罗干佬族。

第三节 摩洛族(Moro)

摩洛族也属马来族之一,不过因其信仰回教,故与其他菲律宾人有区别。回教徒在南洋诸岛是大多数,但在菲岛却是少数。其人口约 65 万人。住地以棉兰荖(Mindanao)为主,并散居于苏禄群岛(Sulu)及巴拉宛岛(Palawan)。

这一族所以称为摩洛人的原因，据说由于西班牙人初来时，见他们是回教徒，便将在欧洲、非洲所称回教徒的摩耳人(Moor)一语，用来称他们，后来讹成摩洛人。摩洛族的来源是由于十四五世纪时信回教的少数马来人由西南方移入，使棉兰荖和苏禄的土人改信回教，其后向北伸展，曾到达吕宋岛的马尼拉湾。不久西班牙人也到了，推行基督教而压逼回教，把它限制在棉兰荖和苏禄，以至于现在。

摩洛族因宗教的差异，不但反对西班牙人，与同属马来族的基督教族也发生隔阂。民族性勇敢好战，屡次反抗西班牙人，为西班牙最感棘手的民族。西班牙政府数次派遣战船远征，都难得手。摩洛人却四出海上从事杀戮劫掠。到了最后一次战争，摩洛人方才屈服，名义上归入西班牙统治，那时已到西班牙时代的末期了。入美国统治后由于政府的宣抚政策，于1931年乃完全解除武装。摩洛人的这种顽强反抗异族的精神为其他菲律宾民族所不及，其原因实是由于回教的教义。

摩洛族的文化不及基督教族的现代化程度，但比较内地未开化诸族却高得多了。他们的文化是阿拉伯的回教式文化。他们有阿拉伯式的文字，有刀剑大炮的铸造工，造船工，金属的雕刻细工，都是源于阿拉伯的。他们的社会组织很为严密，能建立王国，因此能坚强抵抗西班牙的政府。摩洛人恪信可兰经，虔守教规。上等阶级行多妻制。风俗与基督教族或未开化的民族都不同。

摩洛族也有数支族为下：

1. 马银达荖族(Magindanao)——住在棉兰荖岛的中部马银达荖省。他们自己传说始祖是从马来半岛来的，到此后乃建立王国。人口在摩洛人中为大族。

2. 兰荖族(Lanao)——住在棉兰荖岛的兰荖省，人数比上一族为少。风俗与上一族相类。

3. 苏禄族(Sulu)——住在苏禄群岛，人口约12万，与马银达荖族略相等。在历史上也曾建立国家，在明朝与中国关系密切。善于航海捞鱼，又于抵抗西班牙时纵横海上，劫掠人财，为西班牙人及基督教族所畏怕。菲律宾独立后苏禄王被委为地方官，希望得其合作。

4. 三马族(Samal)——住在棉兰荖大岛的西南部小半岛的海岸，人数约11万。从事农业，专门从事海上生活，如捞鱼贸易或劫掠等事。航海术比苏禄人还优胜，但势力不及苏禄人。他们的住屋最特别，是筑造在海岸旁的水上屋，下面用许多木桩植立在水底土中，上端出于水外，然后铺上或横或直的木板以为地板，其上盖一层的木壁草盖的屋子。这种屋子接连成为村落。

此外还有巴拉宛族(Palawan)住在巴拉宛岛，耶干族(Yakan)住在描诗兰岛，山纥儿族(Sangil)住在棉兰荖岛南岸，都是人数很少的支族。

第四节　吕宋岛的原始文化民族

吕宋岛的北半部多有崇山峻岭，住居其地的人民因地方闭塞，未受外来文化的影响，既未改信回教，也未信奉基督教，至今还是保存原始的，即未开化或半开化的状况。观于他们的这种状况，便可知道开化的基督教族在改教以前也是这样的。这种山居民族通常笼统称为乙峨洛族（Igorot），其实不对。由人种上言之，他们分属两大系，即印度尼西亚系和马来系。如第一节所述，印度尼西亚族是被后到的马来族挤到内部山地去的，而马来族也有一部分住到山里面；他们来源虽不同，但因环境相同，生活文化便也相同，故合为一起叙述。这些山地居民人数约有40余万，对于全菲律宾人的比率是很小的，势力不大，然而散布地方很广，华侨如到那种地方，也不能不知道他们的风俗习惯。

（甲）属于印度尼西亚系者约有20万人，分为：

1. 阿巴遥族（Apayao）：住在吕宋岛北端除海岸以外的丘陵地带。即高山省（Mountain Province）的北端阿巴遥分省。人数约35000人。

2. 加林牙族（Kalinga）：住在上一族之南，即高山省的加林牙分省。人口约10万。

3. 牙旦族（Gaddang）：是加林牙族的一分支，住在上一族的东南方。人口约55000人，但其中已有半数以上改信基督教。

4. 伊朗阁族（Ilongot）：住在吕宋岛中央山地与上述三族分离，人口约15000人。与矮黑人相邻，故混有矮黑人的血颇多。其文化程度在印度尼西亚系中为最低。

（乙）属于马来系者约有28万人，分为：

1. 丁几安族（Tingian）：住在吕宋岛北部加林牙族之西，人口约4万人。因其西面与伊罗干佬族为邻，故文化程度较高。肤色较白，容貌像中国人，衣服也像华人服式，有人说其来源是出自中国人。

2. 乙峨洛族（Igorot）：人口约10万，都住在吕宋岛中部的高山省。由北而南，再分为三支派：第一支为文道乙峨洛族（Bontok-Igorot），住在文道分省，第二支为干加乃族（Kankanai），住在明屹分省，第三支为那描罗伊族（Nabaloi），在更南。这一族人在美国占领菲律宾时还有猎取人头的风俗，现在已经完全改变了。

3. 伊夫爻族（Ifugao）：人口约14万人，住在干加乃族之东，以善能耕种梯田著名。

现在就文化方面而叙述其共同的要点。吕宋岛的原始民族与棉兰莪的原始民族有一差异之点，便是后者曾由摩洛人而获得一点回教的物质文化，前者却没有。

吕宋岛的上述诸族以农耕为主业,能种稻、甘薯、玉蜀黍、豆类、芋等物,稻有旱稻及水稻。其中乙峨洛、伊夫爻、加林牙诸族的水田是造在斜坡上,以石筑成阶层形,引水灌溉,这叫做梯田。其技术的优越,工作的勤奋,是可以赞叹的。农耕以外,他们又常用弓箭猎取野兽,在内河捞鱼。手工业如织布、制陶器、编篮、打网都发达,金属工却不及棉兰荖岛土人。其村落散布于河岸或山腰,住屋用竹木构成,以草茸盖,屋下的木柱很高。牙旦族及加林牙族的屋子有造在树上的。乙峨洛族的屋造在平地上,屋下不用木桩,这在别族却没有。以上诸族以前都曾有文身刻凿和猎取人头的风俗,现在这些旧风俗渐渐消灭了。武器有弓箭刀枪,但没有棉兰荖的吹箭,又乙峨洛族有一种特殊的战斧。

第五节　棉兰荖等处的原始文化民族

棉兰荖的海岸东部及北部有米赛亚族,西及南有摩洛族,其内部广大地方都是印度尼西亚族,文化还未甚发达。人口有30万以上。其支派也有多种为下:

(1)马瑙薄族(Manobo)住在棉兰荖的东北部一大片地方。
(2)曼源岸族(Manguangan)住在本岛的东部一小地方。
(3)曼沓耶族(Mandaya)住在东南部纳卯省。
(4)武乞侬族(Bukidnon)住在本岛北部。
(5)阿达族(Ata)住在本岛中央偏东。
(6)描峨薄族(Bagobo)在本岛的南部。
(7)库拉曼族(Kulaman)在更南地方。
(8)答牙加鸟洛族(Tagakaolo)在东南角。
(9)米拉安族(Bilaan)在正南内地。
(10)抵莒来族(Tirurai)在同上地方偏西。
(11)树描嫩族(Subanun)在棉兰荖西部半岛内地,与上述诸族隔离。

以上诸族分支虽多,人口却少,散布在广大的内地,所以棉兰荖还是地广人稀。诸族的风俗习惯与吕宋岛的原始民族也有很多相似之点,同是以农耕为主业,农作物大略相同,但水稻较少,而旱稻较多,又栽培西谷椰子,这是特别的。衣服以"阿马加蕉"(abaca)为原料。打猎除弓箭以外又用吹箭,这也是吕宋所没有的。因与回教徒邻近,故其铸造金属工比吕宋的原始民族进步。他们还保存原始宗教的信仰,不信回教。

除吕宋和棉兰荖二大岛以外,还有两个小岛,有二支属于印度尼西亚的民族。其一是巴拉宛岛的沓板奴亚族(Tagbanua),又一支是民多洛岛的曼几安族(Mangyan)。两族都被后来的马来系人所逼而避入内地，维持原始生活，人口也少，但有一件奇异的事是他们都保存着古文字，那是古时因受印度文化而产生的文字，刻在竹片上，两处却又各有不同。这种文字以前在别族应当也有，但都已消灭了，只有这二族还保存着。

第六节　矮黑人海胆族

矮黑人(Pygmy)是黑种人的一支，身材极矮，平均在5呎以下。他们是南洋的最古民族。现在除与别族混合者外，只有少数遗民存留在几处山林中。马来半岛的塞茫族便属这种人，在菲律宾的则称为海胆族(Aeta)(这二字是中国旧书原译)。人口约有10万人，纯粹者也有三四万人。在马来半岛只有五六百人，在菲律宾却还有这样多。或者这种人因争不过别族人，乃逃遁边远地方，而菲律宾也是一个避难所。在太古时他们人口众多，散布于菲律宾全部，后被别族所逼，现在只生存于吕宋岛的东海岸山岳地带，西南部三巴礼示山脉中，以及棉兰荖东北和巴拉宛岛北部山地，还有班乃岛、三马岛、婆里罗岛等处，似乎也有些。

海胆人的体质肤色是暗棕色，身材男人145厘米即4呎9吋，女人更矮。头发卷缩，鼻形极阔，头形左右极广。

这种人原来的文化极低，很少有自创的事物，常采取近邻的文化。他们的语言究竟如何，至今还是不明。他们的生活是辗转漫游于山林之中，无一定的住所，用草木葺成临时的宿处，只能遮蔽一面。有时偶然有些定住的，模仿别族搭盖草屋，但也极粗陋。又有在树上搭小屋居住的。还不晓得耕种，采拾森林中的野生食物以为食粮，用弓箭射鸟兽，在巴拉宛岛者则用有毒的吹箭。又采集藤条、蜜蜡等林中产物，拿到别族所居地，交换布片、小刀、铁片、装饰品等物回去。他们仿效别族的风俗，把凿牙磨尖，故意在身上割成瘢痕；但不学文身，因为他们皮肤太黑了，不能明显。他们也有些乐器，如鼻笛、口琴、弓琴等，自然都是由别族学来的。这种民族至今还是在这样的原始幼稚的程度中，比较菲岛的无论何族都远为不及，将来如不能进步，也只有归于淘汰而已。

第九章　新几内亚的人种风俗

第一节　总　论

新几内亚(New Guinea)位置在南洋诸岛东南端，面积极广大，是世界第二大岛,在南洋是第一大岛。其地距离我国较远,华侨也少,故我国人不注意。但是这里比较南洋别岛,地更广,人更稀,天产全未开辟,真是极有希望的处女地。如当地政府要认真开发,必需很多的人力。本岛土人人口太少,南洋他岛的移民也还不够,我华人很可贡献这种人力,帮他们开发了,自己也可获得一个容易谋生活的新天地。

新几尼亚的面积约801000平方公里,东西最长处2380公里,南北最广处650公里。在政治上以东经41°为界线,西部为荷属,东部为英属。英属更分为二部,北半为澳洲委任统治属地,南半岛为澳洲属地。

人口没有正确的数字,大约荷属约30余万,澳洲委任统治地约60万,澳洲属约30万,合计约120万人。人口密度每平方公里只有一个半人。包含一个大沙漠的非洲每平方公里还有5人,新几尼亚的人口真可说是最稀薄了。若比较我国江苏省的人口每平方公里388人,更是不可想象。

新几尼亚的土人中大部分是巴布亚族(Papuan),还有一种极少数的土人,即矮黑人尼革利陀族(Negritto),散布在内地。

新几尼亚的人种和其他南洋各岛大有不同。上述的各岛如苏门答腊、爪哇、婆罗洲、西里伯、菲律宾、小巽他群岛等处的土人大都属广义的马来族,所以其地合称为马来西亚(Malaysia)。新几尼亚以及其东方的美拉尼西亚诸小岛,如阿米拉蒂群岛(Admiralty Is.)、卑斯麦群岛(Bismarck Arch.)、苏罗门群岛(Solomon Is.)、山他克鲁斯群岛(Santa Cruz Is.)、新希勃来群岛(New Hebrides Is.)、新喀利多尼亚群岛(New Caledonia)、罗耶蒂群岛(Royalty Is.)等处土人,合称为巴布尼西亚族(Papuasian),属于海洋尼革罗种(Oceanic Negroid Race),即是黑种人的住在东方海洋者,与非洲尼革罗种(African Negroid Race)是远亲。还有散布在南洋各处内地山林的矮黑人尼革利陀也属海洋尼革罗种。

所以南洋的人种可说有二大系,一是海洋蒙古利亚种,一是海洋尼革罗种。前者在马来西亚,后者在美拉尼西亚。两地中间的小岛即小巽他群岛的东部诸岛是这两大人种混杂的地方,其土人常是这两大人种的混合种。

巴布尼西亚族分为巴布亚人(Papuan)和美拉尼西亚人(Melanesian)二支,前者住在新几尼亚,后者住在美拉尼西亚群岛。巴布亚人可以算作巴布尼西亚族的代表,美拉尼西亚人多受别族的混合,体质上颇有变化。巴布亚人比较美拉尼西亚人身体略高,皮肤较暗,发较长,面上毛较多,额较削,眉棱较突。巴布亚语也和美拉尼西亚语不同。美拉尼西亚的意义便是黑人地方之意。

这一带地方最初到的民族或者是矮黑人尼革利陀族,现在还剩留少数人在新几尼亚内地。继之是巴布西亚族,成为这一带的主要的民族。以上两种人都是在文化极低的石器时代早期进来的,后来未有文化较高的民族如印度尼西亚族或马来族追来,故未受淘汰,但也永远停滞无大进步。到欧人发现他们时,在内地者还在石器时代后期,即所谓"新石器时代"。

第二节　巴布亚族(Papuan)

巴布亚族住在新几尼亚全岛各地。因为全岛太大,未曾完全探险调查过,故关于这种人的情形,目前还知道得不多。现在只就已知道的概括叙述如下:

巴布亚(Papua)是马来人叫他们的名称,意义是"卷发的人"。卷发是这种人特征之一,其发不但不像黄种人的直形,也不像白种人的波形,却是卷转像羊毛,这是黑种人的特征。但比非洲黑人的发长些。此外皮肤虽不是真正黑色,却也很深暗,作暗棕色以至黄棕色。身高中等以上,约155～160厘米。鼻高凸如鹰嘴,口大,厚唇,眉毛密生,眼珠暗棕色。

巴布亚人结成小部落,未有国家的组织。只有在海岸地方常和外人接触者,方营定住生活,在内地者大都因追寻食物而转徙不定。家屋的构造也很简单。造在地上的离地一两公呎,下有高桩承住。也有造在树上的,远看有如鸟巢。也有造在水面的,用桩植立水底。也有些直接造在地面,不架高的。每一屋分为数房,一屋可住一大家族。

他们的衣服在未和欧人接触时男女都只用一点东西遮蔽生殖器,有时全身裸露。蔽生殖器物常是用草或树皮所作,或用竹片、贝壳、果子壳等物;男人所用有成筒状的,名为"阳具筒",其长有上抵胸前的。海岸地方的土人有时也围一条"纱笼",像马来人的样,但上身还是无衣服。衣服虽缺乏,装饰物却很多。头发上加种种饰物,搽以泥土,插鸟羽竹梳。前额也贴上贝壳。颈也有颈饰,用贝壳、狗牙、鱼骨集成一串,挂在颈上,垂于胸前。将鼻孔中间的膜穿通,用小木棒贯过。耳朵上也穿孔挂耳饰。有文身的风俗,又在皮肤上割伤使有瘢纹,当做装饰。

文化程度极低,又极懒惰不肯多用力以求进步,到现在还可说未脱离石器时代的状况。男女工作有分别,女人从事家庭及附近各项杂事,男人出外打猎和捞鱼。工具常是使用尖锐的石器以作种种工作。虽知道耕种,但只当做副业,以采取野生食物为正业。所种的是蔬菜、球根植物、烟草、香蕉、椰子、西谷等,以西谷为重要食物,次之为芋类。无论什么动物都吃,虫蚁蛇鼠都不怕。屋下也畜养猪鸡。极嗜烟草,能自种。

武器用弓箭刀矛,也有藤盾木盾。欧人所常打猎的地方也有火器的枪。箭用竹木或骨为镞。矛用椰子树或竹木制。日常用具是用石所制的石斧石刀,贝壳制的刀和骨制的锥等。虽有输入的铁器,还是喜欢用石器工作,甚至如砍伐木材也用石器。发火还是用钻木取火的方法。交通工具是独木舟,将树干挖一凹槽便是,极为简单。

以前有对别种族行大规模的劫掠或猎取人头的风俗,现在由于基督教会的感化,已经消灭。以前猎取回来的人头骨都保存在家屋里,现在还有存留。以前似乎也有吃人肉的风俗,现在也没有了。以前也有奴隶制,现在也不见。

他们原来是崇拜精灵和"图腾"(图腾便是一种动植物被认为本族的祖先的),在海岸者有些改信回教或基督教。

结婚多行买卖制,代价是种种物品,如贝壳等,最近也有用真的货币的。又有掠夺结婚,男人可抢擒一个女人为妻。

语言和马来语大大不同,称为巴布亚语,有多种方言。荷属的海岸可使用马来语。英属地方和欧人有接触的土人也会学几句不成文法的英语。在内地语言不通时则常用"拟势语",便是像哑巴的拟势。巴布亚人自然还没有文字。数目的观念也极不发达,多数人只晓得到5为止,5以上的总称为多数。

迷信极深,卫生智识全无,凡疾病灾难死亡都认为精灵作祟,或邪术所致。最常患的病是疟疾,这是地方病,又有脚气病。是缺乏营养而致。又有天然痘,大约是外人所传入。皮肤病非常多。又由外人输入花柳病。

各地方都有巴布亚人的分族,已知道的还不完备。其中为外人所常知道的有一支加耶加耶族(Kaya-Kaya),住在荷属马罗居地方(Marauke),那是一个海口,也有少数华侨。

第三节　矮黑人答卑罗族

新几尼亚的山地也存留少数的矮黑人,这是南洋最古的土人,在马来亚的一支称为塞茫族,在菲律宾的是海胆族,在新几尼亚的名为答卑罗族(Tapiro)。答卑罗是巴布亚人所呼的。这一族男人的平均高度是4呎9吋。头发也是卷曲作羊毛状。也像巴布亚人贯鼻,将野猪牙插上,使他们忧郁的面容显得狞恶些。性情极畏缩怯弱,极怕巴布亚人来抢去他们的女人。对别族很和气,但不敢和外人接近。外人如踏进他们屋内,女人们便都逃走出去。

第十章　越南的人种风俗

第一节　总　论

越南便是前法属印度支那(French Indo-China)。印度支那半岛原是西洋式名称,我国已经把它改称为中南半岛;法属的这一部分,我国原称它为越南,所以本书使用越南的名。

越南的面积 74 万平方公里,分为东京、安南、交趾支那、柬埔寨及老挝 5 区。总人口据 1936 年调查为 2303 万人,平均密度每平方公里 31 人,也还是稀薄。现在人口按增加 2/10 应达 2800 万人。

总人口之中照 1936 年调查,外来人 431345 人,其中欧人(多属法人)4 万余,华侨 326000 人,其他 6 万余。土著 22598655 人。土著分为很多支派。兹附一个统计表于下:

种族别	东京	安南	交趾支那	柬埔寨	老挝	合计	比率(%)
安南	7647000	4835000	3979000	191000	27000	16679000	72.4
柬埔寨	—	—	326000	2597000	2000	2925000	12.7
印度尼西亚	—	664000	52000	54000	247000	1017000	4.4
泰族	669000	17000	—	—	100000	786000	3.4
老挝	3500	4000	100	20000	565000	589000	2.6
猛族	112000	99000				211000	0.9
曼族(瑶)	89000						
苗族	77000	1400	—	—	47000	214000	0.9
占族(马来)	—	23000	8000	73000	—	104000	0.5
明乡族	11000	—	62000			73000	0.3
华侨	35000	11000	171000	106000	3000	326000	1.4
欧洲人	18171	4982	16084	2535	574	42345	0.2
印度人	500	2000	2000	3000	200	6000	
其他	37000	—	—	—	20000	57000	0.3
合计	8700000	5655000	4616000	3046000	1012000	23030000	100

由表中的族名可见越南的民族是很复杂的,其中安南族、泰族、老挝、猛族、瑶族、苗族都属大陆蒙古利亚种南系,与汉族关系颇密。明乡族(Minh-huong)是近代华侨与安南族、柬埔寨族的混合种。柬埔寨族是上古蒙古利亚种与印度尼西亚族或矮黑人等族的混合种。占族以印度尼西亚系为主,也混合着别族成分。诸族之中以安南族为最多,占全人口的 72%,多在北部,次为柬埔寨族,占 12%,多在南部,余皆小族。

越南的最古住民或说是属于尼革罗种(Negroid)即黑种中的海洋系尼革罗种(Oceanic Negroid)的一支,即今日栖于新几内亚等处的巴布亚族,或者还有其另一支即矮黑人。其后有印度尼西亚族来此,将先住的黑种人或加吸收,或加驱逐。更后则北方有安南族移入,南方又有占族和柬埔寨族移入,于是印度尼西亚人也被吸收或被驱逐,退居山地成为摩伊族(Moi)、苦伊族(Kouy)、勃美族(Pnong)、卡族(Kha)等。安南族自北而下,带着中国式的文化,逐渐发达,建立安南王国。占族(Chiam)占据东南部,受印度文化的影响,也开化而建立占婆或占城王国。柬埔寨人便是吉蔑族(Khmer),也受印度文化的影响而建立柬埔寨王国。后来占城合并于安南,而柬埔寨也于法国统治安南时,合于法属印度支那,成为现在的状况。

越南民族不一,风俗互异,须分开一一讨论。

第二节 安南族(Annamese)(Annamite)

秦代越南北部属中国版图,秦末赵佗所建的南越国也包括今越南的北部,以后经历汉、三国、两晋、南北朝、隋唐,都属中国版图之内。唐置安南都护府,始有安南之称。到宋初丁氏乃建立王国,改为中国的外藩。自后经历黎朝、李朝、陈朝。到明代又一度收归中国统治,不久又独立。其后南北分裂,战争不绝。到了清末1885年遂归法国统治,为法国的保护国。

安南人可算是中国人的一支派,在秦汉时已经住在东京平原,以后更逐渐南下,吸收先住民族,成为最多数最主要的成分。现在散布在东京安南、交趾支那等处的平地。

安南人的容貌很像中国人,身材中等,广额,高颧,斜眼,广鼻,少须。据说踝部有突出的特征。语言与汉语同属孤立语系(isolating language),过去都使用中国文字。在高级的文化如政治、宗教、社会组织、伦理、法律、艺术、文学都是中国式的,其不同之处是带些地方和民族的色彩。

民族性质朴耐劳,有贮蓄心,在军队中能够苦斗,可为良好的兵士。喜欢吸烟草嚼槟榔。宗教上奉佛教和道教,每家都有神坛,敬祀雷雨风诸神、土地、菩萨及祖先,又崇奉陈兴道、关羽、张飞为神。极怕虎狼,故有狼虎庙,每年举行虎祭,希望得免虎患。近来又有一种新的宗教名为高台教,混合佛、道、基督的教义而成。衣服行中国式,男人喜欢穿黑色上衣,下着长阔的裤子,头扎头巾。女人也穿长裤,上衣长至膝,出门必戴大笠,平民常跣足。国王官吏都穿中国的古代衣冠,足着靴。住屋平民的用砖为墙,以草盖顶;宫殿也是中国式的,语言曾被禁止不得使用汉语,后又开禁,汉字也沿用至今。

第三节　柬埔寨族(Cambodian)

柬埔寨族又名吉蔑族(Khmer),是蒙古利亚种一支和蒙族(Mon),矮黑人以及印度尼西亚人混合而成的。原出自中国的西南部,在史前他们便占据缅甸、暹罗以至于越南,成为一大集团。约2000年前印度的殖民便到这里来,在5世纪建立一个扶南王国。中国史书曾有记载,大约以前是行女系制度,其后由印度的婆罗门教徒来,方改男系。那时的人文身、披发、跣足,受印度影响方有"贯头衣"。有一部分人民丑黑拳发,这便是有黑种的混血。能耕种水田,出产有香木、金、银、铜、锡、象牙、珍珠,雕刻及金属细工甚精。信婆罗门教及佛教,用梵字。

到了6世纪一个属国名真腊,灭了扶南。8世纪后半真腊又为苏门答腊的三佛齐国所征服,9世纪再独立,遂开安墼王朝(Angkor),在大湖之北建造宫殿。这些宫殿一度湮没,到了现代才被考古学家发掘出来。那时国势隆盛,占据中南半岛大部分,北抵云南,西越湄南河而入马来半岛,东与安南及占城抗衡,为柬埔寨的全盛时代。13世纪以后国势渐衰,西北受泰族的侵犯而失去湄南河流域,安南灭占城后更进占湄公河三角洲。内乱相继发生,东西受安南、暹罗的夹攻。到了19世纪乃归法国保护。

现代的柬埔寨人是混合的种族,头形广,眼形不斜,肤色稍暗,发形为波状。男女都剪发向后梳,下身在腰间围一条像纱笼的布,绕过两股间向上卷起折合。上身穿短衣。古时平民服装很朴素,国王贵族却非常华丽。住家用瓦盖顶,也是高架有桩的屋,楼板离地很高,以便避免蛇蝎和湿气,又可防备洪水。雨季中也有人在大筏上造瓦盖的屋子,住数个月。生活程度一般都低,以米为主食,菜蔬为副食,饱吃香蕉。因信佛教很少吃肉。不用箸,用右手指取食,食后洗净,不用左手。宗教上古时信婆罗门教,现在却信佛教。男子一生须学习和尚生活三个月,再入寺院三个月。和尚早晚须穿法衣,沿门乞求布施,和暹罗人同样。

第四节　占族(Chiam)

占族原属印度尼西亚族的一支,占住越南东南部。自公元2世纪受印度文化影响而开化,建立占婆罗又称占城或林邑王国(Chiampa),经过颇为繁荣的时期,中国史书曾有记载,屡与安南人战争,到17世纪终被安南所灭。现在人口很少,住在旧占城国的一部分及柬埔寨东南部。

现在占族的身材还比较安南族及柬埔寨族为高,约170厘米,头形稍长,肤色略暗,眼形不斜,无染齿的风俗。中国古书说"其人深目高鼻,拳发色黑",这便是印度尼西亚型的证据。住屋也是有桩屋,以木栅围绕乡村。信婆罗门教及佛教,又有一部分改宗回教。家族行女系制,结婚由女人提出。现在女人只能织粗劣的布,已经忘却了古代的发达的技术。人死后家人日夜宴会歌舞以安慰死者,尸体腐烂时付之火葬,将骨头装入金属壶中,一年后再安葬。

第五节 老挝族(Laos)及其他泰族

泰族(Thai)最大部分在暹罗,少数在越南及缅甸。在越南者也有几支:住在湄公河上流老挝地方者称为老挝族,住在东京北部的称为土族(Tho),住在红河上流者称为白泰族,在黑河上流者为黑泰族,在东京北部山地近中国广西境者为侬族(Nung)。

老挝族——原由北方南移,初时只构成几个小邦,服属四邻强国。10世纪以后方渐强盛而独立,还未能统一。18世纪初分为两国而相争,一名南掌,一名万象。19世纪初暹罗来侵,灭万象并收南掌为附庸。19世纪末法国逼暹罗退让,收湄公河左岸地,于是老挝乃归法国保护。

现在的老挝人身长中度,眼斜者甚稀。男人剃去头的周围,不缠头巾,女人束髻。男人也像柬埔寨人将一条布缠腰及股间。住屋也有桩。男子达成年必须由脐至膝施文身术。宗教信佛教但也拜精灵。农业不精,由妇女及奴隶任之,喜欢渔猎,善驾独木舟。雕刻金银细工及织工都好。又善经商,为平原商店与山地居民的中间人。性情愉快,喜欢音乐。

白泰、黑泰——白泰穿白的或浅色的上衣,黑泰穿黑的或深色的上衣,两族受安南文化的影响不多,黑泰更少。住宅都建在桩上。从事农作,农事伴着许多宗教仪式。种米及玉蜀黍。白泰有独木舟。女人地位极低,男人常行多妻。有酋长,权力很大。宗教是原始性的,拜精灵及祖先。

土族(Tho)——住地肥沃,适于种米。农业全由女人从事。男人懒惰,女人勤劳,女人以使男人工作为耻。夫妇同到邻村时,夫骑马吸烟,妻挑重担步行。喜欢音乐,采用安南的乐器,歌调悲哀。注重教育,多设私塾,聘请安南人为教师。男人束发卷头巾,戴竹笠。男女都有染齿的风俗。住屋也是有桩的屋。宗教信佛教、道教以及精灵崇拜、祖先崇拜。

侬族(Nung)——数约8万,16世纪方由广西移来。身材比土族稍高,四肢发达,女人少时姿态颇美。极有精力,性情有时很凶暴,能作山贼。知重教育设私塾,延安南人为师。喜欢音乐。男人束髻,包头巾。女人喜佩装饰品。以玉蜀黍为主食,米较少。

第六节　摩伊族(Moi)(印度尼西亚族)

摩伊族便是上文人口表中的印度尼西亚族,其人口1017000人,居第三位,也不算少。他们是未开化的民族。住在纵贯南北的安南山脉中,故又称为"安南山脉的山地蛮"。安南人称他们为摩伊(Moi),老挝人称为卡(Kha),柬埔寨人称为勃弄(Phnong)。在人种学上属于印度尼西亚族,语言却分属两系,一是马来坡里尼西亚语系,一是蒙吉蔑语系。他们在远古史前时代便住在越南地方,其后被后到的民族所逼乃退居山林地带,保持其原始文化。因人数多地方广,再分为许多支族,风俗大同小异。

男女常时都裸上身,腰部及两股间缠一条布片,甚至有一丝不挂的少年女子。女人出门也有穿一件短衣的。男人缠头巾。也能耕作米和玉蜀黍、瓜类、薯、芋、烟草。食物不足,什么都吃,蛇或蜥蜴都不加烹调便吃,但不吃猫及雀。盐极稀少,有时用草灰代盐。食时不像安南人用箸而用五指。非常嗜酒。住屋也是有桩的高架屋,很能耐久,但有疫病或凶兆时便弃去不顾。宗教是原始宗教,崇拜精灵,称它们为丕(Phi),以为各种自然物都有精灵。又信有创造神,名为保帝(Po-the)。无神庙。信人死后有鬼魂,鬼魂害人时必化身为猛兽。迷信极深,以啄木鸟为示兆的鸟。家族有男系及女系二种。性情勇敢好斗,能用毒箭射野兽,毒由植物取得,大野兽中箭半小时内必死,人只需20分钟。

第七节　其他小族

曼族(Man)——曼族便是中国的瑶族(旧作"猺"),是由中国南方移入越南的,现住在东京北部的山地。身材低矮(1.599公呎),略长头,面大,颧骨高,唇突出,肤色黄棕。其传说自称是神犬盘瓠的子孙,禁吃犬肉,衣服上有犬的图样。曼族(这是标音而已,不是野蛮的意思)入越南大约在明朝,所住地方是原住民所不住的300～900公呎高的山地,移住的手续是和平的。有数分支,其名称颠倒,略举如下:

1. 曼蓝靛:因其衣服用蓝靛染成青蓝色故名。
2. 曼顶板:结婚时新娘的头上加一块板。
3. 曼钱:衣服上加明代的钱为饰。

苗族(Meo)——住在东京及老挝的900～1000公呎的高地。也是由中国移去的,移住虽用和平手续,但有时也和原来土人发生争斗。有白苗、黑苗、红苗、花苗数支派。身材不高,体格顽健,性情快活而勇敢。衣服略仿中国式。

住宅直接建于地上，食米与曼族同样，有粟及荞麦等。人死杀狗，用线绳紧连死者的手，意思是要狗引路。

彝族（罗罗族）（Lolo）——越南也有彝族，是由中国和缅甸移入的，住在东京和老挝的 1000 公呎高的山地，人数约 12000 人。体型很像白种人，眼形水平，肤色带红。女子容貌很美，华侨有娶为正妻的。在中国的彝非常勇悍，在越南的却很温和而乐天，这或者是由于受到别族压逼的缘故。语言属缅甸西藏系，文字用汉文，不像中国的彝族有自己的文字。

猛族（Muong）——猛族住在东京和安南的高原地带。和安南人同一系统，保存着古代安南人的形态，其风俗习惯都像安南人。

明乡族（Minh-huong）——是华侨和安南族、柬埔寨族等土人的混合种，与土人受同样待遇。

第十一章　暹罗的人种风俗

第一节　总　论

暹罗的主要民族是泰族（Thai 或 Tai），"泰"字是他们自称的名，意义是"高贵自由"，所以他们喜欢改称泰国（Muang Thai）（Thai Land）。其实"暹"字（Siam）也是民族名，他们的别一支族掸族（Shan）的"掸"字和暹音很相近，都可证明他们这一族常以"暹"或"掸"的音为民族名称，但却是别族称他们的。这一音的来源无可考，或说近于汉语的"山"字，著者以为"象"字也有可能性。因为暹人所住的地方无论是古时的华南或现在的暹罗，都是产象的地方，暹罗至今还以白象国闻名世界，可以证明象与暹罗的关系。而象字的语言原就与暹罗诸族语相类，如暹罗语为 can，掸语为 san，老挝语为 tcan。有人说中国字"象"字的语言或者出自暹语（藤田丰八氏），著者以为"暹"字与"掸"字或者也便是"象"字，因其人养象使象，便以"象"为其民族名，意谓"使象的民族"，如满洲人中有使犬部、使鹿部之意。起源或者如此，不过后来久了，便忘记其意义。但著者这话也是臆测之词，不能确定。

暹罗面积是 513447 平方公里，人口据 1941 年调查是 1610 万人，密度每平方公里 31 人。数年来应再增加不少，如按照以前的增加率，应达 1800 万以上。总人数中外侨约居 1/10，余为本国人。外侨之中最多者为华侨，据 1929 年调查，华侨只有 445000 人，但这是暹罗方面的算法，中暹混合种也算作暹人。到了现在纯粹华侨应达百余万，连中暹混合种应达 250 万～300 万。由此可见现代暹罗人种中,华人是一重要成分。

现在的暹罗本国人中以暹罗族(Siamese)占最多数,但此外也还有很多较少数或极少数的民族。其中有多种是兼住在越南、缅甸、中国及马来半岛的。在别章说过的本章从略。

暹罗境内自古以来有数次的民族迁移,现在的暹罗人不过是最后一次的移入者。最早的先住民族应当是黑矮人,现在还存留在暹罗南部。其后有印度尼西亚族从西方(缅甸印度)移来,被后来的蒙吉蔑族所逼,便南进马来半岛并散布于马来西亚群岛,留在暹罗海湾地方的不多。蒙吉蔑族(Mon-Khmer)的来源或说也是由西方来,分支很多,重要者为蒙族(Mon)、吉蔑族(Khmer)、罗斛族(Lawa)等。蒙吉蔑族在7世纪以至13世纪曾建立大国,在安南的柬埔寨,并统治暹罗的湄南河流域。13世纪泰族由中国南部移入暹罗,打败了蒙吉蔑族,占据暹罗的北部和中部,将蒙吉蔑族隔开为两半,蒙族在西,而吉蔑族在东。这些战败者除少数逃遁山地外,大多数同化于泰族,其中罗斛族也是这样,所以其族名与暹族合成"暹罗"的国民。

泰族的来源是出自中国西南部,古时为僰族,直至现在还有很多住在云南、广西等地,称为僰掸族,为中国西南三民族(苗瑶、罗罗、僰掸)之一。如上所说泰字是自称之语,在中国的另有别的名称如摆彝、仲家、僮人、僚人、侬人、狼人、沙人等(这些都是旧名,现改为较好之字),但他们的语言体质都证明是属于泰族。

史家都说泰族未南迁时曾在云南建立国家,唐代名南诏,五代时改称大理,公元1252年为蒙古所灭,遗族乃移入暹罗。不过南移者或为南诏、大理的人民,暹罗的创业者也未必是南诏、大理的贵族。

泰族在中南半岛也占据很多地方,除其主干暹罗族住在暹罗本国,此外在越南境内有老挝族、白泰族、黑泰族、土族等,在上缅甸有掸族。住在越南的已在该章内叙述,不赘。

第二节　暹罗人(Siamese)

如上所述,泰族本支进入暹罗以后便吸收了先住民族蒙族和吉蔑族的分子,近代更吸收了华人的血统,所以现在的泰族也有异于未入暹的泰族了。

暹罗人的身材中等以上,高1.61米,头形广,后头部平,颧骨高,肤色暗,眼形稍斜,鼻略低,唇大。这是蒙古利亚种即黄种的体质。

暹罗境内大部分地方使用暹罗语,当做标准语。其他唯东北部用老挝语,南部北大年地方用马来语,山地少数民族用其本族方言。暹语是泰语系的一支,与其他泰族支派多少可以相通。暹语和汉语又有密切关系,语根很多同源。暹语属孤立语,与汉语相同,即一语只由一母音加一或二子音构成。原来只有1851语,感觉不够用,于是后来便吸收吉蔑语、印度的巴利语、中国语、马来语、葡萄牙语、英语等,大大增加其类汇,达到15000语。

暹人在未入暹时或者还无文字,入暹以后征服了吉蔑族,采用其文物制度,也采用其文字。吉蔑族即柬埔寨人的文字是源于印度的,后来速古台王朝(Sokotai)的拉马摩亨王乃改造之而成暹罗文,传到现在。暹罗语原与中国语相类似,但其文化却采用标音式的,比较汉字便利得多。

暹人未入暹时必是采取中国文化的,入暹以后乃大量吸收印度文化,消化混合而成为暹罗自己的文化。中国与印度两种文化之中尤以后者的成分更多。自欧人东来后暹人更竭力吸收西洋文化,于是达到现在文明的地步。不过欧化生活常只是上等阶级才做得到,一般人还是保留旧式生活,所以现在暹罗人的风俗习惯也还有特殊的色彩。

暹罗人的固有服式是传自印度的"帕农"。帕农是将长7呎阔2呎半的布,将中段包围自腰至膝,两端自股下绕到背后扭紧塞牢,男人常再加一条带。由前面看将膝遮蔽,像一半的裤子,后部则股的下面露出三角形的部分。男女同样穿着帕农。女人也是断发的。男女服装很相似,所以外人不易分别。照古俗帕农应按星期各日而改变其色彩,一日一色。城市居民衣冠较为整齐,穿洋服者颇多,乡村男女常裸上身。食物以米为主,以鱼、菜佐餐。因信佛教,除鱼以外不大食别种肉。朝夕二餐,常用手指取食。不大饮酒。家屋常沿河流建造,用竹木搭造有桩的屋子,用梯上下,屋下养家畜。

暹人极信佛教,初受蒙吉蔑族的间接传入印度宗教,后受印度的直接传教。其教派以锡兰传来的小乘教派为最盛。暹罗的佛教是最原型的,教义比较浅近。全国佛寺达17000多所,美术工艺几乎全用以造寺及造佛像。僧侣很多,生活全赖国人布施,僧侣可以吃肉。无论贵贱,男子一生必须一度出家为僧,否则为不名誉。国民教育以前完全由寺院担任,现在也还由僧侣担任一部分。僧侣之数现在约有三四十万。僧侣穿黄衣,每日早、午二餐都要沿门托钵,不食晚餐,人民也很愿供养布施。普通人入寺为僧侣后约一二年可以还俗,现在逐渐缩短,或三个月,或只数日的也有。青年人已经渐有反对这种风俗的。暹罗的历法也很特别,所用的是佛历,以公元前543年为元年。

暹罗人由于印度观念,以国王为菩萨及三宝的守护者,以僧侣为三宝之一,又由于政体专制,因之发生贵族、僧侣、奴隶等阶级。然而世袭的贵族制不发达,僧侣及奴隶也是暂时的。奴隶制度且于近世废弃。

暹罗人的美术工艺很为发达,但多附属于寺院的建筑以及佛教仪式,其种类有建筑术、绘画、雕刻、塑造、镀金、螺钿、金银宝石细工、陶瓷业、织物、刺绣等多种。文字也受印度影响,翻译印度古代神话及佛经,写成与宗教有关的作品。中国小说也有被翻译的,如《三国演义》很流传,暹人也喜欢音乐戏剧,有特殊的乐调和舞剧,都很优雅。

第三节　泰族别支

暹罗国内除上述暹罗人为其主干外,还有同属泰族的别支派,略述于下:

1. 戈叻泰人(Tai Korat)——这便是戈叻府的泰人,说的暹语像唱歌的调子。这族大约是14世纪中叶阿瑜陀(Ayuthia)王朝的始祖所派攻略戈叻府西部地方的暹罗兵士和吉蔑妇人所生的混血种。有顽强勇敢的特性。

2. 老挝人(Lao)——老挝族除一部分住在安南西部外,还有一部分住在暹罗。老挝的名"Lao"是暹人叫他们的,他们自称则为"泰"。和暹人无大差异,肤色比较白些。语言带几分方言的变音,而且少受梵语、巴利语等外国语的影响。女人束发于头上,以花为饰,衣服也稍特别。又其所信佛教带有活物崇拜的色彩,迷信颇深。只有这几点不同。艺术也很发达,银细工、雕刻、刺绣、绘书、音乐等比较暹人都无逊色。以前有小土王,现在土王已经有名无实,没有政权了。

在暹境的老挝人分为黑腹老挝(Lao Pung Dam)和白腹老挝(Lao Pung Kao)二支。黑腹住北部,因自腹至腿的一半施文身,故有这名;白腹住东部。黑腹老挝又有老挝原人(Lao Yuen)之称。有一种老挝磅人(Lao Poan),语言也稍有异点。又有一种老挝宋人(Lao Song)是百余年前由东方捉来的俘虏所传下的,方言像蒲泰语。

3. 掸人或尧人(Shan, Ngio)——掸人分住缅甸和暹罗,在暹罗的约3万以上,多在西北境怒江的排水地方。暹语称他们为尧人,他们却自称为大泰人(Tai Yai),而称暹人和老挝人为小泰人(Tai Noi)。语言与暹语及老挝语无大差别。女人服装像老挝人;男人着宽广的黑色裤子,白色上衣,缠头巾,旅行时再加上边缘极广的帽。长于经商,暹罗各地都有这种行商。

4. 吕人(Lu)——大部分住在湄公河东岸,约有5万人移居暹境。语言风俗,极似老挝,服装和老挝人相同。吕人或以为即怒子,其实怒子在云南西北境,与此无关。云南南部的摆夷中也有吕人。

5. 蒲泰人(Putai)——大部分在湄公河左岸,暹境约有7万人。语言似掸语,服装也和老挝不同,女人肤色白的颇常见。名义上为佛教徒,但崇拜精灵和祖先的色彩很浓厚。在中国云南也有蒲人,和他们同族。

6. 姚人(Yaw)——由湄公河左岸移居暹境沙空那空城周围等处,衣服与老挝人无异,语言带特种音调。

7. 友哀人(Yuai)——也由湄公河左岸移来,住在沙空那空北方 Akat

Amnuei 附近。衣服也像老挝，语言带有唱歌的调子。

8. 参参人（Sam Sam）——是暹人和马来人的混合种，住在马来半岛西岸，奉回教。

第四节 在暹罗的蒙吉蔑族（Mon-Khmer）

1. 吉蔑人（Khmer）或柬埔寨人（Cambodian）——暹人称他们为高棉人，在暹境者人数16万以上，住东北及东南境，又有另一部分住叻丕府和干差巫里府的，是以前捉来俘虏的子孙。除肤色较黑，须髯略多以及另有方言诸点外，和暹人无异。

2. 蒙人（Mon）——自古住在吉蔑人之西，也曾经繁盛过。《旧唐书》所说真腊之西有堕罗钵底国（Dvaravasti），大约便是蒙族所建的国家。其他便在暹罗湄南河下游流域，到了14世纪中叶为泰族所灭。又在湄南河上游于8世纪时也有一个哈里盆遮耶国（Haripunjaya），到13世纪也灭于泰族。此外在缅甸伊拉瓦底河口的蒙族国家摆古（Pegu）与缅人竞争数百年，到18世纪也终于灭亡。现在蒙人在缅甸的还有33万余人，在暹罗的似乎已经完全和暹人同化了。现在暹罗的是后来从缅甸捉来的俘虏或难民，约有6万。容貌服装都像暹人，身材略高些。女人束髻。都会说暹语，但还常用本族的方言。

3. 罗斛人（Lawa）——罗斛人也是暹罗的古民族。现在只有数千人，住在景迈西南的大高原上，邻近平原的居民虽是服装语言像老挝人，据说也是罗斛人的后裔。他们住这里比老挝人为早，和老挝人混合很为广泛。后来蒙人来了，也和他们混合。据近来的发现，暹罗北部及南部也都有罗斛人住过。罗斛人因为和别族混合，所以变少了。罗斛人的肤色较暗，身材较矮，还可和老挝人区别得出。高原上的罗斛人模仿邻近老挝人和卡连人的服装。能炼铁为日用器物。宗教是魔术信仰、精灵崇拜和佛教混合。

此外还有许多小支派，人数很少，只记其名称于下：冲人（Chawng）、昭汶人（Chaobon）、梭人（So）、撒克人（Saek）、喀伦人（Kaleung）、喀布洛人（Ku Brao）、喀兴豪人（Ka Hinhao）、绥人（Sui）、喀莫人（Kamuk）等。

第五节 其他民族

1. 塞茫族（Semang）——这便是矮黑人的一支。太古时最先居住暹罗，散布全境，后被别族所逼，逐渐减少，现在只住北大年和洛坤的山间，只有数百人。称为东加人（Tonga）或摩斯人（Mos）。少数和马来人驯熟的，被雇为佣工，多数生活于山林中。性质和风俗习惯与马来半岛的塞茫族相同，不赘。

2. 马来族(Malay)——暹境内约有40万马来族,多住在暹属的马来半岛北段,有少数在暹罗湾东岸。原来大约是原始的马来族,但他们是混血的民族,和安南的占族有关系,又与塞茫人也有混血。信回教,却不严守回教教义,还保存些动物崇拜的信仰。以前尊女人为王,大约是行女系制。男剃发,女结发。从事农耕及渔业。

3. 照南人(Chaonam)——这是原始马来族的一支。正马来人称之为海人(Orang Laut),还在原始文化的程度。根据地在丹荖群岛,并散居于马来半岛西岸一带,暹属也有。以前全在船上生活,近来渐有靠岸定居的。有自己的方言,类似占语,但已渐废弃而改用马来语。以制造干鱼、盐鱼及采取海参、珍珠等海产为生,精于潜水,能没入水中十六七寻的深处(每寻6呎)。

4. 卡连族(Karen)——卡连族大部分在缅甸,在暹罗西境的约有6万人。其种属还未明了。其语言与其说是属于蒙吉蔑系或西藏缅甸系,不如说是近于泰语系。事实上他们和泰族的关系很古。分为三支派,名为Sgaw, Pwo, Bghai,在暹境都有。除少数佛教徒和基督教徒外都是原始宗教徒。(参看缅甸章)

5. 卡通銮族(Ka Tawng Luang)——族名的意义是黄叶蛮人,传说他们的住屋是将带青叶的树枝插地上构成,到了树叶黄时,便弃而他往了。意思便是说他们不会固定住在一处,还无固定的屋子。以前不过传说有这一种人,还不能断定其有无,到了最近方有人在巴塞河源头附近的山中以及纲帕府和难府的山中发现极少数的这种人。越南也有。暹属的有的出来和老挝人交易,但这是无言的交易,将带来的林产物放在一处,便隐身于相当远处,老挝人将其物取来,另将盐和烟草布类放在其处便离开,他们等人去了远方再来取去。体型显然不属矮黑人。额上及下颚有黥涅纹,男女都裸体,男人有时腰间束一条布。唯一的武器是铁矛,能够猎犀。完全不晓耕种。

6. 沙盖族(Sakai)——和马来半岛的沙盖族相同,在北大年山中有少数。有人将沙盖族归入蒙吉蔑族内,其实沙盖人是属于三大种之外的先达罗维荼族(Pre-Dravidian)的一支。(见马来半岛章)

7. 丁人或卡丁人(Tin, Ka Tin)——住在难府西北大山间,和喀莫人或有血统关系。文化不十分低。

8. 苗族(Meo)——这是中国的苗人移居暹罗的。在暹罗北境,最常见的有二支派,即白苗、花苗。苗人自称为Mong,音与蒙同。民族学家有将苗人与蒙人列为同类者,有说苗人为纯粹蒙古利亚种,不像蒙人为混合种者。

9. 瑶族(Yao)——也是由中国移来,其数比苗人少,也住在北部难府山中。

第十二章　缅甸的人种风俗

第一节　总　论

缅甸的面积605000平方公里，人口在1941年是16823796人，现约1900万人。密度每平方公里31人。总人口之中，外侨约一百数十万人，以印度人为最多，达百万以上，华人20余万。

本国人中以缅甸人（Burmese）为主干，其人数1100万以上。此外各族掸人1037000人，卡连人1367000人，钦人348000人，卡钦人153000人（据1931年调查，现在应皆有增加）。以上诸族都属大陆蒙古利亚种南方系。

缅甸地方的最古住民或者是塞隆族（Selung），现在已将灭绝，以前或曾住在海岸地方，其人似乎近于矮黑人。其后一次一次的移民波浪自中国西部，自西藏，自巴米兰高原，自蒙古，沿着较大河流，倾倒而下。第一次南下的是蒙吉蔑族，次之是西藏缅甸族（Tibeto-Burman）。他们将先住民族赶向边境及暹罗、柬埔寨去。最后是属于泰掸系的掸族和系统不明的卡连族，硬塞进来，各占据一个地方。在缅境这种民族南移的潮流，在历史时代继续不停。到了现代因政治交通的关系却以从西由海路来的印度人为最多，但这已不算为民族成分，而只算作外侨了。

上述的诸族之中以西藏缅甸族的迁移痕迹最明，因为沿途都存留些支族。他们大约在公元前600年便出现伊拉瓦底河流域。他们与蒙吉蔑族竞争甚久，终于把蒙吉蔑族压服，因而成为缅甸的主要民族。

缅甸的人种可分为三大类及其支族如下：

1. 藏缅系（Tibeto-Burman Family）：缅甸族（Burmese）、菁播族（Chingpaw）、枯奇钦族（Kuki-chin）
2. 泰掸系（Tai-Shan Family）：掸族（Shan）、卡连族（Karen）（未定）
3. 蒙吉蔑系（Mon-khmer Family）：蒙或搭拉因族（Mon or Talaing）、瓦鲁迈族（Wa-Rumai）

第二节　缅甸族（Burmese）

缅甸人的传说自言是出自北印度释迦佛的国家，但多数学者都推论缅甸人是出自中国西部。缅甸古史说缅人建国远在公元前900年，其实应当远在其后。后来有阿罗汉国,是在中国唐代,现在缅甸族的一支派还成为阿罗汉人(Arakanese)。同时还有骠国,这字是中国《唐书》所载,现在缅甸族中也有一个声音极近的Pyu族,或者是其遗民。骠国的文化已经很高,是受印度影响的。信奉佛教,塔寺建筑华丽,有城,城有十二门,有金银器物,喜欢音乐。他们的古史自说由蒙族获得佛经及文字。蒙族的文化原是源于印度的。卡连族称缅甸人为Payo或Pyaw,其音极像骠字。

关于缅甸一名(Burma)的起源,或说便是由婆罗摩(Brahma)衍变而成,因为古时印度人称缅甸人为婆罗摩,他们也承认了这名,后来音讹变为Bama,最后成为Burma。

缅甸人的体质有显著的蒙古利亚种特征,如高颧骨,狭长的眼,低而大孔的鼻。发极黑极长,肤色较北方人为暗,成棕色。身长5呎二三吋。

缅甸人的性情坦白愉快,但有时缺自制力,流于残暴。有军事政治的才干,也精于艺术。信奉佛教,宗教在他们的生活上占重要地位。黄衣的僧人为每个乡村的精神上的中心。乡村常有佛寺,兼充学校。寺即是塔,大塔旁又有小塔,金碧辉煌,极为宏丽。寺塔极多,到处皆是。缅甸人有资产者以造塔为一生最大的善事。男子达十二三岁必须剃发入寺,经过三个月至六个月的出家生活,方再还俗。未曾入过僧寺的不得娶妻及就业。

女人比男人勤劳,多做事情。女人的地位很高,除白人外可说最有自由的了。结婚离婚都容易。食物以米为主。不常饮酒,极好吸烟和嚼槟榔,青年女子有手拿一条长1呎的大卷烟草的,才入小学的小孩也已经会吸烟了。男人到青年期后便在大腿上屁股上黥刺文字或鸟兽形,不曾黥涅的不得结婚。女子到青年期在耳朵上穿孔,挂金属的环,以表示有结婚的资格。男女服装和暹罗人、马来人差不很多。男女下身都穿一条裙,像爪哇的纱笼,土名"伦仪"(Lungyi),色彩极其华丽。喜欢丝织物,穷人也都有一条丝织的伦仪。其丝织物是曼德来附近所出的。上身男女都穿着短的上衣。稍有不同。女人所穿的极其华美。屋子通常都是有桩屋,离地二三公呎。

缅甸人少时都须入佛寺受教育,学习宗教教义及文字算术,故文盲极少。但因这种教育终是不够,所以政府也办理现代式的学校。

第三节　卡钦族(Kachin)及枯奇·钦族(Kuki-Chin)

藏缅系的第二支是卡钦族,这是缅甸人称他们的。他们自称为青播,意义是"人"。俗名又称为"山头人"。他们住在缅甸东北以至西北境的山中。人数约有40万。南部的因接近缅甸人,也略开化,其他则仍保持原始状况。传说这一族人捉到敌人时将他缚近火旁,等他烘得大汗淋漓,便将饭蘸着汗吃。性强悍好争斗。语言多带哇音,父亲叫"依哇",妻子叫"山腰山哇"。他们叫中国人"做开"。原无文字。传教士教他们用罗马字拼土话写字。男女头上都束发。缺乏布类,故衣服不周。食物以米为主,也有杂粮。将田里的草木烧做肥料,以外无他肥料,这便是所谓"火耨法"。也晓得种茶。屋子是长方形,长30~100呎,每屋可住数个小家庭。屋用大树干构成,离地二三呎。每间房都有前后门,后门名"鬼门",不得出入。前门有梯,很难上下。无窗子故屋内甚黑暗。屋子约可经8年,如不坏也须搬家。女人勤劳,男人怠惰。因住在山地,每下山时用木板贴屁股上溜下来。

枯奇・钦族(Kuki-Chin)是藏缅族的又一支派,他们住在一条长而狭的山脉,有 Negrais 岬伸展到那卡山(Naga)等处。分为枯奇人和钦人等小支,但都是同族,所以合称为枯奇・钦族。枯奇是阿萨姆人(Assam)称其附近山上部落的名,钦则为缅甸人用来称介于缅甸与印度的阿萨姆之间的民族。钦人的来源据说是古代缅甸族留在北部后方的支派,所以他们和缅甸人有密切关系,其风俗可以当做未信佛教时的缅甸人的古俗。南部的钦人有蓄奴隶的风俗。北方的常有猎取人头俗。

第四节 掸族(Shan)

掸族在缅甸的也不少,1931年已达103万,现在应再增加不少。上文暹罗章曾述及掸族,但只以在暹境的掸族为限,本章再补述在缅境的掸族,以及其一般状况。

掸族的名称是缅甸人所叫的,他们自称为泰族。这一族的进入缅甸北部大约在2000年前,以后再往东南推进。他们占据萨尔温河和湄公河大约在公元3世纪以至9世纪之间。现在他们在缅境内占据缅甸北部掸人省(Shan State),位置在掸高原(Shan Plateau)上。他们住地是高原,与缅甸人住伊拉瓦底河下游流域不同,故风俗上也有差异。而因接近云南境,故与华人颇相类。

体质上与暹罗人、缅甸人无大差别,但肤色较白,肌肉较丰,身材多1吋高。发黑而直,鼻小口阔。男人盛行文身,通常由胸至小腿一半。在以前酋长的护卫武士全身都黥染蓝色花纹,包括面上以至足踝,以及手背。缅甸人也有文身,老挝人一部分也有,只有暹罗人不文身。据说掸人的文身术最精。

服装男人穿裤子和上衣,扎头巾,又像安南的大官模仿中国古装,腰加束带。女人腰间围阔幅的布,色彩不像缅甸女人的鲜艳。有将宝石嵌入皮肤内当做护符的。以农业为主要职业,以米麦蔬菜等为食物,喜欢嚼槟榔子,又有吸鸦片的,齿多变黑。精于机织,自能种棉。能采玉及琥珀等宝石,又有金属细工。住屋也是有桩的屋。性情也好武,常带佩刀。擅拳术。有踢球戏,全身各部都用,不限足部。又喜欢赛马。

分为许多小土邦,各有酋长。结婚手续是男女同意后女子先到男家住,男家送茶及盐于女家求婚,女家允婚后,女子再返母家,才正式结婚。行婚礼时男人再送钱及盐茶于女家。原则上行一夫一妻制。现在还行女系制度,只有女儿才有承继财产的权利。结婚也是行入赘制的,离合全属女人的自由。

掸人的文化程度颇不低,社会地位与缅甸人相等者不少。也信奉佛教,但比缅甸人更带有拜物等色彩。

第五节 卡连族(Karen)

卡连族住地在暹罗的西部和缅甸的东部,为缅境内掸人省的西南部和卡连尼省的主要人口。在缅甸的远比在暹罗的多。在暹罗只有 6 万,在缅甸的达 130 余万。卡连人的种属还无一致的结论,或说是属于泰族,或说是卡钦人同类,而是属于藏缅系。或者体质上近于藏缅系,但文化上却与掸人同化,故有两说。

卡连人身体低矮而强健,皮肤浅黄棕色,眼形比缅甸人更有蒙古利亚种特征。卡连人的来源或者也是原在中国境内,被泰族赶向南方进入缅境,后来又被蒙族和缅甸人赶入山地。

卡连人分为白卡连(White Karen)和红卡连(Red Karen)二种。白卡连包括 Pwo 和 Sgaw 等氏族,红卡连包括 Bghai 诸氏族。白卡连肤色较白,红卡连面色红棕。以前性情粗野凶暴,为邻族所畏,现在已改变。名义上以前多数为佛教徒,其实还兼崇拜精灵。近来改信基督教的不少。以前厉行氏族内结婚制,每个人所可结婚的对象限于小范围,五六岁的小孩便由父母代为订婚。卡连族人现在改信基督教的在缅甸诸族中最多,风俗习惯也进步甚速,服装生活多有欧化的。最近 1948 年因要求自治不遂而反抗政府,可见其势力之大与程度之高。

第六节 在缅甸的蒙吉蔑系民族

搭拉因族(Talaing)——住在缅甸东南部摆古(Pegu 或译勃卧)地方,故又称为摆古人。原是蒙族的一支。蒙族曾建立摆古国,与缅甸人竞争甚久,后来方合并于缅甸。遗民人数不多,约 10 万,或者因同化混合之故。

鲁迈族(Rumai)又称巴拉翁族(Palaung)——主要住地在掸人省的北部,并散居掸人省别处,人口与前一族相等。性情和平勤奋,信佛教,很会营利。

服装像掸人。身材矮,皮肤白,鼻扁平。多种茶,并以制茶为业。

瓦族(Wa)——人口也有 2 万人以上,住地沿着萨尔温河(Salween)约百英里长,东向到湄公河间的分水岭。在景东省(Kengtung State)也有。这种人大约是蒙族的原始支派。现在还保存原始风俗。其中一小支名瓦隆人(Wa Lon)的有猎取人头的风俗,住在最深僻的地方。在外围的便较进步。

附录:《中马同源论》①

(1948 年林惠祥手稿)

---

① 附录正文缺,在其他专论中补入。——编者注

南洋人种的起源①

拜野博士(H. O. Beyer),美国人,菲律宾科学局局长,国立大学研究院人类学系主任,为南洋人类学的权威。与 Steiger 及 Benitez 合著 *A History of the Orient* 一书,其中南洋部分由其执笔。本篇即由此书摘译。

三大原种——南洋在有史以前的居民有三大种。第一种是矮民(Pygmy),他们似乎是南洋的最古居民,但其纯粹的后裔现在只住在几个偏僻孤立的地点。第二种名为印度尼西亚人(Indonesian),他们入南洋后于上一种。第三种是蒙古利亚种(Mongoloid Race)即黄种是最后到的,当他们从中亚细亚移出后,一部分侵入了印度支那,再南下到马来西亚群岛。

这三原种的差异如下:矮民以身材短小著称,这名词便是指 5 呎以下的人类。印度尼西亚人刚刚相反,却是在南洋身材最高的人种。至于蒙古利亚种身材是中等。

〔译者注:矮民在有史时代尚多存于印度支那,并曾移入云南。又即在中国三国时安徽省也有此种人。中国古书所记的僬侥人便是此族。大约在远古时代,蒙古利亚种人初到中国南部和印度支那等地时,已经先有这种矮民。〕

矮民——矮民有三种,第一种,肤黑,头发卷缩像羊毛状,现在称为尼格利陀族(Negretto),原是尼革罗种即黑种(Negro)的原始支派。第二种是像在澳洲土人的名为类澳洲人(Asutroloid),第三种是近于蒙古利亚种的名为原马来人(Proto-Malay)。

〔译者注:澳洲土人身材不十分矮,大约便是尼格利陀的变种(据 Baldwin Spencer 的研究)。至于原马来人或即是蒙古利亚种最先南下与尼格利陀人混合而成的,不可归入矮民中。故矮民以限于尼格利陀为是。〕

尼格罗种即通常所谓黑种有二大支派,一为非洲尼格罗系(African Negro)住非洲,一为海洋尼格罗系(Oceanic Negro)住东方的南洋群岛。海洋尼格罗系中有尼格利陀族别称矮民,体质除原著所述外,还有头形广、发短、颚

---

① H. O. Beyer 原著,林惠祥译注。

突、鼻短而扁宽、鼻孔大、眼形圆大、眼珠黑等特征。心理活泼,有小范围内的急智与狡猾。性情温和。语言大约属胶着语。文化现在尚甚低,以拾食及狩猎为生,住所简陋,以弓箭为武器,钻木取火,以家族为社会单位,行一夫一妻制,有酋长。其现存支派住安达曼岛的便称为安达曼人(Andamanese),住马来半岛中央及苏门答腊东部的称为塞茫人(Semang),住菲律宾的称为埃达人(Aetas),住新几内亚的称为答卑罗人(Tapiro)。〕

印度尼西亚人——印度尼西亚一名也兼指两种人。初时是指一种身材长,肤色淡,住在苏门答腊的人,那时全无与蒙古利亚种混合的痕迹。其后兼用以称马来亚的蒙古利亚种中身材较长的支派,这后一种肤色较暗,躯体也较为厚重。

〔译者注:印度尼西亚人应以第一种为嫡系,但现在少有纯粹的遗裔。第二种大约是印度尼西亚人和蒙古利亚人的混合种。这是现在的印度尼西亚人,也即是马来人,和原来的印度尼西亚人大有不同了。印度尼西亚人又称尼西约族(Nesiot),原是高加索种即白种的一种原始支派(高加索种的肤色不一定白,如印度人便不白),但现在遍处和广头的黄种人混合,故纯种难寻,而马来人中常带有其体质特征。〕

马来人——蒙古利亚种由中亚出发进入印度支那和马来西亚时,愈向东南进,愈改变了原来的形体,因为那边原有先住民族印度尼西亚人在,两族便混合了而成马来人。

〔译者注:马来人以前常称棕种,现在科学家把他归入蒙古利亚种内,称为海洋蒙古利亚种。其体质是发直而黑,须毛稀少,肤色棕黄,头形广,颚微突,颧骨大,鼻小而直,鼻孔大,眼色黑,位置水平,身长在中等以下,自1.53米至1.65米,唇厚微突,四肢颇细,足小。性情安静,保守,而沉默,但受刺激时容易张脉奋兴。颇有智力,多礼貌。勇敢能冒险,嗜音乐,有口才,喜娱乐,语言属马来—波利尼西亚语系,系胶着语。文化今日尚不一律,有完全现代化的,有保存原始的。马来人是南洋历史的主角,至于印度尼西亚人已混合在马来人中(荷兰学者将印度尼西亚人称为纯粹马来人),矮民则退居偏僻地方,原也无甚历史。〕

三大种的分层——在马来西亚的各大岛还可以看出这三大种的分层。从他们进入这些地方以来,经过了历史时代,都是保存这种状态。概括言之,蒙古利亚种血统的马来人以及在历史时代进来的人大都住在沿海地方。带有印度尼西亚血统的人则多住内地,而且这种特征愈深入愈浓厚。在更深远偏僻的河源沼泽或深林地方,则至今也还有原始的矮民的遗裔。

2000年前当印度文化开始进入马来亚时,这种分层状态,必定更为明显。有很多理由可以相信在基督纪元之初,马来人(蒙古利亚种和印度尼西亚人的混合种)只住在沿海和河水下游流域,在内地的印度尼西亚人还很纯粹。在印度支那地方,印度尼西亚人的被吸收和消灭比较早些,所以在那地方可以找得出印度尼西亚语言和文化的痕迹的,只有零散而孤立的少数人民。

三大种的文化——弓箭自尼格利陀人,吹箭铳(Sumpitan-Blowgun)则出于原马来人。石器的使用在类澳洲人中最为普通,故石器的散布便可表示其族的散布。印度尼西亚人的文化特征遗留于马来西亚是很多的,易于指出。印度尼西亚人的第一支(即纯粹的)无陶器,也不晓得织布和编篮。他们带来了简陋的"火耕的"农业(用火烧树木为肥料,不知灌溉)。第二支的印度尼西亚人更输入了种芋的农业,但也是干芋不是水芋。他们或者还介绍了山上种的旱粟,各种薯类和荚豆,他们方知道制陶术。雕木术和木工也是印度尼西亚人所发展的。各种工具和坚木制的兵器也是他们所常使用的。织布和编篮是后来的蒙古利亚种所传入,灌溉农业的介绍也由于他们。

印度尼西亚人不会在地上造架高的屋,或在水中造有桩的屋。他们的屋子是小茅屋,或直接置于平地上,或在树枝上。例如婆罗洲、民大瑙(Mindanao)和吕宋北部的纯粹印度尼西亚人犹常造这种屋。那种造在陆地的柱上或在水中的桩的屋子,是马来人传入的。

这些人民在纪元前是否已经知道制造金属物,难以断定;但自和印度人及中国人接触后,金属便广被使用。自此以后南洋便接受了印度和中国这两个文化源泉的影响,而进入新的历史时代。

(《星洲日报·半月刊》1938年第9、10期)

南洋人种总说

客人到了主人家里，对于主人的家族也要略微查问，我们华侨在南洋是长住的客，对于本地的住民哪能不知道一个大概。人家以预备侵略为目的的，要明了目的物的实情，我们以维持友谊为目的的，自然也不能不了解老朋友的状况。

南洋现在的人种很多，但我华人、欧人、印度人等都是后到的，各有其本籍，不必和土著的南洋土人混合叙述。本篇专就南洋土人而论，略举其种族名称，目的在于概括，不再详细叙述。

南洋的土著以马来人为主，但此外还有黑种人比马来人更先到南洋。分述如下：

一、马来人（又名海洋蒙古利亚种）

马来人旧称棕色人种，但近来学者研究更精，发现马来人不能自成一种，而实为蒙古利亚种即黄种的一分支，因改称他做海洋蒙古利亚种（Oceanic Mongoloid Race）。马来人的体质大都和蒙古利亚种别支相近，但也有其特殊之处。马来人头发直而黑，须髯稀少，皮肤的颜色虽号棕色，其实是较其他黄种色人更暗而已，头形自左至右颇广，身长中等，自1.52米至1.65米以上都是蒙古利亚种的特征。马来人只有眼睛很特别，眼孔大而圆，位置水平，不像正蒙古利亚人的狭长斜上，这种眼形称为"马来眼"（Malayan Eye）。马来人都与别族混合，故体质有和上述不符者。南洋诸岛是马来人的大本营，所以有马来西亚（Malaysia）之称，此外，还有于太古时移居台湾的，又有迁往非洲东南的马达加斯加（Madagascar）岛的。马来人原由亚洲大陆南下，因和各岛先住民族混合和大陆的别系发生差异，因而成立另一系。马来语属于马来—波利尼西亚语系（Malayopolynesian），为胶着语的一种。马来人的性情安静沉默，但有时却会异常奋激，也很勇敢。马来人的文化古时受印度、中国、阿拉伯的影响，近世又在西洋文明陶冶之下。各支种族程度不等，在苏门答腊巨港一带和爪哇西部，古时各曾建立大帝国，文化颇高，又如菲律宾人也已成为现代文明民族；其他在偏僻地方，则至今也还有保存原始风俗的。一般的风俗是信婆罗门教、回教,也有信基督教的。他们也有自己的政治制度、法律、工艺、农业、文字、美术。喜欢音乐、跳舞等娱乐,嚼槟榔。住架高的茅屋。有一种特殊的兵器是蛇形的短剑,名为"克里斯"(Kris)。有一种自杀的方法是:拿一把刀乱杀别人,然后被别人杀死,叫做"跑阿目"(Meng Amok),但不常见。在僻地,未甚开化的马来人至今所保存的风俗习惯很像太古人类,很可证明人类文化起源和演进的原理。马来人的支派很多,略举于下:

1. 马来半岛的马来人

马来半岛的土人有数种,马来人还是后来移入的,有两支派:

(1)正马来人(Malaya Proper)即巫来由(Orang Malayu):原住在苏门答腊的门南加保(Menangkabau),后方移来马来半岛、新加坡槟榔屿诸地。所谓正马来人便是狭义的马来人,这个名称用为广义便概括了一切住在南洋群岛的海洋蒙古利亚种。

(2)乍滚人(Jakun):这一支人肤色比正马来人暗,这是由于和马来半岛的土著混合的影响。

2. 苏门答腊人(Sumatrans)

苏门答腊人(Sumatrans)分为:

(1)正马来人:住苏岛南部并移居如上述的马来半岛等地。自昔受印度文化影响,曾建立三佛齐(Sri-Uishaya Empire)佛教帝国,到14世纪方灭,原信佛教,以后改崇回教。文化很高,有源于印度的文字。

(2)峇搭人(Battas):在苏岛西北,曾建立有酋长的部落政治,文化也不低,但以前以食人肉著名,所食者为俘虏和老病的亲人,也有文字。

(3)亚齐人(Achinese):住在更西北端,曾建立国家,保持独立状态至于近时。

3. 爪哇人(Jaoonese)

爪哇人的文化和正马来人一样的高,纪元前便受印度文化的影响,继苏门答腊的三佛齐之后,建立麻喏巴歇大帝国(Madjapahit Empire),自13世纪到15世纪经过百数十年。现在爪哇古迹之多,便由于此。爪哇人还再分为爪哇本支(Javanese Proper)住中部,其他人(Sundanese)住西部,马都拉人(Maeurese)住马都拉岛,巴厘人(Balinese)住巴厘岛。

4. 婆罗洲人(Borneans)

婆罗洲人的文化不如苏岛、爪哇二处。除东北部文莱(Brunei)等小部分在历史上曾建立邦国外,其余大部分无甚历史,甚至尚在原始状态中的有以下诸支派:

(1)达押克或拉仔(Dayak)是婆罗洲最主要的民族,分为海达押克(Sea Dayak)和陆达押克(Land Dayak)二支。前者又称班依人(Jbah),住英属海岸,后者住本岛山地。有猎取人头的风俗。

(2)卡延人(Kayan)在本岛中部广大地方。

(3)更耶人(Kenyahs)在中部北方山地,以上二族很有势力,从事农业打猎。

(4)克里曼丹人(Klemantans)、毋律人(Murut)、卡拉比人(Kalabit)、杜孙人(Dusun)、色卜人(Selop)、巴剌弯人(Barawan)、米拉瑙人(Milanau)、答卡人(Taga)诸族关系颇密,合成为英属北婆罗洲的主要人口。从事农业,势力不强。

(5)埔南人(Punar)、乌吉人(Uker)住在内地森林和河源地方,文化最低,不知耕种。

5. 西里伯人

西里伯人分为下列支派：

(1)布既斯人(Bugia)住东海岸,最主要他们最易患"跑阿目"的病。

(2)望加锡人(Macassars)性质和布既斯人有同有异,也易患"跑阿目"的病。

(3)曼达人(Mandars)。

6. 菲律宾人(Philippines)

按照文化状况可分为三种：

(1)基督教族:包括米赛亚(Bisaya)、答加碌(Tagalog)、乙老哥(Iloco)、弥古(Bikol)、邦卡诗兰(Pangasinar)、盘板干(Pampangan)、伊班拿(Ibanag)、山巴耳(Sambal)等支人数最多,住吕宋岛及中部诸小岛。近代进步甚速,已达到现代文明民族的地位,现在的菲律宾共和国便是他们努力造成的。

(2)摩洛人(Moros)住在南方的民大瑙大岛、巴拉弯岛、苏禄岛,信回教,人数远不及基督教族之多。

(3)蛮族:包括乙哥洛人(Igorot)、本托人(Bontok)、伊夫交人(Ifugao),都住在吕宋岛北部,又有曼既安人(Mangyans)住民大瑙岛,文化最低。

二、海洋尼革罗种(Oceanic Negroid)

在马来亚人进入马来群岛之时,已经有了先住民族海洋尼革罗种了。尼革罗种就是黑种,有东西二大支,西支在非洲,名非洲尼格罗种,东支在南洋及太平洋各岛,故名为海洋尼格罗种。海洋尼格罗种和非洲的黑人体质相类,同是黑皮肤,卷头发,突颚,大眼睛,少须毛。他们虽先到南洋,但为后到的马来人所逼,避入内地偏僻之处,文化也远不及马来人,尚多在荒昧的状态中。在南洋范围内的支族如下：

1. 巴布亚人（Papuans）

巴布亚人住新几内亚大部。体质除上述黑种特征外，身长中等，头形前后径极长，颚微突，鼻大而直，常作鹰嘴状。性情易激动，不固定，爱哗笑，富于感情。从事农业、渔业和打猎。穿树皮树叶的衣服，又常裸体，有文身刻疤的装饰，用贝壳作为货币，有弓、箭、棒、矛为兵器。划独木为小艇，艇常带一边架，有水上屋，盛行母系制，崇拜动植物图腾。巴布亚人的风俗最有趣。

2. 矮黑人（Pygmg）

矮黑人又称尼革利陀（Negritto）。这一支族的特征在于身材非常的矮，在5英呎以下，颚突，头形广，鼻塌而宽，性情温和活泼。文化大都很低。支派如下：

（1）塞茫人（Semango）：住马来半岛中央和苏门答腊东部。马来人把他们和猩猩一样称为"野人"（Orang-Utan）。以拾食、打猎为生，无定居。衣服用具都极简单。有部落制度。语言也很奇特。

（2）沙盖人（Sakai）：住马来半岛南部内地。这一种或归于矮黑人内，或当作系统不明人种。身材和塞茫人差不多。生活习惯也和塞茫人相同，有时造屋树上以避野兽。

（3）安达曼人（Andamanese）：住在马来半岛西的安达曼岛。文化也很简单而奇异，人类学上常举以为例。

（4）亚埃达人（Aetas）：在菲律宾大岛山地，是该岛最先住民，后来被马来人所逼而退居山中。

（5）答卑罗人（Tapiro）：住新几内亚西部山上。

三、印度支那民族

南洋的名称如用为广义，还包括印度支那，所以印度支那民族也应当提及。印度支那民族和汉族、藏族同属于南部蒙古利亚种。发状直而黑，须髯稀少，肤色黄棕，头形广，身材中等。语言有缅甸语系、泰暹语系（Tai-Siamese）、安南语系、蒙克麦语系（Morn-Khiner）。宗教大都拜佛教。文化颇高，但僻地也有未甚开化的支派。分述如下：

1. 安南族（Annamese）

安南族再分为：

（1）安南人本支（Annamese Proper）：住东京三角洲，安南沿海及交趾支那大部分。自古受中国影响，文化体质都像汉人。

（2）占人（Chiam）：住交趾支那、柬埔寨。古时也曾建立国家。

（3）柬埔寨人（Combodiane）：又称克麦耳人（Kbmers），用蒙克麦语。

2. 泰掸族（Tai-Shans）

"掸"是种族名，"泰"原意是高贵自由，是他们自称的名词，所以合二名为一语。"掸"字或说是由于中国语的"山"字，和"暹"字也相近。住地很广，除暹罗国外还有在安南西部、缅甸东部和中国云南南部的。或说其起源是在中国四川省北部，自古受印度文化影响，有源于印度的文字，各支派文明程度不等，多数已进为现代文明民族。支派如下：

（1）暹罗人本支（Siamese Proper）：住暹罗南部，是最主要的支派。

（2）掸（Shans）：在缅甸东部。

（3）老挝（Laos）：在暹罗北部和安南西部。

3. 缅甸人

缅甸人分为：

（1）缅甸人本支（Burmese Proper）：在伊洛瓦底江流域最多，是主要的支派，古时曾建立国家。此外，还有其他住西部山地的则文化较逊。

（2）那卡人（Nagas）、枯奇人（Kuki）、曼尼浦利人（Manipuri）：住缅甸东北部及曼尼浦地方。三族据说是由一祖所传。文化较输于上一种。

（3）榛人（Chins）：在北方 Chindwin 河流域。文化不高。

（4）喀榛人（Kachins）：又名喀乾人（Kakhyens），在伊洛瓦底江上游，自喜马拉雅山东麓至于云南野人山。文化低。

（5）喀连人（Karens）：在缅甸、暹罗交界地方，和上一种有关系。

（《星洲日报·半月刊》1938年第12期）

南洋民族的来源和分类

——南洋研究所"南洋概况"讲座之一

一、南洋的人口

"南洋"一语是我国人所创的地理名词,其范围大小不一,大之可以包括中印半岛(即前称印度支那半岛)、马来半岛(实是前者的一部分)、马来西亚群岛(Malaysia)、美拉尼西亚群岛(Melanesia)、密克罗尼西亚群岛(Microaesia)、坡里尼西亚群岛(Polynesia)、澳洲,甚至印度;小之则只限于马来西亚诸岛及马来半岛,连中印半岛也不算在内。南洋原是指在我国南方渡海可达的地方,不论是岛屿或半岛都可包括在内,但距离太远的,或不在南方的,便不可算入南洋之内,以免与其他地域混淆。照这标准南洋的范围应包括中印半岛的越南、老挝、柬埔寨、泰国、缅甸,以及马来西亚的马来半岛、苏门答腊、爪哇、小巽他群岛、婆罗洲(指全岛而言,南部印度尼西亚属的称为加里曼丹)、菲律宾、苏拉威西(前称西里伯)、摩鹿加,以及原属美拉尼西亚的伊里安(新几内亚)。

南洋的人口在以前都有统计数字,经常每十年举行一次,但有些地方没有调查数字,只是约计概数。

马来亚在1930年调查是4326700人,1955年调查有7173678人。

印度尼西亚的苏门答腊1930年调查有8254843人,1955年调查有12000000人。爪哇在1930年调查有41718364人,1955年调查有52000000人。婆罗洲全岛在1930年调查2860000人,1955年调查英属有1017123人,印度尼西亚属加里曼丹有3000000人,共约4000000人。苏拉威西(西里伯)在1930年调查有4231906人,1955年约计有5000000人。小巽他群岛在1930年调查有3500000人,1955年约计有5000000人。伊里安(新几内亚)约有1200000人。

菲律宾在1939年调查有16003303人;1953年调查有21022708人。

越南在战前包括老挝、柬埔寨在1936年调查共有23030000人,战后越南在1953年调查有21000000人,老挝在1951年调查有1500000人,柬埔寨在1953年调查有4073967人。

泰国在 1930 年调查有 16100000 人，1953 年调查有 19556000 人。
缅甸在 1930 年调查有 16823796 人，1953 年调查有 19045000 人。

二、南洋人种的来源

上述南洋人口是包括外来人在内，外来人之数最多不超过十分之一，其余都是土著，南洋土著的种族很复杂，这是因为他们的来源有数支，先后进入南洋，互相混合，因而演成了现在多种多样的民族。南洋在有史以前便有三种人先后来此居住，他们可称为三大原种。按其先后的次序，分述于下：

1. 海洋尼革罗种（Oceanic Negroid）：这一种是最先来南洋的，但除与后到的其他种族混合以外，其纯粹的后裔现在只居住在几处偏僻的山林或孤岛中。尼革罗种便是黑种，分为二大支，一为非洲尼革罗系（African Negroid），住非洲；一为海洋尼革罗系，住南洋各岛。海洋尼革罗系中有一支名为尼革利陀（Negritto），因其身材以矮著称，平均在 5 呎以下，故号为矮黑人（Pygmy）。这一种人现在只残留于南洋少数地方的深山中，如马来半岛、菲律宾、伊里安、安达曼岛诸处；但在以前却散布很广，几乎遍布南洋各岛和中印半岛，在中国南方也有这种人的痕迹。海洋尼革罗种的另一支名为巴布亚西亚人（Papua-sian），身材较高，现在只住在伊里安（新几内亚）和美拉尼西亚诸岛。这两族和后到的两种人都有混血。

2. 印度尼西亚族（Indonesian）：南洋土人的原种中有印度尼西亚族是确实的事，但是印度尼西亚究属何种人，却有不同的意义。人种学家或将印度尼西亚族算作是蒙古利亚种的一支，或则将他算作高加索种（Caucasian）的一支。其实前一种的意见是指混合后的印度尼西亚人，若论原始的印度尼西亚人应当是高加索种的原始支派。他们大约是由西亚来的，或者经由印度及中印半岛而进入南洋各岛，那时也是在有史以前，约数千年前。他们进入南洋时，因为文化程度较高，便将先住民族即海洋尼革罗种驱逐到内地，而占据海岸平原的地方。这种人的特征是具有"马来眼"（眼形圆而位置水平，有双眼帘），头发作波状即微弯形。这种人是高加索种的极早的分支，与现在欧洲的白种人大不相同，肤色较暗，容貌也不同。高加索种中在亚洲、非洲的人很多不是白色的，如古埃及的含米特族和印度人都是较黑的，印度尼西亚人也是这样。这一族人后来因和更后到的蒙古利亚种人混合，已经少有纯粹的后裔，几乎觅不到这一种人的纯种。现在印度尼西亚的人民虽亦称为印度尼西亚人，其实已经是混合后的印度尼西亚人，而不是原来的印度尼西亚人。因此现在的印度尼西亚人已经不能算作高加索种了。

3. 蒙古利亚种（Mongoloid）：蒙古利亚种即黄种，由北而下，经过华南及中印半岛而至南洋群岛。他们是最后到的,大约在三四千年以前。他们南下时,在中印半岛和南洋群岛已经有了先住的印度尼西亚族和更早的海洋尼革罗族,于是沿途和这些先住民族混合,逐渐变了体质,另成一种民族,通常称为马来种(Malayan Race),又因其肤色比北方的蒙古利亚种较暗,故又称棕种。他们中的一部分又喜自称为印度尼西亚人。其实在人类学上,这种混合着印度尼西亚人和海洋尼革罗人的血统的蒙古利亚种人,仍可算是蒙古利亚种的一支派,所以在人种学上另起一个名称为海洋蒙古利亚种(Oceanic Mongoloid Race),以别于大陆蒙古利亚种(Continental Mongoloid Race)。海洋蒙古利亚种也便是马来族,印度尼西亚人的成分也被吸收在里面,不容易分开,于是名称也常混淆了。这种混合民族的体质特征大体上还是属于蒙古利亚种的型式,如头形广、发形直而黑、鼻低、颧骨高、身材中等、须髯稀少都是。只有肤色较暗,成棕色,眼形多属马来眼,使他们显得与大陆上的蒙古利亚种不同。

以上三原种先后进入南洋各地,后来者的文化高于先来者,故后来者到时,先来者便被逼退居内部偏僻地方。从此他们在各处分成三层,最后到的海洋蒙古利亚种多住海岸平原,较纯粹的印度尼西亚族的后裔则住在内地,至于最先住的黑种人局促于更深更僻的山林中。

三原种都是在有史以前进入南洋的,自然都属于石器时代,都以石器为器具,但也有精粗之别;海洋尼革罗种只有粗制的石器,后二者都有精制的石器。此外也各有其他特殊文化。海洋尼革罗种文化最低,但也能用弓箭打猎。印度尼西亚人便知道制陶器,用"火耨法"耕种(即烧田里的草木为肥料),种芋薯豆类旱稻,雕木为器物,构木为屋,建于树上或地上。最后到的海洋蒙古利亚种便带来了织布、水田耕种法、造有桩屋等技术。

这些原始的南洋人在2000年以前是否已经能制造金属物,难以断定。但不久以后便由印度人或中国人方面获得了制造金属的方法,并接受这二方面的其他文化,于是其中一部分民族便最先开化,成为较进步的有历史的民族,但也有一部分直到今日也还保存原始社会的状态,甚至有还在使用石器的。

三、南洋民族的分类

由于上述三大原种混合的结果,使出现了现存的诸民族。今日南洋的民族可分为三大类,每类又包括若干支族。

第一大类 广义的马来族(即海洋蒙古利亚种)

如上所述这一族便是蒙古利亚种的一支,自北而下,到了中印半岛及南洋各岛,和先住的印度尼西亚族以及更早的矮黑人尼革利陀混合而成。其成分似乎蒙古利亚种最多,印度尼西亚次之,矮黑人最少。因是混合种族,所以其名称也不一,有人称他为马来族(Malay),有人却称之为印度尼西亚族,为避免与古时纯粹的印度尼西亚族混乱,用马来族的名称较为妥当。这一族便是进住南方海洋的蒙古利亚种,故也称为海洋蒙古利亚种。这一族过去在人种五分法中又称为棕色人种,在现代较正确的人种三分法中却将这种人归入蒙古利亚种即黄种之中,作为蒙古利亚种之一分支。

马来族的体质大半和大陆上的蒙古利亚种相类,但因与上述别种人混合,故也有其特点。马来族的头发黑而直,须髯稀少,肤色虽号棕色,其实只较其他黄种人略暗而已,头形自左至右颇广,这叫做广头,身长中等,自1.52米至1.65米。以上都是蒙古利亚种的特征。马来族只有眼睛很特别,眼孔大而圆,有双重眼帘,位置水平,不像北方蒙古利亚种的狭长斜吊,眼帘不卷起,这便是马来眼异于蒙古利亚眼之处。马来族中也有头形比较长些(前后的长径)的,大约是印度尼西亚的成分比较多,这种人在南洋有数处特别集中,如婆罗洲的穆律人,菲律宾的印度尼西亚系诸族,因其印度尼西亚成分较多,故有人也喜欢用印度尼西亚的名称叫他,但却又说印度尼西亚族也是蒙古利亚族的一支,称之为原马来族(Proto-Malay),而那些具有较多蒙古利亚种特征的马来族,则被另称为新马来族(Deuterc-Malay),实则这种分别法反致系统不明,不宜采用。

马来族另有一种分别法,是分为广义的马来族和狭义的马来族。狭义的马来族又称为正马来人(Malay Proper),俗称巫来由人(Orang-Malayu),这种人原住在苏门答腊的中南部,因早受印度影响而开化建国,后来便扩张势力,散布于马来半岛、爪哇、婆罗洲、菲律宾等处,占据海岸平原。他们是开化的民族,另有其语言(正马来语)及宗教(初为婆罗门教及佛教,后为回教)以及艺术服装等。此外其他马来族程度还低,大都在内地,如婆罗洲的达押族,苏门答腊的峇搭族等都是。马来系的诸族原无公共的名称,其所以称为马来族,便是由狭义的马来人推广而得。这犹如蒙古利亚种的总名原是由蒙古人推广而得,其来历是一样的。所以狭义的马来族便是指正马来人,而广义的马来族范围同于海洋蒙古利亚种,包含正马来人及其他马来人。

马来族的主要住地是马来西亚(Malaysic)包括马来半岛、苏门答腊、爪哇、婆罗洲、苏拉威西、峇厘、龙目、菲律宾诸处,此外还有移入台湾的称为高山族,又有远至非洲东方的马达加斯加岛的。

马来族的语言属于马来·坡里尼西亚语系(Malayo-Polynesian Stock),为胶着语的一种。一语由数部分合成,但胶结为一,不可分离,与汉语及越南、暹罗、缅甸语等属于孤立语者不同。自正马来语以至于菲律宾,婆罗洲各种方言,根底上都相同,但分歧也很多。

马来族的性情安静沉默,但感情兴奋时却异常激烈,也很勇敢。马来族的文化程度不一。有至今还保持原始状态者,如婆罗洲内地的达押族,菲律宾的北方南方山地民族等。由于古时受印度、中国、阿拉伯的陶养,近世更受欧美资本主义文化影响者,程度很高,在一两千年前早已经是文明民族,如苏门答腊南部古时曾建立三佛齐国(Srivijaya),爪哇西部也曾有满者伯夷国(Madjapahit),都曾扩张其势力于南洋大部分。又如菲律宾及战后的印度尼西亚都是现代文明民族。马来族的宗教在高级文化的一部分民族,古时信奉婆罗门教或佛教,后来大部改信回教、基督教,其未开化者则仍信原始性质的宗教,崇拜自然物精灵鬼神等。马来族的艺术颇有其特殊之处,喜欢音乐、歌舞、雕刻、装饰及文身。文字古时有模仿印度文而制的古文字,后来改用阿拉伯字,近世又改用罗马字母。历史记载很少,文学也未十分发达。衣食住适应热带环境,颇为简单。衣服稀少,形式宽博,以纱笼(salong)为其特殊服装。屋子常加木桩提高,使离地颇远,形似楼,但下面不可住人,只可养家畜及为工作场所。这种屋子可以名为有桩屋或高架屋,在中国古时南方民族以及中印半岛的居民也都有这种屋子,中国古书称为"干阑",这是适应热地的屋子。善能驶船,有独木舟及帆船,太古时即能由一岛渡至他岛。兵器也很特别,有蛇形剑(keris)、吹箭筒(blowgun)等武器。

马来族的分支如下:(这是按照种族系统而编的,不问地方同不同)

1. 马来半岛的马来族——马来亚的一部分土人在古时便曾建立国家,受印度中国以及阿拉伯的影响,文化颇不低。中国与他们曾有往来,故中国史书中曾记载他们的事,其国名如狼牙脩、佛啰安、单马令、彭坑、吉兰丹、丁机宜、满剌加、柔佛,都在马来亚境内。不过这些国家的人种风俗,前后不一定相同。以前大都信婆罗门教或佛教,后来则改信回教。人种也应有变动及迁移。马来半岛的居民有一半是马来族,马来族有二支派:

(1)正马来人即巫来由族(Malay Proper of Malayu),是有史时期从苏门答腊移来的,古时曾受印度影响,但后来变为阿拉伯化,信回教,也还信仰巫术禁忌等事,巫术也称为"贡头",华侨常说巫人精于贡头。现在人数约300万人。马来半岛的马来族几乎全是这种人。

(2)乍滚人(Jakun),这是较古型的马来族即原马来人(Proto-Malay),大约是有史以前便入居马来半岛,不是后来方由苏门答腊移来。其肤色比前一种人暗些,文化还保存原始状况,不像巫来由人信回教。人数现在很少,已经逐渐与巫来由人混合。

2. 苏门答腊人——南部的正马来人很早便开化。苏门答腊的开化是由于印度文化的影响,约在公元1—2世纪时印度人便到南洋,先传入婆罗门教,其后更传入佛教。到了7世纪时苏门答腊南部文化便非常发达。其初于公元644年在詹卑(Djambi)地方建立末罗游国(Malayu,今译巫来由),不久在巨港

(Palembang)又建立三佛齐国,中文又译作室利佛逝国(Srivijaya)。三佛齐国曾于唐宋二代和中国有使节来往,中国史上曾有记载。三佛齐直至14世纪方衰落,被爪哇新兴的满者伯夷国(Madja Pahit)所征服。其后改信回教。其他部分另有不属正马来人的别族,但还属于广义马来族之内。分支如下:

(1)巴须马族(Pasuma):属正马来人,住苏岛南部,即古三佛齐故地。现在这里的人民却另有一种风俗习惯,和古时不同了。已改信回教,但还有其他迷信。

(2)民南加堡族(Menangkabau):也属正马来人,住苏岛西南部,现在还行母系制度。宗教上已改信回教,但也保留印度教及原始宗教。

(3)阿齐族(Achinese):住苏岛北端,不属正马来人。曾建立阿齐王国(Acheh)。信回教,但原始的迷信还是很深。

(4)峇搭族(Batak),在上一族的南方,也还在苏岛北部。不属于正马来人,自有特殊风俗。宗教上古时信印度教,后来改信回教,近时又渐有改信基督教的,原始宗教的遗俗也还存在。

以上四种是大族,其他小族还有卡约(Gajo)、阿拉斯(Alas)、苦部(Kubu)皆住于苏岛中山林地方。又有尼亚士人(Nias)、英加佬人(Engano)、民答威人(Mentawei)皆住在西方小岛,都是较富原始性的民族。

3. 爪哇人(Javanese)——爪哇人也属广义的马来族,不过他们喜欢自称为印度尼西亚族。爪哇的历史与苏门答腊同样的古,印度人2000年前在此建立王国,最初传入婆罗门教,后来又传入佛教。中国晋代高僧法显赴印度回,由海路经过耶婆提国,据学者考证便是现在的爪哇。1294年爪哇建立满者伯夷王国,中文又译作麻诺巴歇(Madjapahit),势力日盛,代替三佛齐称霸南洋,到15世纪末方衰落。三佛齐信佛教,满者伯夷信印度教。15世纪信回教的马达南国(Madaram)代兴,自此爪哇人乃改信回教。后受荷兰人统治,至第二次世界大战后奋起独立,建设印度尼西亚共和国。爪哇土人因受印度影响,旧文化很发达,千余年前便有完备的政治组织,文化发展到很高度,尤其是音乐戏剧金属工艺更为著名。有历法和韵文,有文字名为卡微文,自12世纪传至现代,用以刻石和雕铜。有古时所造伟大建筑物,例如婆罗浮屠(Boroboedoer),一度埋在土内,近再发掘出来。爪哇岛共有三十余处的石造建筑物,都是古时佛教和婆罗门教的纪念物,都富有考古学及艺术上的价值,可以表现爪哇人的古代文化。爪哇人可分为以下数支:

(1)爪哇本支(Javanese Proper):住在爪哇岛中部,人口最多,约占一小半,为爪哇人的主干。因是有古老历史的国家,故文化相当高。

(2)巽他族(Sundanese):住爪哇岛西部,人数只及上一族的三分之一,但程度甚高。婚姻多一夫一妻制,富人偶然也有二三妻的,这事为回教所准许。

（3）马都拉族（Madurese）：住在爪哇东部及马都拉岛，人数只达上一族的一半。有二支族，分住岛的东西，住在西部的身体稍瘦，后头部略扁平，头顶尖，颊骨露，不像蒙古利亚种的特征。住在东部的指甲和足部特别小，身材有高达170厘米的。

（4）万丹族（Bantamese）：又称为巴达维亚族（Batavians），住在爪哇西部。万丹族与正马来人混血颇多。

此外爪哇岛还有巫来由族，人数与万丹族相等，主要散布于爪哇西部各地。在爪哇东部迷拉卑火山麓有少数丁卡儿族（Tenggerse），他们原是佛教徒，因不肯改信回教，深居山中，与他族不相往来。在西爪哇森林中还有描扰族（Bajao），其母族原在婆罗洲，以前散布到爪哇来，有数千人。

4. 小巽他群岛人——爪哇到16世纪还有印度教的王国存在，后来为回教徒所统治，不肯改宗回教者须沦为奴隶；当时满者伯夷王国的遗民因不肯改教，乃向东移入峇厘和龙目二岛，与其地的先住人民共同保存印度教及其风俗习惯，直至今日。在爪哇本岛的佛教或印度教的古建筑物自入回教时代后便逐渐湮没，到近代乃由考古学家发掘一部分出来，方才重见天日。在峇厘及龙目二岛上却因人民保持印度教，故其寺院殿堂保存至今，五光十色，为外来游客所叹赏，分为：

（1）峇厘族（Balinese）：也属广义马来族，如上所说原是爪哇古时印度教国的遗民。住峇厘岛，人数约200万。地近爪哇大岛东端，其地为南洋名胜之区。峇厘人的宗教虽号称印度教（Hinduis），其实与现今印度的印度教在仪式上颇有差异，这大约是因为印度后来再受阿拉伯及欧洲文化影响，故其宗教也发生改变，峇厘人却是信仰坚定的古印度教徒，极力保存原有教义及仪式。

（2）沙剌族（Sasak）：住在龙目岛（Lombak），人数比峇厘人少，古风俗亦渐改变。现在有半数以上已改信回教。

（3）更东诸岛如松巴洼（Sumbawa）、松巴（Sumba）、佛罗列斯（Flores）、帝汶（Timor）诸岛土人多属广义马来族与巴布亚族（Papuan）的混血种。风俗各异，语言很多，如在佛罗列斯便有十数种，究竟哪一种是原来的土语也无可稽考。极少数的马来语略可通用，但也只限于海岸的居民，内地便不通行。

5. 婆罗洲土人——婆罗洲土人多数开化较迟，只有北部的文莱地方，最先开化，但其人却是马来人，不是真正的土人，婆罗洲也曾受印度文化影响，但不及苏门答腊和爪哇之盛，又曾受中国文化的影响，自唐以来都曾和中国有来往，其后又受回教的影响，但这种受外来影响而开化建立国家的都是马来人。至于婆罗洲的真正土人至今还保存原始的状态，不过程度自然也有差等，信奉原始宗教，崇拜各种自然物、鬼魂、神怪，深信魔术禁忌等事。全婆罗洲人口约400万人，真正土人合称为达押族（Dayak），大体上是印度尼西亚系与蒙古利亚系或者还有别种先住民族混合而成，俗称"捞仔"，约二百数十万人，来源是东南亚大陆即中印半岛，属原马来族，其余为南洋邻岛来的正马来人，其他马来族以及外国侨民。土人可再分为如下六种：

（1）伊班族（Iban）：又名海达押族（Sea Dayak），在本岛北部及西部海岸为最多，他们是最后进入婆罗洲的，大约不过1000年以来的事，其移入或者随正马来人回来。

（2）卡延族（Kayan）：住在本岛中央地带及水源地方，村落常建在河旁，可算是标准的达押族。

（3）更耶族（Kenya）：住在中央山地水源地方，与卡延族邻近，风俗习惯大致相同，不过体质和语言略有区别而已。

（4）加里曼丹族（Klemantan）：散住内地各处，包括很多小支，方言也有多种，与穆律族杂居河边者也多。

（5）穆律族（Murut）：住在北部，含有较多印度尼西亚人的成分。其中有一支名杜逊人（Dusun），体貌风俗都有像华人之处，或者是华人与土人的混合种。

（6）埔南族（Punan）：住中部高山深林中，文化最低，尚未能定居，结成小群在水源山林中漫游，以打猎及拾取天产物为生。是本岛最先住的民族。

6.苏拉威西（西里伯）及摩鹿加土人——苏拉威西土人有400多万，大多属于广义的马来族，也有少数是与巴布亚族同类的。其中再分为数支派如下：

（1）武吉斯族（Bugis）：人口最多，住在苏拉威西南部的望加锡半岛东岸，并散布于很多地方。长于航海经商，常驾驶帆船远赴苏拉威西东南沿海以及爪哇北岸。

（2）望加锡族（Makasser）：与武吉斯人原来实是同一族，外观无大差异，人数较少，住在望加锡半岛的南端。与武吉斯族同属回教徒。

（3）民那哈沙族（Minahassa）：人口更少，住在苏拉威西东北部民那哈沙省，在苏拉威西只有这一族信仰基督教。

（4）土拉遮族（Toradja）：人口也少，住在苏拉威西中央山地以及东部南部地方，也属广义马来族的一支，比以上三族都较为古旧。

此外，还有土阿拉族（Toala）是苏拉威西最初的原住民族。阿弗鲁族（Alfaro）是苏拉威西未开化的民族，大约与新几内亚的土人相近。

摩鹿加群岛（Moluocas）诸大多是开化的马来族，分为安汶人与特那督人（Ternate），历史上曾受过印度、阿拉伯、中国、欧洲等文化的影响，自然也有这些人种的混血。他们多居于海岸及山麓山坡等良好位置。山林中有先住的古型的马来族以及矮黑人，又像苏拉威西也有些阿弗鲁族。

7.菲律宾人——菲律宾的种族分类法最特别，是按上述南洋三大原种而分的。菲律宾的人种成分还未完全混合,其比较纯粹的部分还有遗存,而且这三种成分的散布适构成三道圈,由外而内是马来族(蒙古利亚种成分最多)、印度尼西亚族和矮黑人。菲律宾民族移入的路线大约是经由中印半岛、马来半岛、苏门答腊、爪哇、婆罗洲诸处,因为菲律宾的人种成分与这些地方相同,至其移入时期三支成分不同,矮黑人大约在旧石器时代约1万年以前,印度尼西亚人或者在新石器时代初期即五六千年前,马来族更后,或者在新石器时代的后期,约二三千年前。现在的菲律宾各民族自然也不是全无混合,但按其原种成分的多少,尚可明显分为三大系:

甲、矮黑人:归入下文叙述。

乙、印度尼西亚系民族:他们到菲律宾时,驱逐先住的矮黑人于内地,而占住海岸平原,后来马来族来时自身也被驱逐退入内地。其文化程度比较矮黑人为高而比马来族低,还未十分开化。散布地方还不少,以吕宋北部山地及棉兰荖内地为多。这一族已经是混合族的印度尼西亚人,不是原始的纯粹民族,所以通常把它归入广义的马来族内。分支颇多。

丙、马来系诸族,属广义的马来族。他们是最后进入菲律宾的,现在多住在海岸平原,人数也占最多数。依其文化的高低,分为下列三支。

(1)基督教马来族:文化最高,人口最多。他们另有一个名称为"菲律宾佬"(Filipino),意义便是菲律宾人,但这是狭义的菲律宾人,因为信回教的摩洛人以及未开化的民族不包括在内。上文所说外来人如西班牙人及华人的混血,便是加入在这种开化的狭义菲律宾人中,这种人又分成十支派:答加禄(Tagalo)、米赛亚族(Bisaya)、伊罗干佬族(Ilokano)、米可族(Bikol)、邦板岸族(Pampanga)、邦雅丝兰族(Pangasinan)、加雅烟族(Cagayan)、三巴耳族(Sambal)、巴达安族(Bataan)、伊丝乃族(Isinai)等。

(2)回教民族:即摩洛族(Moro),住棉兰荖(Mindalaao)及苏禄群岛(Sulu)、巴拉宛岛(Palawan)。又分成数支:马银达荖族(Magindanao)、兰荖族(Lanao)、苏禄族(Sulu)、三马族(Samal)、巴拉宛族(Palawan)、耶干族(Yakan)、山纥儿族(Sangil)等。

(3)原始文化民族:在吕宋岛北半部原始文化民族,通常笼统称为乙峨洛民(Igorot),其实不对。在人种上,他们分属两大系,即印度尼西亚系和马来系。属于印度尼西亚系者有阿巴遥族(Apayao)、加林牙族(Kalinga)、牙旦族(Gaddang)、伊朗阁族(Ilongot)等。属于马来系者有丁几安族(Tingian)、乙峨洛族(Igorot)、伊夫爻族(Ifugao)等。在棉兰荖等处的原始文化民族有许多支派,文化和吕宋岛内地的大略相同。

8.中印半岛的马来族——中印半岛在古代原有马来族,即所谓印度尼西亚人,后来为与别族混合而少有纯粹的遗民,现在还有比较明显的支派如下:

(1)占族(Chiam)：自古住在越南东南部。自公元 2 世纪受印度文化影响而开化，建立占婆又称占城或林邑王国(Chiampa)，经过颇为繁盛的时期，中国史书曾有记载，到 17 世纪被安南所灭，现在人口很少，住在旧占城国的一部分及柬埔寨东南部。

(2)摩伊族(Moi)：住在纵贯南北的安南山脉中，是未开化的民族。安南人称他们为摩伊(Moi)，老挝人称为卡(Kha)，柬埔寨人称为勃弄(Phnong)。他们在远古便住于越南地方，其后被后至民族所逼乃进居山林地带，保持其原始文化。

第二大类　海洋尼革罗种(Oceanic Negroid Race)

这种人与非洲的尼革罗种，即通常所谓黑人是同种的，故其体质也相类似，肤色暗棕至黑，发形鬈缩，下颚前突，眼孔圆大，须毛少。他们到南洋最早，散布地方也多，但为后到的印度尼西亚人及海洋蒙古利亚种人所逐，而退居于边僻地方或内地山林。人数较少，而文化也最低。支族如下：

1.巴布亚族(Papuan)——住在伊里安(新几内亚岛)及小巽他群岛的东部。"巴布亚"(Papua)是马来人叫他们的名称，意义是"鬈发的人"，鬈发是这种人特征之一，其发不但不像黄种人的直形，也不像白种人的波形，却是卷转像羊毛，这是黑种人的特征，但比非洲黑种人的发长些。此外皮肤虽不是真正黑色，却也很深暗，作暗棕色以至黄棕色。身高中等以上，约 155 厘米至 160 厘米。鼻高凸如鹰嘴，口大，唇厚，眉毛密生，眼珠暗棕色。巴布亚人结成小部落，只有在海岸地方常和外人接触者，方营定居生活，在内地者大多因追寻食物而转徙不定。文化程度极低，到现在还可说未脱离石器时代的状况。其风俗很特别。各地方都有巴布亚人的分族，已知道的还不完备。其中为外人所常知道的有一支叫加耶加耶族(Kaya-Kaya)，住在马罗居地方(Marauke)，那是一个港口，也有少数华侨。

2.尼革利陀族(Negritto)即矮黑人(Pygmy)——其特征是身材极矮小，在 5 英呎以下，头形广，鼻低而广。性情温和，文化很低。支派如下：

(1)塞茫族(Semang)：塞茫族属矮黑人的一种，住马来半岛中央山地和苏门答腊东部，是马来半岛的最古居民，至今还有残余，住在暹罗境的霹雳州者称为塞茫人，住在吉兰丹州者称为邦干人，其实都属同种，故可总称为塞茫人。人口越来越少，现在约只有五六百人，且有和沙盖族混血者。皮肤有少数是黑色的，多数属深棕色，身材矮小，发形鬈缩，颜面像小孩，头盖小，唇厚。文化程度极低，虽有屋子，但甚粗陋，武器有吹箭(blowgun)，妇女剥树皮，浸洗捶打为布，即所谓树皮布，用以围腰。塞茫族极害怕雷雨，以为雷电的发生是由于祖宗或者自己犯了什么罪故被处罚。人死后家人便将所住屋子烧掉，迁移别处。语言内有种种混合的话，其混用蒙吉蔑话，大约是由暹人传来，又混用沙盖族的方言。

(2)海胆族(Aeta)：住菲律宾的三大原种之一。身材极矮,平均在5英呎以下,现在除与别族混合者外,只有少数遗民存留在几处山林中。海胆人的体质肤色是暗棕色,身材男人145厘米,女人更矮。头发鬈缩,鼻形极阔,头形左右极广。他们的生活是辗转漫游于山林之中,无一定的住所,用草木葺成临时的宿处,只能遮蔽一面,有时偶然也有定居的。还不晓得耕种,采拾森林中的野生食物为食粮,用弓箭射鸟兽。

(3)答卑罗族(Tapiro)：住在伊里安(新几内亚)西部山地。答卑罗是巴布亚人所呼的。这一族男人的平均高度是4呎9吋。头发也是鬈曲作羊毛状,少和外族接触。

(4)沙盖族(Sakai)：住在马来半岛南部霹雳州以及吉兰丹州和彭亨州境的山地。沙盖族是出于黄黑白三大人种之外的小民族,但与先住民族塞茫人的混血很多。身材比塞茫族略高,肤色黄棕。语言中混有暹罗古语蒙古蔑语。沙盖人开化程度比塞茫人高,有原始农耕,精于使用吹箭。头发虽鬈缩,但也颇长。这一种人或归于矮黑人内,或当做系统不明人种。

第三大类　中印半岛民族(即印度支那民族)

中印半岛诸民族和汉族、藏族同属于大陆蒙古利亚种的南方系。体质特征是发形直而黑,肤色黄棕,头形广,身材中等,眼形较狭而斜,微有蒙古眼的特征,须毛稀少,但混有别种血液的印度尼西亚系或矮黑人者,其体质便有差异。语言有越南语系、泰掸语系、缅甸语系、蒙吉蔑语系。宗教大都奉佛教,文化大部分颇高,但僻地也有不少未开化的支派。其分支如下：

1.安南族(Annamese)——秦代越南北部属中国版图,秦末赵佗所建的南越国也包括今越南的北部,以后经过两汉、三国、两晋、南北朝、隋唐,都属中国版图之内。唐置安南都护府,始有安南之称。到宋初丁氏乃建立王国,改为中国的外藩。安南人可算中国人的一支派,在秦汉时已经住在东京平原,以后更逐渐南下,吸收先住民族,成为最多数最主要的成分。现在散布在东京、安南、交趾支那等处的平地。安南人的容貌很像中国人,身材中等,广额,高颧,斜眼,广鼻,少须,据说踝部有突出的特征。语言与汉语同属孤立语系(isolating language),过去都使用中国文字,宗教上奉佛教和道教,近来又有一种新的宗教名为高台教,混合佛道基督的教义而成。

2.猛吉蔑族(Mon-Khmer)——又名柬埔寨族(Cambodian),是蒙古利亚种一支和猛族(Mon)、矮黑人以及印度尼西亚人混合而成的。原出自中国的西南部,在古代他们便占据缅甸暹罗以至于越南,成为一大集团。约2000年前印度人便到这里来,在5世纪建立一个扶南王国。到了6世纪一个属国名真腊,灭了扶南。8世纪后半真腊又为苏门答腊的三佛齐国所征服,9世纪再独立,遂开安壑王朝(Angkor),在大湖之北建造宫殿,国势隆盛,占据中印半岛大部分,北抵云南,西越湄南河而入马来半岛,东与安南及占城抗衡。13世纪以后,国势渐衰,西北受泰族的侵犯而失去湄南河流域,安南灭占城后更进占湄公河三角洲。现代的猛吉蔑族是混合的种族,头形广,眼形不斜,肤色稍暗,发形如波状。他们因信佛教很少吃肉,不用箸,用右手指取食,食后洗净,不用左手。宗教上古时信婆罗门教,现在却信佛教。散住在越南泰国和缅甸。有以下支派：

(1)柬埔寨人(Cambodian):又称吉蔑人(Khmer),历史上曾建立扶南国,后改为真腊。因曾和多种民族混合,故现在体质上很复杂。

(2)猛族(Mon):住在泰国湄南河下游。自古住在吉蔑人之西,也曾经繁盛过。《旧唐书》所说真腊之西有堕罗钵底国(Dvaravasti),大约便是猛族所建的国家,到了14世纪为泰族所灭。又在湄南河上游当8世纪时也有一个哈里盆遮耶国(Haripunjaya),到13世纪也灭于泰族。此外在缅甸伊拉瓦底河口的猛族国家摆古(Pegu)与缅人竞争数百年,也终于灭亡。

(3)罗斛族(Lawa):也是泰国的古民族,现在只有数千人,住在景迈西南的大高原上,邻近平原的居民虽是服装语言像老挝人,据说也是罗斛族的后裔。他们住这里比老挝人为早,和老挝人混合很为广泛。后来猛族来了,也能和他们混合。据近来的发现,泰国北部及南部也都有罗斛人住过。罗斛族因为和别族混合,所以变少了。罗斛族的肤色较暗,身材较矮,还可以和老挝人区别得出。

(4)塔拉因族(Talaing):住在缅甸东南部摆古(Pegn,或译勃卧)地方,故又称为摆古人。原是猛族的一支。

(5)鲁迈族(Rumai):又译巴拉翁族(Palaung),住在缅甸境内,人数与上一族相等。信佛教,服装像掸人。身材矮,皮肤白,鼻扁平。多种茶,并以茶为业。

(6)瓦族(Wa):住在缅甸境内山地,住地沿萨尔温河(Salween)约100英里长,东面到湄公河间的分水岭。这种人大约是猛族的原始支派。现在还保存原始风俗。其中有一小支名瓦隆人(WaLon),住在最深僻的地方。

3.泰掸族——泰掸族原在中国境内西南部,古时为僰族,直至现在还有很多住在云南广西等省称为僰掸族,为中国西南三大民族(苗瑶、彝族、僰掸)之一。13世纪泰族进入泰国,打败了猛吉蔑族,占据泰国的北部和中部,将猛吉蔑族隔开为两半,猛族在西而吉蔑族在东。此外泰掸族也大约在2000年前进入缅甸北部,以后再往东南推进。现在泰掸族的人数很多,散布在泰国、越南、缅甸境内,以泰国为最多,在中国西南部还有不少。这族有很多支派,或称掸或称泰,掸是缅甸人称他的,他们自称是泰,泰的意思是高贵自由。暹和掸音也相近。掸、泰以外还有别种名称。分支如下：

（1）暹罗人（Siamese）：住泰国大部分地方，暹罗人的身材中等以上，头形广，颧骨高，肤色暗，眼形稍斜，鼻略低，唇大，是蒙古利亚种的体质。暹人极信佛教，暹罗的佛教是最原型的。文化上很多受中国及印度的影响。

（2）掸人（Shan）：住缅甸北部高原及泰国西部，体质上与暹罗人无大差别，但肤色较白，身材稍高。文化程度颇不低，也信奉佛教，但比缅甸人更带有拜物的色彩。

（3）老挝人（Laos）：住越南西部及泰国东部。老挝的名"Lao"是暹人叫他们的，他们自称则为泰。和暹人无大差异，肤色比较白些。所信佛教带有活物崇拜的色彩，迷信颇深。

（4）此外还有戈叻泰人（Tai Korat）、吕人（Lu）、蒲泰人（Putai）等小支派在泰国境内，又有土族（Tho）、白泰、黑泰、侬族在越南。又有卡连族（Karen）住在缅甸及泰国境内，种属未明，介于掸人与缅人之间。

4.藏缅族（Tibeto-Burman）——这一族只住在缅甸境内，其来源是出自中国西南部，人种上与西藏人接近，语言同属一系，所以在人种学上合成一族。分支如下：

（1）缅甸人（Burmese）：缅甸人的体质有显著的蒙古利亚种特征，如高颧骨，狭长的眼，低而大孔的鼻等。信奉佛教，宗教在他们生活中占重要地位，乡村常有佛寺，兼充学校，寺即是塔，大塔旁又有小塔，金碧辉煌，极为宏丽，寺塔极多，到处皆是。缅甸人少时都须入佛寺受教育，学习宗教教义及文字算术，故文盲极少，但因这种教育终是不够，所以也办有现代式学校。

（2）卡钦族（Kachin）：这是缅甸人称他们的，他们自称为菁播人（Ching-paw），意义是人，俗名又称为"山头人"。他们住在缅甸东北以至西北境的山上，南部的因为接近缅甸人较开化，其他则仍保持原始状况。男女头上都束发，食物以米为主，也有杂粮，耕作用原始的"火耨法"。

（3）枯奇·钦族（Kuki-chin）：他们住在缅甸西北一条长而狭的山脉，由Negrais岬伸展到那卡山（Naga）等处。分为枯奇人和钦人等小支。枯奇是阿萨姆（Assam）称其附近山上部落的名，钦则为缅甸人用来称介于缅甸与印度的阿萨姆之间的民族。钦人的来源据说是古代缅甸族留在北部后方的支派，所以他们和缅甸人有密切关系。

（陈国强记录整理，《学术论坛》1958年第1期）

马来人与中国东南方人同源说

一

马来人有广狭二义,狭义者专指住于马来半岛及苏门答腊之正马来人;广义者兼含爪哇人、婆罗洲人、菲律宾人、台湾土人等。本文系指广义之马来人而言。此广义的马来人在旧人种学称之为棕种,今则取消其独立位置,而归于黄种即蒙古利亚种之内,称之为海洋系蒙古利亚种(Oceanic Mongoloid)。

马来人之名称常与印度尼亚人(Indonesian)一名相混,同一种人或称为马来人,或称为印度尼西亚人,如欲寻觅真正印度尼西亚人,则印度尼西亚人又几乎绝迹。以此原因,南洋人种之分类至今尚未有一律之系统。

又关于马来人之起源亦颇有歧说。或谓马来人来自西方之印度,或谓来自北方之大陆,此点今亦未有最后之定论。

其实以上两点亦非难断。其关键在于马来人之成分。马来人如属一纯粹之民族,则以上两点皆可迎刃而解。马来人之体质特征不甚一致,如发状或微弯,或全直,眼形或细狭或圆大,以至头形、面形、躯干皆有歧异之处。又其文化风俗亦有不同。据近世学者研究之结果,已知马来人为混合之种族,其成分多者,为蒙古利亚及印度尼西亚族,少者为尼革利陀人及巴布亚人等。既知马来人为一混合之民族,便不应坚执马来人来自一源之说,且亦可了然于马来人有不止一种之名称矣。其中蒙古利亚种之要素,自然系由亚洲大陆南下。其特征为细眼、直发、皮肤黄色、躯干中等等。其印度尼西亚之要素则有圆眼、波形发、皮肤棕色、菱形面等特征。学者之中有指马来人为由印度来,且喜用印度尼西亚人一名称者,大约着重其后一种要素。而喜用海洋蒙古利亚种或马来人一名,且谓其由北方来者,则注重其前一种要素。此二种要素与其注重后者,毋宁注重前者,盖以现在马来人之特征与蒙古利亚种南支(即汉族、安南族等)甚为相近,而与原来之印度尼西亚人相远,头形常广而不狭,发状常直而不弯,此皆近于蒙古利亚种而远于印度尼西亚之征。由此观之,马来人之成分似以从亚洲大陆南下者为多,故马来人应以称为海洋蒙古利亚种或马来人较为适宜,至于印度尼西亚人一名可以勿用也。

二

至于此种海洋系蒙古利亚人既从大陆南下,然则其南迁后是否不留一人,抑或有迁有留,其与今日大陆之住民有无关系?

解答此种问题,必须根据史前考古学之发现,及文献上之记载。今幸南洋群岛之史前遗物经英荷美法诸属学者叠有发现,南洋方面已渐明。至于亚洲大陆应以我国东南沿海为最与南洋有关系。惜文献之记载不多,不足供此项研究。今幸近年来亦已有数处古迹,如浙江之杭州西湖古荡(卫聚贤发现)、杭县良渚镇(施昕更、何天行)、湖州钱山漾(慎微之),福建厦门(林惠祥)、武平(林惠祥、梁惠溥、雷泽光),广东之海丰(Father Maglioni),香港舶寮岛(Father Finn)等地,皆有新石器时代遗址发现。今试根据中国与南洋两方之材料,就此问题略加推测,虽证据未甚充足,然作者殊觉马来人实与古代中国东南方人颇有关系也。

三

今先就古时中国东南方之民族言之。中国东南部即浙闽粤沿海诸省之居民,在春秋时为越族,以族类众多,故称百越,其中在浙江之北有勾践之于越,最先开化加入于中国历史之舞台。至汉初浙江复有瓯越,福建有闽越,广东有南越。瓯越与闽越之王皆自称为越王勾践之后,然常自相攻击。瓯越弱,附于汉,闽越倔强,抗汉,终为汉武帝所征服,被逼移居江淮之间,"东越地遂虚"(见《史记》)。瓯越即在今之浙南,即温州等地,其地之语言今尚为方言,其地尚称为瓯。闽越之闽字从门声,虫为表意,《说文》云:"闽,东越蛇种也。"以其为蛇种,故从虫。所谓蛇种,自然非真为蛇所传之种,不过当时文化荒陋,如现今之非洲美洲蛮族然,以动物为图腾,全族崇拜蛇类,迷信其祖宗原为一蛇也。此在蒙昧时代,各地民族常有此种迷信,原无足怪。此种闽人虽被逼迁徙,"然闽地多山林及岛屿,易于藏匿,其徙由强逼而非如瓯越之自愿,必有漏网,而留居于故地者,非能真虚也。唯无论自愿与强逼,自经此两次大迁徙后,江淮之居民便与新移居之越人混合,而今之闽人虽为东晋以后移居汉人之苗裔,然亦当混有先住民族越之血液,盖不特闽人之语言大有异于中原,而其体质特征亦有异于北人也"(见拙著《中国民族史》上册页120)。梁任公云:"吾侪研究中华民族,最难解者无过福建人,其骨骼肤色皆与诸夏有异,然与荆吴苗蛮氐羌诸组亦都不类。今之闽人卒不自承为土著,谓皆五代时从王审知来,故有'八姓从王'之口碑。闽人多来自中原,吾侪亦承认,但必经与土人杂婚之结果乃成今日之闽人。"(见所著《中国历史上民族之研究》)此种闽越族之土人究属何种民族,在前此殊难索解也。

至于广东之南越族亦颇奇特。秦亡后赵佗以中原之人为南越君长,其答汉文帝书自称为"蛮夷大长",可见其时之南越人尚被目为蛮夷。然秦始皇时曾发谪戍 40 万人,携带妇女入南越,汉武帝时复灭南越,以为郡县,并数移其民于江淮间。自此以后,中原之人亦渐次南移,五胡乱华,金灭北宋,汉人以南方为尾闾,故南越之土人亦被吸收于汉人之中,而成为近代之广东人。唯在体质上及语言上,广东人亦尚有异于北方人之处,而越字在广东尚沿袭为广东之省名,盖越字即粤字也。

由此观之,可见今之闽粤人实古之土人与中原人之混合民族,今日与各省人同属汉族,虽有差异亦不甚大,不能视为另一民族。唯其古代之一部分要素即越族者,实为一特殊民族。除上举越南王赵佗自言为"蛮夷大长"外,《史记》太史公言"越虽蛮夷",《汉书·严助传》淮南王上书云"越方外之地,剪发文身之民也",《墨子》云"越王勾践,剪发文身",此皆可证越族之异于中原。据罗香林氏所举,越族之奇俗有断发文身、契(即刻)臂为盟、食蛤蛇、巢居(即架木为屋,上层住人,下层住畜)、语言不同、使舟及水战、铸铜剑铜铎等事(见《古代越族考》)。卫聚贤氏更举其命名不同中原、跣足不冠、音乐不同、语言不同等事(《吴越文化论丛》)。可见越人与中原之华夏实有不同。

此种奇异之越族在人种学上究属何种族,至今未有定论,以作者臆测,此越族者或即为留居大陆之古代马来人或原马来人(Proto-Malay)也。

四

欲证明二民族之关系,最好作体质特征之比较。然古代马来人之骨骼未有重要发现,古代越族之骨骼更绝无发现,无从比较。至今现在之闽粤人与马来人皆属混合民族,亦难于比较。惟由大体言之,马来人之直发、广头、短面、矮躯,与闽粤人甚相近。马来人最与汉族不同者在乎具有马来眼,其形圆而大,然马来人之眼亦非尽如此,且北方之蒙古人及汉人虽具细长蒙古眼,然南方之汉人眼形亦渐趋圆大,此亦与马来人相似之一证也。

五

若就古书所记越族之文化言之,亦有数点可证与马来人相类。试举于下:
1. 断发:古代华夏束发,苗蛮椎髻,越人断发。古代之马来人不知究竟如何,然未闻束发椎髻,似亦为断发也。台湾之土番亦即马来人之一支,亦行断发之俗。

2. 文身：越人文身，今之南洋马来人如婆罗洲等处亦尚有文身者，台湾番人亦尚行文身。

3. 黑齿：卫聚贤氏谓古代越族如此，今之台湾南洋人亦因食槟榔而成黑齿。

4. 短须：卫氏谓古越人短须，今之台湾南洋人亦皆短须。盖马来人原乏须，然亦有故意摘须者。

5. 跣足：卫氏指出古越人跣足，此亦与马来人相同。盖不特今之马来人喜跣足，即历史上之马来人亦跣足也。

6. 拜蛇：古闽越人以蛇为图腾，今之台湾番人尚保存此俗，南洋亦有此俗，如槟榔屿尚有蛇庙。

7. 巢居：《博物志》言"南越巢居"。巢非真巢，大约不过构木为高屋，下层有柱而无壁，上以住人，下以居畜。此种高架之茅屋南洋今尚盛行，古代之闽粤人似亦曾住此等屋也。

8. 语言：越语大异于中原，致今之闽粤语尚有方言，不知与南来语有无关系，越语以汉语译之颇不符合，如《左传》大夫种之种，在《国语》谓之诸稽郢。罗香林君谓此为拼音不密的发音，予谓此或由汉语为孤立语，而越语为胶着语，胶着语最不便以汉语译之，故汉语一字不足，三字又太多也。马来语盖即为胶着语，此或略有关系也。《说苑·善说篇》有记越语一段如下：

"鄂君子晳（楚王母弟，官为令尹）泛舟于新陂之中……越人拥楫而歌，歌辞曰：'滥兮抃，草滥予，昌桓泽予，昌州州，湛州焉乎秦胥胥，缦予乎，昭壇秦逾渗，惿随河湖。'鄂君子晳曰：'吾不知越歌，子试为吾楚说之。'于是乃召越译，乃楚说之曰：'今夕何夕兮，搴中洲流。今日何日兮，得与王子同舟。蒙羞被好兮，不訾诟耻，心几玩而不绝兮，得知王子。山有木兮，木有枝，心悦君兮君不知！'"

此段中之越语显与汉语大异，不输于今日中国人之听马来语。汉语为孤立语，安南语亦属孤立语，马来语则属胶着语，今越语既似胶着语，自然以属于马来语系为近也。（此段中之鄂君似有龙阳之嫌，其实此越人大约是女子，今日浙闽粤之江上尚多有妇女驾舟谓之"船娘"等称。若泥于字面，以越人为男子，则歌辞中"蒙羞被好兮，不訾诟耻"之句太不像男子之语气，而此段故事亦真荒乎其唐矣。）

六

以上皆就古记载而言，若更就史前考古学之发现而论，有再得证据数条如下：

1. 隆脊石锛：石锛形如凿，但形短，锋口一面斜削。南洋太平洋诸岛及中国东南部多有之，在欧洲、西亚较少。其中一种背上近柄处磨陷，而中部有一隆起之横脊，用以装柄扎绳者，拟名之为隆胁石锛，散布地方较小，多见于菲律宾、西里伯、台湾、香港诸地，盖亦被认为马来亚之特殊石器（见 Winstedt, R. O. A, *History of Malaya*, p.9）。不意此物亦见于广东海丰、闽西武平及浙江杭州。此物颇复杂，不易有两地偶合之事，其物之存在，可以证明其民族决有关系也。

2. 石箭镞：石箭镞在南洋爪哇等处及武平、杭州、湖州皆有之，大陆内地少见。此或亦可为一证。

3. 有肩石铲：此种石铲装柄与锛相同，有如锄状，唯形小，两边如肩状。此亦被认为马来式之石器，曾见于菲律宾、中国台湾，及印度支那等处（Winstedt 同上书）。此物在中国大陆亦有之，如古荡石器第十六号之石钺（古荡报告）及良渚石器图第三页 AB 之石戚（良渚报告）皆是。

4. 陶器饰纹：南洋史前时代之陶器，多以刻纹为饰，其纹皆属几何纹。中国之陶器有二大系统，在华北者多属彩绘陶器，在东南者则为刻纹陶器。如杭州、武平、海丰、香港各处陶器之纹样与南洋有全同者，有相近者，至少亦仿佛相类。

七

要之，马来人系从大陆南下，已无疑义，而越族即为古时住于大陆东南部之奇异民族。由此种地理上之关系，不能不使人怀疑此两者间或有关系。就其体质而言，虽今日皆属混合民族，不易比较，然亦显有相似之点。更就其文化上言之，则不但古书之记载有若干相类之事实，即考古的发现亦已有数条明确之证据。由此可见马来人与中国东南部古越族之有关系，似非无根之谈也。

今试推论其沿革如下：在远古时，蒙古利亚种之一支最先南下，居于中国东南方，其更后逐渐南徙至南洋群岛。其迁徙大约沿海岸线平地及水路进行，并兼用舟楫为工具，因此民族在中国东南方有江有海之地，必能早有舟楫，其迁徙自以沿岸进行较之跋涉山林为便也。迁徙之时间最早亦不过始于数千年前，即新石器时代，盖南洋之旧石器属于尼革利陀人，马来人之古物，只有新石器，大约在大陆已进化至新石器时代方始南迁也。在南迁之前已有石器、刻纹陶器、舟楫等文化，马来人即带此文化而至南洋，中国东南方与南洋之史前古物所以相类大约以此。在人种上当在中国东南方时，马来人之特征尚未成立，故亦不得谓之马来人，彼等不过为蒙古利亚种之最南支；当其南迁经印度支那沿海岸入南洋群岛后,与尼革利陀及印度尼西亚人混合,乃渐改变其原来体质而成为马来人。至于留居中国东南部之一部分则称为越族,后与国内其他民族混合成为今日之闽粤人,为汉族之一部分。

由此说言之,古代越族之系统与马来人之来源均可明了,此问题果能如此解决,亦学术上一大快事。虽今日证据尚未丰富,然将来考古发现日多,或可使此唐突之臆说得以巩固也。

(文中所述可为证据之古物,作者皆有其实物或图片,因太多不便插图,故从略,如有同好者尽可索观)。(文中论今之闽粤人为古越族与东北来移民混合而成一段,阅者请勿误会为分离闽粤人与中国之关系。盖文中固明言闽粤人亦为汉族之一部分,汉族原由多数小民族合成,不止越族一种,今已同化饱和而融成为一整个之民族不可复分矣。此意在拙著《中国民族史》内发挥甚详。至于论马来人与中国古越族之关系一段,若谓其可使中马之民族感情更为融洽,则亦出于作者原意之外;作者不过以客观态度由实际证据,而得此臆说而已,别无他意也。)

(《星洲日报·半月刊》1938年第8期)

南洋马来族与华南古民族的关系

前 篇

[附注：前篇是1938年写的，曾在新加坡发表于《星洲半月刊》，原题为《马来人与中国东南方人同源说》，现在改用这名，比较简括，前篇因在战时发表于海外，未曾就正于国内人士，等于未曾发表。这次我继续作同题研究，将这篇已发表的当作前篇，附录于此，以免复述之烦。文字照旧，只加段名，现在(1957年)所写的这一篇，则作为后篇，读者请先读前篇然后读后篇，方能清楚。]

一、何谓马来人？

马来人有广狭二义，狭义者专指住于马来半岛及苏门答腊等处之马来人，广义者兼含爪哇人、婆罗洲人、菲律宾人等。本文系指广义之马来人而言。此广义的马来人在旧人类学称之为棕种，今日新人类学则取消其独立位置，而归于黄种即蒙古利亚种之内，称之为海洋蒙古利亚种（Oceanic Mongoloid Race）。

马来人之名称常与印度尼西亚人（Indonesian）一名相混；同一种人或称为马来人，或称为印度尼西亚人，如荷属马来人又常称为印度尼西亚人。如欲寻觅真正印度尼西亚人（指原来纯种的），则印度尼西亚人又几乎绝迹。以此原因，南洋人种之分类至今尚未有一律之系统。

又关于马来人之起源亦颇有歧说。或谓马来人来自西方之印度，或谓来自北方之大陆，此点今亦未有最后之定论。

其实以上两点亦非难断，其关键在于马来人之成分。马来人如属一纯粹之民族，则以上两点实难索解，马来人如属一混杂之民族，则以上两点皆可迎刃而解。马来人之体质特征不甚一致，如发状或微弯或全直，眼形或细狭或圆大，以至头形、面形、躯干皆有歧异之处。又其文化风俗亦有不同。据近世学者研究之结果,已知马来人为混合之种族,其成分多者为蒙古利亚种及印度尼西亚族,少者为尼革利陀人及巴布亚人等。既知马来人为一混合之民族,便不应坚执马来人来自一源之说,且亦可了然于马来人有不止一种之名称矣。其中蒙古利亚种之要素,自然系由亚洲大陆南下,其特征为细眼、直发、皮肤黄色、躯干中等,印度尼西亚民族之要素则为圆眼、波状发、皮肤棕色、菱形面等特征。学者之中有指马来人为由印度来,且喜用印度尼西亚一名称者,大约着重其后一种要素。而喜用海洋蒙古利亚种或马来人之名,且谓其由北方来者,则注意其前一种要素,与其注重后者,毋宁注重前者,盖以现在马来人之特征与蒙古利亚种南支(即汉族、安南族)甚为相近,而与原来印度尼西亚人相远,头形常广而不狭,发状常直而不弯,此皆近于蒙古利亚种而远于印度尼西亚族之征,由此观之,马来人之成分似以从亚洲大陆南下者为多,故马来人应以称为海洋蒙古利亚种或马来人较为适宜。

二、马来人与中国东南方民族有无关系?

至于此种海洋系蒙古利亚人既从大陆南下,然则其南迁后是否不留一人,抑或有迁有留?其与今日大陆之住民有无关系?

解答此种问题,必须根据史前考古学之发现,及文献上之记载。今幸南洋群岛之史前遗物叠有发现,南洋方面已渐明,至于亚洲大陆应以我国东南沿海为最与海洋有关系。惜文献之记载不多,不足供此项研究。今幸近年来亦已有数处古迹,如浙江杭州之古荡(卫聚贤发现)、良渚镇(施昕更、何天行)、湖州钱山漾(慎微之),福建厦门(林惠祥)、武平(梁惠溥、林惠祥、雷泽光),广东海丰(Maglioni),香港舶寮洲(Finn)等地,皆有新石器时代遗址发现。今试根据中国与南洋两方之材料,就此问题略加推测,虽证据未甚充足,然作者殊觉马来人实与古代中国大陆东南方人颇有关系也。

三、中国东南方之古越族究系何种民族?

今先就古时中国大陆东南方之民族言之。中国大陆东南部即浙、闽、粤沿海诸省之居民,在春秋时为越族,以族类众多,故称百越。其中在浙江之北有勾践之于越,最先开化加入于中国历史之舞台。至汉初浙江复有瓯越,福建有闽越,广东有南越。瓯越与闽越之王皆自称为勾践之后,然常自相攻击。瓯越弱,附于汉,闽越崛强,抗汉,终为武帝所征服,被逼移居江淮之间,"东越地遂虚"(见《史记》)云。瓯越即在今之浙南即温州等地,其地之语言今尚为方言,其地尚称为瓯。闽越之闽字从门声,虫为表意。《说文》云:"闽,东越蛇种也。"

以其为蛇种,故从虫。所谓蛇种,自然非真为蛇所传之种,不过当时文化荒陋,如现今之非洲、美洲土著族然,以动物为"图腾"。全族崇拜蛇类,迷信其祖宗原为蛇也。此在蒙昧时代,各地民族常有此种迷信,原无足怪。此种闽人虽被逼迁徙,"然闽地多山林岛屿,易于藏匿,其徙由强迫而非如瓯之自愿,必有漏网,而留居于故地者,非能真虚也。唯无论自愿或强逼,自经此两次大迁徙后,江淮之居民便与新移居之越人混合,而今之闽人虽为东晋以后移居汉人之苗裔,然亦当混有先住民族越人之血液,盖不特闽人之语言大有异于中原,而其体质特征亦颇有异于北人也。"(见拙著《中国民族史》上册,120 页)。梁任公云:"吾侪研究中华民族,最难解者无过福建人,其骨骼肤色皆与诸夏有异,然与荆、吴、苗、蛮、氐、羌诸组亦都不类。今之闽人率不自承为土著,谓皆五代时从王审知来,故有'八姓从王'之口碑。闽人多来自中原,吾侪亦承认,但必经与土人杂婚之结果乃成为今日之闽人。"(见所著《中国历史上之民族》)。此种闽族越族之人究属何种民族,在前此殊难索解也。

至于广东之南越亦颇奇特。秦亡后赵佗以中原之人为南越君长,其答汉文帝书自称为"蛮夷大长",可见其时之南越人尚被目为蛮夷。然秦始皇时曾发谪戍 40 万人,携带妇女入南越。汉武帝时复灭南越,以为郡县,并数移其民于江淮间。自此以后,中原之人亦渐次南移。五胡乱华,金灭北宋,汉人以南方为尾闾。故南越本土人亦被吸收于汉人之中,而成为近代之广东人。唯在体质上及语言上,广东人亦尚有异于北方人之处,而越字在广东尚沿袭为广东之省名,盖越字即粤字也。

由此观之,可见今之闽粤人实为古之土人与中原人之混合民族,今日与各省人同属汉族,虽有差异,亦不甚大,不能视为另一民族。唯其古代之一部分要素即越族者,实为一特殊民族。除上举南越王赵佗自言为"蛮夷大长"外,《史记》太史公言。"越虽蛮夷",《汉书·严助传》淮南王上书云"越方外之地,劗发文身之民也",《墨子》云:"越王勾践,剪发文身",此皆可证明越族之异于中原。越族之奇俗有断发文身,契(即刻)臂为盟,食蛤蛇,巢居(即架木为屋,上层居人,下层住畜),语言不同,使舟及水战,铸铜剑铜铎等事(见《古代越族考》)。又其命名不同中原,跣足不冠,音乐不同,语言亦不同(《吴越文化论丛》)。可见越人与中原之华夏实有不同。

此种奇异之越族在人种学上究属何种,今未有定论。以作者臆测,此越族者或即为留居大陆之古代马来人即所谓原马来人(Proto Malay)也。

四、马来族与古越族在体质上之相似

欲证明二民族之关系,最好为体质特征之比较,然古代马来人之骨骼未有重要发现,古代越族之骨骼更绝无发现,无从比较,至于现在之闽粤人与马来人皆属混合民族,亦难于比较。唯从大体言之,马来人之直发、广头、短面、矮躯,与闽粤人相近。马来人最与汉族不同者在乎具有"马来眼",其形圆而大,不斜吊,有双重眼帘,然马来人亦非尽如此,亦有折中状者,且北方之蒙古人及汉人虽具细长斜吊之"蒙古眼"。然南方之汉人眼形亦渐趋圆大,此亦与马来人相似之一证也。

五、马来族与古越族在文化上之相似

若就古书所记越族之文化言之,亦有数点可证明与马来人相类。试举于下:

1. 断发:古代华夏束发,苗蛮椎髻,越人断发,今马来族之保存原始文化者亦多断发,古代之马来人不知究竟如何,然未闻束发椎髻,似亦为断发也。台湾之土番亦即马来人一支,亦行断发之俗。

2. 文身:越人文身,今之南洋马来人如婆罗洲等处亦尚有文身者,台湾番人亦尚行文身。

3. 黑齿:古代越族如此,今之台湾及南洋人因食槟榔而成黑齿,亦有故意染成者。

4. 短须:古越人短须,今之南洋马来人及台湾土人亦短须,盖马来人原乏须,然亦有故意摘须者。

5. 跣足:古越人跣足,此亦与马来人同,盖不特今之马来人喜跣足,即历史上之马来人亦跣足也。

6. 拜蛇:古闽越人以蛇为"图腾",今之台湾番人尚保持此俗,南洋亦有祀蛇之庙。

7. 巢居:《博物志》言"南越巢居"。南洋今尚有筑屋于树上以居者,远观真如鸟巢,如菲律宾山地等处即有之。较树上之屋进步者为有高桩之屋,屋下立长木为桩,使屋距地甚远,上以住人,下以居畜。此在中国之西南民族至今尚沿用其俗,古书曾记其名为"干阑"。越族之巢居想亦曾进至此式,非永远住于树上也。今之南洋到处皆是此种有桩之屋,亦即等于中国之"干阑"也。

8. 语言:越语大异于中原,故今之闽粤语尚为方言,不知与马来语有无关系,越语以汉语译其音,颇不符合,如《左传》大夫种之种,在《国语》译为"诸稽郢"。或谓此为拼音不密的发音,予谓此或由汉语为孤立语,而越语为胶着语,胶着语最不便以汉语译之,故汉语一字不足,三字又太多也。马来语盖即为胶着语,此或略有关系也。《说苑·说善篇》有记越语一段云:

鄂君子晳(楚王母弟,官为令尹)泛舟于新波之中,越人拥楫而歌。歌辞曰:"滥兮抃,草滥予,昌桓泽予,昌州州,鍖州焉乎秦胥胥,缦予乎,昭坛秦逾,渗惿随河湖。"鄂君子皙曰:"吾不知越歌,子试为吾楚说之。"于是召越译,乃楚说之曰:"今夕何夕兮,搴中洲流(按似系搴舟中流之讹)。今日何日兮,得与王子同舟。蒙羞被好兮,不訾诟耻,心几玩而不绝兮,得知王子。山有水兮木有枝,心悦君兮君不知。"

[补注:此段故事之下文为鄂君大受感动,即纳越人与之同被而卧。此事在文学上成为有名的龙阳君一类故事,所谓"鄂君绣被"成为香艳之辞藻,而鄂君则为女性的男子。]

此段故事中之越语显与汉语大异,不输于今日中国人之听马来语。汉语为孤立语,安南语亦属孤立语,马来语即属胶着语,今越语既似胶着语,自然与马来语系为近也。又此段中之鄂君似有龙阳之嫌,其实此越人大约是女子。今日浙、闽、粤之江上尚多有妇女驾舟,谓之"船娘"等称,若泥于字面,以越人为男子,则歌辞中"蒙羞被好兮,不訾诟耻"之句太不像男子之语气,而此段故事亦真荒乎其唐矣。

六、马来族与越族史前遗物之相似

以上皆就古记载而言,若更就史前考古学之发现而论,又再得证据数条如下:

1. 有段石锛:石锛形如凿,但形短,锋口一面斜削,一面则直。南洋、太平洋诸岛及中国东南部多有之,在欧洲、西亚、华北较少。其中一种背上近柄处磨陷,而中部有一隆起之横脊,用以装柄扎绳者。散布地方较小,多见于我国台湾和菲律宾、西里伯(苏拉威西)诸地,盖亦被认为马来西亚之特殊石器(见Winstedt, R. O. , *History of Malaya*)。不意此物亦发现于粤之香港、海丰,闽之武平,浙之杭州。此物颇复杂,不易有两地偶合之事,其物之存在,可以证明其民族间决有关系也。

2. 有肩石斧:此种石斧装柄之法与锛相同,有如锄状,唯形小,两边如肩状,此亦被认为马来式之石器,曾见于我国台湾和菲律宾及印度支那等处。此物在我国大陆亦有之,如杭州古荡之石钺及良渚之石戚皆是。

3. 石箭镞:石镞在南洋爪哇等处及国内武平、杭州、湖州皆有之,大陆内地少见,此或亦可为一证。

4. 陶器纹饰:南洋史前之陶器多以刻纹为饰,其纹皆属几何纹。中国之陶器有二大系统,在华北大陆者多属彩绘陶器,在东南者则为印纹陶器。如杭州、武平、海丰、香港各处陶器之纹样与南洋有全同者,有相近者,至少亦仿佛相类。

七、结论

要之,马来人系从大陆南下,已无疑义,而越族即为古时住于大陆东南部之民族。由此种地理上之相连,不能不使人怀疑此两者间或有关系。就其体质而言,虽今日皆属混合民族,不易比较,然亦显有相似之点。更就其文化上言之,则不但古书之记载有若干相类之事实,即考古的发现亦已有数条明确之证据。由此可见马来人与中国东南部古越族之有关系,似非无根之谈也。

今试推论其沿革如下:在远古时,蒙古利亚种之一支最先南下居于中国东南方,其后更逐渐南徙至南洋群岛。其迁徙大约沿海岸线平地及水路进行,并兼用舟楫为工具。因此民族在中国东南方有江有海之地,必能早有舟楫,其迁徙自以沿岸进行,较之跋涉山林为便也。迁徙之时间最早亦不过始于数千年前,即新石器时代,盖南洋之旧石器时代属于尼革利陀人。马来人之古物只有新石器,大约在大陆已进化至新石器时代方始南迁也。在南迁之前已有石器、印纹陶器及舟楫等文化,马来人即带此种文化而至南洋,中国东南方与南洋之史前古物所以相类大约以此。在人种上当在中国大陆东南方时,马来人之特征尚未成立,故亦不得谓之马来人,彼等不过为蒙古利亚种之最南支,当其南迁经印度支那沿海岸入南洋群岛后,与尼革利陀及印度尼西亚人混合,乃渐改变其原来体质而成为马来人。至于留居中国东南部之一部分则称为越族,后与国内其他民族混合,成为今日之闽粤人,为汉族之一部分。

由此说言之,古代越族之系统与马来人之来源均可明了,此问题果能如此解决,亦学术上一大快事。虽今日证据尚未丰富,然将来考古发现日多,或可使此唐突之臆说得以巩固也。

〔原注:文中论今之闽粤族与北来移民混合而成一段,读者请勿误会为分离闽粤人与北方民族之关系。盖文中固明言闽粤人亦为汉族之一部分,汉族原由多数小民族合成,不止越族一种,今已同化饱和而融成为一整个之民族,不可复分矣。此意在拙著《中国民族史》内发挥甚详。至于论马来人与中国古越族之关系一段,若谓其可使中、马之民族感情更为融洽,则亦出于作者原意之外,作者不过以客观态度,由实际证据,而得此臆说而已,别无他意也。〕

后 篇

作者在20年前曾就这一问题写过一篇,现在这一篇是就前篇的简略之处加以补充,意见大抵相同,但也有小差异。补充的资料有:(1)新得的资料如近年来所得古物的证据。(2)别人的学说。在前篇很少提到别人的学说,现在将有关的新旧学说,无论是20年前原有的旧说,或20年来发表的新说,都举来作为参考资料。因此这一篇可以算作前篇的补充说明,前篇已说过的这篇便不复述。

一、南洋人种和民族的分类

研究马来族应先知道马来族在南洋的地位。马来族是现代南洋人民中的主要民族,人口最多,住地最广,加以历史上最先开化,政治上也占最重要位置。马来族在南洋略如汉族之在中国,所以研究马来族和中国的关系,也便是研究南洋和中国的关系。

马来族虽是主要民族,但南洋民族繁多,除马来族之外,还有其他许多少数民族。那些少数民族到南洋来还在马来族之先。他们还是比较纯粹的民族。马来族却是混合的民族,又是比较后到的民族。马来族的祖先到了南洋后,和当地先住民族混合,便产生现在的马来族。因此研究马来族还要先从南洋的广大民族讲起,方能知道马来族的来源和成分。

人类学上研究南洋的民族已经有了头绪,关于南洋民族的分类有许多学说,其中系统不全吻合,民族名称也有歧异,但如加以综合比较,也可发现已有些共同的结论,可以说已达到大同小异的地步。作者在前篇已曾在第一节约略讲过南洋的民族分类,但所说的过于简略,现在介绍些各国民族学者的学说于下,以当参考或证明。

据以前的东印度人类学会的调查研究,南洋群岛有下列四种民族:

1. 类黑人族成分(Negrito):如安达曼岛土人、菲律宾的海胆族(Aeta)、马来半岛的塞茫族(Semang)等。有些人相信类黑人种为构成婆罗洲、爪哇和苏门答腊三处人口的成分。

2. 外答族成分(Vedda):在西里伯、马六甲、苏门答腊、爪哇和尼亚史岛(Nias)都有。

3. 纯粹马来族:如苏门答腊的巴塔族(Battak)、婆罗洲的达耶克族(Dajak)、西里伯的桃瑞甲族(Tardja)、摩鹿加的阿弗瑞族(Alfafa)等。

4. 混血马来族:如苏门答腊的亚齐、占碑、兰本、巨港等处土人、爪哇人、峇厘人、孟加锡人都是,多住在南洋群岛西部以及其他各岛的港岸河畔。

以上所说类黑人和外答二族都是少数民族,纯粹和混血二种马来族也便是主要民族的马来族。(以上都是照原作译文,故其名称和别人的不全同,以下当于必需时点出。①）

又据英国人类学家钦氏（A. H. Keane）等三人合写的《过去现在的人类》一书中所提出的住在南洋的人种和民族如下：

1. 海洋尼革罗种（Oceanic Negro）中的巴布亚族（Papuasians）和尼革利陀族（Negritoes），这二族色黑，发鬈缩，眼圆而大，后一族身材极矮，故又称黑矮民（Pygmy）。

2. 海洋蒙古利亚种（Oceanic Mongols）：他说这一族人是蒙古利亚种（即黄种）的三大族之一，便是住到南洋的黄种人，他又说这族又称为马来族（Malayans），这族的体质特征是头广，指数78～85度，肤色黄棕，须髯稀少至无，眼形中等大，位置水平，身长中等以下，自1.52～1.65米。

3. 高加索种中的印度尼西亚族（Indonesians）：他说这族人是高加索的远支，于远古时代迁移到南洋来。

4. 先达罗维荼族（Pre-Dravidians）：如沙盖人（Sakai）（住马来半岛）和陀阿拉人（Toala）（住西里伯）等。

这个分类系统和上举的一种名称多不同，其实根本上是相同的。第一，海洋尼革罗种便是类黑人；第二，海洋蒙古利亚种略等于混血的马来族；第三，印度尼西亚族略等于前一系统的纯粹马来族；第四，先达罗维荼族便是前一系统的外答族。这样看来，这二派研究者虽所用名称不同，其研究结果却是大同小异，同样是将南洋民族分为四大支派②。

另有一家所用名称很为特别，略引如下：美国人类学家狄逊氏（Dixon, R. B.）在所著《人类历史》一书中说南洋有以下民族：

1. 原尼革罗型（Proto-Negroid type）。

2. 加斯比型（Caspian type）：带有地中海型混合血统，肤色淡，发直或波状，在新石器时代由印度支那迁移到南洋群岛。

3. 古阿尔卑型（Palae-Alpine type）：特征是广头，先入印度支那，后再移入南洋群岛，将先住民族驱逐或吸收，因之自己也发生变化。

4. 正马来型（True Malay）：由北方南下住南洋各大岛，在苏门答腊的便成为门南加堡马来人（Menangkabau Malay）。

这一系统中的第一族便是上二系统中的第一族，即黑人。第二族名最特殊，其实应是略等于第一系统中的第三族，也即第二系统中的第三族，印度尼

---

① 黄素封译：《科学的南洋》第6篇《南洋群岛的人种及其问题》，原由荷兰人类学者 I. P. Kleiweg de Zwaan 和荷兰医生 H. J. T. Bijlmer 二人的论著编译而成，1931年出版。

② Keane etc., *Man Past and Present*, 1920.

西亚族。这一系统中的第三族便是指第一系统的马来族和第二系统的海洋蒙古利亚种。这一系统的第四族应即是第一系统的第四族和第二系统中的第二族。前二个系统的吠陀族(外答)和先达罗维荼族在本系统中不提出,是因它人口太少,又是混血①。

还有菲律宾的人类学家拜耶氏(H. O. Beyer)也提出南洋民族的三大原种如下:南洋有史以前的居民有三大种。

1. 矮民(Pygmy):是南洋的最古居民,但其纯粹的后裔,现在只住在几个边僻孤立的地点,这种人以身材小著名,只在5英呎以下。矮民有二支派,一是尼格利陀族(Negrito),肤色黑,发鬈缩,原是黑种的一支,二是类澳洲人(Australoid),与现在的澳洲土人相似。

2. 印度尼西亚族:这名称初时指一种身材较长肤色淡,住在苏门答腊的人,那是全无与蒙古利亚种混合的痕迹的。其后兼用以称马来西亚的蒙古利亚种中身材较长的支派。

3. 马来族:蒙古利亚种由中亚出发进入印度支那和马来西亚时,愈向东南进,愈改变了原来的形体,因为那边原有先住民族印度尼西亚人在,两族便混合了而成为马来族。在马来西亚的各大岛还可看出这三大种的分层。从他们进入这些地方以来,经过了历史时代,都是保持这种状态。概括言之,蒙古利亚种血统的马来人以及在历史时代逃来的人都住在沿海的地方。带有印度尼西亚血统的人则多住内地,在更偏僻的河源沼泽或森林地方则至今还有原始的矮民的后裔②。

以上所举的四个系统指出南洋民族有三种或四种,其中最主要的是马来族,次是印度尼西亚族,还有二个是海洋尼革罗族和吠陀族。后面二个在旧石器时代便到南洋,后来有印度尼西亚族在新石器时代也由印度支那南迁到南洋群岛,最后是蒙古利亚种(黄种)的海洋系,便是马来族,也到南洋群岛来。以上的结论是各家共同得到的,除上举四家而外,还有很多人类学者所说的也大都相同,不再详举。

二、印度尼西亚族名称的混淆

上面所举的各家系统都指出南洋有二个主要民族集团,但这二个主要民族的名称却不一样,其中印度尼西亚一个名称尤其使人迷乱。有的人把印度

---

① Dixon, R. B., *The Racial History of Man*, 1923.
② Steiger, Beyer, Benitez, *A History of the Orient*, 1926.

尼西亚族与马来族相对立，有的人将印度尼西亚族称为纯粹的马来族，有的人另用特殊的名称如加斯比系人种。印度尼西亚国的人民一般称为印度尼西亚人，但在人类学中又常称之为马来族。在研究本题不能不先将这些名称，尤其印度尼西亚一个名称搞清楚。

印度尼西亚这个名称是1850年洛干氏（Logan）在所著《东亚民族学》（Ethnology of Eastern Asia）一书中最先提出。印度尼西亚这个名称的引起混乱，第一是由于这个民族从古至今已经发生了非常大的变化，所以这个名称所指的古时的人类和现在所指的人类大大不同。印度尼西亚族则是指古高加索种的一个原始支派。哈顿氏（A. C. Haddon）在《人类种族》一书中称之为尼西奥族（Nesiot），说他们的身材矮、发波状、肤色棕、面如菱形、颧骨高、鼻扁平、头形长。他们和南部蒙古利亚种（Pareoean）在离开大陆之前很早便发生混血，混合到几乎没有纯粹的遗族。但现在还有几种人中保留这种人的显著的体质特征，如苏门答腊的峇搭族（Batak）、爪哇的丁格人（Tenggerese）、婆罗洲的陆地达押族（Land Dayak）、穆律族（Murut）以及其他[①]。他所说的南部蒙古利亚种也便是钦氏所说的海洋蒙古利亚种。这一种人因为和海洋蒙古利亚种混合而成为马来族，因此也便被人称为马来族，而且甚至认为是"原始的马来族"或"纯粹的马来族"。

印度尼西亚族或马来族二个名词被人随便应用，很为混乱。以前荷属时代的东印度人民为要团结人民要求独立，常喜用印度尼西亚的名词以为号召，因此这个名词便有了政治意义。到了第二次世界大战结束后印度尼西亚国成立，便采用这名为国名了。这个名称用为国名是很好的，可以包括印度尼西亚国内一切民族，但这却只是政治上的国名，不是民族学上的学术专名，也不再等于上古时的印度尼西亚族了。

有些民族学家因见古印度尼西亚族已经混合在马来族之内，便称它为"纯粹马来族"，如荷兰的德算氏（K. de Zwaan）便这样。还有些人则称它为"原始马来族"（Proto-Malay），这是萨拉森氏（Sarasin）所提出的，也很盛行。

由作者看来，在科学上印度尼西亚族的名称不如马来族的正确，其理由是：(1)这一族已经和蒙古利亚种海洋系混合到几乎没有纯粹的遗民，当然不可再用古名称，而当用新名称。(2)印度尼西亚即为国名，这一国内种族很多，不只一族，当然不可以只用一个国名为民族名。(3)现在的马来族所含有的体质特征还是以蒙古利亚种海洋系的多于古印度尼西亚族的，例如头形以广头为多，发状直，有些蒙古眼。

---

① Haddon, A. C., The Races of Man, 1924.

三、二种马来族的分别

虽是采用了马来族的名称,然而马来族也有二个名称,也即分为二种,原因是马来族是蒙古利亚种海洋系和古印度尼西亚族以及其他南洋先住民族混合而成的一个混血民族。因是混血民族,故依其要素的多少而发生支族。

海尼·格尔登(Heine Geldern)在所著《东南亚洲的民族及文化》一书中说马来人可分为"古马来族"和"新马来族"二个层级。古马来族便是苏门答腊的峇搭族(Batak)、婆罗洲的达押族(Dayak)、苏拉威西的桃瑞甲族(Toradja)等。新马来族是受别族的影响发生民族混合的产物,便是马来人(狭义)、爪哇人、布既人(Bugis)、望加撒人等。

还有萨拉森氏(Sarasin)最先将马来族分为:(1)"原始马来族"(Proto-Malay)和(2)"派生马来族"(Deutero-Malay),前者用以指印度尼西亚血统较多的人民,后者用以指蒙古利亚种血统较多的人民。其标准是前者头长身矮,肤色比较暗,如婆罗洲达押族中的一部分,苏门答腊的小岛如门答威人(Mentawei)、尼亚史人(Nias)、小巽他列岛人、摩鹿加东部土人等。

德算氏分马来族为:(1)"纯粹马来族",如峇搭族、门答威族、尼亚史族、达押族、小巽他列岛人等,便是保存古印度尼西亚血统比较多的人民。(2)"混血马来族",即亚齐人、占碑人、巨港人、爪哇人、峇厘人等,是蒙古利亚种血液较多的人民,有广头、直发、略有蒙古眼等特征[①]。

以上三种分类实是相同的,即以第一种为古的,原始的,纯粹的;第二种为新的,派生的,混血的。这三种分类法的名称也未必是十分正确的,因为将印度尼西亚血液多的称为原始或纯粹马来,使印度尼西亚和马来意义和内容几乎相同,不易区别。

由上面的分类,可知马来族中第二类是带有更多的蒙古利亚种血统的,而这第二种的人民却远比第一种的为多,这一点说明了马来族是属于蒙古利亚种的,也便是和中国是同属一个大种的。

马来族还有另一种的二分法,是分为广义的马来族和狭义的马来族。狭义的马来族便是正马来人(True Malay),又名"巫来由人"(Orang Malayu)。他们原是住在苏门答腊的西部高地门南加堡(Menangkabau),其后迁移到马来半岛以及南洋各大岛的海岸河旁,成为人口众多、文化发达的民族。他们说

---

① 《科学的南洋》第6篇。

的话便是马来话或其变体,多数信回教①。一般所称的马来人便是指这一种,至于广义的便是总括南洋各地的马来族,无论体质有些细别,文化有些高低,都合在一起。上面所说的原始的纯粹的马来族以及新的派生的混合的马来族都包含在内。

本文是要研究整个马来族和中国民族的关系,所以本文所指的马来族是采用广义的。

四、马来族的混合成分

由上面所说知道马来族(广义的)是有分歧的,其所以有分歧,是因为他和其他民族同住在南洋,因而混合起来,成为一个混合的民族。现在我们再进一步来分析他的参加混合的成分,因为这样可以帮助研究马来族和中国民族的关系。

马来族的成分便是和他住在一起的诸民族,再举如下:

1. 海洋尼革罗种:即矮黑人尼革利陀和巴布亚族。这一族先入居印度支那半岛和南洋群岛,马来族在迁移的路上碰到了他们,因而发生混合。

2. 吠陀族:这一种应是由印度东来印度支那半岛和南洋,马来族在这二处也碰到他们而发生混合。

3. 印度尼西亚族:以上二族因是古代的人类,人数少,故加入马来族的成分也不大,至于这一族却就非常重要了。这一族是广义马来族的二大成分之一,在一派民族学者还说他是旧的或原始的或纯粹的马来族。不管这一族是新的或旧的马来族,它总是广义马来族的重要成分。

4. 蒙古利亚种海洋系:这种蒙古利亚种最南支,是蒙古利亚种由北而南的先锋队,他们先到了印度支那,后到南洋群岛,沿路都和上述的先住民族混合,最后产生了广义的马来族。这一族的成分或者比印度尼西亚族还要多,因为印度尼西亚族至今已极少有纯粹的遗民,可见其人口是不及这一族之多。而且印度尼西亚族原是高加索种中的长头型人类,现在的广义马来族却多属广头的,有蒙古利亚种特征,因此在民族学上被归入蒙古利亚种的一系,可见这一种蒙古利亚种海洋系的成分是广义马来族的最重要成分。这一点又表现了马来族和中国南方古民族的关系。

---

① Diron,R. B.,*The Racial History of Man*,1923. 又 Heine Geldern 著:《东南アシャの民族よ文化》。

五、马来族的起源地点

马来族既是上述几种民族的混合种族,然则其成立的起源地必是这些民族的相遇地点,至少也是其中二大部分即蒙古利亚种海洋系和印度尼西亚族相遇的地点。蒙古利亚种海洋系是由亚洲大陆北方南下,经由中国的华北华南、印度支那半岛,继续向南洋群岛而进。古印度尼西亚族是高加索种的一个原始支派,高加索种是发生在亚洲西部的,当然这一族也是由亚洲西部向东移来,其路线应是经由印度、印度支那,然后进入南洋群岛。由这样推来,这二族的最初相遇地点应是在印度支那,以后更在南洋群岛再行接触混合。二族的迁移有先后,印度尼西亚族在先,蒙古利亚种海洋系在后。印度尼西亚族在新石器时代,蒙古利亚种海洋系则在新石器时代后期以至铜器时代。这是作者的综合的推论,为参考及证明起见,略述其他研究者的意见于下:

钦氏(A. H. Keane)说古代亚洲有二大人种,即蒙古利亚种和高加索种。二种人在史前时代即来印度支那半岛混合而成为马来·坡里尼西亚语(Malayo-Polynesians)的民族,其中肤色黄身材较矮的是蒙古利亚种成分,例如马六甲、爪哇、苏门答腊、峇厘等处的马来人。第二是身材较高而肤色较淡的高加索种的要素,如坡里尼西亚的岛民三毛亚人、夏威夷人以及婆罗洲的达押人、古代马来人等。以上便是说马来族是在印度支那半岛成立的①。

克恩氏(H. Kern)在18世纪之末便曾推论马来·坡里尼西亚语(Malayo-Polynesische talen)的民族,说这种人的原住地是有甘蔗、香蕉、竹藤和稻,是在沿海,便是航海民族,知有水牛、鳄和象。其原住地即是占城、交趾支那、柬埔寨以及相连接的沿海地方②。

温斯特氏(Winstedt)在所著《马来亚》一书中说:"由语言学上言之,马来族应是产生在介于印度和中国之间的一带地方,因为到现在和马来话相类的语言还在这一带的几个地方人民中使用着,如越南的占城人,缅甸的答腊因人(Talaings)、摆古人(Peguans),阿萨密的喀西人(Khosis),印度的卓达·那格普(Chota Nagpur)的门达人(Mundas)。"这段话是由语言学上推测马来族产生于印度支那半岛一带地方的③。

马来族的起源地应当便是印度支那一带地方或更延长到东西二头。因为

---

① Keane etc., Man Past and Present. 1920.
② Van der Hoop 原著,日译本:《インドネシヤの原始文化》, p. 143, 原著 1938 年出版。
③ Winstedt, *Malaya*.

在有历史可稽的时代,这一带地方确实还有大群印度尼西亚族居住着。如占城的占族(Chiam)确是印度尼西亚族的一支,中国古书说:"其人深目高鼻,拳发色黑。"这不是蒙古利亚种的特征,而是高加索种的原始支派印度尼西亚族的特征。现在的占族身材也比越南人和柬埔寨人为高,头形稍长,肤色略暗,眼形不斜(斜是蒙古眼)。柬埔寨人又名吉蔑人(Khmer),也是几种人的混合种,其中之一是印度尼西亚族。越南山脉中的摩伊族(Moi)也是印度尼西亚族。很早便住在越南,其后被别族所逼而退入山林地带保持其原始文化。缅甸的最早居民据研究者说也是印度尼西亚族。

由历史记载,语言的遗留,体质的特征,很可证明马来族应当是在印度支那一带地方,由蒙古利亚种海洋系和印度尼西亚族混合而成立,这是可以相信的。马来族的成立地点既是在印度支那,那么,便有理由可以推测马来族和中国大陆有关系了。

六、马来族迁移的路线

马来族的祖先在印度支那一带出现之后,其迁移的路线受了地理条件的影响,当然是沿马来半岛南下,进入苏门答腊、爪哇、婆罗洲、苏拉威西诸岛。因为当时是在新石器时代,南洋的地势已经变成和现在差不多,所以其路线应当是这样。试引各位研究者的学说于下:

苏联科学院出版的《世界通史》第二卷论东南亚上古史部分说:"印度支那半岛发展的新石器时代〔原注:公元前 2000 年,下同〕,印度支那成为操澳亚语部落的主要分布地区之一。……他们的物质文化散布于自印度的卓达·那格普(Чхота-Нагцур)到中国东南部,再远经许多岛屿而抵日本及楚科特加(Чукотка)。……其特征是绘有印纹妆饰的陶器和有柄的光滑的斧头。……在公元前 1000 年初起,印度支那半岛居民开始采用金属(铜器)工具和武器。……发展的青铜器时期(公元前 5 世纪至前 1 世纪)大概与印度支那领土上的大规模的种族移动同时发生的。……有从西北来的藏缅系部落,从北部及东北部来的泰系部落及原始越南人。……由交趾部落(在中国东南部)与操澳亚语居民混合而成为骆越系人种,就成为这个文化代表者。越南的研究者认为骆越是越南人的直接的祖先。"这本书又说:"印度尼西亚:公元前 4000—前 3000 年在科学上称为原始印度尼西亚人的东南亚洲的部落迁入了印度尼西亚。印度尼西亚人经过了苏门答腊满剌加和爪哇向东进,占据了沿岸的土地,排挤了原来的居民到中部山区。……在公元前 2 世纪至前 1 世纪他们开始采用了青铜器具。……在印度尼西亚所有地区最先进及经济上最发达的是西苏门答腊。那里住有庇南加波部落(Pinangkabau,原始人,后称为 Menangkabau）。庇南加波部落开始使用水牛，驯服野象，又很早学会锻冶青铜，在公元1世纪就生产了铁。"①

上举这一段话中所谓"澳亚语"便是异于汉语和印欧语的另一种语言，行于亚洲东南部到澳洲一带，其中便包括马来语在内。庇南加波便是上文所举的门南加堡。满剌加便是马来半岛的马六甲，这一段话便是说印度支那在新石器时代产生了澳亚语的民族，这种民族也便是马来族，古时在越南的称为骆越族，自铜器时代以后才有后来的缅甸族、泰族及越南族由北方迁来印度支那，又说原始印度尼西亚族是由东南亚洲经马来半岛、苏门答腊、爪哇向东进。

此外拜耶（Beyer）也说得很明，上文曾引过一句，现在再详引于此："印度尼西亚族入南洋后于矮黑人。蒙古利亚种更是最后到的，当他们从中亚细亚移出后，一部分侵入了印度支那，再南下到马来西亚群岛。……蒙古利亚种进入印度支那和马来亚时，愈向东南进愈改变了原来的形体，因为那边原有先住民族印度尼西亚族在，两族便混合而成为马来族。……2000年前当印度文化开始进入马来西亚时，这种分层状态必定更为明显，马来人［原注：蒙古利亚种和印度尼西亚人的混合种］只住在沿海和河流下游流域，在内地的印度尼西亚人还很纯粹。在印度支那地方印度尼西亚人的被吸收和消灭比较早些，所以在那地方可以找得出印度尼西亚语言和文化的痕迹的，只有零散而孤立的少数人民。"这一段话也说明马来族的祖先是在印度支那最先形成，然后南下到马来西亚（Malaysia），即南洋群岛的住有马来人部分。

此外各家的意见大抵都和上述的二家相同，不赘举，现在另举一种学说，他的种族名称不同，但所说的话也很可注意，这便是狄逊氏（R. Dixon）在所著《人类种族史》中所说的，他说继原始尼革罗种之后，在新石器时代，又有一种人进到南洋，这种人他称之为加斯比型人种（Caspian type），"因为他们身长、色淡、发形直或波状，但还混合了较矮较暗色的地中海型人种（Mediteranean type）的血液。这种人现在还有稍为明显的遗民在苏门答腊西南、婆罗洲几处，以及在菲律宾吕宋岛北部的粗野部落，摩鹿加岛的阿尔夫列斯族（Alfures）。这种人曾进到中国日本和印度支那，但他们究竟是经过苏门答腊、爪哇、婆罗洲，或由中国大陆横渡台湾，再进到菲律宾，然后向南进入印度尼西亚各岛，现在未能解决。目前只有间接的证据，这些证据指明是经由印度支那的"。这一段话中所指加斯比型人种便包括一般所谓古印度尼西亚族，因为他所举的遗民便是一般认为是印度尼西亚族遗民。这种人的进入南洋群岛据他说也是经由印度支那苏门答腊一条路线的。

---

① 苏联科学院编，龚方震译：《世界通史》第二卷，第581页。

他再谈到蒙古利亚种,但他的书中分为二支,一是古阿尔卑型人种(Palae-Alpine type),一是阿尔卑型人种(Alpine type)。他说:"古阿尔卑型人种头形广、身矮,有棕黄色皮肤,直而黑的头发,有蒙古眼的倾向。他们到了东南亚,再由印度支那的沿海进到印度尼西亚各地,成为主人翁,驱逐先住民族迁入内地。"这一段所说的便是最先到南洋群岛的蒙古利亚种,也便是广义马来族的祖先。他再说到阿尔卑型人种:"约在公元前数百年有一种民族由东南亚或东亚某地,大约是由安南或东京(Tonkin,越南北部)或者更北方的华南海岸,迁移到印度尼西亚(指地名),这种人可以称为正马来人(True Malay),身材中等,肤色黄棕,发直而黑,有各种程度的蒙古眼,这种人是'阿尔卑型',但也带有'古阿尔卑型'的特征。他们的体质很像现在的中国大陆沿海和台湾相对的闽粤二省的住民。马来族(Malay)究竟是怎样的,又是从何处来的,已经辩论了很久。我想马来人的发生是由于华南和华中海岸的阿尔卑型人种和原住的古阿尔卑人种以及加斯比型人种混合的结果。因为他们的文化是海洋式的,他们早能造船和航海。当汉族发展到了东部沿海和这种非汉族的人民接触时,便由他们学得了造船和航海的技术。汉族南进时将这种马来族一部分吸收,一部分赶走,于是这种惯于航海的马来人便时时航行到东方或南方的海外寻找新住地。他们后来定住在菲律宾西海岸,棉兰荖的三板牙半岛(Zamboanga),苏禄列岛(Sulu),婆罗洲海岸,苏门答腊的东海岸,最后到了西海岸而成为门南加堡马来人。""门南加堡马来人肤色黄棕,发色黑而直,有各种程度的蒙古眼。他们是属于阿尔卑型,但也有明显的第二即古阿尔卑型成分,还有少许尼革罗种成分,在苏门答腊的巴尔高地(Padang)者更富有加斯比型的要素。[按:即指门南加堡马来人]就他们的体质特征看来,他们极像中国沿海福建广东二省的人民。"他又说:"约在公元前500年,有一种住在中国南方海岸的正马来人,原是勇敢的航海民族,因受了汉族南迁的影响,便向海外寻觅新住所,定住在菲律宾婆罗洲苏门答腊,在12世纪时更进入马来半岛,并移住于其他各岛的海岸。但是在印度尼西亚地方,正马来人还不过是表面一层,大多数的人民是属于古阿尔卑型的。"①

上举这一长段的话提出了很多特殊的意见。他将蒙古利亚种分为古阿尔卑型和阿尔卑型,是由于他自定了一种人种分类系统,是按照几种体质特征而分别的。他不用一般所常称的蒙古利亚种、高加索种等人种名称,而另称为阿尔卑型、加斯比型等八型。这种系统和一般的有所出入,但也多有相同之处。他说古阿尔卑型人种即广义马来族的祖先,是由印度支那移到南洋群岛的。

---

① Dixon, R. B., *The Racial History of Man*, 1923.

又说阿尔卑型即正马来人在公元前500年原是住在华南华中海岸，便是江浙闽粤地方，因汉人南下乃被逼向海外迁移，其路线是先经菲律宾然后向西转移到苏门答腊，最后成门南加堡的正马来人。这一条是很特别的意见，依作者（祥）看来，正马来人未必便是由中国经菲律宾来的，因为菲律宾不曾以正马来人著称。不过广义马来族中或者有一部分曾居住于大陆东南沿海地方，而过海到台湾、菲律宾也似有可能。

马来族一部分由华南移到菲律宾，然后再转到印度尼西亚诸岛，也还有别人说过，兹另引一段于下：苏联出版勒宾逊氏（Г. И. Левинсон）著的《菲律宾》一书说："按照苏联学者所提出的假定，正像整个东南亚一样，菲律宾群岛的最古居民是属于非洲黑人类型，在菲律宾，这一种人进化的结果，约在纪元前3000年以前的新石器时代就出现了一种个子很小的'矮人'部族，长时期以来成为本地的基本居民。纪元前1000年，这些部落被大概从中国领土上侵入菲律宾的南蒙古种移民所排挤，从海滨低地迁移到山里。据说这些外来人就是经过菲律宾群岛移居到印度尼西亚及太平洋的。他们带来了马来·坡里尼西亚语言，这种语言在今天仍在所有这些地区流行。……那时候菲律宾已出现了青铜工具，并已开始耕种稻田。纪元1000年时菲律宾的纺织手工业陶器业均有发展，并开始制造铁器，建造不大的海船。从3世纪到7世纪，菲律宾群岛绝大部分，都附属于所谓室利佛逝帝国，这是一个广大的多部落的国家，其中心在苏门答腊岛上。在这个时期有大量的马来人从巽他群岛移住菲律宾。他们与本地居民杂居，就形成了大多数现代菲律宾各部族的基础。"①这一段话中也说马来族的祖先蒙古利亚种是从中国到菲律宾，然后散布到印度尼西亚各处，至于正马来人由巽他群岛进入菲律宾则是后来的事。

由上面所说马来族的祖先进入南洋是有二条路线：一条可称西路，即由印度支那到苏门答腊，再向东进到爪哇、菲律宾等处；一条可称东路，即由华南到菲律宾，然后西向进到爪哇苏门答腊。这二条究竟哪一条对，哪一条不对？据作者看来，二条都对，但都不是全面的。马来族移入南洋群岛应是分东西二条路线，一条从西，一条从东，从西者人数较多，从东者人数较少。从西者最后或曾达到菲律宾，从东者只限于菲律宾附近如苏拉威西婆罗洲东部一带。关于这一点待下文再论。

七、马来族和华南古民族有无关系？

由上文所说马来族的祖先是在印度支那成立，印度支那与华南接壤，而且

---

① Г. И. Левинсон：《菲律宾》，魏林译，1953年苏联出版。

还有人说马来族一部分是由华南经菲律宾入南洋群岛；马来族祖先的最重要的一支又是蒙古利亚种，是从北方经华南来的。仅由成分和起源地点迁移路线看来，已经可以引起马来族和华南古民族有无关系的疑问。

关于这个问题在前篇已经说过：马来族的祖先原住华南，马来族的祖先一部分南迁到印度支那和南洋群岛，其留下的一部分便是华南古民族即越族。证据一是马来族与越族子孙现代中国东南沿海的闽粤人民体质之相似；二是马来族与古越族文化如语言、文身、断发、拜蛇、巢居、精于航海术等的相似；三是有史以前的古物之相似。前篇已经说过的本篇不再复述，本篇要另提些新的资料以供参考。

就华南古民族来说，中国是多民族的国家，自古以来民族名称非常之多，至少就一般意见都承认有南北二大系的差异。一般历史书都记载上古便有三苗九黎百越荆蛮，作者曾在以前所著《中国民族史》（1936）中将这些中国史上繁杂的民族，由民族学上的观点整理起来，成为16个民族。现在已知有五十多个民族。其中我认为与南洋马来族似有关系者是百越系。书中曾说："今之闽粤人之体质似颇有类于马来人之处。其人之中颇有色棕面短眼圆颊骨大身材矮者，一见即令人觉与中原之人大异，而与马来人相似。故古代越族与马来人不知是否有关系？马来人在古代固亦由大陆南下者，唯其在大陆时不知是否有一部分遗留？今之台湾番族尚有文身之俗，而其人属马来族，其人之容貌亦颇有与今闽粤人相类之处，不知是否与古之越族有关系？台湾连雅堂著《台湾通史》亦云'或曰楚灭越，越之子孙迁于闽，流落海上或居澎湖'。海南岛之黎人至今尚有文身之俗，不知是否古越人之被压逼而移居海南者？"①作者当时已经怀疑百越系便是马来族祖先之留居华南者。

中国历史著作中最先注意到华南民族，采用民族学的资料者是翦伯赞氏，他在所著《中国史纲》中说："中国人种的来源不是一元，而是两个系统的人种，即蒙古高原系与南太平洋系。"又说："这另一个系统的人种从南太平洋出发，沿马来半岛的海岸，向北推进，而达到了中国的南部。……这一人种因为来自南太平洋，我称之为南太平洋系人种。……南太平洋系人种之移入中国，似乎经由两条路线，其一支似系由安南溯湄公河与澜沧江或由缅甸溯伊洛瓦底江以达于云南。这一支人种就是后来所谓西南夷的祖先，亦即今日夷族和苗族的祖先。其另一支则系由安南沿今日之东京湾海岸进入中国之广西广东福建东南沿海一带，其前锋甚至到达台湾琉球乃至日本，这一支人种就是后来百越族之祖先，亦即今日瑶族、僚族、海南岛的黎族、台湾的番族之祖先。……南太

---

① 林惠祥：《中国民族史》第六章，百越系，1936年。

平洋系人种的刻纹陶与爪形石斧文化亦普及于中国东南沿海及西南山岳地带。……南太平洋系人种的刻纹陶文化和爪形石斧文化由南而北。"①

翦氏这些话特别注重南方的民族,将他提到与北方民族相对,补足了历史记述的漏洞,这是他的优点。他的缺点:第一是将东南的百越族与西南的苗瑶族、泰族、越南族等看做同属一族,即同属南太平洋系人种,其实苗瑶、泰族等还比较接近汉族,其语言是孤立语,而越族应是胶着语,又苗族、泰族、越南族等也从北方进到南方,其时比较后来,这些民族的体质也似乎比较近于汉族,他们也与汉族同属蒙古利亚种南系,而不像越族是属于蒙古利亚种海洋系。第二点是将这种南太平洋系人种认为纯粹的种族,是另由西南进入中国来的一个异族,和北方的蒙古高原系全无关系。其实华南民族是混合种,其中的主干还是蒙古利亚种,蒙古高原系也应即蒙古利亚种,那会全无关系。总之,无论如何,翦氏的话提出了华南民族是由西南来的异族,这却暗示了华南民族和南洋民族的关系。

华南古民族和印度支那的古民族,以及南洋群岛的古民族,应当也有些相类之处。据上文所说,南洋的民族是由印度支那南迁的,无论海洋尼革罗族、吠陀族、印度尼西亚族以及蒙古利亚种海洋系都是。印度支那与华南接壤,无高山大河之阻隔,而在沿海尤其平坦,两方来往都很利便。在印度支那的诸民族既能航海到南洋,为何不能向华南东进。作者推测在当时印度支那的先后诸民族都曾来华南居住,尤其是以航海著称的印度尼西亚族更有可能沿着广东、福建、浙江的海岸东进。英国人类学家哈顿氏(A. C. Haddon)曾说:"印度尼西亚人散布在东印度群岛,并成为印度支那半岛和华南的一部分人口。"②又如上举狄逊氏(Dixon)也说:"马来人体质很像浙江福建人,而正马来人是由中国经菲律宾移入南洋群岛的。"其次,因鉴于华南种族繁复,也可推测华南太古时应不止有从华北南下的蒙古利亚种,而应有其他人种即高加索种以及尼革罗种的原始支派。作者曾著一文名《福建民族之由来》,大意说:"福建人的祖先应有四支,一为汉族,自汉以后陆续南迁成为主干民族。二为古越族,即蒙古利亚种海洋系途经华南的遗ës。三为高加索种的一远支印度尼西亚族,其迁来远东似较蒙古利亚种为早。海洋蒙古利亚种即因与此种人混合而产生现代马来族,其相遇地点或言在中南半岛(即印度支那半岛),作者以为此种印度尼西亚人或曾散布至中国大陆东南一带,闽粤人之圆形马来眼或即由

---

① 翦伯赞:《中国史纲》,1947年。
② Haddon, A. C., *The Races of Man*, 1924.

此族而获得。四为黑矮人尼革利陀,为较越族更早之先住民族,其影响为矮身材。"①

福建是华南的一部分,福建是这样,华南其他部分也应是这样,因此作者认为华南,即长江以南,在蒙古利亚种尚未由华北南下之时应已有别种人的先住民族,即印度尼西亚族、矮黑人尼革利陀族等。印度尼西亚族和矮黑人到华南来应即是由印度支那来,其理由前面已经说过,蒙古利亚种海洋系南下时便和这些人混合而成为混血民族。这种混血民族也不是只有一种,各地方依着各种成分的多少,而成为许多民族,有蒙古利亚种成分多的,有印度尼西亚成分多的,有矮黑人成分多的,其所成的混合民族当然互不相同。不但这样,三大成分的多少配合起来可以有十余种民族之多。华南古时的百越五溪蛮西南夷,三国时的黟歙短人,唐时的道州矮民等,应该便是这种成分的民族。蒙古利亚种南方系越长江南下,那些古时的异民族便被吸收或赶逐到西南山地以至印度支那。再后来则蒙古利亚种南方系更向南发展进到西南的印度支那,而成为宋以后的越南族、泰族、苗瑶族等,这些后代的西南民族和印度支那民族也已和各该地的古代民族不同,古代的民族更被逼而混合同化或迁移到南洋去了。

由上文这样说来,华南的古代民族成分和印度支那以及南洋群岛是大略相同的,当然不是全部相同。世界上的大人种只有三种,便是蒙古利亚种、高加索种和尼革罗种,即黄白黑三种,蒙古利亚种发生于亚洲北部,高加索种在亚洲西部,尼革罗种如不是在非洲,也应在亚洲近非洲之处。高加索种和尼革罗种既然到印度支那,何能说他们一定不到华南,所以如要说只有蒙古利亚种才能到华南是不合真相的。不过华南距离蒙古利亚种发源地应较近,其他二处较远,所以华南的人种成分终以蒙古利亚种为多,至于其他二种人的成分比较少,而黑矮人尤其少。

华南古民族和印度尼西亚族以及南洋的古民族虽是成分同有三大种,但也不完全相同。三国时的黟歙(安徽南部)短人,唐代道州(湖南)矮民应是和印度支那以及南洋的尼革利陀人同类。至于和马来族相类似的是哪一族呢?苗瑶、泰族等都不像马来族。只有古越族因其子孙的体质特征有和马来族相似之处,古时的越语也像是和马来语同属胶着语系,再加以风俗习惯地下古物也有相同之处,所以古越族很像是马来族的祖先留居在大陆的一部分。

兹举一段外国学者的话于下,哈顿氏(A. C. Haddon)说:"蒙古利亚种南系(Pareoean on Southern Mongoloid)南迁以后多数和南方的非蒙古利亚种民族混合。在黄河流域的汉族据说是最纯粹的,但是西藏人、喜马拉雅山人、

---

① 林惠祥:《福建民族之由来》,1948年,刊于《福建生活》内。

华南汉人,以及印度人、印度支那人、日本人等都是混合族。那些迁移到东印度群岛的另称为海洋系蒙古人,但不如称为'原始马来族'(Proto-Malay)更好,由他们再分出正马来族(True Malay)出来。"①哈顿氏这话也便是承认汉族到华南后和当地非蒙古利亚种混合而成为现代的华南汉族,至所谓非蒙古利亚种,究竟是什么种人呢?世界既然只有三大人种,非蒙古利亚种便是高加索种或尼革罗种了。

八、体质方面的相似

现代的福建、广东人体质和华北人有明显的差异。第一是身材矮,不像华北人的高。印度尼西亚人身材也是矮的居多,又矮黑人尼革利陀更以矮著名,闽粤人的矮不知是否由于这二种成分所致。还有第二点是眼形比华北人圆,有双眼帘,不斜吊,虽不是个个如此,但却有多数人如此,这是一般人都可以辨别得出的。这种眼形是属于半马来眼。原来世界人类的眼形只有二种,一是蒙古利亚眼(Mongolian eye),位置斜,向外的一端上吊,上眼帘下伸,遮蔽内角泪阜,上眼帘像肿大盖了下来,不卷上去,不见有一道皱纹,眼孔形细长,俗称为关公的丹凤眼便是这样。这种眼形以蒙古利亚种北方系最为明显,如蒙古人、通古斯人、满人常有,华北汉人大部分也有,华南便比较少。第二种眼形是欧罗巴眼(European eye),又称马来眼(Malayan eye),位置是水平的,不斜吊,眼孔圆大,不细长,上眼帘向上卷起成为一道皱纹,泪阜显露。欧洲人和马来人都有这种眼形,在这二种眼形之间的称为半欧洲眼或半马来眼,那是混合种的眼形。现在的中国人民包括各民族,无论在南北部都有这三种眼形,因为现代中国人民已经是混合民族了;但是华北的还是以蒙古眼为多,华南的尤其是闽粤二省则以半马来眼为多,闽粤二省的人还常有眼孔很圆有双眼帘即皱纹的,和马来眼相像的眼形。为什么闽粤人民会有这种半马来眼,如非是由于以前的成分中有印度尼西亚族,是不会这样的。因为印度尼西亚族是属于高加索种,其眼形当然是欧洲眼。马来族所以会有欧洲眼,一定是由于其祖先成分中有印度尼西亚族。闽粤人的祖先成分中印度尼西亚族成分不及南洋马来族的多,所以其眼形只成为半马来眼。闽粤人的这种眼形实是一个谜,如说是由于欧洲人到这里传下来的,不能切合历史事实,只能归于印度尼西亚人比较合理。如说不是这样,这双半马来眼究将如何解释得来?

还有其他的特征如面形短、须发少、鼻形广等一般状貌也使马来人和华南

---

① Haddon, A.C., *The Races of Man*, 1924, p. 32.

人尤其是闽粤人很为相像。马来人只有肤色较暗，但闽粤人如晒日久也有那样颜色。作者初到菲律宾时，举目四看，找不到菲律宾人，经华侨朋友指示，方才哑然失笑。后来见人类学书说马来族不应独立为棕色人种，而应属于蒙古利亚种即黄种，我觉得很有理。我曾见一本书名《婆罗洲的异教民族》①是英国人著的，其中有婆罗洲内地山中的原始部落达押族人像片，极像我国乡下农民。像这样的照像在研究南洋书中常有，华侨也都有这种感觉。华南人尤其是闽粤人有很像马来人的，马来人也有很像华南人尤其是闽粤人的。这种情形在第三者如欧洲人也有发觉过，如上文曾说美国人类学家狄逊氏（Dixon）说：正马来人在体质特征上很像福建人和浙江人。

九、风俗文化的相似

这一段在前篇已详细说过，现在略举如下：

越人断发文身这一点和北方的华夏族差异最大，和后代的苗瑶族也不同，马来族在古时也不是束发椎髻，应该也是断发。至于文身的风俗在北方的华夏族没有，在南洋却是到现在还有，在古时应更盛，所以文身也是两方相同的风俗。古越人短须，现在马来人须也少，也有故意摘须的这一点也相近。跣足是热带生活习惯，未可为同族的证据。黑齿不是重要的证据。拜蛇的意义或更重要些。巢居也表现古代越族生活习惯和北方华夏族的差异，而反和南洋民族相近。精于航海也是两方相同的特征，如上文曾举狄逊氏（Dixon）所说古时在中国中部及南部沿海地方的混合民族，其文化是海洋性，汉族发展到了东方海岸时碰到了他们，才学到了造船和航海的技能。

语言方面在前篇也举了不少，不必复述。越语在古时确是大异于北方诸族语言，而且其性质也确实不像一字一音的孤立语，而像是多音拼合的胶着语，因此以北方语言译它每须用二三字译一字，且译得很不妥切。如《左传》记越国人名大夫名锺（俗称文种），只一字，在《国语》却记作诸稽郢三字，可见越语有些语音很特别，用华夏语一字不足，三字又太多。这应是由于越语是胶着语，胶着语一个字是合多音胶着而成，不像华夏语是孤立语，一字只一音。又如古书所记越语常有二字以上方抵一个汉语的，如扬雄《方言》说："怜职，爱也，言相爱怜者。吴越之间，谓之怜职。""煦煆，热也，干也。吴越曰煦煆。"同事韩振华先生举《水经注》说三国时的山越称龟为元绪，称桑为子明。以上都可证明越语应是复音的胶着语。在后代的西南民族，以至越南族、泰族都是用

---

① Hose and Mcdaugall, *Pagan Tribes of Borneo*, 1912.

与汉人相像的孤立语,大约因为他们是后来方从北方南下,故属于南部蒙古利亚种而不是海洋蒙古利亚,更不是印度尼西亚族。只有越南是先到南方的海洋蒙古利亚种又和印度尼西亚族混合,故其语言和北方民族有异,而反和马来族相近。上文曾举苏联科学院著的《世界通史》说古代操澳亚语的民族曾由印度支那散布到中国南部,又说骆越系人种的一支祖先是澳亚语民族,所谓澳亚语便是指马来语等的语系。上举苏联出版勒宾孙著《菲律宾》中也说:"蒙古利亚种从中国入菲律宾,然后散布到印度尼西亚和大洋洲,他们带来了马来·坡里尼西亚的语系。"所谓马来·坡里尼西亚语便是包括马来语和坡里尼西亚语的一种语系。到了现代,古越族子孙的闽粤人民还保守着特殊的方言。因为古越人没有纯粹的遗民,其风俗语言都已消灭,故很难找到材料来供参考,只有古越人所遗留的地下古物可供参考当时的风俗文化,因是另由考古学得来的材料,所以另列一节来详述它。

十、史前遗物的相似

在前篇已经讲过,但是当时资料还少,讲得不详细。20 年来这种资料增加不少,在这篇中可以多谈。前篇提出隆脊石锛、有肩石铲、石箭镞、陶器纹饰四条,其名称现在有些应改变,如隆脊石锛现改为有段石锛,陶器纹饰现已确定名称为印纹陶。至于这些古物的数量在当时发现很少,发现地方也少,现在已在广大地面发现了繁多数量和种类,发现地点遍布了中国南方,尤其是东南方一带。

原来有史以前石器时代遗物的发现,在中国 20 余年前只限于华北,所谓彩陶文化(又名仰韶文化)、黑陶文化都是华北的古文化,至于华南大陆在石器时代的遗物,都和华北的彩陶、黑陶等不同类,因此要研究南方石器时代文化以及人种的来源很觉为难。考亚洲人类迁移散布的大势,印度支那和南洋的人类尤其是新石器时代的人类应当是由中国南下,但是印度支那南洋的古物既和华北的联系不上,而华南还未发现,这个问题便不能解决。

到了抗战发生前数年,即自 1931 年起,华南也开始发现石器时代遗物,如厦门、香港、杭州、海丰、武平等数处,发现虽还不多,但已经表现了可注意的特点,便是这一带东南沿海地区的石器时代遗物显然和华北的不同,另有一种地方色彩。这便是陶器不是彩陶、黑陶,而是带有像刻划而成的花纹,当时称为刻纹陶,后来知道是印的又改为印纹陶。还有石器型式也和华北有些差异之处,如少有像华北的石斧,而多有石锛、石镞,且有特殊的石器,即有段石锛或石钺或爪形石斧,以及有肩石斧,这些浙闽粤三省的石器一面和华北的有异,反之,和我国台湾以及印度支那和菲律宾的比较却很相像。这一点很引起作者当时的注意,因为作者在以前曾看过并采集过我国台湾和菲律宾的石器,故发现了福建的有段石锛后,觉得和我国台湾以及菲律宾的实是同类,当时很以为奇。

当时发现了中国大陆东南区的这种石器陶器以后,研究者多提出新说,如西湖博物院及吴越史地研究会的研究者说杭州、湖州所发现的石陶器是吴越族的文化遗物,又指有段石锛为石钺,说越族的名称便是由戉字而来①。同时(1937年)作者发现福建武平的有段石锛后也很为重视它,在那年底赴南洋新加坡召开的"远东史前学家第三届大会"中提出论文说:"(1)中国东南区的史前文化应是和华北有异,而反和南方的半岛群岛甚至坡里尼西亚有关。(2)越族和南洋马来西亚的人民应有种族上的关系。(3)中国东南区发现的印纹陶应即是起源于中国东南区,然后散布向南方和北方去。"②

同时发现广东海丰的新石器遗址的麦里奥尼氏(Maglioni)发表其报告于香港大学,后经翦伯赞氏引用于《中国史纲》内,尤其注意"爪形石斧",说是南太平洋系人种的特殊古物,爪形石斧其实便是隆脊石锛,现在改称为有段石锛了③。芬氏(Finn)发现香港南丫岛遗址更早,在1932年,也有相类的石陶器,但他却解释为受华北的影响。

以上是抗战前的发现,当时已经了解到中国大陆东南区在新石器时代应有一种特殊的文化,其特征便是印纹陶和有段石锛或爪形石斧等。抗战发生后几乎未再发现,但自解放以来由于政府设立机关,派出人员负责搜集,于是全国的石器时代古迹古物发现了非常之多,华南尤其是大陆东南数省也发现了不少,到现在已有很充足的资料来研究这一区的石器时代文化,这一区(即闽浙粤赣苏南等)所发现的古物更证实了以前的推论,所表现的特征略举如下:

1.陶器是印纹陶(前称刻纹陶)散布地方极广,北自长江流域东部,南到广东,到处与石器共存,多属破片,但也有少数尚保存完整形状。不但器形和北方的鼎鬲等不同系统,即妆饰也和北方的彩陶、黑陶大大不同,它是在器面上遍印几何体的花纹和方格纹、筐篮纹、曲尺纹、草之字纹、横直排相间纹、叠直线纹、螺旋纹、圆环纹、蕉叶纹、米字纹、四字纹等,细别起来有三十余种。花纹是用陶制印子捺印而成,印模也有发现,陶色以灰黄为主,不加彩绘。此外有时发现类似彩陶和黑陶的陶器,成是华北传来,但已属变体,和华北的已大大

---

① 吴越史地研究会编:《吴越文化论丛》,1937年。

② Lin Huisiang etc., A Neolithic Site in Wuping, Fukien. in the proceedings of the Third Congress of Prehistorians of the Far East,1938.

③ Maglioni,R., Archaeological Finds in Hoifung,1938.

不像,所以这一区确是以印纹陶为特征的。

2.石器之中仍是以石锛为最多,而石斧为少,这是和华北不同的,石锛多数是四方形的,即海尼·格尔登氏所谓方角石斧,又有无棱而浑圆的,即所谓圆筒形石斧。石器之多尤其是有段石锛最为特别(即前称隆脊石斧),华北几乎绝迹未见,在东南一带却发现很多,最多之处推闽粤二省,其次是浙赣苏南皖南。这种石锛的形状很特别,是在背面上分为厚薄二段,其厚处隆起,所以以前我称它为隆脊。后来因见海尼·格尔顿已替它起了 Stufenbeil 的名称,英译为 Stepped adze,Beyer 氏在菲律宾发现的便用这名,日本人在台湾发现的即译称为有段石斧,我因见物是相同的故不另起新名。只改一字,称为有段石锛。它的有段的用意是预备装柄的,木柄一头弯曲如锄状,将有段石锛的正面横放在弯曲处,用绳子扎牢,便成为小锄状,但却是用于手工而不是农业上,我发现这种有段石锛是在1929年由我国台湾圆山发现,带回研究,当时无人晓得它的名称和用法。其后我因见人类学书载太平洋诸岛上人以前曾用有柄的石器和台湾、菲律宾的很相像,方才知道它是装柄应用的。其后于1936—1937年在杭县古荡、良渚也有发现,研究者卫聚贤却把它称为石钺,这是不对的。这种有段石锛现在因为发现数量多了,便更由比较而发觉它由粗至精是可分为三型式的,大抵在闽粤赣的多属原始型和成熟型,浙苏的多属高级型,但数量较少。此外台湾多属成熟型和高级型。国外如菲律宾发现很多,型式都是高级型,在太平洋诸岛发现的更是高级型。以上是有段石锛的散布情形,至于有肩石斧即前称有肩石铲,在台湾发现很多,又在海南岛也很多,印度支那也多,但在广东大陆和福建浙江发现还少。在前篇也提到石箭镞,在东南区固然发现石镞很多,但地方性不很明显。以上是大陆东南区的石器概况,其中以有段石锛最可注意。

上述中国大陆东南区的遗物是这样,然则和印度支那及南洋群岛究竟有无关系呢?这可以说有如下的情形:

1.陶器在印度支那以及南洋群岛也是印纹陶,这是和中国东南区相类的。在印度支那越南的北山曾经发现新石器时代遗址中有印陶纹,其花纹和中国东南区的很像[①],在爪哇也曾发现印陶纹[②]甚至也有全形的,都像中国东南区的,如圆底印纹陶壶很像福建闽侯发现的[③]。又在苏拉威西(西里伯)中部 Ga-loempang 地方也发现过新石器时代的陶片也是印纹陶,据发现者(S. Callen-

---

① 松木信广:《印度支那の民族よ文化》,163、165 页,1942。
② Van der Hoop 原著,日译本:《インドネシヤの原始文化》,159 页,1938。
③ 日本厚生省研究所人口民族部:《南方民族图谱》,1942。

fels)说曾发现二种陶片,一种是粗陶,陶面或素面,或带有织物印纹,另一种则印有三角纹、草之字纹、波形纹、螺旋纹、旋转曲折的花纹等。粗陶是本地中石器时代发明的,细的印纹陶和方形石锛、磨光石箭镞共存,是和中国或印度支那有关,或即由那边传播来的①。由以上情形看来自印度支那以至南洋群岛都曾有过印纹陶,其纹样和型式又和中国大陆东南区发现的相类。

    2.石器之中最有关系者是有段石锛。这种石器曾发现极大数量在菲律宾,而且其形又是高级型的最多。研究菲律宾石器时代考古学最久的拜耶(Beyer)在所著《菲律宾及东亚考古学》一书中说:"我所采集的上万件菲律宾石锛之中有40%~50%是有段的,因为这种有段石锛太多了,所以我和加连费(S. Callenfels荷兰人,前荷属东印度考古学家)将它称为菲律宾石锛(Philippine adze)。这种高级的有段石锛应是发生在菲律宾,至于过渡期的以及原始型的应当是在大陆(亚洲)和台湾,虽是那边不很多。……香港发现过渡型的有段石锛,台湾也发现过渡型的和初期的有段石锛引起我想其基本的文化观念大约是大陆发生的,不过这种观念是到了菲律宾方才大量实现。"②由拜耶氏的研究,他是认为有段石锛是中国大陆发生的,但初时只有基本观念,还未发现真的有段石锛,在香港还只有过渡型,到了台湾才有初期有段型,以后更进到菲律宾方才大大发展起来。作者(祥)后来根据中国大陆的发现,推测在中国大陆已发现三种阶段,由原始型以至高级型都有,其中级型和高级型传到台湾和菲律宾。

    研究南洋史前考古学最久的海尼·格尔登(Heine-Geldern)写一篇《荷属东印度史前学的研究》,发表在第二次世界大战中③,书中说西里伯(苏拉威西)中央西部 Galoempang 地方曾由加连费(S. Callenfels)发现新石器时代后期遗物,其中有方角形石锛,像印度支那和香港发现的"有根石器",像中国发现的石箭镞。他说:"这种发现,表现了西里伯是东部印度尼西亚的新石器时代文化和日本以及华南的新石器时代文化的联结点。"那边发现的有根的石器也便是有段石锛。他说:"这和华南沿海地方香港附近的后期新石器时代有很密切的关系,这种石器经由菲律宾进入印度尼西亚。"他又说:"坡里尼西亚的有段石锛很像华南、菲律宾、婆罗洲、西里伯(苏拉咸西),所以可在这些地方寻觅坡里尼西亚的有段石锛的起源地。"太平洋中坡里尼西亚诸岛也以有段石锛

---

    ① Heine-Geldern, Prehistoric Research in Netherland Indies in Science and the Scientists in the Netherland Indies. 1945.

    ② Beyer, H. O., *Philippine and East Asian Archaeology*, 1948.

    ③ Heine-geldern, Prehistoric Research in Netherland Indies in Science and the Scientists in the Netherland Indies. 1945.

著称,研究者们根究其来源,大都说是出自南洋群岛,尤其是菲律宾。除上述的海尼·格尔登所说的以外再举一个研究者鹿野忠雄的话于此,他说:"坡里尼西亚的有柄石斧,即有段石斧,应是起源于由华中华南发起的民族和文化的移动,到了坡里尼西亚后便复盖在旧层位之上。其年代现在还不能知。由这样看来,华南文化研究的重要性,不但对于东南亚,便对于很远的坡里尼西亚也是有关系的。"①他所谓有段石斧便是指有段石锛。

由以上各家的话,可见有段石锛应是由中国大陆发生,传于菲律宾、苏拉威西等地,其后更传播到很远的太平洋中坡里尼西亚去。至于由中国哪一个地点发生,并怎样传到菲律宾,在外国的研究者还是不能十分确定,作者因曾研究过台湾和大陆东南区的新石器时代的遗址,综合了自己和别人的研究,略为明瞭了大陆东南区以及台湾的情形,觉得这个问题已经可以解决。作者于最近发表的台湾福建各处新石器时代遗址的研究论文数篇中,曾提出有段石锛的发源地是在大陆东南区,尤其是闽粤赣一带,向东传到台湾,再由我国台湾传到菲律宾、苏拉威西,更由菲律宾、苏拉威西传去坡里尼西亚。②

石器之中除了最重要的有段石锛之外还有有肩石斧,也可说明中国与印度支那南洋群岛的关系。有肩石斧在越南发现很多,并且散布于印度支那全部,直到马来半岛北部,阿萨密菲律宾也有。在中国方面,只有在海南岛最多,广东次之,闽浙虽发现还少,但台湾却很多,由此可见这种石器也是中国与南洋的共有物。它的集中地点是在西南一带或者是在印度支那发生,然后传到华南来,过海传入台湾,后来也进到菲律宾。③

由以上所举的诸种遗物看来,华南尤其是东南区的新石器时代文化遗物也发现于印度支那以及南洋群岛,可见两方的新石器时代文化很有相同之点,如同是多有石锛少有石斧,有有段石锛和有肩石斧,有印纹陶。这样看来这两地的民族间应当是有关系的,否则不会有这种现象。所以在考古学上的遗物是肯定这个问题的。

---

① 鹿野忠雄:《ありネシヤの所谓柄附石斧と其の起源》,1943。
② 林惠祥:《福建武平县新石器时代遗址》(1937),《台湾新石器时代遗物的研究》(1955),《福建长汀县河田区新石器时代遗址》(1956),《福建闽侯县新石器时代遗址》(1954),《福建南部的新石器时代遗址》(1954)等,都在《厦门大学学报》及考古研究所考古学报内。
③ 祢津正志:《印度支那的原始文明》。松元信广著:《印度支那の民族と文化》。金关丈夫等:《台湾文化论丛》。吴越史地研究会编:《杭州古荡新石器时代遗址之试探报告》等。

十一、结论

兹将上面所说的总括起来，列成几条意见于下，以当本文的结论：

1. 南洋的主要民族马来族是混血民族，它的二支最重要的成分是蒙古利亚种海洋系和高加索种的原始支派印度尼西亚族，到现在二族混合的程度很饱和，印度尼西亚族的纯粹遗民已经几乎看不到，而蒙古利亚种的特征又比高加索种的印度尼西亚族更为明显，所以现在马来族已在科学上被归入蒙古利亚种了。

2. 马来族的重要成分蒙古利亚种海洋系是从华南来的，所以马来族当然和华南古民族有关，再加以马来族的其他二种成分印度尼西亚族和矮黑人尼革利陀也似乎曾迁到华南来，而成为华南的人种成分，这使华南的古民族和马来族似乎有同样的成分。

3. 现代的华南，尤其是东南区的人民还有几点体质特征和马来族相类似，历史上记载的东南区古越族也有些风俗和语言与马来族可联系，再加以两方发现的有史以前古物也很为相像，这几点都证明这二种民族之间应是有关系的。

4. 马来族应是在印度支那以至华南一带，由于三种以上成分混合而成立。自新石器时代马来族逐渐南迁南洋群岛，在华南及印度支那部分则被后到的蒙古利亚种南方系即汉族、越南族、泰族、缅甸族、等吸收同化，如中国东南区的古越族原应是与马来族相类的，后来也被汉族吸收净尽。

5. 马来族南迁的路线应有二条：第一是西线，是主要的，即由印度支那经苏门答腊、爪哇等到菲律宾，其证据是印纹陶和有肩石斧。第二是东线，是由闽粤沿海到台湾，然后转到菲律宾、苏拉威西、苏禄、婆罗洲，其证据是有段石锛、有肩石斧。

本文提出的这个问题是有意义的问题，如能解决，便可以将东南亚这一大片地方的过去已遗忘的历史补充起来，我国和南洋民族的历史关系似乎也可更为接近。不过作者学力有限，资料也还不足，这一篇只可以作一个提议，唤起别人的研究兴趣而已。

1957 年 10 月 30 日

（《厦门大学学报》社会科学版 1958 年第 1 期）

马来半岛的马来人

一、马来族的起源

据拜耶氏（Beyer）的研究，蒙古利亚种到了印度支那和南洋群岛，所遇到的土著民及印度尼西亚人（Indonisian）和黑色的矮民（Pygmy），混合的结果成立为海洋系蒙古利亚种又称为马来族（Bey. p. 27）。Skeat 和 Blagden 也说："真正的马来人应当和蒙古利亚种或鞑靼人更有关系。"（Ske.）又据克恩氏（Kern）所说，马来族的发祥地是在印度支那的占婆、交趾支那和柬埔寨。因为由语言学上的证据言之，现在这一带介于印度和中国之间的地方还有些民族，他们所说的话多少和马来话有些关系，例如安南的占人、缅甸的白古人、阿萨姆（Assam）的喀西斯人（Khasis）、印度的 Chota Nagpur 地方的梦达斯人（Mundas）都是。以此可以推测马来族原是出自介于印度和中国之间的一带地方（Wins. p. 86）。又如何斯（Hose）和麦多盖尔（Mcdougall）二人也相信此种人来自亚洲南部（黄素封，164 页）。综合以上各家的研究，可以推测马来族的成立是在印度支那。

二、原马来人（Proto-Malay）

太古的马来人由印度支那南下，进入苏门答腊，以后便在那边接受印度文化。但途中也有些停留在马来半岛的溪流地方，或附近小岛，保存着游行不定的生活，不造屋，不学种植。这些人便是原马来人（Wins. p. 85）。半岛的原马来人或者还和半岛别种土人，如沙盖人（Sakai）等混合。半岛而外，在苏门答腊、婆罗洲、西伯里、印度支那等地的土人，也有属原马来人的。（Enri. p. 83）

1. 乍滚人（Jukun）

乍滚人住在马来半岛的南部地方，如柔佛、森美兰和彭亨等处，多在海岸。他们的体质如直形的头发、棕色的皮肤和矮壮的身材，大致像马来人（Whe. 43），但颧骨高、眼微斜更接近于蒙古利亚种别支（Ske.）。他们的支派很多，略举几种如下：

(1) 乌台人(Vdai)在柔佛。(Enri. p. 85)
(2) 弥瑞达人(Biduanda)在森美兰。
(3) 没兰达人(Blandas)在雪兰莪。
(4) 曼突拉人(Mantra)在麻拉甲。
(5) 海乍滚(Sea Jukun)又称拉郁人(Laut),意为"海人"。在沿海一带。古时葡萄牙人称他们为海峡人(Seltes-People of Selat)。(Wins. p. 81)
(6) 山乍滚(Hill Jukun)又称为武乞人,即山人。

乍滚人的住所不和正马来人在一处,不入回教。他们的方言和发音也异于正马来人,但却确实属于马来语系统。有世袭的首领,其号为巴丁(Batin)和热兰(Jenang)。物质文化比正马来人为差。他们不晓种米,这是正马来人的标准生业。宗教还是生气主义(Animism),即万物有灵论,这也是较马来人的回教为低。多数以渔猎为生,又将果子当食粮。有从事一点子农业的。家族是父系的,这很重要,开化的马来人却多数是母系的。(Whe. p. 43)

600 年前正马来人改信回教时,这些乍滚人因住山内,故不一同改教。这使他们更和正马来人分离。他们很受后者的压逼,愈逃愈远。近来情形改变,他们出来混入于正马来人中,渐渐同化(Enri. p. 85)。在新加坡有一种人能够没入海中拾钱币的,据说更和这一种人有关系(Enri. p. 84)。

2. 麦斯斯人((Besisi)

人数只有 1000 人。住在雪兰莪和森美兰。体质介于乍滚人和沙盖人(Sakai)(另一种原始民族,见后)之间(Whe. p. 42),是混合种。有住在树上屋子的。几乎没有特殊的文化,多模仿正马来人,以乍滚人为首领。

学者有将这种人也放在乍滚人之内者。(Enri. p. 84)

三、正马来人

1. 来源

马来半岛的马来人只有极少数是正马来人。这些正马来人却是在历史时期从苏门答腊移来的。在正马来人未入半岛之时,还有印度支那的蒙吉蔑(Mir-Khmer)民族(柬埔寨的安鳖古刹,便是他们的遗迹),也散布到马来半岛的北部。中国南北朝时他们曾在此建立郎牙倏国(Langgasu),经 400 年,据说即在吉礁。他们在半岛的势力,至少自 5 世纪到 1000 年前(Enri. p. 105)。正马来人当 5 世纪时,在苏门答腊已经成立文明国家。他们陆续移民到马来半岛,定居在适当的港口,如新加坡和麻拉甲,或且溯河而上成立殖民地。苏门答腊的旧港和门南加堡两处是古时正马来人所从出的中心地方,还有很多其他小地方。深入半岛内地的移民始自纪元后 1300 年以前,吉礁和东海岸或更早些,大约在七八世纪。自此陆续进行,但都不是大规模的。他们到半岛后,自然发现原马来人、塞茫人、沙盖人和蒙吉蔑人都已在那里。还有南洋各岛人如爪哇人、西伯里人、阿齐人、暹罗人等,都曾移来这半岛。这些由苏门答腊来的马来人便和上述各种先住或后来的别族人混合。还有更远的别种人如印度人、阿拉伯人、中国人等的血统,也参加一部分。现代的正马来人吸收的元素很多,所以也不是纯粹的古代正马来人了。(Whe. p. 54)

2. 体质特征

半岛正马来人虽是分子复杂,但也有通常的可为标准的特征。肤色是棕的,有时很暗,那是由于吸入塞茫人或印度人的分子。有时是很好看的阿列夫宝(olive)(常译橄榄)颜色,这种颜色在马来人自己很为重视。头发色黑,发形常是直的,但有时也有波形的,发毛稀少。眼睛色黑,眼形有时微斜。鼻形常扁宽,但有明显的鼻梁。颚和唇微突。颧骨大。齿大都良好。常易呈现一种美观的微笑,这是马来人的优点。最坏之处在于下颌,有些过于退缩平坦。四肢颇匀称。身材男子通常为5呎3吋,罕有甚高甚低的。(Whe. p. 55, Wine. p. 87)

3. 心理特征

在以前瓦列士(Walace)的大作《马来群岛》(*Malay Archipelago*)中对于全体马来族的心理描写如下面所述。半岛的正马来人是马来族的一支,自然也概括在内。他说:"在性情上他们是恬静的。他们表现出一种谨慎自抑,甚或羞怯的态度,使观察者不信他们会有凶悍的性质。他们是不表情的,无论惊异、羡慕、畏惧的感情,都不形于颜色;并且似乎也不太觉得。讲话缓慢而慎重。高级马来人极有礼貌,有和高等欧人一样的从容和尊严。但是这些优点却正好配合着他们的强悍轻生的缺点。"(Wal. Vol. I., p. 143)

再举现在学者观察半岛正马来人的话语如下。

温士德氏(R. O. Winstedt)说:"马来人恬静性情使他们对人或对可笑的事物只有一种坦白的微笑。对于朋友常很忠实。不利的气候或者使他们没有强烈的欲望和不挠的热心。在青年时男子对妻子很狂爱,以后也常顺从她,这大约是由于懒散的心理或受母系制度的影响。马来人的妻子不但不是一个玩偶或动产,而且是一个伶俐努力的同事。多妻、离婚或不贞,都不过由于地位、金钱或无子所造成。马来人很爱小孩,但是很宽纵而不加鞭扑,他们的教育方法却也造成孩子的品行、孝心和服从。他们生在礼仪繁多的社会,对于外国人的社会地位也很能辨别。虽是回教的信徒,但他们的判断行为却是本能的,像辨别花的颜色一样。他们也有敏锐而有讽刺性的滑稽之感,但虽遭遇外国人的无礼,他们的种族自负心、家世和宗教都能安慰他,使不发作。"

据瑞天咸(Swettenham)所说:"他们的勇敢并不输于别民族,而且没有一种卑鄙的心,这在东方是特别的。他们深恨侮辱,易感讥刺,另一方面却又易于反映褒奖和鼓励,青年时常昂然自负,年纪大些则束紧了钱袋,而从事农业、乡村政治和宗教。他们常善于交际。在上述的优点以外,也有弱点。他们以懒惰著称。炎湿的热带气候、疾病、肥沃多天产的土壤,加以酋长们所定的消费律,限制人民不得有太好的家屋和衣服,这些都是他们安于恬静而无野心的生活。但懒惰的名誉也不全实在。他们在50年来由畜牧的生活一跃到了汽船、火车、自动车的时代,由家长制的社会进到了工人和资本家的社会。他们也在努力使自己能适应这样的变迁,不过总也不及生存竞争所要求的那么快。他宁愿终日在河里荡桨,或在米田的泥土中工作,而不愿在工厂或公署里面做一个时钟的奴隶。虽然是如此,兴趣所在,他们也会勤奋。农民能够变成一个称职的工头或汽车夫,而绅士们也会成为良好的殖民地官员。"(Wins. p. 89)

马来人还有两种特殊的心理如下:

(1)阿目或杀人狂(Amok)。这是很著名的,所以流入英语而成为 Amok 一字。其动词"跑阿目"(Menganmok)也变成英文的"toruamok"。所谓阿目的情形如下:当一个马来人,常是中年的或更老的,受了侮辱,或是大失意;平时他虽能含忍自制,但却抑郁或怀恨在心,直到他不能再抑制自己,便发作起来了。他不像北方人的自杀,他突然间由一个谨慎和平的平常人,一变而为杀人的凶徒。他抢了最近身的利器,走到路上并不注意寻找仇敌,只是不加辨别,一味盲目地见人便杀,直到他自己也被别人杀死方休。1925年10月在一艘叫克兰(Klang)的大汽船上,曾发生一个马来人的阿目,被杀者连船主共13人,重伤者5人。据说这个人却不是马来半岛的马来人,而是马辰的马来人。大约这种事情也是很罕有的事,不是马来人的平常行为,其传闻欧美,想是由于游历家的好奇而过于张扬吧。(Whe. p. 217)

(2)拉塔(Latah):拉塔不像阿目那样的可怕,这不过是易于受催眠的一种反常态而已。这在别族也有这种人,不过在马来人中有少数个人特别易受催眠,不需要通常的催眠条件。(Whe. p. 219)

4. 社会地位

马来人的社会也有各种等级,不过还没有资本家。在原始的马来社会中,除了几个宗教的教士以外,只有两个阶级,贵族和平民,这很像封建时代的欧洲。在现在则因境况变迁,因而再生出一个中等阶级来。

(1)拉押或平民阶级(Rayat Class):这是马来人的中坚。自过去以至现在,都占马来人的大多数。他们的性情保守、偏见、忠诚、富于感情、不喜欢新的或特别的工作。虽信回教,但不甚狂热。无甚教育。除马来语外不晓得其他语言,便是那种马来语也常不过是方言。他们是乡村即所谓"甘旁"(Kampong)的居民,有些甚且住到内地闭塞的森林地方。他们的村屋或者造在鳄鱼出没的溪流或沼泽上,用木桩支在屋子下,或者造在溪流旁边的林木丛中,几乎被树叶所淹没。处处的米田割断了森林,供给内地居民以主要的食粮。他们住近海滨便从事渔业,都会对于他们不生吸力,他们讨厌奔波不绝的交通和拥挤嘈杂的喧声。虽也有些马来人克服了这种原始的感情,但住都会还是少数。大村落的居民如和大城镇有接触的,也很有智识,就是猎人、巫医(Bomoh-Medicine Men)和术士(Pawang)等职业已渐归消失,只有种粟和捞鱼还是马来人的主要职业,无论男女老幼都从事于此。欧人所雇的仆人常不是马来人,马来人的贵族阶级雇用下级的马来人。马来人见树胶利益很大,他们也有将自己的田地改种树胶的。马来人也有改从别业,如当警察的都颇能称职。初时是印度的释克族(Sikhs)和马来人混合编成,后来因马来人可用,乃有专用马来人编为一队。各官署的勤务兵久已采用马来人,至于火车站的脚夫、电报局的司机生、邮差等,则近来方用他们。只有商业上还少有马来人的势力,此外在政府各机关中,他们都已有了地位,便在政府以外的机关也渐加入。这种情形在40年前是认为不可能的,以后这种趋势必然更为增加。

(2)拉查或贵族阶级(Raja Class):一个拉查和一个同阶级的妻子所生的子女都是拉查,不论数目或物质状况,所以拉查也有穷。但无论如何,拉查总是马来人中的上等阶级,为平民所羡慕敬重。他们在以前是有特权的,可以征收平民们的赋税工役;自英人统治以后,这些特权一部分失掉。但由于近来的繁盛,他们现在多数成为最富裕的人,占有大部分的产业,而且他们的特权也还保存一部分。在平民看来还是很尊严的。马来人的苏丹在自己领土内还有不少的行政权。英政府所以保护和奖励他们,是因为:第一,这些马来国家是自愿归顺英国的,全无战争和反叛等事。第二,大英帝国统治别种民族原以采用本地的领袖为原则,而且马来人的忠心是他们的第二天性,自然更为适当。(Whe. p. 197)

(3)中等阶级:由于旧制度的改变,旧时的几种人如武士、朝臣、盗匪等都渐消灭,而人力过剩,于是发生了中等阶级,由实业教育发达,也有变成中等阶级的。

5. 衣服住所

马来男人的衣服是一条宽阔的裤,一件宽阔的短衣,一件格子花的围裙即纱笼(Sarong),围在腰间下垂至膝,在头上包一条头巾,或戴一顶毡帽。衣和裤的名字是波斯字,或者是由回教带来的。依马来人的礼节,头上的巾或帽,甚至便是一条棕榈叶,也比身上的衣为重要。马来女人也穿裙,但长至踝;女人的衣也长至膝,其名是葡萄牙的。在她头上戴另一种的纱笼,即头巾。另加手钏、脚环、头串、耳坠等为饰。虽是回教徒,她们出门并不用面幕(Wins. p. 91)。关于马来人的房屋,据明初费信随郑和游南洋所著《星槎胜览》一书内

"满刺甲"国一条所记载云:"房屋如楼阁,既不铺设,但有不条稀布,高低层次,连床就榻,箕居而坐,饮酒厨厕俱在其上也。""不条稀布"或即"木条稀布",便是说用木列成地板。"房屋如楼阁"便是下面有木桩为架,又像楼又不像楼,这在中国西南的民族自古便是这样,名为"干阑"。现在的马来屋子还保持这样的建筑,屋子前部有一个廊,可以接待客人,后面一个廊做厨房,中间的房做卧室。屋子上面的凹顶或者是做效天幕的斜面,层列的屋盖尚存留于回教堂或酋长屋堍,为尊严的标志。这二者都是源于印度的。自15世纪即明朝时,便有中国的玻璃瓦和镀金法,装饰了麻拉甲苏丹的王宫。到了现在不但中国式的建筑,便是欧洲式的也被采用了。(Wins. p. 91)

6. 生产事业

生产的新发展需有经济类书籍专门叙述,本文只略述其原有的一部分。

(1)农业:正马来人很早便从事农业和渔业,这二者现在还是他们的主要生业。他们的食粮几乎完全由此而得。米的产量只够马来人自吃,这在马来人是一种发展的机会,因为他们原是种米的民族,他们很可多种以代替印度支那的米。胶树的种植也已有马来人从事,但多限于小面积。畜牧很不发达,猪为宗教上所禁吃,羊、马都不能在不适应的环境畜养。牛也不多。(Whe. p. 253)

(2)渔业:沿岸海里和陆地上河流,都富有鱼类,所以渔业很发达。但也未有大规模新式渔业。(Whe. p. 254)

(3)森林出产:内地森林中也有出产,如藤、马来树胶(Gutta-Percha)、科拔树脂(Copal)、野生禽兽、蜜、木材、药用植物等,以上都是森林地住民所采集的。

7. 工艺美术

本文的目的在明了马来人原来的状况,故工艺也以原有的为限。新加坡博物馆里有这类标本可供参观。

(1)编物工:这便是指编筐篮和织席的工。有人说世界上没有别地像马来亚出产这样适宜的植物,以为编物的材料。由荒古的时代,编筐篮和织席便是马来人的日常工作。或者是印度人叫他们用木造屋,但直到现在,他们的屋子还时常用竹或棕榈叶茎编葺而成。渔筌也常用篾制成。携带果子蔬菜是用一个圆锥形的背篮,藏更小的东西则用一个布袋。席也织得很好。但马来半岛的织物却还不及婆罗洲的达押人和苏门答腊的峇搭人。半岛最好的织物是叫做"狂编"(Mad-weave)的一种东西,出在麻拉甲,女人们做五件大小不同的筐篮为一套,方形、长形、椭圆形、三角形都有,五件可依次纳成一件,又有将上一件的底当作下一件的盖的。一个月方能做成一套。(Wins. p. 108)

(2)陶器:加工于陶器使之圆匀的陶轮,在印度和中国太古时候便有了,在这里却至今也没有。在技术上马来人是不高的,但有些形状却甚雅致,如壶瓶等物,常以葫芦或椰壳为模。在霹雳有两个河边的村落名为 Sayong 和 Pulau Tiga,以善制陶器出名。在彭亨所制有像中国式的。在麻拉甲和森美兰有黑色陶器,以模型印成花纹像木雕一样。(Wins. p. 108)

（3）织布:半岛的织布法不及苏门答腊的旧港和峇株峇拉(Batu Bara)的精巧。而且在繁盛的西部地方几乎已经消失。半岛特有的是吉兰丹的柳条纹和格子纹的布。用金印线织入布内是学自印度的。在布上用木型印金叶是雪兰莪的武吉斯人所作的。

（4）金属工:所有马来人的金属工如铜银工等都受过印度的影响。如铜的浅盘、挂灯、水瓶、痰盂、香炉等都是。但马来人却不像印度人喜欢太过繁杂的装饰。半岛的铜器和苏门答腊完全相同。有一种锡铜和锑混合的器物,在本岛丁家奴制造。几种金银叶的模式可以推溯于爪哇的婆罗浮屠古迹。莲花形常见于衣扣上。印度式大约由于苏门答腊旧港的佛教国传来,在半岛北部自然也受暹罗影响。霹雳国的银细工最有名。森美兰的银器是苏门答腊式的。彭亨、柔佛和廖内同派。回教破坏了印度式的艺术。中国艺术对马来略有影响。马来的金属细工虽很精美,但已濒于消灭。因为这种艺术以前是封建制度下发展的,那是工人受君主的保护和供给,不计时间,只求工巧,所以才有那样精美的出品,现在情形变迁,自然归于衰落。(Wins. p. 109)

（5）武器:所谓可咒骂的"马来克里斯"已经传扬了几百年。克里斯(Kris)是一种蛇形的短剑。它的起源据人类学家追溯出于动物的角,或古时拜蛇者模仿蛇形而成。克里斯源出印度,经由爪哇而传到马来半岛。其柄像卡鲁达(Garuda)的形体,那是印度的护持神毗湿奴(Vishnu)所骑的动物。剑身是将铁和钢的薄片锻合而成的。最受重视的是西利伯的克里斯,但最精美的出自爪哇和巴厘。在马来半岛所制的,不过是廉价笨重的物。一种直形的克里斯名为"白点的黑斗鸡",一种鳗形的叫做"糕饼匙",一种有左向波纹的叫做"致命鬼"。用别种金属镶饰的样式也有"蟋蟀腿"、"豆"、"开的花"、"山岭"等名称。半岛特有的克里斯出自大年,鞘是爪哇式,但比剑身长,插在背上时可以足跟由后向上一踢,在肩上抽出剑来。剑称为"钓鱼翁头",其实是表现一个长鼻有牙的鬼头。长而直的"刽子手克里斯"是由苏门答腊到来的,常见于森美兰。"胡椒压碎器"是一种短而微弯的匕首,也是苏门答腊岛的。(Wins. p. 113)

（6）刺绣:在霹雳最盛。纹样大都是叶状涡卷形,很为繁杂,常满体全面。枕席拖鞋均常加刺绣。多受印度及中国影响,因中国明代皇帝常赐麻拉甲王以金绣的衣服或龙袍等。(Wins. p. 115)

8. 结婚

在以前马来人的结婚全由双方家长接洽,并不问及当事的一对青年男女的意见。现在情形不同,父母不再强逼儿女去结不情愿的婚。结婚的仪式很繁,其中有戴橘花和撒米,都是东方式的风俗,含有"多育"的意义。在贫穷的人中,新妇当结婚仪式行毕,即随丈夫回家去。在高等人家,男子常住妻家几个月,方带妻回自己的家。有时男子在结婚后,乃留妻在妻家,自己回去,须经很久时间,方能劝岳父母放女儿随女婿去。妻便是随丈夫去,还是可以常常回母家居住,约等于在夫家时间,如此经常过数年。(Swet. p. 153)

马来男人像其他回教徒一样,在法律上可以同时有四个妻。和丈夫同阶级的女人常常为正妻。诸妻各有住所。离婚不难,再嫁也是常事。马来女人嫁后在家庭常很有力。在高等阶级的女人,更常能发展她的势力于家庭之外。官吏的正妻还可以获得封号。(Swet. p. 154)

9. 宗教

马来人的宗教最初是万物有灵论,即生气主义(Animism),其后有印度教的影响,最后方接受回教。

(1)万物有灵论:马来人崇拜各种看不见的恶神,如山、水、林木、野兽、死尸等的精灵,以为他们会发生疫病死亡于人类。在直立屋柱时,他请土地的神宽恕他的冒犯。在动手渔猎时他不但禳求水神林神,他还对鱼儿野兽们说,这是枪或网的罪,不是他敢侵犯它们。他不敢直喊动物们的名,他称虎为"大王",鳄鱼为"木头",蛇为"活藤"。有时用马来语以外的语言,以免被动物懂得。他还应用感应的魔术(sympathetic magic)以对付各物。猎人在预备钓鳄鱼时应一口吞下食物,以使钓饵也照样直下鳄鱼的喉,播粟时很小心装作将小孩交给母亲的样子(因为以地象征为母),割稻时不用大镰刀,却用鸟形的小刀,一穗一穗地割,因为恐怕稻神被吓走。在割稻前三日便要请稻神降临,一阵微风过处,稻神便出现,其状或像一只昆虫,或像一位美女。(Wins. p. 101)

(2)印度的影响:马来人的风俗受印度的影响甚大。虎精(Were-tiger)的信仰流行于全亚洲,马来人的狩猎神据他们说便是印度的破坏神湿婆(Shiva)。马来神巫也像印度婆罗门念诵秘传的咒语,以制服邪怪,咒语中宣布邪怪的根底,咒语的语句冠以具有神秘意义的"喳"、"OM"字,他夸说自己的法力无穷:"我足下所踏的不是土地,我是踏在一切生物的头颅上呀!"马来人的结婚仪式多得自婆罗门教。新郎新娘所分的结婚米、襁褓时围绕他俩的结婚线等,不但是印度风俗并且便是用印度名。马来贵族如娶一个较低级的女子为妻,便用短剑代表自身,这也和印度相同。短剑柄常雕的怪物便是印度护持神毗湿奴(Vishnu)的坐骑卡鲁达(Garuda)的形状。(Wins. p. 102)

(3)回教的影响:马来人受回教的影响是由于来自南印度的回教徒,而这些回教徒本身已会在印度受过当地宗教的影响了,所以很有些分别不清之处(Wins. p. 103)。马来人成为回教徒是始自马六甲苏丹默罕麦沙(Mohamad Shah)时,约在 1276 年,当时国事甚盛,继爪哇和苏门答腊之后为第三个强国。(Swet. p. 144)马来人后来也常有亲到麦加圣城的。回教对于马来人的恶影响是破坏了爪哇的一个强国,及其美术。降低女人在母系时代所享有的地位。但它的好影响却是发展部落法律而成为国家法律,翻译一种新文学为土语,因而引起这种人民发生智识欲。它制止了马来人的嗜酒癖。它输入一种理想的平民化的神权政治,以代替印度式阶级和君王的政治(Wins. p. 102)。现在的马来人虽属回教徒,却不十分狂热。他们也接受回教士的教训。结婚和死亡都遵回教礼节。生殖器的割礼也有实行。但他们除少数以外,每日不曾祈祷 5 次,不曾执行 40 日的斋,不常到回教堂,他们还相信旧时的巫术(Sewt. p. 145)。

10. 语言

马来半岛自新加坡小岛以至于北段暹罗属的八大年(Panati),都用马来语(Malay)。廖内群岛(Riau)、苏门答腊东海岸大部、婆罗洲海岸大部,也都用马来语。马来语和苏门答腊中部高地的门南加堡语也极相近。回教商人、葡萄牙人、荷兰人,都学用并传播马来语。以此马来语遂成为南洋群岛的宗教和商业用语。(Wins. p. 93)

马来语属于马来—波利尼西亚语系(Malayo Polynesian Family)。这一系的范围北起中国台湾,南至新西兰,东自太平洋的东岛(Easter Is.),西到非洲东南的马达加斯加岛。包括马来语、菲律宾语、爪哇语、巴塔语、门南加堡语、既他语、达押语、马都拉语、望加撒语、武既士语、米格罗尼西亚语、米拉尼西亚语、新几内亚和坡里尼西亚各部一部分的语言。

马来语吸收了多种外来语的成分。马来语关于具体的动作和器物的字颇为丰富,如"落"、"打"等一动作便有多数不同的字来表示它,但关于抒写感情和抽象观念的字却甚少。很早便借用了多数梵语,以为宗教、伦理、法律、天文、情感以及器物的语词。北印度的兴都斯坦语(Hindustan)和南印度的达密语(Tami)都曾加入。阿拉伯语随回教一起传来。葡萄牙语、荷兰语、英语,也依次加入一点。马来语流入英语中的也有,如竹(bamboo)、藤(rattan)、西谷米(sago)、猩猩(orangutang),马来语的书写曾采用古印度文,后来用波斯式的阿拉伯文字,最后又采用拉丁文字。(Wins. p. 94)

11. 文学

古时马来文字是写在棕榈叶、竹片、石头、金属品上,最后方有纸。棕榈叶的马来语是 Ronal,下半得自梵语,或者用棕叶写字是学自印度的。只有爪哇人方懂得造纸。

马来人很少有可称为文学的作品。最有名者为下列诸种：《马来史记》(*Sejara Malayu*)（即 *Malay Annals*）。这是麻拉甲的古史，约在 1612 年又一个柔佛贵族所写(Wins. p. 99)。《罕脱的历史》(*Hikaiat Hang Tung*)（罕脱是 16 世纪一个马来武士）等书(Swet. p. 167)。

马来人的男女青年都喜欢歌谣，每首四句，首两句常无意义（大都是比兴），末两句方表出真意，一与三，二与四，皆押韵。马来人又喜欢谚语，说话常引用。这些也可以算是他们文学的支流。

（《星洲日报·半月刊》1938 年第 3、4、5、6 期）

马来半岛的最古土著塞茫族人

马来半岛还有一种塞茫人(Semang)，是尼格利陀族(Negritte)的一支。尼格利陀人又称为矮黑人(Pygmy)，是5呎以下的黑种人，散布在东方各岛，如印度洋中的安达曼岛、菲律宾、新几内亚和马来半岛等处的荒僻地方。以前他们或者还占住马来西亚的广大的地方，那时各岛间的浅海或者还是陆地。尼格利陀人属于海洋系尼革罗种(Oceanic Negroid)和非洲的正尼革罗人是同类，只是身体较矮而已。

马来半岛的塞茫人是该半岛的最古住民，文化程度也最低。现在他们的住地是半岛北部，即吉礁、霹雳、吉兰丹和彭亨的北部。他们的人口逐渐减少，现在约只有2000人，只踞居于山林荒僻的地方。在吉礁和北霹雳称为塞茫，但在吉兰丹却别称为邦干(Pangan)。在暹罗属的马来半岛北部也有矮黑人，名为鄂人(Ngok)。塞茫人自称为孟匿(Menik)。

塞茫人肤色很黑，身材甚矮，平均约4呎8吋，头发卷缩像羊毛状，头形广，鼻扁塌，下颌平钝，口大，唇厚且常向外翻。和同地其他未开化民族一样，身体上多有鳞状皮肤病，大约是由于食物不净所致。他们常把搔痒当作消遣。

塞茫人除了一条围腰以外，几乎全身裸露，腰围有些用树皮，有些用纤维质的菌类制成。吉礁的塞茫女人插戴发梳，当作御邪的法物。他们不晓盖屋子，只住在岩荫或树荫之下，有时撑一面树叶制的屏，上部弯曲覆下，迁徙不定，在一地只住上二三日，但他们迁来迁去也不过限于一定的小范围内。因为住地是有定的，所以都各有其怡保树(Ipoh)和榴莲树，他们按时间来采摘。但他们却还不晓得农业，只从事渔猎，倚靠森林天产为生。有些受外面文明的影响的，已略晓得耕种和盖屋，但也只限于极少数。他们的著名兵器是弓和毒箭，但还有从沙盖人而学得吹箭筒。塞茫人和沙盖人的取火还是用摩擦木块的方法，大都不晓得造船和筏。

多数塞茫男子只有一妻，有些人也有多妻。婚礼很简单，常是合吃一碟食物，送礼，由酋长或家庭宣布结婚。有时是新郎追赶新娘，绕着一个蚁堆走；有一个部落是男女各驾一独木舟追逐。塞茫的小孩名字采用树木的名。父亲在那一种树干上刻一个缺，相信这样便可使小孩的命运和那树互相联结起来。小孩大了不敢伤害那一种树，或吃其果实。他们说人类的灵魂宿在一只鸟的身上，到了出生时方离鸟体而附于小孩的胚胎。送灵魂于男孩的是一种特别的鸟。他们又相信有一个满生果实的岛，死人可到那里居住。他们极怕雷电。他们的语言只是小范围的方言。

总之，塞茫人的文化还是极低，他们的生活极简单，无家屋，无衣服，弋飞射走，钻木取火，很像荒古的人类。这种有趣的民族若任其消灭下去，实是可惜的事。为人道起见应当设法把他们保存。

参考书：

Enriquez, C. M, *Malaya chap* Ⅵ

Wheeler, L. R., *The Modern Malay*. p. 41

Winstedt, P. O, *Malaya*. p. 80

Dennys, N. B, *A Descriptive Dictionary of British Malaya*.

Evans, I. H. N, *Ethnology and Archaeology of the Malay Peninsula chap*. Ⅰ—Ⅴ

Evans, I. H. N, *Studies in Religion, Folklore and Custom in British Borneo and the Malay Peninsula*. p. 143

（《星洲日报·半月刊》1938 年第 12 期）

马来半岛的怪民族沙盖人（SAKAI）

住地——沙盖人到马来半岛居住，更早于马来人。自马来人移来后被逼而退居内地荒僻之处，现在还住在霹雳的东南和彭亨的西北山地（一说自霹雳的 Kuala Kangsar 至雪兰莪）（Enriq. p. 79）。现在人数约有 2 万人（Wins. p. 82）。

一、种属

沙盖人是一种很奇怪的民族，人类学上有把他归入矮黑人内者，但严格讲起来，他是出于黄白黑三大种之外无类可归的。人类学家克屡伯氏（A. L. Kroeber）把他和锡兰的吠陀人（Vedda）、南印度的卡第儿人（Kadir）合称为先达罗维荼族（Pre-Dravidian），视为系统不明的一种民族（*Anthropology*，p. 46）。以前有人疑他们为蒙吉蔑族（Mon-Khmer）（即柬埔寨人），因为语言很相近。但蒙吉蔑人也在沙盖人之后移居半岛，沙盖人不过学得蒙吉蔑人的语言而已。沙盖人和北方真正的矮黑人塞茫族（Semang）以及南方的乍滚人都有混合（Enriq. p. 79）。沙盖人不喜人叫他们为沙盖，以为这名有卑下的意义，他们自称为武吉人（Arang Bukit），意为山居人。沙盖人分为北、中、南三支派，各用一种方言（Wheel. p. 42）。

二、体质

沙盖人肤色棕，头形长，发如波状（Wins. p. 80）。发色黑。眼形水平，像半闭状。下颌尖突。（Enriq. p. 82）

三、文化

沙盖人近来虽略受外来文化的影响，但还在不十分固定的生活中。他们住在森林里面，很为习惯，视觉和嗅觉很敏锐，据说能嗅出蛇的气味。住所或在岩荫下，或用一面屏障，通常喜用有桩的茅屋，有些造在树上，离地 30 呎高

(Enriq. p. 81)。衣服是将怡保树皮(Ipoh)槌薄浸洗而成,有时穿一条"菌緤"(Fungus Fringe),像塞茫人的样。在 Ulu Kin'a 的沙盖人很开化,衣服和马来人一样(Enriq. p. 81)。沙盖人也懂得一点农业,能种植甘蔗、黍、烟草、山米和一种热带香蕉(Plantain)等(Wins. p. 8)。他们常合数家族而成为一个团体,有一个族长。他们相信有死后的世界,很怕鬼怪。家中如有死人便弃家而去。又将食物和兵器置墓中,以供死人之用。巫师的尸体则置树上,以便他的好友老虎来寻他(Wheel. p. 42)。因为极怕鬼怪,故常将蜂巢或穿孔的椰子壳悬挂于屋子外,使鬼怪为蜂巢或椰子壳上多数的孔所迷乱,而找不到人住的房子。他们有些在面上绘纹,有些戴一个环于鼻为饰(Enriq. p. 79)。他们的著名兵器是吹箭筒(Blow-Pipe)。弓箭是塞茫人的,标枪是乍滚人的,这三种马来土人各有所长(Enriq. p. 79)。沙盖人也有学用弓箭的。吹箭筒是长竹管,中藏小箭,箭镞有毒,用口吹箭出去,可以射死人兽(Wins. p. 81)。箭的远可及 60 码,但罕用 30 码以上。小鸟中箭立刻便死。猴子数分钟内便跌落树下。对于人类须看毒药的新旧,旧的失了药性,新的则能致命。吹箭筒包括内外二管。内管由一种疏节的竹制成,管内则刮削光滑以免为箭的阻碍。外管以保护内管,使不弯曲。筒的表面常雕几何形花纹。全体甚轻,可以握着一端而举近唇际,另一端翘起向着目的物。箭不是铁制的,也不是竹制的,是由一种叶的大筋制成。箭置于另一管内。一小团的毛塞在筒中箭后,以使箭能向前直出。箭的毒由怡保毒药(Ipoh Poison)制成,有时也用别种毒,怡保毒药由怡保树(Antiaris)和怡保藤(Strychnos)取得。这种毒箭也只限于出产这种植物的地方。婆罗洲土人也有吹箭筒,但却用铁箭镞。沙盖人用吹箭筒的技术甚精巧,善能命中。(Enriq. p. 80)

(《星洲日报·半月刊》1939 年第 17 期)

苏门答腊的阿齐人

一、历史

阿齐人(Achehnese)即古阿齐国(Atjeh)的人,在苏门答腊的北端,也属马来族的一支,人口 67 万余。[译者按:最近发现苏门答腊北部有古国的遗迹,即中国史籍《梁书》、《隋书》、《唐书》所记载的婆利国,文化属印度式。阿齐在其北,或者曾受影响。]阿拉伯人传入回教,是在公元 486—950 年之间。据马哥·波罗的记载,直到 1292 年这地方的小国还未改信回教。其后不久这地方的须文答剌国(Sainudra)方改信回教。

须文答剌在东北方巴赛(Pasi)河口。[译者按:须文答剌国在中国的《宋史》便有记载,称为苏勿吒,元代的《岛夷志略》作须文答剌,明代的《瀛涯胜览》始改为苏门答腊。其后这名方扩充而指全岛。至于须文答剌,据伯希和的研究,初时以为便是阿齐,后来改正,说是在巴赛河上的须文答剌村。]14 世纪中叶须文答剌人在苏丹 Malikuz Zahir 在位时改信回教。1509 年葡萄牙人到须文答剌,在 1521 年替土人改立了一个苏丹。

在葡人未到须文答剌时,阿齐不曾闻名。此前的阿齐不是全地方的名,不过是一个海港名,即今日的古打拉夜(Kuta Radja)。那时的阿齐不但不曾独立,还是须文答剌的一个属邦。自葡人来后因要垄断胡椒和丝的利益,便禁止各地尤其是巴赛的自由贸易,只有阿齐起而代为自由贸易的通路,它便渐获独立的地位。在 1524 年阿齐战胜须文答剌,并赶走葡萄牙人,须文答剌的傀儡苏丹便逃到麻拉甲去。[译者按:明史苏门答腊传说:"后易国名曰哑齐",便是指此。]

在 1520 年阿齐方有本地人为苏丹,他的名是 Ali Mughajat。自此以后阿齐国势日盛,阿齐的名不但扩张于大阿齐(Great Atjeh),还展到南方诸省,不久还征服了东海岸的别国。阿齐首次和荷兰人接触,是在 1599 年。在苏丹 Iskandar Muda 的时候,阿齐达到了黄金时代(1607—1636 年)。这时阿齐不但统治了苏岛北部现今的"保护地",还在麻拉甲占有几个地方。苏丹 Iskandar Muda 不喜欢荷兰人,但其嗣王 Iskandar Tsani 却和荷兰人联合,把葡萄牙人赶出麻拉甲（1641年）。这位苏丹死后，阿齐国势便开始衰替。在一连4个女苏丹统治下，国内屡起内讧，属地渐渐解体。在1659年阿齐和荷兰东印度公司订约，给予贸易专利权。在17世纪之末，国势更弱。在1873年荷兰进入阿齐，1903年全归荷兰统治。〔按：亚齐现在为苏门答腊的亚齐省，其中大亚齐受荷政府直接管辖，其余还是由土王自治，为政府的保护地。〕

现在的阿齐人已经是混合种了，其成分除本支外有自麻拉甲、巴东高地、峇搭地方、惹士岛、爪哇等地来的其他马来人，还有印度人、阿拉伯人。这新的阿齐人据说肤色较浅，身体较为细弱。原来的阿齐人肤色较深，身体大约像现在住在卡约（Gajo）和阿拉斯（Alas）的山地住民。

二、经济生活

阿齐人的屋子建在16根木桩上，桩高约6呎。屋宇由前至后分为三部分，即前廊、卧室和后廊。每部之间都用帘幕遮隔。中部的卧室最为重要，只可由后门进入。前廊用为接客地方。后廊是妇女烹饪工作的场所。屋用木板、竹枝、椰叶等构成，屋顶用西谷叶、尼巴叶或椰叶葺盖。因为婚姻是女系，男人住于女家，女家父母便在原屋的旁边加造一个附属的小房。富裕的人则有包含2个卧室，2个梯子，并有2个附属小房的大屋。这样的屋子便可容二对女儿和女婿。屋宇内部家具虽少，饰物却很多。睡不用床，只在席上。

阿齐乡村中除住屋外，有回教堂和男子宿舍（Meunasah）。男子宿舍是马来人原有的风俗，原名Bali，四面无墙壁，住屋环绕于男人宿舍四周，成为小集团。回教来后，四围加以墙壁，用为祈祷和集会的地方，改称为Meunasah。在古时已成长的青年都须睡于宿舍，现在这种风俗渐归消灭。

海岸住民和山地住民的衣服略有不同。两者都穿极宽的裤，再加一条腰带，垂到膝头。海岸住民上身穿短衣，山居的却常披一条巾于肩上，出门时必定佩一柄小刀，并带一条折叠的巾，巾内藏应用小物件。有地位的人出门还加上一柄阿齐刀。女人在裤外再穿裙，上身有短衣，或披在肩上的布。

阿齐人是农业民族，种植稻、甘蔗、胡椒、果树等。食物主要的是米、菜和鱼。少吃肉。

三、组织社会

现在乡村是最小的政治单位。乡村中有四种人，比喻做一家的人：第一乡长（Keutji），是一乡的父亲。第二僧侣（Teungku），是一乡的母亲。第三长辈，是有经验知识的人。第四余人，是子女。

阿齐人的阶级有三,即贵族、平民和奴隶。阶级的分别较峇搭人明显,但还不及苏岛南部。在任职、结婚等事,阶级最为重要。贵族阶级包括苏丹及其家人,以及其他承袭的领袖。平民再分为三等。奴隶常来自惹士岛(Nias),据说很勤驯可靠。还有正马来人和峇搭人。有时还有中国人和非洲黑人。黑奴价很贵。奴隶有些是战时掳来的,但多数是买的。回教禁自由人和自己的奴隶结婚,但却不禁和别人的奴隶结婚。奴隶也常可获得自由。奴隶渐渐和自由人混合。奴隶的待遇也不坏,有些还可自营职业,做买卖,并自有住屋。荷兰政府常发令禁奴隶制度,但至今还是存在。以前阿齐人常到惹士岛购买或偷窃奴隶,屡次引起战争。

四、婚姻及家族

有人说阿齐人的家族最早是母系的,后变父系,最后成为两系都算的(Bilateral Family)。但也有人说是先由父系变成母系的。现在阿齐人的结婚,男女两方的父母都有同等的权。世系是计算两方的,男女都有财产权。惟结婚后女人仍留母家,男人须来访她,这还是母系风俗的遗留,虽为回教所反对,但仍是存在。结婚一定要得乡长的答应。一个乡村中常是一个女祖先所传的子孙。一夫多妻很罕见,至多不能过四妻,这是依回教律的。婚礼在女家举行,新郎以外的男家一个都不准到。婚仪多属印度和阿拉伯式。新郎连夜到新娘处,但却迟到第七夜方得真正成婚,这种风俗在尼南加堡和别处也有。男子在行婚礼后方付给新娘聘金,但因是居住女家的,故聘金甚微,而且女家供给住屋,甚或一年的食粮以为价。

岳父母和女婿的避忌很严,未婚或新婚的男子须力避和岳父母接触。夫妻不相称名,在广众中男子不敢独自和妻在一起。弟很少和兄说话。阿齐人因行亲属避忌的风俗,故家族关系薄弱,只有母子关系较强而已。阿齐人罕说起他的父亲,即提起也像说别人一样。

五、其他风俗

男女的关系在阿齐人极为重视。女人在男人前绝不露胸,便是在丈夫前也这样。男人不敢和独行的女人说话,不敢独自和女人同行,便是自己的妻或母都是一样。男女间的风俗虽是这样严厉,反之阿齐人却有娼妓。在原始民族中娼妓很罕见,但在严守男女之防的文明人中娼妓却最盛。阿齐人的娼妓有些由未婚女子充当,但多是寡妇或离婚的妇女。娼妓很被社会上所轻视。

小孩生后七日取名。名可取阿拉伯名或土名。男孩常取阿拉伯名。男的阿拉伯名常是 Ali, Amat, Mohammat 等。女的阿拉伯名是 Aminah, Remealh 等。土名则常指身体上的特征、生的日子、生的地方等。无家族名，因为不得提祖先的名。要问人的姓名，只可间接问别一个人。阿齐人说"不要像雉鸠自己呼名"。阿齐人又不叫同伴的名，只称他为 Eumpie，阿齐人称人只叫他的地位、职务或绰号。亲属用亲属称呼。

阿齐人虽规定要读阿拉伯人的《可兰经》，其实很少能读得明了的。现在又用罗马字母写马来文。文字不是由学校传授的，而是互相教学的。

阿齐人有服丧的礼节，丧期 44 日，丧中不赴宴，不上市。除非不得已，否则不工作、不钓鱼。

阿齐人遵从回教比较虔诚，但是古时的万物有灵论的宗教也还存在，并且还信神巫。

（《星洲日报·半月刊》1939 年第 15 期）

苏门答腊的峇搭人

一、概说

峇搭人（Bataks）是苏门答腊三大土著之一，其人口100万，居土著中第二位。所住地方在苏岛西北部内地，为米南加堡的北邻。

古代欧洲史家希罗多德（Herodotus）便提到峇搭人，称之为巴大位（Padaioi），意为食人者。近代欧人的记载这种人始自178年Marsden氏，他提出了这种"矛盾的食人民族"，震惊了世界，因为这种民族虽是食人者，但却有了颇高的文化且有文字。〔译者按：我国宋代赵汝适所著《诸蕃志》便有拔沓国，明马欢著《瀛涯胜览》亦记那孤儿国。费信著《星槎胜览》亦记花面国，皆指峇搭人。〕

峇搭人有数支派，即多巴（Toba）、啪啪（Pak-Pak）、戴利（Dairi）、辛克（Singke）、曼地令（Mandheling）、卡罗（Karo）等。其中多巴尤为主要，其住在多巴湖之东的又别称为Timur，即东方之意。峇搭一名的起源已不可知，现在峇搭人以此为名。

峇搭人的文化很有受印度的影响之处，如水田的米、养马、牛耕、房屋、植棉、纺车、文字、宗教等。回教的影响到苏门答腊还要早于爪哇。

二、经济生活

峇搭人住大村落（Huta, Kuta），一村包含六七个屋子及公所（Sapo）、谷仓等。一大屋内常住八家人。十岁以上的男子和鳏夫常须住在公所内。有时未婚女子也须另住一处。屋子皆建于木桩上，离地3～6呎。家屋内不再隔为小房，无窗户。酋长的屋子用木板构成，并加以雕刻搭绘。公所有一个上房，内贮收获用具、宗教法物、全村宝物及兵器等。在下房则贮一个"锅鼓"Panken（Kettle-Drum），这是用以召集全村的。

职业有好多种，农业最重要，次之是畜牛，再次是渔猎。食物以前不加盐，因为难得。无论何种动植物都敢拿来当作食物。衣服受正马来西亚人的影响。楮树皮制的衣服(Tapa)为贫人常服,那是短衣和腰围各一件。主要的衣服是布一条缠于臂上,下垂至足。卡罗人无论男女都戴一块头巾。布的围巾在以前用以遮蔽上体,现在多用外来的短衣。贵族所穿的衣服多同于人民,但另有一件外衣,上缀玻璃珠以为制服。卡罗人与多巴人的衣服可以分得出,卡罗人用蓝色(战时深红色),多巴人用棕色,为他们的民族色彩。卡罗女人戴一种银耳饰(Padung),甚重,而不能堪,故连在头巾上。多巴贵族另有臂环为标记,是用大贻贝(Tridaean Gigas)或象牙制成的。因为阶级是世袭的,所以很多人虽不是有财力的,但还戴这种环。多巴女人戴铜线环在胸前臂上和脚上。

在卡罗人中,已有金银铁的工业,铁匠和铁器被看做有宗教意义很受社会崇敬,打铁时常用红帽和黑毛小鸡为牺牲。武器各支族大都一律,有枪、剑、刀(Klewang)和各种小刀。在以前还有弓(Panah)、箭(Sore)、流星索(Kalim Bawang)、盾(Ampang-Ampang)等。吹箭筒(Eltep)则用以打鸟。还有就是火铳也用于战争。乐器同于爪哇,但多用于宗教上而不用于娱乐。其器有鼓(Gontang)常藏在公所里,铜锣不但为乐器,还用于驱邪鬼逐野兽。还有种直笛(Sordam)、二弦琴(Harwab),只见于多巴人中。卡罗人另有一种口琴。在峇搭族中部地方还有木琴(Garan-tung)。音乐常和舞蹈并奏。多巴人举行葬仪时常行戴面具的跳舞。

多巴人的铜烟斗是一种特殊的物件。他们整天和这种烟斗结下不解之缘,很可与爪哇人的不离克里斯剑、蒙古人的不离马互相媲美。穷人只用竹柄的木烟斗,其余都有半呎以上的铜烟斗。贵族一人有几件,都是长三四呎,重过1磅,每件由数段合成,因为太重,故在地上放一个碗,将烟斗搁在碗上。烟斗上雕刻生殖器崇拜的人形。

三、战 争

峇搭人和惹士(Nias)土人是苏门答腊最好战的民族。在峇搭人看来,外来人便是敌人,故常避免和外界接触。他们不但忌外人,他们之间也不相信任。故乡村与乡村之间无通路和桥梁,他们甚至于利用吃人肉的风俗使外人不敢走近。〔译者按:这是指以前的情形〕峇搭人虽好战,但以前也有些规则以为节制。酋长是不可以加害的,妇女小孩也不得杀伤。战争开始时必须宣战,田地是神圣的,不得蹂躏。在卡罗人心中,村镇虽被占领,也不得破坏。领地不得夺占。直到后来回教化的民南加堡人来攻以后,峇搭人才尝到了真正的战争之苦。峇搭的内战虽有限制的规则,也还不算游戏。俘虏虽常留以待赎,但有时仇恨较深,也会被宰吃或砍头。头骨藏在公所里,头发卖给被杀者的家。战争的原因常因为债务,多属于赌债,其他的原因是对于别村酋长的侮辱,村界的争执和偷窃等。酋长们的野心和相忌,更常是战争的原因。战争的开始有一定的程序,纷端发生后当事人的酋长便请有友谊的酋长们到公所开会,宰牛为飨。参加这会的酋长们以后便和敌对的乡村断绝交谊,否则被当作叛徒。这会称为羌会(Pege-Pege),因为牛肉内有浓厚的羌味。自开会决定战争之日起,和敌村的交通完全断绝,修正护村栅,削竹为枪分给村人,制造火药,派出步哨。宣战是必经的手续,不宣而战被视为偷窃而不是战争。在宣战之前先举行两方首领和中立首领的会议,和解不成双方出于战,所以开战是意中的事。宣战的方法有两种:通常是悬挂"战书"(Pulas)于敌村的附近。战书是一片竹简,上写峇搭文的书信,另有一条竹片削成刀形,一粒 Keteel 果实,很像人头,一块半焦的炭,这些东西都用一条绳扎连。战书限敌人三四天的期限屈服,否则开战,竹刀等物是杀人放火的象征。第二种宣战方法称为 Sampahaek,由一个人大声宣布对方的罪状,同时附以十声的火枪声。对方听到枪声便会知道,或者由中立者转报。

开战后双方都设法房获在村外的敌人,俘房如曾犯杀人或偷牛的罪,便被杀吃,否则枷禁待赎。攻袭敌村常在半夜,男壮丁都参加出发,妇孺执竹枪留守。首领拿着数百年来收藏在公所里的旗。乡村如被攻陷,居民都遭杀戮或掳去,村舍被焚。俘房后来有被杀食者。以上是多巴人的情形。在卡罗罕有战到这样地步的,他们的战争不过比神判稍剧烈而已。两方都雇了外方的选手,战时选手和勇敢者下战场,其余的人拿了竹枪观看,选手赢时他们便参加,否则便逃走。选手们先行祈祷和跳舞,然后随便开火枪,因为他们以为枪弹自然会中在理屈的一方选手身上。如有一个被击中,那一方便算输了,余人便退走。等到两方都厌战了,便由二个中立的首领仲裁,被认为理屈的一方必须交罚金,并宰牛开一回和解的宴,指牛的心脏立一个讲和的誓,自此便和解了。

四、食人俗

峇搭人的最显著风俗之一,和使他们最不名誉的事,是食人的风俗。其他南洋的民族除了新几内亚人以外,都无这种风俗。这种风俗在峇搭人古时便有,古代希腊史家希罗多德最先记述,后来阿拉伯人和马可波罗都曾说起。这种民俗或者是由古代黑色民族传来,并且或者是从猎人头风俗变成。惹士岛土人得了人头后常再咬死人一口肉,在新几内亚这两种风俗也不全分开,很可以证明这说。

食人俗到了20世纪只存留于峇搭族中的多巴人、啪啪人和的摩尔人中[译者按:现实或绝迹]。卡罗人却否认他们曾有此俗。即在实行此俗的人民也只当作严重的刑罚,用以处置平民和酋长的妻通奸,或叛徒奸细等。法律规定须先用枪将犯人刺死,然后吃他,但因剑子手便是原告和裁判官,故常先吃其肉,饮其血,然后把他刺死。俘虏如曾拒战的,也被宰吃,非武装的不杀。妇女小孩不宰吃。多巴人的食人仪式如下:

决定了杀食某个犯人以后,酋长就会通知其他酋长及其属民,请来参加。到时将犯人绑于桩上,竖立起来,在近旁生了几个火堆,敲起乐器,行礼如仪。于是本村酋长拔刀在手,前进几步,对着大众宣布犯人的罪状,说他不是人类,而是一个人形的鬼怪,现在是他得到报应的时候了。在这时,人们一面听,一面垂涎,想得到犯人的一块肉吞下肚去。他们都拔刀等候,酋长先下手割了一块上臂的肉,或嘴巴的肉。他手拿着肉,并饮了一点血。然后跑到火边烘一烘,方吞下去。其他的人一起扑向犯人,各撕割一块肉,有烘烤的,有生吃以表示勇气的。犯人的哀叫决不会影响了他们的食欲。犯人常须经过8~10分钟,方才失去意识,一刻钟方才绝气。其余的肉都由骨上剔下来吃,骨头埋在村旁。

在啪啪人还割起犯人的头和手,围着跳舞,后来便悬挂在公所里。峇搭人以为吃人的肉能获得他的精气,保存死人的骨头,能使他的灵魂永远做食肉者的奴隶。啪啪人收祖宗的头颅也保存在公所里,特别加以崇敬和祭祀,犯人的骨却不祭祀。

在峇搭地方南部,自人民改信回教后便废止吃人肉,在以前一个奸夫或偷儿如被宰吃,他们的亲人须供给盐和灰以助口味。

五、政治

峇搭人的政治不在民族(Marga)而在地方社会及乡村(Huta)等。在多巴人之一乡村为唯一的政治单位,在卡罗人则在大乡村还再分为小乡村(Ke-sain),各乡村都有其首领土地和村外拓殖地。以前小乡村间的战争很常见。

峇搭人和民南家堡人一样,也有一个神权的王,称为 Singa Mahadra,住在啪啪人中但为全部峇搭人所崇奉,信他有无穷的法力。最后一位王死于1707年对荷兰的战争,以后他的族人都改信基督教了。

各乡村虽都有其酋长,但其政治实是民主的,大事都在公所内会议,所有人民皆可参加,但只有已婚男人方有发言权。酋长通常只选自一个家族,酋长有奴隶代他们耕种,并由贩牛得利。峇搭社会以前有三阶层,即贵族、平民及奴隶。贵族是酋长的族人,唯贵族方能蓄奴。奴隶在1914年方全解放。平民的成为奴隶系由于出生契约、债务、裁判、战事、俘虏等事。

土地权在氏族或乡村,个人只可由开垦而取得所有权,但不能买卖。土地的使用可由最初开垦者传于其家人。

主要的犯罪是杀人、窃盗、奸淫和侮辱。寡妇再嫁的夫如不是丈夫的亲属，也算奸淫。刑罚有死刑、放逐、罚款、鞭打、桎梏等，以前还有被宰吃的。审判的方法有立誓和神判等法。神判有试吃法，如吞咽干粟，不用一点水浆为助，又如吞吃西班牙的辣椒等。又有试火法，是探手入镕沸的铅或铁内，或赤足在炽铁上行走。又有水试法，是跳在池内，如不被淹死便是理直。

六、亲属婚姻

峇搭人的氏族（Marga）是男系及外婚的，同氏族不能结婚。两个初相识的人一定要先问属何氏族，以便知晓他俩间的关系。氏族之下是家族（Rumah）。

峇搭人的氏族还带有图腾崇拜 Totemism 的色彩，有些氏族还相信是某种动物的后裔，不敢食纳该种动物，这种图腾有虎、豹、狗、猿、山羊、水牛、猫、鸽等动物。卡罗卡罗（Kara-Karo）氏族自信是出自一条大蛇的女儿。以前在神圣的王 Singa Mangaradja 的朝廷上，会养饲多数的蛇，奉为神圣。

姑舅表结婚很盛行，但男人只可同舅表姊妹结婚，不可同姑表姊妹结婚。一个女人丈夫死后应当再嫁给丈夫的兄弟、侄儿、儿子〔按：大约非亲生的〕或其他亲属，因为她被当作男氏族共有物，但她也可赔偿聘金而获得自由。女人死而无子，则其父母家应再送一个女人过来，以代其地位，这个女人常是死者的妹妹。

家庭中男女的避忌很严。男女亲属如不可以结婚的，不得相接近，以免乱伦。如可以结婚的则甚自由，可以亲近说笑。翁和媳、岳母和女婿都不敢直接说话，必须用第三者传话。姑舅表兄可以十分接近。小叔也可以和嫂嫂玩笑，因为哥哥死了嫂嫂便归小叔。

在南洋各岛土人，对于婚前的贞操有不同的意见。有些是放任的，有些则女人须宿于处女室，以保全贞操。但原始民族通常的风俗是将恋爱和结婚视为两码事，前者的目的在于获得性交的满足，关系只限于男女两方面，只要不违背乱伦的罪便是了，后者却是两家族或氏族的交易，必须有中间者的参加。在峇搭人恋爱的结果，常是结婚，但一个峇搭男人只希望他妻子能做工便好，不注意她过去的行为。青年的男女常得机会以相往来和聚集，这样聚集或相访叫做 Martandang。及龄的男子可以访其所爱的女人于女人公共宿舍（Bagas Podoman）内，并即睡于其内。男女都情愿结婚了，方告知父母，依礼成婚。

结婚手续是买卖式的，男家给女家以货币，故夫称妻为"我买的物"（Na Hu-Tuhor）。无聘金的结婚，在女家是一件耻辱的事。结婚的年龄通常是男18，女15。结婚礼由酋长主持，他的致词中有二句说："将来男人如死必定有人代替,女人死也有人代替。夫妇便同吃一盘饭。"于是婚礼告成。因是男系社会,女人须即跟丈夫到男家,女人并假装哭泣唱哀歌。在未生子时,夫妇的关系还不十分固定。峇搭人也行一夫多妻制,但其数不定,普通人也很少有1个以上的妻,酋长们有3～5个的夫人,最多也不会超过8个。

在行男系的峇搭人,离婚的事只有男人可以提出,但男人因恐收不回聘金,故离婚很少。若在女人系的民南家堡人原无聘金,男女都可以请求离婚,故离婚很常见。峇搭人男人虽犯奸淫,妻也不能请求离婚,女人犯奸则不但可被离弃,甚至须以性命为赔偿。

在男系制的峇搭人中,女人的地位名义上很低,女人本身是可买卖的物,故她们也无财产的所有权,甚至她的装饰品都不是她的。男人只需供给其妻以衣食住的必需品,但经常只给一块田地,她须自己劳动。男人可虐待其妻像一个奴隶。男人虽不得非法卖妻,但却得将妻质当于别人。女人的权利只有与丈夫同睡,丈夫不得拒绝而已。虽是这样,实际上女人的地位不十分坏。在未婚时的女人常被特别保护,不受肉体上的加害。对于女人的伤害侮辱,有很大的刑罚。在战争时不得杀害女人。

七、出生仪式

小孩出生时其胎盘受特别注意,用竹片把它割断,埋在屋下土中,因为峇搭人相信小孩的命运和胎盘有关。产母和子常须向火取暖。或放在一种炉上。产后四日或七日,母亲便抱小孩到小河里洗澡。

小孩常在生后第四日或第八日命名。峇搭人的名都以 Si 字为冠词,男女用同样的名。名包含氏族名和个人名两部分(按氏族名略如姓),例如 Si Simpei Bukit,前二字是卡罗族个人名,后一字是氏族名。氏族名常在初会面时询问,但个人名常因迷信的缘故,常不肯自说,如有人问及,也只暗示别人代答。父亲的名也这样。因为不敢说人名故大人的名常称为某某人的爸爸(Ama-Ni)或某某人的祖父(Onpu-Ni),凡个人的名都冠以这二语之一。女人称其丈夫只说这个小孩的爸爸(Ama-ni-on)。某某的祖父更是体面的名称,故峇搭人都喜欢有这称呼。据说有些年纪不大的人,还不能生孙,但他们却用方法以得这种称呼。他们为未成年的儿子娶了一个成年的女人,儿子还不知人道,父亲却代他职务,于是便有了孙儿,而得到某某祖父的荣衔了。一个人如有了某某的爸爸等称呼,别人还直叫他的名,很有引起大家战争的危险。多巴语名是:"Goar",但不能直接问人"你名什么?"(Ise Pang-Goar-an-Mu)他便答:我名是"丹哥的爸爸"(Si Dangol Pang-Goar-an-Ku)。

小孩的教育在以前只教他们模仿大人。预备做僧侣(Datu)的小孩需受较为正式的教育,如文字的读写等。但其他青年男女也大都学会文字的技术,以便交换情书。情书用本地字写在竹简上,简约半呎或一呎长,一吋半宽。小孩罕受笞打,父母不敢重打小孩,恐他失去灵魂。女孩子少时罕受责罚,越长大却越严厉,尤其是婚事如不从命,常会受父亲的鞭打等罚。

成人的礼在澳洲、米拉尼西亚、西里伯、台湾等地,有敲齿的风俗,在南洋其他地方则有锉齿及染齿成黑色的风俗。大约锉齿是代替敲齿的,而染齿是代替锉齿的。在峇搭人行锉齿的风俗,所锉的齿是门齿,男孩锉去门齿的一半,女孩锉去全部。锉了齿以后就是大人,可嚼槟榔了。男孩还有个生殖器包皮的礼,女孩也须刻纹于生殖器,割礼的器具是2件竹片。

死人的处置法通常是埋葬,还有一种是置棺不葬,待肌肉腐完然后将骨火化,头颅则加以装饰,保存头颅于室内。多巴人无火葬,尸体或埋于土内,或置于木棺或石棺内,附以盐和樟脑。这种石棺常雕刻男女生殖器形。生殖器崇拜的风俗在苏门答腊只有峇搭人和惹士岛人有之。在卡罗人中死人约一周年时再行一次葬礼,将骨头由棺内取出。有疫症饥荒时也常取出祖先的头骨,设宴祭祀,将食物塞入口中,请他们饶恕生人。在多巴人中还有用傀儡(Si Ga-legale)参加丧礼的,将木刻成死者的像,给他穿死者的衣,加以线,牵在地上和吊丧的人一齐跳舞。礼毕将线抛出城墙外。在毋而人(Jimur)还有丧事用的面具,藏于丧具室(Rumah-Rumah)内,室中还有以前酋长的骨头。在重要的人死后,有两个人戴了面具在丧礼中表演,有人说,在古时这两个人原是真的奴隶,其中一人被杀以殉葬。在苏门答腊只有这一族人使用面具。

八、宗教

峇搭人的较高等的宗教得自印度婆罗门教,他们将世界分为三层,上层天,再分为七重,是神的世界;中层是地即人间;下层是地下,是鬼怪的住所。峇搭人的最高神灵是开创者(Mula Djadi Na Lolon),他无妻子,却有一只蓝色的鸡,这鸡生下三个卵,三卵孵化为三个大神,各自创造了一个世界。此外还有较小的众神。峇搭人无偶像,只有小木偶名为活神(Defata Idvp),有男女二性,无子的夫妇各抱一个当作小孩。

峇搭人的最大恶神的大蛇(Naga Padoha)住在地下,峇搭人以为世界的结局是悲惨的,因为大蛇有一日会破坏全世界。

峇搭人称灵魂为 Tondi,灵魂自胎儿时期即有,离开人体人便生病,人一生的命运是先天决定的,因为灵魂在出生之前须到天上摘一枚生命树(Djam-bubarus)的叶,每一叶上写了一种命运,他的命运便已因此决定了。人的灵魂只有一条,这和南洋各岛人很不相同。人、动物、植物都有灵魂,此外,除米铁和几种器具外都无灵魂,峇搭人的宗教观念不希望改良来生的命运,而只想改变现世的生活,这便是万物有灵论的宗教观念了。他们只想保养自己的灵魂使他快乐而已。人死后灵魂变成了鬼(Begu)。卡罗人的俗话说:"灵魂变成鬼,头发变成Idjuk(葺屋盖的材料),肉变成土,骨变成石,血变成水,气息变成风。"

峇搭人说,一个人死是由于鬼抓去他的灵魂,男人死常是被女鬼抓去做丈夫,女人死则由男鬼作祟。死后的生活和阳世差不多。死人对活人的关系半好半坏,鬼常要求活人给他牺牲。死人和活人互相依赖,死人的子孙如多且有财力,便可掘起骨头给他祭祀,奉他为sccmangot,那是和灵魂(Defata)几乎同级的。

峇搭人中也有神巫(Si Baso),为人和为鬼神的媒介。神巫常是女人做的。此外还有僧侣(Dath)是男人充任的。僧侣的地位除酋长以外是最高的,有时酋长还兼任僧侣。僧侣的职务很多,他会医病,因为病是由鬼致的,所以僧侣便用法术治病。他们能呼风唤雨,召神驱鬼,他们有各种神秘的法术,他们传习这些神秘学问于后世,他们能识字,画符,念咒。他们还懂得蛊毒,他们能用真实的毒药,如毛虫的毛,有毒鱼的肝和刺,蛇和百足的毒素,毒蕈和有毒草木的液汁。其中毒蕈最毒,因为别种毒在他们都有解药,唯毒蕈尚无。这些毒药有能立刻致命的,有的在几日几星期后发挥效力的,有能使人长期生病的。毒药和法术并用,除毒药本身效力外,还利用俗人的畏惧心以帮助药力。放毒的方法有外用的,有加入饮食物内的。战争的时候僧侣也不可少。每次战争如无僧侣赞成是不会发生的。他们用其法术以帮助打仗,如还无效,便请保护神(Pangu lubalang)助力。

宗教上的物品大都源于印度。有占卜书(Pustaka),常用多巴语写成,亚林(Alim)树皮或丝绸制成,用毛笔写成占卜符咒和神秘纹样于上。魔法棒(Jungkot)(MagicalSta)有一种"素棒"(Tunghat Malekat),只有上一端雕刻人形。

(《星洲日报·半月刊》1938年)

苏门答腊的民南加堡人

一、概 说

民南加堡（Minanghabau）是苏门答腊三大土著之一（其他的是峇搭、阿齐），人口且居第一位，有 150 万。民南加堡人便是正马来人，马来半岛和别处的正马来人，还是由这里移去的。民南加堡人住在苏门答腊西南部，其中心地是巴东高原（Padang Highland），离西海岸大商埠的巴东很近。

民南加堡的语言是马来语的母亲，因为别处的马来人是由此处移去的。现代的民南加堡语和古代略有差异。古代借用梵文的字母记他们的语言，后来改用阿拉伯文，自荷兰人来后又渐改用罗马字母了。

民南加堡人传说，他们的建立王国始自亚历山大大帝，这自是无稽之谈。"民南加堡"的意义有二说。其一是土人相传：他们的祖先，在立国之前遇到爪哇兵来侵略，两方相约以斗牛代替战争而定两方的胜负。民南加堡土人弄诡计，将一头牛犊饿了十天，并将一条尖锐的铁缚在牛鼻子上。这犊儿饿昏了，直冲敌牛的腹下，想要吮乳喝，却把敌牛刺死了。为纪念这事，土人便依牛的名自称为民南加堡（Minang Cabau）。到现在这说法还为土人所信，而牛（Karbau）也还是民族的象征。又一说是 Van Der Tunk 研究所得，他说这名原是二个古字（Pinang Kadau），意义是"故乡"。这说也有理由，因为民南加堡地方原是正马来人的摇篮地，在印度文化时代便有约 150 万人移居于麻拉甲和南洋各岛的海岸。这些移出的马来人常改行男系制度，语言也略有变迁。

苏门答腊第一个王国是由印度殖民地成立的马来由王国（Malayu）（意为马来之地），于公历 644 年建立在占碑（Djambi）。不久以后巨港河流域的另一个印度殖民地室利佛逝（Srivijaya）继兴，征服了马来由和邦加（Banka）、马来半岛爪哇等地，成为大帝国。室利佛逝在 11 世纪时达到全盛的时代，和中国的宋有使节来往。到了 13 世纪室利佛逝势力衰弱，爪哇东部的新兴国家辛加沙利（Singasau），派兵来征苏门答腊。民南加堡人的斗牛传说便指这时。事实上是爪哇人帮助马来由王国复兴，以对抗室利佛逝，因为在民南加堡上部巴东哈利河（Hari）有一块石碑刻有爪哇王的训示。后来室利佛逝势力越减，马来由的势力越张。在1292年马来由国还派兵帮助爪哇抵抗中国的远征军〔按：据元初爪哇之役〕，他们且送一个公主嫁爪哇的新兴国麻诺巴歇（Madjapahit）王，后来生子即为马来由王，自此以后，马来由更盛。自1347年马来由扩张其领土于民南加堡高地。在1377年室利佛逝国全被马若巴歇所灭。此后民南加堡和麻拉甲代之而兴，麻拉甲也是民南加堡人移民建立的。民南加堡国王不再自称为爪哇的臣属，他自称为"金地之王"（King of Goldland）。民南加堡获得了室利佛逝所丧失的势力，在十四五世纪极盛时代几乎统治了苏门答腊的全部和马来半岛的大部。到了16世纪以后，欧人东来，葡萄牙、荷兰相继得势于东印度。民南加堡、麻拉甲和其他原来国家都渐衰弱。在1680年民南加堡分成三国，到19世纪便归于荷兰人管辖之下了。民南加堡的改信回教，改用回教法律风俗，不知从哪一年起，但苏门答腊北部的阿齐人，在14世纪已成为回教徒，民南加堡人的改教大约在16世纪中叶。但因民南加堡人坚守女系制度的旧俗，所以直到19世纪之初，回教的教师（Padri），还须用武力强逼人民厉行教规。

二、经济生活

民南加堡在印度时代分为多数小邦（Negari）。各邦都有其固定的疆界，据说是最初殖民所定的，各邦中有许多村落，最初住于一村落的殖民都是一家族的人，家族在印度名为"甘般"（Kampueng）。后来马来人称村落为"甘旁"（Kampong）便是由此。一个村落中有多数家室和粟仓。此外还有一个公所（Balai）和回教室。公所是全村会议的场所，并为8岁以上的男子公共卧室。在巴东高地有一种大屋（Rumah-kamanakan），容纳七八十人，他们都是由同一祖母所出的一家人。这种大屋底下有木桩。屋成长方形，屋盖突出于长廊之前，上面两端高，中央凹陷，成鞍形。屋的后部隔成许多卧室，前部有一个大火炉，并为未婚女人和小孩的共同卧室。地板之下则为家禽畜的栖息所。屋通常由竹木构成，屋顶用树叶葺盖，每村都有一个鼓房，藏一个大鼓（Tabuab）在内，大鼓是由一段空心树干制成，用以召集村人。垆场（Pasa）很为重要，常在平原中，要买卖各物者都到这里来。

衣服有许多种类。男人盛装时，包上头巾，穿了上衣、沙龙（Sarong）、腰带、裤子等。酋长在大典时还戴着嵌有金片和珍珠的腰带。常时男人只穿沙龙和短裤。兵器除欧洲式的猎铳外还有土制的克里斯（Kris）及刀枪匕首等，都装饰得很美观。又有一种流星索（Umban Tali）还在使用。乐器有锣、鼓、笛、三弦琴。乐器是用以伴舞的。生业有农、工、商、渔猎、畜牧等。农业有水旱二种田，男女都从事耕种，女人的工作比男人更多。酋长们不必亲自下田，但他母亲姐妹们却还要从事农耕。畜牛的重要性是次于农业。商业是以牛的买卖为最主要。工业是纺纱、织布、编带子、编席、编筐篮、制丝、淘金、染布、制陶等,是女人们的职业。又有制绳、造纸、木工、造舟、刻木、饰木、开矿、打铁、镕铅、制烛等,为男人的职业。

三、社会制度

民南加堡的政治组织原是部落式而不是土地式的。实际的统治者是氏族(Suhu)的领袖(Datuq Nan Berampi)。他们的权利又是受自下层的家族会议的,所以实在是代表人而不是统治者。在印度统治时代,每邦(Negani)都有一个王(Jang Di Pertuan),但这个王不过是名义上的王,没有实权,没有兵士,只收一些赋税,享受一些尊荣而已,可以说是世界上名实最不相称的王了,邦的组织原是印度统治者介绍来的。除王以外每邦还有所含四个氏族的代表,组成了最高会议。氏族是行族外婚(Exogany)的团体,一邦原有四个氏族,到现在四个氏族又分裂成为 24 或 27 个氏族,各有其名称。氏族以下的团体是母系大家族(Sa Buah Parui),包括出自同一女祖先的五代子孙,如小孩、母亲、姨母、舅父、姨表兄弟、外祖母、外祖姨、外祖舅、外曾祖母、外曾祖姨等人,常同住一村,以最长辈女人的一个男性亲人为村长(Panghulu)。母系大家族再分为家族(Djurai)。每一家族住一个屋子,由家中最长辈妇女的一个最老兄弟为家长(Mamaq),家长有兼为村长者。民南加堡的政治以两个会议为中心:一是村长会议,二是氏族长会议。氏族长握有执行的权利。实际的推动者则为村长及家长。村长失职,可由村人免职或逐出。民南加堡人的政治实是真正民主政治。它有四个特点:其一,一邦的主权在于家族,而家长也无独裁权,每事都须经家中老妇人领导讨论一番,再经男子们辩论一次,然后由家长执行。其二,每一议决案都不能违背土人的习惯法和回教法律,这像是他们的宪法。其三,每一议决案都须全场一致赞成,方得通过,不能以多数压逼少数。其四,实行元老政治(Gerontocracy),以最长最老的人,充任各种领袖。领袖是由女方方面计算,而继承的虽属名誉职,但有特殊表征,例如村长可穿特殊的制服和佩戴特殊的短剑。

在行男系的峇搭人和尼亚斯人都有奴隶制度,但在女系的民南加堡原来没有,因为奴隶制度常由战争和债务而致。民南加堡却无这二事。后来因为印度文化的传入,方才产生了奴隶制度。

民南加堡的现在财产制度,分财产为公产(Hartopuoako)和私产(Harto Pantjanian)二项。私产是个人努力所得的,一个人虽可自由使用它,但若其私产是不动产,便不能自由送给外人或其妻子[按:这是因为依女系制度,妻子是别家人]。土地名义上是一邦共有的,再依其开垦者而分给人民为公产或私产。

法律只有刑法而无民法,刑法也不出于血属复仇和罚锾二原则以外,故意犯罪或非故意犯罪都不加分别。全家人须为一个人负责。

民南加堡的结婚很奇怪,因为是行女系制的。男人和女人都不能由结婚而互相占有。女人出一点代价便租得男人夜里的服务。男人结婚后方能于夜间和妻在屋中小房里睡觉,否则须和别的男人一起睡在男人宿舍。日间男人除大屋的前厅以外,不能再深入屋中别处。男人能要求其妻对他忠心,如当场发现奸情可以双双杀死。但除此外不能再要求别事。他不能使妻代他制衣,因为这是他自己的母亲和姐妹的义务。他如由妻或妻家得到食物,他应当偿还。夫妇有永不曾同餐的。男人可自愿帮助妻家工作,或送妻赠物,甚或固定的生活品,但这是不能强讨的。他若送妻太多的私产,他的家人也会反对。

婚约在民南加堡是很脆弱的,男人若少到妻家,婚约便可取消。同一家以至同一氏族内均须恪遵"男女有别"(avoidance)的风俗,但在对氏族外的人却很自由。岳父母对女婿、翁姑对媳妇都不相接受,坐不同席,食不同案。因行族外结婚,故妇人娶夫必须娶自他族,如同族为婚,必为众所否决。回教法律也有一部分势力。故有些地方严禁男子多妻,有些地方则一男可取四妻,而轮流住四妻家。民南加堡人可以说没有鳏夫和寡妇。一个女人少年时家人替她寻夫,以后如做寡妇或离婚,她可以自己择偶。只有第一次结婚有重要意义,由家人主婚,全不问当事人男女的意见,婚期常在 15 岁时。结婚罕到白头。在 20 岁之前,便不少有结过五六次婚的。在 Agam 地方有"延迟成婚"(delayed consummation)的风俗,此俗又行于爪哇阿齐及别处。结婚的夜,新郎和新娘虽同房,但另有二位妻家长亲也在房里睡,故新夫妇不但不亲热,新妇对新郎还显得很冷淡。这样经过五六夜新郎便悄然出走。新郎走后妻家便派出一对青年男人假装"捉新郎"的把戏,将新郎拦住,再回妻家,以后方真成婚。离婚比较少,受回教影响的地方很容易。男人若要离婚只需卷起自己物件出门便是,女人如要离婚也只需搬移自己睡眠的地方以为表示,男人会意便自己溜开了。小孩的教养不是父母的事情,而反是妻家全家人的义务。尤其是最老的女人和家长要负责。男女青年都须行割礼。年幼时有小名,结婚后方取得家族的名。他们像峇搭人一样,不喜欢别人问他们姓名。小孩因住母亲家故父死无多大关系。如母死父亲便可讨取一个以上的小孩。但通常是父亲常到妻家看他的子女。民南加堡的行女系制正和其邻人峇搭族行男系制相反,但两者都不是十分严格的。峇搭的政治是在男子手中,但女人也有一点权利。民南加堡的女人有甚大的政权,但女人不能做家长和村长。在峇搭族女人不但无财产权,她们本身还被当作财产。民南加堡女人名义上继承所有财产,但实际上所有主的名号仍是属于男子,女人不能和人立约。沓搭女人在结婚时是被卖给男人的,在民南加堡却说是雇了一个男人做丈夫,但其实两者都是根据于交换结婚而已。

四、宗教

民南加堡人的宗教,是原始信仰、印度教和回教的混合物。印度教和回教的元素有时很难分别。他们的宇宙观以为地是一个圆盘在一头大牛的角上,大牛站在一个卵上,卵又在一条鱼背上,鱼则在无穷的大海上慢慢游动,在海底下有着黑暗的空间。有时飞虫进入牛耳内,牛便摇摇头而成为地震。空中有七层的天,最高一层是最高神灵"阿拉"(Allah)的住所。"阿拉"之下有许多善神和恶神。南洋群岛人都信一个人有三种灵魂,民南加堡人亦有这种信仰。动物、植物也有灵魂。米的灵魂最受特别注意,这在南洋群岛种米的人民都是这样,他们称米的灵魂和称人的灵魂,用同一的名称。他们以为米也有感觉和思想。他们常行一种仪式,他们从田中取出一棵稻,以为米的灵魂便栖在里面,称它为"米母亲"、"米祖母"等,其他的则为子孙,民南加堡人的死后世界观,大部分是印度式的。他们相信人的灵魂一部分离开便是病,全部分离开便死。死后常来看视家屋坟墓。死后百日时,家人再祭献一回,此后便离开到死人的世界去。途中死人须在地狱之火上的一条锋利的金属线上走过,恶人掉下,好人方能渡过去,而安抵天堂,栖于一大树上,等候再生。恶人的魂,须在地狱受苦,其期限依所称罪恶的重量而定。

巫医(Duhun)有男女两种,很为人民所信仰,他们不但能医病,还能应用法术和恶灵斗争,又能做人和神鬼的媒介。他们医病用招魂的方法,以为灵魂神鬼引去,所以致病。

(本文译自 Edwin M. Loed:Sumatra its History and People,
载《星洲日报·半月刊》1938 年第 25、26、27 期)

马来谚语

谚语(proverbs)便是俗语；是各地方所特有的，自古传下来的，简短的警句。谚语的意义常很深，是以前的人由于生活经验而获得的重要观念，成为后来的人的人生哲学或行为的原则。世界各处的人都各有谚语，因为人类心理差不很多，所以谚语的意义大都相同；但因地理环境民族特性、语言、历史、风俗、习惯等的差异；也很有些不同的。

欣赏谚语，除其意义外，还要观察其形式。谚语的形式有二大类：

1. 完全谚语(proverbs proper)

这是谚语的固有形式，即成为全句者。再分为：

(1)格言(maxim)。如本文中的七、十七、十九、二十三、二十八、三十四、三十六、四十四等句。

(2)隐喻(metaphor)。这是暗中譬喻，所谓意在言外的。如本文的一、二、三、四、六、八、九、十等。这一类在本文中最多。

2. 断片谚语(proverbs phrases)

在文法上不成全句，但意义已可以看得出。也分为：

第一，直喻(similes)。如本文的二十四、六十等。

第二，隐喻。如本文的五、二十九、三十七、四十二、四十九等。

可参看拙著《民俗学》(商务版)。

本文的马来谚语是摘译 E. S. Hose: *Malay Proverbs* 一书的，句末附注原书页数，并附解释，皆在括号内，该书尚有罗马字母马来文，从略。

(1)有糖便有蚁。(有利的地方就有人民)

(2)有时晴，有时雨，补偿的日子终会到。(譬喻人的命运)

(3)污泥会出自清泉吗？(坏的不会从好的出)

(4)七层深海里的鱼儿终会自己走进网里。(命无可逃)

(5)雀子和雀子，犀鸟和犀鸟。(物以类聚)

(6)教鳄鱼泅水。(被教者懂得更多)

(7)打是打败了，却奏了凯歌。(虽败犹荣)

(8)小鱼是大鱼的食物。(弱肉强食)

(9)狗是挑战者，猪却是勇士。(两不相下)

(10)狗追着象吠。(无效的威吓)

(11)水虽净,不要断定里面无鳄鱼。(祸生于所忽)

(12)焦炭用玫瑰香水洗也不会白。(禀性难移)

(13)母鸡啄小鸡。(由疼爱不是真啄)

(14)海水也有高低潮。(境遇会变迁)

(15)倒一杯淡水在海里,能够改变咸水做淡水吗?(小善不足以盖大恶)

(16)饼照模的样。(子女像父母)

(17)有好名而死,胜于有坏名而生。

(18)白骨胜于白眼。(生而受辱不如死去)

(19)村落失火看得见,心中火着无人知。(心中有苦自家知)

(20)万紫千红在园里,只有一花迷我心。(马来人的恋歌)

(21)掘坑的常自己掉在坑里。(作法自毙)

(22)大石滚下来,小石滚上去。(阶级变迁)

(23)刀利不及舌的利。(语言易伤人)

(24)像一轮月掉在怀里。(意外的幸运)

(25)有不受雨湿的一片地吗?(人不能全无过失)

(26)花开被佩带,花谢被丢弃。(女人)

(27)虫吞龙。(小灭大)

(28)给他三时话,他会拉到一呎长。

(29)一同爬山,一同下谷。(友谊深)

(30)右腿被夹,左腿也痛。(牵一发动全身)

(31)以前是刀子,现在不过一块铁。(退步)

(32)叶坠落便被风吹去,果实坠落留在树下。(不重要的被忘却,有价值的却存留)

(33)乌鸦飞回印度,黑毛出去,黑毛回来。(依然故我)

(34)宁可和智者做敌人,不要和愚人做朋友。

(35)芋头静置一处会长大,铁块静置一处会销蚀。

(36)足滑身子跟他跌,舌滑金子跟他走。

(37)坐如猫,跳如虎。(镇静而勇敢)

(38)4是奇数,5是偶数。(以白为黑)

(39)有4只大腿的象还会跌倒,你能怪得只有两条腿的人吗?

(40)吞会刺喉,吐又吐不出。(进退两难)

(41)象死留骨。(人死留名)

(42)希望中午得露滴。(不可能的事)

(43)吼叫的老虎不吃人,吃人的却不吼叫。

(44)失去了妻子还可再娶,失去了品行便要亡身。

(45)雨回到天上去。(颠倒的事)

(46)金钱的债,可以偿清,人情的债,终身存在。

(47)鱼儿挂着,猫儿看着。(希望未偿)

(48)顺从欲望是死亡,顺从冲动更是毁灭。

(49)鸭子不要鸡不啄。(无价值之物)

(50)不要烦恼山会跑掉,雾退了她自然出现。(杞人忧天)

(51)不要因为甘蔗是弯曲的,便说她的汁也是弯曲的。(勿以外表取人)

(52)珠宝商总懂得玉。(人各懂得本行)

(53)你要溅泥,你的足便拔不起来。(说谎难圆)

(54)豆忘记了荚。(忘本)

(55)赢了一顿饭,装满一次腹;赢了一个心,一生的宝物。

(56)丢了旧衣求新衣。(弃旧迎新)

(57)天掉下来可以用一个指头抵住吗?

(58)海里打破了船,回家又打破了锅。(笨人)

(59)头都是黑的,心却不同。(人心不同)

(60)小时是儿童,大时是棘刺。(教育须早)

(《星洲日报·半月刊》1938年第9、11期,1939年16、17、20、23期)

抟饭的进食法

进食的方法中国人用箸,西洋人用刀叉。这两者的使用犹如武器,很须练习,十八般武艺之外还要学习得这一套功夫;否则两根光棍竹枝如何可以挟物,左手拿刀叉也很不合于使用右手的先天能力。幸而东方人的使箸,和西方人的使刀叉,却都很自然,不以为苦,不过小孩时也须稍稍学习而已。南洋土人的取食却聪明得多,不用光棍式的箸,也不用打猎式的刀叉,只用一只空空的妙手,在盘中调和饭菜,加以五味,然后把五指装成鸡啄形,抟了一道饭和菜,将它运输到尊口里面去。新客有好问之士颇怀疑于这只右手须兼营进出业。然而土人亦甚讲清洁,净秽之事却派给左手去做。这种习惯在侨胞看来颇以为奇。然而我们若查看古记载,便知我们祖先却也和他们是一样的。要是孔夫子到南洋,侨胞们要请他吃饭,中式西式都不合,最好还是请他吃本地式的饭,不用箸,不用刀叉,他老先生也用手抟饭而吃;其娴熟必不输于南洋土人。因为古书上曾说"共食不饱[注:共羹饭之大器],共饭不泽手[注:古礼饭以手不用箸],毋抟饭[注:共器若以饭作抟则多得不谦],毋放饭[疏:手就器中取饭,若黏着,不得拂放本器中]"《曲礼》。由此可见周代人还是以手取饭而食,共饭时不可抟饭,平时独食大约便是抟饭而食。这种用手抟饭的风俗大约食米民族古时都是这样,因为这是最简单的方法。用两根光棍式的箸以赶饭入口,实是古人所想不到的。箸在秦汉之际想已盛行,如张良借箸而筹,可见箸在眼前随便即有。箸在周代不过用以取菜,不用以进饭,《曲礼》"羹之有菜者用挟,无菜者不用挟"。挟便是箸。至于当时的夹肉也不用箸而用"挟匕"。管子弟子职说"右执挟匕",挟匕便是二匕,大约是二匕相合,中夹一块的肉,法是笨的,但比用箸挟肉却容易想得到。由此可见周代以前的人是用手取饭,用箸取菜,用二匕取肉;后来自秦汉以后,箸渐得势,三件工作都被它垄断去。以二箸代二匕,是很自然的趋势,而以箸代手进饭,较后也随以发生。这种变迁大约是在秦统一中国时成立,因为那时刚是中国文化风俗大改变的时代,政治、法律、文字、语言都大生变动,且都以秦制为标准,或者用箸的风俗也是秦人先发明,然后传于全国的。

(《星洲日报·半月刊》1939年第12期)

南洋高架屋起源略考

初到新加坡的新客对于街市上的洋楼马路都不觉得稀奇,反是到了住宅区,看见一种屋子倒觉得别致。这种屋子上部全是西式,常是一层,上面只有砖或洋灰筑成的粗柱几根。柱的用途只在提高了屋子,并不是要成一层房子,所以常不甚高。这下层的地面常任其自然,但也有加盖洋灰的。这种屋子为什么特意用柱提高?在文明人的意见,必以为这是为卫生起见,以避免湿气,这种解释是正确的吗?

我们再看在乡村地方还有马来式的木屋或茅屋,其构造也是与此同样的,分为上下二部,下部是木柱,比上述西式的更高。上面住人,下面便是家禽家畜的栖息所。

很明显的,第一种西式的便是由第二种纯粹马来式的变成。但第二种究竟由什么原因成立?若说它是出自卫生的原因,那么,只需离地二三呎也够了,为什么纯粹马来式的屋子却离地很高,高到不需要的程度以上,而且在文化更低的地方,屋子似乎更高,可见不像是为卫生的缘故。

推想这种屋子大约是为防毒虫野兽而构成的。因为南洋是热带地方,毒虫也甚多,在地面上茅屋内睡觉是很有危险的,所以须架空造屋以求安全。

这种高架屋子大约也是凭空发明的,恐怕还是由树上屋子进化而成。树上屋子便是树上横枝纷披之处铺以枝叶,再加顶盖和边围,下面的树干便是上下的楼梯。这种屋子在南洋各岛的山林深处未开化的土人,如马来半岛的塞茫人、沙盖人便常有之。我国古书所说的"有巢氏构木为巢",大约便与此相类。

概括一句,这种屋子的来源似乎便是这样:最初是树上屋,后变为地上高架的屋,其后野兽渐少的地方,柱也渐矮,到了有砖石洋灰的大都市,便变成西式矮柱的屋子了。

这种屋子的来源已经推测如上,至于这种屋子散布的地方也很可讨论。不但马来半岛,便是菲律宾、东印度群岛,也有这种屋。这种屋子可以说是南洋的特有物吗?却又是不然。在中国西南云贵桂湘诸省的苗瑶等民族,也有这种屋子。试举一二例如下:"人皆楼居。楼下分为两部,一部为舂碓室,农具什物亦储置期间;一部为牲畜室,一家所饲鸡猪牛羊悉处其内。"《岭表纪蛮》

（此书系今人刘锡蕃所著述广西瑶族事）"屋皆有楼，离地三四呎或五六呎，人居楼上，畜处楼下。"（尹明德著《滇边野人山及恩梅开江迈立开江流域人种》）

不但现在的西南民族有这种屋子，便是古时的西南民族也有这种屋子，那时已有名称叫做"干栏"。"南平獠（在今四川东部）……人楼居，梯而上，名为干栏。"（《新唐书》卷二二二下）"獠者盖南蛮之野种。……依树积木以居其上，名曰干栏。"（《北史》卷九五）

不但西南民族自古有这种风俗，便是东南的闽粤人的祖先，也有这种风俗。试看下面一段古记载："南越巢居，北朔穴居。"（《博物志》）所谓巢居，据罗香林氏解为架木屋，如现在畲民的屋子上层住人，下层住畜，这是很对的。可见古代住在闽粤的越族也是住这种高架屋子的。这大约因当时地未开辟，野兽虫蛇还多的缘故。现在的闽粤人不再如此，那是因为环境改变已不需要它了。

这种高架屋子在中国自古称为"干栏"，如用为总名，包括各地方这一类的屋子似乎也无不可吧。

（《星洲日报·半月刊》1938年第13期）

古代的新加坡

　　新加坡是一个新兴的大都市,在百余年前英国人着手开辟时,还是一个荒岛。想不到在 1000 年前,它也曾经像现在一样为东西洋交通中心的热闹城市,而且也有一段可歌可泣的兴亡史。可惜新加坡的原来地面已因现代化建设,开山填海,而改变了原来面目,古时遗迹已无可凭用了。

　　我们先从野史说起。有一部叫做《马来史记》的书,约在 1612 年由一个无名氏编成。这本书材料纷杂,叙述凌乱,实在只能算是野史,不足当为信史,不过里面也时时夹杂着真实的史事,故谈南洋古史的不能不看一看。据这书所述,古时有一位峇支都南沙王带了二名从者,突然到了苏门答腊旧时的 Bukit Siguntang Maka Meru 地方,这个王自称是亚历山大王的直系后裔。那边的人相信他,于是土王就招他做驸马。他继承了王位后,意尚不足,再航海到孟丹地方,留了一个儿子,最后回苏门答腊,到另一个地方即门南加堡。

　　他留在孟丹的儿子名叫山尼拉乌答马,娶了孟丹女王的女儿,后来离开那里,航海到现在的新加坡,创立新加埔拉城便定住在那里,时约在 1160 年。这地名是梵文,新加的意义是狮,埔拉是城,故新加埔拉便是狮城的意思。现在新加坡并无狮子,但当时或者山尼拉乌答马曾看见那兽是"奋迅而美丽,躯干红色,头部深黑,胸部白色,体比公山羊为大"。该史记又说,新加埔拉在更早已经有了一个名字,叫做达马沙克,意义是节日的场所,这名大约也是印度字。

　　山尼拉乌答马在新加埔拉的河流和小山边造了一个城市,住了很久,死在 1208 年。他的子孙继承王位,这个城市也逐渐发展兴盛,和东方西方都有贸易。后来有爪哇的麻诺巴歇国发生妒心,派了一支水军远征新加埔拉,反被新加埔拉兵打得大败。其后不幸在 1252 年,新加埔拉王伊斯干达在公众之前,将伊个王妃惨用钉刑。这王妃的父亲是个大官,名为孟达哈拉,大为怨愤,私请麻诺巴歇国王派兵再来,他愿为内应。麻诺巴歇国王大喜,派了强大的水陆军队来。届时果然由孟达哈拉大开城门,麻诺巴歇兵进城后大肆杀戮,几乎屠尽了居民。少数人逃命到马来半岛去,后来便在麻拉甲建立新城。叛国的孟达哈拉也遭到了极惨的命运,他的家成为废墟,田园全被蹂躏,孟达哈拉和他的妻都化成了石头,植立在新加埔拉河边。

　　以上是《马来史记》所述的事迹。直至 18 世纪初新加坡河边还有一块奇形的石头，上有刻文，无人能识其字。其后这块石头被打碎了，一块破片被送到印度的加尔各答博物馆，其余的便和沙土一齐填了沼地，建设了现在的新加坡市。

我们再看近代历史学家考古学家所考证的史实。在苏门答腊旧港地方，古时便受印度文化的影响，后来成立了一个佛教国，名为三佛齐或室利佛逝。在15世纪即明代，中国曾遣使到其地。据使者所见，都城周围数十里，有砖石造宫殿庙宇，可见文化很高。11世纪时（仍是宋代）中国皇帝又遣使送铜钟于三佛齐，三佛齐答以明珠象牙梵文经典等。这三佛齐国还是一个海军大帝国，扩张势力于南洋各岛，到了11世纪时达到极盛的时期，几乎完全统一了南洋，只有爪哇东部未入版图而已。三佛齐在新加坡也设立殖民地。当时中国和印度交通的航路便经过新加坡和马来半岛间的小海峡。新加坡在当时确称为新加埔拉，是一个重要的交通中心点。在对面柔佛城地方还有一个殖民地，中国书曾说三佛齐人将铁链横锁了这个小海峡，以便征收来往船舶的通行税，收过税后方才放行。

不幸在爪哇东部的婆罗门教国麻诺巴歇逐渐强盛，自12世纪便开始蚕食三佛齐的殖民地，到了1377年连三佛齐本国也被灭亡，破坏甚大。至于新加埔拉的被祸更为残酷，直到以后几百年还没有马来人敢造屋于这岛上。新加埔拉遭祸的惨，是因为这二国不但在宗教上敌对，更在商业上竞争，新加埔拉是三佛齐的贸易中心点，为爪哇所嫉妒，所以必定要完全毁坏他，使不能再恢复。

当时新加坡的被祸情形确实极惨。据威尔金生的马来论文所说："最后爪哇人来到，城便被毁了。血流成河，新加坡的平地都成红色，以至于今日。这地被咒骂了。直到400余年后入英国的手时（1811年），第一任驻官法古哈上校还发现这新殖民地的人们不敢上干陵炮台山（即现在的升旗山），因为怕那些古代的鬼的缘故。甚至到现在人民还相信在岛上古战场的地方种米是不会长大的。"

由此可见，现在新加坡的升旗山，在1000年前必有多数的三佛齐官吏和人民住在那边，而在五六百年前被爪哇兵攻陷时杀人也最多。现在这升旗山还依然存在，试一登临，还可想见当时在这山上有许多像峇厘戏子那样装束的古战士，正在用他们的蛇行短剑互相肉搏，喊声震天，死人遍地：这是多么惊心动魄的一种史迹呀！

（《星洲日报·半月刊》1938年第7期）

"印度尼西亚"名称考

大意：一是"印度尼西亚"之名词，政治意义多于学术意义；二是所谓"印度尼西亚人"实即马来民族，亦即是蒙古利亚种之海洋系；三是"印度尼西亚人"与中国南方人有种族上之关系。

自第二次世界大战闭幕，"大东亚共荣圈"解体后，东亚方面有异军突起之一大民族，树立革命之旗，图建独立国家，其事业固属新兴，其名称亦甚新奇，殊使世人之耳目为之一新，此即"印度尼西亚"是也。

"印度尼西亚"（中文简称印尼）一名词自此喧腾于世界，日日见于东亚方面之报章。在普通意义，此一名词似即指前荷属东印度之地方，而其人民即为"印度尼西亚人"，其所欲建之国即为"印度尼西亚国"，其意义固似十分明晰，无待繁言也。然此属通常之见解，如再加追究，当知其内容亦甚复杂而不易明了也。

今试问此一名词所表示之地方究竟范围如何？若谓即等于前荷属东印度乎？荷属东印度原为政治区域之名称，实非普通地名，如用为地名，则婆罗洲及新几尼亚分属英荷，将包括于此名之内乎？抑扩于其外乎？又如用为民族名，则在学术上此名词不常用，学术上如用此语，则系指印度尼西亚人之本支，与政治上之意义不同。又此名词之首有"印度"一语，亦使一般人望文生义，而以为此一族系与印度人较为接近，其实固尔不相关也。故此一名词若用为政治区域或国家之名称，自然绝无问题，若视之为地名或民族名，必须加以诠释，方能明了也。

今请试述此一名词之起源及其沿革。

溯此一名词实始于1850年罗于氏，最先用于人类学上，1884年以后德人巴斯典（Bastian）更沿用之。其原来之意义系指一种语系，而使用此种"印度尼西亚语系"之民族即称为"印度尼西亚人"。其后经近代人类学家精细研究，乃发觉"印度尼西亚人"之真相，而以此名词易于引起误解，故使用者必甚审慎，或则避而不用，故此名在学术上之含义与现在之通常意义不同也。

此名词现在之被广为应用，盖由于政治上之原因，而非学术上之原因。20世纪之初，荷属东印度诸岛怀抱民族主义之人民，始采用此语以自称其民族，自是此话遂有政治上之意义。1928年10月荷印各地人民代表开会于吧城。

到有青年爪哇人、青年巽他人、青年苏门答腊人、青年弥那哈沙人、青年安汶人之代表等，议决下列三条：(1)我们印度尼西亚之子孙自认有一个祖国即"印度尼西亚国"；(2)我们印度尼西亚之子孙自认有一个民族即"印度尼西亚民族"；(3)我们印度尼西亚之子孙自认有一统之言语即"印度尼西亚语"。

迨1939年以后，即屡次要求政府承认此名词为公用语。至1941年荷兰政府果正式采用此语。日本占领时亦沿用此名。迨日本战败后，遂以崭新之"印度尼西亚国"名义出现于世界舞台矣。

现今之"印度尼西亚人"，为一个民族，其言语为印度尼西亚语，确属事实，但此名称实为扩大意义者在其起源范围甚小，只不过为现在广义的印度尼西亚人来源之一支而已（学术上所用者即指此印度尼西亚本支），此犹如我国人将古代一支来源"华族"之名词扩大以称现在之中华民族也。

关于此一名词以及此族来源沿革之研究，近代人类学家亦略有异同。本篇为节省篇幅起见，不再一一征引（如 A. C Haddon，A. L. Kroseber，H. Kirn，H. O. Beyer，K. De Zwaan，Van. der Hoop，R. Heine-Geldern 等人），只以作者个人意见取舍综合而述之于下：

今所称"印度尼西亚人"者，包括爪哇、苏门答腊、小巽他诸岛，荷属婆罗洲诸处土著，实则英属婆罗洲土人亦与彼等同类，尚有马来半岛之马来人（狭义）亦与彼等同族，此外尚有菲律宾人，亦系彼等之兄弟，甚至还远隔印度洋在非洲东方之马达加斯加岛之一部分人民，以及在中国东方台湾岛番族，亦皆为彼族之分支；其证据一为体质，二为言语，三为风俗，均证明此系绝无疑义之事实，故今所谓"印度尼西亚人"者将仅指彼等现在政治范围内之人民乎？抑兼指上举各地之同族乎？此事今尚未十分确定。

若就学术上言之，则上举各地同类之民族在人类学上多称为"马来人种"(Malaya Race)（俗称棕种）或广义之马来民族，更正确之名称为"海洋蒙古利亚种"(Oceanic Mongolians)，意为蒙古利亚种，即黄种之住于海岛者。

此族何以有此不同之名称，此须由其成分解释之，盖此族之成分亦甚复杂，现今虽一混合同化，然在其起源上，固有绝不相类之各种分子也。其成分之主要者为上述蒙古利亚种之海洋系即马来种及古时之印度尼西亚人，其较不重要者为更早之先住民族尼格利陀人（即矮黑人）(Negritos)及先达罗维荼人(Pre-Dravidian)。由此观之，可知此族之称为马来人种或印度尼西亚人者皆偏重其中之一成分而然也。

今请追述此族成立之沿革。蒙古利亚种俗称黄种，为世界三大人种之一，其发生之摇篮在亚洲大陆，生殖既繁，乃由北而南，逐渐漂移，其向南最前方之一支，经由亚洲大陆东南部进入南洋各岛。南洋各岛原有先住民族，即上述之狭义的古印度尼西亚人以及更早之土著尼格利陀及先达罗维荼人。后至之蒙古利亚种之一支乃与此等先住民族混合,至今数千年,体质上遂与北方之同族(大陆蒙古利亚种)渐有差异,而成为今日之海洋蒙古利亚种(即马来种)。然而大陆蒙古利亚与海洋蒙古利亚之体质上仍属于大同小异,就其主要特征之平均而言,则头形同属广头,发状同属直发,须毛皆稀少,鼻形皆中鼻,颚状皆属中度斜颚,身长皆在人类平均度以下,只有肤色前者黄(如中国人),后者棕(古马来人又称棕种)。而眼形前者属细长斜上之蒙古眼,后者具圆大水平之马来眼。由体质上言之此族(即马来种或广义之印度尼西亚族)之成分实以蒙古利亚种为多,故现代人类学上以此族归入蒙古利亚种也。

至于古印度尼西亚人原属高加索种(俗称白种,然此种人中亦有非白色者如印度人)之一远支,在太古时由西方东来,亦到南洋,其到南洋且比蒙古利亚种为先,因从西来且先住地名东印度故名为印度尼西亚人。此种人头形长,身材高,肤色淡,此均与蒙古利亚种不同,但与蒙古利亚种混合后,已不易发现此种纯粹之民族。唯今日混合后之民族即广义的马来族中,亦常见有此种体质之个人,又如婆罗洲、苏门答腊、菲律宾等处内地,均有头形长、身材高、肤色淡之支派,即其遗族,然亦不甚纯粹,故在今日欲见此种纯粹之古印度尼西亚人,已不可多得矣。此古民族之体质特征(头形长、身材高、肤色淡)与今日混合后之民族(广义之马来族)之平均体质(头广、身不高、肤色棕)相去颇远,可见其成分不多,故学术上罕有以此名代表其混合后之民族者。

古印度尼西亚人至南洋诸岛时,其地已有先住民族尼格利陀人及先达罗维茶人,此种先住民族被逼而移居内地,其后蒙古利亚种人至南洋时,古印度尼西亚人亦有一部分被逼而迁入内地(留者则混合),至今在南洋各岛,此三种层次尚可得见,具有最多蒙古利亚种特征之马来族居海岸,古印度尼西亚之遗族在内地,至于尼格利陀或先达罗维茶则避入最偏远之内地。

就文化上观之,愈后至者文化愈高,此亦可以说明造成此种层次之理。古尼格利陀或先达罗维茶人原之有旧石器之石器弓箭,进行狩猎,构木为巢。古印度尼西亚人带来火耨法(即烧草木为肥料),种芋薯旱粟,制陶器,雕木,以坚木制兵器,作小茅屋。古马来人则更进步,除优美之新石器外,且带来种植水稻、畜牛、灌溉、织布、编筐、建造高架屋或水上屋、造小艇等事或并带来铜器。

总之,今之所谓"印度尼西亚族"者,实为一富有政治意义之名词,其学术上之名称即是马来种或广义之马来族,亦即蒙古利亚种之海洋系。由此言之,此族与属于蒙古利亚种大陆系之中华民族实为远支兄弟。此族人原来自南中国,西洋学者或谓此族来自安南河内地方以至中国珠江及扬子江合流之处,即云南地方。作者十年前曾发表《马来人与中国东南方人同源说》,以为中国古代东南方之越族,或即为此种人之留居中国者(见拙著《中国民族史·越族篇》及《星洲半月刊》)。要之,此族之来自中国南部信而有征,其种族上之关系与中华民族甚为密切，而不似其别一名称"印度尼西亚"所示与印度有何关系也。

学术应全凭客观，不应利用为政治上之工具。昔日人倡"日马同源论"，实属别有用心；作者之倡"印马同源论"，则纯就学术上而言，若马来民族（即印度尼西亚族）与日本人确属同族，或与印度人关系较为密切，则作者为忠于学术起见，亦不惮倡言。作者此后如有充裕机会，尚会就此问题（中马同源论）作更精细之研究。此于学术上颇有意义，至于中马民族之感情，若能因此说而促进，则为意外之收获也。

（新加坡《南洋学报》1947年第4卷第1辑）

福建之地理与抗战

战争为争城争地之事，无论战争之目的以及战时之策略均与地理有关。于此日寇猖狂、闽疆告警之时，我人为保护我桑梓计，不能不一考我闽之地理，以为因应之方。兹特就有关抗战之诸点略述如下：

一、疆域

东临台湾海峡，北界浙江，西界江西，南界广东。东西 870 里，南北 963 里，面积约 406800 平方里。由此观之，本省地小而距敌（台湾）近，地小则战场有限，距敌近则受害易。且地连浙赣粤三省，本省有失，三省皆震动矣，故本省对华南全局甚有关系。

二、地势

本省地虽小，幸其形势尚利于抗战。北有仙霞岭横于闽浙，西有武夷、杉岭隔断入赣之路，南有梁山山脉亦为通粤之阻碍。此外复有戴云山、博平岭诸脉盘亘于中部。总之，境内除福州、漳州二平原及沿海一带外，皆崇山峻岭，陵谷重叠。与浙江交界之山高达 9000 呎，与江西交界松岭高达 6000 呎（1931米），内地诸山高达 2000 呎者不少。山脉大都南北纵列，且东部地低，西部地高，由东而西逐渐高耸有如升梯，境内河流复短小不便航行。此种地势平时固为交通之阻碍，然战时反为距敌之助。本省绿林至多固由此，而以前红军之久据闽西，地利亦其一因。海军威力止于沿海，重炮，坦克，难以深入山地，飞机如逢山洞茂林亦失其效。如用步兵冲锋则沿途处处有一夫当关之势，仰攻之难，不及俯击之易。以此观之，沿海即使失守，内地若能力扼，必能阻寇之前进也。

三、沿海

海岸曲折，多港湾。岸壁高峻，水深可容巨舰。此种形势在海军发达之国正为良好之根据地,如三都澳、马尾港、厦门港均可为军港。惜乎我国海军不振,良好地势反以资敌。港湾任敌游弋,岛屿供敌息足,反于我有不利。尤有进者,台湾海峡扼南海与东海之间,欧西海军强国之战舰如赴东海、黄海必经此峡,日寇如与此等国家开战,则此峡之制海权必为两方所必争。欲争此峡即须占据其西岸及诸岛屿。日寇得之,则与澎湖左右夹持,无一他国之舰可安然通过此峡。如他国得之,则战舰可依两岸而北上,台澎亦将有东西夹攻之危矣。故日寇只占我沿海不特防我,亦所以预备对付他国,而将来果有他国与日寇开战,必有战舰来与我夹击沿海之寇,以收此方之制海权也。

四、陆上交通

境内山岭重叠,崎岖难行,然近年来公路开辟甚多,交通渐便。计干线有四:(1)自省会经莆、仙、泉、漳可达诏安。(2)自省会经古田、建瓯至建阳,由此分歧,北由浦城入浙江,西经邵武抵江西。(3)自龙溪达长汀亦可入江西。(4)自建瓯可经南平、永安、连城抵上杭。交通之便利固可利我,亦可利敌。若未入敌手,可以供我运输战士与军需,若入敌手亦足灭杀天然地势之险要,而有利于敌之进攻。犹幸此四条干线除第一条外皆不易入敌手,大可为抗敌之助。唯第一条沿海之路较不易守,然敌之海军随处皆可入寇,多此一条公路亦无多大意义也。省会抵邵武及龙溪抵长汀之西行二线固可利我运输,然即由此二路则亦可助寇之西进,此与未辟公路时之天然形势大有不同,故于此二路之扼守必须更为努力。唯此种公路,大都沿山腰而行,狭窄崎岖,愈进愈高,且一旁高壁,一旁深谷,稍有不慎,立坠谷中。在平时尚觉行路之难,在战时只需我方扼守山上,居高临下,寇至此境,如入陷阱。如于寇未至时先自炸坏,尤难通过。

五、物 产

沿海若被占夺,鱼盐便告匮乏,鱼尚有淡水产,盐非内地所出产,且重要逾于鱼。以前红军之在闽西即极以乏盐为苦,故在今日即宜速运多量之盐入内地囤积,以备万一。内地所产茶叶、(烟)草、竹、木、矿物皆无碍,但此时须注重其可自用及可输出者,否则暂时不必采取。战时以食粮为重,沿海失则外米不得入,平原失则土产米亦减少,故必须开发内部荒地,竭尽地力人力,以从事于食粮之生产,以免有饥馑之灾。食粮之种额当视各地土壤之质而定,有水田之处方得种稻,否则薯、芋、豆、麦无不可种。

六、人民

沿海之人民最为痛苦,地若失陷,不被屠杀亦必为寇所奴虏役使。如上所述,内地荒土亟须垦种,而内地人民远较沿海为少,闽西自经国共战争,尤觉地广人稀。前者政府曾有移植粤民于其地之议。今若移本省沿海之民,使之垦殖,正为一举两得之举。如谓沿海未失,不便自空其地,前军队与被征之壮丁仍可防守其地,至其他男女老幼,可移入内地从事生产,岂不远较在沿海原地为壮丁之累为佳乎。此举固不易,然若有组织,有财力,且以政府之力行之,似亦不甚难也。

七、都会

日寇常攻占都会,然都会亦有重要不重要之别,试预测之。福州系省会,寇如进犯,必为其目的物。福州如失,南平、建瓯即为前线。寇如欲胁浙赣之后必取道于此,北经建阳、浦城入浙抵江山,占据浙赣铁路,西经邵武入赣经南城向南昌。然此路非目前寇所重要,且力量亦不及,大约古田或南平以上寇不易到。南路厦门已失。龙溪甚为重要,恐寇或南向与寇舰夹攻潮、梅一带。至于龙岩,长汀虽已通赣省南方,然赣南殊非要地,如欲再进以横截粤汉路则路远且险,必无是理,故龙岩以西或可免告警,唯飞机之肆扰必难免。福厦路上之福清、莆田、仙游、惠安、晋江、南安诸县,恐被沿公路进攻。此诸地虽属沿海平地较不易守,然民气甚悍,民枪甚多,且非绝无山林可守,若军队与人民打成一片,日寇亦不易得手也。此一带如能保全或扰乱不息,寇亦不敢放胆由福州或厦门西进矣。

(新加坡《南洋学报》1938年第5月25日)

福建民族之由来

最先以科学态度研究中国民族之梁任公言:"吾侪研究中华民族,最难解者无过福建人。其骨骼肤色似皆与诸夏有异,然与荆、吴、苗、蛮、氐,羌诸组亦都不类。今之闽人率不自承为土著,谓皆五代时从王审知来,故有'八姓从王'之口碑。闽人多来自中原,吾侪亦承认,但必经与土人杂婚之结果,乃成今日之闽人。学者或以其濒海之故,疑为一系之阿利安人自海外漂来者,既无佐证,吾殊无从妄赞。但福建之中华民族含有极瑰异之成分,则吾不惮昌言也。"①

按任公此言实为极大胆之言论,然实极有理由。任公既对此一问题开其怀疑之端,而引起国人之注意,二三十年来中国史学显有进步,而复加以人类学考古学之兴起,对于中国民族之过去渐有详确之智识,而关于福建民族之由来亦略知梗概,惜此方面发现尚少,至今尚为"最难解之民族"。作者从事民族学之研究,且本身为闽省人,对此问题饶有兴趣,然亦未能有详尽之结论,只能提出臆见,唯望他日地下遗物之发现渐多,以补足此历史上之空白也。(福建历史自秦汉之际方见记载,直至五代犹未甚详,若秦以前则全为空白而已,可谓最缺历史之省份矣)。

福建现代人民之异于北方各省,无待赘言,聆其方言之结屈,观其体貌之特殊(眼面身材),即足以知之。福建现代居民固已成为汉族之一支,然其语言体貌之差异如此,可证其古时之民族来源有异于北方诸省。

按今之闽人族谱大都言始祖由中原南迁,东晋五代及北宋末之乱皆为南迁之动机。今日闽人之成分自然以汉族为主干。然福建之地在东晋之前实为越族之一支,即闽越族所居住,故越族乃为本省之先住民族。汉人虽迁入,亦不能杀尽先住民族,其结果必为两族之同化,因汉族文化高,政权大,武力强,故先住之越族逐渐化为汉族,其固有之语言与汉语混合而成为今之闽方言,其体质与汉族混合而成为今日闽人之体貌。

据《史记》言秦汉之际有闽越国。又《说文》言:"闽,东越蛇种也。"可见古

---

① 《中国历史上民族之研究》。

闽人为属百越族中拜蛇为祖（即图腾）之一支派。入汉代后闽越王反抗汉之统治，终于武帝时被灭，其人民被迁徙于北方。据《史记》言："于是天子曰：东越狭多阻，闽越悍，数反覆，诏军吏皆将其民族处江淮间，东越地遂虚。"然史虽言其地遂虚，惟闽地多山林岛屿，易于藏匿，岂能全迁其民，使无孑遗。不过其伏匿再出者人数既少于前，自晋以后汉人来者渐多，故逐渐被吸收于汉族之中，失去其独立之名称矣。

至于此种古闽人究属人种学上之何种族，作者以为此系整个越族之问题。古时整个越族占居于今之浙江、福建、江西、广东、广西等省，即中国之东南部。此全部越族均汉代以后被吸收同化于汉族之中，故作者认越族为汉族四大来源之一（见所著《中国民族史》）。至于此族在春秋以前文献无征，盖尚在史前时代，其开化迟于中原之华夏族。此族究属何种人，今不可考。作者意见以为据东亚古代民族迁移之大势推之，此族或与今之南洋马来族有关系，作者曾于《中华民族史》中略言其绪，又于十年前于南洋发表一篇论文，题为《马来人与中国东南方人同源说》（见1938年《星洲半月刊》），又于出席"远东史前学家第三次大会"（1938年）中所提出之论文《福建武平新石器时代遗址》中亦略言之。作者大意以为在有史以前蒙古利亚种（即黄种）分支先后由亚洲北方南下，其最头之一支先到中国南方，后再续行南进，经中南半岛、马来半岛而散布于南洋诸岛。此一支因多住近海之地，故名为"海洋蒙古利亚种"（Oceanic Mongolians）。其在中国南方及中南半岛时，其已有属于别种（黑种或白种）之先住民族。因吸收同化之，而逐渐改变其本身，进入南洋以后更大起变化，遂成为今之马来族（广义的，包括马来西亚诸地住民）。海洋蒙古利亚种虽逐渐南迁，然在其途中亦应有留住者，其留住中国之一部分或即为越族。当蒙古利亚种第一支进至华南时，蒙古利亚种之第二支即"南方蒙古利亚种"（Southern Mongolians）亦紧随其后，而南进至华北中原地方，成为华夏族及其他。此支族汉代以后继续越江而南，遂吸收越族于其中而同化之。至于蒙古利亚种之第三支即"北方蒙古利亚种"（Northern Mongolians）亦紧接南方蒙古利亚种之后，而占居于蒙古、东北、新疆地方，成为东胡、匈奴、突厥诸族，屡次向南侵略，有时且越长城而统治华北或全国，此在题外，不具论，然亦可证明东亚民族迁移之趋势系由北而南也。

古越族与古之马来族或可谓出自同源，然今之福建人已有异于古之越族，今之马来人亦大有异于古之马来族矣。故欲在体质上寻出此两者之关系，殊为不易，即有，亦必不多。今姑就显而易见者言之。今之闽粤人眼形较华北人为圆，面形较短而下尖，此二点颇与马来人相似。圆形而有双重眼帘之眼，即民族学上所谓"马来眼"，狭长形而无双重眼帘之眼（即俗所谓关公之丹凤眼）则称为"蒙古利亚眼"，闽粤人之眼多有似前者而异于后者，此若非由种族关系上解释之，殊难明了也。

若就文化上言之，则据古书所言：越族善于使舟及水战，而马来人亦为善能航海之民族（彼等在史前即能渡海散布于各岛，亦可证明此事）；越人断发文身，今之马来人亦尚有文身之族，在以前且更盛（如婆罗洲人、菲律宾之米赛亚人）；越人巢居，马来人亦尚有居于树上者，普通马来人之家屋犹常建于颇高之木桩上。以上系就现存之马来人遗俗与古之越族风俗言之，若就地下发现之古物言之，亦证明史前越族之文化与马来族古文化有关，如杭州、武平、海丰、香港诸处（皆古越族住地）发现之史前石器陶器与南洋所发现者颇多相同之点；其中武平、海丰、香港之有段石锛与菲律宾极相类，武平、海丰、杭州之陶器上刻纹亦与马来亚所发现者相似。

总之，古越族与马来族在体质上及文化上似颇有关系，然证据尚未充分，只可作为假说，未可即视为定论。此事之解决须待将来地下之史前遗址遗物发现甚多，方可据以论断也。

至于福建人除越族外尚有其他要素否？则须问当海洋蒙古利亚种未到时，此地有无更先住之民族？作者之意以为当时应已有先住民族，此种民族非属蒙古利亚种（黄种），而系属尼革罗种（黑种）中之一支，即矮黑人尼革利陀（Negrito）。尼革利陀今尚残存于南洋各地之山林中，古时曾占居更大地方。据中国书所记载，中南半岛在有史以后尚多有黑色人种，在云南亦有之。中国三国时在安徽山中尚有矮人存在。在史前蒙古利亚种人未到时，华南及南洋一带应已有此种矮黑人存在。中国南方人身材之矮或即是其影响。欲寻此种证据，亦应有待于史前遗物之发现。南洋曾发现一种旧石器式之石斧，或言即是黑种原住民之遗物，将来中国如发现类似之物或可作为证据也（台湾曾发现此种物，广西似亦曾发现）。

至于梁任公所言一系之阿利安人自海外漂来者，较远于事理，任公亦言不敢妄赞也。阿利安人属白种，即印度波斯及欧洲人，此等人无于史前到福建之理。唯有史以后中古时代，外国海舶常来福建，波斯人、阿拉伯人来住福建者颇多，后亦同化，自然亦有影响于福建今日之居民，今之闽人中如有高鼻弯发者或出于白种人亦未可知，然其成分必极微也。

唯高加索种即白种中之一远支印度尼西亚人（Indonesians）迁来远东似较黄种为早。海洋蒙古利亚种即因与此种人混合而产生现代马来族，其相遇地点或言在中南半岛，作者以为此种印度尼西亚人或马来人之成立或即在华南地方也。

总括以上之意，作者以为现在福建人盖由数种原素混合而成，其原素如下：

1.汉族：自汉以后陆续南迁，成为主干民族。

2.越族:汉以前占居全省地方,汉以后一部分被迁于江淮地方,留者与后至之汉族同化,为所吸收,而失去族名。

3.黑矮人尼革利陀(?):此为较越族更早之先住民族,其影响为矮身材。(此条存疑)

4.印度尼西亚人(?):亦为比越族更早之先住民族,其影响为圆形之眼。(此条存疑)

(《福建生活》1947年第1期)

中国历史上的民族斗争

中华民族现在遭遇非常的国难,似乎很为危险,但是我们试检查检查这一民族过去的千灾百难的历史,便知是无妨的。因为中华民族自有史以来数千年间便屡屡遭遇外族的侵凌,结果却还是依然健在,而侵凌中国的异族却大半消灭了。

在历史上中华民族每次遇着外族时,相互关系的演变似乎依着一种公式:

第一期　外族的强盛和中国的受祸

第二期　中国的复兴和外族的被逐

第三期　外族的归附及同化于中国

第一期中国的受祸时代,是因为中国人是农业民族,生活的必需品取自自然界,不需掠夺别族;且因种植生活的习惯而养成和平的性情。至于来侵中国的民族多数是游牧民族,生活品不如农业民族的多,故常想掠夺农业民族,且因骑射生活的习惯而养成好战的性情。由于这种原因,中国和外族的关系常是外族主动而侵略中国,中国被动而抵抗外族。在这第一期中国总是吃亏,小则财物被抢劫,人民被杀戮;大则土地被占领,或甚至国家被灭亡。这一期的时间或短或长却不一律。

第二期中国的复兴,原因是在于中国人口众,文化高,民性坚韧。初时受了欺负,虽似乎手足无措,但不久便也从痛苦中生出办法来。初时虽不好战,却也学得会战,且不怕战。同时外族却因初期侵略的有效,生活不劳而得,遂致渐趋堕落。于是中国和外族的势力遂反转过来,而外族便被驱退或甚至灭亡了。

第三期外族的归附中国,一是由于外族在生活上有这样的需要:因为外族产物既少,且有时也会碰到天灾,那时既不能用武力强劫中国,自然只好归顺中国以获得接济。二是在于中国方面由于和平的民族性和博爱的哲学(无论儒家、道家或外来的佛教都是这样),伟大的政治家头脑里充满了"王道"、"仁政"、"天下为公"、"四海一家"的观念。外族来侵,固然抵抗,外族一衰,便立刻"止戈为武","体上天好生之德",决不肯赶尽杀绝;反之常肯竭中国以养四夷。饥寒吗?有大批的粟帛,住地不好吗?请到长城以内来住。由于中国这样的施惠,再加以中国文化的高明,人口的众盛,于是初时强横的外族后来也渐渐同化于中国了。

为证明上述的话,现在试举历史上的事实,罗列于下。自黄帝起即与三苗九黎战争,到了夏禹时完全征服了苗黎(不是现代的苗族)。自夏至周常有鬼方的入寇。周的先王曾被逼于狄人:"昔者太王居邠,狄人侵之。事之以皮弊,不得免焉;事之以犬马,不得免焉;事之以珠玉,不得免焉。乃属其耆老而告之曰:'狄人之所欲者,吾土地也'……去邠踰梁山,邑于岐山之下居焉。"(《孟子》)西周之末以至于春秋之世,戎狄势强,且杂居中原,杀周王,入京师,侵灭诸侯。

"至穆王之孙懿王时,王室遂衰,戎狄交侵,暴虐中国,中国被其苦。诗人始作疾而歌之曰:'靡室靡家,猃允之故,岂不曰戒,猃允孔棘'……申侯怨而与畎戎共攻杀幽王子麓山之下,遂取周之地,虏获而居于渭泾之间,侵暴中国。"(《汉书》卷九四上)

"及平王之末,周遂凌迟,戎逼诸夏,自陇山以东及乎伊洛,往往有戎……是时伊洛戎强,东侵曹鲁后十九年遂入王城……后二年又寇京师。"(《后汉书》卷一一七)

"盖春秋时戎狄之为中国患甚矣,而狄为最。诸狄之中赤狄为最……狄之强莫炽于闵僖之世,残灭邢卫,侵犯齐鲁。"(顾栋高《春秋裔表》)

但是结果呢?到了战国这些异族几于全被征服了。骊戎犬戎见逐于秦,陆浑之戎见灭于晋,蛮氏之戎灭于楚,伊洛之戎降于晋,山戎为燕齐所斥。赤狄之东山臯落氏廧咎如潞氏甲氏留于铎辰,白狄之肥鼓均灭于晋,白狄之鲜虞至战国方灭赵,东夷之莱夷介夷并于齐,根牟夷灭于晋。(见顾栋高《春秋大事表》)

汉代的匈奴虽在长城以外,但他是统一了北方诸部的大游牧帝国,势力极强。曾以他40万的骑兵,围困了汉高帝32万的步兵于平城,那时中国很是危险;后来虽是和亲,还是屡受侵掠。

"冒顿纵精兵四十万骑围高帝于白登,七日,汉兵中外不得相救饷。……匈奴日已骄,岁入边,杀戮人民畜产甚多,云中辽东最甚,至代郡万余人,汉患之。"(《史记·匈奴列传》)

但是自汉武帝始,屡次出兵北征,大败匈奴,并收服原属匈奴的西域36六国,匈奴因此衰落,到了西汉之末遂降汉。"汉复遣大将军卫青将六将军兵十余万骑,乃再出定襄数百里,击匈奴,得首虏前后凡万九千余级。……其夏镖骑将军复兴合骑侯数万骑,出陇西北地两千里,击匈奴,过居延攻祁连山,得胡首虏三万余人,裨小王以下七十余人。……汉镖骑将军之出代两千余里,与左贤王接战,汉兵得胡首虏凡七万余级,左贤王将皆遁走。"(《史记·匈奴列传》)

匈奴后分为南北二支,北匈奴被汉出塞驱逐,逃到亚洲中部,以后进入欧洲，击败日耳曼人，引起罗马帝国的灭亡。南匈奴降汉，经过东汉至三国，匈奴王甚恭顺，且改中国姓，汉廷使他们得入居长城内，恩惠甚深。

"呼韩邪单于（即南匈奴王）失其国，携率部队入臣于汉，汉嘉其意，划并州北界以安之。于是匈奴五千余落入居朔方诸郡，与汉人杂居。呼韩邪感汉恩来朝，汉因留之，赐其邸舍，犹复本号听称单于，岁给棉绢钱款，有如列侯，子孙传袭，历代不绝。"（《晋书·四夷列传》）

世俗相传汉帝为匈奴所迫而献出王昭君于匈奴王，其实那时匈奴国势已弱而降汉，汉帝赐他一个宫女为"阏氏"即王后，在中国是施恩的事。当王昭君朝见时，皇帝虽发现了她的美丽，但因要顾大国的威信，还是忍痛割舍，过后才斩了欺君的画师，这可以见得中国当强时还是不欺负弱国的。

自东汉以来，收容匈奴、羯、鲜卑、氐羌五胡之众于长城以内，华北地方居住；不意到了晋代，中国王宫内乱，五胡齐起反叛，整个中原全遭蹂躏。五胡前后建了13国，后来统一于鲜卑族的后魏，还是和南方的汉人构兵：

"五胡逼袭，剪覆诸华，及涉珪以铁马长驱，席卷赵魏，负其众力，遂与上国争衡矣。……既而房纵归师，殆累邦邑，剪我淮州，俘我江县，喋喋黔首，局高天，踏厚地，而无所控告，强者为转尸，弱者为系虏，自江淮至清济，户口数十万，自免湖泽者百不一焉，村井空荒，无复鸣鸡吠犬。"（《宋书》卷九五）

但是五胡虽强，他们也被汉人杀死不少，汉人在北方也建立3个国家，而且南朝的桓温、刘裕也都曾带兵北征，灭了一部分五胡的国家，试举冉闵的事便可见得那时候的汉人并不是不会抵抗的，冉闵原是汉人，那时中原已沦陷久了，他曾反抗羯人的赵国，那一回下令叫汉人杀胡羯几乎杀尽，这可见民族斗争的惨烈，而外族侵入中国实在不是便宜事。

"闵、农攻靳伏都等，自凤阳至琨华横尸相枕，流血成渠。宣令内外六夷敢称兵杖者斩之，胡人祸斩关或踰城而出者不计其数，令城内曰'与官同心者住，不同心者各任所之'。敕城门不复相禁，于是赵人百里内悉入城，胡羯去者填门，闵知胡之不为已用也，班令内外赵人，斩一胡首送凤阳门者，文官进位三等，武职悉拜黄门。一日之中斩首数万，闵躬率赵人诛诸胡羯，无贵贱男女少长皆斩之，死者二十余万，尸诸城外，悉为野犬豺狼所食；屯据四方者，所在承闵书诛之，于时高鼻多须至有滥死者。……闵遣使临江告晋曰：'胡逆乱中原，今已诛之，若能共讨者可遣军来也。'"（《晋书》卷一百七）。

自五胡乱华经南北朝，到了隋代统一南北，那些五胡都归消灭，自此以后他们便绝迹于历史舞台上了。自南北朝起，另有一种外族称为突厥的兴起，他们也住在以前匈奴鲜卑未入关时的故地长城外蒙古地方。北朝的北周北齐都极怕他。

"自俟斤以来其国富强，有凌轹中夏之志。朝廷既与之和亲，岁给缯絮锦彩十万段。突厥在京师者又待以优礼,衣锦食肉常以千数。齐人惧其寇掠,亦倾府藏以给之。他钵弥复骄傲,乃令其徒属曰:'但使我在南两个儿孝顺,何忧无物耶。'"(《北史》卷九九)

但是到了中国统一后便胜过突厥,突厥便降隋。隋炀帝曾巡行到突厥启人可汗的地方,启人可汗极表恭敬。

"帝亲巡云中,泝金河而东,北幸启人所居,齐人奉觞上寿,跪伏甚恭。帝大悦,赋诗曰:'鹿塞鸿旗驻,龙庭翠辇回。毡帐望风举,穹庐向日开。呼韩顿颡至,屠耆接踵来。索辫擎膻肉,韦鞲献酒杯。何如汉天子,空上单于台。'"(《北史》卷九九)

到隋唐之际,中国内乱,突厥再兴;不久又被唐太宗所灭,自此以后历史上便没了突厥的地位了。

"故岁入寇。然倚父兄余资,兵锐马多,傲然骄气,直出百蛮上,视中国为不足与。"(《新唐书》卷二一五上)

"道宗战灵州,俘人畜万计……颉利(可汗)得千里马,独奔沙钵罗,行军副总管张宝相禽之;沙钵罗设,苏尼失以众降,其国遂亡。"(《新唐书》卷二一五上)

唐中叶以后发生内乱,国势衰微,回纥被黠戛斯所破,唐兵和蕃兵再攻走了他,自此变为小国。吐蕃曾占唐的西部陇右诸地,掳掠许多唐人去。但是到了唐末,吐蕃势衰,所占唐地还是为唐收复。

"吐蕃以吐谷浑党项兵二十万东略武功渭北。……代宗幸陕,子仪(郭)退趋商州。高晖导虏入长安。……衣冠皆南奔荆襄,或逋栖山谷。……吐蕃留京师十三日乃走。"(《新唐书》卷二一六上)

"虏又剽汧阳、华亭男女万人以畀羌、浑。将出塞,令东向辞国,众恸哭,投堑谷死者千数……(沙州)州人皆胡服臣虏,每岁时祀父祖,衣中国之服,号恸而藏之。……兰州地皆秔稻,桃李榆柳岑蔚,户皆唐人。见使者麾盖,夹道观。至龙支城,耋老千人拜且泣,问天子安否,言:'顷从军没于此,今子孙未忍忘唐服,朝廷尚念之乎?兵何日来?'言已皆呜咽。密问之,丰州人也。"(《新唐书》卷二一六下)

"大中三年……凤翔节度使李玭复清水,泾原节度使康季荣复原州,取石门等六关,得人畜几万。……是岁河陇(原为失陷地)高年千余见阙下,天子为御延喜楼,赐冠带,皆争解辫易服。(辫为蕃装)"(《新唐书》卷二一六下)

五代时中国分裂,东北方的契丹强盛,曾一度灭了中原的晋,想做中国皇帝,但终于被逼退去。

"德光已灭晋,遣其部族酋豪及其通事为诸州镇节度使。括借天下钱帛以赏军。胡兵人马不给粮草,日遣数千骑分出四野劫掠人民,号为大草寇。东西

两三千里之间,民被其毒,远近怨嗟。汉高祖起太原,所在州镇多杀契丹守将归汉。德光大惧……乃北归。"(《新五代史》卷七二)

女真族的金虽侵入中国北方,其实兵力不足,其所以终能占据中国的一半地方,是因为中国的君相主和,召回岳飞、韩世忠等人的大兵。否则当时情势已转变,若乘胜而前,即不能直捣黄龙府也可收回失地。金占宋地后,待汉人很酷虐:

"女真为本户,汉人及契丹为杂户……汉人渤海人不得充明安穆昆户。"(《续通典》卷一〇《食货一〇》)

"靖康之后陷于金虏者,帝子王孙宦门仕族,尽没为奴婢,使供作务。每人一月支稗子五斗,令自春为米,得一斗八升,用为糇粮;岁支麻五把,令绩为裘。此外更无一钱一帛之入。男子不能绩者,则终岁裸体。虏或哀之,则使执爨,虽时负火得暖热,然才出外取柴归,再坐火边,皮肉脱落,不日辄死。唯喜有手艺如医人绣工之类。寻常只围坐地上,以败席或芦藉之。遇客至开筵,引能乐者使奏技。酒阑客散,各复其初,依旧环坐刺绣。任其生死,视如草芥。"(洪迈《容斋三笔》)

但是宋还未亡,金已经被蒙古所灭,自此以后除一部分在满洲老家的以外,找不到女真人了。

蒙古灭南宋,统治全中国,种族界限很严,有四等和"九儒十丐"的分别,"家鞑子"的传说,但不数传便被汉人灭掉了。当时能逃出塞外的只有皇帝和少数将士,其余的蒙古人呢?民间有中秋杀鞑子的故事,或者非尽无据。大约汉人反抗起来,一定杀了不少蒙古人,其余良善者便降顺同化了。

满洲灭明,借口代明平乱,且多用汉人做官;汉人的民族观念还是不能消灭,屡次反抗,直到268年后还要完成民族革命。幸而这次的革命是很和平的,不拘于狭隘的民族偏见,而采取五族共和的观念,不曾有报复的行为。实际上满洲人也已同化于汉族无从辨别了。

以上所述的异民族,人数本来原不多,有些在历史上演了一回以后,大多烟消火灭,连名字都成为古董了。其原因是因为有一部分"杀人人杀"死了,其余的则投降而同化了。至于今日的满蒙回藏诸旗,和上述的不同;他们是古时未曾入中国而居留原地者的子孙,和汉族的关系是和平的,且因接触久了,也渐同化;现在同是一国的国民,此后便有完全混合为一族的趋势。

这篇文的目的是要说明:

1. 中华民族是会抵抗外族的,性情虽和平却也有自卫的勇敢。

2. 民族斗争是极痛苦的,杀人者也还被人杀,这种教训是应注意的。

3. 中华民族受外族侵略的结果,中华民族渐渐扩大,外族却相继消灭。这证明了中国民族终会胜过外族。

4. 外族由侵略中国所得者不是胜利而是消灭。既是如此,新的外族何必再犯古人"杀人人杀"的错误途径,以自取灭,而不改从和平接触的一条好路呢?

(《星洲日报·半月刊》1938年第11、12期)

怎样研究人类学

一、小　引

读者诸君是不是曾见古书有燧人氏钻木取火、有巢氏构木为巢的记载？究竟火如何由木钻出，屋子如何说是巢？还有古书常说某族"文身断发"，文身如何文法？说某族"刀耕火种"，种田如何用刀用火？还有结婚制度初时怎样办法？家族系统如何演成？现在人的姓从父而得，为什么这姓字却是女生二字合成？宗教信仰究竟何以发生？美术观念何时始有？未有文字之前用何法记事？诸君如要找参考书，可以看看人类学。

诸君如曾听人说人是上帝造的或是女娲氏用土捏的，不肯相信再听另一派人说人和猴子是兄弟，是同出自一个祖宗的；也不肯自认这样倒霉，一定要问一个究竟时，也可以请看看人类学。

诸君是不是又曾在历史书的第一章见有"石器时代"呀，"原人"呀等名辞；或在报章杂志上见有"北京猿人的发现"、"城子崖的发掘"等新闻吗？诸君如要知道这些名辞和新闻的详细说明，也请看一看人类学的书报。假如诸君有一天在工人掘土的时候由土内翻出一块石质斧形的东西，在唐宋时或者可以进贡给皇帝老子，说这是"霹雳砧"，便是雷公使用的斧。现在诸君大约不信有雷公，而现在也没有了皇帝，这块石头只有引起你的智识欲，那么要参考甚么书呢？也是人类学。

诸君看报纸上报的意、阿战争，阿比西尼亚据说是黑人国，为什么皇帝的玉照却不像突嘴塌鼻黑炭色的黑人？诸君是否怀疑吗？我国南北人民的体质显有不同，又是何故？我国人的种族成分如何？有人说印度人是白种，究竟如何白法？住在中国西南的苗瑶等族究竟是何种类？诸君有意推究的，也请看人类学的书。

人类学究竟是怎样的一种学科，为什么这些拉杂而古怪的问题都可在人类学里面找？我且约略说说：

人类学的定义很多，作者曾折中诸家定义成为一条如下：

"人类学是用历史的眼光研究人类及其文化之科学：包含人类的起源、种族的区分,以及物质生活、社会构造、心灵反应等的原始状况之研究。换言之,人类学便是一部人类自然史,包括史前时代与有史时代以及野蛮民族与文明民族之研究,但其重点系在史前时代与野蛮民族。"(见林惠祥编《文化人类学》)

人类学的性质便是广义的历史。人类学大家波亚士(F. Boas)说:"这种科学的第一种工作便是要'还元',即重新考出人类的历史和分布,以及人类的各种生活形式。"(见 *Encyclopaedia of Social Sciences*)这种工作是繁杂的,所以便有分科以便分途进行,但都是对于这个总目标有贡献的。其分科如下:

1. 文化人类学(Cultural Anthropology)

又称为民族学(Ethnology):这一分科的性质是理论的,专论人类文化的起源及变化,也便是人类的文化史。其内容是讨论人类的生活状况、社会组织、宗教信仰、艺术、语言等的起源、演进及传播等事。上述第一类问题便属于这一科范围内。

2. 体质人类学(Physical Anthropology)

也是理论的,讨论人类的身体如何由其他动物演进而成,以及人类各种族如何区分。上述第二类问题便属于此。

3. 史前学(Prehistory)或史前考古学(Prehistoric Archaeology)

这一分科的性质是叙述的,即是有史以前的人类及其文化的历史,其方法是探寻及发掘史前人类的遗址遗物。遗物有遗骨及遗器二项,由遗骨以考出其人的身体,由遗器及遗址以考出其文化。上述的第三项问题,可看此类书籍。

4. 民族志(Ethnography)

这也是叙述的,即叙述有史以来的现代人种的状况,体质与文化兼重。材料由实地探检和搜寻旧记载而得。由各民族的个别研究开始,然后合而为全人类各种族的总记载。上述第四类问题便属于此。

以上四种分科互有关系,即史前学和民族志贡献材料于文化人类学和体质人类学,后二者则就前二者的材料而构成理论再贡献于前二者(详见《文化人类学》)。但这四分科每一种的范围都很大,材料也都很繁,在专门研究上常行分工,研究人常专攻其中一分科。

本篇着重在研究法方面,对于人类学的定义、性质、范围、分科目等不能详述,即止于此。

二、初步的研究

研究一种学问常可分为二段落,首先是初步的研究,也即是涉猎的研究,其次是独创的研究(original research),即是深造的研究。初步的研究只在知悉一种学问的已有的内容,即前人已发现发明过的事实学理方法等。有志专门研究该种学问的人自然不能不先经过这一阶段,然后进及次段。至于不想专攻而只要涉猎大概,采取该种学问的结论以供帮助别项学问的研究者更可以此段为限。在人类学的研究上自然也有这二段落的分别。

初步的研究可再分为三项。

1. 关系学科的修习

人类学发生很迟,其所以较迟,便是因为它依赖别种学问甚多,须等到无机物的学问、有机物的学问、各类社会现象的学问都发达了,方能成立这一门学问。它的成立的程序是这样,故现在我们研究的人也须这样,即须略晓其他有关系的学科以为辅助,方不致突如其来,茫无头绪。这些有关系的学科有两项作用,一是供给人类学的基础智识,二是可为方法上的参考。和人类学最有关系的学科大略如下:

(1) 历史

人类学与历史如都从广义言之,范围性质几乎全同,因为同是要研究人类自过去至现在的经过,若就狭义言之,将历史限于文献的研究即有史时代的研究,人类学则着重无文字的时代或民族之研究,也还是有很重要的关系。近来的趋势,人类学的研究已不以史前时代及野蛮民族为限,而兼取有史时代及文明民族的材料,而历史家的著作也渐扩大其范围,增辟了史前一段,采取人类学的发现以说明人类及文化的来源;如韦尔斯的《世界史纲》的成功,恐怕这一点也是其原因之一端。由此可见这两种学科是很密切而能互为辅助的了。

(2) 地理学

人类不能离地而生存,故地理学的智识也是人类学的基础。第一,人类各种族散布地上各部分,若不先知晓各地方,何能知晓各种人在地理上的位置。第二,人类受地理的影响很大,气候、地势、物产都极有关于人种的分歧、人类的生活等。由此可见地理学的智识也是人类学的基础;反之,地理学中的人文地理,却也有需于人类学的智识。

(3) 动物学

人类是动物的一种,也是由低等动物演进来的,故要知晓人类的来源,不能不先以动物学的智识为基础,而且几条动物学上的原则如遗传、变异等也还留存于人类;这些原则也可供以说明人类种族的分歧。以上都是人类学有需于动物学之处。

(4) 地质学

研究古人类须有地质学智识的辅助,因为古人类遗骨及其遗器有埋没于很深的地下的,要知道他的时代,无文字的记载可凭,只可间接由其地层成立的时间以推论其人的时代。关于地层的智识自然是地质学家终能洞晓,但研究史前人类者也须略知其大概。

(5)考古学

考古学与人类学的范围有大部分是相同的,人类学中的史前学即史前考古学便是考古学的一部分,故人类学家有将考古学列为人类学的一分支的。

(6)民俗学

民俗学研究文明民族中传袭的原始性风俗、信仰、传说等,因这种材料与文化人类学的材料大体相类,故民俗学与人类学关系十分密切,略如考古学与人类学的关系,即视民俗学为人类学中文化人类学的一分支也无不可。

(7)社会学

社会学研究人类社会,和人类学的范围也有一大部分相同,如社会学中的社会起源即全取人类学的材料,而现代社会学中的文化派学说也即是源于人类学的学说,此外社会学与人类学结合的著作也很多。大抵社会学关于人类社会的原理多,而人类学则事实多,故可相辅为用。

(8)心理学

人类学既是研究人类,故于人类的心理方面不能不略知大概,否则研究人类文化时不能解释完全,尤其是文化中心理元素更多的部分,如宗教信仰、艺术观念,更不能不由心理方面考察它。

(9)语言学(包括文字学)

由语言可以推知思想及文化,又可据以推测种族关系,故语言学亦为人类学研究的一大助力。

此外还有其他学科如解剖学、生理学、宗教学、法律学、政治学、经济学、教育学、美术、旧式工艺等,都和人类学有点关系。

以上诸种学科中只有历史地理不能不先修,至于其他同时并学也无妨。

2. 本门智识的修习

如上所述人类学有四部门;此外尚有人类学总论,即讨论人类学的性质、定义、范围、分科等问题者;又有人类学历史,即叙述人类学自发生以后的沿革者,包括事物及学说的发见、研究人的略历等。前四者为分论,后二者为总论,合而为六项。初步的研究便是阅读这六项已有的著作。

(1)阅读的次序,最初须从入门书起。入门书大都便称为人类学,或加以绪论、引论、大纲、概要等名,其内容常包括总论及四部门,所述虽不详,然颇能提示大概,引起兴趣。

(2)次之,进读分论诸部门著作。诸部门之中可先读文化人类学,因其较易懂而有趣。文化人类学的书除这个名称外还有社会人类学(范围似略狭)、民族学之名,还有不用学科名称而将内容作为名称的,如文化起源、文化进化、社会起源、社会进化,以上都是文化人类学的总论的书,内容涉及文化的各方面,不过实际上未必各书内容都一律完备,常略有所偏。此外有专论文化的一部分的,如社会组织则有原始社会、古代社会、社会组织等书名;宗教则有原始宗教、宗教起源、宗教出生的书;物质文化则有发明的起源、生活进化史等书;艺术则有艺术起源、原始艺术等书。尚有范围更狭而深的书籍,如社会组织中有人类婚姻史、家族氏族的起源、蛮族的犯罪等著作;宗教中有图腾崇拜、巫觋、魔术等著作;物质文化中有原始的兵器等著作。还有更为狭窄的则为专门研究的报告,如通古斯人的社会组织、中国古代的跳舞、中国的古兵器、印第安人的服饰等。以上由范围广的以至范围狭的共有四段,阅读者可由广至狭依次渐进。

(3)次之,可读体质人类学,因为以后二部门都须以此为基础。体质人类学虽属于自然科学,有不易了解和似觉枯燥之处,然初学者若知其琐屑比较人与动物在解剖上生理上等异同,即所以说明人类怎样由其他动物变成;又其琐屑测量各人种的头形鼻形发状等,亦即教人如何区别人种;自然也不会觉得无兴趣了。这一类的书有用体质人类学的名的,也有用自然人类学、人类天演史、人类的由来等名的。

(4)次之可看史前学,这一部门和文化人类学一样有趣,因为它叙述荒古人类,不殊小说或神话;例如它说几十万年甚至百万年前已经有了人类,而其人类的尊容是介于人和猿之间,它又说在数千年前的人类无铜铁器而只斫磨石头为刀斧;看这一门的书必定可以很快地看下。这一类的书名称很多,除史前学的名以外,还有史前的人类、荒古原人史、旧石器时代人、人类祖先、人类起源等名称。除这些总论人类史前状况的书外,还有专述一地的史前状况的专门报告,如《中国原人史要》、《奉天沙锅屯洞穴层报告》、《甘肃考古记》、《城子崖报告》等书。

(5)次之,可看民族志。民族志无甚理论,只有叙述,阅看更容易,不过记忆却为难,初学者自然只要记大概便是。这一门的书籍很多,也有广狭之异,最广的为全世界的人种志,次之为一洲,次之为一国,又次之为一小部落或一民族的记载。读者自然也应从广的起而至于狭的,不过范围狭者太多,故宜选择其与自己有接近的民族较有实用。

(6)人类学性质总论和人类学史的书单行的都很少(中文无),常在通论的书内,理论较深,宜在最后再行阅读一遍方能完全领悟。

3. 实物的参观

人类学所叙述的话离奇怪异,如说数十万年前有猿人,某地人拜狗为祖等事,好像荒唐无稽,不足取信于人,幸而从来的人类学者都注意实物的采集保存,以为学说的证据,如史前的人类遗骨遗器、现代蛮族的器物、衣饰、艺术品、宗教品等,常收集列于博物馆内以供学者的参观,研究人类学除阅读书籍外,必须参观这种实物,即所谓标本,方能有明确的认识和深刻的印象。博物馆内还有模型一类,系将不能收进博物馆的物如建筑物、人类等仿造小型,以陈列馆内,虽非实物也很有用。这种博物馆或称民族或称人类或称历史或称文化等博物馆,又或为大博物馆的一部分。在欧美日本都有,在我国还少,只有在筹备中的中央博物馆内一部分规模较大,余则各省市政府各大学或有附设博物馆者略有陈列,但这种事业方在兴起,不久的将来定能收集甚多。除博物馆内收藏之外,如附近有史前遗址也可参观,邻近内地有未开化的民族也可看看。

三、独创的研究

独创的研究是专攻这种学科者的工作,但兼业者也可以从事,尽有初时仅以人类学为消遣或副业的人,如医士富人等,后来也因有独创的研究,因而成为人类学大家的。独创的研究可分三段言之:

1. 新材料的寻获

独创必须有新材料,凡已见于书本杂志者都是别人的成绩,已成陈言,故研究者须自寻未经人道过的材料。新材料的寻获有数种方法,依各部门而不同,略举于下:

(1)探检(exploration)

探检即研究者本人亲赴新材料所在地方观察研究。探检不就是探险,因为这种工作虽有时也有危险,但却不是一定有危险。这法在文化人类学民族志最常用。因为这二部门的新材料常出自异文化的异民族,常即为未开化民族中,故研究者不能不亲到其地以观察他。研究者为求完全了解其材料起见,至有长久生活于该种人之中,习其方言,学其习惯,和他们亲密接触的。探检的工作大都为:

(A)研究其族名、人口、住地、历史、生活状况、宗教信仰、社会组织、艺术、娱乐等项,而记录之。

(B)测量其体质特征以备和别民族比较,而寻出其在种族上的真正地位。

(C)记录其语言,以便寻出其在语言系统中的地位,并由语言以探知其思想习惯。若有灌音机以保存声音更佳。

(D)摄照该民族的各种生活动作和建筑物等的相片以补助记载。其活动的重要景象如盛大仪式等最好以活动电影机摄成,方能见出其动态。

(E)收集该民族的生活用器、宗教品、艺术品等标本带回研究并陈列于博物馆,以供社会教育之用。

(2)发掘(excavation)

这法用于史前学,因为史前遗物除少数露出地面可以捡拾者外,大都藏在地下。在地下的物必须发掘,方能研究完全。

(A)何以能知晓某处有遗址?则常先由偶然的发现,如开车路、阔沟渠、辟荒地时,如由土内翻出石器人骨,在现代智识进步,易于引人注意,传为新闻,研究史前学者闻之,便应即速前往研究。又研究者也可自行采寻遗物遗址,如逢各地有开地掘土的工程时,可亲往探察。其推测遗址的标准最好为露出的遗物,如破陶片、石器等。其次为地表的特征,如地面上有化石贝壳,水及冰雪消灭较周围速,踏地时的音响似表示地下不密等。又如合于为史前遗址的地方,如洞穴及河滨,适于为石器的石料的产地等,也可留意。

(B)已经获得遗址便可进行发掘,发掘的工人需雇适当的,发掘的用具当预备充分,发掘前的摄影测验等都须先做过,然后动手发掘时还可分为试探发掘和正式发掘二段。正式发掘也应采用一种适当的方式。砂土的搬运、堆积遗物的收集,都应按照一定手续。这些都可看考古学方法的书。

(C)遗址研究完毕后或保存或填覆。最好是设法保存,使别人可以参观。遗物运回研究后应陈列于公共机关以供别人研究及社会教育之用。

(D)研究人于发掘后大都撰述发掘报告,叙述其发掘经过和研究的心得,刊行于世以供别人参考。

(3)人体测验(anthropometry)

这法用于体质人类学。因为人种的区别单靠肉眼的观察不能准确,故须用仪器来测量人体上的特征,然后将各种族人的特征互相比较,方能准确。现在人种的区分还未有完全一致的结论,尤其是现代的小支族和古代的种族,很多未能知晓其系统,以此,体质测量还有很多重要工作可做。做这种研究先应寻找问题,即一个种属不明的民族。次则设法获得可供测量的适当的许多个人,其数越多越好。又次则实行测量,测量须用仪器,如测径两脚器(calliper)、滑尺(sliding compass)、毛发标本、眼模型、肤色表等。测验时须将所得填入已印制好的表格内,等到测量完竣,表格累积,然后将表格上逐条统计起来,以求得其平均数及最高最低限度等。最后则将所得结果和别族比较以寻出其在人种中的地位。这种工作完全属自然科学的性质,故极为准确。

2. 新学理的发现

以上工作的结果,多少必有新学理的发现,可分二类言之:

(1)特殊事物的发现

这是指范围小的问题,仅关于一种事物、一个民族、一段时间或一个地方者,其研究结果,即将该项事物等加以判断,解决以前所未解决的问题。研究者的题目大都属此类。虽题目有甚狭窄者,然其学术上的价值并不输于大题目。

(2) 泛论的发现

泛论(generalizations)便是范围较广,概括较大的时、地、人或事,甚或泛指人类全体者。这本是各种学问的目标,人类学的最终目的自然也如此。但这种工作范围太大,研究难精,非一时一人之力所能做到,故研究者少有以此为题目的。

3. 研究法的种类

在做上述的研究工作时,必须应用研究方法,这些研究方法随人使用,普通的大略如下:

(1) 比较的方法

这法最常用于文化人类学和体质人类学。由比较事物的同异常可以得到很好的结论。在文化人类学上使用这法最易有成绩,但以前也有人使用太过,只注意事物的本身,不注意事物的时地等背景,因而反陷于错误,故用时当小心。(批评派论进化派的弊,便指此)

(2) 历史的方法

这法讨论一件事物必注重其时、地、人三种具体的背景,不就事物本身的性质而推论,正与上一法相反。批评派人类学家提倡这法,以为这法所得的结论最可靠;他们研究一件事物时,只是就事论事,探究它的时、地、人三项,以明了其来源及沿革,不用概括的理论以推测它。这种方法可以和比较法相辅助。在中国古时原有考证法,与这法相近,故研究者如逢有文字可稽的材料,很可采用考证的方法。

(3) 语言学的方法

语言学(包括文字学)对人类学的效用已在上文说过,不再赘述。

(4) 统计学

统计学在整理由数字表示的材料时,是不可缺的方法,如体质测量表或文化调查表都需用统计的方法计算,方得有结论。

(5) 心理学的方法

这在上文叙述与人类学有关学科时也已说过。

(6) 实验法

人类学似乎不能用实验法,其实也可以的。文化人类学中的事物很多,可以实验,并且也须实验,如钻木取火、制石器等,因为现在不易见真的工具了,故须实验看看,方能完全了解其意义。

四、结　论

人类学的研究工作很为繁多,尽一个人一生的精力还不能够全做,故研究者在独创的研究上只能采分工原则,各就所好的部门专力一门或二门做去;如或专攻体质人类学,或专攻文化人类学;即在同一门之中也还有再加分工,专力其中的一小部分的,如在文化人类学中,或专门注意语言,或专门注意物质文化。〔在英美以人类学一名概括以上诸部门,然研究者常偏于一部门或二部门。在法德则分工更为彻底,人类学(体质的)、民族学、考古学,各自独立。〕

人类学的研究材料甚多,几于处处都有,例如在附近有未开化民族的地方很可以做民族探检的工作,研究其人种及文化;在古文化发源地,虽没有未开化民族,却常有史前遗址可探;游历异国的可观察异民族异文化;局居家乡的也可研究民间遗留的古风俗;测量本地人的体质,也可解决其种族关系;翻阅古书,也可研究古文化古民族。

人类学除纯粹学问上的价值以外,还有实用上的价值,例如用人类学眼光来开化治理未开化民族和联络国外的异民族,必减少许多阻碍,这些话不须多说,在作者个人看来,人类学的第一种好处却还是"有趣"。无论读别人的书或做自己的研究都是有趣。如亲到别有天地的未开化民族中去看奇异的人类和风俗器物,或在史前遗址寻得数千年前的古物,其乐真是无穷;而这种乐趣又是每个有心研究者所能获得的。

(《出版周刊》1937年新231号)

作为常识之一种的人类学

人类学成立虽迟,发展却很速。在欧美,甚至在日本,都已成为常识之一种,它的专门名词成为通俗的语词(如真人类 Homo Sapiens、答布 taboo),它的材料被利用于小说和电影(如《遗失的世界》The Lost World),可以说已经很通俗而不是高不可攀的专门学问。可是在我国还是"面生可疑",不会被接受为常识,一般人大都不晓得人类学的葫芦卖些什么药。这种情形应当归咎于研究人类学的人,因为他们只顾打拳,不顾卖药,只顾自己研究专门问题,不愿把它通俗化以供大众采用。作者自己也曾犯过这病,所以写这一篇,稍尽一点卖膏药的责任。

无论何种学问,愈能普及于大众的,便是愈有贡献,何况人类学本是源于常识,是研究人类本身的,和人类更有关系,因此也更应通俗化而成为常识之一种,方能尽它的天职。何以说人类学是源于常识呢?人类在野蛮的时代,不但对于自然环境已经有些常识,便是对于人类自己身体的性质以及其由来,也已经有了些解释,对于人类行为的所以然,也都有了些说明。这些都是常识,是当时个个人都知道的,这种常识虽大都是荒诞可笑的,然而总可证明人类是自早便希望了解这一类的神秘——人类及其行为的起源。小孩子问说:"妈?宝宝是怎样来的?"妈说:"宝宝是妈生的。""妈是谁生的?""妈是妈的妈生的。"如果孩子是有点缠夹的根性的,他会再一直追问上去,问到妈的妈的妈的妈……无限远的世代的妈是谁生的?最后只能答他:第一个的妈是由蛇或狗或其他动物或植物或无生物生的,或者是菩萨用土捏成的。这种答案是未开化的人类便想得到的,而他们也确实这样想,这便是他们的常识。这一类的常识自未开化以至于有史时代,汇积了很多,到了现代方终发展而成为人类学。可是未成为人类学时的常识是人都晓得的,到了成为人类学以后,却反限于少数研究者的范围内,不能普及于大众。同一个问题,在人类学上已有正确的答案,然而大众(指无知识的民众)却仍信仰自野蛮时代下来的旧答案,即神话传说等。人类学如永远只限于研究者的范围内,不拿出来公开于大众,不过是贵族式的玩好,而不是有益于大众的智识,这是人类学的失职,是有负其使命的。因此研究人类学的人除自己研究专门题目以外,还应当负散布这种智识的责任。可是要散布人类学的智识却应先把人类学与常识的关系说明清楚,给别人知道。

现在试把人类学智识的根于常识,以及其可为常识的理由,分别叙述于下:

人类因为头脑发达了,智识欲很盛,对于万事万物都喜欢寻根究底,关于人类本身,自然更要探寻一个究竟,问一问"人之初"的情形。关于人类来源的常识,在文明民族的太古时代以及现存野蛮民族,都曾有过,如上所举的例,其形式都是神话传说,道理是荒诞无稽的,然而他们只可姑妄信之,聊以过知识欲的瘾。这种神话在人类开化而有了历史以后,也还被记录着而当作古史的材料,文明人们也还是继续相信下去。直到动物学发达到产生进化论,由动物的进化论而推究到人类也是由其他动物进化而成,终解决了这问题,而以后关于人的研究便脱离了动物学的范围,而独立为一门学问,便是人类学。人类学利用了动物进化论,再加以人体的详细研究,搜罗了种种事实,如躯体相等的原则(人身各部分与脊椎动物的身体各部分相等,principle of homology),胎中复演的现象(recapitulation)(即在早期的胎中现出以前由下等动物进化到人类的各阶段),退废器官的遗留(dysteleologies)(如盲肠等),以证明人类确是由其他动物进化而成。更进一步而探究人类的近祖——灵长类的一种——何以会变成人类的原因,一一讨论人类的身体上的种种特点,例如头脑手足耳目口齿脊骨胸腹毛发等何由而变成现在的形态。继之是研究人类的祖先是一元的或多元的,即是说:人类是由同一祖先传下来,或是由多个祖先传下来的?以上的这些问题是人类学的一分科,体质人类学(Physical Anthropology)所研究的第一部分,叫作人类发生论。如把这种关于"人之初"的智识散布于大众,一定很可以满足大众的智识欲,代替了从未开化时代传下来的人类起源的神话,减少了许多乌烟瘴气。

"人之初"已经知道了,"人之今"也有许多问题。人都是人,为什么这一种人和那一种人生得容貌不同,躯体有异?有的是一团黑炭,有的是雪白人儿,有的蓝眼鬈发,有的是黑瞳直毛。由于身体的不同,便发生种族的区分。自古以来,人类的集团大都是根于种族关系而结成。我们现在虽不赞成极端的种族主义,然而也不能不知道种族区分的事实与其原则,所以种族的分类便成为体质人类学的第二部分的工作。对于这些形形色色的人类要正确地将他们分类,像我们区分各种狗儿,如哈叭狗儿、狼狗、牛狗等。因为种族是根于血统,也即是根于体质,要研究人种的分类,必须决定哪几种体质特征是最重要的,是遗传不变的,把它们选做标准,然后按照这些标准而区分人类。这些标准的选择以及其施行的方法,即观察或测量多数个人的体质特征的方法,便成为人种分类的工作。其测量法称为人体测量学(Anthropometry),已成为繁杂的技术,且有多种仪器。测量的结果可以断定某一集团是属于哪一种族,由一个人的身体特征便可推知他带有何种族的血液。这似乎是很专门的智识,和一般人无关系,然而一般人如有这种常识,有时也可免发生错误。清末义和团排外,八国联军打来的时候,有一位大臣曾上奏献策说:洋鬼子生来腿是直的,跌下便站不起来,只需派一队兵士挑油和豆,撒在大路上,洋鬼子一跌倒便可把他们捉住了。在他的见解,中国人和洋鬼子在种族上的区分标准,是腿曲与腿直,所以便据之实行于战阵。他所以闹这种笑话,便是由于他关于人种的常识之错误。由此可见,这种专门智识如逢到实际问题,便也是必需的常识了。古时关于异种人的身体常有许多误解,例如穿胸国、长人国、小人国、尸头蛮、人鱼、狗国、有尾人等都是和洋鬼子腿直同样的可笑,这种常识是应当更正的。

不但人类的身体应当研究,便是人类的行为也需要研究。人类的行为从其共同的方面言之,便是风俗习惯、社会制度,也便是所谓文化。身体是体的方面,文化是用的方面,研究人类必须从体、用两方面探究,方能了解得完全。初期的人类学只偏重体质方面,后来乃兼重文化方面,人类学的对象乃达到完备的地步。因为人之所以为人,不单是身体方面的异于其他动物,其行为上的差异更多到无数倍,所以必须兼作这两方面的研究;而这两方面也互相影响,互为因果,更不能不相提并论;因此人类学的分科,除体质人类学外,还须有文化人类学(Cultural Anthropology)。而且现代的文化是由"原始文化"进化而成,如要明了现代文化的来源,也不能不探寻原始的文化。以前的史家出于这种目的,也很想补充这段记载,如路史、逸史之类,搜杂了些古代的传说,如穴居野处、茹毛饮血、钻木取火、构木为巢、人首蛇身、结绳记事、未有三纲六纪、知有母而不知有父等语,已经成为常识,现在有了文化人类学,根据考古的发见,古史的记载,并参考现在未开化半开化民族的风俗习惯,一一讨论人类文化中各种事物的起源及演变,很可补充这一部分的常识,而为了解现代文化之一助。文化人类学的范围和材料比体质人类学更为广阔而繁杂,现在试分析其部门而讨论之。

人类原是动物之一种,第一件欲望便是生存,维持生存便发生衣食住三项消费行为,为供给消费的资料,便相继发生狩猎、畜牧、农耕三种生产工作,为执行生产的工作,便依次发明石器、铜器、铁器三阶段的器具,此外还有其他发明如取火法以及陶器、编物、武器、交通工具等的制造,都是帮助生活的方法,又以物物交换互通生活资料的有无。这些原始的物质文化或经济行为发生于极远古的时代,为人类文明的基础,后来便逐渐发展,经过中古的手工业和国内经济而达到现代的机械工业和世界经济。现在的物质文化或经济生活固然非常复杂,然如推究其起点,却出自远古以前的原始物质文化。如要明了其源委可以查看文化人类学的第一部分,即物质文化起源篇,其中关于上举的各种发明和人类生活状况都一一加以讨论,很可供给这一方面的常识。

人类从来便是群居动物,而且为要维持个人的生存也需藉团体的力量,于是很早便有了社会组织。人类的第二种欲望即性欲也便是为维持群的生命而发生的,所以也便成为社会组织的原动力。人类由于性欲而发生婚姻,婚姻有种种型式,由最原始而进到比较文明的。由婚姻而有家族和氏族,都有母系和父系二种型式。结合氏族而成为部落,便是原始的政治集团了。部落发生后同时也便发现了有组织的战争。有战争便有俘虏,有俘虏便有阶级。部落合并而成国家,于是便达到开化的阶级。法律道德观念、财产制度都在原始社会便已发生,以维持人与人的关系。以上诸项的研究构成了文化人类学的第二部分,即社会组织篇,读之可以使我们明了社会组织的起源与进化,以帮助了解现代社会。人是生活在社会中的,了解社会是一种必需的常识,而要了解目前的社会必须追溯它的过去,以至于其起源,所以人类学中的这一方面的智识实在也是一种常识。而对于研究现代各种社会科学者也可供给参考资料。

  人类藉社会组织之力以执行经济生活,似乎已可以解决生活了,然而因为原始人的力量有限,生活总不能完满解决,无可奈何,不得不求助于超出于人力以上的冥冥中的精灵神鬼。因为他们对于宇宙万物的原理不能明了,自然会幻想有许多精灵神鬼,来司理这些宇宙万物的运行变化,对人类作威作福。人类由此便发生了宗教行为。在蒙昧时代已经有了多种宗教,如自然宗教、动物崇拜、植物崇拜、图腾崇拜、灵物崇拜、偶像崇拜、鬼魂崇拜、祖先崇拜,生殖器崇拜,各种型态的宗教,无奇不有。再进一步,随着人类社会组织的进步,在宗教上也对神灵们组织起来,而成为多神教,二神教,最后至于一神教。又为执行这种种型态的宗教便发生各种宗教行为,如祈祷、祭祀、作法、占卜。为说明宗教的教理,则有神话及经典圣书。执行宗教行为也发生一种专业的人,便是神巫、术士、祭师、僧侣,这些人都是同一类的。人类的宗教自原始时代发生以后,直到现代,其变迁比较物质文化和社会组织都较少,保存得最多。现代人的高度物质文明的外表之内还蕴藏着原始宗教的信心,为研究宗教的起源以及了解现代人的迷信的心理,很可看一看文化人类学的第三部分,即宗教起源篇,因为那种著作很多,不但叙述各种原始宗教形态、宗教行为,还详论宗教发生的原因。如认识宗教对于人类影响的巨大,则这种知识便应当也是常识之一种了。印度教徒崇拜神牛,不吃牛肉,回教徒却偏要吃牛肉而不吃猪肉,因为宗教信仰的不同,整个印度却要分裂成两国,由此可见宗教力量的伟大,而讨论宗教的起源也不是全无意义的问题了。

  原始人类生活余暇便从事艺术的活动,以发泄审美的感情,并帮助实际的生活,于是很早便发生了艺术,无论装饰、绘画、雕塑、跳舞音乐都发源于太古蒙昧的时代,而现存的野蛮人中也还保存这种原始性的艺术。我们如要追溯艺术的起源必须看一看这种原始艺术,而这种材料便成为文化人类学的第四部分。

人类何以有语言？各种语言何以有差异？其种类系统如何区分？这些问题也是常识所应有的。还有自古书所记结绳记事、虫文鸟迹的话也可表示我们对于文字起源的推测。文化人类学为了解整个人类文化的起源起见，关于语言和文字的起源也搜集许多材料，而成为第五部门的研究，以贡献于常识，并为语言家、文学家的参考资料。

文化人类学的内容包括以上五大部门的研究，此外另有一门学问可以附属于文化人类学，那便是民俗学。文化人类学的材料不限于古今文野，民俗学却限于研究现代文明民族中所保留的古旧风俗迷信和歌谣故事。因为民俗学是要应用文化人类学的方法以研究和改良现代人民的旧风俗，故多限于一地。例如研究中国民俗学的目的便是要企图改良中国的旧俗，如算命相术风水卜筮求神祭鬼诸项迷信，以及旧式的离奇婚俗械斗，有害的旧式娱乐等事。这一类事件和大众最有关系，所以民俗学的智识更应当通俗化。民俗学的另一支发展而成为神话学，也可以在理论上打破崇拜鬼神的迷信。

以上所说的体质人类学和文化人类学都是理论的，人类学的分科除这两种理论性质的分科之外，还有两种记录性质的分科，那便是史前学和民族志。后二者贡献材料于前二者，前二者则贡献理论于后二者。史前学是研究有史以前的，民族志则研究有史以后的。

史前学（Prehistory）又名史前史、先史学，或史前考古学。是实地就古物古迹以研究有史以前人类的历史的。前二分科讨论人类身体及其文化的起源，便是由史前学而获得一部分的材料。这一科似乎荒渺难稽，且非现代一般人的常识所需要。其实这一种研究过程上的细节固然可以说非常识所需，然其研究的结论却有重大的影响，而须为一般人所知道，因为人类的有史时代很短，其前还有很长的史前时代，两者蝉联而下，有很多事物都须溯源于史前时代。有史时代的史事为常识所应知道，史前时代的事迹若能发现，岂不更可补充人类的智识，达到穷源竟委的地步，而满足智识欲。如果常识的源泉小学教科书永远是讲盘古开天炎黄之胄，没有切实点的史事，这可以算是正确的常识吗？现在史前学研究的结果已知道人类发生于50万年前，由遗骨的发现而推知的古人类已有七八种，史前人类所制造和使用的石器、骨器、陶器、铜器以及装饰品、艺术品已经发现过无数件，史前人类住居过的遗址也发现过许多处。在我国华北、华南也都有发现，很可补足以前的历史。河南仰韶村等处彩陶的发现使我们知道炎黄时代生活的情形，殷墟的发掘使我们明了殷代历史的真相，杭州、武平、海丰、香港的石器时代遗址的发现也可以使我们补足东南沿海的古史，而北京人的登坛更将中国原史拉长了40万年，代替了盘古开天的神话。这些都是应当通俗化以加于常识中的。

至于民族志(Ethnography)，是就现在的人类按其身体的特征而区分为种，种再分族，族再分支，然后详细记述其名称、住地、体质特征、心理、语言、风俗习惯等事，有总述全世界的，有专述一民族或一小支族的。还有专述历史中的民族变迁沿革者则另称为民族史，也还是属于这一类内，不过同时也可以归入历史书内而为通史的补助。这种民族志或民族史的书以前便有不少，如正史中的《四裔传》，《图书集成》中的《职方典》，边疆诸省的方志，以及许多小册专著等；近今则常有人类学家特别到异民族中去调查研究然后著为报告，其性质最为可靠。人类学家的研究个别民族，除本族以外，常就其研究上的利便而选择对象。西洋人研究欧美非澳诸洲民族，亚洲人可以研究亚洲民族。就我国而言，则研究者在北方的便于研究满、蒙，西部的便于研究回、藏，西南的便于研究苗瑶、罗罗、㑩㑩，在东南的便于研究海南黎族、台湾番族及南洋土人。这种智识可以帮助实际的施政、外交、通商、传教和侨居，所以也可当作常识。

人类学综合这四部门的研究，关于人类文化的发生原因、发展过程、系统区分、变迁趋势、未来展望等事，陆续发现了些原则，而成为综合的理论，例如社会进化论、文化传播论、历史派人类学观、文化区域、文化型式、文化特质、文化丛、文化落伍等都是，这些关于文化原则的理论常被历史学家、社会学家等所采纳。这种文化理论涉及的范围包括原始的与文明的社会，是人类学的进一步的工作，将来定有更大的贡献；但人类学者如要做这种工作，必须兼采历史学、社会学或其他有关学科的材料，方能完备。无论如何，人类学有这种企图，便可以证明人类学是比前更为通俗，不像其初期那样专门与偏枯了。

本文不是学校的讲义，是专为人类学的通俗化而写的，只要说明人类学与常识的关系，其他不再多说，只有一事应当连带谈谈，那便是人类学与博物馆。人类学的研究工作常有实物的收获以为证据，如史前学的研究必有史前遗物的发现，如石斧、陶器、骨器、铜器、人骨等物，现代异民族尤其是未开化民族的调查，必兼采其生活用具、武器、衣饰、宗教品、艺术品等带回来，不能带来的如建筑物、人类活动景象也必拍摄照片或幻灯电影带回。所有这些标本照片等研究完毕便放在博物馆内陈列，加以说明，以供众览。专门陈列人类学标本的称为人类学博物馆，按照特别设计陈列标本、模型、照片、图画以说明人类身体的发生，史前人类体型的进化，人种的区分，人类文化的进化阶段、传播路径，人类文化各部门各种事物的起源与进化，以及现在别地异民族的生活状况、宗教艺术、社会风俗等事，各级学校的学生以及社会上一般人都可利用这种机关以补助书本上的智识，便是不识字的人也可由之而获得一点智识。博物馆是社会教育的机关，人类学与博物馆极有关系，所以人类学的通俗性是更可证明的了。

(《江声报·星期专论》)

怎样研究民俗学

一、民俗学的意义与功能

一提起"民俗学",许多人都以为就是"民族学"。其实两者的性质是各不相同的:后者是专在研究野蛮民族的生活形态,而前者却是专在研究文明民族中无学问阶层的传袭与行为。

民俗的科学研究始自19世纪之初,但民俗的采集记载在很远以前便有了。阿拉伯的《天方夜谭》,欧洲的《伊索寓言》,中国的《诗经》以及历朝的史书中的民间习惯和信仰,私人的杂著笔记等类,都是民俗学研究之前驱。

近代最先应用科学方法以研究民俗学者该算是格林兄弟(Grimms)曾著《德意志神话学》(*Deutsche Mythologic*,1835)等书,其后民俗学发达了,先后成立两大派:

1. 语言学派——应用语言方法说明古代传说,以穆勒(Max Muller)等为代表。

2. 人类学派——应用人类学方法说明古代传说,以泰勒(E. B. Tylor)等为代表。

及至现在,民俗学的著作大体可归纳为两大类:(1)综合研究的论著;(2)民俗的真确记录。

"民俗",英文原字为(folklore),意为"民众智识"(the learning of the people)。"folklore"这名词又用以兼指研究民俗的科学,所以译为"民俗学"。这名词很为适当,许多国都采用它。但近来中国有人以为欠妥,应另改为"谣俗学",他们以为民俗学的材料多采自歌谣,为要着重歌谣的缘故,所以主张应改为"谣俗学";又有人主张竟称之为"民学"便够。但我们站在客观地位替上列两派分析起来:前者固然失之太狭,且字面亦嫌生疏;而后者却又失之太泛,易起误解,故我们仍是主张沿用"民俗学"为当。

说到这儿,我们要问:为什么要研究民俗学?换句话说,研究民俗学究竟有什么效用呢?

我们的答复是:因为民俗学的材料是无学问阶层心灵唯一的财产。民俗学之科学的研究,便是要用现代科学的方法,将这些无学问阶层心灵的财产(传袭的事象)加以正确的观察及归纳的推论。从这种研究当中,除帮助纯粹学问上的功能如对民族学、历史学、社会学、心理学各种研究的促进外;其他如对于实际应用的功能,尤为暴力的政治强迫手段所望尘莫及,因为欲移风易俗,必对该对象能够正确的了解,这种正确的了解的方法,就是民俗学所能尽的任务,所能贡献的功能了。

二、民俗学的对象与性质

民俗学的研究对象只限于古代传袭下来的风俗习惯,新发生的事象不能把它纳入研究的范围。所以在性质方面,第一个民俗学的性质是由古代传习下来的;其次是整个的,社会的,具普通性的;再其次是心理的,精神的(例如民俗学家所注意的不是犁的形状,而是用犁耕田的仪式;不是渔具的制造,而是渔夫捞鱼时所遵行的禁忌;不是桥梁屋宇的艺术,而是建筑时所行的祭献等事)。

三、民俗学的内容与分类

中外各家对民俗学内容分类各不相同,且各有优劣之处,现在我们将比较最为完全的归纳为三大类来讲:

甲、存于头脑中的信仰

非科学的信仰,即传袭的迷信。

1. 对天地、植物、动物。
2. 人类及人工物。
3. 灵魂及冥世。
4. 神及妖怪。
5. 预兆及占卜。
6. 魔术。
7. 疾病及医药等的迷信。

乙、表现于外在的行为

即风俗习惯。

1. 社会的及政治的制度。
2. 个人生活的仪式(诞生、满月、周岁、成丁、结婚、死亡等礼节)。
3. 年节。
4. 竞赛及游戏。

丙、口传的或文字的

1. 故事（stories）。
2. 神话（myths）。
3. 传说（legends）。
4. 歌谣（songs）。
5. 谚语及谜语（proverb and riddles）

四、民俗学的研究方法

民俗学的研究法大体上可分为两大部分：(甲)研究之前；(乙)实施研究。

甲、研究之前

1. 基础学识——要研究民俗学，事前对民俗学的基础学问如社会学、历史学、民族学、社会心理学、考古学等，应有相当的认识。

2. 确定范围——着手研究之先，对他人已经研究过的著作，最好调查一遍，如所预定研究的范围他人已先有过研究的，那就不必再去重复，应另从他方面努力去，好在民俗学的范围极广，材料极多，要是这样才能臻于"分道扬镳"之旨，而共同协力把民俗学推向光明的坦途去！

3. 搜集材料——"巧妇难为无米之炊"，没有材料不消说是无从着手研究的，所以如何搜集材料，是一个重要的问题，民俗学家的搜集民俗该同古董家之采集古董一样，越多越好。只要材料无误，不必一定要加以任何意见。搜集材料的组织可分为大规模的团体调查与个人研究等，它的步骤有四：

(1) 将所有既经记载的材料搜集起来。

(2) 尚未记载只是口头上传说的（或亲眼看见的），把它依照讲述者原来的语气（勿加修饰及改换）用文字记录而系统化起来（最好先备"问题格"以便按题发问）。询问的要件：

①询问时应视人而定问题，或由问题以择人（因各样的人有各样的惯习。一般说来以老太婆的材料最为真确丰富，老太婆的口头传说有民俗学材料的宝库之称。所以搜集民俗材料时对一般老太婆更应格外注意，如获异宝然）。

②询问时应遵守该地风俗礼法，对被问者的信仰与意见宜口头上表示敬意。被询问者如还未明调查者来意便不可当他面前记录，恐讲述时不敢实说。

③询问时最好静听，不要多说。

(3) 不只是以无条件地堆砌材料为满足，还应施用科学上实验的方法，辨别所得材料真确之价值（例如于讲述者谈锋已尽，乃一一提出"结果怎样"，"为什么是这样"，"在什么时候发生"，"发生在什么地方"等问题，或隔数日之后再将同样问题询问原讲述者一回，看看有无差异，或是另问他人以同样的题目，看所得材料有无错误,以昭慎重)。

(4)真确的材料辨别之后当然要把它好好收藏起来,确有价值的材料因过大过重或珍贵的无法将其贮藏的,那只好利用照相的方法;(特别是活动电影照相机)如其要保留怪异的声音的真确性,那就非备有一架收音机不可。

材料既经有把握,那么进一步就要下研究的工夫了。

乙、实施研究

1. 比较的研究法

(1)将所搜得的材料与同类的别民族相比较,或不同类的别民族相比较;前者如将英民俗与法、德等民俗相比较,后者如将中国民俗与西洋民俗比较。

(2)将所搜得的材料与现存原始民族中所通行的类似的民俗相比较,因为文明民族的民众间所流行的风俗与原始民族的风俗不同点很多,例如"丧服",文明民族是穿它来表示他们对已死的亲属的孝思,可是在野蛮民族虽然在他们亲属死亡之后亦同样有穿起类似"丧服"一类的东西,但从探询得悉他们的用意无非借化装的方法来躲避鬼物的作祟,以为人类死亡之后必有鬼物作祟,所以必要以奇形怪状的装饰吓鬼物使它不敢近身,并不同文明民俗表示"孝"的一回事。又如"雷神",我国民俗以为"雷神"是尖嘴且有两只翅膀的神物。但我们要考"雷神"究竟何以有一个尖嘴和两只翅膀,它的来源事实是怎样呢?在现时国内所有的范围几乎成为"不可考"了!一线的希望只有从民族类似的民俗拿来比较,以求出它们间共通之点,以作为推测的考证,恰巧现时美洲印第安人有所谓"雷鸟"者,他们解释雷鸟的状态与我国的雷神近似,他们认为天将雨时,空中有隆隆之声,此种怪声即为雷鸟所发作,并加说明少年的雷鸟其声洪而壮,老年的雷鸟其声柔而弱……由于这近似之点我们得以推测中国的雷神之有尖嘴及翔翼,也许与印第安民族所谓"雷鸟"者有共通的原因,即因雷是发自空中,而空中的动物只有鸟类,故以雷神为鸟,因为是鸟的缘故,所以其有一个尖嘴和两只翔翼。……其余照此类推。

2. 历史的研究法

民俗学是历史的材料,采用历史的研究法是毫无疑义的,它要从民俗发生时代去研究,同时对于各种发生的地带及有关系的人物亦应有真确的探究,有如考证学的方法一样。才能正确地把握该民俗的真谛,例如海之有"海龙王",井之有"井龙王",但史上并无明文记载。如果要考究采用"龙王"名字的渊源,即就只能应用考古学的方法,或从其他各方面的书籍传说去搜寻。据古书的记载,上古时代的水神并不是叫做"龙",及至唐代,佛教极盛,而佛经中常有以"龙"为水中神物之表示,所以这点得以推测"龙王"这神话也许是由唐时沿用下来的。

3. 心理学的研究法

前面民俗学的功能一章已说过了，如果要根本改良风俗铲除迷信，假借政治上的力量强迫终究是不彻底的，必须先用民俗学的方法考察民俗的真相，然后再用社会心理学的方法分析迷信的根源，这样方能使人心里明白而跑向科学的途径去，心理学家陈大齐先生著有一本叫做《心理与迷信》的书，对这方面发挥极详尽，可以参考。

4. 语言学的研究法

古代荷马的《伊利亚特》与《奥德赛》二书，内容极为深奥神秘，人咸莫名其义，到了古代各国的文学语言研究清楚，才能用来解释它，原来其中即神名人名亦都含有重大的历史意义，观此不难看出语言与民俗的关系了。

上列四种方法都是民俗学的基本方法。最好能够同时混用，不得已各择其一活用亦无不可。民俗学是一种容易研究亦是不易研究的学问，它的成功基础就建筑在每个研究者的热诚与耐心上！

因时间的关系，仅能简略地说，详细请参阅拙著《民俗学》，因为这儿所讲的多从里面摘录下来的。

（林惠祥在厦门大学潮州学会学术演讲之演讲，王永载记。原刊于《厦大周刊》第 15 卷第 13 期）

由民族学社会学所见之文化之意义及其内容

本篇系前作《人类文化生活之分析》一书之绪论。因便讲授之用，故系统力求清楚，理论力求简明，而引证譬说未能附入。顾欲为加入，则此种材料过多，非扩大为一巨帙不办，故仍略之。

近世交通发达，各民族渐相接触，各自惊讶于他民族文化之异，由是文化之研究乃渐成为学问上之重要问题，结果竟产出"民族学"（Ethnology）即"文化人类学"（Cultural Anthropology）一科，以应此种需要。

原文化之研究，如视为全体的抽象的，则属于哲学之范围，如哲学家所常称论者是也。但如着眼于部分的具体的现象，则实为民族学之职责。民族学家（Lowie, R. H.）曾谓民族学为研究文化之科学（Ethnology, the science of culture），见所著《文化与民族学》（*Culture and Ethnology*），意即指此。

惟是人类社会，形形色色、高高下下，皆可谓之文化，然而民族学非尽举而研究之也。民族学盖犹动物学然，研究对象之繁复的枝叶高等的阶段，不如穷探其简单的根源与最下等之阶段，较易于发见其根本状态。既得其根本状态，则欲解释其经过高度发展后之状态，自易于为力矣。故民族学所着重者在于现代蛮族及古代原人之文化，如家族制度、部落制度、婚姻、宗教、生业、艺术、语言、文字等，一一推求其起源、变化、流传之原理。

民族学之有此种广大之意义，亦系近来所扩大。在其初期意固甚狭。故欧美百科全书之较旧者皆只训为研究人种之学，似其职务只在研究长头短头黑种白种而已，宁非可笑。近唯纳尔逊百科全书中之定义颇妥，兹录之于此："民族学者社会生活之自然史也。换言之，即考究各种民族文化之现状及其演进者也。"（The study of the natural history of social life, or the investigation of the peoples in respect of the present state and the evolution of their culture, is known as Ethnology.）

民族学一名为欧洲学者所常用，美国学者另创文化人类学一名，两名可互用。在中国创译民族学一名者为蔡元培先生，且曾在厦门演讲提倡之。彼或见厦门一带为多数异民族杂居之区,且与南洋诸岛有复杂之民族关系,故深觉此学之需要乎。文化人类学一名则日本西村真次先生所先译,且曾著专书。我国则由梅思平先生最近介绍,其文题为《文化人类学之三大派》发表于《教育杂志》第十九卷第三号。此外尚未有所见。而中译书略带有此学之性质者,已有数种,如陶译《社会进化史》、蔡译《社会进化史》、严译《社会通诠》、李译《蛮性的遗留》、吴译《荒古原人史》、陈著《人类学》等皆是。

此篇所述多为常识,殊不惬意,不足为大雅道。唯融贯众说,参以己意,自成一种系统,使错杂不相谋之异说各获适当之地位,亦不无微劳。所望宏达,加以纠正,则学术界幸甚。

作者识于菲律宾大学研究院

一、文化之意义及其性质

1. 文化之意义

文化一名词所涵极广,所指甚泛,故殊难于制定绝对确切之定义。至于学者所共推者则为泰劳尔氏(Tylor)之说。泰劳尔谓"文化为一团复合物(complex whole),其中包含智识、信仰、艺术、道德、法律、风俗,以及其他一切凡人类因为社会之一员而获得之能力及习惯"。瓦尔特(L. F. Ward)以为人类成绩之集合体即为文明。瓦尔特所谓文明盖即为文化也。

2. 文化(culture)与文明(civilization)

文化与文明二语之用法,学者间颇有不同,略陈于下。

(1) Schaffle 以文化为物质的,文明为精神的。

(2) Oppenheimer 以文化为精神的,文明为物质的。

(3) Tonnies 以文化为共同社会的,文明为利益社会的。

(4) Oppenheimer 又以文化为多数利益的,文明为自己利益的。

其中以第二派为最普通。然文化与文明皆不过为存于人类心中之能力习惯等,不当兼指有形之物体。有形之物体不过为文化或文明之产物耳。故所谓物质的者,非谓文明为有形之物体,不过谓创造及利用物体之能力;而所谓精神的者,则指创造及遵行此无形的事业之能力及习惯耳。二者既皆存于人类之心中,而为心理上之事实,则其区别自觉不易,而学者之运用亦多混淆而合二者为一。其实精神物质互相错杂,交相倚赖,实际上殊难区分也。故除上述四派外尚有一派分文化为广狭二义,狭义之文化与文明相对,广义之文化则包含文明与狭义之文化。本篇所用文化二字,即为广义之文化。

3. 文化之性质

(1) 文化为"人类的"(human)。人类以外他动物皆无文化，即类人猿与结群动物亦无之。此因文化为理智的产物，他动物皆只依本能而动作，故不能谓之有文化。

(2) 文化为"社会的"(social)。人类无绝对孤立者，故所有文化皆社会中发生，且亦唯有社会方能发生文化。

(3) 文化为"心理的"(mental)。盖文化即存于人类之心灵中之能力习惯意见等也。

(4) 文化有普遍性——文化不限于高等民族，即最野蛮之民族亦有其文化，不过粗陋幼稚而已。

(5) 文化兼含精神与物质二义——关于物质上之能力习惯，与精神上之能力习惯，合而为文化。

(6) 文化系循"超有机的演进"(super-organic evolution)之历程——超有机的演进一名词系斯宾塞所创。由此说言之，宇宙万物之演进最初为无机的演进(inorganic evolution)，次为生命的有机演进(vital-organic evolution)，三为心灵的有机演进(mental-organic evolution)，四为超有机的演进或超心灵的演进(super-organic evolution, or super-psychic evolution)。盖第三段不过为个体之心灵演进，第四段方为群体之心灵演进，文化方循此而发生也。

(7) 文化有保存性(persistence)——一代之文化常传至后代，不易消灭。

(8) 文化有变化性(changeability)——文化虽不易消灭，然常有变迁，随时地而不同。

(9) 文化有散播性——文化能增进人类之幸福，故常由人类之模仿而散播。

(10) 文化对于个人有涵育性，个人不能逃其影响。

(11) 文化为无形的，不可捉摸，个人于不知不觉之中受其包围，如鱼之在水。

二、文化之生长：成绩说与民则说

1. 成绩说(Achievement Theory)。

此说为瓦尔特(L. F. Ward)所创。其说大略谓文化即是成绩之总体，而成绩为人类所创成。人与动物同在物质环境中，环境能改变动物，人类则能改变环境。此种改变环境之方法，即人类之成绩也。然而成绩不止于是。人生而有欲望，欲望有多方面，此多方面之欲望逼之为多方面之活动，活动愈久成绩愈积愈多，存于人人之心中，表现为社会各种现象。成绩赖人类之传递保存及增加,而社会之存在亦全赖成绩之继续传衍。

成绩有数种特性:

(1)成绩为人为的(artificial)。凡非人为者不可为成绩。

(2)成绩有永久性(permanent)。凡旋生旋灭者非成绩。

(3)成绩为非物质的(immaterial)。成绩非指物质的产品,而为产生物质的物体之无形的原理计划等。

(4)成绩为心灵的(psychical)。成绩存于人类之心中。

瓦尔特以为成绩之大部分为人类之制度(institutions),而制度之意义若扩张为广义,亦可谓凡成绩皆为制度。瓦尔特又谓社会即为成绩所构成,而社会之研究对象即为成绩云。

2. 民则说(Folkways Theory)

此说为沙姆拿(W. G. Sumner)所创,见于所著《民则》(*Folkways*)一书中。沙姆拿以为人类行为之动机有四种,即食欲、性欲、虚荣心、恐惧心。由此四种动机而发生向外之动作,以期遂其要求。其初之动作大抵不得其道,纷杂不一。后乃逐渐发见便捷之法,遂由屡次复演而成一定,且因大众之模仿遵行而被制定为一社会之公共法则,是即为民则矣。一社会之人皆同遵所有之民则。所谓社会生活者无非遵行民则或增加其数量耳。民则之成多由试行错误法,得之匪易,故维持甚坚,期于传诸代代之后裔。因是遂成为传袭的而得有极大权威。民则与过去之祖先相联属,民则之遵行与否,似有祖先之鬼暗中监察,故不敢轻于改废。民则之中有被信为确能增加人类之幸福者,另名为"俗规"(mores),较民则尤为严厉。民则与俗规大抵为一物,不过民则为初步的,俗规为成熟的而已。关于俗规之性质,沙姆拿描述如下:

(1)俗规为实际的,有实力(authority of facts),对于个人之压制力甚固。

(2)俗规为无记载的(unrecorded),存于不知不觉之中。

(3)俗规有惯性及个性(inertia and rigidity),难于消灭废弃。

(4)俗规有改变性(variability)。俗规因下列诸条件之改变而随之变:(甲)教条(dogmas)与古训(maxim)变为无应验,(乙)禁例(taboo)变为不必要或且有害,(丙)惯习(usages)易时易地而不适宜于环境,(丁)事物随境遇之丰啬而有异,(戊)新发明(inventions)发生,生活状况改变。

(5)俗规有复兴性,旧俗规有被后代采用者。

(6)俗规有正统性(group orthodoxy),背叛俗规者为群所不容。

(7)俗规有进步亦有退步。

(8)俗规与个人有冲突性(antagonism)。

(9)俗规之新者与旧者,又异社群之俗规间皆有冲突性。

(10)俗规亦有融合性(syncretism)。异社会俗规之融合常由于下述诸事:(子)互婚,(丑)交通,(寅)战争,(卯)移民,(辰)奴役等事。

沙姆拿所谓民则与俗规即为所有风俗、惯习、传说、信仰、教条、法规、方法、组织等,与成绩之内容相同。沙姆拿又谓民则与俗规演进为制度。换言之即谓制度之原为民则,后乃逐渐成立为制度。沙姆拿所述之民则俗规,实即为文化之内容,盖即解释文化之起源与沿革也。

三、文化之结果:制度之成立

上述二家之讨论文化,皆归结于制度之成立。沙姆拿以民则、俗规、制度三者列为一串,谓制度系由俗规变成。瓦尔特则以为所有成绩皆为制度,谓人类制度与人类成绩二者为同义语。由此观之,文化之结果即为制度之成立,而文化之研究者大抵为制度之研究可知。

1. 制度之意义

社会学上制度之意义,较普通所用者,远为广阔。通常所谓制度,略等于机关之意,常含有物质的基础及组织的形式。在社会学上则制度为非物质的联结的形式,社会所组成之各种活动,以及社会历程各段之固定的观念。换言之,制度一名词不特包含社会组织,此外风俗、惯例,以及一切持续的观念及活动,皆为制度之内容。

2. 制度之发生

制度系由成绩或民则而来,已于上二节中述及,兹概括二说之意重述于下。凡一社群中之人必有其共同之欲望,因而发生杂乱之动作,以求满足其欲望。人智渐进,满足欲望之方法渐简捷,因得之不易,行之有效,遂同奉为定则,此种定则即是民则,亦可谓之成绩。积累既多,遂成数种系统,此数系统即谓之制度。

制度之成立详别之尚可分为二法:

(1)自然的(natural)或长成的(crescive),由自然之需要于不知不觉之中逐渐演成,例如宗教、婚姻等制度即系如是成立。

(2)人为的(artificial)或创立的(enacted),由人类以高度之智力于短期间内创设之,例如民主制度、大工业制度、银行制度等。

3. 制度之性质

制度既为民则或成绩所构成,则凡民则与成绩之性质亦即制度之性质,唯制度之声势加大,故性质亦加强耳。此外制度成立之后,尚有二种特性:

(1)可分性——民则或成绩体制小数量多,互相错杂,难于区分,制度则门类较少,自易区别。区别之法普通多以意趣(interest)而分,以一种制度代表一种意趣。

(2)统一性——制度虽分,然皆只为一个人生活之一部分,一个人参加于数制度,制度虽可分,一个人则不可分。个人如此,全社会亦如此,故各种制度仍有密切之关联,牵一发即动全局也。

四、制度之内容一:概念

制度之内容有二部,一为概念(concepts),一为结构(structure)。概念者即制度所含之观念、意见、宗旨、意趣等,为制度之主观方面。结构则为制度之骨架,即行为之方式组织等,为制度之客观方面。结构所以支持及表现概念,使之得见之实行,而满足人类之需要。

概念有二种,一传统,一传统与思想混合之产生物。

1. 传统(Traditions)

制度多系自古昔演进而至今日者,故其所涵者大部分为沿袭的观念,即所谓传统也。传统基于信仰(belief),信仰者不经批判的思考及理智的判断而仅为一种情绪之形式,故传统之中有合理者有不合理者,纯驳杂见。

传统之种类:

(1)经济的传统。

(2)政治的传统。

(3)法律的传统。

(4)道德的传统。

(5)宗教的传统。

(6)艺术的传统。

(7)语言的传统。

(8)神学的传统(theological)。

(9)玄学的传统(metaphysical)。

(10)科学的传统(scientific)。

关于传统之权威有二定律:

(1)传统之权威与其古远之程度为正比例。

(2)传统之权威与其所包含之信仰为正比例,而不关于严格之智识。

2. 思想与传统之混合的产物

人类之理智的思考常与沿袭的传统相混合而生出新产物,此即:

(1)生活标准(standard of living),由经济的传统与流行之经济意见合成。

(2)法典(legal code),由法律的传统与新法律意见合成。

(3)政策(public policy),由政治的传统与新政治观念合成。

(4)理想(ideals),由新思想与旧人格观念合成。

(5)兴趣(taste),由艺术的传统与流行的批评合成。
(6)信条(faith),由旧宗教信仰与新宗教观念合成。
(7)教义(creeds),由神学的传统与神学意见合成。
(8)主义(isms),由玄学的传统与新思辨合成。
(9)真理(truths),旧科学的传统经新思想之试验裁择而成。

五、制度之内容二:结构

制度之结构可分活动方式与社会组织二种。

1. 活动方式

此谓人在制度生活中之活动形式也。依其程度分为四种,自下而上。

(1)认值作用(appreciation)——此谓人类认识其所在之境地及其周围事物,而估量其对于自己之利害。此为人类活动之第一步。在此作用中尚可分为四阶段:

①对于刺激之本能的反应。
②好奇的考察。
③选择的注意。
④批判的考察,比较及分析。

(2)利用作用(utilization)。已认识环境之价值之后,遂欲利用之,即改变之,支配之,以供己用也。于此亦有四种方法:

①攻击(attack)。
②唆诱(instigation)。
③指挥(direetion)。
④发明(invention)。

(3)品格化(characterization)——利用环境以适己意,若不成功,则转而改变自身以适应环境。改变自身者即改变自己之品格也。其程序亦有四段:

①固执(persistence)。
②顺应(accommodation)。
③自非(self-denial)。
④自制(self-control)。

(4)社会化(socialization)——此即社会上之人人互相适应也。其历程为互相熟识,养成友谊及同情,培成喜爱联结之心,发见协作方法,实行联结及协作。

2. 社会组织

此即人与人在制度内合成之组织也。因分类标准之不同而有数种分类法。

（1）同质社会与异质社会——此由社会组织成员之性质而分别。组成员性质之异同视其血统、性情、风俗、思想、言语、宗教。同质社会大抵为家族、氏族等。异质社会则如股份公司、学校。

（2）血缘社会、地缘社会、心缘社会——此由其结合之纽带而分。血缘社会由血统而结合，例如家族、氏族。地缘社会以住地之相同而成，例如村落都市。心缘社会由心理意见之相同而结成，例如公司、学会。

（3）共同社会与利益社会——此以结合之动机分别之。共同社会之组成员以情爱而结合，大抵兼为保存种族之本能之表现，组成员常不惜牺牲自己而护持其社会，例如家族、氏族等。利益社会则组成员不过为营求自己之利益而结合，例如银行、学会、教会。

（4）总体社会与部分社会——此以结合之范围及形态而区分。包括政府、教会、经济机关、都市、村落等而成一范围广漠之大纲者，即为总体社会。仅为一个简章组织者，即部分社会。

（5）根干的社会与枝条的社会——此亦系以结合之纽带而区分。根干的社会以血缘及地缘为结合之纽带，其结合较有长久性，组成员常自牺牲以益他人。例如家族、氏族、部落、国家。枝条的社会则基于心缘，即以个人之利益而合成，其结合乏永久性，组成员常只顾一己，不恤他人。例如公司、商会、工厂、学会、教会皆是。

六、制度之种类

制度之功用所以满足人类之需要，故制度之种类即视其所满足之需要而分。需要为发自人类心灵之一种向外要求之"力"，因此种力之故，乃发生纷繁复杂之种种社会现象，集成社会制度，故此种力在社会学家谓之"社会力"（social forces）。制度之种类，即视社会力之种类而分。社会力之分类及其名称，各家之说大同小异。普通大抵先列举根于本能之各种简单的欲望（desires），然后综合各种欲望成为少数复杂的"意趣"（interests）。由一种意趣即发生一种制度，制度之种类即视意趣之种类而分。意趣之种类说颇不一，兹为权宜计，折中众说，分之为七种，制度之数视此。

各种制度对于人类关系之重轻不一，兹依其由重而轻之次序列陈于下。

1. 经济的制度（economic institution）——满足经济的意趣（economic interest）。人类究属动物，故以生活即维持生命为第一义，生命既无，万事皆空矣。

2. 家族的制度（domestic institution）——满足人类之生殖意趣（repro-

ductive interest)。此根于自然之性欲,是后受社会之规束乃发生正式的结婚及合法的亲属关系。

3. 政治的制度(political institution)——满足政治的意趣(political interest)。

以上食色二种制度最为重要,亦最先发生,是后乃因欲保护生命,维持此二种制度,遂发生政治的制度。

4. 道德的制度(moral institution)——满足道德的或伦理的意趣(moral or ethical interest)。此亦为保护经济及家族二制度而设,因政治的制度只能拘束人之外表的行为,道德则能范围人之内蕴的意志也。

5. 宗教的制度(religious institution)——满足宗教的意趣(religious institution)。亦为维持生活而设,因信冥冥中有神秘物能影响于人类之生活,故须对付之,对付之法或为驱使,或为媚求,或为祛除。

6. 艺术的制度(artistic interest)——满足审美的意趣(aesthetic interest)。生活余隙则发挥其对于事物之色彩、状态、声音之美的欣赏,而此种美的欣赏之标准,大都受社会之规定。

7. 智识的制度(intellectual interest)——满足智识的意趣(intellectual institution)。因欲传递、学习及保存以上各种生活之方法并增加及改良之,遂发生营求智识之制度,其中包含语言文字教育等事。

七、社会进化之阶段

社会进化即成绩或民则之进化,亦即制度之进化也。关于社会进化程度之分类法,学说甚多,兹先取其最能概括多方面足以窥见各阶段之全相者一种,述于此节之首,此即萨特兰氏(Alexander Sutherland)之分类法也。其所分之阶段如下:

1. 蒙昧人(Savages)——食物只赖天然产物,集团极小,一生为生存而奋斗不息。

(1) 下级蒙昧人——体躯矮小,腹大,脚细,鼻平,发卷,脑量甚小。除围腰以外无他被服。集成10～40人之社会,无一定之住所,徘徊求食于四处。现存者如南非之布须曼人(Bushman),及锡兰岛之吠陀人(Veddahs)。

(2) 中级蒙昧人——身长已有相当之程度,体格颇佳。虽有被服然大抵裸体,寝所以帷围护之。以木石为武器,集成四五十以上200人以下之团体而转徙,无阶级,无组织,只有惯例。例如塔斯马尼亚人(Tasmanians)及霍屯卓人(Hottentots)。

(3) 高级蒙昧人——以幕为屋,虽有被服然两性犹常裸体。携带石骨铜等所制之武器。合成200人以至500人之群而转徙。有酋长,有阶级,以严重之部落惯例维持秩序。例如哀斯基摩人。

2. 野蛮人(Barbarians)——大部分之食物由人为的生产法而得,以牧畜耕为主业,然只各家族自给自足,多人之分业协作未发达。唯因生活资料颇丰,稍有余力以从事于科学及艺术。

(1) 下级野蛮人——作简单之家屋,定住而成为村落,有被服,女子裸体者稀。作土器,造独木舟,以石木骨为器具。耕作于家之近地,行物物交换。集成1000~5000之部落,共戴酋长,有基于传说之法规。稍具今日之社会形态。

(2) 中级之野蛮人——以木及草造成坚牢之住屋,集成市镇。有较美丽之被服,然尚不禁裸体。有陶器、织物、冶金业等制造。用货币,开定期市场,营幼稚商业。多数小部落合成人口10万之小国家,有小王统治之。有基于惯例之法规。以个人或家族在战争上之功业定人民之阶级。例如荷马时代之希腊,恺撒以前之日耳曼人。

(3) 高级野蛮人——能以石造屋。平时须着衣。纺织为女子之专业。铁器之使用甚普通。金属工业发达。铸货币。有舟,以桨推动之。分业颇繁。简单之法律及法庭已具。阶级世袭。文字始见。在确定之主权下合成50万人左右之小国家。例如初期共和之罗马,白人侵入时代之墨西哥土人及秘鲁人。

3. 文明人(civilized men)——因分业繁,协作盛,生活资料之生产容易,专门技艺发达,社会组织复杂,科学艺术益进步。

(1) 下级文明人——以石为城垣,造成城堡都市。有其余石造之重要的建筑物。耕作用锄。战争成为特别阶级之专业。文字发达,文学发现。始有简单之成文法,设定正式法庭及裁判制度。例如西藏人、安南人、古埃及人、古巴比伦人。

(2) 中级文明人——有砖石砌造之美观的寺院及富人家屋,有玻璃窗。初有帆船,商工业发达。手抄之书籍颇多,文字的教育初发现。兵事全为特别阶级之职业。成文法律完成,专门法律家出现。例如贝理克时代之希腊、中世纪之英国。

(3) 高级文明人——砖石造成之建筑物已属普通。敷设道路,有运河、水车、风车。航业已成科学的。始用烟囱。通文为普通必要事,手抄书甚多,高等文学发达。在强力的中央政府之下集成人口千万之国家,成文法典书写而刊布。多数官吏分级任职。例如帝政时代之罗马人,15世纪之欧洲英法意诸国,清末以前之中国。

4. 文化人(cultured man)——此为文化发达最高之民族。

(1) 下级文化人

①财之生产问题大致解决。

②因广用自然力以代人力,生产组织方法进步,使多数人有余暇余力,于是智的及美的修养发达,普通教育普及。

③武勇及门第之名誉减少,在财产、学术、技艺、政治及其他普通生活上,个人的实力之价值大被注重。

④因教育之普及印刷术之发达,舆论之唤起及实行甚易,于是民主主义盛行,立宪代议制确立。

⑤除兵事及经济以外,国家亦甚注意于科学及艺术之普及与升高。

(2)中级文化人

①财之分配问题略有圆满之解决,普通人大抵不愁衣食住。

②高等教育普及。

③战争虽时有之,然不过视同个人间之争闹而加以非难。各国并依协定制限之军备而协力保持世界之和平。

④单纯之财富的蓄积不得为成功,经济的功业必以发明、组织及管理等为准。

(3)高级文化人——今之文化最高之国只进及下级文化地位,中级文化为今日所希望之境状,至少亦须数世后方得达到,至于高级文化则为理想的境地,为今人理想中之黄金世界,其美备快乐之状,非今日所能确实叙述。所可悬拟者,则彼时凡关于疾病及物质上之缺点大抵可望避免,而所有进步亦必遍于全世界。唯因地理之异,其生活状况容有不同,而且采取地方分工之制而各呈其特别贡献也。欲至此级至少亦在一二千年以后。

以上为多方面之综合的分类,此外有单以经济状况为区别人类演进之标准者,有二种,并列于下:

(甲)通俗的分类法

(1)粗制石器时代,即旧石器时代——以石为器具,然不知琢磨。此为最原始之时代。

(2)完制石器时代,即新石器时代——就粗制之石器再加以人工琢磨之,使其表面光滑,边缘锐利。此际已知驯兽类,又知纺丝、织布、烧陶器等事。

(3)铜器时代——青铜发现,广用为武器及家具。其时已近历史时代。

(4)铁器时代——铁之冶制发明,文化大进,时在高级蛮族以后。

(5)动力机器时代——蒸汽电气发明以后,广用以代人工。此为19世纪以来之时代。

(乙)斯坦密(Steinmetz)之分类法

(1)徘徊采集民族——徘徊转徙于四方,从事搜集草根、果实、昆虫及其他小动物以充饿腹。栖息于木阴岩窟等处。

(2)狩猎民族——以猎捕禽兽为主业,亦兼采集植物。

(3)渔业民族——以渔业为主,亦兼他业。

(4)转住的农耕民族——转徙不定,寻天然之沃壤以供耕作,土内之天然肥料既尽又迁移他处。

(5)下级定住农耕民族——农耕术稍进。

(6)游牧民族——逐水草而迁徙,以牧畜为主业。

(7)高等农耕民族——农耕术大进,商工业萌芽。

(8)商工业社会——商工业发达。

(9)机械工业社会——以机器为生产之工具,分业大发达,劳力与资本集中,生产能率甚高,经济范围扩大至全世界。

此外尚有单以思想之程度分人类演进阶段者,述其著者二种于下。

(甲)孔德所分之三时期

(1)神学期(Theological Period)——在此期中人类对于宇宙万物皆只能以神秘的说明了之,是为最幼稚之时代。

(2)形而上学期(Metaphysical Period)——万事皆加以主观的臆测推断之哲学的考察。

(3)实证期(Positive Period)——至此期则凡事皆用具体的考察及归纳的研究之法应付之。

(乙)斯坦密(Steinmetz)——所分之四期

(1)原子时代——对于事物只有感觉与知觉,思考与理想几于全未发达。全属物质及现实主义,尚无真的宗教及灵魂观念,只知崇拜恶灵及实物。其思索法与类人猿无大差别。此等人为史前之人类,今已无之。

(2)神话的思考时代——在此时期则以幼稚的类推法,对于事物为神秘的想象及推论。下等宗教观念及崇拜形式发达。思想尚极杂乱无系统。

(3)分类整顿的时代——在此时代其思想已能依分类比较之法而为整顿的工作。然其理论常离去事实之根柢,而为纯抽象的臆测推论。自以为以论理的正鹄为盾,而可实行,其实实行的价值乃极少。

(4)批判的时代——在此时代则对于事物能用充分的比较实验证实等方法而为批判的解释。此种批判的社会之特征,则为立于人道的基础之上以为万人之利益幸福计之道德的设施之增加。例如以社会改良事业及其他科学的设施而营谋人生万事之进步者皆是。故此时代为思想最高之时代,因思想之进步,而道德观念亦因之而提高也。

期坦密之分期法较孔德多增一原始时代,其二三四时代即为孔德之一二三期,内容亦同,足见人类思想进步之阶段大略系如此也。

重要参考书

1. Lowie, R. H., *Culture and Ethnology*
2. Goldenweiser, A. A., *Early Civilization*
3. Kroeber, A. L., *Anthropology*
4. Tylor, E. B., *Anthropology*
5. Tylor, E. B., *Primitive Culture*
6. Ogburn, W. F., *Social Change*
7. Marett, R. R., *Anthropology*
8. Lowie, R. H., *Primitive Society*
9. Boas, F., *The Mind of Primitive Man*
10. Sumner, W. G., *Folkways*
11. Ward, L. F., *Pure Sociology*
12. Giddings, F. H., *Elements of Sociology*
13. Case, C. M., *Outlines of Introductory Sociology*
14. Thomas, W. I., *Source Book for Social Origins*
15. Kroeber & Waterman, *Source Book in Anthropology*
16. Jacques de Morgan, *L' Humanite' prehistorigue*
17. Auguste Comte, *Cours de Philosophie Positive*
18. 西川真次:《文化人类学》
19. 杉山荣:《社会学十二讲》
20. 高田保马:《社会学原理》
21. 川边喜三郎:《社会学原论》

(《归纳学报》1927年第1卷第1期)

从猿到人——劳动创造世界

1. 为什么要研究社会发展史？

答：使我们能了解社会发展的真相，掌握社会发展的规律，并从而了解如何去改造社会。

2. 研究社会发展史为什么要谈到"从猿到人"的问题？

答：因为人类社会是自从有人类便开始，而人类是从一种古猿类变成的，为要研究人类社会的根源，所以要从人类的来源说起。

以下讨论劳动怎样创造了人的身体：

3. 人类为什么会由一种古猿类变成？别的古猿类为什么不会变成人，别的古猿变成什么？

答：人类的祖宗，即一种古猿，从事劳动，所以变成了人类，别的古猿不从事劳动，所以他们的子孙现在仍是猿类。

4. 人类的祖先会劳动，别的古猿不会劳动吗？人类的祖先的劳动和别的古猿的劳动有什么不同？

答：别的古猿也有劳动，不过和人类祖先的劳动不同，不是真正的劳动。人类祖先的劳动和别的古猿的劳动，循着两条不同的路线，初时差异很小，后来渐渐分开，终至得了不同的效果。人类的劳动是反抗自然的，是创作的。猿类的劳动是顺应自然的，是因袭的，是保守的。

5. 人类祖先的劳动从那一种动作开始？

答：从直立行走开始。

6. 为什么要直立行走？

答：因为离树到地上找寻生活，所以要直立行走。

7. 第二种劳动是什么？

答：是手的劳动。两手解放了不必用来走路，可以从事劳动，如拿取食物，使用工具，甚至能够制造工具。佛兰克林说"人是制造工具的动物"便是这个意思。

8. 第三种劳动是什么？

答：是眼的劳动。人类直立起来，眼界扩大了，所见的事物多，经验多，知识也加多了。

9. 第四种劳动是什么？

答：是脑的劳动。手和眼从事劳动便引起了头脑也劳动起来，记忆过去的经验，思想劳动的方法。

10. 直立行走和手眼脑的劳动对于人类的身体有何影响？

答：影响极大，人的身体便是由于这些劳动的影响渐渐变成的。如人体的笔直的姿势是因为脊椎骨发生变化。猿类的脊椎骨只有向后的一个大弯，所以不能直立。人类的祖先挣扎着要直立，所以后来脊椎骨的上下两头都发生了一个相反的小弯，抵消了中部的大弯，于是头也举得起来了，腰也挺得起来了。猿类的头，前部可说没有额，眉上便是头顶。后部又很尖小。人类因为脑的体积增大，而盛脑的头也扩大起来，前额渐渐发展而到了"天庭饱满"的形状。后头部也变成了圆形。猿猴的嘴是尖的，向前突出，不过不像四足兽的嘴部那样长而已。其原因是由于四足兽是专用嘴来取食的，猿猴是有时用手帮助取食，但有时还不能不直接用嘴，到了人类便专门用手取食，不再用嘴取食了，于是嘴便退缩，不再尖突。人类的手指也变了。猿猴虽能拿东西，但把握不牢，运用不灵。人类的拇指变得和其他四指相对，可以合作一环以握物。指头内感觉也灵敏得多，可以做精细的工。猿猴的胸腹凸凹，人类的胸部变得扁而阔，肚腹也不凸出了，这是因为人类不再像四足兽全用胸腹的前面来承载内脏，也不像猿猴，半用胸腹来承载内脏；人类直立起来了，内脏都向下直垂，用骨盆来承载重量，所以胸腹缩扁，而骨盆却扩大，屁股也随而大了起来，不再像猴子的尖屁股了。猿猴的腿又短又弯，在地面上行走不能快。人类因生活在地面上，所以走路须快，天天行走的结果，腿也长了，并且也直而不弯了。上下肢的比例也变得和猿猴相反。足的形状因为须负载全身的重量，所以也变得扁平而且较大。

总之，人的身体便因为直立行走和手眼脑的劳动而大起变化，和猿猴不相同。所以可以说人的身体是劳动促成的。恩格斯说"劳动创造了人类本身"又说"手不但是劳动的器官，它还是劳动的产物"，便是这种意思。

猴子整天在树上跳来跳去，活动不停，为什么不是真正的劳动，为什么不能变成人的身体？这是因为他们的劳动与人类的不同，他们顺应自然，自然界叫他们生活在树上，他们便整天在树上跳来跳去，不到地面来。他们的祖先在树上，他们便永远因袭了这旧习惯，保守了这旧习惯，不想改变。人类的祖先却反抗了自然界，自然界叫他们住在树上，他们却跑到树下来，他们的身体原是不便直立行走和使用工具的，他们却偏要直立行走，来用工具，这便是创作，也便是进步，和猿猴适相反。因为人类和猿猴所走的路线不同，于是人类的身体便也变得和猿猴大不相同了，由此可见劳动对于人类身体的关系是多么重大!

以下讨论劳动怎样创造了人的文化:

11. 人类的劳动除创造了人类的身体以外,还创造了什么?

答:再进一步便创造了一切人为的事物,简言之,便是人类的文化,甚至可以说整个世界,除了自然的一部分以外,凡是人为的,便都是劳动创造出来的。

12. 人类的语言是怎样发生的?

答:语言的发生是由于人类劳动时需要对同伴传达意见,因为原始人类的劳动一定是集体的劳动。说明语言的起源有一种劳动起源说,又称为 Yo! He! He 说,便是这样的意思。

13. 人类的工具是怎样发明的?

答:是由于劳动的经验发明的。最初使用天然的石头树枝,后来加以人工,便成为石斧石刀木棍木枪。只有人类方能够制造器物,恩格斯说"没有一只猿手曾制造过最粗笨的石器"。木器不及石器的利,所以石器更为主要的工具。人类自从出现了以后,经过了50万年,到了数千年前为止,都只是使用石器,所以当时便称为石器时代。人类制造石器的技术逐渐进步,所以还再分为始石器、旧石器、新石器三个时期。我们试想象看当时的人能够将石头敲打石头,制成器物,而且应用得很有效,可以杀伤野兽,掘地伐木,他们的劳动能力岂不是很伟大吗?当时个个人都是劳动者,个个人都会制造石器,人类便靠了这种最粗笨的劳动工具,在野兽充斥的荒古时代生活了50万年,而且逐渐繁殖和繁荣起来,终于制服了自然界而成为自然界的主人。

到了约四五千年前人类又发明了熔化铜矿,铸作生产工具和武器,进入了铜器时代。熔铜的发明也是由劳动中无意得来的,当时的人偶然将含有铜矿的土拿来作炉烧火,烧熔了其中的铜,便流了出来,于是便发明熔铜了。熔铜发明以后生产力大进步,因而促进了人类社会,由原始共产社会进到奴隶制社会。

到了3000年前铁器也发明了,自然也是由于劳动的经验,意外发现了铁质和溶铁的方法,方能有这样的发明。有了铁器以后生产力更进步,促使人类社会更进入另一个阶段。在我国是封建社会。

14. 生火的方法是怎样发明的,火对人类的生活有什么效用?

答:人类初时只晓得保养自然发生的火,后来方晓得人工生火的方法,这种方法便是所谓钻木取火。这也是由两手的劳动经验发明的,不是由头脑里凭空想出来的。火发明了,人类方得熟食,方能大规模的驱杀野兽。

15. 人类是怎样地战胜了凶猛的野兽?打猎的方法是怎样发明的?

答:人类战胜野兽是因为打猎方法进步,打猎的方法包括武器、陷阱、猎机和用火攻,这些都是由于无数次的打猎劳动,手脑合作发明出来的。

16. 人类为什么晓得种植谷物蔬果,这是怎样发明的?

答:这是由于采集天然的草根木实的时候,逐渐由经验而发现某种草木能生谷物蔬果,因而加意照顾栽培,后来更晓得播种,于是便发明农业了。所以农业也是由劳动的经验发明的,而这种功劳都是属于女人,因为女人多从事采集食物。

17. 人类为什么会知道畜养野兽?

答:人类的畜养野兽是由打猎经验得来的,因为捉来的动物如太多一时吃不完,便留养着,等另日宰杀,由此便发明畜牧了。

18. 人类为什么要集成团体?社会组织是怎样发生的?

答:原始时代人类的劳动必须是集体的,个人的能力薄弱,不能单独劳动,因此必须集成团体,于是便开始有了社会组织了。所以社会组织的起源也是由于劳动。

19. 人类为什么崇拜鬼神?宗教的起源是怎样的?

答:因为原始人类的劳动力不强,生活上常有困难,所以崇拜鬼神,使用巫术,来帮助劳动的不足,例如打猎时的祭神,旱灾时的祈雨,可见宗教的发生也与劳动有关。

20. 为什么会发生艺术和文学?人类是为艺术而发明艺术,为文学而发明文学吗?

答:艺术、文学的发生也是为要补助劳动,不是纯粹为艺术、文学而发明艺术、文学。例如集体劳动时应用歌谣,打猎时画动物的像来施行法术,打猎或战争之前常举行跳舞来打气。

21. 为什么会有科学?人类的发明科学不过是为满足智识欲吗?

答:人类的发明科学智识初时都是为补足劳动经验的不及,不是为满足智识欲;纯粹满足智识欲而与劳动无关的智识,是后来方发生的。

以下谈两种看法:

22. 以上的发明是专靠脑的思维得来的,还是手眼脑联合劳动得来的?这两种看法有什么不同的结果?

答:自然都是由手眼脑联合劳动得来的。如看做是专靠脑的思维得来的,结果便成为唯心论的哲学,如看做是手眼脑联合劳动得来的,便成为唯物论的思想。

23. 唯心论可以引导人类前进,可以引导人类社会发展吗?它的缺点在哪里?

答:唯心论的缺点是不晓得劳动的重要,所以不能引导人类的前进,不能引导人类社会发展。

结　论

14. 总括一句话说我们研究人类及其文化的来源,得了一个什么观念？这个观念对于今后人类社会的发展有何作用？

答:我们可以得了一个"劳动创造世界"的观念。所谓世界是包括人类及其文化在内。这个观念对于今后人类社会的发展有很大的作用,它能促使人类社会朝正确的方向发展,很快地可以达到美满幸福的状态。

(厦门大学第二次政治学习大课讲演稿,《江声报》1950年)